ISBN 978-0-656-57540-4
PIBN 11028075

1 MONTH OF
FREE
READING

at

www.ForgottenBooks.com

By purchasing this book you are
eligible for one month membership to
ForgottenBooks.com, giving you
unlimited access to our entire
collection of over 1,000,000 titles via
our web site and mobile apps.

To claim your free month visit:
www.forgottenbooks.com/free1028075

English
Français
Deutsche
Italiano
Español
Português

www.forgottenbooks.com

Mythology Photography **Fiction**
Fishing Christianity **Art** Cooking
Essays Buddhism Freemasonry
Medicine **Biology** Music **Ancient
Egypt** Evolution Carpentry Physics
Dance Geology **Mathematics** Fitness
Shakespeare **Folklore** Yoga Marketing
Confidence Immortality Biographies
Poetry **Psychology** Witchcraft
Electronics Chemistry History **Law**
Accounting **Philosophy** Anthropology
Alchemy Drama Quantum Mechanics
Atheism Sexual Health **Ancient History**
Entrepreneurship Languages Sport
Paleontology Needlework Islam
Metaphysics Investment Archaeology
Parenting Statistics Criminology
Motivational

durchgehends
mit den Exempeln unserer besten Dichter erläutert.
Anstatt
einer Einleitung ist Horazens Dichtkun
übersetzt, und mit Anmerkungen erläutert.
Diese neue Ausgabe ist, sonderlich im II. Theile,
mit vielen neuen Hauptstücken vermehret,
von
Johann Christoph Gottscheden.

Vierte sehr vermehrte Auflage, mit allergnädigster Freyheit.

Leipzig, 1751.
Verlegts Bernhard Christoph Breitkopf.

Vorrede
zu dieser vierten Ausgabe.

Geneigter Leser!

Und meine Dichtkunst lebet noch! Sie lebet, sage ich, und hat alle die Anfälle
überstanden, die man die Zeit her auf
sie gethan; und denen ich sie bloß gestellet gelassen, ohne ihr im geringsten zu Hülfe zu kommen. Es ist allen bekannt, was seit etlichen Jahren,
für oft wiederholte Feindseligkeiten wider sie ausgeübet worden. Jedes Meßverzeichniß neuer Bücher
kündigte ihr einen neuen Angriff an; und man schien
nicht ermüden oder aufhören zu wollen, bis man meine arme Dichtkunst mit Strumpf und Stiel ausgerottet hätte. Es ist wahr, diese Schriften waren
klein: allein, wer weis nicht, daß auch kleine Tropfen
endlich einen Stein aushölen, und durchlöchern
können?

Bey allen diesen vielfältigen Antastungen eines
meiner ersten und liebsten Bücher, saß ich, zu großer
Verwunderung vieler meiner Freunde, ganz still und

A 2 m-

unbeweglich. Ich ließ meinem Gegner und seiner
kritischen Feder freyen Lauf, ohne mich im geringsten zu regen; oder nur das mindeste Zeichen des Lebens
oder einiger Empfindung zu geben. Ich spielte die
Rolle eines Stummen, der keine Wiederrede in seinem Munde hat; oder eines ganz Unwissenden, der
nicht das geringste, zur Vertheidigung seiner Lehren
und Meynungen, vorzubringen weis. So wenig dieses der Sitte der Gelehrten gemäß ist, die insgemein
nicht den geringsten Widerspruch erdulden können; ja
sich wohl aufs heftigste regen, wenn man gleich ohne
alle Nennung ihres Namens, eine von der ihrigen ab-
gehende Meynung behauptet: so wenig habe ich es für
rathsam gehalten, dieses mitzumachen. Meine Ursachen will ich hier kürzlich entdecken.

Zuförderst muß ich meinen Lesern, den ersten
Grund und Anlaß, solcher Feindseligkeit meines Widersachers, entdecken, und sie zu Richtern darüber machen. Es hatte derselbe, ich weis nicht mehr bey welcher Veranlassung, die Gelegenheits-Gedichte gänzlich
verworfen. Ich las solches in einer Zeitung; und
wunderte mich, daß solche Meynung von einem gelehrten Manne hatte behauptet werden können. Als
mir nun bey einigem Nachdenken vorkam, daß ich die
Vertheidigung vieler großen Dichter alter und neuer
Zeiten übernehmen würde, wenn ich die Gelegenheitsgedichte beschützen möchte: so machte ich einen kleinen Aufsatz davon, den ich in den neuen Bü-
chersaal der schönen Wissenschaften und Fr. K. drucken ließ. Ich zeigte darinn, daß die meisten griechischen und römischen; ja auch unter den Neuern die
meisten wälschen, französischen und englischen Dichter,

eine

eine Menge solcher kleinen Gelegenheitsgedichte verfertiget; und gleichwohl ihren Nationen dadurch keine Schande, großentheils aber viel Ehre gemachet.
Ich handelte also diesen Satz ganz allgemein ab, ohne
mit einem Worte an den Vertheidiger der obigen neuen
Meynung zu denken, viel weniger etwas zu sagen, das
ihm anzüglich dünken könnte. Zuletzt erläuterte ich
meinen Lehrsatz, mit einem neuern Beyspiele eines
schönen Hochzeitgedichtes, von dem berühmten Hrn.
Prof. Richey, welches damals ganz neu in meine
Hände gefallen war, und welches vieleicht, einige
Wahrheiten in sich hielt, die einer gewissen neuern
Dichter = und Kunstrichtersecte nicht gefallen mochten.
   Anstatt nun, daß mein Gegner seine Meynung
weiter hätte behaupten, und meine Gründe widerlegen
können, schwur er meiner Dichtkunst den Untergang;
gleichsam, als ob diese sich an ihm versündiget hätte. Sie
war unschuldig; aber das half nichts: seine Rachgier
rief ihm unaufhörlich ins Ohr: Carthaginem esse de-
lendam! die kritische Dichtkunst müßte ausgerottet
werden. Hinc illæ lacrumæ! Was daraus erfolget sey,
habe ich oben erwähnet: und meine Leser mögen selber
urtheilen, ob die Ursache zum Zorne rechtmäßig gewesen?
   So bald der erste Pfeil auf meine Dichtkunst abge-
drucket worden, kam mir derselbe zu Gesichte. Ich sah
ihn mit begierigen Augen an, und hielt es nicht für unmöglich, daß doch etwas Gutes darinn seyn könnte. Es
war mir nur gar zu bekannt, daß ich nicht unfehlbar
wäre: denn wer ist es wohl in der Welt? Ich kannte
auch den großen Umfang der kritischen Wahrheiten, die
zur Dichtkunst gehören, oder einigen Einfluß darein haben. Wie leicht konnten mir nun unter denselben etli-

che

che entwischet seyn? Viele Augen sehen mehr, als zwey:
und ich habe mich niemals für allwissend gehalten.
Zwar wollten mich einige gute Freunde versichern, daß
mein Gegner der Mann nicht wäre, der mich eines bessern belehren könnte. Sie hätten ihn genau gekannt,
als er vor wenigen Jahren, die ersten Begriffe von der
Dichtkunst, aus meinem Buche selbst geschöpfet hätte;
er würde also schwerlich im Stande seyn, seinen Lehrer zu hofmeistern. Allein dieses störte mich nicht, in
dem Lesen seiner ersten Schrift: weil ich wohl wußte,
daß Leute von außerordentlicher Fähigkeit, in wenigen Jahren auch ihre Lehrer übersehen, und alle ihre
Vorgänger übertreffen können.

Allein, was geschah? Anstatt daß mich das Durchblättern dieser Schrift hätte beunruhigen sollen: so legte ich sie weit ruhiger aus der Hand, als ich sie genommen hatte. Ich will und kann mich hier nicht ausführlicher erklären: nur so viel kann ich sagen; daß ich wegen meiner Dichtkunst eben nicht furchtsamer und verzagter ward, als vorhin; sondern vielmehr fest beschloß,
sie ihrem Schicksale, und allen Pfeilen ihres Gegners
zu überlassen, ohne ihr im geringsten beyzustehen.

Denn, sprach ich bey mir selbst: sind die Regeln
und Lehrsätze des griechischen und römischen Alterthums, die du in deiner Dichtkunst vorgetragen hast,
wohl gegründet: so werden sie gewiß auch diese Angrif-
fe überstehen; wie sie sich so viel Jahrhunderte in der
Hochachtung aller Verständigen erhalten haben. Du
hast dir nämlich keine neue Kunstgriffe in der Poesie erdacht; die vieleicht auf einem so seichten und lockern
Grunde stehen möchten, daß sie der geringste Gegner
über einen Haufen stoßen könnte. Wäre dieses, so
hättest

hätteſt du allerdings viel zu beſorgen. Allein die alten
Wahrheiten, die du nur fortzupflanzen geſuchet haſt,
ſtehen feſt genug; und werden ſich ſchon zu erhalten
wiſſen, wenn du gleich ſchweigeſt, und ſie allen Wi-
derſachern bloß ſtelleſt. Dieſe haben ſchon manchem
Feinde, wie jene Feile im **Phädrus**, der Natter zu-
geruffen:

Quid me, inquit, ſtulta, dente captas lædere?
Omne adſuevi ferrum quæ corrodere.

Und, wie **Fontaine** die Sittenlehre dieſer Fabel
ausgedrücket: ſo konnte es allemal heißen:

Ceci s'adreſſe à Vous, eſprits du dernier ordre!
Qui, n'étans bons à rien, cherchez ſur tout à mordre.
Vous vous tourmentez vainement!
Croyez-vous, que vos dents impriment leurs outrages,
Sur tant de beaux Ouvrages?
Ils ſont pour vous d'acier, d'airain, de diamant.

Dieſe meine Gedanken beſtärkten ſich noch mehr,
durch folgende Betrachtungen. Iſt dein Buch
ſchlecht, dachte ich, und kann es ein jeder, der ſich
drüber machet, umſtoßen: ſo mag es doch immer
fallen; denn es iſt gar nicht werth, daß es daure,
und daß du ihm beyſtehſt. Iſt es aber gut, und
gründlich geſchrieben, ſo fürchteſt du umſonſt ſeinen
Untergang. Deutſchland iſt ſchon ſo aufgeklärt, daß
man ihm ſo leicht keinen blauen Dunſt vor die Augen
machen kann. Es wird bald ſehen, ob die Gründe
deines Gegners Stich halten; oder ob deine Lehrſätze
gegründet ſind? Ueberlaß es alſo der Zeit, den Ausſchlag zu geben. Dieſe wird dich in kurzem lehren,
wer recht gehabt hat, oder nicht.

Meine Muthmaßung iſt eingetroffen: und ich
darf es nicht ſagen, daß ſie zu meinem Vergnügen

ausgeschlagen ist.   Die dritte Auflage meiner kriti=
schen Dichtkunst ist abgegangen; und der Herr Ver=
leger hat eine neue veranstalten müssen, die Liebhaber
zu vergnügen.   So schmäuchelhaft dieses für mich
geschienen; so wenig habe ich mich dadurch gegen
mein Buch verblenden lassen.   Wie ich jederzeit ge=
gen meine Arbeiten mistrauisch gewesen; so habe ich
dieses auch hier bewiesen.   Ich habe diese Dichtkunst
nochmals bedächtig durchgelesen, und sie mit noch
größerer Aufmerksamkeit, als bey der vorigen Aus=
gabe geprüfet.   Damals war ich mit Verwaltung
öffentlicher Aemter, und was das meiste ist, mit der
Ausgabe des baylischen Wörterbuches beschäfftiget.
Diese große Arbeit ließ mir so viel Zeit nicht übrig,
an viele Zusätze zu meinem Buche zu denken.   Ich
übersah also nur das alte, und war zufrieden, daß ich
hin und wieder einige kleine Verbesserungen und Er=
läuterungen einschaltete: die aber dem Werke sein
ganzes Ansehen ließen.   Itzo aber hat mich kein sol=
ches unumgängliches Hinderniß abgehalten, so zu re=
den, die letzte Hand an ein Buch zu legen, welches
das Glück gehabt, bisher so wohl aufgenommen zu
werden.   Und von diesen Verbesserungen und Zu=
sätzen muß ich itzo Rechenschaft geben.

Der erste allgemeine Theil meiner Dichtkunst ist
beynahe durchgehends geblieben, wie er bisher gewe=
sen.   Er enthält noch eben die Grundsätze der Alten
von der Poesie, in eben so vielen Hauptstücken, und
in eben der Ordnung, als vorhin.   Ich habe
noch nichts zu wiederrufen, nichts abzuschaffen, oder
zu verwerfen darinn gefunden: ungeachtet ich mir
vieleicht nicht ohne Grund schmäuchele, durch Nach=

denken

denken und Bücherlesen, zu mehrerer Kenntniß und
Einsicht in kritischen Dingen gelanget zu seyn. Die
Natur des Menschen, und seiner Seelenkräfte ist
noch eben dieselbe, als sie seit zweytausend Jahren gewesen: und folglich muß der Weg, poetisch zu gefallen, noch eben derselbe seyn, den die Alten dazu so
glücklich erwählet haben. Doch habe ich hin und wieder
kleine Einschiebsel gemacht, um das vorige theils zu
erläutern, theils zu bestärken, theils auf gewisse neuere Misbräuche und Abwege zu deuten, auf welche
einige neuere Dichter verfallen sind. Habe ich hier
zuweilen auf die Erfinder neuer Griffe gezielet, die in
den freyen Künsten das Unterste zu Oberst zu kehren
suchen: so kann ich nicht dafür. Steht es ihnen
frey, zu lehren, was sie wollen: warum sollte es mir
verbothen seyn, vor Irrthümern zu warnen, oder sie
nur anzuzeigen?

Ganz anders ist es mit dem II. Theile meiner Dichtkunst beschaffen gewesen. Ich habe in demselben viele
Mängel bemerket, die ich gleich anfangs nicht gewahr
geworden war: und diesen habe ich hier, meiner Einsicht
nach, völlig abgeholfen. Man glaube nicht, daß dieses
irgend die Regeln und Lehrsätze betreffe, denen ich
vorhin gefolget war. Keinesweges! diese waren ja
nur Folgerungen, aus den Grundsätzen des ersten
Theiles. Stunden nun diese fest; wie konnte ich von
jenen abgehen? Hatte ich also keine Fehler zu verbessern, so fand ich destomehr Lücken auszufüllen; die ich
in den vorigen Ausgaben gelassen hatte. Es gab noch
viele Arten von Gedichten, von welchen ich gar nicht gehandelt; und andere, von welchen ich nur beyläufig
geredet hatte. Diese lagen mir nun so sehr am Herzen,

daß ich nicht umhin konnte, diese Mängel zu ergänzen, und eine gute Anzahl neue Hauptstücke auszuarbeiten. Der Augenschein wird solches den geneigten Leser selbst lehren: wenn er nur auf das Verzeichniß der Hauptstücke dieses Theiles einen Blick werfen, und dasselbe, mit den Hauptstücken der vorigen Auflagen zusammen halten will.

Gleichwohl habe ich diese Hauptstücke nicht alle durch einander geworfen, wie sie mir in den Kopf gekommen. Nach reifer Ueberlegung habe ich es für gut befunden, diejenigen Arten der Gedichte, die von den Alten schon erfunden worden, von den Erfindungen der Neuern abzusondern; ungeachtet ich in allen meinen wälschen, französischen, englischen und deutschen Vorgängern kein Exempel davon vor mir sah. Der erste Abschnitt dieses Theiles enthält also XIV. Hauptstücke, darinn ich diese bekannten Arten alter Gedichte zureichend abgehandelt; und zwar in eben der Ordnung, darinn sie allem Ansehen nach, zuerst erfunden worden: so viel als man aus den vorhandenen Ueberbleibseln derselben urtheilen kann.

Hierauf folgen nun die neuern Gattungen der Gedichte in IX Hauptstücken, deren jedes aber, mehr als eine Art derselben in sich hält. Ich hielt nämlich dafür, daß gewisse verschwisterte Arten sich schon mit einander vertragen würden: angesehen mir sonst die Zahl der Hauptstücke zu groß geworden seyn möchte. Auch hier habe ich allemal auf den Ursprung und die Zeit der Erfindung gesehen. Ich habe den ersten Quellen vieler Gedichte bey den Franzosen, Wälschen, und Provenzaldichtern des XII und XIII Jahrhunderts nachgespüret; und glaube darinn manche Ent-

deckung

deckung gemacht zu haben, die auch dem Minturno,
Crescimbeni, und Muratori, so gelehrt und scharf=
sinnig sie sonst gewesen, entwischet waren.

Ich habe mir ferner angelegen seyn lassen, in allen
diesen neuen Hauptstücken; ja auch in den Alten, die
da geblieben, die nöthigsten historischen Nachrichten,
von denen Dichtern zu geben, die sich dadurch hervor=
gethan. Um nicht in eine verdrüßliche Eintrâchtigkeit
zu fallen, habe ich bald von den Auswârtigen, bald von
den Deutschen, bald von den Alten den Anfang ge=
macht: nachdem die Sachen es erfoderten. Bald
habe ich es im Anfange, bald in der Mitte, bald gegen
das Ende der Capitel gethan: und ich hoffe, daß dieser
kleine Vorschmack, von meiner weit größern Geschichte
der deutschen Poesie, niemanden misfallen, oder zum
Ekel werden wird. Es ist allemal was schönes, und
lehrreiches, die Vorgânger in einer freyen Kunst zu
kennen, deren Beyspielen man entweder zu folgen,
oder deren Spuren man zu fliehen Ursache hat. Und
ich schmäuchele mir, daß noch keine deutsche Dichtkunst,
in diesem Stücke so viel Nachrichten gegeben hat, als
die meinige.

Weil nun alle diese ansehnlichen Zusâtze sehr vielen
Platz brauchten; ich aber mein Buch den Kâufern
und Liebhabern nicht viel theurer machen wollte: so
war kein anderer Rath, als die Exempel unserer Dich=
ter, bey allen den Hauptstücken wegzulassen, wo ich sie
hingesetzet hatte. Ich habe den Lesern ohnedieß so
viel Poeten angepriesen, und kleine Stücke aus ihren
Schriften zur Probe gegeben; daß ich hoffen kann, sie
werden sich selbst eine auserlesene Sammlung dersel=
ben anzuschaffen bedacht seyn. Außerdem habe ichs
mit

mit den Exempeln meinen Tadlern niemals recht machen können. Gab ich anfänglich meine eigene: so
schrien sie: das sey eine unerhörte Sache, daß man
seine eigenenMuster andern zurNachahmung vorlege.
Wurde nun gleich dieser Vorwurf, in den hällischen
Bemühungen einer groben Unwahrheit überführet:
so wich ich doch, aus Liebe zum Frieden, und gab fremde Beyspiele zu Mustern. Aber auch dabey traf ichs
nicht recht. Man rückte mir vor, ich hätte den alten
Dichtern manche unrechte Lesart gegeben: wenn ich irgend Anfängern zu gut, nur manchen Archaismum
ein wenig gebessert hatte. Wohlan, ich mache es auch
itzt, wie jener Mann in Kanitzens Fabel, der es niemals recht machen konnte. Nun bleiben alle Exempel
weg: und sonder allen Zweifel, wird auch dieses nicht
recht seyn. Dem sey aber, wie ihm wolle: hinfort
werde ich meinen Kopf auch aufsetzen, und mit eben
dem Manne sagen:

> : · Sollt ich mich in alle Leute schicken:
> So packten sie mir gar den Esel auf den Rücken.

Wie nämlich meine Dichtkunst itzo ist, so soll sie bleiben: meine Widerbeller mögen sagen, was sie wollen.
Der geneigte Leser lasse sich meinen Eifer ihm zu dienen, und den Flor der schönen Wissenschaften zu befördern, gütigst gefallen, und bleibe mir ferner gewogen.
Dieß wird der süßeste Lohn meiner Bemühungen
seyn.

Geschr. den 10 des Weinm.
1751.

Gottsched.

Inhalt.

Inhalt.

V. Von

Inhalt.

Des zweyten Theiles
zweyter Abschnitt.

Von Gedichten, die in neuern Zeiten erfunden worden.

꘎꘎ ▣ ꘎꘎

Vorrede

Vorrede zur dritten Auflage,
von 1742.

ein Vergnügen, das ich bey der andern Ausgabe dieses Buches, vor vier bis fünf Jahren bezeuget habe, hat sich billig bey dieser
ritten verdoppeln müssen. Die wiederholten zahlrei-
)en Abdrücke desselben, haben sich in der halben Zeit
erkaufen lassen, darinn die erste Auflage von 1729. ab-
egangen war; und mir also einen doppeltstarken Be-
)eis, von der guten Aufnahme dieser poetischen Anwei-
ing an die Hand gegeben. Wollte ich mich nun den
ngenehmen Empfindungen eines Schriftstellers über-
ssen, womit ihn die Eigenliebe bey solchen Vorfällen
:füllen kann: so hätte ich hier die schönste Gelegenheit
a;u. Wenn andere, deren Bücher Ladenhüter bleiben,
uf den verderbten Geschmack unsrer Landesleute schel-
n: so dörfte ich nur auf den öffentlichen Beyfall der
'äufer und Leser meiner Dichtkunst trotzen; und dar-
18 entweder den gereinigten Geschmack der deut-
hen Nation, oder doch den Beweis herleiten, daß mein
3uch nicht ohne Nutzen gewesen seyn müsse. So ge-
cht aber hierinnen meine Folgerungen vieleicht seyn
ürden, so will ich sie doch nicht selber machen; sondern
: lieber der unparteyischen Nachwelt überlassen, ein
eyes Urtheil davon zu fällen: welches weder ein Freund,
'r mir eine Vorrede dazu machte, noch ein Feind, dem
18 Glück meines Buches ein Dorn in den Augen wäre,
it solchem Nachdrucke abfassen könnte.

Ich übergehe also diese schmäuchelhafte Betrach-
ng billig mit Stillschweigen; und rechne es mir mit
ößerm Rechte für eine Ehre an, daß ich in dem Vor-
ße, eine kritische Dichtkunst zu schreiben, seit einiger
:it einen Nachfolger bekommen habe. Ein gelehrter
tann und Kunstrichter in Zürich hat sich die Mühe ge-

Krit. Dichtk.   b   nom-

nommen, diejenige Bahn, die ich nunmehr vor drey-zehn
Jahren, als ein junger Schriftsteller zuerst gebrochen,
auch zu betreten, und ein doppelt stärkeres und folglich
theureres Buch, als dieses meinige ist, von der Dichtkunst ans Licht zu stellen. Und was das angenehmste
bey der ganzen Sache ist, so hat dieser tiefsinnige Mann
seiner gelehrten Waare keinen bessern und reizendern Titel geben zu können geglaubet; als wenn er ihn meinem
Buche abborgete, und das seinige gleichfalls eine criti-
sche Dichtkunst betitelte.

   Ich weis wohl, daß es eigensinnige Köpfe giebt, die
sich einbilden, ein Schriftsteller, der sich einmal gewisser
Wörter bemächtiget hat, seiner Schrift einen Namen
zu geben, der habe sich dadurch, nach dem Rechte der
Natur, das Recht des Eigenthumes darauf erworben,
und sey nunmehr befugt, alle andere von dem Gebrauche
derselben auszuschließen. Noch andere glauben mit dem
scharfsinnigen Bayle, und nach dem Beyspiele gewisser
Schriftsteller voriger Zeiten: es sey eine Beschimpfung
für den Urheber eines Buches, wenn sich bald darauf
ein anderer über dieselbige Materie hermacht, und in einerley Absichten die Feder ansetzet. Denn, sagen sie,
glaubte dieser neue Schriftsteller, daß sein Vorgänger
seine Pflicht recht erfüllet, und sein Vorhaben zulänglich
ausgeführet hätte: so würde er sich gewiß nicht zum an-
dernmale daran gemacht haben. Eine Ilias nach dem
Homer zu schreiben, das heißt also, nach der Meynung
dieser Richter, eben so viel; als diesen Dichter mit seiner
Arbeit verwerfen, und ihm auf eine verdeckte Art in die
Augen sagen: daß sein Werk nichts tauge, und noch
einmal ausgearbeitet werden müsse.

   Allein so wahrscheinlich auch immermehr diese Schlüsse
zu seyn scheinen mögen: so kann ich mich doch denenselben nicht ergeben. Ich sehe es gar zu deutlich ein, daß
man mir durch solche Einstreuungen die Freude versal-
zen will, die ich über einen kritischen Nachfolger von sol-

cher

cher Wichtigkeit, billig empfunden habe. Ohne Ruhm
zu melden, bin ich der erste gewesen, der unserer Nation
eine kritische Dichtkunst zu liefern das Herz, oder die
Verwegenheit gehabt. Hätte ich nun darinn, nach dem
Urtheile der Kenner, eine unnöthige Mühe übernommen;
und wären andere aufgestanden, welche die Poesie von
dem Joche der Beurtheilungskunst zu befreyen unternommen hätten: so wäre dieses unstreitig eine Kränkung
für mich gewesen; zumal, wenn diese gar einen größern
Beyfall bekommen, und das Andenken aller Kritik gleichsam verhaßt und ehrlos gemachet hätten. Allein dieses
harte Schicksal hat mich, zu allem Glücke, nicht betroffen. Die gelehrtesten Männer in Zürich bestärken
durch ihren Beyfall mein Urtheil, daß es nöthig sey, eine
Dichtkunst kritisch einzurichten: ja, was das meiste ist,
sie folgen selber meinem Exempel nach, und führen etwas
von demjenigen, nach ihrer Art, weitläuftiger aus, was
ich mit so gutem Grunde und Beyfalle angefangen hatte.

Bey dieser Vorstellung nun rühren mich die vorigen
Einwürfe gar nicht. Der Gebrauch der Wörter ist ja
von der Art derjenigen Dinge, die in dem Rechte der
Natur, nach Art der Luft, des Sonnenlichtes und des
Wassers großer Flüsse, bey allem Gebrauche derselben,
unerschöpflich sind, und also allen gemein bleiben müssen.
Warum sollte also nicht ein Schriftsteller das Recht
haben, sein Kind zu taufen, wie er will; wenn gleich ein
anderer dem Seinigen eben den Namen gegeben hat?
Warum sollte dasjenige in Zürch niemanden freystehen,
was mir in Leipzig freygestanden hat? Oder, warum sollte
ich böse werden, daß ein anderer meine Erfindung, auf die
kräftigste Art, die nur erdacht werden kann, gebilliget hat?

Der andere Einwurf scheint noch gefährlicher zu seyn,
ist es aber in der That nicht; wenn man nur die Sache
in genauere Betrachtung zieht. Es kömmt bey den Büchern nicht nur auf ihren Titel, sondern auch auf den
Inhalt an. So gleichlautend oft jener auf zweyen
b 2 Wer-

Werken ist, so ungleich kann doch dieser letztere...
und ich darf mich, ohne stolz zu thun, nur auf die...
cher, und leipziger kritische Dichtkunst beruffen. D...
Inhalt unserer Bücher ist in den allermeisten Stück...
und Capiteln soweit von einander unterschieden, daß m...
sie schwerlich für einerley Buch halten wird, wenn m...
sie nur ein wenig betrachten will. Z. E. Da ich...
meiner Dichtkunst, nach der allgemeinen Abhandlun...
des Zubehörs zur Poesie, von allen üblichen Arten d...
Gedichte gehandelt, und einer jeden ihre eigenen Rege...
vorgeschrieben habe; dadurch Anfänger in den Sta...
gesetzt werden, sie auf untadeliche Art zu verfertige...
Liebhaber hingegen, dieselben richtig zu beurtheilen:...
hält die zürcherische Dichtkunst nichts von dem alle...
sich. Man wird daraus weder eine Ode, noch eine Ca...
tate; weder ein Schäfergedicht, noch eine Elegie; we...
der ein poetisches Schreiben, noch eine Satire; wede...
ein Sinngedicht, noch ein Lobgedicht; weder eine Epo...
pee, noch ein Trauerspiel; weder eine Komödie, noch e...
ne Oper, machen lernen. Alles dieses, sage ich, steht i...
der zürcher Dichtkunst nicht: es sey nun, weil etwa i...
allen diesen Stücken die Kritik nichts zu sagen hat; ode...
weil man ein Poet seyn kann, ohne eins von allen die...
sen Stücken zu verfertigen. Wer also dieselbe in de...
Absicht kaufen wollte, diese Arten der Gedichte darau...
abfassen zu lernen, der würde sich sehr betrügen, und fei...
Geld hernach zu spät bereuen.

Ich weis gewiß, daß viele hier voller Verwunde...
rung fragen werden: was denn nun endlich in ein...
Dichtkunst von zween starken Octavbänden stehen kön...
ne, wenn es an den wesentlichsten Theilen eines solche...
Buches fehlet? Allein diese Frage wird mir gewiß nie...
mand machen, als der sich nicht besinnet: daß der Urhe...
ber derselben einer von den bekannten zürcher Maler...
sey, welche vor zwanzig Jahren, in ihren sogenannten
Discursen, die Sitten ihrer Stadt abgeschildert haben.

Hat

Hat nun Herr von Fontenelle richtig geurtheilet, daß jedermann die Welt mit solchen Augen ansehe, die sich zu seinen Absichten schicken; der Held z. E. für einen schönen Platz, Menschen zu erwürgen; der Gärtner für einen bequemen Raum, Gärten zu pflanzen; der Verliebte, für eine gute Gegend zu buhlerischen Abentheuern u. s. w. was war wohl von unserm Maler anders zu vermuthen, als daß er die ganze Dichtkunst in eine Kunst zu malen, verwandeln, und von lauter poetischen Malereyen, und denen dazu nöthigen Farben handeln würde? Fällt nun dabey jemanden die nützliche Regel ein, die obgedachten zürcher Malern, von einem Kunstverständigen aus Hamburg, in einem schönen Sinngedichte gegeben worden, das im III B. der Poesie der Niedersachsen, auf der 250 Seite steht; und verlangt er von mir zu wissen, ob sie in diesem Buche besser beobachtet worden, als in jenen sittlichen Malereyen? so muß ich ihm aus Höflichkeit die Antwort so lange schuldig bleiben, bis wir in Leipzig die zürcherische Bergsprache besser werden gelernet haben.

Wie also, damit ich wieder auf meinen Zweck komme, die Ilias Homers, durch die neuere Ilias desjenigen Dichters nicht um ihren Werth gebracht worden; der sich vorgenommen hatte, den ganzen trojanischen Krieg zu besingen, und tausend schöne Sachen nachzuholen, die sein Vorgänger übergangen hatte; indem vielmehr diese vermeynte größere Ilias, vom Aristoteles, in Ansehung der homerischen, die kleine Ilias genennet worden: also könnte es leicht kommen (doch ohne mich auf einige Weise mit dem Homer zu vergleichen, als mit dessen Werke mein Buch gar keine Aehnlichkeit hat), daß auch die zürcherische Dichtkunst, so stark sie ihrer Größe und Absicht nach ist, dennoch bey dem Mangel so vieler nöthigen Hauptstücke, von allen üblichen Arten der Gedichte, gegen die meinige zu rechnen, bey der Nachwelt, nur eine kleine Dichtkunst genennet würde.

Ich

Ich habe mich bisher mit Fleiß nur immer auf **Zürich**, und nicht auf die ganze Schweiz bezogen; ganz anders, als bisher von vielen unserer misvergnügten Schriftsteller geschehen; die insgemein die Schuld von ein Paar Kunstrichtern, der ganzen löblichen Eidgenossenschaft auf den Hals gewälzet haben. Und gesetzt, ich wäre selbst bisher, auch wohl in dieser neuen Auflage meiner Dichtkunst, in dieses Versehen gefallen: so will ich doch hiermit selbiges allen andern Einwohnern dieses ansehnlichen Landes abgebethen haben; seitdem ich von etlichen wackern und gelehrten Männern, aus benachbarten Cantons, belehret und versichert worden: daß die ganze Schweiz den zürcherischen Kunstrichtern in ihren Lehrsätzen und Urtheilen eben nicht beypflichte, viel weniger dieselben dazu bevollmächtiget habe, allem deutschen Witze Hohn zu sprechen. Ich will doch, weil man mir in Zürich das Exempel dazu gegeben hat, einmal auch als ein Mathanasius thun, und Stellen aus ein Paar Briefen anführen, die ich deswegen, nur vor kurzem, und in währendem Drucke dieses Buches, erhalten habe.

Der erste vom 1 des Wintermonats hat folgendes:

Wir haben hier mit Freuden und Vergnügen gesehen, daß Bodmer und Breitinger hin und her in Deutschland hergenommen werden. Der Hochmuth und die Einbildung dieser Leute ist unerträglich. Es ist sich aber nicht zu verwundern: die Herren von Zürich haben große Einbildung, weilen sie in dem ersten Canton der Schweiz gebohren sind. Es ist unglaublich, wie groß die Einbildung der Herren von Zürich wegen diesem Vorsitz ist, der doch nichts zu bedeuten hat. Ich versichere sie aber, daß Zürich von allen vernünftigen Schweizern als das helvetische Siberien, in welchem große Wörter- und Sprachmänner entstanden, da aber Witz und Verstand wenig Platz finden, angesehen wird. Die Sitten, die Sprache, die Lebensart, die Kleidung der Zürcher ist von der unsern so unterschieden, daß man glauben sollte, sie wären mehr denn hundert Meilen von uns entfernet. Das ist gewiß, daß sie arbeitsame Leute, aber in geist= u. vernünftigen Sitten werden sie noch lange Zeit grobe Schweizer bleiben.

Das

Das andere Schreiben ist vom 3 desselben Monats, und darinn drücket man sich so aus:

Wir nehmen an dem Kriege, den unsere Landesleute von Zürich wider die ganze deutsche Nation vorgenommen haben, kein Theil. Fertiget man sie ferner ab, wie es in einem periodischen Werke zu Leipzig erst vor kurzem geschehen ist, so wird ihnen die Lust vergehen. Wir wünschen unsern Landsleuten mehrere Liebe zum Frieden und zum Natürlichen; so werden sie von Deutschland ablassen, und mit Miltons Liebhabern anbinden.

Nach solchen feyerlichen und einstimmigen Erklärungen zweener berühmten schweizerischen Gelehrten, habe ich meinem Gewissen nach, nicht anders gekonnt, als daß ich, anstatt der allgemeinen Benennung, die besondere erwählet; werde es auch künftig allemal so halten, wenn man mich nöthigen sollte, wider meine Neigung, meine Feder zu kritischen Streitschriften zu ergreifen.

Kürzlich noch etwas von den Vorzügen dieser neuen Ausgabe zu erinnern, muß ich dem geneigten Leser folgendes melden. Zuförderst habe ich in diesem Buche vom Anfange bis zum Ende, die Schreibart nochmals mit der größten Sorgfalt und Aufmerksamkeit ausgebessert; als worinn man immer, nach Verfließung einiger Zeit, kleine Unachtsamkeiten entdecket, die man gleich Anfangs nicht wahrgenommen. Zweytens habe ich auch in den Regeln und Vorschriften, zu mehrerer Erläuterung und Bestärkung derselben, noch manches beygefügt, das in den vorigen Ausgaben nicht gestanden; auch hin und wieder manchen Scribenten angeführet, worinn dasjenige mit mehrerm nachgelesen werden kann, was ich nur kurz hatte anführen können. Drittens habe ich auch an verschiedenen Orten, denen Einwürfen begegnen müssen, die man in öffentlichen kritischen Schriften, zumal aus Zürich her, dagegen gemacht: doch habe ich mich sowohl der Namen meiner Gegner, als aller Anzüglichkeiten, billig enthalten; als welche nichts zur Sache thun, und vielmehr einen Uebelstand machen würden. Habe ich aber, was den miltonischen Geschmack betrifft,

b 4

den

den man uns, nach Verbannung des marinischen, mit
Gewalt aufdringen will, mich bisweilen, von der Sache
selbst harter Redensarten bedienet: so bedenke man, daß
der Eifer wider ein besorgliches Uebel, welches den bisherigen Glanz unserer Muttersprache und freyen Künste
bald wieder verdunkeln könnte, uns leicht zuweilen einnehmen, und solche Ausdrückungen in den Mund legen
kann, die man sonst ungern gebrauchen würde.

Endlich so ist das Wichtigste, und wodurch diese
Ausgabe unfehlbar einen großen Vorzug vor allen vorigen erhalten wird, dieses: daß ich nicht nur im ersten
Theile dieses Buches, mehr Exempel aus guten und
schlechten Dichtern angeführet; sondern auch im andern
Theile, bey allen Capiteln, wo vorhin Exempel von meiner eigenen Arbeit stunden, lauter Meisterstücke von unsern besten Dichtern eingeschaltet habe.* Ich habe aber
dieselben mit gutem Bedachte nicht eben aus den neuesten, die ohnedem in aller Händen sind, und die auch ohne mein Zuthun gelesen werden; sondern aus den ältern,
als Opitzen, Flemmingen, Dachen, Racheln, Neukirchen u. d. m. die nicht ein jeder hat, oder lieset, hergenommen. Ich will aber dadurch, daß ich sie zu Mustern anführe, nicht eben alle kleine Fehler der Wortfügung, des Sylbenmaaßes und der Reime billigen; die
man noch hin und her, als Ueberbleibsel des vorigen
Jahrhunderts anmerken wird. Nein, ich will nur den
gesunden und männlichen Geschmack dieser Helden in
unserer Sprache und Dichtkunst anpreisen, und bekannter machen; um wo möglich, der neuen Sucht, gekünstelt, versteckt und unergründlich zu schreiben, die sich hin
und her reget, zu steuren. Erlange ich dieses, so wird
mich auch in diesem Stücke mein gefaßter Entschluß niemals gereuen.

Geschrieben im Jänner, 1742.

Gottsched.

Vor=

* Dieses galt von der III. Auflage.

Vorrede zur zweyten Auflage, von 1737.

Geneigter Leser,

Hiermit habe ich das Vergnügen, dir eine neue und durchgehends verbesserte Auflage meiner kritischen Dichtkunst zu liefern. Es sind nunmehr eben acht Jahre verflossen, da ich dieses Buch zum erstenmale aus Licht stellete, und in währender Zeit ist dasselbe gänzlich abgegangen: obgleich die Regeln der Poesie eben nicht so häufig, als die Anleitungen zu andern freyen Künsten und Wissenschaften gesuchet werden. Wenn ich mir schmäucheln darf, daß dadurch viele einen bessern Begriff von der wahren Dichtkunst bekommen haben, als man vorhin insgemein gehabt: so ist mir die darauf verwandte Mühe reichlich belohnet worden. Zum wenigsten habe ich das Vergnügen gehabt, von vielen Orten her, schriftliche Versicherungen von unbekannten Personen, zu erhalten, daß sie, aus meiner Dichtkunst allererst, das rechte Wesen der Poesie einsehen gelernet. Ja was noch mehr ist, ich habe es mit Lust wahrgenommen, wie seit der Zeit nicht nur in Leipzig, sondern an sehr vielen andern Orten, die Schriften angehender Poeten ein ganz anderes Ansehen gewonnen: daraus denn nicht undeutlich zu spüren gewesen, daß die in meiner Dichtkunst enthaltenen Regeln, ihnen zur Richtschnur gedienet hätten.

Doch indem ich dieses süßen Vergnügens, als einer natürlichen Belohnung meiner kritischpoetischen Bemühungen, erwähne: so ist es keineswegs ein Stolz oder eine Ruhmredigkeit, die mir solches in den Mund leget. Ich weis es nur gar zu wohl, wie wenige, von denen guten Früchten, die meine Dichtkunst getragen, mir eigenthümlich zugehören. Diejenigen großen Leute, die alles, was sie schreiben, aus ihrem eigenen fruchtbaren Geiste hernehmen, und keinem Lehrmeister etwas zu verdanken haben, mögen auf ihre Schriften stolz werden. Sie haben ein Recht dazu, welches ich ihnen nicht streitig machen

kann.

kann: Sie sind so glücklich, dasjenige in sich selbst zu finden, was Leute von meiner Gattung, nach Art ämsiger
Bienen, erst auf fremden Fluren, mit vieler Mühe, zusammen suchen müssen! Ihr unerschöpflicher Witz vertritt
bey ihnen die Stelle großer Büchersäle, und einer langweiligen Belesenheit. Daher können sie ungescheut diejenigen Opfer sich selbst anzünden, die wir andern, unsern
Vorgängern und Lehrern zu bringen pflegen. Was ist
billiger, als daß ein jeder diejenige Quelle krönet, daraus er
geschöpfet hat! Und ich bin versichert, daß niemand von
diesen großen Geistern mir das Bekenntniß misgönnen
wird, das ich schon in der Vorrede der ersten Ausgabe gethan habe : daß ich nämlich alles, was etwa in meiner
kritischen Dichtkunst Gutes enthalten seyn würde, nicht
mir selbst, sondern den größten Kritikverständigen alter
und neuer Zeiten zu verdanken hätte. Ich erzählte nämlich daselbst gleichsam meinen poetischen Lebenslauf, und
rühmte diejenigen, aus deren Einsicht ich meinen größten
Vortheil gezogen, und durch deren Schriften und münd-
liche Unterredungen, mir gleichsam die Augen zuerst aufgegangen wären. Und durch das alles war ich bemüht,
meinen Lesern zu zeigen, wie ich allmählich auf den Vorsatz gebracht worden, eine kritische Dichtkunst zu schreiben.

Dieses alles nun zu erwähnen, hatte ich dazumal die
größte Ursache : indem ich als ein angehender Scribent
noch in dem Ansehen nicht stund, welches meinen Regeln
ein Gewicht geben, und meinem Buche, durch mich selbst,
eine gute Aufnahme hätte versprechen können. Wie nöthig aber dieses bey allen sey, die sich zu öffentlichen Lehrern aufwerfen wollen, das sah ich nicht nur damals ein;
sondern ich erkenne es noch diese Stunde. Wem ist es
unbekannt, wie wenige Leser in diesem Falle unparteyisch
sind, und bloß auf die Gründe, die jemand anführet, zu
sehen pflegen? Und wenn ich gleich itzo die weitläuftige
Erzählung weglasse, dadurch ich dazumal meinen kritischen Regeln einigen Glauben zu erwerben suchte: so geschieht es keinesweges aus der Ursache, als ob ich mein ei-

genes

genes Ansehen itzo schon für zulänglich hielte, meine Vorschriften und Urtheile zu bestätigen. Nein, ich erkenne es
gar zu wohl, wie viel mir daran fehlet: und wenn bey vielen die von mir angegebenen Gründe nicht zulangen sollten, die vorgetragenen Lehren zu rechtfertigen; so muß ich
von neuem, zu denen fliehen, die meine Vorgänger und
Lehrmeister in der kritischen Dichtkunst gewesen. Ich trage also auch bey dieser neuen Auflage kein Bedenken, zu
gestehen, daß ich alle meine kritischen Regeln und Beur-
theilungen, alter und neuer Gedichte, nicht aus meinem
Gehirne ersonnen; sondern von den größten Meistern und
Kennern der Dichtkunst erlernet habe. Aristoteles, Horaz, Longin, Scaliger, Boileau, Bossu, Dacier, Perrault, Bouhours, Fenelon, St. Evremond, Fontenelle, la Motte, Corneille, Racine, Des Callieres und
Füretiere; ja endlich noch Shaftesbury, Addison,
Steele, Castelvetro, Murale und Voltaire, diese alle,
sage ich), waren diejenigen Kunstrichter, die mich unter-
wiesen, und mich einigermaßen fähig gemacht hatten, ein
solches Werk zu unternehmen.

Daß dieses mein Geständniß aufrichtig gewesen sey,
das haben alle Blätter meines Buches sattsam darthun
können: und ich habe darinnen auch selbst das Urtheil der
Widriggesinnten für mich anzuführen, die mir gar einen
Vorwurf daraus gemacht haben. Sie haben mich beschuldiget: ich hätte nur die Franzosen ausgeschrieben:
und wäre nicht einmal über die rechten gekommen. Ich
danke zuförderst diesen gelehrten Scribenten, für ein solch
öffentliches Zeugniß: ob sie es wohl ohne große Scharfsinnigkeit haben ablegen können; nachdem ich selbst alle
obige Schriftsteller alter und neuer Zeiten namhaft gemacht, und alles, was in meinem Buche gut war, ihnen
zugeeignet hatte. Ich habe es schon oben erwähnet, daß
ich so glücklich nicht bin, als gewisse große Geister, die ohne ihre Vorgänger in Künsten und Wissenschaften ge-
sen zu haben, dennoch ihrem Vaterlande lauter Meisterstücke vorlegen können. Und in dieser Empfindung mei-

der

ner eigenen Schwäche beneide ich an Jhnen, alle die
neuen Einfälle und Entdeckungen, womit sie die Kritik
schon bereichert haben.

Was aber das verhaßte Wort, ausschreiben, anlangt, dessen sich diese scharffinnige Kunstrichter, nach der
ihnen zukommenden dictatorischen Macht auf dem Parnasse, zu bedienen beliebet: so überlasse ich es zwar der
Beurtheilung meiner Leser. Diese mögen es entscheiden,
ob es nicht ein wenig zu hart sey; zumal von Leuten, die
selbst noch nichts, als etliche zusammengeraffte Noten, und
ein halb Schock Uebersetzungen gewisser Stellen haben
drucken lassen. Doch gesetzt, sie behielten Recht; so würde
ich doch vor ihrem Machtspruche so wenig erschrecken, daß
ich ihnen vielmehr mit dem berühmten Rollin, aus seiner
Vorrede zur alten Historie, antworten würde: Pour embel-
lir & enrichir mon Livre, je declare, que je ne me faits point
un scrupule, ni une honte, de piller par tout, souvent même sans citer les Auteurs que je copie: parce que quelquefois je me donne la liberté d'y faire quelques changemens.
Je profite, autant que je puis, des solides Reflexions, que
l'on trouve dans - - Je tire aussi de grands secours de - -
Il en sera ainsi de tout ce qui me tombera sous la main,
dont je ferai tout l'usage, qui pourra convenir à la composition de mon livre, & contribuer à sa perfection.

Wollen sie wissen, wie ich diese meine Freyheit ver-
antworten wolle: so werde ich ihnen, mit folgenden Worten eben dieses großen Mannes, die Erklärung geben: Je
sens bien, qu'il-y a-moins de gloire à profiter ainsi du tra-
vail d'autrui, & que c'est en quelque sorte renoncer à la
qualité d'Auteur: mais je n'en suis pas fort jaloux & se-
rois fort content, & me tiendrois très-heureux, si je pou-
vois être un bon Compilateur, & fournir un livre passable
à mes Lecteurs, qui ne se mettront pas beaucoup en peine,
s'il vient de mon fonds ou non, pourvû qu'il leur plaise.
Und bey dieser Verantwortung werde ich so kühn, daß ich
auch das Herz fasse, noch mehrere alte und neue Scribenten anzuführen, die ich bey dieser neuen Auflage ge-

brau-

brauchet habe, um mich theils in meinen alten Begriffen
zu bestärken, theils aber auch dieselben noch vollkomme=
ner ins Licht zu setzen. Diese sind nun, von Italienern
Riccoboni, in seiner Historie der italienischen Schau=
bühne; ferner das Paragone della Poesia Tragica d'Italia
con quella di Francia, eines Ungenannten, nebst der lan=
gen Einleitung des Herrn Muratori zu seinem Theatro
Italiano, so er 1728 in dreyen Octavbänden zu Verona
herausgegeben.   Von Franzosen sind mir P. Rapin in
seinen Reflexions sur la Poetique, und in den Compar·i-
sons des grands Hommes; der Pater Brumois in sei=
nem Theatre des Grecs; des Abts Hedelin von Aubignac
Pratique du Theatre, die uns der gelehrte Herr von Stein=
wehr neulich so geschickt ins Deutsche übersetzet hat; und
des Herrn Remond de St. Mard Reflexions sur la Poesie
en general, & sur les autres petits Poemes, in meiner Ar=
beit behülflich gewesen.   Von Engländern habe ich den
Tractat eines Unbekannten, The Taste of the Town in
all publick diversions; ferner des Herrn Ramseys Tra-
vels of Cyrus, und des Herrn Pope Essay of Criticism,
nebst seiner Litterary Correspondence fleißig zu Rathe ge=
zogen, und beständig vor Augen gehabt.   Ja auch von
Alten habe ich mir aus des Plato Buche von der Repu=
blik, auch aus dem Cicero, Quintilian und Seneca so
manches; von neuern Kunstrichtern aber den Casaubo=
nus de Poesi Satyrica, des Heinsius Buch de Tragœdiæ
constitutione, den Isaac Vossius de Poematum cantu &
viribus Rhythmi; des Seb. Regulus Erklärung über
das I B. der Aeneis, nebst Rappolts Poetica Aristoteli-
ca, zu Nutze gemacht.   Und hiermit lege ich also allen,
die gern Machtsprüche von Büchern fällen, ohne sie gele=
sen zu haben, nochmals das spottleichte Urtheil in den
Mund: er hat ausgeschrieben!

   Ob ich aber bey diesem meinen Ausschreiben, wie es
ferner heißt, über die unrechten Bücher gerathen; das
ist gleichfalls eine Sache, die ich lediglich dem Urtheile
meiner Leser und allen Verständigen überlasse. Es kann
seyn,

Werken ist, so ungleich kann doch dieser letztere seyn; und ich darf mich, ohne stolz zu thun, nur auf die zür= cher, und leipziger kritische Dichtkunst beruffen. Der Inhalt unserer Bücher ist in den allermeisten Stücken und Capiteln soweit von einander unterschieden, daß man sie schwerlich für einerley Buch halten wird, wenn man sie nur ein wenig betrachten will. Z. E. Da ich in meiner Dichtkunst, nach der allgemeinen Abhandlung des Zubehörs zur Poesie, von allen üblichen Arten der Gedichte gehandelt, und einer jeden ihre eigenen Regeln vorgeschrieben habe; dadurch Anfänger in den Stand gesetzt werden, sie auf untadeliche Art zu verfertigen; Liebhaber hingegen, dieselben richtig zu beurtheilen: so hält die zürcherische Dichtkunst nichts von dem allen in sich. Man wird daraus weder eine Ode, noch eine Can= tate; weder ein Schäfergedicht, noch eine Elegie; we= der ein poetisches Schreiben, noch eine Satire; weder ein Sinngedicht, noch ein Lobgedicht; weder eine Epo= pee, noch ein Trauerspiel; weder eine Komödie, noch ei= ne Oper, machen lernen. Alles dieses, sage ich, steht in der zürcher Dichtkunst nicht: es sey nun, weil etwa in allen diesen Stücken die Kritik nichts zu sagen hat; oder weil man ein Poet seyn kann, ohne eins von allen die= sen Stücken zu verfertigen. Wer also dieselbe in der Absicht kaufen wollte, diese Arten der Gedichte daraus abfassen zu lernen, der würde sich sehr betrügen, und sein Geld hernach zu spät bereuen.

Ich weis gewiß, daß viele hier voller Verwunde= rung fragen werden: was denn nun endlich in einer Dichtkunst von zween starken Octavbänden stehen kön= ne, wenn es an den wesentlichsten Theilen eines solchen Buches fehlet? Allein diese Frage wird mir gewiß nie= mand machen, als der sich nicht besinnet: daß der Urhe= ber derselben einer von den bekannten zürcher Malern sey, welche vor zwanzig Jahren, in ihren sogenannten Discursen, die Sitten ihrer Stadt abgeschildert haben.

Hat

Hat nun Herr von Fontenelle richtig geurtheilet, daß jedermann die Welt mit solchen Augen ansehe, die sich zu seinen Absichten schicken; der Held z. E. für einen schönen Platz, Menschen zu erwürgen; der Gärtner für einen bequemen Raum, Gärten zu pflanzen; der Verliebte, für eine gute Gegend zu buhlerischen Abentheuern u. s. w. was war wohl von unserm Maler anders zu vermuthen, als daß er die ganze Dichtkunst in eine Kunst zu malen, verwandeln, und von lauter poetischen Malereyen, und denen dazu nöthigen Farben handeln würde? Fällt nun dabey jemanden die nützliche Regel ein, die obgedachten zürcher Malern, von einem Kunstverständigen aus Hamburg, in einem schönen Sinngedichte gegeben worden, das im III B. der Poesie der Niedersachsen, auf der 250 Seite steht; und verlangt er von mir zu wissen, ob sie in diesem Buche besser beobachtet worden, als in jenen sittlichen Malereyen? so muß ich ihm aus Höflichkeit die Antwort so lange schuldig bleiben, bis wir in Leipzig die zürcherische Bergsprache besser werden gelernet haben.

Wie also, damit ich wieder auf meinen Zweck komme, die Ilias Homers, durch die neuere Ilias desjenigen Dichters nicht um ihren Werth gebracht worden; der sich vorgenommen hatte, den ganzen trojanischen Krieg zu besingen, und tausend schöne Sachen nachzuholen, die sein Vorgänger übergangen hatte; indem vielmehr diese vermeynte größere Ilias, vom Aristoteles, in Ansehung der homerischen, die kleine Ilias genennet worden: also könnte es leicht kommen (doch ohne mich auf einige Weise mit dem Homer zu vergleichen, als mit dessen Werke mein Buch gar keine Aehnlichkeit hat), daß auch die zürcherische Dichtkunst, so stark sie ihrer Größe und Absicht nach ist, dennoch bey dem Mangel so vieler nöthigen Hauptstücke, von allen üblichen Arten der Gedichte, gegen die meinige zu rechnen, bey der Nachwelt, nur eine kleine Dichtkunst genennet würde.

Ich

Ich habe mich bisher mit Fleiß nur immer auf Zürich, und nicht auf die ganze Schweiz bezogen; ganz anders, als bisher von vielen unserer misvergnügten Schriftsteller geschehen; die insgemein die Schuld von ein Paar Kunstrichtern, der ganzen löblichen Eidgenossenschaft auf den Hals gewälzet haben. Und gesetzt, ich wäre selbst bisher, auch wohl in dieser neuen Auflage meiner Dichtkunst, in dieses Versehen gefallen: so will ich doch hiermit selbiges allen andern Einwohnern dieses ansehnlichen Landes abgebethen haben; seitdem ich von etlichen wackern und gelehrten Männern, aus benachbarten Cantons, belehret und versichert worden: daß die ganze Schweiz den zürcherischen Kunstrichtern in ihren Lehrsätzen und Urtheilen eben nicht beypflichte, vielweniger dieselben dazu bevollmächtiget habe, allem deutschen Witze Hohn zu sprechen. Ich will doch, weil man mir in Zürich das Exempel dazu gegeben hat, einmal auch als ein Mathanasius thun, und Stellen aus ein Paar Briefen anführen, die ich deswegen, nur vor kurzem, und in währendem Drucke dieses Buches, erhalten habe.

Der erste vom 1 des Wintermonats hat folgendes:

Wir haben hier mit Freuden und Vergnügen gesehen, daß Bodmer und Breitinger hin und her in Deutschland hergenommen werden. Der Hochmuth und die Einbildung dieser Leute ist unerträglich. Es ist sich aber nicht zu verwundern: die Herren von Zürich haben große Einbildung, weilen sie in dem ersten Canton der Schweiz gebohren sind. Es ist unglaublich, wie groß die Einbildung der Herren von Zürich wegen diesem Vorsitz ist, der doch nichts zu bedeuten hat. Ich versichere sie aber, daß Zürich von allen vernünftigen Schweizern als das helvetische Siberien, in welchem große Wörter- und Sprachmänner entstanden, da aber Witz und Verstand wenig Platz finden, angesehen wird. Die Sitten, die Sprache, die Lebensart, die Kleidung der Züricher ist von der unsern so unterschieden, daß man glauben sollte, sie wären mehr denn hundert Meilen von uns entfernet. Das ist gewiß, daß sie arbeitsame Leute, aber in geist- u. vernünftigen Sitten werden sie noch lange Zeit grobe Schweizer bleiben.

Das

Das andere Schreiben ist vom 3 desselben Monats, und darinn drücket man sich so aus:

Wir nehmen an dem Kriege, den unsere Landesleute von Zürich wider die ganze deutsche Nation vorgenommen haben, kein Theil. Fertiget man sie ferner ab, wie es in einem periodischen Werke zu Leipzig erst vor kurzem geschehen ist, so wird ihnen die Lust vergehen. Wir wünschen unsern Landsleuten mehrere Liebe zum Frieden und zum Natürlichen; so werden sie von Deutschland ablassen, und mit Miltons Liebhabern anbinden.

Nach solchen feyerlichen und einstimmigen Erklärungen zweener berühmten schweizerischen Gelehrten, habe ich meinem Gewissen nach, nicht anders gekonnt, als daß ich, anstatt der allgemeinen Benennung, die besondere erwählet; werde es auch künftig allemal so halten, wenn man mich nöthigen sollte, wider meine Neigung, meine Feder zu kritischen Streitschriften zu ergreifen.

Kürzlich noch etwas von den Vorzügen dieser neuen Ausgabe zu erinnern, muß ich dem geneigten Leser folgendes melden. Zuförderst habe ich in diesem Buche vom Anfange bis zum Ende, die Schreibart nochmals mit der größten Sorgfalt und Aufmerksamkeit ausgebessert; als worinn man immer, nach Verfließung einiger Zeit, kleine Unachtsamkeiten entdecket, die man gleich Anfangs nicht wahrgenommen. Zweytens habe ich auch in den Regeln und Vorschriften, zu mehrerer Erläuterung und Bestärkung derselben, noch manches beygefügt, das in den vorigen Ausgaben nicht gestanden; auch hin und wieder manchen Scribenten angeführet, worinn dasjenige mit mehrerm nachgelesen werden kann, was ich nur kurz hatte anführen können. Drittens habe ich auch an verschiedenen Orten, denen Einwürfen begegnen müssen, die man in öffentlichen kritischen Schriften, zumal aus Zürich her, dagegen gemacht: doch habe ich mich sowohl der Namen meiner Gegner, als aller Anzüglichkeiten, billig enthalten; als welche nichts zur Sache thun, und vielmehr einen Uebelstand machen würden. Habe ich aber, was den miltonischen Geschmack betrifft,

den

den man uns, nach Verbannung des marinischen, mit
Gewalt aufdringen will, mich bisweilen, von der Sache
selbst harter Redensarten bedienet: so bedenke man, daß
der Eifer wider ein besorgliches Uebel, welches den bisherigen Glanz unserer Muttersprache und freyen Künste
bald wieder verdunkeln könnte, uns leicht zuweilen einnehmen, und solche Ausdrückungen in den Mund legen
kann, die man sonst ungern gebrauchen würde.

Endlich so ist das Wichtigste, und wodurch diese
Ausgabe unfehlbar einen großen Vorzug vor allen vorigen erhalten wird, dieses: daß ich nicht nur im ersten
Theile dieses Buches, mehr Exempel aus guten und
schlechten Dichtern angeführet; sondern auch im andern
Theile, bey allen Capiteln, wo vorhin Exempel von meiner eigenen Arbeit stunden, lauter Meisterstücke von unsern besten Dichtern eingeschaltet habe.* Ich habe aber
dieselben mit gutem Bedachte nicht eben aus den neuesten, die ohnedem in aller Händen sind, und die auch ohne mein Zuthun gelesen werden; sondern aus den ältern,
als Opitzen, Flemmingen, Dachen, Racheln, Neukirchen u. d. m. die nicht ein jeder hat, oder lieset, hergenommen. Ich will aber dadurch, daß ich sie zu Mustern anführe, nicht eben alle kleine Fehler der Wortfügung, des Sylbenmaaßes und der Reime billigen; die
man noch hin und her, als Ueberbleibsel des vorigen
Jahrhunderts anmerken wird. Nein, ich will nur den
gesunden und männlichen Geschmack dieser Helden in
unserer Sprache und Dichtkunst anpreisen, und bekannter machen; um wo möglich, der neuen Sucht, gekünstelt, versteckt und unergründlich zu schreiben, die sich hin
und her reget, zu steuren. Erlange ich dieses, so wird
mich auch in diesem Stücke mein gefaßter Entschluß niemals gereuen.

Geschrieben im Jänner, 1742.

Gottsched.

Vor=

* Dieses galt von der III. Auflage.

Vorrede zur zweyten Auflage, von 1737.

Geneigter Leser,

Hiermit habe ich das Vergnügen, dir eine neue und durchgehends verbesserte Auflage meiner kritischen Dichtkunst zu liefern. Es sind nunmehr eben acht Jahre verflossen, da ich dieses Buch zum erstenmale ans Licht stellete, und in währender Zeit ist dasselbe gänzlich abgegangen: obgleich die Regeln der Poesie eben nicht so häufig, als die Anleitungen zu andern freyen Künsten und Wissenschaften gesuchet werden. Wenn ich mir schmäucheln darf, daß dadurch viele einen bessern Begriff von der wahren Dichtkunst bekommen haben, als man vorhin insgemein gehabt: so ist mir die darauf verwandte Mühe reichlich belohnet worden. Zum wenigsten habe ich das Vergnügen gehabt, von vielen Orten her, schriftliche Versicherungen von unbekannten Personen, zu erhalten, daß sie, aus meiner Dichtkunst allererst, das rechte Wesen der Poesie einsehen gelernet. Ja was noch mehr ist, ich habe es mit Lust wahrgenommen, wie seit der Zeit nicht nur in Leipzig, sondern an sehr vielen andern Orten, die Schriften angehender Poeten ein ganz anderes Ansehen gewonnen: daraus denn nicht undeutlich zu spüren gewesen, daß die in meiner Dichtkunst enthaltenen Regeln, ihnen zur Richtschnur gedienet hätten.

Doch indem ich dieses süßen Vergnügens, als einer natürlichen Belohnung meiner kritischpoetischen Bemühungen, erwähne: so ist es keinesweges ein Stolz oder eine Ruhmredigkeit, die mir solches in den Mund leget. Ich weis es nur gar zu wohl, wie wenige, von denen guten Früchten, die meine Dichtkunst getragen, mir eigenthümlich zugehören. Diejenigen großen Leute, die alles, was sie schreiben, aus ihrem eigenen fruchtbaren Geiste hernehmen, und keinem Lehrmeister etwas zu verdanken haben, mögen auf ihre Schriften stolz werden. Sie haben ein Recht dazu, welches ich ihnen nicht streitig machen

kann.

Horaz, einer der aufgeklärtesten Köpfe seiner Zeit, konnte aus einem gerechten Eifer für den guten Geschmack, den Stolz solcher Stümper nicht leiden: zumal, da er sehen mußte, daß der große Haufe seiner Mitbürger von diesen unzeitigen Sylbenhenkern ganz eingenommen war. Denn die Römer waren auch zu Augusts Zeiten lange so gescheid noch nicht, als vormals die Athenienser in Griechenland gewesen waren. Die freyen Künste hatten in Italien spät zu blühen angefangen, und der gute Geschmack war damals noch lange nicht allgemein geworden: Manentque adhuc vestigia ruris, hieß es auch in diesem Stücke. Nach Regeln von Dingen zu urtheilen, das ist ohnedieß kein Werk für unstudirte Leute, ja nicht einmal für Halbgelehrte: und daher kam es, daß Horaz theils seinen Römern eine Anleitung geben wollte, wie sie die Schriften ihrer Poeten recht prüfen könnten; theils auch der großen Anzahl der damaligen Versmacher die Augen zu öffnen suchte, damit sie nicht ferner, aus blinder Eigenliebe, ihre Misgeburten für Meisterstücke ausgeben möchten.

In dieser Absicht nun, trug er aus den griechischen Scribenten, die vor ihm davon geschrieben hatten, die vornehmsten Hauptregeln zusammen, und verfertigte ein herrliches Gedicht daraus. Er richtete solches an die Pisonen, das ist an den Vater Piso, der mit dem Drusus Libo im 738sten Jahre der Stadt Rom, als Horaz 51 Jahre alt war, Bürgermeister geworden; und an dessen beyde Söhne. Dieser Piso war ein Liebhaber und großer Kenner der Poesie, und sein ältester Sohn mochte selbst viel Lust und Naturell dazu haben, wie aus dem Gedichte sattsam erhellen wird. Solchen ansehnlichen Leuten nun, die am kaiserlichen Hofe in großen Gnaden stunden, wollte Horaz eine Richtschnur in die Hand geben, darnach sie sich in Beurtheilung aller Gedichte achten könnten: zu gleicher Zeit aber wollte er den guten Geschmack des Hofes, in ganz Rom und Italien ausbreiten; nachdem er sich selbst, durch unabläßigen Fleiß in griechischen Büchern, sonderlich durch Lesung der kritischen Schriften des Aristoteles,

Kriti,

Krito, Zeno, Demokritus und Neoptolemus von
Paros, in den Regeln desselben recht fest gesetzet hatte.
Indessen muß niemand denken, daß hier der Poet ein
vollständiges systematisches Werk habe machen wollen. Die
größten Bewunderer desselben gestehen: daß es ohne alle Ordnung geschrieben sey, ja daß es bey weitem nicht alle Regeln
in sich fasse, die zur Poesie gehören. Der Verfasser hat sich an
keinen Zwang einer philosophischen Einrichtung binden wollen; sondern als ein Poet, nach Veranlassung seiner Einfälle,
bald diese, bald jene poetische Regel in einer edlen Schreibart
versweise ausgedrückt, und mit Exempeln guter und schlechter Poeten erläutert. Aber alles, was er sagt, ist höchst vernünftig: und man kann sich von seinen Vorschriften kein Haar
breit entfernen, ohne zugleich von der Wahrheit, Natur und
gesunden Vernunft abzuweichen. Die unordentliche Vermischung seiner Regeln dienet nur dazu, daß durch diese,
Mannigfaltigkeit und unvermuthete Abwechselung der Sachen, der Leser destomehr belustiget und eingenommen wird.
Es ist diese horazische Dichtkunst bereits ins englische von
dem Graf Roscommon gebracht, der sie unter dem Titel
Horace's Treatise concerning the Art of Poetry, drucken
lassen. Französisch hat sie Dacier mit allen übrigen Gedichten
desselben ans Licht gestellet; und auch nach ihm hat dieses
Sanadon gethan. Bey uns ist sie schon von dem berühmten Herrn von Eckarde ins Deutsche übersetzt worden, und
in den poetischen Nebenstunden, die er unter den Buchstaben
H. A. E: G. v. D. herausgegeben, anzutreffen. Ob ich
es nun besser oder schlimmer getroffen habe, als diese gelehrten Männer, das mag der geneigte Leser selbst beurtheilen.
Ich hatte die eckardische Uebersetzung mehr als einmal durchgelesen, als ich schlüßig ward, mich selbst einmal an eben dieselbe
Arbeit zu wagen: ich bildete mir aber nicht ein, daß es mir so
viel Mühe kosten würde, als ich hernach in der That gewahr
A 3 ward.

* Auch der berühmte Herr M. Bay-
ge in Lübek hat nach der Zeit, als die
feine schon fertig und gedruckt war,
eine gleiche Arbeit ans Licht gestellet,
der ich ihren Werth im geringsten
nicht abspreche.

ward. Die nachdrückliche Wortfügung der lateinischen Sprache, der zuweilen abgebrochene Ausdruck des Horaz, nebst vielerley Kunstwörtern und Alterthümern, die sich so schwer deutsch geben lassen; dieses alles, sage ich, machte mir die Arbeit so sauer, daß ich sie beynahe wieder hätte liegen lassen, als ich schon den dritten Theil davon fertig hatte. Doch nach Jahresfrist griff ich sie von neuem an, und brachte endlich das ganze Gedicht in den Stand, darinn ich es hier ans Licht stelle.

Ich rühme mich nicht, daß ich es von Zeile zu Zeile, vielweniger von Wort zu Wort gegeben hätte: denn beydes ist zum theil unnöthig, theils auch, aus obenerwähnten Ursachen, unmöglich gewesen. Aus fünfhundert lateinischen Versen habe ich mich genöthiget gesehen, fast siebenhundert deutsche zu machen; wiewohl ich die Regel stets vor Augen hatte: Ein Uebersetzer müsse kein Paraphrast oder Ausleger werden. Habe ich aber nur in hauptsächlichen Dingen nichts versehen, oder geändert: so wird mans verhoffentlich so genau nicht nehmen, wenn gleich der völlige Nachdruck aller horazischen Sylben und Buchstaben nicht erreichet worden. Ein prosaischer Uebersetzer muß es hierinn genauer nehmen: einem poetischen aber muß man, in Ansehung des Zwanges, dem er unterworfen ist, schon eine kleine Abweichung zu gute halten; wenn er nur diesen Mangel durch eine angenehme und leichtfließende Schreibart ersetzet.

Dieses ist nun eine von den vornehmsten Absichten gewesen, die ich mir in diesem Gedichte vorgesetzet habe. Ich wollte Horazen gern so übersetzen, daß man ihn ohne Anstoß, und wo möglich, mit Vergnügen in unsrer Sprache lesen könnte. Diesen Zweck aber würde ich nicht erhalten haben, wenn ich kein Bedenken getragen hätte, die Richtigkeit unsrer deutschen Wortfügung, nebst der Reinigkeit im Sylbenmaaße und in den Reimen, aus den Augen zu setzen. Das Gehör unsrer Landesleute ist im Absehen auf diese äußerliche Stücke überaus zärtlich. Kein Mensch liest itzo mehr Lohensteins Gedichte: das macht, sie sind, bey so vielen gelehrten Sachen, viel zu hart und zu rauh. Selbst Hofmannswaldau ist nicht

mehr

mehr so beliebt, als er sonst gewesen: das macht, daß er von seinen Nachfolgern, auch in der Reinigkeit der Verse, weit übertroffen worden. Ja diese Zärtlichkeit geht zuweilen so weit, daß man deswegen die allerelendesten Reime, die nur etwas ungezwungen fließen, bey aller ihrer Unvernunft und Niederträchtigkeit der Gedanken, für schön; und hingegen, bey einer kleinen Härte des Ausdruckes, die schönsten Gedichte großer Meister für elend und mager ausruffet. Wie ich aber itzo denen hier das Wort nicht reden will, die in der Rauhigkeit des Ausdruckes eine Schönheit suchen; sondern ihnen immer mit dem Horaz zuruffe:

Non satis est, pulchra esse poemata; dulcia sunto!

so kann ich auch deren Geschmack nicht verwerfen, die lieber ein angenehm fließendes, als ein gezwungenes Gedicht lesen. Habe ich also nicht Ursache gehabt, mich auch vor dem Ekel der zärtlichsten Ohren zu hüten; sonderlich in einem Gedichte, daraus sie die innern Schönheiten der wahren Poesie sollen beurtheilen lernen?

Ist es mir nun darinn nach Wunsche gelungen, so trage ich keinen Zweifel, daß meine Arbeit ihren Nutzen haben werde. Es ist nicht eines jeden Werk, sich mit dem Lateine der alten Poeten so bekannt zu machen, daß er seinen Horaz ohne Mühe verstehen, geschweige denn mit Lust lesen könnte. In deutscher Sprache wird er also vielen verständlicher seyn, und auch Anfänger auf einen guten Weg weisen, die sich vieleicht sonst durch üble Anführer hätten verderben lassen. Daß es bereits vielen so gegangen sey, daran ist wohl kein Zweifel: daß aber auch viele durch Horazen von ihren Irrwegen wieder zurecht gebracht worden, das könnte ich durch mein eigen Exempel erweisen, wenn es wichtig genug wäre. Doch Benjamin Neukirch wird vermuthlich Ansehens genug haben, uns zu zeigen: daß auch Leute, die bereits in ganz Deutschland für große Poeten gehalten werden, in unserer horazischen Dichtkunst noch genug zu lernen finden. Er hat solches in einem Hochzeitgedichte von sich selbst öffentlich gestanden, welches

A 4   er

er 1700. allem Ansehen nach, aus Berlin nach Breslau abge-
schicket hat, und woraus ich hier ein paar Stellen anführen will.
Es steht in seinen von mir ans Licht gestellten Gedichten
a. d. 198. S.

Er ruffet gleich anfangs die Musen um Hülfe an, weil er
abermals ein Gedicht nach Schlesien zu verfertigen vorhätte;
dabey er denn besorgen müßte, daß es nicht mehr so gut,
als die vorigen, würde aufgenommen werden.

Ihr Musen! helft mir doch, ich soll schon wieder singen,
Und ein verliebtes Paar in deutsche Verse bringen;
Und zwar in Schlesien. Ihr kennt dieß Land und mich,
Ihr wißt auch, wenn ihr wollt, wie sonst Budorgis sich,
Zum Theil an mir ergetzt. Itzt scheinen meine Lieder
Ihm, wo nicht ganz veracht, doch mehrentheils zuwider.

Die Ursache, sagt er, wäre die Aenderung, so mit seiner Poesie
vorgegangen. Er habe aufgehöret, seinen Vers mit Muscatellersaft und Amberkuchen zu nähren. Es sey weder Zibeth
noch Bisam, kein Plautus, Tacitus, Seneca oder
Plato mehr darinn zu spüren; ja er habe auch so gar die
Sinnbilder gänzlich ausgemustert.

Mein Reim ist mehrentheils ganz matt und ohne Kraft:
Das macht, ich tränk ihn nicht mit Muscatellersaft,
Ich speis ihn auch nicht mehr mit theuren Amberkuchen;
Denn er ist alt genug, die Nahrung selbst zu suchen.
Zibeth und Bisam hat ihm manchen Dienst gethan:
Itzt will ich einmal sehn, was er alleine kann.
Alleine? fraget ihr: Ja, wie gesagt, alleine:
Denn was ich vormals schrieb, war weder mein, noch seine.
Hier hatte Seneca, dort Plato was gesagt,
Dort hatt ich einen Spruch dem Plautus abgejagt,
Und etwan anderswo den Tacitus bestohlen.
Auf diesen schwachen Grund, ich sag es unverhohlen,
Baut ich von Versen oft ein ganzes Götterhaus,
Und ziert es noch dazu mit Sinnebildern aus.

Darauf sagt er, daß ihm alle diese Putzwerke itzo ganz lächerlich vorkämen, ungeachtet sie sonst viel hundert Leser verblendet, und ihm selbst viel Ruhm gebracht hätten. Man
hätte ihn gar dem großen Opitz vorgezogen, den er doch
noch niemals hätte erreichen können.

Wie

Wie oftmals muß ich doch der abgeschmackten Sachen,
Wenn ich zurücke seh, noch bey mir selber lachen!
Gleichwohl gefielen sie, und nahmen durch den Schein,
So schlecht er öfters war, viel hundert Leser ein.
Ha! schrie man hier und dar: vor dem muß Opitz weichen!
Ja, dacht ich, wenn ich ihn nur erstlich könnt erreichen.
Den Willen hätt ich wohl. So wie ich es gedacht,
So ist es auch geschehn. Ich habe manche Nacht,
Und manchen Tag geschwitzt: allein ich muß gestehen,
Daß ich ihm noch umsonst versuche nachzugehen.

Endlich bricht er in den feurigen Ausdruck aus, der uns die
Quelle anzeiget, daraus diese merkliche Veränderung seines
Geschmackes in der Poesie hergeflossen. Es heißt:

O grausamer Horaz! was hat dich doch bewegt,
Daß du uns so viel Last im Dichten auferlegt?
So bald ich nur dein Buch mit Witz und Ernst gelesen,
So ist mir auch nicht mehr im Schreiben wohl gewesen.
Vor kamen Wort und Reim; itzt lauf ich ihnen nach:
Vor flog ich Himmel an; itzt thu ich ganz gemach.
Ich schleiche wie ein Dachs aus dem Poetenorden,
Und bin mit großer Müh noch kaum dein Schüler worden.
Kommt, sprech ich oftermals, Gold, Marmel und Porphyr!
Nein, denk ich wiederum, flieht, fliehet weit von mir:
Ihr seyd mir viel zu theur, bey diesen schweren Jahren;
Ich habe jung verschwendt, ich will im Alter sparen.

Wie viel Schüler würde nicht Horaz noch bekommen, wenn
alle deutsche Poeten, die dessen bedürftig wären, dem Exempel
dieses wackern Mannes folgen wollten!

Die kleinen Anmerkungen, die ich unter den Text gesetzet,
werden vermuthlich nicht ohne Nutzen seyn, und in mancher
Sache ein gutes Licht geben. In Versen lassen sich nicht
alle Alterthümer so erklären, daß man sie sattsam verstehen
könnte, wenn man von der Zeit des Scribenten fast ein paar
tausend Jahre entfernet ist. Gelehrtere Leser, die derselben
nicht nöthig haben, können sie nach Belieben ungelesen lassen:
wie mans mit den lateinischen Noten bey alten Scribenten
zu machen pflegt, wenn man darinn schon geübt ist. Ich
habe meinen Zweck völlig erreichet, wenn nur Anfänger
meinen Poeten daraus etwas besser verstehen lernen.

A 5 Q. HO-

Q. HORATII FLACCI
DE ARTE POETICA
AD PISONES.

Humano capiti cervicem pictor equinam
Iungere fi velit, & varias inducere plumas,
Undique collatis membris; ut turpiter atrum
Definat in pifcem mulier formofa fuperne:
Spectatum admiffi rifum teneatis amici!
Credite, Pifones, ifti tabulae fore librum
Perfimilem, cujus, velut ægri fomnia, vanæ
Fingentur fpecies: ut nec pes, nec caput uni
Reddatur formæ. „Pictoribus atque poëtis
„Quidlibet audendi femper fuit æqua poteftas„
Scimus, & hanc veniam petimusque damusque viciffim:
Sed non ut placidis coëant immitia; non ut
Serpentes avibus geminentur, tigribus agni.
   Incœptis gravibus plerumque & magna profeffis
Purpureus, late qui fplendeat, unus & alter
Affuitur pannus; cum lucus, & ara Dianæ,

Et

1. Fürwahr ein artig Bild! Diefe Worte hat der Grundtext nicht. Horaz fängt gleich an, fein Gleichniß von einem feltfamen Gemälde vorzutragen. Allein da fichs im Deutfchen nicht in einen einzigen Satz bringen ließ, und alfo zertrennet werden mußte; fo macht diefer Anfang den Lefer aufmerkfam, und fagt ihm kurz, was er zu gewarten habe.
2. Des Malers. Die alten Maler pflegten ihre neuverfertigte Stücke zur öffentlichen Schau auszuftellen, um die Urtheile der Vorbeygehenden darüber zu vernehmen. Die Hiftorie vom Apelles und dem Schufter, ift bekannt. Wer nun fo was ungereimtes gemalt hätte, der würde gewiß aller Welt zum Gelächter geworden feyn.
3. Schrift. Eigentlich ein Buch; aber nach alter Art: da auch ein kleines Gedichte, auf eine eigene Rolle gefchrieben, ein Buch heißen konnte. Diefes Gleichniß kann zwar auch von ungebundenen Schriften gelten; darinn oftmals eben fo wenig Zufammenhang, Ordnung und Gefchick, als in einem folchen Bilde zu finden ift. Allein Horaz redet hier hauptfächlich von Poefien, fonderlich vom Heldengedichte und den Schaufpielen, die mit einer befondern Kunft angeordnet werden müffen.

4. Man

❧❧❧❧❧❧❧❧❧❧❧❧❧❧❧❧❧❧❧❧❧❧❧❧❧

Horaz
Von der Dichtkunst,
an die Pisonen.

Fürwahr, ein artig Bild! (1) Es steht ein Menschenkopf
Auf eines Pferdes Hals. Den dicken Vogelkropf
Bedeckt ein bunter Schmuck von farbigtem Gefieder:
Hernach erblicket man verschiedner Thiere Glieder.
Von oben zeigt ein Weib ihr schönes Angesicht,
Von unten wirds ein Fisch. Ihr Freunde, lacht doch nicht!
Wir wollen mit Geduld des Malers (2) Thorheit schonen.
Indessen glaubet mir, ihr trefflichen Pisonen,
Dafern mein Wort was gilt: daß eine tolle Schrift, (3)
Wo weder Haupt noch Schwanz geschickt zusammen trifft,
Und nicht mehr Ordnung herrscht, als wann ein Kranker träumet,
Sich unvergleichlich wohl zu solchem Bilde reimet.
Ich weis wohl, was man glaubt. Man spricht (4) und bleibt dabey:
Ein Maler und Poet folgt seiner Phantasey;
Er kann sich seiner Kunst nach eigner Lust bedienen,
Und sich durch Geist und Witz, was ihm beliebt, erkühnen.
Ganz recht, ich geb es zu, (5) und mach es selber so:
Allein man mische nie das Feuer in das Stroh;
Kein Tyger zeug ein Lamm; kein Adler hecke Schlangen.
Doch manches Dichters Schrift wird prächtig angefangen,
Man schmückt sie hin und her mit Edelsteinen (6) aus,
Beschreibt Dianens Häyn, Altar und Götterhaus,

Ent-

---

4. **Man spricht.** Dieß ist die
Meynung derer, die ihren Einfällen gern alles erlauben, und sich
einbilden, die poetischen Sachen wären ganz willkührlich. Daher pfleget man sich vergebens auf diese
Stelle zu berufen, wenn man was
ungereimtes entschuldigen will: Pictoribus atque etc. Dieß sind nicht
Horazens, sondern eines Stümpers
Worte.

5. **Ich geb es zu rc.** Dacier will
in seinen Anmerkungen über diese
Stelle: dieses wären nicht Horazens
Worte, sondern er habe sie im Namen seines Gegners vorgebracht.

Allein ich sehe nicht, warum? Horaz
konnte wohl sagen: Ein Poet habe
Macht, nach Belieben zu dichten;
da er so gleich die Bedingung hinzu-
setzt, daß es nur nicht wider die
Wahrscheinlichkeit laufen müsse.

6. **Mit Edelsteinen.** Ich hätte
auch Purpurstreifen setzen können, welches dem Grundtexte näher kömmt:
aber wegen der alten Art der römischen Kleidung, die bey uns nicht mehr
bekannt ist, habe ichs lieber so gemacht.
Denn es ist nur auf einen übelange-
brachten Zierrath angesehen. Dazu
müssen nun unsern Poeten sonderlich
die Diamanten und Rubinen, Sma-
ragdin

Et properantis aquæ per amœnos ambitus agros,
Aut flumen Rhenum, aut pluvius defcribitur arcus.
Sed nunc non erat his locus. Et fortaffe cupreffum
Scis fimulare; quid hoc? fi fractis enatat exfpes
Navibus, ære dato qui pingitur? Amphora cœpit
Inftitui: currente rota, cur urceus exit?
Denique fit quodvis, fimplex duntaxat & unum.

Maxima pars vatum, pater, & juvenes patre digni,
Decipimur fpecie recti. Brevis effe laboro,
Obfcurus fio; fectantem levia, nervi
Deficiunt animique; profeffus grandia, turget;
Serpit humi, tutus nimium, timidusque procellæ.
Qui variare cupit rem prodigialiter unam;
Delphinum fylvis appingit, fluctibus aprum.
In vitium ducit culpæ fuga, fi caret arte.
Aemilium circa ludum faber imus & ungues
Exprimet, & molles imitabitur ære capillos:
Infelix operis fumma; quia ponere totum
Nefciet. Hunc ego me, fi quid componere curem,
Non magis effe velim, quam pravo vivere nafo,
Spectandum nigris oculis, nigroque capillo.

Sumi-

ragben und Sapphire, Carniolen und
Amethiften dienen.

7. Das alles ift ſchon gut. Dieſes
gehöret für die unendlichen poetiſchen
Maler, die ihren Leſer mit ihren ewigen
Schildereyen bald zu Tode malen, wo
er nicht aus Ekel und Ueberdruß das
Buch weglegt. Eine lebhafte Beſchrei:
bung iſt gut; aber lauter Bilder und
Beſchreibungen ſind verdrüßlich zu le:
ſen. Warum giebt man uns nun noch
ganze Bücher von ſolchen poetiſchen
Malereyen heraus? als ob das Haupt:
werk der ganzen Dichtkunſt darauf an:
käme. Dichten heißt nicht bloß malen.

8. Dein ſtolzer Anfang ꝛc. Es
heißt eigentlich gleichnißweiſe nach
Herrn Eckardts Ueberſetzung:

Du willſt ein groß Gefäß aus dei:
nem Tone treiben,
Und bennoch kömmt zuletzt ein
Töpflein von der Scheiben.

Allein ich dachte, daß es nützlicher
wäre, die barunter verſteckte Wahr:
heit ungekünſtelt herauszuſagen.

9. Schlecht und einfach). Sim-
plex & unum. Das heißt, nicht gar
zu bunt und kauderwälſch durch ein:
ander gemiſcht; als wenn man alle
Theile ſeiner Kleidung aus einer an:
dern Farbe machen wollte. Dieſe
natürliche Einfalt dünkt manchem
ein Fehler zu ſeyn; ſie iſt aber die
größte Kunſt. Ein Heldengedicht be:
ſchreibt eine einzige Fabel: das iſt nun
ſchlecht

Entwirft mit großer Kunst des Rheinstroms Wasserwogen,
Und malt der Farben Glanz im bunten Regenbogen.
Das alles ist schon gut: (7) nur hier gehörts nicht her.
Dort stürzt ein wilder Sturm den Schiffer in das Meer:
Gesetzt, du könntest nun Cypressenwälder schildern,
Was hilft dir diese Kunst? da sich in deinen Bildern
Der Schiffbruch zeigen soll, den jener für sein Geld,
Nach überstandner Noth, mit Fleiß bey dir bestellt.
Dein stolzer Anfang pralt von seltnen Wundersachen, (8)
Wie reizt uns denn hernach der magre Schluß zum Lachen?
Kurz, alles, was du schreibst, muß schlecht und einfach seyn. (9)

    Doch, Piso, trügt uns oft des Guten falscher Schein.
Streb ich der Kürze nach; mein Vers wird dunkel klingen:
Wer leichte Sachen liebt, wird niederträchtig singen.
Wer hoch hinaus will, schwillt. Wenn jener furchtsam schreibt,
Geschieht es, daß er gar am Staube kleben bleibt.
Wer sich bemüht, ein Ding sehr vielfach vorzustellen, (10)
Malt leicht den Stör ins Holz, den Eber in die Wellen.
So leicht ist es geschehn, auch wenn man sich bemüht,
Von Fehlern frey zu seyn, daß sich der Kiel versieht.
Man läßt ein Fechterspiel aus dichtem Erzte gießen:
Da hat der Stümper nun die Nägel an den Füßen,
Und jedes Haar des Haupts sehr künstlich ausgedrückt: (11)
Die ganze Bildung nur ist plump und ungeschickt;
Weil Ordnung und Gestalt und Stellung gar nichts taugen.
Viel lieber wünsch ich mir, bey schwarzem Haar und Augen,
Ein scheußlich Angesicht und krummes Nasenbein,
Als daß ein Vers von mir, wie dieses Bild soll seyn.

Ihr

---

schlecht und einfach, aber weit künstlicher, als Ovids Verwandlungen; worinn wohl etliche hundert Fabeln stehen. Eine Komödie vom Moliere hat nur eine einzige Fabel zum Inhalte. Ein gut Stück aus dem Corneille und Racine ist gleichfalls einfach. Im Theatre Italien aber ist alles vielfach und buntscheckigt. Jenes ist regelmäßig, dieses unförmlich und häßlich. NB. Ein gutes Gedicht muß aus dem vollen gekschnitten werden, wie ein gut Kleid; nicht aus mancherley bunten Lappen zusammen geflickt seyn, wie ein Harlekinsrock. Hierinn hat Miltons Paradies gefehlt, darinn geistliches und weltliches, christ-

liches und heydnisches, altes und neues, sehr seltsam durch einander laufen.

10. Sehr vielfach vorzustellen. Das ist der Fehler unsrer poetischen Maler. Sie mischen Himmel und Erde durch einander, und kein Ding behält seine Stelle. Die Sterne sind Blumen des Himmels; und die Blumen Sterne der Erden. Die Sonne das Auge der Welt, und das Auge die Sonne des Angesichtes u. s. w. Milton malt eine Erde mit Bergen und Thälern, mit Tag und Nacht, Süd, Nord und Osten, in den Himmel, und baut Pallläste in die Hölle 2c. Das heißt Fische in den Wald, und das Wild in die See malen.

11. Und jedes Haar 2c. Das heißt,

We

Sumite materiam veſtris, qui ſcribitis, æquam
Viribus: et verſate diu, quid ferre recuſent,
Quid valeant humeri. Cui leƈta potenter erit res,
Nec facundia deſeret hunc, nec lucidus ordo.
Ordinis hæc virtus erit, & Venus, aut ego ſallor „
Ut jam nunc dicat, jam nunc debentia dici
Pleraque differat, & præſens in tempus omittat.
Hoc amet, hoc ſpernat promiſſi carminis auƈtor.
   In verbis etiam tenuis cautusque ſerendis;
Dixeris egregie, notum ſi callida verbum
Reddiderit junƈtura novum. Si forte neceſſe eſt,
Indiciis monſtrare recentibus abdita rerum;
Fingere cinƈtutis non exaudita Cethegis
Continget: dabiturque licentia ſumta pudenter.
Et nova fiƈtaque habebunt nuper verba fidem, ſi
Græco fonte cadent parce detorta. Quid autem
Cæcilio, Plautoque dabit Romanus, ademtum
Virgilio, Varioque? ego, cur, acquirere pauca
Si poſſum, invideor? cum lingua Catonis, & Enni
Sermonem patrium ditaverit, & nova rerum

                              Nomi-

---

die Stümper verfallen auf Kleinigkeiten in ihren Beſchreibungen. Sie malen uns alle Sonnenſtäubchen, die ſie in der Luft haben fliegen ſehen: aber im Ganzen iſt weder Art noch Geſchick. König in ſeinem Gedichte, Auguſt im Lager, beſchreibet Pferde, Lackeyen und Kutſcher bis auf die Schnüre ihrer Kleider, Aufſchläge der Aermel und Knäbelbärte: aber die ganze Fabel taugt nichts.

12. Ihr Dichter wagt ꝛc. Mancher will ein Heldengedicht ſchreiben, ehe er noch weis, daß es Regeln in der Welt giebt, darnach es eingerichtet werden muß. Ariſtoteles und andre, die davon geſchrieben, ſind ihm unbekannt: doch wagt er ſich. Mancher will Komödien machen, oder Tragödien ſchreiben, weis nichts von der innerlichen Einrichtung, von den Schönheiten und Fehlern dieſer Poeſien. Daher dichtet er die unmöglichſten Sachen zuſammen; z. E. nach Athen, zu Demokrits

Zeiten, Könige, Glockenthürme, Fiſchbeinröcke u. d. g. wie Regnard in ſeinem Demokritus gethan hat.

13. Räthſelhaft entdeckt. Dieß geht wieder auf die großen Arten der Gedichte. Ein Heldengedicht und ein theatraliſches Stück meldet gleich von vorne, wovon es handeln wird; aber nur dunkel; damit nicht der Zuhörer Aufmerkſamkeit ein Ende nehme, ehe alles aus iſt. Die völlige Auflöſung der ganzen Verwirrung muß ganz aufs letzte bleiben. Unſre Romanſchreiber pflegen dieſe Regel ziemlich gut in Acht zu nehmen: wenn ſie ihre Fabeln in der Mitten anfangen, und allmählig das vorhergegangene nachholen.

14. Klug im Unterſcheiden. Eine kluge Wahl macht einen guten Poeten. Die erſten Einfälle ſind nicht immer die beſten. In einer Hauptfabel können viele Nebenfabeln vorkommen: aber ſie ſind nicht alle gleich gut.

Ihr Dichter, wagt doch nichts, als was ihr wohl verſteht! (12)
Verſuchts, wie weit die Kraft von euren Schultern geht,
Und überlegt es wohl: ſo wird nach klugem Wählen,
Den Verſen weder Kunſt, noch Licht, noch Ordnung fehlen.
Mich dünkt, daß ſich allda der Ordnung Schönheit zeigt,
Wenn man das Wichtigſte von vorne zwar verſchweigt,
Doch räthſelhaft entdeckt; (13) und klug im Unterſcheiden (14)
Die ſchönſten Sachen wählt; die ſchlechten weis zu meiden.
In neuer Wörter Bau, ſey kein Poet zu kühn; (15)
Das älteſte läßt ſich oft auf neue Sachen ziehn, (16)
Nur muß die Redensart des Schreibers Sinn erklären.
Doch, ſollten Kunſt und Fleiß ein neues Ding gewähren:
So ſtellt mans ungeſcheut durch einen Ausdruck bar,
Der unſern Vätern noch was unerhörtes war.
Wer dieß beſcheiden thut, dem kann mans nicht verwehren: (17)
Zuweilen kann man auch der Wörter nicht entbehren,
Die Griechenland uns leiht. (18) Was Plautus und Cäcil
Vorzeiten Macht gehabt, das kann ja auch Virgil.
Hat Ennius uns nicht manch neues Wort gelehret?
Hat Cato das Latein nicht ebenfalls vermehret,
Und manche Redensart zu Rom in Schwang gebracht?
Wie kömmts denn, daß man itzt ein ſolches Weſen macht,

Wenn

gut. Der Poet muß einen Unterſchied zu machen wiſſen.

15. Zu kühn. Wider dieſe Regel haben nicht nur die Zeſianer und andre Geſellſchafter, aus mancherley Orden in Deutſchland, auf eine lächerliche Art geſündiget; ſondern es treten auch heutiges Tages noch viele in ihre Fußtapfen. Sie machen täglich ein paar Dutzend neue Wörter, und es kömmt kein Gedicht von ihnen zum Vorſchein, darinn ſie nicht ihrer Meynung nach, die Sprache bereichert hätten. Sie verhunzen auch die Wortfügungen, und meynen nicht eher ſinnreich zu ſchreiben, als wenn ſie Sprachſchnitzer machen.

16. Das älteſte ꝛc. Die Fügung der Wörter giebt oft alten Wörtern einen neuen Verſtand. Wenn man der Scribent ſie ſo verbindet, daß man ohne Mühe ſieht, was er haben will, ſo iſts gut. Der Grundtext kann auch von der Zuſammenziehung zweyer einfachen Wörter verſtanden wer-

den. Z. E. Bank und Sänger iſt beydes bekannt: wenn ich aber einen ſchlechten Poeten einen Bänkelſänger nenne, ſo iſt es neu. Die Lateiner pflegten dergleichen zu thun, aber die Griechen weit häufiger. Wir Deutſchen haben die Freyheit auch: aber man muß das Ohr zu Rathe ziehen, und die Aehnlichkeit der Sprachlehre beobachten.

17. Beſcheiden thut. Z. E. wenn man une Courtiſane eine Buhldirne, ein Original ein Vorbild, eine Idee ein Denkbild nennet; ſo wird wohl die Beſcheidenheit noch nicht verletzet. Wer aber den Spiegel einen Gleicher, die Naſe einen Schnauber, den Fuß einen Trittling nennen wollte; der würde gewiß verſtoßen.

18. Griechenland. Was Horaz von Griechenland ſagt, das gilt von uns von Frankreich. Es giebt einige Wörter, die wir von ihnen nehmen müſſen; weil wir ſie nicht ohne große Umſchweife deutſch geben können.

Z. E.

ward. Die nachdrückliche Wortfügung der lateinischen Sprache, der zuweilen abgebrochene Ausdruck des Horaz, nebst
vielerley Kunstwörtern und Alterthümern, die sich so schwer
deutsch geben lassen; dieses alles, sage ich, machte mir die Arbeit so sauer, daß ich sie beynahe wieder hätte liegen lassen, als
ich schon den dritten Theil davon fertig hatte. Doch nach Jahresfrist griff ich sie von neuem an, und brachte endlich das ganze
Gedicht in den Stand, darinn ich es hier ans Licht stelle.

Ich rühme mich nicht, daß ich es von Zeile zu Zeile, vielweniger von Wort zu Wort gegeben hätte; denn beydes ist
zum theil unnöthig, theils auch, aus obenerwähnten Ursachen,
unmöglich gewesen. Aus fünfhundert lateinischen Versen
habe ich mich genöthiget gesehen, fast siebenhundert deutsche
zu machen; wiewohl ich die Regel stets vor Augen hatte:
Ein Uebersetzer müsse kein Paraphrast oder Ausleger werden.
Habe ich aber nur in hauptsächlichen Dingen nichts versehen,
oder geändert: so wird mans verhoffentlich so genau nicht
nehmen, wenn gleich der völlige Nachdruck aller horazischen
Sylben und Buchstaben nicht erreichet worden. Ein prosaischer Uebersetzer muß es hierinn genauer nehmen: einem
poetischen aber muß man, in Ansehung des Zwanges, dem
er unterworfen ist, schon eine kleine Abweichung zu gute
halten; wenn er nur diesen Mangel durch eine angenehme
und leichtfließende Schreibart ersetzet.

Dieses ist nun eine von den vornehmsten Absichten gewesen, die ich mir in diesem Gedichte vorgesetzet habe. Ich wollte
Horazen gern so übersetzen, daß man ihn ohne Anstoß,
und wo möglich, mit Vergnügen in unsrer Sprache lesen
könnte. Diesen Zweck aber würde ich nicht erhalten haben,
wenn ich kein Bedenken getragen hätte, die Richtigkeit unsrer
deutschen Wortfügung, nebst der Reinigkeit im Sylbenmaaße
und in den Reimen, aus den Augen zu setzen. Das Gehör
unsrer Landesleute ist im Absehen auf diese äußerliche Stücke
überaus zärtlich. Kein Mensch liest itzo mehr Lohensteins
Gedichte: das macht, sie sind, bey so vielen gelehrten Sachen,
viel zu hart und zu rauh. Selbst Hofmannswaldau ist nicht
mehr

mehr so beliebt, als er sonst gewesen: das macht, daß er von
seinen Nachfolgern, auch in der Reinigkeit der Verse, weit
übertroffen worden. Ja diese Zärtlichkeit geht zuweilen so
weit, daß man deswegen die allerelendesten Reime, die nur
etwas ungezwungen fließen, bey aller ihrer Unvernunft und
Niederträchtigkeit der Gedanken, für schön; und hingegen,
bey einer kleinen Härte des Ausdruckes, die schönsten Gedichte großer Meister für elend und mager ausruffet. Wie
ich aber itzo denen hier das Wort nicht reden will, die in der
Rauhigkeit des Ausdruckes eine Schönheit suchen; sondern
ihnen immer mit dem Horaz zuruffe:

$\quad$ Non satis est, pulchra esse poemata; dulcia sunto!

so kann ich auch deren Geschmack nicht verwerfen, die lieber
ein angenehm fließendes, als ein gezwungenes Gedicht lesen.
Habe ich also nicht Ursache gehabt, mich auch vor dem Ekel
der zärtlichsten Ohren zu hüten; sonderlich in einem Gedichte,
daraus sie die innern Schönheiten der wahren Poesie sollen
beurtheilen lernen?

$\quad$ Ist es mir nun darinn nach Wunsche gelungen, so trage ich
keinen Zweifel, daß meine Arbeit ihren Nutzen haben werde.
Es ist nicht eines jeden Werk, sich mit dem Lateine der alten
Poeten so bekannt zu machen, daß er seinen Horaz ohne Mühe
verstehen, geschweige denn mit Lust lesen könnte. In deutscher Sprache wird er also vielen verständlicher seyn, und auch
Anfänger auf einen guten Weg weisen, die sich vieleicht sonst
durch üble Anführer hätten verderben lassen. Daß es bereits
vielen so gegangen sey, daran ist wohl kein Zweifel: daß aber
auch viele durch Horazen von ihren Irrwegen wieder zurecht
gebracht worden, das könnte ich durch mein eigen Exempel
erweisen, wenn es wichtig genug wäre. Doch Benjamin
Neukirch wird vermuthlich Ansehens genug haben, uns zu
zeigen: daß auch Leute, die bereits in ganz Deutschland für
große Poeten gehalten werden, in unserer horazischen Dichtkunst noch genug zu lernen finden. Er hat solches in einem
Hochzeitgedichte von sich selbst öffentlich gestanden, welches

Quis tamen exiguos elegos emiserit auctor,
Grammatici certant; & adhuc sub judice lis est.

Archilochum proprio rabies armavit Iambo.
Hunc socci cepere pedem, grandesque cothurni;
Alternis aptum sermonibus, & populares
Vincentem strepitus, & natum rebus agendis.

Musa dedit fidibus divos, puerosque deorum,
Et pugilem victorem, & equum certamine primum,
Et juvenum curas, & libera vina referre.

Descriptas servare vices, operumque colores,
Cur ego, si nequeo, ignoroque, poëta salutor?
Cur nescire, pudens prave, quam discere malo?

Versibus exponi tragicis res comica non vult:
Indignatur idem privatis, ac prope socco
Dignis carminibus narrari, cœna Thyestæ.

Singu-

---

24. Archilochus erfand. Nicht als wenn vor ihm keine Jamben wären gemacht worden: denn nach Aristotels Berichte hat schon Homer auf einen gewissen Margites eine Satire gemacht, die fast aus lauter jambischen Versen bestanden: sondern weil er sich sonderbar damit hervorgethan.

25. Sehr geschickt. Weil es nämlich im Griechischen und Lateinischen, so wohl als itzo im Deutschen, überaus leicht fiel, jambische Verse zu machen; und weil dieses Sylbenmaaß von der natürlichen prosaischen Rede nicht sehr unterschieden ist.

26. Geräusch. Ohne Zweifel dasjenige, welches in den Schauplätzen entstund, wenn viele Zuschauer vorhanden waren. Weil nun die ungereimten jambischen Verse fast wie die ungebundene Rede klungen, und doch eine gewisse Anmuth hatten: so hörte das Volk desto aufmerksamer zu. Bey uns, und bey den Franzosen machens die Reime, daß unsre poetische Schauspiele von der Prosa gar zu sehr

unterschieden sind: denn Italiener und Engländer machen alle ihre Lustspiele und Trauerspiele in ungereimten Versen, wie die Alten. Von den Opern ist hier die Rede nicht.

27. Der Musen. Im Grunde erste stehe nur eine Muse, und es soll vielleicht Kalliope seyn; die ihren Sohn Orpheus, nach der XII. Ode des I. Buchs Horatii, zuerst singen gelehret: wiewohl es gewiß ist, daß lange vor dem Orpheus schon Lieder gesungen worden.

28. Oden. Dieß ist der allgemeine Namen aller Lieder, und begreift vielerley Gattungen unter sich; Hymnos, Encomia, Threnos und Bacchica. Die ersten waren geistlich, und den Göttern zu Ehren gemacht; die andern weltlich, und hielten das Lob der Könige, Helden und Sieger bey den griechischen Spielen, in sich; die dritten verliebt, und beklagten die unglücklichen Schicksale der Poeten in der Liebe; die vierten lustig, und wurden beym Trunke gebraucht. Die Hymni hießen auch Pæanes, die Encomia

Wer sie zuerst erdacht, ist nicht so leicht zu sagen,
Da die Gelehrten selbst, sich noch darum befragen.

Archilochus erfand das jambische Gedicht, (24)
Darinnen trat das Lust- und Trauerspiel ans Licht:
Es ist auch sehr geschickt Gespräche drinn zu setzen, (25)
Bezwingt des Volks Geräusch (26) und kann das Ohr ergetzen.

Der Götter hohes Lob, der Völker Alterthum,
Berühmter Helden Preis, der Kämpfer Kranz und Ruhm,
Und was ein Jüngling thut, den Wein und Liebe reitzen,
Befahl der Musen Mund (27) in Oden (28) abzusingen.

Wenn ich von allem nun nichts gründliches versteh,
Und mich in jeder Art der Poesie vergeh, (29)
Bin ich denn ein Poet? Ich bins nicht; das sey ferne!
Was stört mich denn die Scham, daß ich die Kunst nicht lerne?

Wo Lust und Armuth herrsche, da schreibt man nicht betrübt: (30)
Hingegen wo Thyest (31) ein blutig Gastmahl giebt,
Da wird dein Trauerspiel sehr widersinnisch klingen,
Dafern dein matter Reim es niedrig wird besingen.

Nicht

---

comia wurden auch Scolia genennet:
die Threnos nannte man auch Melos,
und die Bacchica hiessen auch wohl
Dithyrambi, darinnen oft was sati-
risches vorkam: wiewohl man diese
Namen nicht immer so genau unterschieden hat. Man sehe Scaligers
Poetik nach.

29. In jeder Art. Wer die verschiedenen Charactere, der Heldengedichte, Elegien, Satiren, Trauerspiele,
Lustspiele und Oden nicht zu beobachten weis, der darf sich nicht rühmen,
daß er ein Poet ist. Horaz ist selbst so
bescheiden, daß er sich solches nicht zuschreibt. Man kann leicht sehen, wie
wenige deutsche Poeten diese Charactere beobachtet. Opitz hat nicht viel
Nachfolger gefunden, die, so wie er,
in die Fußtapfen der Alten getreten.
Man macht Heldengedichte in elegi-
schen, und verliebte Klagen in heroischen Versen. Man macht Lobgedichte in der gemeinen satirischen
Schreibart: und die Satire wird
bald so hoch, als ein Heldenlied, bald
gar in der Sprache des Pöbels abgefasset.

30. Betrübt. In tragischen Versen soll man nicht von komischen Sachen reden, heißt es eigentlich. Dawider verstößt z. E. Schackespear, der
auch in seinem Julius Cäsar, gleich im
Anfange einen Schuhflicker mit den
niedrigsten plautinischen Possen einführet. Die Komödie aber hat die lächerlichen Thorheiten des Mittelstandes vor sich, und fodert also eine ungekünstelte, natürliche Art des Ausdruckes. Die Tragödie hergegen stellt
die unglücklichen Schicksale hoher
Personen vor, und muß also in erhabener und prächtiger Schreibart gemacht
werden. Wer dieses vermischet, der
verräth seine Unwissenheit.

31. Thyest. Ennius hatte davon
ein Trauerspiel gemacht. Es hatte
ihm Atreus seine eigene Kinder gesotten, und zu essen vorgesetzt, die er
auch unwissend verzehret hatte. Diese
grausame Begebenheit vertritt hier
die Stelle aller andern tragischen Fabeln, und zeigt, wie ungereimt es seyn
würde, von dergleichen schrecklichen
Dingen eine niederträchtige Schreibart zu gebrauchen.

B 2   u. Oder

Singula quæque locum teneant fortita decenter.
Interdum tamen & vocem comœdia tollit:
Iratusque Chremes tumido delitigat ore.
Et tragicus plerumque dolet fermone pedeftri
Telephus, & Peleus: cum pauper, & exful uterque,
Projicit ampullas, & fesquipedalia verba;
Si curat cor fpectantis tetigiſſe querela.

Non fatis eſt, pulcra eſſe poëmata; dulcia funto:
Et quocunque volent animum auditoris agunto!
Ut ridentibus arrident, ita flentibus adfunt
Humani vultus.   Si vis me flere, dolendum eſt
Primum ipfi tibi: tunc tua me infortunia lædent,
Telephe, vel Peleu; male fi mandata loqueris,
Aut dormitabo, aut ridebo.   Triftia mœftum
Vultum verba decent; iratum plena minarum;
Ludentem lafciva; feverum feria dictu.

Format

---

32. **Nicht jede Schreibart rc.**
Diefe Regel Horazens iſt von großer Wichtigkeit, und erfodert viel Verſtand und Beurtheilungskraft bey einem Scribenten: daher denn vielfältig dawider verſtoßen wird. Z. E. Günther in ſeiner Heldenode auf den Prinzen Eugen, der bald ſehr erhaben; bald wieder höchſt niederträchtig ſchreibt: oder wie in dem vorgedachten Trauerſpiele Schackſpears die Schreibart zu niedrig iſt.

33. **Des Luſtſpiels Ton erhöhn.**
Die Natur gewiſſer Affecten bringt hochtrabende Redensarten, und einen vermägenen Ausdruck nach dem andern hervor. Z. E. der Zorn, davon Chremes in Terentii Komödien ein Beyſpiel giebt. Auch Molierens Miſantrop kann zum Beyſpiele dienen. Soll nun ein Zorniger auch in der Komödie natürlich ſprechen, ſo muß man ihn tragiſch, das iſt ſtolz und trozig reden laſſen. Dieß iſt eine Ausnahme von der obigen Regel.

34. **Im Klagen ſenkt ſich rc.**
Die Natur der Traurigkeit erfodert

eine niedrige und gemeine Art der Ausdrückungen. Telephus und Peleus, ſind ein paar Helden in einer Tragödie geweſen, die Euripides gemacht hat, und worinn er dieſe beyde vertriebenen Prinzen in einem Bettlerhabite ganz kläglich redend eingeführet hat. Sie ſind beyde nicht mehr vorhanden.

35. **Wörterpracht.** Ampullas & fesquipedalia verba. Das erſte geht auf die hohen Gedanken, das andre auf die langen zuſammen geſetzten Wörter, dadurch ſonderlich im Griechiſchen die Schreibart erhoben wurde. Beydes würde in dem Munde eines Traurigen ſehr ſeltſam klingen.

36. **Bezaubern.** Schöne Worte machens noch nicht, daß ein Gedicht ſchön iſt: es muß auch durch den Inhalt einnehmen, bewegen, entzücken, ja faſt gar bezaubern. Alle poetiſche Blümchen, aller Zibeth, Moſch und Ambra, Nectar und Ambroſia ſind vergeblich; alle Roſen und Neſken, Lilien und Jaſminen ſind umſonſt;
alle

Nicht jede Schreibart kann auf jeder Stelle stehn, (32)
Zuweilen darf sich auch des Lustspiels Ton (33) erhöhn:
Wenn Chremes zürnt und dräut, im Herzen Galle kochet,
Und bey geschwollner Brust mit frechen Worten pochet.
Im Klagen senkt sich auch das Trauerspiel mit recht, (34)
Darum spricht Telephus und Peleus platt und schlecht
Ohn allen Wörterpracht: (35) denn soll man mit ihm weinen,
So muß uns erst sein Schmerz ganz ungekünstelt scheinen.

Laß deine Lieder nicht nur schön und zierlich seyn,
Dein wohlgemachter Vers nehm Herz und Geister ein,
Und muß des Lesers Brust bezaubern (36) und gewinnen
Man lacht mit Lachenden, und läßt auch Thränen rinnen,
Wenn andre traurig sind. Drum, wenn ich weinen soll;
So zeige du mir erst dein Auge thränenvoll: (37)
Alsdann, o Telephus! wird mich dein Unglück rühren.
Allein ist an dir selbst kein wahrer Schmerz zu spüren:
So schläft man drüber ein, und du wirst ausgelacht. (38)
Ein weinend Angesicht, das kläglich Worte macht,
Ist der Natur gemäß. Ein Eifriger muß zürnen,
Der Scherz spricht frech und geil, der Ernst mit krauser Stirnen.

Der

aller Purpur und Marmor, alles Gold und Helfenbein, machen nichts: wenn die innerliche Beschaffenheit der Gedanken nicht das Herz rühret, die Affecten rege machet, und das Gemüth des Lesers oder Zuschauers, in Schauspielen oder im Lesen, nach Gefallen hin und her treibt.

37. So zeige du mir erst. Diese Regel giebt auch die prosaischen an. Cicero hat in seinem andern Buche vom Redner weitläuftig genug davon gehandelt. Es ist unmöglich, die Affecten andrer Leute zu rühren, wenn man nicht selbst dergleichen an sich zeiget. Polus, ein römischer Komödiant, sollte die Elektra vorstellen, die ihren Bruder beweinet. Weil ihm nun eben sein einziger Sohn gestorben war, so holte er dessen wahrhaften Aschenkrug auf die Schaubühne, und sprach die dazu gehörigen Verse mit einer so kräftigen Zueignung auf sich selbst aus; daß ihm sein eigner Verlust wahrhafte Thränen auspreßte. Und da war kein Mensch auf dem Platze, der sich der Thränen hätte enthalten können. Man sehe auch das 18 Kapitel von Aristotels Poetik nach.

38. Ausgelacht. So geht es gemeiniglich denen, die kein Geschick haben, eine Sache dem gehörigen Affecte nach auszusprechen, und alles in einem Tone herbeyben. Man kann es nicht glauben, daß es ihnen ein Ernst sey; und also rühret es auch nicht. Zum Demosthenes kam einer, und verlangte von ihm, jemanden anzuklagen, der ihn geschlagen hätte. Er erzählte aber solches sehr kaltsinnig; so, daß Demosthenes es nicht glauben konnte. Er machte ihm daher viel Einwürfe: es könnte unmöglich seyn, daß er geschlagen worden; denn beleidigte Leute pflegten mit gröberer Bewegung zu reden, als er: bis jener sich endlich erzürnete, und mit großer Heftigkeit und kläglichen Worten seine Klage zu wiederholen anfing. Nunmehr glaube ich dir, gab der Redner zur Antwort: denn so pflegt ein Beleidigter zu sprechen.

Format enim natura prius nos intus ad omnem
Fortunarum habitum: juvat, aut impellit ad iram,
Aut ad humum mœrore gravi deducit, & angit;
Post 'effert animi motus interprete lingua.

　Si dicentis erunt fortunis absona dicta:
Romani tollent equites peditesque cachinnum.　　　.
Intererit multum, Davusne loquatur, an herus;
Maturusne senex, an adhuc florente juventa
Fervidus; an matrona potens; an sedula nutrix;
Mercatorne vagus, cultorne virentis agelli;
Colchus, an Assyrius; Thebis nutritus, an Argis.
Aut famam sequere, aut sibi convenientia finge,
Scriptor.　　Honoratum si forte reponis Achillem;
Impiger, iracundus, inexorabilis, acer,
Iura neget sibi nata; nihil non arroget armis!
Sit Medea ferox invictaque; flebilis Ino;

　　　　　　　　　　　　　　　　　　　Per-

---

39. Der Seelen Innerstes ꝛc.
Hier giebt Horaz den philosophischen
Grund seiner Regeln an: und daher
sieht man, wie nöthig es auch Dichtern
sey, die Weltweisheit gelernt zu haben,
sonderlich den Menschen wohl zu kennen; welches ohne die Geist- und Sittenlehre nicht geschehen kam.

40. Spricht irgend ꝛc. Die Rede
ist noch immer von den Schauspielen,
wo der Poet jede Person so muß reden
lassen, wie es ihr Character erfodert,
Die Komödianten finden hier gleichfalls ihre Regel, was die Aussprache
betrifft. Ja auch die Aufseher der
Bühnen haben hier ein Gesetz, ihre
Rollen so auszutheilen, daß nicht ein
altes Weib die Person eines jungen
Mädchens, oder ein weibischer Kerl die
Person eines Helden zu spielen bekomme. Denn dieses kann sich niemals
recht schicken. Doch muß man nicht
denken, die andern Poeten wären hier
ausgenommen. Ein jeder, der andere
Personen redend einführet, muß sie
nach ihrem Character reden lassen.

Hierinn sind Homer und Virgil grosse
Meister gewesen.

41. Das ganze Rom ꝛc. Eigentlich die Edlen, und das gemeine Volk.
Die Römer hatten schon einen ziemlichen Geschmack, und konnten es leicht
merken, wenn jemand auf der Schaubühne dergleichen Fehler machte. Unsere Zuschauer sind so geübt noch nicht,
daß sie dergleichen Urtheil fällen könnten; weil sie wenig Schauspiele gesehen haben: Es wäre denn, wenn Fehler ganz handgreiflich sind. Z. E. wenn
man einen dummen Herrn, so, wie
einen dummen Jungen reden läßt.

42. Herr ꝛc. Knechte ꝛc. Davusne loquatur an herus. Andere setzen
für Herus, Heros, und für Davus,
Divus, wie z. E. Dacier will: weil
er meynt, die Götter, so in alten
Tragödien vorkommen, sollten anders
reden, als die Helden. Dieß ist zwar
nicht zu leugnen; doch da beyde in
erhabner Schreibart sprechen müssen:
so giebt es keinen grossen Unterscheid.
Mir kömmt es also wahrscheinlicher
vor,

Der Seelen Innerstes sey erst in uns bewegt, (39)
Von Zorn und Eifersucht und Rachgier angeregt,
Von Schrecken überhäuft, von Gram und Furcht zerschlagen:
Alsdann wird auch der Mund schon Centnerworte sagen.

Spricht irgend die Person, wie sichs für sie nicht schickt, (40)
So lacht das ganze Rom, (41) so bald es sie erblickt.
Drum unterscheide man Stand, Alter und Geschlechte:
Ganz anders spricht ein Herr, ganz anders reden Knechte. (42)
Es ist nicht einerley, was ein verlebter Mann
Und muntrer Jüngling spricht. Dieß Wort steht Ammen an:
Matronen aber nicht. Kein Kaufmann spricht wie Bauren, (43)
Kein Kolcher redet so, als ob er Babels Mauren,
Von Jugend auf gekannt. Wen Argos Bürger heißt,
Spricht nie Thebanern gleich. Drum lenke deinen Geist
Entweder auf ein Werk aus wirklichen Geschichten:
Wo nicht, so mußt du doch nichts ungereimtes dichten. (44)
Führst du, wie dort Homer, den Held Achilles ein:
So muß er zornig, hart, und unerbittlich seyn;
Er trete Billigkeit, Gesetz und Recht mit Füßen,
Und wolle sonst von nichts, als Macht und Waffen wissen.
Medeen schildre frech, (45) Ixion (46) komme mir
Ganz treulos und verstockt, und Ino (47) kläglich für.

Wenn

vor, Davus und Herus, ein Knecht
und Herr, sey von dem Poeten einander entgegen gesetzt worden; und da
ist die Verschiedenheit der Charactere
groß genug. Kömmt Davus mehr in
Komödien als Tragödien vor: so ist
nichts daran gelegen. Diese Regel
ist allgemein für uns, und trifft alle
Schauspiele.

43. Bauren. Hier ist es augenscheinlich, daß Horaz auch auf die Komödie seine Absichten gerichtet, denn
Kaufleute und Bauren kommen in
Tragödien fast gar nicht vor. Dacier
sucht sich hier vergeblich auszuwickeln.
Aristophanes hat diese Regel, nach
Plutarchs Urtheile, recht beobachtet:
denn so viel verschiedene Personen er
aufführet, so viel Gattungen des Ausdruckes giebt er ihnen. Auch Des Tou-
ches ist ein großer Meister darinnen,
wie denn auch Herr Baron Holberg
dieses Lob verdient.

44. Nichts ungereimtes. Nun

kömmt der Poet von der Sprache auf
die Charactere der Personen, die in
dramatischen und epischen Gedichten
vorkommen. Diese müssen nun dergestalt gemacht werden, daß die Handlungen derselben wahrscheinlich herauskommen, und es niemanden Wunder nehme, daß dieser oder jener so
oder anders verfahren ist. Denn so
wie man geartet ist, so handelt man
auch. Das Exempel Achills macht
die Sache klar.

45. Medeen. Euripides hat sie in
einer Tragödie so abgeschildert. Sie
ermordet mit eigner Hand ihre zwey
Kinder, schicket ihrer Nebenbuhlerinn
ein Kleid, welches sich entzündet, und
sie verzehret. u. s. w. S. den Seneca.

46. Ixion. Er soll der erste Mörder in Griechenland gewesen seyn. Er
bath seinen Schwiegervater Dejoneus
zu Gaste, und brachte ihn ums Leben.
Als ihn Jupiter aus den Händen der
Richter befreyte, und zu sich in den

B 4 Him-

Perfidus Ixion, Io vaga, triftis Oreftes.
Si quid inexpertum fcenæ committis, & audes
Perfonam formare novam; fervetur ad imum,
Qualis ab incœpto procefferit, & ' fibi conftet.
Difficile eft proprie communia dicere: tuque
Rectius Iliacum carmen deducis in actus,
Quam fi proferres ignota, indictaque primus,
Publica materies privati juris erit, fi
Nec circa vilem patulumque moraberis orbem;
Nec verbum verbo curabis reddere, fidus
Interpres; nec defilies imitator in arctum,
Vnde pedem proferre pudor vetet, aut operis lex.

   Nec fic incipies, ut fcriptor cyclicus olim:
Fortunam Priami cantabo, & nobile bellum!
Quid dignum tanto feret hic promiffor hiatu?

Par-

Himmel nahm, wollte er die Juno nothzüchtigen. Darum ſtürzte ihn der Gott in die Hölle, wo er auf einem Rade liegend, immer in die Runde läuft. Aeſchylus hatte davon eine Tragödie gemacht.

47. Jno. Eine Tochter des Kadmus, ſtürzte ſich mit einem ihrer Kinder ins Meer, als ihr Mann Athamas raſend geworden war, ihren älteſten Sohn umgebracht hatte, und den andern auch tödten wollte. Euripides hatte ſie deswegen in einem Trauerſpiele ſehr kläglich redend aufgeführet.

48. Jo, des Inachus Tochter, ward vom Jupiter geliebet, in eine Kuh verwandelt, und von der eiferſüchtigen Juno raſend gemacht: da ſie denn viele Länder durchſtrichen, und endlich in Aegypten wieder ihre vorige Geſtalt bekommen, und unter dem Namen Iſis verehret worden. Aeſchylus hat ſie in ſeinem Prometheus bis ins innerſte Scythien kommen laſſen.

49. Oreſtes, war der Sohn Agamemnons und der Klytemneſtra, der den Tod ſeines Vaters an ſeiner Mutter rächete, und deswegen raſend ward. Man leſe die Elektra des Sophokles

nach. Euripides hat ein eigen Trauerſpiel von ihm gemacht, und ſeinen Zuſtand ſo jämmerlich abgebildet, daß er mehr einem Geſpenſte und Schatten, als einem lebendigen Menſchen ähnlich ſah. So groß war ſein Unglück, ſeine Wuth und Raſerey geworden.

50. An neue Fabeln. Vorher wies Horaz, wie man Perſonen, die in den Fabeln ſchon bekannt ſind, charactriſiren ſolle; nämlich ſo, wie ſie von den Alten beſchrieben worden: itzo zeigt er, wie man die Charactere der Perſonen in neuen Fabeln bilden ſolle; nämlich nicht widerſinniſch, ſondern gleichförmig mit ſich ſelbſt. Ein Stolzer muß ſich ſtolz, ein Furchtſamer furchtſam, ein Geiziger geizig bezeigen; und bis ans Ende der Fabel ſo bleiben. Dieſes iſt nichts leichtes. Indeſſen hat Homer den Ulyſſes und Achilles, Virgil den Aeneas, Plautus ſeinen Großſprecher, Terentius ſeinen Schmarutzer; Gryphius ſeinen Schulfuchs, Sempronius, und Hollberg ſeinen Iean de France ſo entworfen.

51. In neue Verſe. Homers Ilias hat zu vielen Tragödien Anlaß gegeben; ob wohl Ariſtoteles ſagt, daß nicht

Wenn Jo (48) flüchtig irrt; so muß Orestes (49) klagen.
Hingegen willst du dich an neue Fabeln (50) wagen:
So richte die Person nicht widersinnisch ein,
Und laß sie mit sich selbst in allem einig seyn.
Es ist in Wahrheit schwer, was eignes anzufangen:
Du wirst noch eins so leicht im Schreiben Ruhm erlangen,
Wenn du Atridens Zorn in neue Verse schränkst, (51)
Als wenn du selbst zuerst ein Trauerspiel erdenkst.
Es steht ja Dichtern frey, sich aus bekannten Sachen, (52)
Durch Witz und Kunst und Fleiß ein Eigenthum zu machen:
Dafern die Feder nur nicht allzu sklavisch schreibt,
Und Uebersetzern gleich, an Worten kleben bleibt.
Ein Thor ahmt ängstlich nach, (53) mit kläglichem Bemühen,
Wo er sich endlich schämt den Fuß zurück zu ziehen.
Man fange kein Gedicht (54) so stolz und schwülstig an,
Als jenes Stümpers Kiel aus Unverstand gethan:
Ich will von Priams Glück und edlen Kriegen singen!
Was wird der Praler doch für Wunderwerke bringen!

Er

nicht mehr, als eine, oder höchstens zwo daraus gemacht werden können. Man hatte aber nur Gelegenheit davon genommen, und viel dazu gedichtet, welches denn einem Poeten allezeit erlaubt gewesen. Dieses räth uns der Poet, als etwas leichtes. Des Tasso befreytes Jerusalem hat gleichfals viele Tragödien und Opern veranlasset.
52. Bekannten Sachen. Die alten Gedichte der Griechen, die in jedermanns Händen waren. Von einem Helden, ja von derselben Handlung eines Helden, können viele Tragödien gemacht werden. Z. E. Oedipus ist vom Sophokles, Corneille und Voltaire; Sophonisbe vom Corneille, Lee, Mairet und Lohenstein; Julius Cäsar vom Schackespear, von der Jungfer Barbier, und von Voltairen; Cato vom Addison, des Champs und von mir beschrieben worden; aber alle haben die Fabel anders gemacht.
53. Ahmt ängstlich. Die Nachahmung alter Fabeln muß mit Verstande geschehen. Nicht alles, was man von gewissen Personen findet, läßt sich auf der Schaubühne vorstellen: denn die Regeln der Schauspiele, sind ganz anders, als die Regeln des Heldenge-

dichtes. Wer nun über der Nachahmung seine Absicht vergäße, der würde mitten im Gedichte stecken bleiben; weil er bald sehen würde, daß es sich nicht ausführen ließe.
54. Kein Gedicht rc. Nun scheint Horaz auffs Heldengedicht zu kommen. Er tadelt die pralerischen Anfänge desselben; und führt das Exempel des Mävius an, der den ganzen Lebenslauf Priams in ein Gedicht gebracht hatte: weswegen er ihn Scriptorem cyclicum nennet. Statius ist auch ein solcher cyclicus Scriptor, weil er den ganzen Lebenslauf Achills beschrieben; und dieser hat es, unzeachtet dieser Regel des Horaz, die ihm nicht unbekannt seyn konnte, doch noch viel ärger gemacht. Er hebt an:

Magnanimum Aeacidam, formidatamque tonanti
Progeniem, & vetitam patrio succedere cœlo,
Diva refer!

Im Deutschen hat ein Freyherr von Lichnovsky des Prinzen Eugens Lebenslauf als ein solcher Scriptor cyclicus, in Versen entworfen. Er ist aber nicht gedruckt worden.

B 5

Parturiunt montes, nascetur ridiculus mus.
Quanto rectius hic, qui nil molitur inepte!
Dic mihi musa virum, captæ post tempora Trojæ,
Qui mores hominum multorum vidit, & urbes.
Non fumum ex fulgore, sed ex fumo dare lucem
Cogitat; ut speciosa dehinc miracula promat:
Antiphaten, Scyllamque & cum Cyclope Charybdim.
Nec reditum Diomedis ab interitu Meleagri,
Nec gemino bellum Trojanum orditur ab ovo.
Semper ad eventum festinat, & in medias res,
Non secus ac notas, auditorem rapit; & quæ
Desperat tractata nitescere posse, relinquit;
Atque ita mentitur, sic veris falsa remiscet,
Primo ne medium, medio ne discrepet imum.

Tu, quid ego, & populus mecum desideret, audi.

Si

55. **Bescheidner.** Die Klugheit lehrte diesen Poeten ganz gelassen anfangen, und kein groß Geschrey machen, als er seine Odyssee schrieb. Virgil hat es eben so gemacht. Lucan, Statius und Claudian hergegen sind von der rechten Bahn wieder abgewichen. Z E. Dieser letzte fängt seinen raptum Proserpinæ so an:

> Inferni raptoris equos, afflataque curru
> Sidera Tenario, caligantesque profundæ
> Iunonis thalamos, audaci promere cantu
> Mens congesta jubet.

56. **Der Dampf erzeugt das Licht.** Eigentlich, der Dampf gebt vor dem Glanze her. Wie der Rauch vor der vollen Flamme entsteht: so muß der Anfang eines Gedichts seyn; nicht aber wie Stoppeln, die gleich

lichterlohe brennen, aber auch gleich wieder verlöschen und lauter Rauch machen. Wer den Anfang eines Gedichts gar zu hoch und künstlich macht, der sinkt hernach allmählich. Wer also schwach anfängt, und sich hernach erhebt, der versteht die Kunst besser.

57. **Diomeds.** Antimachus, ein griechischer Poet, hatte von der Rückreise Diomeds ein Gedicht geschrieben, und den Anfang dazu vom Tode Meleagers vor Troja, gemacht; der doch gar nicht dazu gehörte.

58. **Von Lebens Eyern an.** Der Urheber der kleinen Ilias hatte sich vorgenommen, den ganzen trojanischen Krieg zu besingen: davon Homer nur einen kleinen Theil in seinem Gedichte beschrieben hat. Er fieng aber die ganze Fabel von forne an; wie nämlich

Er kreißt, wie jener Berg, der eine Maus gebahr.
Wer sieht nicht, daß Homer hier viel bescheidner (55) war?
Ihr Musen! zeigt mir den, der Trojens Burg bestritten,
Und nach der Teukrer Fall so vieler Völker Sitten;
So manche Stadt gesehn. Hier folgt das Finstre nicht
Auf heller Blitze Glanz; der Dampf erzeugt das Licht. (56)
Er fängt ganz niedrig an, um destomehr zu steigen,
Und wird allmählich schon die größten Wunder zeigen:
Den Riesen Polyphem, Charybdens Strudelmund,
Der Menschenfresser Grimm, und Scyllens wüsten Schlund.
Den Vortrab wird er wie von weit gesuchten Sachen,
Zur Rückkunft Diomeds (57) vom Trojer Kriege machen,
Wo Meleager fiel. Wo fängt der große Mann
Der Teukrer Untergang von Ledens Eyern an? (58)
Er eilt dem Zwecke zu, (59) und wird von vielen Dingen,
Die er berühren muß, als längstbekannten, singen.
Was gar nicht fähig ist, wohl ausgeputzt zu seyn,
Das übergeht er gar: und mischt er Fabeln ein,
Die er ersonnen hat; (60) so wird in allen Stücken,
Der Anfang sich genau zu seinem Ende schicken.

Vernimm denn (61) was nebst mir das Römervolk begehrt:
Denn willst du, daß man nicht, indem dein Schauspiel währt,

Nach

nämlich Helena, nebst dem Castor und Pollur gebohren wäre: bloß weil der Raub dieser Prinzeßinn die Ursache des ganzen Krieges gewesen war. Das war nun viel zu weit hergeholt.

59. Dem Zwecke zu. Ein jedes Heldengedicht hat einen Hauptzweck, oder seine Absicht. In der Ilias ist es die Rache Achills an dem Hektor: in der Odyssee die Wiedererlangung des Regiments auf der Insel Ithaka. Dahin eilt Homer gleichsam, und mischt keine fremde Zwischenfabeln ein, die nicht gar unentbehrlich wären. Das ist sein großes Kunststück. Er setzet zum voraus, daß seine Leser den Ursprung des trojanischen Krieges, und andre damit verknüpfte Sachen schon wissen würden.

60. Die er ersonnen hat. Der Poet sagt, Homer habe so gelogen, und das Wahre mit dem Falschen so

geschickt vermischet, daß ꝛc. Die Seele des Heldengedichts und einer Tragödie ist die Fabel, die der Poet erdichtet; nicht aber eine wahrhafte Historie: wie sich viele fälschlich einbilden. Wenn die Fabel erdacht ist, alsdann sucht der Poet in der Historie erst eine ähnliche Begebenheit, und giebt seinen Personen die bekannten Namen aus derselben, damit sie desto wahrscheinlicher werde. Das heißt, das Wahre mit dem Falschen vermischen; wie Aristoteles solches in seiner Poetik, und Bossu in seinem Tractate von Heldengedichten weitläuftig zeigen.

61. Vernimm ꝛc. Hier kömmt Horaz wieder auf die Schauspiele, und will zeigen, worinn ihre Schönheit bestehe. Dieses müssen sich alle diejenigen wohl merken, die ihr Glück auf der Schaubühne versuchen wollen, damit sie nicht ungereimtes Zeug machen.

62. Der

Si plauforis eges, aulæa manentis, & usque
Seſſuri, donec cantor, Vos plaudite! dicat;
Aetatis cujusque notandi ſunt tibi mores
Mobilibusque decor naturis dandus, & annis.

Reddere qui voces jam ſcit puer, & pede certo
Signat humum; geſtit paribus colludere, & iram
Colligit ac ponit temere, & mutatur in horas.
Imberbis juvenis, tandem cuſtode remoto,
Gaudet equis, canibusque, & aprici gramine campi;
Cereus in vitium flecti; monitoribus aſper,   .
Vtilium tardus proviſor, prodigus æris,
Sublimis, cupidusque, & amata relinquere pernix.
Converſis ſtudiis, ætas, animusque virilis
Quærit opes, & amicitias, inſervit honori;
Commiſiſſe cavet quod mox mutare laboret.
Multa ſenem circumveniunt incommoda, vel quod
Quærit, & inventis miſer abſtinet, ac timet uti;
Vel quod res omnes timide, gelideque miniſtrat:
Dilator, ſpe longus, iners, avidusque futuri;
Difficilis, querulus, laudator temporis acti,
Se puero, cenſor, caſtigatorque minorum.
Multa ferunt anni venientes commoda ſecum;
Multa recedentes adimunt. Ne forte ſeniles

              Ma

---

62. Der Sänger. Vermuthlich meynt der Poet der ganze Chor, welcher zwiſchen den verſchiedenen Handlungen der Schauſpiele ganze Oden abzuſingen pflegte, und am Ende mit dem Worte Plaudite! den Schluß machte. Doch war es hauptſächlich der Choragus, oder der Anführer des Chores, der im Namen des ganzen Chores zu reden pflegte.

63. Der Menſchen ꝛc. Dieß iſt nothwendigſte Eigenſchaft eines P[oe]ten, der theatraliſche Stücke verfe[r]gen will. Er muß die Morale verſteh[en] oder den Menſchen mit allen ſei[nen] verſchiedenen Neigungen und Begi[erden] den kennen. Ohne dieſe Wiſſenſch[aft] wird er lauter Fehler machen. [Die] größten Meiſter habens zuweilen h[ier]inn verſehen: was wird denn [...]
         Sti

Nach Hauſe laufen ſoll; und daß man bis zum Ende,
Dabey der Sänger (62) ruft: Nun klopfet in die Hände!
Geduldig, ja noch mehr, durch Klatſchen und Geſchrey,
Ein Zeuge deiner Kunſt und dein Verehrer ſey:
So zeige, daß du dich mit gänzem Ernſt befliſſen,
Der Menſchen Unterſcheid, (63) Natur und Art zu wiſſen.

Ein Kind, das reden lernt, und deſſen ſichrer Schritt,
Den Boden allbereit ohn alle Furcht betritt,
Vertreibt die Zeit im Spiel, und ſcherzt mit ſeines gleichen;
Iſt bald zum Zorn gereizt, auch leichtlich zu erweichen,
Und ſtets voll Unbeſtand. Wird nun der Knabe groß,
Der Aeltern ſtrenger Zucht, der Lehrer Aufſicht los:
So lacht ihm ſtets das Herz bey Hunden, Wild und Pferden;
Kann leicht aus Unverſtand der Laſter Sklave werden;
Haßt jeden, der ihn ſtraft; bedenkt nicht, was ihm nützt;
Verzehrt mehr als er hat; iſt ſtolz, vor Luſt erhitzt,
Und kann doch, was er liebt, in kurzem wieder haſſen.
Ganz anders iſt ein Mann, der alles das verlaſſen.
Geſetzt und ſtandhaft ſeyn, das iſt ſein Eigenthum:
Er ſtrebt nach Geld und Gut, nach Freundſchaft, Gunſt und Ruhm,
Und nimmt ſich wohl in acht, damit er nichts begehe,
Daraus ihm Schimpf und Spott und ſpäte Reu entſtehe.
Ein abgelebter Greis wird mit den Jahren matt,
Verlangt was ihm gebricht, geneußt nicht was er hat;
Iſt furchtſam was zu thun, und gar zu karg im Geben;
Schiebt alles länger auf, und hofft ein langes Leben;
Iſt träge, wünſcht zu viel, hat ſtets ein ſchlechtes Jahr,
Und lobt die alte Zeit, da er ein Jüngling war;
Iſt immer voll Verdruß, bedroht und ſtraft die Jugend,
Und ſetzt ſein eigen Werk zur Regel aller Tugend.
Der Jahre Wachsthum bringt uns Stärke, Muth und Kraft,
Und wenn das Alter kömmt, wird alles hingerafft.
Drum laß den Jüngling nie des Greiſes Rolle (64) machen;

Kein

Stümpern zu hoffen ſeyn, die von der Philoſophie, ſo zu reden, nicht einmal gehöret haben? Gleichwohl haben wir in Deutſchland eine Menge verwegener Komödienmacher gehabt, an welchen nichts mehr zu loben iſt, als daß ſie das wenigſte haben drucken laſſen: ſo, daß es uns gleichwohl von Ausländern nicht zur Schande kann vorgeſchicket werden. Auch itzo, nachdem

unſre Bühne ein beſſeres Anſehen gewonnen, finden ſich Leute, die keine Perſon zu characteriſiren wiſſen, und z. E. dem Apollo, anſtatt der Leyer, das Bild der Klugheit in die Hand geben, u. d. gl. und ſich doch für Meiſter der Schaubühne ausgeben.

64. Des Greiſes Rolle. Das heißt nicht: Keinem jungen Komödianten die Partie eines alten Mannes zu ſpie-

ten

Mandentur juveni partes, pueroque viriles:
Semper in adjunctis, ævoque morabimur aptis.

Aut agitur res in scenis, aut acta refertur.
Segnius irritant animos demissa per aurem,
Quam quæ sunt oculis subjecta fidelibus, & quæ
Ipse sibi tradit spectator. Non tamen intus
Digna geri, promes in scenam; multaque tolles
Ex oculis, quæ mox narret facundia præsens.
Nec pueros coram populo Medea trucidet:
Aut humana palam coquat exta nefarius Atreus:
Aut in avem Progne vertatur, Cadmus in anguem.
Quodcunque ostendis mihi sic, incredulus odi.

Neve minor, neu sit quinto productior actu
Fabula, quæ posci vult, & spectata reponi.
Nec deus intersit, nisi dignus vindice nodus

Inci-

len geben; sondern einem Jünglinge der im Schauspiele selbst einen jungen Menschen vorstellen soll, nicht die Gemüthsart eines Alten andichten. Denn da jenes sehr wohl angeht, so läuft dieses wider alle Wahrscheinlichkeit. Hieher gehört, daß man die Rolle einer tugendhaften Person, die des Zuschauers Hochachtung erwerben soll, nicht einem verhaßten oder verächtlichen Komödianten; und hingegen die Person eines Lasterhaften, keinem beliebten und angenehmen Schauspieler auftrage. Siehe davon des Zuschauers VI. Band 446. Stück.

65. Erzählt man bloß. Man kann nicht alles sichtbarlich auf der Schaubühne vorstellen, was in einer Tragödie oder Komödie vorkömmt. Bisweilen ist die Zeit, bisweilen auch der Ort Schuld daran; bisweilen aber auch die Natur der Sache selbst. Die Franzosen lassen sowohl, als die alten Griechen, auf ihren Bühnen kein Blut vergießen, weil sie so weichlich und wol-

lüstig von Natur sind, als jene waren. Wenn also ein Todtschlag vorgeht, so wird er nur erzählt, als wenn er hinter den Scenen vorgegangen wäre. Die Engeländer und wir Deutschen haben dergleichen blutige Dinge gern; wenige Personen ausgenommen, die kein Blut sehen können. Doch ist es der Wahrscheinlichkeit wegen besser, sich dieser Vorstellungen zu enthalten.

66. Medea. Wir haben oben gehöret, daß sie ihre beyde Kinder ermordet habe. Wenn nun ein Poet ein Trauerspiel davon machte, so darf er sie diese schändliche Mordthat nicht vor den Augen der Zuschauer begehen lassen. Seneca hat es indessen in seiner Tragödie doch gethan, und also des Horaz Regel überschritten: der aber, wie leicht erhellet, nicht alle, sondern nur die grausamsten Mordthaten auf der Schaubühne für unanständig erkläret; wie denn alle drey griechische Tragödienschreiber sich nicht gänz-

Kein Greis sey Knaben gleich. Man muß in allen Sachen,
Auf das, was sich geziemt, und auf den Wohlstand sehn.

Was sich nicht spielen läßt, so wie es ist geschehn,
Davon erzähle man bloß (65) die Nachricht auf den Bühnen.
Doch, was das Ohr nur hört, so kräftig es geschienen,
Dringt lange nicht so tief in die Gemüther ein,
Als was man selber sieht. Doch solltens Dinge seyn,
Die man nicht zeigen mag, die darf das Volk nicht sehen:
Man trägt sie mündlich vor, als wären sie geschehen.
Medea (66) darf den Mord an ihrer Leibesfrucht
Nicht öffentlich begehn. Des Atreus Eifersucht,
Giebt dem Thyestes zwar das Fleisch gekochter Knaben;
Doch darf man Topf und Heerd nicht selbst gesehen haben,
Wo sie gesotten sind. Verwandelt Progne sich; (67)
Wird Kadmus eine Schlang; alsdann bediene dich
Der Freyheit nimmermehr, dergleichen sehn zu lassen:
Ich glaub es wahrlich nicht, und werd es ewig hassen.

Ein Schauspiel, das beliebt und angenehm soll seyn,
Das theile man genau nur in fünf Aufzüg' ein. (68)
Man mische keinen Gott (69) in seiner Helden Thaten,
Bis es nicht möglich ist, der Wunder zu entrathen.

Es

gänzlich der blutigen Handlungen enthalten haben.

67. Progne soll sich in eine
Schwalbe, Philomele in eine Nachtigall, Kadmus aber in eine Schlange verwandelt haben. In der Fabel
ist dieß angenehm zu lesen, aber es
wird lächerlich, ja unglaublich, wenn
man es sichtbar vorstellen wollte.
Daher kann man urtheilen, was von
der Verwandlung eines Mannes in
einen Hund zu halten sey, die uns
gleichwohl in einer gewissen neuen
Komödie auf der Schaubühne hätte
gezeiget werden sollen, wenn sie jemals
gespielet worden wäre.

68. Fünf Aufzüge. Einige Neuern haben zwar zuweilen nur drey gemacht: aber alsdann bekömmt jeder
Aufzug gar zu viel Scenen oder Auftritte, so, daß dem Zuschauer Zeit
und Weile darüber lang wird. Es
ist also besser, man bleibe bey dieser
Regel des Horaz, und folge lieber
dem Exempel der alten Griechen nach,
als den heutigen Italiänern: die ohne
Zweifel die Urheber der Stücke mit
dreyen Aufzügen sind. Man hat bey
uns die Actus schon vor 100 Jahren
Aufzüge genennet.

69. Keinen Gott. Die alten Tragödienschreiber pflegten zuweilen ohne
Noth, die Götter in ihre Fabeln zu mischen: sonderlich wenn sie ihren Helden in solche Umstände hatten gerathen lassen, daß er ohne ein solches
Wunder nicht aus oder ein gewußt
hätte. Dieses verbietet Horaz, ohne
die höchste Noth nicht zu thun. Es
ist auch in der That eine schlechte
Kunst, die Verwirrung, darein man
seinen Held gesteckt, durch eine göttliche Hülfe zurecht zu bringen. Das
heißt, den Knoten zerschneiden, nicht
auflösen. Daher erhellet denn, daß
die größte Schönheit der Opern, die
den Pöbel so blendet, ich meyne die
Maschinen, nichts als theatralische
Fehler sind; zumal die meisten recht
bey den Haaren herzugezogen werden.

70. Jh

Inciderit: nec quarta loqui perſona laboret.
Actoris partes chorus, officiumque virile
Defendat; neu quid medios intercinat actus,
Quod non propoſito conducat, & hæreat apte.
Ille bonis faveatque, & concilietur amicis:
Et regat iratos, & amet peccare timentes.
Ille dapes laudet menſæ brevis: ille ſalubrem
Iuſtitiam, legesque, & apertis otia portis.
Ille tegat commiſſa, deosque precetur, & oret,
Ut redeat miſeris, abeat fortuna ſuperbis.

   Tibia non, ut nunc, orichalco vincta, tubæque
Æmula; ſed tenuis ſimplexque, foramine pauco,
Adſpirare, & adeſſe choris erat utilis; atque
Nondum ſpiſſa nimis complere ſedilia flatu.
Quo ſane populus numerabilis, utpote parvus,
Et frugi, caſtusque, verecundusque coibat.
· Poſtquam cœpit agros extendere victor, & urbem

Latior

70. Ihrer drey. Dieſes iſt eine Regel, darwider faſt in allen neuern theatraliſchen Poeſien gehandelt wird. Die Alten hatten gemeiniglich nur zwey, ſelten drey, und faſt niemals viere auf einmal mit einander ſprechen laſſen. Der lateiniſche Ausdruck läſt ſich auch ſo erklären, daß die vierte Perſon, ſich nicht ohne Noth zum Reden dringen ſolle. Die Franzoſen indeſſen haben zuweilen wohl fünf Perſonen auf der Schaubühne in einem Auftritte reden laſſen. Es iſt auch zuweilen faſt unentbehrlich, nur es muß keine Verwirrung dadurch verurſacht werden.

71. Der Chor. Das war bey den Alten eine Menge von Leuten, die auf der Schaubühne, als Zuſchauer der Handlung, die daſelbſt geſpielet ward, vorgeſtellet wurden. Die Wahrſcheinlichkeit erfoderte es damals ſo. Die Thaten der Könige und Helden giengen faſt immer auf öffentlichem Markte, oder doch auf ſolchen Plätzen vor, wo eine Menge Volks ihnen zuſah. So muſ-

ten denn dieſe auch auf der Schaubühne vorkommen. Die Bürger der Stadt hatten auch mehrentheils an den Handlungen ihrer Könige Theil: daher ſagt hier Horaz, der ganze Chor ſoll auf der Bühne die Stelle einer mitſpielenden Perſon vertreten; das heißt, zuweilen etwas darzwiſchen reden. Es ſprachen aber nicht alle Perſonen des Chores auf einmal; ſondern der Führer (Choragus oder Coryphäus) redete im Namen der übrigen.

72. Nichts ungeſchicktes. Einige Poeten hatten den Chor nur dazu gebrauchet, daß er zwiſchen den Handlungen was ſingen mußte: und die Lieder ſchickten ſich gar nicht zu der Tragödie. Das kam nun eben ſo heraus, als wenn itzo die Muſikanten allerley luſtige Stücke darzwiſchen ſpielen. Aber Horaz will, daß alles, was der Chor redet und ſinget, ſich zur Sache ſchicken, und mit dem ganzen Spiele zuſammen hängen ſoll: wie es Sophokles in ſeinen Tragödien gemacht hat.

73. Es

Es sprechen auf einmal nicht mehr als ihrer drey; (70)
Man sorge, daß der Chor zwar mit im Spiele sey: (71)
Doch daß sein Singen nicht die Handlung unterbreche,
Und er nichts thörichtes, nichts ungeschicktes spreche. (72)
Er sey der Tugend hold, er gebe guten Rath, (73)
Und bändige den Zorn. Wer eine Frevelthat
Sich scheuet zu begehn, den muß er willig preisen.
Er lobt die Mäßigkeit der aufgetragnen Speisen,
Liebt Recht und Billigkeit, und der Gesetze Flor,
Erhebt ein ruhig Volk bey unbewachtem Thor,
Verhehlt des andern Fehl, und ruft mit heißem Flehen
Zu Gott: den Armen reich, den Stolzen arm zu sehen.

Vorzeiten durfte nur die Pfeife schlecht und klein, (74)
Nicht mit Metall (75) geziert, Trompeten ähnlich seyn,
Und dennoch ließ sie sich, bey den beliebten Chören,
Auch mit vier Löchern (76) schon ganz hell und lieblich hören:
Indem der Schauplatz noch durch jene kleine Schaar
Des tugendhaften Volks, so sehr besetzt nicht war.
Allein nachdem das Schwert der Römer durchgedrungen,
Bald dieß bald jenes Land bestritten und bezwungen;

Seit

73. Er sey rc. Hier erkläret der Poet die ganze Pflicht des Chores. Er soll den Tugendhaften geneigt seyn, den Hülfsbedürftigen mit Rath an die Hand gehen, die Zornigen besänftigen, die Unschuldigen vertheidigen, die Sparsamkeit loben, Recht und Billigkeit lieben, u. s. w. Dadurch ward man eben die Tragödie der Alten eine Schule des Volkes, und die Poeten, die dem Chore solche nützliche Sachen in den Mund legten, wurden öffentliche Lehrer der Tugend. Man lernte im Schauplatze mehr Morale und rechtschaffenes Wesen, als in den Tempeln der Heyden von so vielen müßigen Götzenpfaffen, die nichts, als ihre Ceremonien zu beobachten wußten. So sollten von rechtswegen alle Schauspiele eingerichtet werden, nicht aber so, daß sie zu Lastern reizen.

74. Die Pfeife rc. Womit man bey dem Gesange des Chores in Tragödien zu spielen pflegte. Wie nun diese, sowohl in Griechenland, als nachmals in Rom, anfänglich schlecht waren; nachmals aber allmählich immer

mer künstlicher und kostbarer gemacht wurden; nachdem die Republik selbst in Flor kam, und die Musik vollkommener wurde: so gieng es auch mit der Poesie, oder den Liedern des Chores; davon der Poet hier noch fortfährt zu reden. Erst waren sie einfältig, hernach wurden sie immer besser, und endlich gar so künstlich und tiefsinnig, daß sie den Orakeln nicht viel nachgaben.

75. Metall rc. Orichalcum war eine Art köstliches Metalls, das wir itzo nicht mehr kennen. Plinius schreibt, man habe es gar eine Zeit lang dem Golde vorgezogen. Einige meynen, es müsse Aurichalcum, d. i. Golderz heißen; aber es ist griechischer Abkunft, ορειχαλκον, und heißt Bergerzt.

76. Vier Löchern rc. Nach dem Berichte Varrons sind die ältesten Pfeifen nicht mit mehr als vier Löchern versehen gewesen: ich habe also dieses mit eingerückt, ungeachtet Horaz nur von wenigen Löchern gedenket.

Latior amplecti murus, vinoque diurno
Placari Genius feſtis impune diebus;
Acceſſit numerisque modisque licentia major.
Indoctus quid enim ſaperet; liberque laborum
Ruſticus, urbano confuſus, turpis honeſto?
Sic priſcæ motumque & luxuriam addidit arti
Tibicen, traxitque vagus per pulpita veſtem.
Sic etiam fidibus voces crevere ſeveris,
Et tulit eloquium infolitum facundia præceps:
Utiliumque ſagax rerum, & divina futuri
Sortilegis non diſcrepuit ſententia Delphis.

Carmine qui tragico vilem certavit ob hircum,
Mox etiam agreſtes Satyros nudavit; eo quod
Illecebris erat, & grata novitate morandus

S₁

---

77. **Bey Tage praſſen.** Die al⸗
ten Römer ſchmauſeten nicht ſehr;
und wenn ſie es ja thaten, ſo geſchah
es des Abends. Aber als der Ueber⸗
fluß die Bürger wollüſtig gemacht hat⸗
te, pflegten ſie es auch bey hellem Tage
zu thun; und das ward ihnen von kei⸗
nem Sittenrichter, oder ſonſt von
jemanden verbothen.

78. **Ein Bauer.** Die alten Römer
trieben faſt alle den Ackerbau, und man
hat wohl eher einen Bürgermeiſter
oder Dictator hinter dem Pfluge ſuchen
müſſen. Solche Landleute nun waren
keine ſonderliche Kenner von Poeſie und
Muſik: es war ſchon gut genug für ſie,
ſo ſchlecht es auch immer ſeyn mochte.

79. **Der Pfeifer.** Die Muſikanten
gehörten mit zum Chore der Alten,
und ſtunden alſo mit auf der Bühne,
ſo, daß man ſie ſah. Da nun ihre
Muſik ſehr künſtlich, zärtlich u wol⸗
lüſtig geworden war: ſo trugen ſie auch
prächtige lange Kleider mit großen
Schweifen, dergleichen die andern
tragiſchen Perſonen hatten.

80. **Die Cither.** Die Leyer, ſ
ſe, oder wie man das Wort Fi
geben will. Sie ward vorzeiten
Griechenland, eben ſowohl als
Pfeiſen in Rom, beym Chore der
göblen gebraucht. Siehe den Voſ
de poëmatum cantu, ſive de v
bus Rhythmi, apud veteres. H₁
will hier ſagen, daß ſie auch anfäng
nur ſchlecht weg, und ohn alle K₁
geſpielet worden; allmählich
ganz zärtlich, wollüſtig und frech
worden, das heißt: Fidibus ſev
voces crevere. Was von der M
geſagt worden, das gilt auch von
Poeſie der Griechen; wie die fol₁
den Verſe zeigen.

81 **Geſchwulſt.** Horaz ſagt
quium infolitum, und facundia ₁
ceps, beydes zeigt die hochtrabende
des Ausdruckes, und die ſchwül
Dunkelheit der griechiſchen Oden
die der Chor ſingen mußte. Die
muß freylich wohl eine edle Schreib
haben: aber die Poeten trieben⸗
hoch, und machtens endlich ſo arg,

r

Seit dem der Mauren Kreis sich weiter ausgedehnt,
Die reichen Bürger sich das Schmausen angewöhnt,
Weil sie kein Richter schilt, wenn sie bey Tage prassen: (77)
So hat auch Reim und Ton den alten Klang verlassen.
Denn was verstund davon ein Bauer, (78) dessen Fleiß
Von schwerer Arbeit kam; der meistens voller Schweiß
In unsern Schauplatz trat; wohin sich alles drängte,
Wo Pöbel, Herr und Knecht sich durcheinander mengte.
Drum hat Musik und Tanz die alte Kunst erhöht,
Der Pfeifer, (79) der so stolz stets hin und wieder geht,
Schleppt itzt den langen Rock ganz prächtig auf den Bühnen;
So mußt in Griechenland die Cither (80) gleichfalls dienen.
Die Uebung samt der Kunst hat sehr bereit gemacht,
Und öfters ist der Reim so voll Geschwulst (81) und Pracht,
Als wenn Apollo spricht; der dort aus finstern Klüften
In seine Priesterinn Orakel pflegt zu düften. (82)
    Der Dichter, (83) der zuerst sich durch ein tragisch Lied,
Um einen schlechten Bock, als den Gewinnst, bemüht,
Entblößte (84) bald darauf die bäurischen Satyren,
Und ließ bey seinem Ernst auch Scherz und Stacheln spüren.
Kein Wunder, denn das Volk verlangte zu der Zeit,
Durch neue Reizungen und lauter Lustigkeit,

Hin-

man sie nicht besser verstehen konnte, als die Antworten der Orakel, die doch ganz zweydeutig zu seyn pflegten. Hiemit tadelt er alle die Poeten, die ihre Schreibart, zumal in den Schauspielen, gar zu tiefsinnig machen, und ihre Gedanken so verstecken, daß man sehr listig seyn muß, um ihre Meynung zu errathen.

82. Düften. Es ist bekannt, daß zu Delphis aus einer unterirdischen Höle ein gewisser Dampf aufgestiegen, welcher nach dem gemeinen Aberglauben, der auf einem Dreyfuße darüber sitzenden Priesterinn, die prophetische Wissenschaft künftiger Dinge von unten zu eingehauchet. Diese prophezeihende Schreibart nahmen die Poeten in den Oden ihrer Chöre an; und überschritten die Schranken der Wahrscheinlichkeit dadurch sehr.

83. Der Dichter. Er redet hier von dem Pratinas, dem Erfinder der Komödien. Es hatte derselbe vorher auch Tragödien gemacht, die dazumal noch nichts, als bloße Lieder waren, die von einer großen Anzahl Sänger auf Dör-

fern und Marktflecken ben Leuten vorgesungen wurden. Es hat zu seiner Zeit schon mehrere gegeben, die mit einander um den Vorzug gestritten, und der Preis, der zum Gewinnste aufgesetzet war, ist ein Bock gewesen. Dieser Pratinas lebte nach Plutarchs Berichte, gleich nach dem Thespis, der die Tragödie erfunden hat

84. Entblößte ꝛc. Dieser Poet Pratinas hat den ganzen Chor aus nackten Satyren, unter der Anführung Silens, ihres Obersten, bestehen lassen; und also eine Art von satyrischen Tragödien aufgebracht. Es waren aber die Stachelreden dieser sogenannten Satyren nicht so lustig und scherzhaft, als die Komödien. Dieses hätte sich mit der tragischen Ernsthaftigkeit nicht zusammen gereimet; darum sagt Horaz, incolumi gravitate, jocum tentavit asper. Sie sind mehr beißend und scharf, als lächerlich gewesen. Wir haben nur eine Probe von dieser Art, nämlich des Euripides Cyklops, übrig behalten, darinn die List des Ulysses vorgestellet

C 2   wird,

Spectator, functusque sacris, & potus, & exlex.
Verum ita risores, ita commendare dicaces
Conveniet Satyros, ita vertere seria ludo:
Ne, quicunque deus, quicunque adhibebitur heros,
Regali conspectus in auro nuper, & ostro,
Migret in obscuras humili sermone tabernas;
Aut, dum vitat humum, nubeis & inania captet.
Effutire leves indigna tragœdia versus,
Ut festis matrona moveri jussa diebus,
Intererit Satyris paullum pudibunda protervis.

Non ego inornata, & dominantia nomina solum,
Verbaque, Pisones, Satyrorum scriptor, amabo:
Nec sic enitar tragico differre colori,
Ut nihil intersit, Davusne loquatur, & audax
Pythias, emuncto lucrata Simone talentum;

An

wird, womit er sich aus Polyphems Hän den befreyet hat.

85. An Feyertagen. Die heidnische Religion war sehr lustig. Der vornehm ste Gottesdienst bestund im Opfern, da bey man wacker schmausete, und dem Gotte Bacchus zu Ehren, sich einen Rausch trunk. Die ersten Tragödien waren nichts anders, als Lieder, die demselben zu Ehren gesungen wurden, und die Stelle der Nachmittagsan dachten vertraten. Da man nun zwi schen die Lieder des Chores die redenden Personen eingeschaltet hatte, die eine besondere Fabel spieleten, dazu sich auch der Chor hernach schicken mußte: so hatte durch diese neue Erfindung der Poeten, der Gott Bacchus gleichsam seine ganze Verehrung eingebüßet. Das trunkene Volk hergegen war dieser be liebten Gottheit noch sehr gewogen: daher bequemte sich dieser Poet eines theils dieser Neigung, und in schte un ter die ernsthaften tragischen Vorstel lungen Chöre von Satiren, die auch etwas Lustiges mit darunter machten,

86. Wagt sich unter uns. In Rom sind dieser Art Schauspiele nie mals eingeführet worden: obgleich einige die Fabulas Atellanas dahin haben rechnen wollen. Gleichwohl giebt Horaz auf allen Fall Regeln, die allen Satyrenschreibern dienen kön nen. Unsere Nachspiele, wenn sie ehr bar sind, vertreten ihre Stelle.

87. Ein Gott, ein Held. Diese Per sonen gehören eigentlich nicht in die Komödien, sondern in die Tragödien: doch in den atellanischen Fabeln, pfleg ten die Römer auch diese anzuführen, und was Lustiges mit unterzumischen. Eine solche Atellana war gleichsam das Nachspiel einer Tragödie in Rom, wie Dacier will; und ward von eben densel ben Personen gespielt, die im Vorspiele in Kron und Purpur erschienen waren. Wollen wir uns diese Anmerkung zu Nutze machen, so verdammt Horaz hier auch diejenigen Komödianten, die in der Hauptvorstellung einen König oder Helden vorgestellet, und gleich im Nachspiele ein lächerliche Person spie len. Dieses ist vernünftigen Zuschau ern höchst zuwider. Ein tragischer Schau

Hinein gelockt zu seyn; wenn es an Feyertagen (85)
Den Gottesdienst vollbracht, und dann bey Saufgelagen,
Sich toll und voll gezecht. So fieng das Lustspiel an.
Doch wagt sich unter uns ein neuer Dichter dran: (86)
So muß er seinen Scherz und sein satirisch Lachen
Nicht frech und regellos, vielmehr so klüglich machen;
Daß, wenn ein Gott, ein Held (87) sich auf der Bühne zeigt,
Der Gold und Purpur trägt, und kaum vom Throne steigt;
Sein Mund sich weder ganz zum tiefsten Pöbel neige,
Noch gar zu voller Schwulst die Wolken übersteige. (88)
So ehrbar eine Frau, (89) wenn sie ein hohes Fest,
Nach unsrer Stadt Gebrauch, zum Tanze rufen läßt,
In ihrem Reihen geht: so pflegt sich bey Satyren
Das hohe Trauerspiel ganz schamhaft aufzuführen.

Wenn ihr denn selbst einmal ein solch Gedichte schreibt: (90)
So denkt nicht, daß ihr nur bey schlechten Worten bleibt,
Bey Namen stolzer Art, von Königen und Kronen,
Die sonst kein Putz erhöht; ihr trefflichen Pisonen!
Auch unterscheidet sich mein Reim vom Trauerspiel,
Im Ausdruck nicht so sehr; als wär es mir gleichviel, (91)
Ob Davus etwas sagt? ob Pythia gelogen,
Die Simons schnöden Geiz um ein Talent betrogen?

Ob

Schauspieler verliert viel von seiner
Hochachtung, wenn er gleich wieder ei=
nen Lumpenkerl vorstellet. Siehe des
Zuschauers 446. Blatt.

88. Sich weder 2c. noch 2c. Die
Schreibart in dieser Art von Schau=
spielen soll das Mittel halten; weder pö=
belhaft und niederträchtig, noch gar zu
hochtrabend und aufgeblasen seyn. Die
Römer hatten noch Fabulas Tabernarias, da auf der Bühne die Hütten
schlechter Leute vorgestellt worden, und
worinn lauter schlechte Leute auftra=
ten, die ganz gemein redeten. Zwischen
diesen und den tragischen Ausdrückun=
gen sollen die atellanischen Fabeln das
Mittel halten.

89. So ehrbar eine Frau. Dieß
Gleichniß ist überaus geschickt, das obi=
ge zu erläutern. Eine Matrone mußte
zwar an Festtagen tanzen: aber ganz
ehrbar: nicht so lustig, als junge Mäd=
chen, die sich recht ergetzen wollten. So
sollte auch diese Art von Tragödien
seyn. Es waren aber nur gewisse Feste,
da die Frauen in Rom den Göttern zu

Ehren tanzen durften, und sie wurden
von den Priestern dazu gewählet. Das
heißt moveri jussa.

90. Ein solch Gedicht. Im
Grundtexte Satyrorum Scriptor, ein
Schreiber solcher satirischen Gedichte,
oder solcher atellanischen Tragikomö=
dien. Dieß giebt allen Nachbildna=
chern eine treffliche Regel. Sie sollen
nicht grob, bäurisch und gemein reden;
sondern auch das Nachspiel hat seinen
Adel im Ausdrucke. Z. E. Euripides
in dem Cyklops, einem satirischen
Stücke, läßt den Ulysses durch den Si=
lenus fragen: Weil ihr nun die schö=
ne Helena aus Troja wiederge=
holet, habt ihr sie nicht alle ein we=
nig lieb gehabt; weil sie doch ohne=
dem ihre Männer gern wechseln
mag? Was für Zoten hätte da nicht
ein heutiger Possenreißer einem, sol=
chen Satyr in den Mund geleget?

91. Als wär es mir gleich viel.
Der Character der Personen muß doch
in Acht genommen werden: und wenn
gleich in der Tragödie alles erhaben

C 3   und

An cuftos, famulusque dei Silenus alumnì.

Ex noto fictum carmen, fequar, ut fibi quivis
Speret idem, fudet multum, fruftraque laboret
Aufus idem: tantum feries, juncturaque pollet;
Tantum de medio fumtis accedit honoris!

Silvis deducti caveant, me judice, Fauni,
Ne, velut innati triviis, ac pæne forenfes,
Aut nimium teneris juvenentur verfibus unquam,
Aut immunda crepent, ignominiofaque dicta.
Offenduntur enim, quibus eft equus, & pater, & res:
Nec fi quid fricti ciceris probat, & nucis emtor,
Æquis accipiunt animis, donantve corona.

Syllaba longa brevi fubjecta, vocatur Iambus,
Pes citus: unde etiam trimetris accrefcere juffit
Nomen Iambeis, cum fenos redderet ictus.
Primus ad extremum fimilis fibi; non ita pridem,
Tardior ut paullo, graviorque veniret ad aures,
Spondæos ftabiles in jura paterna recepit.

Com-

und edel klingen foll; fo muß doch der
Knecht Davus nicht fo reden, wie Un=
thia, die in Lucils Komödie einen alten
Simon ums Geld gebracht, vielwem=
ger,wie Silenus felbft,des Gottes Bac=
chus Hofmeifter, der im Trunke auch
wohl eine Zote mit unterlaufen ließ.
92. Nach etwas wahrem. Die da=
maligen Poeten mochten fich in den
atellan fchen Tragödien eben die Frey=
heit nehmen, die in Komödien gilt,und
ihre Fabeln nicht aus der Hiftorie zie=
hen. Aber Horaz will, man foll es eben
fo, wie mit andern tragifchen Fabeln
machen, die am beften find, wenn fie
aus den Gefchichten gezogen worden.
Davon gehen unfre Nachfpiele fehr ab.
93. So viel kömmt ꝛc. Diefes han=

delt nicht von der Schreibart, fondern
von der Einrichtung eines Schaufpie=
les: mafelbft die artige Verknüpfung
der Begebenheiten auch gemeine und
bekannte Sachen beliebt macht, und
ihnen ein neues Anfehen giebt.
94. Nehmt. Horaz kömmt noch ein=
mal auf die Mittelftraße, die in fatiri=
fchen Schaufpielen wegen des Ausdru=
ckes beobachtet werden foll. Die gar zu
große Zierde und Zärtlichkeit der da=
maligen Römer fchickte fich nicht für
die Satyren, die vom Lande hergeholet
waren; aber auch keine Unflätereyen,
die gewiß in üppigen Städten eher, als
auf dem Lande bey der Einfalt gefunden
werden. Virgil ift in feinen Schäfer=
gedichten fo keufch, daß er nicht einmal
feinen

Ob gar der bäurische verlebte Greis Silen,
Der sich geschickt erwies, dem Bacchus vorzustehn,
Sich redend hören läßt. Ich werde zwar was dichten;
Doch meine Fabel stets nach etwas wahrem richten, (92)
Das jeder kennt und weis. Ein jeder, der es sieht,
Wird glauben: es sey leicht. Doch wenn er sich bemüht,
Mir wirklich nachzugehn, wird er vergeblich schwitzen,
Und bey dem größten Fleiß umsonst darüber sitzen.
So viel kömmt auf die Art und die Verbindung an; (93)
Indem die Fügung auch was schlechtes adeln kann.

Nehmt (94) euch auch wohl in acht, ihr Künstler in Satyren!
Sie nicht nach Römerart ganz artig aufzuführen,
Wie sonst die Zärtlichkeit der edlen Jugend spricht.
Doch überhäuft den Vers mit schnöden Fratzen nicht;
Schreibt niemals ärgerlich, und lernt das Lästern meiden:
Den Unflath kann kein Mensch von gutem Stande leiden;
Kein züchtiges Gemüth, das Ehr und Tugend liebt.
Denn ob der Pöbel euch gleich seinen Beyfall giebt, (95)
Wird doch ein edler Geist euch allezeit verhöhnen,
Und eure Scheiteln nie mit Lorberzweigen krönen.

Ein Jambus heißt vorlängst in unsrer Kunst ein Fuß,
Da eine Sylbe kurz, die andre lang seyn muß.
Er fließt ganz schnell und leicht: daher man solchen Zeilen,
Darinn er sechsmal klappt, den Namen läßt ertheilen,
Daß man sie dreyfach nennt. (96) Von Anfang hat er sich
Mit andern nicht vermischt: nur neulich aber wich
Derselbe hier und dar den langsamen Spondäen,
Um desto männlicher damit einherzugehen. (97)

Doch

seinen Silenus etwas anstößiges sagen läßt. Er verspricht seinen Zuhörern, die gern Verse hören wollten, was vorzusingen; seiner Nymphe Aegle aber, etwas anders zur Belohnung: Carmina quæ vultis, cognoscite; Carmma vobis; (scil. dabo) Huic (scil. Aeglae) aliud mercedis erit. Wie hätte er sich hier züchtiger ausdrücken sollen? Unsere neuern Dichter würden hier grobe Zweydeutigkeiten gemacht haben.

95. Der Pöbel. Fricti ciceris aut nucis emtor. Man verkaufte in Rom gekochte Erbsen und gebratne Nüsse, oder vielleicht Castanien: und diese kaufte wohl auf der Gasse nur das gemeinste Volk. Solche Leute liebten damals auch die unflätigsten Possen; aber die Vornehmern hatten einen bessern Geschmack.

96. Dreyfach. Der Jambus ist geschwinde in der Aussprache; denn die erste Sylbe ist kurz, und man fällt alsofort mit dem Accente auf die andere lange. Sechsfüßige Jamben, hießen also dreyfache; weil man gleichsam zween Jamben zusammen nahm, und als einen gedoppelten Fuß zählete. Im Deutschen gehen unsre sechsfache Jamben so geschwinde nicht von der Zunge; weil unsre Sprache zu viel Mitlauter hat, die bey den kurzen Sylben sowohl, als bey den langen häufig vorkommen.

97. Desto männlicher. Die Spondäen klingen freylich männlicher, weil sie aus zwo langen Sylben bestehen: und

Commodus & patiens; non ut de fede fecunda
Cederet, aut quarta focialiter. Hic & in Acci
Nobilibus trimetris apparet rarus, & Enni.

In fcenam miffos magno cum pondere verfus,
Aut operæ celeris nimium, curaque carentis,
Aut ignoratæ premit artis crimine turpi.

„Non quivis videt immodulata poëmata judex:
„Et data Romanis venia eft indigna poëtis.
Idcircone vager, fcribamque licenter? an omnes
Vifuros peccata putem mea, tutus, & intra
Spem veniæ cautus? Vitavi denique culpam,
Non laudem merui. Vos exemplaria Græca
Nocturna verfate manu, verfate diurna.

At noftri proavi Plautinos & numeros, &
Laudavere fales: nimium patienter utrumque,

Ne ·

---

und daher haben die lateinischen Poeten gemeiniglich etliche derselben unter ihre Jamben gemischt. Im Deutschen ist es uns auch so ungewöhnlich nicht, daß wir manche lange Sylbe da dulden, wo eigentlich eine kurze stehen sollte; daraus an statt des Jambi ein Spondäus entsteht. Rechnen dieses einige unter die poetischen Freyheiten: so könnte man es zuweilen gar für eine Schönheit halten: wenn sie nur auf die von dem Horaz angewiesene Stelle kommen, als wo sie am erträglichsten sind. Dieß ist wohl zu merken.

98. Man spürt ihm. Nämlich den Spondäus; aber nicht so regelmäßig und auf den gehörigen Stellen. Ja diese alten Poeten haben wohl zuweilen ganze spondäische Zeilen, darinn nur der letzte Fuß jambisch ist, unter ihre Jamben fliessen lassen: nicht anders,

als es unsere alte Meistersänger gemacht, auch wohl einige neuere noch thun, welches aber ihre Verse rauh und hart machet; gesetzt, die Gedanken wären noch so schön. Gewisse Grillenfänger wollen wohl gar eine Schönheit in solchen stolpernden Versen finden.

99. Zu richten. Dieses müssen sich die Kunstrichter gewisser Landschaften gesagt seyn lassen, deren Sprache so rauh ist, daß sie von dem Wohlklange gar keinen Begriff haben. Sie loben oft, was einem zarten Ohre unerträglich klingt, Schnitzer wider die Sprachkunst.

100. Mehr als tadelfrey. Horaz will nicht nur untadelhafte Verse schreiben; sondern er will auch Lob verdienen. Keine Schnitzer wider die Regeln machen, das ist gut, und nothwendig: aber es macht noch keinen Poeten. Es gehöret weit mehr dazu. Was würde Horaz

Doch so gefällig er in diesem Stücke war;
So wich er doch nicht ganz. .Das zweyt und vierte Paar
Der Sylben hat 'er sich beständig vorbehalten.
Man spürt ihn auch bereits in mancher Schrift der Alten. (98)
Es'hat ihn Accius und Ennius gebraucht:
Hingegen wem es itzt was ungemeines daucht,
Den Jamben gar zu viel Spondäen einzumengen,
Als wenn sie prächtiger auf unsern Bühnen klängen:
Da dächt ich, daß man sie gewiß in Eil gemacht,
Wo nicht, doch an die Kunst der Musen nie gedacht,
Die Regeln nie gelernt. „Von Liedern und Gedichten,
„Weis nicht ein jedes Ohr, wie sichs gebührt, zu richten. (99)
„Wie mancher Stümper hat, ohne alle Kunst und Fleiß,
„Bey unserm Römervolk der Dichtkunst hohen Preis
„Bisher gar oft erlangt!" Soll ich deswegen hoffen,
Es stehe mir der Weg zu jeder Freyheit offen?
Soll ich verwegen seyn, weil irgend niemand sieht,
Wie oft mein Kiel gefehlt? und wenn das gleich geschieht,
Dieweil man mir auch dann die Fehler leicht vergiebet?
Fürwahr! so denkt kein Geist, der Ruhm und Ehre liebet;
Und ich verlange mehr, als tadelfrey zu seyn. (100)
Ihr Freunde, blättert doch bey Sonn- und Mondenschein,
Bey Tage, wie bey Nacht, der Griechen alte Schriften: (101)
Denn diese werden euch den schönsten Vortheil stiften.
Hat unsrer Väter (102) Mund des Plautus Scherz und Kunst
Im Lustspiel sehr gelobt; so wars aus blinder Gunst. (103)

Horaz von der Menge unserer Vers-macher sagen, die es zum höchsten so weit bringen, daß man nichts sonderliches an ihren Versen tadeln kann? Wir werden hernach noch was von mittelmäßigen Poeten finden.

101. Der Griechen. Was bey den Römern die Griechen waren, das sind für uns itzo die Franzosen. Diese haben uns in allen großen Gattungen der Poesie sehr gute Muster gegeben, und sehr viel Discurse, Censuren, Kritiken und andere Anleitungen mehr geschrieben, daraus wir uns manche Regel nehmen können. Ich schäme mich nicht, unsern Nachbarn in diesen Stücken den Vorzug zu geben; ob ich gleich meine Landesleute in andern Stücken ihnen vorziehe. Aber die alten Griechen und Römer sind uns deswegen nicht verbothen: denn ohne sie hätte uns Opitz

Man nimmermehr eine so gute Bahn zu brechen vermocht. Aus Lesung der Alten ist er ein Poet geworden; und wer ihm nicht folget, der wird es nimmermehr werden.

102. Zwar unsrer Väter. Eigentlich unserer Altväter rc. Dacier meynt, dieses sey ein Entwurf, den die Pisonen, oder sonst jemand, dem Poeten gemacht: weil Horaz, als eines Freygelassenen Sohn, dieses von sich nicht sagen können. Allein was brauchts dieser Schärfe im Reden? Horaz war ein Römer, also konnte er ja alle alte Einwohner seiner Stadt, seine Vorfahren nennen; zumal da er nicht sagt, meine Vorväter, sondern unsre.

103. Aus blinder Gunst. Horaz erkühnt sich seiner ganzen Vaterstadt ein unrichtiges Urtheil vorzuwerfen. Plautus ist im Sylbenmaaße sehr unrichtig,

C 5

Inciderit: nec quarta loqui persona laboret.
Actoris partes chorus, officiumque virile
Defendat; neu quid medios intercinat actus,
Quod non proposito conducat, & hæreat apte.
Ille bonis faveatque, & concilietur amicis:
Et regat iratos, & amet peccare timentes.
Ille dapes laudet menfæ brevis: ille falubrem
Iustitiam, legesque, & apertis otia portis.
Ille tegat commissa, deosque precetur, & oret,
Ut redeat miseris, abeat fortuna superbis.

Tibia non, ut nunc, orichalco vincta, tubæque
Æmula; sed tenuis simplexque, foramine pauco,
Adspirare, & adesse choris erat utilis; atque
Nondum spissa nimis complere sedilia flatu.
Quo sane populus numerabilis, utpote parvus,
Et frugi, castusque, verecundusque coibat.
Postquam cœpit agros extendere victor, & urbem

Latior

.70. *Ihrer drey.* Dieses ist eine Regel, darwider fast in allen neuern theatralischen Poesien gehandelt wird. Die Alten hatten gemeiniglich nur zwey, selten drey, und fast niemals viere auf einmal mit einander sprechen lassen. Der lateinische Ausdruck läßt sich auch so erklären, daß die vierte Person, sich nicht ohne Noth zum Reden dringen solle. Die Franzosen indessen haben zuweilen wohl fünf Personen auf der Schaubühne in einem Auftritte reden lassen. Es ist auch zuweilen fast unentbehrlich, nur es muß keine Verwirrung dadurch verursacht werden.

71. *Der Chor.* Das war bey den Alten eine Menge von Leuten, die auf der Schaubühne, als Zuschauer der Handlung, die daselbst gespielet ward, vorgestellet wurden. Die Wahrscheinlichkeit erfoderte es damals so. Die Thaten der Könige und Helden giengen fast immer auf öffentlichem Markte, oder doch auf solchen Plätzen vor, wo eine Menge Volks ihnen zusah. So muß-

ten denn diese auch auf der Schaubühne vorkommen. Die Bürger der Stadt hatten auch mehrentheils an den Handlungen ihrer Könige Theil: daher sagt hier Horaz, der ganze Chor soll auf der Bühne die Stelle einer mitspielenden Person vertreten; das heißt, zuweilen etwas darzwischen reden. Es sprachen aber nicht alle Personen des Chores auf einmal; sondern der Führer (Choragus oder Coryphäus) redete, im Namen der übrigen.

72. *Nichts ungeschicktes.* Einige Poeten hatten den Chor nur dazu gebraucht, daß er zwischen den Handlungen was singen mußte: und die Lieder schickten sich gar nicht zu der Tragödie. Das kam nun eben so heraus, als wenn itzo die Musikanten allerley lustige Stücke darzwischen spielen. Aber Horaz will, daß alles, was der Chor redet und singet, sich zur Sache schicken, und mit dem ganzen Spiele zusammen hängen soll: wie es Sophokles in seinen Tragödien gemacht hat.

73. Er

Es sprechen auf einmal nicht mehr als ihrer drey; (70)
Man sorge, daß der Chor zwar mit im Spiele sey: (71)
Doch daß sein Singen nicht die Handlung unterbreche,
Und er nichts thörichtes, nichts ungeschicktes spreche. (72)
Er sey der Tugend hold, er gebe guten Rath, (73)
Und bändige den Zorn. Wer eine Frevelthat
Sich scheuet zu begehn, den muß er willig preisen.
Er lobt die Mäßigkeit der aufgetragnen Speisen,
Liebt Recht und Billigkeit, und der Gesetze Flor,
Erhebt ein ruhig Volk bey unbewachtem Thor,
Verhehlt des andern Fehl, und ruft mit heißem Flehen
Zu Gott: den Armen reich, den Stolzen arm zu sehen.

Vorzeiten durfte nur die Pfeife schlecht und klein, (74)
Nicht mit Metall (75) geziert, Trompeten ähnlich seyn,
Und dennoch ließ sie sich, bey den beliebten Chören,
Auch mit vier Löchern (76) schon ganz hell und lieblich hören:
Indem der Schauplatz noch durch jene kleine Schaar
Des tugendhaften Volks, so sehr besetzt nicht war.
Allein nachdem das Schwert der Römer durchgedrungen,
Bald dieß bald jenes Land bestritten und bezwungen;

Seit

---

73. Er sey rc. Hier erklärt der Poet die ganze Pflicht des Chores. Er soll den Tugendhaften geneigt seyn, den Hülfsbedürftigen mit Rath an die Hand gehen, die Zornigen besänftigen, die Unschuldigen vertheidigen, die Sparsamkeit loben, Recht und Billigkeit lieben, u. s. w. Dadurch ward nun eben die Tragödie der Alten eine Schule des Volkes, und die Poeten, die dem Chore solche nützliche Sachen in den Mund legten, wurden öffentliche Lehrer der Tugend. Man lernte im Schauplatze mehr Morale und rechtschaffenes Wesen, als in den Tempeln der Heyden von so vielen müßigen Götzenpfaffen, die nichts, als ihre Ceremonien zu beobachten wußten. So sollten von rechtswegen alle Schauspiele eingerichtet werden, nicht aber so, daß sie zu Lastern reizen.

74. Die Pfeife rc. Womit man bey dem Gesange des Chores in Tragödien zu spielen pflegte. Wie nun diese, sowohl in Griechenland, als nachmals in Rom, anfänglich schlecht waren; nachmals aber allmählich im-

mer künstlicher und kostbarer gemacht wurden; nachdem die Republik selbst in Flor kam, und die Musik vollkommener wurde: so gieng es auch mit der Poesie, oder den Liedern des Chores; davon der Poet hier noch fortfährt zu reden. Erst waren sie einfältig, hernach wurden sie immer besser, und endlich gar so künstlich und tiefsinnig, daß sie den Orakeln nicht viel nachgaben.

75. Metall rc. Orichalcum war eine Art köstliches Metalls, das wir izo nicht mehr kennen. Plinius schreibt, man habe es gar eine Zeitlang dem Golde vorgezogen. Einige meynen, es müsse Aurichalcum, d. i. Golderzt heißen; aber es ist griechischer Abkunft, ορειχαλκον, und heißt Bergerzt.

76. Vier Löchern rc. Nach dem Berichte Varrons sind die ältesten Pfeifen nicht mit mehr als vier Löchern versehen gewesen: ich habe also dieses mit eingerückt, ungeachtet Horaz nur von wenigen Löchern gedenkt.

77. Bey

Latior amplecti murus, vinoque diurno
Placari Genius feſtis impune diebus;
Acceſſit numerisque modisque licentia major.
Indoctus quid enim ſaperet, liberque laborum
Ruſticus, urbano confuſus, turpis honeſto?
Sic priſcæ motumque & luxuriam addidit arti
Tibicen, traxitque vagus per pulpita veſtem.
Sic etiam fidibus voces crevere ſeveris,
Et tulit eloquium inſolitum facundia præceps:
Utiliumque ſagax rerum, & divina futuri
Sortilegis non diſcrepuit ſententia Delphis.

Carmine qui tragico vilem certavit ob hircum,
Mox etiam agreſtes Satyros nudavit; eo quod
Illecebris erat, & grata novitate morandus

Spe-

77. **Bey Tage praſſen.** Die al=
ten Römer ſchmauſeten nicht ſehr;
und wenn ſie es ja thaten, ſo geſchah
es des Abends. Aber als der Ueber=
fluß die Bürger wollüſtig gemacht hat=
te, pflegten ſie es auch bey hellem Tage
zu thun; und das ward ihnen von kei=
nem Sittenrichter, oder ſonſt von
jemanden verbothen.

78. **Ein Bauer.** Die alten Römer
trieben faſt alle den Ackerbau, und man
hat wohl eher einen Bürgermeiſter
oder Dictator hinter dem Pfluge ſuchen
müſſen. Solche Landleute nun waren
keine ſonderliche Kenner von Poeſie und
Muſik: es war ſchon gut genug für ſie,
ſo ſchlecht es auch immer ſeyn mochte.

79. **Der Pfeifer.** Die Muſikanten
gehöreten mit zum Chore der Alten,
und ſtunden alſo mit auf der Bühne,
ſo, daß man ſie ſah. Da nun ihre
Muſik ſehr künſtlich, zärtlich und wol=
lüſtig geworden war: ſo trugen ſie auch
prächtige lange Kleider mit großen
Schweifen, dergleichen die andern
tragiſchen Perſonen hatten.

80. **Die Cither.** Die Leyer, Har=
fe, oder wie man das Wort Fides
geben will. Sie ward vorzeiten in
Griechenland, eben ſowohl als die
Pfeifen in Rom, beym Chore der Tra=
gödien gebraucht. Siehe den Voſſius
de poëmatum cantu, ſive de viribus Rhythmi, apud veteres. Horaz
will hier ſagen, daß ſie auch anfänglich
nur ſchlecht weg, und ohn alle Kunſt
geſpielet worden; allmählich aber
ganz zärtlich, wollüſtig und frech ge=
worden, das heißt: Fidibus ſeveris
voces crevere. Was von der Muſik
geſagt worden, das gilt auch von der
Poeſie der Griechen; wie die folgen=
den Verſe zeigen.

81 **Geſchwulſt.** Horaz ſagt eloquium inſolitum, und facundia præceps, beydes zeigt die hochtrabende Art
des Ausdruckes, und die ſchwülſtige
Dunkelheit der griechiſchen Oden an,
die der Chor ſingen mußte. Die Ode
muß freylich wohl eine edle Schreibart
haben: aber die Poeten triebens zu
hoch, und machtens endlich ſo arg, daß
was

Seit dem der Mauren Kreis sich weiter ausgedehnt,
Die reichen Bürger sich das Schmausen angewöhnt,
Weil sie kein Richter schilt, wenn sie bey Tage prassen: (77)
So hat auch Reim und Ton den alten Klang verlassen.
Denn was verstund davon ein Bauer, (78) dessen Fleiß
Von schwerer Arbeit kam; der meistens voller Schweiß
In unsern Schauplatz trat; wohin sich alles drängte,
Wo Pöbel, Herr und Knecht sich durcheinander mengte.
Drum hat Musik und Tanz die alte Kunst erhöht,
Der Pfeifer, (79) der so stolz stets hin und wieder geht,
Schleppt itzt den langen Rock ganz prächtig auf den Bühnen;
So mußt in Griechenland die Cither (80) gleichfalls dienen.
Die Uebung samt der Kunst hat sehr bereit gemacht,
Und öfters ist der Reim so voll Geschwulst (8) und Pracht,
Als wenn Apollo spricht; der dort aus finstern Klüften
In seine Priesterinn Orakel pflegt zu düften. (82)
    Der Dichter, (83) der zuerst sich durch ein tragisch Lied,
Um einen schlechten Bock, als den Gewinnst, bemüht,
Entblößte (84) bald darauf die bäurischen Satyren,
Und ließ bey seinem Ernst auch Scherz und Stacheln spüren.
Kein Wunder, denn das Volk verlangte zu der Zeit,
Durch neue Reizungen und lauter Lustigkeit,

                                                    Hin-

man sie nicht besser verstehen konnte, als die Antworten der Orakel, die doch ganz zweydeutig zu seyn pflegten. Hiemit tadelt er alle die Poeten, die ihre Schreibart, zumal in den Schauspielen, gar zu tiefsinnig machen, und ihre Gedanken so verstecken, daß man sehr listig seyn muß, um ihre Meynung zu errathen.

82. Düften. Es ist bekannt, daß zu Delphis aus einer unterirdischen Höle ein gewisser Dampf aufgestiegen, welcher nach dem gemeinen Aberglauben, der auf einem Dreyfuße darüber sitzenden Priesterinn, die prophetische Wissenschaft künftiger Dinge von unten ein eingehauchet. Diese prophezeihende Schreibart nahmen die Poeten in den Oden ihrer Chöre an; und überschritten die Schranken der Wahrscheinlichkeit dadurch sehr.

83. Der Dichter. Er redet hier von dem Pratinas, dem Erfinder der Komödien. Es hatte derselbe vorher auch Tragödien gemacht, die dazumal noch nichts, als bloße Lieder waren, die von einer großen Anzahl Sänger auf Dör-

fern und Marktflecken den Leuten vorgesungen wurden. Es hat zu seiner Zeit schon mehrere gegeben, die mit einander um den Vorzug gestritten, und der Preis, der zum Gewinnste aufgesetzt war, ist ein Bock gewesen. Dieser Pratinas lebte nach Plutarchs Berichte, gleich nach dem Thespis, der die Tragödie erfunden hat.

84. Entblößte rc. Dieser Poet Pratinas hat den ganzen Chor aus nackten Satyren, unter der Anführung Silens, ihres Obersten, bestehen lassen; und also eine Art von satyrischen Tragödien aufgebracht. Es waren aber die Stachelreden dieser sogenannten Satyren nicht so lustig und scherzhaft, als die Komödien. Dieses hätte sich mit der tragischen Ernsthaftigkeit nicht zusammen gereimet; darum sagt Horaz, in columi gravitate, jocum tentavit aper. Sie sind mehr beißend und scharf, als lächerlich gewesen. Wir haben nur eine Probe von dieser Art, nämlich des Euripides Cyklops, übrig behalten, darinn die List des Ulysses vorgestellet wird.

Spectator, functusque sacris, & potus, & exlex.
Verum ita risores, ita commendare dicaces
. Conveniet Satyros, ita vertere seria ludo:
Ne, quicunque deus, quicunque adhibebitur heros,
Regali conspectus in auro nuper, & oftro,
Migret in obscuras humili sermone tabernas;
Aut, dum vitat humum, nubeis & inania captet.
Effutire leves indigna tragœdia versus,
Ut festis matrona moveri jussa diebus,
Intererit Satyris paullum pudibunda protervis.

Non ego inornata, & dominantia nomina solum,
Verbaque, Pisones, Satyrorum scriptor, amabo:
Nec sic enitar tragico differre colori,
Ut nihil intersit, Davusne loquatur, & audax
Pythias, emuncto lucrata Simone talentum;

An

wird, womit er sich aus Polyphems Händen befreyet hat.

85. An Feyertagen. Die heidnische Religion war sehr lustig. Der vornehmste Gottesdienst bestund im Opfern, dabey man wacker schmausete, und dem Gotte Bacchus zu Ehren, sich einen Rausch trunk. Die ersten Tragödien waren nichts anders, als Lieder, die demselben zu Ehren gesungen wurden, und die Stelle der Nachmittagsandachten vertraten. Da man nun zwischen die Lieder des Chores die redenden Personen eingeschaltet hatte, die eine besondere Fabel spieleten, dazu sich auch der Chor hernach schicken muste: so hatte durch diese neue Erfindung der Poeten, der Gott Bacchus gleichsam seine ganze Verehrung eingebüßet. Das trunkne Volk hergegen war dieser beliebten Gottheit noch sehr gewogen: daher bequemte sich dieser Poet eines= theils dieser Neigung, und mischte unter die ernsthaften tragischen Vorstellungen Chöre von Satiren, die auch etwas Lustiges mit darunter machten.

86. Wagt sich unter uns. In Rom sind dieser Art Schauspiele niemals eingeführet worden: obgleich einige die Fabulas Atellanas dahin haben rechnen wollen. Gleichwohl giebt Horaz auf allen Fall Regeln, die allen Satyrenschreibern dienen könnnen. Unsere Nachspiele, wenn sie ehrbar sind, vertreten ihre Stelle.

87. Ein Gott, ein Held. Diese Personen gehören eigentlich nicht in die Komödien, sondern in die Tragödien: doch in den atellanischen Fabeln, pflegten die Römer auch diese anzuführen, und was Lustiges mit unterzumischen. Eine solche Atellana war gleichsam das Nachspiel einer Tragödie in Rom, wie Dacier will; und ward von eben denselben Personen gespielt, die im Vorspiele in Kron und Purpur erschienen waren. Wollen wir uns diese Anmerkung zu Nutze machen, so verdammt Horaz hier auch diejenigen Komödianten, die in der Hauptvorstellung einen König oder Helden vorgestellet, und gleich im Nachspiele ein lächerliche Person spielen. Dieses ist vernünftigen Zuschauern höchst zuwider. Ein tragischer

Schau=

Hinein gelockt zu seyn; wenn es an Feyertagen (85)
Den Gottesdienst vollbracht, und dann bey Saufgelagen,
Sich toll und voll gezecht. So fieng das Luftspiel an.
Doch wagt sich unter uns ein neuer Dichter dran: (86)
So muß er seinen Scherz und sein satirisch Lachen
Nicht frech und regellos, vielmehr so klüglich machen;
Daß, wenn ein Gott, ein Held (87) sich auf der Bühne zeigt,
Der Gold und Purpur trägt, und kaum vom Throne steigt;
Sein Mund sich weder ganz zum tiefsten Pöbel neige,
Noch gar zu voller Schwulst die Wolken übersteige. (88)
So ehrbar eine Frau, (89) wenn sie ein hohes Fest,
Nach unsrer Stadt Gebrauch, zum Tanze rufen läßt,
In ihrem Reihen geht: so pflegt sich bey Satyren
Das hohe Trauerspiel ganz schamhaft aufzuführen.
Wenn ihr denn selbst einmal ein solch Gedichte schreibt: (90)
So denkt nicht, daß ihr nur bey schlechten Worten bleibt,
Bey Namen stolzer Art, von Königen und Kronen,
Die sonst kein Putz erhöht; ihr trefflichen Pisonen!
Auch unterscheidet sich mein Reim vom Trauerspiel,
Im Ausdruck nicht so sehr; als wär es mir gleichviel, (91)
Ob Davus etwas sagt? ob Pythia gelogen,
Die Simons schnöden Geiz um ein Talent betrogen?

Schauspieler verliert viel von seiner
Hochachtung, wenn er gleich wieder ei-
nen Lumpenkerl vorstellet. Siehe des
Zuschauers 446. Blatt.

88. Sich weder ꝛc. noch ꝛc. Die
Schreibart in dieser Art von Schauspielen soll das Mittel halten; weder pöbelhaft und niederträchtig, noch gar zu
hochtrabend und aufgeblasen seyn. Die
Römer hatten noch Fabulas Tabernarias, da auf der Bühne die Hütten
schlechter Leute vorgestellt worden, und
worinn lauter schlechte Leute auftra-
ten, die ganz gemein redeten. Zwischen
diesen und den tragischen Ausdrückungen sollen die atellanischen Fabeln das
Mittel halten.

89. So ehrbar eine Frau. Dieß
Gleichniß ist überaus geschickt, das obige zu erläutern. Eine Matrone mußte
zwar an Festtagen tanzen: aber ganz
ehrbar: nicht so luftig, als junge Mägdchen, die sich recht ergötzen wollten. So
sollte auch diese Art von Tragödien
seyn. Es waren aber nur gewisse Feste,
da die Frauen in Rom den Göttern zu

Ehren tanzen durften, und sie wurden
von den Priestern dazu gewählet. Das
heißt moveri jussa.

90. Ein solch Gedicht. Im
Grundterte Satyrorum Scriptor, ein
Schreiber solcher satyrischen Gedichte,
oder solcher atellanischen Tragikomödien. Dieß giebt allen Nachspielma-
chern eine treffliche Regel. Sie sollen
nicht grob, bäurisch und gemein reden;
sondern auch das Nachspiel hat seinen
Adel im Ausdrucke. Z. E. Euripides
in dem Cyklops, einem satyrischen
Stücke, läßt den Ulysses durch den Silenus fragen: Weil ihr nun die schöne Helena aus Troja wiederge-
holet, habt ihr sie nicht alle ein wenig lieb gehabt; weil sie doch ohnedem ihre Männer gern wechseln
mag? Was für Zoten hätte da nicht
ein heutiger Possenreißer einem solchen Satyr in den Mund geleget?

91. Als wär es mir gleich viel.
Der Character der Personen muß doch
in Acht genommen werden: und wenn
gleich in der Tragödie alles erhaben

C 3

An cuſtos, famulusque dei Silenus alumni.

Ex noto fictum carmen, ſequar, ut ſibi quivis
Speret idem, ſudet multum, fruſtraque laboret
Auſus idem: tantum ſeries, juncturaque pollet;
Tantum de medio ſumtis accedit honoris!

Silvis deducti caveant, me judice, Fauni,
Ne, velut innati triviis, ac pæne forenſes,
Aut nimium teneris juvenentur verſibus unquam,
Aut immunda crepent, ignominioſaque dicta.
Offenduntur enim, quibus eſt equus, & pater, & res:
Nec ſi quid fricti ciceris probat, & nucis emtor,
Æquis accipiunt animis, donantve corona.

Syllaba longa brevi ſubjecta, vocatur Iambus,
Pes citus: unde etiam trimetris accreſcere juſſit
Nomen Iambeis, cum ſenos redderet ictus.
Primus ad extremum ſimilis ſibi; non ita pridem,
Tardior ut paullo, graviorque veniret ad aures,
Spondæos ſtabiles in jura paterna recepit.

Com-

[Footnotes in Fraktur, two columns]

und edel klingen ſoll; ſo muß doch der Knecht Davus nicht ſo reden, wie Byrrhia, die in Lucils Komödie einen alten Simon ums Geld gebracht: vielweniger, wie Silenus ſelbſt, des Gottes Bacchus Hofmeiſter, der im Trunke auch wohl eine Zote mit unterlaufen ließ.

92. Nam etwas wahrem Die damaligen Poeten mochten ſich in den atellanſchen Tragödien eben die Freyheit nehmen, die in Komödien gilt, und ihre Fabeln nicht aus der Hiſtorie ziehen. Aber Horaz will, man ſoll es eben ſo, wie mit andern tragiſchen Fabeln machen, die am beſten ſind, wenn ſie aus den Geſchichten gezogen worden. Davon geh.n unſre Nachſpiele ſehr ab.

93. So viel kömmt ꝛc. Dieſes handelt nicht von der Schreibart, ſondern von der Einrichtung eines Schauſpieles: woſelbſt die artige Verknüpfung der Begebenheiten auch gemeine und bekannte Sachen beliebt macht, und ihnen ein neues Anſehen giebt.

94. Nehmt. Horaz kömmt noch einmal auf die Mittelſtraße, die in ſatiriſchen Schauſpielen wegen des Ausdruckes beobachtet werden ſoll. Die gar zu große Zierde und Zärtlichkeit der damaligen Römer ſchickte ſich nicht für die Satyren, die vom Lande hergeholet waren; aber auch keine Unflätereyen, die gewiß in üppigen Städten eher, als auf dem Lande bey der Einfalt gefunden werden. Virgil iſt in ſeinen Schäfergedichten ſo keuſch, daß er nicht einmal
ſeinen

Ob gar der bäurische verlebte Greis Silen,
Der sich geschickt erwies, dem Bacchus vorzustehn,
Sich redend hören läßt. Ich werde zwar was dichten;
Doch meine Fabel stets nach etwas wahrem richten, (92)
Das jeder kennt und weis. Ein jeder, der es sieht,
Wird glauben: es sey leicht. Doch wenn er sich bemüht,
Mir wirklich nachzugehn, wird er vergeblich schwitzen,
Und bey dem größten Fleiß umsonst darüber sitzen.
So viel kömmt auf die Art und die Verbindung an; (93)
Indem die Fügung auch was schlechtes adeln kann.
    Nehmt (94) euch auch wohl in acht, ihr Künstler in Satyren!
Sie nicht nach Römerart ganz artig aufzuführen,
Wie sonst die Zärtlichkeit der edlen Jugend spricht.
Doch überhäuft den Vers mit schnöden Fratzen nicht;
Schreibt niemals ärgerlich, und lernt das Lästern meiden:
Den Unflath kann kein Mensch von gutem Stande leiden;
Kein züchtiges Gemüth, das Ehr und Tugend liebt.
Denn ob der Pöbel euch gleich seinen Beyfall giebt, (95)
Wird doch ein edler Geist euch allezeit verhöhnen,
Und eure Scheiteln nie mit Lorberzweigen krönen.
    Ein Jambus heißt vorlängst in unsrer Kunst ein Fuß,
Da eine Sylbe kurz, die andre lang seyn muß.
Er fließt ganz schnell und leicht: daher man solchen Zeilen,
Darinn er sechsmal klappt, den Namen läßt ertheilen,
Daß man sie dreyfach nennt. (96) Von Anfang hat er sich
Mit andern nicht vermischt: nur neulich aber wich
Derselbe hier und dar den langsamen Spondäen,
Um desto männlicher damit einherzugehen. (97)

Doch

---

seinen Silenus etwas anstößiges sagen
läßt. Er verspricht seinen Zuhörern, die
gern Verse hören wollten, was vorzusingen; seiner Nymphe Aegle aber, etwas anders zur Belohnung: Carmina
quæ vultis, cognoscite; Carmina vobis; (scil. dabo) Huic (scil. Aeglæ)
aliud mercedis erit. Wie hätte er sich
hier züchtiger ausdrücken sollen? Unsere neuern Dichter würden hier grobe
Zweydeutigkeiten gemacht haben.
    95. Der Pöbel. Fricti ciceris aut
nucis emtor. Man verkaufte in Rom
gekochte Erbsen und gebratne Nüsse,
oder vielleicht Castanien: und diese
kaufte wohl auf der Gasse nur das gemeinste Volk. Solche Leute liebten
damals auch die unflätigsten Possen;

aber die Vornehmern hatten einen
bessern Geschmack.
    96. Dreyfach. Der Jambus ist ge-
schwinde in der Aussprache; denn die
erste Sylbe ist kurz, und man fällt alsofort mit dem Accente auf die andere
lange. Sechsfüßige Jamben, hießen
also dreyfache; weil man gleichsam
zween Jamben zusammen nahm, und
als einen gedoppelten Fuß zählete. Im
Deutschen gehen unsre sechsfache Jamben so geschwinde nicht von der Zunge;
weil unsre Sprache zu viel Mitlauter
hat, die bey den kurzen Sylben sowohl,
als bey den langen häufig vorkommen.
    97. Desto männlicher. Die Spon-
däen klingen freylich männlicher, weil
sie aus zwo langen Sylben bestehen:

und

E 4

Commodus & patiens; non ut de fede fecunda
Cederet, aut quarta focialiter. Hic & in Acci
Nobilibus trimetris apparet rarus, & Enni.
In fcenam miffos magno cum pondere verfus,
Aut operæ celeris nimium, curaque carentis,
Aut ignoratæ premit artis crimine turpi.
„Non quivis videt immodulata poëmata judex:
„Et data Romanis venia eft indigna poëtis.
Idcircone vager, fcribamque licenter? an omnes
Vifuros peccata putem mea, tutus, & intra
Spem veniæ cautus? Vitavi denique culpam,
Non laudem merui. Vos exemplaria Græca
Nocturna verfate manu, verfate diurna.

At noftri proavi Plautinos & numeros, &
Laudavere fales: nimium patienter utrumque,

Ne

---

und daher haben die lateinifchen Poeten gemeiniglich etliche derfelben unter ihre Jamben gemifcht. Im Deutfchen ift es uns auch fo ungewöhnlich nicht, daß wir manche lange Sylbe da dulden, wo eigentlich eine kurze ftehen follte; daraus an ftatt des Jambi ein Spondäus entfteht. Rechnen diefes einige unter die poetifchen Freyheiten: fo könnte man es zuweilen gar für eine Schönheit halten: wenn fie nur auf die von dem Horaz angewiefene Stelle kommen, als wo fie am erträglichften find. Dieß ift wohl zu merken.

98. Man fpürt ihn. Nämlich den Spondäus; aber nicht fo regelmäßig und auf den gehörigen Stellen Ja diefe alten Poeten haben wohl zuweilen ganze fpondäifche Zeilen, darinn nur der lezte Fuß jambifch ift, unter ihre Jamben fließen laffen: nicht anders,

als es unfere alte Meifterfänger gemacht, auch wohl einige neuere noch thun, welches aber ihre Verfe rauh und hart machet; gefezt, die Gedanken wären noch fo fchön. Gewiffe Grillenfänger wollen wohl gar eine Schönheit in folchen ftolpernden Verfen finden.

99. Zu richten. Diefes müffen fich die Kunftrichter gewiffer Landfchaften gefagt feyn laffen, deren Sprache fo rauh ift, daß fie von dem Wohlklange gar keinen Begriff haben. Sie loben oft, was einem zarten Ohre unerträglich klingt, Schnizer wider die Sprachkunft.

100. Mehr als tadelfrey. Horaz will nicht nur untadelhafte Verfe fchreiben; fondern er will auch Lob verdienen. Keine Schnizer wider die Regeln machen, das ift gut, und nothwendig: aber es macht noch keinen Poeten. Es gehört weit mehr dazu. Was würde Horaz

Doch so gefällig er in diesem Stücke war;
So wich er doch nicht ganz. Das zweyt und vierte Paar
Der Sylben hat er sich beständig vorbehalten.
Man spürt ihn auch bereits in mancher Schrift der Alten. (98)
Es hat ihn Accius und Ennius gebraucht:
Hingegen wem es itzt was ungemeines daucht,
Den Jamben gar zu viel Spondäen einzumengen,
Als wenn sie prächtiger auf unsern Bühnen klängen:
Da dächt ich, daß man sie gewiß in Eil gemacht,
Wo nicht, doch an die Kunst der Musen nie gedacht,
Die Regeln nie gelernt. „Von Liedern und Gedichten,   –
„Weis nicht ein jedes Ohr, wie sichs gebührt, zu richten. (99)
„Wie mancher Stümper hat, ohne alle Kunst und Fleiß,
„Bey unserm Römervolk der Dichtkunst hohen Preis
„Bisher gar oft erlangt!“ Sollich deswegen hoffen,
Es stehe mir der Weg zu jeder Freyheit offen?
Soll ich verwegen seyn, weil irgend niemand sieht,
Wie oft mein Kiel gefehlt? und wenn das gleich geschieht,
Dieweil man mir auch dann die Fehler leicht vergiebet?
Fürwahr! so denkt kein Geist, der Ruhm und Ehre liebet;
Und ich verlange mehr, als tadelfrey zu seyn. (100)
Ihr Freunde, blättert doch bey Sonn- und Mondenschein,
Bey Tage, wie bey Nacht, der Griechen alte Schriften: (101)
Denn diese werden euch den schönsten Vortheil stiften.
Hat unsrer Väter (102) Mund des Plautus Scherz und Kunst
Im Lustspiel sehr gelobt; so wars aus blinder Gunst. (103)

Horaz von der Menge unserer Vers-macher sagen, die es zum höchsten so weit bringen, daß man nichts sonderliches an ihren Versen tadeln kann. Wir werden hernach noch was von mittelmäßigen Poeten finden.

101. Der Griechen. Was bey den Römern die Griechen waren, das sind für uns itzo die Franzosen. Diese haben uns in allen großen Gattungen der Poesie sehr gute Muster gegeben, und sehr viel Discurse, Censuren, Kritiken und andere Anleitungen mehr geschrieben, daraus wir uns manche Regel nehmen können. Ich schäme mich nicht, unsern Nachbarn in diesen Stücken den Vorzug zu geben; ob ich gleich meine Landesleute in andern Stücken ihnen vorziehe. Aber die alten Griechen und Römer sind uns deswegen nicht verbothen: denn ohne sie hätte uns Opitz

Man nimmermehr eine so gute Bahn zu brechen vermocht. Aus Lesung der Alten ist er ein Poet geworden; und wer ihm nicht folget, der wird es nimmermehr werden.

102. Zwar unsrer Väter. Eigentlich unserer Altväter rc. Dacier meynt, dieses sey ein Entwurf, den die Pisonen, oder sonst jemand, dem Poeten gemacht: weil Horaz, als eines Freygelassenen Sohn, dieses von sich nicht sagen können. Allein was brauchts dieser Schärfe im Reden? Horaz war ein Römer, also konnte er ja alle alte Einwohner seiner Stadt, seine Vorfahren nennen; zumal da er nicht sagt, meine Vorväter, sondern unsre.

103. Aus blinder Gunst. Horaz erkühnt sich seiner ganzen Vaterstadt ein unrichtiges Urtheil vorzuwerfen. Plautus ist im Sylbenmaaße sehr unrichtig.

C 5

Ne dicam ftulte, mirati: fi modo ego & vos
Scimus inurbanum lepido feponere dicto;
Legitimumque fonum digitis callemus, & aure.

Ignotum tragicæ genus inveniffe Camœnæ
Dicitur, & plauftris vexiffe poëmata Thefpis:
Quæ canerent agerentque peruncti fæcibus ora.
Poſt hunc perfonæ, pallæque repertor honeſtæ,
Æfchylus, & modicis inftravit pulpita tignis.
Et docuit, magnumquc loqui, nitique cothurno.
Succeffit vetus his comœdia non fine multa
Laude; fed in vitium libertas excidit, & vim
Dignam lege regi: lex eft accepta, chorusque

Tur-

---

richtig: und in feinen Scherzreden fehr
fchnußig und garftig. Das erfte hat er
in feiner eigenen Grabfchrift felbft ge-
ftanden; indem er feine Verfe numeros innumeros nennt. Von dem andern aber könnte man, ihm nachzuahmen, fagen, daß er fales infulfos, oder
facetias inficetas gemacht habe. Die
plautinifchen Zoten gefielen Horazen
nicht: und ob er wohl felbft in feinen
andern Gedichten aus diefem Fehler
nicht ganz frey ift; fo haben wir uns
doch mehr an feine Regeln, als an fein
Exempel, zu kehren. Dieſes müffen fich
die Komödianten merken, die auch in
folche Stücke Zoten mengen, wo weder
der Verfaffer, noch Ueberfeßer dergleichen gemacht, wie es in dem Gefpenfte
mit der Trummel gegangen.

104. Ein erlaubter Scherz. Horaz unterfcheidet hier ausdrücklich die
erlaubten Scherzreden von den häßlichen Zoten, die in Plauti Komödien
vorkommen. An diefer Einficht fehlt
es vielen, die fich doch für fcharfe Richter ausgeben Man könnte leicht durch
ein paar Regeln den Unterfcheid be-
ftimmen, oder zum wenigften ein Kennzeichen der Zoten angeben. Der be-

rühmte D. Swift fagt irgendwo, daß
die Wiß oder finnreichen Köpfe feiner
Zeit, allen ihren Geift in den allegori-
fchen Befchreibungen der Erzeugung
eines Menfchen, und was dem anhän-
gig ift, zeigeten; und daß fie bey Ver-
ftopfung diefer Quelle, mit ihrer
Scharffinnigkeit auf einmal verftum-
men würden. Daß es bey uns nicht
beffer gehe, lehrt die Erfahrung.

105 Aufgebracht. Nicht, als wenn
Thefpis der allererfte Erfinder der
Schaufpiele wäre. Plato in feinem
Minos berichtet ausdrücklich, daß man
lange vor ihm Tragödien gemacht, welcher Name damals auch die Komödien
noch unter fich begriffen hat. Aber
Thefpis hat eine neue Art darinn eingeführt, und die alten Lieder merklich
ausgebeffert.

105. Gefang und Spiel, quæ canerent agerentque. Die Veränderung, die Thefpis eingeführt, hat vornehmlich darinn beftanden, daß er zwi-
fchen die Oden des fingenden Chores,
eine Perfon auf feinen mit Brettern be-
legten Wagen treten laffen, welche etwa eine merkwürdige Begebenheit eines großen Helden in Verfen erzählen
müffen.

Man hat ihn wahrlich nur aus Einfalt hochgeschätzet;
Dafern ich anders weis, was euch und mich ergetzet;
Was ein erlaubter Scherz, (104) was grob und garstig ist,
Und wenn ein reiner Vers ganz ungezwungen fließt:
Wenn wir das Sylbenmaaß an unsern Fingern zählen,
Und was den Klang betrifft, das Ohr zum Richter wählen.
  Das edle Trauerspiel hat Thespis aufgebracht, (105)
Indem vor seiner Zeit kein andrer dran gedacht.
Er fuhr von Dorf zu Dorf mit seinen Sängerchören,
Und ließ Gesang und Spiel (106) auf schlechten Wagen hören.
Mit Hefen salbte man den Sängern das Gesicht,
Bis Aeschylus hernach die Larven zugericht, (107)
Die Kleidung ausgedacht, und auf erhöhten Bühnen,
Mit stolzer Wörterpracht und hohem Schuh erschienen. (108)
Das Lustspiel folgte bald dem Trauerspiele nach, (109)
Davon man auch sogleich mit vielem Lobe sprach:
Allein die Freyheit wuchs in dem verwegnen Singen,
Und ließ sich endlich kaum durch die Gesetze zwingen.
Die Frechheit gieng zu weit, man schrieb ihr Regeln vor: (110)
Drauf ließ die Schmähsucht nach; so ward zuletzt der Chor

Mit

müssen. Dieses legte den Grund zu den nachfolgenden Vollkommenheiten der Tragödie, und war freylich etwas wichtigers, als daß er seinen Leuten das Gesicht mit Hefen überstrichen, oder sie auf Wagen herumgeführet.

107. Aeschylus. Dieser hat die Larven und langen Kleidungen seiner Komödianten erfunden. Allein das Beste hat Horaz vergessen, welches uns aber Aristoteles meldet. Er hat auch das Singen des Chores eingeschränket, und zu der einen Person, die Thespis dargestellet hatte, noch eine andre auf die Bühne gestellt, die sich mit der ersten unterreden konnte. Das machte nun die Tragödie schon sehr ansehnlich; zumal da er auch zuerst die Idee der Hauptperson in seinen Fabeln erdacht hat. ſ Baylen in dieſ. Art.

108. Hohem Schuh. Cothurnus, war eine Art von Schuhen, die bey den Alten nur von fürstlichen oder andern vornehmen Personen getragen wurde. Die tragischen Fabeln des Aeschylus, bestunden nun aus Begebenheiten der Könige und Helden, darum hat er sie auch standesmäßig kleiden müssen. Es war also der Wahrscheinlichkeit ge-

maß, sie auch in der Tragödie so vorzustellen; und nur die Dummheit ist vermögend, Stelzen daraus zu machen. Hernach ist dieß Wort auch von der erhabenen Schreibart gebraucht worden, die in der Tragödie vorkam, und gleichfalls vom Aeschylus zuerst gebraucht worden; weil sie sich für Könige und Fürsten wohl schickte.

109 Das Lustspiel. Die Komödie ist neuer, als die Tragödie, beyde aber sind aus den singenden Chören der Bacchusbrüder entstanden. Einige Sänger und Poeten machtens hübsch ehrbar; und daraus entstund die Tragödie. Andre waren frech, und machten allerley grobe Possen; daraus kam die Komödie, aber nur die alte Komödie, wie Horaz sagt; denn es hat sich dieselbe hernach geändert, so, daß eine mittlere und neue entstanden ist. Jene war noch sehr unflätig, bäurisch und grob, wie auch ihr Name zeiget, der eigentlich so viel, als ein Dorflied bedeutet. Sie ward auch anfangs nur auf Dörfern gespielet, bis sie sich besserte; und darauf kam sie auch in der Stadt empor.

110. Die Frechheit. Zu der Zeit, da Cratinus, Epicharmus, Crates, Eupo-

Turpiter obticuit, fublato jure nocendi.

Nil intentatum noſtri liquere poëtæ:
Nec minimum meruere decus, veſtigia Græca
Auſi deſerere, & celebrare domeſtica facta;
: Vel qui prætextas, vel qui docuere togatas.
Nec virtute foret, clarisve potentius armis,
Quam lingua, Latium; ſi non offenderet unum-
Quemque poëtarum limæ labor, & mora. Vos o,
. Pompilius ſanguis! carmen reprehendite, quod non
Multa dies, & multa litura coërcuit, atque
Præſectum decies non caſtigavit ad unguem.

Ingenium miſera quia fortunatius arte
Credit, & excludit ſanos Helicone poetas

Demo-

---

lis und Ariſtophanes lebten, welche alle Komödien ſchrieben, nahm man ſich in Athen die Freyheit, die vornehmſten Leute auf den Schaubühnen nament- lich aufzuführen und lächerlich zu ma- chen. Sie ſpielten keine Fabeln, ſondern lauter wahre Hiſtorien. Sie malten gar die Larven ſo künſtlich, daß ſie denen ähnlich ſahen, die ſie vorſtellen wollten. Aber als Lyſander ſich der Republik be- mächtigte, ſo hatte dieſe Luſt des Volks ein Ende. Denn ſo lange das Volk in Athen regierte, ſah es der Pöbel gern, daß die Großen wacker von den Poeten herumgenommen wurden. Das war nun die mittlere Komödie, die bis auf Alexanders Zeiten gedauert.
111. Der Chor ꝛc. ſtumm. Der Chor ward in der mittlern Komödie noch eben ſo wohl, als in der Tragödie beybehalten, und abſonderlich ange- wandt, die Großen der Stadt Athen und ihr übles Regiment durchzuziehen. So bald dieſes den Poeten unterſaget ward, hörten ſie ganz und gar auf, in den Komödien Lieder ſingen zu laſſen; und huben an, an ſtatt wahrer Hiſto- rien, Fabeln aufzuführen. Da entſtund

nun die neue Komödie, die ſeit der Zeit noch immer beybehalten worden. Nur zwiſchen den Handlungen wurde von den Pfeifern was Luſtiges geblaſen.
112. So wohl der ꝛc. als ꝛc. Die römiſchen Poeten, Pacuvius, Accius, Afranius, Titinius und Q. Atta hatten allerley Schauſpiele gemacht. Sie be- ſtunden theils aus vornehmen obrig- keitlichen Perſonen, und hießen Fabu- læ prætextatæ, von denen mit Purpur eingefaßten Kleidern, die ſie trugen. Theils Fabeln aber waren nur togatæ ſchlecht weg; weil nur gemeine Bürger darinn aufgeführet wurden. Noch an- dre hießen Tabernariæ. Jene kamen den Tragödien bey, dieſe aber waren Komödien. Der Poet braucht dabey das Wort docuere: denn ſo redeten die Alten, eine Tragödie lehren, eine Ko- mödie lehren. Dieſes zeigt, wie nützbar die Poeſien damals geweſen, und daß man ſie mehr zum Unterrichte, als zur Luſt beſtimmet habe. Daher wurden die Poeten, die Schauſpiele machten, Διδασκαλοι, Lehrmeiſter genennet: weil ſie die einzigen öffentlichen Lehrer des Volks waren; indem ihre poetiſche Stücke

Mit seiner Bosheit stumm, (111) und schonte zarter Ohren,
So bald er Fug und Recht zur Lästerung verlohren.
  Wir Römer haben auch nicht wenig Lob erjagt,
Seit unsre Dichter sich an alles das gewagt,
Und sich zugleich erkühnt von jenen abzuweichen,
Und unsrer Helden Ruhm in Fabeln zu erreichen.
Ist nicht bey uns sowohl der stille Bürgerstand,
Als edler Fürsten Muth auf Bühnen schon bekannt? (112)
Und wirklich würde Rom durch Tugend und durch Waffen,
Sich keinen größern Preis, als durch die Sprache schaffen:
Wenn unsern Dichtern nur der Ausputz nicht so schwer,
Geduld und langer Fleiß so unerträglich wär. (113)
O ihr Pompilier! (114) so edel von Geblüthe,
Als aufgeweckt am Geist, und redlich im Gemüthe:
Verwerft doch jeden Vers, (114) den nicht so manche Nacht,
Und manches Tages Fleiß recht ins Geschick gebracht;
Und den sein Meister nicht, an Worten und an Sprüchen,
Wohl zehnmal übersehn, wohl zehnmal ausgestrichen.
  Verwirft Demokritus die Regeln der Vernunft,
Und lobt er nur den Geist an der Poetenzunft; (116)

Stücke bey den Heyden die Stelle unserer Predigten vertraten.

113. Wenn unsern Dichtern. Horaz klagt über die Faulheit der Lateinischen Poeten. Sie wollten sich nicht die Mühe nehmen, was rechtes zu machen: daher sagt auch Quintilian, in Comœdia maxime claudicamus. Bey uns Deutschen gehts eben so, denn unter so viel hundert Stücken, die von deutschen Komödianten gespielt werden, taugen sehr wenige was: wo es nicht aus dem Französischen übersetzt ist; ja selbst diese sind nicht alle gut. Mit andern Gedichten gehts es nicht viel besser.

114. Pompilier. Die Pisonen, an welche Horaz diesen Tractat schrieb, sollten vom Numa Pompilius herstammen: drum nennet er sie Pompilier.

115. Verwerft doch 2c. Das ist eine scharfe Regel. Wo werden da die geschwinden Poeten bleiben, die ganze Bogen in ein paar Stunden, und alle Jahre ganze Bände voller Gedichte liefern, ohne daß sie das geringste Wort darinn ausstreichen dürfen? Sie müssen wohl ganz außerordentliche Geister haben, daß sie alles auf einmal recht machen können! Zu Horazens Zeiten gab es dergleichen große Dichter auch: aber es waren nur Bavii und Mävii, oder Crispini, die auf einem Beine stehend 200 Verse hersagen konnten. Virgil hat seine Verse, wie der Bär seine Jungen, gemacht.

116. Den Geist. Ingenium. Cicero im 1. Buche vom Wahrsagen schreibt, Demokritus habe dafür gehalten, daß ohne die Raserey, oder Begeisterung, niemand ein großer Poet seyn könne. (Gewisser maßen hat er recht gehabt. Aber wenn er von seinem Geiste die Regeln der Kunst und die Vernunft ausschloß: so hat er lauter unsinnige Poeten auf dem Parnaß haben wollen, wie Horaz spricht: excludit sanos Helicone poëtas: und Plato wird recht gehabt haben, wenn er in seiner Republik keine Dichter leiden wollen. Indessen halten doch bis auf den heutigen Tag die meisten dafür, die Poeten würden geboren, und wüchsen gleichsam, wie die Pilze, fix und fertig aus der Erden. Höchstens meynen sie, man dürfe sich nur die Regeln der Reimmacherkunst,

Democritus; bona pars non ungues ponere curat,
Non barbam: ſecreta petit loca, balnea vitat.
Nanciſcetur enim pretium nomenque poetæ,
Si tribus Anticyris caput inſanabile, nunquam
Tonſori Licino commiſerit. O ego lævus!
Qui purgor bilem ſub verni temporis horam:
Non alius faceret meliora poemata! Verum
Nil tanti eſt. Ergo fungar vice cotis; acutum
Reddere quæ ferrum valet, exſors ipſa ſecandi.
Munus & officium, nil ſcribens ipſe, docebo:
Unde parentur opes, quid alat formetque poetam?
Quid deceat, quid non? quo virtus, quo ferat error?
Scribendi recte, ſapere eſt & principium & fons.
Rem tibi Socraticæ poterunt oſtendere chartæ:
Verbaque præviſam rem non invita ſequentur.

Qui didicit, patriæ quid debeat, & quid amicis,

Quo

vom Scandiren und Reimen ein wenig bekannt machen; das übrige gäbe ſich von ſelbſt. Wenn Pritſchmeiſter Poeten wären, ſo hätten ſie ganz recht.
11. So putzt ſich &c. Die Poeten in Rom waren auf die Grille gerathen: ein geiſtreicher Poet könnte bey ſeinen hohen Gedanken nicht ſo ſorgfältig auf den Wohlſtand ſehen, als andre Leute. Darum fiengen alle Sylbenhenker an, ſchmuzig einherzugehen, damit man ſie nur für Poeten anſehen ſollte. Hat nicht das Beyſpiel gewiſſer unordentlich lebender Poeten, bey manchen jungen Leuten eben die Wirkung gehabt; daß ſie große Dichter zu werden geglaubt, wenn ſie nur wilde lebten?
118. So würde mich &c. Wenn er

ſich nämlich die Galle nicht abführen möchte, ſo könnte er endlich auch ſo raſend davon werden, als die andern Poeten waren; und folglich einen hoben Rang auf dem Parnaſſe bekommen. Es iſt eine bloße Ironie.
119. Ich trachte &c. Jſokrates hat dieſes zuerſt geſagt, als man ihn fragte, wie er doch andere ſo beredt machen könnte, da er ſelbſt keine Reden hielte? Horaz ſagt aber, er ſchreibe nichts: nämlich keine großen Heldengedichte, Tragödien und Komödien, denn die ſind eigentlich Gedichte; und daher gab er ſich für keinen Poeten aus. Bey uns denkt man, durch ein paar Bogen Hochzeitverſe voller Poſſen, ein Poet zu werden. Es gehört mehr dazu.
120. Der

Ja meynt er gar, der Sitz, den Phöbus sich erkohren,
Der hohe Pindusberg, gehöre nur für Thoren:
Es putzt sich mancher itzt kaum Nägel oder Bart, (117)
Entflieht aus Eigensinn der Menschen Gegenwart,
Lebt schmutzig, und verhofft, ein solch verkehrtes Leben
Werd ihm in aller Welt den Dichternamen geben.
Drum trägt sein wüster Kopf, dem Nieswurz so gar
Das Hirn nicht säubern kann, ein unverschnittnes Haar.
Bin ich denn nicht ein Thor, daß ich zu Frühlingszeiten,
Durch manche Cur gesucht die Galle wegzuleiten?
O ließ ich doch, wie sie, dieß albre Wesen stehn!
So würde mich kein Mensch im Dichten übergehn. (118)
Doch Grillen! weg damit! Ich trachte, den Poeten (119)
Hinfort ein Sporn zu seyn, ein Antrieb ihrer Flöten.
Denn wie ein Wetzstein schärft, und selbst nicht schneiden kann:
So schreib ich selbst zwar nichts, doch zeig ich lehrend an,
Woher der Reichthum kömmt, der sich in Versen findet;
Was einen Dichter zeugt, ernähret, stärket, gründet;
Was wohl und übel steht, wie Geist und Tugend führt,
Und wie der Unverstand im Irrthum sich verliert.
Vernunft und Klugheit sind die Quellen schöner Lieder! (120)
Durchblättert nur mit Fleiß die Bücher hin und wieder,
Darinn des Sokrates berühmte Weisheit steht: (121)
So findet ihr den Stoff, der ein Gedicht erhöht.
Wo nun der Zeug nicht fehlt, den wir in Verse binden,
Da wird der Ausdruck sich schon von sich selber finden. (122)
    Wer wohl gelernet hat, (123) was Freund und Vaterland,
Für Pflichten von ihm heischt; die Schuldigkeit erkannt,

Die

120. Vernunft und Klugheit. gen, die da meynten, die Raserey machte Poeten. Er behauptete gerade das Gegentheil. Eine gesunde Vernunft und gute Einsicht in philosophische Wissenschaften legen den Grund zur wahren Poesie.

121. Des Sokrates 2c. Die sokratischen, das ist, philosophischen und sonderlich moralischen Bücher soll ein künftiger Poet fleißig lesen. Sokrates selbst hat zwar nichts geschrieben; aber seine Schüler, Plato, Xenophon, Cebes und andre, desto mehr. Ein Poet soll also die Weltweisheit und sonderlich die Sittenlehre wohl inne haben: denn ohne sie kann er keinen einzigen Character recht machen.

122. Der Ausdruck. Es ist thöricht, auf Worte zu sinnen, wenn man die Sachen nicht versteht. Wer die Materien, davon er schreiben will, wohl inne hat, und voller guter Gedanken ist, der wird leicht Worte finden, sie an den Tag zu legen. Was taugen also die poetischen Lexica von schönen Redensarten, Beywörtern, Beschreibungen, und andern solchen Raritäten?

123. Gelernet hat 2c. So viel fodert Horaz von einem Poeten. Das ist eine schwere Lection für diejenigen, welche die Poesie für ein Werk der ersten Jugend halten: da doch sehr wenige in ihren männlchen Jahren alle die Wissenschaft besitzen, die zu einem wahren Dichter unentbehrlich ist.

124. Die

Quo fit amore parens, quo frater amandus, & hospes;
Quod fit confcripti, quod judicis officium; quæ
Partes in bellum miffi ducis: ille profecto
Reddere perfonæ fcit convenientia cuique.
Refpicere exemplar vitæ morumque jubebo
Doctum imitatorem, & vivas hinc ducere voces.
Interdum fpeciofa locis, morataque recte
Fabula, nullius Veneris, fine pondere & arte,
Valdius oblectat populum, meliusque moratur;
Quam verfus inopes rerum, nugæque canoræ.

Grajis ingenium, Grajis dedit ore rotundo
Mufa loqui; præter laudem nullius avaris.
Romani pueri, longis rationibus, affem
Difcunt in partes centum diducere. Dicat
Filius Albini: fi de quincunce remota eft
Uncia, quid fuperat? poteras dixiffe triens. Heus!

Rem

124. Bilden will. Im Lateinischen heißt es, nachahmen. Ein Poet ist ein Nachahmer der Natur, wenn ich so sagen darf: und zwar soll er ein gelehrter Nachahmer seyn, wie Horaz schreibt: das ist ein geschickter, geübter Maler.
125. Ein Gedicht. Der Poet versteht ein Schauspiel, denn er nennt es Fabula. Hierinn müssen die guten Charactere das Beste thun: denn wann nur die Gemüthsart jeder Person wohl ausgedruckt wird: so übersieht das Volk viel andre Fehler in den Versen, und in der ganzen Einrichtung der Fabel: wie die Engländer bey ihren Schauspielen zu thun pflegen.
126. Den Griechen. Horaz kömmt immer wieder auf die Griechen, ohne Zweifel, weil die römischen Versmacher seiner Zeiten, entweder kein Griechisch lernen wollten; oder doch keine griechische Bücher lasen, sondern von sich selbst alle Weisheit haben wollten. Heutiges Tages gehts uns eben so. Wenige von unsern Poeten kennen die Alten, oder auch die neuern Kunstrichter auf diese schmählen wohl gar einige, ohne sie zu verstehen, oder gelesen zu haben. Man bemerket auch, daß alle die Poeten, denen damals Horaz die Versäumung griechischer Schriften vorrückt, verlohren gegangen, und nicht bis auf die Nachwelt gekommen. So wird es unserm selbstgewachsenen Dichtern vermuthlich auch gehen.
127. Sie geizen nicht. Der Geiz ist gemeiniglich nicht ein poetischer Affect. Die Ehrbegierde ist den guten Poeten allezeit mehr eigen: daher kömmt auch, daß die, welche uns Geld suchen, ihre Sachen so obenhin machen: die

Die Kindern zugehört; die Art, wie Brüder leben;
Was Rath und Richteramt für Lebensregeln geben;
Wie Feldherr und Soldat im Kriege sich beträgt:
Der hat den rechten Grund zur Poesie gelegt;
Der wird nichts thörichtes, nichts ungereimtes dichten,
Und den Character stets nach den Personen richten.
Wer klüglich bilden will, (124) der schaue die Natur
Und Art der Menschen an, und folge dieser Spur:
So wird er fähig seyn, sie lebhaft abzuschildern.
Oft rühret ein Gedicht (125) mit wohlgetroffnen Bildern,
Darinnen hier und dar ein schöner Lehrspruch liegt,
So schlecht der Auspuß auch ein zartes Ohr vergnügt,
Viel kräftiger das Volk; als Verse, die wie Schalen,
Darinn kein Kern mehr ist, mit leeren Tönen prahlen.
 Den Griechen ist das Chor der Kastalinnen hold: (126)
Das macht, sie geizen nicht nach Silber oder Gold; (127)
Sie streben nur berühmt und stets beliebt zu bleiben;
Drum sind sie reich an Geist, im Reden und im Schreiben.
In Rom hergegen fängt ein Kind, das reden kann,
Die güldne Rechenkunst (128) mit vielem Eifer an,
Und lernt des Groschens Werth durch hundert Brüche theilen.
Geht, fragt den Sohn Albins, (129) das kleine Kind, zuweilen:
Fünf hab ich, zwey davon, was bleibt, mein Söhnchen? Drey.
Vortrefflich schön! mein Kind. Ganz recht! es bleibt dabey;
Du wirst dein Glück einmal zum höchsten Gipfel bringen:
Wer diese Kunst versteht, dem kann es nicht mislingen.

die aber auf ihre Ehre sehen, und auf die Nachwelt denken, ihre Sachen weit fleißiger und sorgfältiger ausarbeiten. Von dem einzigen Pindarus hat le Clerc in seiner Sarrhasianen erweisen wollen, daß er geizig gewesen; weil er auf die Ueberwinder in den olympischen Spielen Lieder für Geld gemacht. Aber eine Schwalbe macht keinen Frühling: von allen übrigen Griechen kann Horaz sagen, daß sie nach nichts, als nach Ehre gegeizet.

128. Die güldne Rechenkunst. Die Römer führten einen großen Staat, und lebten wollüstig; ja der Reichthum war ihnen auch an sich unentbehrlich, weil jeder Orden der Bürger ein gewisses Vermögen besitzen mußte: so gar, daß einer, der dasselbe verminderte, auch seinen Adel ꝛc. verlohr. Wer auch zu Aemtern in der

Republik gelangen wollte, mußte das Volk durch kostbare Schauspiele gewinnen, welche oft Tonnen Goldes betrugen. Ja Antonius hatte endlich gar gesagt; niemand wäre reich, als der ein Kriegesheer auf eigne Kosten ins Feld stellen könnte Daher war es kein Wunder, daß man die Jugend gleich in den ersten Jahren zur Haushaltung, und folglich zum Rechnen anführete. Dieses war nun eine schlechte Vorbereitung zur Poesie.

129. Albinus war ein berühmter Wucherer damaliger Zeit, der seinen Sohn zu nichts anders, als zum Rechnen anführete. Horaz denkt auch in der VI. Sat. des I. B. daß die großen Stadt-Hauptleute, Centuriones, es nicht anders gemacht. Boileau hat in seiner siebenten Satire diese Stelle nachgeahmet.

Crit. Dichtk. D 130. Uba-

Rem poteris fervare tuam.   Redit uncia: quid fit?
Semis. At, hæc animos ærugo & cura peculi
Cum femel imbuerit; fperamus carmina fingi
. Poffe linenda cedro, & lævi fervanda cupreffo.
  Aut prodeffe volunt, aut delectare poetæ:
Aut fimul & jucunda & idonea dicere vitæ.
Quidquid præcipies, efto brevis: ut cito dicta
Percipiant animi dociles, teneantque fideles.
Omne fupervacuum pleno de pectore manat.
Ficta voluptatis cauffa, fint proxima veris;
Nec quodcunque volet, pofcat fibi fabula credi:
Neu pranfæ Lamiæ vivum puerum extrahat alva.
Centuriæ feniorum agitant expertia frugis:
Celfi prætereunt auftera poemata Rhamnes.
Omne tulit punctum, qui mifcuit utile dulci;
Lectorem delectando, pariterque monendo.
Hic meret æra liber Sofiis: hic & mare tranfit,
Et longum noto fcriptori prorogat ævum.
  Sunt delicta tamen, quibus ignoviffe velimus.

Nam

130. Unvergänglich. Jm Grundterte heißt es: Verfe, die man mit Ce-
derwfafte überstreichen, und in Cypreß-
fenholze aufbehalten wird. Der Ceder-
faft hat eine erhaltende Kraft, weil die
Schaden und Motten dasjenige nicht
freffen, was damit gerieben worden.
Und die Schachteln von Cypreffenholz
haben eben die Tugend an fich. Horaz
spottet der Römer, daß fie bey folcher
Zucht, große Poeten zu erziehen hoff-
ten. Große Finanzräthe werden fehr
magere Poeten.
131. Entweder ꝛc. Nicht, als wenn
es nach Horazens Meynung recht wäre,
einige Gedichte zur Luft, und andere
des Nutzens halber zu machen: fondern, weil einige Poeten diefes, die
andern jenes zum Endzwecke haben.
Ein theatralifcher Poet foll fich beydes
vorfetzen: wiewohl es fcheint, daß er
hier nur von Komödien allein reden
wolle. Es foll alfo ein Komödienfchrei-
ber nicht nur durch lauter Harlekins-

poffen ein Gelächter zu erwecken fu-
chen; fondern fich auch bemühen, feinen Zufchauern zu nugen, das ift, fie
klüger und tugendhafter zu machen.
132. Ueberflüßig. Horaz braucht
das Gleichniß von einem Gefäffe,
welches man mehr gießen will, als es
faffen kann. Wie nun das übrige, das
unter fleußt, und alfo vergebens ver-
fchwendet ift; fo find auch die überflüßigen Lehren unfonft. Man giebt
nicht mehr acht, wenn fie zu lang wird
find; und läßt fie zu einem Ohre hin-
zum andern aber heraus. Das lehrt
uns: die Sittenlehren in theatralifchen Poeffen müffen kurz gefaffet feyn,
und nicht über ein paar Zeilen austra-
gen. Diefe Lection gehört für die Poeten, die erbaulich fchreiben wollen.
133. Die Fabel. Diefe Regel geht
diejenigen an, die nur durch ihre Fabeln
beluftigen wollen. Die Wahrfchein-
lichfeit ift dasjenige, was fie vor allen
Dingen beobachten follen. Dichten

Noch mehr: Ich habe fünf, und setze drey darzu,
Was machts, mein Söhnchen? acht. Ach Kind! wie klug bist du?
Bey solcher feinen Zucht erwachsen unsre Knaben;
Und doch hofft Rom dereinst Gedichte gnug zu haben,
Darinn der Zeit zu Trost, das prächtige Latein
Bis auf die späte Welt soll unvergänglich seyn. (130)
Entweder ein Poet sucht Nutzen oder Lust; (131)
Auch beydes liebt er wohl zugleich mit kluger Brust.
Im Lehren sey man kurz, die nutzerfüllten Sachen,
Gemüthern guter Art nicht gar verhaßt zu machen.
Was überflüßig ist, (132) vergißt man gar zu leicht.
Die Fabel laute so, daß sie der Wahrheit gleicht. (133)
Und fodre nicht von uns, daß man ihr alles gläube.
Man reiße nicht das Kind den Heren (134) aus dem Leibe,
Die es bereits verzehrt. Die Aeltesten der Stadt, (135)
Verachten ein Gedicht, das nichts gesetztes hat:
Der hohe Ritterstand (136) mag lauter Ernst nicht hören.
Der wird vollkommen seyn, der theils geschickte Lehren,
Und theils was liebliches durch seinen Vers besingt;
Zum Theil dem Leser nütze, zum Theil Ergetzung bringt.
Ein solch Gedicht geht ab, wird weit und breit verführet;
Bis es dem Dichter gar Unsterblichkeit gebiehret.
Zwar Dichter fehlen auch; (137) und man verzeiht es leicht,
Indem die Seyte doch nicht stets den Ton erreicht.

Den

keine Kunst: aber so dichten, daß es noch ungefehr gläublich herauskomme, und der Natur ähnlich sey; das ist dem Poeten ein Lob.

134. Den Heren, Lamia. Die Alten glaubten einen König der feßtigornier, Lamius, der Menschenfleisch fressen sollte. Man sehe, was Homer in der Odyssee davon geschrieben. Daher dichtete man auch eine Königinn, Lamia, die Kinder fressen mußte. Die Römer machten nachmals eine grausame Zauberinn daraus, und schreckten ihre Kinder damit. Ohne Zweifel hatte etwa ein damaliger Poet eine solche Here auf die Bühne gebracht, und ihr das verzehrte Kind wieder aus dem Leibe reißen lassen. Das ist nun die unglaublichste Sache von der Welt; so groß auch die Macht einer Here immermehr angenommen wird.

135. Die Aeltesten. Die ansehnlichsten Männer von reifem Verstande und ernsthaftem Wesen, mögen kein

Schauspiel sehen, darinn nichts kluges vorkömmt. Kinderpossen und lauter lustige Schwänke schicken sich für ihre Jahre nicht. Bey uns gehts eben so. So lange man lauter italienische Burletten, oder deutsche Possenspiele von Hanswürsten, dummen Jungen, Petern und Suchenfressern, aufführet wird, so lange hat man keine ansehnliche Zuschauer zu hoffen. Man spiele aber ernsthafte Trauerspiele, und regelmäßige Lustspiele, so werden die vernünftigsten Männer sich in den Schauplatz bringen.

136. Der hohe Ritterstand. Celsi Rhamnes. Die Römer waren vom Romulus in drey Classen getheilet worden, davon waren die Rhamnenser die ersten. Das Wort Celsi machet also, daß man nicht den römischen Pöbel, sondern den Adel dadurch verstehet, da man sonst das ganze Volk dadurch verstehen könnte. Die Ritter und Edlen nun, mochten in Rom kein gar zu ernsthaftes Wesen gern hören, sondern lieb-

D 3

Nam neque chorda sonum reddit, quem vult manus,
           & mens:
Poscentique gravem persæpe remittit acutum;
Nec semper feriet quodcunque minabitur arcus.
Verum ubi plura nitent in carmine; non ego paucis
Offendar maculis, quas aut incuria fudit,
Aut humana parum cavit natura. Quid ergo?
Ut scriptor, si peccat idem librarius usque,
Quamvis est monitus, venia caret; & citharœdus
Ridetur, chorda qui semper oberrat eadem:
Sic mihi, qui multum cessat, fit Chœrilus ille,
Quem bis terque bonum, cum risu miror; & idem
Indignor, quandoque bonus dormitat Homerus.
Verum opere in longo fas est obrepere somnum.

   Ut pictura, poesis erit, quæ, si propius stes,
Te capiet magis, & quædam, si longius abstes.

                            Hæc

---

ten was Lustiges; vergleichen die Comödien waren. Daher folgt, ein Poet müsse sich nach allen beyden richten.

137. Zwar Dichter fehlen auch. Poeten sind auch Menschen: daher können sie leicht fehlen; und verdienen auch, daß man ihnen zuweilen etwas übersieht. Aber ihre Fehler müssen weder aus Unwissenheit, noch aus Nachläßigkeit herkommen, wenn sie Vergebung hoffen wollen. Die menschliche Schwachheit und unvermeidliche Nothwendigkeit allein entschuldiget sie, wie folgende Verse zeigen.

138. Hier und da. Die Fehler müssen sehr selten kommen, wenn man sie übersehen soll. Wo ein Gedicht von Schnitzern wimmelt, da fodert man vergebens ein gelindes Urtheil. Das Schöne muß das Schlechte weit übertreffen, wenn ich einem etwas zu gute halten soll. An Opitzen, Flemmingen, und Dachen entschuldige ich viele Fehler wider die Reinigkeit, die ich einem

heutigen Stümper hoch anrechne. Das macht, ihre Schriften sind so voller Geist und Feuer, als der heutigen voller Schnee und Wasser.

139. Stets falsche Griffe. Ein Fehler muß nicht vielmal wiederkommen, wenn man ihn übersehen soll. Denn wo er oft begangen wird, da zeigt er entweder von seines Meisters Unwissenheit, oder Nachläßigkeit.

140. Chörilus. Nicht der, so in der 75 Olympias gelebt, und auf dem Siege der Athenienser über den Xerres ein so schönes Gedicht gemacht, daß man ihm für jede Zeile eine goldene Münze zur Vergeltung gegeben, und befohlen, solch Werk, nebst Homero, öffentlich zu lesen. Sondern dieß war derjenige Chörilus, der zu des großen Alexanders Zeiten gelebt, und bey diesem Prinzen mehr Glück als Verdienste gehabt. Er mag auch wohl zuweilen ein paar kluge Zeilen mit darunter gemacht haben. Das mag spricht ihm dieses nicht ab. Aber

Den Hand und Ohr verlangt. Es soll oft niedrig klingen:
Doch läßt die Laute gar den höchsten Ton erzwingen.
Ein Bogen trifft nicht stets, wornach er abgezielt.
Allein wenn ein Poet dem Phöbus nachgespielt,
Und seine Lieder uns fast durch und durch gefallen,
Dann mag nur hier und da was hartes drunter schallen. (138)
Es geht ganz menschlich zu. Wie leicht ist es geschehn.
Daß wir zu sorglos sind, und irgend was versehn!
Was folgt indessen draus? Wie wir der Schreiber lachen,
Die, wenn man sie gleich straft, doch stets die Fehler machen,
Davor man sie gewarnt; und wie ein Leyermann,
Der nur sein altes Lied auf einer Seyte kann,
Ein Spott der Kinder wird: so setz ich den Poeten,
Der keinen Ton versteht, und auf den heischen Flöten
Stets falsche Griffe mache, (139) zu jenem Chörilus; (140)
Bey dessen Versen ich verwundernd lachen muß,
Wenn er zuweilen noch was leidliches getroffen.
Hingegen schmerze es mich, wann wider Wunsch und Hoffen
Homer einmal entschläft: (141) obwohl es leicht geschiebt,
Daß ein so langes Werk den Schlummer nach sich ziebt.
Ein Vers ist Bildern gleich, (142) wo manches uns gefällt,
Wenn mans genau besieht, und nah vor Augen stellt;
Indem sich andre nur von ferne trefflich zeigen.
Dem einen ist die Nacht und Dunkelheit fast eigen: (143)

Das

er sagt, daß er darüber lachen müsse, und sich verwundere, daß er gleichwohl zuweilen was gutes zuwege gebracht.

141. Homer entschläft. Man führt diese Worte gemeiniglich verstümmelt an, da sie denn eine ganz andere Bedeutung haben. Der Poet will nicht sagen, daß der gute Homer auch zuweilen fehle: sondern er will sagen, daß es ihm leid sey, wenn der gute Mann einmal was versehen habe. Es schmerzt ihn, daß dieser große Dichter hier und da was schläfriges mit einfließen lassen. Indignor, quandoque bonus dormitat Homerus. Quandoque heißt hier quaeies, nicht interdum. Das ist ein großes Lob für den Homer. Das Gute ist bey ihm in großer Menge; die Fehler aber sind nur in geringer Anzahl zu finden. Und auch diese können noch durch die Größe seiner Gedichte entschuldiget werden.

142. Ein Vers ist Bildern gleich. Dacier erklärt dieses auch von lauter guten Gedichten, und meynt, daß mancher guter Vers bey genauer Prüfung Stich halte, ein andrer aber nur obenhin angesehen werden müsse: nicht anders, als wie Bilder von gewisser Art ihre gewisse Stellung oder Entfernung erfodern. Von Gemälden hat dieses seine Richtigkeit: aber von Versen ist es ganz anders. Ein Gedicht, das nicht die Prüfung eines Richters aushält, taugt so wenig, als das Gold, welches nicht Strich hält. Das Gleichniß Horatii muß von solchen Bildern verstanden werden, die im Dunkeln, oder von weitem schön zu seyn scheinen, aber in der That schlecht sind: da hingegen andere desto mehr Schönheiten zeigen, je länger und genauer man sie betrachtet.

143. Dem einen ist die Nacht. Das sind die schönen Werke der Poeten, die bey dem Pöbel so viel Beyfall finden; Kennern aber nicht gefallen. Man muß sie gleichsam nur bey nächtlichem Wetter lesen; sonst gefallen sie ei-

Hæc amat obſcurum: volet hæc ſub luce videri,

Judicis argutum quæ non formidat acumen.

Hæc placuit ſemel; hæc decies repetita placebit.

O majór juvenum, quamvis & voce paterna

Fingeris ad rectum, & per te ſapis; hoc tibi dictum

Tolle memor: certis medium & tolerabile rebus

Recte concedi. Conſultus juris, & actor

Cauſarum mediocris, abeſt virtute diſerti

Meſſallæ, nec ſcit quantum Caſcellius Aulus;

Sed tamen in pretio eſt: mediocribus eſſe poetis,

Non Di, non homines, non conceſſere columnæ.

Ut gratas inter menſas ſymphonia diſcors,

Et craſſum unguentum, & Sardo cum melle papaver.

Offendunt; poterat duci quia cœna ſine iſtis:

Sic animis natum inventumque poema juvandis,

Si paullum a ſummo diſceſſit, vergit ad imum.

Ludere qui neſcit, campeſtribus abſtinet armis;

Indoctusque pilæ, diſcive trochive quieſcit;

Ne

nem nicht Ich will ſagen, man muß
einen finſtern Verſtand haben, wenn
man ſie bewundern will. Bey dem Lichte einer gefunden Kritik verſchwinden
alle ihre Schönheiten. Daher fürchten
auch ihre Urheber nichts mehr, als die
Prüfung eines ſcharfſichtigen Kenners.

144. **Caſcellius** und **Meſſalla.**
zween große Redner damaliger Zeiten
Dieſer hieß Meſſala Corvinus, deſſen
Horaz auch in der XXI. Ode des III. B.
gedenkt, und an den auch Tibullus ein
Gedicht geſchrieben. Jener heißt Aulus Caſcellius, und war zugleich ein
gründlicher Rechtsgelehrter, von großem Anſehen: der das Herz gehabt,
ſich dem Triumvirate Antons, Octavs
und des Lepidus zu widerſetzen.

145. **Nur mittelmäßig.** Wenn die
Verſe nicht ſchön ſind, ſo taugen ſie
ſchon nichts. Und wenn ſie weiter nicht
guts an ſich haben, als daß ſie rein und
ungezwungen fließen: ſo ſind ſie ſchon
ſchlecht. Daher ſieht man, daß ſo viele
Dichter, die eben nicht ſehr fehlerhaft
bey uns geſchrieben, gleich unter die
Bank gerathen, und nicht geleſen werden. Das macht, ſie ſind nur mittelmäßig.

146. **Kein Muſenchor.** Phöbus
und ſeine Schweſtern geſtehens nicht,
daß ſie dem Dichter ſo was ſchlechtes
eingegeben: weil es ihnen zur Schande gereichen würde, nur mittelmäßige
Gedichte hervorgebracht zu haben.

147. **Bücherkram,** Columnæ. Es

Das andre liebt den Tag und volles Sonnenlicht,
Und scheuet dergestalt die schärfste Prüfung nicht.
Dieß mag man einmal kaum; und jenes zehnmal leiden:
Denn man erblickt es stets mit neuer Lust und Freuden.
Drum merk, o Pi̇o; dir die güldne Regel an,
Wiewohl des Vaters Wort dich sattsam leiten kann,
Und du schon selber weißt die Sachen zu entscheiden:
Man kann in mancher Kunst die Mittelstraße leiden.
Ein Rechtsgelehrter darf nur mittelmäßig seyn.
Ein Redner ebenfalls darf nicht so ungemein,
Als ein Cascellius und ein Messalla sprechen; (144)
Doch hält man beyde werth, und wird sich nicht entbrechen,
Sie lobend zu erhöhn. Allein daß ein Poet
Nur mittelmäßig ist, und nicht aufs höchste geht: (145)
Das hat kein Musenchor, kein Phöbus zugegeben; (146)
Das wird kein kluger Mensch, kein Bücherkram (147) erheben.
    Musiken sonder Kunst, und voller Uebelklang,
Ein halbverfaultes Oel, und Salben voll Gestank,
Ein herber Honigseim, (148) das Werk der Sarderbienen;
Was werden die zur Lust bey fetten Tafeln dienen?
Wie man nun ohne sie sich leicht behelfen kann;
So siehe man kein Gedicht mit holden Augen an,
Das kein Vergnügen giebt (149) wozu mans doch erfunden,
Als man zum erstenmal das Sylbenmaaß gebunden.
So bald ein matter Vers den Gipfel nicht erreicht,
Bemerkt man, daß er sinkt, und in der Tiefe kreucht.
    Wer kein Turnier versteht, (150) enthält sich doch der Waffen:
Wer nie den Ball gespielt, hat nichts damit zu schaffen;

Denn

gab Pfeiler in Rom, wo man die Titel von neuen Büchern anschlug. Einige meynen, die Poeten hätten solches gethan, um bekannt zu machen, wenn und wo sie ihre neue Gedichte den Liebhabern vorlesen wollten. Aber es ist wahrscheinlicher, daß die Buchhändler solches gethan; welche gewiß die Poeten nicht lobten, wenn ihre Sachen schlecht abgiengen.

148. Ein herber Honigseim. In Sardinien giebt es solche bittre Kräuter und Blumen, daß selbst das Honig davon bitter schmecken soll: Virgil schreibt in der VIII Ecloge. Immo ego Sardois videar tibi amarior herbis.

149. Das kein Vergnügen giebt. Eine Sache, die nicht geschickt ist, ihre

Absicht zu erreichen, die selbst gewiß nicht. Die Poesie aber soll zum Vergnügen der Menschen gereichen: also wird sie verwerflich seyn, wenn sie solches nicht erweckt. Was soll man denn von den harten und gezwungenen Versen einiger Neuern sagen?

150. Turnier. Ludere hieß bey den Lateinern, alle diejenigen Uebungen mit machen, die auf dem martialischen Gefilde, von den römischen Jugend unternommen wurden. Dahin gehörte das Reiten, Ringen, Schwimmen, Ballspielen, Lederwerfen, der Kreisel u. d. gl. Das alles heißt hier der Poet compestria ema. Ich habe das Wort Turnier gebraucht, weil die alten Spiele uns nicht mehr bekannt

D 4

Ne ſpiſſæ riſum tollant impune coronæ:
Qui neſcit,. verſus tamen audet fingere. Quid ni?
Liber & ingenuus, præſertim cenſus equeſtrem
Summam numorum, vitioque remotus ab omni.

Tu nihil invita dices faciesve Minerva:
Id tibi judicium eſt, ea mens. Si quid tamen olim
Scripſeris, in Meti deſcendat judicis aures,
Et patris & noſtras; nonumque prematur in annum.
Membranis intus poſitis delere licebit,
Quod non edideris: neſcit vox miſſa reverti.

Silveſtres homines ſacer, interpresque deorum
Cædibus, & victu fœdo deterruit Orpheus:
Dictus ob hoc lenire tigres, rabidosque leones.
Dictus & Amphion, Thebanæ conditor arcis,
Saxa movere ſono teſtudinis, & prece blanda
Ducere quo vellet, Fuit hæc ſapientia quondam,
Publica privatis ſecernere, ſacra profanis,
Concubitu prohibere vago, dare jura maritis

Oppi-

bekannt ſind. Es läuft aber auf eins hinaus.
151. Jeder Verſe macht. Liber & ingenuus, das ſind die freyen Römer, und die von Knechten herſtammen. Horaz ſpricht dieſen Leuten nicht die Fähigkeit zur Poeſie ab. Er war ſelbſt der Sohn eines Freygelaſſenen, wie er in einem Schreiben an den Mäcenas geſteht. Aber es miſchte ſich in Rom alles in die Poeſie.
152. Geld und Titel. Equeſtrem ſummam numorum. Wer in Rom 400000 Geſtatien, oder 25000 Kaiſergulden beſaß, der konnte in den R:terſtand kommen. Er mußte aber auch ſonſt von guter Aufführung ſeyn. Weil es nun unter Leuten von dieſem Vermögen und Stande zu Rom viel eingebildete Poeten gab: ſo macht ſich Horaz den Einwurf: Warum ſollte einer,

der vom Ritterſtande iſt, und nicht nur reich, ſondern auch wohlgeſittet iſt, nicht ein Poet ſeyn können? Ein recht vortrefflicher Schluß!
153. Du zwingſt. Der Poet redet den jungen Piſo an, und lobt ihn, daß er von dieſem Vorurtheile frey ſey. Gemeiniglich führt man es als eine Regel an: welches außer dem Zuſammenhange wohl angeht; aber im Texte nicht.
154. Tarpens Ohr. Spurius Mettius Tarpa, ein ſcharfer Kritikus, der nebſt andern vom Auguſt beſtellet war, die Gedichte der damaligen Poeten zu cenſiren. Sie verſammleten ſich in dem Tempel Apollons, der zum Vorleſen poetiſcher Sachen im kaiſerlichen Palaſte gewidmet war. Dieſe poetiſche Geſellſchaft hat auch nach Auguſts Abſterben noch eine Weile gedauret. Onuphrius Panvinius erzählt, daß unter

Denn wer ſich ſo vergeht, wird häßlich ausgelacht.
Hingegen nimmt man wahr, daß jeder Verſe macht, (151)
Der doch die Kunſt nicht kann. Warum nicht? Geld und Titel, (152)
Sind ihrer Meynung nach der wahren Dichtkunſt Mittel.

Du zwingſt dich zwar zu nichts, was Pallas dir verſagt; (153)
Das zeigt, wie klug du biſt: doch, wenn dein Witz es wagt,
Hinführo auch einmal ein Probeſtück zu dichten:
So laß erſt Tarpens Ohr (154) und deinen Vater richten,
Und dann mich ſelbſt vielleicht, wie dirs damit geglückt;
Dann werd es noch neun Jahr bedächtig unterdrückt. (155)
So lang es bey dir liegt, iſt leicht was ausgeſtrichen:
Kein Wort kehrt wieder um, ſo bald es dir entwichen.

Von ſchnöder Lebensart, von Mord und Unverſtand
Hat Orpheus, der Poet, die Menſchen abgewandt; (156)
Die wilden Thieren gleich in wüſten Wäldern tobten,
Und nachmals ſeine Kunſt als übermenſchlich lobten.
Drum ſagt man ſonſt, daß er der Tyger Wuth gezähmt,
Der Löwen Raſerey zur Lindigkeit bequemt.
Amphion ebenfalls (157) ſoll durch die Dichtergaben,
Und ſeiner Cither Klang ein Schloß erbauet haben:
Weil auf der Seyten Ton ſich Stein und Holz bewege,
Bis Thebens Mauer ſich freywillig angelegt.
Das war vor grauer Zeit die Weisheit jener Alten, (158)
Zu zeigen, was für gut und ſtrafbar ſey zu halten,
Was recht und ſchändlich war, der Unzucht feind zu ſeyn,
Den Beyſchlaf abzuthun, den Ehſtand einzuweihn,

unter Domitians Regierung, ein junger Menſch, L. Valerius Pudeus, be-
ſage einer Inſcription, mit einhälligen
Stimmen der Richter gekrönet worden: Coronatus eſt inter Poetas latinos, omnibus ſententiis Judicum.
Horaz gedenkt dieſes Tarpa auch in der
X. Sat. des I. B.

155. Noch neun Jahr. Catullus
gedenkt, daß ſein guter Freund Cinna,
ſein Gedicht, Smyrna genannt, ſo
lange fertig gehabt, ehe ers heraus gegeben. Iſokrates hat über ſeinem Panegyricus 10 Jahre zugebracht. Doch
will Horaz nicht, daß aus der Gebuſſam-
keit in der Ausbeſſerung, eine unendliche Arbeit werden ſoll: er will nur der
Uebereilung ſteuren, und ſetzt eine be-
ſtimmte Zahl für eine unbeſtimmte.

156. Orpheus. Ein alter Poet, der
zu Moſis Zeiten, anderthalb tauſend

Jahre vor Chriſti Geburt, gelebet. Die
Oden, die man unter ſeinem Namen
noch zeiget, ſind nicht von ihm.

157. Amphion. Kadmus hatte Theben erbauet. Etwa dreyßig Jahre nach
ihm kam Amphion, der durch ſeine
Muſik, Poeſie und Beredſamkeit es ſo
weit brachte, daß die Thebaner eine
Mauer um die Stadt baueten, ja auch
ein feſtes Schloß anlegten.

158. Die Weisheit ꝛc. Die erſten
Poeten waren eigentlich Weltweiſe
und kluge Staatsleute, inſoweit es ihre
Zeiten zuließen. Sie bedienten ſich nur
der Poeſie, zu ihrem Zwecke zu gelangen, und die widerſpenſtigen Gemüther
dadurch zu bändigen. Ihre Abſicht war,
das wilde Volk die natürlichen Geſetze
der Vernunft, oder das Recht der Natur zu lehren, und es zum geſellſchaftli-
chen Leben anzuführen. Kurz, die Poeten

Die

D 5   waren

Oppida moliri, leges incidere ligno.
Sic honor, & nomen divinis vatibus, atque
Carminibus venit. Poft hos infignis Homerus
Tyrtæusque, mares animos in martia bella
Verfibus exacuit: dictæ per carmina fortes;
Et vitæ monftrata via eft: & gratia regum
Pieriis tentata modis, ludusque repertus,
Et longorum operum finis: ne forte pudori
Sit tibi Mufa lyræ follers, & cantor Apollo.

    Natura fieret laudabile carmen, an arte?
Quæfitum eft: ego nec ftudium, fine divite vena,
Nec rude quid profit video ingenium. Alterius fic
Altera pofcit opem res, & conjurat amice.
Qui ftudet optatam curfu contingere metam,
Multa tulit fecitque puer: fudavit, & alfit
Abftinuit Venere & vino. Qui Pythia cantat
Tibicen, didicit prius, extimuitque magiftrum.
Nunc fatis eft dixiffe: Ego mira poemata pango!
Occupet extremum fcabies; mihi turpe relinqui eft,
Et quod non didici, fane nefcire fateri.

    Vt præco, ad merces turbam qui cogit emendas,
Affentatores jubet ad lucrum ire poeta:
Dives agris, dives pofitis in fœnore nuinis.

                                      Si

waren die erften Philofophen, Rechts-
verftändigen und Gottesgelehrten.

159 Tyrtäus war ein kleiner, lahmer und pucklichter Schulmeifter zu
Athen. Die Athenienfer fchickten ihn
aus Spott den Lacedämoniern zum
Feldherrn wider die Meffenier: weil fie
auf Befehl des Orakels einen Haupt-
mann aus Athen holen follten. Er verlohr anfänglich etliche Schlachten, zuletzt aber los er an der Spitze feines
Heeres derfelben ein fo bewegliches
Gedicht von feiner Arbeit vor, daß fie
von neuem ein Herz faßten, die Meffenier angriffen und überwanden.

160. Was künftig war. Horaz

zielt auf die Orakel, die man in diefem
andern Alter der Poefie in Verfen zu
geben angefangen, da fie vorher nur
profaifch geantwortet hatten.

161. Man fragt. Nichts ift bey jungen Leuten gewöhnlicher, als diefe Frage; zumal, wenn fie hören, daß die Poeten nicht gemacht, fondern geboren
werden. Haben fie nun etwa ein gutes
Naturell zum Reimen: fo bilden fie fich
ein, fie brauchten nun keiner befonder-
lichen Regeln mehr; als die doch auch
dies keinen Poeten machten. Sie fchreiben alfo in den Tag hinein, und dichten
auf ein gerathe wohl. Alle ihre Einfälle
müffen gut, und alle Fehler lauter
                           Orakel

Die Städte zu erbaun, Gesetze vorzuschreiben:
So mußte Ruhm und Preis den Dichtern eigen bleiben.
Tyrtäus (159) und Homer hat nachmals dargethan,
Wie muthig ein Gedicht zum Streite machen kann:
Man hat, was künftig war, in Versen angezeiget, (160)
Des Lebens Pflicht gelehrt, der Fürsten Herz geneiget;
Das Lust- und Trauerspiel erdacht und ausgeschmückt,
Daran sich das Gemüth nach langer Müh erquickt.
Drum schäme dich nur nicht, der Musen lauten Chören,
Und was Apollo singt, o Piso, zuzuhören.

Man fragt, ob Kunst und Fleiß den Dichternamen bringt, (161)
Und ob es nicht vielmehr durch die Natur gelingt?
Doch ich kann weder sehn, was Fleiß ohn alle Gaben,
Noch Gaben ohne Fleiß, für Nutz und Vortheil haben.
Eins hilft dem andern auf, Natur und Kunst stimmt ein;
Und beydes wird also dem Dichter nöthig seyn.
Wer das erwünschte Ziel im Laufen will ereilen,
Der thut und duldet viel, und schwitzt und friert zuweilen,
Vermeidet Lieb und Wein. Ja wenn an Phöbus Fest
Ein Pfeifer seinen Ton vor andern hören läßt:
So hat er längst zuvor die schwere Kunst gefasset,
Und ist in strenger Zucht gar oft vor Furcht erblasset.
Doch itzo ists genug, wenn jemand selber spriche:
Ich dichte trefflich schön! (162) zum mindsten darf ich nicht
Der allerletzte seyn; (163) vielweniger gestehen,
Ich hätt es nicht gelernt, den Regeln nachzugehen.

So wie der Mäkler sonst das Volk, das ihn umringt,
Zu der verlegnen Waar in einen Klumpen zwingt:
So lockt ein Dichter oft die Schmäuchler seiner Künste,
Weil er begütert ist, zum schändlichsten Gewinnste: (164)

Wer

Orakel seyn. Andere, die kein Fünkchen
natürlichen Witz besitzen, wollen alles
aus Regeln lernen. Aber beyde fehlen,
und Horaz hilft ihnen zurecht.
162. Ich dichte trefflich schön.
Die schlimmen Poeten krönen sich immer am ersten, und loben sich fleißig.
Sie haben Ursache dazu; denn andere
wollen es nicht thun. Der eine meynt,
in Scherzgedichten sey er glücklich; der
andre sagt, seine Stärke sey in Satiren;
der dritte hält sich in Lobgedichten für
einen Meister u. s. w. Daher halten sie
es für überflüßig, die Regeln der Alten
zu lesen, oder sonst Lehren anzunehmen.
163. Der allerletzte seyn. Wer

sich lange mit Regeln aufhält, der bleibt
hinten, und kann nicht so geschwinde
ganze Bände, mit seinen Gedichten angefüllet, herausgeben. Andre kommen
ihm zuvor, und werden eher Poeten:
daher hat er keine Zeit, die Kunst recht
zu fassen. Man wird es auch ohne dieß
wohl glauben müssen, daß er sie verstanden habe: es mag sich sonst um die
Regeln bekümmern, wer da will.
164. So lockt. Horaz kömmt hier
auf ein anderes nöthiges Stück. Natur
und Kunst ist noch nicht genug. Ein
Poet muß auch gute Freunde haben, die
seine Gedichte scharf beurtheilen. Daran fehlt es nun den reichen Poeten, und
denen,

Si vero-eſt, unctum qui recte ponere poſſit,
Et ſpondere levi pro paupere, & eripere atris
Litibus implicitum: mirabor, ſi ſciet inter-
Noſcere mendacem verumque beatus amicum.

　Tu ſeu donaris, ſeu quid donare voles cui,
Nolito.ad verſus tibi factos, ducere plenum
Lætitiæ: clamabit enim, pulchre, bene, recte!
Palleſcet ſuper his; etiam ſtillabit amicis
Ex oculis rorem; ſaliet, tundet pede terram.
Ut qui conducti plorant in funere, dicunt
Et faciunt prope plura, dolentibus ex animo: ſic
Deriſor, vero plus laudatore, movetur.

　Reges dicuntur multis urgere culullis,
Et torquere mero, quem perſpexiſſe laborent.
An ſit amicitia dignus? Si carmina condes,
Nunquam te fallant animi ſub vulpe latentes.
Quinctilio ſi quid recitares: Corrige, ſodes,
Hoc, ajebat, & hoc. Melius te poſſe negares,
Bis, terque expertum fruſtra; delere jubebat,
Et male tornatos incudi reddere verſus.
Si defendere delictum, quam vertere, malles:
Nullum ultra verbum, aut operam inſumebat inanem.

Quia

---

benen, die bey Hofe viel zu bedeuten ſcheinen. Jedermann ſcheuet ſich, ihnen die Wahrheit zu ſagen. Das macht, ſie tractiren ihre Schmäuchler gut, oder machen ihnen viel Verheißungen und Luftſchlöſſer: und aus Erkenntlichkeit lobet man ſie dafür. Dahin gehört das Gleichniß von dem Mäßler.
　165: Ein Spötter. Man kann die Däuchler faſt an der Verwegenheit ihrer Lobſprüche kennen. Wenn der vernünftige Richter ſagt, ein Gedicht ſey hübſch und wohlgerathen: ſo nennt es

der Schmäuchler unvergleichlich, unverbeſſerlich. Das mäßige Lob eines ſcharfen Kenners, ja nur der bloße Beyfall eines Kunſtrichters vergnüget mich weit mehr, als der entzückte Ausruff eines Unverſtändigen, und die verſtellte Bewunderung eines eigennützigen und falſchen Freundes.
　166. Fuchspelz. Animi ſub vulpe latentes. Horaz zielt hier ohne Zweifel auf die Fabel vom Fuchſe und Raben, der den Käſe geſtohlen hatte.
　167. Quintil. Dieß iſt Quintilius Varius

Wer oft ein Gaſtmahl giebe, und wohl bewirthen kann,
Für Schuldner Bürge wird, und manchen armen Mann,
Der in Proceſſen ſteckt, vermögend iſt zu retten;
Von dem erkühn ich mich ohn alle Scheu zu wetten:
Für Liebe zu ſich ſelbſt erkennt er ſelber nicht,
Des wahren Freundes Wort, und was ein Häuchler ſpricht.
  Beſchenkſt du einen Freund; ſo zeige nur dein Blatt
Demſelben, nicht alsdann, wenn ers empfangen hat,
Voll Luſt und Freuden iſt. Sonſt wird er ſich nicht ſcheuen:
Vortrefflich, ungemein! auf jedes Wort zu ſchreyen.
Er wird entzücket ſtehn; ein heißer Thränenguß
Wird aus den Augen thaun; und ſein geſtampfter Fuß
Wird tanzend luſtig ſeyn. Denn ſo, wie bey den Leichen
Die nächſten Erben faſt den Klageweibern weichen,
Die man für Geld gedingt, zu heulen und zu ſchreyn:
So wird ein Spötter auch weit mehr gerühret ſeyn, (165)
Als Freunde guter Art, die deiner Dichtkunſt Proben
Vernünftig eingeſehn, und mit Verſtande loben.
  Man ſagt, daß Könige zum Trunke zwingen ſollen,
Wenn ſie der Diener Herz und Art erforſchen wollen;
Bevor ſie ſich vertraun. Machſt du nun ein Gedicht,
So traue doch durchaus den ſchlauen Schmäuchlern nicht.
Ihr glatter Fuchspelz deckt ein hinterliſtig Weſen (166)
So oft man dem Quintil (167) was pflegte vorzuleſen,
So ſprach er: Aendre dieß, und jenes beſſre noch
Ich kann nicht, ſage man; und gleichwohl hab ichs doch
Mehr als einmal verſucht. So muß die Zeile weichen! (168)
War ſein gewohnter Rath; ſie iſt leicht auszuſtreichen:
Dann muſtre deinen Vers, und ſetz an ſeiner ſtatt
Was beſſers an den Ort, wo er geſtanden hat.
Vertheidigte man ſich, und blieb bey ſeinen Grillen: (169)
So ſprach er weiter nichts, um ſolches Dünkels willen;

Und

Varius, der dritte Hofpoet des Kaiſers Auguſti, ein guter Freund Virgils und Horazens. Er war ſchon geſtorben, als dieſer ſeine Dichtkunſt ſchrieb, denn wir finden eine Ode auf ſeinen Tod L. I. Od. 24. Drum redet Horaz von ihm in der vergangenen Zeit. So pflegte ſich ein römiſcher Poet des andern Beurtheilung zu unterwerfen. Varius beurtheilete den Virgil und Horaz, und dieſe ihn wieder: daher wurden ſie ſo vollkommen. Varius und Mävius waren für ſich allein klug, und ließen ſich

nicht beurtheilen: darum blieben ſie Stümper.
  168. So muß die Zeile weichen. Das iſt eine ſcharfe Cenſur. Viele meynen, wenn ſie eine ſchlechte Stelle ihres Gedichts nicht ausbeſſern können, wie wohl ſie alle ihre Mühe daran gewandt; ſo ſey es ſchon genug. Sie halten ſich nunmehr ſchon für berechtiget, ſie, ſo ſchlecht ſie iſt, ſtehen zu laſſen. Allein vergebens! Es iſt noch ein Mittel übrig. Man ſtreiche ſie gar aus! Ja, ſpricht man, es iſt gleichwohl ein ſchöner Gedanken!

Quin fine rivali teque & tua folus amares.

Vir bonus & prudens verfus reprehendet inertes,
Culpabit duros, incomtis allinet atrum
Transverfo calamo fignum, ambitiofa recidet
Ornamenta, parum claris lucem dare coget,
Arguet ambigue dictum, mutando notabit:
Fiet Ariftarchus. Nec dicet: Cur ego amicum
Offendam in nugis? hæ nugæ feria ducent
In mala, derifum femel exceptumque finiftre.
Ut mala quem fcabies aut morbus regius urget,
Aut fanaticus error, & iracunda Diana:
Vefanum tetigiffe timent fugiuntque poetam,
Qui fapiunt; agitant pueri, incautique fequuntur.

Hic, dum fublimes verfus ructatur, & errat,
Si veluti merulis, intentus decidit auceps
In puteum, foveamve: licet; Succurrite, longum
Clamet, io cives! non fit, qui tollere curet.
Si quis curet opem ferre, & demittere funem?
Qui fcis, an prudens huc fe dejecerit, atque
Servari nolit? Dicàm, ficulique poetæ
Narrabo interitum. Deus immortalis haberi
Dum cupit Empedocles, ardentem frigidus Aetnam
Infiluit. Sit jus, liceatque perire poetis.

Invi-

banten! Umfonft, wenn der Vers nicht
auch fchön ift. Man fetze einen an die
Stelle, der noch fchöner ift, und doch
wohl klappt. Ein Poet muß keine Af=
fenliebe gegen feine Einfälle haben.

169. Verteidige man fich. Ge=
wiffe Leute bitten einen um feine Cen=
fur. Man entfchuldigt fich anfangs;
man lobt fie, man will nicht daran.
Allein umfonft: fie laffen nicht nach.
Endlich gehorcht man ihnen, und erin=
nert bald hie, bald da etwas. Aber was
hilfts? Sie wiffen alles beffer. Man

fage, was man will: fie ändern ben=
noch nichts. Was man tabelt, das
bewundern fie beftomehr, und es fec=
ken allezeit verborgene Schönheiten in
ihren Fehlern. Was ift da zu thun?
Man mache es, wie Varius gethan,
und laffe die Affen gehn.

170. So machts. Dieß ift eine fchö=
ne Stelle für poetifche Gefellfchaften,
und andere Kunftrichter. Sie haben
breyerley Pflichten zu beobachten. Sie
müffen verbeffern, ausmuftern und
hinzufetzen.

171. Arb

Und ließ den Affen gehn, der seine Jungen liebt,
Wenn ihm gleich sonst kein Mensch den mindsten Beyfall giebt.
    So machts ein kluger Mann, (170) er tadelt matte Zeilen,
Verwirft ein hartes Wort, bemerkt auch wohl zuweilen,
Am Rande, wo der Vers was ungeschicktes zeigt.
Er meistert allen Schmuck, der gar zu prächtig steigt.
Was unverständlich ist, das heißt er klärer machen,
Bestraft den Doppelsinn, und wird in allen Sachen
Ein andrer Aristarch. (171) Er fragt nicht kummervoll,
Warum er einen Freund um nichts verscherzen soll?
So schlecht dieß alles scheint, so wirkt es doch zu Zeiten,
In Wahrheit, etwas mehr, als schlechte Kleinigkeiten; (172)
Dein Schmäucheln macht ihn stolz, dein höflicher Betrug
Bläst einen Dichter auf: so wird er nimmer klug.
Und wie man Leute fleucht, die sich die Krätze schaben,
Die Gelbsucht, Raserey, und Mondenkrankheit haben;
So wird ein kluger Mensch, vor tollen Dichtern fliehn,
Die Knaben werden ihn, zum Hohngelächter ziehn:
Nur von der dummen Schaar, der Witz und Vorsicht fehlet,
Wird er der kleinen Zahl der Dichter beygezählet.
    Wie sonst ein Vogler oft, wenn er nach Amseln stellt,
Aus Unvorsichtigkeit in Brunn und Grube fällt:
So stürzt sich ein Poet, der hohe Verse speyet,
Oft selber in Gefahr. Gesetzt nun, daß man schreyet:
Ihr Leute! rettet, helft! Ist doch kein Mensch zu seh'n.
Wer weis auch in der That, obs nicht mit Fleiß geschehn?
Und ob er auch einmal, wenn man ihm helfen sollte,
Das zugeworfne Seil, mit Dank ergreifen wollte?
Er komme mit Willen um.   Ich spreche nicht zu scharf:
Wie sich Empedokles (173) in Aetnens Klüfte warf,
Als ihm das kalte Blut so melancholisch worden,
Daß er dadurch verhofft, zum hohen Götterorden,

Sich

---

171. Aristarch. Das war ein großer Criticus, der zu den Zeiten des Ptolomäus Philadelphus gelebt. Er hat vier und zwanzig Bücher, Erklärungen über den Homer, Aristophanes und andere griechische Poeten geschrieben. Es ist Schade, daß dieselben verlohren worden. Er hat eine so scharfe Beurtheilungskraft im Beurtheilen gewiesen, daß man ihn einen Propheten genennet, weil ihm das verborgenste klar und entdeckt geschienen.

172. Mehr als Kleinigkeiten.

Dieß ist sehr vernünftig gesprochen. Kleine Dinge ziehen vielmal was Großes nach sich. Die Schmäucheley gegen einen Poeten macht ihn stolz. Der Stolz lehrt ihn hernach alles andere verachten, ja er selbst wird bey Kennern auslachens würdig. Das ärgste ist, daß solche Leute hernach gar aufhören, beßer anzunehmen. Sie halten sich schon für vollkommen: darum wollen sie sich nicht mehr beßern, wenn sie gleich könnten.

173. Empedokles. Ein Weltweiser und

Invitum qui servat, idem facit occidenti.
Nec semel hoc fecit, nec si retractus erit, jam
Fiet homo, & ponet famosæ mortis amorem.
  Nec satis apparet, cur versus factitet? utrum
Minxerit in patrios cineres, an triste bidental
Moverit incestus? certe furit, ac velut ursus,
Objectus caveæ, valuit si frangere clathros,
Indoctum doctumque fugat recitator acerbus.
Quem vero arripuit, tenet occiditque legendo:
Non missura cutem, nisi plena cruoris, hirudo.

Sich selber zu erhöhn: so geht es hier wohl an.
Man laß es ihm denn zu, daß er verderben kann.
Wer wider Willen hilft, wird schlechten Dank erwerben;
Drum lasse man getrost den tollen Dichter sterben.
Es ist sein erstes nicht, daß er nach Unglück ringt; (174)
Und wenn man ihn gleich itzt mit Fleiß zurechte bringt,
So wird er darum doch die Thorheit nicht verlassen,
Vielweniger den Weg zum Untergange hassen.
  Man sieht auch endlich nicht, warum ein böser Geist,
Poeten solcher Art zum Versemachen reißt.
Ob sie des Vaters Grab (175) durch ihren Harn entweihet?
Ob sie kein Heiligthum in ihrer Wuth gescheuet? (176)
Ob ihre Frevelthat der Götter Haus befleckt?
Das weis ich, sie sind toll; und wie ein Bär uns schreckt,
Wenn er des Kerkers Schloß und Riegel durchgebrochen;
So flüchtet alles weg, wenn sie ein Wort gesprochen.
Denn wer ergriffen wird, daß er sie hören muß,
Der kömmt so bald nicht los, und stirbt fast vor Verdruß:
Weil sie, den Egeln gleich, nicht eh die Haut verlassen,
Bis sie nicht fähig sind, mehr Blut in sich zu fassen.

und Poet in Sicilien, der noch vorm Aristoteles gelebt, und ein poetisches Werk von der Naturlehre geschrieben hat; wie nachmals Lucretius im Lateinischen gethan. Man beschuldigt den Empedokles, daß er gern vergöttert worden wäre, weswegen er in den feuerspeyenden Berg Aetna gesprungen, damit man nicht wissen könne, wo er hingekommen, und also schließen möchte: er wäre gen Himmel gefahren. Allein, seine Pantoffeln, die er entweder oben gelassen, oder die vom Feuer ausgeworfen worden, haben die Art seines Endes verrathen.

174. Nach Unglück ringt: Die römischen Poeten machten sich durch ihre, obwohl theatralische Stücke, überaus viel Feinde, und kamen zuweilen mit ihrer handgreiflichen Satire in Komödien sehr übel an.

175. Des Vaters Grab. Die Gräber der Alten waren heilig, und durften durch nichts unreines befleckt werden. Im Lateinischen heißt es zwar, ob er seinen Harn in die Asche seines Vaters gelassen; weil man nämlich die römischen Todten verbrannte. Allein es läuft auf eines hinaus.

176. Kein Heiligthum. Triste bidental. Dieses war ein vom Donner getroffener Ort, von welchem man viel Wesens in Rom machte. Man versäumte ihn rings umber, und es mußte sich demselben niemand nähern, vielweniger die Gränzen desselben verrücken. Dergleichen große Uebelthaten nun, vermuthet Horaz von solchen Poeten, die gleichsam zur Strafe, von den Göttern mit der Reinsucht heimgesucht würden, weil man sonst nicht absehen könnte, warum sie Verse machten.

Ver-

Verſuch

einer

Kritiſchen Dichtkunſt.

Erſter

allgemeiner Theil.

Das I. Hauptstück.

Vom Ursprunge und Wachsthume
der Poesie überhaupt.

1. §.

Wenn das Alterthum einer Sache ein Ansehen geben, oder ihr einen besondern Werth beylegen kann: so ist gewiß die Poesie eine von den wichtigsten freyen Künsten, ja der vornehmste Theil der Gelehrsamkeit. Sie ist so alt, daß sie auch vor der Sternwissenschaft hierinn den Vorzug behaupten kann; die doch von den uralten Chaldäern, bald nach der Sündfluth, oder wie andre meynen, erst von den Aegyptern, eifrig getrieben worden. Und das ist kein Wunder. Die Astronomie hat ihren Ursprung außer dem Menschen, in der sehr weit entlegenen Schönheit des Himmels: die Poesie hergegen hat ihren Grund im Menschen selbst, und geht ihn also weit näher an. Sie hat ihre erste Quelle in den Gemüthsneigungen des Menschen. So alt also diese sind, so alt ist auch die Poesie: und wenn sie ja noch einer andern freyen Kunst weichen soll, so wird sie bloß die Musik, so zu reden, für ihre ältere Schwester erkennen.

2. §. Einige wollen behaupten, daß die allerersten Menschen das Singen von den Vögeln gelernet haben. Es kann solches freylich wohl nicht ganz und gar geleugnet werden; vielmehr hat es eine ziemliche Wahrscheinlichkeit für sich.

Leute,

Leute, die im Anfange der Welt mehr in Gärten oder angenehmen Lustwäldern, als in Häusern wohneten, mußten ja täglich das Gezwitscher so vieler Vögel hören, und den vielfältigen Unterscheid ihres Gesanges wahrnehmen. Von Natur waren sie, sowohl als die kleinesten Kinder, uns Erwachsene selbst nicht ausgenommen, zum Nachahmen geneigt: daher konnten sie leicht Lust bekommen, den Gesang desjenigen Vogels, der ihnen am besten gefallen hatte, durch ihre eigene Stimme nachzumachen; und ihre Kehle zu allerley Abwechselungen der Töne zu gewöhnen. Diejenigen, welche vor andern glücklich darinn waren, erhielten den Beyfall der andern: und weil man sie gern hörete, so legten sie sich desto eifriger auf dergleichen Melodeyen, die gut ins Gehör fielen; bis endlich diese vormaligen Schüler des wilden Gevögels, bald ihre Meister im Singen übertrafen.

3. §. Allein es ist nicht nöthig, auf solche Muthmaßungen zu verfallen. Der Mensch würde, meines Erachtens, gesungen haben, wenn er gleich keine Vögel in der Welt gefunden hätte. Lehret uns nicht die Natur, alle unsere Gemüthsbewegungen, durch einen gewissen Ton der Sprache, ausdrücken? Was ist das Weinen der Kinder anders, als ein Klagelied, ein Ausdruck des Schmerzes, der ihnen eine unangenehme Empfindung verursachet? Was ist das Lachen und Frohlocken anders, als eine Art freudiger Gesänge, die einen vergnügten Zustand des Gemüthes ausdrücken? Eine jede Leidenschaft hat ihren eigenen Ton, womit sie sich an den Tag leget. Seufzen, Aechzen, Dräuen, Klagen, Bitten, Schelten, Bewundern, Loben, u. s. w. alles fällt anders ins Ohr; weil es mit einer besondern Veränderung der Stimme zu geschehen pflegt. Weil man nun angemerket hatte, daß die natürlich ausgedrückten Leidenschaften, auch bey andern, eben dergleichen zu erwecken geschickt wären: so ließen sichs die Freudigen, Traurigen, Zürnenden, Verliebten u. s. w. destomehr angelegen seyn, ihre Gemüthsbeschaffenheit auf eine bewegliche Art an den Tag zu legen; um dadurch auch andre, die ihnen zuhöreten, zu rühren, das ist, ihnen etwas vorzusingen.

4. §.

4. §. Wie nun, bisher erwähnter maßen, auch bloße Stimmen die innerlichen Bewegungen des Herzens ausdrücken; indem z. E. die geschwinde Abwechselung wohl zusammen stimmender scharfer Töne lustig, die langsame Abänderung gezogener und zuweilen übellautender Töne traurig klingt, u. s. f: so ist es doch leicht zu vermuthen, daß man nicht lange bey bloßen Stimmen, oder Tönen im Singen geblieben seyn, sondern auch bald gewisse Worte dabey wird ausgesprochen haben. Man höret es freylich auch auf musikalischen Instrumenten schon, ob es munter oder kläglich, trotzig oder zärtlich, rasend oder schläfrig klingen soll: und geschickte Virtuosen wissen ihre Zuhörer, bloß durch ihre künstliche Vermischung der Töne, zu allen Leidenschaften zu zwingen. Allein es ist kein Zweifel, daß Worte, die nach einer geschickten Melodey gesungen werden, noch viel kräftiger in die Gemüther wirken.

5. §. Sonderlich muß man dieses damals wahrgenommen haben, als die Gesangweisen so vollkommen noch nicht waren, als itzo, da die Musik aufs höchste gestiegen ist. Es war also sehr natürlich, daß die ersten Sänger den Anfang macheten, anstatt unvernehmlicher Töne, verständliche Sylben und deutliche Wörter zu singen. Dadurch konnten sie dasjenige, was sie bey sich empfunden hatten, desto lebhafter ausdrücken, ihre Gedanken ausführlicher an den Tag geben, und bey ihren Zuhörern den gewünschten Endzweck erreichen. Abgesungene Worte, die einen Verstand in sich haben, oder gar einen Affect ausdrücken, nennen wir Lieder; oder, welches gleich viel ist: ein Lied ist ein Text, der nach einer gewissen Melodie abgesungen werden kann. Die Gesänge sind dergestalt die älteste Gattung der Gedichte, und die ersten Poeten sind Liederdichter gewesen.

6. §. Man kann sich aber leicht einbilden, wie diese ersten Oden mögen geklungen haben. Alle Dinge sind anfänglich rauh und grob, oder doch voller Einfalt. Die Zeit bessert alles aus; die lange Uebung in einer Kunst bringt sie endlich zu größerer Vollkommenheit: nur findet sich der Auspuß oft sehr spät, wenn gleich die Sache längst

erfun-

erfunden gewesen. Ich stelle mir die neuerfundenen Lieder nicht anders vor, als die Evangelien, das Vater Unser, und andre in ungebundner Rede abgefaßte Lieder, die man noch itzo an vielen Orten singt; nämlich die Litaney, den Lobgesang Mariä, die Collecten u. d. m. Säße von ungleicher Größe, ohne eine regelmäßige Abwechselung langer und kurzer Sylben; ja so gar ohne alle Reime, waren bey den ersten Sängern schon eine Poesie. Die Psalmen der Hebräer, das Lied Mosis, der Gesang, den Mirjam beym Durchgange durchs rothe Meer angestimmet; u. a. m. können uns davon sattsam überzeugen. So mühsam sich einige Gelehrte, mit dem Hieronymus, haben angelegen seyn lassen, in diesen alten hebräischen Liedern ein gewisses Sylbenmaaß zu finden: so leicht wird doch ein jeder Unparteyischer sehen, daß alle ihre Arbeit vergebens gewesen. Sie haben es mehr hinein gezwungen, als darinn gefunden; und es ist weder wahrscheinlich noch nöthig, daß die Poesie der ältesten Nationen eben die Zierde und Vollkommenheit gehabt haben muß, als sie nachmals bey den Griechen und Römern erlanget. Man hält es also billig mit Jos. Scaligern, der in seinen Anmerkungen über den Eusebius schreibt: „Die hebräische „Sprache ist durchaus nicht auf die Regeln des griechischen „oder lateinischen Sylbenmaaßes zu bringen; wenn man „gleich Himmel und Erde durch einander mischen wollte. Man weis, daß der Engländer, der kürzlich von dem Sylbenmaaße der Psalmen neue Entdeckungen gemacht zu haben, vorgegeben, nichts besonders geleistet. Zum wenigsten hat ers nicht erweislich gemacht, daß es so sorgfältig, als bey den Lateinern und Griechen eingerichtet gewesen. -

7. §. Selbst die ersten Poeten unsrer Vorfahren haben nicht besser zu machen gewußt. Im Norden hat man in der Edda solche Ueberbleibsel alter Lieder, wo weder Sylbenmaaß noch Reime gefunden werden. Morhof im Unterrichte von der deutschen Sprache auf der 294. Seite führet folgendes an:

Latur fa er hakon heitir	b. i. Facit ille qui Hæquinus vocatur,
han ratte lid bannat	Ille populum regit prohibere
Jord kan frelsa findum	Patriam potest, defendere provincias
Fridroß kongar oßa	Pacis rupturæ rex insolentiam
Sialfur ràdr alt och Elfar	Ipsemet administrat omnia et Goth-
Eira stillir amilli	Solus repit inter (albiæ
Gramur ofgifft ad fremri	Rex valde virtuosus et præ aliis
Gandwikz Josur Landi	Gandwicum Terræ Dominus pro-
	vinciam.

Imgleichen hat Schilter in der Vorrede zu Ottfrieds Evangelio 10. §. T. 1. Thef. Antiqu. Germ. diese Probe gegeben:

Je ok fierwi	b. i. Pecunia et vita
Rânsi firthakind	Spoliavit hominum prolem
Sa bimm grimmi Greppur	Sæva illa Mors
Afr tha Gautu	Trans illam semitam
Er ban warthathi	Quam ipsa custodivit.
Nathi einginn kwikur komaft.	Potuit nemo vivens venire.

Daß diese alte Schwedische Sprache wo nicht eine Mutter, wie Rudbek in seiner Atlantica, nebst andern Schweden behaupten wollen, doch zum wenigsten eben so wohl eine Tochter der scythischen, und alten celtischen gewesen sey, als unsre deutsche, die daher ihren Ursprung hat; das zeigen so viele Wörter, die in diesen beyden Proben, an Verstand und Buchstaben mit unsern heutigen übereinkommen: wenn man nur die lateinische Uebersetzung zu Hülfe nimmt, und sonderlich der plattdeutschen Mundart mächtig ist. Z. E. heitir, ist heißet; lid heißt leiten, bannat verbannet, Jord, Erde; kan ist völlig kann; Fridroß Friedensbruch oder Riß; Kongar, König; sialfur, selber; alt, alles; och, auch; ad, und; landi, land. Und in dem andern heißt ok auch; firthakind, Menschenkind, grimmi, grimmige, yfr, über, tha, die, warthathi, wartete, einginn, einiger, komaft, kommest. Doch dieses nur beyläufig.

8. §. Fragen wir also, worinn die damalige Poesie der Alten denn eigentlich bestanden? so müssen wir sie, im Absehen auf das Aeußerliche, bloß in der ohngefähr getroffenen Gleichheit der Zeilen suchen. Es traf sich irgend so, daß die kurzen Abschnitte der Rede, oder die kleinen Theile der Lieder,

E 4

faſt einerley Anzahl der Sylben hatten. Doch gieng es damit ſo genau nicht zu. Es kam ihnen darauf nicht an, ob
die eine Zeile etliche Sylben mehr oder weniger hatte, als die
andre. Die Geſchwindigkeit des Singens verkürzte die langen, und die Langſamkeit der Ausſprache verlängerte die kurzen; ſo, daß ſie ſich ſo ziemlich zur Melodie ſchicketen. Wir
können uns dieſes noch heute zu Tage an alten geiſtlichen Geſängen, imgleichen an den Liedern der Bergleute vorſtellen;
die es auch ſo genau nicht nehmen; und die Zeilen ihrer Verſe
gleichſam nur mit einem Hölzchen abzumeſſen pflegen. Und
wenn ſie ſich von der ungebundenen Rede noch in ſonſt was
unterſchieden haben; ſo muß es bloß in den erhabenen Gedanken, und dem edlen Ausdrucke derſelben, in prächtigen Figuren,
Fabeln, Gleichniſſen und ſchönen Redensarten geſuchet werden:
wie ſolches aus der morgenländiſchen Poeſie zu erſehen iſt.

9. §. Solche Lieder nun wird man geſungen haben, als
Jubal allerley muſikaliſche Inſtrumente erfunden; und als
Laban dem Jakob ſagte: daß er ihn mit Freuden, mit Singen, mit Pauken und Harfen hätte begleiten wollen. Dergleichen Lieder haben Mirjam, Moſes, und nachmals Debo-
ra geſungen. Dergleichen Lieder haben auch David, Aſſaph,
Salomo, Jeremias und viele andere gedichtet: ja die ganze
hebräiſche Poeſie weis von keinen andern: ſo daß es lächerlich
iſt, wenn Joſephus ſchreibt, das Buch Hiobs ſey in Hexametern geſchrieben. In ſolchen Verſen haben auch ohne Zweifel Linus, Muſäus, Orpheus und Amphion in Griechenland noch geſungen, die doch ſo großen Ruhm mit ihrer Dichtkunſt erlanget haben. Solcher Art ſind endlich auch die alten
ſaliſchen Lieder bey den Römern geweſen, die Numa eingeführet, und die feſcenniniſchen Verſe, die nachmals in Italien
im Schwange gegangen. Kurz, ſo ſind die Poeſien der allerälteſten Völker in der ganzen Welt beſchaffen geweſen. Ein
Poet aber und ein Muſikus, das war damals einerley: weil
viele Sänger ſich ihre Lieder ſelbſt macheten, und die Dichter
die ihrigen ſelbſt ſungen. Daher kam denn nachmals die Gewohnheit, daß die Poeten ihre Leyern, Cithern, Seyten, Flö-
then

rhen und Schalmeyen immer anredeten, wenn sie gleich nicht selber spielen konnten. Weil nämlich die Alten beydes zugleich gekonnt hatten: so blieben auch die Neuern noch bey der Sprache ihrer Vorgänger, und entschuldigten sich gemeiniglich mit einer tropischen Redensart; die uns erlaubet, das Nebending an statt der Hauptsache zu setzen.

10. §. Mit der Zeit fieng man an, die Sylben in poetischen Zeilen etwas genauer abzuzählen, damit sie sich desto besser zu den Melodeyen schicken möchten. Die Griechen mögen wohl die ersten gewesen seyn, die solches gethan haben: obwohl noch allezeit einige Lieder bey ihnen im Schwange blieben, darinn sich die Poeten viel Freyheiten heraus nahmen. Man lese nur nach, was Scaliger in seiner Poetik, von dithyrambischen und päanischen Gesängen geschrieben. Ja dieses witzige Volk ließ es auch dabey nicht bewenden. Denn wie es ein sehr zartes Gehör hatte, und also zur Musik sehr geschickt und geneigt war: also bemerkte es bald, daß es auch mit der bloßen Sylbenzahl in einem Liede nicht ausgerichtet wäre. Die eine Zeile hatte immer einen bessern Wohlklang, als die andre, und schickte sich besser zur Musik, wenn sie gleich beyde auf einerley Art gesungen wurden: und bey genauer Aufmerksamkeit fand man, daß die Ursache in der Abwechselung langer und kurzer Sylben zu suchen wäre. Man bemerkte derowegen, welche Art der Vermischung sich zu dieser oder jener Gesangweise am besten schickte: und daher entstunden sehr viel verschiedene Gattungen der Verse, die in so großer Menge bey den Griechen und Lateinern vorkommen, daß man sie fast nicht zählen kann. Man sehe hierbey nach, was Jf. Vossius in seinem Tractate de Poematum cantu, et viribus Rhythmi geschrieben hat.

11. §. Die nordlichen Völker, Thracier, Gothen, Celten und Gallier, liebten zwar auch das Singen, hatten aber kein so zärtliches Gehör; und verfielen also auch auf dieses künstliche Sylbenmaaß der Griechen und Römer nicht. An dessen statt geriethen sie auf den Gleichlaut der letzten Sylben in zwoen Zeilen ihrer Lieder, und fanden ein besonderes Be-

lieben

lieben an einem übereinſtimmenden Klange, den ſie den Reim
nenneten.   Sie gewöhnten auch ihre Ohren dergeſtalt daran,
daß ſie dieſen Reim endlich für das weſentlichſte Stück der
Poeſie hielten; ja die Verſe und alle Gedichte überhaupt,
nicht anders, als Reime nennten.   Dieſen Reim nun zu haben, ſpareten ſie weder Kunſt noch Mühe; ja ſie verwehrten
ſich dabey auch keine Freyheit.   Zum wenigſten wußten ſie
eine Aehnlichkeit der letzten Wörter herauszubringen, wenn
gleich keine völlige Gleichheit zu erhalten möglich war.
Z. E. Ottfrieds Vorrede zu ſeinem Evangelio hebt ſo an:

> Hludouuig ther ſnello
> Thes Uuisduames follo
> E't Oſtarrichi rihtet al
> ſo Frankono Kuning ſcal u. ſ. w.

12. §. Nun haben zwar einige, als Huetius in dem Buche
vom Urſprunge der Romane, den Urſprung der Reime den
Arabern zuſchreiben wollen, die ſie im achten Jahrhunderte
nach Spanien gebracht haben ſollen; welchem auch Campanella beypflichtet.   Allein nichts iſt leichter zu zeigen, als
daß die Reime in Deutſchland, Wälſchland und Frankreich
ſchon im fünften Jahrhunderte im Schwange geweſen, ehe
noch die Araber aus Aſien gegangen: vielmehr haben ſelbi-
ge dieſe Kunſt in Spanien bey den Gothiſchen und Vandali-
ſchen Völkern gefunden, die daſelbſt vor ihnen geherrſchet hatten.   Gyrald holet ſie aus Sicilien her, und Claude Fauchet
aus der Provence in Frankreich; die aber ebenfalls ihre Reime von den Gothen und Franken gelernet, die daſelbſt vorher
ſchon eingefallen waren. *   Andre wollen die Kunſt gar den
Rabbinen der Juden zueignen, die doch erſt ſeit des David
Kimchi Zeiten dergleichen zu machen angefangen; und es
ohne Zweifel von den europäiſchen Chriſten gelernt haben.
Noch andre haben gar die Reime ſchon bey den alten Lateinern
und Griechen finden wollen.   Ob es nun wohl nicht zu leugnen
iſt, daß man nicht hier und dar einige ſolche Verſe finden ſollte, da ſich entweder zweene Zeilen am Ende, oder eine für ſich,

in

_____

* S. des neuen Bücherſaals V. B. a. d. 118. u. f. S. imgl. meine deutſche
Sprachkunſt a. d. 554. u. f. S. der II. Auſl.

in der Mitte und am Ende reimet: so ist doch dieses nur von ohngefähr gekommen, und man hat wenigstens keine solche Schönheit darinn gesucht, als die alten Deutschen. Der einzige Kaiser Hadrian hat in seiner Animula vagula blandula, eine Reimsucht bewiesen, die er ohne Zweifel von den Deutschen gelernet, mit denen er viel zu thun gehabt. Die Versus Leonini sind auch in Italien allererst im fünften Jahrhunderte aufgekommen, und haben den Namen von einem gewissen Leonio, einem Canonico, der sich damit zuerst hervorgethan. Damals aber, wie bekannt ist, waren die deutschen Völker schon eingefallen, und hatten also ihre Reimart mit sich dahin gebracht. Die Gelehrten verliebten sich auch bey der einreißenden Barbarey und dem Verfalle des guten Geschmackes so sehr ins Reimen, daß sie sich nicht satt reimen konnten. Es war nicht genug, daß zwey Zeilen mit einander reimeten. Z. E.

Ut mens se videat posita caligine fumi;
Quis vetat apposito lumen de lumine fumi?

Sondern es mußte sich auch wohl Mittel und Ende eines Verses reimen. Z. E.

Hic jacet Henricus semper pietatis amicus.

Oder wie die salernitanische Schule die Gesundheitsregeln abgefasset. Z. E.

Caseus et panis, sunt optima fercula sanis.

Kaum war dieses erdacht, als man gar dreyfache Reime machte: Z. E.

Vos estis, Deus est testis! teterrima pestis.

Und auch darüber fanden sich noch andere Künstler, die ihre Vorgänger in der Reimsucht übertreffen wollten; indem sie eine noch künstlichere Verschränkung der gereimten Zeilen erdachten, wie dieß Exempel zeigen wird:

Ianua mortis, passio fortis, crimen eorum
Attulit orbi, semina morbi, totque malorum.

So wurden denn, bey so vielen Reimen, die Verse selbst unsichtbar: und die eingebildeten Poeten wurden nichts, als elende Reimschmiede, die sich an dem Klappen der Sylben,

wie

wie Kinder an dem Klingen der Schällen beluſtigen; an die
Sachen aber, entweder gar nicht dachten, oder, des großen
Zwanges halber, nicht recht denken konnten.

13. §. Bey dem allen aber bleibt es wohl gewiß, daß die
ſcythiſchen oder celtiſchen Völker, das iſt, unſre Vorfahren,
und die Barden derſelben, als ihre Poeten, etwa um die Zeiten des Tacitus, auch wohl noch zeitiger, die Reime in ihren
Liedern eingeführet haben mögen. Ihre Abſicht dabey iſt
wohl nichts anders geweſen, als daß ihre Landesleute das
Lob ihrer Helden deſto leichter auswendig lernen, und es
deſto beſſer behalten möchten. Denn weil an Schreibern
damals ein großer Mangel war, und das Gedächtniß des
Volkes die Stelle der Chroniken vertreten mußte: ſo waren
die gereimten Lieder ſehr geſchickt, das Auswendiglernen zu befördern. Alle Sprüchwörter unſrer Alten zeigen davon.
Dieſe hielten den Kern ihrer moraliſchen und politiſchen Klugheit in ſich, und wurden der Jugend gleich mit der Mutter-
milch eingeflößet; aber zu deſto größerer Erleichterung des
Gedächtniſſes in Reimen verfaſſet: Z. E.

Freunde in der Noth
Gehn hundert auf ein Loth.

* * *

Je krümmer Holz, je beſſer Krück;
Je ärger Schelm, je beſſer Glück.

* * *

Auf einen groben Aſt
Gehört ein grober Quaſt u. d. gl.

Doch die Sache iſt ſo ausgemacht, daß ſie keines ferneru
Beweiſes vonnöthen hat.

14. §. Wie nun die Griechen in ihrem Sylbenmaaße die
Lateiner zu Nachfolgern bekommen haben: ſo haben auch die
alten Deutſchen ganz Europa reimen gelehret. Italien,
Spanien und Gallien nahmen die Art derjenigen Völker
an, die ſich durch die Gewalt der Waffen ihrer bemäch-

tig

tigten. * Die Dänen, Schweden, Holl- und Engländer sind selbst von deutschem Geschlechte, und haben also die Kunst von ihren eigenen Vorfahren gefasset. Ja auch die Polen, eine Abkunft der alten Sarmater, beliebten die reimende Poesie. Nichts ist dabey mehr zu bewundern, als daß die Italiener, Spanier und Franzosen, die doch Abkömmlinge der Lateiner sind, nicht das regelmäßige Sylbenmaaß ihrer Vorfahren beybehalten; sondern selbiges entweder gar mit der deutschen Reimkunst vertauschet, oder doch damit verbunden haben. So hoch Dantes und Petrarcha in Wälschland, Ronsard und Malherbe in Frankreich, wegen der durch sie gesäuberten Poesie ihres Vaterlandes, geschätzet werden: so seltsam muß es einem Verständigen vorkommen, daß diese große Geister ihren Landesleuten nicht gewiesen, wie man auch im Wälschen und Französischen die lateinische Art zu Dichten nachahmen, und verschiedene Arten der Abwechselung langer und kurzer Sylben einführen könnte. Sie blieben nämlich bey der bloßen Abzählung der Sylben und dem Reime: wozu die Franzosen in den fünf und sechsfüßigen Versen noch einen Abschnitt hinzu thaten. Daher ist es denn vergeblich, wenn einige von unsern Landesleuten in der Poesie dieser Völker ein Sylbenmaaß suchen; oder ihre Poeten beschuldigen, daß sie dawider verstoßen: wie der ungenannte Verfasser der Reflexions sur la Versification françoise gethan hat. Sie haben sichs noch niemals in den Sinn kommen lassen, daß ihre Sprache lange und kurze Sylben habe; ** so leiche man ihnen

---

* Der gelehrte Rollin gesteht dieses offenherzig, im 1. Theile seiner Manier die freyen Künste zu lehren und zu lernen, auf der 324. Seite: Nos Langues modernes, par où j'entends les Langues françoise, italienne & espagnole viennent certainement du debris de la Langue latine par le Melange de la Langue tudesque, ou germanique. La plûpart des mots viennent de la Langue latine: mais la Construction & les Verbes auxiliaires, qui sont d'un tres grand Usage, nous viennent de la Langue germanique. Et c'est peut-être de cette Langue-la, que nous sont venües les Rimes, & l'usage de mesurer les Vers, non pas des Piés composés de syllabes longues & breves, comme les faisoient les Grecs & les Romains, mais par le Nombre des Syllabes. Dieses mögen sich unwissende Sprachmeister merken.

** Diesen Satz hat neulich ein gewisser Kunstrichter, dem man mehr Belesenheit in französischen Büchern

nen solches durch die Aussprache selbst zeigen kann. Und
ob sie gleich viel von ihrer so genannten Cadance schwaßen:
so ist es bey ihnen doch ein bloßes je ne sçai quoi? Sie wissen nämlich nicht zu sagen, woher dieselbe entsteht, können
auch keine Regeln davon geben; und wollen sichs doch nicht
sagen lassen, daß solches bloß von einer regelmäßigen Abwechselung langer und kurzer Sylben herrühret. Diese gelinget
ihnen zuweilen von ohngefähr, ohne daß sie daran gedacht
haben. Z. E. Ein jeder Franzos giebt zu, daß folgende
Verse einen recht unvergleichlichen Wohlklang haben:

> Quoy? nous playdons, dit-il, tendant ses Mains au Port,
> Auprés de ces Vaisseaux, et l'on me fait ce Tort,
> De me le disputer! O Dieux! en leur Presence,
> Ulysse avec Ajax est mis en concurrence!
> Ce lâche, qui fuyoit Hector et ses Brûlots,
> Quand j'en soûtins l'Effort, au Milieu de ces Flots.

Aber niemand wird es gewahr, daß dieser Vers fast durchgehends aus lauter Jamben besteht; so, daß alle Sylben ihren
natür-

---

hätte zutrauen sollen, geleugnet. Ich
sehe mich also genöthiget, die Beweise,
die ich der Kürze wegen übergangen
hatte, bey dieser IV. Ausgabe meiner
Dichtkunst, beyzufügen. Der erste
Zeuge sey der Herr von Beaumar-
chais, in seinen Amusements litte-
raires auf der 18. Seite des II. Theils
Tous, tant que nous sommes au-
jourdhui, schreibt er, de Peuples vi-
vans en Europe; nous manquons
dans nos Langues, de cette Multitu-
de, et de ce Melange de Syllabes longues et breves, dont l'arrangement
reglé par l'Art, mettoit tant d'Harmonie, dans les Vers de l'ancienne
Grece et de Rome; et il ne nous
reste pour-y suppléer, que d'assem-
bler une certaine Quantité de Syllabes, et de faire ensorte, que des
Sons semblables finissent toujours
deux Vers voisins l'un de l'autre.
Hier sieht man fürs erste einen verwegenen Franzosen, der sich unter-

fängt, von allen europäischen Völkern
zu urtheilen; da man doch sicher wetten könnte, daß er außer seiner Muttersprache, keine einzige andre heutige Sprache verstanden; und also gar
nicht im Stande gewesen, von aller
europäischen Völker Poesie zu urtheilen Denn hätte er auch nur das Italiänische verstanden, so würde er wenigstens aus den Arten ihrer Opern gemerket haben, daß sie sich eben so gut,
als die anakreontischen Oden skandi-
ren, d. i. eine regelmäßige Abwechselung langer und kurzer Sylben haben.
Daß er nun nicht einmal wälsch gekonnt, so hat er noch viel weniger
englisch, holländisch, deutsch, dänisch
oder schwedisch gekonnt; als woraus
sein Ausspruch höchst ungereimt ist.
Zweytens sieht man aber wenigstens
daraus, daß er in seiner Sprache kein
Sylbenmaaß kennet, und von keiner
regelmäßigen Abwechselung langer
und kurzer Sylben weiß. Doch viel

natürlichen Accent behalten, den sie in ungebundner Rede haben. Eben das könnte man auch von Italienern und Spaniern erweisen, wenn es hieher gehörete.

15. §. Da nun alle diese Nationen, und die Pohlen noch dazu, bey dieser unvollkommenen Art Verse zu machen geblieben sind: so haben die Dentschen sie gewiß weit übertroffen. Unsre Poeten haben es durch die Zärtlichkeit ihres Gehöres bald gemerket, daß die regelmäßige Abwechselung langer und kurzer Sylben, dadurch die griechische und römische Poesie so vollkommen geworden, auch in unsrer Muttersprache statt haben könne; und daher hat man schon vor unserm großen Opitz allerley Gattungen des Sylbenmaaßes gebraucht. Z. E. Winsbek, der am Hofe des Kaisers, Friedrichs des I. gelebet, hat die Ermahnung an seinen Sohn in lauter jambischen Versen beschrieben. Es heißt gleich im Anfange:

Ein wiser Man hat einen Sun,
Der was im lieb, als mannigem ist,
Den wolt er leren rechte tun,
Und sprach also: Min Sun du bist

Wie

leicht hat dieser Zeuge nicht Ansehen genug? Gut, auch Rollin und Lami stimmen überein. Der erste hat dieses zwar schon in der bereits angeführten Stelle gestanden; doch hier sagt ers noch deutlicher im I. Theile seiner Maniere d'enseigner et d'etudier les belles Lettres, Ed. de Holl. p. 328. La Poesie françoise (et il faut dire la même Chose de toutes celles, qui sont modernes) manque absolument de la delicate et harmonieuse Varieté des Piés, qui donnent à la Verification grecque et latine son Nombre, la Douceur, et son Agrement, et elle est forcée de se contenter, de l'Assortissement uniforme, d'un certain Nombre de Syllabes d'une Mensure égale pour composer ses Vers. Lami aber im X. Capitel des III. Buchs seiner Art de parler auf der 253. Seite schreibt. La Prononciation des Langues vivantes de l'Europe est entierement differente de celle des Langues mortes qui

nous sont connues, comme le Latin, le Grec, et l' Hebreu. Dans les Langues vivantes on s'arrête également sur toutes les Syllabes; ainsi le Tems de la Prononciation de toutes les Voyelles sont égaux, comme nous le serons voir. Dans les Langues mortes les Voyelles sont distingués entr' elles par la Quantité du Tems de leur Prononciation. etc. Eben dergleichen Stellen könnten wir noch aus der Historie der Sevaramben, und aus verschiedenen andern französischen Schriftstellern anführen, wenn es nöthig wäre: wiewohl sie alle insgesamt aus einer ihnen eigenen Vermessenheit und Selbstliebe allen andern europäischen Völkern dasjenige absprechen, was ihnen selbst gebricht; indem sie von unserm nordischen Sprachen, wie die Blinden von der Farbe, urtheilen. S. auch des Abts Olivet Prosodie françoise, oder den Auszug davon im neuen Büchersaale.

Mit lieb an allen falschen List,
Bin ich dir sam du selbe dir so volge mir ze dirre Frist : ⸗
Dieweil du lebest es ist dir guot
Ob dich ein Frömder ziehen sol, du weist nicht, wie er ist gemuot.

In dieser ersten Strophe ist nur das Wort mannigem, die⸗ wile und lebest, wider das ordentliche Sylbenmaaß : alles übrige ist recht. Wer sieht aber nicht, daß in der heutigen Aussprache in jenem das J, in den beyden letzten aber das ei⸗ ne E leichtlich verschlungen wird? Man sehe nur die Lieder an, so D. Luther vor mehr als 200 Jahren gemacht, so wird man ziemlich richtige jambische oder trochäische Verse darinnen finden. Ich darf zum Beweise nur den Glauben anführen, als wo beyde erwähnte Gattungen vermischt anzutreffen sind.

    Wir glauben all' an einen Gott,

      Schöpfer Himmels und der Erden,
     Der sich zum Vater geben hat,
      Daß wir seine Kinder werden,
      Er will uns allzeit ernähren,
     Allem Unfall will er wehren,
      Er sorget für uns hüt' und wacht,
     Es steht alles in seiner Macht.

Ein jeder wird hier unschwer sehen, daß alle ausgerückte und männlich gereimte Verse jambisch; alle eingerückte weibliche hergegen trochäisch sind: und das ganze Sylbenmaaß ist so richtig, daß nur in der letzten Zeile das einzige Wort alles, wider seine Natur, vorn kurz und hinten lang ausgesprochen werden darf. Und was darf es viel Beweises? Das einzi⸗ ge Exempel des ehrlichen Rebhuns, von dessen Klage des armen Mannes, ich in den kritischen Beyträgen einen ausführlichen Auszug gegeben, kann uns überzeugen: daß man zur Zeit der Reformation bereits mit ganzem Fleiße, jambische und trochäische Verse von allerley Länge gemacht ha⸗ be. S. meiner Sprachkunst IV. Abschn. 1. Hauptst. 8. u. f. S.

                                 16. §.

16. §. Wären nun ihre Nachfolger in der Poeſie auch den Spuren dieſer großen Vorgänger gefolget, ſo würden wir lange vor Opitzen taugliche Verſe im Deutſchen bekommen haben. Da aber Hans Sachs, Ringwald, Rollenhagen und andere nach ihm, kein ſo zartes Gehör hatten, und bey der alten Art blieben; ſo mußte freylich der itzt gedachte Vater unſrer gereinigten Poeſie von neuem die Bahn darinn brechen. Er nahm ſich die Holländer zum Muſter, als unter welchen ſchon Heins und Cats ihrem Vaterlande eben den Dienſt geleiſtet hatten. Von dieſen ahmte er nicht nur die Gedanken, ſondern auch das Sylbenmaaß nach: und er konnte es dem erſten alſo auch in dieſer Abſicht nachrühmen, wie er that, wenn er an ihn ſchrieb:

Daß deine Poeſie der meinen Mutter ſey.

Dieſem Vorgänger ſind nun nach der Zeit alle deutſche Poeten gefolget: und alſo übertrifft nunmehr unſre deutſche Poeſie an Kunſt und Lieblichkeit des Wohlklanges, die Poeſien aller Italiener, Franzoſen und Spanier; weil wir nämlich den Reim unſrer Vorfahren, mit dem majeſtätiſchen Sylbenmaaße der Griechen und Römer, vereinbaret haben. Was ich aber hier von den Deutſchen ſage, das gilt auch von den Schweden, Dänen und Engländern: wiewohl dieſe letztern auch noch zuweilen ohne Sylbenmaaß reimen; auch wohl gar ohne Reim und Sylbenmaaß dichten, und bloß auf die Länge der Zeilen ſehen: wie Milton in ſeinem Paradiſe loſt gethan hat; welche Art der Verſe ſie blank Verſes nennen. Exempel davon mag ich hier nicht anführen; weil ich gar zu weit von meinem Zwecke ausſchweifen würde.

17. §. Dacier, in ſeiner Vorrede zu der von ihm überſetzten Dichtkunſt Ariſtotels, iſt der Meynung: die Religion ſey die Hebamme der Poeſie geweſen; und man habe die erſten Lieder bloß zum Lobe Gottes gemacht und abgeſungen. Er hat dieſes mit andern von ſeinen Landesleuten gemein, daß ſie abergläubiſcher Weiſe, den Wiſſenſchaften gern einen heiligen Urſprung geben wollen. Was iſt es aber nöthig, die Poeſie durch Fabeln in Anſehen zu ſetzen, da ſie auch ohne das

Liebhaber genug findet, wenn man gleich ihren Ursprung aus der Natur selbst herleitet? Meines Erachtens würde man nimmermehr auf die Gedanken gekommen seyn, Gott zu Ehren lieber zu singen; wenn man nicht vorher schon gewohnt gewesen wäre, zu singen. Und ich glaube vielmehr, daß man durch die geistlichen Lobgesänge, eine an sich selbst gleichgültige Sache geheiliget; als durch die weltlichen Lieder, eine an sich heilige Sache entweihet habe. Ich muthmaße also, daß die Poesie etwa folgender maßen entstanden sey.

18. §. Wenn ein muntrer Kopf, von gutem Naturelle, sich bey der Mahlzeit, oder durch einen starken Trunk, das Geblüt erhitzet und die Lebensgeister rege gemacht hatte: so hub er etwa an, vor Freuden zu singen, und sein Vergnügen auch durch gewisse dabey ausgesprochene Worte zu bezeigen. Er lobte die Süßigkeit des Weines, er pries den Berg, oder Stock, darauf er gewachsen; man erhob auch wohl das gute Jahr, die fruchtbare Zeit, oder diejenige Gottheit, die dergleichen Früchte hervorgebracht. Ein verliebter Schäfer, dem bey der langen Weile auf dem Felde, wo er seine Heerde weidete, die Gegenwart einer angenehmen Schäferinn das Herz rührete, und das Geblüt in eine Wallung setzte, bemühte sich, nach dem Muster der Vögel, ihr etwas vorzusingen, und bey einer lieblichen Melodie, zugleich seine Liebe zu erklären; ihr zu schmäucheln, ihre Schönheit zu loben, sich über ihre Kaltsinnigkeit und Unempfindlichkeit zu beklagen, oder die Liebe selbst zu erheben. Als nachmals der Aberglaube, den Gott Bacchus dem Weine, die Ceres den Feldfrüchten, die Pomona den Gärten, die Venus und ihren Sohn, der Liebe vorgesetzet hatte: so gerieth man auch allmählich auf das Lob der Götter. Dem Jupiter und allen übrigen Gottheiten wiederfuhr hernach gleiche Ehre, und solchergestalt ward die Poesie gleichsam dem Gottesdienste geheiliget.

19. §. Von dem Lobe der Götter, kam man leicht auf das Lob der Helden, Erbauer der Städte, Stifter der Republiken, und Stammväter großer Geschlechter: wiewohl ich

es auch für ganz möglich halte, daß man von dem Lobe der
Helden, auf das Lob der Götter gekommen; oder vielmehr
dieselben durch das Lob selbst vergöttert habe. Es ist nämlich bekannt, daß alle Götter der Griechen vormals Menschen
gewesen seyn sollten, die nur wegen ihrer Vortrefflichkeit unter die Einwohner des Himmels wären aufgenommen worden. Bey solchen Lobliedern nun, schlichen sich auch die
stachlichten Spottgesänge mit ein. Aristoteles gedenkt, daß
man schon vor Homers Zeiten schimpfliche Lieder auf die Leute gemacht, und sie sehr anzüglich darinnen herumgenommen.
Selbst Homer hat auf einen gewissen Müßiggänger, Margites, eine Satire gemacht. Ja Aventinus will in seiner
deutschen Historie, daß, wie Thuiston zu Anreizung der
Nachkommen, die guten Thaten der Frommen, mit Liedern zu
ehren befohlen: also hätte König Laber gebothen, man sollte
auch von denen, die übels thaten, Lieder machen; und damit
sie sich schämen und bessern möchten, selbige bey Nacht, wenn
man die Lichter angezündet hätte, auf öffentlicher Gasse vor
den Häusern, abzingen. Daher ist denn diese Art satirischer
Lieder, Gesanglichter genennet worden. S. Morhofs Unterricht. Cap. VI. auf der 260. S.

20. §. Und so sehen wir denn nicht nur, daß die allerält-
teste Gattung der Poesie in Gesängen, Liedern und Oden
bestanden; sondern auch in wie vielerley Gattungen sich dieselben allmählich eingetheilet. Ein Lied zum Lobe der Götter,
hieß nachmals im griechischen Hymnus, oder Päan; ein Lied
auf einen Helden, Encomium oder Scolion; ein satyrisch
Lied, Dithyrambus; ein verliebtes Lied, Melos oder Thre-
nus; und ein Trinklied, hieß eine Ode: wiewohl diese Namen auch oft in allgemeinerm Verstande gebraucht worden.
Die ersten Poesien waren dergestalt alle zum singen gemacht;
und die Musik gab ihnen das rechte Leben.

21. §. So gar als allmählich die Heldengedichte, Tragö-
bien, Komödien und Schäfergedichte aufkamen, war noch
der Gesang ein unentbehrliches Stück bey allen. Das Heldengedicht nämlich, entstund aus den Lobliedern auf Götter

F 2   oder

oder Helden: und Homer ſoll ſeine Ilias, die er dem Achilles zu Ehren gemacht hatte, nach allen Rhapſodien, d. i. Stücken oder Büchern derſelben, in Griechenland öffentlich abgeſungen haben. Die Tragödien und Komödien entſtunden aus den ſatiriſchen Spottliedern, die auf den Dörfern, an Feſttägen, die Bauern zu vergnügen, von luſtigen Köpfen geſungen wurden: wie nachmals aus eigenen Capiteln von dieſen beyden Arten ausführlicher erhellen wird. Die Schäfergedichte entſtunden aus den verliebten Liedern, welche ſonderlich in Arkadien und Sicilien, als ein paar fruchtbaren und geſegneten Landſchaften, mögen im Schwange geweſen ſeyn: weil nämlich der Ueberfluß an Lebensmitteln, die müßigen Schäfer daſelbſt, gar leicht zu dieſem annehmlichen Affecte reizen konnte.

22. §. Bey allen dieſen Gattungen der Poeſien nun, verlohr ſich allmählich das Singen. Die Heldengedichte Homers, ſind wohl nach der Zeit, als Lykurgus oder Piſiſtratus ſie in Ordnung gebracht, in Griechenland nicht allezeit geſungen, ſondern oft nur geleſen worden: dafern man nicht das Leſen eines harmoniſchen Verſes auch einen Geſang nennen will. In der Tragödie blieb nur der Chor muſikaliſch, der auch in der That lauter Oden ſang. Alles übrige, was zwiſchen den Liedern des Chores eingeſchaltet wurde, und aus einem bloßen Nebenwerke bald das Hauptwerk ward, pflegte nicht geſungen, ſondern nur geredet zu werden: weswegen denn auch die jambiſchen Verſe dabey gebraucht wurden, als welche mit der ungebundenen Sprache der Griechen ſehr übereinkamen. Bey der Komödie war es anfänglich eben ſo, bis endlich der Chor, wegen ſeiner Schmähſucht, gar von der Obrigkeit verbothen ward, und alſo verſtummen mußte, wie Horaz ſagt. Was es aber bedeute, wenn die Aufſchriften der terenzianiſchen Komödien melden, daß dieſelben mit dieſer oder jener Art von Pfeifen geſpielt worden, das haben die Gelehrten noch nicht ausgemacht. Die Schäfergedichte Theokrits und Virgils, mögen auch wohl nie alle ſeyn geſungen worden: denn da ihre Verfaſſer nicht wahre, ſondern nur poetiſche Schäfer waren, ſo wurden ſie nur zum bloßen

leſen

lesen gemacht. Ja selbst die Oden, welche Pindarus, Sappho, Anakreon und Horaz in so großer Menge gemacht, sind nicht alle zum Singen verfertiget worden. Man sehe nur z. E. die letztern an, und bemerke, bey was für verschiedenen Gelegenheiten sie verfertiget worden: so wird man selbst gestehen, daß die wenigsten darunter ein einzigmal mögen gesungen worden seyn.

23. §. Da nun dergestalt die Poesie, sich ohne die Ton- und Singekunst beliebt gemacht hatte, so war es kein Wunder, daß noch immer mehr und mehr unmusikalische Gedichte erfunden wurden. Dahin gehören nun die Satiren Lucils, des Horaz, Juvenals und Persius; die poetischen Briefe des Flaccus und Naso; die Elegien Catulls, Tibulls und des Propertius; die Sinngedichte Martials und andrer Lateiner: der Griechen vorißo nicht zu gedenken, die in allen diesen Stücken den Römern vorgegangen. Alle diese Gattungen konnten nicht mehr Lieder heißen: Poesien aber, Gedichte oder Verse blieben sie doch, als welchen letztern Namen Horaz auch seinen Briefen zugesteht; da er hingegen den ersten nur für die erhabenen Heldenlieder, Lobgedichte und Tragödien aufbehalten wissen will. Noch mehr entfernten sich von der rechten Art, Hesiodus, der die tägliche Arbeit eines Landmannes; Empedokles, der die ganze Naturlehre; Aratus, der die Sternkunst; Lucretius, der gleichfalls die Naturwissenschaft; und Virgil, der den Feldbau in alexandrinischen Versen beschrieb. Allen dergleichen Werken spricht Aristoteles in seiner Dichtkunst, den Namen der Gedichte ab: weil sie nämlich keine Nachahmungen oder Fabeln sind; ob sie gleich das äußerliche Ansehen der poetischen Schreibart beybehalten haben. Zu eben dieser Classe könnte man fast den Silius Jtalicus, Lucanus und Statius rechnen, deren jener den ganzen punischen, der andre den pharsalischen Krieg, und dieser das ganze Leben Achills beschrieben hat. Sie sind also nach dem Urtheile Aristotels, und des Paters le Bossu, mehr für Historienschreiber in Versen, als für Poeten zu halten: wie an seinem Orte ausführlich soll gewiesen werden. Und

wo

wo bleiben endlich alle Epithalamia, Genethliaca und Epicedia der Alten? die gewiß allezeit zum Lesen; niemals aber, oder doch sehr selten, zum singen verfertiget worden.

24. §. Als bey der Wiederherstellung der freyen Künste in Europa, auch die Poesie wieder in Flor kam, hat man sich nicht an den alten Gattungen der griechischen und römischen Poesien genügen lassen; sondern verschiedene neue, theils musikalische, theils unmusikalische Arten erfunden. Zu jenen gehören die Opern, die aus den singenden Spielen der Meistersänger, ihren Ursprung haben; ferner die Pastorale, Serenaten, Cantaten, Oratorien, Stanzen, Sonnette, Madrigale, Rondeaux und andere Kleinigkeiten, die nicht viel werth sind. Die meisten davon sind von den Italienern erfunden, und im Anfange alle zum Singen bestimmt gewesen. Die Stanzen sind Gedichte mit Strophen in langen Zeilen, die wir Gesänge nennen können; wie Tasso sein befreytes Jerusalem beschrieben hat, weswegen er auch die Abtheilungen davon, Canto, nennet. Ein Sonnet ist gleichsam ein Lied, dessen erste zwo Strophen, jede von vier Zeilen auf einerley Melodie; die letzte aber, die aus sechs Zeilen besteht, auf eine andere, gesungen werden kann; und also einer pindarischen Ode, mit Satz, Gegensatz und Nachsatz gleich kömmt. Ein Madrigal ist wie eine kleine Arie, oder ein französisch Trinklied; und ein Rondeau ist nicht viel was anders. Die Franzosen sind ihnen nebst den Engelländern und Holländern bald gefolget, und wir Deutschen geben ihnen gewiß in allen diesen Gattungen nichts nach. Wir haben Opern, Pastorale, Serenaden, Cantaten, Kirchenstücke, Oden, Arien, Sonnette, Madrigale, und Rondeaux die Menge aufzuweisen; obwohl diese drey letztern bey uns niemals gesungen seyn mögen.

25. §. Was die großen Gedichte der Alten betrifft, so haben wir gewiß in allen Arten etwas aufzuweisen, das, wo nicht ganz vollkommen, doch nicht so gar zu verwerfen ist, wenn man es mit den Gedichten der Ausländer vergleicht. Von Heldengedichten haben wir nicht nur unter den alten, den Reinecke Fuchs, Theuerdank und Froschmäuseler; sondern

dern auch einen habſpurgiſchen **Ottobert**, die geraubte **Pro-**
ſerpina, den ſächſiſchen **Wittekind** und König **Friedrichen**
von **Dännemark.** Sind dieſe noch nicht ſo gut als **Homer,**
Virgil und **Taſſo**; ſo ſind ſie doch nicht ſchlechter, als das,
was **Marino, Arioſt, Chapelain, St. Amand** und
Milton in dieſem Stücke geliefert haben. Des Herrn Barons
von **Schöneich** Hermann, verdient der Henriade an die
Seite geſetzet zu werden. Man muß ſich nur über die ſkla-
viſche Hochachtung alles deſſen, was ausländiſch iſt, erheben,
die uns Deutſchen bisher mehr geſchadet, als genützet hat.
Dietſchens Sieg Carls des VI. zeigt uns, daß der Verfaſſer
Fähigkeit genug gehabt, ein Heldengedichte zu machen;
wenn ihm die Regeln deſſelben bekannt geweſen wären: aber
ſelbſt verdient es noch nicht, in dieſe Claſſe zu kommen.
Neukirchs Telemach aber, iſt nur eine Ueberſetzung, und
kann uns alſo zu keiner Ehre gereichen. In Trauerſpielen,
haben wir den Ausländern nicht nur den **Gryphius** und
Lohenſtein, Hallmann und **Breſſand**, ſondern ſehr viele
andere neuere Dichter entgegen zu ſetzen, die ſich ſeit zwey
und zwanzig Jahren, da dieſe Dichtkunſt zum erſtenmal er-
ſchienen (ich ſchreibe dieß 1751.) hervorgethan haben. In
dem Neueſten der anmuthigen Gelehrſamkeit ſteht ein Verzeichniß von etlichen 50 Trauerſpielen, die ſeit dem Cato und
der Iphigenia ans Licht getreten. Thun es dieſe einem
Corneille und **Racine** noch nicht in allem gleich, ſo haben ſie
auch viele Fehler dieſer beyden Franzoſen nicht an ſich; und
können es doch, theils mit den neuern Franzoſen, theils ſowohl
mit den Wälſchen als Engländern aufnehmen, deren Schaubühne in ſehr großer Verwirrung iſt. In der Komödie
haben wir nicht nur **Gryphii, Riemers,** und **Weiſens,** ſondern eine große Menge andrer Stücke in Händen, die ſeit
200 Jahren bey uns gedruckt worden. Und ſind dieſe gleichfalls mit des **Moliere,** und **Des Douches** Luſtſpielen nicht zu
vergleichen, ſo dürfen wir doch weder den Wälſchen noch Engländern, das allergeringſte nachgeben; es wäre denn in der
Liebe unſers Vaterlandes: darinnen es uns jene unſtreitig

zuvor

zuvor thun. Doch haben ſich auch hier ſchon einige müntre
Köpfe gewieſen, die durch glückliche Proben uns Hoffnung
machen, daß wir auch den Franzoſen nicht lange mehr werden den Vorzug laſſen dörfen. Man ſehe das Verzeichniß
unſrer Schauſpiele vor meiner deutſchen Schaubühne.

26. §. Ich komme endlich auf die Abſichten, ſo die Erfinder und Fortpflanzer der Poeſie vor Augen gehabt, deren
Kenntniß uns in Unterſuchung des wahren Weſens der Poeſie,
nicht ein geringes Licht geben wird. Man hat ja die alten
Dichter allezeit für weiſe Männer gehalten, und läßt ihnen
noch heute zu Tage dieſen Ruhm unangetaſtet. Folglich
wird mans ihnen wohl nicht ſtreitig machen, daß ſie auch
Abſichten bey ihren Arbeiten gehabt haben. So mannigfaltig
nun dieſelben geweſen ſeyn mögen, ſo leicht ſind ſie doch zu
errathen. Ihre Gedichte ſind ja die Mittel, wodurch ſie
dieſelben zu erlangen geſucht, und wirklich erlanget haben:
wozu alſo dieſelben geſchickt geweſen ſind, das iſt für einen
Endzweck ihrer Verfaſſer anzuſehen.

27. §. Die allererſten Sänger ungekünſtelter Lieder, haben,
nach der damaligen Einfalt ihrer Zeiten, wohl nichts anders
im Sinne gehabt, als wie ſie ihren Affect auf eine angenehme
Art ausdrücken wollten, ſo daß derſelbe auch in andern, eine
gewiſſe Gemüthsbewegung erwecken möchte. Dahin zielten
alſo ihre luſtige und traurige, verliebte, lobende und ſpöttiſche
Lieder ab: und dieſen Endzweck erlangten ſie auch, ſo oft ſie
ihren eigenen Affect theils durch bequeme Texte, theils durch
geſchickte Melodeyen, natürlich und lebhaft vorſtelleten. Ein
Saufbruder machte den andern luſtig; ein Betrübter lockte
dem andern Thränen heraus; ein Liebhaber gewann das Herz
ſeiner Geliebten; ein Lobſänger erweckte ſeinem Helden Beyfall
und Bewunderung, und ein Spottvogel brachte durch ſeinen
beißenden Scherz das Gelächter ganzer Geſellſchaften zuwege.
Die Sache iſt leichte zu begreifen, weil ſie in der Natur des
Menſchen ihren Grund hat, und noch täglich durch die Erfahrung beſtätiget wird.

28. §.

28. §. Eine so wunderbare Kunst, brachte nun den ge-
schicktesten unter ihren Meistern sehr viel Hochachtung zuwege.
Man hörte solche treffliche Sänger gern, man lobte sie sehr,
und hielt gar dafür, daß sie etwas mehr als Menschen seyn;
oder zum wenigsten einen göttlichen Beystand haben müßten.
Dieses ließen sich auch die Poeten gefallen, ja sie bemühten
sich, einen so vortheilhaften Gedanken von ihrer Kunst nicht
nur zu unterhalten, sondern auch je mehr und mehr zu bestär-
en.   In diesem Vorhaben ließen sie sichs angelegen seyn,
allerley annehmliche und reizende Sachen in ihre Lieder zu bringen, dadurch sie die Gemüther der Zuhörer noch destomehr
in sich locken, und gleichsam fesseln könnten.   Nichts war
dazu bey der einfältigen Welt geschickter, als kleine Historien
oder Fabeln, die etwas wunderbares und ungemeines in sich
enthielten.   Man sieht es ja an kleinen Kindern, wie begierig
sie nach der Erzählung ihrer Wärterinnen sind; und diesen
unerfahrnen und neugierigen Creaturen waren die ältesten
Völker ganz gleich   Das bezauberte nun gleichsam die sonst
ungezogenen Gemüther.   Die wildesten Leute verließen ihre
Wälder, und liefen einem Amphion oder Orpheus nach,
welche ihnen nicht nur auf ihren Leyern etwas vorspielten;
sondern auch allerley Fabeln von Göttern und Helden vor-
sungen: nicht viel besser, als etwan itzo auf Messen und
Jahrmärkten die Bänkelsänger mit ihren Liedern von Wun-
dergeschichten, den Pöbel einzunehmen pflegen.   ·

29. §. In dieser einmal erhaltenen Hochachtung, erhielten
sich die nachfolgender Dichter, durch die Schönheit des Ausdruckes und durch die untermischten weisen Lehren und Sitten-   X
sprüche.   Die Poeten redeten nicht die gemeine Sprache der
andern Leute, sondern ihre Redensarten waren edel und erhaben, ihre Worte ausgesucht, ihre Sätze neu und wohlklingend:
und ihr ganzer Vortrag ward bisweilen in einer verblümten,
oder gar allegorischen Schreibart abgefasset.   So viel Witz
und lebhafte Einbildungskraft sie dadurch bewiesen: so viel
Verstand und hohe Weisheit, zeigten sie durch die trefflichen
Sittenlehren und Lebensregeln, die sie in ihren Liedern mit

F 5   vor-

seyn, womit man sich gegen andre Völker breit machen, und ihren Dichtern Troß biethen will. Indessen bleibt es doch in allen Gattungen der Gedichte bey Horazens Ausspruche:

Der wird vollkommen seyn, der theils ein lehrreich Wesen,
Und theils was liebliches durch seinen Vers besingt;
Zugleich dem Leser nützt, zugleich Ergetzung bringt.
Ein solch Gedicht geht ab, wird weit und breit verführet,
Bis es dem Dichter gar Unsterblichkeit gebiehret. Dichtk. v. 495.

33. §. Bey dem allen ist es nicht zu leugnen, daß nicht, nach dem Urtheile des großen Aristotels, das Hauptwerk der Poesie in der geschickten Nachahmung bestehe. Die Fabel selbst, die von andern für die Seele eines Gedichtes gehalten wird, ist nichts anders, als eine Nachahmung der Natur. Dieß wird sie nun durch die Aehnlichkeit mit derselben: und wenn sie diese hat, so heißt sie wahrscheinlich. Die Wahrscheinlichkeit ist also die Haupteigenschaft aller Fabeln; und wenn eine Fabel nicht wahrscheinlich ist, so taugt sie nichts. Wie kann sie aber wahrscheinlich seyn, wenn sie nicht die Natur zum Vorbilde nimmt, und ihr Fuß vor Fuß nachgeht? Horaz schreibt:

Die Fabel laute so, daß sie der Wahrheit gleicht,
Und fodre nicht von uns, daß man ihr alles gläube:
Man reiße nicht das Kind den Hexen aus dem Leibe,
Wenn sie es schon verzehrt. Dichtk. v. 489.

34. §. Diese Nachahmung der Poeten, geschieht entweder vermittelst einer sehr lebhaften Beschreibung, oder durch eine epische und dramatische Erzählung, oder gar durch lebendige Vorstellung desjenigen, was sie nachahmen. Und dadurch unterscheidet sich der Dichter von einem Maler, der nur mit Farben, und einem Bildhauer, der in Stein oder Holz seine Nachahmung verrichtet. Will man sagen, daß auch in ungebundener Rede solche Nachahmungen zu geschehen pflegen, die wir der Poesie zueignen; als wann zum Exempel Aesopus prosaische Fabeln macht, oder Livius und andre Geschichtschreiber gewißen großen Männern solche Reden andichten, die sie zwar nicht von Wort zu Wort gehalten, aber doch wahrscheinlicher Weise hätten halten können: so werde ich

antwor-

antworten, daß sowohl Aesopus, als solche dichtende Geschichtschreiber, in so weit sie dichten, unter die Poeten gehören.
Die Verse machen das Wesen der Poesie nicht aus, vielweniger die Reime. Können doch ganze Heldengedichte in ungebundener Rede geschrieben werden. Denn wer wollte es
leugnen, daß nicht die prosaische Uebersetzung, welche die Frau
Dacier vom Homer gemacht, noch ein Heldengedicht geblieben wäre; oder daß Fenelons Telemach kein poetisches
Werk wäre? Kinder und Unwissende bleiben am äußerlichen
kleben, und sehen auch eine scandirte und gereimte Prose für
ein Gedicht, und jeglichen elenden Versmacher für einen
Poeten an: Kenner aber halten es mit dem Horaz, der
uns einen Poeten so beschreibt:

> - : - neque enim concludere versum
> Dixeris esse satis; neque si quis scribat uti nos,
> Sermoni propiora, putes hunc esse Poetam:
> Ingenium cui sit, cui mens divinior, et os
> Magna sonaturum, des nominis hujus honorem.
>
> *Lib. I. Sat. 4.*

Nun weis ich zwar, daß aus diesen Worten einige Neuere,
ihre düstre ästhetische Schreibart, als das Wesentliche der
Dichtkunst auf den Thron zu erheben gesuchet. Allein ein
anders ist der Mann, ein anders der Rock den er trägt.
Man kann auch dogmatische und historische Sachen in einer
schwülstigen und finstern Art des Ausdruckes vortragen:
wie Jakob Böhme, Pordätsch, Erasmus Francisci,
und andre Schwärmer mehr gethan haben. Allein solche
wilde ästhetische Köpfe sind darum keine Homere und Maro-
nen. Die Nachahmung der Handlungen und Leidenschaften
des Menschen, wird wohl allemal das Hauptwerk der Dichtkunst bleiben: weil Fabeln auch dann Gedichte sind, wenn
sie wie die äsopischen, in der einfältigsten und ungekünsteltsten
Art des Ausdruckes erscheinen.

Das

Das II. Hauptſtück.
Von dem Charactere eines Poeten.

1. §.

Nachdem wir den Urſprung und das allmählige Wachsthum der Poeſie kürzlich erwogen haben: ſo iſt es nicht
undienlich, von einem wahren Poeten einen Abriß zu
machen, und ihn nach allen ſeinen Eigenſchaften zu beſchreiben.
Man iſt mit dieſem Namen zu allen Zeiten gar zu freygebig geweſen; weil man nicht ſattſam eingeſehen, was für eine große
Fähigkeit der Gemüthskräfte, wieviel Gelehrſamkeit, Erfahrung, Uebung und Fleiß zu einem rechtſchaffenen Dichter gehören. Und das iſt kein Wunder geweſen. Gemeiniglich haben
ſichs diejenigen angemaßet, den Titel eines Poeten auszutheilen,
die einen viel zu ſeichten Verſtand, und eine viel zu blöde Einſicht in das Weſen der wahren Dichtkunſt gehabt. Der Pöbel
hat ſich allezeit ein Recht zueignen wollen, von poetiſchen
Scribenten zu urtheilen: und dieſes iſt deſto lächerlicher, da
ihm die Beurtheilung proſaiſcher Schriften niemals zugeſtanden worden. Kann er nun hierinnen keinen gültigen Ausſpruch thun, und die Verfaſſer derſelben, weder für gute
Hiſtorienſchreiber, noch für Redner, Philoſophen, Arzneyver-
ſtändige oder Rechtsgelehrte erklären: wie wird er vermögend
ſeyn, von Gedichten zu urtheilen, deren Einrichtung und Aus-
arbeitung deſto ſchwerer zu prüfen iſt; je mehr ſie unter ſo vielen
äußerlichen Schönheiten und Zierrathen, dadurch auch kritiſche
Augen zuweilen verblendet werden, verhüllet iſt, ja tief verborgen liegt. Plinius ſchreibt an einem Orte; von Künſtlern
könne nur ein Künſtler urtheilen. Man wird alſo mit der
Poeſie wohl nicht unbilliger umgehen wollen, als mit der
Muſik, Malerey, Baukunſt und dem Bildſchnitzen. Wer beruft

ruft sich aber in allen diesen Künsten auf das Urtheil des
großen Haufens? Das würden schlechte Meister darinnen
werden, die ihren Ruhm in dem Beyfalle eines eigensinnigen
Volkes suchen wollten, welches ohne Verstand und ohne
Regeln von ihren Sachen urtheilet; und dessen Geschmack
die unbeständigste Sache von der Welt ist.

2. §. Es trifft freylich zuweilen zu, daß ein ganzes Land
oder eine große Stadt sich an lauter regelmäßige Sachen
gewöhnet, und so zu reden, eine zeitlang Geschmack daran
findet. Aber dieser gute Geschmack kann nicht lange Zeit
erhalten werden; wenn es nicht Kunstverständige darunter
giebt, die dasjenige, was der gemeine Mann nach der
sinnlichen Empfindung liebet, nach richtigen Grundregeln
für gut und schön erkennen. Ohne solche Meister geht der
gute Geschmack bald wieder verlohren, wie wir an den Beyspielen der Griechen und Römer, ja der neuern Wälschen
und Franzosen gesehen haben. Die Leichtsinnigkeit der
menschlichen Gemüther, sucht allezeit eine Veränderung:
und wie leicht geschieht es da, daß Leute von keiner Einsicht,
an statt der wahren Schönheiten, die aus wirklichen Vollkommenheiten entstehen, auf scheinbare verfallen; die oft die
bloße Sinnlichkeit eben so sehr belustigen, als die ersten.
Alsdann verfällt alles in Verachtung, was vorhin mit gutem
Grunde war hochgeschätzet worden. Der allgemeine Beyfall einer Nation kann also nicht eher von der Geschicklichkeit
eines Meisters in freyen Künsten, ein gültiges Urtheil fällen,
als bis man vorher den guten Geschmack derselben erwiesen
hat. Dieses aber geschieht nicht anders, als wenn man zeiget: daß derselbe mit den Regeln der Kunst übereinstimmet,
die aus der Vernunft und Natur hergeleitet worden. Ich
habe hiermit beyläufig meinen Begriff von dem guten Geschmacke entdecket; einer Sache, davon zu itziger Zeit überall so viel Redens und Schreibens ist. Weiter unten wird
mehr davon vorkommen; denn zu einem guten Poeten gehört auch ein guter Geschmack. Aus dem vorhergehenden
aber schließe ich, daß wir die, zu einem wahren Dichter ge-

hörigen

hörigen Eigenſchaften von denen lernen müſſen; die das innere
Weſen der Poeſie eingeſehen; die Regeln der Vollkomnen-
heit, daraus ihre Schönheiten entſtehen, erforſchet haben,
und alſo von allem, was ſie an einem Gedichte loben und
ſchelten, den gehörigen Grund anzuzeigen wiſſen.

3. §. Wenn man nun ein gründliches Erkenntniß aller
Dinge Philoſophie nennet: ſo ſieht ein jeder, daß niemand
den rechten Character von einem Poeten wird geben können,
als ein Philoſoph; aber ein ſolcher Philoſoph, der von der
Poeſie philoſophiren kann, welches ſich nicht bey allen findet,
die jenen Namen ſonſt gar wohl verdienen. Nicht ein jeder
hat Zeit und Gelegenheit gehabt, ſich mit ſeinen philoſophiſchen Unterſuchungen zu den freyen Künſten zu wenden, und
da nachzugrübeln: woher es komme, daß dieſes ſchön und
jenes häßlich iſt; dieſes wohl, jenes aber übel gefällt? Wer
dieſes aber weis, der bekömmt einen beſondern Namen, und
heißt ein Kriticus. Dadurch verſtehe ich nämlich nichts anders, als einen Gelehrten, der von freyen Künſten philoſophiren, oder Grund anzeigen kann. Dieſen Begriff hat niemand
beſſer ins Licht geſtellet, als der berühmte Graf Shaftsbury, in ſeinem gelehrten Werke: Characteriſtic's of Men,
Manners and Times, im II. Theile des I. Bandes, Advice
to an Author; welches Werk neulich von einer geſchickten
Feder ins Deutſche überſetzt worden. Was uns nun dergleichen Kunſtrichter, ſolche philoſophiſche Poeten, oder poeſiever-
ſtändige Philoſophen ſagen werden, das wird wohl ohne Zweifel weit gründlicher ſeyn, und einen richtigern Begriff von einem
wahren Dichter bey uns erwecken; als was der große Haufe,
nach einer betrüglichen Empfindung ſeines unbeſtändigen Geſchmackes, zu loben oder zu tadeln pflegt. Denn ich bin hier
gar nicht der Meynung des ſonſt ſo ſcharfſinnigen Cicerons
zugethan, der in ſeinem andern Buche vom Redner ſchreibt:
Omnes tacito quodam ſenſu, ſine ulla arte aut ratione,
quae ſint in artibus ac rationibus recta ac prava, dijudi-
cant. Vielmehr halte ichs mit dem Seneca, der an einem
Orte ſeiner Schriften das Gegentheil behauptet: Non tam
bene

bene cum rebus mortalium agitur, vt meliora pluribus placeant. Argumentum peſſimi, turba eſt.

4. §. Unter den Griechen iſt ohne Zweifel Ariſtoteles der beſte Kriticus geweſen, was nämlich die Redekunſt und Poeſie anlanget. Es iſt ein Glück, daß ſeine Schriften von beyden Künſten nicht ganz verlohren gegangen; denn von der Dichtkunſt haben wir freylich nur einen Theil übrig behalten. Indeſſen zeugen doch beyde Bücher, eben ſo wohl von dem durchdringenden Verſtande dieſes großen Weltweiſen, als ſeine übrige Schriften. Er hat das innere Weſen der Beredſamkeit und Poeterey aufs gründlichſte eingeſehen, und alle Regeln, die er vorſchreibt, gründen ſich auf die unveränderliche Natur der Menſchen, und auf die geſunde Vernunft. Haben gleich einige andere Kunſtrichter und poetiſche Freygeiſter ſein Joch abzuſchütteln geſucht, und uns entweder von allen Regeln befreyen, oder ganz neue und willführliche einführen wollen: ſo haben ſie doch bey keinem Vernünftigen Beyfall gefunden. Nichts würde alſo für mich erwünſchter ſeyn, als wenn dieſer tiefſinnige Mann auch den ausführlichen Character eines wahren Poeten gemacht hätte: denn ſo dörfte man ſich nur daran halten, und könnte ſo wohl ſich ſelbſt, als andre, nach Anleitung deſſelben, gehörig prüfen. Allein wir finden in ſeiner Poetik im I. II. und III. Capitel nur etwas weniges, das uns auf die rechte Spur helfen kann. Er lehret nämlich gleich im Anfange derſelben, daß die ganze Poeſie nichts anders ſey, als eine Nachahmung menſchlicher Handlungen; und daß alſo der Unterſcheid verſchiedener Gedichte, bloß auf die mancherley Arten der Nachahmung ankomme. Man könne aber die Handlungen der Menſchen in gute und böſe eintheilen; und die Sitten der Welt wären nur durch dieſe beyden Eigenſchaften unterſchieden. Wer alſo Menſchen abbilden wolle, der könne ſie ſich entweder beſſer, oder ſchlechter vorſtellen, als ſie ſind; oder dieſelben ganz ähnlich ſchildern. Dieſes erläutert er durch das Exempel der Maler, und zieht es hernach auf verſchiedene Arten der Poeſie.

Crit. Dichtk.   G   Die

Dieſes giebt, meines Erachtens, Anleitung genug, wie man einen Poeten zu characteriſiren habe.

5. §. Ich ſage alſo erſtlich: ein Poet ſey ein geſchickter Nachahmer aller natürlichen Dinge: und dieſes hat er mit den Malern, Bildhauern, Muſikverſtändigen u. a. m. gemein. Er iſt aber zum andern, auch von ihnen unterſchieden; und zwar durch die Art ſeiner Nachahmung, und durch die Mittel, wodurch er ſie vollzieht. Der Maler ahmet ſie durch Pinſel und Farben nach;, der Bildſchnitzer durch Holz und Stein, oder auch durch den Guß in Gyps und allerhand Metallen; der Tanzmeiſter durch den Schritt und die Bewegungen des ganzen Leibes; der Tonkünſtler durch den Tact und die Harmonie: der Poet aber thut es durch eine tactmäßig abgemeſſene, oder ſonſt wohl eingerichtete Rede; oder, welches gleich viel iſt, durch eine harmoniſche und wohlklingende Schrift, die wir ein Gedicht nennen. Eben das hat uns Horaz oben zu verſtehen gegeben, da er ſchrieb:

Reſpicere exemplar vitæ morumque, jubebo
Doctum imitatorem, et veras hinc ducere voces.

Imgleichen:

Ficta voluptatis cauſſa ſint proxima veris.

Oder auch:

Aut famam ſequere, aut ſibi convenientia finge.

6. §. So fremde vielen dieſe Beſchreibung eines Dichters vorkömmt, ſo vollſtändig und fruchtbar iſt ſie in der That. Ein Poet wird dadurch nicht nur von den Meiſtern obgedachter freyen Künſte; ſondern auch von den Liebhabern aller andern Theile der Gelehrſamkeit unterſchieden. Ein Geſchichtſchreiber ſoll nicht nachahmen, was wir Menſchen zu thun pflegen, oder wahrſcheinlicher Weiſe gethan haben könnten, thun ſollten, oder thun würden, wenn wir in ſolchen Umſtänden befindlich wären: ſondern man fodert von ihm, daß er getreulich dasjenige erzählen ſolle, was ſich hier oder da, für Begebenheiten zugetragen haben. Ein Redner ſoll nicht nachahmen, was andre Leute thun; ſondern die Leute überreden,

den, etwas für wahr oder falsch zu halten, und sie bewegen, etwas zu thun oder zu laffen. Ein Weltweifer ift gleichfalls von der Nachahmung entfernet, indem er uns die Gründe von der Möglichkeit aller Dinge unterfuchen lehret. Wie die Rechtsgelehrfamkeit, Arzneykunft und andre Wiffenfchaften mehr, von der Poefie unterfchieden find, das wird ein jeder leicht abnehmen können. Der Dichter ganz allein, hat diefes zu einer Haupteigenfchaft, daß er der Natur nachahmet, und fie in allen feinen Befchreibungen, Fabeln und Gedanken, fein einziges Mufter feyn läßt.

7. §. Es ift wahr; man macht hier verfchiedene Einwürfe. Der Gefchichtfchreiber, fagt man, fchildert ja auch diejenigen Perfonen, Sachen und Oerter ab; von welchen er uns Erzählungen macht. Er führt feine Helden wohl gar redend ein, und läßt fie oft Dinge fagen, die fie zwar hätten fagen können, aber in der That niemals gefagt haben: wie wir in griechifchen und lateinifchen Scribenten häufige Exempel davon vor Augen haben. Diefer Zweifel ift es fchon werth, daß er beantwortet werde. Ich fage alfo fürs erfte: nicht alles, was ein Gefchichtfchreiber thut; das thut er als ein Gefchichtfchreiber. Z. E. Er fchreibt ja auch nach den Regeln der Sprachkunft: wer glaubt aber deswegen, daß die richtige Schreibart zum Wefen der Hiftorie gehöre, und nicht vielmehr der Grammatik eigen fey? Ein Gefchichtfchreiber kann freylich wohl auch moralifiren, und politifche Anmerkungen in feine Erzählungen mifchen, wie Tacitus und andre gethan haben: gehört das aber eigentlich zur Hiftorie? Und ift diefes deswegen nicht für eines Sittenlehrers und Staatskundigen eigentliche Pflicht zu halten? Eben fo gehts mit den vielen Bildern, Charactern und erdichteten Reden, die in Gefchichtbüchern vorkommen. Sie find poetifche Kunftftücke, die ein Gefchichtfchreiber nur entlehnet, um feine trockene Erzählungen dadurch ein wenig anmuthiger zu machen. Er ift gleichfam, wie ein Bildfchnitzer befchaffen, der die Gefichter und Kleidungen feiner Kunftftücke, auch noch mit Pinfel und Farben übermalet: nicht, als wenn das Malen eigentlich fein

G 2   Werk

Werk wäre; ſondern weil er einer andern Kunſt Hülfe
brauchet, ſeine Arbeit zur Vollkommenheit zu bringen.

8. §. Fürs andre habens auch die Kunſtrichter an einigen
Geſchichtſchreibern vorlängſt gemisbilliget, daß ſie die Regeln
der hiſtoriſchen Schreibart gar zu ſehr aus den Augen geſetzet.
Man leſe nur nach, was einige von dem Florus, und le Clerc
vom Curtius, wegen ſeiner gekünſtelten Beſchreibungen geurtheilet haben. Man hat kein Bedenken getragen, dieſen
Scribenten eine poetiſche Schreibart zuzueignen: welches
ſattſam zeiget, daß die lebhaften Beſchreibungen eigentlich in
der Dichtkunſt zu Hauſe gehören; ſonderlich, wenn ſie, wie
des Curtius ſeine, nur aus dem bloßen Witze des Scribenten
herkommen. Und was ſoll ich von den Reden eines Thu-
cydides, Xenophons, Livius, Salluſtius, u. a. m. ſagen?
Man hat es längſt erkannt, daß ſie Proben von der dichtenden
Einbildungskraft dieſer Scribenten wären; dazu ſie, als Geſchichtſchreiber, nicht wären verbunden geweſen. Sie haben
aber hierinn lieber dem Homer, deſſen Schriften einen allge-
meinen Beyfall hatten, nachahmen, als ihre eigne Pflichten in
Betrachtung ziehen wollen. Und man hat ſie deswegen mit
Recht getadelt; weil es einem aufrichtigen Verfaſſer hiſtoriſcher
Nachrichten nicht zuſteht; das geringſte in den wahren Be-
gebenheiten zu ändern, auszulaſſen oder hinzu zu ſetzen.
Wie haben aber gedachte Scribenten dieſe Pflicht in ſolchen
Reden beobachten können, die ſie berühmten Leuten viele
Jahrhunderte nach ihrem Tode gedichtet? Zum wenigſten hat
Curtius dem ſcythiſchen Geſandten eine Anrede an Alexandern in den Mund geleget; die derſelbe, allem Anſehen nach,
unmöglich ſo ſchön und künſtlich hätte halten können. Was
ich hier von der Hiſtorie zur Antwort gegeben habe, das läßt
ſich mit leichter Mühe, auf alle übrige Einwürfe, die man
von andern Wiſſenſchaften hernimmt, deuten, und gehöriger
maßen anwenden.

9: §. Ariſtoteles hat es ſchon ausgeführt, wie natürlich es
dem Menſchen ſey, alles was er ſieht und höret, nachzuahmen.
In unſrer zärteſten Jugend geht dieſes ſchon an. Man ſagt,
die

die Kinder sind wie Affen; weil sie alles nachmachen, was die
Erwachsenen thun. Man möchte aber mit besserm Rechte
sprechen, die Affen sind wie Kinder: denn diesen gebührt
sonder Zweifel im Nachahmen der Vorzug. Alles, was wir
lernen und fassen, das fassen und lernen wir durch die Nach=
ahmung. Das Gehen und Stehen, Reden und Singen,
das Essen und Trinken, ja Lesen und Schreiben, entsteht bey
uns aus keiner andern Quelle.

> Von andern Thieren zwar, kennt jedes seine Kraft,
> Und weis auch von Natur von seiner Eigenschaft;
> Der Mensch allein, ihr Haupt, der Herr so vieler Sachen,
> Muß alles, was er thut, von andern lernen machen:
> Und daß er ißt und trinkt, redt, sißt, steht, geht und liegt,
> Kömmt nur durch Unterricht, schläft auch nicht ungewiegt.
>   Opitz im II. Buch der Trostged.

Daraus leitet nun der tiefsinnige Weltweise den Ursprung der
Poesie her. So viel ist gewiß, daß diejenigen Knaben, welche
die größte Geschicklichkeit zum Nachahmen an sich blicken
lassen, auch die größte Fähigkeit zur Poesie besitzen. Zeiget
sich aber jene sonderlich im Schreiben, in der Malerey und
Musik, imgleichen im Tanzen u. s. f.: so sieht man wohl,
daß Kinder, die zu dergleichen Uebungen viel Naturell und
Lust haben, auch zur Dichtkunst selbst, eine treffliche Ge=
schicklichkeit erlangen können; wenn nur auch die Aufer=
ziehung sonst darnach eingerichtet ist.

10. §. Weil nun diese natürliche Geschicklichkeit im Nach=
ahmen bey verschiedenen Leuten auch sehr verschieden ist; so
daß einige fast ohn alle Mühe eine große Fertigkeit darinnen
erlangen, andre hergegen bey vieler Quaal und Arbeit den=
noch hinten bleiben: so hat man angefangen zu sagen, daß
die Poeten nicht gemacht; sondern gebohren würden, daß sie
den heimlichen Einfluß des Himmels fühlen, und durch ein
Gestirn in der Geburt zu Poeten gemacht seyn müßten: das
heißt in ungebundener Schreibart nichts anders, als ein gu=
tes und zum Nachahmen geschicktes Naturell bekommen
haben. Opitz schreibt:

vorbrachten. Die alten Poeten waren nämlich die ersten
Weltweisen, Gottesgelehrten, Staatsmänner: oder umgekehrt, die ältesten Weltweisen bedienten sich der Poesie, das
rohe Volk dadurch zu zähmen. Horat. Dichtk. v. 567.

Das war vor grauer Zeit die Weisheit jener Alten,
Zu zeigen, was für gut und strafenswerth zu halten,
Was recht und schändlich war; der Unzucht feind zu seyn,
Den Beyschlaf abzuthun, den Ehstand einzuweihn,
Die Städte zu erbaun, Gesetze vorzuschreiben:
So mußte Ruhm und Preis den Dichtern eigen bleiben.

Dergestalt wurden nun die ältesten Poeten für Gottesgelehrte,
Staatskundige, Rechtsverständige, und Weltweise zugleich
gehalten. Sie waren auch in der That alles in allem, und wurden also für Lehrer des menschlichen Geschlechts, für außerordentliche, ja recht göttliche Männer angesehen; die nothwendig alles was sie sungen, aus einer höhern Eingebung,
nämlich von dem Beystande der Musen und des Apollo,
herhaben müßten.

30. §. Alle diese Kunstgriffe hat Homer in seinen beyden
Heldengedichten, Ilias und Odyssee, auf eine geschickte Art
zu verbinden gewußt. Er erzählt wahre Geschichte; er erdichtet Fabeln von Göttern und Helden; er erregt die Affecten;
er schreibt edel und erhaben; er lehrt und belustiget endlich seine Leser, auf eine so künstliche Art und Weise, daß man sich
lange vergebens bemühet hat, seine rechte Hauptabsicht zu errathen. Ohne Zweifel aber hat er mit Fleiß alle Schönheiten der Poesie in einem Meisterstücke verknüpfen, die gemeine
Wohlfahrt seiner Griechen befördern, und sich selbst dadurch
in besondre Hochachtung setzen wollen. Er hat auch seinen
Endzweck damit völlig erreichet; denn es ist bekannt, wie
hoch derselbe zwey bis drey tausend Jahre her, von allen, die
ihn verstanden, geschätzet worden. Einige sind in dieser Hochachtung so weit gegangen, daß sie gar alle seine Fehler für
schön ausgegeben, und alle seine Schnitzer canonisiren wollen.
Andre aber haben zwar die Mängel erkannt, aber sie, wie es
billig war, mehr seinen Zeiten, als ihm selbst beygelegt; und
ihm

ihm deſſen ungeachtet, doch das Lob eines recht großen, lebhaf=
ten und glücklichen Geiſtes, nicht abgeſprochen. Man ſehe des
Herrn de la Motte Diſcours, über den Homer, den er vor
ſeiner franzöſiſchen Ilias drucken laſſen, und Popens Leben
Homers, wie es meine Freundinn in der Sammlung aus=
erleſener Stücke 1749. deutſch herausgegeben hat. Mit
dem Virgil hat es eben die Bewandniß.

31. §. Die Tragödien und Komödien anlangend, ſo iſt
die Abſicht ihrer Verfaſſer gewiß eben dieſelbe geweſen.
Man findet was wahres, aber auch was erdichtetes darinnen.
Man ſuchet durch Exempel der Tugenden und Laſter, die Zu=
ſchauer zu unterrichten. Die Erregung der Affecten iſt hier
noch weit lebhafter, als in jenem, weil die ſichtbare Vorſtellung
der Perſonen weit empfindlicher rühret, als die beſte Beſchrei=
bung. Dadurch aber ſuchet man die Leidenſchaften der Zuſchau=
er zu reinigen. Die Schreibart iſt, ſonderlich im Trauerſpiele ſo
edel und erhaben, wie die Sachen ſelber ſind: und an lehrreichen
Sprüchen hat es eher einen Ueberfluß als Mangel. Selbſt die
Komödie lehret und unterrichtet die Zuſchauer, obwohl ſie das
Gelächter erweckt; und alſo haben freylich auch ein Sopho=
kles, Euripides, Menander und Terenz Ehre genug
durch ihre Poeſien erlanget, und ihren Zweck, nämlich die
Erbauung und Beluſtigung der Zuſchauer, dergeſtalt voll=
kommen erhalten.

32. §. Was die kleinen Gattungen der Gedichte anlangt,
ſo ſind dieſelben freylich ſo vollkommen nicht. Einige erzäh=
len nur; andere ſind bloße Fabeln; noch andere klagen nur
allein; und einige ſind bloß zum Lehren gemacht. In einigen
will man nur loben, und in andern ſchlechterdings ſpotten.
Viele ſind auch nur zum Scherze und zur Beluſtigung ge=
macht: und alſo haben ſich die Verfaſſer derſelben gleichſam in
die Vollkommenheiten der größern getheilet. Sie erhalten
dergeſtalt auch nur ein geringes Lob, weil zu einer einzigen poeti=
ſchen Abſicht, auch ein ſehr ſeichter Geiſt und mäßiger Wiß
ſchon zulänglich iſt. Daher bringen auch ſolche poetiſche Klei=
nigkeiten einer Nation nicht viel Ehre. Es muß was größers
ſeyn..

treflichſten Stellen derſelben aufmerkſam machet; ihnen die
Schönheit derſelben recht vor Augen ſtellet, und durch ein
vernünftiges Lob ihrer Verfaſſer, ſie anſpornet, nach gleicher
Ehre zu ſtreben.

13. §. Dieſes thut man, wenn die Jugend ihren Verſtand ſchon einigermaßen brauchen kann: der Grund aber
kann noch früher dazu geleget werden, wenn man ſie beyzeiten im Zeichnen und Reißen unterweiſen läßt. Es glaubt
niemand, was dieſe Uebung jungen Leuten für Vortheil ſchaf-
fet; als wer ſie mit philoſophiſchen Augen anſieht. Wer
einen vor Augen liegenden Riß nachmalen will, der muß ſehr
genau auf alle gerade und krumme Linien, Verhältniſſe,
Größen, Stellungen, Entfernungen, Erhebungen, Schatti-
rungen und Strichlein, ja auf die allerkleinſten Puncte Achtung geben. Durch dergleichen Uebung und Bemühung erlangt man alſo einen hohen Grad der Aufmerkſamkeit, auf jede
vorfallende Sache; welche endlich zu einer Fertigkeit gedeihet,
in großer Geſchwindigkeit, und faſt im Augenblicke viel an
einer Sache wahrzunehmen; welche Fertigkeit wir vorhin
die Scharfſinnigkeit genannt haben. Indem aber ein ſolcher
Knabe ſich ferner bemühet, ſeinen Riß, dem vorgelegten
Muſterbilde ähnlich zu machen: ſo muß er die Aehnlichkeiten
zwiſchen beyden wahrnehmen lernen, das iſt, ſeinen Witz
üben. Fängt er endlich gar an, wirkliche Perſonen abzu-
ſchildern, oder Gegenden und Landſchaften zu malen, die er
wirklich vor ſich ſieht: ſo wird er noch fertiger. Am höchſten
bringt ers endlich, wann er aus ſeiner eigenen Erfindung
ganze Hiſtorien wohl zu entwerfen, und auf eine ſehr lebhafte,
natürliche und folglich anmuthige Art auszumalen geſchickt
wird. Dergleichen Uebungen nun bilden unvermerkt poetiſche
Geiſter. Denn daſern durch das Studiren, ſolchen jungen
Leuten zugleich die Fertigkeit in der Sprache, die Kenntniß
vieler Sachen, nebſt den Regeln der gebundenen Schreibart
beygebracht wird: ſo werden ſie hernach eben ſo geſchickt, mit
der Feder, als mit Pinſel und Farben, die Nachahmung
natürlicher Dinge zu vollziehen wiſſen.

14. §.

14. §. Denn das muß man nothwendig wissen, daß es
mit Einbildungskraft, Scharffinnigkeit und Wiß bey einem
Poeten noch nicht ausgerichtet ist. Dieß ist zwar der Grund
von seiner Geschicklichkeit, den die Natur legt: aber es gehört
zu dem Naturelle auch die Kunst und Gelehrsamkeit. Muß
doch ein Maler, der was rechtes thun will, in der Meßkunst,
Perspectiv, Anatomie, Mythologie, Historie, Baukunst, ja
Logik und Moral was gethan haben; wenn ers zu einiger
Vollkommenheit bringen will. So wird denn ein Poet, der
auch die unsichtbaren Gedanken und Neigungen menschlicher
Gemüther nachzuahmen hat, sich nicht ohne eine weitläuftige
Gelehrsamkeit behelfen können. Es ist keine Wissenschaft von
seinem Bezirke ganz ausgeschlossen. Er muß zum wenigsten
von allem etwas wissen, in allen Theilen der unter uns blühenden Gelahrtheit sich ziemlicher maßen umgesehen haben.
Ein Poet hat ja Gelegenheit, von allerley Dingen zu schreiben.
Begeht er nun Fehler, die von seiner Unwissenheit in Künsten
und Wissenschaften zeugen, so verliert er sein Ansehen. Ein
einzig Wort giebt oft seine Einsicht, oder auch seine Unerfah-
renheit in einer Sache zu verstehen. Ein einzig Wort kann
ihn also in Hochachtung oder in Verachtung setzen; nachdem
es entweder seine Gelehrsamkeit, oder Unwissenheit an den
Tag legt. Daraus folgt nun unfehlbar, daß ein Poet keine
Wissenschaft so gar verabsäumen müsse, als ob sie ihn nichts
angienge. Er muß sich vielmehr bemühen, von allen, zum
wenigsten einen kurzen Begriff zu fassen; damit er sich, wo
nicht in allen geschickt erweisen, doch mindstens in keiner
einzigen auf eine lächerliche Art verstoßen möge.

15. §. Vieleicht wendet man mir ein: Ich machte den
Begriff von einem Poeten zu groß und zu vollkommen;
dergleichen Leute von allgemeiner Gelehrsamkeit hätte es wohl
noch nie gegeben; inskünstige aber, würde man sie noch weniger zu gewarten haben, da die Anzahl der Wissenschaften
und Künste fast täglich größer würde. Hierauf will ich zur
Antwort geben: daß man nicht übel thue, wenn man eine
Sache nach ihrer größesten Vollkommenheit abschildert.

G 5

So haben die Stoiker ihren Weiſen, die Lehrer der Redekunſt ihren vollkommenen Redner, und die heutigen Weltweiſen einen vollkommenen Philoſophen beſchrieben. Es iſt
gut, wenn man ein Ziel vor Augen hat, darnach man ſtreben
kann, wenn es gleich noch niemand erreichet hätte. Je näher
man ihm kömmt, deſto vollkommner iſt man: und der am
wenigſten davon entfernet bleibt, der iſt am lobwürdigſten.
Geſteht aber Seneca von dem ſtoiſchen Weiſen, Cicero
von einem vollkommenen Redner, und Herr Wolf von
einem vollkommenen Philoſophen, daß dergleichen noch niemals in der Welt zu finden geweſen: ſo wollen wir auch bekennen, daß noch kein Poet den höchſten Gipfel in ſeiner
Kunſt erreichet habe. Die Erfahrung hat es gewieſen.
An den berühmteſten alten und neuen Dichtern haben ſcharfe
Kunſtrichter mit gutem Grunde ſo viel auszuſetzen gefunden;
daß man auch hier die menſchliche Unvollkommenheit nur gar
zu deutlich hat wahrnehmen können. Wie aber deswegen,
weder die Stoiker nach Weisheit, noch die Redner nach
Beredſamkeit, noch die Philoſophen nach der philoſophiſchen
Erkenntniß zu ſtreben aufgehöret haben: alſo darf auch kein
Liebhaber der Dichtkunſt den Muth ſinken laſſen.

Denn dieß gilt dahin nicht, daß dieſe Schwierigkeit
Dich läßig machen ſoll. Der Gaben Unterſcheid
Der hebt nicht alles auf. Kannſt du dem Ueberreichen,
An ſeinem großen Schatz und Vorrath, nicht wohl gleichen:
So iſt dir wenig gnug. Spann alle Sinnen an,
Wer weis, was nicht dein Fleiß dir mehr erwerben kann?
Schreib wenig, wo nicht viel; doch das nach Arbeit ſchmecket:
Ein kleines Werklein hat oft großen Ruhm erwecket.
Zwo Zeilen oder drey, von Buchnern aufgeſetzt,
Sind billig mehr als dieß mein ganzes Buch geſchätzt.
Nur eine Fliege, wohl und nach der Kunſt gemalet,
Iſt ihrs Lobes werth, und wird ſo wohl bezahlet,
Als nach des Lebens Maaß ein großer Elephant,
Den nur ein Sudler hat geſchmieret von der Hand.
Kannſt du kein Opitz ſeyn, kein theurer Flemming werden:
O! es iſt Raum genug vom Himmel bis zur Erden rc.
                                        Rachel Sat. der Poet.
                                                16. §.

16. §. Vor allen Dingen aber ist einem wahren Dichter
eine gründliche Erkenntniß des Menschen nöthig, ja ganz
unentbehrlich. Ein Poet ahmet hauptsächlich die Handlungen der Menschen nach, die von ihrem freyen Willen herrühren, und vielmals aus den verschiedenen Neigungen des
Gemüths und heftigen Affecten ihren Ursprung haben.
Denn wenn gleich einige, wie Tasso, Milton, und seine
Nachahmer unter uns, auch Engeln und Teufel nachzuahmen
gesuchet: so ist dieses so zu reden, aus ihrer Sphäre ausge-
schweifet. Wie kann eine Abschilderung gelingen, deren
Originale man wenig, oder gar nicht kennet? Strabo setzt
also mit Recht den Menschen zum Gegenstande der Dichtkunst.
Daher muß derselbe ja die Natur und Beschaffenheit des
Willens, der sinnlichen Begierde, und des sinnlichen Ab-
scheues in allen ihren mannigfaltigen Gestalten gründlich
einsehen lernen. Wie würde es ihm sonst möglich seyn, einen
Geizigen, Stolzen, Verschwendrischen, Zänkischen, Verliebten, Traurigen, Verzagten u. s. w. recht zu characterisiren? Alle Bewegungen des Willens entstehen aus den
Meynungen und Urtheilen des Verstandes, so wie diese in
den verschiedenen Vorstellungen der Sinne ihren Grund
haben. Der Poet muß also auch die Gemüthskräfte der
vernünftigen Seele, und ihren verschiedenen, sowohl bösen
als guten Gebrauch kennen; damit er thörichte Leute thöricht,
und so ferner Abergläubische, Leichtgläubige, Ungläubige,
Vernünftler, Grübler, Zweifler, Einfältige, Spitzfündige,
Verschlagene, Dumme und Kluge nach ihrer gehörigen
Art abzuschildern und nachzuahmen im Stande sey. Sind
ferner die Handlungen der Menschen gut oder böse: so
wird er nicht im Stande seyn, dieselben recht zu beurtheilen, wenn er nicht das Recht der Natur, die Sittenlehre
und Staatskunst gründlich versteht. Das ist nun diejenige Wissenschaft von den Charactern und Pflichten der Menschen, die Horaz in seiner obstehenden Dichtkunst so eifrig
von einem Poeten fodert, und ihm zu wiederholten malen
einschärfet.

Qui

Qui didicit Patriæ quid debeat, et quid Amicis,
Quo ſit amore parens, quo frater amandus, et hoſpes,
Quid ſit conſcripti, quod judicis officium, quæ
Partes in bellum miſſi ducis, ille profecto.
Reddere perſonæ ſcit convenientia, cuique. *

17. §. So nothwendig nun einem Poeten die Philoſophie
iſt: ſo ſtark muß auch ſeine Beurtheilungskraft ſeyn. Es
würde nichts helfen, witzig und ſcharfſinnig zu ſeyn, wenn der
Witz übel angebracht würde, oder gar nicht rechter Art wäre.
Eine gar zu hitzige Einbildungskraft macht unſinnige Dichter: dafern das Feuer der Phantaſie nicht durch eine geſunde
Vernunft gemäßiget wird. Nicht alle Einfälle ſind gleich
ſchön, gleich wohlgegründet, gleich natürlich und wahrſcheinlich. Das Urtheil des Verſtandes muß Richter darüber
ſeyn. Es wird nirgends leichter ausgeſchweifet, als in der
Poeſie. Wer ſeinen regelloſen Trieben den Zügel ſchießen
läßt, dem geht es wie dem jungen Phaeton. Er hat wilde
Pferde zu regieren; aber ſehr wenig Verſtand und Kräfte ſie
zu bändigen, und auf der rechten Bahn zu halten: ſie reißen
ihn fort, und er muß folgen wohin ſie wollen, bis er ſich in
den Abgrund ſtürzet. So iſt es mit einem gar zu feurigen
poetiſchen Geiſte auch bewandt. Er reißt ſich leicht aus den
Schranken der Vernunft: und es entſtehen lauter Fehler aus
ſeiner Hitze, wenn ſie nicht durch ein reifes Urtheil gezähmet
wird. Statius, Claudian, Lucan und der tragiſche

Seneca

* Ramſey in ſeiner Reiſe des Cyrus auf der 133. S der engliſchen
Auflage ſchreibt: To reach the Sublime, the Poet muſt be a Philoſo-
pher. The moſt beautifull Flowers,
Graces and Paintigs only pleaſe
by Imagination, without ſatisfy-
ing the Mind, or improving the
Underſtanding. Solid Principles,
noble Sentiments and various Characters muſt be diſpers'd through-
out, in Ordre to diſplay to us
Truth, Virtue and Nature. Man
muſt be repreſented as he is, and
as he appears in his native Colours,
and under his Disguiſes; that
the Picture may reſemble the Original in which there is always a
Contraſt of Virtues and Imperfe-
ctions. Nevertheleſs it is neceſſary,
to condeſcend to the Weakneſs of
Mankind. Too much Moralizing
disguſts; too much Reaſoning ti-
res. We muſt turn Maxims into
action, convey noble Sentiments by
ſhort Hints, and inſtruct rather by
the Manners of the Hero, than by
his Diſcourſe. Das iſt: Das Erha-

Seneca können uns unter den Lateinern zur Warnung dienen.
St. Evremont hält den Brebeuf, der Lucans Pharsale
übersetzet hat, seinem Originale nicht nur gleich; sondern
sagt gar, daß er denselben noch, an wildem Feuer der Einbildung, übertroffen habe. Von den Italienern und Spaniern hat uns Bouhours in hundert Exempeln die Früchte
gar zu hitziger Geister gewiesen, die keine Prüfung der Vernunft aushalten. Unter den Engländern aber, die überhaupt
sehr stark zu den Ausschweifungen der Phantasie geneigt sind,
hat Milton, alles was man dadurch schwärmendes aushecken
kann, in seinem verlohrnen Paradiese gewiesen. Von unsern
Landesleuten mag ich kein Exempel anführen. Es ist bekannt,
daß Hofmannswaldau und Lohenstein nebst einigen
Neuern, dem verderbten italienischen Geschmacke gefolget
sind, und ihr Feuer nicht allemal zu mäßigen gewußt haben.
Viele von ihren Anbethern sind noch weiter gegangen, als sie:
aber, ich weis nur einen einzigen Neukirch, der benzeiten
umgekehret, und wieder der Vernunft und Natur nachzugehen
angefangen: wie bereits auf der 8. 9. S. des Vorb. aus dem
sechsten Theile der Hofm. W. Ged. 101. S. angeführet worden.
Man lese auch des Herrn von Brück Gedanken, von der
Dichtkunst, im I. B. der deutschen Gesellschaft eigenen
Schriften und Uebersetzungen, hin und wieder.

18. §. Außer allen diesen Eigenschaften des Verstandes,
die ein wahrer Poet besitzen und wohl anwenden muß, soll er
auch von rechtswegen ein ehrliches und tugendliebendes Gemüth

---

bene seiner Kunst zu erreichen, muß
ein Poet ein Philosoph seyn. Die allerschönsten Blumen, Putzwerke und
Malereyen, gefallen nur der Einbildungskraft, ohne der Vernunft eine
Gnüge zu thun, oder den Verstand zu
bessern. Feste Grundwahrheiten, edle Gedanken, und mancherley Gemüthsarten, müssen überall eingemischet werden; damit sie uns Wahrheit, Tugend und Natur entdecken
mögen. Der Mensch muß vorgestellet werden, wie er in seinen natürlichen Farben und unter seinen Ver-

stellungen erscheint: damit die Malerey dem Originale ähnlich werde,
worinnen allemal eine Vermischung
von Tugenden und Unvollkommenheiten ist. Gleichwohl ist es nöthig,
auch der Schwachheit der Menschen
etwas nachzugeben. Zuviel Sittenlehre erwecket Ekel: zuviel Vernunftschlüsse fallen beschwerlich. Wie
müssen also die Lehrsätze in Handlungen verwandeln, edle Gedanken in
kurze Sprüche einkleiden, und mehr
durch die Sitten des Helden, als
durch seine Reden unterrichten.

müth haben. Der Beweis davon iſt leicht. Ein Dichter ahmet die Handlungen der Menſchen nach; die entweder gut oder böſe ſind. Er muß alſo in ſeinen Schilderenen die guten als gut, das iſt ſchön, rühmlich und reizend; die böſen aber als böſe, das iſt häßlich, ſchändlich und abſcheulich abmalen. Thäte er dieſes nicht, und unterſtünde er ſich die Tugend als verächtlich, ſchädlich und lächerlich, das Laſter hergegen als angenehm, vortheilhaft und lobwürdig zu bil- den: ſo würde er die Aehnlichkeit ganz aus den Augen ſetzen, und die Natur derſelben ſehr übel ausdrücken. Moliere ver- dient in dieſem Stücke viel Tadel, weil er in ſeinem Spotten nicht allezeit dieſer Regel gefolget iſt: wie Riccoboni in ſeinen Reflexions ſur Moliere bemerket hat. Ich ſchweige noch, daß ein ſo ſchädlicher Scribent in einer wohlbeſtellten Republik nicht zu dulden wäre: worauf denn Plato geſehen haben mag, wenn er in der ſeinigen, wie man insgemein vor- giebt, * gar keine Dichter hat leiden wollen. Es hat näm- lich zu allen Zeiten auch ſolche verderbte Versmacher gege- ben, die, weil ſie ſelbſt übel geſittet geweſen, und gottlos ge- lebt, auch andere durch ihre Gedichte zu allerhand Schande und Laſtern gereizet haben. Sonderlich iſt die Geilheit un- züchtigen Gemüthern allezeit ein Stein des Anſtoßes ge- worden. Ein Ovid und Catull ſind wegen ihrer unzüch- tigen Gedichte, bey allen ihren Schönheiten, ſchädlich zu leſen. Selbſt Horaz iſt nicht überall ſo keuſch in ſeinen Ausdrück- ungen als er wohl hätte ſeyn können; wenn er ſich den züchti- gen Virgil hätte zum Meiſter nehmen wollen. ** Gleichwohl rühmt er in einem Schreiben an den Kaiſer Auguſt, daß ein wahrer Poet, das Ohr eines Knaben, deſſen Auferziehung er zu beſorgen hat, von ſchändlichen Zoten abwende; und ihm vielmehr gute Sitten beyzubringen bemühet ſey.

Os

---

* S. des Herrn M. Schwaben
Verrede zu meinen Gedichten, der die-
ſes Verurtheil widerleget hat.
** Rapin ſagt: Tom. II. p. 124.
§. IX. Il eſt vrai, qu'il n'y a que
les petits Genies, qui ſoient ſujets

à dire des Impietés ou des Ordu-
res; Homere & Virgile n'en ont
jamais dit: ils ont toujours etés ſe-
veres & vertueux, comme des Phi-
loſophes; & les Muſes des verita-
bles Poëtes ſont auſſi chaſtes & auſſi

Os tenerum pueri balbumque Poëta figurát,
Torquet ab obſcœnis jam nunc ſermonibus aurem;
Mox etiam pectus præceptis format amicis;
Aſperitatis et invidiæ corrector et iræ,
Recte facta refert.

Lib. II. Ep. 1.

19. §. Da man ſich nun lieber an **Horazens** Regel, als an ſein Exempel hätte kehren ſollen: ſo hat es doch allezeit ſolche unverſchämte Zotenreißer gegeben, die ihren ganzen Witz in ärgerlichen Poſſen geſuchet, und nicht anders ſinnreich oder angenehm zu dichten gewußt; als wenn ſie die unzüchtig-ſten Reden in garſtigen Allegorien, groben Zweydeutigkeiten und häßlichen Wortſpielen zu Markte gebracht. **Rachel** hat ſie in ſeiner oftgedachten Satire nachdrücklich abgemahlet.

Wenn nun ein grobes Holz, ein Eulenſpiegelsgleichen,
Läßt einen (Pfuy dich an!) mit gutem Willen ſtreichen,
Bringt kahle Zoten vor, verſchluckt ein ganzes Ey,
Und rülzet ins Gelag und ſchmatzet in den Brey;
Wenn er ſich luſtig macht mit ſolchen Bubenpoſſen,
Die auch kein Hurenwirth ſollt hören unverdroſſen:
Da lacht die Unvernunft, daß ihr die Luft entgeht,
Und ſpricht wohl: Hey, das iſt ein luſtiger Poet!
O allzu theurer Nam, für ſolche grobe Hachen!
Kann denn ein fauler Stank ſo bald Poeten machen?
Ein unverſchämtes Wort? O! weit vom Ziel gefehlt!
Das muß ein andrer ſeyn, der mit will ſeyn gezählt
In dieſe werthe Zunft.   Die keuſchen Pierinnen
Sind keinem Unflath hold und haſſen grobe Sinnen.

Opitz, Dach, die Gryphier, Kanitz und andre von unſern beſten Poeten, haben wohl niemals, auch in verliebten Gedich-ten, ein zartes Ohr geärgert. **Hofmannswaldau** und **Lo-henſtein** aber ſind auch in dieſem Stücke in die Fußtapfen der geilen Italiener getreten, die ihrer Feder ſo wenig, als ihren

Begier-

honnêtes, que des Veſtales. d. i. Es iſt wahr, daß nur kleine Geiſter ver-mögend ſind, Gottloſigkeiten oder Unflätereyen zu ſagen. Homer und Virgil haben dieſes niemals gethan;

ſie ſind allezeit ſo ſtrenge und tugend-haft geweſen, als Philoſophen, und die Muſen der wahren Dichter ſind ſo keuſch und ſo ehrbar, als veſtaliſche Jungfern.

Begierden, ein Maaß zu ſetzen wiſſen: und dieſe Vorgänger haben ſehr viel angehende Dichter verderbet, die wohl gar in Schäfererzählungen Zoten geriſſen. Die franzöſiſche Nation verdienet hingegen viel Lob, daß die Schriften ihrer meiſten Poeten (den Fontaine, Theophile und Rouſſeau ausge= nommen) ſo rein von allen Unflätereyen ſind, daß man auch faſt keine einzige anſtößige Stelle bey ihnen antreffen wird.

20. §. Boileau hat dieſe Regel in ſeiner Dichtkunſt ſo wenig vergeſſen, daß er ſie vielmehr zu verſchiedenen malen wiederhohlet hat. Am Ende des III. Geſanges, wo er noch von der Komödie handelt, ſchließt er alſo:

J'aime ſur le Theatre un agreable Auteur,
Qui, ſans ſe diffamer aux Yeux du Spectateur,
Plait par la Raiſon ſeule, et jamais ne la choque.
Mais pour un faux Plaiſant, à groſſiere Equivoqne,
Qui, pour me divertir, n'a que la Saleté:
Qu'il s'en aille, s'il veut, ſur deux Treteaux monté:
Amuſant le Pont-neuf de ſes Sornettes fades,
Aux Laquais aſſemblez jouer ſes Maſcarades.

Wie er nun hier in Komödien, anſtatt eines artigen Scherzes, keine grobe Zweydeutigen und Zoten leiden will; indem er ſolche Poeten auf die neue Brücke zu Paris verweiſet, wo ſie ihr Fratzenzeug dem daſelbſt verſammleten Lumpengeſindel vorſpielen könnten: alſo giebt er auch hernach im IV. Geſan= ge die Regel, einen guten Character von ſich ſelbſt bey den Leſern zu machen, und ſich nicht in eine üble Meynung bey ihnen zu ſetzen. Er könne nämlich diejenigen Scribenten nicht leiden, die in Verſen die Ehrbarkeit an den Nagel hingen, und Verräther der Tugend würden; indem ſie das Laſter als liebenswürdig vorſtelleten.

Que votre Ame et vos Moeurs, peints dans tous vos
Ouvrages,
N' offrent jamais de vous que de nobles Images.
Je ne puis eſtimer ces dangereux Auteurs,
Qui de l' Honneur en Vers infames Deſerteurs,

Tra-

Trahiſſant la Vertu ſur un Papier coupable,
Aux Yeux de leurs Lecteurs rendent le Vice animable.

Und nachdem er ſich in etlichen Verſen entſchuldiget, daß er es einem Poeten nicht eben verbiethen wollte, gar nichts ver- liebtes zu ſchreiben; wie denn wohl einige Scheinheilige auch Roderichs und Chimenens keuſche Liebe nicht auf der Bühne leiden wollten; ſondern daß er nur den unflätigen Ausdruck derſelben widerriethe, als ohne welchen auch die unzüchtigſte Liebe keinen ſchamroth zu machen pfleget: ſo ſetzt er noch hin- zu: daß der Poet ſelbſt innerlich tugendhaft ſeyn müſſe, wenn er allezeit keuſch und rein ſchreiben wolle; weil er ſich ſonſt unverſehens verrathen würde. * Denn weſſen das Herz voll iſt, deſſen geht der Mund über:

Un Auteur vertueux dans ſes Vers innocéns,
Ne corrompt point le Coeur, en chatouillant les Sens.
Son Feu n'allume point de criminelle Flame.
Aimez donc la Vertu! nourriſſez en votre Ame.
En vain l' Eſprit eſt plein d'une noble vigueur,
Le Vers ſe ſent toujours des Baſſeſſes du Coeur.

21. §. Dieſe tugendhafte Gemüthsart eines Poeten, muß ſich zu allerletzt auch darinnen zeigen, daß er weder ein Schmäuchler noch ein Läſterer werde. Beydes iſt für einen vernünftigen und rechtſchaffenen Mann eine viel zu nieder- trächtige Beſchäfftigung. Gegen alles, was gut iſt, und eine wahre Ehre bringen kann, eine Hochachtung zu bezeigen; das iſt einem wahren Dichter niemals verwehrt. Vielmehr erfodert es die Pflicht, die ihm, als einem redlichen Bür- ger obliegt, die Tugendhaften auf eine vernünftige Art zu loben, ihr Gedächtniß zu verewigen, und durch die Beſchrei- bung ihrer ruhmwürdigen Exempel, theils die zu ihrer Zeit

leben-

---

* Die Entſchuldigung, die Catull hier machen will, wenn er ſagt, der Poet müſſe zwar keuſch ſeyn, allein die Verſe, die er macht, dürftens eben nicht ſeyn:

Caſtum decet eſſe pium Poëtam, Verſiculos nihil neceſſe eſt. iſt ſo lächerlich, als ungereimt. Denn welcher ſchamhafte Menſch wird wohl unverſchämt reden, oder gar ſchreiben?

Crit. Dichtk.   H

Lebenden, theils auch die Nachkommen, zu löblichen Thaten
aufzumuntern. Eine wahre Ehrliebe ist eine ganz unschuldige Neigung, und giebt einen Sporn zu vielem Guten ab,
wie in der Sittenlehre gewiesen wird. Diese aber wird durch
nichts besser erwecket, als durch ein billiges Lob: welches
denen wiederfährt, die sich wohl verhalten, ihrem Vaterlande
dienen, gerecht, freygebig, bescheiden, mäßig, sparsam, leut-
selig, standhaft, dienstfertig und geduldig sind. Hier malet
ein rechtschaffener Poet das an sich selbst schöne Wesen der
Tugend, in der Person eines tugendhaften Mannes so liebenswürdig ab, daß es alle, die es sehen, in sich verliebt
macht. So hat, z. E. unser großer Opitz in den Büchern
von Widerwärtigkeit des Krieges, die Vortrefflichkeit eines
im Unglücke gelassenen und standhaften Mannes, unter dem
Bilde des unüberwindlichen Ullysses abgeschildert. Wie aber
dieser große Mann, gleich darauf die falsche Standhaftigkeit
des berühmten Römers Cato, der sich selbst ums Leben gebracht, entblößet, und den nichtigen Schein seiner so geprie-
senen Unerschrockenheit entdecket hat: also hat er durch sein
Exempel gewiesen, daß ein rechtschaffener Dichter sich durch
das äußerliche Ansehen gleißender Laster nicht müsse blenden
lassen. Das thun aber die Schmäuchler, theils aus Unver-
stande, theils aus Bosheit, und stiften eben durch dieß unvernünftige Lob viel Schaden.

Vor Alters, wo mir recht, ward nie ein Held besungen,
Wenn er nicht durch Verdienst sich in die Höh geschwungen:
Und eine Redensart, die göttlich sollte seyn,
Die ward zu solcher Zeit den Sclaven nie gemein.
Wo lebt itzt der Poet, der dieß Geheimniß schonet?
So bald er einen merkt, der ihm die Arbeit lohnet,
Wird seinem Pegasus der Sattel aufgelegt,
Der ein erkauftes Lob bis an den Himmel trägt!
Den wir durch solche Post so oft zum Zorne reizen,
Und öfter noch vielleicht, als sich die Sterne schneuzen.
Daß mehrentheils die Welt in träger Lust verdirbt,
Und sich um wahren Ruhm so selten mehr bewirbt,
Ist der Poeten Schuld. Der Weihrauch wird verschwendet,
Und manchem Leib und Seel, um die Gebühr, verpfändet:

Daß die Unsterblichkeit ihm gar nicht fehlen kann;
Der als ein Erdenschwamm sich kaum hervorgethan,
Und den sonst anders nichts vom Pöbel unterscheidet,.
Als daß ein bloder Fürst ihn an der Seite leidet:
Da er für jedes Loth, das ihm an Tugend fehlt,
Ein Pfund des eiteln Glücks und schnöden Goldes zählt.

Canitz Sat. von der Poesie.

22. §. So groß nun die Niederträchtigkeit der Schmäuchler ist; eben so groß ist die Bosheit der Lästerer. Jene wollen das Laster zur Tugend, wie diese die Tugend zum Laster
machen. Sie folgen nicht der Billigkeit und Vernunft in
Beurtheilung der menschlichen Eigenschaften; sondern ihrem
Neide, ihrer Rachgier, oder wohl gar eigennützigen Absichten; wenn sie nämlich ihre Feder zum Dienste neidischer oder
rachgieriger Leute misbrauchen. Sie werden dadurch Tage-
löhner der Bosheit, und Feinde der Tugend; wiewohl sie
selten im Stande sind, derselben wirklich zu schaden. Es
ist ein ganz ander Werk mit der satirischen Poesie. Diese
ist die Frucht einer gründlichen Sittenlehre, und hat ordentlich die Liebe der Tugend zur Mutter, und den Haß der Laster
zum Vater. Die wahre Satire greift also nicht unschuldige, sondern schuldige Leute an: ja sie strafet das Böse an
sich, ohne die Personen, die es an sich haben, zu nennen,
oder auf eine anzügliche Art zu beschimpfen. Eben der Homer, der ein so herrliches Talent zum Loben gehabt, hat
auch, nach Aristotels Berichte, auf einen gewissen Margites
eine Satire gemacht: der weder ein Ackersmann, noch ein
Winzer, noch ein Schäfer, das ist, gar kein nützliches Glied
der menschlichen Gesellschaft war. Denn auf diese drey
Lebensarten legte sich, bey der damaligen Einfalt der Welt,
alles, was sein Brodt ehrlich erwerben wollte. Ein Mensch
also, der keines von allen trieb, war ein Müßiggänger, und
verdiente freylich wohl eine Satire. Daß ein alter König
der Deutschen befohlen, auf die lasterhaften gewisse satirische
Lieder zu machen; ist in dem vorigen Hauptstücke erinnert

H 2

wor-

worden. Und alſo iſt es gewiß, daß man die wahre Satire
mit gottloſen Pasquillen oder Läſterſchriften nicht zu vermiſchen habe. Jene iſt die Seele aller Komödien, die doch
in ſo vielen wohlbeſtellten Republiken, nicht ohne großen
Nußen gebuldet, ja auf gemeine Koſten geſpielet worden:
dieſe aber ſind Stifterinnen unzähliches Unheils; weswegen
ſie auch durch die Geſeße der Obrigkeit allezeit verbothen
und ſcharf beſtrafet worden. Rachel hat, im Schluſſe
ſeiner Satire vom Poeten, beyde ſehr wohl unterſchieden,
welche Stelle ich herſeßen, und dadurch dieß Hauptſtück
beſchließen will:

> Zuweilen ſißet er, hält der Vernunft entgegen
> Die Laſter ſeiner Zeit, die irgend ſich erregen;
> Schont aller Menſchen zwar, doch keiner Thorheit nicht:
> Und ob ſein Urtheil ſelbſt ihm ins Gewiſſen ſpricht,
> So ſchweigt er mit Geduld, beſeufzt die böſen Thaten,
> So kann die Wahrheit ihm zum höchſten Heil gerathen,
> Iſt dieſer Eßig ſcharf, ſo iſt er doch geſund,
> Und beißt das faule Fleiſch heraus bis auf den Grund.
> Gleichwie Machaon brennt und heilt mit klugen Händen:
> So mag auch ein Poet zwar ſtrafen, doch nicht ſchänden.
> Und wer denn ſolchen Mann zu den Verläumdern ſchreibt,
> Der wiſſe, daß ihn ſelbſt der Erzverläumder treibt.
> Es iſt Poetenwerk, mit fremden Namen ſpielen,
> Und dergeſtalt mit Glimpf auf wahre Laſter zielen.
> Nimmt aber jemand ſelbſt ſich ſolcher Laſter an:
> Wer iſt in aller Welt, der ſolches ändern kann?
> Hat jemand Codrus Art, der mag den Namen erben:
> Wer Hirſenpfriemer iſt, mag Hirſenpfriemer ſterben.
> Wenn beym Horatius einmal geſchrieben ſteht:
> Gorgon ſtinkt wie ein Bock, Ruffin reucht nach Zibeth;
> Da kann es ja gleich viel dem guten Dichter gelten,
> Wer will, mag ſich Gorgon; wer will, Ruffinus ſchelten.
> Ein Frommer eifert nicht, ſein Herz das ſpricht ihn los:
> Wer ſchuldig iſt, der ſchreyt, und giebt ſich ſelber bloß.
> Wen ſein Gewiſſen beißt, mag ſeine Thorheit haſſen.
> Hab ich den Geck erzürnt? Ich kann es noch nicht laſſen.
> Ich biethe rechten Truß, dem, der mir ſolches wehrt:
> Wer Laſter ſtraft, der hat die Tugend recht gelehrt.

23. §.

23. §. Ich weis nicht, ob ich zum Beschlusse noch eine gute Eigenschaft eines Dichters beybringen soll: weil 'es beynahe eine Schande ist, sie namhaft zu machen, da sie sich eigentlich von. sich selbst verstehen sollte. Es ist diese, daß ein guter Dichter, auch seine Sprache recht verstehen, und nicht nur ohne Fehler, sondern in der größten Vollkommenheit schreiben solle. Es würde ganz überflüßig seyn, dieses zu erinnern, wenn sich nicht seit einiger Zeit solche Sprachverderber gefunden hätten, die durch ihr Exempel, ja wohl gar durch ausdrückliche Regeln, die seltsame Vorschrift geben: Ein Dichter wäre über alle Regeln der Sprachkunst erhoben. Was für ungereimtes Zeug dieser abgeschmackte Lehrsatz uns schon hervorgebracht, liegt am Tage. Misgeburten, die dem deutschen Witze Schande machen, und dem Gehirne, daraus sie entsprossen, ähnlich sehen, verkehren auch noch die Sprache; und zwar unter dem schönen Vorwande: daß man schönen Gedanken zu Liebe, die Sprachkunst beyseite setzen müsse. Ein so lächerliches Vorurtheil zu widerlegen, würde überflüßig seyn; da es gewiß einen armseligen Witz verräth, wenn man seine Einfälle nicht ohne Sprachschnitzer zu Markte bringen kann. Ich will also nur des Boileau Machtspruch anführen, der auf eben diese Sprachrichtigkeit gedrungen, und sie seinen Schülern folgendergestalt eingeschärfet hat:

Sur tout, qu'en vos Ecrits *la Langue reverée*
Dans vos plus grands Exces *Vous soit toujors sacrée!*
En vain vous me frappes d'un Son melodieux,
Si le *Terme est impropre* ou le *Tour vicieux.*
Mon. Esprit n'admet point un *pompeux Solecisme;*
Ni d'un Vers empoulé l'orgueilleux Barbarisme.
Sans la Langue, en un mot, *l' Auteur le plus divin*
Est toujours, quoi qu'il fasse, *un mechant Ecrivain.*

H 3 Das

XX

Das III. Hauptſtück.
Vom guten Geſchmacke eines Poeten.

1. §.

Ob es gleich ſcheint, daß ich im vorigen alle gute Eigenſchaften eines wahren Poeten erzählet habe: ſo iſt doch
noch etwas von großer Wichtigkeit übrig, daß ich in
einem beſondern Hauptſtücke abhandeln will. Es iſt in den neuern Zeiten ſehr viel vom guten Geſchmacke geredet und geſchrieben worden. Man hat ihn gewiſſen Dichtern zugeſtanden,
andern aber abgeſprochen; und endlich gar die Regel gemacht: Ein Poet müſſe einen guten Geſchmack haben.
Dieſe Regel nun deutlich zu erklären, und zu erweiſen, das
iſt meine Abſicht in dieſem Hauptſtücke.

2. §. Ich will mich hier nicht in die hiſtoriſche Unterſuchung einlaſſen, wenn und wo das Wort Geſchmack zuerſt
in dieſer neuen Bedeutung angenommen worden. Das haben
ſchon andre vor mir gethan, deren Schriften ich mit Vergnügen und Vortheil geleſen habe. Ich weis auch, daß in
Frankreich nur neulich der Pater Duboſc und Herr Rollin
verſchiedene Streitigkeiten darüber gehabt. Man kann dieſe
Redensart nunmehr für eine bekannte und völlig einge-
führte halten; und man darf ſichs nur angelegen ſeyn laſſen,
ſie im rechten Verſtande zu gebrauchen. Dieſen aber zu
beſtimmen, das iſt nicht eines jeden Werk. Wem es damit
gelingen ſoll, der muß erſtlich die Kräfte der menſchlichen
Seelen, und ſonderlich die Wirkungen des empfindenden
und urtheilenden Verſtandes aus der Weltweisheit verſtehen.
Hernach muß er eine Fertigkeit in der Vernunftlehre beſitzen:
ſo, daß er fähig iſt, ſich von jedem vorkommenden Dinge
und Ausdrucke, nach logiſchen Regeln, eine gute Erklärung

zu

zu machen. Endlich muß er ſich auch in der Poeſie, oder
andern Künſten, davon etwa die Rede iſt, wohl geübet
haben. Ohne dieſe drey Stücke, wird die Beſchreibung des
guten Geſchmackes nicht zum beſten gerathen können. Da
es nun denen Franzoſen, die bisher davon geſchrieben, entweder an zweyen, oder doch zum wenigſten an einem von
dieſen dreyen Stücken gefehlet hat: ſo iſt es auch kein
Wunder, daß ſie weder mit einander eins worden, noch uns
Deutſchen ein beſſeres Licht-haben anzünden können. Unſre
Landesleute haben die Sache mit viel größerer Geſchicklichkeit
angegriffen; und ſie eben deswegen auch weit gründlicher
auszuführen vermocht.

3. §. Zum erſten ſetze ich zum voraus, der Geſchmack,
im gemeinen und eigentlichen Verſtande, ſey die Fähigkeit,
oder die Gabe unſerer Zunge, die verſchiedenen Wirkungen
zu empfinden, die von Speiſe und Trank auf derſelben ver-
urſachet werden, wenn ſie davon ſattſam berühret und durch-
drungen worden. Unſre Sinne, in ſo weit ſie körperlichen
Gliedmaßen zukommen, ſind nichts als Leidenſchaften; und
empfangen alſo nur die Eindrückungen, der außer uns befindlichen Dinge. Daher eigne ich auch der Zunge bloß die
Fähigkeit zu empfinden zu, welche nur was Leidendes iſt; da
hergegen eine Kraft etwas Thätiges angezeiget hätte. Dieſe
habe ich für den Geſchmack aufbehalten, in ſo weit er in der
Seele iſt: den ich alſo eine Kraft des Gemüthes nenne, vermöge welcher daſſelbe, die von Speiſe und Trank in den
ſchwammigten Fäſerchen der Zunge verurſachten Veränderungen, ſich vorſtellen, und ihren Unterſcheid beurtheilen kann.

4. §. Man wird mir ferner leicht einräumen, daß die
Begriffe und Vorſtellungen, welche wir uns von dem beſondern Geſchmacke verſchiedener Speiſen machen, bey aller ihrer
Klarheit, dennoch nichts deutliches in ſich haben. Wir
ſind bey geſunden Tagen gar wohl im Stande, daß Süße
vom Bittern, das Saure von dem Herben u. ſ. w. zu unterſcheiden, und jedes mit ſeinem Namen zu nennen: und alſo
ſind die Begriffe von dieſen Wörtern bey uns nicht dunkel.

Wir

Wir ſind hingegen nicht vermögend, das allergeringſte zu antworten; wenn man uns fragt: worinnen der ſaure Geſchmack vom bittern, dieſer vom herben, ſcharfen u. ſ. f. unterſchieden ſey, und woran wir einen vor dem andern erkennen? Dieſes zeiget, daß unſere Vorſtellungen davon verwirrt, und eben ſo undeutlich ſind, als die Begriffe von der rothen, blauen, grünen oder gelben Farbe. Und von eben dieſer Undeutlichkeit kömmt es her, daß man das Sprüchwort gemacht hat: Vom Geſchmacke müſſe man nicht viel zanken.

5. §. Weiter nehme ich aus der gemeinen Sprache an, daß man denen, die den geſunden Gebrauch ihrer Zunge haben, den guten Geſchmack nicht abzuſprechen pflegt; ſo lange ſie ſagen, daß der Zucker ſüß, der Wermuth bitter, und der Eßig ſauer ſchmeckt: denn darinnen kömmt die ganze Welt überein. Wer hergegen ein Gallenfieber hat, ſo, daß ihm alles ohne Unterſcheid bitter ſchmeckt, dem eignet man einen verderbten Geſchmack zu: weil er nicht mehr nach der Beſchaffenheit der Sachen, ſondern nach ſeiner verderbten Zunge urtheilet. Imgleichen pflegt es zu geſchehen, daß ſich gewiſſe Leute von Jugend auf gewöhnen, Kohlen, Kalk, Kreide, Spinnen u. d. gl. zu eſſen: daher es nachmals kömmt, daß ſie in dem Genuſſe ſolcher abgeſchmackten Dinge einen beſondern Geſchmack zu finden vermeynen; welchen aber niemand, der keine ſo verwöhnte Zunge hat, darinnen finden kann. Von ſolchen Leuten ſagt man nun auch, daß ſie einen verderbten, übeln, oder verkehrten Geſchmack haben. Und ſo viel vom Geſchmacke im eigentlichen Verſtande.

6. §. Von dem metaphoriſchen Geſchmacke unſrer Seele bemerket man; daß man ſich dieſes Wortes faſt ganz allein in freyen Künſten, und in etlichen andern ſinnlichen Dingen bedienet: hergegen wo es auf die Vernunft allein ankömmt, da pflegt man daſſelbe nicht zu brauchen. Der Geſchmack in der Poeſie, Beredſamkeit, Muſik, Mälerey und Baukunſt; imgleichen in Kleidungen, in Gärten, im Hausrathe u. d. gl. iſt ſehr bekannt. Aber niemals habe ich noch vom Geſchmacke in der Arithmetik und Geometrie, oder in andern

Wiſſen-

Wissenschaften reden hören: wo man aus deutlich erkannten Grundwahrheiten, die strengsten Demonstrationen zu machen vermögend ist. In solchen Wissenschaften aber, wo das deutliche und undeutliche, erwiesene und unerwiesene noch vermischt ist, da pflegt man auch wohl noch vom Geschmacke zu reden. Z. E. ich könnte wohl sagen: Ein theologisch Buch nach mosheimischem Geschmacke; ein Recht der Natur nach Puffendorfs Geschmacke; eine Arzneykunst nach Boerhavens Geschmacke. Aber hier muß ich anmerken, daß man den Geschmack nur in denjenigen Theilen solcher Disciplinen suchet, die noch ungewiß sind, und also nicht durchgehends beliebt werden. So bald eine Sache allgemeinen Beyfall erhält, und für was demonstrirtes gehalten wird; so bald hört man auch auf, sie zum Geschmacke zu ziehen. So werden die Sternseher nicht mehr sagen können, eine Astronomie nach copernikanischem Geschmacke: weil dieser Weltbau bereits allenthalben für den einzigen wahren erkannt und angenommen wird.

7. §. Diese Anmerkung ist von großem Nutzen. Sie lehrt uns nämlich, daß der metaphorische Geschmack, eben so wohl, als der gemeine, nur mit klaren, aber nicht ganz deutlichen Begriffen der Dinge zu thun hat; und nur solche Dinge von einander unterscheidet, die man nach der bloßen Empfindung beurtheilet. Z. E. Ein Bürger bauet sein Haus, und läßt sich von etlichen Baumeistern Risse dazu machen. Sie gerathen alle anders. Obgleich nun der Bauherr nichts von der Architektur versteht, so wählt er doch einen Riß vor allen übrigen, den er will ausführen lassen: und man sagt alsdann, er habe die Wahl nach seinem Geschmacke verrichtet. Fragt man ihn, warum er diesen und nicht einen andern Riß gewählet? so weis er nichts weiter zu sagen, als daß ihm dieser am besten gefallen habe; das ist, er habe ihn für den schönsten und vollkommensten gehalten. Denn ich setze zum voraus, daß der Bauherr nicht ganz eigennützig zu bauen, sondern ein schönes Gebäude aufzuführen willens sey. Gesetzt aber, man legte einem andern, in der Baukunst sehr

geübten

geübten mathematischen Kenner, die obgedachten Riſſe vor, mit dem Begehren, ſich einen zu erwählen: ſo würde dieſer ſie gewiß alle nach architektoniſcher Regeln unterſuchen, und zuletzt denjenigen allen übrigen vorziehen, der nach den Grund- ſätzen der Wiſſenſchaft, die größte Vollkommenheit hätte. Hier würde man aber ſchwerlich ſagen, dieſer Meiſter und Ken- ner habe nach ſeinem Geſchmacke gewählet; vielmehr würde es heißen: er habe die Riſſe nach den Regeln geprüfet, und vermö- ge ſeiner Einſicht befunden, daß der erwählte der beſte geweſen.

8. §. Aus dieſer bisher erläuterten Anmerkung erhellet nun: daß zwo Perſonen, von einer Sache, aus verſchiedener Erkenntniß, nämlich theils nach dem Geſchmacke, theils aus Wiſſenſchaft und Einſicht urtheilen; ſodann aber, daß ſie auch ſowohl einerley, als zweyerley Urtheile fällen können. Wäre es im obigen Falle nicht leicht möglich, daß der ungelehrte Bürger ſich von den verſchiedenen Riſſen eben den ausſuchte, welchen auch hernach der bauverſtändige Kenner für den beſten erklärete? Könnte aber auch nicht gerade das Widerſpiel geſchehen; daß ihm nämlich ein andrer Entwurf beſſer anſtünde, an welchem hernach der Baumeiſter viel Fehler auszuſetzen fände? Ein jeder ſieht wohl, daß beydes möglich iſt. Aber was folgt daraus? Dieſes: 1) daß Leute, die nach dem bloßen Geſchmacke urtheilen, ſehr uneins ſeyn kön- nen: 2) Daß beyde Urtheile zugleich nicht wahr ſeyn können; weil ſie nämlich widerwärtig ſind: endlich 3) daß dasjenige Urtheil dem andern vorzuziehen ſey, welches mit den Regeln der Baukunſt und dem Ausſpruche eines Meiſters in dieſer Wiſſenſchaft einſtimmig iſt. Die erſten beyden Folgerun- gen ſind wohl unumſtößlich: wegen der britten aber, kann man auch nicht viel Zweifel tragen. Denn wie wäre es

möglich,

---

* Der große Leibnitz iſt hier voll- kommen meiner Meynung. In dem Recueil de div. piec. de Mrs. New- ton, Clarke etc. ſchreibt er p. 285. Le Gout diſtingué de l' Entende- ment, conſiſte dans les Preceptions confuſes, dont on ne ſauroit aſſez rendre Raiſon. C'eſt quelque Cho- ſe d'approchant de l'Inſtinct. Le Gout eſt formé par le Naturel & par l'Uſage: & pour l'avoir bon, il faut s'exercer à gouter les bonnes Choſes, que la Raiſon & l'Experien- ce ont deja autoriſées; en quoi les

möglich, daß derjenige Riß der beste seyn könnte, der wider
alle Regeln der Architektur gemacht wäre? Das wäre eben
so, als wenn eine Musik schön seyn könnte, die wider alle
musikalische Regeln liefe. Die Regeln nämlich, die auch in
freyen Künsten eingeführet worden, kommen nicht auf den
bloßen Eigensinn der Menschen an; sondern sie haben ihren
Grund in der unveränderten Natur der Dinge selbst; in
der Uebereinstimmung des Mannigfaltigen, in der Ordnung
und Harmonie. Diese Gesetze nun, die durch langwierige
Erfahrung und vieles Nachsinnen untersuchet, entdecket und
bestätiget worden, bleiben unverbrüchlich und fest stehen:
wenn gleich zuweilen jemand, nach seinem Geschmacke, demjenigen Werke den Vorzug zugestünde, welches mehr oder
weniger dawider verstoßen hätte.

9. §. Nunmehr wird es leicht seyn, die Beschreibung des
guten und übeln Geschmackes zu machen. Jener ist
nämlich der von der Schönheit eines Dinges nach der
bloßen Empfindung richtig urtheilende Verstand, in
Sachen, davon man kein deutliches und gründliches
Erkenntniß hat: dieser hergegen, ist ebenfalls der Verstand, der nach der bloßen Empfindung von undeutlich erkannten Sachen urtheilet; aber sich in solchen
seinen Urtheilen betrüget. * Ich rechne zuförderst den
Geschmack zum Verstande; weil ich ihn zu keiner andern Gemüthskraft bringen kann. Weder der Witz noch die Einbildungskraft, noch das Gedächtniß, noch die Vernunft, können
einigen Anspruch drauf machen. Die Sinne aber haben auch
gar kein Recht dazu; man müßte denn einen sechsten Sinn,
oder den Sensum communem, davon machen wollen; der aber
nichts anders ist, als der Verstand. Ich sage aber, daß er ein
urthei-

---

jeunes Gens ont besoin de Guides.
d. i. Der Geschmack, wenn er vom
Verstande unterschieden ist, bestehet in
den verwirrten Empfindungen, davon
man nicht wohl Rechenschaft geben
kann. Er ist etwas, das mit dem
Triebe übereinkommt. Der Geschmack

wird durch das Naturell und die Gewohnheit gebildet: und wenn er gut
werden soll, so muß man sich üben,
an guten Sachen ein Gefallen zu haben, die schon durch Vernunft und
Erfahrung bestätiget worden: woran
junge Leute Aufführer nöthig haben.

urtheilender Verſtand ſey: weil diejenigen, die ihn wirklich zu Unterſcheidung der Dinge anwenden, entweder äußerlich, oder doch innerlich, den Ausſpruch thun; dieß ſey ſchön, und jenes nicht. Ich ſetze ferner, daß ſich dieſes Urtheil nur auf die bloße Empfindung gründet: und ich verſtehe die innerliche Empfindung einer ſchönen Sache, die entweder wirklich außer uns vorhanden iſt, oder von unſrer eignen Phantaſie hervorgebracht worden: wie z. E. ein Maler ſich in Gedanken einen Entwurf eines Gemäldes machen, und nach ſeinem Geſchmacke von der Schönheit deſſelben urtheilen kann.

10. §. Es muß aber dieſe Empfindung einer ſolchen Sache uns nothwendig die Schönheit eines Dinges vorſtellen: denn dieſe allein iſt es, womit der Geſchmack zu thun hat. Man entſcheidet dadurch niemals eine andre Frage, als: ob uns etwas gefällt oder nicht? Das Wohlgefallen aber entſteht allezeit aus einer Vorſtellung der Schönheit; ſie mag nun eine wirkliche, oder eine vermeynte ſeyn. Dieſe Schönheit nun, wird zwar ſehr klar, aber nur undeutlich, empfunden: weil derjenige, dem ſie gefällt, nicht im Stande iſt zu ſagen; warum ſie ihm gefällt? Zum wenigſten wird der größte Theil derſelben keine Deutlichkeit haben. Denn ſo bald man von einer Schönheit zu zeigen vermögend iſt, aus was für Vollkommenheiten dieſelbe eigentlich entſteht: ſo bald wird der Geſchmack von der Sache in eine gründliche Einſicht verwandelt, wie bereits oben gewieſen worden. Endlich unterſcheide ich den guten Geſchmack vom übeln, durch das Beywort richtig, welches ich zu dem Urtheile ſetze. Wer einen guten Geſchmack hat, der muß richtig von der klar empfundenen Schönheit eines Dinges urtheilen: das iſt, er muß nichts für ſchön halten, was nicht wahrhaftig ſchön iſt; und nichts für häßlich erklären, was nicht häßlich iſt. Der Probierſtein dieſes Urtheils darf nicht weit geſucht werden. Man findet ihn in den Regeln der Vollkommenheit, die ſich für jede beſondre Art ſchöner Dinge, a. d. ſ. Gebäude, Schildereyen, Muſiken und ſ. w. ſchicken, und die von rechten Meiſtern derſelben deutlich begriffen und erwieſen worden.

Ich

Ich ziehe.also hieraus den Lehrsatz, der in allen freyen Künsten von großem Nutzen seyn wird: Derjenige Geschmack
ist gut, der mit den Regeln übereinkömmt, die von
der Vernunft, in einer Art von Sachen, allbereit
fest gesetzet worden.

11. §. Nach dieser allgemeinen Beschreibung und Erklärung des guten Geschmackes überhaupt, wird es leicht fallen,
den guten Geschmack in der Poesie zu erklären. Es ist
nämlich derselbe eine Fertigkeit, von der Schönheit eines
Gedichtes, Gedankens oder Ausdruckes recht zu urtheilen, die man größtentheils nur klar empfunden,
aber nach den Regeln selbst nicht geprüfet hat. Ich
sage mit Bedacht nicht geprüfet hat: damit man weder diejenige Art der Leser oder Dichter ausschließe, die solches nicht thun
kann; noch diejenige, die es wohl zu thun vermag, wenn sie sich
Zeit und Mühe dazu nehmen kann, und will. Es geschieht
nämlich sehr oft, daß auch diejenigen, die Einsicht genug in die
Regeln der Dichtkunst haben, und alle dahin gehörige Stücke
gründlich beurtheilen könnten; dennoch in der Geschwindigkeit,
nach der bloßen, obwohl bereits geläuterten Empfindung
urtheilen: so wie ein Musikverständiger es gleich aus dem Gehöre haben kann, ob ein andrer wider die Regeln der Tonkunst
spielet. Ich habe aber diesen Geschmack weder auf die Dichter,
noch Leser insbesondre, und mit Ausschließung der andern,
eingeschränket. Beyde haben zuweilen nichts mehr, als Geschmack, und wissen die Regeln nicht: beyde aber brauchen
auch zuweilen nur denselben, ob sie gleich die Regeln gar wohl
wissen, und darnach urtheilen können. Und aus dieser Beschreibung ist es nunmehr leicht zu begreifen, daß ein jeder
Poet von rechtswegen damit versehen seyn solle.

12. §. Es lassen sich aber aus dieser Erklärung alle die
schweren Fragen beantworten, die von dem Geschmacke schon
aufgeworfen worden. Man will erstlich wissen: Ob der Geschmack mit den Menschen gebohren, oder erst allmählich erlanget werde? Ich wollte dabey fragen: Ob der Verstand, Witz und Geist eines Poeten mit ihm gebohren würden?

Denn

Denn eben das, was man hier antworten wird, das kann auch jenem Zweifel abhelfen. Wir bringen wohl nichts mehr, als die bloße Fähigkeit, mit uns zur Welt. Dieſe iſt nun freylich bey verſchiedenen Menſchen größer oder kleiner, und thut ſich entweder bald oder ſpät hervor: die Art der Auferziehung aber bringt ſie allererſt ins Geſchick. Sie muß erweckt, angeführt, von Fehlern geſaubert, und auf dem guten Wege ſo lange erhalten werden, bis ſie ihres Thuns gewiß wird. Der Geſchmack iſt alſo dem Menſchen eben ſo wohl was natürliches, als ſeine übrigen Gemüthskräfte. Ein jeder, der nur Sinne und Verſtand hat, beſitzt auch eine Geſchicklichkeit von der Schönheit empfundener Dinge zu urtheilen. Und ſo lange dieſe letztern nicht ihre Natur und Eigenſchaften verlieren, ſo lange wird ein jedes vernünftiges Weſen davon ſagen können, ob ſie ihm wohl oder übel gefallen. *

13. §. Man will ferner wiſſen: ob gewiſſen Leuten der gute, andern aber der ſchlimme Geſchmack angebohrren ſey? Ich antworte eben ſo, wie vorhin. So wenig einem eine geſunde, dem andern eine verderbte Vernunft angebohrren iſt; ſo wenig iſt ſolches auch bey dem Geſchmacke zu vermuthen. Die Fähigkeit eines neugebohrnen Kindes iſt zu allem gleichgültig. Man kann aus ihm machen, was man will. Man erziehe es unter den Bauern, es wird bäuriſch denken und reden; unter den Bürgern, es wird bürgerlich urtheilen;

unter

---

* Der berühmte Graf Schaftsbury iſt hier gleichfalls meiner Meynung, wenn er Miſc. Tom. III. p. 164. der Lond. Ausgabe ſchreibt: Now a Taſte or Judgment, t'is ſuppos'd, can hardly come ready form'd with us into the World. Whatever Principles or Materials of this Kind we may poſſibly bring with us; whatever good Facultys, Senſes, or anticipating Senſations and Imaginations may be of Natures Growth, and ariſe properly of themſelves, without our Art, Promotion or Aſſiſtence: the general Idea, which is form'd of all this Management, and the clear Notion we attain of what is preferable and principal in all theſe Subjects of Choice and Eſtimation, will not, as I imagine, by any Perſon be taken for innate. Uſe, Practice and Culture muſt precede Underſtanding and Wit of ſuch an advanced Size and Growth as this. A legitimate and juſt Taſte, can neither be begotten, made, conceiv'd, or produc'd, without the antecedent Labour and Pains of Criticiſm. d. i.

Nun

unter Soldaten, es wird kriegerische Dinge im Kopfe haben; unter Gelehrten, es wird nach Art studirter Leute vernünsteln und grübeln; bey Hofe, es wird sich von lauter Lustbarkeiten und Regierungssachen Chimären erdenken. Die Kinder sind auch hier, wie Affen. Wie mans ihnen vormachet, so machen sie es nach. Man lobe in ihrer zarten Jugend etwas: sie werdens bald hoch schätzen lernen. Man verachte etwas: sie werdens bald verwerfen lernen. Ihre ersten Urtheile richten sich nach den Urtheilen derer, mit denen sie immer umgehen. Der Ausspruch ihrer Aeltern oder Wärterinnen ist schon zulänglich, ihnen etwas, als schön oder häßlich einzuprägen: zumal wenn sie merken, daß man dabey seine Gedanken auf sie nicht richtet, sondern für sich davon urtheilet. So gewöhnet sich allmählich ihr Verstand durch die bloße Nachahmung, dieses weiß, und jenes schwarz zu heißen. Und dadurch entsteht auch entweder ein guter oder übler Geschmack; nachdem diejenigen ihn haben, zu deren Schülern sie das Glück gemacht hat, ehe sie noch geschickt waren, dieselben für ihre Lehrer zu erkennen.

14. §. So groß hier das Glück der Kinder ist, die von klugen Aeltern gebohren worden, und in die Hände vernünftiger Lehrmeister gerathen: so sehr ist es zu bedauern, daß die größte Anzahl derselben von Jugend auf verderbet wird. Die einfältigsten Weibspersonen legen den ersten Grund zu dem verderbten Geschmacke, den viele haben. Ihre verkehrte
Art

Nun kann wohl unstreitig ein Geschmack oder Urtheil, schwerlich schon ganz fertig mit uns zur Welt kommen. Wir mögen auch noch solche Grundsätze oder Zubehörungen dieser Art, mit uns bringen: wir mögen noch solche gute Fähigkeiten, Sinne, oder vorläufige Empfindungen und Einbildungen, von der bloßen Natur haben, oder vor sich selbst ohn alle Kunst, Beförderung oder Hülfe wachsen sehen: so wird doch, meiner Meynung nach, der allgemeine Begriff, der aus allen diesen Anstalten entsteht, und die klare Vorstellung, die wir in Sachen, die eine Wahl und Hochachtung verdienen, von dem Vorzuge, und der Vortrefflichkeit haben, von niemanden für angebohren gehalten werden. Erfahrung, Uebung und Anführung müssen vor dem Verstande und Witze einer so hochgestiegenen Größe und von solchen Werthe vorhergehen. Ein regelmäßiger und richtiger Geschmack kann weder gebohren, gemacht, begriffen, noch hervorgebracht werden, ohne die vorhergehende Arbeit der Kritik, oder Beurtheilungskunst.

Art zu denken und von Dingen zu urtheilen, macht einen tiefern Eindruck in die Seele eines zarten Knaben, als mancher ſich einbildet. Die gleichſam hervorkeimenden Gemüthskräfte ſind nicht im Stande, ihre Thorheiten zu verwerfen: vielmehr nehmen ſie auf guten Glauben das erſte für das Beſte an. Dieſes wird mit der Zeit der Maaßſtab aller ihrer übrigen Wirkungen. Was ihren erſten Eindrückungen gemäß iſt, das nennen ſie hernach recht und gut, ſchön und angenehm: alles übrige iſt falſch, böſe, garſtig, verdrüßlich. Was die erſten Lehrmeiſter, oder die Aeltern eines Kindes bewundern und loben, ſchön, artig, oder ſinnreich nennen, das lernen dieſe auch hochſchätzen und verehren; es ſey nun noch ſo ſchlecht, und ſo abgeſchmackt als es will. Warum? ſie habens von Kindesbeinen an nicht anders gelernt. Das iſt meines Erachtens die erſte Quelle des übeln Geſchmackes, der in den meiſten Ländern noch ſo allgemein iſt. *

15. §. Fragt man weiter, welches denn das Mittel ſey, den guten Geſchmack bey Erwachſenen zu befördern? So ſage ich: nichts anders, als der Gebrauch der geſunden Vernunft. Man halte nichts für ſchön oder häßlich, weil man es ſo nennen gehöret; oder weil alle Leute, die man kennet, es dafür halten: ſondern man unterſuche es an und für ſich, ob es auch ſo ſey? Man muß ſeine eigne fünf Sinne zu Rathe ziehen: dieſe werden bald die falſche Schönheit von der wahren, den Firniß vom rechten Marmor, das Flittergold von dem ächten unterſcheiden, und allen Betrug entdecken lernen. Durch dieſes Mittel hat vorzeiten Griechenland die Regeln der meiſten freyen Künſte erfunden, und dadurch den

guten

---

* Herr Rollin ſchreibt hiervon im III. Buche, auf der 11. Seite ſehr ſchön: Le Goût public devient ſur cela la Regle des jeunes Gens. Ils regardent comme eſtimable, ce qui eſt eſtimé de tous. Ce n'eſt pas la Raiſon, mais la Coutume qui les guide. Un ſeul mauvais Exemple ſeroit capable de corrompre l'Eſprit des jeunes Gens, ſuſceptibles de toute ſorte d'Impreſſions. d. i. Der allgemeine Geſchmack des Volkes wird hier die Regel junger Leute. Sie ſehen dasjenige für ſchätzbar an, was von allen hochgeſchätzet wird. Nicht die Vernunft, ſondern die Gewohnheit leitet ſie. Ein einzigs böſes Exempel, iſt vermögend den Verſtand junger Leute zu verderben, die zu allen Eindrückungen fähig ſind.

guten Geschmack auf etliche hundert Jahre bey sich unwan-
delbar gemacht. Die Malerey, Architektur, Schnitkunst,
Musik, Poesie und Redekunst sind daselbst erfunden und fast
zur Vollkommenheit gebracht worden. Das macht, die
Griechen waren die vernünftigsten Leute von der Welt.
Alles philosophirte daselbst; alles urtheilte frey, und folgte
seinem eigenen Kopfe. Daher entdeckte man nach und nach die
wahrhaften Schönheiten der Natur. Man nahm sorgfältig
wahr, wo Uebereinstimmung und Ordnung eine Vollkommenheit zuwege brachten; und wo hingegen die Verwirrung wi-
derwärtiger Dinge einen Uebelstand erweckte. Die Tiefsinnigsten unter ihnen brachten, aus genauer Betrachtung wohl-
gerathener Meisterstücke, die Regeln heraus, aus welchen alle
ihre Schönheit den Ursprung hatte. Und wie also dieselben
nicht bloße Hirngespinste waren, sondern aus wirklichen
Exempeln, die nach dem Urtheile der klügsten Köpfe für
schön befunden worden, entworfen waren: also hat man
auch zu aller Zeit gesehen, daß die Regeln und Exempel der
Griechen, in allen freyen Künsten, die beste Anleitung zum
guten Geschmacke gewesen sind.

16. §. Was ich hier von den Griechen gesagt habe, das
kann auch mit gehöriger Veränderung von den Römern gesagt
werden. Der Unterscheid ist dieser, daß diese ihren guten
Geschmack den Griechen zu danken gehabt; und wie sie denselben spät bekommen, also auch nur kurze Zeit erhalten haben.
Nachdem aber die barbarischen Völker, den ganzen Occident
mit einem verderbten Geschmacke erfüllet hatten: so sind abermal die Griechen die einzigen gewesen, die den guten Geschmack in Italien wieder hergestellet haben. Von da hat
er sich allmählich nach Deutschland, Frankreich, Holl- und
England ausgebreitet, doch kaum irgendwo die völlige Oberhand bekommen können. Das sicherste Mittel, denselben
zu erhalten, ist also, wenn man sich an die Regeln hält, die
uns von den Kunstverständigen und Meistern der Alten übrig
geblieben. Wenn man die Reste von ihren Meisterstücken
dargegen hält, so wird man gewiß finden, daß sie eine

Crit. Dichtk. J Schön-

Schönheit an ſich haben, die der Vernunft nothwendig gefallen muß: dafern man nur nicht in Vorurtheilen erſoffen, und in ſeine eigene Misgeburten allbereit verliebet iſt.   Dieſes thun insgemein diejenigen, die ein tiefgewurzeltes Vorurtheil für ihre Nation, oder für ihre Zeiten haben, und ſich einbilden, ein jedes Volk habe ſeinen eigenen Geſchmack; und jedes Jahrhundert auch.   Da könnte nun dasjenige hier ſchön ſeyn, was dort häßlich iſt ꝛc.   Doch davon will ich weiter unten reden.

17. §.   Wie aber? Soll man ſich denn immer mit Regeln ſchleppen, wenn man den guten Geſchmack haben will? Das iſt eine neue Frage.   Nicht alle, die den guten Geſchmack haben wollen: ſondern nur die, welche ihn wieder herſtellen wollen, müſſen die Regeln der freyen Künſte einſehen, darinnen ſie etwas verbeſſern wollen.   Es darf oft nur ein geſchickter Kopf kommen, der auf die rechte Spur geräth: ſo gleich fällt die Schönheit ſeiner Werke aller Welt in die Augen.   Die deutſche Poeſie kann uns zum Muſter dienen. Alle unſere Versmacher ſteckten vor hundert und funfzig Jahren in der tiefſten Barbarey. Der einzige Opitz hatte aus Griechen und Römern, Holländern und Franzoſen, ſich die Regeln des guten Geſchmackes bekannt gemacht. Er folgte denenſelben in ſeinen Gedichten, und verwarf alles, was ſeine Vorfahren geſtümpelt hatten.   Alsbald wachte ganz Deutſchland auf. Ein ſo unvermuthetes Licht fiel ſehr ſtark in die Augen: und da fieng eine Menge von Poeten an zu ſingen, die nur dem Exempel dieſes großen Vorgängers folgeten; die Regeln der Alten aber nicht halb ſo gut kannten, als er.   Sie bekamen alſo mehrentheils nur aus Leſung ſeiner Schriften den guten Geſchmack, nicht aber aus Regeln; und es wäre zu wünſchen, daß ihn nur viele ſeiner Landesleute, die ſich im Leſen der Spanier und Wälſchen verderbeten, nicht bald darauf wieder verſchlimmert hätten.

18. §.   Fragt man, wie man einen jungen Menſchen zum guten Geſchmacke in der Poeſie bringen könne? So gebe ich dieſe Antwort: Man gebe ihm von Jugend auf

lauter Poeten von gutem Geschmacke zu lesen. Terenz, Virgil, Ovid und Horaz, von den Lateinern; Petrarcha und Tasso, von den Italienern; Malherbe, Corneille, Boileau, Racine, Moliere, la Motte, Rousseau, Destouches und Voltaire, von den Franzosen; Heins, Cats und Vondel, von den Holländern; Opitz, Dach, Flemming, Tscherning, beyde Gryphier, Canitz, Besser, Neukirch, Piersch und Günther von unsern Landesleuten: das sind die Muster, die man jungen Leuten vorlegen muß. Man gehe aber dieselben mit ihnen durch; man mache sie aufmerksam auf die schönsten Stellen; man entdecke ihnen einigermaßen die Ursachen, warum sie so schön sind, und zeige ihnen, daß das Widerspiel häßlich gewesen seyn würde. Man bemerke ihnen auch die schlechten Stellen, die sich als Ueberbleibsel des übeln Geschmackes, auch bey allen oberwähnten Scribenten, noch hier und da finden. Dadurch wird man der Jugend unvermerkt, eine Geschicklichkeit, wohl zu urtheilen, beybringen, und durch die Gegenstellung schlechter Poeten bestärken. Nichts wird ihr hernach gefallen können, was nicht eine wirkliche Schönheit hat: und wenn sie gleich die innern Regeln der darinnen befindlichen Vollkommenheit nicht eingesehen; so wird sie doch fähig seyn, durch eine zärtliche Empfindung wahrzunehmen, ob dieselben in einem Gedichte, oder im Auspuße desselben beobachtet worden oder nicht?

19. §. Man hat endlich auch gefragt: ob ein Scribent sich nicht vielmehr dem Geschmacke seiner Zeiten, seines Ortes, oder seines Hofes; als den Regeln der Kunst, zu bequemen Ursache habe? Man meynt nämlich, die ersten Regeln der freyen Künste wären nur nach dem Geschmacke des atheniensischen Volkes entworfen. Da hätten sich die Kunstrichter auf diejenigen Meisterstücke berufen und gegründet, die den allgemeinen Beyfall erhalten hatten. Warum sollen wir nun, spricht man, unsern Kopf nach dem athieniensischen Eigensinne richten? Was haben wir es nöthig, mit fremden Augen zu sehen, mit fremden Zungen zu schmecken, und nach einem fremden Gehirne zu denken? Warum sollen

J 2 wir

Da wir nun vermuthlich noch in der Barbarey ſtecken würden, wenn uns nicht die griechiſchen Bücher die Augen aufgethan hätten; indem wir alle Wiſſenſchaften und freye Künſte von ihnen gefaſſet: was für ein Recht haben wir denn wohl, uns wider unſre Lehrmeiſter aufzulehnen?

23. §. Ja, wird man ſprechen: weil uns vieles gefällt, was jenen Alten nicht gefallen, und doch das Gefällige allezeit eine Schönheit zum Grunde hat; ſo fragt ſichs: ob es nicht noch andre wirkliche Schönheiten in Kunſtwerken geben könne, als die den Alten bekannt geweſen? Die Erfahrung zeigt aber allerdings, daß es dergleichen gebe.

> Non eadem miramur: eo diſconvenit inter
> Meque et te. Nam quæ deſerta et inhoſpita tesqua
> Credis, amœna vocat, mecum qui ſentit; et odit
> Quæ tu pulcra putas.
>
> *Hor. L. I. Ep. XIV.*

Ich antworte, freylich entſteht das Wohlgefallen allezeit aus der Empfindung einer Schönheit: aber es giebt wahre, es giebt auch eingebildete Schönheiten. Dieſe erwecken freylich bey vielen eine Beluſtigung; aber nur ſo lange, als ſie dieſelben für Schönheiten anſehen. Denn oft lernen ſie es begreifen, daß ſie ſich in ihrem Urtheile betrogen haben: und alsdann erwecket ihnen dasjenige Verdruß, was ihnen vorher wohlgefiel. Von ferne ſieht oft eine Perſon ſehr wohl aus: wenn wir ſie aber in der Nähe erblicken, ſo iſt ſie häßlich. Aus der Baukunſt, Muſik und Malerey, kann man hier unzählige Erläuterungen geben. Wie oft gefällt hier nicht einem unwiſſenden Schüler etwas, das einem Kenner misfällt? Haben denn da beyde Urtheile wahre Schönheiten oder Ungereimtheiten zum Grunde? So müßte ja ein Ding zugleich ſchön und häßlich, zugleich wahr und falſch, zugleich weiß und ſchwarz ſeyn können? Wer ſoll ſich aber nach des andern Urtheile bequemen? Soll der Meiſter dem Schüler, oder der Schüler dem Meiſter folgen? Ohne Zweifel wird derjenige beſſern Grund von der Sache haben, der ſeinem

Gegen=

Gegenparte die Unrichtigkeit seines Urtheils zeigen, und ihn
dahin bringen kann, daß er seinen vorigen Ausspruch wider-
ruft. Nun lasse man einen unerfahrnen Schüler seinem
Meister, so lange er will, vorsagen, daß ein Fehler eine
Schönheit sey: nimmermehr wird ers so weit bringen, daß
jener seine Vernunft, Einsicht und Sinne verläugne, und
daran einen Gefallen zu haben anfange, dessen Unordnung
und Mishälligkeit er aus den Kunstregeln unumstößlich zu
erweisen im Stande ist. Dem Schüler aber fehlt es nur
am Unterrichte: so bald er die Natur der Sachen wird verstehen lernen, wird er sich schämen, daß er vorhin etwas
bewundern können, was nur eine Scheinschönheit an sich gehabt; in der That aber ein Zusammenfluß unzähliger Ungereimtheiten gewesen.

34. §. So müssen sich denn die Poeten niemals nach dem
Geschmacke der Welt, das ist, des großen Haufens, oder
des unverständigen Pöbels richten. Dieser vielköpfigte Göße
urtheilt oft sehr verkehrt von Dingen. * Er muß vielmehr
suchen, den Geschmack seines Vaterlandes, seines Hofes, seiner
Stadt zu läutern; es wäre denn, daß dieses schon vor ihm
geschehen wäre. Es geschieht aber niemals ganz vollkommen;
und es bleibt auch in dem gescheidesten Volke allezeit ein
Ueberrest des übeln Geschmackes zurücke. In Rom hatten
Terentius und Lucretius schon einen ziemlich reinen und zarten Geschmack erwiesen. Doch klagt Horaz sowohl in seinem
langen Briefe an den Kaiser, als in seiner Dichtkunst: daß
die Römer noch an den plautinischen Zoten, und an Lucils unreinen Possen ein Belieben trügen. Bavius und
Mävius fanden auch ihre Anbether. Hätten sich nun Virgil und Varius nach dem Geschmacke der sonst so klugen
Römer richten wollen: was würden sie für elendes Zeug
haben schreiben müssen? Sie suchten also vielmehr mit ihren

J 4 Wer-

* Seneca in seinem 94 Briefe
schreibt: Inducenda est in occupa-
tum locum virtus, quæ mendacia,
contra verum placentia, exstirpet;
quæ nos a populo, cui nimis credi-
mus, separet, ac sinceris opinioni-
bus reddat. Der gemeine Geschmack
kann also trügen!

Werfen wider den gemeinen Strom zu ſchwimmen, und waren zufrieden, daß ſie wenigen Kennern geſielen.

Non ego ventoſæ plebis ſuffragia capto;
Ich ſtrebe nach dem Ruhm des eiteln Pöbels nicht;

ſchreibt Horaz an einem Orte. Noch viel ausführlicher hat er ſolches in ſeiner X. Satire des I. Buchs zu verſtehen gegeben. *

25. §. Eben das hat Boileau allezeit geklaget, wenn er den verderbten Geſchmack ſeiner Pariſer, die auch das elenbeſte Zeug vielmals ſchön nenneten und bewunderten, herunter gemacht hat. Er verſichert, daß ſeine Zeiten ſowohl an närriſchen Scribenten, als an närriſchen Bewunderern fruchtbar geweſen; und ſetzt hinzu: daß Land und Stadt und Hof keinen Mangel daran gehabt. Die Herzoge und Prinzen ſelbſt, hätten keine Ausnahme von der Regel gemacht. Das niederträchtigſte Werk, habe bey den Hofleuten ſeine eifrige Verfechter, und ein jeder Narr einen noch größern gefunden, der ihn bewundert hätte.

Ainſi qu'en ſots Auteurs,
Notre Siecle eſt fertile en ſots Admirateurs,
Et ſans ceux, que fournit la Ville et la Province,
Il en eſt chez le Duc, il en eſt chez le Prince.

L'Ouvra-

---

* Neque, te ut miretur turba, labores;
Contentus paucis lectoribus. An tua, demens,
Vilibus in ludis dictari carmina malis?
Non ego. Nam ſatis eſt equitem mihi plaudere - -
Men' moveat cimex Pantilius? aut crucier, quod
Vellicet abſentem Demetrius? aut quod ineptus
Fannius, Harmogenis lædat conviva Tigelli?
Plotius & Varius, Mecænas, Virgiliusque,
Valgius, & probet hæc Octavius optimus, atque
Fuſcus, & hæc utinam Viſcorum laudet uterque!
Ambitione relegata te dicere poſſum
Pollio; te Meſſalla tuo cum fratre, ſimulque
Vos Bibuli & Servi, & ſimul his te, candide Furni.
Complures alios, doctos ego quos & amicos
Prudens prætereo, quibus hæc, ſint qualiacunque,
Arridere velim: doliturus ſi placeant ſpe
Deterius noſtra. Demetri, teque Tigelli
Diſcipularum inter jubeo plorare cathedras.
Hor. Sat. X.

L' Ouvrage le plus plat à chez les Courtisans,
De tout Temps rencontré de zelez Partisans.
'Et pour finir enfin par un Trait de Satire,
Un Sot trouve toujours un plus Sot, qui l'admire.

Art. Poet. Ch. I.

Von unserm Opitz kann man ein gleiches erweisen. Er hätte lauter Hanssachsenverse machen müssen, wenn er der Mode seiner Zeiten hätte folgen wollen. Er muß auch wohl nicht bey allen Deutschen so viel Beyfall gefunden haben, als er verdienete: denn er klagt ausdrücklich darüber, wenn er sich in dem Briefe an Zinkgräfen, den er in Paris geschrieben, über die Menge der elenden Poeten beschweret, und sich auf das Urtheil der Nachwelt berufet:

Mein rechter Eifer brennet
Nur wider dieses Volk, das die Poeten nennet,
Bey dir und auch bey uns, an welchen um und an
Ja nichts poetisch ist, als daß es lügen kann.
Doch läßt uns diese Pest der Sprachen unvertrieben:
Kein Vers vom Bavius und Mävius ist blieben:
Der Venusiner-Schwan, der Preis von Mantua,
Und Naso und Catull, die sind noch alle da.
Laß du, o Zinkgräf, nur den guten Zweck nicht liegen,
Zu helfen, wie du thust, die Finsterniß besiegen.

J 5

Die

D. i. Bemühe dich nicht, schreibt er, von dem großen Haufen bewundert zu werden; und sey mit wenigen Lesern zufrieden. Wilt du so thöricht, zu wünschen, daß deine Verse in den gemeinsten Schulen gelesen werden? Ich nicht! Genug, wenn die edlen Ritter mich ihres Beyfalls würdigen. : : Sollte ich mich um den schmutzigen Pantilius bekümmern? oder sollte ich mich quälen, daß mich Demetrius hinterrücks durchzieht? oder daß der närrische Fannius, des Hermogenes Tischgast, mich beschimpfet? Wenn nur Plotius und Varius, Mecänas und Virgilius, Valgius und Octavius, der gnädigste Kaiser, nebst dem Fuscus, meine

Schriften gut heißen, wenn nur beyde Viscier mich loben. Ja, ohne Ruhm zu melden, kann ich dich noch nennen Pollio; dich Messala mit deinem Bruder, euch, ihr Bibuler und Servier, nebst dem aufrichtigen Furnus; imgleichen viele andere, die ich, als gelehrte Leute, und gute Freunde, mit Fleiß vorbey gehe; denen ich aber mit diesen meinen geringen Sachen zu gefallen wünsche, und mich betrüben würde, wenn sie ihnen nicht so gut, als ich wünsche, gefallen sollten. Dich aber Demetrius, und dich, du guter Tigellius, lasse ich unter den Schulbänken des Weibervolks, denen ihr, als euren Schülerinnen gefallet, euer Unglück beweinen.

Die deutſcher Reden Zier bisher umhüllet hat.
Kriegt gleich ein Neſſelſtrauch bey Roſen ſeine Statt;
So blühen ſie gleichwohl. Wir wollen nicht bedenken,
Das träge Hummeln ſich an dieſen Bienſtock henken.
Ein Körper bleibet doch, obgleich des Schattens Schein
Sich größer macht, als er. Die Zeit ſoll Richter ſeyn!

I. B. der Poet. W.

26. §. Ich würde noch Neukirchs Exempel anführen, der nach Ablegung des hofmannswaldauiſchen und lohenſteiniſchen Geſchmackes ſehr beſorgte, daß ſein verwöhntes Schleſien und das ſonſt ſo witzige Budorgis an ſeiner Poeſie nichts Gefälliges mehr finden würde; wenn ich ſolches nicht ſchon in dem Vorberichte zu Horazens Dichtkunſt gethan hätte. Ich will alſo nur noch ein Zeugniß aus Pietſchen anführen. Dieſer ſand bey dem Antritte ſeines poetiſchen Lehramtes in Königsberg, den Geſchmack der ganzen Stadt, durch die ſchwülſtigen Gedichte eines gewiſſen Schleſiers, der durch die Muſik berühmter geworden, als durch die Poeſie, nämlich des Capellmeiſters Neidhard und ſeiner Schüler, verwöhnet. Dieſe ſtopften insgemein ihre Sachen auf gut lohenſteiniſch, ja noch weit ärger, voller Gelehrſamkeit; da denn die meiſten, die ſolche bewunderten, ohne ſie zu verſtehen, ſich einbildeten: Pietſch wäre mit ſeinen Gedichten, gegen Neidharden, für nichts zu rechnen. Bey einer vornehmen Prieſterleiche alſo, nahm jener Gelegenheit, dieſe Unart zu beſtrafen, und den Liebhabern einer zuſammengeſtoppelten Menge von Namen, und hochtrabenden Ausdrückungen, ihren übeln Geſchmack dadurch zu verweiſen, daß er ihn ſelber nachahmete. Er hebt ſo an:

Ihr Muſen ſtimmet mir die abgeſpannten Seyten
Nach dem verderbten Sinn der ungereimten Zeiten:
Weil doch kein reines Lied verwöhnten Ohren klingt,
Wenn man die Stimme nicht nach fremden Tönen zwingt:
Wer liebt wohl ein Gedicht? Wenn nicht entfernten Sachen
Die vielen Reihen bunt, den Einfall kraftlos machen?
   So läſſet Neukirch auch gerechte Klagen tönen;
„Soll ich im Alter mich mit fremden Lorbern krönen?

Sonſt

„Sonst trug der Tacitus der Reime schwaches Haus,
„Ich schmückt es noch dazu mit Sinnenbildern aus:
„Dort hatte Seneca, dort Plato was gesaget,
„Dort hat ich einen Spruch dem Plautus abgejaget.
„Damals gefiel ich noch! doch itzt sind meine Lieder
„Sehr matt und ohne Kraft und Schlesien zuwider:
„Denn mein entlehnter Glanz nahm durch den falschen Schein
„Wie schlecht er immer war, viel hundert Leser ein.„
So will auch Königsberg nur solche Dichter hören,
Die ihren eignen Vers, durch fremde Namen stören.

Alles dieses nun geht einzig und allein dahin, daß ein Poet
sich an den Geschmack seiner Zeiten und Oerter nicht zu kehren, sondern den Regeln der Alten und den Exempeln großer
Dichter zu folgen habe.

27. §. Woher der üble Geschmack des großen Hau-
fens komme? das ist aus dem obigen leicht abzunehmen.
Die schlechte Auferziehung ist sonder Zweifel die allergemeinste
Quelle desselben, und dadurch werden auch die fähigsten Köpfe
verwahrloset. Weil die Kinder durchgehends nur durch die
Nachahmung urtheilen lernen: so gefällt ihnen gleich von
Jugend auf das, was sie von ihren Aeltern, oder andern Leuten, denen sie was zutrauen, loben hören. * Die ersten
Urtheile werden also unvermerkt eine Richtschnur der übrigen,
und nachdem sie durch eine lange Gewohnheit gleichsam tief
eingewurzelt sind, so können sie fast gar nicht mehr ausgerottet
werden. Der Geschmack alter Leute läßt sich also schwerlich
bessern. Sie bleiben fest in ihren Meynungen, und schämen sich, dasjenige zu verwerfen, was sie ihr Lebenlang für
schön gehalten haben? Man mag ihnen sagen, was man
will; so bleiben sie doch auf ihrem Eigensinne: weil sie es für
schimpflich ansehen, sich bey grauen Haaren in ihren Urtheilen

zu

* Sehr schön schreibt hievon Seneca im I. Cap. de Vita beata: Nulla res non majoribus malis impli-
cat, quam quod ad rumorem com-
ponimur: optima rati ea, quæ magno assensu recepta sunt. - - - -
Nec ad rationem, sed ad similitu-
dinem vivimus. d. i. Kein Ding ist
uns verderblicher, als daß wir uns
nach der gemeinen Sage des Pöbels
richten; und uns einbilden, das sey
das Beste, was mit vielem Beyfalle
aufgenommen wird. : : : Wir
loben nicht nach der Vernunft, sondern behelfen uns mit dem Nachäffen
anderer.

zu ändern, und dadurch einzuräumen, daß ſie ſo lange geirret
und einen übeln Geſchmack gehabt: zumal, wenn ſie Leuten,
die jünger ſind, als ſie, recht geben, und folgen ſollen.

Vel quia nil rectum, niſi quod placuit ſibi, ducunt;
Vel quia turpe putant, parere minoribus, et, quæ
Imberbes didicere, ſenes perdenda fateri.

Hor. L. II. Ep. 1.

Entweder weil man nichts für recht und richtig hält,
Als was man ſelber liebt, was ſeinem Sinn gefällt;
Wonicht, weil man ſich ſoll nach jüngern Leuten richten,
Und was man jung gelernt, im Alter ſelbſt vernichten.

28. §. Junge Leute hingegen können leichter ihren Geſchmack ändern, wenn ſie gleich bereits verwöhnet worden.
Sie ſind in ihrer Meynung noch ſo ſehr nicht verhärtet; ſie
trauen ihren Urtheilen noch keine ſolche Unfehlbarkeit zu, daß
ſie nicht auch zuweilen falſch ſeyn könnten: ſie geben alſo eher
der geſunden Vernunft Gehör, und begreifen die Richtigkeit
der Regeln gar leicht. Ja wenn man ihnen gleich nicht die
Gründe des guten Geſchmackes und die Quellen wahrer
Schönheiten entdecken und begreiflich machen kann; weil ſie
etwa nicht ſtudiret haben, oder ſonſt die gehörige Fähigkeit
nicht beſitzen: ſo lernen ſie doch aus der bloßen Empfindung
endlich recht urtheilen. Man darf ihnen nur etwas Schönes
zeigen, und ſie aufmerkſam darauf machen: ſogleich werden
ſie es gewahr. Denn mehrentheils gefällt ihnen deswegen
das Schlechte, weil ſie noch nichts beſſers geſehen haben:
nicht anders, wie mancher bloß daher in eine mittelmäßige
Geſtalt verliebt iſt; weil er noch keine Gelegenheit gehabt,
eine rechte Schönheit kennen zu lernen. Man zeige nur einem
ſolchen Liebhaber eine vollkommenere Perſon, als ſeine vermeynte Halbgöttinn iſt: er wird ihrer entweder gar vergeſſen;
oder doch zum wenigſten den größten Theil ſeiner Hochachtung
gegen dieſelbe verlieren. Indeſſen iſt es nicht zu leugnen,
daß auch junge Leute zuweilen von dem ſchon ziemlich einge-
führten guten Geſchmacke muthwillig abweichen, und auf einen

weit

weit schlimmern verfallen. Dieses wiederfährt stolzen und ehrsüchtigen Köpfen, die sich, es koste was es wolle, durch etwas neues und seltsames unterscheiden wollen. Der gebahnte Weg ist ihnen zu verächtlich: sie wollen sich durchaus hervor thun, und wenn es gleich durch Thorheiten seyn sollte. Sie ahmen also auch die Fehler großer Leute, auch offenbare Abweichungen von Regeln der Vernunft nach; und verführen wohl gar durch ihr Exempel andre. So wissen die Kunstrichter, daß Ovid und Seneca den römischen, Marino und Ariost den wälschen, Milton den englischen, ja durch seine Uebersetzungen auch den deutschen Geschmack zum Theile verderbet habe.

29. §. Und so hätte ich wohl meines Erachtens in diesem Hauptstücke meinen Vorsatz ins Werk gerichtet, indem ich nicht nur einen deutlichen Begriff von dem Geschmacke überhaupt gegeben, sondern auch die Regeln des guten Geschmacks entdecket, und ihn dadurch von dem übeln unterschieden; ferner dieses gegen die Einwürfe vertheidiget, und endlich etliche zweifelhafte Fragen, die bey dieser Materie aufgeworfen worden, nach meinen Grundsätzen entschieden. Nunmehr sollte ich besondere Lehren geben, und zeigen, was denn in allerley Gedichten, Einfällen und Ausdrückungen dem guten oder übeln Geschmacke gemäß sey. Allein, dieses ist eine Arbeit, die alle folgende Capitel dieses Buches einnehmen wird, als in welchen ich stückweise die Regeln vortragen will, darnach die poetischen Schönheiten beurtheilet werden müssen. Man merke zum Beschlusse Horazens Regel an:

Interdum vulgus rectum videt; est ubi peccat.

Lib. II. Ep. 1.

Oft hat der Pöbel recht, und oftmals fehlt er auch: Und,
Maxima pars Vatum - - -
Decipimur specie recti.
Der Dichter größter Theil beträgt sich durch den Schein.

Das

Das IV. Hauptstück.
Von den dreyen Gattungen der
poetischen Nachahmung, und insonder-
heit von der Fabel.

1. §.

Die Nachahmung der Natur, darinnen, wie oben gewiesen worden, das Wesen der ganzen Poesie besteht, kann auf dreyerley Art geschehen. Die erste ist eine bloße Beschreibung, oder sehr lebhafte Schilderey von einer natürlichen Sache, die man nach allen ihren Eigenschaften, Schönheiten oder Fehlern, Vollkommenheiten oder Unvollkommenheiten seinen Lesern klar und deutlich vor die Augen malet, und gleichsam mit lebendigen Farben entwirft: so daß es fast eben so viel ist, als ob sie wirklich zugegen wäre. Dieses nun mit rechter Geschicklichkeit zu verrichten, das ist eine gar feine Gabe: und man hat es dem Homer zu großem Lobe angemerket, daß ein berühmter griechischer Maler, der eine Minerva zu schildern willens war, zu dem Ende erst in der Ilias die Beschreibung dieser Göttinn nachgeschlagen, sie durchgelesen, und sich dadurch eine lebhafte Abbildung von ihr gemachet. Solche Malerey eines Poeten nun, erstrecket sich noch viel weiter, als die gemeine Malerkunst. Diese kann nur für die Augen malen, der Poet hergegen kann für alle Sinne Schildereyen machen. Er wirket in die Einbildungskraft; und diese bringt die Begriffe aller empfindlichen Dinge fast eben so leicht, als Figuren und Farben hervor. Ja er kann endlich auch geistliche Dinge, als da sind innerliche Bewegungen des Herzens, und die verborgensten Gedanken beschreiben und abmalen. Nur ist hierbey zu merken, daß ein Dichter seine Absicht niemals vergessen muß. Ein jedes endliches Ding hat zwo Seiten, eine gute und eine böse. Will man nun ein Ding loben: so muß man die erste; will

man

man es aber tadeln, ſo muß man nur die andre abſchildern. In beyden Bildern wird Wahrheit ſeyn, wenn man der Natur folget, und die Sache nicht zu hoch treibt. Hierwider aber pflegen ſo wohl Lobdichter, als Satirenſchreiber zu verſtoßen, die insgemein in beydem kein Maaß zu halten wiſſen.

2. §. Doch dieſe Art der poetiſchen Nachahmung iſt bey aller ihrer Vortrefflichkeit nur die geringſte: weswegen ſie auch Horaz im Anfange ſeiner Dichtkunſt für unzulänglich erkläret, einen wahren Poeten zu machen. Wenn ich die beſten Bilder von der Welt in meinen Gedichten machen könnte, ſo würde ich doch nur ein mittelmäßiger oder gar nur ein kleiner Poet zu heißen verdienen: dafern ich nämlich nichts beſſers zu machen wüßte. Ja ich könnte wohl gar ein verdrüßlicher Dichter und Scribent werden, wenn ich meinen Leſern mit unaufhörlichen Malereyen und unendlichen Bildern einen Ekel erweckte. * Boileau hat dieſen Fehler am Scudery ſchon angemerkt und verworfen, wenn er im I. Geſ. ſeiner Dichtkunſt geſchrieben:

Un Auteur quelque fois trop plein de ſon Objet,
Jamais, ſans l'epuiſer, n'abandonne un Sujet,
S'il rencontre un Palais, il m'en depeint la Face,
Il me promene aprés de Terraſſe en Terraſſe;
Ici s' offre un Perron, la regne un Corridor,
Là ce Balcon s'enferme en un Baluſtre d'or.

Il con-

---

* Der Pater Boſſü in ſeinem Tractate vom Heldengedichte auf der 276 S. ſchreibt davon ſo: Nous pouvons encore mettre au nombre des matieres, qui ne ſont pas poetiques, les Deſcriptions de Palais, de Jardins, de Bocages, de Ruiſſeaux, de Navires, et de cent choſes naturelles et artificielles; lorsque ces Deſcriptions ſont faites un peu trop au long, d'une Maniere ſimple, propre et ſans Allegorie. C'eſt ce, qu'Horace nomme des Lambeaux éclatans, que les Poetes placent quelquefois tres-mal, penſant que ces Fautes ſeront de beaux Ornemens de leurs Ouvrages. Cela eſt bon en de petits Poemes. d. i. Unter die Materien, die nicht poetiſch ſind, können wir auch die Beſchreibungen von Pallaſten, Gärten, Gebüſchen, Flüſſen, Schiffen, und hundert andern natürlichen und künſtlichen Dingen zählen, wenn ſie ein bisſchen zu lang, ſchlechtweg, und ohne Allegorie gemacht ſind. Das nennt Horaz glänzende Lappen, welche die Poeten oftmals ſehr übel anbringen, und glauben, dieſe Fehler würden ihre Gedichte zieren. Dieß iſt gut in kleine Gedichte.

Il conte des Plafonds les Ronds et les Ovales,
Ce ne ſont que feſtons, ce ne ſont qu' Aſtragales.
Je ſaute vingt Feuillets, pour en trouver la Fin,
Et je me ſauve à peine au Travers d'un Iardin.
Fuyez des ces Auteurs l' Abondance ſterile!
Et ne vous chargez point d'un Detail inutile,
Tout ce qu'on dit de trop, eſt fade et rebutant.
L' Eſprit raſſaſié le rejette à l'inſtant;
Qui ne ſçait ſe borner, ne ſceut jamais écrire.

Wie viele Dichter haben nicht bey uns wider dieſe Regeln verſtoßen; die uns wohl gar ganze Bücher voller Beſchreibungen und gekünſtelter Schildereyen aufgedrungen haben? Ein jeder wird merken, daß ich die Brockiſchen Schriften meyne, in welchen gewiß weit mehr das gute Herz des Dichters, als ſein Geſchmack und ſeine Kunſt zu loben iſt. Noch lächerlicher ſind diejenigen, die uns ganze Lehrbücher von den Beſchreibungen geſchrieben. Sie machen eine Sache, die doch kein Hauptwerk des Dichters iſt, ohne Noth ſchwer, und verdunkeln durch ihre unendlichen Abtheilungen und Zergliederungen, dasjenige, was ein muntrer Kopf ohne alle Regeln weit beſſer trifft. So muß man denn auch in dieſem Stücke Maaß zu halten wiſſen; theils, daß man unnöthige und überflüßige Bilder ſeinem Leſer nicht aufdringe; theils bey einem an ſich nöthigen Abriſſe nicht gar zu ſorgfältig alle Kleinigkeiten auszudrücken bemüht ſey. Virgil wird deswegen gelobt, weil er in Beſchreibungen ſo beſcheiden geweſen. Er hat wohl zehnmal Gelegenheit gehabt, den Regenbogen abzumalen: und was würde uns da ein poetiſcher Maler von Profeßion, nicht mit ſeinen Farben gequälet haben! Aber der beſcheidne Virgil ſagt nichts mehr, als:

Mille trahens varios adverſo ſole colores.

3. §. Die andre Art der Nachahmung geſchieht, wenn der Poet ſelbſt die Perſon eines andern ſpielet, oder einem, der ſie ſpielen ſoll, ſolche Worte, Gebärden und Handlungen vorſchreibt und an die Hand giebt, die ſich in gewiſſen Umſtänden

ständen für ihn schicken. Man macht z. E. ein verliebtes,
trauriges, lustiges Gedicht, im Namen eines andern; ob
man gleich selbst weder verliebt noch traurig, noch lustig ist.
Aber man ahmet überall die Art eines in solchen Leidenschaften stehenden Gemüthes so genau nach, und drückt sich mit so
natürlichen Redensarten aus, als wenn man wirklich den
Affect bey sich empfände. Zu dieser Gattung gehört schon
weit mehr Geschicklichkeit, als zu der ersten. Man muß
hier die innersten Schlupfwinkel des Herzens ausstudiret, und
durch eine genaue Beobachtung der Natur, den Unterscheid
des gekünstelten, von dem ungezwungenen angemerket haben.
Dieses aber ist sehr schwer zu beobachten, wie die Fehler sattsam zeigen, die von den größten Dichtern in diesem Stücke
begangen worden. Daß Virgil in seinen Schäfergedichten
nicht immer glücklich damit gewesen, das hat der italiänische
Kunstrichter, Ludewig Castelvetro, dessen kritische Werke
Argelati vor einigen Jahren herausgegeben hat, sehr gründlich erwiesen. In Fontenellens Gedanken, von Schäfergedichten, wird man auch den Theokritus oft ganz billig getadelt
finden. Herr Fontenelle selbst wird in dem englischen Guardian gleicher Fehler, und zwar nicht ohne Grund beschuldiget,
wie an dem gehörigen Orte ausführlicher gedacht werden soll.
Daß nicht auch unter unsern Deutschen es viele hierinnen
sollten versehen haben, daran ist gar kein Zweifel.

4. §. Die Klaggedichte, die Kaniz und Besser, auf ihre
Gemahlinnen gemacht, werden sonst als besondere Muster
schön ausgedruckter Affecten angesehen. Man kann sie auch
gar wohl unter diese Art der Nachahmung rechnen, ob sie
gleich ihren eignen Schmerz, und nicht einen fremden vorstellen wollen: denn so viel ist gewiß, daß ein Dichter zum
wenigsten dann, wann er die Verse macht, die volle Stärke
der Leidenschaft nicht empfinden kann. Diese würde ihm nicht
Zeit lassen, eine Zeile aufzusetzen; sondern ihn nöthigen, alle
seine Gedanken auf die Größe seines Verlusts und Unglücks
zu richten. Der Affect muß schon ziemlich gestillet seyn,
wenn man die Feder zur Hand nehmen, und alle seine Kla-

. Crit. Dichtk.　　　　　K　　　　　gen

gen in einem ordentlichen Zuſammenhange vorſtellen will.
Und es iſt auch ohnedas gewiß, daß alle beyde oberwähnte
Gedichte eine gute Zeit nach dem Tode ihrer Gemahlinnen
verfertiget worden: da gewiß die Poeten ſich nur bemühet
haben, ihren vorigen betrübten Zuſtand aufs natürlichſte auszudrücken. Ob ich nun wohl nicht läugne, daß dieſe trefflichen
Stücke des berühmten Amthors Klagen, in gleichem Falle,
weit vorzuziehen ſind: ſo könnte doch ein ſcharfes Auge,
auch in dieſen zweyen Meiſterſtücken, noch manchen gar zu
gekünſtelten Gedanken, und gezwungenen Ausdruck, entdecken; den gewiß ein wahrer Schmerz nimmermehr würde
hervorgebracht oder gelitten haben. Was hier von dem
Schmerze gilt, das muß von allen Affecten verſtanden werden. Hofmannswaldaus Heldenbriefe, ſollen verliebt
geſchrieben ſeyn; haben aber die Leidenſchaft, ſo der Poet nachahmen wollen, ſehr ſchlecht getroffen, und tauſend bunte
Einfälle und Zierrathe angebracht, die ſich für keinen wahrhaftig verliebten ſchicken. Man darf nur dargegen halten,
was Günther im I. Theile ſeiner Ged. an ſeine Geliebte
geſchrieben, wo alles der Natur viel gemäßer iſt; ſo wird
man leicht ſelbſt wahrnehmen, was eine geſchickte Nachahmung der Natur iſt, und was ein kaltes und froſtiges
Gewäſch in der Poeſie heißt.

5.§. Auf dieſer Kunſt nun beruhet faſt die ganze theatraliſche Poeſie: was nämlich die Charactere einzelner Perſonen,
ihre Reden in einzelnen Scenen, und ihre Handlungen anlanget. Denn hier muß ein Poet alles, was von dem auftretenden Helden, oder wer es ſonſt iſt, wirklich und der
Natur gemäß hätte geſchehen können, ſo genau nachahmen,
daß man nichts unwahrſcheinliches dabey wahrnehmen könne.
In Heldengedichten, und allen übrigen Arten, wo man auch
zuweilen andre redend einführet, hat eben dieſes ſtatt, wie an
ſeinem Orte ſtückweiſe ſoll erwieſen werden. Horaz hat in
ſeiner Dichtkunſt zu verſchiedenen malen daran gedacht, und
nicht nur die Regel gegeben, wie man den Achilles, die Medea, den Irion, die Io u. ſ. w. abbilden und aufführen ſolle;

daß

daß ein Greis und ein Jüngling, ein Argiver und Babylo-
nier, ein Kaufmann und Bauer, eine Matrone und eine
Amme nicht auf einerley Art reden und handeln müssen;
sondern auch gewiesen, wo man die Kunst gute Charactere zu
machen, lerne; nämlich aus der Sittenlehre und der Erfahrung.   Diese zeiget uns die herrschenden Neigungen der
Kinder, Jünglinge, Männer und Alten: jene hergegen
lehret sowohl die Natur der Affecten, als die Pflichten aller
Menschen in allen Ständen.   Dieß will auch unsre deutsche
Dichtkunst des Herrn von Brück, aus der deutschen Gesellschaft I. Theile eigner Schriften und Uebersetzungen, auf
der 9. Seite.

> — Du mußt fleißig Acht auf alle Dinge haben,
> Auf Tugend, Wissenschaft, auf des Gemüthes Gaben,
> Auf Zeit, Geschlecht und Stand, auf Glück und Herzeleid,
> Auf Sitten und Gestalt, auf Reden Art und Zeit.
> Ein junger freyer Kerl, ein alter karger Knicker,
> Ein tugendhafter Mann, ein schelmischer Berücker,
> Ein ganz verbuhlter Thor, ein unerzognes Kind
> Sehn unterschiedlich aus; drum male wie sie sind.
>   *   *   *   *   *   *   *   *
> Die Aehnlichkeit ergetzt, und nicht der Farben Menge,
> Die Schönheit ohne sie heißt nichtiges Gepränge:
>   *   *   *   *   *   *   *   *
> Kurz, wenn dein Abdruck nur dem Vorbild ähnlich ist,
> So glaube, daß du dann ein guter Maler bist.

Und auf der 20. und 21. Seite heißt es:

> Wirst du die Eigenschaft des Knechts und Edlen wissen:
> So wird auch jeglicher ganz anders reden müssen,
> Weil jeder anders denkt: und dieses zeigt den Grund
> Dieß ists, dieß leget dir die Wörter in den Mund.
> Stellst du nun Knechte vor, so mußt du knechtisch denken,
> Wie Meister von der List, von Lügen und von Schwänken.
> Dann findest du zugleich das eigentliche Wort,
> Das sich zur Sache schickt, und kömmst auch leichtlich fort.
> Wird aber Sokrates im Schauspiel aufgeführet:
> So wird ein strenger Ernst und große Kunst verspüret.
> Da giebt sichs von sich selbst, daß der ganz anders spricht;
> Denn jenes Ausdruck paßt zu den Gedanken nicht.

6. §. Wer nun hierinnen wohl geübet ist, und sonst scharfsinnig genug ist, auf die Wahrscheinlichkeit in allen Stücken recht Achtung zu geben; der wird in seiner Nachahmung unfehlbar glücklich fortkommen müssen: da hingegen ein Frembling in dem allen, alle Augenblicke Fehler begehen, und lauter unähnliche Schildereyen verfertigen wird. Ich schließe bey dem allen den Witz und die Urtheilungskraft nicht aus: denn jener ist diejenige Gemüthskraft, die mit den Aehnlichkeiten der Dinge zu thun hat, und folglich auch die Abrisse ihren Vorbildern ähnlich machen, oder diese in jenen nachahmen muß. Ohne diese hergegen wird man unfehlbar in den Fehler verfallen, den dort Kanitz an den meisten unsrer Poeten tadelt; wenn er den Virgil als einen glücklichen Nachahmer der Natur, im Absehen auf den Charakter der Dido, erhebet. Es heißt:

Man redt und schreibt nicht mehr, was sich zur Sache schicket,
Es wird nach der Natur kein Einfall ausgedrücket,
Der Bogen ist gefüllt, eh man an sie gedacht;
Was groß ist, das wird klein, was klein ist, groß gemacht:
Da doch ein jeder weis, daß in den Schildereyen,
Nur bloß die Aehnlichkeit das Auge kann erfreuen;
Und eines Zwerges Bild die Artigkeit verliert,
Wenn es wird in Gestalt der Riesen aufgeführt.
Wir lesen ja mit Lust Aeneens Ebentheuer;
Warum? Stößt ihm zur Hand ein grimmig Ungeheuer,
So hat es sein Virgil so künstlich vorgestellt;
Daß uns, ich weis nicht wie, ein Schrecken überfällt:
Und hör ich Didons Mund von Schimpf und Undank sprechen,
So möcht ich ihren Hohn, an den Trojanern rächen.
So künstlich trifft itzund kein Dichter die Natur!
Sie ist ihm viel zu schlecht: er sucht ihm fremde Spur;
Geußt solche Thränen aus, die lachenswürdig scheinen,
Und wenn er lachen will, so möchten andre weinen.

7. §. Doch auch diese so schwere Gattung der Nachahmung, machet nicht das Hauptwerk in der Poesie aus. Die Fabel ist hauptsächlich dasjenige, was der Ursprung und die Seele der ganzen Dichtkunst ist. * Selbst unsre Muttersprache

* Wie Aristoteles im VI. Capitel seiner Poetik schreibt: Αρχη και οιον ψυχη μυθος.

sprache lehret uns dieses; wenn wir die Poesie, die Dichtkunst, und ein poetisches Werk, ein Gedicht nennen.
Ich weis wohl, daß vor Alters dichten, nur so viel als denken und nachsinnen geheißen: z. E. das Dichten und Trachten des menschlichen Herzens ist böse rc. Allein in neuern
Zeiten heißt es gewiß, etwas ersinnen, oder erfinden, was
nicht wirklich geschehen ist. Sachen nämlich, die wirklich
geschehen sind, d. i. wahre Begebenheiten, darf man nicht
erst dichten: folglich entsteht auch aus der Beschreibung und
Erzählung derselben kein Gedicht, sondern eine Historie, oder
Geschichte; und ihr Verfasser bekömmt nicht den Namen
eines Dichters, sondern eines Geschichtschreibers. Die
pharsalische Schlacht also, die Lucian in Versen beschrieben
hat, kann nichts anders, als eine Historie in Versen heißen:
des Aesopus Fabeln hergegen, obwohl sie nur in ungebundener Schreibart abgefasset worden, sind Gedichte. Und
wer die Fähigkeit nicht besitzt, gute Fabeln zu erfinden, der
verdient den Namen eines Poeten nicht; wenn er gleich die
schönsten Verse von der Welt machte. Phädrus wäre
derowegen wohl ein Versmacher, aber kein Dichter gewesen: wenn er nur die äsopischen Fabeln in Verse gebracht,
aber selbst keine erfunden hätte.

8. §. Wenn Aristotel sagen will, was die Fabel in
einem Gedichte eigentlich sey, so spricht er: Es sey die
Zusammensetzung oder Verbindung der Sachen.
Der Pater Bossu in seinem Tractate vom Heldengedichte,
läßt sich an dieser Erklärung gnügen, und versteht durch die
Sachen, so in einer Fabel verbunden werden sollen, das
Wahre und das Falsche. In der That muß eine jede
Fabel was Wahres und was Falsches in sich haben: nämlich einen moralischen Lehrsatz, der gewiß wahr seyn muß;
und eine Einkleidung desselben in eine gewisse Begebenheit,
die sich aber niemals zugetragen hat, und also falsch ist.
Allein er scheint mir den Verstand des Philosophen nicht recht
eingesehen zu haben. Die Sachen müssen auf das Zubehör
der Fabel, als da sind, die Thiere, Menschen, Götter,

Hand-

Handlungen, Gespräche, u. s. w. gedeutet werden. Diese
Dinge müssen verknüpfet und verbunden werden, so daß sie
einen Zusammenhang bekommen, und alsdann entsteht eine
Fabel daraus. Hätte dieses Bossu gesehen, so würde er es
nicht nöthig gehabt haben, eine andere Beschreibung davon
zu geben, die noch weniger Stich hält, als die obige. Denn
da er sagt: Die Fabel sey eine Rede, welche ihre
Lehren unter den Allegorien einer Handlung verbir-
get und zu Besserung der Sitten ersonnen worden;
so ist bey dieser Erklärung sehr viel zu erinnern. Denn
I. ist es bekannt, daß die Fabel nicht nur eine Rede, sondern
auch eine Schrift seyn kann: und also hätte die Fabel besser
eine Erzählung heißen mögen. Hernach aber machen nicht
alle Allegorien, die da lehrreich und unterrichtend sind, eine
Fabel aus. Horazens Ode ist bekannt, wo der Poet die
römische Republik unter dem Bilde eines Schiffes anredet,
und ihr viel heilsame Regeln, in einer beständigen allegorischen Rede giebt. Wer hat aber diese Ode jemals zu den
Fabeln gezählet? Wollte man sagen, hier wäre keine allegorische Handlung vorhanden: so würde man antworten, daß
nach seinem eigenen Geständnisse, nicht zu allen Fabeln eine
Handlung nöthig sey. Er selbst, führet im folgenden dergleichen an; nämlich, da die Fliege an dem Rade eines
großen und schleunig fortgezogenen Wagens sitzt, selbst nichts
thut, sondern nur sagt: Ey, welch einen großen Staub
mache ich nicht!

9. §. Ich glaube derowegen, eine Fabel am besten zu
beschreiben, wenn ich sage: sie sey die Erzählung einer
unter gewissen Umständen möglichen, aber nicht
wirklich vorgefallenen Begebenheit, darunter eine
nützliche moralische Wahrheit verborgen liegt.
Philosophisch könnte man sagen, sie sey eine Geschichte aus
einer andern Welt. Denn da man sich in der Metaphysik
die Welt als eine Reihe möglicher Dinge vorstellen muß;
außer derjenigen aber, die wir wirklich vor Augen sehen,
noch viel andre dergleichen Reihen gedacht werden können:

ſo ſieht man, daß eigentlich alle Begebenheiten, die in
unſerm Zuſammenhange wirklich vorhandener Dinge nicht
geſchehen, an ſich ſelbſt aber nichts Widerſprechendes in ſich
haben, und alſo unter gewiſſen Bedingungen möglich ſind,
in einer andern Welt zu Hauſe gehören, und Theile davon ausmachen. Herr von Wolf hat ſelbſt, wo mir recht iſt,
an einem gewiſſen Orte ſeiner philoſophiſchen Schriften geſagt: daß ein wohlgeſchriebener Roman, das iſt ein ſolcher,
der nichts widerſprechendes enthält, für eine Hiſtorie aus
einer andern Welt anzuſehen ſey. Was er nun von Romanen ſagt, das kann mit gleichem Rechte von allen Fabeln geſagt werden. Weil aber dieſe Erklärung unphiloſophiſchen
Köpfen vielleicht Schwierigkeiten machen könnte: ſo bleibe
ich bey der erſten, die nach dem gemeinen Begriffe aller, die
nur deutſch verſtehen, eingerichtet iſt. Ich erläutere ſie
durch das bereits erwähnte Exempel. Die Begebenheit
iſt daſelbſt, daß ein großer Wagen auf einem ſtaubigten
Wege, von vier oder mehr hurtigen Pferden geſchwinde hin-
geriſſen wird; eine Fliege an dem Rade deſſelben ſitzet, und
ſich ſchmäuchelt, ſie ſelbſt habe allen dieſen Staub erreget. Dieſe
Begebenheit iſt unter gewiſſen Umſtänden möglich. Wenn
nämlich nur ein angeſpannter Wagen fährt, und eine Fliege,
die daran ſitzt, ſo viel Verſtand hat, daß ſie über den ringsum
auffſteigenden Staub ihre Betrachtungen anſtellen kann: ſo
geht es gar wohl an, daß ſie ſo eitel ſeyn, und ſich ſelbſt für
die Urſache einer ſo großen Staubwolke anſehen kann. Die
moraliſche Lehre endlich, die darunter verborgen liegt, iſt dieſe:
Ein Stolzer iſt ſo thöricht, daß er ſich ſelbſt und ſeinen Ver-
dienſten, Dinge zuſchreibt, die von ganz andern Urſachen
herrühren und ſeine Kraft unzählichemal überſteigen.

10. §. Man kann die Fabeln in unglaubliche, glaubliche und vermiſchte eintheilen. Jene ſind die, wo man
unvernünftige Thiere oder wohl gar lebloſe Dinge ſo reden
und handeln läßt, als wenn ſie mit menſchlicher Vernunft
begabt wären. Ein Exempel davon finden wir ſo gar in
der Schrift, wo Abimelechs Bruder, im Buche der Rich-

ter,

ter, ſeinen Landsleuten erzählet: wie die Bäume ſich einen
König erwählet, der ſie mit Feuer verzehret, und alſo, ihrer
thörichten Wahl halber, ſattſam beſtrafet hätte. Die andre
Art ſind die glaublichen Fabeln, wo lauter Menſchen und
andre vernünftige Weſen vorkommen; bey denen es nichts
Unglaubliches iſt, daß ſie mit Verſtande reden und handeln
können. Dergleichen iſt abermal in der Schrift Nathans
Fabel vom reichen und armen Manne, deren jener dieſen
ſeines einzigen geliebten Schäfleins beraubete: imgleichen die
Fabeln vom verlohrnen Sohne, vom armen Lazarus u. d. gl.
Die dritte Art, nämlich der vermiſchten Fabeln, entſteht,
wenn darinnen theils unvernünftige, theils vernünftige Dinge
redend und handelnd vorkommen. Dergleichen würde Bileams Begebenheit mit ſeiner Eſelinn ſeyn; wenn dieſes nicht
wirklich geſchehen ſeyn ſollte. Wir finden aber in den äſopiſchen Fabeln unzählige ſolche, wo theils vernünftige Menſchen,
theils Thiere und Bäume angeführet werden: zugeſchweigen,
daß auch Homer in ſeiner Ilias einmal ein Pferd mit ſeinem
Herrn hat reden laſſen. * Ein Exempel von meiner Erfindung ſteht in den vernünft. Tadl. von dem Veilchenſtocke,
der Tulpe und der Blumengöttinn Flora. Imgleichen von
dem Manne, ſeinem Hunde und der Katze; und im II. Theile
derſelben vom Pferde und Eſel; wiewohl dieſe vieleicht unter
die natürlichen zu zählen ſind. Endlich auch im II. Theile
des Biedermanns vom Haſen, der ſich in den Löwenſtand
erheben ließ.

11. §. Dadurch aber, daß wir die erſte Art der Fabeln
unglaublich nennen, widerſprechen wir der obigen Erklärung

---

* Τον δ'αϱ ὑπὸ ζυγόφιν πϱοσέφη
   πόδας αἰυλος ἱππος,
Ξάνθος   -   -   *
Καὶ λήν σ'έτι νῦν γε σαώσομεν
   ὄβϱιμ Αχιλλεῦ.
Ἀλλά τοι ἐγγύθεν ἡμαϱ ὀλέθϱιον
   οὐδέ τι ἡμεῖς
Αἴτιοι, ἀλλά θεός τε μέγας, καὶ
   μοῖϱα κϱαταιή.
   Iliad. L. XIX.

D. i. Hierauf antwortete ihm neben dem Joche ſein ſchnelles Pferd
Xanthus: ꝛ ꝛ ꝛ Tapferer Achilles, diesmal zwar wollen wir dich
noch beym Leben erhalten: aber ehe-
ſtens wird der Tag deines Todes her-
beyrücken; und daran werden nicht
wir Schuld haben, ſondern ein großer
Gott und das mächtige Verhängniß.

rung noch nicht; darinnen wir behaupteten, die Fabel sey eine
mögliche Begebenheit. Es kann ja eine Sache wohl möglich, aber in der That bey der itzigen Ordnung der Dinge
sehr unglaublich seyn. Diese Verknüpfung der wirklich
vorhandenen Dinge nämlich hält ja nicht alle mögliche Dinge in sich, wie die Weltweisen darthun. Es wären andre
Verbindungen endlicher Wesen eben sowohl geschickt gewesen,
erschaffen zu werden, wenn es Gott gefallen hätte. Dem
Dichter nun, stehen alle mögliche Welten zu Diensten.
Er schränket seinen Witz also nicht in den Lauf der wirklich
vorhandenen Natur ein. Seine Einbildungskraft, führet
ihn auch in das Reich der übrigen Möglichkeiten, die der
itzigen Einrichtung nach, für unnatürlich gehalten werden.
Dahin gehören auch redende Thiere, und mit Vernunft be-
gabte Bäume; die zwar, so viel uns bekannt ist, nicht wirklich vorhanden sind, aber doch nichts widersprechendes in
sich halten. Man lese hier zur Erläuterung, Hollbergs un-
terirrdische Reise nach; wo man beydes antreffen wird.
Wie nun ein Poet hier alle Sorgfalt anwenden muß, daß
er seinen Fabeln auch einen gewissen Grad der Wahrscheinlichkeit gebe: also fragt sichs, wie das in dem so genannten
Unglaublichen möglich sey? Und hier ist es nicht zu leugnen,
daß in der gegenwärtigen Verknüpfung der Dinge nicht
leicht was zu ersinnen ist, dadurch die Sprache der Bäume,
oder der Thiere wahrscheinlich wird. Allein einem Poeten
ist es erlaubt, eine Fabel durch die andre wahrscheinlich zu
machen; und er darf also nur überhaupt dichten: Es sey
einmal eine Zeit gewesen, da alle Pflanzen und Thiere hätten reden können. Setzt man dieses zum voraus; so läßt
sich hernach alles übrige hören. Man sehe das folgende
VI. Hauptstück nach.

·12. §. Ferner müssen die Fabeln eingetheilet werden, in
epische und dramatische. Jene werden bloß erzählet, und
dahin gehören nicht nur die Jlias, Odyssee und Aeneis; sondern alle Romane, ja so gar die äsopischen Fabeln. Diese
hergegen werden wirklich gespielet, und also lebendig vor-

gestellet.

geſtellet. Dahin rechnet man alſo alle Tragödien, Komödien
und Schäferſpiele, imgleichen alle kleine dramatiſche Gedichte, die wirklich auf einer Schaubühne aufgeführet werden
können. Man ſieht gar leicht, daß dieſer andre Unterſcheid
ſich auf den erſten gründet. Denn die theatraliſchen Fabeln
leiden nichts, als was wahrſcheinlich iſt, wie Horatius
in ſeiner Dichtkunſt ſehr fleißig erinnert: hingegen die epi-
ſchen können gar wohl auch unglaubliche Fabeln von Thieren
und lebloſen Dingen brauchen. Tauſend Dinge laſſen ſich
gar wohl erzählen; aber den Augen läßt ſich nichts vorſtellen,
als was glaublich iſt. Die vormaligen Zeiten der Einfalt
des menſchlichen Geſchlechts, haben ſo viel von Zaubereyen,
und Wundergeſchichten erzählet und geglaubt, und auf die
Nachwelt fortgepflanzet; daß es uns nicht ſchwer iſt, zu
glauben, daß durch eine übermenſchliche Kraft alles möglich
iſt, was nur nicht widerſprechend iſt. So wird Homers
redendes Pferd, nur durch die Kraft der Minerva möglich,
oder glaublich; wenn man es in die alten Zeiten ſetzet.
Wer aber entweder daſſelbe, oder Bileams Eſelinn auf die
Schaubühne bringen, und ſie dadurch gleichſam in unſre
Zeiten verſetzen wollte: dem würde Horaz zurufen:

> Quodcumque oſtendis mihi ſic, incredulus odi.

13.§. Weiter können die Fabeln, theils im Abſehen auf
ihren Inhalt, theils im Abſehen auf die Schreibart, in erhabene und niedrige eingetheilet werden. Unter die erhabenen gehören die Heldengedichte, Tragödien und Staatsromane: darinnen faſt lauter Götter und Helden, oder
königliche und fürſtliche Perſonen vorkommen, deren Begebenheiten in einer edlen Schreibart entweder erzählet oder
geſpielet werden. Unter die niedrigen gehören die adelichen
und bürgerliche Romane, die Schäfereyen, die Komödien
und Paſtorale, nebſt allen äſopiſchen Fabeln: als worinn
nur Adel, Bürger und Landleute, ja wohl gar Thiere und
Bäume in einer gemeinen Schreibart redend eingeführet oder
beſchrieben werden. Von dieſen letztern könnte man mit
einigem

einigem Scheine fragen, ob sie auch zur Poesie gehöreten?
Von der Komödie hat Horaz ihres niedrigen Ausdruckes
halber, solches in Zweifel gezogen:

Idcirco quidam, Comœdia nec ne Poëma
Eſſet, quæſivere: quod acer ſpiritus ac vis
Nec verbis, nec rebus ineſt; niſi quod pede certo
Differt ſermoni, ſermo merus.

Sat. IV. L. 1.

Wiewohl aus dem obigen ist leicht darauf zu antworten.
Die hohe Schreibart ist zwar eine gute Eigenschaft eines
Poeten, und in gewissen Gedichten unentbehrlich: aber sie
allein machet noch keinen Dichter, wenn keine Fabel da ist,
die darinnen vorgetragen wird. Diese hergegen bleibt,
was sie ist, nämlich eine Fabel, ein Gedicht, wenn man sie
gleich in der gemeinen Sprache erzählt. Sie zeigt also
sattsam, daß ihr Verfasser ein Dichter gewesen, der auch
wohl erhaben hätte schreiben können, wenn er gewollt hätte,
und wenn es sich in dieser Art von Gedichten hätte thun
lassen. Horaz selbst trägt diesen Zweifel, wegen der Komödie, nur als etwas Fremdes vor. Einige, spricht er,
haben gefragt rc. Er giebt ihnen aber deswegen nicht
recht; zumal da er in seiner Dichtkunst selbst erinnert, daß
auch in der Komödie zuweilen die pathetische, feurige und
erhabene Schreibart statt findet: wenn nämlich ein Chremes
zu schelten, und vor Zorn zu pochen und zu poltern anfängt:

Interdum tamen et vocem Comœdia tollit,
Iratusque Chremes tumido delitigat ore.

14. §. Die Fabeln können noch ferner in vollständige und
mangelhafte eingetheilet werden. Jene erzählen diejenige
Begebenheit ganz, die zu der darunter versteckten Sittenlehre
gehöret: diese hergegen brechen ab, wenn die Begebenheit
kaum in die Hälfte gekommen ist. Zu Exempeln einer ganzen oder vollständigen können alle die obigen dienen, die wir
schon angeführet haben: denn die Erzählung geht daselbst so
weit,

weit, als nöthig ist, und das Gemüth bleibt am Ende derselben ganz ruhig; weil man den Zweck einsieht, warum sie
erzählet worden. Eine mangelhafte und halbe Fabel aber
war die, von dem Schatten des Esels, darüber der Eseltrei-
ber und der Reisende in einen Streit geriethen; welche Demosthenes seinen Mitbürgern erzählte, als sie in einer wichtigen Rede, welche die Wohlfahrt ihres Staats anbetraf,
sehr unachtsam waren. Denn als er ihnen dieselbe erzählet
hatte, und sie alle aus ihrer vorigen Nachläßigkeit ermun-
tert und begierig worden waren, den völligen Verlauf seiner
Geschichte zu vernehmen: so hörte er mit gutem Bedachte
auf, schwieg stille, und wollte sich aus der Versammlung
begeben. Weil aber die Fabel nur halb fertig war, so konnten sich die Zuhörer dadurch nicht zufrieden stellen: darum
riefen sie ihn zurücke, und verlangten, daß er ihnen auch den
Ausgang der ganzen Begebenheit erzählen sollte. Dabey
nahm er nun Gelegenheit, ihnen ihre Leichtsinnigkeit vorzurücken, die sich um Kleinigkeiten so ernstlich, um die wichtigsten Dinge aber, die er in seiner Rede vorgetragen hatte, so
wenig bekümmerte und aufmerksam bezeigete.

15. §. Bey dieser Abtheilung der Fabeln muß man sich vor
einem Misverstande hüten. Eine ganze Fabel erfodert nicht
allemal den völligen Umfang aller Begebenheiten, die einigen Zusammenhang mit einander haben: sondern es ist genug, daß sie alles dasjenige enthält, was zu der Sittenlehre,
die man vortragen will, unentbehrlich ist. Z. E. Homers
Ilias ist eine Fabel von Achillens Zorne, und den traurigen
Wirkungen desselben. Daher ist diese Fabel ganz, wenn
der Poet zeigt: wie und woher dieser Zorn entstanden,
nämlich von der Beleidigung, die Agamemnon diesem Helden zugefügt; ferner wie sich derselbe geäußert, nämlich
durch die Enthaltung vom Streite, da Achilles ruhig auf
seinem Schiffe geblieben; weiter, wie schädlich derselbe gewesen, weil die Griechen in seiner Abwesenheit allezeit den kür-
zern gezogen, Achilles selbst aber seinen besten Freund Patroklus eingebüsset; endlich wie dieser Zorn ein Ende genommen,

men, da der Held, aus Rachgier gegen den Hektor, seines alten Grolls vergessen, den Hektor erschlagen, und also den Trojanern großen Abbruch gethan. Diese Fabel war zulänglich, die moralische Wahrheit von der schädlichen Uneinigkeit benachbarter Staaten, die Homer in seinem Gedichte lehren wollen, in ein völliges Licht zu setzen. Es war dabey nicht nöthig, den Ursprung des trojanischen Krieges oder den Auszug desselben zu zeigen; vielweniger von den beyden Eyern der Leda anzufangen, aus deren einem Helena, als die einzige Ursache des Krieges, war gebohren worden. Dieses wäre eine gar zu große Fabel geworden, und Horaz lobt deswegen den Homer, daß er solches nicht gethan hat.

Nec reditum Diomedis ab interitu Meleagri,
Nec gemino bellum Trojanum orditur ab ovo:
Semper ad eventum festinat.

16. §. Diejenigen Poeten haben also keinen rechten Begriff von der Fabel gehabt, die sich eingebildet: sie müßte so vollständig seyn, daß weder forne noch hinten das geringste daran fehlte. Dahin gehört Statius, der den ganzen Lebenslauf des Achilles in ein Gedicht gebracht; und bey den Griechen, der Verfasser der kleinen Ilias, dessen Aristoteles gedenket: welcher gleichfalls den ganzen trojanischen Krieg in eins gezogen, davon uns die große Ilias nur ein Stück von anderthalb Monaten erzählet. Dahin gehört auch Milton, der in dem verlohrnen Paradiese nicht nur den Fall Adams, und seine Ursache, nämlich die Verführung Satans; sondern auch die Schöpfung der Welt, ja was vor derselben vorhergegangen, nämlich Lucifers Fall erzählet. Vielweniger werden des Ovidius Verwandelungen für ein einzig Gedicht können angesehen werden; als worinn eben so wenig eine einzige moralische Fabel zum Grunde liegt, als in den äsopischen Fabeln. Die Ilias ist einem königlichen Pallaste, voller Zusammenhang, Ordnung und Schönheit gleich: Des Ovidius Verwandlungen aber sind einer ganzen Stadt

zu vergleichen, die aus ſo vielen Bürgerhäuſern zuſammen
geſetzt iſt, als Fabeln ſie enthält; welche nicht mehr Verknüpfung mit einander haben, als daß ſie an einander ſtoßen
und mit einer Ringmauer umgeben ſind. Die äſopiſchen
Fabeln könnte man nach eben dieſer Allegorie ein großes
Dorf nennen, darinn jede Fabel eine Bauerhütte vorſtellet,
die eben ſo viel, ja noch mehr Thiere, als Menſchen in ſich
zu halten pflegt.

17. §. Noch eine Abtheilung der Fabeln iſt nöthig anzumerken, da ſie nämlich in Hauptfabeln und Nebenfabeln
unterſchieden werden. Dieſer Unterſcheid findet ſonderlich
in Heldengedichten, Romanen und theatraliſchen Stücken
ſtatt. Daſelbſt iſt eine die größeſte und wichtigſte, die im
ganzen Gedichte zum Grunde liegt, und gar wohl ohne die
übrigen beſtehen könnte. Auf dieſe kömmt auch hauptſächlich die Schönheit des ganzen Werkes an: weil ſie eigentlich
zum Zwecke des Verfaſſers führet, und die moraliſche Abſicht deſſelben unmittelbar befördert. Dergleichen iſt auch
in des Sophokles Antigone, welche Opitz verdeutſchet
hat, die Grauſamkeit Kreons, der des Polynikes Körper,
eines Sohns des Oedipus und der Jokaſta, unter freyen
Himmel werfen, und die Prinzeßin Antigone, die ſich
ihres todten Bruders annahm, und ihn begrub, in eine
Höle verſperren ließ: darüber er denn nicht nur ſeinen Sohn
Hämon, ſondern auch ſeine Gemahlinn Euridice, ein-
büßete, und endlich ſelbſt in Verzweifelung und Raſerey fiel.
Die Neben- oder Zwiſchenfabeln aber ſind alle die Einſchiebſel
und beyläufigen Erzählungen gewiſſer kleinerer Begebenheiten, die mit der größern einigermaßen zuſammenhangen;
und theils zur Verlängerung, theils zur Abwechſelung, theils
auch zum Verſtande der Hauptfabel etwas beytragen. Dergleichen ſind in der Ilias unzählige von Göttern und Helden,
die Homer überall eingeſtreuet hat; in der Aeneis die Begebenheiten von der Dido, und den Luſtſpielen, die Aeneas
ſeinem Vater zu Ehren angeſtellet hat; in dem Gottfried
die Liebesgeſchichte von Sophronia und Olindo; im Don
Quixote

Quixote der kleine Roman vom Cardenio, und dem eifer-
süchtigen Bruder; im Telemach die Historie vom ägypti-
schen Könige Sesostris; in der Banise die Eroberung
verschiedener Städte, und die dabey verübten Grausamkei-
ten. u. d. m.

18. §. Bey allen diesen poetischen Fabeln fragt sichs nun:
Ob sie nothwendig moralische Absichten haben müssen? Man
antwortet darauf, daß es freylich wohl möglich sey, Fabeln
zur bloßen Belustigung zu ersinnen: dergleichen manches
Mährchen ist, das die Ammen ihren Kindern erzählen, ja
dergleichen die meisten Romanschreiber in ihren Büchern
ausbrüten, auch viele unzeitige Komödienschreiber auf der
Schaubühne ausgehecket haben; sie mögen nun Wälsche,
Franzosen, Engländer oder Deutsche seyn. Allein da es
möglich ist, die Lust mit dem Nutzen zu verbinden, und ein
Poet nach der bereits gegebenen Beschreibung, auch ein rechtschaffener Bürger und redlicher Mann seyn muß: so wird
er nicht unterlassen, seine Fabeln so lehrreich zu machen, als
es ihm möglich ist; ja er wird keine einzige ersinnen, darunter nicht eine wichtige Wahrheit verborgen läge. Denn

Omne tulit punctum, qui miscuit utile dulci,
Lectorem delectando pariterque monendo.

Hor. Art. Poet.

Die alten Griechen sind uns hier mit guten Exempeln vorgegangen. Alle ihre Fabeln stecken voller Sittenlehren,
und es war eine so gemeine Sache, daß ihre Poeten erbauliche Fabeln schrieben, und auf der Bühne vorstellen ließen,
daß man auch allezeit sagte: Eine Fabel, das ist eine
Tragödie oder Komödie NB. lehren:

Vel qui prætextas; vel qui docuere togatas.

Hor. Art. Poet.

19. §. So ist z. E. die Fabel der Odyssee beschaffen, wie
Aristotel selbst uns den Auszug davon macht. Ein König
ist viele Jahre aus seinem Hause abwesend. Neptun ver-
folgt

folgt ihn, und beraubt ihn aller ſeiner Gefährten. Indeſſen
iſt bey ihm zu Hauſe alles in Unordnung: ſein Vermögen
wird verſchwendet; ſeine Gemahlinn und ſein Prinz ſtehen
in Gefahr. Endlich aber kömmt er nach vielen Ungewittern glücklich an, erkennet etliche von den Seinigen, erlegt
durch ihren Beyſtand ſeine Feinde, und bringt alles wieder
in Ordnung. So iſt auch die Fabel vom Oedipus, dem berühmteſten Trauerſpiele, das bey den Alten gemacht worden,
beſchaffen. Oedipus bittet die Götter um die Abwendung
der Peſt, wodurch Thebe verwüſtet wurde. Das Orakel
antwortet: Man müſſe den Tod des Königes Lajus an deſſen
Mördern rächen. Er unterſuchet derowegen die Sache;
findet aber nicht nur, daß er ſelbſt der Thäter ſey, ſondern
gar des Lajus Sohn geweſen, und folglich an deſſen Witwe,
der Jokaſta, ſeine eigene Mutter geheirathet habe. Darüber beſtraft er ſich ſelbſt, indem er ſich die Augen ausreißt,
ins Elend geht, und alſo ſeinem Volke die Geſundheit wieder herſtellet. Wer ſieht hier nicht, daß beyde Fabeln
vollkommen moraliſch ſind, und die wichtigſten Lehren in ſich
faſſen? wenn man ſie gleich nur überhaupt anſieht, und der
überall eingeſtreuten Sittenſprüche nicht einmal wahrnimmt?
In der erſten lehrt der Poet, die Abweſenheit eines Herrn,
aus ſeinem Hauſe oder Reiche ſey ſehr ſchädlich: in der andern aber, daß die Vorherſehung der Götter untrüglich ſey,
und durch keine menſchliche Liſt und Vorſicht irre gemacht
werden könne. Ein jeder, der nur ſeinen eigenen Augen
trauet, wird alſo keines fernern Beweiſes nöthig haben,
und die Einwürfe ſelbſt beantworten können, die le Clerc
in ſeinen Parrhaſianis dawider gemacht, und die ich ins
Deutſche überſetzt, den kritiſchen Beyträgen eingeſchaltet
habe.

20.§. Wie greift man indeſſen die Sache an, wenn man
geſonnen iſt, als ein Poet, ein Gedicht oder eine Fabel zu
machen? Dieſes iſt freylich das Hauptwerk in der ganzen
Poeſie, und alſo muß es in dieſem Hauptſtücke nicht vergeſſen werden. Vielen, die ſonſt ein gutes Naturell zur

Poeſie

Poesie gehabt, ist es bloß deswegen nicht gelungen, weil sie es in der Fabel versehen haben. Sie haben die Charaktere, die Sitten, die Gedanken, die Gemüthsbewegungen, und die Ausdrückungen bisweilen sehr wohl eingerichtet: allein die Begebenheiten sind unwahrscheinlich, seltsam, ja widersprechend, den Zeiten und Oertern. und sich selbst nicht geäß gewesen. So viel schlechte Heldengedichte, Tragödien, Komödien und Romane sind gemeiniglich nur in diesem Stücke mangelhaft: so vieler kleiner Fabeln, in andern Gattungen der Poesie, voritzo nicht zu gedenken. Es ist also der Mühe schon werth, daß wir uns bekümmern, wie man alle Arten der Fabeln erfinden, und regelmäßig einrichten könne?

21. §. Zu allererst wähle man sich einen lehrreichen moralischen Satz, der in dem ganzen Gedichte zum Grunde liegen soll, nach Beschaffenheit der Absichten, die man sich zu erlangen, vorgenommen. Hierzu ersinne man sich eine ganz allgemeine Begebenheit, worinn eine Handlung vorkömmt, daran dieser erwählte Lehrsatz sehr augenscheinlich in die Sinne fällt. Z. E. Gesetzt, ich wollte einem jungen Prinzen die Wahrheit beybringen: Ungerechtigkeit und Gewaltthätigkeit wären abscheuliche Laster. Diesen Satz auf eine angenehme Art recht sinnlich und fast handgreiflich zu machen, erdenke ich folgende allgemeine Begebenheit, die sich dazu schicket; indem man daraus die Abscheulichkeit des gedachten Lasters sonnenklar sehen kann. „Es war jemand, wird es heißen, der schwach und unver„mögend war, der Gewalt eines Mächtigern zu widerstehen. „Dieser lebte still und friedlich; that niemanden zu viel, „und war mit dem wenigen vergnügt, was er hatte. Ein „Gewaltiger, dessen unersättliche Begierden ihn verwegen „und grausam machten, ward dieses kaum gewahr, so griff „er den Schwächern an, that mit ihm, was er wollte, „und erfüllete mit dem Schaden und Untergange desselben, „seine gottlose Begierden.„ Dieses ist der erste Entwurf einer poetischmoralischen Fabel. Die Handlung, die

Crit. Dichtk. L darinn

darinn stecket, hat die folgenden vier Eigenschaften. 1) Ist
sie allgemein, 2) nachgeahmt, 3), erdichtet, 4) allegorisch,
weil eine moralische Wahrheit darinn verborgen liegt. Und
so muß eben der Grund aller guten Fabeln beschaffen seyn,
sie mögen Namen haben, wie sie wollen.

22. §. Nunmehr. kömmt es auf mich an, wozu ich diese
Erfindung brauchen will; ob ich Lust habe, eine äsopische,
komische, tragische, oder epische Fabel daraus zu machen?
Alles beruht hierbey auf der Benennung der Personen, die
darinn vorkommen sollen. Aesopus wird ihnen thierische
Namen geben, und ohngefähr sagen: „Ein Schäfchen,
„welches ganz friedlich am Strome stund, und, seinen Durst
„zu löschen, trinken wollte, ward von einem Wolfe ange-
„fallen, der ain obern Theile eben desselben Wassers soff,
„und seiner von ferne ansichtig ward. Dieses räuberische
„Thier beschuldigte das Schaf, es hätte ihm das Wasser
„trübe gemacht; so, daß er nicht hätte trinken können:
„und wiewohl sich dasselbe, durch die Unmöglichkeit der
„Sache, aufs beste entschuldigte; so fragte der Wolf doch
„nichts darnach, sondern griff es an, und fraß es auf.„
Wollte jemand diese thierische, und folglich unglaubliche Fabel,
in eine menschliche und desto glaublichere verwandeln: so
dürfte man nur diejenige nachschlagen, die dort Nathan
dem Könige David erzählet: „Ein armer Mann, wird
„sie lauten, hatte ein einzig Schäfchen, welches er sehr lieb
„hatte: sein reicher Nachbar hergegen besaß große Heerden.
„Dieser letztere nun bekam Gäste; und weil er sie zwar wohl
„aufzunehmen, aber doch von seinen eigenen Schafen keins
„zu schlachten, willens war: so schickte er zu seinem Nachbar,
„und ließ ihm sein einzig Schäfchen mit Gewalt nehmen,
„es schlachten und seinen Gästen zubereiten.„ Dieses ist
noch eben so wohl eine äsopische Fabel, als die obige.

23. §. Wäre ich willens, eine komische Fabel daraus zu
machen, so müßte ich sehen, daß ich das Laster der Ungerechtigkeit als ein lächerliches Laster vorstellen könnte. Denn
das Auslachenswürdige gehört eigentlich in die Komödie,

das

das Abscheuliche und Schreckliche hergegen läuft wider ihre
Absicht. Ich müßte es also bey einer kleinen Ungerechtigkeit
bewenden laffen, deren Unbilligkeit zwar einem jeden in die
Augen fiele, die aber doch kein gar zu großes Mitleiden er=
wecken könnte. Die Personen, müßten hier entweder bürger=
lich, oder zum höchsten adelich seyn: denn Helden und Prinzen
ören in die Tragödie. Derjenige aber, der das Unrecht
thäte, müßte endlich darüber zum Spotte und Gelächter
werden. Die Namen würden nur dazu erdacht, und man
dörfte sie nicht aus der Historie nehmen. Ich sage also:
„Herr Troßkopf, ein reicher, aber wollüstiger und verwegener
„Jüngling, hat einen halben Tag mit Schmausen und Spie=
„len zugebracht; geräth aber des Abends in ein übelberüch=
„tigtes Haus: wo man ihm nicht nur alle seine Baarschaft
„nimmt, sondern auch das Kleid vom Leibe zieht, und ihn so
„entblößt auf die Gaffe hinausstößt. Er fluchet und poltert
„eine Weile vergebens, geht aber endlich, mit dem bloßen
„Degen in der Hand, Gaffe auf, Gaffe nieder; in dem Vor=
„haben, dem ersten, dem besten, mit Gewalt das Kleid zu
„nehmen, und also nicht ohne Rock nach Hause zu kommen.
„Es begegnet ihm Herr Ruhelieb, ein friedfertiger Mensch,
„der von einem guten Freunde kömmt, und etwas spät nach
„Hause geht. Diesen fällt er an, nöthiget ihn nach dem
„Degen zu greifen, entwaffnet, ja verwundet ihn ein wenig,
„und zwinget ihn also das Kleid auszuziehen und ihm zu geben.
„Kaum hat er selbiges angezogen, um damit nach Hause zu
„gehen, so stehen an der andern Ecke der Straße ein paar
„tüchtige Kerle, die von Herrn Ruheliebs Feinden erkauft
„worden, denselben wacker auszuprügeln. Diesen fällt Herr
„Troßkopf in die Hände, und ob er gleich Leib und Seele
„schweret, daß er nicht derjenige sey, dafür sie ihn ansehen:
„so wird er doch wacker abgestraft; so, daß er aus Zorn und
„Ungeduld, Kleid, Hut und Perrücke wieder von sich wirft,
„und ganz braun und blau nach Hause läuft.„
24. §. Weil diese Fabel zu einer vollständigen Komödie
noch zu kurz ist, so müßte man etliche Zwischenfabeln dazu

dichten.

dichten. Herr Trotzkopf müßte irgend eine Liebste haben, der er von seiner Herzhaftigkeit vorgesagt hätte. Diese müßte nun durch das nächtliche Lärmen aufgeweckt werden, und irgend zum Fenster hinaus sehen, auch an der Stimme ihren Liebhaber erkennen. Oder es könnte sonst ein Patron desselben solches gewahr werden, der von seiner bösen Lebens-art nichts gewußt hätte. Es müßten noch mehr Personen an der Sache Theil nehmen, um dadurch die Aufzüge zu füllen, und die Begebenheit wahrscheinlich zu machen. Kurz, die Abtheilung und Auszierung müßte nach den Regeln ge-macht werden, die im andern Theile, wo von der Komödie insbesondre gehandelt wird, vorkommen sollen. So viel ist indessen gewiß, daß in dieser Fabel noch immer jene erstere allgemeine zum Grunde liegt, und die moralische Wahrheit, von der Gewaltthätigkeit, allegorisch begriffen ist.

25. §. Die Tragödie ist von der Komödie nur in der be-sondern Absicht unterschieden, daß sie an statt des Gelächters, die Verwunderung, das Schrecken und Mitleiden zu erwec-ken suchet. Daher pflegt sie sich lauter vornehmer Leute zu bedienen, die durch ihren Stand, Namen und Aufzug mehr in die Augen fallen, und durch große Laster und traurige Unglücksfälle solche heftige Gemüthsbewegungen erwecken können. Ich werde also sagen: „Ein mächtiger König saß, „daß einer seiner Unterthanen ein schönes Landguth hatte, „welches er gern selbst besessen hätte. Er both ihm anfänglich „Geld dafür: als jener es aber nicht verkaufen wollte, brauch-„te er Gewalt und List. Er ließ den Unschuldigen durch „erkaufte Kläger, falsche Zeugen und ungerechte Richter „vom Leben zum Tode bringen, seine Güter aber unter seine „Kammergüter ziehen.„ Dieses ist der Grundriß zu einer tragischen Fabel, woran nichts mehr fehlt, als daß man noch in der Historie etliche Namen suche, die sich zu dieser Fabel einigermaßen schicken. Mir fällt hier gleich der König Achab ein, der den Naboth auf solche ungerechte Art um seinen Weinberg gebracht hat. Hier könnte man die Jesa-bel ihre Rolle auch spielen lassen, imgleichen Naboths

Ehe-

Ehegattinn etwas zu thun geben: so würde die Fabel zu einer Tragödie lang genug werden, und sowohl einen Abscheu gegen Achabs Ungerechtigkeit, als ein Mitleiden gegen den unschuldig leidenden Naboth, erwecken. Die besondern Regeln des Trauerspiels werden gleichfalls im II. Theile in einem eigenen Hauptstücke vorkommen.

26. §. Endlich folgt die epische Fabel, die sich für alle dengedichte und Staatsromane schicket. Diese ist das vortrefflichste, was die ganze Poesie zu Stande bringen kann, wenn sie nur auf gehörige Art eingerichtet wird. Ein Dichter wählt also dabey in allen Stücken das beste, was er in seinem Vorrathe hat, ein so großes Werk damit auszuschmücken. Die Handlung muß wichtig seyn, das ist, nicht einzelne Personen, Häuser oder Städte; sondern ganze Länder und Völker betreffen. Die Personen müssen die ansehnlichsten von der Welt, nämlich Könige und Helden und große Staatsleute seyn. Die Fabel muß nicht kurz, sondern lang und weitläuftig werden, und in dieser Absicht mit vielen Zwischenfabeln erweitert seyn. Alles muß darinn groß, seltsam und wunderbar klingen, die Charactere, die Gedanken, die Neigungen, die Affecten und alle Ausdrückungen, das ist, die Sprache oder die Schreibart. Kurz, dieses wird das Meisterstück der ganzen Poesie. Aus dieser Ursache werde ich also meine obige Fabel so einkleiden: „Ein junger Prinz, in welchem eine unersättliche Ehrbegierde brennet, hatte sich durch die Macht der Waffen einen großen Namen zu machen gesuchet. Er hatte derowegen gewaltige Heere ausgerüstet, erst die benachbarten kleinen Staaten mit Krieg bezwungen, und war dadurch immer mächtiger geworden. Durch List und Geld hatte er die Bündnisse seiner stärkern Nachbarn getrennet, sie darauf einzeln angegriffen, und sich aller ihrer Länder bemeistert. Da er nun endlich so groß geworden ist, als es möglich war, aber auch zugleich ein Abscheu aller Welt geworden, wird er von einem mächtigern überwunden: da fällt nun seine Hoheit auf eine schmähliche Art, und er nimmt ein klägliches Ende.

L 3

27. §.

27. §. Dieſe Hauptfabel eines Heldengedichtes nach den beſondern Regeln deſſelben einzurichten, iſt dieſes Orts noch nicht. Ich merke nur dieſes an, daß ſie nicht zum Lobe der Hauptperſon, ſondern zur Schande derſelben gereichen würde; und darinn iſt ſie von den berühmten Heldengedichten der Alten unterſchieden. Meine allererſte allgemeine Fabel, und der darinn zum Grunde gelegte Lehrſaß ließ ſolches nicht anders zu; die Regeln des Heldengedichtes aber verbiethen ſolches nicht: wiewohl ich es ſelber für rathſamer achte, löbliche, als ſtrafbare Handlungen dadurch zu verewigen. Nichts mehr fehlt bey der alſo geſtalteten Fabel, als die Benennung der Perſonen. Das ſteht aber wiederum bey mir. Ich ſuche in der Hiſtorie dergleichen Prinzen, die ſich zu meiner Abſicht ſchicken, und mein Vaterland insbeſondre angehen. Wäre ich ein Griech von Geburt, ſo würde ich mir den Xerxes wählen, der nach vielen Gewaltthätigkeiten aus der marathoniſchen Schlacht elendiglich entfliehen müſſen. Wäre ich ein Perſer, ſo würde ich den großen Alexander nehmen, der nach Eroberung von halb Aſien, zu Babylon ein frühes Ende genommen. Wäre ich ein Römer, ſo würde Hannibal mein Held werden, der mit Schimpf und Schande aus Italien entweichen müſſen, als Scipio ſeine Hauptſtadt Karthago in Africa belagerte. Wäre ich ein alter Gallier, ſo könnte Attila die Hauptperſon meines Gedichtes abgeben, der in den catalauniſchen Feldern aufs Haupt geſchlagen worden. Wäre ich ein Ruſſe, oder Pohl, ſo würde ich Carl den XII. aus Schweden erwählen, der von Petern dem Großen zu Pultava geſchlagen worden. Weil ich aber itzo in Deutſchland lebe; ſo dörfte ich nur Ludwig den XIV. und deſſen bey Hochſtädt gedämpften Uebermuth in meinem Gedichte beſchreiben. Ich würde demſelben den Titel des herrſchſüchtigen Ludewigs, oder des eingebildeten Univerſalmonarchen geben: ſo hätte es in dieſem Stücke ſeine Richtigkeit, und die Nebenfabeln, ſammt allen dazu gehörigen Perſonen müßten, nach Beſchaffenheit der Umſtände und

Geſchich-

Geſchichte bequemet, und alſo aufs wahrſcheinlichſte eingerichtet werden.

28. §. Aus dem allen erhellet nun ſonder Zweifel, wie
man mit Grunde der Wahrheit ſagen könne, daß die Fabel das Hauptwerk der ganzen Poeſie ſey; indem die aller-
wichtigſten Stücke derſelben einzig und allein darauf ankom-
. Wer es in dem Grundriſſe zu dieſer verſiehet, der
darf ſich nicht ſchmäucheln, daß es ihm in der Poeſie gelingen werde; ſo viel Witz und Gaben er auch ſonſt haben
möchte. Darinn haben es Milton, Saint Amant, und bey
uns die Verfaſſer des Meßias, des Noah und der Sündfluth verſehen; ſo vieler ſchlechten dramatiſchen Dichter zu
geſchweigen. Es iſt aber auch daraus abzunehmen, mit wie
vielem Grunde Ariſtoteles von der Dichtkunſt ſagen können, daß ſie weit philoſophiſcher ſey, als die Hiſtorie, und
viel angenehmer, als die Philoſophie. Denn ein Gedicht
hält in der That das Mittel zwiſchen einem moraliſchen
Lehrbuche, und einer wahrhaftigen Geſchichte. Die gründlichſte Sittenlehre iſt für den großen Haufen der Menſchen
viel zu mager und zu trocken. Denn die rechte Schärfe
in Vernunftſchlüſſen iſt nicht für den gemeinen Verſtand
unſtudirter Leute. Die nackte Wahrheit gefällt ihnen nicht:
es müſſen ſchon philoſophiſche Köpfe ſeyn, die ſich daran
vergnügen ſollen. Die Hiſtorie aber, ſo angenehm ſie ſelbſt
den Ungelehrten zu leſen iſt, ſo wenig iſt ſie ihm erbaulich.
Sie erzählt lauter beſondre Begebenheiten, die ſich das
tauſendſtemal nicht auf den Leſer ſchicken; und, wenn ſie ſich
gleich ungefähr einmal ſchickten, dennoch viel Verſtand zur
Ausdeutung bey ihm erfordern würden. Die Poeſie hergegen iſt ſo erbaulich, als die Morale, und ſo angenehm,
als die Hiſtorie; ſie lehret und beluſtiget, und ſchicket ſich
für Gelehrte und Ungelehrte: darunter jene die beſondre
Geſchicklichkeit des Poeten, als eines künſtlichen Nachahmers
der Natur, bewundern; dieſe hergegen einen beliebten und
lehrreichen Zeitvertreib in ſeinen Gedichten finden.

29. §. Ein jeder sieht wohl, daß die gemeinen Romane in einer so löblichen Absicht nicht geschrieben sind. Ihre Verfasser verstehen oft die Regeln der Poesie so wenig, als die wahre Sittenlehre: daher ist es kein Wunder, wenn sie einen verliebten Labyrinth in den andern bauen, und eitel Thorheiten durcheinander flechten, ihre wollüstige Leser noch üppiger zu machen, und die Unschuldigen zu verführen. Wenn sie erbaulich seyn sollten, müßten sie nach Art eines Heldengedichtes abgefasset werden, wie Heliodor, Longus, Cervantes, Fenelon und Chancierges im Neoptolem, einigermaßen gethan haben. Zieglers Banise ist bey uns Deutschen noch der allerbeste Roman: das macht, daß er in wenigen Stücken von den obigen abweicht; kann auch daher von verständigen und tugendliebenden Gemüthern noch mit einiger Lust und Nutzen gelesen werden. * Von neuern französischen kann man den reisenden Cyrus, den Sethos, und die Ruhe des Cyrus dazu nehmen, wiewohl sie in der Dauer der Fabel, von der Regel abweichen. Von lustigen Heldengedichten sind auch Hudibras, des Boileau Pult, die geraubte Haarlocke, und die Tänzerinn mit hieher zu rechnen.

30. §. Indessen darf niemand denken, die Fabel wäre bloß in den großen Gattungen der Gedichte brauchbar, und müßte also nicht für etwas allgemeines ausgegeben werden. Man kann sie überall anwenden, und in allen kleinern Arten der poetischen Werke mit Nutzen einmischen. In Oden, Elegien, Schäfergedichten und Satiren, ja auch in poetischen Briefen, haben die Alten und Neuen sich ihrer Dichtungskraft mit gutem Fortgange bedienet. Deswegen aber läugne ich nicht, daß nicht die erstern und unvollkommenern beyden Gattungen der Nachahmung, nämlich die Beschreibungen und Ausdrückungen

* Siehe die Beurtheilung desselben in der kritischen Beyträge II. Bande.

kungen der Gemüthsbewegungen, in diesen kleinern Gedichten gleichsam herrschen sollten. Eben darum aber
sind sie auch für geringer zu halten, als die großen poetischen Werke, wo die Fabel zum Grunde liegt. Wer
jene geschickt verfertiget, der heißt zwar auch ein Dichter,
in so weit er der Natur nachahmet; aber ein Dichter von
veit geringerer Fähigkeit, als einer, der, in großen moralischen Fabeln, die Handlungen der Menschen auf eine so
vollkommene Art vorzustellen vermögend ist. Wer ein
gut Naturell und Lust zur Poesie hat, der fängt vom
Kleinen an; strebt aber mit einer löblichen Ehrliebe
nach dem Vollkommensten. Wer diesen Gipfel nicht erreichen kann, der bescheidet sich auch, daß er kein großer
Poet ist, und begnügt sich, wenn er unter den kleinen
Dichtern einiges Lob verdienet. Unser Vaterland hat
auch in der That noch nicht viel große Poeten hervorgebracht: weil wir in den großen Gattungen der Gedichte noch wenig gute Originale aufzuweisen haben. Mit
Uebersetzungen aber ist es nicht ausgerichtet. Wenn ich
gleich die Ilias und Odyssee, und die Aeneis noch dazu,
in die schönsten deutschen Verse übersetzte: so würde ich
dadurch eben so wenig ein Poet, als die Frau Dacier
durch ihre ungebundne französische Uebersetzung eine Dich-
terinn geworden ist. Es muß etwas Eigenes, es muß
eine neue poetische Fabel seyn, deren Erfindung und geschickte Ausführung mir den Namen eines Dichters erwerben soll. Es ist aber nunmehr mit vieler Wahrscheinlichkeit zu hoffen, daß wir bald mehr dergleichen
vortreffliche Geister unter unsern Landesleuten erleben
werden. Ja wir können uns rühmen, daß wir an des
Herrn Barons von Schönaich Hermann, nunmehr ein
Heldengedicht bekommen haben, welches wir getrost der
Henriade des Herrn von Voltaire an die Seite setzen
können.

L 5   Das

~~~~~~

Das V. Hauptſtück.
Von dem Wunderbaren in der Poeſie.

1. §.

Im erſten Hauptſtücke iſt ſchon beyläufig gedacht worden, daß ſichs die älteſten Dichter hätten angelegen ſeyn laſſen, ſich bey dem menſchlichen Geſchlechte ein Anſehen zu erwerben, und von ihm bewundert zu werden. Nun bewundert man nichts Gemeines und Alltägliches, ſondern lauter neue, ſeltſame und vortreffliche Sachen. Daher mußten auch die Poeten auf etwas Ungemeines denken, dadurch ſie die Leute an ſich ziehen, einnehmen und gleichſam bezaubern könnten. In den älteſten Zeiten nun, war dieſes eben nicht zu ſchwer. Denn unwiſſenden Leuten war alles, was man ihnen vorſingen oder ſagen konnte, ſehr neu und ſeltſam: das macht, ſie hatten noch nichts beſſers geſehen oder gehöret. Allein in den folgenden Zeiten hat es den Dichtern mehr Mühe gemacht. Je aufgeklärter die Zeiten wurden, deſto ſchwerer ward es auch, das Wunderbare zu erfinden, und die Aufmerkſamkeit dadurch zu gewinnen. Der Grund dieſer Bemühung aber ſteckt in der menſchlichen Neugierigkeit; und die Wirkungen habens gewieſen, daß ſie nicht vergebens geweſen. An ſich ſelbſt aber iſt dergleichen Mittel, die Leute aufmerkſam zu machen, ganz erlaubt: wenn man nur den guten Endzweck hat, ſie bey der Beluſtigung zu beſſern und zu lehren.

2. §. Nun kann man wohl freylich die Fabel ſelbſt, davon wir im vorigen Hauptſtücke gehandelt haben, von dem Wunderbaren nicht ganz ausſchließen. Die äſopiſchen Fabeln inſonderheit ſind von der Art, daß ſie Kindern und Einfältigen ſehr wunderbar vorkommen; bloß weil es neu und

ſeltſam

seltsam zu hören ist, daß Thiere, Bäume und andere leblose
Dinge vernünftig geredet haben sollen.   Die Fabeln von
Göttern sind völlig von eben der Gattung.   Es dünkete den
alten Heiden sehr wundersam zu seyn, wenn sie höreten, daß
die größten himmlischen und irdischen Götter zwar sonst
eben so, als wir Menschen, gleichwohl aber viel mächtiger,
stärker, künstlicher, witziger und weiser, ja gar unsterblich
waren, wie Hesiodus und Homerus sie beschrieben.
Dieses letzte nahm die damalige Einfalt wunder, da es doch
vielmehr das erste hätte thun sollen: und sie hatten einige
Ursache dazu, weil die ersten Poeten sehr unrichtige Begriffe
von der Gottheit gehabt, die der Vernunft nothwendig lauter Anstoß und Aergerniß geben mußten.   Die menschlichen
Fabeln, die in Heldengedichten, Schauspielen und Schäfergedichten hauptsächlich herrschen, scheinen anfangs nicht viel
Wunderbares in sich zu begreifen: weil lauter Personen
darinn vorkommen, die gewöhnlicher Weise in der Welt zu
reden und zu handeln pflegen.   Allein die Verwirrungen
dieser Fabeln, die mannigfaltigen unvermutheten Zufälle,
die ihren Hauptpersonen begegnen, die großmüthigen oder
verzagten Entschließungen, die sie dabey fassen, und andre
solche Stücke mehr, machen eine sonst ganz wahrscheinliche
Fabel oft so wunderbar, als ob Bäume und Thiere mit
einander geredet hätten; oder als ob ein halb Dutzend Götter
sichtbar erschienen wären.

3. §.   Wir können also, nach dieser Anleitung, das Wunderbare in drey Gattungen eintheilen: davon die erste, alles,
was von Göttern und Geistern herrühret; die andre, alles,
was von Glück und Unglück, von Menschen und ihren Handlungen entsteht; die dritte, was von Thieren und andern
leblosen Dingen kömmt, in sich begreift.   Alle drey Arten
setzen den Leser oder Zuschauer eines Gedichtes in Erstaunen,
wenn sie nur wohl ersonnen, und glücklich angebracht worden: alle drey müssen auch nach gewissen Regeln eingerichtet
werden, wenn sie nicht kindisch und lächerlich herauskommen
sollen.

4. §.

4. §. Das erſte Wunderbare, was die Götter verurſachen, iſt wohl zweifelsohne der Beyſtand, den ſie dem Poeten ſelbſt leiſten ſollen. Wir finden, daß die Alten, nicht nur die Muſen, ſondern auch wohl andre Gottheiten, als den Jupiter, Phöbus, Bacchus, Mars, imgleichen die Venus, Diana, Sonne ꝛc. angerufen haben: doch haben die erſtern allezeit den Vorzug behalten, daß man ſie für die eigentlichen Gehülfinnen der Dichter angenommen hat. Daher entſtunden nun die häufigen Anrufungen derſelben, die wir in allen Arten der Gedichte antreffen. Die Poeten achteten ſichs für eine Ehre, von den Muſen getrieben und begeiſtert zu ſeyn, oder es wenigſtens zu heißen: ja ſie begaben ſich faſt alles Antheils, den ſie an ihren Sachen hatten, um nur für göttlich erleuchtete Männer gehalten zu werden; die gleich den Propheten, nicht von ſich ſelbſt, ſondern aus höherer Eingebung geredet und geſchrieben hätten. Bey der Einfalt der älteſten Völker, war dieſes auch etwas leichtes. Die dummen Leute, die irgend eines mietelmäßigen Poeten Verſe höreten, dachten ſo gleich: das gienge nicht natürlich zu, daß ein ſolcher Menſch, wie ſie, dergleichen ungemeine Dinge aus ſeinem eigenen Kopfe vorbringen könnte. Der Schluß war alſo richtig: haben ſie es nicht von ſich ſelbſt; ſo hat es ihnen ein höheres Weſen, eine Gottheit, oder eine Muſe eingegeben. Wir finden ſelbſt in der Vertheidigungsrede des Sokrates beym Plato, daß Sokrates von den Poeten ſagt: ſie pflegten viele herrliche und ſchöne Sprüche und Sachen zu ſagen; doch wären ſie daher den Propheten gleich, die auch treffliche Dinge ſagten, aber ſelbſt dasjenige nicht verſtünden, was ſie redeten. Dergeſtalt könnte wohl ſo gar dieſer Weltweiſe die Poeten für begeiſterte Leute gehalten haben. Und warum das nicht? Zum wenigſten hat es mit ihren göttlichen Trieben eben ſo viel Richtigkeit gehabt, als mit ſeinem Geiſte, der ihn allezeit gewarnet haben ſoll. Wenn nun die Poeten, dieſem gemeinen Wahne zu folgen, fleißig die Muſen anriefen: ſo klang es in den Ohren des Pöbels ſo andächtig, als wenn heutiges Tages

Prediger

Prediger Gott um seinen Beystand zu ihrer Arbeit anflehen,
ob sie gleich studiret haben; und folglich machte es dem Dichter ein gutes Ansehen. Und daher mag es vieleicht gekommen seyn, daß so gar Lucrez, der doch keine Vorsehung
oder Wirkung der Götter in der Welt glaubte, eben das
Buch, von der Natur der Dinge, darinn er diese Lehre
vortragen willens war, mit einer Anrufung der Göttinn
Venus angefangen hat.

5. §. Wie aber alle Dinge großen Misbräuchen unterworfen sind, so geht es auch mit dem Anrufen der Musen.
Die heidnische Mythologie ist niemals systematisch vorgetragen worden: daher ist es denn geschehen, daß auch die alten
Poeten vielfältig wider ihr eigen Fabelsystema verstoßen haben, indem sie die Musen zur Unzeit angerufen. Man
kann an allen Gedichten die Form: von der Materie, oder
die äußere Gestalt von dem Inhalte unterscheiden, und dabey verschiedene Fehler anmerken, die von den Poeten begangen worden. Der Forme nach ist ein Gedichte entweder
groß, oder klein; entweder episch, oder dramatisch; entweder
in erhabener Schreibart abgefaßt, oder in einer niedrigen und
gemeinen Art des Ausdruckes geschrieben. Da wird es nun
leicht zu begreifen seyn, daß ein Poet wohl in großen, epischen
und erhabenen: aber nicht in kleinen, dramatischen und niedrigen Gedichten die Musen anrufen müsse. Die Ursache
ist bald zu finden. Die Kräfte eines Menschen, von gutem
aufgewecktem Kopfe, langen zur Noth, auch nach der Einfältigsten Geständnisse, schon zu, ein Sonnet, ein Madrigal,
eine Arie, kleine Ode, Satire, ja auch wohl Elegien, Briefe
und Schäfergedichte zu verfertigen. Was ist es also nöthig,
in solchen Kleinigkeiten den göttlichen Beystand der Musen
zu suchen?

6. §. Sollte man es nun wohl denken, daß auch die allerbesten Dichter des Alterthums, eine so deutliche Wahrheit
nicht erkannt haben sollten? Gleichwohl ist es leicht zu erweisen: und man muß sich also auf ihre Exempel nicht berufen, um unsre Regel umzustoßen. Die Alten sind nämlich
auch

auch Menschen gewesen, und haben also irren können. Z. E. Virgil scheint dieses nicht allezeit bedacht zu haben, indem er in seinen Eklogen gar oft die Musen anruft: da doch diese Art von Gedichten so was schweres, und erhabenes nicht an sich hat. Z. E. Ecl. IV.

Sicelides Musæ, paullo majora canamus!

Ecl. VIII.

Vos quæ responderit Alphesibœus,
Dicite Pierides! Non omnia possumus omnes.

Horaz ist hierinn viel bescheidner gewesen, weil er wohl unzähliche kleine Oden, Briefe und Satiren gemacht, ohne die Musen ein einzigmal anzurufen. Nur wenn er etwas größeres machen will, dergleichen die IV. Ode des III. Buches ist, so hebt er an:

Descende cœlo, et dic age tibia,
Regina longum Calliope melos.

Oder wenn er eine Jubelode abfasset, so wendet er sich an verschiedene Gottheiten. Siehe sein Carmen sæculare:

Phœbe, silvarumque potens Diana,
Lucidum cœli decus! o colendi
Semper, et culti! date quæ precamur
　　　Tempore sacro. etc.

Hieraus ist nun leicht zu schließen, daß die heutigen Poeten, die in allen elenden Hochzeit- und Leichenversen der Musen Hülfe haben wollen, die Hoheit dieser Göttinnen schlecht verstehen: wenn sie sich einbilden, daß sie sich um ihrer elenden Kleinigkeiten wegen viel-bemühen würden. Es würde auch bey so vielem magern Zeuge nicht leicht zu besorgen seyn, daß man ihre Einfälle für etwas Uebermenschliches halten möchte.

7. §. Die epischen Gedichte heißen hier alle diejenigen, darinn der Poet selber redet, ob er gleich zuweilen auch andre redend einführet. Hierinn geht es nun freylich an, daß er die Musen nach Beschaffenheit der Sachen anrufen könne:

　　　　　　　　　　　　　　　　　sie

sie mögen nun von ernsthafter, oder lustiger, oder scherz-
hafter Art seyn. Ich sage, es geht an, ich gebiethe es
aber nicht, wie mir ein Ungenannter vor etlichen Jahren
Schuld geben wollen, siehe des Neuen Büchers. der sch. W.
und fr. K. IV. B. a. d. 137: u. f. S. So hat Homer, so
wohl in der Ilias, als in der Batrachomyomachie; Virgil
so wohl in der Aeneis, als in s. Culex; so wohl Tasso im
Gottfried, als Tassoni, in dem geraubten Eimer; so wohl
Milton im verl. Paradiese, als Buttler im Hudibras;
so wohl Chapelain in der Jungfer von Orleans, als Scarron in der Gigantomachie eine gewisse Muse angerufen.
Allein in dramatischen Gedichten oder Schauspielen, wo
der Poet gar nicht zum Vorscheine kömmt, sondern lauter
andere Personen die Fabel spielen läßt, da ist es gar wider
alle Wahrscheinlichkeit, daß eine von denselben, entweder
für sich, oder im Namen der andern, den Beystand der
Musen anrufen soll. Denn sie werden ja nicht als Poeten
vorgestellet, die etwas dichten wollten; sondern als schlechte
Menschen, die aus eignen Kräften nach Veranlassung der
Umstände reden und handeln. Diese Regel ist auch von
den Alten und Neuern so wohl beobachtet worden, daß man
nichts weiter davon hinzusetzen darf.

8. §. Die erhabne Schreibart, ist von der gemeinen Art
zu reden, durch die edlen, geistreichen und feurigen Ausdrückungen sehr unterschieden, wie man im folgenden zeigen wird.
Wenn also ein Poet recht was Hohes schreibt, welches ihm
nicht ein jeder vermögend ist nachzuthun: so sieht man wohl,
daß er sich des Beystandes der Musen mit guter Wahrscheinlichkeit rühmen, sie auch deswegen mit Recht darum anrufen
könne. So hat z. E. Neukirch in dem schönen Trauerge-
dichte auf die Königinn in Preußen, Charlotte; und Piersch
in dem Gesange auf den Prinzen Eugen sich der Anrufung mit
gutem Rechte bedienet: weil beyde in der erhabenen Schreibart abgefaßt sind. Auch Günther, in seiner langen Ode auf
diesen Helden, würde nicht darum zu tadeln seyn; wenn er
nur nicht oft in die allerniedrigste Schreibart gesunken wäre.

Schreibt

Schreibt man aber ein kurzes Gedicht, oder sonst eine Kleinigkeit, in der gemeinen Sprache des Pöbels, die nichts Edles, nichts Feuriges, nichts Ungemeines hat: so wäre es abermal lächerlich zu sagen, daß er solches mit Hülfe der Musen verfertiget hätte; welche sich gewiß von ihren Hügeln so tief nicht herunter zu lassen pflegen. Es versteht sich aber, daß hier so wohl die scherzhaften Heldengedichte, als grössere poetische Werke ausgenommen seyn müssen; zumal sie zuweilen wohl gar eine edle Schreibart haben.

9. §. Ihrem Inhalte nach, sind die Gedichte entweder unter die historischen oder dogmatischen, oder auch unter die prophetischen zu rechnen. Hier fragt sichs nun, ob alle drey Gattungen, oder nur eine davon für die Musen gehöret? Von den historischen ist wohl kein Zweifel: denn die Musen sind Töchter der Mnemosyne; daburch die Fabel unfehlbar anzeiget, daß die Wissenschaft alter Geschichte ihnen eigen sey. Die Spuren davon findet man überall in den Poeten; zu geschweigen, daß Klio insbesondere der Historie vorgesetzet worden. Man muß dabey bemerken, daß die Musen sich nicht um gemeine und überall bekannte Dinge anrufen lassen, die man auch ohne ihre Hülfe wissen kann. Es würde ungereimt seyn, wenn ich sie ersuchte, mir die Thaten Alexanders oder Cäsars zu offenbaren, davon alle Bücher voll sind. Es müssen verborgene, und ganz ins Vergessen gerathene Dinge seyn, dabey man sich ihren Beystand ausbittet. So machts Homer am Ende des ersten Buches seiner Ilias. Er bittet die Musen, ihm alle die Heere und ihre Anführer zu entdecken, die sich bey Troja versammlet, welche damals gewiß kein Mensch mehr zu nennen wußte. Freylich hat er sie selbst nach der Wahrscheinlichkeit erdichtet: aber seine Erzählung würde nicht so viel Glauben gefunden haben, wenn er sich nicht gestellet hätte, als ob ihm die Musen solches eingegeben. Denn man hätte gleich gefragt: woher er doch alle die Nachrichten hätte?

10. §. Eben so hats Virgil gemacht. Er will gleich im Anfange seiner Aeneis wissen, warum doch Juno so erzürnt gewesen,

gewesen, welches gewiß ein bloßer Mensch nicht wissen konnte: darum schreibt er, nach Amthors Uebersetzung:

Inzwischen gib mir erst, o Muse, zu erkennen,
Warum der Himmel doch so heftig konnt entbrennen?
Warum Junonens Zorn, durch ihres Eifers Macht,
Auch selbst die Frömmigkeit in solche Noth gebracht?
In so gehäufte Noth! Ist das auch wohl zu loben,
Daß selbst die Götter so vor Wuth und Rache toben?

Darauf fängt er an, Dinge zu erzählen, die unter den Göttern im Himmel und auf Erden vorgegangen, und die vielleicht noch keinem in den Sinn gekommen waren; aber doch
nach der heidnischen Theologie nichts Unmögliches oder Unglaubliches in sich hielten. Eben so macht ers an verschiedenen Orten mitten im Gedichte, wo er bald eine, bald die andre
Muse, bald alle zugleich um die Offenbarung gewisser Umstände aus alten Geschichten anrufet. Z. E. im VII. B.

Nunc age, qui Reges, Erato, quæ tempora rerum,
Quis Latio antiquo fuerit ſtatus; advena claſſem
Cum primum auſoniis exercitus adpulit oris,
Expediam; et primæ revocabo exordia pugnæ.

Und bald darauf in eben dem Buche:

Pandite nunc Helicona, Deæ, cantusque movete,
Qui bello exciti Reges? quæ quemque ſecutæ
Complerint acies? quibus Itala jam tum
Floruerit terra almâ viris, quibus arſerit armis?
Et meminiſtis enim Divæ, et memorare poteſtis;
Ad nos vix tenuis famæ perlabitur aura.

Im IXten Buche rufft er Kalliopen insbesondre an; wie
vorhin die Erato.

Vos o Calliope precor, adſpirate canenti,
Quas ibi tunc ferro ſtrages, quæ funera Turnus
Ediderit; quem quisque virum demiſerit orco;
Et mecum ingentes oras evolvite belli:
Et meminiſtis enim Divæ, et memorare poteſtis.

Crit. Dichtk.   M   Und

Und abermal bey solcher Gelegenheit in demselben Buche:

Quis Deus, o Musæ! tam sæva incendia Teucris
Avertit? tantos ratibus quis depulit ignes?
Dicite! Prisca fides facto, sed fama perennis.

11. §. Was die dogmatischen Sachen anlanget, so wird wohl freylich in ungebundener Schreibart niemand den Beystand der Musen anruffen: wo er nicht eben so ungereimt handeln will, als Valerius Maximus, der im Anfange seiner zusammengestoppelten Histörchen, den Kaiser Tiberius, als seine Gottheit anruft, ihm in seiner Arbeit beyzustehen, die doch so leicht war, daß sie keines Beystandes bedorfte; oder als Varro, der ein Buch vom Ackerbaue schreibt, und im Anfange desselben die Feldgötter anruffet, ihm zu helfen; da er doch solches von sich selbst schon ausführen konnte. Allein was in poetischer Schreibart von den dogmatischen Dingen ausgearbeitet worden, als des Aratus Gedicht von der Sternwissenschaft, Lucrezens Bücher von der Naturlehre, Virgils Bücher vom Feldbaue, Opitzens Gedicht vom Berge Vesuv, von Ruhe des Gemüths u. d. gl. da fragt sichs: ob man die Musen, oder sonst eine Gottheit anruffen solle? im Falle nämlich, daß das Werk so groß und so wohl geschrieben ist, daß man Ursache dazu hat. Ueberhaupt sind die Musen nicht Göttinnen der Weisheit, oder der Wissenschaften; sondern der Poesie, der Musik und der Geschichte, mit einem Worte, der freyen Künste. Man muß also billig von ihnen nichts fodern, als was ihnen zugehöret. Die Vernunftschlüsse gehören für die weise Pallas; der Feldbau für die Feldgötter, als Sonn und Mond, Bacchus und Ceres, für die Faunen und Nymphen, für den Pan und Neptun, für die Pomona u. s. w. Alle diese ruft Virgil in seinen Georgicis zu Hülfe: ja er setzt endlich noch gar den August dazu, als der vieleicht auch nach seinem Tode ein Feldgott werden könnte. Lucrez, wie ich bereits oben gedacht, hat auch die Göttinn Venus, als die Vorsteherinn der Erzeugung, angeruffen; welches ihm als einem Dichter, nicht übel genommen

werden

werden kann: ungeachtet es ihm, als einem epikuriſchen
Weltweiſen, der keine Vorſehung und Hülfe der Götter in
menſchlichen Dingen glaubte, ſehr ſchlecht anſtund, dergeſtalt wider ſein eigen Lehrgebäude zu handeln. Opitz endlich,
hat die Natur, oder vielmehr den Urheber aller Dinge; um ſeinen Beyſtand angeruffen: welches einem chriſtlichen Poeten
allerdings wohl anſteht.

12. §. Horaz hat in der XI. Ode des III. Buches den
Mercur als einen Gott der Beredſamkeit, um ſeinen Beyſtand angeruffen, als er ein recht bewegliches und herzrühren-
des Liebeslied machen wollte. Dieſes ſcheint der Form nach
unrecht zu ſeyn, weil Mercur weder Verſe noch Liebeslieder
machen kann. Allein, dem Inhalte nach, geht es doch an.
Denn zu geſchweigen, daß derſelbe die Muſik verſteht und
dazu ſingt; wie Horaz anführet: ſo iſt er ja ein Gott der Beredſamkeit, der ihm alle die Vorſtellungen und Bewegungs-
gründe eingeben konnte, die er nöthig hatte, das Gemüth
ſeiner geliebten Lyde zu gewinnen. Denjenigen Fehler aber
kann ich nicht entſchuldigen, wenn Virgil im IV. Buche
ſeines Gedichtes vom Feldbaue ſchreibe:

> Quis Deus hanc, Muſæ, quis nobis extudit artem;
> Vnde nova ingreſſus hominum experientia cœpit?

Was bekümmern ſich die Muſen um die Bienenzucht? Und
wie konnte ſich der Poet einbilden, die Göttinnen der freyen
Künſte, würden die Kunſtgriffe des Feldlebens herzuzählen
wiſſen? Pan und Ceres möchten ihm davon Nachricht gegeben haben: es wäre denn, daß man ſagen wollte, die Muſen wüßten dieſes, nur als eine bloß hiſtoriſche Sache, zu
erzählen. Noch vielweniger aber kann folgendes aus der
III. Ekloge gelten.

> Pierides, vitulam lectori paſcite veſtro.

Denn wie kann mans immermehr den Muſen zumuthen,
den Helikon zu verlaſſen, und Viehhirtinnen zu werden?
Große Leute fehlen auch; aber ihr Verſehen, muß uns behutſam machen.

M 2 13. §.

13. §. Wir kommen auf die prophetischen Sachen, darinn manchmal ein Poet etwas Künftiges vorhersagt. Hier fragt sichs, ob man es von den Musen fodern könne, dem Poeten dergleichen bevorstehende weitentfernte Begebenheiten vorherzusagen? Die Mythologie lehret aber nirgends, daß sie Sybillen oder Wahrsagerinnen gewesen: folglich muß ein Dichter, der etwas prophezeihen will, den Apollo um Hülfe bitten, und diesen weißagenden Gott um die Offenbarung des Zukünftigen anruffen. Und aus diesem Grunde kann abermal Virgil eines Fehlers beschuldiget werden, weil er in der IV. Ekloge, die sicilianischen Musen, das ist, die Schäfermusen des Theokritus, im Anfange des Gedichtes anruffet, etwas höhers hören zu lassen, als sie sonst gewohnt wären.

Sicelides Musæ, paulo majora canamus:
Non omnes arbusta juvant humilesque myricæ.

Denn zu geschweigen, daß die Schäfermusen auf ihren Haberröhren und Schalmeyen unmöglich einen Trompetenklang erzwingen können; und er also die Kalliope, als eine Heldenmuse, hätte anruffen müssen: so zeiget auch der Verfolg der Ekloge, daß dieses Erhabene, welches er von ihr fodert, nichts anders, als eine Prophezeißung von den bevorstehenden glücklichen Zeiten gewesen, die allen Auslegern so viel Schwierigkeiten gemacht hat. Wie haben die Musen ihm dieses immermehr einzugeben vermocht? Wie sind sie auf einmal der Pythia ins Amt gefallen, und zu Prophetinnen geworden? Wenn man dichten könnte, was sich nicht miteinander reimet, so könnte mans auch keinem Maler verübeln, wenn er auf einen Pferdehals einen Menschenkopf setzen, Flügel anfügen, und endlich einen Fischschwanz dazu malen wollte: welches doch alle Welt, mit Horazen, für auslachenswürdig erklären würde. Was noch sonst bey Anruffung der Gottheiten, in den Heldengedichten insbesondre, zu sagen ist, das soll an gehörigem Orte vorkommen.

14. §. Ich fahre nun zu den andern Arten des Wunderbaren fort, so von den Göttern herrühret: und das sind die

Wun-

Wunderwerke, die durch ihre unmittelbare Wirkung geschehen. Die Poeten haben sich derselben in Heldengedichten und Tragödien sehr häufig bedienet, sind aber nicht allezeit glücklich damit gewesen. Ovidius hat gar ein ganzes Buch mit solchen poetischen Wundern angefüllet, und die Sache aufs höchste getrieben: so, daß seine Verwandlungen, auch bey den Heiden selbst, alle Wahrscheinlichkeit überstiegen haben. Es ist wahr, daß man in allen Religionen den Göttern und Geistern mehr Macht zugestanden hat, als bloßen Menschen; und daß es daher nicht ungereimt ist, in Fällen, wo sich die Mühe verlohnet, zu dichten, es wäre ein Wunderwerk von Gott geschehen. Wer aber hierinn sein Urtheil nicht zurathe zieht, der wird handgreiflich verstoßen. Die göttliche Macht erstreckt sich auf alles Mögliche; aber auf nichts Unmögliches: daher muß man sich nicht auf sie berufen, seine ungereimten Einfälle zu rechtfertigen. Des Achilles Schild, den Homerus beschreibt, gehört unter diese Classe: Denn weil es nicht möglich ist, so viel seltsame und widersinnische Dinge auf eine Fläche von solcher Enge, und Beschaffenheit zu bringen; was sich auch die Frau Dacier und ihr Kupferstecher für Mühe darüber gegeben: so sollte auch von rechtswegen Vulcans Kunst nicht zu Bescheinigung eines solchen falschen Wunders gebraucht worden seyn; wie im folgenden Hauptstücke ausführlicher soll gezeiget werden. Virgil ist auch voll solcher Wunder, die nicht zum besten angebracht, oder übel ausgesonnen sind. Die gestrandeten Schiffe verwandeln sich in Seenymphen. Ein Baum läßt Blut fließen, da er in die Rinde gehauen wird: und derjenige, der darunter begraben liegt und halb verfault ist, muß anfangen zu reden. Aus dem Baume, im Eingange der Höllen, ist ein goldner Ast gewachsen. Die Vögel prophezehen mit menschlicher Stimme und Sprache, u. a. m. Alle diese Wunder sind entweder ohne Noth, oder nicht mit genugsamer Wahrscheinlichkeit erdacht. *

M 3   15 §.

* Naturam intuemur, hanc sequamur: id facillime arripiunt ani- mi, quod agnoscunt. sagt Quintil. im III. Kapitel des 8. Buches d. i.

Man

15. §. Was die heidnischen Poeten von ihren Göttern für
Wunderdinge haben geschehen lassen; das haben die christlichen Dichter den Engeln und Teufeln zugeschrieben. Daher
kommen die vielfältigen Zauberhistorien, die in so vielen Ritterbüchern und Romanen, ja selbst im Tasso und andern seinen Landesleuten vorfallen. Die Meynungen der Kritikverständigen sind hiervon sehr uneins. Es ist gewiß, daß
man diese Leute mit der herrschenden Meynung ihrer aber-
gläubischen Zeiten eben so wohl entschuldigen kann; als die alten Poeten, wegen der Fabeln von ihren Göttern, in Betrachtung der heidnischen Theologie, entschuldiget werden. Aber
es ist auch eben so unläugbar, daß es besser sey, sich solcher
Arten des Wunderbaren zu bedienen, die allen Zeiten und
Orten gemein sind und bleiben.. Wer kann sich itzo des Lachens
enthalten, wenn Tasso in seinem IV. Buche den Teufel mit
solchen Hörnern, dagegen alle Berge und Felsen nur wie kleine
Hügel zu rechnen sind, ja gar mit einem langen Schwanze
abmalet; und ohne Maaß und Ziel allerley tolle Zaubereyen
von seinem Anhange geschehen läßt. Wer merkt die
Ausschweifung nicht, wenn Raimunds Schutzengel im
VII. Buche, aus der himmlischen Rüstkammer, einen dia-
mantnen Schild von solcher Breite holet, daß er vom Cau-
casus, bis an den Atlas, alle Länder und Meere damit bedec-
ken könnte. Miltons Erfindungen sind nicht viel besser ausgesonnen. Satan, der ganze Feldweges lang ist, erfindet in
dem Streite mit dem Michael und seinen Engeln, die ersten
Karthaunen, und braucht sie mit solchem Erfolge, daß ganze
Geschwader von himmlischen Geistern dadurch zu Boden
geworfen und zurücke getrieben werden. Endlich, da diese
betäubten Streiter wieder zu sich selbst kommen, reißen sie
ganze Gebirge, (denn auch Berge giebt es in dem miltonischen
Himmel vor Erschaffung der Welt,) aus ihren Wurzeln, und
werfen sie.ben Teufeln mit solcher Wuth an die Köpfe, daß
sie taumelnd zu Boden stürzen, und also der Sieg sich wieder
auf

Man schaue auf die Natur, und die-   tiefsten in die Gemüther, was sie ein-
ser folge man: denn das bringt am   leben.

auf die gute Partey zu lenken beginnet. Dieses Wunderbare
ist viel zu abgeschmackt für unsre Zeiten, und würde kaum
Kindern ohne Lachen erzählet werden können.

16. §. Eben dahin rechne ich die Zauberey, die Voltaire
in seine Henriade gebracht, dadurch ein jüdischer Hexenmeister der Königinn, Heinrich den vierten, als den künftigen
Reichsfolger ihres Sohnes, herbannen muß. Und dieses
thue ich mit desto größerm Rechte, weil eben dieser Poet in
seinem Discurse vom Heldengedichte, den Tasso und Milton
deswegen getadelt hat, daß sie solche Zaubereyen und Teufeleyen in ihre Gedichte gemenget: da er sich doch eben dieses
Fehlers nothwendig bewußt seyn mußte; wie der englische
Kriticus, der sein Heldengedichte geprüfet, gar wohl erinnert hat. Denn was war es nöthig, solche Zauberkünste
und Alfänzereyen in einer neuen Schrift wieder aufzuwär-
men; nachdem sie fast durchgehends lächerlich geworden, und
auch von den Einfältigsten nicht mehr geglaubet werden? Die
Contes de Fées dienen ja nur zum Spotte und Zeitvertreibe
müßiger Dirnen, und witzarmer Stutzer; führen aber auch
nicht die geringste Wahrscheinlichkeit bey sich. Ein heutiger
Poet hat also große Ursache in dergleichen Wunderdingen
sparsam zu seyn. Die Welt ist nunmehr viel aufgeklärter,
als vor etlichen Jahrhunderten, und nichts ist ein größeres
Zeichen der Einfalt, als wenn man, wie ein andrer Don
Quixote, alles, was geschieht, zu Zaubereyen machet. *
Ich gedenke dieses trefflichen Buches mit Fleiß allhier; weil
dessen Verfasser, Cervantes, sehr viel dazu beygetragen hat,
daß die abentheuerlichen Fabeln aus Ritterbüchern und Romanen allmählich abgeschaffet, oder doch weit behutsamer,
als vormals geschehen, eingerichtet worden.

M 4   17.§.

* Man kann auch hieher ziehen,   ge beybehalten wollen, ist eine Art
was Quintilian in einer andern Ab-   von Verwegenheit, und eine muth-
sicht geschrieben: Abolita et abro-   willige Pralerey in Kleinigkeiten, zu
gata retinere, insolentiae cujusdam   nennen. Siehe das VI. Capitel des
est, et frivolae in parvis jactantiae. ersten Buchs.
d. i. Abgeschaffte und vergessene Din-

17. §. In theatralischen Gedichten findet das Wunderbare, welches von Göttern herrühret, auch statt. Es erscheint zuweilen eine Gottheit auf der Bühne, zuweilen verrichtet sie ein Wunderwerk, diesem oder jenem Helden aus
der Noth zu helfen. Bald wird etwas prophezeihet, bald
gezaubert; alles dieses gehört zum Wunderbaren der Schaubühne. Daß die Helden in ihren Schauspielen sich zuweilen
vermischter Fabeln bedienet haben, darinne so wohl Götter,
als Menschen, vorkommen, das ist ihnen gar nicht zu ver-
denken. Homer war gleichsam ihre Bibel, und darinnen
stunden sehr viel Erscheinungen der Götter beschrieben, die
in alten Zeiten geschehen seyn sollten. Es war also ihrer
Theologie eben so wohl gemäß, dieselben zu glauben; als
der Unsrigen, daß im alten Testamente den Gläubigen vielmals Engel erschienen sind. Wer bey uns von Adam und
Eva, von Loth, von Abraham und Jacob, von David,
Nebucadnezar, Daniel und Tobias Schauspiele machte;
der würde eher getadelt werden, wenn er die Engel weg-
ließe, als wenn er sie beybrächte. Das erste Weltalter hat
bey allen Völkern das Vorrecht, daß man ihm gern viel
Wunderbares zuschreibt: ja was man itzo seinen eigenen
Augen nicht glauben würde, das dünket den meisten sehr
möglich und wahrscheinlich; wenn es nur vor drey oder vier
tausend Jahren geschehen seyn soll. Man lese hier nach,
was Herr Fontenelle in seinem Discurse vom Ursprunge
der Fabeln, den ich in den auserlesenen Schriften desselben
verdeutschet habe, für Ursachen davon gegeben hat. Es
habens derowegen auch die Griechen und Römer schon beobachtet, daß sie zwar diejenigen Fabeln ihrer Schauspiele,
die aus den ältesten Zeiten hergenommen sind, mit einigen
göttlichen Erscheinungen und Wundern ausgeschmücket:
aber in denen, die sie aus neuern Zeiten entlehnet, haben
sie sich derselben aufs sorgfältigste enthalten. Daher hat
auch Horaz die Regel gemacht:

Nec Deus intersit, nisi dignus vindice nodus
Inciderit.

18. §.

18. §. In der That erfodert es nicht viel Verstand, alle
Augenblick einen Gott vom Himmel kommen zu lassen, um
dem Schauspiele auszuhelfen, wenn es widerwärtig ablaufen
will; wo nicht ein höherer Beystand dazu kömmt. Das
heißt mehrentheils den Knoten zerschneiden, aber nicht auflösen. Und darinn verstoßen gemeiniglich unsere Opernschrei-
ber. Weil sie ihre Schauspiele gern so wunderbar machen
wollen, als es möglich ist; so denken sie fleißig auf Maschinen, das ist, auf göttliche Erscheinungen, Verwandlungen;
und andre poetische Seltenheiten, welche die Augen des
Pöbels blenden. Und weil sich dieselben nicht in alle Fabeln
schicken wollen, so werden sie mit den Haaren dazu gezogen;
damit nur ja etwas vom Himmel herunter komme, wie man
zu reden pflegt. Wenn nun ihre Stücke noch aus der ältesten heidnischen Fabel hergekommen sind, darinn solche Erscheinungen längst das Bürgerrecht erhalten haben: so kann
man ihnen ihre Wundersachen noch gelten lassen; dafern sie
nur der obigen Regel des Horaz nachkommen, und nicht ohne
Noth die Götter bemühen; auch nicht in allen Opern die Maschinen für unentbehrlich halten wollen. Wenn ich aber dieses den Opern einräume, so will ich es den andern Schauspielen
darum nicht gestatten. Des Plautus Amphitryo und des
Moliere seiner, stellen uns den Jupiter und Mercur, auf
eine sehr unwahrscheinliche Art vor: In dem französischen
Timon, den man in der deutschen Gesellschaft III. Theile
auch übersetzt findet, ist gleichfalls die Erscheinung Mercurs,
und die Verwandlung des Esels in einen Menschen, ein solches Wunderbares, welches keine Entschuldigung findet,
wenn man es den Augen vorstellet.

19. §. Eben das kann von den Zaubereyen und bösen
Geistern gesagt werden. Auch ein seichter Witz ist geschickt,
einen Hexenmeister auf die Schaubühne zu stellen, der einen
Zaubersegen nach dem andern hermurmelt; einen astrologi-
schen Ring mit Charactern verkauft, diesen unsichtbar, jenen
unbeweglich, einen andern unkenntlich macht, ja wohl gar
ein halb Dutzend junge Teufel herzubannet. Das Mährchen

von D. Fauſten hat lange genug den Pöbel beluſtiget: und man hat ziemlicher maßen aufgehört, ſolche Alfanzereyen gern anzuſehen. Daher muß denn ein Poet groſſe Behutſamkeit gebrauchen, daß er nicht unglaubliche Dinge auf die Schaubühne bringe, vielweniger ſichtbar vorſtelle. Die italiäniſche Schaubühne, und das Theatre de la Foire zu Paris wimmeln von ſolchen Hexereyen: ja auch das beſſere franzöſiſche Theater fängt ſchon an auf ſolche Alfanzereyen zu verfallen, wie man aus einigen neuern Stücken z. E. le Roi de Cocagne, und l'Oracle, erſiehet. Horaz hat dieſes auch längſt verbothen, wenn er will, daß man die Progne nicht in einen Vogel, den Kadmus nicht in eine Schlange verwandeln ſolle; imgleichen, daß niemand auf der Schaubühne einer Hexe das aufgefreſſene Kind lebendig wieder aus dem Leibe ſolle ziehen laſſen. Das wäre eben ſo viel, als wenn ich Bileams Eſelinn redend einführen, oder den Edelmann vor den Augen des Schauplatzes zum Schweine wollte werden laſſen. Wer nicht weis, wie lächerlich dieſes iſt, der darf nur des Andreas Gryphius Peter Squenz nachleſen: wo ſo gar die Wand und der Brunn, der Mond und der Leue, als redende Perſonen aufgeführet werden. Da kann es denn wohl mit Rechte heißen:

Quodcunque oſtendis mihi ſic, incredulus odi.

Denn es iſt gewiß, daß dergleichen Dinge, die man bey einer bloßen Erzählung eben nicht für ungereimt gehalten haben würde, ganz und gar unglaublich herauskommen: wenn wir ſie mit eigenen Augen anſehen, und alſo das Unmögliche, ſo darinn vorkömmt, in voller Deutlichkeit wahrnehmen können.

20. §. In andern kleinen Gedichten gehören hauptſächlich die Fabeln unter das Wunderbare. So fängt Horaz die 19te Ode des andern Buches an. Er erzählt, wie er den Bacchus auf einem entlegenen Felſen ſitzend geſehen, wo er die Nymphen und bockfüßigten Satiren Lieder gelehret habe.

Bacchum

Bacchum in remotis carmina rupibus
Vidi docentem, (credite posteri!)
Nymphasque discentes et aures
Capripedum Satyrorum acutas.

Oder man erzählt eine Verwandlung, die sich irgend womit zugetragen haben solle, oder noch zutragen werde; wie ebenfalls Horaz thut, wenn er in der XX. Ode des II. Buchs sagt, daß er selbst zum Schwane werden, und sich hoch über alles erheben wolle. Dergleichen Dinge nun klingen zwar wunderbar; sind aber darum nicht ungereimt: zumal wenn ein allegorischer Verstand darunter verborgen liege, den ein jeder leicht finden kann. Man merkt es also gleich, was der Poet damit im Sinne gehabt, und wenn nur sonst nichts Widersinnisches in der Fabel vorkömmt, so wird man sie nicht verwerfen. Fehlte aber dieser, so würde man auch aus solchen Fabeln nicht viel zu machen haben: wie z. E. aus Lucians wahrhaften Lügen, aus den Contes de Fées, der Fabel von den honigsüssen Lippen, in den Belustigungen des Verstandes und Witzes; u. d. gl.

21. §. Es dörfen aber unsere neue Fabeln deswegen nicht alle auf heidnische Art herauskommen. Man kann allegorische Personen darinn aufführen, die nach ihrer Art characterisiret werden, ohne an die Götter der Griechen und Römer zu denken. Wir sind es längst gewohnet, von Tugenden und Lastern, von den vier Jahreszeiten, den verschiedenen Altern des Menschen, den Welttheilen, Ländern und Städten, ja Künsten und Wissenschaften, als von so vielen Personen zu reden: daher können ja nach solcher Anleitung unzählige Fabeln erdacht werden, die allegorischer Weise etwas bedeuten. Deßwegen aber dörfen doch die alten bereits bekannten Namen aus der Mythologie nicht ganz verworfen werden. Man weis es längst, daß Mars den Krieg, Pallas die Weisheit, Apollo die freyen Künste, Venus die Liebe, Hymen den Ehestand, Ceres den Sommer, Flora den Frühling, Pomona den Herbst, Bacchus den Wein; Neptun die See, Aeolus den Wind, Juno den Stolz, Plutus den Reichthum, u. s. w.

ver-

vorſtellen. Die Zeſianer waren alſo lächerlich, daß ſie die ganze
Mythologie verwarfen, und dadurch dem Poeten hundert
artige Allegorien entzogen. Wer ſich nur nicht in gar zu tiefe
Fabeln des Alterthums ſtecket, wenn er auch von Ungelehrten
verſtanden werden will; der iſt deswegen nicht zu tadeln.
Auf die Namen kömmt es nicht an; und es iſt ja beſſer, daß
man bey dem, was ſchon eingeführet iſt, bleibt, als daß ſich
ein jeder eine neue Sprache machet. Die Sternſeher haben
es mit den Benennungen der Geſtirne, die ſie von den Alten
bekommen, auch ſo gemacht, und uns dadurch ein gutes
Exempel gegeben. Ob man die ganze Mythologie aus der
Poeſie abſchaffen ſolle, wie einige dafür halten, davon ſehe man
des Neuen Bücherſ. der ſch. Wiſſ. und fr. K. IV. B. 137. S.

22. §. Von dem Wunderbaren, das von den göttlichen
und andern geiſtlichen Dingen herrühret, kommen wir auf
das Wunderbare, was von den Menſchen und ihren Handlungen entſteht. Dieſe ſind entweder gut oder böſe; entweder
gemein oder ungemein; entweder wichtig oder von keiner
Erheblichkeit. So wohl das Gute als das Böſe kann wunderbar werden, wenn es nur nicht etwas gemeines und alltägliches, ſondern etwas ungemeines und ſeltſames iſt; imgleichen
wenn es von großer Erheblichkeit zu ſeyn ſcheint, welches
aus dem Einfluſſe zu beurtheilen iſt, den es in die Welt hat.
Ein König iſt alſo weit mehr zu bewundern, als ein Bürger;
und ein hoher Grad der Tugend und des Laſters mehr, als
ein geringerer, der uns gar nichts neues iſt. Da nun die
Poeſie das Wunderſame liebet, ſo beſchäfftiget ſie ſich auch
nur mit lauter außerordentlichen Leuten, die es entweder im
Guten oder Böſen aufs höchſte gebracht haben. Jene ſtellt
ſie als lobwürdige Muſter zur Nachfolge; dieſe aber, als
ſchändliche Ungeheuer, zum Abſcheue vor. Eine mittelmäßige Tugend, rühret die Gemüther nicht ſehr: denn ein jeder
hält ſich ſelbſt für fähig dazu. Und alſo machen dergleichen
wahre oder erdichtete Exempel wenig Eindruck: wenn gleich
ſonſt alle poetiſche Künſte, in Beſchreibung oder Vorſtellung
derſelben, angewandt wären. Mit den Laſtern gehts eben ſo.

                                         23. §.

23. §. Daher sucht sich ein kluger Poet lauter ungemeine
Helden und Heldinnen; lauter unmenschliche Tyrannen und
verdammliche Bösewichter aus, seine Kunst daran zu zeigen.
Ein Achilles mit seinem unauslöschlichen Zorne; ein Ulysses
mit seine unüberwindliche Standhaftigkeit; ein Aeneas und
seine ausnehmende Frömmigkeit; ein Oedipus in seinen abscheulichen und unerhörten Lastern; eine Medea in ihrer un-
menschlichen Raserey; ein August mit seiner außerordentlichen Gnade gegen einen rebellischen Cinna; eine ehrliebende
Chimene mit ihrem tapfern Roderich, u. d. m. Das sind
Menschen und Thaten, die wunderbar sind, und ohne alle
Beyhülfe andrer Seltsamkeiten, die Leser oder Zuschauer eines
Gedichtes entzücken können. Die Geschichte sind voll von
solchen Helden und Handlungen: und ein verständiger Poet
kann leicht Namen finden, treffliche Bilder großer Tugenden
und Laster zu entwerfen; wenn er nur moralische Einsicht
genug besitzet, dieselben recht zu bilden. Weil aber seichte
Geister und ungelehrte Versmacher dazu nicht fähig sind:
so geschieht es, daß man uns anstatt des wahrhaftig Wunderbaren mit dem Falschen aufhält; anstatt vernünftiger
Tragödien, ungereimte Opern voller Maschinen und Zaubereyen schreibt, die der Natur, und wahren Hoheit der Poesie
zuweilen nicht ähnlicher sind, als die geputzten Marionetten,
lebendigen Menschen. Solche Puppenwerke werden auch
von Kindern und Unverständigen als erstaunenswürdige
Meisterstücke bewundert und im Werthe gehalten. Vernünftige Leute aber können sie ohne Ekel und Gelächter nicht erblicken, und würden lieber eine Dorfschenke voll besoffener
Bauren in ihrer natürlichen Art handeln und reden, als eine
unvernünftige Haupt- und Staatsaction solcher Opermario-
netten spielen sehen.

24. §. Die oben erzählten Exempel des Wunderbaren habe
ich aus den berühmtesten Heldengedichten und Trauerspielen
gezogen. Man darf aber nicht denken, diese Gattungen
der Gedichte wären allein der Sitz des Wunderbaren in der
Poesie. Denn ob sie gleich hauptsächlich zu ihrer Absehen
haben.

haben, die Leſer und Zuſchauer durch ihre Bewunderung und
durch das Schrecken zu erbauen: ſo iſt doch deswegen das
Luſtſpiel mit den übrigen Arten der Gedichte davon nicht
ausgeſchloſſen.   Auch hier kann man das Seltene, das Un⸗
gemeine dem andern vorziehen; und ſeine Gedichte dadurch
beliebt machen.   Nur die Natur und Vernunft muß, wie
allenthalben, alſo auch hier, nicht aus den Augen geſetzet
werden.   Z. E. Wenn ich in einer Komödie einen Geizhals
vorſtelle, ſo muß ich freylich keinen mittelmäßigen Geiz ab⸗
bilden, den noch viele für eine Sparſamkeit anſehen könnten;
ſondern ich muß alles zuſammen ſuchen, was ich an ver⸗
ſchiedenen kargen Leuten bemerket habe, und aus dieſen Stü⸗
cken einen vollkommenen Geizhals zuſammen ſetzen: wie jener
Maler aus den vier ſchönſten Perſonen einer ganzen Stadt
die Schönheit abmerkte, die er einer Minerva zu geben,
willens war.   Ich könnte alſo meinen Geizhals das Gold
von den Pillen ſchaben, und alles übrige thun laſſen, was
Kanitz in ſeiner Satire vom Harpax geſagt hat.   Da blieb
noch alles wahrſcheinlich; ſo ſeltſam es auch wäre, und ſo
wunderbar es ausſehen würde.   Aber wenn ich den Harpax
ſo mistrauiſch vorſtellete, daß er ſeinen Bedienten, die von
ihm giengen, allezeit die Hände und Taſchen beſuchte, ehe er
ſie herauslieſſe; ja ihm wohl gar, nach Aufweiſung beyder
Hände, die Worte in den Mund legte: Ey die dritte
Hand! wie Plautus und Moliere gethan: das, dünkt
mich, hieſſe das Wunderbare in dieſem Laſter aufs höchſte
treiben; und ein jeder würde dieſes zwar für einen leichtfer⸗
tigen Einfall des Poeten, aber für kein wahres Nachbild der
Natur anſehen.

25. §. So gehts auch in dem Affecte der Liebe, des Zor⸗
nes, der Traurigkeit u. ſ. w.   Das Wunderbare muß noch
allezeit in den Schranken der Natur bleiben, und nicht zu hoch
ſteigen.   Was iſt gemeiner, als daß man in Romanen, in
Schauſpielen und andern verliebten Gedichten, die Buhler,
ſo raſend abbildet, daß ſie ſich alle Augenblick erhenken, er⸗
ſtechen und erſäufen wollen? Was iſt aber auch ausſchwei⸗
senber

fender als dieses? Daher ist es denn gekommen, daß diese
Art des eingebildeten Wunderbaren von längst lächerlich
geworden, und nur der Poesie zum Schimpfe gediehen ist.
Das Seltsame in allen Arten muß noch natürlich und glaublich bleiben, wenn es die Bewunderung, nicht aber ein Gelächter erwecken soll. Die Traurigkeit wird ebenfalls auf
eine solche Art ausschweifend, wenn der Poet nicht stets die
Natur vor Augen hat. Es ist so schwer, einen hohen Grad
derselben poetisch vorzustellen, als abzumalen. Da nun
Timantes die Klugheit gebrauchte, bey dem Opfer der Iphigenia, den Vater dieser Prinzeßinn mit verhangenem Gesichte zu malen: so muß sich ein Dichter dieses zur Lehre dienen
lassen. Aus Furcht, den Schmerz eines außerordentlich Betrübten unnatürlich zu machen, muß er ihm lieber durch eine
geschickte Verhölung, oder durch ein gänzliches Stillschweigen und Verstummen ausdrücken. Des Herrn von Des-
fers Schmerz über seine Rühleweininn, ist mir allezeit gar
zu geschwätzig vorgekommen: und es scheint mir nicht glaublich,
daß ein außerordentliches Leid so viel auserlesene Redner-
künste leiden könne. Er erschöpfet seine ganze Einbildungskraft, seinen Jammer auszudrücken; und das Unglaublichste ist dabey, daß er diese seine Klage zu der Zeit gehalten
habe, da er eben das Leichengefolge auf der Gasse gesehen,
wie ausdrücklich darinnen steht. Gieng er denn irgend nicht
mit zu Grabe? Oder hatte er auf der Gasse Zeit, sie so sinnreich zu beklagen? Der Affect hat bey dem Verluste einer
ungemeinen Ehgattinn ungemein und wunderbar seyn sollen:
er ist aber unglaublich geworden. Besser hat als ein künstlicher Poet; nicht als ein trostloser Witwer geweinet.

26. §. Ich will hiemit diesen ganzen Ausdruck der Traurigkeit nicht verwerfen: es ist so viel Schönes darinn, als in
irgend einem Klaggedichte, welches wir haben. Wer aber
eine recht seltsame Klagrede poetisch abgefaßt lesen will, der
schlage Salomon Franken nach, wo er die Susanna von
ihrem Manne und von ihren Kindern Abschied nehmen läßt.
Er bemüht sich, einen so gerechten Schmerz einer unschuldig-

Ver-

Verurtheilten in ſeiner höchſten Vollkommenheit vorzuſtellen,
und ihn recht wund██bar zu bilden; verfällt aber darüber ins
Abgeſchmackte: wie██ gemeiniglich denen geht, die was unternehmen, dem ſie nicht gewachſen ſind.   Ich will doch ein
Stück davon herſetzen: ſo hebt ſie auf der 52. S. an:

> Nun du, du wirſt es, du! du! Gott, du wirſt es rächen,
> Dir, ſchreyt Suſanna, dir, Herr, iſt mein Herz bekannt.
> Weh! weh! weh! über = = und █s ſie mehr will ſprechen,
> Sinkt ſie in Ohnmacht = = =

Hätte der Poet es dabey bewenden laſſen, ſo hätte man es
für eine glückliche Nachahmung der Natur angeſehen, und
die Größe ihres ungemeinen Schmerzens aus der ſie überfal-
lenden Ohnmacht geſchloſſen.   Allein der Poet wollte das
Heulen und Weinen eines wehmüthigen Weibes noch beſſer
abſchildern: darum läßt er ſie wieder aufleben, und mit
achtzig langen Verſen einen ziemlich ausführlichen Abſchied
von den Ihrigen nehmen:

> Ach gute Nacht, mein Mann! ach gute Nacht! o Schmerzen!
> Ach Liebſter, nimm doch! ach! die Kinder wohl in acht.
> Und, ſüße Mutter, du, als die du unterm Herzen
> Mich, ach! getragen haſt, viel tauſend gute Nacht!
> Ach gute Nacht, o Welt! du Kerker voller Buben,
> Du ungetreues Haus! vor deinen Augen zwar
> Bin ich itzund verdammt: doch wird auch nach der Gruben
> Mein' Unſchuld wunderlich noch werden offenbar.
> Ach gute Nacht! ach! ach! ach! gute Nacht, o Schmerzen!
> Ach Liebſter! nimm doch, ach! die Kinder wohl in acht:
> Und, ſüße Mutter, du, als die du unterm Herzen
> Mich, ach! getragen haſt; viel tauſend gute Nacht!
> Nun, gut'! ach! gute Nacht! ach gute Nacht! o Sorgen!
> Ey! Ey! daß! ach! daß Gott! ach Gott! daß Gott erbarm!
> Ihr zarten Kinder! ach! auch euch iſt noch verborgen,
> Was ihr itzund verliert. O Schmerz! o Gram! o Harm!
> Ich muß in beſter Blüt euch laſſen. Ach! o Scheiden!
> Ach! ach! wie ſchwer! ach! ſchwer! wie! ach! wie ſchwer biſt du!
> O Schmach! ach Weh! o Schmach! o Schmach! die ich muß
>   leiden,
> O Schmach! du kränkeſt mich am meiſten noch darzu. ꝛc. ꝛc.

27. §.

27. §. Das ist nun allererst der vierte Theil des Aechzens und Wehklagens; darüber einem Zeit und Weile lang wird, wenn man es hintereinander durchlesen will. Die ersten vier Zeilen giengen noch an, weil sie einen kurzen Abschied von Mann und Mutter in sich enthalten; der ziemlich natürlich ist. Die andern vier, die an die Welt gerichtet sind, kommen schon künstlicher heraus. Denn die Welt einen Kerker voller Buben zu nennen, das ist für ihre Traurigkeit gar zu studiert. Warum sagt sie nicht lieber zu den beyden Alten: ihr ehrvergeßnen Buben! Das was meines Erachtens leichter von ihr zu vermuthen: da ihr der Abschied so schwer ward, und die Aeltesten allein Schuld daran hatten. In den folgenden vier Zeilen, kommen die ersten viere, von Wort zu Wort wieder vor: das läuft nun wider die Natur, und wird also unglaublich. Wie ist es möglich, eine und dieselbe Klage, die aus sechs und dreyßig Wörtern besteht, zweymal hinter einander zu wiederholen, ohne eine Sylbe darinn zu ändern. Ja! wenn Susanna Frankens Verse auswendig gelernt, und sie als eine Komödiantinn auf der Schaubühne hergesagt hätte! Es kömmt eben so heraus, als die Wiederholungen, die im Homer vorkommen, womit die Kunstrichter niemals zufrieden gewesen. Das folgende insgesammt ahmet zwar das unterbrochene Reden und Schluchzen eines weinenden Weibes einigermaßen nach: aber es überschreitet das Maaß, und erwecket, anstatt der Verwunderung und des Mitleidens, lauter Ekel. Es ist auch unmöglich, daß eine Klage, die mit Thränen und häufigen Seufzern, ja bey gehemmtem Athemholen verrichtet wird, so lange dauren könne: welches ein jeder selbst wahrnehmen wird, wenn er die ganze Stelle nachliest. Ich will itzo nicht untersuchen, ob der Poet wohlgethan, daß er die Unschuld und Tugend so kleinmüthig und verzagt zum Tode geführet hat: denn warum hat er sie nicht lieber standhaft und großmüthig gebildet? Ich erinnere nur, wie leicht man aus Begierde zu dem Ungemeinen und Wunderbaren zu gelangen, ins Abgeschmackte und Ekelhafte verfallen könne. So wahr ists, was Horaz sagt:

Crit. Dichtk.   N   Quä

Qui variare cupit rem prodigialiter unam.
Delphinum ſilvis appingit, fluctibus aprum.
In vitium ducit culpæ fuga, ſi caret arte.

28. §. Ich könnte noch von dem Wunderbaren, das in
Glücks-und Unglücksfällen vorkömmt, allhier handeln. Dieſes betrifft ebenfalls die Menſchen, und gehöret alſo in dieſe
Claſſe. Die Begebenheiten, davon die Poeten ihre Gedichte
verfertigen, müſſen auch in der That eben ſowohl ſeltſam und
ungemein ſeyn, als die Perſonen und Handlungen derſelben.
Es muß ihren Helden viel Unvermuthetes begegnen, welches
bald zu ihren Abſichten behülflich iſt, bald denſelben zuwider-
läuft. Theils entſteht dieſes aus den Wegen der göttlichen
Vorſehung, die Großen und Kleinen oft einen Strich durch
ihre Rechnung macht, und ihnen ganz andere Wege zeiget,
als ſie zu gehen gedacht: theils aber kömmt es auch unmittelbar von andern Leuten her. Dieſe hindern oft einander
in ihren Verrichtungen und Abſichten; entweder unwiſſend,
oder mit gutem Bedachte: und daher entſtehen ſo viel plötzliche Veränderungen, daß man darüber erſtaunet; ob es
gleich alles ganz natürlich zugeht. Eben dahin rechne ich die
Verkleidung und Entdeckung gewiſſer Perſonen, die bisweilen
einer Sache ſchleunig einen andern Ausſchlag giebt; die Ankunft abweſender Perſonen, der Tod der Kranken, oder
das unvermuthete Leben derer, die man für todt gehalten.
Rechtshändel, die man gewinnet, oder verlieret, Erbſchaften,
die man thut, Teſtamente, Heirathen, Briefe, u. d. m.
verurſachen oft recht wunderbare Zufälle. Doch weil in
allen dieſen Stücken hauptſächlich der Knoten, oder die Verwirrung der Fabeln beſteht, die in Schauſpielen hauptſächlich vorkömmt: ſo muß ich es bis dahin verſparen.

29. §. Die dritte und letzte Gattung des Wunderbaren
iſt diejenige Art deſſelben, die auf Thiere und lebloſe Dinge
ankömmt. Dieſe braucht nun ein Poet am wenigſten; weil
er ſich mehrentheils mit den Menſchen beſchäfftiget, und das
Uebrige nur in ſo weit braucht, als es hierzu dienlich ſeyn
kann. Neue Gattungen von Thieren zu dichten, iſt wohl
kaum

kaum erlaubt: weil es doch nur Chimären werden könnten, die in einem bekannten Lande keinem glaublich vorkämen. Die Rabinnen und Mahometaner beschreiben solche große Vögel und Fische, daß man ihre lächerliche Phantasie mehr, als die Misgeburten derselben bewundert. Aus weit entlegenen Ländern läßt sich zuweilen etwas Wunderbares entlehnen: man muß aber wohl zusehen, daß man nichts Ungereimtes mit einstreue, was unglaublich ist. Siam und Peru, Ceylon und Japan, sind schon mit solchen lügenhaften Wundern angefüllet worden: daß die Einwohner dieser Länder große Ursache hätten, uns mit den Chinesern für einäugigte zu halten; weil wir solche Narrenpossen von ihren Ländern schreiben und glauben. Das beste und vernünftigste Wunderbare ist, wenn man auch bey Thieren und leblosen Dingen, nur die Wunder der Natur recht nachahmet, und allezeit dasjenige wählt, was die Natur am vortrefflichsten gemacht hat. Es kömmt hier alles auf gute Beschreibungen recht außerordentlich schöner, großer, erschrecklicher und schlechter Sachen an: denn die mittelmäßigen werden nichts Wunderwürdiges abgeben. Beschreibt man eine Gegend, einen Garten, ein Gebäude, einen Wald, einen Berg, eine Höle, eine Heerde Vieh, eine Jagd u. d. m. so muß dieses alles, nach der Absicht des Poeten, in seiner Vollkommenheit geschildert werden. Nur die edelsten Dinge muß man der Phantasie des Lesers vormalen, um dieselbe zu gewinnen.

30. §. Zuweilen treibt man in Oden und Heldengedichten die hyperbolischen Ausdrückungen so hoch, indem man von leblosen oder unvernünftigen Dingen redet, daß es recht wunderbar klinget. Deswegen aber will ich nicht sagen, daß ein Poet immer mit Gold und Perlen, Rubinen und Diamanten um sich werfen; lauter Adler und Löwen, Panther und Tyger bey sich führen, lauter Jasmin, Nelken und Rosen streuen, lauter Ambrosin und Nektar auftragen, oder sonst alle Kostbarkeiten Indiens verschwenden solle. Diesen Misbrauch hat Benj. Neukirch in dem Gedichte schon lächerlich gemacht, welches im Vorberichte zu der übersetz-

ten horaziſchen Dichtkunſt großentheils eingerücket worden.
Imgleichen leſe man den deutſchen Antilongin nach, den
Herr M. Schwabe aus dem Engliſchen überſetzet, und mit
Exempeln aus unſern Poeten erläutert hat. Davon wird aber
in dem Hauptſtücke von den verblümten Ausdrückungen mehr
vorkommen. Die ovidianiſchen und äſopiſchen Fabeln könnten auch einigermaßen hieher gezogen werden, weil jene den
Urſprung vieler Thiere und Blumen u. ſ. w. anzeigen; dieſe
aber viel Wunderbares von ſolchen Geſchöpfen erzählen.
Allein weil hiervon ſchon oben gehandelt worden, ſo iſt eine
Wiederholung hier unnöthig. Ob man aber auf der Schaubühne Drachen, Löwen, Bären, und andre Thiere vorſtellen
dörfe, oder ſolle, davon leſe man den Zuſchauer im I. und
II. Theile nach, der die Opern mit dieſen lächerlichen Dingen,
an verſchiedenen Orten verſpottet hat.

31. §. Die Geſtirne ſind endlich noch übrig, von denen
die Poeten auch viel ſeltſames und ungemeines zu erzählen
pflegen. Die Kometen, die ſich ſehen laſſen, haben bey
ihnen gemeiniglich eine böſe Bedeutung, und einen wunderbaren Einfluß. Die Sonn- und Mondfinſterniſſe werden
von den Alten ſehr ſchrecklich beſchrieben; ja die Ungewitter,
Erdbeben, Schiffbrüche und Sturmwinde, machen auch einen großen Theil des Wunderbaren in ihren Schriften aus.
Was die erſten Stücke anlangt, ſo muß man freylich die
Alten entſchuldigen; wenn ſie ſich aus den himmliſchen Zeichen zu viel gemachet haben. Man verſtund dazumal die
Naturlehre ſehr ſchlecht: allein letzo würde es eine Schande
für den Poeten ſeyn, wenn er uns viel von dem Einfluſſe des
Himmels reden, und ſeine Leſer mit langen Beſchreibungen
eines Nordlichts, fallenden Sterns, oder einer Sonn- und
Mondfinſterniß, aufhalten wollte. Auch klingt die gewöhnliche Operſprache ſehr lächerlich, wenn es immer heißt: die
Sterne, der Himmel, und ſeine Lichter hätten dieſes oder
jenes gethan: es wäre denn, daß man darunter das Verhängniß oder die Vorſehung verſtehen könnte. Die Leute in Geſtirne zu verwandeln, das geht heute zu Tage nicht mehr an,

nachdem der ganze Himmel so genau überzählet ist, daß man keinen etwas großen Stern finden kann, der nicht schon vorhin bekannt gewesen wäre: es müßte denn zum Scherze seyn, wie Pope in seinem Lockenraube, Belindens Haar zum Sterne werden lassen. Erschiene aber irgend ein neuer Stern, so könnte freylich ein Poet dichten, daß dieses oder jenes dazu Gelegenheit gegeben hätte.

32. §. Die letztern Stücke aber, die oben erwähnet worden, kann ein Dichter mit gutem Fortgange brauchen. Ungewöhnliche Witterungen, Schiffbrüche, fruchtbare und unfruchtbare Jahre, pestilenzialische Seuchen, Feuersbrünste, Verheerungen des Krieges, hohe Gebirge, schöne Thäler voller Dörfer und Heerden, u. d. gl. sind freylich sehr wunderbar, wenn sie nur natürlich beschrieben werden. Das ist aber die Kunst! In Opitzens Vesuv und Zlatna, imgleichen in seinem Trostgedichte von Widerwärtigkeit des Krieges, stehen ganz unvergleichliche Exempel davon. Auch Dach und Flemming sind große Meister darinn gewesen, die man sicher nachahmen kann. Von den alten, ist Homer sonderlich darinn zu loben, daß er auch den natürlichsten Dingen, durch seine Beschreibungen ein wunderbares Ansehen zu geben gewußt: worinn Virgil und Ovid ihm ziemlich gut nachgefolget sind. Diesen Meistern muß man die Kunst ablernen. Ich weis wohl, das man von dieser Materie noch viel subtiler auseinander gewickelte Regeln geben kann; wenn man seinen Kopf anstrengen, und eine Menge alter und neuer, guter und böser Stellen aus den Dichtern beurtheilen will. Einige haben dadurch meine Meister werden wollen, nachdem ich ihnen die Bahn gebrochen hatte. Allein was haben sie damit gefruchtet? Aus ihrer Schule des Wunderbaren sind die seltsamsten und ungereimtesten Erfindungen entstanden. Ich habe meine Regeln kurz gemacht, wie es sich in ein Buch für Anfänger schicket, die man nicht mit unnützen Subtilitäten verwirren muß. Wer die Alten fleißig dabey liest, und sonst einen guten Kopf hat, wird nichts mehr brauchen, und sich überall klüglich zu verhalten wissen.

N 3

Das

Das VI. Hauptſtück.
Von der Wahrſcheinlichkeit in der Poeſie.

1. §.

Aus dem vorigen Hauptſtücke wird man zur Gnüge erſehen haben, daß das Wunderbare in der Dichtkunſt
nicht ohne Unterſcheid ſtatt findet: es muß auch glaublich herauskommen, und zu dem Ende, weder unmöglich
noch widerſinniſch ausſehen. Daher kömmt es denn, daß
man auch im Dichten eine Wahrſcheinlichkeit beobachten muß:
ohne welche eine Fabel, Beſchreibung, oder was es ſonſt iſt,
nur ungereimt und lächerlich ſeyn würde. Ich verſtehe
nämlich durch die poetiſche Wahrſcheinlichkeit nichts anders, als die Aehnlichkeit des Erdichteten, mit dem,
was wirklich zu geſchehen pflegt; oder die Uebereinſtimmung der Fabel mit der Natur. Horaz hat gleich im
Anfange ſeiner Dichtkunſt die Thorheit eines Mälers verſpottet, der in einem Gemälde einen Menſchenkopf auf einen
Pferdehals ſetzen, einen Vogelkropf mit bunten Federn hinzufügen, und den Leib aus Gliedmaßen verſchiedener anderer
Thiere zuſammen flicken wollte. Die Urſache dieſer ſeiner
Regel aber iſt keine andre, als, weil ſolch ein Bild wider
alle Wahrſcheinlichkeit laufen würde. Es thut auch der
Einwurf dieſer Vorſchrift keinen Eintrag, den er ſich im
Namen gewiſſer poetiſchen Freygeiſter machet:

> Pictoribus atque Poëtis
> Quidlibet audendi ſemper fuit æqua poteſtas.

Denn, wie ſchon oben in den Anmerkungen der Ueberſetzung
dieſer Stelle erinnert worden, ſo beantwortet er denſelben
gleich darauf ſo: daß er die Freyheit im Dichten in gebührende Gränzen einſchränket.

Scimus,

Scimus, et hanc veniam petimusque damusque viciſſim:
Sed non ut placidis coëant immitia; non ut
Serpentes ovibus geminentur, tigribus agni.

Was heißt das anders geſagt, als daß ein Poet in ſeinen
Fabeln, beſtändig die Regeln der Wahrſcheinlichkeit vor
Augen haben müſſe? Eben das prägt er uns im folgen-
den ein:

Ficta voluptatis cauſa, ſint proxima veris.
Nec quodcunque volet poſcat ſibi fabula credi.

2. §. Vielleicht denkt jemand, dieſes ſey demjenigen zuwider, was in dem Hauptſtücke von der Fabel ſchon geſagt worden.
Wir theilten da die Fabeln in glaubliche, unglaubliche und
vermiſchte ein, und rechneten zu den unglaublichen die meiſten
äſopiſchen: wo nämlich die unvernünftigen Thiere redend eingeführet werden. Soll nun die Wahrſcheinlichkeit in allen
Gedichten herrſchen, ſo wird man etwa ſprechen: ſo müſſen
ja alle dieſe thieriſche Begebenheiten ganz verworfen und aus
der Poeſie verbannet werden. Allein man muß hier die poetiſche Wahrſcheinlichkeit, in eine unbedingte und eine bedingte
Wahrſcheinlichkeit abtheilen. Jene findet ſich freylich in den
äſopiſchen Fabeln nicht: wenn Bäume und Thiere als vernünftige Menſchen handelnd eingeführet werden. Nach dem
gemeinen Laufe der Natur pflegt ſolches nicht zu geſchehen;
daher pflegt man auch Kindern bey Erzählung ſolcher Fabeln
vorher zu ſagen: ſie hätten ſich damals zugetragen, als die
Thiere noch reden konnten. Dadurch geſteht man ihnen
zu, daß ſolche Begebenheiten freylich, nach der itzigen Beſchaffenheit der Thiere, keinen Schein der Möglichkeit an
ſich hätten.

3. §. Deswegen aber kann man doch dieſen Fabeln die
bedingte Wahrſcheinlichkeit nicht abſprechen, die unter gewiſſen Umſtänden dennoch ſtatt hat, wenn gleich ſo ſchlechterdings keine vorhanden wäre. Daß z. E. die Bäume ſich
einen König wählen können, das iſt an ſich ſelbſt, in dieſer
Welt, weder möglich noch wahrſcheinlich: gleichwohl macht

doch

dort im Buche der Richter Jotham eine schöne Fabel daraus; der es an ihrer hypothetischen Wahrscheinlichkeit nicht
im geringsten mangelt. Denn man darf nur die einzige
Bedingung zum voraus setzen, daß die Bäume etwa in einer
andern Welt Verstand und eine Sprache haben: so geht alles
übrige sehr wohl an. Es wird möglich und wahrscheinlich
seyn, daß sie in ihrer Wahl auf den Oelbaum fallen werden,
und daß der Oelbaum solches abschlagen und sagen wird:
Soll ich meine Fettigkeit lassen 2c. Es wird möglich seyn,
daß sie ferner auf den Feigenbaum gerathen können; und
daß dieser ihnen gleichfalls eine abschlägige Antwort geben
wird: Soll ich meine Süßigkeit lassen 2c. u. s. w. Hier thun
weder die Bäume überhaupt, noch jeder ins besondre etwas,
das nach der einmal angenommenen Bedingung unmöglich
wäre. Ein Oelbaum redet, wie ein Oelbaum, und ein Feigenbaum, wie ein Feigenbaum reden würde, wenn beyde den
Gebrauch der Sprache hätten. Hier ist also nichts Widersprechendes in der Begebenheit, folglich auch nichts Unwahr-
scheinliches. Daß nun dergleichen hypothetische Wahrscheinlichkeit in der Fabel zulänglich sey, das habe ich oben in der
Beschreibung derselben schon sattsam angezeiget: und daß
Homerus dieselbe beobachtet habe, zeiget Horatius, wenn
er von ihm schreibt:

Atque ita mentitur, sic veris falsa remiscet,
Primo ne medium, medio ne discrepet imum.

4. §. Will man hiervon in Aristotels Poetik das IXte
und XXVste Capitel nachschlagen, so wird man finden, daß
seine Gedanken eben dahinaus laufen; ungeachtet er sich zuweilen harter Ausdrückungen bedienet. Le Clerc, in seinen
Parrhasianen hat sich sonderlich darüber aufgehalten, daß dieser Philosoph gesaget: Die poetische Wahrscheinlichkeit
gehe zuweilen bis aufs Unvernünftige. Allein, wer das
Exempel ansieht, welches Aristoteles davon gegeben, nämlich
da Achilles den Hektor dreymal rund um die Stadt Troja
getrieben, die Heere aber indessen stockstille gestanden, wie

Homer

Homer in der Jlias erzählt: so wird man wohl sehen, daß
dieses so ungereimt nicht ist, als es wohl scheint. Freylich
ließe sich solches auf der Schaubühne nicht wahrscheinlich vorstellen, wie Aristoteles selbst gesteht. Allein in einem Heldengedichte, wo man nur die Erzählung liest, da kann es
wohl wahrscheinlich klingen; sonderlich, wenn der Poet das
Unglaubliche dabey künstlich zu verstecken weis. Zum wenigsten hat Homer diese Kunst gewußt; denn er erzählt diese
Fabel so künstlich, daß man mit den Gedanken ganz auf die
beyden Helden verfällt, und die beyden Armeen darüber ganz
vergißt. So wird denn die Wahrscheinlichkeit zum mindesten in so weit erhalten, als dieselbe von einem Leser des
Heldengedichtes verlanget wird: gesetzt, daß die Sache an
sich selbst wunderlich genug aussehen würde. Ueberdem darf
man sich nur erinnern; daß uns auch die alten Geschichtschreiber mehr als eine wahre Begebenheit erzählen, da die
Heerführer, vor den Augen ihrer Heere sich in einen hitzigen
Zweykampf eingelassen, und nicht eher nachgelassen, als bis
einer von beyden auf dem Platze geblieben.

5. §. Ueberhaupt ist von der Wahrscheinlichkeit dieses anzumerken: daß oft eine Sache, die an sich unglaublich und
unmöglich aussieht, durch den Zusammenhang mit andern
Begebenheiten, und unter gewissen Umständen, nicht nur
möglich, sondern auch wahrscheinlich und glaublich werden
könne. Dahin gehören, zum Exempel, viele Fabeln, wo die
Götter, oder andre Geister darzwischen kommen. Diesen
trauet man viel größere Kräfte zu, als bloßen Menschen.
Wenn nun dieselben einem Helden, oder sonst einem von
ihren Lieblingen zu gefallen, etwas außerordentliches unternehmen, das man sonst nicht glauben würde: so wird dieses
eben dadurch wahrscheinlich, wenn es nur nicht an und für
sich selbst unmöglich ist. Hierwider hat nun Homer gewiß
verstoßen, wenn er den Vulcan solche künstliche Werke verfertigen läßt, die ganz unbegreiflich sind. Er macht Drey-
füsse oder Stühle, die von sich selbst in die Versammlung
der Götter spazieren. Er schmiedet goldene Bildseulen, die

N 5

nicht nur reden, ſondern NB. auch denken können. Er macht
endlich dem Achilles einen Schild, der eine beſondere Beſchreibung verdient. Erſtlich iſt er mit einer ſo großen Menge
von Bildern und Hiſtorien gezieret, daß er zum wenigſten ſo
groß geweſen ſeyn müßte, als des Taſſo diamantner Schild,
aus der himmliſchen Rüſtkammer, deſſen oben gedacht worden. Fürs andre ſind ſeine Figuren auf dem Schilde lebendig, denn ſie rühren und bewegen ſich, ſo, daß man ſich ſel-
bige wie die Mücken vorſtellen muß, die rund um den Schild
ſchweben. Fürs dritte, ſind zwo verſchiedene Städte darauf
zu ſehen, die zwo verſchiedene Sprachen reden, und wo zween
Redner ſehr nachdrückliche und bewegliche Vorſtellungen an
das Volk thun. Wie iſt es möglich, dieſes alles auf einem
Schilde, auch durch eine göttliche Macht zuwege zu bringen?
Kurz, Homerus hat ſich verſehen, und die Wahrſcheinlichkeit nicht recht beobachtet.

6. §. Eben das kann man von ſeinen Göttern ſagen, die
er noch viel ärger, als die unvollkommenſten Menſchen geſchildert hat. Sie ſind wie Menſchen gebohren, verheira-
then ſich wie Menſchen, und vermehren ihre Geſchlechter
wie Menſchen. Sie ſind allen unſern Leidenſchaften, Krank-
heiten, ja gar der Gefahr des Todes unterworfen. Sie
werden verwundet, vergießen Blut, und haben ſo gar einen
Wundarzt nöthig. Sie zanken ſich, drohen einander Schlä-
ge, und verſpotten ſich, wie die kleinen Kinder. Es iſt wahr,
daß zu Homers Zeiten, die Lehre von Gott noch in dicken
Finſterniſſen geſtecket hat. Die Philoſophen hatten ſich noch
nicht auf die Unterſuchung der göttlichen Natur geleget: und
von einer Offenbarung wußte man nichts. Was uns alſo
heute zu Tage ſehr unwahrſcheinlich vorkömmt, das konnte
damals dem Volke ſehr wahrſcheinlich klingen. Deſſen ungeachtet hätte doch Homer die Gottheiten nicht ſo verächtlich
abbilden ſollen, als er gethan hat. Man hielt ſie zwar
größtentheils für geweſene Menſchen; aber doch für ſolche,
die vergöttert, das iſt, in einen vollkommnern Zuſtand verſet-
zet worden. Dieſes hätte alſo auch aus ihren Beſchreibungen

gen und Thaten erhellen müssen, damit man besto mehr
Ehrerbiethung gegen sie bey sich empfunden hätte. Da nun
der Poet dieses nicht gethan, so sind einige auf die Gedanken
gekommen: er habe mit Fleiß die Götter so lächerlich beschrieben, theils das Lob seiner Helden destomehr zu erheben;
theils, die ernsthaften Thaten derselben mit etwas lustigem
abzuwechseln, und also dem Ekel seiner Leser zuvorzukommen.

7. §. Kommen wir auf seine Helden, so hat man auch
da ein vieles bemerket, was wider die Wahrscheinlichkeit
läuft. Etliche rechnen das Hauptwerk des ganzen Gedichtes,
nämlich den trojanischen Krieg hieher, und meynen: es sey
ungereimt, zu glauben, daß sich zwey tapfere Völker, um
eines schönen Weibes willen, zehn Jahre lang die Köpfe
zerschmeißen würden. Allein dieses geschieht ohne Grund.
Man muß der alten Zeiten, und ihrer Sitten kundig seyn.
Das Rauben der schönen Weiber war damals so ungewöhnlich nicht. Europa war nach Asien, Medea von da nach
Europa entführet worden: dieses zu rächen, hohlte sich
Paris die Helena. Es hatte sich also in diesen Krieg der Ehrgeiz und die Rachgier mit eingemischet. Die Griechen wollten stärker als die Trojaner, und diese tapferer als jene seyn;
und die gute Prinzeßinn Helena kam fast darüber ins Vergessen. Andre können es nicht verdauen, wenn der große
Held Achilles seinen Gästen selbst eine Mahlzeit zubereitet,
die Küche bestellet, aufträgt, und zu Tische dient. Allein,
sie müßten zuförderst beweisen, daß man sich damals schon,
nach unserm heutigen Ceremoniel, durch Edelknaben, Kam-
merdiener und Lackeyen aufwarten lassen, oder einen eigenen
Mundkoch gehalten hätte. Die Einfalt der alten Zeiten,
die wir aus den Geschichten der Patriarchen kennen, macht dergleichen Verhalten des Achilles so wahrscheinlich: so ungereimt es heutiges Tages klingen würde, wenn man einen Marl-
borough, oder Prinz Eugen dergestalt beschreiben wollte.

8. §. Indessen wäre es sehr gut, wenn man den Homer
überall so leicht entschuldigen könnte. Allein, wenn er seine
Helden mitten im hitzigsten Gefechte zusammen kommen, und

hatte

halbe Stunden lang mit einander zanken läßt, als wenn sie weder Spieß noch Schwert in Händen hätten: so kann man nicht leicht einen Vorwand finden, ihn zu rechtfertigen. Sie schimpfen einander aufs ärgste, ein jeder pralt dem andern seine Abkunft, seine Waffen und Thaten vor: ja sie erzählen einander wohl gar die Geschlechtregister ihrer Pferde, daß einem Leser Zeit und Weile darüber lang wird. Das schicket sich nun für wütende Soldaten, und für solche herzhafte Kriegsleute gar nicht, als seine Helden waren. Warum schlagen sie nicht lieber zu? Warum verderben sie die Zeit mit einem unnöthigen Geplauder? Hier läuft alles wider die Natur menschlicher Affecten; die zu allen Zeiten einerley gewesen: und Homer kann auf keine Weise gerettet werden. Eben diese Unwahrscheinlichkeit herrschet in den langen Anreden, die Hektor, z. E. an seine vier Pferde hält.* Scheint es hier nicht, als wenn Homer seine Pferde den Menschen gleich gemacht hätte; indem er sie auf eben die Art durch die Beredsamkeit lenken läßt, als ob sie Verstand und Freyheit hätten? Und wer kann also glauben, daß hier die Regeln der Wahrscheinlichkeit beobachtet worden?

9. §. Es ist Zeit, auf den Virgil zu kommen, und einige Fehler anzumerken, die er dawider begangen. Von den Wundern, die er hier und da eingestreuet hat, ist schon im vorigen Hauptstücke gedacht worden. Nur das muß ich hinzusetzen, daß Voltaire, in seinen Gedanken vom Heldengedichte, diesen Poeten dadurch hat entschuldigen wollen: daß schon Dionysius von Halicarnaß, in seiner Historie, sowohl der Harpyen, als des Celeno und des Königes Kakus gedacht; und daß Virgil also Wahrscheinlichkeit genug für sich gehabt habe. Allein, erstlich ist es gewiß, daß dieser Geschichtschreiber, seinem

nem

---

* Xanthus und Podargus, heißt es, und du Ethon und Lampus! hier habt ihr die schönste Gelegenheit, mir alle die Mühe zu vergelten, die Andromache, des großmüthigen Eetions Tochter, an euch gewandt hat: indem sie euch täglich selbst gefüttert, und

lieber euch, als mir, das Brodt und den Wein von meinem Tische gegönnet hat. Wie oft hat sie mich verlassen, um euch zu besuchen? Die Pferde der Götter sind selbst niemals besser gehalten worden. Zeiget denn eure Erkenntlichkeit izo! verfolget den

nem eigenen Geständnisse nach, sein Buch allererst zwanzig
Jahre nach geendigten Bürgerkriegen in Italien geschrieben;
als Virgil schon zehn oder zwölf Jahr todt gewesen: so, daß
eher Dionysius den Poeten, als dieser jenen gelesen und
gebrauchet haben kann.   Gesetzt aber, zweytens; es wäre so,
wie Voltaire meynt: so würde doch eine unglaubliche Sache nicht wahrscheinlicher, wenn sie gleich ein fabelhafter
Geschichtschreiber erzählet hätte.   Zum Exempel, wer auch
in Versen alles anbringen wollte, was Herodotus erzählet, der würde lächerlich dadurch werden.   Die Verwandlung
der Schiffe in Seenymphen, die er vermuthlich nur aus der
gemeinen Sage der Leute hergenommen, hätte er auch ersparen können: und meines Erachtens hilft es nichts, daß
er den Vers hinzugesetzt:

- - Prisca fides facto, sed fama perennis.

Denn warum mußte er alle Mährchen, die er selbst nicht
glaubte, in sein Heldengedicht bringen? S. in dem VIII. B.
der Krit. Beyträge, die Abhandlung von dem Gebrauche der
Sagen in der Dichtkunst.

10. §. Weit ärger hat indessen Virgil wider die Wahrscheinlichkeit verstoßen, da er den Aeneas zur Dido nach
Africa kommen, und die neuangelegte Stadt Karthago hat
besuchen lassen.   Es ist bekannt, wie unmöglich dieses nach
der Zeitrechnung ist; indem Dido allererst zwey bis dreyhun-
dert Jahre nach des Aeneas Ankunft in Italien, gelebt hat.
Wenn das angienge, so müßte es auch erlaubt seyn, daß
Gott mit den Kindern Adams ein Examen aus Luthers Ka-
techismo angestellet, wie Hans Sachs in einer schönen Tragödie gethan; oder, daß Adam selbst auf seinem Sterbebette
ein Testament gemacht, und darinn anbefohlen, an Gott
Vater,

Feind aufs schleunigste! Schonet euch
nicht, eilet, damit ich den Schild Ne-
stors bekomme, der ganz von dichtem
Golde ist, und dessen Ruhm bis an
die Sterne steigt; wie auch den wunderwürdigen Küraß Diomeds, der

ein Meisterstück des künstlichen Vulcans ist. Erobern wir diese preiswür-
dige Beute, so ist kein Zweifel, die
Griechen werden sich diese Nacht auf
ihre noch übrige Schiffe begeben, und
unser User verlassen.

Vater, Sohn und heiligen Geiſt zu glauben; wie Loredano in dem Leben Adams ſchreibt. Es iſt wahr, daß man in Rom die alte Chronologie ſo genau nicht gewußt, und daß alſo der Pöbel dieſen Fehler Virgils nicht wahrgenommen hat. Allein, in ſolchen Stücken muß ein Dichter mehr auf einen verſtändigen Richter, als auf eine Stadt voll unwiſſen=der Leute ſehen: weil der Tadel, den er bey jenem verdient, ihm weit mehr ſchadet, als der Beyfall von dieſen nützen kann. Ich übergehe hier die entſetzlich lange Erzählung, die Virgil ſeinen Helden bey der Dido einen Abend machen läßt: wo es gewiß viel wahrſcheinlicher iſt, daß ſie darüber eingeſchlafen ſeyn, oder doch fleißig gejähnet haben würde; als daß ſie ihm ſo geduldig, und ohne ein Wort darzwiſchen zu reden, zugehöret haben ſollte. Ich verſchweige auch noch viele andere Unwahrſcheinlichkeiten dieſes Poeten, und komme auf die Fehler einiger Neuern in dieſem Stücke.

11.§. Camoens, den ich nur aus dem Auszuge kenne, den uns Herr Voltaire in ſeiner Abhandlung vom Heldengedichte gegeben hat, ein neuer portugieſiſcher Poet, hat auf eine be=ſondre Art wider die Wahrſcheinlichkeit verſtoßen, wenn er die heidniſchen Götter und das Chriſtenthum vermiſchet hat. Veraſco, ſein Held, ruffet Chriſtum in einem Gebethe an: aber an ſtatt deſſen kömmt ihm die Göttinn Venus zu Hülfe. Die Abſicht der ganzen Schiffahrt, die er beſchreibt, ſoll die Ausbreitung der chriſtlichen Religion ſeyn: indeſſen regieren Jupiter, Bacchus und Venus die ganze Reiſe, und das Un=ternehmen des Veraſco. Unter andern ſagt dieſer Held ein=mal zu einem wilden Könige, dem er ſeine Geſchichte erzäh=let: O König, urtheile nun, ob Aeneas und Ulyſſes ſo weit gereiſet, als ich, und ſo viel Gefährlichkeiten ausgeſtanden, als ich? Gerade, als wenn die Africaner von Virgils und Homers Schriften etwas hätten wiſſen können.

12.§. Alonzo, ein Spanier, in ſeinem Gedichte Auraca=na genannt, darinn er ſeine eigene Heldenthaten wider ein mexicaniſches Volk beſchrieben, hat ſich, nach Voltairens Auszuge, ebenfalls ſehr oft verſehen. Z. E. Er marſchirt ein=mal

Ch'ogni hor, mentre ella qui fia custodita,
Sara fatal custodia queste porte;
Tra mura inespugnabili al tuo impero
Sicura fia, per novo alto mistero.
 Si disse, e'l persuase, etc.

Aber ein jeder mag selbst urtheilen, ob es glaublich sey, daß ein Mahometaner, dem Schwarzkünstler zu gefallen, eine seiner Religion so widerwärtige Sache gethan haben würde?

14. §. Allein das ist nicht das Aergste. Armide ist noch eine größere Hexe als Ismeno. Sie verwandelt wohl zehn christliche Prinzen in Fische: und ein Papagey muß allerhand verliebte Liederchen singen, die er NB. selbst gemacht hat. Das übertrifft fast noch die homerischen Erzählungen von der Circe; ist aber um destoweniger zu entschuldigen, da es in einer weit erleuchtetern Zeit geschrieben worden, als jenes. Noch mehr, Rainaldo kann aus den Händen eines mahometanischen Zauberers, nicht anders, als durch die schwarze Kunst eines christlichen Hexenmeisters befreyet werden. Dergestalt muß es nun so wohl türkische, als christliche Teufel geben, die einander zuwider sind: und die Gewalt der christlichen muß der mahometanischen Teufel ihrer, weit überlegen seyn. Das heißt ja, ein rechtes Belieben an Teufeleyen haben, und dadurch, zum wenigsten außer Italien, alle Wahrscheinlichkeit verlieren. Kurz, es ist dem guten Tasso nichts schweres, die Messe, Beichte und Litaney, mit Beschwerungen und Teufelskünsten; den Michael samt allen Engeln, mit dem Pluto und der Alekto; das ist, den Himmel mit der Hölle, das Christenthum mit dem Heidenthume und dem mahometanischen Aberglauben, durch einander zu mischen.

15. §. Ich kann nicht umhin, noch ein paar Proben, von der seltsamen Begierde, das Wunderbare in Hexereyen zu suchen, aus diesem Poeten anzuführen. Ubaldo wird zu einem alten und heiligen Beschwerer gesandt, der ihn bis in den Mittelpunct der Erden bringt: wo er mit seinem Gefährten, an einem Strome ganz voller Edelgesteine, spazieren geht. Von da schickt man ihn nach Askalon zu einer alten Vettel,

die

die ihn auf einem Schifflein in die canarischen Inseln verse-
tzet. Unter Gottes Beystande kömmt er, einen bezauberten
Ring in Händen habend, glücklich daselbst an, und führet
den tapfern Rainald bis ins christliche Lager mit sich zurück.
Aber zu was Ende? Die Zauberkunst muß diesen Helden so
viel tausend Meilen weit herum bringen; bloß weil ihn die
Vorsehung bestimmet hatte, etliche alte Bäume, in einem
von Gespenstern beunruhigten Walde, zu fällen.

16. §. Im Anfange befiehlt Gott dem Erzengel Michael,
die in der Luft umher schwärmenden Teufel in die Hölle zu
stürzen; weil sie lauter Ungewitter machten, und ihm die
Donnerkeile allezeit, den Mahometanern zum Besten, auf
die Christen lenketen. Michael thut es, und gebeut ihnen,
sich niemals in die Händel der Christen zu mengen. Sogleich
gehorsamen sie, und versenken sich in den Abgrund. Aber es
dauret nicht lange. Der Zauberer Jsmeno hat mehr Gewalt, als Michael. Denn auf seinen Wink kommen sie wieder heraus, und wissen den göttlichen Befehl durch gewisse
künstliche Ausflüchte ungültig zu machen. Sie erschrecken
die Christen im Walde, durch allerley fürchterliche Larven.
Tancredo findet seine Clorinde in eine Fichte verzaubert,
und durch den Hieb verwundet, den er dem Baume gegeben. Armide siehet dieses hinter einem Myrthengebüsche zu,
ob sie gleich zu derselben Zeit auch in Aegypten ist: und der
Poet berichtet uns gleichwohl gar nicht, wie auch die künst-
lichste Zauberinn an zweyen Orten zugleich seyn könne?

17. §. Ariost, ein Landsmann des Tasso, hat denselben an
seltsamer Unwahrscheinlichkeit weit übertroffen, und zum wenigsten dadurch verdienet, daß er von vielen Italienern demselben vorgezogen wird. Sein rasender Roland ist bekannt,
und soll eben sowohl ein Heldengedicht heißen, als das befreyte Jerusalem. Dieser Held war aus Eifersucht über die
schöne Angelica zum Narren geworden, weil sein Nebenbuhler Medor glücklicher bey ihr gewesen, als er. Astolph, ein
andrer Ritter, befand sich eines Tages im irdischen Paradiese,
auf dem Gipfel eines hohen Berges, wohin ihn ein gefäl-

Crit. Dichtk.　　　　　　　D　　　　　　gefälgelter Löwe getragen hatte. Daselbst traf er den heiligen Johannes an, welcher ihm zu wissen that, daß er den Roland von seiner Raserey zu befreyen, eine Reise nach dem Monden thun müsse. Astolph bedenket sich nicht lange, seine irrende Ritterschaft, auch außer der Erdkugel fortzusetzen: und alsbald ist ein feuriger Wagen da, der den Apostel und Ritter durch die Luft wegführet. Wie erstaunet Astolph nicht, als er bey seiner Annäherung gewahrt wird, daß der Mond weit größer ist, als er sonst aussieht; und daß er endlich Land und Wasser, Berge und Ströme, Seen und Städte, ja so gar Nymphen gewahr wird, die sich in den Wäldern mit der Jagd belustigen. Man sollte denken, Ariost wäre den neuern Philosophen zugethan gewesen, die den Mond sowohl für eine bewohnte Weltkugel halten, als die Erde: allein das Folgende wird sattsam zeigen, daß man ihm diese Ehre nicht anthun könne. Er findet auch ein seltsames Thal im Monden, wo alles anzutreffen ist, was auf der Erde verlohren gegangen; es mochte nun seyn, was es wollte: Kronen und Zepter, Geld und Gut, Ehre und Ansehen, gute Hoffnung, verschwendete Zeit, die Allmosen der Verstorbenen, die Lobgedichte auf große Herren, und so gar die Seufzer der Verliebten.

18. §. Bey so vielen Wunderdingen, die der Ritter daselbst antraf, war denn auch eine unglaubliche Menge verlornes Verstandes daselbst zu finden. Da stunden unzählige Gläser, mit einem subtilen Wässerchen angefüllet, auf deren jedem der Namen dessen geschrieben war, dem der Verstand zugehörete. Unter so vielen Gläsern solcher Leute, die Astolph allezeit für sehr klug gehalten hatte, und die doch so ziemlich voll waren, fand er auch sein eigen Gläschen; welches er sogleich erhaschte: und mit Erlaubniß des Apostels zog er seinen Verstand, wie ungarisch Wasser, durch die Nase wieder in sich. Rolands Glas traf er endlich auch an: er bemächtigte sich desselben, um es mit sich zurücke zu nehmen; weil dieses der Zweck seiner Reise war. Er fand aber, daß dasselbe sehr schwer zu tragen war: weil Roland kaum etliche Tropfen davon übrig behalten hatte; und sonst
die

die Art deſſelben eben nicht die feineſte geweſen ſeyn mochte.
Hiebey fängt nun Arioſt an, einen verliebten Seufzer an ſeine Schöne zu thun, dergleichen er mitten in ſeinem Heldengedichte oft zu thun pflegt. Er ſagt ihr, daß er ſeinen Verſtand auch zwar verlohren hätte; aber daß er ihn nicht ſo
weit würde zu ſuchen haben. Er ſchwebe auf ihren Augen
und Lippen herum, und er bäthe ſich deswegen nur die Erlaubniß aus, denſelben mit ſeinen Lippen wieder zu haſchen.
Genug von Arioſts Phantaſien, die gewiß eher den Träumen eines Kranken, wie Horaz ſpricht, als der vernünftigen
Dichtung eines Poeten ähnlich ſehen: weil weder Wahrſcheinlichkeit, nach Ordnung darinn anzutreffen iſt.

19. §. Was ſoll ich von dem Marino ſagen, deſſen
Schriften eben ſo voll unwahrſcheinlicher Dinge ſind, als
ſeiner Landsleute? Zur Probe darf ich nur die entſetzliche
Abbildung nehmen, die er im Anfange ſeines Kindermordes
von dem Satan gemacht hat. Er liegt im Abgrunde ohne
Grund, an einer ſcheußlichen Kette, von hundert in einander
geſchlungenen Schlangen. Sein Kleid und Thron, iſt ein
unauslöſchlich Feuer. Sein vormals leuchtender Mantel,
iſt nunmehr aus Flammen und Finſterniß gewebet. Sieben Hörner hat er auf dem Haupte, darum ſich lauter Hy-
dren und Ceraſten gewickelt haben, die gleichſam die Edelſteine in ſeiner Krone ausmachen. In ſeinen Augen flammt
ein rothes und trübes Licht, und ſeine Blicke gleichen den
Kometen und Blitzen. Geſtank und Finſterniß dampfet
aus ſeiner Naſe, ſein Hauch iſt dem Wetterſtrale, und ſein
Seufzen dem Donner ähnlich. Dadurch ſowohl, als durch
ſeine feurige Blicke zündet er ſelbſt den Holzſtoß an, (der
doch vorher ſchon brannte) welcher unverbrennlich iſt, und
doch alles verzehret. Seine von Geifer und Roſt angefreſſe-
ne Zähne klappern und machen ein groß Geräuſch, durch
ihr Knirſchen; und ſein Schwanz ſchlägt in der Glut, auf
die Schuppen ſeiner ſtählernen Gliedmaßen.

20. §. Bey dieſem hölliſchen Tyrannen ſtehn drey Furien, (damit ja das Heidenthum wieder ins Chriſtenthum

gemiſchet

gemischet werde) ihn auf ewig auf die Folterbank zu spannen, und mit ihren Natterstreichen unaufhörlich zu geißeln. Ihre Haare sind magre Schlangen; sein Zepter ist von Stahl: und kurz, er ist so abscheulich, daß er vor sich selbst sowohl, als vor seinem Reiche einen Abscheu hat. Nun fängt der Poet an, diesen gefallenen Geist aus der heidnischen Mythologie zu schimpfen; und ihn bald einen Narciß, bald einen Phaeton zu nennen, und die strenge Richterhand des wahren Gottes, mit einem fabelhaften Phlegeton zu vermengen. Die Sybillen und Orakel, werden bald darauf von der Jungfer Maria und der Elisabeth abgelöset; und auf die Geburt Christi muß der Friedensgöttinn Tempel einfallen. Endlich holt der Poet noch nach: daß Satan auch Flügel gehabt, die er als die größten Schiffsegel ausgedehnet hätte, um vor dem bethlehemitischen Sterne zu entfliehen; daß er aber durch ein stählernes Gebiß in seinem ewigen Gefängnisse fest behalten worden.

21. §. Ob nun eine solche Schilderey des Satans, die halb christlich, halb heidnisch ist; ihn bald zum Könige, und bald zum Sklaven macht; bald andre schlagen, bald selbst gefoltert und gepeitschet werden läßt; ihm Hörner und Klauen, einen Schwanz und stählerne Schuppen giebt; ihn mit Feuer und Schlangen zugleich umgiebt; ja bekleidet auch nackend zugleich, auf dem Throne und auf der Folterbank zugleich vorstellt u. s. w. ja ferner alles übrige durcheinander menget; ob diese Beschreibung wahrscheinlich sey? sage ich, das lasse ich meine Leser selbst beurtheilen. Mir kömmt es vor, daß der Dichter, aus großer Begierde recht was Wunderbares zu machen, die Regel des Horaz vergessen:

Aut famam sequere, aut *sibi convenientia* finge
Scriptor.

Imgleichen:

Ficta voluptatis caussa sint proxima veris,
Nec quodcunque volet poscat sibi fabula credi.

Es

Es iſt nicht genung, daß man ſagt: die Maler pflegten ja den
Satan dergeſtalt abzubilden; und alſo wäre es ſchon wahrſcheinlich, daß Satan ſo ausſähe. Denn was haben doch die
Maler nicht für ungereimte Sachen abgeſchildert? Wollte
ein Poet ihnen folgen: ſo würde er auch Troja und Jeruſalem mit Kárthaunen beſchießen, und mit Mörſern bombardi-
ren dörfen; wie man es in vielen Holzſchnitten alter Bücher
wahrnehmen kann. Wie wollte man aber dieſes mit den
alten Geſchichten zuſammen reimen?

22. §. Ich komme auf den Milton, der in engliſcher
Sprache ein Heldengedicht vom verlohrnen Paradieſe geſchrieben hat; welches uns noch von Bergens Ueberſetzung,
auch vor etlichen Jahren in der Schweiz im Deutſchen geliefert worden. Dryden, ein andrer engliſcher Poet, ſtellt
ihn dem Homer und Virgil in einer Sinnſchrift vor:

The force of Nature could no further go,
To make a third, ſhe join'd the former two.

Er hat ſich aber auch nicht aller Fehler in dieſem Stücke enthalten können, ſo große Fähigkeit er auch ſonſt im Dichten
erwieſen hat. Erſtlich erklärt er alle heidniſche Gottheiten
für Teufel, die unter verſchiedenen Namen von den Heiden
wären angebethet worden: hernach beruft er ſich auf den
Raub der Proſerpina, als auf eine wahre Geſchichte. Wer
hätte es denken ſollen, daß in der bibliſchen Materie vom
Falle der Engel das Heidenthum ſtatt finden würde? Am
ſeltſamſten ſieht ſein Pandämonium aus, das iſt der Ort,
wo die Teufel mit einander zu Rathe gegangen. Satan hatte
ſie ſchon einmal in einem weiten Felde zuſammen beruffen,
und eine Anrede an ſie gehalten: und alſo ſchien es vergebens
zu ſeyn, daß er noch ein beſonderes Gebäu hätte, wo er
mit ihnen rathſchlagen könnte. Aber der Poet ſcheint ein
Belieben getragen zu haben, ſein Pandämonium nach der
doriſchen Ordnung zu bauen, und es mit allerley Verzierungen,
als Karnießen und goldnen Blumen auszuſchmücken. Dieſe
Erfindung ſcheint ſich nun zwar nicht aufs beſte für einen

ernſt-

ernſthaften Milton zu ſchicken: aber noch ſchöner kömmt es
heraus, wenn ſich alle ſeine Teufel in Zwerge verwandeln
müſſen, damit ſie nur, in dem gar zu engen Gebäude, Platz
finden mögen. Lucifer indeſſen, mit ſeinen vornehmſten Bedienten, behalten ihre natürliche ungeheure Größe; indem der
gemeine Pöbel böſer Geiſter nur in Geſtalt kleiner Pygmäen
erſcheinen muß. Wenn das nicht das Lächerliche aufs höchſte getrieben heißt: ſo weis ich nicht mehr, was wahrſchein-
liche oder unwahrſcheinliche Erdichtungen ſeyn ſollen.

23. §. Noch eine Fabel iſt indeſſen werth, aus dieſem
Dichter angemerket zu werden. Die Sünde wird aus
Satans Gehirne, als eine Minerva aus Jupiters Haupte
gebohren. Satan aber zeuget mit dieſer ſeiner Tochter ab-
ſcheulicher Weiſe ein Kind, nämlich den Tod: und dieſes
raſende und ſchmutzige Ungeheuer beſchläft wieder ſeine Mut-
ter; ſo wie es der Vater mit ſeiner Tochter gemacht hatte.
Aus dieſer neuen Blutſchande wird ein ganzes Neſt voll
Schlangen erzeuget, die in den Schooß ihrer Mutter kriechen,
und alle die Eingeweide verzehren, daher ſie entſproſſen ſind.
Ob eine ſo ſchmutzige und wahrhaftig abſcheuliche Allegorie
Wahrſcheinlichkeit genug habe, will ich abermal nicht ſelbſt
beurtheilen, ſondern einem jeden ſeine Gedanken davon laſſen.
Zum wenigſten ſieht man nicht, warum die Sünde mit dem
Tode noch einmal verbothener Weiſe hat zuhalten müſſen.
Dieſes hat in der Sache ſelbſt keinen Grund mehr, und
ſcheint von dem Poeten nur zur Vergrößerung der Abſcheu-
lichkeiten erſonnen zu ſeyn. Eben dadurch verliert nun ſeine Fabel die Wahrſcheinlichkeit: weil man es nicht begreifen
kann, warum der Tod noch die Schlangen habe zeugen
müſſen? Nicht beſſer geht es mit dem Paradieſe der Narren, wo die Mönche, Capuciner, Indulgentien, Bullen und
Reliquien auf den Flügeln des Windes herumſpazieren; Petrus aber mit ſeinen Schlüſſeln an der Himmelsthür ſteht.
Wie konnten alle dieſe Dinge zu der Zeit vorhanden ſeyn,
da das Paradies verlohren gegangen? Für den Arioſt würden ſich ſolche Thorheiten beſſer, als für einen Milton geſchicket

schicket haben. Ich übergehe hier noch die Abwechselung des
Tages und der Nacht, im Himmel, vor Erschaffung der Welt;
die Weltgegenden, Berg und Thal, ja einen Boden voller
Metalle, daraus die Teufel allerley künstliche Dinge machen;
zum Exempel, Karthaunen und Schießpulver, womit sie
die Engel zerschmettern; die Thore und Schildwachten an der
göttlichen Residenz, und tausend andre Possen mehr. Siehe
der Beyträge zur kritischen Historie der deutschen Sprache rc.
I. Band, wo ein Auszug aus diesem Gedichte zu finden ist.
24 §. Nun könnte ich noch zu ein paar neuern Heldengedichten der Engländer, nämlich dem Könige Arthur, welchen
Richard Blackmore gemacht, und dem Leonidas, den uns
vor kurzem Herr Glover geliefert hat, fortschreiten. Allein,
je neuer die Zeiten werden, und jemehr die Vernunft aufgeklärt wird, desto reiner werden solche Werke von allen Fehlern wider die Wahrscheinlichkeit. Ich mag mich also bey
Kleinigkriten nicht aufhalten, und komme auf die Franzosen.
Es ist Schade, daß Voltaire in seinem neuen Heldengedichte,
darinn er es allen vorigen, in Beobachtung der Wahrscheinlichkeit, zuvorgethan, nicht gänzlich von Fehlern hat frey bleiben
können. Ich will hier nicht an die Fabel gedenken, da er
Heinrichen den Vierten, seinen Helden, gleich im Anfange
seines Gedichtes eine Reise nach Engeland thun läßt, um sich
den Beystand der Königinn Elisabeth zuwege zu bringen.
Dieses ist ja freylich in der Historie nicht gegründet, und also
nicht wirklich geschehen: allein, es ist doch wahrscheinlich;
weil Heinrich damals etliche Monate in einer solchen Stille
zugebracht, daß man indessen von ihm nichts aufgezeichnet
findet. Hier stund es nun dem Poeten frey, seinem Helden,
der ohnedem in Frankreich nichts versäumete, außer Landes
was zu thun zu geben. Er zaubert ihn aber nicht etwa in die
canarischen Inseln, und wieder zurück; wie Tasso es mit seinem
Rainald macht: sondern er läßt ihn natürlicher Weise über
den Canal zwischen Frankreich und England schiffen u. s. w.
25. §. Ich frage nur, ob der alte Greis, den er so gleich
auf der englischen Küste in einer Einöde antreffen, und seinem

O 4

Helden

Helden ſein ganzes künftiges Schickſal vorherſagen läßt; ob dieſe Fabel, ſage ich, Wahrſcheinlichkeit genug für ſich habe? Der Einſiedler muß ein Prophet werden, und zwar ein wirklich von Gott erleuchteter Prophet, dergleichen die im alten Teſtamente geweſen. Der Dichter ſagt ausdrücklich:

Ce Dieu, qu'il adoroit, prit Soin de ſa Vieilleſſe,
Il fit dans ſon Deſert deſcendre ſa Sageſſe,
Et prodigue envers lui de ſes Treſors divins, 　　．
Il ouvrit à ſes Yeux le Livre des Deſtins.

Ich weis nicht, ob dieſe vier Zeilen es wahrſcheinlich und glaublich machen können: daß Gott die Bücher des Verhängniſſes einem Eremiten werde eröffnet haben; welches er ohne Noth niemals gethan, auch niemals zu thun verſprochen hat. Um ſo vielmehr aber iſt mir dieſer neue Prophet ärgerlich anzuhören, da er, als ein eifriger Papiſt, die proteſtantiſche Religion für einen Irrthum anſieht; den Uebertritt Heinrichs des IV. zur römiſchen Kirche eine Erleuchtung nennet, u. ſ. w.

De Dieu, dit le Vieillard, adorons les Deſſeins,
Et ne l'accuſons pas des Fautes des Humains.
J'ai vû naitre autrefois le Calviniſme en France,
　Foible, marchant dans l'Ombre, humble dans ſa
　　　　　　Naiſſance.
Je l'ai vu ſans Support, exilé dans nos Murs,
S'avancer à Pas lents par cent Detours obſcurs.
Enfin, mes Yeux ont vu du Sein de la Pouſſiere
Ce Fantôme effrayant lever ſa Tête altiere,
Se placer ſur le Trône, inſulter aux Mortels,
Et d'un Pied dedaigneux renverſer nos Autels.
　Loin de la Cour alors en cette Grotte obſcure,
De ma religion je vins pleurer l'injure.
Là quelque Eſpoir au moins conſole mes vieux Jours;
Un Culte ſi nouveau ne peut durer toujours.
Des caprices de l'Homme il a tiré ſon Etre,
On le verra perir, ainſi qu'on l'a vu naitre etc. etc.

26. §.

26. §. Ob nun ein Prophet, der die gereinigten Wahrheiten des Evangelii für ein Ungeheuer ſchilt, ſie einen neuen
Gottesdienſt nennet, und ihren Urſprung aus dem menſchlichen Eigenſinne herleitet, und ihnen einen baldigen Untergang
drohet: ob ein ſolcher, ein wahrer Prophet ſeyn könne; das
mögen alle Proteſtanten, davon halb Europa voll iſt, ſelbſt
bedenken. Gleichwohl verkündiget unſer Einſiedler alles vorher, als ob er die Geſchichte Heinrichs des IV. ſchon zum
voraus geleſen hätte. Man darf nicht ſagen, es könne von
einem katholiſchen Poeten nicht gefodert werden, daß er als
ein Proteſtant ſchreiben ſolle. In Frankreich werde dieſer
Eremit wahrſcheinlich genug ſeyn ꝛc. Ich antworte: Voltaire
hat in ſo vielen Stellen ſeines Gedichtes, welches gewiß viel
zu der Schönheit deſſelben mit beyträgt, genugſam zu verſtehen gegeben, daß er kein ſo blinder Papiſt ſey, als mancher
wohl denken möchte. Hat er nun ſelbſt das Herz gehabt,
viel Sätze einfließen zu laſſen, die ſeinen Religionsverwandten
ſo ſehr misfallen haben, daß er das Land deswegen räumen
müſſen: warum hat er nicht vollends dieſen Einſiedler, der
doch die Creatur ſeiner Einbildungskraft iſt, ſo gebildet,
daß er überall, und nicht nur in Frankreich wahrſcheinlich
herausgekommen?

27. §. Ich komme auf die Hexerey der Verſchwornen,
die er im fünften Buche ſeines Gedichtes beſchrieben hat; und
davon ſchon oben gedacht worden. Es kann ſeyn, daß die
damalige Königinn Maria von Medices, eine Liebhaberinn
der Zauberkunſt geweſen; und es kann ſeyn, daß ihr Exempel
viele ihrer Unterthanen nach ſich gezogen. Es ließe ſich daher auch mit einiger Wahrſcheinlichkeit dichten, die ſechzehn
Häupter der Rebellen hätten zu einem Schwarzkünſtler ihre
Zuflucht genommen, um das Schickſal ihres Reiches zu erfahren. Dieß finſtre unterirdiſche Gewölbe, alle die aber-
gläubiſchen Zurüſtungen des jüdiſchen Hexenmeiſters, kurz,
alles, was vorhergeht, und ſich bloß auf die thörichte Phantaſie der Menſchen gründet, iſt in meinen Augen nicht unwahrſcheinlich. Aber, daß der Poet auf eine ſo verdamm-

O 5   liche

liche Begierde das Künftige zu wiſſen, auf ſolche gotteslaͤſter-
liche und ruchloſe Beſchwerungen und Zauberformeln, eine
Erhoͤrung ihres Wunſches erfolgen laͤßt, das kann ich ihm
nicht vergeben. Gott beſtaͤrket dieſe abergläubiſche Rotte in
ihrer Thorheit. Was der Zauberer nicht vermag, das thut
derjenige, den er gelaͤſtert hat: und was das aͤrgſte iſt, durch
ein wahrhaftes Wunderwerk, dabey er die Geſetze der Natur
aufheben muß. So ſagt der Poet:

Aux magiques Accents, que ſa Bouche'prononce,
Les Seize oſent du Ciel attendre la Reponſe:
A devoiler leur Sort ils penſent le forcer;
Le Ciel, pour les punir, voulut les exaucer,
Il interrompt pour eux les Loix de la Nature.
De ces Antres muëts ſort un triſte Murmure,
Mille Eclairs redoublez dans la profonde Nuit,
Pouſſent un Iour affreux, qui renait et qui fuit.
Au milieu de ces Feux Henri brillant de Gloire,
Apparoit à leurs Yeux ſur un Char de Victoire etc.

Wo hat man nun ein Exempel von dergleichen Begebenheiten gehoͤrt oder geſehen, da Gott anſtatt des Satans, einem
Hexenmeiſter ſeinen Wunſch erfuͤllet; ihn dadurch in ſeiner
Thorheit geſtaͤrket, und alſo der Ehre ſeines eigenen Namens
ſelbſt Hinderniſſe in den Weg geleget hat? Herr Voltaire,
der ſonſt ſolche geſunde Begriffe von dem hoͤchſten Weſen
hat, ſollte ſich hier wohl etwas behutſamer aufgefuͤhrt haben; damit er die Regeln der Wahrſcheinlichkeit, die er
andern ſo wohl vorzuſchreiben weis, ſelbſt nicht aus den
Augen geſetzt haͤtte.

28. §. Ich habe mich bisher in Bemerkung der Fehler
allein bey den beruͤhmten Heldengedichten der aͤltern und
neuern Zeiten aufgehalten, und wuͤrde noch ein deutſches
Heldengedicht vornehmen muͤſſen; wenn eins vorhanden waͤre,
das die Muͤhe belohnte. Wir haben zwar den habſpurgiſchen Ottobert, die Proſerpina, ein Stuͤck vom Wittekind
und Meſſias: allein dieſe verdienen eben ſo wenig eine Kritik,

tik, als Chapelains Mägdchen von Orleans, oder des
St. Amand erretteter Moses, in Frankreich. Zudem
werden sie fast von niemanden gelesen, und also ist es nicht
zu besorgen, daß ihr Exempel andre verführen werde.
Man sehe indessen, was von dem habspurgischen Ottobert
in den kritischen Beyträgen zur deutschen Sprache rc. geurtheilet worden. Ich komme also noch mit wenigem auf
die Fehler, die in dramatischen Poesien wider die Wahrscheinlichkeit begangen werden. Die Alten sind davon eben
so wenig frey, als die Neuern, und wenn wir sie gleich loben,
so wollen wir nicht alles Schlechte damit gut heißen, daß
ihnen zuweilen entwischet ist. Sophokles soll uns bey den
Griechen mit seinem Oedipus zum Beyspiele dienen, daß
er auch habe fehlen können: wenn gleich die Fabel überhaupt
und das ganze Stück seinen Werth behält.

29. §. Der Schauplatz öffnet sich durch einen Chor theba-
nischer Bürger, die vor den Altären auf ihren Knien liegen,
und von den Göttern das Ende ihres Unglücks erbitten wollen. Oedipus, ihr König, erscheint mitten unter ihnen,
und sagt: Ich bin Oedipus, der in aller Welt so
berühmt ist. Was ist die Ursache, meine Kinder,
weswegen ihr hieher gekommen? Ist es hier wohl
wahrscheinlich, daß die Thebaner ihren Herrn nicht gekannt;
und daß er es also nöthig gehabt zu sagen, wer er sey? oder
sollte es der König eines Volkes nicht wissen, daß eine Pest
in seinem Lande wüte? Der Hohepriester antwortet ihm indessen im Namen des Volkes: Du siehst hier Jünglinge und alte Männer vor dir. Ich, der ich dich
anrede, bin Jupiters Oberpriester. Deine Stadt
ist wie ein Schiff, das von Ungewittern bestürmt
wird rc. Und hier fängt er ihm an die Pest zu beschreiben,
die im Lande damals wütete. Sollte hier wohl Oedipus
wiederum den Hohenpriester nicht gekannt haben? Indem
die Beschreibung der Pest noch währet, kömmt Kreon,
der Jokasta Bruder, den man an das Orakel geschicket
hatte, eine göttliche Antwort wegen der Landplage zu vernehmen.

nehmen. Dieſer redet den Oedipus an: Herr, ſpricht er, wir haben vormals einen König gehabt, der Lajus hieß. Ich weis es, erwiedert jener, ob ich ihn gleich niemals geſehen habe. Er iſt erſchlagen worden, verſetzt Kreon, und Apollo will, daß wir ſeine Mör-der zur Strafe ziehen ſollen. Hierauf fragt Oedipus: iſt denn Lajus zu Hauſe, oder im Felde erſchlagen worden?

30. §. Hier ſieht nun wohl abermal ein jeder, es ſey gar nicht wahrſcheinlich, daß Kreon eine ſo bekannte Sache, als der Tod des Königs Lajus in Theben ſeyn mußte, demje-nigen, als was Unbekanntes würde erzählet haben, der an ſeiner Stelle ſchon etliche Jahre regieret hatte: vielweniger, daß Oedipus ſich in ſo langer Zeit nicht mehr um die Art ſeines Todes bekümmert haben würde. Doch er fährt fort, zu fragen: ob denn aus der Anzahl der Gefährten, die bey dem erſchlagenen Könige geweſen, niemand wieder zurücke gekommen? Einer, der wirklich mit zugegen geweſen, giebt zur Antwort, daß es von einer Menge von Straßenräu-bern geſchehen; da es doch von einer einzigen Perſon, näm-lich vom Oedipus ſelbſt geſchehen war. Wie war es nun möglich, eine ſo falſche Antwort zu geben, da man bey Entdeckung der Wahrheit nicht das geringſte zu beſorgen hatte? Oedipus vernimmt endlich, daß Phorbas, einer von den damaligen Gefährten des Lajus noch lebe; und von dieſem hätte er leicht völlige Nachricht einziehen können. Allein, er läßt ihn, wider alles Vermuthen, nicht einmal zu ſich fodern. Auch der Chor, der ihm allezeit Anſchläge giebt, denket nicht daran; ſondern räth ihm, lieber den Tireſias fodern zu laſſen. Endlich in der vierten Handlung kömmt Phorbas. Ohne Zweifel denkt man hier, Oedipus werde ihn mit großer Ungeduld fragen: Wie es mit dem Tode des Königes bewandt geweſen? weil er ſo begierig war, ſeinem Volke zu helfen. Aber nichts weniger, als das. Die Tra-gödie endigt ſich, ehe Phorbas ein Wort von dem Tode ſeines Herrn zu reden bekommen hat.

31. §.

31. §. Dieß mag zu einer Probe genug seyn, daß Sophokles die Wahrscheinlichkeit nicht genau beobachtet habe. Wer
sich ausführlicher darum bekümmern will, der kann die Kritik nachlesen, die Voltaire über die drey Oedipen, nämlich
den griechischen, des Corneille französischen, und seinen eigenen gemacht hat. Imgleichen kann man die Kritik über den
Cid, von der französischen Academie, in dieser Absicht zu
rathe ziehen; welches Stück auch in der deutschen Schaubühne
I. Theile befindlich ist. In eben diesem Theile steht auch
mein Cato, von welchem in den kritischen Beyträgen eine
Beurtheilung, nebst einer Antwort zu lesen ist. Man sehe
auch in eben diesen Beyträgen, was von dem gedrückten und
erquickten Jacob, imgleichen vom Trauerspiele Polyeuktes,
dem dresdenischen Telemach, und Herodes dem Kinder-
mörder, endlich auch von Schakespears Cäsar, hin und wieder geurtheilet worden. Die Liebhaber der Opern mögen
St. Evremonts Gedanken darüber nachschlagen, die in den
Schriften der deutschen Gesellschaft übersetzt zu lesen sind.
Und überhaupt von theatralischen Poesien kann man nachlesen, was Cervantes im Don Quixote, einen gewissen
Canonicus, davon hat sagen lassen. Die Wahrscheinlichkeit
in Schäfergedichten anlangend, darf man nur Fontenellens
Discurs, der auch bey seinen auserlesenen Werken von mir
übersetzt anzutreffen ist, imgleichen den Guardian davon
besehen. Die Satire betreffend, sehe man Muralts
Briefe an die Franzosen nach, wo er des Boileau Satire
über Paris untersuchet hat.

32. §. Ich sehe es schon vorher, daß viele diese beyde letzte
Hauptstücke mit scheelen Augen werden angesehen haben.
Es wird wenigen von unsern deutschen Poeten gefallen, daß
man sich die Freyheit nimmt, die Gedichte der größten Meister so scharf zu prüfen. Man wird sagen, es schicke sich
nicht, aller Leute Geschmack nach seinem eigenen Leisten zu
messen. Was mir nicht gefiele, das könnte deswegen doch
andern gefallen, und also auch schön seyn. Und endlich wäre ich der Mann nicht, der sich über die größten Meister zum

Richter

Richter erheben könnte. Allein ich antworte auf dieſes letzte, daß ich mir meiner Schwachheit ſelbſt wohl bewußt bin. Ich habe ſelbſt kein Heldengedicht geſchrieben, und gebe mich alſo für keinen Poeten aus, der allen denen gleich zu ſchätzen, geſchweige dem vorzuziehen wäre, die ich beurtheilet habe. Allenfalls iſt es auch gar nicht nöthig, ſelbſt, was beſſers machen zu können, wenn man andre nach den Kunſtregeln beurtheilet. Sind denn Ariſtotels Rhetorik und Poetik deswegen zu verwerfen, weil ihr Urheber ſelbſt weder ein großer Redner, noch ein Poet geweſen? Seine Regeln ſind doch richtig, und ſeine Urtheile von ſo vielen poetiſchen und oratoriſchen Werken ſeiner Zeit bleiben wohl gegründet; ſo lange Vernunft und Geſchmack in der Welt ſeyn wird. Zudem habe ich mir ja keine neue Geſetze und Kunſtregeln ausgeſonnen: ich ſage nur Anfängern in der Poeſie, was ich von den Alten für poetiſche Regeln gelernet habe, und wie man die Gedichte darnach prüfen müſſe. Horaz machte es auch ſo:

> Fungar vice cotis; acutum
> Reddere quæ ferrum valet, exſors ipſa ſecandi.
> Munus et officium, nil ſcribens ipſe, docebo;
> Unde parentur opes, quid alat formetque poetam?
> Quid deceat, quid non? quo virtus, quo ferat error?

33. §.

* FOR this reaſon we preſume not only to defend the Cauſe of CRITICKS; but to declare open War, againſt thoſe indolent ſupine Authors, Performers, Readers, Auditors, Actors or Spectators; Who making their HUMOUR alone the Rule of what is beautiful and agreeable, and having no Account to give of ſuch odd FANCY, reject the criticizing or examining Art, by which alone they are able, to diſcover the true BEAUTY and WORTH of every Object.

ACCORDING to that affected Ridicule which theſe inſipid Remarkers pretend to throw upon juſt CRITICKS the Enjoyment of all real Arts or natural Beautys, wou'd be intirely loſt. Even in Behaviour and Manners we ſhou'd at this Rate become in Time as barbarous, as in our Pleaſure and Diverſions. I wou'd preſume it, however, of theſe Critick-Haters, that they are not yet ſo uncivilized, or void of all ſocial Senſe as to maintain: That the moſt barbarous Life, or brutiſh Pleaſure, is as deſirable as the moſt poliſhd or refin'd.

FOR my own Part, when I have heard ſometimes Men of reputed Ability join in, with that effemi-

,nate

33. §. Den Freunden des willkührlichen Geſchmacks aber
aufs erſte zu antworten, ſo gebe ich ihnen eine treffliche Stelle des Grafen von Schaftsbury zu überlegen, die ich, weil
das Buch nicht überall zu haben iſt, herſetzen will. * Ueber-
das aber gebe ich es ihnen zu bedenken, ob ſie auch demjenigen das Wort reden wollen, der in der Unterſcheidung der
Metalle ſich auf den Augenſchein allein verlaſſen; Gold, Meſ-
ſing, Silber und Zinn für einerley halten, und ſich über denjenigen erzürnen wollte, der bey dem Einkaufe ſolcher Waa-
ren ſich des Probierſteins bedienete, oder eine Goldwage zu
rathe zöge? Meines Erachtens werden ſie ſo billig ſeyn, und
die Behutſamkeit dieſes letztern, der Einfalt des erſtern
vorziehen: weil nicht die Farbe, ſondern der innere Gehalt
und die Schwere den wahren Werth der Metalle entdecket.
Daſſelbe Urtheil nun muß ja billig von dem menſchlichen
Witze und ſeinen Früchten gefället werden. Es muß nicht
auf den bloßen Glanz und Schimmer ſeiner Werke ankommen; weil nicht alles Gold iſt, was da gleißt. Was nicht
bey der geſunden Vernunft die Probe, oder den Strich hält,
das kann nicht für vollgültig genommen werden. Die Regeln der Kunſtrichter aber, die gehörig erwieſen worden, ſind
der poetiſche Probierſtein, der das Zweifelhafte entſcheiden,
und die wahren Schönheiten ſo ſehr ins Licht ſetzen, als die
falſchen

---

nate plaintive Tone of *Invective*
againſt CRITICKS, I have really
thought, they had it in their Fancy, to keep down the growing Genius of the Youth, their Rivals, by
turning them aſide from that *Exa-
mination* and Search, on which all
Performance, as well as good
Judgment depends etc. Tom. III.
ſeiner Characteriſtics Miſc. III. C. 2.
p. 165. D. i.
Aus dieſer Urſache, wollen wir
nicht allein die Sache der Critikver-
ſtändigen vertheidigen; ſondern auch
allen den nachläßigen und gleich-
gültigen Schriftſtellern, Verfaſſern,
Leſern, Zuhörern, Schauſpielern und

Zuſchauern einen offenbaren Krieg
ankündigen, die ihre Einfälle allein
zu einer Regel der Schönheiten und
Annehmlichkeiten machen; und da
ſie von dieſem ihrem Eigenſinne, oder
ihrer wunderlichen Phantaſie keine
Red und Antwort geben können, die
Kritik, oder Unterſuchungskunſt verwerfen; wodurch ſie doch allein geſchickt werden könnten, die wahre
Schönheit und den rechten Werth
jedes Dinges zu entdecken.
Nach der erzwungenen Auslachenswürdigkeit, die ſolche abgeſchmackte
Leute wahren Kunſtrichtern aufbürden
wollen, würde das Beluſtigende von
allen Künſten und natürlichen Schön-

heiten

falschen Pußwerke und wesentlichen Unrichtigkeiten sinnrei=
cher Schriften beschämen kann.

34. §. Was soll man also von denen denken, oder sagen,
die uns auf gut miltonisch, mit der Geisterwelt, den Che=
rubim und Seraphim, den Teufeln aller Arten, oder den
Feyen und Hexen plagen? die uns in allen diesen Dingen
Geheimnisse der Religion vortragen, die über alle Ver=
nunft, und folglich über alle Wahrscheinlichkeit sind?
Dieses, daß sie uns die Sphäre der Dichtkunst über den
menschlichen Begriff hinaus erstrecken, und sich alle Au=
genblick in die Gefahr begeben, wider die Wahrheit und
Wahrscheinlichkeit zu verstoßen. Denn nicht zu gedenken,
daß es gottlos ist, die geoffenbarte Religion mit ihren ab=
geschmackten Erdichtungen zu erweitern, d. i. die Wahrheit
mit Lügen zu verbrämen, und sie solchergestalt der heidni=
schen Mythologie gleich zu machen, die jeder Poet drehete
und wendete wie er wollte: so sündigen solche Dichter auch
wider die vernünftige Poesie selbst, die nicht für Schwär=
mer, sondern für gescheide Leser arbeitet. Jakob Böh=
me und Pordätsch mögen ihre Träume und Hirngebur=
ten in die Religion mengen: kluge Dichter bleiben bey
wahrscheinlichen, das ist, bey menschlichen und solchen
Dingen, deren Wahrscheinlichkeit zu beurtheilen, nicht über
die Gränzen unsrer Einsicht geht.

Das

heiten verlohren geben. So gar in
Trachten und Sitten würden wir zu
diesen Zeiten so barbarisch werden,
als wir in unsern Ergetzungen und
Lustbarkeiten sind. Doch will ich
von diesen Feinden der Kritik hoffen,
sie würden nicht so unhöflich, oder
von aller Menschlichkeit so entfernt
seyn, zu behaupten: daß das allerun=
menschlichste Leben, und ganz viehi=
sche Belustigungen, eben so hoch, als
die artigsten und feinesten Vergnü=
gungen zu schätzen wären.

Meines theils, wenn ich zuweilen
Männer von bekannter Geschicklich=
keit, mit einem weibischen und kläg=
lichen Tone, wider die Kunstrichter
habe eifern hören; so habe ich wirk=
lich gedacht: Sie hättens im Sinne,
den anwachsenden Geist junger Leute,
die ihnen nacheifern, niederzuschla=
gen; indem sie dieselben von der=
jenigen Untersuchung und Prüfung
abzuwenden suchen, ohne welche eine
tüchtige Arbeit so wenig, als ein rich=
tiges Urtheil bestehen kann.

xx

Das VII. Hauptstück.

Von poetischen Wörtern.

1. §.

Wir haben oben gewiesen, daß ein Dichter seine Nachahmung durch eine harmonische und wohlklingende
Rede ins Werk richte. Die Rede nun ist ein Ausdruck unserer Gedanken, der durch Wörter geschieht,
welche entweder einzeln, oder mit andern zusammengenom-
men, ihre Bedeutungen haben. Diese letztern bekommen
den Namen der Redensarten, und davon wird in dem folgenden Hauptstücke gehandelt werden. Hier will ich nur
von der ersten Gattung handeln, und theils ihren mannigfaltigen Unterscheid, theils ihren vernünftigen Gebrauch in
der Poesie zeigen.

2. §. Fürs erste ist es bekannt, daß die Sprachverständi-
gen, sowohl in der deutschen Sprache, als in der lateinischen,
achterley Gattungen von Wörtern bemerket haben, die zur
Ausdrückung und Verbindung unsrer Gedanken nöthig sind.
Wir haben **Nennwörter,** womit wir theils die Sachen,
theils ihre Eigenschaften anzeigen, z. E. Kopf, Hand, Buch;
gelehrt, geschickt, gründlich, u. d. gl. Wir haben **Fürwörter,** die anstatt der vorigen gebraucht werden können,
um gewisse Wiederholungen zu ersparen. Z. E. Ich, du,
er; der, die, das; dieser, diese, dieses, u. s. w. Wir haben
Zeitwörter, um das Thun oder Leiden gewisser Dinge zu
bedeuten: als schreiben, lesen, hören, lernen, u. d. gl. und
die werden wiederum in ihre Classen abgetheilet. Wir haben **Mittelwörter,** die von den vorigen etwas, und von den
Nennwörtern auch etwas an sich haben, und also zwischen
beyden das Mittel halten. Z. E. Das Wort verworfener
deutet erstlich auf ein vergangenes Leiden, das einer Sache,
die verworfen worden, wiederfahren; hernach aber auch

Crit. Dichtk.		P		die

die Eigenſchaft, z. E. eines ſchlechten Reimes: ein verworfener Reim. Wir haben ferner Nebenwörter, dadurch
die Bedeutungen der Hauptwörter entweder eingeſchränket
oder vergrößert, oder ſonſt auf gewiſſe Weiſe beſtimmet werden: als z. E. wohl ſchreiben, recht reimen, ſchön denken,
ſtark rühren. Wir haben Vorwörter, welche man bey
den Nenn- und Fürwörtern nöthig hat, ihre Verhältniſſe
unter einander anzuzeigen: als, von Rom, nach Paris; bey
uns, zu ihm, über die Wolken, im Staube, unter dem
Pöbel. Wir haben Verbindungswörter, die den Zu-
ſammenhang unſrer Begriffe anzeigen, als da ſind: und,
auch, aber, denn, weil, dafern, u. d. gl. Endlich
haben wir auch Zwiſchenwörter, die oft zum Ausdrucke
gewiſſer Gemüthsbewegungen und anderer kleiner Umſtände
dienen, die zu den vorigen nicht gebracht werden können.
Als: Ach! O! Weh! Hey! Sa, Sa! St! Wohlan!
luſtig! u. d. m.

3. §. Aller dieſer Gattungen von Wörtern kann ein Poet
eben ſo wenig, als die Geſchichtſchreiber und Redner entbehren. Ohne Zeichen kann er ſeine Gedanken nicht ausdrücken; und keine Art derſelben iſt bequemer, als die obigen
Arten der Wörter. Allein er bedienet ſich oftmals gewiſſer
Freyheiten, die in andern Schriften nicht erlaubt ſeyn würden.
Ich würde hier Regeln und Exempel davon geben müſſen,
wenn ſich ſolches nicht bequemer bey den folgenden Abtheil-
lungen der Wörter thun ließe. Man kann nämlich dieſelben
überhaupt, entweder als veraltete, oder als übliche, oder
als neugemachte Wörter anſehen, und dabey fragen: welche
von dieſen eigentlich für einen Poeten gehören? Die andern
Unterſchiede der Wörter, z. E. einheimiſche und ausländiſche, niedrige und hohe, ehrbare und ſchändliche, matte und
nachdrückliche, ſollen auch an ihrem Orte beyläufig berühret
werden.

4. §. Was die altfränkiſchen Wörter betrifft, ſo finden
wir ſie in den Schriften, die vor und um die Wiederherſtel-
lung der Wiſſenſchaften, ja bis auf Opizens Zeiten, verfertiget

fertiget worden. Man darf nur den **Reinefe Fuchs,**
Theuerdank, Hans Sachsen, Ringwalden, und den
Froschmäuseler nachsehen: so wird man die Proben ganz
häufig finden. Z. E. im Theuerdank steht gleich von Anfang
beschuffen für geschaffen, (nach welcher Form auch unsere
Canzellisten noch **beschehen** für geschehen, zu setzen pflegen,)
Gemahel für Gemahlinn, **Künigein** für Königinn, **Be-**
silh für Befehle, **bester** für bestattet, von **nahenden** für
nahe, **einhelligklich** für einhällig, **endtschütter** für beschützet, **abgan** für abgehen, **morgenich** für morgende,
Faulkeit für Faulheit, **Ruck** für Rücken, **oft** und **dick**
für vielmals, **Gebueren** für Geweihe oder Gehörne eines
Hirsches; **benuegich** für vergnügt, **öffen** für eröffnen,
becklichen für beherzt ꝛc. Doch genug, denn sonst müßte
ich ein ganzes Wörterbuch machen. Wer mehrere wissen will,
kann sich in Herrn **Wachters** und **Frischens** deutschen
Wörterbüchern, oder auch in **Leibnizens** und **Eckards**
Collectaneis Etymologicis, nicht weniger in den kritischen
Beyträgen hin und wieder umsehen. Man sieht es wohl,
daß in einigen diesen Wörtern die Rechtschreibung altfränkisch
ist; von einigen auch ganz und gar ungewöhnlich geworden.
Zuweilen ist auch wohl das Geschlecht verändert, als wenn
z. Exempel im Theuerdank steht, das **Jeiaid**; anstatt daß
wir itzo die Jagd sagen. Wenn man nun aber in noch ältere
Zeiten zurücke geht, so findet man gar unverständliche Wörter, die man auch im Zusammenhange nicht errathen kann.
Was heißt z. E. in folgenden Zeilen das letzte Wort?

> Vnnd mit ganzen trewen Warnen
> Ihr müßt die Königinn erarnen.

Theuerd.

Unzählicher anderer, die im **Ottfried, Willeram, Seri-**
ter, Winsbek und dergleichen alten Schriften vorkommen, zu geschweigen; die man in **Schilters** Werke nachsehen kann.

5. §. Hier fragt sichs nun, ob ein Poet sich solcher alter
Wörter bedienen könne? Von der letzten Art kann man

wohl kein Bedenken tragen, mit Nein zu antworten. Denn
was einen unverſtändlich machet, das muß man mit Fleiß
vermeiden. Von den erſten aber iſt es ebenfalls nicht anders. Durch die ſeltſame Figur, die ſolche Wörter izo in
unſern Augen machen, würde ein Gedicht nur lächerlich werden; oder, wenn ſie oft vorkämen, ſo würde ein Vers nur
rauh und grob davon ausſehen. Diejenigen von unſern
Dichtern, verdienen alſo eben ſowohl getadelt zu werden, die
ſich ſolcher verlegener Wörter bedienen; als die lateiniſchen
Poeten, die ſich aus dem Plautus, Pacuvius, Lucretius, u. a. d. die ſeltſamſten Wörter ausſuchen, ihre Gedichte
damit auszupußen: worüber Accurſius ſie in einem eigenen
Geſpräche verſpottet hat, darinn er einen Oſcier und einen
Volſcier redend eingeführet hat. Ich habe einen Geiſtlichen
gekannt, der ſich aus D. Luthers Schriften die allerälteſten
Wörter und Redensarten anmerkte, und ſeine Predigten
damit ausſtaffirte. Seine Meynung war dabey, ſich als
Luthers eifrigen Schüler zu bezeigen: aber, eine ſo ſeltſame
Nachahmung, machte ihn nicht nur unverſtändlich, ſondern
auch lächerlich. Einem Poeten würde es nicht beſſer gehen,
wenn er dergleichen thun wollte: es wäre denn, daß er mit
Fleiß die Schreibart der Alten, in einem ſogenannten Knit-
telreime, nachahmen wollte; da es denn nicht nur erlaubt,
ſondern auch eine Schönheit ſeyn würde, alles recht alt-
fränkiſch zu machen.

6. §. So viel iſt indeſſen gewiß, daß man in gewiſſen
alten Büchern zuweilen Wörter findet, die ſich auch zu unſern Zeiten noch ſehr wohl brauchen laſſen: obwohl ſie ſeit
funfzig oder hundert Jahren aus der Mode gekommen.
Z. E. Das Wort Geſchwader, Escadron, iſt heutiges
Tages faſt nicht mehr zu hören; gleichwohl haben wir kein
beſſers an deſſen Stelle erfunden; man wollte denn Schwa-
dronen ſagen. Nun haben zwar gewiſſe neuere, jenes
Wort von einer Schiffsflotte zu brauchen angefangen, aber
mit ſchlechtem Beyfalle, weil es ſich dazu nicht ſchickt. Das
Wort Buhlſchaft iſt noch von Opißen und Flemmingen
gebraucht

gebraucht worden, dasjenige anzuzeigen, was die Franzosen
Maitresse, und die Halbdeutschen eine Courtesie nennen.
Die Verliebungen, les Amours, ist gleichfalls ein Wort,
welches wir nicht besser auszudrücken im Stande sind: ich
finde es aber in einem Buche von 1648. gebrauchet. Wenn
sich nun ein Poet dieser und dergleichen Wörter mit Verstande und mäßig bedienet, so kann man ihn nicht tadeln; sondern hat vielmehr Ursache, ihm verbunden zu seyn, daß er
ein geschicktes Wort aus dem Staube der Vergessenheit
wieder hervorgezogen hat, darein es ohn' alle seine Schuld
gerathen war. Virgil hat es oft so gemacht.

7. §. Wegen der üblichen Wörter, scheint es bey einem
Poeten keine Schwierigkeit zu haben: allein man kann doch
verschiedene gute Anmerkungen darüber machen: denn nicht
alles, was üblich ist, ist von gleichem Schrote und Korne.
Zum ersten sind dieselben entweder gemein, so, daß sie auch
den einfältigsten Leuten geläufig sind: oder sie sind ungemein
und seltsam; weil sie nur unter den Gelehrten zu Hause sind,
oder in ihren Büchern vorkommen. Ein Poet hat nach
Anleitung des ersten Hauptstückes die Absicht, sich durch eine
edle Art des Ausdruckes in Hochachtung zu setzen, und gleichsam die Sprache der Götter zu reden. Daher muß er denn
nicht die allergemeinsten, sondern die ungemeinsten Wörter
brauchen; zumal wenn er in seinem eigenen Namen schreibt.
Wenn z. E. gemeine Leute sagen: Der Kopf thut mir
wehe: so spricht etwa der Poet: Ein Schmerz durch-
dringt mein Haupt. Jenes hört man täglich, darum
klingt es nicht edel: dieses hört man selten; darum ist es
edler und erhabener. Dieses sollten sich alle die niederträchtigen Versmacher gesagt seyn lassen, die sich mit ihren pöbelhaften Reimen bis in die Sprache der Diener und Mägde
herunter lassen. Sie wollen deutlich und lustig schreiben;
aber ihre Hippokrene führt ein schlammigtes Wasser bey sich,
welches oft gar stinkend ist. Indessen muß man durch die
edlen Worte und Ausdrücke, nicht ein hochtrabendes und auf
Stelzen gehendes Wesen verstehen. Viele wissen hier keinen

Unter-

Unterscheid zu machen. Weil sie das niedrige fliehen, so versteigen sie sich über alle Wolken.

Professus grandia, turget,

sagt Horaz von solchen schwülstigen Geistern. Sie ersinnen sich von den gemeinsten Sachen seltsame Redensarten, die alles mehr verdunkeln als erheben. Dadurch suchen sie die Einfältigen zu betrügen, daß sie hinter dem Nebel unverständlicher Worte, wer weis was schönes, zu sehen glauben; da es doch die schlechteste Sache von der Welt ist. Es ist ein anders, hochtrabend schreiben; ein anders aber, sich im Kothe wälzen. Das Mittel ist das beste.

8. §. Doch sind die gemeinen Wörter auch nicht ganz zu verwerfen. In gewissen Gattungen der Gedichte, wo das Natürliche mehr herrschen muß, würde es ein Uebelstand seyn, lauter gesuchte Ausdrückungen zu brauchen. Z. E. In einem Schäfergedichte, Briefe, zärtlichen oder lustigen Liebeliede, imgleichen in einer Satire oder Komödie, sind die gewöhnlichsten Wörter gemeiniglich die besten. Die Ursachen davon werden in den besondern Regeln von diesen Gattungen vorkommen. So gar die ganz niederträchtigen und pöbelhaften Wörter können einem Poeten nicht ganz verbothen werden, wenn sie nur nicht wider die Ehrbarkeit laufen. Er muß ja zuweilen dergleichen Personen redend einführen, die gewiß auf keine andere Art ihre Gedanken von sich geben können. Der berühmte Spanier, Cervantes, hat dieses sehr wohl beobachtet, wenn er seinen Sanscho Pansa, als ein Bauerkerl, ganz abgeschmackt, und in lauter bäurischen Sprüchwörtern reden läßt. Alle Wörter aber, die Unfläterepen bedeuten, alles was wider den Wohlstand läuft, alles was guten Sitten zuwider ist, das muß der Poet auch bey den allerniedrigsten Ausdrückungen zu vermeiden wissen: wie in den Anmerkungen zu Horazens Dichtkunst schon erwiesen worden. Ich weis also nicht, ob Rachel allemal zu entschuldigen seyn wird, wenn er sich in seinem satirischen Eifer so sehr herunter läßt, daß er sich auch

auch, schmutziger Redensarten bedienet. Z. E. in seiner Satire vom Guten und Bösen, heißt es bald anfangs:

> Woher hast du, o Geld, den Ursprung doch genommen,
> Du bist der Mütter, traun! nicht aus der Nasen kommen,
> Wie ein gemeiner Rotz.

Doch was man dem vorigen Jahrhunderte noch übersehen könnte, das würde in dem itzigen unerträglich seyn.

9. §. Unter die üblichen Wörter möchte mancher auch wohl die ausländischen, sonderlich lateinischen und französischen rechnen wollen: weil nämlich nichts gewöhnlicher ist, als dieselben mit in unsere Sprache zu mischen, wenn wir reden. Dieses Uebel ist auch so neu nicht, als man wohl denken sollte, sondern schon vor hundert und mehr Jahren, hat sich Opitz in seiner deutschen Poeterey darüber beschweret. „So steht es auch zum heftigsten unsauber, schreibt er, wenn „allerley lateinische, französische, spanische und wälsche Wör-„ter in den Text unserer Rede geflickt werden; als wenn „ich sagen wollte:

> Nehmt an die Courtoisie und die Devotion,
> Die euch ein Chevalier, ma Donna, thut erzeigen,
> Ein handvoll von Favor petirt er nur zu Lohn,
> Und bleibet euer Knecht und Serviteur ganz eigen.

„Wie seltsam nun dieses klingt, fährt er fort, so ist nichts „destoweniger die Thorheit innerhalb kurzen Jahren so ein-„gerissen, daß ein jeder, der nur drey oder vier ausländische „Wörter, die er zum öftern nicht verstehet, erwischt hat, bey „aller Gelegenheit sich bemühet, dieselben herauszuwerfen.„ Er erweiset seinen Satz durch das Exempel der Lateiner, welche fast kein einzig griechisch Wort in ihre Verse gemischt: ausgenommen wo Juvenal, theils über das römische Frauenzimmer gespottet, die aus Galanterie ihren Buhlern auf griechisch liebkoseten; theils einmal ein gewisses Laster, welches er aus Schamhaftigkeit nicht lateinisch nennen wollen, griechisch ausgedrücket hat.

10. §. Seiner Regel sind alle gute Poeten unsers Vaterlandes gefolget, bis einige neuere, als Weise, Philander,

und

und Amaranthes von der angeführten Reinigkeit abgewichen. Daß aber auch vor diesen noch andere in gleichen Fehler verfallen sind, erhellet daraus, daß verschiedene patriotische Geister ihren Eifer wider die Sprachenmengerey durch die schärfsten Stellen erwiesen haben. Andreas Gryph hat in seinem Horribilicribrifax sowohl diesen Großsprecher, als seinen Gegner Daradiridatumtarides, das Wällsche, Spanische, Französische; den Schulfuchs Sempronius hergegen, das Griechische und Lateinische, auf eine lächerliche Art ins Deutsche mischen lassen, um andern einen Abscheu davor zu erwecken. Rachel hat sich gleichfalls bemühet, eine so üble Gewohnheit abzuschaffen, und in seiner oftermähnten Satire, der Poet, folgender Gestalt geschrieben:

Es war ein neu Gespräch allmählich aufgekommen,
Und hatte mit der Zeit ganz überhand genommen:
Daß eine Zunge nur, ein deutscher Mann allein,
Aus nüchterm Munde sprach, französisch, walich, latein.
Und daß der späten Welt die Art nicht mag gebrechen,
So hört doch, wie ich selbst hab einen hören sprechen.
Ein braver Capitain, ein alter Freyersmann,
Hub seinen Mengelmuß mit diesen Worten an:
Ca Maitre! machet mir en façon der Franzosen,
Für gut contentement ein paar geraumer Hosen.
Ich selber bin mir gram, mir knorrt der ganze Leib,
Daß ich jusqu' à present muß leben ohne Weib.
Was hab ich nicht gethan? Was hab ich nicht erlitten,
O Cloris! dein amour und Schönheit zu erbitten?
Weil dein Eclat so weit die andern übergeht,
Als wenn ein Diamant bey einem Kiesel steht.
Soleil de notre tems! O Auszug aller Tugend!
O himmlischer Tresor! ꝛc. ꝛc.
Dieß war die güldne Kunst zu reden und zu schreiben:
Nun denk ihm einer nach, wenn dieses sollte bleiben,
So wie der Anfang war, bey jedermann gemein;
Welch eine Sprache sollt in Deutschland endlich seyn?
So hat die Barbarey sonst das Latein zerstücket,
Und Gothisch, Wendisch, Deutsch mit Macht hineingeflicket.
Dadurch kam allererst der Mischmasch auf die Welt,
Den Frankreich, Wälschland selbst und Spanien behält.

Der

Der Gentleman hat auch sein Theil davon bekommen.
Ein Wörtlein hier und dar, von allem was genommen:
Und eben dieses wär den Deutschen auch geschehn;
Wenn nicht mit allem Ernst da wäre zugesehn,
Der Lapperey gewehrt, das gute Deutsch erzwungen,
Das nichts erbetteln darf von fremder Völker Zungen ꝛc. ꝛc.

Er fährt noch weiter fort, und stellet so gar einen Geistlichen vor, der das Evangelium vom Hauptmanne zu Kapernaum in einer neumodischen Sprache auf der Kanzel vorgetragen, welches wohl werth ist, gelesen zu werden. Dieser Rachel selbst ist in diesem Stücke so gewissenhaft, daß er in der Vorrede zu seinen zehn Satiren (in 12. vom 1700. Jahre) ausdrücklich erinnert; daß er zwey oder drey lateinische, vielleicht auch so viel französische Wörter mit eingeschoben, nicht unwissend, daß solches im Deutschen kein geringer Solöcismus ist. Er habe es aber mit Fleiß gethan, derer zu spotten, die sich auf solche Weise hervorthun wollten: wie es auch die Lateiner mit denen gemacht, die halb lateinisch, halb griechisch hätten reden wollen. Was könnte ich nicht noch aus Laurenbergs plattdeutschen Scherzgedichten für Zeugnisse anführen? wenn es nöthig wäre, eine so ausgemachte Sache noch weitläuftiger zu erweisen.

11. §. Ein deutscher Poet bleibt also bey seiner reinen Muttersprache, und behänget seine Gedichte mit keinen gestohlnen Lumpen der Ausländer. Aber wie hält es mit den eigenen Namen der Personen, Städte, Flüsse, Länder und Berge? Diese kann man unmöglich vermeiden. Denn wer kann allen solchen Dingen deutsche Benennungen geben, die doch verständlich wären? Man läßt also diese Namen, nach Opitzens Regel, aus dem VI. Cap. seiner Poeterey, unveränderlich durch alle Abfälle; und zwar in der Nenn- und Rufendung ohne, in den übrigen Endungen mit dem Geschlechtsworte. Z. E.

Ich will mein Glücke tragen,
So lang ich kann und mag; will setzen auf den Wagen
Der grauen Ewigkeit, durch meiner Leyer Kunst,
Die braune Flavia. Opitz.

P 5 Nicht

Nicht Flaviam, u. d. m. Zuweilen geht es an, daß man von langen Namen die letzten Sylben weg läßt, und also ein Wort von deutscher Endung draus macht. Als z. E. Homer, Herodot, Plutarch, August, Virgil, Lucian, Terenz, Ovid, Martin, u. f. w. Alsdann lassen sich bey den meisten auch die Veränderungen der Abfälle machen, z. E. Homers Gedichte, Herodots Historie, Plutarchs Schriften, Lucians Spöttereyen rc. Kann man aber durch die Endung nicht alle Abänderungen andeuten, wie es z. E. mit der Gebendung und Klagendung zu gehen pflegt; so setzt man den Artikel vor, dem Herodot, den Homer, u. f. f.

12. §. Bey etlichen aber will auch das erste nicht angehen. Als bey Terenz und Horaz kann ich unmöglich sagen, des Terenzes, des Horazes: sondern da bin ich genöthiget, entweder die lateinische Endigung, oder die deutsche Verkürzung unverändert zu behalten, und den Abfall durch den Artikel anzudeuten. Gewisse Namen haben an sich schon deutsche Endungen, als Solon, Alexander, Hannibal, u. d. gl. Und diese können ohne alle Aenderung nach Art deutscher Wörter gebraucht werden. Die Endigungen as, es, is, os und us, imgleichen die Namen, die ein a, o, oder einen andern lauten Buchstaben zum Ausgange haben, sind am schlimmsten nach deutscher Art zu brauchen. Den man kann nicht sagen, Epaminondas's, Sylla's, Praxiteles's, Phyllis's, Minos's und Atticus's rc. berühmte Namen. Die Engelländer machens in ihrer Sprache so, und im Deutschen habens einige nachthun wollen; aber noch keine Nachfolger gefunden. Es ist also am rathsamsten, alle die Wörter entweder zu lassen, wie sie sind, und den deutschen Artikel vorzusetzen, als des Sylla, dem Cicero, die Phyllis rc. oder den verkürzten Zeugefall der Lateiner, z. E. Ciperons, Catons u. d. gl. zu gebrauchen; oder sie nach Gelegenheit gar auf lateinische Art zu verändern. Z. E. Simon Dach schreibt fast vor hundert Jahren so:

Hier muß sich mit schönen Flüssen,
Hippokrene selbst ergießen.

Mein

Mein Parnaß ragt hier hervor:
Hier kann Sokrates gebiethen,
Und die Kunst des Stagiriten
Hebet hier das Haupt empor.

Plato, Tullius, Euklides,
Maro, Flaccus, Aristides,
Und der Aerzte Fürst, Galen,
Kriegen hier ein neues Leben,
Ja man sieht noch hier erheben,
Palestinen, Rom, Athen.

worinnen man fast von allen obigen Regeln zulängliche
Exempel antreffen und zugleich sehen kann, daß in der ersten
Endung, oder im Nennfalle kein Geschlechtswort nöthig ist.
Hergegen in den andern Fällen würde es wunderlich klingen,
wenn man sagen wollte, Phyllis Hand, an Phyllis, gib es
Phyllis, von oder mit Phyllis; wie einige neuere so ver-
stümmelt schreiben wollen. Hier fehlen überall die Artikel
zur Deutlichkeit.

13. §. Was die neuen Wörter anlanget, so fraget sichs,
ob man dergleichen machen könne oder dörfe? Man versteht
hier durch neue Wörter, entweder ganz neue Sylben und
Töne, die man sonst in unserer Sprache nicht gehöret hat,
oder nur eine neue Zusammensetzung alter Sylben und Wörter, die nur auf diese neue Art noch nicht verbunden worden.
Die lateinischen Poeten haben dergleichen neue Wörter zuweilen mit gutem Glücke gewaget. Z. E. Horaz brauchet,
tergeminis, decertare, dissociabilis, depræliantes, dere-
ptus, irruptus, u. d. gl. Doch da ich in seinen ersten XV.
Oden nicht mehr, als diese sechs finden kann, so sieht man,
wie bescheiden er damit umgegangen. In den folgenden
Zeiten aber, als Geschmack und Witz in Rom aus der Art
schlugen, ist man viel verwegener damit geworden: wie
Seneca, Lucan und Claudian zeigen. Ob dieses auch
im Deutschen möglich sey, daran ist wohl kein Zweifel: ja
es ist bey uns viel möglicher und leichter, als im Italiänischen
und Französischen; weil unsre Sprache mehr Aehnlichkeit
mit der alten griechischen hat, als alle heutige europäische

Spra-

Sprachen. Dieſe aber war überaus geſchickt, durch die Zuſammenſetzung, recht vielſylbige neue Wörter zu machen; wie uns die Kunſtnamen in der Zergliederungskunſt, und die Dithyramben der alten Poeten ſattſam zeigen. Z. E. He- geſander hat dieß ſpöttiſche Sinngedicht auf die alten Sophiſten gemacht; und darinn mit Fleiß ausgeſchweifet:

᾽Οφρυανασπασίδαι, ϝινεχκαταπυξυγένειοι,
Σακκογενειοτρόφοι, καὶ λαπαδαρπαγίδαι,
῾Ιματανωπερίϐαλλοι, νηλίποι καὶ ϐλεπελαίοι,
Νυκτιλατραιοφάγοι, νυκτιπαταιπλάγιοι.
Μειρακιϛαπάται, καὶ συλλαϐοπεισιλαϐῆται,
Δοξοματαιόϲοφοι, ζηταρετησιάδαι.

14. §. Ob unſre Mutterſprache es auch ſo weit bringen könnte, das haben die Pegnitzſchäfer und Zeſianer nicht unver- ſuchet laſſen wollen. Die erſten hießen ihren nürnbergiſchen Strom, die holdrinnende und würbelfriedige Pegnitz; Ihre Geiſter, hochſteigend feuerbrünſtige Geiſter; den Ton ihrer Flöten, der ſchleifenden Pfeifen luſtſchlir- fendes Tönen; Ihre Wieſen: die von der kunſtah- menden Natur hügelartig erhobenen ſchamaritten Waſen; Ihre Schafe, die wolligten wollenbehäre- ten Heerden; Die Ziegenböcke, die mit zottigten Bärten bebärteten Böcke u. d. gl. Fiengen ſie aber gar an, die Natur gewiſſer Dinge mit ihren neuen Wörtern nachzuah- men; ſo waren ſie ganz unvergleichlich. Z. E.

Es birdilir, dirdilir, dirdirlirlirt die Lerche,
Es klappern und pappern und blappern langbeinigte Störche,
Es krekken, krorekken und quekken grüngelblichte Fröſche,
Sie lechzen und ächzen und krächzen mit hellem Gedröſche,
Es liſpeln und wiſpeln und friſchpeln kryſtalline Brünnen,
Und ſpritzen und ſchwitzen und nätzen mit bräußlichtem Rinnen.

Desgleichen von andrer Art.

Es wallt das Fluthgelall, die ſchnellen Wellen ſchwellen,
Die helle Wellenzell hüllt den kryſtallnen Wall,
Der Wollenhüter billt, die Lämmerhälſe ſchellen,
Doch ſchallt vor allen wohl der helle Gegenhall.

Noch

Noch was schöners, dergleichen nicht immer vorkommt.

> Der kekke Lachengekk koaxet, krekkt und quakkt,
> Des Krüppels Krükkenstokk krokkt, grakkelt, humpt und pakkt,
> Des Gukkuks Gukken trotzt den Frosch und auch die Krükke,
> Was knikkt und knakkt noch mehr? Kurz, hier mein Reimgeflikke.

Alle diese Blümchen sind aus Klays Pegnitzschäferey entlehnet.

15. §. Eben dieser Gesellschaft Oberhaupt, Floridan genannt, konnte die Kunst eben so gut. In seiner selig entseelten Margaris Lieb= und Lobandenken, so er im Pegnitzgefilde bey frölicher Frühlingszeit traurig angestimmet, heißt gleich der Anfang des ersten Trauer= hirtenspiels so:

> Das schöne Himmelblau lacht von den Bogenschanzen,
> Das Weltaug äugelt ab, die güldnen Flittern danzen
> Und kreuzen durch die Luft rc.

Also sagte und klagte (wie es ferner heißt) der betrübte Schäfer Floridan, von seinem gewöhnlichen Lustwandel= weg sich an der Pegnitz forttragen lassend. Seine Sinne schwarzeten in die Wette mit seinen Kleidern rc. Seine Wangen und Augen hatten die Farben gewechselt rc. Er öffnet ein paar Thränenbrunnen rc. Aus ihrem Schmer= zensthau und Herzregen lässet er die ihm damals viel zu goldne Sonne, Wolken machen, und den schwarzen Himmel mit saphirnen Cartinen verhängen rc. Hernach redet er die Bächlein poetisch an, und will sich mit ihrer Lust belüsten.

>   Entweiche Nachtigall,
> Du süsse Baumsiren! Sing dort in jenem Thal
> Die Federbublen an   Mich sollen Wüsteneyen
> Mit ihrem Eulgeheul hörn in die Wette schreyen.

Indem hernach eine Lerche über ihm tirilirt, bildet er sich ein, sie ruffe: Margaris, Margaris, Margaris rc. weis aber nicht, ob er von dieser geflügelten Lustharfe gehöh= net oder getröstet wird. Doch erinnert er sich dabey seiner unter den himmlischen Engellerchen schwebenden gott= lobenden Margaris rc. rc.

16. §.

16. §. Was könnte ich nicht aus Zeſens Schriften für treffliche Proben anführen? Jch dörfte nur ſeinen hochdeutſchen helikoniſchen Roſenthal, das iſt, der höchſtpreiswürdigen deuſchgeſinnten Genoſſenſchaft erſter oder neunſtämmiger Roſenzunft Erzſchrein, durchblättern, und alle die ſeltſamen Misgeburten von Wörtern und Redensarten, die er ausgehecket hat, anmerken; oder auch ſeine heliconiſche Hechel ein wenig nachſchlagen, die in dem VII. Bande der kritiſchen Beyträge im XXVII. Stücke beleuchtet worden. Allein das obige kann genug ſeyn, die Art dieſer Sprachkünſtler und Worthelden kennen zu lernen. Nichts mehr iſt zu bewundern, als daß ſelbſt **Opitz**, bey ſo vieler Einſicht in die Natur unſrer Sprache, ſich durch das Exempel der Holländer zu einer gar zu großen Kühnheit verleiten laſſen. Er überſetze z. E. aus **Heinſens** Poeſien folgende Zeilen von Wort zu Wort, die dem Weingotte zum Lobe gereichen:

Nachtläufer, Hüfteſohn, Hochſchreyer, Lüftenſpringer,
Gutgeber, Liebesfreund, Hauptbrecher, Löwenzwinger,
Herzfanger, Herzendieb, Mundbinder, Sinnentoll,
Geiſtrührer, Wackelfuß, Stadtkreiſcher, Allzeitvoll.

Eben dergleichen neue Namen und Wörter findet man in ſeinem Lobe des Kriegsgottes Mars, und an andern Orten. Er hat z. E. die Nacht eine **Kummerwenderinn** u. d. m. genennet; welches endlich ſo übel nicht klinget, als die vorigen, und alſo ſchon zu dulden wäre. Seine Nachfolger, z. E. **Lohenſtein** u. a. m. haben ſich auch zuweilen großer Freyheiten bedienet, die ich keinem nachzuahmen rathen wollte: ob ſich gleich vor kurzem einige Verderber des guten Deutſchen gefunden, und jungen Leuten ein böſes Exempel gegeben haben.

17. §. Sonderlich hat man ſich bemühet, alle Wörter, die nur einigermaßen dem Lateine ähnlich waren, oder wirklich daraus herſtammeten, auf eine wunderliche Art zu überſetzen: gerade, als wenn die Lateiner vormals alle griechiſche Namen
oder

oder dergleichen andre entlehnte und hergeleitete Wörter so
heftig verabscheuet hätten. Daß man sich bemühet, alles,
was sich deutsch geben läßt, deutsch auszudrücken, das ist
allerdings löblich. Unsere Sprache ist weder so arm, als sich
einige, die nicht viel Deutsches gelesen haben, einbilden; noch
so ungeschickt, daß man nicht auch neue bequeme Wörter darinn bilden könnte, selbst die Kunstwörter der meisten Wissenschaften zugeben; wie man seit zehn oder zwanzig Jahren
gesehen hat. Allein Dinge, die keinen andern Namen haben,
als der aus einer fremden Sprache genommen ist, umzutau-
fen; und dadurch unverständlich zu werden: das ist gewiß
tadelhaft. Denn gesetzt, daß Nase von Nasus, Ohr von
Auris, Arm von Armus, Fenster von Fenestra, Tisch
von Discus, Fisch von Piscis, Wind von Ventus, Spiegel
von Speculum, Glas von Glacies, Fuß von πῦς, Thüre
von Juρα, Thier von θηριον, Maus von μῦς, Vater von
πατηρ, Mutter von μητηρ, Thron von Θρονος, Kirche
von κυριακη, herstammete; so vieler andern Wörter zu geschweigen, die ganz fremde sind, als Kaiser, Körper, Ka-
min, Kammer, Kloster, Kanzel, Mönch, Prinz, Provinz,
Natur, Tempel, Exempel, Register, Magister, Doctor,
Titel, Capitel, Bibel, Prophet, Evangelist, Apostel,
Epistel, u. d. m. so haben doch diese und dergleichen Wörter
eben dadurch, daß sie allgemein geworden, und auch von dem
Pöbel verstanden werden, das deutsche Bürgerrecht erhalten;
so, daß man sich lächerlich machen würde, wenn man sie ganz
verbannen wollte. Rachel hat sich abermal nicht enthalten
können, diese Hirsenpfriemer, wie er sie nennet, lächerlich zu
machen. In seiner oft angezogenen Satire heißt es:

Auch sieh dich eben vor, daß deine Arbeit nicht,
Sey allzusehr genau und sorglich eingericht.
Nach Hirsenpfriemers Art, wenn er also darf setzen:
Der Erzgott Jupiter, der hatte, sich zu letzen,
Ein Gastmahl angestellt. Die Weidinn gab das Wild,
Der Blutfang den Toback. Der Saal ward angefüllt.
Die Obstinn trug zu Tisch in einer vollen Schüssel;
Die Freye saß und spielt auf einem Herzensschlüssel;

Die

Der kleine Liebreiz ſang ein Dichtling auf den Schmaus;
Der trunkne Heldreich ſchlug die Tageleuchter aus.
Die Feurinn kam darzu aus ihrem Jungferzwinger
Mit Schnäbeln angethan: Apollo ließ die Finger
Friſch durch die Seyten gehn.   Des Heldreichs Waldhaupt-
                     mann
Fieng luſtig einen Tanz mit den Holdinnen an.
Je! daß ich doch ſo ſchreib! Dieß Elend iſt entſprungen,
Vom guten Vorſatz her; weil man mit fremden Zungen
Die edle Mutterſprach zu ſchänden aufgehört,
Und unſre Deutſchen hat das reine Deutſch gelehrt!

18. §. Aus dem allen erhellet deutlich genug, daß man
ſich vor dergleichen neuen Wörtern, ſo viel möglich iſt, zu
hüten habe.   Das will Horaz, wenn er ſchreibt:

In verbis etiam novis cautus parcusque ſerendis!

Unſere Sprache iſt an ſich ſelbſt reich genug.   Wir könnten
zur Noth andern Völkern eine Menge der beſten Ausdrückungen abtreten, und würden doch keinen Mangel leiden
dörfen.   Man kann auch alle ſeine Gedanken gar leicht mit
üblichen und gewöhnlichen Redensarten zu verſtehen geben,
wenn man nur will, und fleißig die beſten deutſchen Scribenten geleſen hat.   Dieſe unzeitige Begierde aber, unſre
Mundart zu bereichern, macht manchen oft unverſtändlich
und rauh; oftmals auch gar lächerlich.   Hierinnen habens
auch wohl große Männer verſehen.   Z. E. Beſſern, der
doch ſonſt ſo beſcheiden in ſeinen Ausdrückungen war; iſt
doch einmal der ſeltſame Vers entfahren, der eben von keinem guten Geſchmacke zeiget:

     Der ſonnengierige Beniſter hoher Hügel.
     Der Adler = = \ =

Wer ſollte ſich wohl einbilden, daß dieſes einen Adler bedeute, wenn ers nicht ſelbſt dazu geſetzt hätte? Aber wer hätte
es auch geglaubt, daß dieſe Zeile aus ſeiner Feder gefloſſen
wäre? Gleichwohl ſteht ſie auf der 19. S. der erſten Auflage
ſeiner Gedichte. Dergleichen Exempel müſſen uns behutſam
machen. Allein Leute, die lieber viel ſchreiben, als zuvor
                                       die

die besten, ja auch viele nur mittelmäßige Scribenten unsers
Vaterlandes lesen wollen; denken immer, sie müßten unsere
Muttersprache noch erst bereichern. Daher hecken sie täglich
neue Misgeburten aus; sie flicken zusammen, verlängern
und verkürzen unsre Wörter ohne alle Noth, in Meynung:
alsdann würden sie erst für große Dichter gehalten werden,
wenn man in ihren Schriften viel neues finden würde.
Diese Sucht fängt itzo, da die Liebe zu unsrer Muttersprache
wieder ein wenig rege geworden, fast allenthalben an zu
herrschen; und es könnte bey uns leicht ein so allgemeines
Uebel daraus werden, als es in Frankreich itzo geworden.
Denn auch daselbst ist schon eine so seltsame Sprache aufgekommen, daß ein sinnreicher Kopf, diesem Uebel zu steuren,
das Dictionaire Neologique zu schreiben veranlasset worden. Es wäre zu wünschen, daß sich auch in Deutschland
jemand fände, der sich unsrer Muttersprache auf eine so
nachdrückliche Art annähme, und sonderlich die schweizerischen
Sprachverderber zurechte wiese, die sich wohl gar für Verbesserer des Geschmacks ausgeben wollen. Man sehe indessen wie Herr Hofr. Triller in seiner L. Fabel, diese Wort-
hecker ausgelachet hat. Ich kann nicht umhin dieselbe, ihrer
Schönheit wegen, hieher zu setzen.

Auf einem höckrichten und hart besteinten Rücken,
Woran zehn stachlichte Gewächse zu erblicken,
Schlich eine Selbsthausträgerinn
Ohnfüßig, langsamschnell dahin.
Ein hart geschnäbeltes schwarzweißlichtes Gefieder,
Und Menschenstimm Nachahmerinn,
Lief doppelfüßig auch daselbsten hin und wieder;
Und regte gegentheils gar schnell
Die aufgezogne Uhr der schlanken Unterseulen,
Die ihrem fleischern Bau grundlosen Grund ertheilen.
Kurz, ihr scharfklauicht Fußgestell.
Doch durch ihr blitzendes und pfeilgeschwindes Eilen,
Brach diese Tänzerinn die eine,
Von den hausstützenden mit Haut bezognen Seulen,
In einem engen Mund von einem offnen Steine.

Da sprach die Hörnerstreckerinn
Zu ihr mit wohlgehirntem Sinn:
Laß die augustische Lehrweisheit bey dir gelten:
Schnellspringigkeit geräth gar selten.

19. §. Doch kann man einem deutschen Poeten freylich
nicht alle neue Wörter verbiethen. Das hieße seinem Pegasus die Flügel gar zu kurz verschneiden, wenn man allezeit
bey der gewöhnlichen Art zu schreiben, bleiben müßte. Eine
edle Kühnheit steht uns zuweilen sehr wohl an, und gewisse
Verwegenheiten gerathen manchem so wohl, daß man eine
besondere Schönheit darinnen findet. Doch ist nicht ein
jeder so glücklich, daß er Beyfall damit verdienet; weil nicht
ein jeder ein so zärtliches Gehör hat, das Leidliche von dem
Unerträglichen zu unterscheiden. Es ist hier mit unsern
Poeten so, wie mit den lateinischen. Plautus und Lucretius haben sich in diesem Stücke sehr vergangen: Virgil und
Horaz aber haben sich bey ihren neuen Wörtern sehr vernünftig erwiesen. Ein Mare velivolum, oculi irretorti,
oceanus dissociabilis, emirari, venti depræliantes, und
andere solche poetische Redensarten mehr, kommen bey ihnen
vor; die in gebundener Schreibart nicht gebräuchlich sind,
und doch in den zärtlichen Ohren des güldenen Alters der
lateinischen Sprache nicht widerwärtig geklungen haben.
Unsre ersten guten Poeten geben mir eine Menge von Exempeln an die Hand, da sie es glücklich gewagt haben, neue
Wörter zu machen.

Recht! denn soll der Himmelgurt,
Der den Schnee hat zur Geburt,
So viel thun bey Liebessachen.

M. Opitz.

Du hättest mit gelehrter Hand
Das schnelle Ziel gezwungen,
Und sie durch künstlichen Verstand
Vom Grabe weggesungen.

Derselbe.

Hier wäre mein Pallast, hier wollt ich lesen können
Das süsse Himmelnaß :c.

Derselbe.

Der,

Der, der hier so hoch tritt her,
Der ists, den die Ehrendünste
Und die leichten Hofegünste
Machen auf den Schein so schwer.

P. Flemming.

Etwa wie ein Tausendschönchen,
Das gemalte Lenzensöhnchen,
Mit dem frühen Tag entsteht.

Derselbe.

Hier stehn die verweinten Alten,
Beyder Herzen sind zerstückt.

Derselbe.

Die gestirnten Himmelsscheiben,
Wollen gleichsam stehen bleiben
Ueber euch und eurer Zier.

Derselbe.

So legt sich der Phönix nieder,
Stirbet und verjüngt sich wieder
Durch den Zimmetbrand verzehrt.

S. Dach.

Und man sollte furchtlos stehn?

Derselbe

Deine Mark hat dich besiegt,
Die von Leid und Angst durchfahren,
Blutig und mit freyen Haaren
Dir zu sehr vor Augen liegt.

Derselbe.

Edle Mark! gebrauch dich fein,
Eile, daß sein Gnadenschein,
Bald und satt dich mag beglänzen.

Derselbe.

Die gelehrte Castalis
Hat mein Flügelroß gewiß
Selber wollen baden.

Derselbe.

20. §. Ich bin müde, dergleichen neue Wörter zu suchen, sonst wollte ich sie auch in andern Büchern, in Pietschen und Günthern gar häufig finden: wiewohl der letzte bey weiten so kühn darinnen nicht gewesen, als der erste; der auch wohl zuweilen die Sprachähnlichkeit aus den Augen gesetzet hat, welches eben nicht zu billigen ist. Ich will nur

noch

Q 2

noch dieses erwähnen, daß, wenn gute Poeten in ihren
Gedichten den Schall gewisser natürlichen Dinge haben
nachahmen wollen, sie gleichwohl lieber bekannte und verständliche Wörter, als seltsame und neuausgedachte Töne
dazu gebraucht haben. Z. E. Wenn Nic. Peuker, seinem
Namen zu Ehren, den Paukenschall liebt, und sein Buch
gar die Pauke betitelt; so macht er folgenden Vers:

> Mein Paukenschlag, das Bomdibidibom
> Rufft: Friedrich Wilhelm komm!
> Mach uns ein Freudenlied, das Bomdibidibum,
> Und Tarantantara macht schon die Ohren stumm.

Hingegen finde ich, daß Opitz in seinem Gedichte von der
Ruhe des Gemüths den Lerchengesang so ausgedrücket hat:

> Die Lerche schreyet: dir, dir lieber Gott allein,
> Singt alle Welt; dir, dir, dir will ich dankbar seyn.

Und Flemming ahmt den Gesang einer Nachtigall auf eben
so eine vernünftige Art nach, wenn er in der dritten Ode
des IIIten Buchs schreibt:

> Die gelehrten Nachtigallen
> Schreyn euch zu mit lautem Schallen:
> Glück, Glück, Glück! du trautes Paar,
> Dir, dir, dir, gilt unser Singen rc.

Eben so machen sie es, wenn sie andere Gattungen der Töne
auszudrücken suchen. Da sieht man keine unerhörte, neugebackene Menge nichtsheißender Sylben; sondern zwar aus-
gesuchte, und der Natur gemäße, aber ungezwungene und
sparsam angebrachte Wörter. Ein vollkommenes Exempel
giebt mir wiederum Flemming in der angeführten Stelle:

> Daß die Elster heller rauschet,
> Daß mit Buhlerinnen tauschet
> Manch verliebtes Wasservolk;
> Daß die Büsche sanfter brausen,
> Daß die Lüfte linder sausen,
> Und uns trübet keine Wolk rc.

Hier sieht man, wie klüglich der Poet im ersten Verse das
starke Rauschen eines Stromes, im vierten das sanfte Brausen

sen der Gebüsche, und im fünften das lindeste Sausen der Lüfte nachgeahmet; aber so, daß es scheint, als ob es von ungefähr gekommen wäre.

21. §. Aus einzelnen Wörtern werden Redensarten, wenn man sie zusammen setzet, und seine Gedanken dadurch ausdrücket. Zu den Nennwörtern rechnet man nun insgemein die Beywörter, die in gebundner und ungebundner Rede von großer Wichtigkeit sind, und also eine besondere Abhandlung erfodern. In der That bestehet eine große Schönheit der poetischen Schreibart, in wohlausgesuchten und wohlangebrachten Beywörtern. Es kann auch ein Dichter viel Witz und Urtheil, aber auch eben so viel Einfalt und Thorheit blicken lassen, nachdem er dieselben wohl zu brauchen weis, oder nicht. Ein gutes Beywort erhebt oft eine ganze Zeile, und macht einen sonst gemeinen Gedanken neu und scheinbar. Ein niedriges oder ungeschicktes hingegen, schlägt den besten Vers nieder, und verderbet auch den schönsten Einfall zuweilen. Es ist also wohl nöthig, etwas ausführlicher davon zu handeln.

22. §. Die Beywörter an sich bedeuten theils die Eigenschaften der Dinge, die ihnen allezeit beywohnen; theils auch nur die zufälligen Beschaffenheiten. Z. E. Die heiße Glut, der gelinde West. Da ist die Glut immer heiß, sowohl als das Wasser immer naß ist: der Westwind aber ist nicht allezeit sanft, sondern auch zuweilen ungestüm. Nun fragt sichs, in welchen Fällen man Beywörter von jener, oder dieser Art brauchen müsse? Von der ersten Gattung könnte man denken, daß sie ganz überflüssig seyn würden: denn es scheint nichts gesagt zu seyn, wenn man spricht, der runde Zirkel, die weiße Kreide, der harte Stein ꝛc. Allein man betrügt sich: ein Poet kann auch diese Art der Beywörter nicht entbehren. Er will oft seinem Leser oder Zuhörer die Sachen von einer gewissen Seite zu betrachten geben. Sagte er nun den bloßen Namen derselben nur allein: so würde man zwar an die ganze Sache überhaupt, aber nicht

an

an die Eigenſchaft insbeſondere gedenken, die der Poet erwogen haben will; oder ſich doch dieſelbe nur dunkel vorſtellen.
Denn ein Ding hat viele Eigenſchaften, die uns nur verwirrt in Gedanken ſchweben, wenn wir nichts als ſeinen
Namen hören. Z. E. Der Stein iſt dicht oder locker, hart
oder weich, ſchwer oder leicht, dauerhaft oder mürbe und
zerbrechlich, leblos, unbeweglich u. ſ. w.　Weil aber in
dieſem oder jenem Falle der Leſer ſeine Gedanken nur auf eine
oder die andere Eigenſchaft richten ſoll, um des Poeten
Meynung zu verſtehen: ſo muß ein Beywort dabey ſtehen,
dadurch er dazu veranlaſſet werden kann.　Z. E.

> Da ſtcht er, wie der todte Stein,
> In den ſich Loths Gemahl verkehret.

Oder: Wenn Syſyphus den ſchweren Stein
Mit hochbemühten Armen wälzet ꝛc.

Oder: Ein dichter Stein wird durch die Flammen
Zu Kalk und Aſchen ausgebrannt ꝛc.

Oder: Schreibt ſein Lob in feſten Stahl,
Grabt es in die härtſten Steine ꝛc.

Oder: Die Rabenmutter war ein unbewegter Stein:
Es ſchien die harte Bruſt ein wilder Fels zu ſeyn,
Der keine Fühlung hat.

23. §. Aus dieſer einzigen Anmerkung wird man ſchon
zur Gnüge die Regel abnehmen können: daß kein Beywort
in der Poeſie vergebens, oder müßig da ſtehen müſſe. Ganze
Zeilen mit Beywörtern anzufüllen, die nichts, oder doch
ſehr wenig zur Abſicht des Poeten beytragen, das zeigt keinen ſonderlichen Verſtand; aber wohl eher eine Armuth in
Gedanken an.　Ordentlich ſoll auch kein Wort mehr, als
ein Beywort haben, welches ſich zur Sache ſchicket, und
entweder zum Verſtande unentbehrlich iſt; oder doch einen
beſondern Zierrath abgiebt, indem es eine angenehme Vorſtellung bey dem Leſer erweckt, dadurch er lebhaft gerühret
und deſto mehr eingenommen wird.　Das zeigt alſo mehrentheils

theils einen Mangel an Einfällen, wenn man so lange allerley Beywörter zusammen raffet, bis ein ganzer, ja zuweilen
wohl gar etliche Verse damit vollgestopfet worden. Wie
würde das klingen?

> Der große, gütige, gerechte, liebe Gott,
> Kann böse, sündige, verderbte Menschen leiden rc.

So elend dieses klingt, so breit machen sich wohl gewisse
neuere, die in Beschreibungen ihre poetische Stärke suchen,
mit ihren langgedehnten und aufgehäuften Beywörtern.
Man nehme ihnen dieselben weg, so streicht man drey viertel
von ihren Versen aus, und es bleibt ihnen kaum die Hälfte
von ihren Gedanken übrig. Kanitz, hat diesen Fehler an
den hochtrabenden Beschreibungen des Gewitters bemerket,
und verspottet:

> Der donnerschwangre Dampf beschwärzt das Luftrevier;
> Der Stralbeschwänzte Blitz bricht überall herfür;
> Der grause Donner brüllt, und spielt mit Schwefelkeilen:
> Der Leser wird betrübt, beginnet fortzueilen rc.

24. §. Hiernächst sind die Beywörter entweder gemein,
so daß sie einem jeden einfallen; oder sie sind neu und unvermuthet. Z. E. Wenn einer ein Frauenzimmer schön nennet, so ist nichts gemeiner, als dieß Beywort; obwohl die
Sache so gemein nicht ist. Wenn aber Opitz ein paar von
seinen Buhlschaften beschreiben will, so hat er ganz andere
Beywörter, die er ihnen giebt.

> Die sittsamen Geberden,
> Die geile Höflichkeit, der abgeführte Sinn,
> Und was mich sonsten hielt, ist alles mit ihr hin.
> Dann hat mich endlich auch in Dacien gefangen
> Die lange Vandala. Itzt, da ich ihr entgangen,
> Und die Begierlichkeit mich wenig meistern kann;
> Steckt Flavia mich noch durch neues Feuer an,
> Die wilde Flavia mit ihren schwarzen Augen.

Mich dünkt, ein jeder wird hier leicht gewahr werden, was
diese so besondern Beywörter dem ganzen Verse für einen

ungemeinen Geiſt und Nachdruck geben: den ſie von andern
bekannten und oft gebrauchten, nimmermehr hätten erwarten
können. Simon Dach, in ſeiner Ode, auf die Geburt
eines preußiſchen Prinzen 1648. ſchreibt:

> Was? der brückenreiche Pregel
> Hebt durch Flaggen, Maſt, und Segel
> Sein beſchilftes Haupt empor ꝛc.

Und bald hernach:

> Wachs o Kind! die grünen Wälder
> Und die Frucht der ſchwangern Felder
> Wächſt zum Wohlgefallen dir.

In einem andern Gedichte finde ich bey ihm, die fruchtbe-
ſchwerten Aeſte, ein ſtarkbeeiſtes Haar. Dem Pregel
giebt er im Winter, einen harten Rücken; dem Churfürſten
Friedrich Wilhelm, ein ahnenreiches Haus.

25. §. Flemming iſt in dergleichen Künſten noch faſt erfahrner geweſen. Er beſchreibt in einer Ode eine Frühlings-
nacht folgender geſtalt:

> Alles braucht ſich ſeiner Ruh.
> Sehet, wie die Saat ſich bücket!
> Die verwachte Roſe nicket,
> Und thut itzt ihr Auge zu.
> Und die taumelnden Cypreſſen
> Haben ihrer ſelbſt vergeſſen.
>
> Die gekühlte Luft ſchleicht aus
> Und haucht auf die trocknen Matten,
> Thauende, geſunde Schatten:
> Und das frohe Sternenhaus
> Geußt den ſchlummernden Gewächſen,
> Neue Kraft in ihre Flechſen.

Alle dieſe Beywörter ſind ſo auserleſen und ſinnreich, daß ich
mich nirgends entſinne, was ſchöners in dieſer Gattung gefunden zu haben. Weil ſie aber faſt alle gleichnißweiſe zu
verſtehen ſind, ſo gehören ſie eigentlich nicht in dieſes Hauptſtück. Ingleichen in ſeinen langen Verſen, iſt ein großer
Vorrath

Vorrath davon. Auf der 60. S. stehen, der böse Krebs, der grimme Eifer, die lose Welt, der böse Himmel, die freyen Sinne, eine linde Luft, darauf folgt:

> Der himmelreiche Plato,
> Der frische Seneca, der weisheitvolle Cato,
> Die haben ihn zuvor durch sich beherzt gemacht,
> Daß er in dickster Angst, als höchster Wollust lacht,
> Wenn aller Pöbel weint.

Was könnte ich nicht noch aus Tscherningen, Risten, Siebern, Franken, Schochen, und Kanitzen, als den besten Geistern des vorigen Jahrhunderts, für schöne Proben anführen, wenn es nöthig wäre? Doch es ist Zeit auf das itzige zu kommen.

26. §. Eben so glücklich in Beywörtern ist Amthor, z. E. auf der 187. S.

> Der Nordwind hat der Bäume Zweigen
> Der grünen Vorhang abgestreift:
> Die kahlen Gipfel stehn bereift,
> Des Jahres Alter anzuzeigen.
> Das Laub entfleucht der kalten Luft,
> Und suchet die beliebte Gruft:
> Vielleicht nur in den stillen Gründen,
> Vor ihren Stürmen Schutz zu finden.

Das ist die erste Strophe von einer Hochzeitode: in den andern finde ich noch das leichtbedeckte Vogelbeer, laue Sümpfe, warme Nester, viergefüßte rauche Schaaren, neu geputzte Waffen, ein reichbehaarter Balg, der erstarrte Körper, mit weicher Hand ein hartes Eisen (den Ofen) befühlen; todte Funken, eine lindgemachte Glut, ein holdbelebter Schooß, in seinen federweichen Grüften, ein froher Schlummer, die kalten Schatten, ein frostig Weh, der weiße Liebesschnee, keusche Lüste, die geschloßne Decke, ein starrer Leib, die geweihten Anmuthsflammen, immerfrisches Oel, ein helles Tugendlicht, u. s. w. Was könnte man nicht noch aus Bessern,

dem

dem Heräus, Neukirchen und Günthern, für Proben
anführen? Allein ich will nur noch ein paar aus Pietschen,
hersetzen. In dem Gesange auf den Eugen finde ich, unter
andern die räuberische Zeit, dauerhafte Musen, den
belorberten Eugen, imgleichen den unsterblichen Eugen, u. d. gl.

27. §. Bey dem allen fragt es sich, ob es angehenden
Poeten zu rathen sey, sich dergleichen schöne Beywörter und
andere poetische Redensarten zu sammlen; oder dieselben in
gedruckten Sammlungen nachzuschlagen und zu brauchen?
Wir haben eine Menge solcher Handbücher, die ich alle hier
namhaft machen wollte, wenn ich ihren Gebrauch für nöthig
hielte. Zwar einem solchen Reimschmiede,

> Der keine Griffe weis, und mit dem Hübner spielt,
> Und keinen Funken Trieb in seinen Adern fühlt.

wie Günther schreibt, thun dergleichen Bücher zuweilen
gute Dienste. Allein, das sind eben die Leute nicht, die dem
Vaterlande durch ihre Poesie Ehre bringen werden: und
also wäre es besser, daß man ihnen den Weg zum Reimen
und Sylbenhenken nicht erleichterte. Geistreiche Köpfe brauchen solche Gängelwägen nicht, ihre Muse zu leiten. Poeten
zu lesen, und bey ihren schönen Ausdrückungen den Witz,
der darinnen stecket, zu überdenken, das rücket uns freylich
den Kopf zurecht. Ein Feuer zündet das andere an, und
man wird selber allmählich geschickt, guten Mustern zu folgen.
Allein ein Chaos von allerley zusammengestoppelten Blümchen nachzuschlagen, und bey jeder Zeile, die man schreibt,
einen poetischen Trichter in Händen zu haben, daraus man
Wörter sucht, Gedanken auszudrücken, die man noch nicht
hat; das heißt gewiß schlecht poetisiret. Gemeiniglich bekömmt auch ein Beywort seine ganze Schönheit aus dem
Zusammenhange, darinn es steht. In einer solchen Schatz-
kammer aber findet man nichts, als

- - - Disjecti membra Poëtæ. *Hor.*

die

die verstümmelten Glieder eines zerrissenen Poeten; die nunmehr dasjenige nicht mehr sind, was sie an ihrem rechten Orte gewesen. Wie kann also ein Ausdruck, außer seiner rechten Stelle, seine Anmuth und seinen Nachdruck behalten?

28. §. Nun muß ich auch auf die Wortspiele kommen, die vorzeiten überall so beliebt gewesen; zu unsern Zeiten aber ganz lächerlich geworden. Wenn ich durch ein Wortspiel eine jede Wiederholung eines Wortes oder einer Sylbe verstehen wollte, so würde ich in der That viele poetische Schönheiten verwerfen müssen. Z. E. Wenn Flemming auf der 129. S. schreibt:

Wohl dem, der so verdirbt:
Wer eh stirbt, als er stirbt, der stirbt nicht, wenn er stirbt.

So kann ich dieses unmöglich ein verwerfliches Wortspiel nennen. Denn der Poet hat lauter wahre und wohlgegründete Gedanken im Kopfe, die er am allerbesten auf diese Art auszudrücken dachte. Es ist wahr, daß das Wort sterben hier in dreyerley Bedeutung genommen wird. Denn ehe sterben, als man stirbt; das heißt eigentlich, seinen Lüsten absagen, und die Welt verschmähen, ehe noch die Seele vom Leibe getrennet wird. Und nicht sterben, wenn man stirbt, heißt so viel, als in der Welt in gutem Andenken bleiben, ja auch der Seelen nach ewig leben; wenn man gleich dem Körper nach, entseelet worden. Also könnte man freylich hier sagen, der Poet hätte mit dem Worte sterben gespielet, und es bald in eigentlichem, bald in verblümten Verstande genommen. Allein gesetzt, daß man dieses ein Wortspiel heißen wollte, welches denn eine willkührliche Sache ist: so könnte es doch kein verwerfliches Wortspiel heißen. Denn der Gedanken in der ganzen Zeile ist richtig, deutlich und auf eine sinnreiche Art ausgedrückt. Man hätte ihn weder kürzer fassen, noch dem Leser in so wenigen Sylben mehr gute Betrachtungen veranlassen können. Alle Bedeutungen, die endlich das Wort stirbt, bekömmt, sind gewöhnlich; und der Leser darf sich also keine Gewalt thun, einen unerhörten Sinn desselben zu errathen.

29. §.

29. §. Ganz anders wird es sich, meines Erachtens, bey folgenden Proben von Wortspielen verhalten, die ich aus eben dem Poeten nehmen will. Er setzt z. E.

367. S. Schaffet, daß sich selbsten müssen
Die geküßten Küsse küssen.

386. S. Frey ist freyen, wie es heißt,
Frey will seyn ein freyer Geist,
Freyt denn! freyet nach Belieben rc.

393. S. Als der gute Tityrus
Denen kaum erwachten Schläfern,
Seinen treuen dreyen Schäfern,
Brachte seinen lieben Gruß.

Hier glaube ich nun, wird wohl ein jeder begreifen, daß diese Wortspiele nichts als leere Schellen sind, die nur im Gehöre klingen, dem Verstande aber keinen neuen Gedanken veranlassen. Denn was soll es heißen, daß sich die geküßten Küsse küssen? Ein Kuß kann ja nicht geküßt werden, weil er im Küssen erst entsteht, und sogleich aufhört zu seyn. Vielweniger kann er selber küssen. Dieses sind also Töne ohne Sinn. Und was hat das Freyseyn mit dem freyen zu thun? Wenn gleich das eine Wort von dem andern abstammete; so wäre es doch noch kein Grund, das Freyen aller Kinder ihrer Willkühr zu überlassen. In allen diesen Wiederholungen ähnlicher Worte steckt weiter nichts, als die Gleichheit des Tones, die so leicht einen Ekel, als Wohlklang erwecken kann. Das dritte Exempel ist vollends eine sehr läppische Art des Spieles. Ein Buchstab soll durch seine Aehnlichkeit mit dem andern der ganzen Zeile eine vermeynte Schönheit geben. Die obigen Spiele sind mir also eben so lächerlich, als folgende Misgeburt eines Pegnitzschäfers vorgekommen:

Ihr Matten voll Schatten, begrasete Wasen,
Ihr närbigt und färbigt geblümete Rasen,
Ihr buntlichen Sternen,
Ihr Felderlaternen,
Hört wieder die Lieder von Schäferschalmeyen rc.

Ihr

Ihr trägen Goldbächlein, ihr hellen Glasquellen,
Ihr schwellende Wällen, ihr Silberfluthzellen,
Ihr Pegnitznajaden
In sümpfigten Pfaden,
Nehmt dieses, nehmt hirsig erneurende Lieder rc.

30. §. Es giebt noch eine Art der Wortspiele, darauf sich gewisse Leute Wunder was einbilden. Es sind die An= spielustigen auf Namen, wo ich so reden darf; dabey sie einen besondern Witz zu bezeigen vermeynen. Flemming hat es uns auch an solchen Exempeln nicht fehlen lassen, welche ich, der Hochachtung unbeschadet, die ich sonst gegen ihn habe, zu dem Ende anführe, damit man sehe: wie sich auch Leute, denen es an Witz und Geist sonst nicht fehlet, in dergleichen Kleinigkeiten verlieben können. Auf der 364. S. steht ein Lied auf eine Hochzeit Johann Weinmanns, mit Magd. Wasserführerinn. Da heißt nun eine Strophe:

Schöne Braut, gedenkt zurücke,
Und erwegt des Himmels Gunst,
Der euch, helfe Gott zu Glücke!
Einen Weinmann, eure Brunst,
Einen Weinmann, der euch liebet,
Für den Wasserführer giebt.

Welch eine Wohlthat Gottes! einen Mann zu bekommen, der vom Weine den Namen hat; nachdem man einen verloh= ren, der ihn vom Wasser herleitete. Ohne Zweifel wird die gute Frau bey dem ersten lauter Wasser, und beym andern lauter Wein getrunken haben. Die 17te Ode in seinem III. Buche ist auf Nicl. von Höveln und Elis. Niebusens Hochzeit gemacht, und darinnen spielt er so unsauber:

Höfelt euer neues Haus,
Bräutgam, aus rc.

Dieses läuft nun gar wider die Ehrbarkeit, wird aber von schmutzigen Versmachern desto lieber nachgemacht. In der 19ten Ode desselben Buches, auf Dan. Gläsers und Mar. Reismininn Hochzeit, steht folgende letzte Strophe:

Brem.

Braut, gedenket unterdeſſen,
    Daß an euch was gläſerns iſt,
    Bräutgam, thut auch nicht vergeſſen,
    Was ihr nun fort reimen müßt.
    Daß ihr mögt nach kurzen Tagen
    Neue Reim und Gläſer tragen.

31. §. Wer nun in allen dergleichen Kindereyen Schönheiten zu ſehen meynet, dem kann man ſeinen Geſchmack
wohl laſſen: aber wer etwas wahres und gründliches dem
ſcheinbaren vorziehen will und kann, der wird beſſer thun,
wenn er alle dieſe Klapperwerke ſorgfältig vermeidet. Die
Exempel großer Leute, die ſich zuweilen auf dieſe Art vergangen haben, machens nicht aus. Man hat freylich in
Virgils Schäfergedichten eins gefunden:

. Dic, quibus in terris, et eris mihi magnus Apollo,
    Tres pateat CAELI ſpatium, non amplius ulnas!

Dieſes Räthſel beſteht bloß in der Zweydeutigkeit des Wortes cæli, welches entweder von Cälius herkommt, und alſo
das Grab eines gewiſſen Cælii zu verſtehen giebt: oder von
Cælum ein Abfall iſt, und alſo die Breite des Himmels
andeutet. Allein der Poet kann leicht damit entſchuldiget
werden, daß er ſein Räthſel in den Mund eines einfältigen
Hirten legt, der auf dem Dorfe leicht etwas für ſchön halten konnte, was doch Virgil ſelbſt für was ſchlechtes hielt.
Nur wäre es zu wünſchen, daß Martial und andere neuere
Verfaſſer von Sinngedichten, als z. E. Oven ſich nicht ohne
ſolchen Vorwand, in eben dieſe Spielwerke verliebet hätten.
Ihre Gedichte wimmeln aber von ſolchen Einfällen, und
gefallen mittelmäßigen Köpfen oft darum, warum ſie ihnen
misfallen ſollten. Ja junge Lute ahmen oft dieſem falſchen
Witze deſto lieber nach, je leichter er ihnen fällt, wenn ſie
noch keinen beſſern Vorrath guter Gedanken haben.

32. §. Von Opitzen und andern Poeten unſers Vaterlandes, darf man mir alſo deſtoweniger einen Einwurf
machen. Ich weis wohl, daß ſie ſich zuweilen von dem
verderbten Geſchmacke ihrer Zeiten, gleichſam wider ihren
Willen

Willen haben hinreißen laſſen. Ihr Erempel aber, kann uns keine Regel machen: weil es mit keinen guten Gründen unterſtützet iſt. Wir folgen vielmehr der Vorſchrift des Boileau, der in ſeiner Dichkunſt ausdrücklich die Wortſpiele verworfen hat. Denn er erzählt, wie anfänglich die Spitzfündigkeiten und zweydeutigen Worte aus Italien gekommen, und erſtlich in die Sinngedichte; hernach, da der Pöbel dadurch verblendet wurde, in Madrigalen, Tragödien, Elegien, Schäfergedichten, ja gar vor Gerichte und auf der Kanzel eingeführet worden.

> On vit tous les Bergers dans leurs Plaintes nouvelles,
> Fideles à la Pointe, encor plus qu'à leurs Belles,
> Chaque Mot eut toujours deux Viſages divers;
> La Proſe la reçût auſſi-bien que les Vers;
> L' Avocat au Palais en heriſſa ſon Stile,
> Et le Docteur en Chaire en ſema l' Evangile.

Hierauf ſagt er, die Vernunft hätte endlich die Augen aufgethan, und ſie einmal für allemal aus ernſthaften Schriften verbannet; ſie allenthalben, für unehrlich erkläret, und ihnen kaum in Sinngedichten, doch mit dem Bedinge, einen Platz vergönnet, daß ſie mit den Gedanken und nicht mit Worten ſpielen möchten. Darauf hätten zwar allenthalben die Unordnungen aufgehört: doch wären bey Hofe Poſſenreißer geblieben, abgeſchmackte Luſtigmacher, unſelige Pickelheringe, altfränkiſche Verfechter grober Wortſpiele:

> La Raiſon outragée enfin ouvrit les Yeux,
> La chaſſa pour jamais des Diſcours ſerieux,
> Et dans tous ces Ecrits la declarant infame,
> Par Grace lui laiſſa l' Entrée en l' Epigramme:
> Pourveu que ſa Fineſſe, éclatant à propos,
> Roulaſt ſur la Penſée, & non pas ſur les Mots.
> Ainſi de toutes Parts les Deſordres ceſſerent,
> Toutesfois à la Cour les Turlupins reſterent.
> Inſipides Plaiſans, Bouffons infortunéz,
> D'un Jeu de mot groſſier Partiſans ſurannés.

33 §.

33. §. Was könnte ich nicht aus des Grafen Schaftsbury Schriften, und aus dem Zuschauer für Stellen an-
ziehen, darinn sie über den verderbten Geschmack ihrer Landesleute in diesem Stücke die heftigsten Klagen führen?
Siehe von diesem letzten das 58. Blatt des I. Bandes.
Allein es ist genug gesagt, wenn ich nur noch die Probe
eines guten Gedankens, die von einigen vorgeschlagen wird,
werde angemerkt haben. Man sagt: alles, was sich in
eine fremde Sprache übersetzen läßt, und gleichwohl noch
die vorige Schönheit behält, das ist ein gründlicher und
richtiger Gedanken; was aber alsdann sich selbst nicht mehr
ähnlich sieht, das ist zu verwerfen. Nun trifft dieses zwar
nicht allemal ein, indem manche Wortspiele in mehr als
einer Sprache angehen: allein, in Ermanglung einer bessern, will ich mich nicht bemühen, diese Regel umzustoßen.
Ein Kopf, der richtig denken gelernt hat, wird auch nicht
leicht eine Anweisung dazu brauchen. Das ist endlich noch
anzumerken, daß man zum Gelächter, und irgend eines
lustigen Einfalls wegen, wohl zuweilen ein Wort in andern
Verstande nehmen, und zum Scherze brauchen kann; ohne
den guten Geschmack dadurch zu verletzen. Boileau selber
erlaubt dieses in folgender Stelle:

Ce n'est pas quelque Fois, qu'une Muse un peu fine,
Sur un Mot en passant ne joue & ne badine,
Et d'un Sens detourné n'abuse avec Succés:
Mais fuyez fur ce Point un ridicule Excés,
Et n'allez pas toujours d'une Pointe frivole,
Aiguiser par la Queuë une Epigramme folle.

Wie viel gezwungene Spitzfindigkeiten müßten wir nicht aus
unsern meisten Poeten ausmustern; wenn wir des Boileau
Vorschrift in diesem Stücke folgen wollten?

Das

Das VIII. Hauptstück.

Von verblümten Redensarten.

1. §.

Der größte Zierrath poetischer Ausdrückungen besteht freylich in den tropischen, uneigentlichen und verblümten Worten und Redensarten. Man setzt dieselben dem eigentlichen Ausdrucke entgegen, der alle Wörter in ihrer natürlichsten und einfältigsten Bedeutung braucht. Dieses ist die allergemeinste Art zu reden und zu schreiben, die auch den allerschlechtesten Köpfen nicht schwer ankömmt. So leicht und verständlich sie ist, wenn sie nur nach den Regeln der Sprachkunst richtig bleibt: so trocken, so mager und wässerigt ist sie auch. Sie hat kein Feuer, keinen Geist, kein Leben in sich, und ist sehr geschickt, einen, der sie höret oder liest, einzuschläfern. Diejenigen Poeten unsers Vaterlandes, die sich mehr auf ein fließendes Sylbenmaaß, als auf gute Gedanken beflissen haben, sind in dieser Art des eigentlichen Ausdruckes fast zu tief herunter gesunken. Sie wollten die hochtrabende lohensteinische Schreibart meiden; und fielen in den gemeinen prosaischen Ausdruck: so, daß endlich ihre Gedichte nichts, als eine abgezählte Prose geworden. Es hat von ihnen geheißen:

Sectantem levia, nervi
Deficiunt animique;

Ich will hieher nur Chr. Weisen, Bessern, Hübnern, Ubsen und Hunolden rechnen, welche gewiß in diesem Stücke vielmals gar zu natürlich geschrieben. Von dem erstern kömmt mir in seinen reifen Gedanken auf der 175. S. ohngefähr folgendes in die Hand:

Wer itzo funfzig Jahr in seinem ganzen Leben
Zurücke legen kann, dem scheint es trefflich viel:
Die Welt nimmt täglich ab, und will fast Abschied geben,
Jemehr die Jahrzahl wächst, je kärzer wird das Ziel.

Crit. Dichtk.   R   Das

·. Derhalben welchen Gott mit dieſer Gnade ſegnet,
    Daß er in ſeiner Eh noch funfzig Jahr vollbringt,
Dem iſt ein Wunderwerk und ſolch ein Glück begegnet,
    Das unter hunderten kaum einem halb gelingt.
Hier ſteht dergleichen Mann, ein Prieſter, greis von Haaren ꝛc.

Aus dem zweyten fällt mir bey, beym Aufſchlagen, das Bey-
lagersgedichte von Alexandern und Roxanen in die Augen,
wo Jupiter im Anfange ſich ſo hören läßt:

    Daß Ehen auf Erden
    Von Menſchen vorgenommen werden,
    Kömmt nicht von Menſchenvorſatz her:
    Es iſt mein Thun, der ich die Welt regiere,
    Es iſt ein Werk vom Jupiter.
    Lernt, Sterbliche, daß ich die Herzen führe;
    Daß Ehen zwar auf Erden
    Vollzogen; aber nur von mir beſchloſſen werden.

2. §. Was iſt nun in dieſen beyden Stücken poetiſches,
außer dem Sylbenmaaße und den Reimen? Sind es nicht
lauter gemeine Gedanken, gemeine Wörter und Redensarten, und gemeine Bedeutungen derſelben? Wie hätte man
ſich eigentlicher ausdrücken, und den natürlichen Verſtand der
Worte genauer beybehalten können, als hier geſchehen iſt?
Man darf nur eine kleine Veränderung damit vornehmen,
ſo, daß das Sylbenmaaß verſchwindet, und der Reim weg-
fällt: ſo bleibt nichts als eine ſehr magre Proſa übrig. Wir
wollen mit dem erſten die Probe machen:

„Wer itzo in ſeinem ganzen Leben funfzig Jahre zurücke
„legen kann, dem ſcheint es trefflich viel zu ſeyn. Die Welt
„nimmt alle Tage ab, und will uns faſt Abſchied geben.
„Jemehr die Jahrzahl zunimmt, deſto kürzer wird auch
„das Ziel. Welchen Gott derohalben mit dieſer Gnade
„ſegnet, daß er noch funfzig Jahre in ſeiner Ehe vollbringt,
„dem iſt ein ſolch Wunderwerk und Glück begegnet, daß
„kaum einem unter hunderten halb zu gelingen pflegt. ꝛc.

Nun möchte ich gern wiſſen, wo hier das poetiſche Weſen
ſtecket; worinnen ſich der Geiſt und Witz eines Dichters gewieſen

wiesen hätte? Alles dieses hat meines Erachtens ein jeder
denken und schreiben können, der niemals einen Poeten ge=
sehen oder gelesen, ja kein Wort von Poesie reden gehöret
hat.   In der besserischen Stelle redet Jupiter ebenfalls in
der gemeinsten Sprache, wenn man nur das klingende Syl=
benmaaß und die Reime wegschaffet.

„Daß auf Erden von den Menschen Ehen vorgenommen
„werden, das kömmt nicht vom Vorsatze der Menschen her.
„Es ist ein Werk Jupiters: es ist nur mein Thun, der ich die
„Welt regiere.   lernet ihr Sterblichen, daß ich die Herzen
„lenke, und daß die Ehen auf Erden zwar vollzogen, aber
„nur von mir beschlossen werden.

3. §. Vieleicht halten viele dafür, daß dieses eben die rech=
te Schönheit der vernünftigen Poesie sey, ganz natürlich zu
reden, und sich von allen schwülstigen Redensarten zu enthal=
ten.   Allein wir wollen uns erstlich erinnern, daß Horaz uns
vor beyden Fehlern gewarnet, und weder zu hoch über allen
Wolken nach leerer Luft zu schnappen, noch im Staube zu
kriechen; sondern die Mittelstraße zu halten, und auf dem
erhabenen Parnaß zu gehen, befohlen hat.

Professus grandia, turget;
Serpit humi, tutus nimium timidusque procellæ:
In vitium ducit culpæ fuga, si caret arte.

Fürs andere ist es längst, auch von Rednern, angemerket wor=
den, daß der uneigentliche Ausdruck durch verblümte Redens=
arten, so gar der ungebundnen Rede eine besondere Anmuth
giebt. Cicero z. E. lehrt im dritten Buche vom Redner im
38. Capitel ausdrücklich, daß die uneigentlichen Bedeutungen
der Wörter zwar zu allererst aus Mangel und Dürftigkeit der
Sprachen aufgekommen; hernach aber auch zur Anmuth und
Zierde gebraucht worden: wie man auch die Kleidungen
anfänglich zur Bedeckung unsrer Blöße, nachmals aber zur
Pracht ausgesonnen und eingeführet hat. Er erweiset es durch
verschiedene verblümte Reden, die auch bey den lateinischen
Bauern gewöhnlich gewesen; dergleichen etwa bey uns sol=

gende

gende wären: Der Wald ist mir ausgestorben; der Baum
hat den Krebs; die Zweige kriegen schon Augen; die
Saat steht geil; der Acker ist fett; das Getrände bran-
dig, u. d. gl. Darauf erinnert er, daß er außer diesen gemeinen Arten verblümter Reden, noch eine verwegnere Gattung gebe, die nicht aus dem Mangel der Sprache; sondern
aus einem feurigen Witze entsteht, und der Rede viel Glanz
und Schönheit zuwege bringet; welches er dann mit vielen
poetischen Exempeln erläutert.

4. §. Ich will desgleichen thun, um die Sache in ein völliges Licht zu setzen. So schreibt Flemming auf der 362. S.

> Der verliebte Himmel lächelt,
> In die gleich erwärmte Luft;
> Welche gleichsam Küsse fächelt,
> Auf der schwangern Erden Kluft:
> Die bald beyden, so sie liebet,
> Tausend schöne Kinder giebet.

Wer sieht hier nicht einen sehr edlen poetischen Ausdruck;
in verblümten Verstande gebrauchte Worte, und kühne Redensarten? Der Himmel muß verliebt heißen, welches man
sonst nur von verständigen Wesen sagt. Die Luft muß Küsse
fächeln; weil sie so lieblich ist, als eine freundliche Schönheit, wenn sie einen Geliebten küssen will. Die Erde ist
schwanger, weil die Gewächse gleich einer Frucht in Mutter-
leibe, in ihr verborgen liegen, ehe sie im Frühlinge ausbre-
chen. Sie muß den Himmel und die Luft lieben; welches
wiederum nur im verblümten Verstande angeht: weil sie sich
nämlich bey der Gegenwart des freundlichen Himmels, mit
ihrem Laube und Grase schmücket; wie eine verliebte Dirne
gegen die Ankunft ihres Liebsten. Endlich giebt sie tausend
schöne Kinder, das ist, in der eigentlichen Sprache zu reden,
Blumen und Früchte. Und wer sieht hier nicht, daß diese
Strophe durch ihre verblümten Redensarten weit schöner
und geistreicher geworden, als wenn sie aus lauter eigentlichen
Ausdrückungen bestanden hätte? Noch eins zum Ueberflusse,
aus eben dem Poeten, auf der 353. S.

Die

Die verlebte Welt wird jünger,
Und streicht mit verliebtem Finger,
Ihre Runzeln von der Haut.
Seht, seht! wie sie aus den Feldern,
Aus den Auen, aus den Wäldern,
Mit verbuhlten Augen schaut.

5. §. Hieraus erhellet ja wohl deutlich genug, was ein poetischer Geist, was eine edle Art zu denken, und ein feuriger
ungemeiner Ausdruck sey. Dieß ist die Sprache der Poeten,
dadurch sie sich von der magern prosaischen Schreibart unterscheiden. Man versuche es, und zertrenne auch hier das
Sylbenmaaß; man verstecke die Reime, wie man will: es
wird doch ein poetischer Geist daraus hervorleuchten. Daß
aber dieses die rechte Probe des poetischen Geistes sey, das
lehrt uns Horaz, der in der IV. Satire des I. B. ausdrücklich
sagt: daß seine und Lucils Verse nichts poetisches mehr an
sich behielten, so bald man durch die Versetzung der Worte
ihnen das Sylbenmaaß genommen. Weit anders verhalte
es sich mit dem Ennius, der die poetische Schreibart in
seiner Gewalt gehabt. Denn wenn man gleich die Worte:
Nachdem die scheußliche Zwietracht die eisernen
Pfosten und Thore des Krieges erbrochen, noch so
sehr versetzen wollte: so würde man doch allezeit die Glieder
eines zerlegten Poeten darinn antreffen. Es ist werth, daß
ich das lateinische davon herseße. * Ich muß nur erwähnen, daß Horaz durch diese Anmerkung erweisen wollen,
eine Satire verdiene nicht den Namen eines Gedichtes.
Denn kurz vorher hatte er sich ausdrücklich aus der Zahl
der Poeten ausgeschlossen, in so weit er nur ein Satiren-

R 3　　　　　　　　　schreiber

---

* Non satis est puris versum per-
　scribere verbis,
Quem si dissolvas, quivis stoma-
　chetur, etc.
　　　His, ego quæ nunc;
Olim quæ scripsit Lucilius, eri-
　pias si
Tempora certa modosque, & quod
　prius ordine verbum est,

Posterius facias, præponens ultima
　primis,
Non, ut si solvas: Postquam discor-
　dia tetra
Belli ferratos postes portasque refre-
　git;
Invenies etiam disjecti membra
　Poetæ.

schreiber war. * Ein Poet muß also einen großen Witz,
einen göttlichen Geist und einen erhabnen Ausdruck haben,
wenn man ihn mit diesem Namen beehren soll. Da ich nun
diese Lehren schon vor mehr als zwanzig Jahren gegeben
habe: so urtheile man, ob diejenigen Tadler recht haben,
die mir Schuld geben wollen, ich wollte in Gedichten nur
eine abgezählte und gereimte Prosa leiden.

6. §. Und freylich zeiget sich der Witz eines Poeten haupt=
sächlich in der glücklichen Erfindung verblümter Redensarten.
Denn ist derselbe eine Kraft der Seelen, das Aehnliche leicht
wahrzunehmen: so merket man, daß in jedem uneigentlich
verstandenen Worte ein Gleichniß stecket, oder sonst eine
Aehnlichkeit vorhanden ist, weswegen man eins für das an=
dere setzt. Das belustiget nun den Leser eines solchen Gedich=
tes. Er siehet nicht nur das Bild, darunter ihm der Poet eine
Sache vorstellet, sondern auch die Absicht desselben, und die
Aehnlichkeit zwischen beyden: und da sein Verstand auf eine
so angenehme Art mit so vielen Begriffen auf einmal beschäff=
tiget ist; so empfindet er nicht nur wegen der Vollkommen=
heit des Poeten, dessen Schrift er liest, ein Vergnügen;
sondern er belustiget sich auch über seine eigene Scharfsinnig=
keit, die ihn fähig macht, alle Schönheiten des verblümten
Ausdruckes, ohne Mühe zu entdecken. Z. E. Amthor
schreibt auf der 125. Seite:

Itzt schwindet allgemach,
Der Schatten lange Nacht, und läßt der Thürme Zinnen.
Ein frohes Morgengold gewinnen.
Der alte Nordwind giebt dem jungen Zephir nach.:
Die Erde wird der küstern Sonnen Braut,
Die ihren Bräutigam stets näher treten schaut.
Sie schmückt sich schon zur neuen Hochzeitfeyer:
Weil Phöbus ihren Wittwenschleyer,

Den

* Primum ego me illorum, dede-   Sermoni propiora, putes hunc esse
    rim quibus esse Poetas,   poetam.
Excerpam numero: nec enim con-   Ingenium cui sit, cui mens divi-
    cludere versum.   nior, atque os
Dixeris esse satis; neque si quis scri- Magna sonaturum, des nominis hu-
    bat uti nos,   jus honorem.

Den Schnee und Eis ihr umgethan,
Aus heißer Brunst nicht ferner dulden kann.

Diese Stelle kann für ein Muster des guten verblümten Ausdruckes angesehen werden. Das frühe Morgengold auf den Zinnen der Thürme, ist das goldfarbigte Licht der Morgenröthe, und der hervorbrechenden Sonnenstralen, die sich an den Thurmspitzen zuerst zeigen. Der Nordwind wird, seiner Kälte halber, einem alten Manne, und der warme Zephir einem Jünglinge verglichen. Die Erde wird wegen ihres Putzes im Frühlinge, als eine Braut, und die Sonne, als ihr lüsterner Bräutigam vorgestellt: weil sie so unverwandt nach derselben ihre Stralen schießt, als es ein verliebter Freyer bey seiner Liebsten zu thun pflegt. Der Schnee des vergangenen Winters, muß endlich, seiner Farbe halber, einen Wittwenschleyer abgeben, den die brünstige Sonne ihr vom Angesichte ziehen will. Wer hier nicht den Reichthum eines poetischen Witzes wahrnimmt, der muß gewiß keinen Geschmack an schönen Dingen finden können.

7. §. Ein jeder sieht aber von sich selber wohl, daß hier fast nichts anders, als die Metaphore vorgekommen, welche sonst, bey den Lehrern der Redekunst, die erste und hauptsächlichste Gattung verblümter Redensarten ist. Diese war auch den Alten, z. E. dem Aristoteles, einzig und allein bekannt, und die übrigen hat man erst nach der Zeit angemerket. Cicero nennt die Metaphore Translatio; beyde Wörter haben eine sehr allgemeine Bedeutung, und schicken sich auch so gar für die Metonymie, Synekdoche und Ironie. Deutsch müßte man sie eine Versetzung, oder einen Wechsel nennen; denn dieses drückt die Natur der Sache ziemlich aus: die Metonymie aber, als die andre Gattung verblümter Redensarten, könnte eine Namenänderung heißen. Doch wir müssen sie alle nach der Ordnung durchgehen, und mit Exempeln aus unsern Poeten erläutern. Ich kehre mich also an die stolzen Kunstrichter nicht, die es für eine zu geringschätzige Arbeit halten, sich mit Registern von Tropen und Figuren aufzuhalten. Man sieht es nämlich aus ihren eige-

den

nen Schriften wohl, daß sie sich mit den Regeln und deutlichen Begriffen dieser Zierrathe der guten Schreibart, nichts zu schaffen gemacht; indem sie kein Maaß und keine Regel darinn zu halten wissen. Ihr Exempel also soll uns eher behutsam, als nachläßig in diesem Stücke machen.

8. §. Die Metaphore ist also eine verblümte Redensart, wo man anstatt eines Wortes, das sich in eigentlichem Verstande zu der Sache schicket, ein anderes nimmt, welches eine gewisse Aehnlichkeit damit hat, und also ein kurzes Gleichniß in sich schließt. Zum Exempel, Flemming schreibt in einer Ode auf der 363. S. die demantenen Gewässer, und bald hernach gedenket er der buhlerischen Sterne. Wir haben schon oben die verwachte Rose, die taumelnden Cypressen, die gesunden Schatten und schlummernden Gewächse aus eben diesem Poeten angeführet. Dieses sind lauter metaphorische Ausdrückungen. Im eigentlichen Verstande hätte man sagen müssen: die klaren Gewässer, die blinkenden Sterne, die verwelkte Rose, die hin und her wankenden Cypressen; die kühlen Schatten; und die ruhigen Gewächse. Aber der Poet führet uns durch seine geistreiche Beywörter auf ganz andere Begriffe. Die allernächsten Wörter sind ihm zu schlecht: er holet sich von weitem ganz ungemeine Gedanken her, die sich aber zur Sache schicken, und dem Verstande sehr angenehme Bilder machen, wenn er die Aehnlichkeit derselben einsieht. Eben dergleichen finde ich in Pietschens Hochzeitode auf Prof. Bäyern in Petersburg, meinen nunmehr seligen Freund, sehr häufig. Z. E. in dieser Strophe:

Die holden Wangen deiner Braut,
Muß eine keusche Röthe färben,
So, wie man sonst den Himmel schaut,
Wenn die verlebten Tage sterben.
Des Jungferstandes letzter Schein,
Ist ein nicht fehlender Prophete,
Der Tag wird heiß und heiter seyn,
Nach einer schönen Abendröthe.

9. §.

9. §. Eben dergleichen Metaphoren können auch in selbst-
ständigen Nennwörtern und Hauptwörtern, ja fast in allen
andern vorkommen. Z. E. Kanitz schreibt:

> Jsts ihm nicht mehr vergönnt, zu küssen eine Docke,
> Die ihre freche Stirn mit Thürmen überhäuft ꝛc.

Da ist das Wort Thürme, für den hohen Kopfputz gebraucht, der zu seiner Zeit Mode gewesen. Eben so hat
Heräus auf der 248. S. die großen Perrücken beschrieben:

> Der weißbestäubte Busch, der ganze Leiber deckt.

Jmgleichen Opitz, nennt ein Frauenzimmer ein Bild; wegen der Schönheit, die man in Bildern am vollkommensten
finden kann. Auf der 165. S. der poetischen Wälder.

> Hier geht ein schönes Bild,
> Wo nichts zu spüren war, als ungezähmtes Wild.

Von Hauptwörtern mögen folgende Exempel dienen. Heräus
sagt, ein Fleißiger habe Minuten zu zählen; und ein Müs-
siggänger stehle ihm den Tag.

> Wie diesem, dessen Fleiß Minuten hat zu zählen,
> Der kömmt, den guten Tag zu biethen und zu stehlen.

Um das Zählen ist es einem Fleißigen wohl nicht zu thun:
aber es heißt hier beobachten, ja theuer und werth halten;
weil man solche Dinge genau nachzuzählen pflegt. Das
Stehlen schicket sich hier gleichfalls so eigentlich nicht zum
Tage. Aber es heißt hier unbrauchbar machen; weil man
Sachen, die uns gestohlen werden, nicht mehr zu seinem
Nutzen anwenden kann. Opitz schreibt auf der 166. Seite
der poetischen Wälder.

> Jch kenne den Weg auch. Sehr oft hab ich gemessen
> Den grünen Helikon, bin oben auf gesessen.
> Durch mich wird itzt das Thun in Deutschland aufgebracht,
> Das künftig trotzen kann der schönsten Sprachen Pracht.
> Wer diesen Zweck erlangt, der darf nicht unten kleben:
> Und wär er zehnmal todt, so soll er dennoch leben!
> Gott herberget selbst in ihm, ja was er denkt und schafft,
> Reucht nach Unsterblichkeit, schmeckt nach des Himmels Kraft ꝛc.

Den

Den Helikon messen, heiß hier darauf gehen: weil man mit Schritten zu messen pflegt. Den schönsten Sprachen trotzen, heißt hier, ihnen an Schönheit gleich gehen. Unten kleben, heißt hier, unten bleiben; leben heißt, unvergeßlich seyn; herbergen, heißt, in etwas anzutreffen seyn; nach Unsterblichkeit riechen, und nach des Himmels Kraft schmecken, heißt, nur jenes und dieses zu verstehen geben, und an sich spüren lassen. Und diese Exempel können davon genug seyn.

10. §. Wenn die Metaphore länger, als in einem Worte fortgesetzt wird, so heißt sie eine **Allegorie.** Z. E. Flemming schreibt von einem Bräutigam:

> Viel tausend, tausend feuchte Küsse,
> Bethauen die vermählte Hand:
> Damit der Liebe trächtigs Land,
> Hinkünftig nicht vertrocknen müsse.

Die Liebe wird hier als ein besäeter Acker vorgestellet, der eines nassen Thaues benöthiget ist, damit er nicht verdorre: Und diesen findet der Poet in den feuchten Küssen des Bräutigams. **Kanitz** beschreibt die Reizungen der bösen Lüste unter dem Bilde des ersten Sündenfalles:

> Wir hören überall Verführungsschlangen pfeifen,
> Wir wollen hier und da nach fremden Aepfeln greifen,
> Wie wässert uns der Mund, die Hand wird ausgestreckt.

Amthor beschreibt den Christenwandel unter dem Bilde des israelitischen Zuges nach Kanaan auf der 308. Seite:

> Der Proben harter Strich macht seinen Werth bekannt;
> Man kömmt durchs rothe Meer nur ins gelobte Land,
> Und muß durch manchen Kampf den Heldenmuth beweisen.
> Es trägt Arabiens bestäubte Wüsteney
> Nur Hunger, Durst und Angst auf allen Wegen bey;
> Durch die der Wandrer muß nach Zions Höhen reisen.

Pietsch gleichfalls, wenn er die Beschaffenheit des kaiserlichen Heeres bey Belgrad beschreibt:

> Der Adler wacht indeß auf einem sichern Hügel,
> Und streckt mit reger Kraft die ausgedehnten Flügel

Vor

Vor seiner Wohnung aus, um die er anfangs schwebt,
Eh ihn der volle Flug aus seinen Gränzen hebt.
Bald schießt er schnell herab, wenn er den Drachen findet,
Der sich, auf seinen Stoß um seinen Schnabel windet:
Doch den verdrehten Balg hält seine Klaue fest,
Bis er ihn abgestreift im Blute liegen läßt;
Als Sieger in den Kreis des fernen Mondes steiget,
Und seinen Donnerkeil den blassen Hörnern zeiget.

11. §. Es muß aber eine gute Metaphore und Allegorie
I) eine wahre Aehnlichkeit in sich haben, die in den Sachen,
und nicht in bloßen Worten anzutreffen ist. Z. E. Wenn
ich den Himmel ein Engelland nennen wollte, so wäre es
nichts: denn hier käme es bloß auf das Wort Engel an.
Z. E. Neukirch hat in dem vortrefflichen Gedichte auf die
Königinn in Preußen, Charlotte, dieses Wortspiel gebraucht,
indem er den König Friedrich so redend einführet:

Und wer bewundert nicht das, was du jüngst gesprochen?
Mein Kronprinz, war dein Wort, beschloß vor wenig Wochen,
Nach Engeland zu gehn; doch seht, er läßt es seyn,
Und seine Mutter geht ins Land der Engel ein.

Ich weis aber zu seiner Entschuldigung nichts mehr zu sagen, als daß dieses vielleicht in der That ein Einfall des
Königes selbst gewesen seyn muß: daher der Poet ihn denn
auch dem Könige in den Mund gelegt hat; um demselben
die Ehre der Erfindung nicht zu rauben. Und spricht er
gleich, daß man dieses Wort des Königes bewundere: so
glaube ich doch nicht, daß ihm dasselbe so schön vorgekommen sey, weil er selbst nirgend dergleichen vorgebracht.
Aber an manchem großen Herrn, ist in solchen Dingen oft
etwas ein Wunder, welches man auch an einem Schüler
nicht dulden würde. Doch ich besinne mich, daß auch Neukirch von Wortspielen so frey nicht gewesen, als er wohl
hätte seyn sollen. Z. E. in dem Gedichte auf die geschützten
Nachtigallen, heißt es:

Denn sprach er, was man ihr im Kriege großes schaut,
Ist, daß uns Friederich Fried, Ehr und Reich erbaut.

wiewohl ich dieſes ſchon in dem vorigen Hauptſtücke hätte
anführen ſollen. Wenn aber Kaniß ſchreibt: Sein Hof
wird ihm ein Hof ꝛc. ſo vergleicht er wirklich den Rit-
terſitz eines Landjunkers, mit einem Hofe, und dieſes iſt alſo
kein Wortſpiel zu nennen.

12. §. II) Muß ſie nicht von ſolchen Dingen hergenommen ſeyn, die eine Sache verächtlich oder lächerlich machen
können; es wäre denn, daß man mit Fleiß ſatiriſch ſchreiben wollte. Cicero z. E. tadelt einen Scribenten, weil er
geſagt hatte: durch Catons Tod, wäre die Republik entman-
net oder verſchnitten worden. III) Muß das Gleichniß
nicht gar zu weit hergeſucht ſeyn, ſo, daß man es leicht verſtehen kann. Ariſtoteles verwirft in dieſer Abſicht den Ausdruck eines alten Poeten, der den Xerxes einen perſianiſchen
Jupiter genennet hatte. Und dahin könnte man die prale-
riſchen Metaphoren der portugieſiſchen Redner rechnen, die
im XL. St. des II. Theils der vern. Tadlerinnen angeführet
worden; wie auch unzählige im Milton und ſeinen Nach-
ahmern. Endlich IV) müſſen die Metaphoren, ſo viel
möglich, alles ſinnlicher machen, als es im eigentlichen
Ausdrucke ſeyn würde. Daher dienen alle die Redensarten
und Wörter ſehr, die das Geſicht, das Gehör, das Gefühl,
den Geruch und Geſchmack angehen. Vor allen Dingen
aber, ſind die ſichtbaren Dinge ſehr geſchickt, lebhafte Metaphoren zu geben. Die oben ſchon ſo häufig angeführten
Exempel können dieſes ſattſam erweiſen: Es iſt aber auch
an ſich ſelbſt leicht zu begreifen: denn die Einbildungskraft
bringt die Begriffe deſto klärer hervor, je ſtärkere Eindrückungen man davon ſonſt gehabt. Nun wirken aber die
meiſten Sinne ſehr ſtark in die Seele; ſonderlich aber wirkt
das Geſicht, bey Empfindung des Lichtes und der Farben, ſehr
klare, von Figuren und Größen aber auch deutliche Begriffe.
Ein Wort alſo, welches dahin gehöret, kann auch eine un-
ſichtbare Sache gleichſam ſichtbar machen, wenn es in ver-
blümtem Verſtande dazu gebrauchet wird.

13. §.

13. §. Die andere Art verblümter Reden, ist die Metonymie, welche man mit dem Longolius ein Namenlehn nennen könnte. Man setzet aber darinn entweder die Ursache, und meynet die Wirkung derselben: als wenn ich einen Scribenten für seine Schriften nenne:

Der reiche Seneca an Witz und an Vermögen,
Der schlaue Tacitus, und was noch ist zugegen,
Muß allezeit um mich seyn.   Opitz.

Oder umgekehrt, die Wirkung für die Ursache, als wenn ich den Pan die Furcht der Nymphen nennte:

Phyllis schickt Silvanen Kränze,
Alle Nymphen führen Tänze:
Ihre Frucht, der geile Pan,
Geht nicht minder stets im Reihen ꝛc.   Dach.

Oder die Hauptursache an statt eines Nebendinges: und zwar erstlich, das Behältniß für das Enthaltene, als wenn ich den Helikon setze, und die Musen meyne.

Der ganze Helikon ist schon um diese Zeit,
Um seine Bücher her, und dichtet allbereit,
Das, was man rühmen muß.   Flemming.

Zweytens der Besitzer an statt seines Eigenthums, als wenn man den Phöbus an statt der poetischen Triebe setzt, die ihm angehören.

Phöbus ist bey mir daheime,
Diese Kunst der deutschen Reime,
Lernet Preußen erst von mir ꝛc.   Dach.

Drittens, der Feldherr für seine Soldaten, als wenn man sagt, der Kaiser wird geschlagen, da es doch die Soldaten sind.

Hier möchte man gedenken,
Das Glücke hätte dir Ergetzung sollen schenken,
Und Rast nach solcher Müh. Allein es saget Nein!
Der Kaiser von Byzanz muß auch geschlagen seyn. Opitz.

Vier-

Viertens, das Zeichen für die bezeichnete Sache, als wenn man den Zepter nennt, und ein Königreich meynt.

> Bleibt Friedrich nur gesund, und hat sein Zepter Segen,
> Was ist mir an Namur und Pignerol gelegen? Kanitz.

Fünftens, die Sachen in der Zeit, an statt der Zeit selbst, als wenn man den Mondwechsel für die Monate setzt:

> Neunmal hat nun Phöbe gleich,
> Ihre Hörner eingezogen,
> Und die Nächte blind gemacht;
> Seit sie dir gab gute Nacht. Flemming.

Oder man setzt ein Nebending an statt der Hauptsache, und da zwar erstlich das Enthaltene für das Behältniß. Z. E. den Ort, wo man der Fürsten Gnade sucht, für den Hof.

> Jedennoch, wenn du dir, und auch zugleich den deinen,
> Willst mehr zu gute thun, so mußt du da erscheinen,
> Wo man der Fürstenhuld, (weil doch des Höchsten Schluß
> Sie groß, uns klein gemacht,) in Demuth suchen muß. Kanitz.

Zweytens, das Zeichen für das Bezeichnete, als wenn man, die Schamhaftigkeit zu beschreiben, sagte, den Hut in die Augen drücken.

> Du darfst, o freyer Held, den königlichen Hut
> Nicht in die Augen ziehn. Wohin man itzo siehet,
> Da sieht man auch dein Lob. Opitz.

Drittens, die Zeit, für das, was darinn geschieht; zum Exempel für die schlechten Poeten, die darinn leben:

> Wie manchmal zürn ich nicht mit unsrer armen Zeit,
> Die itzt fast gar nicht mehr der Nachwelt Urtheil scheut. Günther.

Viertens, die Tugend oder Laster, an statt der Leute, die sie ausüben; z. E. den Neid für die Neider.

> Der Neid vergiftet zwar das allerschönste Haus,
> Und die Verläumdung sticht die angenehmsten Früchte. Gryphius.

Fünf-

Fünftens, die Gemüthsregung an statt ihres Gegenstandes; als wenn man einen fröhlichen Tag seine Freude nennt:

> Preis der Tage, Wunsch der Frommen,
> Meine Freude, sey willkommen!   Dach.

Sechstens, das vorhergehende für das Nachfolgende, z. E. wenn ich sagte, bis die Sonne untergeht; an statt zu sagen, bis es Nacht wird.

> Bis der Gott der güldnen Gluten,
> Der die braunen Mohren brennt,
> In die hesperischen Fluthen,
> Freygelaßnes Zügels rennt.   Flemming.

Siebentens, das nachfolgende an statt des vorhergehenden, z. E. die warme Frühlingsluft, für das, was darauf erfolget.

> Die erfreuten Heerden springen,
> Das verlebte Jahr wird jung,
> Die gelehrten Vogel singen,
> Wald und Feld ist auf den Sprung:
> Und die Schooß der alten Erden,
> Will aufs neue schwanger werden.   Flemming.

14. §. Die dritte Gattung verblümter Redensarten heißt Synekdoche, auf deutsch, nach Longols Benennung, ein Auszug; diese hätte gar leicht unter der Metonymie können begriffen werden, wenn es nicht unsern Vorfahren anders gefallen hätte. Sie ist wiederum vielerley, denn man setzt entweder das Ganze für den Theil; z. E. die Welt für ein kleines Land in derselben.

> Ihr, die des Höchsten Rath bestimmt,
> Der Welt mit Stahl und Bley zu dienen.   Günther.

Oder den Theil fürs Ganze, als wenn ich den Hals für die ganze Person setze.

> Er hat daselbst bekannt,
> Du hättest seinen Hals und Ehr in deiner Hand.   Opitz.

Oder

Oder eins für vieles: als z.E. ein Sinn, wenn von vielen
Perſonen die Rede iſt, die doch viel Sinne haben.

> Andre werden ſich befleißen,
> Die ein größrer Sinn erhöht,
> Welchen Phöbus näher geht,
> Als mir abgeleguem Preußen ꝛc.   Dach.

Oder vieles für Eins.   Z. E. Die Lüfte für die Luft.

> Die geſtirnten Lüfte ſcherzen,
>   Tauſend Kerzen,
>   Tauſend lichte Fackeln ſtehn.   Flemming.

Oder eine gewiſſe Zahl für die ungewiſſe.   Z. E.

> Wenn du, großer Siegesfürſt!
> Hundert tauſend Cherubinen,
> Zu Gefährten haben wirſt,
> Werden dir die Feinde dienen.   Chr. Gryph.

Oder eine ſogenannte volle Zahl, für eine größere oder kleinere.   Zum Exempel:

> Thu, o Churfürſt, nach Belieben,
> Such ich Hufen, zehnmal ſieben?
> Nein! auch zwanzig nicht einmal.
> Andre mögen nach Begnügen
> Auch mit tauſend Ochſen pflügen,
> Mir iſt gnug ein grünes Thal.   Dach.

Oder etwas viel größeres für das kleinere, welche Art man
Hyperbole nennet.   Z.E. Wenn man die Thränen einen
Bach nennet:

> Betrachte nur den Thränenbach,
> Worinn das Herz der Aeltern ſchwimmet:
> Wo noch in dir Erbarmung glimmet,
> So gib doch ihren Seufzern nach.   Amthor.

Das iſt nicht genug.   Eben derſelbe bedient ſich dieſer Vergrößerung noch kühner, wenn er in demſelben Gedichte an
ein verſtorbenes junges Frauenzimmer den ganzen Welt toben
läßt.   Er redet den Tod an:

Schau,

Schau, wie der Welt beginnt zu toben,
Daß du solch einen theuren Stein,
Zu seiner Nymphen höchster Pein,
Aus ihrer Krone weggeschoben.

Hier könnte es leicht seyn, daß diese Vergrößerung einigen
gar zu verwegen vorkäme. Denn was will man auf eine
Prinzeßinn größers sagen? Zugeschweigen, daß man nicht
sieht, was das für eine Krone der Nymphen gewesen, darinn
die Todte einen Edelgestein abgegeben? Die Allegorie ist
nicht gar zu richtig.

15. §. Ueberhaupt aber geht man in Vergrößerung der
Dinge gemeiniglich zu weit, und überschreitet dadurch die
Regeln der Klugheit. An Malherben hat schon Bou-
hours eine sehr unerträgliche Vergrößerung der Thränen
Petri getadelt; die ich, ihrer Seltsamkeit halber, aufs aller-
genaueste übersetzt habe, und hier mittheilen will.

Da hub sich sein Geschrey gleich als ein Donner an,
Sein Seufzen war ein Sturm, der Eichen fällen kann,
Und die gelinde Fluth von den vergoßnen Zähren,
Verglich sich einem Strom, der von den Bergen läuft,
Die Felder überschwemmt, ja Dorf und Stadt ersäuft,
Und fast die ganze Welt in eine See will kehren.

Wer nun dieses nicht für ausgeschweift erkennen will, der
muß in der That nicht viel Nachsinnen oder Geschmack von
einer Sache haben. Opitz hat uns diese Art hochgetriebe-
ner Vergrößerungen in der Sprache eines schmäuchelnden
Buhlers lächerlich zu machen gesuchet, den er auf der 161. S.
im IV. B. s. poet. W. so entwirft. Er redet ein Frauenzimmer an:

Sie thun wohl einen Eid, wiewohl nicht ohne Lachen,
Daß eure Augen auch die Sterne finster machen;
Und daß sie heller sind, denn alles Firmament,
Ja daß die Sonne selbst auch nicht so heftig brennt.
Sie schwören hoch und sehr, daß Gott euch auserlesen,
Vor aller Zierlichkeit und allem schönen Wesen;
Und sagen: selig sey das Jahr und dann die Zeit,
In der ihr, große Zier der Welt! gebohren seyd.

Crit. Dichtk.　　　　　S　　　　　Sie

Sie ſprechen wohl dabey, daß ihr mit euren Blicken,
Ein härter Herz als Stein, vermöget zu entzücken;
Daß aus America die beſte Spezerey,
Mit eurem Athem weit nicht zu vergleichen ſey;
Daß ſolche Hände nicht gemalet werden könnten,
Daß gegen ihnen, Schnee zu gleichen ſey der Tinten;
Daß jedes Zähnlein ſey ein köſtlicher Demant,
An welchen die Natur all ihre Kunſt gewandt;
Und daß die Lippen auch, die mehr als Roſen blühen,
Weit weit den edelſten Corallen vorzuziehen;
Und daß der ſtarke Mars durch eurer Zungen Schein,
Die Waffen abzuthun bereitet würde ſeyn.
Beliebt es euch hernach von Venus was zu ſingen;
Die Winde könnet ihr mit eurer Stimme zwingen:
Und wenn ihr weiter euch auch zu der Lauten findt,
Iſt Orpheus ungelehrt und gegen euch ein Kind.
Wenn ihr im Felde ſeyd, wohin man euch ſieht gehen,
Da ſieht man alſobald die ſchönſten Blumen ſtehen.
In Summa, die Natur hat dieß an euch gethan,
Daß eure Trefflichkeit kein Menſch beſchreiben kann.
Wie möcht ich aber wohl ſo falſch erdachtes ſagen,
Und die Auffſchneiderey mit Langmuth nur ertragen?
Ich glaube, welcher ſich nimmt ſolcher Lügen an,
Der Feder und Papier auch ſchamroth machen kann.

Was Opitz hier in der verliebten Sprache für unerträglich
gehalten, das hat Kanitz in der Beſchreibung des Krieges-
weſens, und in den Klagen der Verſtorbenen, als einen Fehler angemerket. In ſeiner Satire von der Poeſie heißt es:

Fällt das geringſte vor in dieſen Kriegeszeiten,
So dünkt mich, hör ich ſchon die Wetterglocke läuten.
Ein Flammenſchwangrer Dampf beſchwärzt das Luftrevier,
Der ſtralbeſchwänzte Blitz bricht überall herfür.
Der grauſe Donner brüllt und ſpielt mit Schwefelkeilen.
Der Leſer wird betrübt, beginnet fortzueilen,
Bis er ins Trockne kömmt; weil doch ein Wolkenguß,
Auf ſolchen harten Knall nothwendig folgen muß:
Und läßt den armen Tropf der Welt zur Strafe reimen,
Wie ein Beſeßner pflegt in ſeiner Angſt zu ſchäumen.
Geht wo ein Schulregent in einem Flecken ab,
Mein Gott! wie raſen nicht die Dichter um ſein Grab.
Der Tod wird ausgefilzt, daß er dem theuren Leben,
Nicht eine längre Friſt als achtzig Jahr gegeben.

Die

Die Erde wird bewegt, im Himmel Lärm gemacht,
Minerva, wenn sie gleich in ihrem Herzen lacht,
Auch Phöbus und sein Chor, die müssen wider Willen,
Sich traurig, ohne Trost, in Flor und Boy verhüllen.
Mehr Götter sieht man oft auf solchem Zettel stehn,
Als Bürger in der That mit zu der Leiche gehn.

16. §. Mit der Verkleinerung, (Litote oder Tapeino=
sis) ist es eben so bewandt. Sie sagt allemal weniger,
als in der That wahr ist; doch so, daß sie dadurch in kei=
nen Irrthum stürzet. Z. E. Günther beschreibt seine Ar=
muth so:

Ich darf mich ohnedas vorißo nicht beschweren,
Als ließen Tisch und Schlaf mich wenig Zeit entbehren.
Fünf Bissen in den Mund, so ist die Tafel gar;
Die Glieder auf die Bank, das Halstuch um das Haar,
So bin ich in dem Bett nun völlig ausgezogen.
Die Hüfte glaubt es nicht, doch wird sie oft betrogen.

Die Synekdoche setzt auch wohl zuweilen die ganze Art eines
Dinges für eine besondere Gattung desselben. Z. E. Das
Licht überhaupt, für die Sonne:

Willkommen, schönes Licht!
Das aus dem Himmelspunct der Abyssinen,
In Nordens kalten Zirkel bricht.
Kaum war dein heißer Stral bey uns erschienen zc. Amthor.

Oder die besondre Gattung für die ganze Art. Z. E. Wenn
ich Mandeln und Muscaten statt aller andern Leckerbissen
setzte:

Wiewohl ein solcher Held, der nur sein theures Blut
Zum Aderlassen spart, nicht große Wunder thut;
Und wenn ihm nichts gefehlt, als Mandeln und Muscaten,
Wohl ehr aus Blödigkeit hat Stadt und Land verrathen. Canitz.

Auf eben die Art setzt man zuweilen die Namen gewisser
Personen, anstatt allgemeiner Benennungen solcher Leute:
welche Art nebst der folgenden eine Antonomasie heißt.
Zum Exempel:

Sch

Geh Breslau! denke nach, was der Verlust bedeute,
  Dein Piccart, dein Galen, dein Kepler, dein Caßin,
Dein Galiläus stirbt. Dieß, was gelehrte Leute
  ~ Für deinen Schmuck geschätzt, ist leider itzt dahin! Gryph.

Oder man braucht anstatt der eigenen Namen gewisser Dinge, die allgemeine Benennung, die sich für sie schickt. Z. E. Wenn man ein Pferd, oder einen Diener meynte, und ein Vieh nennte.

Versuchs! gieb ihm ein Amt, sechs Viehe vor den Wagen,
  Und sechse hinten drauf; sieh, was er dann wird sagen. Heräus.

Imgleichen wie Kanitz einen Weisen nennet, und den Horaz meynt, dessen Vers, Beatus ille qui procul negotiis, er anführt:

Ja, sprichst du, folge dem, was jener Weise schreibt:
  Wohl dem, der weit entfernt von fremden Händeln bleibt 2c.

17. §. Endlich kömmt noch die vierte Gattung verblümter Redensarten, die man die Jronie oder Verspottung zu nennen pflegt. Man saget darinn gerade das Gegentheil dessen, was man denket; doch so, daß der Leser aus dem Zusammenhange leicht begreift, was die wahre Meynung ist. Z. E.

Bey einem Hochzeitmahl, da kommen oft geflogen
  Des künstlichen Papiers bis vier und zwanzig Bogen:
Ein schöner Vorrath traun! besonders zu der Zeit,
  Wenn etwa Heu und Stroh nicht gar zu wohl gedeiht. Rachel.

Zuweilen wird die Jronie sehr heftig, und bekömmt alsdann den Namen Sarkasmus oder Diasyrmus; nachdem sie nämlich gegen Todte, oder Lebendige ihren beißenden Hohn ausstößt. Z. E. Opitz spottet des Glückes, im Absehen auf die Standhaftigkeit des Ulysses, dergestalt:

Du kannst, Fortune! ja den werthen Helden zwingen,
  Hinab ins tiefe Meer, bis an den Hals, zu springen:
Du kannst ja wider ihn vermischen Luft und Flut,
  Kannst fodern, wenn du willst, sein Leben, Gut und Blut!
                                                        Daß

Daß aber er vor dir die Knie auch solle beugen,
Viel weinen, kläglich thun, sich wie ein Weib bezeigen,
Sein Leben, seine Zeit verdammen für und für,
Sein Herze lassen gehn; das stehet nicht bey dir!

Hieher gehört auch die spöttische Wiederholung der Worte
seines Gegners, die sonst Mimesis, oder das Nachspotten
genennet wird. Z. E. In des Sophokles Antigone spricht
Kreon mit seinem Sohne Hämon, nach Opitzens Uebersetzung:

Kreon.

Und ist denn dieß nicht recht, wenn ich mein Reich will ehren?

Hämon.

Schön ehren! denn du greiffst der Götter Ehr itzt an.

Und bald darauf:

Kreon.

Willst du durch Drohen mich noch mehr und mehr erherben?

Hämon.

Was Drohen? wo man Rath und That nicht will verstehn.

18. §. Das wären nun die hauptsächlichsten Gattungen
und Arten, der gewöhnlichen verblümten Redensarten, wodurch die poetische Schreibart, noch mehr als die ungebundne,
einen besondern Glanz und eine ausnehmende Schönheit bekömmt. Doch kann man leicht denken, daß dieselben, nach
Beschaffenheit der Materien und besondern Umstände, allerley
verschiedene Gestalten annehmen; so daß sie auch zuweilen ganz
eigene Namen bekommen. Der Witz der Dichter ist sehr
unterschieden, und seine Geburten sind es nicht minder. Hat
nun gleich ein Dichter in diesem Stücke eine etwas größere
Freyheit, als ein Redner, oder Geschichtschreiber; welche ihm
deswegen zukömmt, weil er gleichsam in einer Begeisterung,
oder aus Eingebung der Musen redet: so muß er doch die
gesunde Vernunft dabey niemals aus den Augen setzen.
Nicht alle verblümte Redensarten lauten in klugen Ohren
schön, und man kann zuweilen gar nicht sagen, warum die-

ſes

ses oder jenes so anstößig klingt. Darinn zeiget sich aber
hauptsächlich der gute Geschmack eines Poeten, daß er eine
geschickte Wahl unter den poetischen Ausdrückungen zu treffen weis, die ihm seine erhitzte Einbildungskraft an die
Hand giebt. Man kann auch nicht eine jede verblümte Re-
bensart in allen Gattungen der Gedichte brauchen. Was
im Schäfergedichte schön ist, das schickt sich in ein Heldengedicht nicht: und was in einer erhabnen Ode ungemein klinget, das wird für Satiren, Briefe und Elegien viel zu
prächtig seyn. Die tragische Schreibart geht fast immer auf
Stelzen, d. i. sie redet fast durchgehends verblümt: die komische hergegen geht barfuß, ich meyne, sie braucht die gemeine
Sprache der Bürger; doch nach Beschaffenheit ihrer beson-
deren Charactere. Alle diese allgemeine Regeln werden in
dem andern Theile weitläuftiger ausgeführt vorkommen.

19. §. Nichts aber ist bey der verblümten Schreibart
mehr zu vermeiden, als die Dunkelheit. Gewisse Leute verstecken sich in ihren Metaphoren so tief, daß sie endlich selbst
nicht wissen, was sie sagen wollen. Man sieht alle ihre
Gedanken nur durch einen dicken Staub oder Nebel. Der
klärste Satz wird durch ihren poetischen Ausdruck verfinstert:
da doch der Gebrauch verblümter Reden die Sachen weit
lebhafter vorstellen, und empfindlicher machen sollte. Nicht
nur im vorigen Jahrhunderte hat die marinische Schule den
dunkeln Wust in die Dichtkunst gebracht; sondern auch itzo
will uns die miltonische Secte von neuem überreden: Nichts
sey schön, als was man kaum verstehen, oder doch mit vielem Nachsinnen und Kopfbrechen kaum errathen kann. Es
ist wahr, daß Unverständige zuweilen eine so blendende Schreibart destomehr bewundern, je weniger sie dieselbe verstehen:
allein Kenner gehen auf den Kern der Gedanken; und wenn
derselbe gar nicht, oder doch kaum zu errathen ist, so schmeißen
sie ein solch Gedicht beyseite. Sonderlich thun sie dieses,
wenn gar über den schwülstigen Ausdrückungen, die Sprache
Noth leidet, welches oft zu geschehen pfleget. Denn manchen vermeynten schönen Gedanken anzubringen, nehmen
sich

Ich die Herren Poeten die größten Freyheiten, wider alle Regeln der Sprachkunst, und einer reinen Mundart. Ja was ohne Sprachfehler gesagt, was gemeines gewesen wäre, das dünkt ihnen ein neuer und schöner Gedanken zu seyn, so bald es in einen Schnitzer verkleidet ist. Ich schließe daher diese Regel mit des Boileau Worten. Art. Poet. Ch. I.

Il est certains Esprits, dont les sombres Pensées
Sont d'un Nuage épais toujours embarassées;
Le Iour de la Raison ne les sauroit percer:
Avant donc que de ecrire, aprenez à penser!
Selon que notre Idée, est plus ou moins obscure,
L' Expression la suit ou moins nette, ou plus pure.
Ce que l'on conçoit bien s'enonce clairement,
Et les Mots, pour le dire, arrivent aisément.

20. §. Auf die Menge verblümter Redensarten, und die ungeschickte Vermischung derselben in einer Schrift, kömmt hauptsächlich derjenige Fehler der poetischen Schreibart an, den man das Phöbus oder den Schwulst zu nennen pflegt. Die Franzosen haben diesen Namen einer schwülstigen Art des Ausdruckes, so viel mir wissend ist, zuerst beygeleget, und die Engelländer nennen dieselbe Bombast. Es scheint die Benennung der erstern ihren Ursprung hauptsächlich von dem Misbrauche zu haben, vermöge dessen manche Poeten, auch bey den schlechtesten Dingen, die Vergleichungen von der Sonne herzunehmen pflegen. Der scharfsinnige Bayle hat diese böse Gewohnheit in seinen Briefen * sehr sinnreich durchgezogen. Er merkt aus der Historie von der Stiftung der königlichen großbrittannischen Societät der Wissenschaften an: daß man daselbst von der Arbeit ihrer Mitglieder in der Naturwissenschaft, auch den Rednern und Dichtern den Vortheil versprochen, daß sie künftig auch von den Pflanzen und Mineralien ihre Vergleichungen würden hernehmen können; und daß die Sonne endlich zur Ruhe kommen würde, nachdem sie allein, in den Gleichnissen so viel hätte ausstehen müs-

S 4 sen.

* T. I. p. 32. 33. 34.

fen. Allein er setzet hinzu, dieses sey eben nicht zu hoffen, und die Sonne würde, deſſen ungeachtet, wohl die große Vorrathskammer der Gleichniſſe bleiben. Die Poeten und alle Urheber verliebter Seufzer würden lieber ſterben, als in dieſem Stücke ihre Gewohnheit ändern wollen. Dieſes wäre nun einmal das Schickſal dieſes ſchönen Geſtirnes, daß man allerley Arten der Leute auf ſeine Unkoſten lobete: ſo gar, daß auch wohl übelberüchtigte Buhlerinnen ein Verlangen darnach trügen. Davon führet er aus dem **Theophile** ein Sinngedichte an:

> Cette Femme, qui m'importune,
> Veut, qu'on la compare au Soleil:
> Il eſt commun, elle eſt commune,
> C'eſt tout ce, qu'ils ont de pareil:

21. §. Mit dieſem Fehler der hochtrabenden Schreibart iſt das von vorerwähnten Nationen ſogenannte **Galimatias**, oder **Nonſenſe** ſehr nahe verwandt: welches nichts anders iſt, als eine ungereimte und unverſtändliche Vermiſchung widereinanderlaufender verblümter Redensarten; aus welchen es zuweilen unmöglich iſt, einen Verſtand herauszubringen. Von unſern Deutſchen hat, wie mich dünket, **Chriſtian Gryphius** zuerſt den Uebelſtand dieſes Fehlers an unſern Poeten, ſonderlich ſeinen eigenen Landesleuten, **Hofmannswaldauen** und **Lohenſteinen** wahrgenommen; und die Quellen deſſelben in der Nachäffung der Italiäner' und Spanier gefunden. * **Gryphius** unterſcheidet aber hier mit großem Verſtande die alten Italiäner von den neuern, und dieſe von den Franzoſen. **Petrarcha** iſt bey dem guten Geſchmacke der alten Römer und Griechen geblieben; und ihn

---

* Ich weis wohl, ſchreibt er, daß viele unſrer Landsleute den heutigen Wälſchen und Spaniern unzeitig nachäffen; und ſich mit ihren nicht ſelten merklich abſchießenden Farben ausputzen. Wenn aber die ehrlichen Leute ja nicht, wie es doch wohl ſeyn ſollt, bey den alten Griechen und Römern in die Schule gehen, und von ihnen etwas lernen möchten: ſo würde es doch zum wenigſten gar wohl gethan ſeyn, wenn ſie die reine und doch zugleich hohe Schreibart, derer ſich die Wälſchen im vergangenen Jahrhunderte, und noch itzt die Franzoſen bedienen, etwas mehr in

ihn hat sich **Opitz** unter andern zum Muster genommen.
Tasso und **Guarini** hielten sich noch ziemlich auf der alten
Spur; und ob sie wohl schon viel von ihren Concetti oder
gleißendem Flittergolde einstreueten: * so blieb doch das
meiste in ihren Gedichten gut und untadelich. **Ariost** aber
und **Marino** sind von der guten Art ganz und gar abgewichen: wie nicht nur **Bouhours** in seiner Maniere de
bien penser dans les Ouvrages d'Esprit in vielen Exempeln
gewiesen; sondern auch **Crescimbeni** in seiner Historia della
volgar Poesia im II. Bande ausführlich dargethan hat.
Diese marinische Schule nun hat auch in unserm Vaterlande
viel Anhänger gefunden, noch ehe **Brockes** den Kinder-
mord übersetzet hat; und das hat **Gryphius** in der angezogenen Stelle schon bedauret.

22. §. Doch auch aus den Spaniern ist dieses Verderben
einigermaßen herzuleiten: so, wie schon in Rom, durch den
Lucan und **Seneca**, der gute Geschmack des güldnen Alters sich verderbet hat. **Gracian** ist im vorigen Jahrhunderte durch die hochtrabende Art seiner Schriften ein solcher
Verführer der witzigen Köpfe geworden. Denn ob er gleich
nur in ungebundener Rede geschrieben, so hat er doch in seinen
Schriften, z. E. in dem Criticon, einen ausschweifendern
Witz bewiesen, als unzählige Dichter gehabt haben. Daß
Lohenstein einen besondern Geschmack an demselben gefunden, zeiget der staatskluge Ferdinand desselben: den er
ins Deutsche übersetzet, und in seinen übrigen Schriften
nachgeahmet hat. Will man ein Exempel von seiner Art
haben, so lese man nur das Gedicht auf den Tod And.
Gryphii, von der Höhe des menschlichen Geistes: darinn
er fast allen seinen Witz und alle seine Einbildungskraft ver-

S 5   schwen-

---

acht nahmen; und vielmehr den rechten Verstand einer Sache, als zwar
köstlich lautende, aber vielmals wenig
oder nichts bedeutende Worte, und
den hieraus entspringenden Mischmasch, welchen man in Frankreich
Galimatias und Phöbus zu heißen
pflegt, beliebten.

* Siehe des Herrn von St. Evremond Lustspiel Sir Politick would
be, nach, wo er einen italienischen
Abt in lauter solchen Concetti, oder
spitzfindigen Einfällen redend einführet, und dadurch diese Schreibart zum
Gelächter machet.

schwendet hat. Doch ein paar Strophen sollen uns zur
Probe dienen, wie diese Schreibart aussieht. So hebt
er an:,

Wohin hat sich der Geist der Menschen nicht geschwungen,
　Die kleine Welt reicht hin, wie weit die große gränzt:
Denn ist der spröde Leib gleich nur von Dohn entsprungen,
　So sieht man doch, daß Gott aus diesen Schlacken glänzt;
Daß itzt was himmlisches beseele das Gehirne,
Der Ursprung sey von Gott, das Wesen vom Gestirne.

Die Sonne der Vernunft, das Auge des Gemüthes
　Macht uns zu Herrn der Welt, zu Meistern der Natur.
Der Panther dämpft für ihr das Schäumen des Geblüthes,
　Sie nimmt der Schlang ihr Gift, durch einen kräftgen Schwur.
Sie lehrt uns Drachen kirrn, und auf den Löwen reiten,
Die Adler übereiln, und Crokodilln bestreiten.

Er müht sich Gottes Werk und Wunder nachzuäffen,
　Es theilt em Dädalus mit Flügeln, Luft und Wind;
Bachan kann in der Luft Gewölk und Regen schaffen:
　Albert ein redend Haupt, Camill ein lechzend Kind.
Archytas lehrt aus Holz geschnitzte Tauben fliegen,
Und Bertholds Büchse will für Blitz und Donner siegen.
Die Elemente selbst sind Mägde des Verstandes rc.

23. §. Dieß ist nun ein rechtes Meisterstück, durcheinander gewirrter Metaphoren und anderer übelausgesonnener,
verblümter Ausdrückungen; kurz, ein rechtes Galimatias,
mit etlichen Phöbus durchflochten. Nichts destoweniger hat
sich unser Vaterland, eine geraume Zeit her, in dergleichen
gefirnißte Verse aufs äußerste verliebt gehabt: und man hat
keinen für einen Poeten halten wollen, der nicht diese hochtrabende Sprache reden können; die doch oft weder der
Verfasser, noch seine Leser, mit allen ihren Sinnen haben
erreichen können. Ein rechter Held aus der lohensteinischen
Schule, war auch in meinem Vaterlande, nur vor wenigen
Jahren noch, der seiner Musik wegen berühmte Kapell-
meister Neidhard, ein gebohrner Schlesier, der durch seine
übersteigende Schreibart unzählige Leute eingenommen, und
viel junge Leute verführet hatte; wie ich schon oben angemerket

merket habe. Es kann nicht schaden, eine Probe davon hieher zu setzen, die mehr als irgend etwas einen Abscheu davor erwecken kann. Dieß Gedicht ist 1710. auf D. Wenzeln gemacht, und hebt an:

Der Witz des Alterthums, aus dessen reicher Pracht,
Die jüngern Gold und Bley zu Doctoringen stehlen,
    Hat auch aus weiser Kluft den Ring herausgebracht,
Den Ruhm der Sterblichen der Nachwelt zu vermählen.
Man wusch den todten Leib in einer Balsamsee,
Und meynte so den Zahn der Fäulniß zu zerreiben:
Man wollte That und Lob den Steinen einverleiben,
    Und thürmte deren Rumpf fast an die Wolkenhöh.
Die meisten spitzten sich den Griffel kluger Schriften,
Den Todterblaßten Ruhm, sich selbsten Dank zu stiften.

Doch weil der Glieder Bau, des Marmors Silber-Grieß,
Der Blätter leichten Zeug die Zeiten niederlegen:
    So suchte man dabey, Held, Waffen, Schild und Spieß
Der hellsaphirnen Burg des Himmels einzuprägen.
Drum schimmert Herkules, Alkmenens Götterkind,
In einer Heldentracht von acht und zwanzig Sternen;
Und lässet auch ein Kind aus seinen Stralen lernen,
    Daß Klug- und Kühnheit Gold, zu Ehrenkleidern spinne.
So wird sein Ehrenruf bey heitrer Nacht verjünget,
So oft sich Tellus Ball um seinen Kreispunct schwinget rc.

So ist nun das ganze ziemlich lange Gedicht mit unendlich vielen weitgesuchten und übereinander gehäuften Metaphoren und Allegorien durchwirket und vollgestopfet, daß es bloß um der Seltenheit halber, werth wäre, wieder aufgelegt zu werden.

24. §. Damit es meiner Abhandlung aber doch nicht an allen Exempeln von neuern Blümchen fehlen möge: so will ich dieselben aus einem neuern, zu Altdorf, nur im 1727. Jahre gedruckten Bogen entlehnen; weil ich in demselben alles beysammen finde, was ich sonst mit vieler Mühe würde zusammen suchen müssen. Folgende Redensarten nun, halte ich für lauter Phöbus, wenn der Poet schreibt: Titans frohes Licht strale mit neuen Blitzen, und mache die sapphir-

ne Burg zu Hiacinthen. Ein Trauriger heißt ihm ein
ſolcher, der Aegyptens finſtre Nacht, ſtatt Goſens
Sonne küſſet. Die Lilie lacht mit reinſtem Silber;
ihr bemikhter Thron macht die Perlen ſchamroth,
und ihr Atlaß ſinkt ins Verweſungsreich. Auf den
Blättern der Blumenköniginn, die von Cytherens
Blut den Urſprung haben ſoll, blühet Rubin und
Purpur. Die klare Luft ſchneyt ambrirte Perlen.
Man ſoll uns einſt in Edens güldnen Auen, mit
buntgefärbtem Pracht, als helle Sterne ſchauen.
u. d. m. Das Galimatias will ich aus dem Schluſſe dieſes Gedichtes hernehmen, und da es Gryphius gar wohl
ein Miſchmaſch genennet hat: ſo will ich einen jeden fragen,
ob man wohl mehr verſchiedene Dinge in 16 Zeilen hätte
durcheinander mengen, oder dem Scheine nach mit einander
reimen können, als dieſer Poet wirklich gethan hat? Denn
da finde ich Kanaan, güldne Blumen, Titans Stralen,
der Thetis Wellen, Wetter, Orcan, Purpur, Regen-
güſſe, Schmuck, Lenz, Sonne, ſchmaragdne Felder, Perlenwaſſer, Schnee und Eis, holde Blumen, Roſenblut,
Froſt, Dornen, bittre Aloe, der Myrrhen herbes Pech,
oder Coloquinten, das gelobte Land des Himmels, Neſ-
ſeln, die Sternenhöhe, Zuckerbrodt, Ambroſin, Nectar,
diamantne Auen, Honigſeim und Alicant: ja damit nichts
vergeſſen würde, ſo kommt zuletzt auch Ambra und Zibeth noch nach. Wir müſſen nunmehr die Stelle ſelbſt
ſehen. An falſchen Reimen nach der harten fränkiſchen
Mundart fehlet es auch nicht.

Hier iſt das Kanaan, das güldne Blumen trägt,
Wo Titans Stralen nie in Thetis Wellen ſteigen.
Kein Wetter, kein Orcan darf ihren Purpur bleichen,
Hier iſt kein Regenguß, der ihren Schmuck zerſchlägt.
Hier iſt kein ſolcher Lenz, der bald die Sonne zeigt,
Und das ſchmaragdne Feld mit Perlenwaſſer tränket;
Bald aber Schnee und Eis ſtatt holder Blumen ſchenket,
Hier wird der Roſen Blut durch keinen Froſt gebleicht.

Von

Von Dornen weis man nichts; die bittre Aloe,
Der Myrrhen herbes Pech, die öden Coloquinten,
Sind im gelobten Land des Himmels nicht zu finden,
– Die Nesseln sind verbannt von dieser Sternenhöh.
Hier ist nur Zuckerbrodt und süßer Ambrosin,
Der Nectar fließet hier durch diamantne Auen;
Hier ist nur Honigseim und Alicant zu schauen,
Weil Ambra und Zibeth die Blumen überziehn.

25. §. Man glaube nicht, daß diese lohensteinische Schule
bey uns ausgestorben: sie hat sich nur in eine andre Gestalt
verwandelt. Die Alpen haben ihr ein neues Haupt geliefert,
und unter dessen Schutz und Schirm, glauben sie berechtiget
zu seyn, noch ärgere Ungereimtheiten auszuhecken. Vor
kurzem, daß ich nur eins von vielen nenne, hat man uns
zu Berlin einen **Frühling** geliefert, den man mit großem
Geschrey in Zürch nachdrucken lassen: ob er gleich allen Un-
sinn verdoppelt, den die Zürcher Maler sonst am **Lohenstein**
und **Neukirch** verworfen hatten. Und was könnte man
nicht aus dem Messias hier für Proben anführen? Doch ich
traue es der gesunden Vernunft unsrer Deutschen zu, daß sie
bald wieder aufwachen wird. Das beste Mittel wider diesen schwülstigen Geist, ist das Lesen der alten Lateiner und
der neuern Franzosen. Wer sich die Schönheiten des
Terenz, Virgils, Horaz und **Juvenals,** bekannt und
geläufig gemacht hat; wer den **Boileau, Racine, Cor-**
neille und **Moliere** mit Verstande gelesen, und ihre natürliche Schönheit der Gedanken kennen gelernet; wer endlich den **Longin** vom Erhabenen, den **Bouhours** von
der Art in sinnreichen Schriften wohl zu denken, den **We-**
renfels, (de meteoris orationis) des **Pope** Art of Criticism, den Harlequim-Horace, und den deutschen **Anti-**
longin mit Bedacht gelesen hat; der wird gewiß unmöglich
auf eine so seltsame Art des poetischen Ausdruckes verfallen: gesetzt, daß er noch so erhaben zu schreiben gesonnen
wäre.

Das

✣✣ ✣✣✣✣ ✣✣ ✣✣✣✣ ✣✣ ✣✣ ✣✣ ✣✣ ✣✣ ✣✣ ✣✣ ✣✣ ✣✣ ✣✣ ✣✣ ✣✣ ✣✣ ✣✣

Das IX. Hauptſtück.
Von poetiſchen Perioden und
ihren Zierrathen.

1. §.

Eine Periode überhaupt iſt eine kurze Rede, die einen,
oder etliche Gedanken in ſich ſchließt, und für ſich ſelbſt
einen völligen Verſtand hat. Ich nenne ſie eine kurze
Rede, um dadurch anzuzeigen, daß ſie ſich zu einer langen,
wie ein Theil zum Ganzen, verhält: denn aus vielen Perioden entſteht erſt eine gebundene oder ungebundene Schrift.
Zudem iſt die Kürze einer Periode eine beſondere gute Eigenſchaft derſelben, wie bald ſoll gewieſen werden. Ich ſage
ferner, daß eine Periode einen oder etliche Gedanken in ſich
ſchließe; um dadurch die einfachen Perioden von den Zuſam-
mengeſetzten zu unterſcheiden. Jene beſtehen nur aus einem
einzigen Satze, darinn man von einer Sache etwas bejahet,
verneinet, bewundert, fraget, oder in Zweifel zieht. Dieſe
hergegen entſtehen aus der Verbindung etlicher ſolcher Sätze,
die ihrer Natur nach, mit einander zuſammen hängen; es ſey
nun, auf was für eine Art es wolle. Endlich fodre ich von
einer Periode, daß ſie einen völligen Verſtand haben ſolle:
damit das Gemüth am Ende derſelben einigermaßen befrie-
diget und ruhig ſeyn könne. Denn wenn an dem völligen
Sinne einer Rede etwas fehlet; ſo kann man noch nicht ſtille
ſtehen: ſondern die Gedanken eilen weiter, und wollen die
völlige Meynung der Rede faſſen; welches allezeit mit einiger Unruhe verknüpft iſt. Dieſe Unruhe nun, iſt dem Gemüthe eines Leſers oder Zuhörers allezeit unangenehm, und
daher ſehnt er ſich immer nach einer Befriedigung; die er
nicht anders, als beym Schluſſe eines Satzes erhält.

2. §. Die Poeten haben die Ehre, daß ſie die erſten Erfinder der Perioden ſind; und daß die Meiſter der ungebundnen

Schreib-

Schreibart ihnen die Kunst haben ablernen müssen. Wie man nämlich überhaupt eher in Versen, als in Prosa geschrieben hat: so ist auch die poetische Schreibart eher ins Geschick gebracht worden, als die prosaische. Die Poeten, Musäus, Orpheus und Linus, ja selbst Homer und Hesiodus haben lange vor dem Pherecydes gelebt: welcher zu allererst auf die Gedanken gekommen seyn soll, daß man auch ohne ein gewisses Sylbenmaaß schreiben könne. Und da man auch in diesen alten Dichtern, sonderlich im Homer, eine periodische Schreibart antrifft: so weis man hergegen unter den viel neuern prosaischen Scribenten den Isokrates zu nennen, der zu allererst in ungebundner Rede Perioden zu machen, angefangen. Cicero giebt uns in seinem dritten Buche vom Redner Nachricht davon. Die Stelle verdient, daß ich sie anführe: „Die Alten hielten dafür, man müsse in der unge„bundnen Rede auch Verse machen; das ist, ein gewisses wohl„klingendes Sylbenmaaß beobachten. Denn sie verlangten, „daß man nicht sowohl durch gewisse Zeichen der Abtheilung, „als vielmehr in der Rede selbst, durch die Worte und Sätze, „in gewissen Stellen einen Schluß machen solle; nicht zwar „unserer Müdigkeit, sondern dem Athemholen zu statten zu „kommen. Und das soll vornehmlich Isokrates aufgebracht „haben; damit er die ungeschickte Schreibart der Alten, der „Anmuth und des Gehöres wegen, zu einem Wohlklange „bringen möchte. Denn vermittelst dieser zwey Stücke, „haben die Musikverständigen, welche vorzeiten mit den Poeten „einerley waren, den Vers und Gesang zur Belustigung „ausgekünstelt: damit sie sowohl durch das Sylbenmaaß, „als durch die Stimme, belustigen, und dem Ekel der „Ohren zuvor kommen möchten. Diese beyden Stücke nun, „ich meyne den Wechsel der Stimme, und die Abtheilung „der Rede, in geschlossene Sätze, haben sie, so viel es sich „hat thun lassen, aus der Poesie, auch in die Beredsamkeit „einzuführen, für rathsam gehalten.

3.§. Wir sehen aus dieser Stelle das innerste Wesen der Perioden, und begreifen zugleich, wie die ersten Dichter auf

diese

diese Erfindung gekommen sind. Sie suchten das Ohr zu
vergnügen, und den Leuten beym Anhören ihrer Gedichte
keinen Ueberdruß zu erwecken. Dahin gehörte nun eine
wohlklingende Rede, die in einem Athem ausgesprochen,
und doch wohl verstanden werden konnte. Sie maßen also
alle ihre Zeiten ab, brachten das Sylbenmaaß darinnen
auf, und schlossen, so viel möglich war, jeden Gedanken in
einen, zween oder drey Verse; so viel man nämlich in einem
Athem bequem aussprechen konnte. Daher entstunden nun
die poetischen Perioden. Ein Exempel macht die Sache
deutlich. Simon Dach schreibt auf eines liefländischen
Herzogs mit einer brandenburgischen Prinzeßin Beylager
1643.

Ich bin so fremde nicht in meinem Vaterlande,
Dem, der nur etwas hält von Tugend und Verstande.
Mein Churfürst, sagt man mir durch gründlichen Bericht,
Erkennt, ob ich ein Lied geschrieben, oder nicht?
So kundig bin ich ihm!

Hier sieht ein jeder, daß in diesen fünftehalb Zeilen der Verstand sich dreymal schließt. Erst machen zwey und zwey
Zeilen einen völligen Satz aus: hernach ist eine halbe Zeile
ein ganzer Satz; der sich zwar auf das vorhergehende bezieht,
aber doch für sich verstanden werden kann. Noch eins aus
demselben Gedichte.

    Mir dringet längst zu Ohren,
Ja auch ins Herze selbst, der süßen Sänger Schall.
Ich höre längst von fern die Heerpauk und den Hall
Der zwölf Trompeten gehn. Vor Freuden seh ich springen
Die Bergstadt Ottokars, und alles wieder klingen.
Der reiche Pregel reckt sein nasses Haupt empor,
Horcht, was da sey, und läuft geschwinder, als zuvor,
Dem frischen Hafe zu.

Hier sieht man wieder, daß der Verstand dieser acht Zeilen
sich viermal geschlossen hat, nämlich da, wo die Puncte stehen. Und folglich besteht dieses Stück aus vier Perioden.

4. §. Will man dagegen sehen, wie ein Vers aussieht,
darinn keine Perioden sind: so darf ich nur ein Stück aus

einem

einem alten Meistersänger anführen. Z. E. Der alte Uebersetzer Homers, Joh. Spreng, erzählt im Anfange des ersten
Buches, wie der Priester Chryses seine Tochter wiederge-
fordert habe.

Dann dieser Priester lobesam
Bald für die Schiff der Griechen kam,
Und wollt sein liebe Tochter haben,
Dieselb erledigen mit Gaben,
Bracht deren gar ein große Zahl
Für die Kriegsobersten zumal,
Von Gold und Silber auch ein Kron
Apollinis, des Gottes fron,
Ein' gülden Zepter in der Hand,
Ersucht die Griechen mit Verstand,
Fürnemlich Agamemnonem
Und Menelaum ganz bequem
Die beyden König hochgebohrn,
Des Atrei Söhn auserkohrn,
Als hochverständig und großmüthig,
Fing an und sprach mit Worten gütig:
Ihr beyde Fürsten hochgedacht,
Und auch der Griechen große Macht rc.

Ich müßte noch ganze Seiten ausschreiben, wenn ich hier
ein Ende finden wollte: so gar hängt alles an einander, daß
man nirgends stille halten oder aufhören kann. Es hat aber
auch unter neuern Poeten Leute gegeben, die nicht anders
geschrieben haben, als ob die Periode in Versen zu den ver-
bothenen Künsten gehörte. Sonderlich in den ungemischten
alexandrinischen Versen halten es einige, z. E. Amaranthes,
oder Corvinus u. a. m. nicht nur für erlaubt, sondern
wohl gar für eine Schönheit: wenn sie alles aneinander hängen, und wohl dreyßig ja vierzig lange Zeilen wegschreiben,
darinn man nirgend still stehen kann; wo man nicht durch
das Athemholen den Zusammenhang der Worte und Gedanken unterbrechen will.

5. §. Eine solche Schreibart nun, ist in ungebundner Rede
schon verwerflich; vielweniger wird sie sich für einen guten
Poeten schicken, der noch körnichter, nachdrücklicher und kräf-

Crit. Dichtk.   T   tiger

tiger schreiben soll, als ein Redner. Die große Weitläuftigkeit ist ein Zeichen schlecht verdaueter Gedanken, und übel-
gefaßter Ausdrückungen. Sie macht die deutlichste Sache
dunkel, und den besten Leser matt und müde. Seine Gedanken werden mit gar zu vielen Dingen überhäufet; und
wenn er hoffet, daß ihm die folgende Zeile den völligen Sinn
des Satzes entdecken werde: so wird er von neuem, aus.
einem Labyrinthe in den andern gestürzet, daraus er nicht
eher, als nach unzähligen Umschweifen den Ausgang finden
kann. Wenn man dann endlich an einen Ruhepunct gekommen ist, so weis man selbst nicht mehr, was man im
Anfange gelesen hat: so gar ist man, durch die Verwirrung
unzählicher Gedanken und Ausdrückungen, überhäufet worden. Auch Günther hat zuweilen seiner Einbildungskraft,
etwas zu sehr den Lauf gelassen, z. E. wenn er so schreibt:

Der bettelt geht und kömmt, und kann vor Angst nicht ruhn,
Bis daß ich Flavien erbärmlich vorgeleyert;
Wie, da sie gestern spät das Sonntagszinn gescheuert,
Ihr aufgstreifter Arm die Schwanenhaut entbloßt,
Und ihm dadurch die Milch der Hoffnung eingeflößt,
Daher in seiner Brust ein neuer Aetna brennte,
Dem auch ihr Schüsselfaß die Glut nicht löschen könnte.

Doch könnte es auch wohl seyn, daß er diese Stelle mit Fleiß,
und satirischer Weise so matt und weitschweifig gemacht hätte,
als ob er den Canzleystil nachahmen wollte.

6. §. Wiewohl nun dergestalt die Deutlichkeit eine
Haupttugend poetischer Perioden ist; diese aber nicht leicht
ohne eine beliebte Kürze erhalten werden kann: so will man
dadurch noch nicht alle weitläuftige Sätze in Versen verworfen haben. Es giebt freylich zuweilen lange Peeioden, die
eine Menge kleiner Abtheilungen haben. Weil sie aber alle
einander ähnlich sind, und an und für sich selbst verstanden
werden können; so entsteht keine Dunkelheit in der ganzen
Rede daraus. Z. E. wenn Neukirch in dem schönen Lobgedichte auf die Königinn in Preußen, Sophien Charlotten,
ihre Eigenschaften ins Kurze fassen will; so macht er eine
Periode

Periode von acht Zeilen, die aber aus ſo kurzen und ähnlichen Theilen beſteht, daß ſie ganz deutlich bleibt.

> Charlott! ach kann ich auch dieß große Wort noch ſprechen?
> Charlotte liegt erblaßt! und unſre Augen brechen
> Zugleich vor kalter Angſt. Wir ſehen nichts, als Nacht;
> Und gleichwohl ſehen wir Europens Zierd und Pracht,
> Des größten Helden Luſt, der Damen Preis und Krone,
> Das mütterliche Haupt von einem Königsſohne,
> Minervens Ebenbild, der keuſchen Liebe Sitz,
> Und alles, was jemals Natur, Verſtand und Witz
> Nur herrliches gezeugt, nur ſchönes kann erdenken,
> Ins Haus, ins ſchwarze Haus der bleichen Schaar verſenken.

Man hat alſo ſonderlich darauf zu ſehen, daß in dergleichen
langen Sätzen die Theile nicht nur an ſich ſelbſt deutlich,
ſondern auch unter einander ähnlich ſeyn mögen. Denn
dieſe Aehnlichkeit macht, daß man die vorigen Stücke bey
dem folgenden nicht aus dem Sinne verliert, und bey dem
letzten nicht anders denkt, als ob nur eine einzige Eigenſchaft,
Bedingung, Urſache, Vergleichung oder Folgerung vorhanden geweſen wäre.

7. §. Die andere gute Eigenſchaft einer Periode iſt, wenn
darinnen die ordentliche Wortfügung unſrer Mutterſprache
eben ſowohl, als in ungebundner Rede, beobachtet wird.
Dieſe Regel iſt ſeit Opitzens Zeiten bey unſrer Nation für
bekannt angenommen worden: und es haben ſie ſo gar diejenigen nicht verworfen, die doch in ihren Schriften vielfältig
darwider verſtoßen haben. Sie entſchuldigen ſich allenfalls
mit der poetiſchen Freyheit, der ſie ſich doch durch den, der
obigen Regel gegebenen Beyfall, begeben hatten: oder ſie
meynen doch, um eines guten Gedankens halber, ſtehe es
ihnen frey, die Sprache zu verſtümmeln. Einige aber meynen gar, es beſtehe die Schönheit der poetiſchen Schreibart in
ſolchen Verkehrungen der Wörter; indem man ſich dadurch
von der proſaiſchen Rede ſehr entfernen könnte. Siehe die
Vorrede zu dem zürcheriſchen Milton. Bey den alten Lateinern und Griechen hat man ſich in dieſem Stücke ſo ſehr

nicht

nicht binden dörfen, und insgemein hält man dafür: es wäre
ihren Poeten eine jede Verſetzung der Wörter und Redensarten gleichgültig geweſen.　Allein ich habe bisher noch keinen Beweis davon zulänglich befunden.　In Ariſtotels
Poetik c. 23. finde ich, daß ein damaliger Geſchichtſchreiber,
Ariphrades, die Verſetzung der Wörter an den tragiſchen
Poeten getadelt; unter andern, wenn ſie das Vorwort nach
ſeinem Nennworte geſtellet: Z. E. δωμάτων ἀπὸ, domo ex,
an ſtatt ex domo.　Wiewohl nun Ariſtoteles, aus gar zu
großer Gelindigkeit, hier die Vertheidigung der Poeten über
ſich nimmt; und ſie gar deswegen lobet, daß ſie von der
gemeinen Art zu reden abgewichen: ſo ſchließe ich doch daraus, daß es in der griechiſchen Sprache nicht gleichviel geweſen, wie man die Wörter geordnet; und daß auch bey
ihnen, ein zartes Ohr von einem guten Poeten gefordert habe,
bey der natürlichen Wortfügung zu bleiben.

　　8. §. Von den Lateinern iſt es eben ſo gewiß, daß man
nicht alle mögliche Verſetzungen bey den Poeten habe dulden
können.　Z. E. der Vers Virgils:

Arma virumque cano, Trojæ qui primus ab oris
Italiam, fato profugus, Lavinaque venit
Littora &c.

hätte gar leicht auch folgendergeſtalt ins Sylbenmaaß gebracht werden können:

Arma virumque cano, profugus qui primus ab oris
Italiam Trojæ venit, Lavinaque fato
Littora.

Doch glaube ich, daß dem Virgil und allen Römern, über
einer ſo ſeltſamen Verſetzung der Wörter, die Ohren würden
weh gethan haben.　Und doch iſt es leicht möglich, noch eine
weit ärgere Unordnung in dieſe Wörter zu bringen, dabey
endlich der ganze Verſtand der Zeilen verſchwinden würde.
Zum Exempel:

　　　　　　　　　　　　　　　　　　　Arma

Arma cano primus Trojæ Lavina virumque
Italiam profugus qui Littora venit ab oris
Fato.

Oder so:

Arma cano Trojæ, profugus qui Littora venit,
Italiam Lavina virumque primus ab oris
Fato.

Es ist daher wohl gewiß, daß in lateinischen Poesien eben
so wohl die gewöhnliche Ordnung der ungebundnen Rede hat
beobachtet werden müssen, als im Deutschen. Und wenn
sich ja die Poeten, aus Noth, zuweilen eine Freyheit herausgenommen, so ist es an ihnen mehr geduldet, als gelobet
worden. Man kann hiernach in den Parrhasianen dasjenige prüfen, was Clericus in den Gedanken von der Poesie
geschrieben hat. S. der krit. Beyträge B. a. d. u. f. S.

9. §. Bey den Franzosen hat Pater Cerceau, in einem besondern Tractate, zu behaupten gesucht: das Wesen der poetischen Schreibart bestünde in einer bloßen Versetzung der
Wörter. Er führet aus ihren besten Poeten die Stellen an,
die bloß darum edel und poetisch klingen; weil man wider die
gemeine Art das hinterste vorn, und das vorderste hinten gesetzet hat. Nun weis ich zwar, was ihm der Pater Buffier
in seiner neuen Anleitung zur Poesie drauf geantwortet hat:
nichts destoweniger aber scheint er so ganz unrecht nicht zu
haben. Denn einmal ist es gewiß, daß die französischen Poeten
sich vieler solcher Versetzungen bedienen, die kein prosaischer
Scribent bey ihnen brauchet; welches sie eben den Anfängern so dunkel macht. Zweytens ist es auch gewiß, daß eine
Zeile ein ganz neues Ansehen bekömmt, so bald eine etwas
ungewöhnlichere Ordnung in die Redensarten gebracht worden; welches ich bald mit deutschen Exempeln behaupten will.
Darinn aber kann ich ihm nicht beyfallen, wenn er die verblümten Redensarten für nichts poetisches ansehen will: da
doch der häufige Gebrauch derselben, selbst in Fenelons Telemach, die Schreibart viel zu edel macht, als daß es eine pro-

T 3   saische

ſaiſche heißen ſollte. Die Kunſtrichter haben vorlängſt die reichen Beſchreibungen im Curtius, und gewiſſe verwegene Metaphoren im Florus, für einen poetiſchen Ausdruck ausgegeben; obgleich dieſelben nicht in Verſen abgefaſſet geweſen. Und Quintilian im VI. Kapitel ſeines VIII. Buchs geſteht ausdrücklich, daß die Poeten mehr Freyheiten in verblümten Redensarten hätten, als andere Scribenten.

10. §. Ich bleibe alſo fürs erſte bey unſerer alten Regel, und ſage, ein Poet müſſe eben die Wortfügung beybehalten, die in ungebundner Rede gewöhnlich, oder doch zum wenigſten erlaubt iſt. Z. E.

> Der ſchwarze Schäfer ſteht bey einer hohen Linden,
> Gelehnet auf den Stab, und ſchneidet in die Rinden
> Der Liebſten Namen ein. Bald ſchwingt er in die Höh
> Ein treues Hirtenlied von ſeiner Galathee.
>
> Opitz von A. des Gem.

Hier ſieht ein jeder wohl die Verſetzungen der Worte, die man in ungebundner Rede nicht gemacht haben würde. In der andern Zeile würde ich geſagt haben: Auf ſeinen Stab gelehnt, und ſchneidet der Liebſten Namen in die Rinden ein. Bald ſchwingt er ein treues Hirtenlied, von ſeiner Galathee, in die Höhe. Wer nun die obige Regel in aller ihrer Schärfe annimmt, der muß den angeführten Vers ganz verwerfen. Eben ſo wird es mit der folgenden Stelle gehen:

> Er darf ſein Hütlein nicht ſtets in der Hand behalten,
> Wenn er nach Hofe kömmt, und vor der Thür erkalten;
> Eh, als er Audienz (Verhör iſt viel zu ſchlecht)
> Zuwege bringen kann, und ungerechtes Recht. v
>
> Ebendaſelbſt.

Hier ſieht man wiederum, daß in ungebundener Rede faſt alles anders ſtehen müßte. „Wenn er nach Hofe kömmt, „würde ich geſagt haben, darf er ſein Hütlein nicht ſtets in „der Hand behalten und vor der Thüre erkalten, ehe er Au„dienz und ungerechtes Recht zuwege bringen kann.„ Allein meines Erachtens wären dieſe und dergleichen Verſetzungen

gen an einem Poeten noch wohl zu dulden; wenn ſie nur
niemals widriger klängen. Es giebt aber viel ärgere, die
man gar nicht leiden kann; weil ſie der Art unſerer Sprache
gar zu ſehr zuwider laufen. Z. E. Lohenſtein im Jbrahim
Sultan ſchreibt:

> Jch kann mehr den Geſtank der ſchwarzen Unzuchtkerzen
> Des Jbrahims vertragen nicht:
> Es muß ſich mein Cryſtall von ſeiner Bosheit ſchwärzen,
> Stambuldens Glanz verliern ihr Licht.

Und ſo geht es in unzählichen Stellen. Denn wie verkehrt
klingt brechen ab, ſchlingen ein, zünden an, ſprechen
zu, ſtreichen an, brennen an, tauſchen ein, und andre
Arten der Verſetzungen mehr, die in dem erſten Auftritte
dieſes Trauerſpiels zu finden ſind.

11. §. Eben dergleichen kann man faſt in allen unſern
Dichtern anmerken, die bis auf Chriſt. Weiſen geſchrieben
haben, auch ſo gar Hofmannswaldauen und Beſſern
nicht ausgenommen, die doch, ich weis nicht wie? ihrer
Reinigkeit halber in Ruff gekommen ſind. Dahin gehöret
auch das thun, welches die Alten ſo oft eingeflicket haben.
Z. E. Opitz von R. des Gem.

> Ein friſches Haſelhuhn,
> Nach dem die Bürger ſonſt die Finger lecken thun.

Dahin gehört die Trennung gewiſſer Wörter, durch eine anderes darzwiſchen geſchobenes: Z. E.

> Er wird mir auch verzeihen,
> Daß ich frey öffentlich, als Herold, aus darf ſchreyen ꝛc.
> Opitz.

Dahin gehört die Veränderung der Geſchlechter, da dem
Verſe zu gut, das weibliche ins männliche, oder beydes ins
ungewiſſe, verwandelt wird. Z. E. Opitz.

> An dem ein ſchönes Quell mit Rauſchen hin und wieder,
> Fleußt heller noch als Glas.

da es von Rechtswegen, eine ſchöne Quelle hätte heißen
ſollen: der letzten Zeile nicht zu gedenken, die, noch heller

fleußt,

fleußt, hätte lauten können. Dahin gehört auch die Ab-
kürzung gewiſſer Wörter. Z. E. Lohenſtein ſagt vom
Frauenzimmer:

Die keuſch = und kältſten brennen,
Wo Fürſtenblicke falln.

12. §. Dahin gehöret ferner die Ausdehnung einiger Wör-
ter, die bloß des Sylbenmaaßes halber zu geſchehen pflegt;
Z. E. Genade, Gelücke, Gelauben, Grabeſtein, abe, nichtes,
Großemutter ꝛc. Dahin gehöret auch die unnöthige Vor-
ſetzung einer Sylbe, vor ein ſonſt gewöhnliches Wort:
Z. E. Lohenſtein:

Deſſen Eid
Nichts minder ihn verknüpft, auf die Ergetzlichkeit
Des Sultans, als aufs Heil des Reiches vorzuſinnen.

Hier iſt das vor augenſcheinlich umſonſt angeflickt, und ändert die Bedeutung des Wortes eben ſo wenig, als in dem
Niederſächſiſchen vorfinden: welches nichts mehr, als finden heißt, und nur einen unnöthigen Zuſatz bekommen hat.
Hieher gehört endlich, wenn man forn eine Sylbe den Wörtern abreißt, z. E. raus vor heraus.

Der ſtreichet pralend raus, was ihm in nächſten Tagen,
Für reiche Töchter ſind zur Heirath angetragen. Kanitz.

Und vor dieſem ſo ungereimten Fehler hat ſich auch Günther,
der doch ſonſt ſo rein ſchreibt, als man es wünſchen kann,
nicht allezeit in acht genommen. Und wie viel rein für herein,
'rauf für herauf, 'rab für herab, nein für hinein, 'nauf,
'nab, 'nüber, 'nunter, 'rüber, 'runter, ꝛc. findet man
nicht bey einigen Neuern? die gewiß nicht bedenken, daß kein
Menſch in ungebundner Rede jemals ſo geſchrieben. Pflegt
gleich die Geſchwindigkeit im Reden die erſte Sylbe faſt zu
verbeißen, ſo iſt es darum doch im Schreiben nicht ſchön. Die
Nachläßigkeit der Ausländer, z. E. der Wälſchen, der Engländer und Holländer macht es nicht gut. Was in ihrer Sprache angeht, das ſchickt ſich darum für unſre nicht. Eben
dahin gehört auch das Wörtchen vor, welches einige, ſonderlich Schleſier, als Neukirch, Günther u. a. m. anſtatt
zuvor,

zuvor, oder vormals, zu brauchen pflegen: da ſie doch leichte ſonſt, vormals, oder vorhin, an ſeiner Stelle brauchen könnten.

13. §. Nun weis ich zwar, daß Ariſtoteles, in dem bereits angeführten Kapitel ſeiner Poetik, die Verlängerung und Verkürzung der Wörter, in der hohen poetiſchen Schreibart dulden, ja gar für eine Schönheit derſelben halten wollen, dadurch man ſich von der gemeinen Art entfernen könnte. Allein da ſich der alte Kunſtrichter Euklides ausdrücklich über den Homer beſchweret, daß er ſolches gethan hat: ſo ſehe ich daraus, daß ſolche gewaltſame Verſtümmelung der Wörter auch in Griechenland anſtößig geweſen; wie denn auch die neuen Dichter jenen darinnen nicht nachgeahmet haben. Denn in der That iſt es wahr, daß es keine Kunſt ſeyn würde, Verſe zu machen: wenn es einem frey ſtünde, nach ſeiner Phantaſie die Wörter auszudehnen und zu verkleinern, wie dieſer alte Criticus geſagt hat. Die Beluſtigung, die man im Leſen eines Verſes hat, fällt auch großentheils weg, wenn man ſieht, daß der Poet nicht vermögend iſt, die Sprache mit ſeinem Sylbenmaaße in guter Harmonie zu erhalten. Horaz vergleicht daher einen guten Poeten mit einem Seiltänzer. Was beluſtiget uns an einem ſolchen mehr, als daß derſelbe auf einem ſo ſchmalen Stege, mit ſolcher Gewißheit und Sicherheit einhergeht; ja gar die höchſten Luftſprünge macht, die ſonſt niemand auf dem flachen Boden nachmachen könnte? Man gebe aber demſelben nur einen Steg, der eines Fußes breit iſt: ſo gleich wird unſre Ergetzlichkeit verſchwinden; weil es keine ſo große Kunſt mehr ſeyn wird, darauf zu gehen. So iſt es auch mit einem Versmacher bewandt. Sein richtiges Sylbenmaaß iſt das Seil, darauf er ohne Fehltritt einhergehen muß. So oft er vorbey tritt, iſt es uns zuwider; nicht anders, als wenn der Seiltänzer vom Seile fällt. Er muß gar die verwegenſten Sprünge in ſeinen Gedanken und Ausdrückungen machen können, dabey man denken ſollte: nun würde er gewiß ſeiner Richtſchnur verfehlen! und doch wider Vermuthen in ſeinen

T 5

engen Schranken bleiben. Daburch wird nun der Leſer
überaus vergnüget. So bald man, ihm aber eine größere
Freyheit, die Sprache zu verſtümmeln, verſtattet: ſogleich
wird es gar keine Kunſt mehr ſeyn, Verſe zu machen; und
man möchte ihm zurufen, was Boileau von einem ſolchen
Stümper ſchreibt: „Er martert ſich faſt zu Tode über ſeinen
„Verſen: warum ſchreibt er denn nicht lieber in ungebunde-
„ner Schreibart?

> Il ſe tüe à rimer; que n'ecrit il en Proſe?

14. §. Denn in der That iſt es beſſer, gar keine Verſe,
als ſchlimme zu machen und zu leſen: weil man ſich ohne
dieſe gar wohl behelfen kann. Ich weis wohl, daß es Leute
giebt, die alles, was ſich nur reimet, für Verſe, und zwar
für gute Verſe halten. Allein es ſind auch Leute darnach,
deren Hofpoet ich nicht ſeyn möchte. Sie verſtehen bey
aller ihrer äußerlichen Hoheit des Standes, oder Pracht und
Lebensart, kaum ſo viel, daß ſie ihren Namen recht ſchreiben
können. Von dieſen nun einen Beyfall zu erhalten, das iſt
auch denen keine Ehre, die ſich doch viel damit wiſſen; wenn
ſie alle Kenner der wahren Dichtkunſt, für den Pöbel auf
dem Parnaß erklären: bloß, weil ſie es vorherſehen, daß
ihre Arbeit deren Beyfall nicht erhalten wird. Horaz hat
den römiſchen Lucil und andere alte Lateiner, die ſich dergleichen Freyheiten genommen, in etlichen Satiren ausgelachet und verworfen: obgleich der römiſche Pöbel, dem
alles gleichviel war, und der die regelmäßigen Ausdrückungen von den unrichtigen nicht zu unterſcheiden wußte, ſehr
viel Werks aus ihren Verſen machte. Er giebt zu, daß er
ſcherzhaft (facetus) und emunctæ naris, ein aufgeräumter
Kopf geweſen: aber er nennt ihn hart in Verſen, und ſagt,
daß dieſelben ſehr unſauber flöſſen.

> durus componere verſus!
> Nam fuit hoc vitioſus: In hora ſæpe ducentos
> Ut magnum, verſus dictabat, ſtans pede in uno.
> Cum flueret lutulentus, erat quod tollere velles.

Garrulus atque piger', ſcribendi.ferre laborem,
Scribendi recte,

Sat. IV. L. t.

'Man ſieht aus dieſer Stelle auch, daß nicht bloß die Geſchwindigkeit im Verſemachen an ſolchen Fehlern Schuld
gehabt: ſintemal er ſehr ſchwatzhaft und gar zu faul geweſen,
ſich Zeit und Mühe genug über einer Sache zu nehmen.
Man ſehe die X. Satire dieſes Buches nach, wo er noch
ausführlicher davon handelt.

15. §. Ich enthalte mich hier, alle altfränkiſche Fehler
der Poeten, die vor Opitzen gelebt haben, anzuführen. Das
ſtahn, gahn, lahn und han, lobeſam; wohlgemuth
und zu dieſer Friſt, bedarf keiner Regel mehr; indem es
auch von den ſchlechteſten Dichtern nicht mehr gebrauche
wird. Eine andre Bewandniß hat es noch mit den Hülfs-
wörtern, die man zu den Hauptwörtern ſetzet. Einige laſſen
dieſelben gern aus; andere aber behalten ſie gar zu ſorgfältig
bey. Allein es iſt leicht ein Unterſcheid zu machen. Wann
die Wörter haben und ſeyn wirklich nur Hülfswörter ſind,
und bey andern Zeitwörtern vorkommen: alsdann darf man
ſich kein Bedenken machen, ſie nach Erfoderung der Umſtände auszulaſſen; wenn nur keine Dunkelheit daraus entſteht. Z. E. Raniz.

Der, weil ein ſchwarzer Punct im Würfeln ausgeblieben,
Zuletzt aus dem Beſitz der Güter wird getrieben.

Da iſt in der erſten Zeilen das Wörtchen iſt ausgelaſſen,
aber ohne Fehler: weil ohne dieß, das Wort ausgeblieben
ſchon die Sache ausdrückt, und das iſt alſo nur ein Hülfswort war. Aber in der andern Zeile hätte das wird unmöglich ausgelaſſen werden können, weil ſie ſonſt unverſtändlich geworden wäre. So gehts auch in allen Fällen,
wo das haben ein bloßes Hülfswort iſt. Z. E. Opitz
ſchreibt:

Was kann ein Herr, ein Fürſt, ein König beſſers leſen,
Als was vor uns und ihm geſchehen und geweſen;

Wie

Wie manches ſtolze Reich entſprungen und verkehrt,
Wie Völker itzt geblüht, und wieder durch das Schwert
Den Untergang geſchaut.

Hier iſt zuletzt bey geblüht, und geſchaut, das haben
ohne Fehler ausgelaſſen; ſo wie in der andern Zeile, bey ge=
ſchehen und geweſen, das iſt. Nur bey der dritten kann
ichs nicht gut heißen, daß zwey ungleiche Wörter, ent=
ſprungen und verkehrt, verbunden worden, da ſie doch
nicht einerley Hülfswort haben können; weil das erſte iſt,
das andere aber worden hätte haben ſollen. Und dieſes
worden hätte gar nicht ausbleiben müſſen, um den Ver=
ſtand recht auszudrücken. Verkehrt kann auch wirkſam,
und nicht nur leidend erkläret werden: nachdem entweder hat
oder worden darunter verſtanden wird; und dieſe Zwey=
deutigkeit kömmt hier vor.

16. §. Wenn aber die Wörter haben und ſeyn, an und
für ſich was bedeuten, und rechte Zeitwörter abgeben: als=
dann iſt es ſehr ungeſchickt, dieſelben auszulaſſen. Z. E. Opitz
im Veſuvius ſchreibt:

             Verzeihe mir mit Gnade,
Daß ich unangeſagt mit Schriften dich belade,
Die gar zu ſchlecht für dich. Ich weis ꝛc.

Und bald hernach in dieſem Gedichte:

Alsdann kann erſt ein Menſch ſich einen Menſchen nennen,
Wenn ſeine Luſt ihn trägt, was über uns, zu kennen.

Hier iſt in der erſten Stelle das Wort ſind, und in der an=
dern das iſt ausgelaſſen. Gleichwohl ſind dieſelben hier als
rechte Hauptwörter anzuſehen; ohne die man den Satz un=
möglich verſtehen kann. Solchen Stellen unſrer ehrlichen
Alten, die doch unrein ſind, folgen viele Neuere nach, und
verderben dadurch die Sprache aufs äußerſte; zumal wenn
ſie gar das hat und haben in dergleichen Fällen erſparen
wollen. Was ich aber an Opitzen entſchuldigen muß, das
werde ich gewiß an keinem andern loben, er ſey auch wer er
wolle; und wenn er noch ſo körnigt, dunkel und multoniſch
ſchriebe,

schriebe, ja mit lauter ästhetischen Räthseln sinnträchtiger und gedankenschwangerer Machtwörter und Wortriesen aufgezogen käme.

17. §. Noch einerley Frage fällt wegen der Hülfswörter vor, ob man sie nämlich ohne Unterscheid vor, oder hinter ihr Hauptwort setzen könne. Z. E.

Wär es zu jener Zeit, da man auf Tuch und Rinden,
In Cederöl getränkt, auf Helfenbein und Linden,
Und Bley, und Darm, und Erz, und Wachs, und Leder schrieb,
Und solches alles zwar mit großen Kosten trieb:
So würde Caßius sich eher lassen lenken,
Und nicht, wie er gethan, auf tausend Bücher denken;
Die man dennoch zu nichts sonst tauglich hat erkannt,
Als daß man sie sammt ihm zu Asche hat verbrannt.
                                             Frank.

Hier findet man in der fünften Zeile das Hülfswort lassen, vor sein Hauptwort lenken gesetzt, welches doch in ungebundner Rede hinten gestanden haben würde. Imgleichen steht in beyden letzten das hat ebenfalls vorne, da es doch nach prosaischer Ordnung hinten seyn sollte. Allein man sieht wohl, daß dieses wider die obige Regel läuft, und also für keine Schönheit, sondern für einen Uebelstand zu halten ist. Noch eins aus eben dem Poeten:

Es würde der Lucil wohl eher sich ermüden,
Und nicht zweyhundert Vers in einer Stunde schmieden,
Und zwar auf einem Fuß. Ich selber ließ es seyn,
Und zöge meine Schrift zuzeiten enger ein:
Wann nicht der leichte Griff, da man mit großem Frommen
Auf Lumpen schreiben kann, nunmehr wär aufgekommen.

Hier ist abermal wär in der letzten Zeile auf der unrechten Stelle: denn es sollte heißen, aufgekommen wäre. Gesetzt nun, daß dieses nur ein kleiner Fehler ist, den man an einem alten und großen Poeten leicht übersieht, wenn er nur nicht oft kömmt: so ist es doch ein Fehler, der einer Entschuldigung bedarf, und den man lieber zu vermeiden sucht, wenn man ohne Tadel schreiben will.

18. §.

18. §. Eine von den allervornehmsten Tugenden, eines guten poetischen Satzes, ist die Deutlichkeit desselben. Diese muß in gebundener Rede eben sowohl, als in ungebundner statt haben, und ohne dieselbe würde ein Poet kein Lob verdienen. Es entsteht sonst die Deutlichkeit aus Wörtern und Redensarten, die jedermann geläufig und bekannt sind, auch in ihrem natürlichen und eigentlichen Verstande gebraucht werden: sobann aber auch aus einer ordentlichen und gewöhnlichen Wortfügung, die der Art einer jeden Sprache gemäß ist. Wären aber diese Stücke zur Deutlichkeit eines Satzes ganz unentbehrlich: so würde folgen, daß ein Poet entweder keine neue Wörter, verblümte Redensarten und neue Wortfügungen machen müsse: oder daß er unmöglich deutlich würde schreiben können. Denn wir haben schon oben gewiesen, daß man in gebundner Rede nicht die gemeinsten und bekanntesten, sondern ungemeine, zuweilen auch alte, zuweilen gar neuzusammengesetzte Wörter, und viel verblümte Redensarten anbringen solle: um edler und erhabner als ein prosaischer Scribent, zu schreiben. Und wir werden bald hören, daß man auch in der Wortfügung viele Neuerungen wagen könne, um sich dadurch von der gemeinen Art zu reden zu entfernen. Allein bey diesem allen kann die Deutlichkeit gar wohl bestehen. Ein Wort kann gar wohl verständlich seyn, wenn es gleich nicht täglich von dem Pöbel gebraucht wird. Ein altes Wort ist auch nicht allemal unverständlich, wenn es nur kein Provinzialwort ist, das außer den engen Gränzen einer Landschaft nicht gilt; wenigstens kann es durch den Zusammenhang ganz deutlich werden. Neugemachte Wörter sind auch sehr wohl zu verstehen, wenn sie nur aus bekannten regelmäßig zusammen gesetzt; und nach der Aehnlichkeit unserer Mundart eingerichtet worden. Die verblümten Redensarten, wenn sie glücklich ausgesonnen werden, geben dem Verstande noch mehr Licht, als die eigentlichen; wenn man sie nur nicht gar zu häufig brauchet. Denn Aristoteles in seiner Poetik hat ausdrücklich angemerket, daß aus gar zu vielen Metaphoren lauter Räthsel entstehen.

19. §.

19. §. Zuweilen werden bey dem Scheine der größten Deutlichkeit die verblümten Redensarten so wunderlich durch einander geflochten; daß sie gar nicht verstanden werden können. Z. E. Besser in einem Singespiele läßt den Mars, der nebst den andern Göttern bey der Flora zu Gaste gebethen worden, und etwas spät erscheint, also sprechen:

> Mars, der Gott der Kriegesheere,
> Folgt der Göttinn aus dem Meere,
> Folget seiner Venus nach.
> Wart, Aurora! wart, Aurora!
> Mars kömmt auch zum Fest der Flora,
> Schleuß noch nicht dein Schlafgemach.

Hier verstehe ich weder was Mars, noch was der Poet haben will. Denn außer dem überflüßigen Titel, den er sich giebt, und den alle Götter, zu denen er kömmt, lange wußten, nennt er seine Venus eine Göttinn aus dem Meere; welcher Namen sich viel besser für die Thetis geschicket hätte. Hernach ruft er Auroren, und verlangt, sie solle ihr Schlafgemach noch nicht schließen, weil er auch zum Feste der Flora käme. War denn das Fest der Flora in Aurorens Schlafkammer angestellt? oder wollte Mars sonst bey ihr seine Herberge auf etliche Minuten nehmen? Was heißt es ferner, das Schlafgemach schließen? Ohne Zweifel schläft Aurora des Nachts, und also muß sie frühe herauseilen, ihrem Phöbus vorzugehen. Da wird es nun dem Mars gleich viel gelten, ob sie ihre Schlafkammer offen läßt, oder zuschließt; weil er ohne dieß nichts darinn zu thun hat. Des Abends aber die Aurora in ihr Schlafgemach zu führen, das würde eben so viel seyn, als wenn jemand den Nordwind von Süden, oder den Zephir von Osten herkommen ließe. Mit einem Worte, der obige Vers ist ohne Verstand, folglich ein Galimatias, und besteht aus schönen Worten und verblümten Redensarten, die nichts heißen.

20. §. Ich habe mit Fleiß aus Bessers Schriften ein solch Exempel angeführet, den man seiner natürlichen Schreibart, und richtigen Gedanken halber so vielmal gelobet; daß er

sich

ſich endlich ſelbſt für unſern beſten Poeten gehalten, und
alles andre vor und neben ſich verachtet hat. In andern,
die noch erhabener ſchreiben, würde ich unzähliche ſolche
Stellen finden, die entweder noch unverſtändlicher ſeyn, oder
doch gute Räthſel abgeben würden. Z. E. wenn Lohenſtein die Sonne den Almoſenmeiſter Gottes, den Menſchen eine Mappe dieſes großen Alles nennet; und hernach bald der göttlichen Vorſehung in die Speichen
tritt, bald die Deichſel dem Vaterlande zukehret:
ſo ſind dieſes lauter unverſtändliche Räthſel, welche man
nicht errathen würde, wenn nicht theils ausdrücklich dabey
ſtünde, was ſie bedeuten ſollten, theils aber der Zuſam-
menhang ſolches zeigte. Siehe deſſen Rede auf den Herrn
von Hofmannswaldau, und die Beurtheilung deſſelben
in dem I. Bande der kritiſchen Beyträge. Dieſes alles
zeiget, meines Erachtens, wie nöthig es ſey, bey dem verblümten Ausdrucke ſeiner Gedanken vor allen Dingen auf
die Deutlichkeit zu ſehen, und ſich ja nicht durch den Schein
einer falſchen Hoheit in das Phöbus oder Galimatias ſtür-
zen zu laſſen. Einige Neuere haben uns in dieſe Wolken
und Nebel wieder zu verhüllen geſucht, und dieſes zwar
unter dem Scheine einer größern Scharfſinnigkeit. Sie
haben uns die gemeinſten Gedanken durch dunkle Ausdrückungen ſchwer zu verſtehen gemacht: damit wir glauben ſollten, ſie hätten uns neuerfundne und vorhin unerhörte Dinge
geſagt. Einfältige haben ſich betrügen laſſen, ſind aber nicht
beſſer angekommen, als Jrion, der ſtatt einer Göttinn eine
Wolke umarmete. Ein Exempel will ich aus Laurenbergen
geben, der ſchon zu ſeiner Zeit dergleichen Fehler verworfen hat.

> Ick konde wol ſo hoch draven, wen ick wolde,
> Dat ydt nemand als ick alleen begrypen ſcholde,
> Wenn ick als de grote Poet ſchryven würde,
> „Die Frau hat abgelegt ihrs Leibes reiffe Bürde,
> „Verſieglend ihr Ehbett mit einem theuren Pfand.
> Wol würde ergründen dyſſes Radels Verſtand?
> He meent darmit, de Fruw de hefft een Kind gekregen,
> Welches im Ehſtand ys een eddel Gades Segen.

Man

Man eener dem so hüpsch nich ys ingegaten
Dat hemlische Licht, würde ydt düden sülcker maten:
Als' wenn de Fruw ere Kleder van dem Bedde
Genahmen, un in Pand versettet hedde.
Een ander de dar meent, he würd ydt beter weten,
Lede ydt so uth: dat Wyff hefft int Bedde gescheten.
Desülve Poet, dar he künstlyck verklaret
Wo syn Fründ up dem Meer in eenem Schepe fahret,
Syne hochflegende Flögel mit dyssen Wörden uthbreidet:
„Auf einem hölzern Pferd das nasse Blau durchschneidet,
„Spaltend Neptuni Rück mit einem Waldgewächs.
Een Halffgelehrd, als ick, laß dysse schwåre Ley,
He spinteseerde lang, ehr he se kond ergründen,
Endlyck sprack he: de Poet, de eenen syner Fründen
Beklaget, dat he must upm holten Esel ryden,
Un synen natten Ers dar brun un blau tho schniden:
Un dat besülve Fründ Neptun, üm syn Verbreken,
Up dem Kake mit Roden were uthgestreken.
Sülcke hocherlüchtede Rede, de nu ys upgekahmen,
Bringet den nyen Poeten eenen ewigen Nahmen.
Ydt ys nu lächerlyck, schryven dat yderman,
Ja ock een Schoster, edder old Wyff vornehmen kan.
Men moet syne Fedder hoch aver de Lufft upschwingen,
Un mit poetischen Stiel börch de Wulken dringen.
Dat ys nu de Maneer. "

21. §. Nichts ist übrig, als daß ich versprochenermaßen noch zeige, was für Versetzungen der Wörter in unsrer Sprache, der Deutlichkeit unbeschadet, noch möglich sind; und was für eine Zierde die poetische Schreibart davon bekömmt. Man bildet sich insgemein ein, die guten Poeten folgten der ungebundnen Wortfügung aufs allergenaueste: allein ich habe bisweilen das Gegentheil bemerket und wahrgenommen, daß sie viele neue, und oft recht verwegene Versetzungen machen; die zwar ungewöhnlich, aber doch nicht unrichtig klingen, und also überaus anmuthig zu lesen sind. Sonderlich habe ich diese Kühnheit an den Meistern in Oden wahrgenommen, darunter ich Opitzen, Dachen, Flemmingen, Tscherningen, Kaldenbachen, Franken, Amthorn und Günthern nennen kann. Die Exempel, die ich aus ihnen anführen will, werden sattsam zeigen, wie edel der

Crit. Dichtk.   U   poetische

poetische Ausdruck dadurch wird: weit gefehlt, daß er entweder unrichtig, oder doch dunkel werden sollte. Wenn Opitz sagen will: Grüne wohl, du starke Raute! dieses Gift der Zeiten, weiche deinen süßen Bitterkeiten, welche nichts bezwingen soll; so kehrt ers um, und singt im II. B. der P. W. viel munterer also:

> Starke Raute, grüne wohl!
> Deinen süßen Bitterkeiten,
> Welche nichts bezwingen soll,
> Weiche dieses Gift der Zeiten;
> Dieses Gift, das gar zu viel
> Herz und Haupt durchdringen will.

Bald darauf will er in einer andern Ode sagen: Wie Phöbus der Wolken blaue Tracht zu malen pflegt; so blinkt der Stern von Mitternacht mit güldnen Stralen. Allein er singt weit edler in einer andern Wortfügung:

> So blinkt mit güldnen Stralen
>   Der Stern von Mitternacht;
> Wie Phöbus pflegt zu malen
>   Der Wolken blaue Tracht.

22. §. Dach will in einer Ode, die ich in Kindermanns deutschem Poeten p. 222. finde, sagen: Mein Aufenthalt war sonst nirgends zu finden, als nur bey den hohen Linden, durch den grünen Wald. Ich liebte ohn Unterlaß eine Quelle, ein frisches Gras 2c. allein er ordnet seine Worte weit lebhafter, wenn er so schreibt:

> Sonsten war mein Aufenthalt
> Nirgends nicht zu finden,
> Als nur durch den grünen Wald,
> Bey den hohen Linden.
> Eine Quell, ein frisches Gras,
> Liebte ich ohn Unterlaß:
> Da ich denn gesungen,
> Daß die Bäum erklungen.

Flemming will seiner Anemonen im Vten Buche der Oden sagen: Ach! dieß einige, war von allen meinen Plagen, noch übrig, daß ich das schwere Liebesjoch abgeschieden tragen

gen muß. Allein der Affect, darinn er steht, bringt eine
ganz neue Wortfügung zuwege:

> Ach! Einzig dieß war übrig noch.
> Von allen meinen Plagen,
> Daß ich das schwere Liebesjoch
> Muß abgeschieden tragen.

Kaldenbach in seinem Klaggedichte auf Opißen, will sagen:
Die berühmte Galathee gieng an des süßen Neckars Rande,
in tieferregtem Weh; als Corydon durch einen grimmigen
Riß, sie und ihre Felder in einsamwüstem Stande ließ.
Aber das poetische Feuer hat ihn dieses folgendermaßen
versetzen gelehret.

> An des süßen Neckars Rande
> Gieng, in tieferregtem Weh
> Die betrübte Galathee;
> Als, in einsam wüstem Stande,
> Corydon, durch grimmen Riß,
> Sie und ihre Felder ließ.

23. §. **Tscherning** in einem Gedichte an Fabriciussen
von Danzig, will Preußenland also anreden: Für das
grimme Blut und Rauben, werden Pickelhauben, Helm
und Harnisch, Spieß und Schwert, besser in den Ackerzeug
verkehrt. Denn, weil wir mit dem Eisen kriegen, so muß das
Feld öde liegen. Aber weit edler hat er die Worte so geordnet:

> Besser werden Pickelhauben,
> Helm und Harnisch, Spieß und Schwert,
> Für das grimme Blut und Rauben,
> In den Ackerzeug verkehrt:
> Denn das Feld muß öde liegen,
> Weil wir mit dem Eisen kriegen.

Johann Frank hätte in der Ode auf Hofmanns, Bürger-
meisters zu Frankfurth, Hochzeit, in ungebundner Rede
sagen müssen: Jene Grabschrift, die Paternus gestiftet,
wird dort um Nemaus, wie ein Wunderwesen gelesen; daß
die Parce in seiner Ehezeit, ohn allen Zank und Streit
zwey und dreyßig Sonnen (Jahre) abgesponnen habe.
Allein er kehret alles um, und doch ist es nicht unrecht;
sondern recht lebhaft gerathen.

Als wie ein Wunderweſen,
Wird jene Grabeſchrift
Um Nemaus dort geleſen,
Die der Patern geſtift:
Daß zwey und dreyßig Sonnen
In ſeiner Ehezeit
Die Parc hab abgeſponnen,
Ohn allen Zank und Streit.

Amthor, in der aus dem Rouſſeau überſetzten Ode auf die
Weltbezwinger, hätte die Helden ſo anreden müſſen: Ihr
ſtolzen Krieger, laßt einmal ſehen, worauf ſich eure Tugend ſtützt, und wo euch dann das Herz im Leibe ſitzt, wenn ſich
das Glück verdrehen will. Allein er hat es weit edler ſo geſetzt:

Laßt einmal, ſtolze Krieger! ſehen,
Worauf ſich eure Tugend ſtützt?
Wo, wenn das Glück ſich will verdrehen,
Euch dann das Herz im Leibe ſitzt?

24. §. Ich könnte auch aus unſern übrigen Poeten noch
unzählliche Stellen anführen; dieſes zu behaupten: wenn
die bereits erwähnten nicht ſchon zulänglich wären. Ich will
aber lieber noch eine Anmerkung machen, und den Grund
dieſer aus erlaubten Verſetzungen entſpringenden Schönheit
entdecken. Einmal iſt es gewiß, daß auch unſre Proſe ſehr
vielerley Verſetzungen leidet, davon aber eine immer beſſer
klinget, als die andere. Z.E. des Herrn von Kanitz Trau-
errede auf die brandenburgiſche Prinzeßinn Henriette, hebt
ſo an: „Fürſten ſterben zwar eben ſo, wie andere Menſchen:
„doch haben ſie zu ſolcher Zeit vor andern ein großes vor=
„aus.“ Dieſen Satz hätte man, unſerer Mundart unbe-
ſchadet, auch ſo vortragen können: Zwar ſterben die Fürſten
eben ſo, wie andere Menſchen: doch haben ſie vor andern zu
ſolcher Zeit ein großes voraus. Imgleichen in dem nächſt-
folgenden Satze: „Was ihr Tod nach ſich zieht, giebt nicht
„nur eine Veränderung in einem Hauſe oder Geſchlechte,
„ſondern auch zugleich in unzähllich vielen Seelen.“ Hier
hätte das Wort, eine Veränderung, noch an zwo verſchiedene Stellen geſetzt werden können, nämlich nach Ge-
ſchlech=

schlechte; und ganz am Ende. In andern Stellen dieser Rede würden sich noch mehrere erlaubte Versetzungen vornehmen lassen.

25. §. Fragt man nun ferner, welche Ordnung der andern in zweifelhaften Fällen vorzuziehen ist? so sage ich erstlich: die, welche am besten klinget. Das Urtheil der Ohren entscheidet die Schwierigkeit am besten: denn auf das Gehör des Scribenten kömmt es hauptsächlich an, wenn die Schreibart des einen wohlfließend und harmonisch ist; des andern Ausdruck aber rauh und widerwärtig lautet. Es ist aber, außer dem Wohlklingen, zweytens auf den Affect zu sehen. Das Feuer der Gemüthsbewegungen erlaubt uns nicht allezeit, auf die gewöhnliche Ordnung der Wörter zu sinnen: es bricht heraus, und fängt oft den Satz in der Mitten an. Z. E. Ein ruhiges Gemüth wird sprechen: alle dein Bitten ist umsonst! ich werde es nimmermehr leiden. Du sollst den Tag nicht erleben rc. Allein einen Zornigen wird die Heftigkeit seiner Leidenschaft so sagen lehren: Umsonst ist alle dein Bitten! Nimmermehr werde ichs leiden! Den Tag sollst du nicht erleben! Dergleichen Versetzungen machen eine Rede sehr feurig und lebhaft: und weil dieß in allen Affecten zu geschehen pflegt, die Poeten aber oft selbst darinnen stehen, oft andre Personen, die aufgebracht gewesen, redend einführen, oder ihnen nachahmen; so ist es kein Wunder, daß sie dergleichen nachdrückliche Versetzungen mit gutem Bedachte anzubringen suchen.

26. §. Oft will man den Nachdruck eines Wortes, durch den Ton der Aussprache anzeigen, der sich aber an einer Stelle nicht so gut, als an der andern hören läßt: daher versetzt man dasselbe an einen Ort, wo es sonst nicht hingehöret. Z. E. wenn ich schriebe:

> Ich will dir zu Liebe sterben.

So würde es lange so kräftig und nachdrücklich nicht klingen, als wenn ich sagte:

> Dir zu Liebe will ich sterben.

U 3

Daßin

Dahin gehört Günthers Stelle aus dem bekannten Liebe: Will ich dich doch gerne meiden, 2c.

> In den Wäldern will ich irren,
> Vor den Menschen will ich fliehn.

Hier hätte ja der Poet natürlicher Weise sagen können:

> Ich will in den Wäldern irren,
> Ich will vor den Menschen fliehn.

Auch ist Flemming in dergleichen Versetzungen glücklich gewesen. Z. E. auf der 420sten S. schreibt er:

> Achtmal hat nun, als ich zähle,
> Phöbe volle Hörner kriegt.

Denn von Rechtswegen hätte es heißen sollen:

> Phöbe hat nun, als ich zähle,
> Achtmal volle Hröner kriegt.

Aber, wer sieht nicht, daß er dadurch den Nachdruck seiner Worte geschwächet, und die Schönheit des Verses nur verderbet haben würde?

27. §. Endlich dienet die Versetzung zuweilen, den Leser eines Gedichtes recht aufmerksam zu machen; weil man von den Nebenumständen den Anfang macht, und den Hauptsatz allererst nachfolgen läßt. Z. E. fängt Besser seine Ruhestatt der Liebe so an:

> In diesen brennenden und schwülen Sommertagen,
> Ließ Chloris sich einmal in ihren Garten tragen.

Hier hebt er von der Zeit an, da er doch von der Person hätte den Anfang machen können. So sagt auch Kanitz:

> In meinem Schülerstand, auf den bestanbten Bänken
> Hub sich die Kurzweil an.

Da hätte er ja von der Kurzweil anfangen können: allein diese Versetzung setzt den Leser in Aufmerksamkeit, und macht ihn begierig zu wissen, was denn in dem Schülerstande geschehen

schehen seyn werde? Imgleichen schreibt Flemming auf den
Namenstag einer Jungfer dergestalt:

> Daß der Lenz die Welt umarmet,
> Daß der Erden Schooß erwarmet,
> Daß die Nächte werden klein;
> Daß der Wind gelinder wehet,
> Daß der lockre Schnee vergehet,
> Das macht euer Sonnenschein.

Wo man augenscheinlich sieht, daß der natürliche Anfang
hätte heißen müssen: Euer Sonnenschein macht, daß der
Lenz rc. Eben so hätte Rachel folgende Zeilen,

> Zu einem sammtnen Rock die groben Leinwandhosen,
> Wer hätt' es sonst erdacht, als Narren und Franzosen?

natürlicher Weise ganz und gar umkehren müssen: wenn er
sie nicht dergestalt viel nachdrücklicher befunden hätte. Ueberhaupt könnte man Horazens Worte hieher ziehen, wiewohl
er sie in anderer Absicht geschrieben:

> In medias res,
> Non secus ac notas, Auditorem rapit.

28. §. Doch verlange ich mit dem allen der unverschämten Frechheit der Sprachverderber keinesweges Thür und
Thor zu öffnen, die ohne Verstand und Nachsinnen das unterste zu oberst kehren, und doch für gute Poeten angesehen
seyn wollen. Die Versetzungen sind nicht aus Noth erlaubet,
um das Sylbenmaaß vollzustopfen; denn dieß gehört für die
elendesten Stümper: sondern nur alsdann steht es frey, sich
derselben zu bedienen, wenn ein besonderer Nachdruck, oder
eine neue Schönheit des Ausdruckes daraus entsteht. Wer
dieses nicht in Acht nimmt, und ohne Scheu, wider die Natur unsrer Mundart, alle Regeln der Sprachkunst aus den
Augen setzet, der verdienet, ein Pohl oder Wende genennt zu
werden, der nicht einmal Deutsch kann, geschweige, daß er
ein Poet zu heißen verdienen sollte. Denn das werden lauter Solœcismi und ἀκυρολογίαι, die kein Kenner seiner

Mut-

Mutterſprache ertragen kann: wenn gleich manche Neulin-
ge den Mangel ihres Geiſtes und Witzes, den ſie bey der
ordentlichen Wortfügung nicht zeigen können, nur durch
die Verhunzung der deutſchen Sprache zu verbergen ſuchen.
Walliſius ſagt dieſes zwar ſeinen engliſchen Poeten nach,
daß ſie die Grammatik ſehr aus den Augen ſetzten: und ein
gebohrner gelehrter Engländer, hat mir ſolches inſonderheit
vom Milton bekräftiget; deſſen vornehmſte Schönheiten
in grammatiſchen Schnitzern beſtünden. Bey uns hergegen,
wird keine ſolche Frechheit gelten, die nicht auch in ungebundner Rede, im Affecte, zu dulden iſt. Eben ſo ſeltſam
würde es ſeyn, wenn man die Wortfügung fremder Sprachen in der unſrigen anbringen wollte; welches vielen, die
mehr Franzöſiſch als Deutſch können, ſehr leicht zu entfahren pflegt. Z. E. wenn ich ſchriebe: Die Augen über
das Feld ausſpazieren laſſen; oder, Einem Frauenzimmer den Hof machen, weil die Franzoſen ſprechen:
Proinener ſes yeux ſur les champs, und faire ſa Cour à une
Dame. Das ſind lauter handgreifliche Barbariſmi in unſrer
Mundart, die kein Menſch verſteht, der nicht franzöſiſch
kann: wohin denn auch die Mittelwörter gehören, die gleichfalls von einigen geſchwornen Participianern, ſehr unverſchämt gebraucht werden. Schlüßlich, ein Poet muß überall
Boileaus Regel beobachten:

Sur tout, qu'en vos Ecrits la Langue reverée,
Dans vos plus grands Excés, vous ſoit toujours ſacrée.
En vain vous me frappez d'un Son melodieux;
Si le Terme eſt impropre, ou le Tour vicieux,
Mon Eſprit n'admet point un pompeux Barbariſme,
Ni d'un Vers empoulé l' orgueilleux Soleciſme,
Sans la Langue, en un mot, l' Auteur le plus divin
Eſt toujours, quoiqu'il faſſe, un méchant Ecrivain.

Das

Das X. Hauptstück.

Von den Figuren in der Poesie.

1. §.

Die Abhandlung von den Figuren gehöret eigentlich für die Meister der Redekunst: und ich könnte also meine Leser dahin verweisen, oder gar zum voraus setzen, daß sie sich darum schon bekümmert haben würden. Allein fürs erste hat die gebundne Schreibart eben so viel Recht dazu, als die ungebundne, ja noch wohl ein größeres. Sie hat sich nicht nur dieser Zierrathe bedienet, ehe diese noch erfunden worden: sondern sie pfleget sich auch damit weit häufiger zu putzen, als dieselbe. Hernach kann man nicht allezeit zum Grunde setzen, daß die Liebhaber der Dichtkunst sich vorher in der Redekunst fest gesetzt haben sollten. Dieser Gattung Lesern zu gefallen, habe ich mein Buch lieber vollständiger machen, als sie auf einen anderweitigen Unterricht in diesem Stücke verweisen wollen.

2. §. Einige neuere Lehrer der Beredsamkeit haben mit großem Eifer wider den Unterricht von Figuren, der in allen Rhetoriken vorkömmt, geschrieben. Sie haben dafür gehalten: man könnte diese ganze Lehre ersparen, und dörfte die Jugend mit so vielen griechischen Namen nicht plagen; zumal da sie daraus nichts mehr lernte, als wie man eine Sache benennen könnte, die auch dem einfältigsten Pöbel bekannt wäre. Zu dieser Zahl ist noch neulich ein schweizerischer Kunstrichter getreten, der anstatt der Figuren, ein unverständliches Mischmasch, und eine sclavische Nachahmung des, in seiner eignen Sprache barbarischen Miltons einzuführen wünschte. Man giebt es zu, daß viele Schullehrer der Sache zu viel gethan, und sich gar zu lange dabey aufgehalten haben. Man giebt auch zu, daß die griechischen Namen oft eine unnöthige Schwierigkeit verursachen, und daß man bes-

ser

Der Schiff und Gut verlohr, und nur durch meine Hand,
Nebst seinem nackten Volk, des Lebens Rettung fand?
Ich berste fast für Zorn! Der Schmerz bringt mich zum Rasen.
Nun hat Apollo ihm was neues eingeblasen,
Ein Traum aus Lycien was anders prophezeiht;
Ja selber Jupiter ihm drohend angedeut,
Er solle seinen Fuß in andre Länder tragen:
Ja recht! Gott wird wohl viel nach deinem Schwärmen fragen!
Der Himmel, welchen nichts in seiner Ruhe stört,
Hat seine Sorgen itzt auf deine Fahrt gekehrt!
Doch lauf! ich halt dich nicht; ich will nicht widersprechen:
Nur fort! und säume nicht, die Wellen durchzustechen.
Such dein Italien, das dir so wohl gefällt,
Und wo die Hoffnung dir ein neues Reich bestellt!
Ich weis, der Himmel wird gerecht und heilig bleiben,
Und dein verschlagnes Schiff an Klipp und Syrten treiben!
Da wird die wilde Fluth ein Rächer meiner Pein,
Da wird dein letztes Wort: Ach Dido! Dido seyn.
Ja wird der kalte Tod den warmen Geist verjagen,
Soll mein Gespenste dich doch allenthalben plagen.
Du sollst, du kannst, du wirst der Strafe nicht entgehn,
Und ich will deine Quaal auch in der Gruft verstehn!

Wer aus einer so herzrührenden Rede den Nachdruck der Figuren nicht begreifen kann, der muß wenig Empfindlichkeit und Nachsinnen besitzen. Wer aber überführet seyn will, daß dieses rührende Wesen bloß von den Figuren herrühre, der darf nur eine andre Uebersetzung von der lateinischen Stelle machen, darinn alles schlechtweg gesagt wird: sogleich wird alles Feuer, alle Heftigkeit und alle Lebhaftigkeit daraus verschwinden; ja man wird es kaum glauben können, daß es dieselbe Rede sey.

5. §. Lami fängt die Figuren mit dem Ausruffe (Exclamatio) an; weil diese die natürlichste ist, und in vielen Affecten zuerst hervorbricht. Denn es giebt einen Ausruf, in der Freude, Traurigkeit, Rachgier, imgleichen im Schrecken, Zagen, Verzweifeln, Trotzen, u. d. gl. Nun giebt es zwar gewisse Formeln, die eigentlich dazu bestimmt sind, als Ach! O! Weh! Wohlan! Hey! Sa, Sa! Ha! u. a. m. Allein
es

es werden so viel andre Redensarten dazu gebraucht, daß
ihre Zahl nicht zu bestimmen ist. Z. E. Jammer! Lustig!
Frisch auf! Herzu! Ich Armer! Mich Unglückseligen! Trotz
sey dir gebothen ꝛc. ꝛc. Ein Exempel giebt mir Flemming
auf der 201. Seite:

> Als aber gleich der Krieg,
> Erbarm es Gott, der Krieg! mit welchem wir uns Deutschen,
> Von so viel Jahren her nun ganz zu tode peitschen,
> Mein liebes Meißen traf.

Kanitz auf der 43. Seite der neuen Auflage:

> O kindischer und toller Wahn,
> Der bey mir eingerissen!

Opitz im IV. Buche der Poet. W. schreibt an Nüßlern,
von seiner Flavien:

> Ach! daß ihr frecher Sinn
> Mich, der ich ihrer Huld vielmehr als würdig bin,
> So wenig gelten läßt! ach, ach! daß kein Vergießen
> Der Thränen, und kein Wort, kein Seufzen ꝛc.

Neukirch in seinem Gedichte auf die Königinn in Preußen,
schreibt gleichfalls:

> Ach leider! allzu viel, zu viel auf einen Schlag!
> Wer ist, der unser Leid nur halb ergründen mag?

Und Pietsch in seinem Gesange auf den Prinz Eugen sagt:

> Wie seltsam leitest du der Deutschen kühnes Heer!
> Der Zug des Hannibals war lange nicht so schwer.

6. §. Die andre Figur ist der Zweifel, (Dubitatio)
womit man entweder bey sich ansteht, ob eins oder das andre
zu glauben, oder zu thun sey; oder sich doch so stellet, als ob
man sich nicht entschließen könnte. Die Heftigkeit der Gemüthsbewegungen setzt uns oft in den Stand, daß man
weder aus, noch ein weis: denn ehe man mit dem Ent-
schlusse noch fertig ist; so fällt uns augenblicklich etwas anders ein, welches das vorige wieder zunicht macht. Kanitz
giebt uns ein schönes Exempel in der Ode auf seine Doris.

Er

Er hat in der vorhergehenden Strophe die verfloſſenen Stunden zurück geruffen; beſinnt ſich aber bald anders, und ſingt:

> Aber nein! eilt nicht zurücke,
> Sonſt entfernen eure Blicke
> Mir den längſtgewünſchten Tod,
> Und benehmen nicht die Noth.
> Doch, könnt ihr mir Doris weiſen;
> Eilet fort! Nein: haltet ſtill!
> Ihr mögt warten, ihr mögt reiſen,
> Ich weis ſelbſt nicht, was ich will.

Zuweilen zweifelt man zwar ſelber nicht; will aber durch einen verſtellten Zweifel die Zuhörer zum Nachſinnen bewegen. So zweifelt **Günther** in ſeiner Sterbeode, wem er ſeine Leyer vermachen ſoll:

> Sage, du begriffne Leyer!
> Wem ich dich vermachen darf?
> Viele wünſchen dich ins Feuer;
> Denn du raſſelſt gar zu ſcharf.
> Soll ich dich nun lodern laßen?
> Nein, dein niemals fauler Klang
> Ließ mich oft ein Herze faſſen,
> Und verdienet beſſern Dank.

> Soll ich dich dem Phöbus ſchenken?
> Nein, du biſt ein ſchlechter Schmuck,
> Und an den Parnaß zu henken,
> Noch nicht ausgeſpielt genug.
> Opitz würde dich beſchämen,
> Flemming möchte widerſtehn:
> Mag dich doch die Wahrheit nehmen,
> Und damit hauſiren gehn.

7. §. Die III. kann der **Wiederruff** (Correctio oder Epanorthoſis) ſeyn, wenn Leute ihr Wort, das ſie ſchon geſagt, wieder zurück nehmen; weil es ihnen zu ſchwach vorkommt, und ſie alſo ein heftigers heraus ſtoßen wollen. Z. E. Opitz in einem Hochzeitwunſche auf der 77. S. der Poet. W. v. 133.

Der (Gott) laſſe mich erfahren,
Und hören oft und ſehr,
Was hören? ſehn vielmehr,
Daß dich, von Jahr zu Jahren,
Was dir giebt dieſer Tag,
Mit Frucht bereichern mag.

Zuweilen hat man auch wohl etwas zu frey herausgeſagt,
will alſo das ausgeſtoßene Wort wieder zurück nehmen, und
ein beſſers an die Stelle ſetzen. So läßt z. E. Günther
den Apollo in einer Cantate, wo er mit dem Mercur um den
Vorzug ſtreitet, folgendergeſtalt reden:

So, hör ich, ſoll dein Judasſpieß,
Dein Zepter, wollt ich ſagen,
Mehr Frucht und Vortheil tragen,
Als meiner Künſte Paradies?

Hieher kann man auch rechnen, wenn der Poet, dasjenige,
was er geſagt, zwar nicht zurück nimmt; aber doch widerlegt, weil es ihm von andern getadelt werden möchte.
Z. E. ſo ſchreibt Neukirch in ſeinen geſchützten Nachtigallen:

Das eingeworfne Bonn, das wüſte Kaiserswerth,
Die ungariſche Schlacht, den Schutz der Niederlande,
Belief er alles zwar mit eifrigem Verſtande:
Doch, Mauren, ſprach er, hat ſchon Cäſar umgekehrt!

8. §. Die IV. iſt das Verbeißen, (Ellipſis) oder Abbrechen einer Redensart, die man nur anhebt, aber nicht
völlig endiget. Sie entſteht, wenn der Affect ſo heftig iſt,
daß der Mund und die Zunge den geſchwinden Gedanken
der Seele nicht folgen kann, und alſo mitten in einem Satze
abbrechen, und dem neuen Gedanken des Geiſtes plötzlich
folgen muß. Amthor hat aus dem Virgil das bekannte,
Quos ego! des Neptunus, ſehr gut überſetzt, womit er die
Winde bedroht; aber mitten in dem Dräuworte inne hält.

Und ſprach: Macht euch der Glanz der Ahnen ſo verwegen?
Dürft ihr, mir unbewußt, die kühnen Flügel regen?
Daß Erd und Himmel faſt ſich durch einander miſcht,

Und

Und der erhitzte Schaum bis an die Wolken ziſcht?
Euch ſoll! = = doch laßt uns nur der Wellen Macht beſchränken.

Ein ſchön Exempel giebt auch Beſſer in ſeiner Ruheſtatt der
Liebe, wo er die erwachte Chloris ſo reden läßt:

> Du biſt des Stranges werth!
> Hilf Himmel! was iſt das? Haſt du den Witz verlohren?
> Iſt dieß die ſtete Treu, die du mir zugeſchworen?
> Haſt du der Chloris Zorn ſo wenig denn geſcheut,
> Daß du ſo frevenlich ihr Heiligthum entweiht?
> Daß du = = welch eine That! Sie konnte nicht mehr ſprechen,
> Und wollte ſich an ihm mit ihren Thränen rächen.

Nur nehme man ſich in Acht, daß man dieſe Figur nicht ſo
lächerlich anbringe, als Neidhard in dem Gedichte auf
D. Wenzeln:

> Hier ſchlug nun Gottes Zorn, in dich, du Ceder ein, .
> Da mancher Haſelſtrauch von Lumpenvolke blühte,
> Bis Wurzel, Stamm und Aſt, bis Herze, Fleiſch und Bein
> Vor Gift, als Aetnens Schooß vor Harz und Schwefel, glühte.
> Als endlich Uhr und Zeit die ſechſte Stunde maß,
> Da kam der Schlangenwurm des Todes hergaſchoſſen,
> Und ſtach = = = = = = = = = = = = = = .
> = = = = = = = = = = = = = = = = = =
> Weg Feder, brich du Herz, umnebelt euch ihr Augen ꝛc.

9. §. Die V. könnte zur vorigen gerechnet werden, und
heißt das Hemmen (Apoſiopeſis), wenn eine ſchleunige
Veränderung des Entſchluſſes, der angefangenen Rede Ein=
halt thut. Kanitz in ſeinem Gedichte von der Poeſie läßt
erſt ſeinen poetiſchen Trieb zur Vertheidigung derſelben reden;
hernach fällt er demſelben ins Wort:

> Was mich nun dergeſtalt in Unſchuld kann ergetzen,
> Wozu mich die Natur = = Halt ein! verführter Sinn:
> Drum eben ſtraf ich dich, weil ich beſorget bin,
> Es möchte, was itzund noch leicht iſt zu verwehren,
> Sich endlich unvermerkt in die Natur verkehren.

Imgleichen ſchreibt Günther in dem Gedichte auf Herrn
Hofrath Budern:

Recht

Recht so! fängt augenblicks ein junger Momus an,
Dem nächst noch vom Orbil das Leder weh gethan:
Recht so! was Henker nützt der ganze Musenplunder?
Pack ein, verwegnes Volk! Vom Maro brenn ich Zunder.
Vom Plato Fidibus. Ja wenn auch ohngefähr,
Der Schatz von Heidelberg in meiner Beute wär:
Racketen macht ich draus, und kochte Chocolade!
Ein Quentchen Mutterwitz gilt = = Sachte, guter Freund,
Der Satz war eben nicht so bos und stark gemeynt,
Ein Narr verschüttet nur das Kind mit sammt dem Bade.

10. §. Die VI. ist die **Versetzung** (Hyperbaton) eines
Worts oder Gedankens von seiner natürlichen Stelle; die
aber nicht aus der Unfähigkeit des Poeten, sondern aus der
Heftigkeit des Affects herrühret, der dem Gemüthe nicht
Zeit läßt, an die ordentliche Wortfügung zu denken. Wir
haben im vorigen Hauptstücke schon davon geredet, wollen
doch aber noch ein paar Exempel geben:

> Er, mein Leben; du, mein Leben;
> Euer beyder Leben, ich!
> Ich durch euch, und ihr durch mich,
> Wollen bis ans Blaue schweben.

Hier versetzt Flemming das Wort Ich, in der andern
Zeile von seiner natürlichen Stelle: denn es hätte ordentlicher Weise vorn stehen sollen, Ich, euer beyder Leben;
aber im Affecte ist es ans Ende gekommen. Noch ein schöner Exempel steht auf der 66. S.

> Der Majen Sohn flog aus vom ewigen Pallaste,
> Durchsuchte Luft und Welt, bis er den Mars erfaßte:
> Dich, sprach er, fodert ab, durch mich, des Vaters Rath;
> Komm mit und säume nicht, es ist vorhin zu spat!
> Ja, sprach Mars, alsobald! ließ drauf die Feindschaft fangen;
> Stracks wurden neben sie an Eichen aufgehangen,
> Zank, Zwietracht, Mord, Betrug Den Krieg trat er zu Koth,
> Und stieß mit eigner Faust den Haß und Frevel todt.

11. §. Die VII. ist das **Uebergehen** (Præteritio),
worinn man sich stellet, als wollte man etwas nicht anführen, welches man aber eben dadurch erwähnet. Z. E. Flemming in seinen poet. W. a. d. 225. S.

Crit. Dichtk. X Er

Ich wollte Meldung thun, zu was für großen Dingen,
Ihr nur gebohren ſeyd, durch Liſt und Neid zu dringen,
Die Zeiten zu verſchmähn durch Urtheil und Verſtand;
Hielt eure Gegenwart mir hier nicht Mund und Hand.

Und Neukirch in ſeinem Gedichte, auf den Tod der gelehrten Königinn in Preußen; er redet von dem Könige:

Sein unerſchöpfter Muth iſt weit genug erklungen,
Seit dem ihm Noth und Recht die Waffen abgedrungen.
Dem Franzen ſchüttert noch die kaum erlaufne Haut,
Wenn er auf Schwabens Feld betrübt zurücke ſchaut;
Und an den Tag gedenkt, da Ludwigs große Thaten,
Mit Schrecken, in die Nacht der Finſterniß gerathen,
Und auf einmal verloſcht. Was Preußen da gethan,
Das zeigen, ſchweig ich gleich, viel andre beſſer an.
Dießmal betracht ich nicht, wie unſer König blitzet,
Wenn ihn der Feinde Trotz, der Freunde Schmach erhitzet,
Nein, ſondern wie er ſelbſt halb todt darnieder liegt x.

Pietſch endlich in einem Vermählungsgedichte, auf eine
Königl. Preuß. Prinzeßinn, die itzige Durchl. Markgräfinn
von Anſpach:

Ich bilde nun nicht Heer und Schlacht,
Noch dein berufnes Heldenweſen.
Den Schimmer deiner Waffen Macht,
Den fremde Staaten ſich zum Muſter auserleſen;
Ich ſchreibe nicht wie Preußen kriegt,
Weil dieſesmal die Liebe ſiegt ꝛc.

12. §. Die VIII. iſt die Wiederholung (Repetitio)
gewiſſer Wörter und Redensarten, wodurch die Rede einen
ſehr großen Nachdruck bekömmt. Wenn nämlich das Gemüth in einer heftigen Bewegung iſt, und gern will, daß
man ſeine Meynung wohl faſſen ſolle: ſo iſt es ihm nicht genug, daß er die Sache einmal ſagt; ſondern er ſagts zwey,
dreymal nach einander, damit man ja den Nachdruck ſeiner
Worte recht einſehen möge. Es geſchieht aber dieſe Wiederholung auf vielerley Art. Zuweilen wird im Anfange
ein und daſſelbe Wort zweymal geſetzet, und das heißt Epi-
zeuxis.

zeuxis. Z. E. Opitz, im andern Buche von Widerw. des Krieges, ſchreibt von der Frerheit:

> Sie fodert Widerſtand:
> Ihr Schutz, ihr Leben iſt der Degen in der Hand.
> Sie trinkt nicht Muttermilch: Blut! Blut muß ſie ernähren;
> Nicht Heulen, nicht Geſchrey, nicht weiche Kinderzähren.
> Die Fauſt gehört dazu.

Zuweilen wiederhohlt man daſſelbe Wort im Anfange etlicher Theile deſſelben Satzes, und das iſt die **Anaphora**. Z. E. Flemming in einem Hirtenliede:

> Her Palämon! her Florelle!
> Her Amint! her Sylvius!
> Melibóus her! zur Stelle,
> Singt mir eins auf Titprus.

Noch ein Exempel aus Rach, eln kann nicht ſchaden:

> Er meidet das Latein,
> Ein jeglich ander Wort muß nur franzöſiſch ſeyn:
> Franzöſiſch Mund und Bart, franzöſiſch alle Sitten,
> Franzöſiſch Tuch und Wams, franzöſiſch zugeſchnitten.
> Was immer zu Paris die edle Schneiderzunft,
> Hat neulich aufgebracht, auch wider die Vernunft,
> Das nimmt ein Deutſcher an.

Zuweilen wiederhohlt man den Anfang eines Satzes in verſchiedenen folgenden Sätzen, und das heißt auch **Anaphora**. Z. E. Günther auf der 33. Seite des I. Th.

> Da ſetzet ſich mein Geiſt im Umſehn keine Schranken;
> Da ſinnt er hin und her, da ſpielt er mit Gedanken:
> Da ſeh ich in mir ſelbſt die Händel dieſer Welt,
> Den boſen Lauf der Zeit im Spiegel vorgeſtellt;
> Da find ich nichts als Liſt, und weder Treu noch Glauben;
> Da ſeh ich Narren blühn, und kluge Leute ſchrauben ꝛc.

13. §. Oder man wiederhohlt zuweilen ein Wort, das am Ende eines Satzes geſtanden, im Anfange des darauf folgenden, welches **Anadiploſis** heißt. Z. E. Flemming auf der 131. S.

Und

Und mitten in dem Weſen,
Da es am ärgſten war, ſeyd, Vater! ihr geneſen.
Geneſen ſeyd ihr nun, und denkt nicht einmal dran,
Was euch der ärgſte Feind für Dampf hat angethan.

Oder umgekehrt, das, was am Anfange eines Satzes ge-
ſtanden, kömmt am Ende deſſelben zu ſtehen, und wird
Epanalepſis genannt. Z. E. Opitz auf der 61. S. im
II. B. der poet. W.

    Werthes Paar! vermengt die Brunſt,
    Liebt und gebet, gebt und liebet:
    Was euch heißt des Himmels Gunſt,
    Der euch ſelbſt zuſammen giebet.

Noch ein beſſer Exempel davon, ſtehet auf der 62. S. der
poet. W. II. B.

    Das kann ein Weibesbild! Bald will ſich der ertränken,
    Vor unerhörter Brunſt, und jener will ſich henken:
    Die rothen Augen ſind mit Thränen angefüllt,
    Voll Seufzens iſt die Bruſt: das kann ein Weibesbild!

Hieher gehören denn auch die Wiederholungen, da man in
ganzen Strophen die erſten Zeilen und Wörter, am Ende
derſelben noch einmal brauchet, welches ſonderlich in muſi-
kaliſchen Stücken angenehm fällt, und **Symploce** heißen
kann. Ich will aus Beſſern von der 425. S. folgendes
Exempel geben, wo wegen des Wohlklanges noch viele andere Wiederholungen vorkommen.

    Sey froh! ſey froh! Eleonora,
    Sey froh! du neue Flora,
    Sey nunmehr glücklicher nach überſtrebtem Leide;
    Der Himmel kröne dich mit ſteter Frühlingsfreude!
    Die Blumen ſchütten ſich zu allen Zeiten aus,
    Auf dich und dein erlauchtes Haus.
    Wir ehren dich, o neue Flora!
    Wir ehren dich, Eleonora!
    Sey glücklich, neuerwählte Flora!
    Eleonor', Eleonora!

14. §. Die IX. iſt die **Verſtärkung,** (Paronomaſia)
wenn man zwar ein Wort oder eine Redensart, die ſchon
                                   da

da gewesen, wiederholet; aber mit einem Zusatze, der noch einen besondern Nachdruck verursachet. Z. E. wenn Kanitz schreibt:

Ein Baum wars, nur ein Baum, dran solche Früchte saßen,
Die dort der erste Mensch sollt unbetastet lassen.
Uns aber ist noch mehr zu halten auferlegt;
Weil hier ein ganzer Wald so viel Verbothnes trägt.

Hier ist das Wörtchen nur eigentlich dasjenige, so den ganzen Nachdruck giebt, da sonst die Wiederholung hier sehr kalt gewesen seyn würde. Imgleichen wenn Opitz sagt:

Das Thier, das edle Thier,
Das alle Thiere zwingt, der Erden Lob und Zier,
Kömmt bloß und arm hieher.
II. B. der Trostged.

wo gewiß dieser Zusatz, das edle Thier dem ganzen Satze ein weit größeres Gewicht giebt. Imgleichen hebt Neukirch sein Gedicht auf die Nachtigallen so an:

Als neulich Seladon, der arme Seladon,
Voll Kummer, Angst und Schmerz die abgekränkten Glieder,
Im Grünen niederwarf rc.

wie wir denn auch oben schon die Zeile aus ihm hatten:

Ins Haus, ins schwarze Haus der bleichen Schaar versenken.

Und Opitz in seinem Gedichte an Seußiussen:

Wird solches nicht sein Buch, sein edles Buch erweisen?

15. §. Die X. Figur ist der Ueberfluß, (Pleonasmus) wenn man viel mehr sagt, als nöthig ist. Sie entsteht wiederum aus der Heftigkeit des Affectes, welcher alles zusammen nimmt, die Leser oder Zuhörer aufs handgreiflichste zu rühren und zu überzeugen. Man giebt insgemein die Exempel: Ich hab ihn nicht mit Augen gesehen; ich bin nicht mit meinem Fuße hingekommen; wir habens mit unsern Ohren gehöret rc. Wenn Kanitz in dem Harpax diesen Geizhals das Gold von den Pillen schaben, und sich selbst die Pulver stehlen läßt, so sind es zwar Vergrößerungen; aber kein Pleonasmus zu nennen: denn dieser

X 3

muß

muß in Worten beſtehen. Allein wenn Neukirch in dem oft angeführten Gedichte auf die Königinn in Pr. ſchreibt:

> Wie, wenn an harten Klippen
> Ein ſtarkes Schiff anſtößt ꝛc.

Oder wenn Pietſch in einem Gedichte auf ſeinen König ſagt:

> Komm, Landesvater, komm! zeuch ein bey dunkler Nacht ꝛc.

So iſt im erſten Falle ein jeder Fels hart, und im letzten jede Nacht dunkel zu nennen, und folglich beydes überflüſſig. So ſchreibt auch Opitz in einem Gedichte an Seußiuſſen, von der Fama:

> Und will das ſchöne Werk, auf ihrem lichten Wagen
> Bis in das Schlafgemach der rothen Sonnen tragen.

Allein, da dergleichen Redensarten ſo viel nicht vorkommen, ſo kann man folgende Art mit gutem Rechte hieher rechnen. Z. E. wenn Günther ſeine Liebſte auf der 264. Seite im I. Theile ſo anredet:

> Kind, Engel, Schweſter, Schatz; Braut, Taube, Freundinn, Licht!
> Mein Stern, mein Troſt, mein Herz, mein Anker und mein Leben!
> Ach ſage doch, wie man recht nett und zierlich ſpricht,
> Die Liebe will dir gern den beſten Titel geben.

16. §. Zur XIten kann die Verdoppelung (Synonymia) einer und derſelben Sache, die aber mit ganz andern Worten geſchieht, gezogen werden. Einer, der im Affecte ſteht, bemüht ſich ſeinen Leſern und Zuhörern die Sachen recht einzuprägen und einzurichtern. Daher ſagt er ihnen auch wohl einerley Ding etlichemal, nur immer mit andern Ausdrückungen. An ſtatt eines Exempels könnte hier aus Beſſers Ruheſtatt der Liebe, die lange und vielmalige Beſchreibung der Schooß ſeiner Geliebten dienen: ich will aber lieber folgendes hieher ſetzen, wo er auf der 227. Seite ſich und ſeine Kühlweininn auf verſchiedene Art beſchreibt:

> Zwo Seelen, durch ein Feur wie Wachs zuhauf geronnen,
> Zwey Herzen, die vermiſcht ein Weſen nur gewonnen,
> Zween Menſchen, die vereint ein Leben nur gefühlt,
> Und deren jeder ſich für eine Hälfte hielt.

Der-

Dergleichen Stellen denn in diesem Gedichte fast unzählliche
vorkommen, aber alle Proben des zärtlichen Affects abzule-
gen geschickt sind. Man könnte auch folgende Stelle aus
Günthern hieher rechnen, die man sonst eine Zusammen-
häufung (Cumulum) nennen möchte. Er beschreibt einen
Bücherfaal:

Was Memphis, was Athen, was Rom, Großgriechenland,
Was Salem, was Byzanz, die Thems, der Cimberstrand,
Gethan, gelehrt, geglaubt, gemeynt, gewußt, gelogen;
Das kömmt, das sammlet sich, das lebt, das dauret hier,
Auf Bildern, Rinden, Bley, Stein, Leder und Papier,
Und wird der blinden Nacht der Barbarey entzogen.

Ich wollte aber deswegen dieser und andern dergleichen Stellen lieber den letztern Namen geben, als den ersten, und
also eine besondere Figur daraus machen: weil in der That
alle die angebrachten Wörter ihre eigene ganz besondere Begriffe erwecken; und, nur obenhin angesehen, gleichviel zu
bedeuten scheinen. Ein solcher Kunstgriff aber ist von großem
Nachdrucke, andern eine Sache sehr lebhaft vor Augen zu
malen.

17. §. Die XII. Figur kann auf deutsch eine Schilderung
(Hypotyposis s. Icon) heißen, weil sie einen so lebhaften
Abriß von einer Sache macht, als ob sie wirklich vorhanden wäre. Das macht die starke Einbildungskraft, welche
sich im Affecte die deutlichsten Bilder von sinnlichen Sachen
hervorbringet, die oft den wirklichen Empfindungen an
Klarheit nichts nachgeben, und also abwesende oder vergangene Sachen als gegenwärtig vorstellet. Die Zunge folgt
den Gedanken, und beschreibt, was im Gehirne vorgeht,
eben so munter, als ob es wirklich außer ihr zugegen wäre.
Z. E. Günther in seiner Ode auf den Prinzen Eugen,
macht unter vielen andern sehr deutlichen Bildern, auch dieß
poetische Schilderung:

Was zeht sich für ein Vorhang weg?
Ich seh den Schauplatz später Zeiten:
Dort hör ich einen Scanderbeg,
Dort seh ich einen Gottfried streiten.

Die

Die Gärten ſind der Lüſte Thron,
Den kühlen Wald erhitzt die Liebe;
Der Muſen Hohe rauchet ſchon,
Wie ihre Bruſt, von deinem Triebe.

20. §. Zum XVten folgt der **Gegenſatz**, (Antitheſis)
wo man widerwärtige Dinge gegen einander ſtellt, um das
eine deſto mehr ins Licht zu ſetzen.   So beſchreibt **Opitz**
ſeinen verwirrten Zuſtand in der Liebe auf der 180. Seite
der poet. W. im IV. B.

Ich fürcht, und hoffe doch; ich bitt, und ſchweig auch ſtille;
Ich bin wie kaltes Eis, und fühle Glut die Fülle;
Ich löſ', und binde mich; ich wünſche frey zu ſeyn,
Und wenn ich denn frey bin, ſo geh ich wieder ein.

Folgende Art iſt noch gewöhnlicher, da man etwas leugnend
aus dem Wege räumt, um etwas anders feſtzuſetzen. Beß
ſer erklärt uns ſo, was er an Kalliſten verlohren habe:

Ich klage nicht an ihr die prächtige Geſtalt,
Die Anmuth des Geſichts, des Mundes Morgenroſen,
Der Augen holden Ernſt gebiethend liebzukoſen,
Ihr langgekrolltes Haar, das meine Sinne band,
Die ſchwanenweiße Bruſt, die atlasweiche Hand;
Nicht die Geſchicklichkeit der ſchlankpolirten Glieder:
Verhängniß! gib ſie mir nur ungeſtalter wieder!
Ich klage bloß an ihr, was keine Misgunſt ſieht,
Ihr groß und edles Herz, ihr redliches Gemüth,
Den engliſchen Verſtand, die Sorgfalt, mir in allen,
Vergnügt in Lieb und Leid, beſtändig zu gefallen.

Imgleichen ſchreibt **Pietſch** in dem Geſange auf den Prinz
Eugen, alſo:

Doch wie entfernet iſt des Himmels hoher Schluß,
Von des Tyrannen Traum! Wie reimt Eugenius
Sich mit der Türken Sieg und Chriſten Flucht zuſammen?
Die ausgedehnte Macht ſchwächt zwar mit Stahl und Flammen,
Und mörderiſcher Fauſt des kleinen Heeres Zahl;
Nicht unſers Helden Muth. Sein Arm und Herz iſt Stahl!
Sein Degen macht den Feind, nicht ihn die Furcht zur Leichen:
Eh muß ſein ganzes Heer als ſein Geſicht erbleichen.

21. §.

21. §. Die XVIte Figur ist das Gleichniß, (Simile) wodurch man, anstatt von der Hauptsache zu reden, von einer andern ähnlichen zu sprechen anfängt, um die erstere dadurch ins volle Licht zu setzen. Z. E. Amthor hat aus dem IVten Buche der Aeneis das Gleichniß von dem verwundeten Hirsche folgendermaßen übersetzt, auf der 481. S.

Die arme Dido brennt, sie läuft durch alle Gassen,
Und kann sich selbst nicht mehr in der Verwirrung fassen.
Wie, wenn durch Kretens Busch des Hirten blinder Schuß
Der Hindinn sichre Brust gar plötzlich rühren muß,
Und jener selbst nicht weis, was seine Faust verrichtet:
Da doch das arme Wild durch Holz und Felder flüchtet,
Und mit der bangen Flucht Diktäens Wälder schreckt;
Obschon ihm Tod und Pfeil in seiner Seite steckt.

Eben so hat es Pietsch in dem Gedichte auf den Prinz Eugen gemacht:

Er fliegt dem Feinde nach: doch ist der Unterscheid,
Daß ihn die Großmuth treibt, den Feind die Furchtsamkeit:
Der, wie ein Habichtschwarm, mit ängstlichem Bemühen
Dem Adler sich entzieht, und suchet zu entfliehen.

Hier ist das Gleichniß der Hauptsache nachgesetzt. In dem folgenden aber, so ich aus Kanitzen geben will, steht es vorn, und die Deutung wird zuletzt gemacht.

Wenn der geringste Lärm, im nechstgelegnen Wald,
Um eine stille Trift der blöden Schafe schallt,
Und eins erst schüchtern wird; beginnt ein ganzer Haufen,
Durch Blatt, Gebüsch und Strauch dem Flüchtling nachzulaufen:
So traut das kluge Thier, der Mensch, ihm selber nicht;
Sein eigner Tacht verglimmt, er folget fremdem Licht;
Dadurch verirrt er sich ꝛc.

22. §. Der P. Lami unterscheidet davon zum XVII. die Vergleichung (Comparatio), welche seiner Meynung nach mit der vorigen sehr übereinkömmt, aber gemeiniglich noch lebhafter zu werden pflegt, als jene. Ein Exempel giebt mir Flemming, der hierinn sehr glücklich gewesen. Es steht auf der 131. Seite.

Was

Was iſt es, ſoll ich ſprechen,
Wohl anders, ſeit der Zeit, als wenn die Klippen brechen,
Die Aeolus verwahrt? Die Winde reißen aus,
Und brauſen durch die Welt! Da krachet manches Haus,
Manch edler Bau zerbricht. Wir haben es geſehen,
Ach leider! allzuſehr, wie uns bisher geſchehen;
Wie uns der Kriegesſturm hat hin und her geweht,
Die Städte durchgefauſt, die Dörfer umgedreht,
Daß nichts ihm ähnlich iſt.

Eben ſo lebhaft iſt die folgende Stelle aus Rachels VI. Satire, wo er die hohen Hofbedienten mit Schieferdeckern vergleichet.

Wer neben dieſer Pracht auch merket die Gefahr,
Und nimmt ſo manchen Fall des hohen Glückes wahr,
Den kömmt ein Schrecken an. Gleichwie wir furchtſam ſtehen,
Und auf dem hohen Thurm den kühnen Decker ſehen.
Nicht einer klimmt ihm nach: wir danken Gott allein,
Daß wir der Erden nah, und an dem Boden ſeyn!

Noch heftiger iſt abermal Pietſch in dem angezogenen Gedichte, wenn er den Sturm und den Donner zur Vergleichung
braucht. Es heißt:

Wie, wenn der ſtrenge Nord die ſtarken Flügel hebt,
Und aus der Höhle ſteigt, der feſte Grund erbebt;
Wenn er den rauhen Ton läßt durch das Land erſchallen,
Bis Thürme, Thor, Pallaſt, Schloß, Haus und Hütten fallen:
Wie dieſer Mauren Graus die Menſchen niederſchlägt,
Die ſein gedrehter Hauch im Wirbel aufwärts trägt;
Wenn er die Wälder ſelbſt aus ihren Wurzeln drenget,
Und Stein, Baum, Thier und Menſch, in einen Klumpen menget:
. So reibt des Helden Arm die Saracenen auf ꝛc.

23. §. Es folgt itzo das Aufhalten (Suſpenſio) als
die XVIII. Figur, wenn man nämlich eine Rede ganz von
weitem anfängt, und eine gute Weile durch viele Umſchweife
fortführet: daß der Leſer oder Zuhörer nicht gleich weis, was
der Poet haben will, ſondern das Ende erwarten muß; wo
ſich der Ausgang zum Labyrinthe, von ſich ſelbſt zeiget. Dieſer Kunſtgriff iſt ſehr gut, die Leute aufmerkſam zu machen.

Exempel

Erempel machen die Sache deutlich. Günther schreibt auf der 87. S. im II. Th.

Daß noch die ganze Welt in ihren Angeln geht,
Das Meer die Gränzen hält, die Erde feste steht,
Die Sterne und ihr Haus nicht in den Abgrund schließen;
Die Sonne Licht, und Tag mit Mond und Menschen theilt,
Der kleine Bär am Pol nicht zu dem großen eilt,
Die Elemente sich nicht in einander gießen;
Die Tugend Kinder zeugt, der Purpur sich verjüngt,
Geschlechter unverrückt bis auf die Nachwelt bleiben;
Ja daß der Weisheit nicht der Tod zu Grabe singt,
Dieß alles ist mit Recht der Liebe zuzuschreiben.

Noch ein anders steht in Flemmingen:

Der Sonnen güldnes Rad begunnt hervorzustelaen,
Und seinen Lebensglanz der muntern Welt zu zeigen;
Zu der Zeit, wenn das Dorf zu Felde pflegt zu gehn,
Und die erwacht' Stadt allmahlich aufzustehn.
Das rege Federvolk, das sang mit süßen Stimmen
Den jungen Tag laut an; der Fisch der gieng zum schwimmen
Aus seinen Ufern vor; der Frosch, der Wäscher, rief;
Es war schon alles auf: nur ich lag noch, und schlief.

24. §. Zur XIXten Figur machet man die Personen-dichtung (Prosopopœia), welche leblosen Dingen solche Eigenschaften zuschreibt, die nur beseelten, ja vernünftigen Geschöpfen zukommen. Es werden aber gemeiniglich die Flüsse, Winde, Meere, Steine, Jahreszeiten, auch ganze Städte und Länder dergestalt in Personen verwandelt; ja man führt auch Tugenden und Laster, Leidenschaften u. d. m. redend ein: so daß dieses eine Figur ist, die zu viel schönen Erfindungen Anlaß giebt. Simon Dach führet den königs-bergischen Pregelstrom, in einem Gedichte auf die Geburt eines preußischen Prinzen, dergestalt auf:

Was! der brückenreiche Pregel,
Hebt durch Flaggen, Mast und Segel,
Sein beschilftes Haupt empor.
Und nachdem er angesehen,
Was und warum es geschehen,
Läuft er schneller als zuvor.

Flem-

Flemming iſt in dieſer Figur ſehr kühn geweſen, ſonderlich in ſeinen Oden. Er ſagt von einem Strome, den er kurz zuvor ſein ſchilficht Haupt erheben laſſen, daß er dreymal laut ſolle gelacht haben. Von der Erde ſpricht er im Früh-linge:

> Sie ſtreicht mit verliebt m Finger
> Ihre Runzeln von der Haut,

Der Lenz kömmt gegangen, und umarmet die Welt: die erwachte Roſe thut ihr Auge zu, und die Cypreſſen taumeln ihm, wenn es Abend wird. Die Morgenröthe kommt in der Anemonen Tracht, in den purpurbraunen Wangen, als die Vertreiberinn der Nacht, vor der Sonnen herge-gangen, und nimmt bey ſeiner Ankunft ſchamroth den Ab-ſchied. Und noch ayderwärts ſagt er, in einer Beſchreibung des Winters:

> Der beſchneyte Hornung ſtehet,
> Und ſtreicht ſeinen Eisbart auf.

25. §. Sehr nahe iſt damit die XX. Figur verwandt, welche man die **Sprachdichtung** (Sermocinatio) nennen kann. Es wird darinn ein Abweſender, ein Todter, oder gar etwas lebloſes redend eingeführet: und dieſes muß mit vieler Kunſt, auch nur im größten Affecte geſchehen. Denn wie es viel Nachdruck hat, wenn es wohl geräth, und als was außerordentliches den Zuhörer in Erſtaunen ſetzt: ſo kömmt es auch ſehr kalt und lächerlich heraus, wenn es un-geſchickt bewerkſtelliget wird. Ein Exempel giebt mir **Opitz**, der im II. Buche ſeiner Troſtgedichte den Ulyſſes ſo redend einführet:

> O! ſagt er, ſchwimme fort, was nicht will bey mir halten!
> Mein Herze, mein Verſtand ſoll doch mit mir veralten;
> Mein unerſchöpfter Muth, mein guter treuer Rath,
> Der nicht ein kleines Theil gethan vor Troja hat,
> Der bleibt ſo lang als ich. Laß alles von mir laufen,
> Bunt über Ecke gehn, Freund, Gut, Knecht, Schiff erſaufen!
> Es muß ſeyn ausgelegt; dieß iſt der Reiſe Zoll:
> Um mich, und meinen Sinn ſteht alles recht und wohl.

Das

Das Unglück hat mir ja von außen was genommen,
Zum Herzen aber ist es mir so wenig kommen,
So wenig als das Meer; das leichter diese Welt,
Als mein Gemüthe mir wird haben umgefällt.
So bricht der große Mann, der Held ꝛc.

Kanitz giebt mir eben dergleichen Exempel in der Ode auf seine Doris, welche er in der letzten Strophe redend einführt:

Wie geschieht mir? darf ich trauen?
O, du angenehmes Grauen!
Hör ich meine Doris nicht,
Die mit holder Stimme spricht:
„Nur drey Worte darf ich sagen,
„Ich weis, daß du traurig bist:
„Folge mir, vergiß dein Klagen,
„Weil dich Doris nicht vergißt.

Noch ein schönes Exempel giebt Pietsch, wenn er den Pregelstrom in Königsberg redend einführt:

Der Pregel siehet bleß mit starren Augen an,
Und seufzet, daß er nichts dem König opfern kann:
Ach, Friedrich! klaget er, ich kann dich nicht erhöhen.
Daß Segel, Schiff und Mast, durch meinen Hafen gehen,
Daß Fama meinen Ruhm durch alle Länder trägt,
Daß noch kein wilder Sturm auf meine Brücken schlägt,
Daß keine trübe Zeit die klare Fluth verderben,
Und kein verschwendet Blut die reinen Wellen färben,
Und mich entweihen kann, machst du, o Friedrich! ꝛc.

26. §. Ferner zählt Lami unter die Figuren auch die Denk- und Lehrsprüche. Dieses sind allgemeine Sätze, die bey Gelegenheit besonderer Fälle angebracht werden, und nützliche Regeln, kluge Sittenlehren, oder sonst sinnreiche und kurzgefaßte Aussprüche in sich halten. Zuweilen sind sie etwas weitläuftiger, und könnten Betrachtungen heißen. Z. E. Tscherning schreibt auf der 166. S.

Dein Sinn war in der Welt,
Du wußtest, daß sie mehr in ihren Armen hält,

Crit. Dichtk.   Y   Ua

Als wo der Gränzſtein liegt. Wer nie vom Vater kommen,
Nie keinen fremden Ort in Augenſchein genommen,
Der weis kaum, wo er lebt, und führt beſtürzten Wahn,
Sieht dieſes Haus der Welt mit halben Augen an.
Der Tugend Heimath iſt der Raum, ſo weit vom Morgen
Des Tages Vater geht: bis wo er für die Sorgen,
Der Menſchen ſtille Ruh durch ſeine Schweſter ſchickt,
Die denn der Wolken Tuch mit Sternen überſtickt.

Hier ſieht ein jeder, daß bey Gelegenheit der erſten dreh Zeilen alles übrige als ein Lehrſpruch beygefüget worden. Weil
es aber etwas langweilig iſt, ſo kann es beſſer eine moraliſche
Betrachtung heißen. Von der kurzen Art mag folgendes
Exempel eine Probe geben. Es ſteht in Joh. Frankens
irdiſchem Helikon auf der 94. S.

Ein Sinn, der Feuer hat, hat immer was zu ſchaffen,
Bald ſchärft er ſeinen Witz, bald ſchärft er ſeine Waffen:
Zwey Dinge machen uns berühmet und bekannt;
Der Degen und das Buch, der Adel und Verſtand.

Allhier begreift man leicht, daß dieſe Sprüche weit nachdrücklicher klingen, weil ſie ſo kurz gefaſſet worden. Ja, daß
ſie zuweilen noch weit kürzer in einer, oder einer halben Zeile
eingeſchloſſen ſeyn können, wird unter andern folgendes
Exempel aus Rachels VI. Sat. Gut und Böſe, zeigen:
auf der 66. Seite.

Wie ſoll man denn, ſprichſt du, vor Gott, den Höchſten, treten?
Wie ſoll man, ſage mir, und warum ſoll man bethen?
Dafern du Rath begehrſt, ſo bitte das allein,
Was er, der höchſte Gott, vermeynet gut zu ſeyn.
Er weis es, was dir dient. Er meynet dich mit Treuen!
Er ſchenket ꝛc.

27. §. Von eben ſolcher Gattung ſind auch zum XXIIſten
die Schlußſprüche, (Epiphonema) woburch man ein ganzes Gedicht, oder eine Strophe deſſelben, auf eine nachdrückliche Art, mit einem denkwürdigen Satze, oder ſinnreichen
Gedanken endiget. Z. E. Opitz beſchließt ſein Gedicht an
Zinkgräfen, wo er von der Poeſie gehandelt hat; und ſich
wegen der elenden Versmacher tröſtet, folgender geſtalt:

Ein

Ein Körper bleibet doch, obgleich des Schattens Schein
Sich größer macht, als er. Die Zeit soll Richter seyn!

Hier ist der Schluß durch die Kürze so schön geworden: er
kann aber wiederum auch bey der weitläuftigern Schreibart
doch von gutem Nachdrucke fallen, wenn er desto nachdenk-
licher und sinnreicher ist. Amthor beschreibt die Liebe alter
Männer, und schließt auf der 165. S. die Strophe so:

Viel seltner sieht es aus, wenn sich ein greiser Bart,
Wie gleichwohl oft geschieht, an Mädgenfleisch verbrennet:
Da muß die Brille weg, der Wadenstrumpf herbey,
Und daß der Runzeln Grund womit bedecket sey,
Der eingesperrte Schatz aus allen Kasten springen,
O Thorheit! sich durchs Geld zur Knechtschaft einzudrin-
gen.

Und noch auf andre Art schließt Pietsch in einem Gedichte
auf seinen König:

Held, dieses ist das Heer, das deine Herrschaft ziert,
Held, dieses ist der Tag, der dich der Welt gebiehrt.
Dein milder Gnadenstral ist auch auf mich geflossen,
Du hast ihn auf dein Land, und auch auf mich ergossen.
Doch wird durch [deinen Ruhm mein Trieb nicht offenbar:
Mein Weihrauch dampfet nicht auf deinem Brandaltar.
Es blühe dir das Glück! ich will dein Lob verschweigen:
Ich zeige dir dein Heer, was kann ich größers zeigen?

28. §. Es folgt XXIII. die Frage, (Interrogatio) die sich
von sich selbst versteht, und so zu reden, die gemeinste; aber
auch eine von den kräftigsten Figuren ist. Zuweilen ist sie
nur einfach, und dann hat sie so viel Nachdruck nicht, als
wenn sie vielmal hinter einander gesetzt wird. Die große
Weitläuftigkeit macht eine Frage auch nur matt: je kürzer
aber ihre Theile oder Glieder werden, und je hurtiger sie auf
einander folgen, desto schärfer bringt sie ein; ja sie stürmt
fast auf die Gemüther los. Z. E. Kanitz in seiner Satire
von der Poesie:

Was fehlt? was ficht dich an? Was ists? Was macht dich toll?
Ein Wort! Was für ein Wort? das hinten reimen soll!

Eben

Y 2   Eben

Eben auf die Art fängt Opitz sein Schreiben an Müßlern mit etlichen Fragen hinter einander an: Auf der 177. S. der poet. W.

> Ist das der freye Sinn? Sind dieses die Gedanken,
> Der unbewegte Muth, so vormals ohne Schranken,
> Voll himmlischer Begier, den Weg der Tugend gieng?
> Ist das des Phöbus Sohn, dem ganz sein Herze hieng,
> Das Schloß der Ewigkeit in kurzem zu ersteigen?

Günther hat zwar diese Figur selten gebraucht, doch finde ich auf der 825. S. der Ausgabe von 1735. folgendes:

> Muß denn der Sonnen Gold im Aufgang untergehn?
> Merkt man im Februar auch schon Aprillenwetter?
> Verliert im schönsten May der frische Baum die Blätter?
> Wie wird es um den Herbst denn allererst entstehn?
> O du verworfne Zeit! was führst du nicht für Sitten? ꝛc.

29. §. Etwas ungewöhnlicher ist XXIV. die Anrede, (Apostrophe) an Leblose, Todte, Abwesende, oder auch wohl an gegenwärtige Leute und Dinge, welche mit einer großen Heftigkeit geschieht, und nur in hitzigen Bewegungen des Gemüthes statt findet. Z. E. Flemming auf der 363. S. redet den Maymonat an:

> Sey gegrüßt, du Fürst der Zeiten!
> Du des Jahrs Apell, o May! ꝛc.

In einer andern Ode wendet er sich an den Mond und Abendstern:

> Sieh sie an, die Weberinn,
> Fromme Cynthie! und höre,
> Du auch, züchtige Cythere,
> Unsrer Nächte Heroldinn!

Anderwärts redet er die bunten Matten, die Thäler, Germanien, die Liebe, die Musen u. s. w. an. Pietsch redet eben so lebhaft den Tag an, den er besingen will:

> Tag! meines Königs Glanz krönt dich mit Stral und Licht,
> Du brauchst den matten Schein der Morgenröthe nicht ꝛc.

Und was ist gewöhnlicher, als daß die Poeten gar sich selbst, oder wie sie reden, ihren Geist und Sinn anzureden pflegen?

Z. E.

Z. E. Kaniz in dem obgedachten Gedichte von der Poesie schreibt:

Auf, säume nicht, mein Sinn! ein gutes Werk zu wagen.

Und abermal:

Verdammte Poesie! mein Sinn, laß dich bedeuten,
Eh ich dir Niesewurz darf lassen zubereiten rc.

Und weil die Musen in der That nichts anders, als den poetischen Trieb des Dichters bedeuten, so gehört auch folgende Art der Anreden hieher, wenn z. E. Heräus schreibt:

Still, Musen! still, wohin? Ihr fanget an zu rasen.
Ihr wißt, daß ich ein Blatt und nicht ein Buch bestelle.

30. §. Zum XXV. kömmt die Wiederkehr (Epistrophe) da man die Schlußworte des einen Satzes etlichemal am Ende anderer Sätze wiederholet. Dahin gehören die Oden, wo die letzten Zeilen allezeit bey jeder Strophe wieder vorkommen, doch so, daß sie sich auch dazu schicken. Z. E. Flemming hat auf der 371. S. im III. Buche seiner Oden die 8te so gemacht, daß jede Strophe sich so schließt:

Pflücket Blumen; windet Kränze,
Führet liebe Lobetänze.

Eben so hat Opitz die dritte von seinen Oden bey jeder Strophe folgendermaßen beschloßen:

Ein jeder lobe seinen Sinn:
Ich lobe meine Schäferinn.

Es ist aber auch nicht nothwendig, daß dieses nur in Oden am Ende jeder Strophe geschehe: man kann vielmehr auch in langen Versen, an bequemen Orten, zum Beschluße einer kurzen Rede, zwey oder mehrmals nach einander, einerley Schlußworte wiederholen. Ich will davon folgendes Exempel aus einem Schäfergedichte hersetzen, das auf den Tod der Sylvia in Neukirchs von mir ans Licht gestellten Gedichten stehe, und wo immer der Vers wiederholt wird:

Ach Himmel, Erd und Luft! erhöret meine Lieder,
Gebt meine Sylvia, gebt meine Liebste wieder!

31. §.

31. §. Das Befragen (Communicatio) wird zum
XXVI. an die Zuhörer, oder gar an ſonſt wen gerichtet, und
iſt alſo jederzeit mit der Anrede verknüpfet: allein es zieht
ſie auch allezeit zu Rathe, und giebt es ihnen ſelbſt zu erwe-
gen; ob ſich die Sache nicht ſo oder ſo verhalte, als man
geſagt hat, oder es gern haben will? Z. E. Beſſer läßt
den Seladon die Chloris dergeſtalt anreden, und ſie um
ihre eigene Meynung befragen:

Ach Chloris! wollteſt du, daß ich gewichen wäre?
Bedenke doch die Schmach, und deiner Schönheit Ehre!
Ich hätte ja die Macht der Lieblichkeit verhöhnt,
Wenn ich nicht deine Schooß mit meiner Hand gekrönt.

Eben ſo redet Günther ſeine Geliebte im I. Theile auf der
261. Seite an: und nachdem er ſie angeredet, Kind, bilde
dir einmal zwo fromme Seelen ein ꝛc. und ihr einen
glücklichen Eheſtand beſchrieben, ſetzt er hinzu:

Was meynſt du zu der Eh, die ſolche Früchte bringt?
Nicht wahr? die Lebensart iſt beſſer als drey Kronen?
Was hilft der güldne Strick, der viel zuſammen zwingt,
Wenn er und ſie hernach bey Baſilisken wohnen?
Was helfen jenen Freund zehn tauſend Schürzen Geld?
Wovon ſein dummes Weib ein Dutzend Schwäger hält.

32. §. Das Geſtändniß (Confeſſio) iſt die XXVII.
Figur, worinn man ſelbſt einen Einwurf macht, und denſelben bald eines theils zugiebt; doch aber ſeine Antwort nicht
ſchuldig bleibt. Rachel macht ſich in ſeiner Satire, der
Poet, dieſen Einwurf:

Was ſoll ich aber machen,
Mit denen, die ſo gern den Bettelſack belachen?
Wo ein Poete wohnt, da iſt ein ledig Haus;
Da hängt, ſpricht Güldengreif, ein armer Teufel aus.
Geduld! was will man thun? Man muß es zwar geſtehen,
Wer zu dem Reichthum eilt, muß anders was erſehen,
Als Verſemacherkunſt ꝛc.

Eben dergleichen iſt jener Einwurf, den ſich Kanitz in ſeiner
Satire vom Hofleben macht: wenn er dem jungen Dankel-
mann

mann ráth, sich durch die Heirath einer schlechten Person,
in die Gunst eines Großen zu setzen.

Verachte mit Vernunft den Wahn der eiteln Welt,
Wird doch der Ueberfluß im Horne vorgestellt!
Ja, sprichst du, ihr Geschlecht! Ach! laß den Irrthum fahren,
Sieh unsern Nachbar an zc.

Und Pietsch schreibt auf das Rastische Begräbniß:

Man weis, stimmt gleich der Mund erfahrner Männer ein,
Daß Flecken am Gestirn und manchen Frauen seyn;
Die wie Vesuvius, Glut aus dem Busen blasen,
Vom Anfang ihrer Eh bis an das Ende rasen.
Doch wenn ein reifer Geist die Unglücksquelle sucht zc.

33. §. Es folgt XXVIII. das Einräumen, (Epitrophe)
wenn man jemanden mehr zugesteht, als er fodern kann, ja
mehr, als man selbst glaubt; nur um desto schärfer wider
ihn zu streiten. Ein Exempel nehme ich aus Kanitzens
Uebersetzung der Satire vom Abel:

Sein tapferes Geschlecht mag durch berühmte Sachen,
Die ältsten Chroniken zu dicken Büchern machen;
Gesetzt, daß jenen Schild, der sein Geschlechts ziert,
Vorlängst schon ein Capet mit Lilien ausgeziert.
Wozu will er uns doch den leeren Vorrath weisen?
Wenn er von seinem Stamm, den die Geschichte preisen,
Der Welt nichts zeigen kann, als ein verlegnes Blatt,
Daran das Pergament der Wurm geschonet hat.

Oder wie Pietsch schreibt:

Ihr Ottomannen laßt die Pforten eisern seyn,
Auch in das härtste Stahl dringt dieser Blitz hinein.
Steigt steile Felsen an, ihr seyd doch nicht beschützet:
Ein kugelfreyer Wall mit Bäumen unterstützet,
Von Mann und Waffen voll, den Sumpf und Fluth umschleußt,
Und alles was man sonst unüberwindlich heißt,
Eur Eid, eur Mahomet mag sich entgegen setzen:
Das alles wird Eugen nicht unbezwinglich schätzen.

Den Beschluß macht Lami zum XXIX. mit der Um-
schreibung (Periphrasis), wodurch man unanständige Sachen,

Y 4

chen, oder Dinge, die man nicht ſo gleich heraus ſagen will, zu lindern oder höflicher zu ſagen pflegt. Ein Exempel giebt uns Opitz, wenn er ſagen will, wohin die Poeſien der Stümper kommen.

Nicht zwar, wie jene thun, die etwas heute ſchreiben,
Das morgen dahin kömmt, wo es zu kommen werth,
Da, wo man an die Wand den bloßen Rücken kehrt.

34. §. Obwohl nun der oftgedachte Scribent es bey dieſen Figuren bewenden läßt: ſo erinnert er doch, daß es freylich noch verſchiedne andre gebe, ſo dieſen an Schönheit und Nachdruck nichts nachgeben. Die Wahrheit deſſen zu erweiſen, will ich noch ein Paar herſetzen. Man merke alſo zum XXX. das Auffſteigen (Gradatio), wenn man gleichſam ſtuffenweiſe von einer geringen Sache zu etwas höherm fortſchreitet, und alſo immer was wichtigers ſagt. Z. E. Opitz will in ſeinem Troſtgedichte im II. Buche die Hinfälligkeit der Dinge beſchreiben, und thut es ſo:

Was wollen wir uns denn um deſſentwegen grämen.
So andern wiederfährt, und der Natur uns ſchämen?
Die Welt kann nicht beſtehn, die Länder nicht in ihr,
In Ländern keine Stadt, in keinen Städten wir.

Imgleichen auf der 67. S. ſeiner poetiſchen Wälder:

Pan aber ſchläfet nicht,
Er geht, er ruft, er ſchreyt mit ſehnlichem Verlangen;
Daß ſeine Stimm erſchallt, durch Berge, Wald und Thal.

35. §. Zum XXXI. endlich kömmt der Eidſchwur, eine von den ſtärkſten Figuren; die alſo auch nur in lebhaften Affecten vorkommen kann. Es ſchweren aber die Poeten bey tauſend Sachen, die ſonſt eben keine große Verbindlichkeit machen. Z. E. Flemming läßt eine Gärtnerinn ſo ſchweren:

So wahr ich vor dir ſteh,
Herzliebſter Hortulan! ꝛc.

Noch

Noch ein schöner Exempel giebt mir eben dieser Poet auf der 201. Seite, welche Stelle ich, ihrer Schönheit wegen, ganz hersetzen will:

Ich schwer es, Vaterland! bey Kindespflicht und Treuen,
Dein Lob ists, welches mich heißt keine Mühe scheuen.
Ich könnte ja sowohl, als etwa jener thut,
Auch um die Ofenbank mit warmen Muth und Blut,
Nach Wunsche stehn geehrt, mich meines Wesens nähren,
Und meiner Aeltern Gut in stiller Lust verzehren;
So schlecht und klein es ist. So hast dus auch nicht Noth,
Daß ich für Gott und dich mich lasse schlagen todt,
In einer tollen Schlacht. Ich habe nichts gelernet,
Das groß von weitem steht, und nur alleine fernet;
Bin lichtem Scheine feind.

Besser, in seinem schönen Schäferliede von Seladon und Leonoren, läßt seinen Schäfer folgenden Eid thun:

Ich schwere dir, bey meiner Heerde,
Daß ich dich ewig lieben werde!

Und Günther in seinem Schreiben an den König August, hat eben die Figur mit großem Nachdrucke angebracht. Es heißt:

Du hörest freylich nicht, wie vieler Wunsch und Sehnen
Dich in Person erhöht. Doch schwer ich bey der Hand,
Die deiner Würdigkeit die Krone zuerkannt:
Daß so viel tausend sind, die unter Stroh und Hütten
Für dein gesalbtes Haupt in mancher Mundart bitten.

Genug endlich von Figuren; obgleich sie dieses lange nicht alle sind. Denn wer kann sie alle zählen? Muntre Köpfe bringen täglich neue Arten hervor; und das beste ist, daß man sie oft machen kann, ohne ihren Namen zu wissen.

Y 5

Das

~~~~~~~~~~~~~~~~~~~~~~~~~~~~~~~~~~~~~

Das XI. Hauptſtück.
Von der poetiſchen Schreibart.

1. §.

Nachdem wir nun alles Zubehör der poetiſchen Schreibart insbeſondre nach einander erwogen haben: ſo
müſſen wir auch ſehen, was aus Zuſammenfügung
alles deſſen in der Poeſie für ein Ganzes entſteht. Dieſes
iſt die poetiſche Schreibart, die wir in dieſem Hauptſtücke
abhandeln wollen. Was die Schreibart überhaupt ſey, iſt
nach ſo vielen andern, auch von mir, in meiner Redekunſt
ſchon abgehandelt worden. Ich habe daſelbſt gewieſen, daß
ſie der Vortrag vieler zuſammenhangenden Gedanken ſey,
welcher durch ſolche Sätze und Redensarten geſchieht, daraus
man ihre Verknüpfung deutlich wahrnehmen kann. Dieſe
Erklärung gab mir damals Anlaß zu folgern, daß es in
der Schreibart hauptſächlich auf die Art zu denken ankomme;
und daß ein Scribent in ſeinen Schriften, wo nicht ſeine
Gemüthsbeſchaffenheit, zum wenigſten doch die Fähigkeit
ſeines Verſtandes abſchildere. Denn kein Menſch kann
beſſer ſchreiben, als er vorher gedacht hat. Ein wüſter und
leerer Kopf kann gar nichts; ein verwirrter nichts ordentliches; ein ſchläfriger nichts lebhaftes; ein finſtrer Geiſt nicht
deutlich; ein niederträchtiges Gemüth nicht edel; ein närri-
ſcher Phantaſt nicht vernünftig ſchreiben. Es iſt alſo eine
vergebliche Sache, wenn ſich viel junge Leute auf eine ſchöne
Schreibart legen wollen; ehe ſie recht denken gelernt haben.
Der Kopf muß erſt recht in die Falten gerücket, von Un-
wiſſenheit, Irrthümern und Vorurtheilen befreyet, mit
Wiſſenſchaften, Liebe der Wahrheit und Erkenntniß des
Guten erfüllet werden: ſo wird hernach die Feder ſchon von
ſich ſelbſt folgen:

Verbaque præviſam rem non invita ſequentur. *Horat.*

2. §.

2. §. So deutlich dieſes einem jeden in die Augen leuch-
tet; ſo ſehr muß man ſich wundern, daß es noch Leute giebt,
die es in Zweifel ziehen, und ſich bemühenzu behaupten: es
käme bloß auf die Wörter und Ausdrückungen an, wenn
etwas hoch, oder ſinnreich, oder niedrig klänge. Man ſollte
es nicht denken, daß auch Scribenten, die eine ziemliche Einſicht blicken laſſen, auf ſolche Einfälle gerathen könnten. Man
ſage mir doch einen niedrigen Gedanken, mitſolchen Worten,
daß er hoch, nicht nur ſcheine, ſondern in der That ſey; man
ſage mir auch einen hohen oder ſcharfſinnigen Gedanken, ohne
Zuſatz andrer Einfälle, mit ſolchen Worten, daß er niedrig
herauskomme: ſo will ich mich gern gefangen geben. Was
hatte z. E. jenes genueſiſchen Dogen Antwort in Paris, auf
dieſe Frage: Was ihm daſelbſt am merkwürdigſten vorgekommen wäre? hohes in Worten an ſich, als er ſchlechtweg:
erwiederte: der Doge! Und wie hätte man ein kürzer Wort
erſinnen können, einen ſo edlen Gedanken niederzuſchlagen,
als dieſer war: daß ein genueſiſcher Doge, der den König in
Frankreich, im Namen ſeiner Republik um Vergebung bitten
muß, die ſeltſamſte Sache ſey, die man in Paris ſehen könne.
Gleichwohl bleibt er unverändert; und man ſage dieſes, wie
man will, ſo wird es ein edler Gedanke für denjenigen bleiben, der ihn zuerſt gehabt, und zu rechter Zeit geſagt hat.
Eben das wollte ich von allen andern Exempeln des Hohen
zeigen; wenn es nöthig wäre, Leute zu widerlegen, die nur
aus einem Kützel, andern zu widerſprechen, etwas Seltnes
behaupten wollen. Man ſehe indeſſen in den Anmerkungen
zum franzöſiſchen Longin, und in der gelehrten Diſſerta-
tion unſers Herrn D. Wollen von Moſis Worten die
Streitigkeiten nach, die Boileau über die Hoheit der moſaiſchen Worte: Es werde Licht, und es ward Licht; mit
verſchiedenen Gelehrten gehabt hat.

3. §. So viel war von der Schreibart überhaupt allhier
zu wiederholen nöthig. Die poetiſche insbeſondere anlangend, ſo iſt es leicht daraus zu muthmaſſen, wie dieſelbe
von der proſaiſchen unterſchieden ſeyn werde: nämlich nicht in

Wor-

Worten allein; sondern hauptsächlich in der Art zu denken.
Wäre jenes, so könnte man zur Noth aus einem poetischen
Lexicon, dergleichen Bergmann, Männling, Hamann
u. a. m. geschrieben; oder im Lateinischen aus einem Gradu
ad Parnassum ein Poet werden. Man dörfte nur an statt
der prosaischen Redensarten poetische Blümchen darinn auf-
schlagen, und dieselben zusammen flicken: so würde ein Gedicht daraus werden. Aber weit gefehlt, daß dieses angehen
würde; so könnte höchstens nichts anders, als eine poetische
Misgeburt daraus entstehen. In einer solchen Schrift würde
hernach manches entstehen, was ihr Verfasser niemals gedacht hätte: kurz, es würde gar keine gesetzte Schreibart
heraus kommen; weil dieses Geflick kein Ausdruck von dem
Verstande seines Meisters heißen, kein Vortrag zusammen-
hangender Gedanken seyn würde. Siehe des Hofrath Pietschens Dissertation von dem Unterschiede der poetischen und
prosaischen Schreibart, darinn er verschiedene Regeln und
Exempel, die unverwerflich sind, gegeben hat.

4. §. Will also ein Poet poetisch schreiben, so muß er auch
zuvor poetisch denken lernen. Wie denken aber die Poeten,
wird man vieleicht fragen? Machen sie es nicht eben so,
als andere Leute, die einen gesunden Verstand und ihre fünf
Sinne haben? Oder, will man ihnen etwa was Göttliches
beymessen? Die Frage kann und muß mit einigem Unterschiede beantwortet werden. Fürs erste denken die guten
Poeten freylich eben so, als andere vernünftige Leute.
Thäten sie dieses nicht, so würden sie rasend oder närrisch
seyn: und Demokritus würde Recht gehabt haben, wenn
er zur Poesie nur unsinnige Köpfe erfordert hat, wie Horaz
berichtet:

- - - Excludit sanos Helicone Poetas
　　Democritus. - -

Nein, ein wahrer Dichter muß ja so wohl, als ein ander
Mensch, ja noch mehr, als alle, die sich nicht ins Schreiben
mischen, eine gesunde Vernunft, richtige Begriffe von Din-

gen, und eine große Kenntniß von Künsten und Wissenschaften haben. Nach dieser seiner Gemüthsbeschaffenheit nun müssen auch alle seine Gedichte schmecken. Jede Zeile muß, so zu reden, zeugen, daß sie einen vernünftigen Vater habe. Kein Wort, ja wenn es auch der Reim wäre, muß einen übeln Verdacht von dem Verstande dessen erwecken, der es geschrieben hat. Daher ist auch derjenigen ihre Meynung verwerflich, die den Wein zu ihrer Hippokrene erwählen, und sich einbilden, sie könnten im Rausche die besten Gedichte machen. Flemming war ganz andrer Meynung, als er schrieb:

> Die trefflichen Poeten,
> Die Rächer der Natur, die können Tod, dich tödten;
> Sind Gift, dein Gegengift! Sie können nicht vergehn,
> Und machen andere, so fallen, wieder stehn.
> Nicht solche, welche stets mit Rennen, Betteln, Laufen,
> Die große Lügnerey um kleines Geld verkaufen:
> Daher wir redlichs Volk so kommen in Verdacht,
> Und oftmals mehr, als arg, so werden ausgemacht;
> Wenn sie den schaudbarn Lohn in Völlerey verschwenden,
> Und also unser Reich und ganzen Orden schänden.
> Nein! schont der edlen Kunst, und sparet euer Gold,
> Ihr, die ihr Kluge seyn, wie Reiche heißen wollt.
> Die sinds nicht, die man sucht. Was können doch die Sinnen,
> Die satt an Hunger sind, an Durste voll, beginnen?
> Was soll ein Kopf doch thun, der stets vom Biere treuft,
> Und seinen dürren Sinn im Weinfaß hat ersäuft,
> Und ganz und gar verschwendt? Was Todte soll erwecken,
> Muß selber lebend seyn, nach Seel und Himmel schmecken.

Das will auch Boileau, wenn er schreibt:

> Quelque Sujet qu'on traite, ou plaisant, ou sublime,
> Que toujours le Bonsens s'accorde avec la Riine,
>
> Aimez donc la Raison! Que toujours vos Ecrits
> Empruntent d'elle seule & leur Lustre & leur Prix.

5. §. Ich will noch ein deutsches Zeugniß aus unserm Rachel anführen, der ausdrücklich in diesem Puncte die

Vertheidigung der Poeten in einer Satire über ſich genommen hat. Er klaget erſtlich dem Tſcherning ſeine Noth,
daß man die Poeſie, die doch unter funfzigen kaum fünfen
glücket, ihm zum Vorwurfe gemacht habe. Hierauf ſetzt
er hinzu:

    Daß aber man ſo gar das Gute darf beſchmeißen,
    Daß ein Poet ein Narr, ein Narr Poet muß heißen, ⁀
    Das thut der Unverſtand. Weil mancher Büffel zwar
    Hat einen großen Kopf, doch Bregen nicht ein Haar.

Er giebt darauf zwar zu, daß die Poeten allezeit aufge-
räumte Köpfe geweſen, und zuweilen einen luſtigen Einfall
nach dem andern vorgebracht hätten: doch unterſcheidet er
ſie von den unflätigen Poſſenreißern, die auch nur von dem
Pöbel, der gar nicht zu urtheilen weis, und von denen, die
ihm, auch wohl bey Höfen, an Sitten und Gedanken gleich
ſind, unter die Poeten gemiſchet worden. Alsdann ſetzt er
hinzu, was er von einem Dichter fordert:

    Wer ein Poet will ſeyn, der ſey ein ſolcher Mann,
    Der mehr als Worte nur und Reime machen kann;
    Der aus den Römern weis, aus Griechen hat geſehen,
    Was für gelehrt, beredt und ſinnreich kann beſtehen;
    Der nicht die Zunge nur, nach ſeinem Willen rührt,
    Der Vorrath im Gehirn, und Salz im Munde führt;
    Der durch den bleichen Geiſt aus Schriften hat erfahren,
    Was merklichs iſt geſchehn vor vielmal hundert Jahren;
    Der guter Wiſſenſchaft mit Fleiß hat nachgedacht,
    Mehr Oel als Wein verzehrt, bemüht zu Mitternacht;
    Der endlich aus ſich ſelbſt was vorzubringen waget,
    Was niemand noch gedacht, kein Mund zuvor geſaget;
    Der zwar dem beſten folgt, doch außer Dieberey:
    Daß er dem Höchſten gleich, doch ſelber Meiſter ſey:
    Dazu gemeines Zeug und kahle Fratzen meidet,
    Und die Erfindung auch mit ſchönen Worten kleidet;
    Der keinen lahmen Vers läßt unterm Haufen gehn,
    Viel lieber zwanzig würgt, die nicht für gut beſtehn.
    Nun wer ſich ſolch ein Mann mit Recht will laſſen nennen,
    Der muß kein Narr nicht ſeyn ꝛc.

6. §.

6. §. Wie nun an dieser Wahrheit zum wenigsten niemand zweifeln wird, der die Schriften der besten Poeten, sonderlich der Alten, mit Verstande gelesen hat: also müssen wir auch zum andern sehen, was denn nunmehr die poetische Art zu denken von der prosaischen unterscheidet? Die Vernunft kann und soll es nach dem vorigen nicht seyn: was wird es denn wohl anders, als der Witz oder der Geist seyn können? Und in der That macht diese Gemüthskraft, nachdem sie bey einem stärker, als bey dem andern ist, einen großen Unterscheid in den Gedanken. Zwar ohne dieselbe ist kein Mensch zu finden. Ein jeder hat ein gewisses Maaß davon bekommen, ohne welches er sich so gar in Vernunftschlüssen nicht würde behelfen können; wie in der Geisterlehre erwiesen wird. Allein bey einigen ist sie sehr lebhaft und stark. Gewisse Geister haben viel Scharffinnigkeit, wodurch sie gleichsam in einem Augenblicke hundert Eigenschaften von einer Sache, die ihnen vorkömmt, wahrnehmen. Was sie wahrnehmen, das drücket sich, wegen ihrer begierigen Aufmerksamkeit, tief in ihr Gedächtniß: und so bald zu anderer Zeit etwas vorfällt, das nur die geringste Aehnlichkeit damit hat; so bringt ihnen die Einbildungskraft dasselbe wiederum hervor. So ist ihnen denn allezeit eine Menge von Gedanken fast zugleich gegenwärtig: das Gegenwärtige bringt sie aufs Vergangene; das Wirkliche aufs Mögliche, das Empfundene auf alles, was ihm ähnlich ist, oder noch werden kann. Daher entstehen nun Gleichnisse, verblümte Ausdrücke, Anspielungen, neue Bilder, Beschreibungen, Vergrößerungen, nachdrückliche Redensarten, Folgerungen, Schlüsse, kurz, alles das, was man Einfälle zu nennen pflegt, und die alle insgesammt aus einem solchen lebhaften Kopfe entstehen. Dergleichen Geister nun nennet man poetische Geister, und durch diese reiche Gemüthskraft unterscheidet sich ihre Art zu denken von der ordentlichen, die allen Menschen gemein ist.

7. §. Wir wollen die Sache durch ein Exempel erläutern. Gesetzt, ein Geschichtschreiber wollte erzählen, daß ein Land
durch

durch die drey bekannten Plagen, Krieg, Hunger und Pest angegriffen worden. Er wird solches etwa folgender Gestalt ins Werk richten: „Nachdem der Krieg in dem guten „Reiche ein Ende genommen hatte, und die feindlichen Völ„ker abgezogen waren, folgte ein ander landverderbliches „Uebel nach. Die verwüsteten Aecker trugen keine Früchte, „weil niemand da war, der sie bauen wollte: und also ent„stund eine Theurung, die bey dem Armuth nothwendig eine „Hungersnoth nach sich ziehen mußte. Auch das war es „noch nicht alles. Eine pestilenzialische Seuche machte das „Elend des geplagten Landes vollkommen, und beraubte es „vollends seiner noch übrigen Einwohner." Das heißt nun, meines Erachtens, eine historische Schreibart, die das, was sie sagen will, deutlich und ordentlich, richtig und zierlich, nicht niederträchtig, aber auch nicht prächtig vorträgt. Wie wird sich nun ein Poet in gleichem Falle ausdrücken? Amthor soll uns solches zeigen, oder er hat es vielmehr schon auf der 324. Seite seiner Gedichte gewiesen. Er schreibt:

Kaum hatte Mavors Raserey
Den ungeschlachten Durst gekühlet,
Und deine Felder durchgewühlet;
So trat ihm ein Gefährte bey.
Der Mangel ward vom Krieg gebohren;
Weil in der Furchen ödem Grund,
Mehr Blut als warmer Regen stund,
Gieng aller Aecker Zier verlohren.

Dein Elend soll vollkommen seyn!
Zween Feinde' hatten dich bestritten:
Noch hast du nicht genug erlitten;
Drum schießt der dritte mit herein.
Morbona bricht durch alle Riegel,
Sie steigt aus einer Todtengruft,
Und rühret die vergifte Luft
Durch ihre schwarzgemalten Flügel.

Du wohlgeplagtes Land und Stadt!
Was kann wohl deinen Aengsten gleichen?
Wer zählet die gestreckten Leichen,
Die Mortens Wuth geschlachtet hat?

Du

Du kannst die frechen Seelen lehren,
Was das bedrängte Leben sey:
Und bringst durch tausend Zeugen bey,
Wie sehr die Lust sich kann verkehren.

8.§. Nun halte man dieses und jenes vorige gegen einander, so wird es sich sonnenklar zeigen, worinn der Unterschied der Gedanken bestehe. Denn Poeten sind tausend Dinge eingefallen, daran der Geschichtschreiber nicht gedacht hat; bey dem Kriege nämlich, der Gott des Krieges, und dessen Blutdurst, ingleichen die Felder, die von einem Heere durchgraben und verderbet worden. Weil die Hungersnoth aus dem Kriege entstanden ist; so fällt es ihm ein, daß die Kinder von ihren Aeltern entstehen: und er brauchet also dort das Wort gebohren, welches ein ganzes Gleichniß anzeiget. Wenn er die unfruchtbaren Aecker bedenkt; so sieht er, anstatt des Regens, das Blut in den Furchen laufen. Da vorher von Feinden die Rede gewesen, so sieht er, daß auch der Hunger ein Feind des Landes heißen könne; weil er den Kriegsleuten darinn ähnlich ist, daß er Schaden stiftet. Er zählet also schon zween Feinde; und da ihm die Pest noch vor Augen schwebt, davon er reden soll: so macht er sie zum dritten Feinde, weil er eben die Aehnlichkeit daran bemerket. Die Seuche bringt ihn auf die Morbona: diese läßt er, ihrer Natur gemäß, aus der Gruft steigen, und weil sie sehr fürchterlich ist, mit schwarzen Flügeln durch die vergiftete Luft fahren. Hierauf sieht er ihre traurige Wirkungen: er entsetzt sich, und bricht in voller Entzückung in eine heftige Anrede und etliche Fragen aus; beschließt aber endlich mit einer Lehre, die aus der Sache fließt, und seine vorige Beschreibung erbaulich macht. Das mag ein Muster einer vollkommen schönen poetischen Schreibart abgeben: Denn

Omne tulit punctum, qui miscuit utile dulci,
Lectorem delectando, pariterque monendo.

9.§. Ich habe mit gutem Bedachte eine Stelle zum Beyspiele gewählt, darinn das poetische Wesen in voller Stärke

zu sehen ist, damit man es desto handgreiflicher spüren und
wahrnehmen möchte. Denn freylich giebt es verschiedene
Grade derselben. Die eine ist an Einfällen und Gedanken
reicher, die andere ärmer; nachdem entweder ihr Verfasser
mehr oder weniger Geist und Witz besessen hat; oder in einer
gewissen Art von Gedichten anbringen gekonnt und gewollt.
Woraus entsteht sie aber in diesem so vollständigen Exempel
anders, als aus den häufigen und kühnen Metaphoren,
Metonymien und andern verblümten Redensarten; aus
lebhaften Beschreibungen, kurz angebrachten Gleichnissen,
und feurigen Figuren, die den innern Affect des Poeten abschildern? Niemand sage mir, daß man dieses alles auch in
Prosa thun könne. Freylich kann es geschehen; aber es wird
auch alsdann eine ungebundene poetische Schreibart seyn.
Kein guter prosaischer Scribent hat jemals so viel Zierrathe
zusammengehäufet: und wenn er es gethan, so haben alle
Kunstrichter gesagt, er schreibe poetisch. Es läuft auch wider
die Absichten, die sich z. E. ein Geschichtschreiber vorsetzen muß.
Sein Zweck ist, die nackte Wahrheit zu sagen, das ist, die
Begebenheiten, die sich zugetragen haben, ohne allen Firniß,
ohne alle Schminke, zu erzählen. Thäte er das nicht, so
würden seine Leser nicht wissen, ob sie ihm glauben sollten,
oder nicht. Seine große Begierde, schön zu schreiben, würde
ihnen einen Argwohn beybringen, ob er nicht die Liebe zur
Wahrheit aus den Augen gesetzt? Das ist das Urtheil, so man
vom Curtius mit Grunde zu fällen pflegt. Man traut seinen Nachrichten nicht; weil sie gar zu schön klingen. Florus
hat es noch ärger gemacht. Seneca, Apulejus, Sido-
nius Apollinaris, Martianus Capella, Tertullianus
sind unter den Alten in übelm Ruffe. Barclajus aber in seiner Argenis, und unzählige andre, die in lebendigen Sprachen, auch in nauern Zeiten geschrieben haben, sind gleichfalls
unter diejenigen gezählet worden, die nicht nur poetisch, sondern ganz höchtrabend, schwülstig, ja unsinnig gedacht und
geschrieben haben. Wer die Proben von ihrer Schreibart
beysammen sehen will, der darf nur Werenfelsens Dissert. de

Mete-

Meteore nachschlagen, welche man auch in dem I. Buche der eigenen Schriften und Ueberſetzungen der deutſchen Geſellſchaft, überſetzt nachleſen kann, als die hier einem jeden unentbehrlich iſt.

10. §. Nachdem wir nun einmal wiſſen, worinn die poetiſche Schreibart beſteht: ſo müſſen wir ſie auch in ihre Claſſen eintheilen. Ich darf aber auch hier nur bey den dreyen Arten bleiben, die ich in meiner Redekunſt ſchon angegeben habe: nämlich eine iſt die natürliche oder niedrige; die andere iſt die ſinnreiche oder ſogenannte hohe; die von andern auch die ſcharfſinnige oder geiſtreiche genannt wird; und die dritte iſt die pathetiſche, affectuöſe, oder feurige und bewegliche Schreibart. Alle drey müſſen wir erklären, mit Exempeln erläutern, und von ihren Afterſchweſtern unterſcheiden lernen. Ich weis wohl, daß es gewiſſe Klüglinge giebt, die in dieſer Eintheilung, ich weis nicht, was für ein Miſchmaſch finden wollen. Sie bilden ſich ein, was nicht nach ihrem unreifen Sinne iſt; oder vielmehr was denenjenigen, deren Sprachrohr ſie abgeben, nicht gefällt, das ſey nicht richtig. Imgleichen giebt es noch andere, die mit einer unnöthigen, mehr als metaphyſiſchen Genauigkeit, die Dinge ohne Nutzen vervielfältigen, und wohl zwanzigerley Schreibarten aushecken: wie man im ſiebenten Bande der kritiſchen Beyträge ſehen kann. Allein es wird leicht fallen, ihre ungegründete Urtheile abzufertigen.

11. §. Erſtlich dünkt es ihnen, natürlich müßten alle Gattungen der Schreibart ſeyn; und alſo könnte man keine beſondere Art daraus machen. Wer ſieht aber nicht die muthwillige Zundthigung in dieſem Einwurfe? Freylich ſind alle Arten des Ausdruckes demjenigen, der ſie brauchet, natürlich. Auch ein Pritſchmeiſter redet in ſeinen garſtigſten Poſſen, dadurch er die Großen beluſtigen will, ſeiner Natur gemäß, das iſt alber und ſchmutzig. Auch ein Phantaſt redet ſeinem ſchwülſtigen Gehirne gemäß, ſo wie es ihm natürlich iſt; und ſo weiter. Allein wer hat denn hier das Natürliche dem Uebernatürlichen entgegen zu ſetzen gedacht? Wird denn der Natur nicht weit öfter die Kunſt entgegen geſtellt? Die

sinnreiche Schreibart aber sowohl, als die pathetische ist weit künstlicher, als die niedrige; wie ein jeder, der sie nur halb kennet, mir zugestehen wird. Man darf auch nur einen Blick in meine Redekunst thun, wo ich davon gehandelt habe, so wird dieses von sich selbst in die Augen fallen. Das- jenige nämlich, was man im gemeinen Leben, wo man nur auf die Sachen, und nicht auf die Worte denkt, in der Histo- rie, in dogmatischen Büchern u. d. gl. braucht, das heißt natürlich: weil man darinn nicht künstelt, sondern zufrieden ist, wenn man sich so deutlich und richtig ausgedrücket hat, daß man leicht verstanden werden kann. Alles übrige, was mit Fleiß ausstudiret wird, das ist künstlicher. Es ist aber auch leicht zu denken, daß man hier nur die schöne Natur versteht, der alle Künstler nachzuahmen pflegen; nicht aber die häßliche, die sich in der Sprache des Pöbels, die dem- selben natürlich ist, zeiget. Eben darum habe ich sie nicht die gemeine Schreibart nennen können.

12. §. Zum andern will man den Grund dieser Abthei- lung wissen: und weil es diesen tiefsinnigen Kunstrichtern so schwer fällt, denselben zu finden; so will ich ihn hieher setzen. Ein Redner oder Dichter will seine Zuhörer entweder schlech- terdings unterrichten und lehren, oder er will sie belustigen, oder er will sie endlich bewegen. Mehr Absichten kann er bey der Schreibart nicht haben. Ist das erste, so bedienet er sich des natürlichen oder niedrigen Ausdruckes, da man sich der gewöhnlichsten Redensarten und Ausdrückungen gebrau- chet. Dieses thun also die Historienschreiber, wenn sie von rechter Art sind, und die dogmatischen Scribenten: auch wohl die Redner in ihren Eingängen, Erklärungen und Be- weisen. Ist das andere die Absicht des Scribenten; so muß er allerley sinnreiche Gedanken auf eine eben so sinnreiche Art vortragen; und das thun insgemein Redner, wenn sie hier und da Erläuterungen, gute Einfälle, Lehrsprüche, u. d. gl. in ihren Reden einmengen; sonderlich aber die Poeten, wenn sie bittere Lehren oder Wahrheiten angenehm machen wollen. Will aber ein Schriftsteller endlich das letzte: so muß er die

Gemüths-

Gemüthsbewegung, die er in andern erwecken will, selbst
annehmen, und so feurig und heftig, oder affectuös und
pathetisch, als welches einerley ist, reden, daß sein Leser oder
Zuhörer auch entzündet wird; wie solches Horaz in seiner
Dichtkunst gelehret hat: Si vis me flere &c. Da hat man nun
den Grund meiner Eintheilung; die ich doch nicht einmal
für meine Erfindung ausgebe, indem sie schon von so vielen
geschickten Kunstrichtern, gebrauchet worden, mit denen ich
lieber irren, als mit andern recht haben will. *

13. §. Die natürliche oder niedrige Schreibart eines Poeten unterscheidet sich zwar von der ungebundenen Rede durch
einige oben benannte Zierrathe der Gedanken. Doch erhebt
sie sich nicht sehr, verschwendet ihre Blumen nicht, sondern ist
mit einem mäßigen Putze zufrieden. Ihr eigentlicher Sitz
ist in poetischen Erzählungen, in Briefen, in Satiren, in
Lehrgedichten, ingleichen in Gesprächen: wenn die Beschaffenheit der Personen, die sich mit einander besprechen, es zu-
läßt, daß sie besser reden mögen, als man insgemein spricht.
Ein Exempel von Erzählungen giebt uns Raniz in seiner
Fabel auf die Tadelsucht:

Merk auf, ich bitte dich, wies jenem Alten gieng,
Der, um die Welt zu sehn, noch an zu wandern fieng.
Sein Esel war sein Pferd, sein Sohn war sein Gefährte:
Doch als der sanfte Ritt kaum eine Stunde währte,
Da rief ein Reisender ihn unterwegens an:
Was hat euch immermehr das arme Kind gethan,
Daß ihrs laßt neben euch mit schwachen Füssen traben?
Drum stieg der Vater ab, und wich dem müden Knaben.
Doch als er dergestalt die Liebe walten ließ,
Sah er, daß man hernach mit Fingern auf ihn wies.

Z 5   Ihr

---

* Siehe B. Neukirchs Anleitung
zu deutschen Briefen im V. Cap. des
IV. B. p. 603. S. auch des Herrn
Rollins Monier die freyen Künste zu
lehren auf der 29. S. Comme il y a
trois devoirs principaux de l'Orateur, qui sont d'instruire, de plai-
re, & de toucher; Il y a aussi trois
genres d'eloquence &c. &c. Und
selbst Gibert, den man wider meine

Eintheilung anführen will, ist meiner Meynung, wenn er sagt, die
Rede habe drey Eigenschaften: La
Simplicité, l'agrement, & l'eleva-
tion. Daher käme le simple, l'agreable, le sublime. Auch Cicero und
Quintilian haben das ducere, delectare und movere für die drey
Pflichten eines Redners ausgegeben.

Den Adlern drohete; dieß, dieß beſchreiben wir.
Rom! was umnebelt dich? Ach! wie gerathet ihr,
Ihr Bürger in die Wuth, den alten Ruhm zu ſchänden?
Der Römer edles Blut ſo ſchimpflich zu verſchwenden,
Und gebt, was übrig bleibt, verhaßten Völkern Preis ꝛc.

In eben der aufgeblaſenen und unnatürlichen Schreibart
fährt der Poet unaufhörlich fort. Das macht, er hat lauter
überſteigende Gedanken, ſeltſame Vorſtellungen von gewöhnlichen und gemeinen Dingen, weit geſuchte Gegenſätze,
ſtarke Figuren, u. ſ. w. welches ſich alles für Erzählungen
nicht ſchicket. Vom **Statius** und **Claudian** habe ich ſchon
auf der 22. S. in den Anmerkungen zur Horaziſchen Dichtkunſt die Proben angeführet, welche Stelle man nachſchlagen kann.

16. § Es iſt nicht zu leugnen, daß nicht in dieſer Schreibart, ſonderlich **Lucans**, viel Feuer, Einbildungskraft und
Zierrathe zuſammen gehäufet anzutreffen ſeyn ſollten. Dieſes kann man den Bewunderern deſſelben einräumen, ohne
deswegen auf ihre Seite zu treten. Es fraget ſich nur, ob
dieſes alles mit Verſtande und an dem rechten Orte angebracht worden? Heldengedichte müſſen entweder keine Erzählungen ſeyn, oder, die Schreibart derſelben muß anders
eingerichtet werden, als **Lucan** ſie eingerichtet hat. Horaz
ſchreibt gleich im Anfange ſeiner Dichtkunſt:

Incœptis gravibus plerumque & magna profeſſis,
Purpureus late qni ſplendeat unus & alter,
Aſſuitur pannus; cum lucus & ara Dianæ,
Et properantis aquæ per amœnos ambitus agros,
Aut flumen Rhenum, aut pluvius deſcribitur arcus:
Sed nunc non erat his locus!

Eben hierinn iſt auch **Milton** tadelhaft, deſſen Erzählungen
faſt durchgehends gar zu verblümt, ſtolz und prächtig ſind.
Er verſchwendet tauſend Bilder, Gleichniſſe und Beſchreibungen. Er bringt, gleich dem lohenſteiniſchen Arminius,
alle ſeine Gelehrſamkeit und Beleſenheit an, und verfällt

auf

auf langweilige Ausschweifungen, die den Sinn des Lesers
zerstreuen. Tasso und Voltaire, können die Kunst zu erzählen unzähligemal besser, als dieser Engländer.

17. §. Was die Briefe anlangt, die poetisch abgefaßt
werden, so haben sie eben diese natürliche Schreibart nöthig.
So hat Horaz die Seinigen geschrieben; ja ich kann auch
den Ovid hier anführen, obgleich dessen Sendschreiben alle
zu den Elegien gehören. Im Französischen ist Boileau
ein Meister darinnen; im Deutschen aber hat Opitz diese
Schreibart sehr wohl inne gehabt. Flemming und Kanitz
habens ihm gleich gethan; Neukirch und Günther aber
haben ihn weit übertroffen. Ich will zur Probe aus Neukirchs Schreiben der Aurora, an den König von Preußen,
etwas hersetzen:

Ich schreibe, König, hier, was man bey Hofe klagt,
Was meinen Ruhm verletzt, wie fast ein jeder sagt.
Ach! zürne nicht zu früh, denn unsers Geistes Triebe
Sind zwar voll Eifersucht, allein auch voller Liebe.

Es ist nichts grausames, womit du uns beschwerst:
Wir klagen, daß du dich für andre selbst verzehrst;
Daß du ein König bist, und doch in deinen Landen
Kein Diener je gelebt, der früher aufgestanden.
Die Hirten sind erstaunt, die Musen schämen sich:
Denn beyde finden schon, so bald sie wachen, dich.
Mein Phöbus, der dir doch so herzlich wünscht zu dienen,
Ist selber, wie du weißt, stets viel zu spät erschienen;
Und fuhr mich heute noch mit rauhen Worten an:
Daß ich der Wolken Flor nicht früher abgethan.
Was Phöbus an mir straft, geb ich mit gleichem Blicke
Der Ordnung der Natur und dieser Welt zurücke.
Was nützt mir, sprech ich oft, der hellen Flügel Schein,
Wenn Helden flüchtiger, als Licht und Flügel seyn?
Allein, was die Natur mich läßt zur Antwort hören,
Ist dieß, ich möchte doch nicht ihr Gesetze stören rc.

Hier herrschet durchgehends das natürliche ungekünstelte Wesen der poetischen Schreibart; obwohl alles edel und artig
gedacht und gesaget worden.

Z 5

13. §.

18. §. Doch man muß die natürliche Schreibart durchaus nicht mit der niederträchtigen vermiſchen.　Sie ſind wie
Tag und Nacht von einander unterſchieden, obgleich viele
hier keinen Unterſcheid bemerken können.　Sie meynen,
wenn ſie ſich einer niedrigen Schreibart bedienten, ſo ſtünde
ihnen alles frey; zumal, wenn ſie etwas ſcherzhaftes ſagen
wollten.　Daher kommen nun die niederträchtigen Scherze,
oder vielmehr die Fratzen unſrer Dichter.　Z. E. aus vielen
hunderten eines ſolchen Meiſters, Königs, in ſeinen Faſt-
nachtspoſſen und Pritſchmeiſterreimen, nur ein Paar zur
Probe zu geben:

> Hier ſtellt ſich ein Ducatenhuſter ein;
> Das wird für mich auch wohl nicht übel ſeyn,
> Doch bey der hölzernen Zutſchkann voll Bier
> Wirſt du wohl fluchen:
> Denn mich bedeucht, du wirſt viel lieber dir
> Ein hübſch Paar fleiſcherne Zutſchkannen ſuchen.

Oder dieſes:

> Es kömmt, weil du allhier den weiten Schuß gethan,
> Ein Kober, der gefüllt mit Eyern, für dich an:
> Doch, kannſt du ſie entrathen;
> So ſchick den ganzen Korb an die Caſtraten.

Auch Günther iſt bey ſeiner unedlen Lebensart ſehr oft auf
dieſe niederträchtige Schreibart gerathen; und das zwar nicht
nur in Satiren, darinn er außer Racheln auch wohl die
Alten zu Vorgängern gehabt; ſondern in Briefen und andern Gedichten, darinn man wohl etwas edlers von ihm
hatte fordern können.　Ich will hier nur aus ſeiner Heldenode auf den Prinz Eugen etwas anführen, welches das
ganze Gedicht verſtellet.　Er beſchreibt einen Soldaten, der
aus Ungarn kömmt, und in einer Dorfſchenke ſeine Thaten
erzählt:

> Dort ſpitzt ein voller Tiſch das Ohr,
> Und hört, wie Nachbars Haus erzähle:
> Hans ißt, und ſchneidet doppelt vor,
> Und ſchmiert ſich dann und wann die Kehle.
> Seht, ſpricht er, Schwäger! ſeht nur her,
> Als wenn nun dieß die Donau wär:

Hier

Hier macht er einen Strich mit Bierre.
Da streiften wir, da stund der Feind;
Hier gieng es schärfer, als man meynt!
Gott straf! ihr glaubt mirs ohne Schwüre.

19. §. Von Erzählungen dieser Art, will ich aus Riede-
rers Fabeln Aesopi die LXV. hersetzen, wiewohl sie alle gleich
geschickt dazu wären. Es heißt:

Ein Fuchs, der Bauren schuldger Diener,
Da, wenn es an ein Stehlen geht;
Stahl einem solchen viele Hüner,
Und machte sie im Huy laber.
Der Bauer suchte sich zu rächen,
Und durfte doch kein Wörtlein sprechen.

So edel erzählt nun unser nürnbergischer Phädrus. Das
heißt ja abgeschmackt, und nicht natürlich, es wäre denn, daß
jenes auch gewissen Leuten in der Natur steckte: zum wenigsten aber würde es alsdann keine schöne Natur seyn; die sich
doch Maler und Dichter billig nachzuahmen bemühen sollten.
Von Briefen beruffe ich mich auf Ranitzens Gedichte, auf
der 122. S. der neuen Auflage. Es ist des Herrn von Brand
Antwortschreiben, auf des Herrn von Ranitz unvergleich-
liches Schreiben vom Landleben, und hebt so an:

Mein allerliebster Freund und werthester Herr Bruder, ...
Der du im Blumberg itzt versammlest deine Fuder,
Der du, wie Tityrus, dort in dem Schatten liegst,
Und zählest, was für Korn du in die Scheunen kriegst:
Du dürftest dich fürwahr so künstlich nicht bemühen,
Mich durch ein schön Gedicht hinaus aufs Land zu ziehen.
Es braucht, willst du mich sehn, von dir ein einzig Wort:
Dein Landgut ist für mich ein allzulieber Ort;
Ich weis schon, wie man da die Stunden kann vertreiben.
Die Feldlust hättest du nicht nöthig zu beschreiben rc.

Das ist ja wohl gegen die kanitzische natürliche Schreibart
lauter kaltes und ungesalzenes Wasser; ich will sagen, eine
elende, magre Prosa, die so nothdürftig in Sylbenmaaß und
Reime gebracht worden. Und doch hat uns König diese
lumpen auf Ranitzens Purpur geflickt!

20. §.

zu sehen ist, damit man es desto handgreiflicher spüren und
wahrnehmen möchte. Denn freylich giebt es verschiedene
Grade derselben. Die eine, ist an Einfällen und Gedanken
reicher, die andere ärmer; nachdem entweder ihr Verfasser
mehr oder weniger Geist und Witz besessen hat; oder in einer
gewissen Art von Gedichten anbringen gekonnt und gewollt.
Woraus entsteht sie aber in diesem so vollständigen Exempel
anders, als aus den häufigen und kühnen Metaphoren,
Metonymien und andern verblümten Redensarten; aus
lebhaften Beschreibungen, kurz angebrachten Gleichnissen,
und feurigen Figuren, die den innern Affect des Poeten abschildern? Niemand sage mir, daß man dieses alles auch in
Prosa thun könne. Freylich kann es geschehen; aber es wird
auch alsdann eine ungebundene poetische Schreibart seyn.
Kein guter prosaischer Scribent hat jemals so viel Zierrathe
zusammengehäufet: und wenn er es gethan, so haben alle
Kunstrichter gesagt, er schreibe poetisch. Es läuft auch wider
die Absichten, die sich z. E. ein Geschichtschreiber vorsetzen muß.
Sein Zweck ist, die nackte Wahrheit zu sagen; das ist, die
Begebenheiten, die sich zugetragen haben, ohne allen Zierath,
ohne alle Schminke, zu erzählen. Thäte er das nicht, so
würden seine Leser nicht wissen, ob sie ihm glauben sollten,
oder nicht. Seine große Begierde, schön zu schreiben, würde
ihnen einen Argwohn beybringen, ob er nicht die Liebe zur
Wahrheit aus den Augen gesetzt? Das ist das Urtheil, so man
vom Curtius mit Grunde zu fällen pflegt. Man traut seinen Nachrichten nicht; weil sie gar zu schön klingen. Florus
hat es noch ärger gemacht. Seneca, Apulejus, Sido-
nius Apollinaris, Martianus Capella, Tertullianus
sind unter den Alten in übelm Ruffe. Barclajus aber in seiner Argenis, und unzählige andre, die in lebendigen Sprachen, auch in neuern Zeiten geschrieben haben, sind gleichfalls
unter diejenigen gezählet worden, die nicht nur poetisch, sondern ganz hochtrabend, schwülstig, ja unsinnig gedacht und
geschrieben haben. Wer die Proben von ihrer Schreibart
beysammen sehen will, der darf nur Werenfelsens Dissert. de

Mete-

Meteoris nachschlagen, welche man auch in dem I. Buche der eigenen Schriften und Uebersetzungen der deutschen Gesellschaft, übersetzt nachlesen kann, als die hier einem jeden unentbehrlich ist.

10. §. Nachdem wir nun einmal wissen, worinn die poetische Schreibart besteht: so müssen wir sie auch in ihre Classen eintheilen. Ich darf aber auch hier nur bey den dreyen Arten bleiben, die ich in meiner Redekunst schon angegeben habe: nämlich eine ist die natürliche oder niedrige; die andere ist die sinnreiche oder sogenannte hohe; die von andern auch die scharfsinnige oder geistreiche genannt wird; und die dritte ist die pathetische, affectuöse, oder feurige und bewegliche Schreibart. Alle drey müssen wir erklären, mit Exempeln erläutern, und von ihren Afterschwestern unterscheiden lernen. Ich weis wohl, daß es gewisse Klüglinge giebt, die in dieser Eintheilung, ich weis nicht, was für ein Mischmasch finden wollen. Sie bilden sich ein, was nicht nach ihrem unreifen Sinne ist; oder vielmehr was denenjenigen, deren Sprachrohr sie abgeben, nicht gefällt, das sey nicht richtig. Imgleichen giebt es noch andere, die mit einer unnöthigen, mehr als metaphysischen Genauigkeit, die Dinge ohne Nutzen vervielfältigen, und wohl zwanzigerley Schreibarten aushecken: wie man im siebenten Bande der kritischen Beyträge sehen kann. Allein es wird leicht fallen, ihre ungegründete Urtheile abzufertigen.

11. §. Erstlich dünkt es ihnen, natürlich müßten alle Gattungen der Schreibart seyn; und also könnte man keine besondere Art daraus machen. Wer sieht aber nicht die muthwillige Zunöthigung in diesem Einwurfe? Freylich sind alle Arten des Ausdruckes demjenigen, der sie brauchet, natürlich. Auch ein Pritschmeister redet in seinen garstigsten Possen, dadurch er die Großen belustigen will, seiner Natur gemäß, das ist alber und schmutzig. Auch ein Phantast redet seinem schwülstigen Gehirne gemäß, so wie es ihm natürlich ist; und so weiter. Allein wer hat denn hier das Natürliche dem Uebernatürlichen entgegen zu setzen gedacht? Wird denn der Natur nicht weit öfter die Kunst entgegen gestellt? Die

Z 3

ſinnreiche Schreibart aber ſowohl, als die pathetiſche iſt weit
künſtlicher, als die niedrige; wie ein jeder, der ſie nur halb
kennet, mir zugeſtehen wird. Man darf auch nur einen
Blick in meine Redekunſt thun, wo ich davon gehandelt
habe, ſo wird dieſes von ſich ſelbſt in die Augen fallen. Dasjenige nämlich, was man im gemeinen Leben, wo man nur
auf die Sachen, und nicht auf die Worte denkt, in der Hiſtorie, in dogmatiſchen Büchern u. d. gl. braucht, das heißt
natürlich: weil man darinn nicht künſtelt, ſondern zufrieden
iſt, wenn man ſich ſo deutlich und richtig ausgedrücket hat,
daß man leicht verſtanden werden kann. Alles übrige, was
mit Fleiß ausſtudiret wird, das iſt künſtlicher. Es iſt aber
auch leicht zu denken, daß man hier nur die ſchöne Natur
verſteht, der alle Künſtler nachzuahmen pflegen; nicht aber
die häßliche, die ſich in der Sprache des Pöbels, die demſelben natürlich iſt, zeiget. Eben darum habe ich ſie nicht
die gemeine Schreibart nennen können.

12. §. Zum andern will man den Grund dieſer Abtheilung wiſſen: und weil es dieſen tiefſinnigen Kunſtrichtern ſo
ſchwer fällt, denſelben zu finden; ſo will ich ihn hieher ſetzen.
Ein Redner oder Dichter will ſeine Zuhörer entweder ſchlechterdings unterrichten und lehren, oder er will ſie beluſtigen,
oder er will ſie endlich bewegen. Mehr Abſichten kann er
bey der Schreibart nicht haben. Iſt das erſte, ſo bedienet er
ſich des natürlichen oder niedrigen Ausdruckes, da man ſich
der gewöhnlichſten Redensarten und Ausdrückungen gebrauchet. Dieſes thun alſo die Hiſtorienſchreiber, wenn ſie von
rechter Art ſind, und die dogmatiſchen Scribenten: auch
wohl die Redner in ihren Eingängen, Erklärungen und Be-
weiſen. Iſt das andere die Abſicht des Scribenten; ſo muß
er allerley ſinnreiche Gedanken auf eine eben ſo ſinnreiche Art
vortragen; und das thun insgemein Redner, wenn ſie hier
und da Erläuterungen, gute Einfälle, Lehrſprüche, u. d. gl.
in ihren Reden einmengen; ſonderlich aber die Poeten, wenn
ſie bittere Lehren oder Wahrheiten angenehm machen wollen.
Will aber ein Schriftſteller endlich, das letzte: ſo muß er die
Gemüths-

Gemüthsbewegung, die er in andern erwecken will, selbst
annehmen, und so feurig und heftig, oder affectuös und
pathetisch, als welches einerley ist, reden, daß sein Leser oder
Zuhörer auch entzündet wird; wie solches Horaz in seiner
Dichtkunst gelehret hat: Si vis me flere &c. Da hat man nun
den Grund meiner Eintheilung; die ich doch nicht einmal
für meine Erfindung ausgebe, indem sie schon von so vielen
geschickten Kunstrichtern gebrauchet worden, mit denen ich
lieber irren, als mit andern recht haben will. *

13. §. Die natürliche oder niedrige Schreibart eines Poeten unterscheidet sich zwar von der ungebundenen Rede durch
einige oben benannte Zierrathe der Gedanken. Doch erhebt
sie sich nicht sehr, verschwendet ihre Blumen nicht, sondern ist
mit einem mäßigen Putze zufrieden. Ihr eigentlicher Sitz
ist in poetischen Erzählungen, in Briefen, in Satiren, in
Lehrgedichten, imgleichen in Gesprächen: wenn die Beschaffenheit der Personen, die sich mit einander besprechen, es zu-
läßt, daß sie besser reden mögen, als man insgemein spricht.
Ein Exempel von Erzählungen giebt uns Kaniz in seiner
Fabel auf die Tadelsucht:

Merk auf, ich bitte dich, wies jenem Alten gieng,
Der, um die Welt zu sehn, noch an zu wandern fieng.
Sein Esel war sein Pferd, sein Sohn war sein Gefährte;
Doch als der sanfte Ritt kaum eine Stunde währte,
Da rief ein Reisender ihn unterwegens an:
Was hat euch immermehr das arme Kind gethan,
Daß ihrs laßt neben euch mit schwachen Füßen traben?
Drum stieg der Vater ab, und wich dem müden Knaben.
Doch als er dergestalt die Liebe walten ließ,
Sah er, daß man hernach mit Fingern auf ihn wies.

3   Ihr

Ihr könntet ja mit Recht, hört er von andern Leuten,
Zum wenigſten zugleich mit eurem Buben reiten.
Er folgte dieſem Rath, und als er weiter kam,
Erfuhr er, daß man ihm auch dieſes übel nahm.
Es ſchrie ein ganzer Markt: Ihr thut dem Thiere Schaden!
Man pflegt nicht ſo, wie ihr, ſein Vieh zu überladen.
Der Alte, der noch nie die Welt ſo wohl gekannt,
Kehrt eilig wieder um, wie ers am beſten fand,
Und ſagte: Soll ich mich in alle Leute ſchicken,
So packten ſie mir gar den Eſel auf den Rücken.

14. §. Dieſes iſt nun die poetiſche Art, Fabeln zu erzählen, der ſich, im Lateiniſchen, Phädrus als ein Meiſter bedienet hat. Virgil, in ſeiner Aeneis, hat ſich eben derſelben bedienet, ſo oft er ſelber etwas erzählet, und keinen andern redend einführet. Amthor hat in ſeiner Ueberſetzung die edle Einfalt dieſes Lateiners völlig erreichet, darum will ich eine Probe gleich aus dem erſten B. wo es heißt: Vrbs antiqua ſuit &c. herſetzen:

Ein alter Wunderbau, den man Karthago hieß,
Worinn der Tyrier ſich häuslich niederließ,
Durch Krieg und Frieden groß, lag der berühmten Tyber,
Und dem Lateinerland zur Seiten gegen über.
Man ſagt, daß Juno ihn vor allen hochgeſchätzt,
Ja Samus Götterhaus ihm ſelber nachgeſetzt.
Hier war der Waffenplatz für ihre Macht erſehen,
Hier ſollte Spieß und Schild nebſt ihrem Wagen ſtehen:
Ja träfe das Geſchick mit ihren Wünſchen ein,
So ſollten Oſt und Weſt Karthagen zinsbar ſeyn.
Und dennoch mußte ſie die trübe Zeitung hören,
Es würde Trojens Blut der Tyrer Schlöſſer ſtören.
Und ein gefürchtet Volk, von deſſen Kronengold
Und ſeiner Waffen Blitz die Welt erſchüttern ſollt,
Auch ſelbſt den Lybier von ſeinem Thron verdringen:
Nichts würde dieſen Schluß der ſtrengen Parcen zwingen ꝛc.

Da nun dieſes die rechte Schreibart iſt, die ſich zu einem Heldengedichte ſchickt, welches eine Erzählung ſeyn muß: ſo kann man leicht urtheilen, daß weder Lucan, noch Statius, noch Claudian in dieſem Stücke den rechten Weg gegangen

gangen sind. Alle diese schreiben viel zu hochtrabend, als
daß ihre Schreibart einer vernünftigen Erzählung ähnlich
sehen sollte. Sie gehen immer auf Stelzen; ja mit dem
Horaz kann man von ihnen sagen:

> Nubes &. inania captant.

15. §. Wir wollen doch eine Probe aus dem Lucan ansehen, um uns durch den Augenschein selbst überführen zu
lassen, und die Uebersetzung, die Hofrath Pietsch gemacht
hat, hinzusetzen:

> Bella per Emathios, plus quam civilia, campos,
> Jusque datum sceleri canimus, populumque potentem
> In sua victrici conversum viscera dextra,
> Cognatasque acies; & rupto fœdere regni
> Certatum, totis concussi viribus orbis
> In commune nefas; infestisque obvia signis
> Signa, pares aquilas, & pila minantia pilis.
> Quis furor? o Cives! quæ tanta licentia ferri,
> Gentibus invisis Latium præbere cruorem?
> Cumque superba foret Babylon spolianda tropæis
> Ausoniis, umbraque erraret Crassus inulta:
> Bella geri placuit nullos habitura triumphos.
> Heu quantum potuit terræ pelagique parari,
> Hoc quem civiles hauserunt sanguine dextræ!
> Unde venit Titan &c.

Die Uebersetzung aber lautet so:

> Das unfruchtbare Blut, so durch die Bürgerkriege,
> Ematien befleckt, der frechen Bosheit Siege,
> Des starken Volkes Hand, das sein entblößtes Schwert,
> So sonst die Barbarn schlug, auf seine Brüste kehrt;
> Des Reiches Band getrennt, zwey Blutsverwandte Freunde
> Zum Streit erhitzet hat, die als erboßte Feinde,
> Mit aller Kraft gekämpft, als die empörte Welt,
> Zwey starker Heere Macht zum Treffen aufgestellt;
> Als Fahn auf Fahne stieß, als Schild auf Schilde stießen,
> Und selbst der Römer Arm mit scharfen Bürgerspießen

Den Adlern drohete; dieß, dieß beſchreiben wir.
Rom! was umnebelt dich? Ach! wie gerathet ihr,
Ihr Bürger in die Wuth, den alten Ruhm zu ſchänden?
Der Römer edles Blut ſo ſchimpflich zu verſchwenden,
Und gebt, was übrig bleibt, verhaßten Völkern Preis ꝛc.

In eben der aufgeblaſenen und unnatürlichen Schreibart
fährt der Poet unaufhörlich fort. Das macht, er hat lauter überſteigende Gedanken, ſeltſame Vorſtellungen von gewöhnlichen und gemeinen Dingen, weit geſuchte Gegenſätze,
ſtarke Figuren, u. ſ. w. welches ſich alles für Erzählungen
nicht ſchicket. Vom Statius und Claudian habe ich ſchon
auf der 22. S. in den Anmerkungen zur Horaziſchen Dichtkunſt die Proben angeführet, welche Stelle man nachſchlagen kann.

16. § Es iſt nicht zu leugnen, daß nicht in dieſer Schreibart, ſonderlich Lucans, viel Feuer, Einbildungskraft und
Zierrathe zuſammen gehäufet anzutreffen ſeyn ſollten. Dieſes kann man den Bewunderern deſſelben einräumen, ohne
deswegen auf ihre Seite zu treten. Es fraget ſich nur, ob
dieſes alles mit Verſtande und an dem rechten Orte angebracht worden? Heldengedichte müſſen entweder keine Erzählungen ſeyn, oder, die Schreibart derſelben muß anders
eingerichtet werden, als Lucan ſie eingerichtet hat. Horaz
ſchreibt gleich im Anfange ſeiner Dichtkunſt:

Incœptis gravibus plerumque & magna profeſſis,
Purpureus late qni ſplendeat unus & alter,
Aſſuitur pannus; cum lucus & ara Dianæ,
Et properantis æquæ per amœnos ambitus agros,
Aut flumen Rhenum, aut pluvius deſcribitur arcus:
Sed nunc non erat his locus!

Eben hierinn iſt auch Milton tadelhaft, deſſen Erzählungen
faſt durchgehends gar zu verblümt, ſtolz und prächtig ſind.
Er verſchwendet tauſend Bilder, Gleichniſſe und Beſchreibungen. Er bringt, gleich dem lohenſteiniſchen Arminius,
alle ſeine Gelehrſamkeit und Beleſenheit an, und verfällt
auf

auf langwierige Ausschweifungen, die den Sinn des Lesers
zerstreuen. Taſſo und Voltaire, können die Kunſt zu erzählen unzähligemal beſſer, als dieſer Engländer.

17. §. Was die Briefe anlangt, die poetiſch abgefaßt
werden, ſo haben ſie eben dieſe natürliche Schreibart nöthig.
So hat Horaz die Seinigen geſchrieben; ja ich kann auch
den Ovid hier anführen, obgleich deſſen Sendſchreiben alle
zu den Elegien gehören. Im Franzöſiſchen iſt Boileau
ein Meiſter darinnen; im Deutſchen aber hat Opitz dieſe
Schreibart ſehr wohl inne gehabt. Flemming und Ranitz
habens ihm gleich gethan; Neukirch und Günther aber
haben ihn weit übertroffen. Ich will zur Probe aus Neukirchs Schreiben der Aurora, an den König von Preußen,
etwas herſetzen:

> Ich ſchreibe, König, hier, was man bey Hofe klagt,
> Was meinen Ruhm verletzt, wie faſt ein jeder ſagt.
> Ach! zürne nicht zu früh, denn unſers Geiſtes Triebe
> Sind zwar voll Eiferſucht, allein auch voller Liebe.
>
> Es iſt nichts grauſamers, womit du uns beſchwerſt:
> Wir klagen, daß du dich für andre ſelbſt verzehrſt;
> Daß du ein König biſt, und doch in deinen Landen
> Kein Diener je gelebt, der früher aufgeſtanden.
> Die Hirten ſind erſtaunt, die Muſen ſchämen ſich:
> Denn beyde finden ſchon, ſo bald ſie wachen, dich.
> Mein Phöbus, der dir doch ſo herzlich wünſcht zu dienen,
> Iſt ſelber, wie du weiſt, ſtets viel zu ſpät erſchienen;
> Und fuhr mich heute noch mit rauhen Worten an:
> Daß ich der Walten Flor nicht früher abgethan.
> Was Phöbus an mir kraft, geb ich mit gleichem Blicke
> Der Ordnung der Natur und dieſer Welt zurücke.
> Was nützt mir, ſprech ich oft, der hellen Flügel Schein,
> Wenn Helden flüchtiger, als Licht und Flügel ſeyn?
> Allein, was die Natur mich läßt zur Antwort hören,
> Iſt dieß, ich möchte doch nicht ihr Geſetze ſtören ꝛc.

Hier herrſchet durchgehends das natürliche ungekünſtelte Weſen der poetiſchen Schreibart; obwohl alles edel und artig
gedacht und geſaget worden.

18. §.

18. §. Doch man muß die natürliche Schreibart durchaus nicht mit der niederträchtigen vermiſchen. Sie ſind wie
Tag und Nacht von einander unterſchieden, obgleich viele
hier keinen Unterſcheid bemerken können. Sie meynen,
wenn ſie ſich einer niedrigen Schreibart bedienten, ſo ſtünde
ihnen alles frey; zumal, wenn ſie etwas ſcherzhaftes ſagen
wollten. Daher kommen nun die niederträchtigen Scherze,
oder vielmehr die Fratzen unſrer Dichter. Z. E. aus vielen
hunderten eines ſolchen Meiſters, Königs, in ſeinen Faſt-
nachtspoſſen und Pritſchmeiſterreimen, nur ein Paar zur
Probe zu geben:

    Hier ſtellt ſich ein Ducatenhuſter ein;
    Das wird für mich auch wohl nicht übel ſeyn,
    Doch bey der hölzernen Zutſchkann voll Bier
    Wirſt du wohl fluchen:
    Denn mich bedeucht, du wirſt viel lieber dir
    Ein hübſch Paar fleiſcherne Zutſchkannen ſuchen.

Oder dieſes:

    Es kömmt, weil du allhier den weiten Schuß gethan,
    Ein Kober, der gefüllt mit Eyern, für dich an:
    Doch, kannſt du ſie entrathen;
    So ſchick den ganzen Korb an die Caſtraten.

Auch Günther iſt bey ſeiner unedlen Lebensart ſehr oft auf
dieſe niederträchtige Schreibart gerathen; und das zwar nicht
nur in Satiren, darinn er außer Racheln auch wohl die
Alten zu Vorgängern gehabt; ſondern in Briefen und andern Gedichten, darinn man wohl etwas edlers von ihm
hätte fordern können. Ich will hier nur aus ſeiner Heldenode auf den Prinz Eugen etwas anführen, welches das
ganze Gedicht verſtellet. Er beſchreibt einen Soldaten, der
aus Ungarn kömmt, und in einer Dorfſchenke ſeine Thaten
erzählt:

    Dort ſpitzt ein voller Tiſch das Ohr,
    Und hört, wie Nachbars Haus erzähle:
    Hans ißt, und ſchneidet doppelt vor,
    Und ſchmiert ſich dann und wann die Kehle.
    Seht, ſpricht er, Schwäger! ſeht nur her,
    Als wenn nun dieß die Donau wär:

                              Hier

Hier macht er einen Strich mit Biere.
Da ſtreiften wir, da ſtund der Feind;
Hier gieng es ſchärfer, als man meynt!
Gott ſtraf! ihr glaubt mirs ohne Schwöre.

19. §. Von Erzählungen dieſer Art, will ich aus Riede-
rers Fabeln Aeſopi die LXV. herſetzen, wiewohl ſie alle gleich
geſchickt dazu wären. Es heißt:

Ein Fuchs, der Bauren ſchuldger Diener, ꝛꝛꝛ.
Da, wenn es an ein Stehlen geht;
Stahl einem ſolchen viele Hüner,
Und machte ſie im Huy ladet.
Der Bauer ſuchte ſich zu rächen,
Und durfte doch kein Wörtlein ſprechen.

So edel erzählt nun unſer nürnbergiſcher Phädrus. Das
heißt ja abgeſchmackt, und nicht natürlich, es wäre denn, daß
jenes auch gewiſſen Leuten in der Natur ſteckte: zum wenigſten aber würde es alsdann keine ſchöne Natur ſeyn; die ſich
doch Maler und Dichter billig nachzuahmen bemühen ſollten.
Von Brieſen beruffe ich mich auf Kanitzens Gedichte, auf
der 122. S. der neuen Auflage. Es iſt des Herrn von Bränd
Antwortſchreiben, auf des Herrn von Kanitz unvergleich-
liches Schreiben vom Landleben, und hebt ſo an:

Mein allerliebſter Freund und wertheſter Herr Bruder, ꝛꝛꝛ.
Der du im Blumberg itzt verſammleſt deine Fuder,
Der du, wie Titytus, hart in dem Schatten liegſt,
Und zähleſt, was für Korn du in die Scheunen kriegſt:
Du dürfteſt dich fürwahr ſo künſtlich nicht bemühen,
Mich durch ein ſchön Gedicht hinaus aufs Land zu ziehen.
Es braucht, willſt du mich ſehn, von dir ein einzig Wort:
Dein Landgut iſt für mich ein allzulieber Ort;
Ich weis ſchon, wie man da die Stunden kann vertreiben.
Die Feldluſt hätteſt du nicht nöthig zu beſchreiben ꝛc.

Das iſt ja wohl gegen die kantziſche natürliche Schreibart
lauter kaltes und ungeſalzenes Waſſer; ich will ſagen, eine
elende, magre Proſa, die ſo nothdürftig in Sylbenmaaß und
Reime gebracht worden. Und doch hat uns König dieſe
Lumpen auf Kanitzens Purpur geflickt!

20. §.

, : , Es ist um uns geschehen!
Was hab ich doch gehört! Was hab ich doch gesehen!
Kein falscher Schatten hat mich Schlafenden bethört,
Ach! allzuviel gesehn! ach! allzuviel gehört!
Die Unterwelt erstaunt vor jener Donner Knallen,
Von welchen unser Heer und Temeswar gefallen.
Der große Solymann, der Muselmänner Held,
Hat sich und meinen Fall mir lebhaft vorgestellt.
Mich dünkt, ich seh ihn noch! mir zittern alle Glieder,
Er siehet meine Schmach und schlägt die Augen nieder.
Mich dunkt, ich seh ihn noch! rc.

Er treibt, er feurt mich an, dem Feinde vorzubeugen;
Ich soll den Weg zur Flucht ihm durch den Säbel zeigen!
Allein, wer weis, ob nicht der Anblick meiner Pracht
Den Streit noch hitziger, den Sieg noch größer macht?
Ach! gar zu später Schluß! was hab ich doch gesehen?
Was hab ich doch gehort? es ist um uns geschehen.

28. §. Der Sitz dieser pathetischen Schreibart ist anfänglich in Oden, wo der Poet selbst im Affecte steht, und
sich voller Feuer ausdrückt. Ein Exempel giebt Günthers
Ode auf den Eugen, die fast durchgehends diesen Character
beobachtet hat. Sein Affect ist daselbst die Freude, Verwunderung, und heftige Begierde, seines Helden große Thaten zu loben. Er sieht ihn gleichsam vor seinen Augen verschwinden, und feuret seine Muse an, ihm nachzueilen:

Eugen ist fort! Ihr Musen, nach!
Er eilt und schlägt und siegt schon wieder.

Diese abgebrochene kurze Art des Ausdruckes, ist in der That
eine glückliche Nachahmung des stärkesten Affects. Die
ganze Ode ist voll solcher Stellen; und weil sie in aller Händen
ist, so will ich nur von einem widrigen Affecte etwas hersetzen.
Es ist solcher die Traurigkeit, und davon will ich die Exempel
aus Kanitzens Ode auf seine Doris nehmen. Diese ist
gleichfalls ganz beweglich gesetzt, und drücket den zärtlichsten
Schmerz sehr natürlich und rührend aus. Er fängt unter
andern einmal ganz unvermuthet an:

Hälfte

> Hälfte meines matten Lebens!
> Doris! ist es denn vergebens,
> Daß ich kläglich um dich thu?

Andere schöne Stellen habe ich schon in den vorhergehenden
Capiteln daraus angemerket: ich will hier nur noch eine hersetzen, die mir einen Tadel zu verdienen scheint. Es ist folgende:

> Alles das hab ich verlohren!
> Ach wie werd ich traurensvoll!
> Hat mein Unstern sich verschworen,
> Daß ich sterbend leben soll?

Die letzte Zeile ist es, was mir nicht gefällt. Sterbend
leben, ist viel zu künstlich, für einen wahrhaftig Betrübten.
Es ist eine gesuchte Antithesis; ein verwerfliches Spiel der
Gedanken, das sich zum wenigsten in keinen Affect schicket.

29. §. Zum andern schicket sich die pathetische Schreibart
in die Elegien, wo man entweder Verstorbene beklagen, oder
was verliebtes schreiben will: denn dazu gehört eigentlich die
Elegie. Ovidius und Tibullus sind hierinn rechte Meister
gewesen. Nichts ist beweglicher zu lesen, als ihre Klagschrei-
ben und verliebte Briefe. Alles ist herzrührend, und die
Kunst scheint weit davon entfernt zu seyn; herrschet aber um
desto mehr darinn. Ich wüßte fast im Deutschen nicht,
wer sich in Elegien recht hervorgethan hätte. Hofmannswaldaus Heldenbriefe sollten hier zwar zu Mustern dienen;
imgleichen haben Ziegler und Lehms, uns von biblischen
Historien dergleichen gemacht: allein ich fühle mein lebenslang keinen Affect, wenn ich sie lese. Und wie wäre es
möglich, da sie mit lauter Spielen der Phantasie, mit lauter Ambra und Zibeth, Rosen und Nelken, Mosch und
Jasmin, und Muscateller ausstaffiret sind, und tausend andere bunte Einfälle haben, die keinem Affecte natürlich sind.
Ich will also die Zuflucht zu Neukirchen nehmen, der in seinem Gedichte auf die Nachtigall eine recht bewegliche Elegie
mit eingerücket hat. Ich will nur folgende Stelle herfetzen,

die

die mich allezeit gerühret hat, worinn der Poet die Nachtigall um ihren Vorſpruch bittet.　Es heißt:

O Tochter Pandions, o ſüße Philomele!
　　Erbarme, wo du kannſt, dich meiner Traurigkeit;
Und wirf nur einen Blick auf meine Dornenhole,
　　Wenn dein Verhängniß dich mit Roſen überſtreut.
Ich ärgre mich zwar nicht an deinen guten Tagen;
　　Ich gönne dir ſehr gern des Hofes Sonnenſchein;
Es mag dich Friederich auf ſeinen Händen tragen,
　　Dein Trinken Nectarſaft, die Speiſe Zucker ſeyn;
Denn du haſt alles dieß auf Erden wohl verdienet ꝛc.

Bitt aber, Schönſte! nur für mein bedrängtes Leben,
　　Und trag zu rechter Zeit mich deinem Churfürſt an:
Vielleicht will Gottes Hand durch einen Vogel geben,
　　Was weder Witz noch Kunſt, durch Muh erhalten kann.
Du darfſt nicht allererſt nach meinem Kummer fragen,
　　Doch frage, wo du willſt, nur Bäume, Gras und Stein:
Die alle werden dir, die alle werden ſagen,
　　Daß meine Seufzer nichts als Ehr und Tugend ſeyn;
Und daß ich darum mich in heißen Thränen bade,
　　Weil meine Poeſie mit Schimpfe betteln geht;
Und jede Wiſſenſchaft in deines Friedrichs Gnade,
　　Sie aber noch allein in keinen Dienſten ſteht.
Mein Flehen iſt gerecht! ach! aber auch vergebens:
　　Denn dein beglückter Stand kennt meine Seufzer nicht.
Und der erinnert ſich gar ſelten fremdes Lebens,
　　Der täglich ſo, wie du, bey Hofe Blumen bricht.

30. §. Drittens hat die pathetiſche Schreibart in Heldengedichten ſtatt: nicht zwar wenn der Poet ſelbſt erzählet, denn
da muß die natürliche herrſchen; wohl aber, wenn er andere
Perſonen, die im Affecte ſtehen, redend einführet.　Exempel kann man im Virgil nachſehen, wo ſie ſehr häufig vorkommen: wie denn auch im vorigen Hauptſtücke, nach Amthors Ueberſetzung, eines von den allerbeſten, und im 26 §.
dieſes Hauptſtücks eins aus Pietſchen befindlich iſt, welches
man aufſchlagen mag.　Doch will ich noch eins nach Amthors Ueberſetzung aus dem I. Buche der Aeneis anführen.
Aeneas im Ungewitter auf der See,

Hebt die gefaltne Hand zu seinen Göttern auf,
Und spricht: O höchstes Glück! der seinen Lebenslauf
Vor dem gemeinen Feind auf Trojens Mauren schließet,
Und für der Väter Heil das Heldenblut vergießet.
O tapfrer Diomed! Der Griechen höchste Zier,
Ach fiel ich doch, vor dir, auf Trojens Blutrevier!
Wo Hektors Wunderarm Achillen mußte weichen,
Sarpedons Riesenbau des Lebens Segel streichen;
Und wo Simoens Strom, durch seiner Wirbel Zwang,
Blut, Körper, Schild und Helm begierig in sich schlang ꝛc.

Auch die Antwort des Großveziers in Pietschens VI. Carl,
ist vortrefflich:

Nein! Kaiser, nein, es steht dein unbewegter Thron!
So brach der Großvezier mit einem kühnen Ton,
Durch die Verzweifelung, die Achmets Brust bestricket:
Die Pfeiler deines Reichs hat noch kein Feind verrücket!
Wer glaubt, daß sein Gewicht aus Schwachheit sinken kann?
Nein, die beherrschte Welt setzt tausend Schultern an.
Die ungeheure Zahl der Arme, die dich schützen,
Sind Seulen deines Stuhls, die deine Herrschaft stützen.
Versammle deine Macht, verdopple nur dein Heer,
Dein Volk vermehre sich, so wie der Sand am Meer.
Es müsse Stal und Glut und Schrecken mit sich tragen.
Wer es nicht zählen kann, der wird es nimmer schlagen.

31. §. Viertens schicket sich diese Schreibart in die Schauspiele. Da kommen unzählige Gelegenheiten vor, die Personen in vollen Affecten aufzuführen; und da können sie
nicht nachdrücklicher, beweglicher und durchdringender reden,
als in dieser pathetischen Art des Ausdruckes. Hier kann
man des Terenz Komödien, imgleichen in meiner deutschen
Schaubühne, den Menschenfeind, die Spielerinn, den Verschwender, u. a. m. nachschlagen, und die Tragödien zu
Hülfe nehmen. Sonderlich lese man im Cato den Auftritt,
wo Cäsar mit dem Cato spricht; in der Iphigenia, den Auftritt Agamemnons, mit dem Achilles und mit der Clytemnestra im II. Aufzuge. In der Alzire und Cornelia, wird
man gleichfalls die allervortrefflichsten Proben finden, wenn
man in jener die Scene des Zamores mit dem Gusmann,

in

in diefer aber, der Cornelia ihre mit dem Gracchus, und mit dem Bürgermeister Opimius, nachlefen will.   Schwache Geifter, können diefe Schreibart auch hier nicht erreichen, und laffen alle ihre Helden gar zu finnreich reden.   Sie können nicht weinen, ohne die fpizfindigften Klagen dabey aus- zufchütten, und wenn fie verzweifeln, fo gefchieht es allezeit mit großer Scharffinnigkeit.   Lohenftein hat es in feiner Sophonisbe faft durchgehends fo gemacht, weswegen er mit Rechte getadelt worden.   Seneca hat ebenfalls taufend Feh- ler wider diefe Regeln begangen: indem er feinen Perfonen durchgehends mehr Belefenheit und Scharffinnigkeit beyge- leget hat, als es die Wahrfcheinlichkeit erlaubte.

32. §. Das wäre nun kürzlich, was man von der poeti- fchen Schreibart überhaupt, und ihren befondern Gattungen fagen kann.   Die angeführten Scribenten werden das übrige hinzufetzen, wenn man fie nachfchlagen will.   Ich follte noch kürzlich von den Gattungen der Schreibart han- deln,die in Schäfergedichten,Satiren,Scherzgedichten, u. f. w. herrfchet.   Allein, das alles fpare ich in die Hauptftücke des andern Theils diefer Dichtkunft, wo ins befondere davon ge- handelt werden wird.   Ueberhaupt fchließe ich diefes Haupt- ftück mit Horazens Worten:

Scribendi recte, fapere eft et principium et fons:
Rem tibi Socraticæ poterunt oftendere chartæ,
Verbaque prævifam rem non invita fequentur.

Das XII. Hauptſtück.

Von dem Wohlklange der poeti=
ſchen Schreibart, dem verſchiedenen
Sylbenmaaße und den Reimen.

1. §.

Nichts iſt in dieſem allgemeinen Theile der Dichtkunſt noch übrig, als die Abhandlung von dem Wohl= klange, der in der poetiſchen Schreibart mehr, als in proſaiſchen Sachen, beobachtet werden muß. Unter dieſem allgemeinen Ausdrucke begreife ich alles, was an den Verſen ins Gehör fällt; die Abwechſelung langer und kurzer Syl= ben, den Abſchnitt, die Schlußpuncte in den Strophen, die Reime, und wo ſonſt noch etwas die Ohren kützeln, und da= durch das Gemüth eines Leſers oder Zuhörers beluſtigen kann. Die Muſik allein nehme ich aus, als welche eine eigene Kunſt iſt, die auch ohne die Poeſie beſtehen kann: es wäre denn, daß man auch die Harmonie eines wohl aus= geſprochenen Verſes, nach Art der Alten, einen Geſang nennen wollte. Zwar hat auch die ungebundene Schreibart ihren gewiſſen Wohlklang: davon Cicero in ſeinen Geſprä= chen vom Redner, Quintilian, und nach ihnen faſt alle Lehrer der Beredſamkeit ausführlich zu handeln pflegen. Wenn man es genau unterſuchet, woher derſelbe entſteht, ſo findet man: daß es nichts anders, als die angenehme Ab= wechſelung gewiſſer lautenden und ſtummen Buchſtaber; imgleichen die Vermiſchung langer und kurzen Sylben ſey, die, hinter einander ausgeſprochen, einen lieblichen Klang verurſachen. Wie viel in der Wohlredenheit darauf an= komme, das iſt bekannt. Oftmals werden die Zuhörer ei= ner ſo harmoniſchen Rede dadurch mehr, als durch die beſten Gründe, gerühret und eingenommen; zumal, wenn der

Redner

Redner eine liebliche Stimme hat, und bey einer deutlichen Aussprache aller Sylben und Buchstaben die Töne derselben geschickt, d. i. den Sachen und dem Affecte gemäß, zu verändern weis. Außer obgedachten Scribenten kann man auch das XVI. Capitel des I. Theils meiner ausführlichen Redekunst nachsehen, wo im 13. u. f. §. davon gehandelt worden.

2. §. Wie nun die gebundene Schreibart eher, als die ungebundene ins Geschick gebracht worden: also können wir auch den Wohlklang der Poesie nicht von dem Wohlklange der Redner herleiten. Es ist bereits oben bey anderer Gelegenheit gedacht worden, daß Cicero das Gegentheil angemerket hat, wenn er erzählet: daß Isokrates den Poeten vieles abgelernet, was zur Lieblichkeit einer Rede etwas beytragen kann. Die Ursache setzet er auch hinzu; nämlich, weil die ersten Dichter zugleich Sänger und Spielleute gewesen, und ihre Verse also zur Belustigung der Ohren gemacht: so hätten sie eher Anlaß gehabt, auf die Harmonie zu sehen. Die Musik hilft uns also den Ursprung des poetischen Wohlklanges erklären. Ich habe schon in dem ersten Hauptstücke erwähnet, daß die ersten Melodeyen eine gewisse Anzahl der Sylben, oder eine abgemessene Länge der Zeilen, in den Liedern erfordert haben; wodurch sie geschickt geworden, darnach abgesungen zu werden. Das war nun der allergeringste Grad des poetischen Wohlklanges, der auch bey den gröbsten Völkern statt gefunden. Es ist aber gleichwohl dem Gehöre angenehm, wenn alle Abschnitte einer Rede, die nach einander folgen, fast einerley Länge haben: so, daß die Zunge nach gewissen bestimmten Pulsschlägen, gleichsam zu einer periodischen Ruhe kömmt. So sind die Psalmen der Hebräer, auch so gar in unserer deutschen
Ueber-

* S. was der Abt Fourmont im VI. B. der Memoires, oder ausführl. Schriften der parisischen Akad. der schönen Wissenschaften davon geschrieben hat.
** Quintilian schrieb: Poema nemo dubitaverit imperito quodam initio fusum, et aurium mensura et similiter decurrentium spatiorum observatione esse generatum; mox in eo repertos pedes: das ist: Ohne Zweifel ist die Poesie aus einem unstudirten Triebe von ohngefähr entstanden, und durch die Aufmerksam-

Ueberſetzung noch beſchaffen: daher es denn kömmt, daß ſie
auch ſo proſaiſch nach einer gewiſſen freyen Melodie geſungen werden können. * Die älteſten griechiſchen Poeten haben freylich ihre Sylben ſchon genauer nachgezählt, als die
morgenländiſchen: allein mehr läßt uns doch die Rauhigkeit, der alles in ſeinem erſten Urſprunge unterworfen iſt,
von ihren erſten Liedern nicht hoffen.

3. §. Niemand hat den Urſprung und die wahre Beſchaffenheit des poetiſchen Wohlklanges beſſer unterſucht und
ins Licht geſetzt, als Iſaac Voßius, in ſeinem Tractate
de Poematum cantu et viribus Rhythmi, den er zu Oxfort
im Theatro Sheldoniano 1673. in gr. 8. herausgegeben.
Er behauptet gleichfalls darinn auf der 2. Seite, daß die
erſten griechiſchen Verſe, nach der meiſten Schriftſteller
Meynung, keine Füße, und keinen Wohlklang gehabt, und
folglich ganz rauh geweſen. Er führet den Quintilian zum
Zeugen an, deſſen Worte man unten ** ſehen wird. Und
darauf fährt er fort, die Natur und den Urſprung des Sylbenmaaßes zu erklären. Er vertheidiget daſſelbe gegen ſeine
Verächter, die ſich einbilden, es ſey angenehmer, wenn ein
Vers wie ein Fluß in einem geraden Ufer fortſchieße; wo er
kein Hinderniß antrifft, als wenn er gleichſam ſchrittweiſe,
über ſo viele im Wege ſtehende Felſen ſprudeln müßte. Allein, er zeiget aus einer Anmerkung Cicerons, daß diejenigen,
die Natur des Schönen nicht verſtehen, die dafür halten,
daß etwas ganz Einträchtiges ohne Abtheilung, Unterſchied,
und Abwechſelung gefallen könnte. *** Doch weil wir unter unſern Deutſchen keinen Widerſpruch hierinn zu beſorgen haben, ſo halte ich mich hierbey nicht auf. **** Nur
ſetzen wir hier voraus, daß das Gehör und die Ausſprache
selbst

ſeit der Ohren auf die gleich fortlau-
fenden Zeilen und Worte erzeuget
worden; bis bald darauf auch die
Füße erfunden worden.
*** Numerus in continuatione
nullus eſt, diſtinctio et æqualium et
ſæpe variorum intervallorum per-

cuſſio, numerum conficit, quem in
cadentibus guttis, quod intervallis
diſtinguuntur, notare poſſumus, in
amni præcipitante non poſſumus.

**** S. meine Sprachlehre IV.
Theil, I. und III. Hauptſt.

ſelbſt die alten Griechen gelehret, daß nicht alle Sylben
gleichviel Zeit brauchten. Dieſes mochte nun von dem
Tone der Selbſtlauter, oder von der Zahl und Art der Mitlauter herkommen; ſo merkte man doch, daß die eine Sylbe
kurz, und die andere lang ausgeſprochen ward: daher ſie
denn in kurze und lange eingetheilet wurden.

4. §. Der andere Grad des Wohlklangs entſtund wohl
damals, als man bey dem Singen ſolcher aufs genaueſte
obgezählten Zeilen, wahrnahm, daß zu einer jeden Zeile
nach Beſchaffenheit der dazu gehörigen Melodie, auch eine
gewiſſe Abwechſelung ſolcher kurzer und langer Sylben
gehörete. Dieſes bemerkten diejenigen am erſten, die das
zärteſte Gehör hatten, und es unangenehm fanden, wenn
auf eine Sylbe, dahin der Accent fiel, eine kurze Note;
auf eine kurze Sylbe hergegen, die man in der Ausſprache
faſt nicht hörete, im Singen eine lange Note traf. Dieſes ſuchte man nun mit größter Sorgfalt zu vermeiden,
und daher mußte man darauf denken, daß ein Vers dem
andern, und eine Strophe der andern ganz ähnlich würde:
ſo bald nämlich dieſes nicht war, ſo wollte es dieſem zärtlichen Volke nicht klingen; wie es denn wirklich ein gutes
Ohr verletzet. Wer da wiſſen will, wie ſeltſam dieſes klinget, der darf ſich nur von einem Franzoſen ein paar Liederchen vorſingen laſſen. Denn wer ſonſt ihres Singens
nicht gewohnt iſt, der wird ihnen faſt keine Zeile verſtehen
können, ob er ſie gleich ſonſt im Reden verſteht: und das
kömmt daher, weil ihre Poeſie von keiner regelmäßigen
Abwechſelung langer und kurzer Sylben weis, wie ich ſchon
oben im I. Hauptſtück dargethan habe. Da muß es nun
nothwendig geſchehen, daß ein ganz kurzes E zuweilen ſehr
lang ausgedehnet; eine ſehr lange Sylbe hingegen geſchwind
überhüpfet oder verſchlucket wird. Was das für eine Undeutlichkeit in der Ausſprache machet, das iſt nicht zu ſagen:
man muß es aber ſelbſt hören, wenn man es recht völlig begreifen will.

5. §.

5. §. Z. E. das bekannte Lied aus dem du Freny:
Un fou, qui veut faire l'habile,
Dit qu'en lisant il pretend tout savoir &c.

das kann nach der Melodie, die fast allen Franzosen bekannt
ist, nicht anders gesungen werden; als daß die letzte Sylbe
von faire, die doch nach der richtigen Aussprache so kurz, als
möglich ist, lang wird. Das Wort pretend aber, welches
natürlich wie ein Jambus ausgesprochen wird, ein Trochäus
werden muß: weil die Musik es so mit sich bringt, daß auf
die kurzen Sylben lange, und auf die langen Sylben kurze
Noten treffen. Hat nun der Poet die Melodie vorher gewußt,
ehe er sein Lied gemacht, so hat er ein elendes Gehör gehabt,
daß er diesen häßlichen Uebelklang nicht gemerket; oder er
ist so faul gewesen, daß er seine Redensarten nicht nach der
Musik richten wollen. Hat aber der Tonkünstler, zu einer
schon fertigen Ode die Melodie gesetzt: so kann ich es ihm
zwar zurechnen, daß er sich nicht nach der ersten Strophe
gerichtet, und den Sylben ihr Recht wiederfahren lassen. Aber
in allen übrigen Strophen hat er keine Schuld: weil die
französischen Poeten keine einzige Strophe, im Absehen auf
diesen Wohlklang, der andern gleich machen. Ob nun dieses der französischen Nation, die sich auf eine gewisse feine
Zärtlichkeit ihrer Empfindungen soviel zu gute thut, zu Ehren gereiche? das lasse ich unparteyische Kenner beurtheilen.
Wenigstens kann sie sich nicht rühmen, daß sie ein solch em-
pfindliches Ohr habe, als die alten Griechen, oder auch wir
Deutschen haben; denen ein solch barbarisches Singen, wider den Ton der Aussprache rauh und unerträglich vorkömmt. Vossius in dem angezogenen Tractate de Poematum Cantu hat dieses auf der 37 und 38 S. in einem Exempel aus dem Horaz gewiesen. Er vergleicht die Ode:

Audivere, Lyce, Dii mea vota; Dii
Audivere, Lyce, fis anus, et tamen
Vis formosa videri,
Ludisque et bibis impudens. &c.

mit

mit einer franzöſiſchen Ueberſetzung, darinn keine einzige
Strophe mit der andern einerley Wohlklang hat; und davon ich nur die erſte herſetzen will:

· Mes Voeux ſont contens, Iſabelle,
Oui les Dieux de leur Grace ont contenté mes Voeux;
Te voilà vieille, & cependant tu veux
Faire encore la belle.　·

So ſehr ich nun hierinn billige, was dieſer große Kunſtrichter von dieſer ungeſchaffenen Poeſie urtheilt; ſo ſehr muß ich
mich beſchweren, daß er, da er doch ein Holländer war, und den
beſſern Wohlklang der niederdeutſchen Verſe wußte, mit denen auch unſere hochdeutſchen Gedichte übereinkommen, dennoch alle heutige Völker einer ſolchen barbariſchen Dichtkunſt beſchuldiget hat. *　·

6. §. Bey dem allen wollen die guten Franzoſen es nicht
begreifen, daß ihre Sprache lange und kurze Sylben habe.
Auch Rollin in ſeinem ſo berühmten Werke, das er von der
Poeſie und andern freyen Künſten herausgegeben, geſteht zwar
Italienern und Spaniern zu, daß ſie Verſe ohne Reime machen könnten: weil ſie nämlich noch etwas von der alten Art
der lateiniſchen Sprache in ihren Mundarten beybehalten
hätten, dadurch ſie geſchickt wären, einen gewiſſen harmoniſchen Klang in ihre Verſe zu bringen. Aber ſeinen Franzoſen, meynet er, ſey es nicht möglich, Verſe ohne Reimen zu
dulden; weil ſie lauter gleich lange Sylben in ihrer Sprache
hätten, und keine Accente im Reden hören ließen. Ich
glaube, man kann halb taub ſeyn, und doch den ehrlichen
Rollin aus dem bloßen Gehöre widerlegen. Z. E. Die erſte
Zeile aus des Boileau Ode auf Namurs Eroberung:

Quelle

* Nec vero exiſtimandum, ex
quo barbarus iſte ſonus invaluit,
uno ſaltem hoc vitio fœdatam fu-
iſſe poeticam: aliud quippe etiam
longe majoris momenti malum artem hanc invaſit: quod nempe
ſublato rhythmo et carminum men-
ſura, ſimul quoque ſublatus fuerit
carminum cantus. Si latinos ex-
ceperis verſus, factos ad imitationem veterum, nulla in hoc noſtro
ſæculo in tota Europa ſcribuntur
Poemata, quæ nervis et cantui
commode poſſint aptari.

Quelle docte & sainte yvresse!

wird von allen Franzosen als eine trochäische Zeile von vier Füßen ausgesprochen, eben so, wie die erste Zeile aus **Kanitzens** Ode auf seine Doris:

Soll ich meine Doris missen?

Nun versuche mans, und verkehre entweder in der Aussprache die Accente, in die jambische Art zu scandiren:

Quelle docte & sainte yvresse;

Und frage einen Franzosen, ob das recht ausgesprochen sey? oder man spreche alle Sylben gleich lang, das ist, lauter Sponbäen aus, folgender gestalt:

Quelle | docte & | sainte y | vresse.

so wird er entweder taub seyn, oder den Unterscheid hören müssen. Denn es kann in seinen Ohren unmöglich anders klingen, als wenn ich die kanitzische Zeile entweder so lesen wollte:

Soll ich meine Doris missen?

ober so:

Soll ich meine Doris missen?

7. §. Durch diese kleine Ausschweifung will ich nur zeigen, wie nothwendig die alten griechischen Poeten auf die regelmäßige Vermischung langer und kurzer Sylben haben gerathen müssen. Ihr Gehör sagte es ihnen, was lang oder kurz war, und aus dem Klange urtheilten sie, welche Sylbe sich zum Anfange einer Zeile, bey einer gewissen Gesangweise besser schickte. Weiter brauchten sie kein Geheimniß zu Erfindung ihrer mannigfaltigen Arten des Sylbenmaaßes. Die gemeinste Aussprache aller Leute gab es ihnen an die Hand: und wenn sie ihre Verse lasen, so geschah

geſchah es nach der proſodiſchen Scanſion; nicht aber nach
den ungereimten Accenten, die wir heute zu Tage über die
griechiſchen Verſe ſetzen. Hätten ſie zum Exempel Heſiods
erſten Vers,

Μᾶσαι πιερίηθεν, αοιδῆσι κλείεσαι

nach der Art unſerer heutigen Schulmeiſter ausgeſprochen:
ſo hätten ſie ihrer natürlichen Sprache Gewalt angethan;
und folglich auch im Leſen eines Verſes, kein Vergnügen
empfinden können. Der Accent in dem andern Worte ſteht
nämlich auf einer Sylbe, die nach allen Regeln kurz iſt, und
ſollte vielmehr auf dem folgenden η ſtehen. Imgleichen ſteht
im letzten Worte das Strichlein überm ει, wo es eben ſo
wenig hingehöret. Das ει iſt hier lang, und der Doppellaut
muß nach Art zwoer kurzen Sylben, e und i, ausgeſprochen
werden. Und dieſes giebt einen unumſtößlichen Beweis ab,
daß die griechiſchen Accente, die der Proſodie zuwider laufen,
nichts taugen.

8. §. Daß dieſes auch in der lateiniſchen Sprache gelte,
kann ganz augenſcheinlich erwieſen werden. Unſere proſaiſche
Ausſprache tauget nichts, weil wir die Länge und Kürze der
Sylben nicht ſo ausdrücken, wie ſie in ihren Poeten befindlich iſt. Das gemeine Volk in Rom, das von der Länge
und Kürze der Sylben keine Regeln gelernet hatte, konnte es
nach Cicerons Zeugniſſe hören, wenn ein Poet eine kurze
Sylbe lang, oder eine lange kurz gebrauchet hatte. * Nun
ſage mir jemand, wie das möglich geweſen wäre, wenn nicht
die lateiniſchen Sylben ihre Länge und Kürze, bloß nach der
gewöhn-

* Denn nachdem er von dem Wohlklange überhaupt erſt geſagt: Illud
autem ne quis admiretur, quonam
modo hæc vulgus imperitorum in
audiendo notet: cum in omni ge-
nere; tum in hoc ipſo, magna quædam eſt vis incredibilisque natu-
ræ. So ſetzet er nach einer allgemeinen Anmerkung von den Urtheilen,
die nach dem Geſchmacke allein gefället werden, hinzu: Itaque non ſo-
lum verbis arte poſitis moventur
omnes, verum etiam numeris ac
vocibus. Quotus enim quisque eſt,
qui teneat artem numerorum ac
modorum? At in his, ſi paulum
modo offenſum eſt, ut aut contra-
ctione brevius fieret, aut produ-
ctione longius, theatra tota recla-
mant.

gewöhnlichen Aussprache der Römer gehabt hätten; davon
also der Pöbel sowohl, als der Poet, nach dem Gehöre urtheilen können? Aber unsere lateinische Sprachmeister wollen
gern in der Prosodie der Alten besondere Geheimnisse finden,
und durch künstliche Regeln die Länge und Kürze der Sylben
ausmachen. Bey unserer verderbten Aussprache des Lateins,
die lange Sylben kurz, und kurze lang zu machen pflegt, thun
sie uns dadurch zwar gute Dienste: wie wollen sie es aber beweisen, daß auch Virgil eine Prosodie habe lernen müssen?
Es war also mit den alten Sprachen nicht anders beschaffen,
als mit den heutigen, die ein Sylbenmaaß in ihrer Poesie
haben; und fast alle deutscher Abkunft sind. Ihre vornehmste prosodische Regel war eben so, wie bey uns, diese:
Ein Poet richte sich in der Scansion, nach der ge-
meinen Aussprache. Dieses könnte noch weitläuftiger
erwiesen, und von etlichen kleinen Einwürfen befreyet werden,
wenn ich eine lateinische Prosodie zu schreiben im Sinne hätte:
Man lese aber was Vossius, am angeführten Orte, auf der
29 und 30 Seite davon geschrieben, und was ich in meiner
Sprachkunst IV. Theile im 2 und 3 Hauptstücke davon geschrieben: so wird man völlig überzeuget werden.

9. §. Unter den vielfältigen Gattungen des Sylbenmaaßes, die von Griechen und Lateinern erdacht und gebrauchet worden, ist zwar keine einzige, die sich nicht auch
in unsrer, ja in allen andern Sprachen nachmachen ließen.
Wir, und alle übrige Völker haben lange und kurze Sylben, die sich in ungebundner Rede auf tausendfältige Art
durch einander mischen lassen. Was hindert es denn, daß
wir dieselben nicht auch auf eine einträchtige Art, nach einer
beliebig angenommenen Regel, sollten abwechseln können?
Daß unsre Nachbarn dieses nicht erkennen wollen, oder nicht
gewahr werden, das gereichet uns zu keinem Nachtheile.
Gleichwohl hat Henrich Stephan französische Hexameter
versuchet. Siehe l' Histoire de la Poesie françoise par Maf-
suet: und Crescimbeni, in s. Historia della volgar Poesia
will behaupten; die wälschen heroischen Verse, wären aus

Crit. Dichtk. B b den

den Hendecaſyllabis der Lateiner entſprungen. Allein viele von unſern Dichtern und Kunſtrichtern haben hier alles mögliche gethan. Sonderlich haben Conr. Geſner, Claius, von Birken, Heräus und Omeis ſichs angelegen ſeyn laſſen, die Möglichkeit vieler Arten des Sylbenmaaßes in unſrer Mutterſprache zu erweiſen, und allerley Exempel davon gegeben. Daß ſie aber nicht Beyfall und Nachfolger gefunden, das kömmt meines Erachtens daher: weil die Harmonie der gar zu gekünſtelten Abwechſelungen der Füſſe nicht ſo leicht ins Gehör fällt; da man auch im Lateiniſchen Mühe hat, eine ungewöhnliche Art von Verſen recht zu ſcandiren.

10. §. Man iſt alſo im Deutſchen vor Alters faſt bey den jambiſchen Verſen allein geblieben; weil dieſelben unſrer Sprache am natürlichſten ſind. Die Artikel vor den Nennwörtern, und die Fürwörter vor den Zeitwörtern geben lauter ſteigende Zeilen an die Hand: ſo vieler tauſend zuſammengeſetzter Wörter, davon unſre Sprache voll iſt, nicht zu gedenken; die ordentlich von vorne mit einer kurzen Sylbe verlängert werden, und alſo Jamben ausmachen. Z. E. Verſtand, Gemüth, Vernunft, Geduld, genug, worauf, vorhin, betrübt, verdammt, erheben, geſtorben, verlangen, beſonders, entkräften, unmöglich, ausführlich, u. ſ. w. Daß nun dergleichen Verſe vor Alters in Deutſchland, entweder mit Fleiß, oder von ungefähr, nach dem bloßen Gehöre gemachet worden, das habe ich bereits oben im erſten Capitel aus Luthers Liedern, ja aus Winsbeks Ermahnung an ſeinen Sohn erwieſen. Ja, man findet auch wohl in ältern Poeten unſers Vaterlandes, z. E. im Ottfried, die Spuren davon.

11. §. Die trochäiſchen ſind zwar ſo ſehr nicht Mode geworden, doch unſrer Sprache eben ſo natürlich, als jene Gattung. D. Luther hat ſchon zu ſeiner Zeit den Lobgeſang Ambroſii: Nun komm der Heiden Heiland, durchgehends in dergleichen Art von Verſe überſetzt: welches zwar aus dieſem Anfange nicht erhellet, aber in dem ganzen

Liede

Liebe unleugbar ist; wenn man nur etliche harte Stellen der damaligen rauhen Mundart nachsehen will. Z. E. ist folgende Strophe ihm gut gerathen: ＼

> Der du bist dem Vater gleich,
> Führe hinaus den Sieg im Fleisch,
> Daß dein ewge Gottes-Gewalt,
> In uns das krank Fleisch erhalt.

So gar im Ottfried findet man unzähliche trochäische Zeilen, ja zuweilen vier, fünf, sechs hintereinander: welches gewiß dem Poeten nicht ungefähr gekommen seyn kann; sondern um des Wohlklanges halber, den er in dergleichen Versen bemerket hat, mit Fleiß geschehen seyn mag. Es giebt gelehrte Männer, die dafür halten, diese Art des Sylbenmaaßes sey unsrer Muttersprache viel natürlicher, als die jambische. Sie berufen sich auf die einfachen Nennwörter derselben, die gewiß entweder einsylbig sind, und also in allen Abänderungen mit einer langen Sylbe anfangen, und mit einer kurzen endigen; als, von Haupt, Hand, Fuß, Häupter, Hände, Füße, oder zwey Sylben haben, wie z. E. Glaube, Liebe, Hoffnung, Vater, Mutter, und also auch fast lauter Trochäen machen. Ja selbst die Hauptwörter im Infinitivo, gehören zu denen, die gleichfalls trochäisch klingen; als, leben, sterben, essen, trinken ꝛc. Allein, dem sey wie ihm wolle, so ist es doch gewiß, daß trochäische Gedichte uns Deutschen nicht schwerer fallen können, als jambische. Unsre Sprache hat fast eben so viel lange, als kurze Sylben; und da sich dieselben hier so wohl, als in der jambischen Art, in gleicher Anzahl befinden müssen: so läuft es auf eins hinaus, was man für Verse machen will.

12. §. Das daktylische Sylbenmaaß ist das dritte, das bey uns von August Buchnern eingeführet worden, der aber selbst gestehet, daß er es nicht erfunden, sondern schon bey den Alten angetroffen. Es erfodert, wie bekannt ist, zwey mal so viel kurze, als lange Sylben; und ist daher so leicht

nicht

nicht, als die beyden obigen Gattungen. Wir finden auch
daher vor Opitzen wohl nicht leicht eine ganz daktylische
Strophe in unsern alten Poeten; ja auch nach seiner Zeit
hat es wenigen damit gelingen wollen. Christian Weise
und Günther sind oft sehr glücklich darinn gewesen; so,
daß ihnen diese Art ganz ungezwungen und ohne Anstoß geflossen. Man hat sie aber mehrentheils nur zu kleinen Arien
von einer oder zwey Strophen; ja wohl gar nur zu einzelnen
Zeilen in jambischen oder trochäischen Versen gebraucht.
Sie klingen an sich selbst sehr lustig und springend, und sind
daher zur Abwechselung in Cantaten, oder andern musikalischen Stücken bisweilen sehr bequem; zumal, wenn man
gewisse heftige Affecten dadurch auszudrücken Gelegenheit
hat. Doch die Wahrheit zu sagen, sind sie, außer diesen
Fällen, für unsere männliche Sprache ein wenig zu kindisch;
ob sie gleich dem Frauenzimmer und jungen Leuten sehr zu
gefallen pflegen. Zur Noth könnten sie dienen, den Italienern, die sich auf die Zärtlichkeit ihrer Sprache so viel
einbilden, zu zeigen: daß man bey uns eben sowohl fließende
und liebliche Sylben zusammen bringen könne, die einem
Sänger gleichsam von sich selbst über die Zunge weglaufen.
Man müßte sich aber alsdann mit Fleiß aller rasselnden und
rauschenden Wörter enthalten; hergegen viele von den lautenden und andern gelinden Buchstaben, als b, d, f, l, m,
n, w, anzubringen suchen, als welche einer Zeile eine große
Gelindigkeit und Lieblichkeit zuwege bringen. Wer Exempel
verlanget, der kann sie von allen Arten in Hübners poeti-
schem Handbuche finden.

13. §. Die vierte Art der Verse bey uns besteht aus den
amphibrachischen Füßen, wie schon Omeis in seiner
Dichtkunst angemerket hat: Ein Amphibrachis ist, wie das
Wort zeigt, ein dreysylbiger Fuß, dessen mittelste Sylbe
lang, beyde Ende aber kurz sind. Wir haben eine Menge
von Wörtern im Deutschen, die von solcher Beschaffenheit sind. Z. E. von Zeitwörtern: erheben, verachten,
gebäh-

gebähren, vernichten; von Nennwörtern, Gesunde,
Betrübte, Gedanken, Gedichte; von andern Wörtern,
derselbe, desgleichen, unendlich, gewaltig, erheblich, abscheulich ꝛc. Wenn nun solche Füße zusammengesetzt werden,
so entsteht folgende Art von Versen, die ich aus dem Menantes nehmen will:

$$\breve{} - \breve{} | \breve{} \; \breve{} \; - \breve{} | \breve{} \; - \breve{} | \breve{} - \breve{}. |$$

Das laß ich | wohl bleiben, | daß ich mich | verliebe, |
Ich liebe | mich selber, | und schone | mein Geld ꝛc. |

Günthers Uebersetzung aus dem Secundus, ist von eben
der Art. Wie nun diese Versart sehr wohl und lustig klinget: so ist sie auch von unsern Dichtern in kleinen Arien
und Oden, sehr fleißig gebraucht worden. Nun weis ich
zwar, daß einige Anleitungen zur deutschen Poesie, diese
amphibrachische Art, mit zur daktylischen schlagen wollen;
weil der Klang derselben sehr damit übereinkömmt. Allein,
da sie doch allemal gestehen müssen, daß hier vorne immer
eine Sylbe zu viel ist, die nicht zum daktylischen Verse gehöret: so ist es ja besser, ein jedes Kind bey seinem Namen
zu nennen. Denn außer daß man die Verwirrung dergestalt
besser vermeidet, so gewinnt unsre Sprache und Dichtkunst
auch dadurch eine mehrere Aehnlichkeit mit der griechischen
und lateinischen: welches ihr, in Ansehung der übrigen heutigen Sprachen, allerdings einen Vorzug giebt. Jemehr wir
nämlich die Füße und Verse der Alten nachahmen können:
destomehr Wohlklang und Harmonie hat unsre Sprache und
Verskunst aufzuweisen.

14. §. Die fünfte Art der Füße, die unsere Sprache an die
Hand giebt, sind die anapästischen. Ein Anapäst besteht
aus dreyen Sylben, davon die beyden ersten kurz, und die
dritte lang ist. An solchen Wörtern nun fehlt es uns abermal
nicht. Z. E. Potentat, Majestät, ungemein, überaus, allemal,
sintemal, unverwehrt, jedermann, nimmermehr; u. d. gl.

Nun ſcheint es zwar, als ob die erſten Sylben dieſer Wörter auch lang ausgeſprochen werden könnten; wie ſie denn
auch wirklich von den Poeten in jambiſchen und trochäiſchen
Verſen lang gebraucht zu werden pflegen: allein dieſes zeiget
nur, daß wir im Deutſchen eben ſowohl, als im Lateiniſchen,
Syllabas ancipites, Sylben von ungewiſſer Länge haben;
die man theils lang, theils kurz brauchen kann. Ein rechter anapäſtiſcher Vers ſieht alſo im Deutſchen etwa ſo aus,
wie Omeis das Exempel dazu giebt:

Gute Nacht, | gute Nacht, | ruhet wohl | bis zum Ta | ge,
Ruhet ſanft, | ohne Furcht, | ohne Scheu, | ohne Pla | ge.

Dieſe Art iſt indeſſen etwas ſchwerer, als die vorhergehende:
bloß, weil man einige Mühe hat, eine Rede mit zwo kurzen Sylben anzufangen. In der Mitte aber haben ſie nicht
mehr Schwierigkeit, als die daktyliſchen, oder amphibra-
chiſchen; weil ſie nicht mehr kurze Sylben erfodern, als
dieſelben. Eben daher ſind auch in den gemeinen poetiſchen
Anweiſungen dieſe anapäſtiſchen Verſe mit zu den daktyliſchen geſchlagen worden; die aber ein paar überflüßige
Sylben vorne hätten. Allein, da ihre Scanſion ganz anders klingt, und vielmehr Bewegung, ja eine recht heftige,
plötzliche Gemüthsart ausdrückt, die dem daktyliſchen Wohlklange ganz entgegen ſteht: ſo thut man viel beſſer, daß
man ſie ganz beſonders läßt, und auch dadurch den Reichthum unſerer Dichtkunſt, vor der wälſchen und franzöſiſchen,
behauptet.

15. §. In den bisherigen fünf Arten der poetiſchen Füße,
habe ich an allen deutſchen Lehrern der Proſodie Vorgänger
gehabt. Allein, da es meine Abſicht iſt, unſere Dichtkunſt
auch im Abſehen auf den Wohlklang der Verſe, der eine ſo
erſtaunliche Kraft in den Gemüthern der Menſchen hat, und
bisweilen rechte Wunder thut, vollkommener zu machen:
ſo halte ich es für nöthig, zu zeigen, daß es uns Deutſchen
auch

auch an andern Arten der Füße nicht fehle, die bey den Alten mit so vielem Vortheile gebrauchet worden. Und wenn ich mit dieser Bemühung nichts mehr ausrichte, als daß ich anwachsenden muntern Köpfen ein wenig das Ohr schärfe, auf den verschiedenen Wohlklang der Sylben und Wörter acht zu geben, und, wenn es auch nur zur Lust wäre, einige Versuche damit zu machen: so soll mich die Arbeit nicht dauren. Es ist eine Schande, daß unsere so großen Verfechter des Alterthums, die sich für das Griechische und Lateinische fast todtschlagen lassen, uns gleichwohl in Schulen oder in Schriften, die sie davon verfertigen, keinen Begriff von dem verschiedenen Wohlklange der alten Gedichte, beybringen, der doch die Griechen und Römer fast bezaubert hat. Und da unsere Sprache durch die Länge und Kürze ihrer Sylben, geschickt ist, sich der Lieblichkeit der gelehrten Sprachen, durch diese so mannigfaltige Harmonie, mehr und mehr zu nähern: so sehe ich nicht, warum wir unsern Dichtern, in den bisher gewöhnlichen Versarten ein Ziel stecken, und ihnen nicht vielmehr ein, Plus ultra! zuruffen sollten.

16. §. Ich hebe also billig von den Spondäen an, als welche Art von Füßen noch zu den zweysylbigten gehöret. Ein Spondäus aber besteht aus zwoen langen Sylben, und geht also auf eine recht gravitätische ernsthafte Art einher; ohne wie die Jamben oder Trochäen, auf einem Beine zu hinken. Ernstlich von der Sache zu reden, so hat diese spondäische Art nicht so viel Bewegung und Hitze in sich, als die andern obbemeldeten Füße, die auch aus kurzen Sylben bestehen: sondern sie ist gleichsam eine Abbildung einer recht stoischen Ruhe und Gelassenheit. Sie geht, gleich einem Spanier, mit lauter majestätischen Schritten einher, und füllet das Ohr mit eitel vollklingenden Tönen. Es fehlt uns auch im Deutschen an Wörtern nicht, die hier zu Exempeln dienen können: zumal unsre zusammengesetzten Wörter

schicken sich sehr gut dazu. Z. E. Großmuth, Unmuth,

Sanft-

Sanftmuth, Handwerk, Hofrath, Vormund, Werkſtatt, Vortrab, Nachſicht, Sonntag ꝛc. Ja auch dreyſylbige haben wir, darinnen zwo nach einander lang ſind; als vorhaben, aufſtehen, mitnehmen, vorgehen, nachfolgen, Großvater, ausnehmend, u. d. gl. Wollte man nun ganze Verſe aus lauter ſolchen Füßen zuſammen ſetzen, ſo würde dieſes eben ſo traurig und hölzern herauskommen, als wenn ein Tanz durchgehends aus lauter ſogenannten Pas graves beſtünde. Es haben daher auch weder die Griechen noch die Lateiner, ganz ſpondäiſche Verſe gebraucht; wohl aber die Spondäen unter die Jamben, Trochäen und Daktylen gemenget: um dieſelben etwas ernſthafter und langſamer zu machen, als ſie ſonſt geweſen ſeyn würden. Von den Jamben ſagt dieſes Horaz, in ſeiner Dichtkunſt, ausdrücklich:

> Tardior ut paullo graviorque veniret ad aures,
> Spondæos ſtabiles in jura paterna recepit.

Und wir ſelbſt pflegen dieſes zu thun, wenn wir jambiſche Verſe machen, zumal im Anfange derſelben. Z. E. wenn Pietſch ſchreibt:

> Held! ich umſchränke mich; dieß Blatt iſt viel zu klein ꝛc.

ſo iſt unſtreitig die erſte Sylbe, Held, eine lange Sylbe, und macht alſo mit dem Worte ich, welches hier lang gebraucht iſt, einen Spondäus; dieſer aber vertritt die Stelle eines Jambus.

17. §. So erlaubt uns nun dieſes, nach dem Beyſpiele der Alten, iſt und bleiben muß: ſo billig wäre es gleichwohl, daß man ſich künftig auch dieſer Erlaubniß nur mäßig bediente. Die Lateiner haben ſich hierinn das Maaß geſetzet, daß ſie in den ſechsfüßigen Jamben, ſich den andern und vierten Fuß von Spondäen frey behalten wollen:

Com-

Commodus & patiens (jambus), non ut de fede fecunda
Cederet, auf quarta focialiter.

Viele von unſern deutſchen Poeten haben dieſe Regel in
ihren jambiſchen Verſen nicht beobachtet; und daher ſind
ihre Verſe ſo ſteif und ſo rauh geworden, daß man ſie vor
großer Härte, nicht leſen oder hören mag. Ja ſelbſt auf
den erlaubten Stellen, iſt es nicht einmal rathſam, gar zu
oft mit den Spondäen aufgezogen zu kommen. Unſere
Sprache iſt bey weitem ſo gelinde nicht, als die lateiniſche
war. Dieſe hatte ſo wenig Mitlauter in ihren Sylben, daß
man einen ſechsfüßigen Vers aus lauter Jamben, faſt im
Augenblicke ausſprechen konnte. Man nahm, ſo zu reden,
immer zwey Füße zugleich in den Mund, und nannte ihn
daher trimetrum, als ob er nur drey Füße hätte; da es doch
ſechſe waren.

Pes citus, unde etiam trimetris accreſcere juſſit
Nomen Iambëis, cum ſenos redderet ictus.

Weil nun im Deutſchen an Mitlautern eher ein Ueberfluß,
als Mangel zu beſorgen iſt: ſo muß man auch die Erlaubniß,
zuweilen einen Spondäus einzumengen, nur mäßig brauchen;
und ſich lieber auf reine Jamben befleißen, wenn man was
liebliches ſchreiben will. Jemehr Spondäen ein Vers, oder
Gedicht, von jambiſcher oder trochäiſcher Art hat, deſto härter und ungehobelter klingt er.

In ſcenam misfos magno cum pondere verſus,
Aut *opera celeris nimium* curaque carentis,
Aut *ignorata* premit *artis* crimine turpi.

18. §. Ferner werden die Spondäen von Griechen und
Lateinern auch unter die daktyliſchen Füſſe gemenget: und
daraus entſteht die ſogenannte heroiſche, oder alexandriniſche
Versart. Die Liebhaber und Kenner der lateiniſchen Dichter kennen dieſelbe ohne mich ſchon: allein um der deutſchen

oder

Leſer willen, muß ich ſie beſchreiben. Ein ſogenannter Hexá-
meter beſteht aus ſechs Füßen, davon die erſten vier ohne
Unterſchied ſpondäiſch, oder daktyliſch ſeyn können: der fünfte
nur, muß immer ein Daktylus, und der ſechſte immer ein
Spondäus, oder höchſtens ein Trochäus ſeyn. Ein Exempel hat uns Luther in der Bibel gegeben:

Und Iſa | ak ſcher | zet mit | ſeinem | Weibe Re | becca.

Daß man nun ſolche Verſe im Deutſchen machen könne,
das hat ſchon beynahe vor zwey hundert Jahren Conrad
Geßner eingeſehen. * Allein das Exempel, das er giebt,
iſt ihm nicht ſonderlich gerathen, weil er die rechte Länge
der Sylben nicht beobachtet hat. Er ſetzt das Vater unſer ſo:

O Va | ter un | ſer, der | du dein' | ewige Wohnung
Erhöhſt | in Him | mel, dein | Namen | werde ge | heiligt ꝛc.

Wer ſieht aber nicht, daß er hier die beyden letzten Sylben
von Vater und unſer lang gebrauchet hat; da ſie doch
nach dem Urtheile aller Ohren kurz ausgeſprochen werden.
Eben ſo iſt es ihm in Namen gegangen. Das Wort er-
höhſt, hat er auch als einen Spondäus gebraucht, da es
doch ein Jambus iſt: und bey ſolchen Unrichtigkeiten iſt es
kein Wunder, daß ihm dieſe Art nicht hat klingen wollen;
zugeſchweigen, daß die Sprache damals noch zu rauh war,
und lange nicht einen ſolchen Ueberfluß geſchmeidiger Redensarten hatte, als itzo. Den Græciſmus in Himmeln
will ich nicht einmal erwähnen, dadurch dieſe Probe noch
häßlicher wird; weil er die Zeile ganz undeutſch machet.
Wie aber, wenn man das Vater unſer ſo überſetzte?

Hör

* Siehe die Vorrede zu Joſua
Malers Diction. German. Latin.
wo er alſo ſchreibt: Nos ad Lati-
norum Græcorumque imitationem
numeroſa meditari carmina coepi-
mus, id quod in Hexametris he-
roicis parum feliciter procedit. In
Phaleucis vero melius. S. auch
ſeinen Mithridates a. d. 40. und 41.
Seite.

Hör uns, Vater und Herr! der du den Himmel bewohnest,
Daß dein Name bey uns über alles geheiliget werde,
Daß dein herrliches Reich bey uns auf Erden erscheine,
Und dein Wille von uns, eben so, als im Himmel geschehe.
Gib auch das tägliche Brodt, und vergib uns die sündlichen
Schulden,
Wie wir auch unseres Theils den Schuldenern gerne vergeben.
Wende Versuchungen ab, und rett uns aus Gnaden, vom Uebel!
Denn dein ist das Reich, ja göttliche Macht und Herrlichkeit,
Amen.

19. §. Doch da dieses heroische Sylbenmaaß, ohn alle
Reime, deutschen Ohren noch gar zu fremde geklungen: so
sind einige von unsern Dichtern auf die Vermischung der
Hexameter mit Pentametern, oder auf die Elegie der lateiner verfallen; die sie auch durch die Beybehaltung der Reime
angenehmer zu machen gesuchet. Schon Sigmund von
Birken, der Stifter der Pegnitzschäfer, hat in seiner Prosodie einen Versuch damit gemacht, der ihm aber nicht sonderlich gelungen ist. Nächst ihm hat Omeis in seiner
Reim- und Dichtkunst folgendes Exempel gegeben, welches
nicht übel klingt:

Was ein menschliches Herz, von innen und außen betrübet,
Werde durch Gottes Gewalt, künftig und itzo verjagt.
Was ihr redet und thut, das werde von beyden geliebet,
Bis der Tod zugleich beyden das Leben versagt.

Heraus ist nicht minder glücklich in dieser Art gewesen. Auf
der 68. S. seiner Gedichte, steht ein Gedicht auf Kaiser
Karln den VI. welches so anhebt:

Mächtigster Herrscher der Welt, vom Himmel die Fürsten zu
richten,
Einig erwählter Fürst, unüberwindlicher Held:
Gönne der eifrigen Pflicht dieß nimmer gesehene Dichten,
Von nicht gesehenem Ruhm, welchen dein Adler erhält.
Zeuget der Friede den Krieg durch tapfre Beschützung der Rechte &c.

Hieraus

Hieraus sieht man fürs erste, daß Heräus, um diesen neuen
Versuch beliebt zu machen, fast lauter daktylische Füße gebraucht; hernach, daß er, wie Omeis, den Reim der Deutschen beybehalten hat. Allein, meines Erachtens, würde
man mit der Einführung dieser Gattung des Sylbenmaaßes
dergestalt nicht viel gewinnen. Daktylische Verse hat man
längst gemacht; aber sie klingen zu weich: die Spondäen
müssen sie männlicher machen. Die Reime haben uns in
den andern Arten genug zu schaffen gemacht: in dieser neuen
müßten wir das Herz fassen, endlich einmal reimlose Verse
zu machen. Wir wollen also noch eine Probe sehen, die
zwar eine Elegie ist, aber nicht reimet. Es ist eine Uebersetzung des VI. Psalms:

Strafe mich nicht, o Herr! in deinem erschrecklichen Zorne,
    Züchtige mich doch nicht, Vater! aus Eifer und Grimm:
Sey mir gnädig, o Herr! denn ich bin schwach und erschrocken:
    Heile mich, himmlischer Arzt! meine Gebeine sind schwach.
Herzlich erschrocken ist mir die kümmerlich ächzende Seele;
    Ach wie so lange, mein Gott, ach wie so lange bist du?
Wende dich, Herr, und rette mir bald das ängstliche Leben:
    Hilf mir, so wahr du ein Gott voller Erbarmungen bist.
Denkt man im Tode wohl dein? wer dankt dir im Schlunde
              der Hölle?
    O so erbarme dich doch, weil mich die Erde noch trägt!
Ich bin müde vor Gram, und schwemme mein Bette bey Nachte,
    Wenn mein thränender Guß Lager und Decke benetzt.
Meine Gestalt verfällt, vor Trauren und Kummer und Zagen;
    Denn von täglicher Angst rückt auch das Alter heran.
Weichet von hier, ihr Frevler! entweicht. Gott höret mein
             Weinen,
    Ja, der Herr hört mein Flehn, höret mein ängstlich Gebeth.
Schämt euch, ihr Feinde, dabey; erschreckt und kehrt euch zu-
             rücke!
    Werdet zu schanden, und flieht; weichet urplötzlich von mir.

20. §.

20. §. Ich weis wohl, daß dieses manchen Ohren noch ziemlich fremde und unangenehm klingen wird. Allein denen, die einen lateinischen Vers Tibulls oder Ovids in dergleichen Sylbenmaaße, ohne alle Reime schön finden, ist es in Wahrheit eine Schande; wenn sie eben diesen majestätischen Wohlklang, den sie dort bewundern, nur im Deutschen, entweder nicht hören, oder doch verwerfen wollen. Meines Erachtens fehlt nichts mehr, als daß einmal ein glücklicher Kopf, dem es weder an Gelehrsamkeit, noch an Witz, noch an Stärke in seiner Sprache fehlet, auf die Gedanken geräth, eine solche Art von Gedichten zu schreiben; und sie mit allen Schönheiten auszuschmücken, deren sonst eine poetische Schrift, außer den Reimen, fähig ist. Denn wie ein Milton in England ein ganz Heldengedicht ohne alle Reime hat schreiben können, welches itzt bey der ganzen Nation Beyfall findet; und wie in Italien theils Trissino sein von den Gothen befreytes Italien, theils der Cardinal Bentivoglio den ganzen Statius in solche reimlose Verse gebracht hat: so wäre es ja auch im Deutschen nicht unmöglich, daß ein großer Geist was neues in Schwang brächte. Ich bin versichert, wenn uns nur Opitz etliche Exempel von dieser Art gelassen hätte, man würde ihm ohne alles Bedenken häufig darinn gefolget seyn. Diesen Mangel einigermaaßen zu ersetzen, will ich noch folgende Probe von der heroischen Art hersetzen.

Rom und Athen war sonst ganz reich an Meistern und an Künsten,
Doch was nützte die Zahl philosophischer Lehrer und Schüler,
Welche man irgend gesehn? O! was für ein thörichtes Wesen,
Was für ein albernes Zeug ward täglich in Tempeln getrieben?
Pallas erschrack, und Jupiter selbst, der Vater der Götter
Hatte nur Abscheu davor. Schwärmt, schwärmt nur, ihr rasenden Pfaffen! -

Opfer

Opfer und Räuchwerk iſt nichts, wenn tauſend Laſter euch drücken.

Prüfet euch ſelbſt, forſcht Sitten und Herz, ja Sinn und Gedanken:

Dienet ihr Gott, oder euch? Seht, wie das Gewiſſen euch ängſtet!

Reinigt den Geiſt, ſucht Weisheit und Zucht, lernt alles erdulden:

Dämpft erſt tapfer und friſch die eignen Begierden und Lüſte:

Dann zeigt andern den Weg und lehret ſie tugendhaft wandeln;

Nüchtern, gerecht, großmüthig und milde das Leben erfüllen:

Dann wird die Ehre der Weisheit beſtehn, dann wird man bekennen,

Daß ihr durch Klugheit und Witz vor Barbarn den Vorzug gewonnen.

21. §. Dieſen meinen Aufmunterungen zu Folge, habe
ich es nun zwar erlebet, daß man uns im Deutſchen verſchiedene größere Gedichte, unter dem Namen epiſcher, oder
Heldengedichte, in ſolchen Hexametern ans Licht geſtellet, ja
auch kleinere Verſuche, z. E. auf den Frühling, in Druck
gegeben. Allein nach dem Wohlklange zu urtheilen, den
dieſe Proben uns von deutſchen Hexametern hören laſſen;
ſollte ichs beynahe bereuen, daß ich dieſe Art von Verſen
unſern Landsleuten von neuem angeprieſen habe. Dieſelben
klingen nämlich ſo gar hart und rauh, als vieleicht vor Homers Zeiten die griechiſchen, oder vorm Ennius die lateiniſchen Hexameter geklungen haben mögen. Die meiſten
Leſer, die auch ſonſt mit lateiniſchen und griechiſchen Verſen
ganz wohl bekannt ſind, können hier gar keinen Wohlklang
finden, ja nicht einmal das Sylbenmaaß entdecken, das
ihnen in jenen ſo reizend klingt. Da alſo dieſe deutſchen
Hexameter invitis Muſis, und ohne Beyſtand der Gratien
verfertiget worden, und weder einer guten Proſe, noch einer
gebundnen Rede ähnlich ſehen: ſo fraget es ſich, woran es
liege, daß ſie nicht angenehmer klingen? Ich antworte,
darauf: daß in den meiſten Schulen junge Leute nicht angeführet

führet werden, die lateinischen Verse recht nach der Scanſion zu leſen, und das reizende Sylbenmaaß recht zu empfinden, welches die Alten ſo entzücket hat. Denn dadurch
geſchieht es, daß man die ſchönſten Hexameter Virgils
oder Claudians, wie eine lahme hinkende Proſe lieſt, und
den bezaubernden Wohlklang niemals ins Ohr bekömmt,
den ein recht ausgeſprochener Vers eigentlich haben ſoll.
Daher haben aber auch dieſe deutſchen Dichter, ihren deutſchen Hexametern keine beſſere Anmuth zu ertheilen vermocht:
ſie haben kurze Sylben oft lang, und lange kurz gebrauchet;
dadurch aber, alle die Schönheiten verlohren, deren ſonſt
ihre Gedichte im äußerlichen fähig geweſen wären. Ich
ſchweige noch von den Abſchnitten, die ein guter Hexameter
in heroiſchen Gedichten haben muß. Denn wer dieſelben
nicht beobachtet, der muß ſich nicht wundern, wenn ſeine
Hexameter nicht beſſer klingen, als Horazens ſeine; die
das Gehör mehr martern und quälen, als beluſtigen können.
Wir müſſen alſo noch andre Dichter erwarten, die ein beſſer
Gehör haben, und die Anmuth des Wohlklanges glücklicher
erreichen können; dadurch die Poeſie von rechtswegen der
ungebundnen Rede überlegen ſeyn muß.

22.§. Doch auch die heroiſchen Verſe und Elegien ſind
noch nicht alles, was wir im Deutſchen nachahmen können.
Einige Meiſter unſrer Dichtkunſt, haben faſt alle, oder
doch die meiſten und beſten Arten, der griechiſchen und lateiniſchen Oden, im Deutſchen zu machen, verſucht: und
ich darf mich nur auf meine Vorgänger berufen, wenn
mein Anſehen zu klein iſt, die Möglichkeit davon zu zeigen. Zwar was die anakreontiſchen anlanget, ſo ſind dieſelben ohne alle Schwierigkeit. Sie beſtehen nur aus
jambiſchen, oder trochäiſchen kurzen Verſen, die wir täglich
zu machen pflegen; nur daß ſie ſich nicht ſo reimen dürfen,
wie die unſrigen: und ich habe ſelbſt in der I. Ausgabe
meiner Gedichte, etliche Oden Anakreons, in eben der
Versart, die er gebrauchet hat, in eben ſo viel Zeilen und
Syl-

Sylben übersetzt; worauf ich mich hier beziehen kann.[*] Außer diesen aber sind uns ja auch die sapphischen Verse im Deutschen schon bekannt. In dieser Art besteht jede Zeile, aus einem Trochäus, einem Spondäus, einem Daktylus, und noch zween Trochäen. Nach dreyen Zeilen wird ein adonischer Vers angehänget, der nur einen Daktylus und Spondäus erfodert. Das Sylbenmaaß sieht so aus:

$$
\begin{array}{ccccc}
- \cup & - - & - \cup\cup & - \cup & - \cup \\
- \cup & - - & - \cup\cup & - \cup & \cup \\
- \cup & - - & - \cup\cup & - \cup & - \cup \\
& & - \cup\cup & - - &
\end{array}
$$

Unter unsern Kirchengesängen, ist das Lied, Herzliebster Jesu, was hast du verbrochen? nach dieser Art gemachet; aber nicht überall getroffen. Klajus in seinem Leiden Jesu, hat folgendes Exempel mit Reimen gegeben:

Welche | Regen= | Wolke hat | dich ver | stecket?
Hast du | dich mit | Trauerflor | über | decket?
Deiner | Schwester | silberbe | zäumte | Pferde,
        Leuchten | der Erbe. |

Nun hat zwar Omeis einen Fuß von jedem Verse weggelassen, und diese neugebackene Art dennoch sapphische Verse nennen, ja sie für lieblicher ausgeben wollen. Allein, ich bleibe lieber bey der wahren sapphischen Art, und glaube, wie eben dieser Omeis anmerket, daß sie sich sehr wohl würde hören lassen, wenn sie von einem geschickten Tonkünstler recht in die Musik gesetzt, und abgesungen würde. Ein schönes Exempel sehe man in den Belustigungen des Verstandes und Witzes im I. Stücke, des I. B.

23. §.

---

[*] S. auch der krit. Beyträge 2. B. a. d. 160. S. imgl. des engl. Aufsehers 2. B. a. d. 399. S.

23. §. Hier sieht ein jeder, daß es auch angeht, im Deutschen adonische Verse zu machen, die alle so aussehen und
klingen, wie die letzte Zeile in der sapphischen Versart.
Sie bestehen nämlich aus einem Daktylus, und einem
Spondäus, oder an der Stelle dieses letztern, einem Trochäus, und klingen in scherzhaften Sachen sehr lieblich.
Zum Exempel:

Gereimte,	oder ungereimte.
— ᴗ ᴗ — —	Reizende Musen!
Artige Jugend,	Edle Gottinnen
Liebe die Tugend.	Reizet doch immer
Lachen und Scherzen	Alles auf Erden,
Reize die Herzen	Euch zu verehren.
Nimmer, der Erden	Reizet und locket
Sclaven zu werden;	Junge Gemuther,
Nimmer zum Ziele	Liebliche Künste,
Lockender Spiele;	Singen und Spielen,
Nimmer zum Triebe	Dichten und Reimen,
Schändlicher Liebe.	Fleißig zu lernen,
Wangen und Stirnen	Eifrig zu üben,
Buhlender Dirnen,	Andre zu lehren,
Reizender Schönen	Allen zu preisen;
Gleichen Sirenen,	Und die Verderbniß
Welche beym Singen	Roher Verächter
Menschen verschlingen.	Stolz zu verachten.

24. §. Doch auch dabey bleibt es nicht. Unsere Dichtkunst
erstrecket sich auch auf die phaläcische Versart, davon gleichfalls Omeis schon gehandelt hat. Diese hat fünf Füße,
davon der erste ein Spondäus, der andere ein Daktylus,
die übrigen drey aber Trochäen sind. Sie sieht so aus:

| — — | — ᴗ ᴗ | — ᴗ | — ᴗ | — ᴗ |

Auf Ger | manien! | soll dein | alter | Schimmer,
Itzt so jämmerlich Dampf und Schatten leiden?
Soll dein Kaiserthum, deutscher Häuser Zierde,
Aus Nachläßigkeit dir entrissen werden?
Und der Nachbarinn, die dich tödtlich hasset,
Ewigs Eigenthum, stets Vorrecht heißen?
Aermstes Oesterreich! wie bist du gefallen!
Hättst du Gallien nicht so viel getrauet!

Crit. Dichtk.   C c   Die

Die Verheißungen Ludewigs verſchmähet,
Frankreichs Herrſchbegier allezeit erwogen:
So würd ißo noch deine Wohlfahrt blühen,
Und in Ewigkeit unverletzlich bleiben.

Man nennet ſonſt dieſe Verſe, von der Anzahl der Sylben,
auch Hendecaſyllaben; d. i. eilfſylbige Verſe; und ſie hat ihre
beſondere Schönheiten, die man leicht inne werden würde,
wenn man ſie in Uebung bringen, und nach den beſten
Muſtern der Alten einrichten wollte.

25. §. Auf eben dieſe Art würde man noch viele andere
Versarten der Alten, z. E. choriambiſche und alkaiſche, nachmachen können: wenn es meine Abſicht wäre, eine deutſche
Proſodie zu ſchreiben. Ich habe hier nur mit einigen Exempeln die Möglichkeit zeigen wollen, in unſerer Sprache die
beſten Arten des griechiſchen und lateiniſchen Sylbenmaaßes
und Wohlklanges zu erreichen; die zwar von unſern Vorfahren ſchon eingeſehen worden, allein faſt wieder ins Vergeſſen
gerathen iſt. Iſt man aber in dieſem Jahrhunderte in ſo
vielen Stücken von den Vorurtheilen unſerer Vorfahren abgewichen: ſo zweifle ich nicht, daß es auch in dieſem Stücke
noch wohl möglich ſeyn werde, unſerer Dichtkunſt eine mehrere Mannigfaltigkeit zu verſchaffen. Und geſetzt, daß alle
dieſe Vorſchläge nur wenige Proben hervorbrächten, und
gewiſſermaßen kritiſche Speculationen blieben; ſo würden ſie
doch allemal dienen können, zu zeigen, daß der wahre Numerus, oder Wohlklang der alten rhythmiſchen Poeſie, nicht
ſo gar mit den alten Sprachen verlohren gegangen; als wohl
Voſſius und einige andere ausländiſche Kunſtrichter, als Lami, Rollin, Rapin, u.ſ.w. vorgeben: daß er nicht, wenigſtens in unſerer Mutterſprache, noch vorhanden wäre. Ich
ſage damit nicht, daß man im Wälſchen, Franzöſiſchen und
Spaniſchen, nicht eben das würde thun können. Nein, ich
glaube feſt, daß es in allen Sprachen von der Welt angehen
muß, wenn nur das Ohr der Dichter zart genug iſt, dieſen
Wohlklang wahrzunehmen. Z. E. Boileaus erſte Verſe

aus

aus der VII. Satire, würde ich so scandiren, wie es die Aussprache mit sich bringt:

De tous les animaux qui s'elevent dans l'air,

Und also würde er aus drey Jamben und zween Anapästen bestehen. Doch was geht mich die französische Poesie an? Sie mag ja durchaus kein Sylbenmaaß haben, und will mit Fleiß in der Barbarey bleiben: und Horaz schreibt:

Invitum qui servat, idem facit occidenti.

26. Vielleicht denkt jemand, dieses gienge doch insgesammt nur auf die Abschaffung der Reime los: allein das wäre ja schon, was die jambischen ungereimten Verse anlanget, vielfältig versuchet worden; da uns von Bergen, Miltons verlohrnes Paradies in deutschen ungereimten Versen geliefert; Veit Ludewig von Seckendorf aber, Lucans pharsalischen Krieg auf diese Art ins Deutsche übersetzet. Man habe aber auch wohl aus der Erfahrung gesehen, daß diese Neuerung weder Beyfall noch Nachfolger gefunden. Ich antworte hierauf: der große Seckendorf ist zwar sonst ein gelehrter Mann; aber in der Poesie von der Stärke nicht gewesen, daß er dergleichen ungewöhnliche Sachen ins Werk hätte richten können. Wer dieses thun sollte, der müßte ein Dichter von der ersten Größe, und in allen andern Stücken unverbesserlich seyn. Allein dem ungeachtet glaube ich doch, daß er mehr würde ausgerichtet haben, wenn an seinen Versen nichts mehr, als der Reim, gefehlet hätte. Man sehe aber nur folgende Probe davon an; so wird mans gewahr werden. Es mag gleich der Anfang des ganzen Gedichtes dazu dienen, davon wir im vorigen Hauptstücke den Grundtext gelesen haben:

Den mehr als Bürgerkrieg, im Feld Emathiens
Geführt, beschreiben wir, wie Unrecht recht bekommen,
Des starken Volkes Hand voll Siegs in sein Geweide
Verkehrt und aufgestellt zwen Blutsverwandte Heere,
Den Bund ums Reich getrennt, mit aller Macht gekämpft,
Der aufgerührten Welt zu gleicher Ungebühr,

Da feindlich wider ſich geſtoßen Römerfahnen,
Auf Römerfahnen los, auch Adler widerſtunden,
Den Adlern gleicher Art, auch Bürgerſpieße drehten
Sich wider Bürgerſpieß.

27. §. Hier ſieht man wohl, daß außer der großen Genauigkeit, womit er ſein Original ausgedrücket, auch ſonſt
viel rauhes und hartes mit unterläuft, dadurch der Vers
unangenehm geworden wäre; geſetzt, daß er die beſten Reime von der Welt gehabt hätte. Wenn alſo Lucans ungereimte Ueberſetzung nicht Beyfall gefunden: ſo folget es
deswegen nicht, daß kein ander Vers ohne Reime beliebt
werden könnte. Ich wollte wetten, wenn Günther ſich
an dieſe Arbeit einmal gewagt hätte: es würde ihm zehnmal
beſſer gelungen ſeyn. Ich will eben dieſes Stück nach meiner Art, doch gleichfalls ohne Reime überſetzen, und hoffe,
daß es weit beſſer klingen ſoll:

Ich ſinge von der Wuth der bürgerlichen Kriege,
Die dort Emathiens berufnes Feld verheert:
Wo Bosheit Recht behielt, und wo ein mächtig Volk,
Mit ſieggewohnter Fauſt, ſein eignes Eingeweide
Ganz tobend aufgeritzt; wo zwey verwandte Heere
Des Reiches Bund verletzt, und mit geſammter Macht
Der aufgebrachten Welt gemeine Noth gehäuft;
Wo Rom mit Rom gekämpft, wo gleiche Legionen
Mit Adlern gleicher Art den Adlern widerſtanden!
Ihr Bürger! welche Wuth? wie raſet euer Schwert,
Da es Lateiner Blut verhaßten Völkern giebt?

Ich habe auch ſonſt einmal einen Verſuch gethan, da ich eine Stelle aus einem griechiſchen Poeten zu überſetzen hatte,
die ich gern aufs genaueſte ausdrücken wollte; welches in
gereimten Verſen nicht ſo leicht angegangen wäre. Zur
Probe will ich nur den Beſchluß derſelben aus dem I. Theile
des Biedermanns auf der 167. S. anführen. Es iſt aber
das Gebeth des Kleanthes, eines heidniſchen Poeten, an
den Jupiter:

Du gnadenreicher Zevs, du Herr der finſtern Wolken,
Du ſtarker Donnergott, begab uns mit Verſtand!—

Ver:

Vertilg uns Sterblichen die Thorheit aus dem Herzen,
Und läute Sinn und Geist, wohin du selber willst.
Vor allem lehr uns doch den weisen Rath ermessen,
Nach welchem dein Befehl die ganze Welt regiert:
Damit wir insgesammt die großen Werke preisen,
Die deine Macht gezeugt, so wie es uns geziemt.
Denn weder Sterblichen, noch den beglückten Göttern
Wird je von deiner Hand was köstlichers geschenkt,
Als wenn sie voller Lust die Regeln loben mögen,
Darnach dieß Weltgebäu in schönster Ordnung geht.

27. §. Doch ich will deswegen nicht behaupten, daß man die Reime ganz und gar aus unserer Poesie abschaffen sollte. Sie erwecken dem Gehöre ja so viel Belustigung, als das Sylbenmaaß und die Harmonie selbst; zumal wenn sie ungezwungener Weise kommen, und gleichsam von sich selber fließen. Sie können auch mit vernünftigen Gedanken und witzigen Einfällen, mit der ordentlichen Wortfügung und Richtigkeit des Sylbenmaaßes gar wohl beysammen stehen, wie unsere Poeten in umzähligen Exempeln sattsam erwiesen haben. Meine Absicht wäre zum höchsten, nur beyderley Arten der Verse bey uns im Schwange zu sehen: wie solches in Italien und England geschieht, wo es einem jeden frey steht, gereimte oder ungereimte Verse zu machen, nachdem es ihm beliebt. Der Nutzen davon würde meines Erachtens vielfältig seyn. Fürs erste würde man sich gewöhnen, mehr auf das innere Wesen und auf die Sachen in Versen zu sehen, als itzo geschieht: da der Klang der Reime, sonderlich in kurzen Versen, das Gehör so einnimmt, daß das elendeste Zeug bey dem größten Theile der Leser Beyfall findet; welches doch ganz kahl und mager aussehen würde, wenn es sich nicht reimete. Dergestalt würden sich die ärgsten Stümper allezeit am eifrigsten nach dem Reime drängen, und sich nie unterstehen, ungereimte Verse zu machen; aus Furcht, daß man ohne diese Schällen ihre schlechten Gedanken gar zu leicht gewahr werden würde.

29. §. Hernach würde man bey uns leichter gute Ueber-setzungen der Alten machen können, als bisher geschehen: da

das

das Joch der Reime, die Schwierigkeiten bey dieſer Arbeit
faſt unüberwindlich gemacht hat. Die Engländer können
daher alle griechiſche und römiſche Poeten in ihrer Sprache,
und zwar wiederum in Verſen leſen: da ſich die Franzoſen
mit proſaiſchen Ueberſetzungen behelfen müſſen. Dieſe rauben nun den Originalien die Hälfte ihrer Schönheit, weil
die ungebundene Rede niemals ſo viel Feuer, Geiſt und
Nachdruck haben kann, als die harmoniſche Schreibart der
Poeten. Es iſt aber allerdings nützlich, wenn auch unſtu-
dirte Leute und Frauenzimmer ſich eine Kenntniß der Alten
in ihrer Mutterſprache zuwege bringen können. Wie wäre
es, z. E. wenn man einmal Homers Ilias in alexandriniſchen reimloſen Verſen folgendergeſtalt ins Deutſche
brächte?

Singe mir, Göttinn, ein Lied vom Zorne des Helden Achilles,
Welcher der griechiſchen Macht, ſo verderblich und ſchädlich geworden,
Und ſo viel Helden entleibt ins Reich des Pluto geſtürzet;
Aber ſie ſelbſt, den Hunden und Vögeln zur Speiſe gegeben.
So geſchah Jupiters Rath: ſeit dem Agamemnon, der König,
Sich mit Achillen entzweyt. Ach! was für erzürnete Götter
Haben dieß Paar zum Zorne gereizt, zum Streite getrieben?
Jupiters und Latonens Sohn, der war auf den König
Heftig erzürnt, und hatte die Peſt im Lager erwecket,
Welche die Völker betraf; weil Chryſes beleidiget worden.
Dieſer begab ſich vorhin, zur Flotte der Griechen ans Ufer;
Trug in der Hand die Krone des Phöbus, des trefflichen Schützen,
Nebſt einem Zepter von Gold; und brachte viel theure Geſchenke,
Seine geliebteſte Tochter alſo in Freyheit zu ſetzen.

Söhne des Atreus, ſo ſprach dieſer Greis, und tapfern Achiver,
Wollten Gotter, die dort den höchſten Himmel bewohnen,
Daß ihr des Priamus Stadt erobern und bändigen könntet!
Dieß iſt mein Wunſch, dann ziehet beglückt und frölich nach Hauſe!
Ehrt nur Jupiters Sohn, den Meiſter im Schießen, Apollo.
Nehmt die Geſchenke von mir, und gebt mir die Tochter zurücke.

Alle faſt ſchwiegen allhier, doch ſelbſt das Schweigen der Griechen;
Gab zu verſtehn: Man gebe für Gold, dem bittenden Prieſter
Sein ihm geraubtes Kind. Allein Agamemnon, der König,
Stimmte nicht ein, und wies ihn zurück mit dräuenden Worten:

Mache

Mach, mich, Alter, von hier, so sprach er, und meide die Schiffe!
Eile davon, und wage dich nicht noch einmal ans Ufer.
Zepter und Krone des Gottes hilft nichts; du bittest vergebens,
Diese bekömmst du nicht eher zurück, als bis sie das Alter
Ferne von hier, in Argos erreicht; mein Bette besorget,
Und ihr Gewebe bestellt. Du aber entferne dich eilends,
Reize mich ja nicht zum Zorn, und kehre beyzeiten nach Hause.
Chryses erschrack und wich alsobald gehorsam zurücke,
Schwieg zwar bestürzt, und gieng am Ufer des brausenden Meeres;
Dachte doch innerlich viel, und bath mit schweigenden Lippen
Jupiters Sohn, den Latona gebahr, den König Apollo.

Höre mich: seufzte der Greis, o Gott mit dem silbernen Bogen,
Chrysa beschützest du, Cylla dazu, ja Tenedos selber.
Hab ich dir jemals den Tempel geschmuckt, und Kränze geflochten,
Hab ich dir Opfer gebracht, die feistesten Rinder und Ziegen
Deinem Altare geweiht: so stille nur dieses Verlangen,
Strafe die Danaer doch mit deinen gewaltigen Pfeilen!

Phöbus erhörte den Wunsch, und kam vom Himmel herunter.
Sein Herz brannte von Zorn, und um die göttliche Schulter
Hingen ihm Bogen und Pfeil. Man hörte den Köcher erklingen,
Wenn sich Apollo bewegt.

30. §. Drittens würden wir auch in Schauspielen bald
glücklicher werden, als wir noch zur Zeit sind. Tragödien
und Komödien können und sollen von rechtswegen in einer
leichten Art von Versen geschrieben seyn; damit sie von der
gemeinen Sprache nicht merklich unterschieden, und doch
einigermaßen zierlicher, als der tägliche Umgang der Leute,
seyn mögen. Wenn nun alle Personen mit gereimten Versen auf die Schaubühne treten, und dieselben herbethen, oder
wohl gar hersingen, wie ungeschickte Komödianten thun:
wie kann das natürlich herauskommen? Oder wie kann es
dem Zuschauer wahrscheinlich seyn, daß er wirklich die
Handlungen gewisser Leute mit ansieht, und ihre ernstliche
Gespräche höret? Die Reime klingen immer gar zu studirt,
und erinnern ihn ohne Unterlaß, daß er nur in der Komödie
sey; welches er zuweilen gern vergessen wollte, um ein desto
größeres Vergnügen zu genießen. In diesem Stücke haben
die heutigen Engländer auch vor den Franzosen den Vorzug:

Cc 4   indem

indem sie nach dem Exempel der Alten, in ihren besten Tragödien fast lauter ungereimte Verse brauchen; da hingegen
diese lauter reimende Helden auf die Bühne stellen.

31. § Doch ich bin den Reimen überhaupt nicht zuwider;
und gestehe es gar gern, daß ein wohlgemachter, und noch
dazu gereimter Vers destomehr Anmuth habe. Es sind
aber sowohl bey uns Deutschen, als bey den Franzosen zweyerley Reime im Schwange, nämlich die einsylbigten männlichen, und die zweysylbigten weiblichen. Diese vermischen
wir mit einander auf vielerley Art, wie in den gemeinen
poetischen Handbüchern nach der Länge gewiesen wird. Und
eine solche Abwechselung erwecket wiederum eine Art der Belustigung für die Ohren. Hergegen die Italiener bedienen
sich fast lauter weiblicher Reime, so wie die Engländer lauter männliche haben; die sie gleichwohl mit ihren Nachbarn
durcheinander mischen. Bey uns würde das nicht klingen:
denn z. E. zwischen zween gereimten weiblichen Versen soll
kein dritter stehen, der sich mit ihnen nicht reimet; und mit
männlichen ist es eben so. Wenn wir mischen wollen, so
muß es dergestalt geschehen, daß zwischen die zusammenge-
hörenden Reime männlicher Art, einer oder zweene von
weiblicher Gattung zu stehen kommen. Drey Zeilen darzwischen zu schieben, ist höchstens in Recitativen erlaubt:
anderwärts wird es nicht klingen, weil man die Reime
sonst gar verlieren würde. Wenn man sie aber nicht mehr
hören kann, so ist es eben so viel, als ob sie gar nicht mehr
da wären.

32. §. Unsere Alten haben fast lauter männliche Reime gemacht, wie in Hans Sachsen zu sehen ist. Aber in Ott-
frieden finde ich doch auch überaus viel weibliche; also sind
wohl beyde gleich lange im Besitze ihrer Rechte gewesen. Wir
können zwar ganze Gedichte in einer Art von Reimen verfertigen: allein die Wahrheit zu sagen, so sind lauter männliche in unserer Sprache zu hart; und lauter weibliche zu zart.
Die Engländer haben eine geschwinde und scharfe Aussprache,
daher besitzen sie auch den Reimwörtern, die bey uns weiblich
lauten

lauten würden, den Schwanz ab, und machen also aus zwey=
sylbigten Reimen lauter einsylbigte. Die Italiener hingegen
sind zur Weichlichkeit gleichsam gebohren, und können also die
beständige Zärtlichkeit weiblicher Reime auch in ganzen Hel=
dengedichten, als z. E. des Tasso seinem, gar wohl leiden.
Die erste Strophe desselben soll zum Exempel dienen:

> Canto l' arme pietose e l' Capitano,
> Che'l gran sepolcro libero di Christo;
> Molto egli oprò col senno e con la mano,
> Molto soffri nel glorioso acquisto:
> E in van l' inferno s' oppose e in vano
> S'armo d' Asia, & di Libia il popol misto,
> Che favorillo il Cielo, & sotto a i santi
> Segni, ridusse i suoi compagni erranti.

Es scheint, daß sich die Pohlen nach ihnen hauptsächlich ge=
richtet haben müssen: weil die poetische Uebersetzung der Arge=
nis bey ihnen gleichfalls keinen einzigen männlichen Reim hat.

33. §. Gemeiniglich reimen sich bey uns nur zween und
zween Verse, außer daß in Recitativen und Arien zuweilen
drey, in Sonnetten aber vier ähnliche Reime erlaubt sind.
Die Italiener hergegen reimen sehr oft drey Zeilen auf einan=
der, wie denn Tasso z. E. sein ganzes Heldengedicht durch, in
jeder Strophe solches gethan, wie das Exempel im vorigen §.
zeiget. Das machet aber, daß ihre Sprache an Reimen
einen Ueberfluß hat, darüber wir uns so leicht nicht beschwe=
ren können. Bey uns hat zwar der alte Uebersetzer des
Tasso seinem Originale in den dreyfachen Reimen nachfolgen
wollen, aber keinen Anhang dadurch bekommen: vieleicht,
weil sonst sein befreytes Jerusalem nicht Schönheiten genug
gehabt, um sich Beyfall zu erwerben. Z. E. Die erste obige
Strophe klingt auf deutsch so:

> Von Wehr und Waffen ich und von dem Hauptmann sing,
> Der Christi werthes Grab gar ritterlich erstritte,
> Mit Hand und mit Verstand verrichtet er viel Ding,
> In dem berühmten Sieg er mächtig viel erlitte.

Die

Die Höll zu dämpfen ihn umſonſt ſich unterfing,
Die Heidenſchaft auf ihn umſonſt zuſammen rieſ,
Dann ſeine Helden er, durchs Himmels Gunſt und Macht,
Bey alle Kreuzpanier zuſammen wieder bracht.

Die Engländer binden ſich zwar an ſo was regelmäßiges
nicht: aber ſie verwehren ſich die Freyheit nicht, mitten in
einem Gedichte, in langen Verſen, drey Zeilen auf einander
zu reimen, ſo oft es ſich thun läßt: ja ſie bemerken auch
dieſelben an der Seite allezeit durch ein beſonderes Verbin-
dungszeichen. Z. E. der Beſchluß zu Addiſons Cato hebt
dergeſtalt an:

What odd fantaſtick Things we Women do! ⎤
Who woud not liſten when young Lovers woo? ⎬
What! die a Maid, yet have the Choice of Two! ⎦
Ladies are often cruel to their Coſt,
To give you Pain, themſelves they puniſh moſt.
Vows of Virginity ſhou'd well be weigh'd,
Too oft they're cancell'd, tho in Convents made.
Woud you revenge ſuch raſh Reſolves - - you may ⎤
Be ſpightfull - - and believe the thing we ſay; ⎬
We hate you, when you're eaſily ſaid Nay. ⎦

34. §. Die Franzoſen pflegen, außer in Sonnetten und
Ringelgedichten, nicht leicht mehr als zwo Zeilen auf einander zu reimen. In jenen nämlich müſſen die erſten acht Zeilen
nur zweyerley Reime haben, ſo daß vier männliche und vier
weibliche auf einander paſſen. Im Rondeau aber müſſen
anfänglich erſt fünf, und hernach acht Zeilen, die aber durch
einander gemiſcht werden, einerley Reim haben. Unſere
Proſodiſten haben in allen ihren Anleitungen gewieſen, daß
es auch bey uns angehe, dergleichen zu machen: man ſieht
aber nicht, daß ſie Liebhaber bey unſern Poeten finden. Es
iſt ein entſetzlicher Zwang dabey; denn man muß die Gedanken gar zu ſehr nach dieſem kindiſchen Schällenklange richten;
und endlich kömmt doch nur ein Spielwerk heraus, daran ſich
nur kleine Geiſter beluſtigen. Dieſe können der Reime niemals ſatt werden, und ich glaube, daß man bloß ihnen zu

gefal-

gefallen die seltsame Art von Versen erdacht, die sich vorn
und hinten, ja wohl gar auch in der Mitte reimen, davon
man im Crescimbeni, und in Menantes gal. Poesie Exempel nachlesen kann. Und wo bleiben noch die Franzosen, die
wohl ganze Gedichte nach einerley, oder doch zweyerley ab-
gewechselten Reimwörtern machen? Ein verständiger Poet
sieht mit dem berühmten Ritter Temple, * dem Herrn Alay,
als Urheber der severambischen Historie, und dem Grafen
Schaftesbury ** die Reime als einen Ueberrest der barbarischen Longobarden, Gothen und Normänner an; die wir
lieber zu vermindern, als zu vermehren Ursache hätten. Er
reimet daher in seinen Poesien so wenig, als es sich thun
läßt: und gönnet den Pegnitzschäfern den Vorzug, alle ihre
Sylben und Worte zu reimen, dergleichen Exempel oben
auf der 223. S. vorgekommen.

35. §. Außer dem Sylbenmaaße und den Reimen, trägt
der Abschnitt in langen fünf- bis sechsfüßigen Zeilen zum
Wohlklange eines Verses sehr viel bey. Dieses ist gleichsam
ein kleiner Ruheplatz, wo man in der Aussprache ein wenig
stille halten, und, wenn es nöthig seyn sollte, neuen Athem
schöpfen kann. Die Alten haben zu diesem ihrem Abschnitte
in Versen keine gewisse Stelle bestimmet, indem sie z. E. in
Hexametern, bald in dem andern, bald in dem dritten, bald
im vierten Fuße den Abschnitt machen. Zum Beweise sollen
mir folgende Zeilen vom Lucan dienen, die zunächst auf die
oben angezogene Stelle folgen:

Nec coïere pares; | alter vergentibus annis
In senium, | longoque togæ tranquillior usu,
Dedidicit iam pace ducem, | famæque petitor
Multa dare in vulgus, | totus popularibus auris
Impelli, | plausuque sui gaudere theatri.

Hier sieht man wohl, daß in der andern und fünften Zeile
der Abschnitt in der Hälfte des andern Fußes, in der ersten
und

* Oeuvres melées de la Poesie.
** Charactéristiks of Men, Manners and Times.

Mein Mittag iſt vorbey, der ohngefähr die Waſſe
Des matten Lebens hielt.　Herr! geh nicht ins Gericht.

So hört wohl ein jeder, daß dieſes ſchon ſo anmuthig nicht
klingt, weil der Stillſtand nicht am Ende der Zeile, ſondern
in der Hälfte der folgenden erſt erfolget.　Doch da hier mit
der vierten Zeile gleichwohl der Verſtand ſich ſchließt, ſo geht
dergleichen Kleinigkeit auch in Elegien noch hin.　Das aber
iſt unerträglich, wenn man aus der vierten Zeile, in dieſer
Art verſchränkter Verſe, den Sinn noch bis in die fünfte
zieht.　Mir fällt kein Exempel davon bey, und ich mag nicht
lange mit ſuchen zubringen: darum mag ſich ein jeder ſelbſt
dergleichen anmerken, und ſein Gehör zu Rathe ziehen.
Ich bin verſichert, daß nichts ſchöner klingt, als wenn in
Elegien Zeile für Zeile, oder doch höchſtens zwey und zwey
Zeilen einen vollen Verſtand in ſich ſchließen, und entweder
einen Punct oder ein Colon am Ende leiden.

39. §. Ganz anders verhält ſichs im Deutſchen mit unſern
heroiſchen Verſen, wo man die Reime nicht trennet.　Zwar
haben wir die Freyheit der Lateiner und Griechen nicht, welche
den Punct überall hinbringen konnten.　Exempel darf ich
von einer ſo klaren Sache nicht anführen, denn man wird ſie
auf allen Blättern der Poeten, ſonderlich aber im Horaz
antreffen.　Daher verwirft man heute zu Tage, was unſere
Alten in dieſem Stücke ſich herausgenommen.　Z. E. Lohenſtein in der Kleopatra Vtem Aufzuge Iſtem Auftritte,
läßt die Königinn ſagen:

> Waſcht ſieben Tag euch nicht.　Umſchränkt die Todtenkiſte
> Mit Eppich.　Ziehet Säck, an ſtatt Damaſten an.

Und bald hernach in derſelben Scene ſaget Beliſar:

> Serapens Tempel glänzt
> Voll Feuer.　Das Altar der Iſis iſt bekränzt
> Mit Myrten.　Und das Volk ꝛc.

Das klingt nun wohl freylich nicht ſchön, und man hat Urſache gehabt, in neuern Gedichten ſich vor ſolchen Freyheiten
in acht zu nehmen.　Doch haben wir uns auch ſo genau nicht
binden

binden wollen, als die Franzosen; welche niemals anderswo, als am Ende der Zeilen, einen Schlußpunct leiden. Unsere besten und reinsten Poeten haben sichs niemals verbothen, den Verstand in heroischen Versen, bis an den Abschnitt einer folgenden Zeile, zu ziehen. Ich will nur Amthorn und Günthern zum Beweise anführen, die gewiß in der Reinigkeit ohne Tadel sind. Der erste will in der Uebersetzung aus Virgils Aeneis von den Musen wissen:

> Warum Junonens Zorn, durch ihres Eifers Macht,
> Auch selbst die Frömmigkeit in solche Noth gebracht,
> In so gehäufte Noth? Ist das auch wohl zu loben,
> Daß selbst die Götter so, vor Wuth und Rache toben?

Und Günther, in dem Lobgedichte auf den König August, schreibt von der Geschwindigkeit im Dichten:

> Dieß kann Lucil, ich auch. Allein ich seh und weis,
> Wie viel Verstand und Witz, Geduld und Zeit und Fleiß,
> Ein tüchtig Werk begehrt, das Kluge lüstern machen,
> Der Lorbern würdig seyn, der Neider Grimm verlachen
> Und ewig leben soll.

Wenn man sich nun dieser Freyheit mit Maaßen bedienet, dann kann man es uns für keinen Fehler anrechnen. Wir halten dadurch das Mittel, zwischen dem Zwange der Franzosen, und der gar zu großen Freyheit der Italiener und Engländer: die aber dadurch eine große Anmuth verlieren.

40. §. Was endlich im Deutschen die Oden anlangt, so gehöret fürs erste dazu, daß sich mit jeder Strophe der volle Verstand schließe. Die alten Lateiner haben sich daran auch nicht gebunden. In Horazens meisten Oden hängen etliche Strophen so aneinander, daß man an dem Ende der einen, gar nicht stille stehen kann. Da möchte ich nun gern wissen, wie das nach ihrer Musik im Singen geklungen? Bey uns klingt es nicht, wie wir aus etlichen altfränkischen Kirchenliedern sehen. Allein das ist noch nicht genug. Wenn die Strophen mehr, als vier Zeilen haben, so kömmt auch wohl mehr, als ein Punct in denselben vor; und da fraget sichs, ob er überall stehen könne? Am Ende jeder Zeile zwar, kann es niemand gewehrt werden, den Verstand zu schließen: allein

außer

außer dem giebt es in jeder Art der Abwechselung von Zeilen gewisse Stellen, wo die Puncte vornehmlich hingehören, und wer sie daselbst nicht machet, der sündiget wider den Wohlklang. Doch das gehöret eigentlich ins Hauptstücke der Oden.

41. §. Dieß ist nun das allgemeine, so ich vom Wohlklange der poetischen Schreibart überhaupt habe sagen können. Besondere Anmerkungen muß sich ein jeder selbst machen; oder von geschickten Lehrern der Dichtkunst mündlich machen lassen. Die gemeinen Regeln von der Prosodie und den Reimen habe ich hier nich abhandeln wollen. Sie stehen in so viel hundert Handbüchern, und ich setze zum voraus, daß man sich dieselben bekannt gemacht hat, ehe man mein Buch lesen will. Man kann sie itzo auch ausführlich in meiner deutschen Sprachkunst IV. Theile nachlesen. Ich habe nur den Grund von demjenigen anzeigen müssen, was andere weitläuftiger vorgeschrieben haben. Und also schließe ich mit diesem Hauptstücke den ersten Theil meiner Dichtkunst, darinn ich nach einer historischen Einleitung im I. Hauptstücke, den Poeten selbst im II. und III. Hauptstücke beschrieben; im IV. das Wesen der Poesie, d. i. die Nachahmung, und sonderlich die Fabel erkläret, und im V. und VI. ihre vornehmsten Eigenschaften gewiesen. In allen folgenden Hauptstücken habe ich die Mittel, wodurch die poetische Nachahmung geschieht, nebst ihrem rechten Gebrauche und Misbrauche angezeiget: d. i. Ich habe die poetische Schreibart, nach ihren Fehlern und Schönheiten entdecket. Das waren nun allgemeine Lehren: im folgenden Theile wollen wir die besondern Gattungen der bey uns üblichen Gedichte vor die Hand nehmen. Im ersten Abschnitte werde ich diejenigen poetischen Werke durchgehen, die schon von den Alten erfunden, und zur Vollkommenheit gebracht worden. Im zweyten Abschnitte aber will ich die neuern Erfindungen der Dichter vor die Hand nehmen, und ihre Regeln fest setzen.

Vers

Versuch

einer

Kritischen Dichtkunst.

Zweyter

Besonderer Theil.

Des II Theiles

I. Abschnitt.

Von den Gedichten, die von den Alten erfunden worden.

Das I. Hauptstück.

Von Oden, oder Liedern.

1. §.

Wir folgen der Ordnung der Natur. Oben ist erwiesen worden, daß die Musik zur Erfindung der Poesie den ersten Anlaß gegeben. Die ersten Dichter, Eumolpus, Musäus, Orpheus, Arion, Amphion und Linus, haben lauter musikalische Verse gemacht, und dieselben den Leuten vorgesungen. Die Alten haben ihre Gesetze gesungen, und Aristoteles meynet gar, daß dieselben darum ιομοι genennet worden: weil die Strophen der Lieder so hießen, darinn sie vor Alters abgesungen worden. Die Geschichte und Thaten der Helden wurden auch schon vor Erfindung der Schriften in Liedern aufbehalten. Alles, was vor dem Kadmus von Milet und dem Pherecydes von Scyros in Griechenland gemacht worden, das waren Lieder, und Gesänge. Auch in der Odyssee finden wir, daß Phemius den Liebhabern der Penelope ein Lied von der schweren Rückfahrt der Helden vor Troja singet. Agamemnon hat seiner Gemahlinn einen Sänger zu Hause gelassen, sie in seiner Abwesenheit zu belustigen und zu erbauen. Menelas giebt im IV. B. ein Fest, wobey man singet und tanzet. Im VIII. B. singt Demodokus bey den Phäaciern, von der Liebe des Mars und der Venus. Im XII. singen die Sirenen. Im XXI. sang Phemius, von den Liebhabern der Penelope gezwungen, abermal. Anderer Tisch= und Trinklieder zu geschweigen, davon de la Nauze in den Memoires de l' Acad. des belles Lettres. T. XIII. p. 501. u. f. nachzusehen ist. Die Lieder sind also die älteste Gattung der Gedichte, und wir können mit gutem Grunde von denselben den Anfang machen.

2. §. Weil ein Lied muß gesungen werden können, so gehört eine Melodie dazu: und weil der Text und die Musik sich zu einander schicken sollen, so muß sich eins nach dem andern richten. Es versteht sich aber leicht, daß sich zuweilen die Poesie nach der Singweise; zuweilen aber die Singweise nach der Poesie bequemen wird, nachdem entweder jenes, oder dieses am ersten fertig gewesen ist. Zwar die alten Poeten, weil sie zugleich auch Sänger waren, und weder in einem, noch in dem andern Stücke, gar zu viel Regeln wußten, mögen wohl zuweilen aus dem Stegreife ganz neue Lieder gesungen haben; davon vorher weder die Melodie, noch der Text bekannt gewesen. Sie nahmen es weder in der Länge der Zeilen, noch in dem Sylbenmaaße so genau; und konnten auch leicht so viel Töne dazu finden, daß es einem Gesange ähnlich ward. Ich habe selbst einen alten Singmeister, der ein Sänger und Poet zugleich seyn wollte, in großen Gesellschaften, zur Lust, auf jeden insbesondere, ein ganz neues Lied singen hören. Er dichtete und componirte also aus dem Stegreife; wie man theils aus den Knittelversen, theils aus der Melodie leicht hören konnte. So kann und muß man sich denn auch die ältesten Poeten einbilden. Ihre Texte waren so ungebunden, als ihre Melodien; und wenn wir

wir in Kirchen den Lobgesang Mariä, die Litaney, oder das
Lied Simeons singen; so können wir uns leicht vorstellen,
wie solches mag geklungen haben.

3. §. Doch von diesen ersten Liedern ist hier nicht mehr
die Frage. Man hat sie allmählich regelmäßiger zu machen
angefangen, und theils die Texte, theils die Melodien gebessert. Man erfand gewisse Gesangweisen, die sehr schön ins
Gehör fielen, und bemühte sich, dieselben nicht wieder zu
vergessen. Der Text ward darnach eingerichtet; und das
war ein Lied von einer Strophe. Wollte der Poet noch mehr
Einfälle und Gedanken ausdrücken, so hub er seine Melodie
von vorne wieder an: und weil seine Verse sich auch darnach
richten mußten, so entstund abermal eine Strophe, die der
ersten ungefähr ähnlich war. Und damit fuhr man so lange
fort, bis das Lied lang genug schien, oder bis der Dichter
nichts mehr zu sagen hatte. Anakreon scheint indessen von
Strophen oder abgetheilten Versen seiner Oden nichts ge=
wußt zu haben. Alle seine Liederchen gehen in einem fort,
bis sie zum Ende sind, und man könnte sie also nach unsrer
Art eher Arien, als Oden nennen: es wäre denn, daß er
bey jeder dritten, vierten oder fünften Zeile die alte Melodie
wiederholet hätte; wozu es aber wenig Anscheinung hat.
Z. E. die IV. Anakreontische Ode auf sich selbst, habe ich in
eben so viel Zeilen und Sylben so übersetzet:

Auf den jungen Myrtenzweigen,
Auf den zarten Lotosblättern,
Will ich liegen und eins trinken.
Amor soll mit nackter Schulter,
Und halb aufgeschlagnem Kleide,
Mich aufs artigste bedienen.
Denn kein flüchtig Rad am Wagen
Läuft so schnell, als unser Leben:
Und da bleibt von unsern Beinen
Nur ein wenig Staub im Grabe.
Drum was hilfts, den Grabstein salben,
Und den schnöden Wust der Grüfte?
Salbt mich selber, weil ich lebe,
Kronet mich mit frischen Rosen;

Ruft

Ruft mir her die schönste Freundinn!
Amor! eh ich von hier scheide,
Und dort bey den Todten tanze,
Will ich Gram und Leid verbannen.

4. §. Die ältesten Melodien werden meines Erachtens nur auf eine Zeile zugelanget haben, und in der andern hat man sie schon wiederholen müssen. Hernach hat man sie etwa auf zween Verse verlängert: und dabey werden sonderlich unsere Vorfahren, die eine gereimte Poesie liebten, geblieben seyn; weil wir sonst keine Spuren von abgetheilten Strophen bey ihnen finden. Zwo Zeilen machten also einen Vers, den sie ein Lied, d. i. ein Glied nannten, darauf sie eine Melodie hatten; alsdann huben sie dieselbe von neuem wieder an. Die Griechen, ob sie gleich anfänglich auch nicht künstlicher gewesen, wurden doch allmählich bessere Sänger und Spielleute; und erfanden also bessere Melodien, die sich auf vier, fünf, sechs, auch nach Gelegenheit, auf mehr Zeilen erstreckten: wie man aus ihren Poeten sieht. Dadurch werden nun auch die poetischen Strophen länger, die sie denn unter sich einander gleich machten; weil man am Ende der einen, die Melodie wieder vom Anfange anheben mußte. Das Wort ϛροφη zeigt solches zur Gnüge, weil es von ϛρεφειν, oder vom Umkehren, seinen Ursprung hat, und also eine Wiederkehr bedeutet. Wenn man es also lateinisch einen Vers heißt, so ist es eben so viel; weil versus von vertere hergeleitet wird. Ich weis wohl, daß man andere Erklärungen von diesem lateinischen Worte giebt: Z. E. Weil man oft was ändern, verkehren oder versetzen müßte, wenn man Verse macht: oder weil man den Griffel, womit die Alten schrieben, oft umkehren müssen, um in den Wachstafeln, darauf man schrieb, etwas auszulöschen: Sæpe stilum vertas &c. Allein das sind Wortspiele. Besser ist es noch, wenn man sagt, das Umkehren im Schreiben am Ende einer Zeile, habe diesen lateinischen Namen zuwege gebracht: denn wir finden bey den Alten, daß sie auch die Zeilen prosaischer Schriften, Verse genennet haben.

Das

Das läuft aber mit dem obigen auf eins hinaus. Die homerischen Zeilen sind Verse, in diesem Verstande; und sind es auch nach meinem Sinne: weil man alle Zeilen nach einer und derselben Melodie gesungen, und also dieselbe Gesangweise immer von neuem wieder angefangen hat.

5. §. Die Strophen einer Ode, oder wie unsere Alten, nach Art der Griechen sagten, die Gesetze derselben, müssen also auch, bey unserer heutigen künstlichen Musik, eine gewisse Länge und Anzahl der Zeilen beybehalten; wenn sie sich auf eine gewisse Melodie sollen singen lassen. So habens die Griechen, Alcäus und Sappho, und die Römer, Catull und Horaz, gemacht: und so machens auch heute zu Tage alle Nationen. Nur die pindarischen Oden machen hier eine Ausnahme. Die beyden ersten Verse derselben ςροφη und αντιςροφη, die wir den Satz und Gegensatz nennen, sind zwar einander vollkommen ähnlich, aber die dritte schickt sich nicht mehr dazu. Folglich schließe ich daraus, daß man sie nach zweyerley Melodien gesungen habe, eine zu anfangs zweymal, die andere zum Beschlusse nur einmal; welches gewiß so übel nicht klingen kann. Exempel solcher Oden kann man in Opitzen und andern alten Dichtern finden. Seit einiger Zeit sind sie ganz aus der Uebung gekommen, weil sie außer der Musik keinen Nutzen haben. Ich will aber ein Muster aus dem Pindar selbst in gleichviel Zeilen übersetzen. Es sey die XII. Olympische; weil sie kurz ist. Wer von der Vortrefflichkeit dieses Dichters überzeuget werden will, der lese nach, was im II. B. der Memoires, oder ausführlichen Schriften der parif. Akad. der schön. Wissensch. der Abt Fraguier davon geschrieben hat:

· Auf den Himeriner Ergoteles, der im Wettlaufe gesieget hatte.

Satz.

O Tochter Jupiters! der stets die Freyheit schützt,
Dich bitt ich für Himerens Heil!
O Glück! Erhalterinn der Staaten,
Du lenkst die Schiffahrt auf den Meeren,

Auf

Auf Erden aber Krieg und Streit,
Und Rath und Anſchlag aller Fürſten.
Nach deinem Wink ſteigt auch das Hoffen
Der Sterblichen bald hoch empor;
Bald ſinkt es irrend tief herab.

Gegenſatz.

Kein Sterblicher hat noch bisher,
Vom künftigen Geſchick, das ihn betreffen ſoll,
Ein feſt Verſichrungspfand erhalten.
Der Zukunft Ahndung iſt geblendet;
Viel pflegt uns Menſchen unverhofft,
Ja wider unſern Wunſch, zu treffen.
Und viele labt auch, nach den Stürmen
Des allerherbſten Ungemachs,
In kurzer Zeit ein großes Glück.

Nachſatz.

Philanors Sohn! der du zu Hauſe,
Gleichwie ein tapfrer Hahn, gekriegt:
Die Hurtigkeit von deinen Schenkeln
Wär ohne Ruhm, noch unbekannt:
Wenn nicht der Aufruhr wilder Bürger,
Dich, Knoſſen, der Vaterſtadt entriſſen.
Nun krönet dich Olympia,
Wie Delphis ſchon zweymal, und auch der Iſthmus that.
Nun kann Ergoteles auf ſeiner ſchönen Flur,
Der Nymphen warme Bäder preiſen.

6. §. Wenn die Oden nicht eben zum Singen gemacht werden, oder auch von zweenen Chören gegen einander, als ein Geſpräch geſungen werden ſollen, dergleichen in Herrn Gräfens Sammlungen etliche anzutreffen ſind: ſo kann man auch Strophen von zweyerley Art mit einander abwechſeln, ſie nach zwo verſchiedenen Melodien in die Muſik ſetzen, und von zweenen Chören Muſikanten wechſelsweiſe abſingen laſſen. Amthor hat auf der 187. und 188. Seite ſeiner Gedichte ein ſolches Exempel gegeben, und man ſingt auch an gewiſſen Orten das Lied: Nun laßt uns den Leib begraben; auf die Art, daß, nach Endigung einer jeden Strophe, ein Sänger, im Namen des Seligverſtorbenen, einen Vers von dem Liede: Gehabt euch wohl, ihr meine Freund;

dar-

darzwischen singt. Wie nun dieses sehr angenehm klingt, also wundert'michs, daß man nicht mehr solche Wechseloden, wie man sie nennen könnte, so wohl in geistlichen, als in weltlichen Stücken eingeführet hat. Zum wenigsten habe ich meine lange Jubelode, die auf der 293. S. des I. B. meiner Gedichte steht, in zweyerley Arten der Strophen verfertiget: und wenn selbige also gesungen werden sollte; so müßten zwo Melodien auf die zwo ersten Strophen gesetzt werden. Dieses ist auch bey solchen langen Liedern um desto rathsamer, weil durch die Abwechselungen zwoer Melodien eine größere Mannigfaltigkeit in den Gesang gebracht, und der Ekel also vermieden werden kann, der aus der gar zu oftmaligen Wiederholung einer und derselben Weise, leicht entstehen könnte.

7. §. Die Alten pflegten bey dem Ende jeder Strophe den völligen Verstand nicht allemal zu schließen, wie man aus Horazens Oden sehen kann. Bey uns aber hat mans mit gutem Grunde eingeführet: und es klingt gewiß noch einmal so gut, als wenn man das Ende eines angefangenen Satzes erst in der folgenden Strophe suchen müßte. Ja man bemühet sich, auch den Schluß jedes Verses allezeit nachdrücklich und sinnreich zu machen. Nicht eben, als wenn allemal eine epigrammatische Spitzfündigkeit darinn stecken müßte: sondern darum, daß die letzte Zeit nicht kalt und matt abfalle, und also das vorhergehende Feuer gleichsam dämpfe. Eben deswegen klingt es am Schlusse der Strophen sehr selten gut, wenn die letzte Zeile für sich einen Satz macht, der mit der vorhergehenden, wenigen, oder gar keinen Zusammenhang hat. Es ist allezeit besser, wenn die letzten zwo oder drey Zeilen hübsch in einem hinter einander fortrollen, daß man im Lesen nicht eher stille halten, oder aufhören kann, als am Ende der ganzen Strophe. Z. E. wenn Kanitz in der Ode auf seine Doris singet:

Soll ich meine Doris missen?
Hat sie mir der Tod entrissen?
Oder bringt die Phantasey
Mir vielleicht ein Schrecken bey?

Lebt sie? Nein, sie ist verschwunden!
Meine Doris deckt ein Grab.
Reiß, Verhängniß! meinen Stunden
Ungesäumt den Faden ab.

So sieht man wohl, daß der Schluß deswegen so schön klappt,
weil die zwo letzen Zeilen in einem Stücke fortlaufen. Doch
muß man hiervon eine Ausnahme machen: denn zuweilen
erlaubet ein heftiger Affect auch einen kurzen und abgebrochenen
Spruch am Ende. Als z. E.

Ein Jüngling, dessen hoher Geist
Aus Augen, Mund und Wesen lachte,
Der oft das Alter stutzig machte,
Das sonst der Jugend Lehrer heißt;
Der unsrer Welt zu Nutz gebohren,
Der Seinen Zier und Freude war,
Betritt die schwarze Todtenbaar:
Gewiß, das heißt zu viel verlohren! Amthor.

8. §. Was sonst die andern Schlußpuncte in der Mitte
einer Strophe anlangt, so muß man darinn einen besondern
Wohlklang beobachten. In den beyden angeführten Exempeln achtzeiligter Strophen mußte nothwendig an der vierten
Zeile ein Punct stehen: und es würde sehr übel geklungen
haben, wenn man den Sinn bis auf die fünfte Zeile gezogen
hätte. Wäre aber die Verschränkung der Reime dergestalt
gewesen, als in folgender Strophe von sechs Zeilen:

Auf! ihr klugen Pierinnen,
Lasset uns ein Lied beginnen,
Einem Helden, der euch liebt;
Der bey seinen schönen Flüssen,
Welche sich hierum ergießen,
Uns auch eine Stelle giebt. Opitz.

So hätte nach der dritten Zeile der Verstand vollkommen
seyn müssen: und so auch in andern Arten allezeit anders.
Wie nun die Abtheilung in einer Strophe gewesen, so muß
sie in allen andern seyn: damit sich die Gesangweise der ersten
auch darauf schicke; und mit einer Hälfte der Melodie, auch
der ganze, oder halbe Verstand schließe. Diese Regel ist
von

von unsern ältesten Poeten nicht durchgehends beobachtet
worden. Opitz, Flemming, Dach, Gryph u. a. m.
schließen den Verstand in den Strophen ihrer Oden zwar
oftmals recht; aber auch vielmals unrecht. Neukirch hat
dieses fast zuerst wahrgenommen, und in diesem Stücke
einen bessern Wohlklang eingeführt; welchem denn Gün-
ther.glücklich gefolget ist. Man sehe in den Hoffmannsw.
Gedichten die Exempel des ersten nach, und nehme auch
von Neuern die Oden der hiesigen D. Ges. dazu.

9. §. Die Zeilen in den Oden dörfen nicht alle von einer
länge seyn. Man kann allerley Vermischungen von drey,
vier, fünf, ja sechsfüßigen Versen in der ersten Strophe machen; und darf nur das Gehör zu Rathe ziehen, ob sie wohl
klingen. Daraus entstehen nun unzählige Gattungen der
Oden, die doch dem Sylbenmaaße nach, nur entweder jambisch oder trochäisch sind. Z. E. Opitz hat folgende Art:

> Ihr schwarzen Augen ihr, und du, o schwarzes Haar
> Der frischen Flavien, die vor mein Herze war,
>   Auf die ich pflag zu richten,
>   Mehr als ein Weiser soll,
>   Mein Schreiben, Thun und Dichten,
>   Gehabt euch ewig wohl!

Doch ich müßte etliche Schocke hersetzen, wenn ich nur die
besten wählen wollte. In Weidners Uebersetzung von
Horazens Oden, kann man unzählige Gattungen finden,
und sich die besten davon wählen. Ja auch im hübnerischen
Handbuche, kann man sich zur Noth eine Menge möglicher
Veränderungen von trochäischen und jambischen Versen bekannt machen. In meinen Gedichten wird man gleichfalls
an den größern Heldenoden, und auf die beyden Jubelfeste,
eben dergleichen Arten antreffen. Doch könnten auch nach
dem Muster der Griechen und Lateiner, sapphische, phaläcische, alkaische und chorijambische Oden, gemacht und gesungen werden; wie ich in dem letzten Hauptstücke des I. Theils
dieser Dichtkunst gewiesen habe. Und so viel vom äußerlichen.

10. §.

10. §. Die Materien, die in Oden vorkommen können, sind fast unzählig: obgleich im Anfange die Lieder nur zum Ausdrucke der Affecten gebraucht worden sind. Dieser ersten Erfindung zufolge, würde man also nur traurige, lustige und verliebte Lieder machen müssen; oder höchstens Lobgesänge auf Götter und Helden machen dörfen. Aber nach der Zeit hat man sich daran nicht gebunden; sondern kein Bedenken getragen, alle mögliche Arten von Gedanken in Oden zu setzen. Es ist also lächerlich, wenn einige halbigte Kunstrichter Wunder was für Dinge von einer jeden Ode fodern; das weder ein Alcäus, noch eine Sappho; ja bisweilen Pindar nicht einmal beobachtet hat. Zwar Horazens Regel nach, würden nur wenige Classen darinnen vorkommen, so verschieden sie an sich selbst schon sind:

Musa dedit fidibus Divos, puerosque deorum,
Et pugilem victorem, et equum certamine primum,
Et juvenum curas, et libera vina referre.

Aber seine eigenen Exempel zeigen, daß er es bey Göttern und Helden, ja Kämpfern, Wein und Liebe nicht hat bewenden lassen; indem er wohl so gar Briefe in Form der Oden geschrieben, ja Satiren, Gespräche und Lehrgedichte darinn abgefasset, Fabeln erzählet, sich selbst in einen Schwan verwandelt, und unzählige andere Erfindungen darinnen angebracht hat. Bey unsern alten Poeten wird man alle diese Arten auch antreffen, wie die Exempel in ihren Schriften sattsam zeigen werden. Indessen wenn man die Natur der Sachen ansieht, so ist es wohl am besten, wenn man sich von der ersten Erfindung so wenig entfernet, als möglich ist; und das Lob der Helden und Sieger, den Wein und die Liebe mehrentheils darinn herrschen läßt. Doch begreift ein jeder, daß man das Lob, sowohl bey freudigen als traurigen Begebenheiten; und die Liebe, sowohl bey eigener als fremder Leidenschaft, d. i. bey Hochzeiten besingen könne.

11. §. Daraus ist nun leicht abzunehmen, in was für einer Schreibart die Ode abgefaßt werden müsse. Nach ihren

ihren verschiedenen Gattungen muß sich dieselbe auch ändern.
Die Loboden müssen in. der pathetischen und feurigen, die
lehrreichen in der scharfsinnigen, die satirischen in der stachlichten oder beißenden, die lustigen und traurigen, theils in
der natürlichen, theils beweglichen Schreibart gemacht werden.   Die Ursache sieht man leicht.   In der ersten Art be-
herrscht die Bewunderung und Erstaunung den Poeten, die
ihm alle Vorwürfe vergrößert, lauter neue Bilder, Gedanken und Ausdrückungen zeuget; lauter edle Gleichnisse, reiche Beschreibungen, lebhafte Entzückungen wirket; kurz, alle
Schönheiten zusammen häufet, die eine erhitzte Einbildungskraft hervorbringen kann.   Und dieses ist denn die sogenannte Begeisterung, das berühmte Göttliche, so in den Oden
stecken soll, weswegen Pindar so bewundert worden.   Um
nun von diesem so beruffenen pindarischen Wesen, unsern
Deutschen einen Begriff zu machen, will ich noch eine, obgleich
prosaische Uebersetzung, aus dem Pindar hersetzen; und also
vielen falschen Begriffen vorbeugen, die sich einige davon
machen.   Es ist die IV. olympische, die er auf den Pfaumus,
den Kamariner, gemacht, als er den Sieg im Wettlaufe
mit den Wagen davon getragen hatte.   Sie lautet so:

Satz.

Höchster Gott! der du vom obersten Himmel her, deine Donner
gleich unermüdeten Rossen in den Lüften fliegen lässest; die Stunden, diese dir unterthänigen Göttinnen, deren Pflicht es ist, die
Jahreszeiten nach und nach herbeyzuführen, und die heute die prächtigen pisanischen Schauspiele erneuert haben, die dir geweihet sind,
schicken mich, mit der Leyer in der Hand, zu dir, großer Jupiter,
daß ich mit Liedern, die sich in ihre Töne mischen, die Pracht dieser Spiele, und den Ruhm eines Freundes besingen soll, der im
Wettlaufe mit den Rossen den Preis davon getragen hat.   Es ist
billig, und die Tugend selbst heischt es von uns, bey dem Glücke
unsrer Freunde, unser Vergnügen zu bezeugen.   Nimm also, du
Sohn Saturns, der du auf dem Aetna, dem Schauplatze deiner
Siege über den Stolz des hundertköpfigten Typhons triumphirest,
den du mit deinem Blitze zerschmettert hast, und der unter der Last
dieses berühmten Berges seufzet: nimm diesen Gesang, der dir zum
Dank:

Dankopfer gebracht wird, gnädig an, indem er den Verdiensten einen ewigen Glanz ertheilen soll.

Gegensatz.

Er kömmt schon, auf dem sieghaften Wagen! Psaumis kömmt, den du selbst begnadiget hast. Dieser mit pisanischen Oelzweigen bekrönte Ueberwinder, eilet schon durch seine Gegenwart, seinem Vaterlande einen neuen Glanz zu verschaffen. Großer Gott! sey allen seinen übrigen Wünschen eben so geneigt: denn ich lobe ihn mit Rechte; da er zwar mit allen Tugenden gezieret, doch sonderlich durch die edle Neigung berühmt ist, muthige Hengste zu erziehen, zu erhalten und abzurichten; da er freygebig und gastfrey im höchsten Grade ist, und eine aufrichtige Liebe zur Stille und Ruhe seines Vaterlandes besitzt; die ihm von den reinen und weisen Gebothen einer glücklichen Auferziehung eingeflößet worden. Ich sage nichts, als was wahr und bekannt ist. Weg, aus den Lobsprüchen des Psaumis, mit allem, was der Lügen gleicht! Nur durch gewisse und wiederhohlte Thaten, nur durch die Proben selbst, muß man von den Sterblichen urtheilen.

Schlußsatz.

Die Proben verwandelten vormals die Verachtung und die Spott-reden der Weiber zu Lemnos, über die weißen Haare des Klymenus, in lauter Verwunderung. Als Sieger auf der Rennbahn, wo man in voller Rüstung läuft, sprach er zur Hypsipyle, indem er sich näherte, die Krone von ihrer Hand zu nehmen: du siehst wohl, wie stark ich im Laufen bin; die Kraft meines Arms und meine Herzhaftigkeit gleichen der Behendigkeit meiner Schenkel. Urtheile nicht mehr nach der Farbe weißer Haare, die oft den jüngsten und stärksten vor der Zeit wachsen.

12. §. Hier sieht man nun die pindarische Art zu denken, die von den Alten für so unnachahmlich gehalten worden. Sie beschäfftiget sich freylich mit lauter erhabenen Sachen, mit dem Jupiter und seinem Feste; mit dem Siege, den er über die Riesen erfochten; mit der Strafe Typhons, unter dem Berge Aetna; mit der Geschicklichkeit des Siegers, in Erziehung und Abrichtung der Pferde; mit den übrigen Tugenden desselben, die der Poet billiger Weise höher schätzet, als den Sieg selbst; den er mehr für eine Gabe Gottes, als für ein Werk des Siegers ausgiebt. Man sieht hier ferner die

die Ehrlichkeit des Dichters, da er nichts loben will, als was
die Wahrheit bezeuget, und was durch Proben erweislich ist.
Dieses erläutert er zum Beschlusse mit einem Beyspiele aus
den Geschichten. Nun bleibt er zwar die Anwendung schuldig: allein, vieleicht ist dieselbe damals leichter zu machen
gewesen, als wir denken; und es kann wohl seyn, daß auch
dieser Ueberwinder vor seinem Siege, nicht für voll angesehen
worden. Hat der Poet nun dieses auf eine klügliche Art zu
verstehen gegeben, ohne es ausdrücklich zu sagen: so sieht
man auch seine Geschicklichkeit im Loben, die allen Lobdichtern
anzupreisen ist. Ueberhaupt könnte man aus diesem Muster
viele Regeln der Lobgedichte herleiten. Ich will nur der
folgenden erwähnen. I. Lobe an deinem Helden keine Dinge,
dafür er selbst nichts kann: zum Exempel, sein Geschlecht,
sein Vaterland, seine Leibesgestalt, seine Jugend rc. von
allen diesen Stücken sagt Pindarus nichts. II. Schäme dich
nicht, das Gute, das deinem Helden wiederfährt, Gott selber
zuzuschreiben: dieses thut Pindarus; ohngeachtet sein Sieger auch viel Theil an dem erkämpften Preise hatte. III. Lobe
an deinen Helden das, was ganz auf sie ankömmt, nämlich
die Tugenden, die ein Werk des menschlichen Willens sind.
IV. Halte dich bey keiner Beschreibung von Kleinigkeiten
auf; z. E. von Pferden, von Wagen, und andern solchen
Lapalien, darauf kleine Geister so leicht verfallen, die aber
Pindar gar übergeht. V. Male deinen Helden nicht als
eine Geburt deiner Einbildungskraft; sondern lobe nur, das
an ihm, dessen Wahrheit, durch augenscheinliche Proben bewiesen werden kann rc. Wer so lobt, den will ich einen
pindarischen Dichter nennen. S. die oberwähnte Abhandlung
des Abts Fraguier nach.

13. §. Nun weis ich zwar, daß man zu den pindarischen
Oden, eine sehr kühne und erhabene Schreibart zu rechnen
pflegt; die einige nicht besser zu erreichen wissen, als wenn sie
recht dunkel, abgebrochen, und verstümmelt deutsch schreiben.
Allein, was die kühnen Bilder und Redensarten anbetrifft,
so werden wir dieselben in vielen Oden unsrer deutschen Poe-

ten

ten ziemlich pindarisch antreffen, und wer es noch höher darinn treiben wollte, der würde gewiß zu weit gehen. Was
aber das Verstümmeln der Sprache betrifft, so ist es leicht
zu begreifen: daß Pindarus durch grammatische Schnitzer
nicht zum Gegenstande der Bewunderung geworden, sondern durch edle Gedanken; die aber auch bey der Richtigkeit
der Sprachregeln bestehen können. Haben wir nun noch
keinen ganzen Pindar in Deutschland gehabt, so kann doch
so gar viel eben nicht gefehlet haben. Wenigstens haben
Flemming, Gryph und Amthor kein übles Geschick
dazu gehabt. Unser Günther hätte wohl in dieser Art
von Oden ein Meisterstück auf den Prinzen Eugen gemacht:
wenn er sich nur nicht so tief herunter gelassen hätte, als er
vorhin hoch gestiegen war; da er auch Nachbars Hanns in
einer Dorfschenke, zum Gegenstande seiner Gedanken genöm-
men. Im Französischen ist Rousseau glücklich darinn,
wie auch aus der Ode auf die Weltbezwinger, die Amthor
übersetzt hat, schon zu sehen ist. Des la Grange drey phi-
lippische Oden, auf den verstorbenen Regenten in Frankreich, sind zwar in einem ganz widrigen Affecte geschrieben;
aber eben so feurig, und so zu reden rasend, als eine von
den obigen. Und das ist kein Wunder. Er hat es vermuthlich in seinem Schimpfen und Schelten ernstlicher gemeynet, als andere, die im Loben aus dem Schmäucheln ein
Handwerk machen. In geistlichen Oden ist Simon Dach
dieser Schreibart sehr mächtig gewesen, und insonderheit ist
das Lied: Ich bin ja, Herr, in deiner Macht; für ein
vollkommnes Meisterstück anzusehen. Auch Andreas
Gryphius, hat in seiner langen Ode auf den Kirchhof,
mehr als eine Probe der pathetischen Schreibart gegeben,
die sehr zu loben ist. Zur Probe will ich ein paar Strophen hersetzen:

> Wie wird mir? Wackelt nicht der Grund,
> Auf dem ich steh? rauscht ihr, o Linden?
> Wie reißt die Erd auf ihren Schlund,
> Und läßt die Wurzel sich entbinden?

Hör

Hör ich das Rasseln dürrer Bein?
Hör ich ein heischer menschlich Brausen?
Hör ich der Süden holes Sausen?
Wälzt ihr euch ab, ihr schweren Stein? rc.
Hilf Gott! die Särger springen auf!
Ich schau die Körper sich bewegen.
Der längst erblaßten Völker Hauf
Beginnt der Glieder Rest zu regen.
Ich finde plötlich mich umringt
Mit durch den Tod entwehrten Heeren!
O Schauspiel! das mir heiße Zähren
Aus den erstarrten Augen bringt!

14. §. Die lustigen Lieder, die beym Trunke oder sonst zum Scherze statt finden, müssen, so wohl als die traurigen, zärtlichen und beweglichen, in der natürlichen Schreibart gemacht werden, die nicht mehr so edel, feurig und verwegen klingt; sondern mit wenigern Zierrathen zufrieden ist. Doch kömmt es auch hier auf den Dichter an, ob er gleichsam in einem halben Rausche, kühne Gedanken und Ausdrücke wagen will, wie Pietsch in einem Trinkliede gethan hat, welches im VII. B. der Beyträge steht. Zum Exempel der lustigen kann Günthers Tabakslied dienen, nebst verschiedenen, die in Flemmings und Opitzens Gedichten vorkommen. Z. E. im ersten Buche der poet. W. des letzern, steht eine an Nüßlern, und da kömmt folgende Strophe vor:

Hola! gebt mir ein Glas Wein,
Wasser hab ich nicht vonnöthen:
Nun es gilt dir, Bruder mein!
Auf Gesundheit des Poeten,
Welcher künftig mich und dich
Weit soll lassen hinter sich!

In dieser Schreibart läßt sich auch bey Hochzeiten und andern fröhlichen Veranlassungen, bequem ein Gedicht verfertigen. Von zärtlichen oder traurigen Liedern habe ich schon oben Kanitzens Klagode gelobt, und ißo will ich noch Bessers Ode auf denselben Todesfall, und als er vierzig Jahre alt war, hinzusetzen. In geistlichen Gesängen müssen die Bußlieder und andere, wo ein trauriges Wesen herrschet, so abgefasset werden,

Crit. Dichtk. E e

wie Dach, Rist, Gerhard und Frank; von neuern aber Neumann und Schmolk uns die Muster gewiesen haben.

15. §. Endlich die sinnreiche Schreibart kann in moralischen Oden statt finden, ja auch in allen andern Oden, wo wir anfangen, ernsthafte Betrachtungen anzustellen. Günthers Ode auf Graf Sporken, imgleichen Andr. Gryphii über den Gottesacker, und viele in Amthors Gedichten sind hierinn unvergleichlich. In Ranitzens geistlichen Gedichten sind auch einige treffliche Muster davon. In dem Liede: Herr, ich denk an jene Zeit, hat Mylius ein Meisterstück einer sinnreichen Betrachtung der Sterblichkeit gewiesen; dergleichen auch Simon Dach vom Tode und von der Ewigkeit sehr viele verfertiget hat. Will man mehr neue und wohlgerathene geistliche Lieder beysammen finden; so nehme man M. Gottschaldts Universalgesangbuch zur Hand. Verlangt man aber von weltlichen moralischen, lustigen und galanten Oden, zu erlaubter Ergetzung, etwas beysammen zu haben: so schaffe man sich diejenige Sammlung an, die Herr Gräf neulich in großem Formate, mit neugesetzten sehr schönen Melodien, in drey bis vier Theilen in Halle, ans Licht gestellet hat.

16. §. Aus allen den angeführten Oden aber wird man wahrnehmen, daß darinn durchgehends eine größere Lebhaftigkeit und Munterkeit, als in andern Gedichten, herrschet. Dieses unterscheidet denn die Ode von der gemeinen Schreibart. Sie machet nicht viel Umschweife mit Verbindungswörtern oder andern weitläuftigen Formeln. Sie fängt jede Strophe, so zu reden mit einem Sprunge an. Sie wagt neue Ausdrückungen und Redensarten; sie versetzt in ihrer Hitze zuweilen die Ordnung der Wörter: kurz, alles schmeckt nach einer Begeisterung der Musen. Wer ausführlichere Regeln, und gute Exempel davon sehen will, der darf nur die Oden der deutschen Gesellschaft nachschlagen, wo er von allen Gattungen einige antreffen wird. Nur ist noch zu merken, daß man in Oden keine gar zu genaue Ordnung der Zeiten und Oerter beobachten müsse. Dieses sieht einer Geschichte zu ähnlich, und macht eine Ode zu matt. Auch hüte man

sich

sich darinnen vor gar zu trocknen Vernunftschlüssen, die einem
Weltweisen besser anstehen, als einem Dichter; der gleich=
sam Orakelsprüche vorbringt, die er nicht beweisen darf, weil
sie aus einer höhern Eingebung kommen. Daher kleiden
alle die Bindewörter, denn, weil, darum, daher, her=
nach, u. d. gl. eine Ode sehr schlecht; und man pflegt zu sagen,
daß eine schöne Unordnung in der Ode die Probe der höchsten
Kunst sey. Boileau schreibt:
Chez elle un beau Desordre est un Effet de l'Art.
17. §. Anstatt der Exempel, rathe ich itzo die Meisterstücke
unsrer alten Dichter, Opitzens, Flemmings, Dachs,
Tschernings, Neukirchs, Günthers und Pietschens zu
lesen. Ich halte dieselben nicht nur allesammt für stärker in
dem edlen Feuer, das zu einer Ode gehöret, als alles, was wir
heute zu Tage schreiben; sondern hoffe auch, daß ich durch die
gesunde Hitze dieser Muster, unsren angehenden Dichtern auf
die rechte Spur helfen, und sie von dem finstern Geschmacke
gewisser heutigen Verführer abziehen werde, die alles, was
nicht von Sprachschnitzern wimmelt, für Wiegenlieder aus=
geben wollen. Nun gestehe ichs zwar, daß in der Reinigkeit
der Verse, unsre Alten nicht ganz unverbesserlich sind. Allein
wer die Regeln unsrer heutigen Prosodie, und die reine Wort=
fügung der besten Dichter kennet, der wird sich schon in acht
zu nehmen wissen, daß er mit dem Guten der Alten, nicht auch
das Tadelhafte nachahme. Zum Beschlusse will ich noch er=
innern, daß derjenige, der Oden zum Singen verfertigen will,
folgende Regel beobachten muß, um dem Componisten die
Arbeit nicht zu verderben, und zu machen, daß alle Strophen
sich gleich gut singen lassen. Diejenigen Oden klingen noch
einmal so schön, die am Ende mit einem männlichen Reime
schließen, als die andern, die sich weiblich endigen. Und, da
ich es auch an denen, die ich in der gräfischen Sammlung finde,
bemerke, daß diejenigen sich in der Musik viel besser hören
lassen, die mit einer langen Sylbe schließen: so rathe ich es
allen denen an, welche Oden zum Singen machen, keinen
weiblichen Reim ans Ende zu bringen.

Des

❀❂❀❂❀❂❀❂❀❂❀❂❀❂❀❂❀❂❀❂❀❂❀❂❀❂❀❂❀❂❀❂❀

Des I. Abschnitts II. Hauptstück.
Von äsopischen und sybaritischen
Fabeln, imgleichen von Erzählungen.

1. §.

Der Ordnung des Alterthumes zu folgen, muß ich wohl von dieser Art der Dichtkunst, unmittelbar nach den Liedern handeln. Was eine Fabel überhaupt sey, habe ich oben im I. Theile, im 3ten Hauptstücke ausführlich erkläret. Sie ist eine erdichtete Begebenheit, welche erfunden worden, eine gewisse Sittenlehre darunter zu verbergen, oder vielmehr durch sie desto sinnlicher zu machen. Wir haben auch schon gewiesen, daß sie zweyerley sey; nachdem man entweder Pflanzen und Thiere, oder vernünftige Wesen darinn redend oder handelnd einführet. Hier aber muß ich noch die dritte Art hinzusetzen, darinnen man allegorische Personen dichtet, oder solchen Dingen ein Wesen und Leben giebt, die entweder ganz lebles sind, oder doch nur den Gedanken der Menschen ihr Daseyn zu danken haben: wie sichs hernach deutlicher zeigen wird. Diese Gattung nebst der ersten von Thieren, kann man eigentliche Fabeln oder Mährlein nennen; diejenigen aber, worinn lauter vernünftige Wesen, denkend, redend, und wirkend aufgeführet werden, pflegt man auch wohl Erzählungen zu heißen. Sie ändern aber darum ihre Natur nicht, und bleiben allemal erdichtete Begebenheiten, die ihre Sittenlehre bey sich führen. Menget man aber Thiere und Menschen, oder leblose und allegorische Personen, mit Geistern oder wirklich denkenden Wesen zusammen: so entstehen daraus vermischte Fabeln.

2. §. Daß indessen die Fabeln noch älter, als die übrigen Arten der Gedichte, sonderlich das Heldengedicht seyn, ist leicht zu erweisen. Ohne Zweifel ist das Buch der Richter,

wenn

wenn es gleich erſt um **Samuels** Zeiten geſchrieben wäre, älter als **Homer:** und in demſelben finden wir ſchon **Jo-thams** Fabel von den Bäumen, die ſich einen König ge-wählet. **Jotham** alſo, war unſtreitig lange vorm **Sa-muel** ein Fabeldichter: und da ſein Gedicht dergeſtalt das älteſte dieſer Art iſt, das wir kennen: ſo iſt es wohl werth, daß wir es hier einrücken. Es ſteht im 9ten Capitel des bemeldten Buches, und lautet ſo:

Die Bäume giengen hin, daß ſie einen König über ſich ſalbe-ten, und ſprachen zum Oelbaume: Sey du unſer König. Aber der Oelbaum antwortete: Soll ich meine Fettigkeit laſſen, die beyde Götter und Menſchen an mir preiſen, und hingehen, daß ich über den Bäumen ſchwebe? Da ſprachen die Bäume zum Fei-genbaume: Komm du, und ſey unſer König! Aber der Feigen-baum ſprach zu ihnen: Soll ich meine Süßigkeit und meine gute Frucht laſſen, und hingehen, daß ich über den Bäumen ſchwebe? Da ſprachen die Bäume zum Weinſtocke: Komm du, und ſey unſer König! Aber der Weinſtock ſprach zu ihnen: Soll ich meinen Moſt laſſen, der Götter und Menſchen frölich machet, und hingehen, daß ich über den Bäumen ſchwebe? Da ſprachen alle Bäume zum Dornbuſche: Komm du, und ſey unſer König! Und der Dornbuſch ſprach zu den Bäumen: Iſts wahr, daß ihr mich zum Könige ſalbet über euch? ſo kommet, und verſammlet euch unter meinen Schatten. Wo nicht, ſo gehe Feuer aus dem Dornbuſche, und verzehre die Cedern auf dem Libanon.

So lautet die Fabel ſelbſt; ihre Deutung aber mag man, nach den damaligen Umſtänden, in der angezogenen Stelle nachſehen. Sie iſt ganz ſittlich, und giebt den **Sichemi-tern** einen deutlichen Unterricht: daß ſie ſich unter **Gideons** Söhnen gerade den ärgſten ausgeſuchet, der theils ſeine ältern und beſſeren Brüder erwürget hätte; theils ſie ſelbſt zu Grunde richten würde.

3. §. Die Fabel, ſo nächſt dieſer die älteſte iſt, ſteht im II. Buche **Samuels** im 12ten Cap. und **Nathan** erzählete ſie dem Könige **David.** War die obige aus dem Reiche der Bäume genommen: ſo iſt dieſe von der zweyten Gat-tung, und hat lauter menſchliche Perſonen; weil nämlich die Schafe, ſo darinn vorkommen, nichts reden, oder handeln.

Von

Von eben der Art ist die dritte, des klugen Weibes zu Che-
koa, die im 14ten Cap. desselben Buches steht: und diese
wollen einige Neuere lieber Erzählungen (Contes) nennen;
weil es nämlich mehr Anschein hat, daß sie wohl geschehen
seyn könnten. So liefert uns denn die Schrift selbst ältere
Muster von äsopischen Fabeln und Erzählungen, als die
äsopischen sind: gesetzt, daß Aesopus, wie einige Gelehrte
meynen, mit dem Assaph in Davids Hofcapelle einerley
gewesen wäre. Allein der ganze Orient ist in den ältesten
Zeiten wegen seiner Neigung zu den Fabeln und Allegorien
berühmt gewesen. Kam nicht die Königinn von Saba,
den König Salomon mit ihren Räthseln zu versuchen?
Erzählet uns nicht Josephus, auf desjenigen Dius Bericht, der die phönizische Geschichte geschrieben, und auf
des ephesinischen Menanders Zeugniß, der die Jahrbücher
der Tyrier übersetzet hatte: daß Salomon und Hiram
einander Räthsel aufgegeben, und große Summen darauf
gesetzet, wer sie nicht würde auflösen können? Selbst die
Brachmanen, die Gymnosophisten, ja die Chineser
haben in den ältesten Zeiten die Art an sich gehabt, alles in
Allegorien und Erzählungen vorzutragen, was sie als gute
Lehren fortpflanzen wollen. Die ältesten Römer müssen
diese Art zu moralisiren auch geliebet haben, wie wir aus der
Fabel des Menenius Agrippa, von dem Streite der Glieder am menschlichen Leibe sehen, womit er den aufgebrachten
Pöbel besänftigte, und wieder in die Stadt brachte.

4. §. Doch wir müssen näher auf die rechten Fabelschrei-
ber kommen. Unter den Persern ist Lockmann berühmt geworden, ja sein Ruhm ist bis nach Indien, Aegypten und
Nubien gedrungen. Die heutigen Türken kennen ihn, und
setzen ihn in Davids Zeiten: worinn sie sich aber, wenn er
wirklich Aesopus gewesen seyn sollte, etwan um drey bis
400 Jahre irren. Man hat diese Fabeln auch in heutigen
abendländischen Sprachen. Strabo erzählet, die Lehrer
unter den Persern pflegten ihren Schülern die Sittenlehre in
Erdichtungen vorzutragen. Cyrus, der Stifter ihrer Monarchie,

narchie, erzählet beym Herodot den Gesandten der Jonier und Aeolier eine Fabel. Indessen ist sehr zu vermuthen, daß dieser Lockmann eben der phrygische Aesopus sey, den fast jedes Volk sich hat zueignen wollen. Die Araber geben vor, er sey von hebräischem Geschlechte gewesen; die Perser halten ihn für einen Aethiopier, welches denn die Etymologie des Namens Aesopus (Aethiops) zu bestätigen scheint. Sein Leben, welches Mircond beschrieben hat, kömmt sehr mit des Planudes Leben Aesops überein. Jenem, dem Lockmann, geben Engel die Weisheit; im Philostratus muß Mercur dem Aesop die Fabel einge- ben. Kurz, die orientalischen Völker sagen, die Griechen hätten ihnen den Lockmann gestohlen, um ihren Aesop daraus zu bilden. Adam Olearius hat jenes Fabeln ver- deutschet, und am Ende des persischen Rosenthals angehän- get: Erpenius aber hat sie aus dem Arabischen ins Latei- nische gebracht.

5. §. Von der Indianer Weisheit hat uns Sendebar, oder Sandhaber, denn man findet ihn verschiedentlich ge- schrieben, ein Buch hinterlassen, davon ich einen alten Druck in lateinischer Sprache besitze. Der Titel heißt: Directorium humanæ vitæ, alias parabolæ antiquorum Sapientum: dieser ist sonder Ort und Namen des Druckers, ohne Zah- len der Blätter und Seiten, mit alten Holzschnitten in Fol. gedruckt. In der Vorrede steht, daß es eigentlich Delile ve Dimne * heiße, aus dem Indianischen ins Persische, sodann ins Arabische, hernach ins Hebräische, und endlich ins Lateinische übersetzet worden. Dieser letztere Uebersetzer Johannes de Capua, richtet seine Zueignungsschrift an den Cardinal Matthäus, in einem sehr barbarischen Lateine: so, wie es um die Erfindung der Buchdruckerkunst üblich war. Der Inhalt aber besteht in XVIII. Capiteln, aus lauter Fabeln, die der König Anastres Casri, durch seinen Leib- arzt Berozias, aus Indien bekommen, als er ihn hinge- schicket hatte, auf den Bergen Kräuter zu sammlen, womit

Ee 4. man

* In Stollens Hist. der Gel. heißt Kelilah wa dimnah. Welches ist recht?

man Todte auferwecken könnte. Als dieser sie nun gesammlet
und zubereitet hatte, die Todten aber doch nicht auferwecken
konnte; erfuhr er von den indianischen Weisen: daß man
durch die Berge die weisen Männer, durch die Kräuter aber
die Weisheit, wie durch die Todten die Thoren, verstehen
müßte; und bekam von ihnen das Buch der Weisheit,
welches er ins Persische übersetzte, und seinem Könige brachte.
Diesem nun gefiel es überaus, daher er es gemein zu machen
befahl. Starke hat es von neuem lateinisch übersetzet;
der weise Herzog zu Würtemberg Eberhard aber, soll es
ins Deutsche gebracht haben. Eine sehr alte deutsche Dollmetschung in Fol. habe ich zu Wien in einer Privatbibliothek
gesehen; die aber ungemein selten gefunden wird.

6. §. Die Fabeln des Pilpay sind mit den vorigen fast
einerley, nur die Ordnung und Einrichtung ist etwas anders. Hier ist 1. des Königs Dabschelin und Pilpays
Historie nebst fünf Fabeln. Hernach kömmt das Werk selbst
in 4 Capiteln. Das erste zeigt durch sechs und zwanzig
Fabeln, wie man sich vor Schmäuchlern und Verläumdern
zu hüten habe. Im II. sieht man in zehn Fabeln, was es
mit boshaften Staatsbedienten endlich für ein Ende nehme.
Das III. lehret in 8 Fabeln, wie man sich gute Freunde
erwerben könne, und was ihr Umgang nütze. Endlich zeiget das IV. durch zwölf Fabeln, daß man seinen Feinden
nie trauen dörfe. Ob wir eine deutsche Uebersetzung davon
haben, weis ich nicht. An französischen fehlt es nicht.
La Motte hat in der Vorrede zu seinen Fabeln nicht gar
zu vortheilhaft davon geurtheilet; aber ihm vieleicht unrecht
gethan. Bey den Alten muß man nicht alles so genau nehmen; gesetzt, daß die Allegorie nicht jederzeit ganz richtig
wäre. Pilpay soll ein Bramin, oder Brachman gewesen
seyn, der unter dem Könige Dabschelin, das Ruder der
Staatsgeschäffte in Händen gehabt. Dieser hätte nun alle
seine Weisheit in dieß Buch geschlossen, und die Könige von
Indien hätten es als einen Schatz aller Einsicht und Gelehrsamkeit aufbehalten; bis der persische König Anuservan
davon

davon gehöret (so nennet ihn Huetius, in seinem Tr. vom
Ursprunge der Romane), der es durch seinen Leibarzt übersetzen lassen. Der Kalise Abujafar Almansor hätte es
ins Arabische bringen lassen, daraus es abermal ins Persische
übersetzet worden. Wenn indessen dieser Anuservan der
König Chosroes ist, der um Kaiser Justinians Zeiten
gelebet hat: so ist diese Sammlung von Fabeln bey weitem
so alt nicht, daß sie dem Aesopus vorgezogen zu werden
verdiente.

7. §. Was nun diesen letztern Fabeldichter betrifft, so hat
zwar Planudes ein sehr umständliches und wunderbares
Leben von ihm geliefert, das beynahe so heraus kömmt,
als das homerische, welches dem Herodot zugeschrieben
wird: allein es scheint, daß er es für billig gehalten, dem
Urheber der Fabeln einen mit Fabeln reichlich ausgeputzten
Lebenslauf zu geben. Viele haben daher gezweifelt, ob
jemals ein Aesopus in der Welt gewesen, und dafür gehalten: Planudes selbst, oder sonst jemand habe allerley im
Schwange gehende Mährlein gesammlet, und sie alle dem
Aesopus zugeeignet; etwa wie wir die Psalmen verschiedener Urheber alle dem David zuschreiben. Allein dieses heißt
wohl zu weit gegangen. Das ganze Alterthum giebt ihn
für einen Phrygier aus; setzt die Zeit, da er gelebet, um
Solons und des lydischen Königes Krösus Zeiten fest;
läßt ihn den Chilo, einen der sieben Weisen, sprechen; ja
zum Periander nach Korinth kommen, und zu Delphis
sterben, wohin ihn Krösus geschicket haben soll. Meziriac
hat sein Leben weit besser beschrieben, und Bayle, nebst
dem Diogenes Laertius können auch von ihm nachgesehen
werden. Socrates übersetzte schon im Gefängnisse, eine
Fabel von ihm in Verse. Phädrus um Augusts Zeiten, brachte sie ins Latein, und Plutarch gedenket seiner
rühmlich. Unsre Alten haben ihn auch schon gekannt und
geliebet, ja häufig nachgeahmet: und selbst Luther hat ihn
zum Theile verdeutschet, ja mit einer Vorrede herausgegeben.
Kurz nach seinem Tode 1548. gab Burcard Waldis, sie

mit

mit einem Zusatze 100 neuer Fabeln in Versen heraus.
Bald darauf lieferte uns Daniel Holzmann, sonst Xylan-
der, des Bischofs Cyrillus 95 Fabeln, die er unter dem
Titel Spiegel der natürlichen Weisheit, 1574. in
Augspurg herausgab. Auch Eyering hat noch 1601. in
seinen deutschen Sprüchwörtern, die er in Versen erkläret, eine Menge davon einfließen lassen. Und wer will
alle die neuen Uebersetzungen zählen, die wir davon bekommen haben?

8. §. Indessen habe Aesopus so viele davon gemachet,
als er will: so hat er doch die Ehre, daß sie von ihm die
äsopischen Fabeln heißen, und daß sie sich allezeit in ihrer
Hochachtung erhalten haben. Und ob er sie gleich nur in
ungebundener Schreibart geschrieben, so haben doch alle seine
Nachfolger sich um die Wette bestrebet, sie theils in Verse
zu bringen, theils darinnen nachzuahmen. Unter die berühmtesten derselben sind unter den Engländern Roger
l'Estrange, unter den Franzosen, la Fontaine, und la Motte; unter den Deutschen aber Stoppe, Herr Hofr. Triller,
Herr von Hagedorn, und Herr Prof. Gellert, zu zählen.
Einige von diesen haben fremde Fabeln und Erfindungen auf
eine neue Art in Verse gebracht; andre aber haben eigene
und neue erdichtet; andre aber auch Erzählungen mit eingemischet. Ich könnte von unsern Landsleuten noch viel mehrere nennen, die sich in diesem Felde geübet; wenn sie nicht
entweder gar zu schlüpfrige Züge hätten mit einfließen lassen,
die, wider den Endzweck der guten Fabel, mehr zu Verderbung, als Besserung der Sitten dienen, und also Fa-
bulæ peccare docentes heißen möchten; oder doch sonst viel
zu schlecht wären, an jene Meister zu langen. Doch verdient der so betitelte deutsche Aesop, der in dem 1740 Jahre zu Königsberg herausgekommen, nicht ganz vergessen zu
werden; weil viel schöne Stücke darinnen sind. Von alten
deutschen Fabeln, die lange vor der Wiederherstellung der
Wissenschaften, theils aus dem Aesop übersetzet, theils neu
geschrieben worden, hat uns Scherz, in Straßburg eine

Samm-

Sammlung 1704. in 4. ans Licht zu stellen angefangen *; aber bey der 51sten aufgehöret: da doch ihrer viel mehrere waren. Ich besitze etliche alte Handschriften von denselben; und werde sowohl davon, als vielen andern geschriebenen Ueberbleibseln unsrer Alten, in meiner Historie der deutschen Sprache, Dichtkunst und Beredsamkeit, zu seiner Zeit, mehr Nachricht geben.

9. §. So ernsthaft nun die äsopischen Fabeln ihrer Absicht und Einrichtung nach sind: so possenhaft und üppig sind hingegen die sybaritischen gewesen, von welchen ich noch etwas sagen muß. Sybaris war eine Stadt, im untern Theile von Italien, oder der sogenannten Græcia magna. Hieher waren, wie Herodot berichtet, die weichlichen und wollüstigen Sitten der Jonier und Asiater schon vorher gedrungen, ehe noch das eigentliche Griechenland damit angestecket worden. Die Zärtlichkeit in der Lebensart, die Leckerhaftigkeit in Speise und Trank, und die Ueppigkeit selbst hatten bey diesem Volke dergestalt überhand genommen, daß auch die Fabeln ihrer witzigen Köpfe davon angestecket wurden. Sie vergaßen also den moralischen Zweck ihrer ersten Erfinder und Meister, und verwandelten sie in ein Possenwerk. Die Sybariten wollten nur lachen; daher gefiel ihnen nichts, als was lustig war: wie Fontenelle dieses in seinen Gesprächen der Todten, wo Milo und Smindiride, die Sybariterinn, mit einander sprechen, gar sein abgeschildert hat. Daher bemüheten sich auch ihre Dichter nur spaßhafte Fabeln zu machen. Hesychius giebt in einer sehr verderbten Stelle zu verstehen, daß Aesopus nach Italien gekommen; und als seine Fabeln daselbst viel Beyfall gefunden, hätte man ihnen einen andern Schwung gegeben, und sie sybaritische genennet. Worinn aber die Veränderung bestanden, sagt er nicht. Suidas glaubt, sie hätten den äsopischen ähnlich gesehen: aber er irret ohne Zweifel. Der

alte

---

* Der Titel heißt: Philosophiæ moralis Germanorum medii ævi Specimen primum, ex Manuscripto nunc primum in lucem publicam productum. Argentor. 1704. in 4.

wie Dach, Rist, Gerhard und Frank; von neuern aber
Neumann und Schmolk uns die Muster gewiesen haben.

15. §. Endlich die sinnreiche Schreibart kann in moralischen Oden statt finden, ja auch in allen andern Oden, wo
wir anfangen, ernsthafte Betrachtungen anzustellen. Günthers Ode auf Graf Sporken, imgleichen Andr. Gryphii
über den Gottesacker, und viele in Amthors Gedichten sind
hierinn unvergleichlich. In Ranitzens geistlichen Gedichten
sind auch einige treffliche Muster davon. In dem Liede: Herr,
ich denk an jene Zeit, hat Mylius ein Meisterstück einer
sinnreichen Betrachtung der Sterblichkeit gewiesen; dergleichen auch Simon Dach vom Tode und von der Ewigkeit sehr
viele verfertiget hat. Will man mehr neue und wohlgerathene
geistliche Lieder beysammen finden; so nehme man M. Gottschaldts Universalgesangbuch zur Hand. Verlangt man
aber von weltlichen moralischen, lustigen und galanten Oden,
zu erlaubter Ergetzung, etwas beysammen zu haben: so schaffe
man sich diejenige Sammlung an, die Herr Gräf neulich
in großem Formate, mit neugesetzten sehr schönen Melodien,
in drey bis vier Theilen in Halle, ans Licht gestellet hat.

16. §. Aus allen den angeführten Oden aber wird man
wahrnehmen, daß darinn durchgehends eine größere Lebhaftigkeit und Munterkeit, als in andern Gedichten, herrschet.
Dieses unterscheidet denn die Ode von der gemeinen Schreibart. Sie machet nicht viel Umschweife mit Verbindungswörtern oder andern weitläuftigen Formeln. Sie fängt jede Strophe, so zu reden mit einem Sprunge an. Sie wagt
neue Ausdrückungen und Redensarten; sie versetzt in ihrer
Hitze zuweilen die Ordnung der Wörter: kurz, alles schmeckt
nach einer Begeisterung der Musen. Wer ausführlichere
Regeln, und gute Exempel davon sehen will, der darf nur die
Oden der deutschen Gesellschaft nachschlagen, wo er von allen
Gattungen einige antreffen wird. Nur ist noch zu merken,
daß man in Oden keine gar zu genaue Ordnung der Zeiten
und Oerter beobachten müsse. Dieses sieht einer Geschichte
zu ähnlich, und macht eine Ode zu matt. Auch hüte man
sich

sich darinnen vor gar zu trocknen Vernunftschlüssen, die einem
Weltweisen besser anstehen, als einem Dichter; der gleichsam Orakelsprüche vorbringt, die er nicht beweisen darf, weil
sie aus einer höhern Eingebung kommen. Daher kleiden
alle die Bindewörter, denn, weil, darum, daher, hernach, u. d. gl. eine Ode sehr schlecht; und man pflegt zu sagen,
daß eine schöne Unordnung in der Ode die Probe der höchsten
Kunst sey. Boileau schreibt:
Chez elle un beau Desordre est un Effet de l'Art.
   17. §. Anstatt der Exempel, rathe ich itzo die Meisterstücke
unsrer alten Dichter, Opitzens, Flemmings, Dachs,
Tschernings, Neukirchs, Günthers und Pietschens zu
lesen. Ich halte dieselben nicht nur allesammt für stärker in
dem edlen Feuer, das zu einer Ode gehöret, als alles, was wir
heute zu Tage schreiben; sondern hoffe auch, daß ich durch die
gesunde Hitze dieser Muster, unsern angehenden Dichtern auf
die rechte Spur helfen, und sie von dem finstern Geschmacke
gewisser heutigen Verführer abziehen werde, die alles, was
nicht von Sprachschnitzern wimmelt, für Wiegenlieder ausgeben wollen. Nun gestehe ichs zwar, daß in der Reinigkeit
der Verse, unsre Alten nicht ganz unverbesserlich sind. Allein
wer die Regeln unsrer heutigen Prosodie, und die reine Wortfügung der besten Dichter kennet, der wird sich schon in acht
zu nehmen wissen, daß er mit dem Guten der Alten, nicht auch
das Tadelhafte nachahme. Zum Beschlusse will ich noch erinnern, daß derjenige, der Oden zum Singen verfertigen will,
folgende Regel beobachten muß, um dem Componisten die
Arbeit nicht zu verderben, und zu machen, daß alle Strophen
sich gleich gut singen lassen. Diejenigen Oden klingen noch
einmal so schön, die am Ende mit einem männlichen Reime
schließen, als die andern, die sich weiblich endigen. Und, da
ich es auch an denen, die ich in der gräfischen Sammlung finde,
bemerke, daß diejenigen sich in der Musik viel besser hören
lassen, die mit einer langen Sylbe schließen: so rathe ich es
allen denen an, welche Oden zum Singen machen, keinen
weiblichen Reim ans Ende zu bringen.

Des

❀❀❀❀❀❀❀❀❀❀❀❀❀❀❀❀❀❀❀❀❀❀❀❀❀❀❀❀❀❀❀❀❀❀❀

Des I. Abschnitts II. Hauptstück.
Von äsopischen und sybaritischen
Fabeln, imgleichen von Erzählungen.

1. §.

Der Ordnung des Alterthumes zu folgen, muß ich wohl von dieser Art der Dichtkunst, unmittelbar nach den Liedern handeln. Was eine Fabel überhaupt sey, habe ich oben im I. Theile, im 3ten Hauptstücke ausführlich erkläret. Sie ist eine erdichtete Begebenheit, welche erfunden worden, eine gewisse Sittenlehre darunter zu verbergen, oder vielmehr durch sie desto sinnlicher zu machen. Wir haben auch schon gewiesen, daß sie zweyerley sey; nachdem man entweder Pflanzen und Thiere, oder vernünftige Wesen darinn redend oder handelnd einführet. Hier aber muß ich noch die dritte Art hinzusetzen, darinnen man allegorische Personen dichtet, oder solchen Dingen ein Wesen und Leben giebt, die entweder ganz lebles sind, oder doch nur den Gedanken der Menschen ihr Daseyn zu danken haben: wie sichs hernach deutlicher zeigen wird. Diese Gattung nebst der ersten von Thieren, kann man eigentliche Fabeln oder Mährlein nennen; diejenigen aber, worinn lauter vernünftige Wesen, denkend, redend, und wirkend aufgeführet werden, pflegt man auch wohl Erzählungen zu heißen. Sie ändern aber darum ihre Natur nicht, und bleiben allemal erdichtete Begebenheiten, die ihre Sittenlehre bey sich führen. Menget man aber Thiere und Menschen, oder leblose und allegorische Personen, mit Geistern oder wirklich denkenden Wesen zusammen: so entstehen daraus vermischte Fabeln.

2. §. Daß indessen die Fabeln noch älter, als die übrigen Arten der Gedichte, sonderlich das Heldengedicht seyn, ist leicht zu erweisen. Ohne Zweifel ist das Buch der Richter,

wenn

13. §. Die II. Regel sey: man kleide die erwählte Sittenlehre in eine solche Begebenheit von Pflanzen, Bäumen oder Thieren ein, daß ihre Wahrheit aus dem Erfolge der Begebenheiten selbst erhellet. Man beobachte aber in der Wahl derselben die Natur und Eigenschaft eines jeden solchen Wesens; daß keines etwas rede und thue, das seiner bekannten Art zuwider läuft. Hieraus nämlich wird die Wahrscheinlichkeit entspringen, ohne welche einer Fabel das hauptsächlichste fehlet. Ein Thier also, das räuberisch ist, muß als gottlos und ungerecht, ein faules faul, ein frommes fromm, ein geduldiges und schläfriges ebenfalls nach seiner gewohnten Art reden und handeln. So kann man auch von den Pflanzen z. E. eine hohe Tanne, oder Eiche, als stolz über ihren Vorzug vor geringern Bäumen; eine bunte Tulpe, als eitel über ihre Farben; ein Veilchen, als demüthig; eine Lilge, als reinlich und unschuldig; eine Rose, als verliebt u. s. w. vorbilden. Ja alles, was nur den geringsten Anschein der Sitten, oder sittlichen Neigungen bey diesen, und andern leblosen Geschöpfen hat, kann einem Dichter zu einer Fabel Anlaß geben. So hat Stoppe den Stein und den Dornbusch am Wege; imgleichen den Ofen und die Fenster, ferner den Studentendegen und das Soldatenschwert, ihrer Art und Natur nach, sehr gut redend eingeführet. So hat auch la Motte bisweilen die mythologischen Götter, die Ehre, das Glück, den Tod, die Kunst, und den Reichthum, und andre solche allegorische Wesen sehr glücklich gebrauchet, seine Absichten auszuführen: und viele von unsern Landsleuten sind ihm darinn nicht uneben, oder mit schlechterm Glücke nachgefolget.

14. §. Will man menschliche Erzählungen machen: so haben wir schon eine Menge gesammleter Historien, die sich sehr gut würden lesen lassen, wenn sie von guten Federn in Verse gebracht würden. Vor 200 Jahren ohngefähr hat Kirchhof eine solche Sammlung unter dem Namen Wendunmuth geschrieben, worinn manches Stück wohl werth wäre, poetisch erneuert zu werden. Man müßte nur

sowohl

Von eben der Art ist die dritte, des klugen Weibes zu The-
koa, die im 14ten Cap. desselben Buches steht: und diese
wollen einige Neuere lieber **Erzählungen** (Contes) nennen;
weil es nämlich mehr Anschein hat, daß sie wohl geschehen
seyn könnten. So liefert uns denn die Schrift selbst ältere
Muster von äsopischen Fabeln und Erzählungen, als die
äsopischen sind: gesetzt, daß Aesopus, wie einige Gelehrte
meynen, mit dem **Assaph** in Davids Hofcapelle einerley
gewesen wäre. Allein der ganze Orient ist in den ältesten
Zeiten wegen seiner Neigung zu den Fabeln und Allegorien
berühmt gewesen. Kam nicht die Königinn von **Saba**,
den König **Salomon** mit ihren Räthseln zu versuchen?
Erzählet uns nicht **Josephus**, auf desjenigen **Dius** Bericht, der die phönizische Geschichte geschrieben, und auf
des ephesinischen **Menanders** Zeugniß, der die Jahrbücher
der Tyrier übersetzet hatte: daß **Salomon** und **Hiram**
einander Räthsel aufgegeben, und große Summen darauf
gesetzet, wer sie nicht würde auflösen können? Selbst die
Brachmanen, die **Gymnosophisten**, ja die **Chineser**
haben in den ältesten Zeiten die Art an sich gehabt, alles in
Allegorien und Erzählungen vorzutragen, was sie als gute
Lehren fortpflanzen wollen. Die ältesten Römer müssen
diese Art zu moralisiren auch geliebet haben, wie wir aus der
Fabel des **Menenius Agrippa**, von dem Streite der Glieder am menschlichen Leibe sehen, womit er den aufgebrachten
Pöbel besänftigte, und wieder in die Stadt brachte.

4. §. Doch wir müssen näher auf die rechten Fabelschrei-
ber kommen. Unter den Persern ist **Lockmann** berühmt geworden, ja sein Ruhm ist bis nach Indien, Aegypten und
Nubien gedrungen. Die heutigen Türken kennen ihn, und
setzen ihn in Davids Zeiten: worinn sie sich aber, wenn er
wirklich Aesopus gewesen seyn sollte, etwan um drey bis
400 Jahre irren. Man hat diese Fabeln auch in heutigen
abendländischen Sprachen. **Strabo** erzählet, die Lehrer
unter den Persern pflegten ihren Schülern die Sittenlehre in
Erdichtungen vorzutragen. **Cyrus**, der Stifter ihrer Mo-

narchie,

narchie, erzählet beym Herodot den Gesandten der Jonier und Aeolier. eine Fabel. Indessen ist sehr zu vermuthen, daß dieser Lockmann eben der phrygische Aesopus sey, den fast jedes Volk sich hat zueignen wollen. Die Araber geben vor, er sey von hebräischem Geschlechte gewesen; die Perser halten ihn für einen Aethiopier, welches denn die Etymologie des Namens Aesopus (Aethiops) zu bestätigen scheint. Sein Leben, welches Mircond beschrieben hat, kömmt sehr mit des Planudes Leben Aesops überein. Jenem, dem Lockmann, geben Engel die Weisheit; im Philostratus muß Mercur dem Aesop die Fabel einge- ben. Kurz, die orientalischen Völker sagen, die Griechen hätten ihnen den Lockmann gestohlen, um ihren Aesop daraus zu bilden. Adam Olearius hat jenes Fabeln ver- deutschet, und am Ende des persischen Rosenthals angehän- get: Erpenius aber hat sie aus dem Arabischen ins Latei- nische gebracht.

5. §. Von der Indianer Weisheit hat uns Sendebar, oder Sandhaber, denn man findet ihn verschiedentlich ge- schrieben, ein Buch hinterlassen, davon ich einen alten Druck in lateinischer Sprache besitze. Der Titel heißt: Directorium humanæ vitæ, alias parabolæ antiquorum Sapientum: dieser ist sonder Ort und Namen des Druckers, ohne Zah- len der Blätter und Seiten, mit alten Holzschnitten in Fol. gedruckt. In der Vorrede steht, daß es eigentlich Delile ve Dimne * heiße, aus dem Indianischen ins Persische, sodann ins Arabische, hernach ins Hebräische, und endlich ins Lateinische übersetzet worden. Dieser letztere Ueberseßer Johannes de Capua, richtet seine Zueignungsschrift an den Cardinal Matthäus, in einem sehr barbarischen Lateine: so, wie es um die Erfindung der Buchdruckerkunst üblich war. Der Inhalt aber besteht in XVIII. Capiteln, aus lauter Fabeln, die der König Anastres Casri, durch seinen Leib- arzt Berozias, aus Indien bekommen, als er ihn hinge- schicket hatte, auf den Bergen Kräuter zu sammlen, womit

- ; Ee 4 man

* In Stollens Hist. der Gel. steht Kolilah wa dimnah. Welches ist recht?

man Todte auferwecken könnte. Als dieser sie nun gesammlet
und zubereitet hatte, die Todten aber doch nicht auferwecken
konnte; erfuhr er von den indianischen Weisen: daß man
durch die Berge die weisen Männer, durch die Kräuter aber
die Weisheit, wie durch die Todten die Thoren, verstehen
müßte; und bekam von ihnen das Buch der Weisheit,
welches er ins Persische übersetzte, und seinem Könige brachte.
Diesem nun gefiel es überaus, daher er es gemein zu machen
befahl. Starke hat es von neuem lateinisch übersetzet;
der weise Herzog zu Würtemberg Eberhard aber, soll es
ins Deutsche gebracht haben. Eine sehr alte deutsche Dollmetschung in Fol. habe ich zu Wien in einer Privatbibliothek
gesehen; die aber ungemein selten gefunden wird.

6. §. Die Fabeln des Pilpay sind mit den vorigen fast
einerley, nur die Ordnung und Einrichtung ist etwas anders. Hier ist 1. des Königs Dabschelin und Pilpays
Historie nebst fünf Fabeln. Hernach kömmt das Werk selbst
in 4 Capiteln. Das erste zeigt durch sechs und zwanzig
Fabeln, wie man sich vor Schmäuchlern und Verläumdern
zu hüten habe. Im II. sieht man in zehn Fabeln, was es
mit boshaften Staatsbedienten endlich für ein Ende nehme.
Das III. lehret in 8 Fabeln, wie man sich gute Freunde
erwerben könne, und was ihr Umgang nütze. Endlich zeiget das IV. durch zwölf Fabeln, daß man seinen Feinden
nie trauen dörfe. Ob wir eine deutsche Uebersetzung davon
haben, weis ich nicht. An französischen fehlt es nicht.
La Motte hat in der Vorrede zu seinen Fabeln nicht gar
zu vortheilhaft davon geurtheilet; aber ihm vieleicht unrecht
gethan. Bey den Alten muß man nicht alles so genau nehmen; gesetzt, daß die Allegorie nicht jederzeit ganz richtig
wäre. Pilpay soll ein Bramin, oder Brachman gewesen
seyn, der unter dem Könige Dabschelin, das Ruder der
Staatsgeschäffte in Händen gehabt. Dieser hätte nun alle
seine Weisheit in dieß Buch geschlossen, und die Könige von
Indien hätten es als einen Schatz aller Einsicht und Gelehrsamkeit aufbehalten; bis der persische König Anuservan

davon

davon gehöret (ſo nennet ihn Huetius, in ſeinem Tr. vom
Urſprunge der Romane), der es durch ſeinen Leibarzt überſetzen laſſen.. Der Kaliſe Abujafar Almanſor hätte es
ins Arabiſche bringen laſſen, daraus es abermal ins Perſiſche
überſetzet worden. Wenn indeſſen dieſer Anuſervan der
König Chosroes iſt, der um Kaiſer Juſtinians Zeiten
gelebet hat: ſo iſt dieſe Sammlung von Fabeln bey weitem
ſo alt nicht, daß.ſie dem Aeſopus vorgezogen zu werden
verdiente.

7. §. Was nun dieſen letztern Fabeldichter betrifft, ſo hat
zwar Planudes ein ſehr umſtändliches und wunderbares
Leben von ihm geliefert, das beynahe ſo heraus kömmt,·
als das. homeriſche, welches dem Herodot zugeſchrieben
wird: allein es ſcheint, daß er es für billig.gehalten, dem
Urheber der Fabeln einen mit Fabeln reichlich ausgeputzten
Lebenslauf zu geben. Viele haben daher gezweifelt, ob
jemals ein Aeſopus in der Welt geweſen, und dafür gehalten: Planudes ſelbſt, oder ſonſt jemand habe allerley im
Schwange gehende Mährlein geſammlet, und ſie alle dem
Aeſopus zugeeignet; etwa wie wir die Pſalmen verſchiedener Urheber alle dem David zuſchreiben. Allein dieſes heißt
wohl zu weit gegangen. Das ganze Alterthum giebt ihn
für einen Phrygier aus; ſetzt die Zeit, da er gelebet, um
Solons und des lydiſchen Königes Kröſus Zeiten feſt;
läßt ihn den Chilo, einen der ſieben Weiſen, ſprechen; ja
zum Periander nach Korinth kommen, und zu Delphis
ſterben, wohin ihn Kröſus geſchicket haben ſoll. Meziriac
hat ſein Leben weit beſſer beſchrieben, und Bayle, nebſt
dem Diogenes Laertius können auch von ihm nachgeſehen
werden. Sokrates überſetzte ſchon im Gefängniſſe, eine
Fabel von ihm in Verſe. Phädrus um Auguſts Zeiten, brachte ſie ins Latein, und Plutarch gedenket ſeiner
rühmlich. Unſre Alten haben ihn auch ſchon gekannt und
geliebet, ja häufig nachgeahmet: und ſelbſt Luther hat ihn
zum Theile verdeutſchet, ja mit einer Vorrede herausgegeben.
Kurz nach ſeinem Tode 1548. gab Burcard Waldis, ſie

mit

man Todte auferwecken könnte. Als dieser sie nun gesammlet und zubereitet hatte, die Todten aber doch nicht auferwecken konnte; erfuhr er von den indianischen Weisen: daß man durch die Berge die weisen Männer, durch die Kräuter aber die Weisheit, wie durch die Todten die Thoren, verstehen müßte; und bekam von ihnen das Buch der Weisheit, welches er ins Persische übersetzte, und seinem Könige brachte. Diesem nun gefiel es überaus, daher er es gemein zu machen befahl. Starke hat es von neuem lateinisch übersetzet; der weise Herzog zu Würtemberg Eberhard aber, soll es ins Deutsche gebracht haben. Eine sehr alte deutsche Dollmetschung in Fol. habe ich zu Wien in einer Privatbibliothek gesehen; die aber ungemein selten gefunden wird.

6. §. Die Fabeln des Pilpay sind mit den vorigen fast einerley, nur die Ordnung und Einrichtung ist etwas anders. Hier ist 1. des Königs Dabschelin und Pilpays Historie nebst fünf Fabeln. Hernach kömmt das Werk selbst in 4 Capiteln. Das erste zeigt durch sechs und zwanzig Fabeln, wie man sich vor Schmäuchlern und Verläumdern zu hüten habe. Im II. sieht man in zehn Fabeln, was es mit boshaften Staatsbedienten endlich für ein Ende nehme. Das III. lehret in 8 Fabeln, wie man sich gute Freunde erwerben könne, und was ihr Umgang nütze. Endlich zeiget das IV. durch zwölf Fabeln, daß man seinen Feinden nie trauen dörfe. Ob wir eine deutsche Uebersetzung davon haben, weis ich nicht. An französischen fehlt es nicht. La Motte hat in der Vorrede zu seinen Fabeln nicht gar zu vortheilhaft davon geurtheilet; aber ihm vieleicht unrecht gethan. Bey den Alten muß man nicht alles so genau nehmen; gesetzt, daß die Allegorie nicht jederzeit ganz richtig wäre. Pilpay soll ein Bramin, oder Brachman gewesen seyn, der unter dem Könige Dabschelin, das Ruder der Staatsgeschäffte in Händen gehabt. Dieser hätte nun alle seine Weisheit in dieß Buch geschlossen, und die Könige von Indien hätten es als einen Schatz aller Einsicht und Gelehrsamkeit aufbehalten; bis der persische König Anuservan

davon

davon gehöret (so nennet ihn **Huetius**, in seinem Tr. vom
Ursprunge der Romane), der es durch seinen Leibarzt übersetzen lassen. Der Kalife **Abujafar Almansor** hätte es
ins Arabische bringen lassen, daraus es abermal ins Persische
übersetzet worden. Wenn indessen dieser **Anuscrvan** der
König **Chosroes** ist, der um Kaiser **Justinians** Zeiten
gelebet hat: so ist diese Sammlung von Fabeln bey weitem
so alt nicht, daß sie dem **Aesopus** vorgezogen zu werden
verdiente.

7. §. Was nun diesen letztern Fabeldichter betrifft, so hat
zwar **Planudes** ein sehr umständliches und wunderbares
Leben von ihm geliefert, das beynahe so heraus kömmt,
als das homerische, welches dem **Herodot** zugeschrieben
wird: allein es scheint, daß er es für billig gehalten, dem
Urheber der Fabeln einen mit Fabeln reichlich ausgeputzten
Lebenslauf zu geben. Viele haben daher gezweifelt, ob
jemals ein **Aesopus** in der Welt gewesen, und dafür gehalten: **Planudes** selbst, oder sonst jemand habe allerley im
Schwange gehende Mährlein gesammlet, und sie alle dem
Aesopus zugeeignet; etwa wie wir die Psalmen verschiedener Urheber alle dem **David** zuschreiben. Allein dieses heißt
wohl zu weit gegangen. Das ganze Alterthum giebt ihn
für einen Phrygier aus; setzt die Zeit, da er gelebet, um
Solons und des lydischen Königes **Krösus** Zeiten fest;
läßt ihn den **Chilo**, einen der sieben Weisen, sprechen; ja
zum **Periander** nach Korinth kommen, und zu **Delphis**
sterben, wohin ihn **Krösus** geschicket haben soll. **Meziriac**
hat sein Leben weit besser beschrieben, und **Bayle**, nebst
dem **Diogenes Laertius** können auch von ihm nachgesehen
werden. **Sokrates** übersetzte schon im Gefängnisse, eine
Fabel von ihm in Verse. **Phädrus** um **Augusts** Zeiten, brachte sie ins Latein, und **Plutarch** gedenket seiner
rühmlich. Unsre Alten haben ihn auch schon gekannt und
geliebet, ja häufig nachgeahmet: und selbst **Luther** hat ihn
zum Theile verdeutschet, ja mit einer Vorrede herausgegeben.
Kurz nach seinem Tode 1548. gab **Burcard Waldis**, sie

mit

gebienet hat. Ehe wir nun dieselben erzählen, müssen wir
die Absichten und Kunstgriffe entdecken, die Homer darinn
vor Augen gehabt, und angewandt hat. Ohne Zweifel
hat er irgend eine kurze und lächerliche Zwistigkeit einiger
kleinen Städte, oder Dörfer, die zu seiner Zeit irgendwo
vorgefallen, lächerlich machen wollen. Weil die Völker
klein und ohnmächtig gewesen, so hat er sie unter dem Bilde
verächtlicher Thiere abbilden wollen; und die einen, die vom
festen Lande waren, mit den Mäusen, die andern aber, die
vieleicht Fischer und Seeleute gewesen, mit Fröschen verglichen, die mit beyden Elementen zurecht kommen können.
Ihre Rüstungen beschreibt er, nach Art solcher Thiere sehr
kurzweilig; ohne Zweifel, weil der wahre Streit, bey der
damaligen Seltenheit eiserner Waffen, auch auf eine lächerliche Art geführet worden. Aber die Sache desto lustiger
zu machen, vergleicht er sie mit Centauren und Riesen,
menget auch ein Rathschlagen der Götter drein: denn nichts
ist lächerlicher, als wenn große Dinge ins Kleine gemenget
werden. Der Held Meridarpax, mag auch etwa einen
verwegenen Großsprecher bedeuten, der sich unter den Land-
leuten gefunden hat; und da diesen auch ein Donnerwetter
nicht furchtsam gemachet, mögen vieleicht einige geharnischte,
und besser bewaffnete Leute den Fischern zu Hülfe gekommen
seyn, die er spashaft als Krebse beschreibt: dadurch denn die
Landleute zurückgetrieben, und der ganze Krieg geendiget
worden. Die abgezielte Lehre kann seyn: daß es thöricht
sey, wenn kleine Gemeinen einander über bloße Unglücksfälle,
in die Haare gerathen, und einander gar zu Grunde richten wollen.

5. §. Ich muthmaße dieses alles, aus der innern Beschaffenheit dieses Gedichtes, und der Voraussetzung: daß
ein so großer Geist, als Homer, auch bey diesem anscheinen-
den Spielwerke, nicht bloß Possen treiben; sondern unter
einem, obwohl lächerlichen Bilde, doch etwas ernsthaftes
habe vorstellen wollen. Seine Art ist es sonst allemal,
lehrreiche Fabeln zu dichten: und warum sollte er hier da-

von

von abgewichen seyn? Es ist wahr; man findet bey den Alten keine Nachricht von einer solchen Begebenheit. Allein wie kann mans fodern, daß lange vor Herodots Zeiten, als noch keine Geschichtschreiber waren, Begebenheiten von so geringer Wichtigkeit, als die Schlägerey von ein paar Dörfern, sollte aufgezeichnet worden seyn: da wohl viel wichtigere Thaten keinen Schriftsteller gefunden haben? Will indessen jemand durchaus ein bloßes Spielwerk daraus machen: so werde ich darüber nicht zanken, und einem jeden seine Meynung lassen? Genug, daß auch ein solches Spielwerk der homerischen Muse lehrreich ist, und in Nachahmungen zu ernsthaften Absichten dienen kann; ja wirklich oft gedienet hat. Beyläufig will ich nicht unerinnert lassen, daß, nach dem Suidas, von einigen die Batrachomyomachie dem Pigres, oder Tigres, einem Bruder der Artemisia, zugeschrieben werden; wie denn auch Henrich Stephan bezeuget, daß er auf einer Abschrift dieses Gedichtes den Namen Pigreti, oder Tigreti Cari, geschrieben gefunden. Allein eine Schwalbe, macht keinen Sommer, und die allgemeine Meynung ist vorzuziehen. Ein gewisser Elisius Calentius, hat, so wohl als Smetius, dieß Gedicht in lateinische Verse gebracht.

6. §. Indessen ist es zu bewundern, daß unter einer so unglaublichen Menge griechischer Poeten, als le Fevre und Vossius uns beschrieben haben, kein einziger den Homer in diesem Stücke nachahmen wollen. Denn die Galeomyomachiam, die in Dornavii Amphitheatro Sapientiæ Socraticæ jocoseriæ steht, kann ich deswegen hieher nicht rechnen, weil sie ein dramatisches Stück ist. Selbst von den Lateinern hat sich so eigentlich niemand in dieses Feld gewaget. Denn wenn gleich Virgil in seiner Jugend, um sich zum Heldengedichte vorzubereiten, ein Gedicht auf die Mücke, und ein anders, auf den Vogel Ciris, den einige für eine Lerche, Scaliger aber, für eine Art von Reyger halten, gemachet: so kann man sie doch nicht eigentlich in dieses Fach ziehen. Das erste beschreibt nämlich einen schlafenden

Schä-

Schäfer, zu dem sich eine Schlange nähert, ihn zu stechen. Die Mücke sieht das, und will ihn davor warnen, sticht ihn also in den Backen; daß er davon erwachet. Der Schäfer ist böse über diesen Stich, und erdrücket die Mücke; wird aber sogleich die grausame Schlange in der Nähe gewahr, die er sich eifrig vom Halse schaffet; und darauf von neuem wieder einschläft. Die Seele der erschlagenen Mücke erscheint ihm hier im Traume, und rücket ihm seine Ungerechtigkeit vor, da er sie um ihrer wohlgemeynten Warnung wegen erschlagen; und erzählet ihm alles, was sie im Reiche der Todten, und den elysischen Feldern angetroffen: da denn die alten römischen Helden nach der Länge erzählet werden. Der Schäfer erwachet, erkennet sein Unrecht, und richtet der Mücke ein schönes Grabmahl von Rasen auf, dabey er allerley Blumen und schöne Stauden pflanzet. Die Ciris aber ist nichts anders, als eine Erzählung, wie des Königes Nisus Tochter, die Scylla, in einen Vogel verwandelt worden. Dieses ist also freylich wohl ein kleines episches, aber kein scherzhaftes Gedicht zu nennen, es wäre denn, daß man die ovidischen Verwandlungen alle auch so taufen wollte.

7. §. Die Ehre also, Homers Nachahmer in diesem Stücke zu werden, ist im XVten Jahrhunderte unserm Landsmanne, Hinrick von Alkmar aufgehoben gewesen, der uns Reinicken den Voß, in plattdeutschen, oder sächsischen Knittelversen geliefert hat. Ich weis wohl, daß man eine lange Zeit geglaubet, wie aus Rollenhagens Vorrede zum Froschmäuseler, und Morhofs Tractate, von der Deutschen Sprache und Poesie erhellet, Baumann, ein Professor in Rostock, habe dieses Gedicht geschrieben, und 1522. zuerst ans Licht gestellet. Allein der Irrthum ist entdecket worden, als die erste Ausgabe dieses Werkes einem gelehrten Manne zu Helmstädt in die Hände gefallen, der 1709. in einer akademischen Einladungsschrift die beste Nachricht davon gegeben. Da hat sichs nun gewiesen, daß dieselbe bereits 1498. zu Lübeck in 4. herausgekommen, und

daß

daß der Verfasser in der Vorrede so von sich geschrieben: Ick Hinreck von Alkmer, Scholemester vn tuchtlerer des eddelen dogentlicken Vorsten vn Heren, Hertogen von Lottryngen, umme bede wyllen mynes gnedigen Heren, hebbe dyt geghenwerdige Boeck urd walscher vn französescher Spracke gesocht, vn vmmgeset in dürsche Spracke, to dem Lawe vn to der Ere Gades, vn to heylsamer Lere der, dei hi rynne lesen, vn hebbe düt sülve Boeck gedeelet in veer part. vn hebbe by yglick capittel geset eyné korte Utlegginge vn Meinninge des selvsten poeten, vmme to verstaen den rechten sin des capitels. Ob nun wohl dieser Dichter sich nur für einen Ueberseter ausgiebt: so ist doch das französische Original in Frankreich nirgends zu finden: und es kann gar wohl seyn, daß er sich bloß dieses Vorgebens bedienet habe, um selbst nicht wegen des Inhalts zur Rede geseset, oder zur Verantwortung gezogen zu werden. Zu Wolfenbüttel hat man indessen 1711. in 4. diese alte Lübeckische Ausgabe aufs genaueste nachgedrucket, unter dem Titel: Reineke de Voß mit dein Koker, d. i. Köcher, wegen des im Anhange beygefügten Gedichtes, das diesen Namen führet.

8. §. Sollen wir also von Baumannen unsere Gedanken sagen: so hat er zwar sehr wohl gethan, daß er eine neue Auflage dieses so trefflichen und sinnreichen Werkes veranstaltet; auch viel schöne Auslegungen und Zeugnisse, aus dem Renner, Freydanken, Morsheimen, Sebastian Branden, Schwarzenbergen, dem Memorial der Tugend, u. a. m. beygefüget. Allein er verdienet auch eben so viel Tadel, daß er 1.) die alte Schreib- und Mundart des Verfassers, nach seiner mekkenburgischen Sprache geändert, wie man aus der Gegeneinanderhaltung beyder Ausgaben sehen kann. 2.) Daß er die Vorrede des Verfassers, und so gar seinen Namen weggelassen, und sich also stillschweigend für den Urheber desselben ausgegeben. Denn ob er wohl in den Auslegungen von dem Dichter des Buches allezeit in

Ff 5   der

der dritten Person redet, und ihn Poeta nennet: so scheint doch solches nur eine Bescheidenheit zu seyn; weil er nirgends den Namen desselben mit einfließen lassen, und ihn also recht sorgfältig verschwiegen hat.

9. §. Indessen war dieß Werk kaum etwas bekannter geworden, als man es um die Wette überall nachgedrucket, übersetzet und wieder aufgeleget hat. Ich besitze selbst eine plattdeutsche Auflage von 1549. wie auf dem letzten Blatte steht; ungeachtet es am Ende des Registers heißt: Gedruckt tho Rostock, dorch Ludowich Dietz M. D. L. iij. in 4. imgl. eine in 8. von 1575. zu Frf. am M. gedruckt; ferner eine hochdeutsche in Fol. die 1545. zu Frankf. am Mayn bey Cyr. Jacobi zum Bock, unter dem Titel, der ander Theil des Buches Schimpf und Ernst 2c. und eine lateinische, die 1595. zu Frf. am M. von Hartmann Schoppern, unter dem Titel, Speculum vitæ aulicæ, in 12. ans Licht gestellet worden. Außer diesen bediene ich mich auch der Wolfenbüttelischen von 1711. anstatt des Originales. Die holländische Dollmetschung ist mir nie vorgekommen: die hochdeutsche aber ist sehr ungetreu; so, daß Laurenberg noch zu wenig gesagt, wenn er geschrieben:

Man hefft sick twar toomartert dat Boeck tho bringen
In hockdütsche Sprack, man it wil gantz nich klingen:
It klappet gegen dat Original tho recken,
Als wenn man plecht een Stück vul holt tho brecken;
Edder schmit eenen olen Pot gegen de Wand;
Dat makt, dewyl velen yß onbekant,
De natürlicke Eegenschop dersulven Rede,
Welke de angebohrne Zierlichkeit bringet mede.

10. §. Ich will mich hier dabey nicht aufhalten, daß ich die Veranlassung und das wahre Urbild des Reinike, als des Haupthelden dieses lustigen Buches, aus den Geschichten zeige. Dieses soll zu seiner Zeit in einem andern Werke geschehen. Hier ist genug zu sagen, daß der Verfasser die Eigenschaften eines scherzhaften epischen Gedichtes sehr schön eingesehen, und beobachtet hat; obgleich er keine krie-

kriegerische Shat zu beschreiben hatte. War nämlich Homers Froschmäusekrieg, der Ilias zu vergleichen: so ist
dieses Scherzgedicht der Odyssee ähnlicher, indem es uns das
Hofleben unter einem sehr lebhaften Bilde darstellet. Es
hat auch destomehr Schönheiten in sich, je weitläuftiger es
ist, und je mehr Verwirrungen, listige Streiche, Lügen und
Ausflüchte der Fuchs anbringt, um zu seinem Zwecke zu
gelangen. Er erhält denselben endlich, aller seiner Uebelthaten ungeachtet, dennoch recht glücklich, und wird des Königes,
Kanzler, oder erster Minister, und triumphiret also über
seine Feinde, die ihn vorher schon auf die Galgenleiter gebracht hatten. Hier ist die Einigkeit der Handlung, nach
Ueberwindung aller Schwierigkeiten, recht nach dem Muster
der Odyssee und der Aeneis beobachtet; wie wir im folgenden
Hauptstücke hören werden. Seine Personen aber sind lauter Thiere, die zwar nach menschlicher Art, auf gut äsopisch
redend und handelnd eingeführet werden; gleichwohl aber
sich ihren bekannten Naturen und Charakteren nach verhalten. Alles dieses nun kömmt so spaßhaft heraus, als irgend
ein andres scherzhaftes Werk; und ist darzwischen mit den
herrlichsten Sittensprüchen angefüllet: so daß der angezogene
Laurenberg mit allem Rechte sagt:

In weltlycker Wyßheit ys keen Boeck geschrewen,
Dem men billick mehr Rohm vn Loff kan gewen,
As Reinke Voß: een schlicht Boeck, darinne
To sehnde ys een Spegel hoger Sunne,
Verstendicheit in dem ringen Gedicht,
Als een dürbar Schat verborgen licht,
Glyck als dat Füer schulet in der Asche,
Un güldne Penninge in eener schmerigen Tasche.

II. §. Fast auf eben den Schlag hat sich Rollenhagen
in seinem so betitelten Froschmäuseler verhalten. Es ist
wahr, und er gesteht es in der Vorrede selbst, daß er den
Grundstoff dazu aus Homers Batrachomyomachie genommen, darüber er als ein Student 1566. zu Wittenberg Prof.
Windsheimen lesen gehöret. Als aber dieser gelehrte Mann

seine

seine Zuhörer angefrischet, dieses und andere dergleichen
Stücke der Alten ins Deutsche zu bringen, ja wohl gar
weiter auszuführen; habe er sich daran gemachet, und seines
Lehrers Beyfall erhalten. Nachdem er es nun viele Jahre
liegen lassen, sey er endlich aufgemuntert worden, es ans
Licht zu stellen; welches er auch endlich 1595. gethan. Es kam
also zuerst zu Magdeburg 1594. in 8. heraus, welche Ausgabe ich selbst besitze; ist aber nachmals öfters, und noch
1730. zu Dresden auf Veranstaltung Herrn Hofrath Mül-
deners, meines werthen Freundes, wieder aufgeleget worden. Was der Inhalt desselben sey, kann man aus dem
weitläuftigen Auszuge des homerischen Froschmäuselers schon
erkennen: allein da dieser kaum drey hundert Verse lang
ist; so ist Rollenhagens seiner ein Buch von ein paar
Alphabethen geworden; so viel hat er von seinem eigenen
hinzugesetzet. Der Witz, womit er es gethan, und das
satirische trockene Wesen im Ausdrucke, ist auch untadelich:
ja selbst an der Sittenlehre ist nichts auszusetzen. Nur
darinn hat er das rechte Maaß überschritten, daß er sowohl
den Mäuseprinz Bröseldieb, als den Froschkönig Paus-
bäck, gar zu geschwätzig gemacht hat. Denn sie erzählen
einander ohne Maaß und Ende alle mögliche Fabeln von
Mäusen, Füchsen, Vögeln, Fröschen, und andern Thieren; so daß man darüber die Geschichte, als das Hauptwerk
ganz aus den Augen verliert. Es ist wahr, daß alles sehr
lehrreich ist, und sonderlich das Hofleben, die Staatskunst,
ja gar das Pabstthum und die Glaubensreinigung sehr lebhaft abschildert. Allein zwey Drittheile des Buches mit so
weitgesuchten Dingen anzufüllen, und kaum das letzte Drit-
theil zur Hauptfabel zu brauchen; das ist, meines Erachtens,
über die Schnure gehauen. Sonst ist aber nichts angenehmer zu lesen, als dieser Froschmäuseler.

12. §. Ich habe den Froschmäuseler vorangesetzet, weil
er eher verfertiget worden, als folgendes; ungeachtet dieses
etliche Jahre eher ans Licht getreten ist. Es ist der Mucken-
krieg, ein artig poetisches Gedicht, wie die Mucken, neben
jren

jren Consorten, sich wieder die Amazen vnd jren Beystand
zu Felde gelägert, auch endlich zu beiden teilen ein starkes
treffen, vnd grewliche schlacht miteinander gehalten haben;
in III. Bücher abgetheilet, 1580. gedruckt zu Schmalkalden,
bey Michael Schmuck. Der Verfasser gestehet in der kurzen
gereimten Vorrede, wobey er sich H. E. F. nennet, daß er
diesen Krieg aus dem Gedichte eines sogenannten Cocalii,
das in einem mit Wälsch untermengtem Lateine geschrieben
gewesen, nur verdeutschet habe. Es ist also keine ursprünglich deutsche Geburth, aber schon werth, daß sie auch in der
Uebersetzung gelesen werde. Es ist sehr spaßhaft, und
voller Sittenlehren; beobachtet auch die Wahrscheinlichkeit
seiner kriegenden Völker und Helden sehr schön. Ich würde
auch ein anders, welches den Titel führet: Flöhhatz,
Weibertratz, von Hultrich Elloposcleron, (d. i. Fisch-
arten) beschrieben, welches 1594. in 8. herausgekommen;
imgleichen, die so betitelte Erbermliche Klage der lieben
Frau Gerste, vnd ihres Brudern Herrn Flachs, an-
gehöret, und zu Papier bracht von Andreas Tharäus,
Pfarrern, 1609. 8. hier erwähnen müssen, wenn dieses nicht
vielmehr poetische Gespräche wären. Eben dahin gehören
Rebmanns Gespräch von Bergen und Bergleuten, und
ein noch älteres, der Bauren Reichstag betitelt; die aber
auch mehr ins ernsthafte Fach, als ins lustige zu stellen sind.
Ja selbst nicht alles Lustige in Versen, kann hier einen Platz
finden; wie denn z. E. weder des Esels Adel, und der
Sau Triumph, noch das Lob Niemands, die ich in
Dornaus oberwähntem Amphitheatro finde, unter die
Zahl epischer Gedichte zu zählen sind.

13. §. Wir müssen uns also zu den Ausländern verfügen,
die uns gleichfalls, wiewohl in neuern Zeiten dergleichen
spaßhafte Heldengedichte geliefert haben. Der älteste davon
ist Alexander Tassoni, ein Modeneser, der 1611. in wenig
Monathen seine Secchia rapita, oder den geraubten
Eimer geschrieben, und ihn 1622. zuerst ans Licht gestellet,
um einen Krieg zu verspotten, der damals zwischen den
Städ-

Städten Modena und Ferrara geführet worden. Zwar Crescimbeni zweifelt, ob er diesem, oder einem andern wälschen Dichter Franz Bracciolini, die Erfindung der heroisch-komischen Schreibart zuschreiben soll; deren dieser seinen Scherno de gli Dei, zwar vier Jahre später heraus-gegeben, aber viel Jahre eher gemacht hat. Uns kann das gleichviel gelten; da unsere Landsleute lange vor ihnen der-gleichen komische Heldengedichte gemachet. Hierauf folgete in England Samuel Buttlers Hudibras; ein spaßhaftes Gedicht, welches er zur Zeit der Kromwellischen Händel geschrieben, um die fanatischen Katzenkriege der damaligen bürgerlichen Verwirrungen lächerlich zu machen. Es trat selbiges zuerst in der Hälfte des vorigen Jahrhunderts ans Licht: und 1663. erschien schon eine Nachahmung unter dem Titel, The Second Part of Hudibras. Allein so wohl diese, als andere Versuche von dieser Art wiesen, daß er unnach-ahmlich sey. König Karl der II. soll auch dieß Gedicht so fleißig gelesen haben, daß ers fast auswendig gekonnt. Buttler starb 1680. Ich besitze die Londener Ausgabe von 1704. in gr. 8. Es ist artig, daß er eben so in drey Theile abgesondert ist, als unser Froschmäuseler. Der Versuch einer deutschen Uebersetzung, den man in Zürch gemachet hat, ist sehr schlecht und ungetreu gerathen.

14. §. Nunmehr folget Boileau Despreaux mit seinem Lutrin, oder Pulte, den er im 1674. Jahre verfertiget hat, um einen Zank zu verspotten, der sich zu Paris in der hei-ligen Capelle 1667. zwischen dem Schatzmeister derselben Claudius Auvry, gewesenen Bischofe von Coutance in Normandie, und dem Cantor daselbst, Jacob Barrin, der von gutem Hause war, zugetragen hatte. Die Zän-kerey war von keiner Wichtigkeit, aber der Poet beschreibt sie auf die ernsthafteste Art von der Welt, und eben dadurch macht er sie lächerlich. Ich habe in den Schriften der deut-schen Gesellschaft allhier den ersten Gesang davon verdeut-schet, und werde vielleicht noch das übrige hinzuthun. Hieher gehören auch des Füretiere Histoire de la Guerre

derni-

dernierement arrivée dans le Royaume de ·l'Eloquence,
und eines andern Nouvelle allegorique, de la Guerre entre
les Anciens et les Modernes, ob sie gleich nur in ungebundener Rede geschrieben sind. Endlich hat sich Alex.Pope,
noch mit seinem Lockenraube, (The Rape of a Lock) als
einen Meister in dieser Art von Gedichten erwiesen; davon
ich destoweniger sagen darf, da die·deutsche Uebersetzung
meiner Freundinn es in Deutschland bekannt genug gemachet
hat. Auch seine Dunciade gehört in·diese Zahl, womit
er die Menge unvernünftiger Feinde, die ihn ohne Unterlaß
mit Schand·und Lästerschriften anbelleten, auf einmal ab-
fertigte. Wo bleibt noch Scarrons Gigantomachie,
nebst seinem Virgile travesti? imgleichen die Henriade tra-
vestie, davon man im Neuen Bücherfaale der schönen Wissenschaften einen Auszug finden kann; und womit man dem
Herrn von Voltaire diejenige Ehre angethan, die dort
dem Virgil wiederfahren war? Endlich muß ich auch die
Quenellomachie nicht vergessen, die 1741. in Amsterdam
herausgekommen, und worinn die Geschichte der Constitu-
tion Unigenitus auf eine spaßhafte Art erzählet worden.

15.§. Man denke indessen nicht, daß unsere Deutschen in
neuern Zeiten in diesem Stücke saumselig zurückgeblieben.
Nein, sie haben sich seit zehn Jahren (ich schreibe dieß 1751.)
nicht minder geschickt darinn gewiesen, als die Ausländer.
In den Belustigungen des Verstandes und Witzes I. Bande
a. d. 49. S. steht der deutsche Dichterkrieg angefangen,
und wird in den folgenden Bänden fortgesetzet: der zwar
nur in ungebundener Rede, aber doch in poetischer Schreibart abgefasset ist; und dabey es nur schade ist, daß ihn der
Verfasser nicht zum Ende gebracht. Im II. Bande a. d.
224. und 354. S. steht das Meisterspiel im Lombre;
das ebenfalls hieher gehöret, ob es gleich in ungebundener
Rede geschrieben ist. Im IV. Bande a. d. 71. 283. und
551. S. steht der Dieb, ein episches Gedicht. Im VI. Bande
auf der 47. 172. 244. 338. 428. und 525. S. ist der Re-
nommist, ein komisches Heldengedicht in Versen anzutreffen;

und

und auch einzeln ist in Berlin 1741. die Tänzerinn auf
diese Art beschrieben worden. Alle diese Stücke haben
nun zur Gnüge gewiesen, daß es unsern Landsleuten an
Witz und Geschicklichkeit nicht fehle, dergleichen witzige und
scherzhafte Dinge auszuführen, wenn sie sich darauf legen
wollen. Hier sind nicht etwa schwache Nachahmungen der
Ausländer, oder knechtische Uebersetzungen, sondern wirkliche
Originale vorgekommen, deren jedes seine eigenen Schönheiten hat; gesetzt, daß sie einander an Vollkommenheit
nicht gleich kämen. Wenigstens haben sie die Fehler eines
Tassoni und Buttlers nicht an sich, daß sie nämlich einen
schmutzigen und niederträchtigen Ausdruck brauchen. Der
heutige geläuterte Geschmack unserer Deutschen, leidet keine
Unflätereyen oder Zoten; seit dem sich wohlgesittetere Dichter und Kunstrichter gefunden haben, als es zu des Froschmäuselers und Rachels Zeiten gegeben.

16. §. Ich habe mich so lange bey dem historischen Theile
dieses Hauptstückes aufgehalten, daß ich nun bey dem dogmatischen desto kürzer werde seyn können. Gute Beyspiele
vertreten nämlich die Stelle unzähliger Regeln: und ich
glaube Anfängern einen weit sichern und angenehmern
Weg gewiesen zu haben, indem ich ihnen die besten Muster
großer Meister angepriesen habe; als wenn ich ihnen ein
dickes Buch tiefsinnig ausgedachter und gründlich erwiesener
Regeln vorgeschrieben hätte. Wer von Natur keinen Witz
zum Scherzen hat, der lernet es doch durch alle Anleitungen nicht: in wem aber nur die Funken eines feinen Geistes
verborgen liegen, der wird weit besser durch die Kraft rührender Meisterstücke, als durch trockene Vorschriften aufge-
wecket. Um aber doch einen Anfänger nicht ohne alle
Regeln zu lassen, und dieselben auch aus den rechten Quellen
herzuleiten, müssen wir uns erst einen deutlichen Begriff
von einem komischen Heldengedichte machen. Aus Betrachtung der obigen Exempel erhellet so viel, daß selbiges die
Nachahmung einer lächerlichen That sey, die der
Dichter in eine solche Erzählung einkleidet, daraus

das

das Auslachenswürdige derselben auf eine spaßhafte
und doch lehrreiche Art erhellet. Ich darf diese Erklärung nicht weitläuftig rechtfertigen. Der allgemeine
Begriff der Dichtkunst, daß sie eine Nachahmung sey,
herrschet auch hier billig. Die That oder Handlung muß
lächerlich, das ist, ungereimt aussehen, ohne sehr schädlich
zu seyn. Diese muß, vermittelst einer spaßhaften Erzählung, so sinnlich gemachet werden, daß die Leser dadurch
belustiget und belehret werden; und also Lust und Nutzen,
als der Zweck eines wahren Dichters, daraus entstehe.

17. §. Das erste also, was ein komischer Heldendichter
zu thun hat, ist die Wahl der That, oder Handlung, die
er besingen will. Diese kann entweder wirklich vorgefallen
seyn, und dann ist es desto besser; oder er kann sie selbst
erdichten. Gesetzt aber, er erdichtete sie, so muß doch etwas
wahres dabey zum Grunde liegen. Denn gesetzt, der meiste
Theil der Leser wüßte nichts von dem geraubten Wassereimer,
von der Zänkerey der Geistlichen über den Pult im Chore,
oder von der abgeschnittenen Haarlocke der Belinde, u. d. m.
so ist es doch für die, so es wissen, desto lustiger; und der
Dichter selbst hat aus der Wahrheit und Verschiedenheit
der Umstände viele Vortheile und Hülfsmittel, seine Fabel
desto lebhafter zu schildern. Tassoni, Boileau und Pope
haben also mit Fleiß etwas wirklich geschehenes besingen
wollen; und eben so hat es Heinrich von Alkmar in Reineken dem Fuchse gemachet. Scarron und Rollenhagen
aber haben alte Fabeln zum Grunde gelegt, und dieselben als
Geschichte angesehen, darauf sie, als auf Wahrheiten bau-
en könnten. Andere haben nicht minder etwas wirklich
geschehenes, oder mehr als einerley im Sinne gehabt, ob
wir es gleich nicht allemal wissen. Diese That nun darf
eben nichts großes und wichtiges; sondern soll vielmehr an
sich etwas kleines und lächerliches seyn. Denn wenn etwa
ein Bauerdorf mit einem Fischerdorfe in ein Handgemenge
gerathen, welches Homer in der Batrachomyomachie beschreiben wollen; oder der schlaue Hofmann Reinald einen

Crit. Dichtk. G g König

König von Frankreich seiner Zeit betrogen und geäffet, welches zum Reineke Fuchs Anlaß gegeben; oder ein paar
Städte einander einen Eimer weggestohlen, u. s. w. so sind
dieses an sich lächerliche Dinge, die ein Dichter, als lächerlich nachzuahmen, oder zu beschreiben suchet. Und hier
könnte es auch wohl kommen, daß ein Poet eine Sache
von einer gewissen Seite als lächerlich ansehen und zeigen
könnte, die vielen andern als ernsthaft vorgekommen wäre.
Hierinn ist der Grund von den lustig eingekleideten ernsthaften Heldengedichten Virgils und Voltairens zu suchen.

18. §. Ist nun die Wahl dergestalt geschehen: so muß
man sich entschließen, ob man eine thierische, oder menschliche Fabel daraus machen will. Das erste haben Homer,
und von Alkmar, nebst dem Rollenhagen, imgleichen
der Verfasser des Mücken- und Ameisenkrieges gethan:
das letztere aber haben die andern komischen Heldendichter
erwählet. Beydes ist gleichgültig, und des Spaßhaften fähig,
wenn der Dichter nur sein Handwerk versteht. Zuweilen
hat eins, zuweilen das andere seine Vortheile. Bey dem
ersten klingt das schon zuweilen lächerlich, wenn man Thiere
nach menschlicher Art reden und handeln läßt; z. E. die
Bewaffnung der Mäuse und Frösche, im Homer, der es
ihnen weder an Stiefeln noch Harnischen, weder an Sturm-
hauben, noch Schilden und Spießen fehlen läßt. Rollenhagen läßt gar die Mäuse noch von ausgehöhlten Kürbsen
eine Flotte ausrüsten, u. d. gl. Im zweyten Falle fällt
dieses Lächerliche zwar weg; aber die Wahrscheinlichkeit gewinnet destomehr. In beyden Fällen aber besteht das Lustige
hauptsächlich darinn, daß man von kleinen Sachen, große
und erhabene Redensarten und Gleichnisse; von großen aber
kleine brauchet. So vergleichet Homer die Scharmützel
seiner Mäuse und Frösche, mit dem Kriege der Centauren,
und dem Aufruhre der Riesen gegen die Götter; und Pope
den Zank seiner Belinde und des Edelmanns, der ihr die
Locke abgeschnitten, mit dem Kriege vor Troja, in den sich
alle Götter und Elemente gemischet. Doch darf die Schreibart,

art, aus eben dem Grunde nicht allemal gleich seyn. Es
kann hier, ohne Bedenken, das Hohe mit dem Niedrigen, das Ernsthafte mit dem lustigen, und die wichtigste
Sache mit der geringsten Kleinigkeit vermenget werden.
Z. E. Pope:

> Puder, Schönfleck, Liebesbrief, Bibel, alles liegt beysammen.

Imgleichen:

> Eher mag doch Luft und See, und der ganze Ball der Erden,
> Mann und Aff und Papagey, Katz und Hund zum Chaos werden!

19. §. Ein wichtiger Punct ist noch übrig, was nämlich die sogenannten Maschinen, oder das Wunderbare anlanget. Man versteht dadurch den Beystand der Götter,
oder anderer übermenschlichen geistlichen Wesen, welchen sie denen im Handeln begriffenen Menschen oder Thieren leisten.
Homer hat den Jupiter mit allen Göttern über die Drohung
des Mäusehelden Meridarpax, rathschlagen lassen; ja er
schlägt wirklich mit Blitz und Donner drein, um die Mäuse
zu schrecken; so wie er sonst die Riesen vom Himmel zurück
geschlagen. Pope hat dagegen die Sylphen und Gnomen,
das ist, die Luft- und Erdgeister des Grafen von Gabalis,
auf eine sehr spaßhafte Art in sein Gedicht gemenget, um
es desto wunderbarer zu machen. Boileau mischet die
Zwietracht, als eine Göttinn, in seine Fabel, vom Pulte;
und eben so ist im deutschen Dichterkriege Eris mit im
Spiele. Auf gleiche Weise könnte ein Dichter im Deutschen entweder einen Alp, oder Poltergeist, einen Wassernix,
oder ein Bergmännchen; oder doch sonst eine allegorische
Gottheit, aus der Zahl der Laster und Tugenden, in eigener,
oder fremder Gestalt erscheinen lassen. Dieses geschieht nun
billig in dem eigenen Charakter jeder solcher Person, und
dadurch erlangen auch Kleinigkeiten ein größeres Ansehen.
Man darf auch in solchen scherzhaften Sachen eben nicht
gar zu bedachtsam damit umgehen: nein, auch unnöthige
und überflüssige Maschinen werden hier billig geduldet; wie
z. E. Umbriel im Lockenraube ist.

 20. §.

20. §. Was die Schreibart solcher komischen Gedichte betrifft, so ist freylich die poetische besser, als die ungebundene: wählet aber jemand diese, so muß er sie doch mit vielen poetischen Ausdrückungen zu zieren wissen. Was die Verse betrifft, so können sie entweder alte Knittelverse seyn, wie im Reinicke Fuchs, oder Froschmäuseler; oder wie im Hudibras, im Scarron, in der Quenellomachie, und der umgekleideten Henriade: oder sie können auch ordentlich seyn, wie in der Secchia rapita, im Pulte und Lockenraube. Es kömmt auf die Wahl des Dichters an; nur muß er das, was er machet, recht in seiner Gewalt haben. Wer sich nicht den rechten Geschmack der alten Knittelverse im Lesen alter Poeten erworben hat, der bleibe lieber bey den neuern Versen. Ich kenne nur einen Dichter in Deutschland, den Herrn Hofr. Müldener in Dresden, der uns dergleichen glückliche Proben, geliefert hat. Hier fällt mir erst ein, daß auch der Herr von Hollberg in dänischer Sprache ein solch komisches Gedicht von Peter Paars geliefert, welches man unlängst auch verdeutschet hat. Ich habe es noch nicht gelesen, kann also nichts davon sagen. Wer eine genauere Oekonomie des innern Wesens solcher Fabeln wissen will, der muß das folgende Hauptstück mit durchlesen. Hier verlohnte sich die Mühe nicht, die ganze Verfassung epischer Gedichte noch vollkommener zu erklären.

Des I. Abſchnitts IV. Hauptſtück.
Von der Epopee, oder dem Heldengedichte.

1. §.

Nunmehr kommen wir an das rechte Hauptwerk und Meiſterſtück der ganzen Poeſie, ich meyne an die Epopee, oder an das Heldengedicht. Homer iſt, ſo viel wir wiſſen, der allererſte, der dergleichen Werk unternommen, und mit ſolchem Glücke, oder vielmehr mit ſolcher Geſchicklichkeit ausgeführet hat; daß er bis auf den heutigen Tag den Beyfall aller Verſtändigen verdienet hat, und allen ſeinen Nachfolgern zum Muſter vorgeleget wird. So groß die Menge der Poeten unter Griechen und Lateinern, Italienern, Franzoſen, Engelländern und Deutſchen geweſen: ſo klein iſt nichts deſtoweniger die Anzahl derer geblieben, die ſich gewagt haben, ein ſolches Heldengedicht zu ſchreiben. Und unter zehn oder zwanzigen, die etwa innerhalb drey tauſend Jahren ſolches verſuchet haben, iſt es kaum fünfen oder ſechſen damit gelungen: woraus denn die Schwierigkeit eines ſo wichtigen poetiſchen Werkes ſattſam erhellen kann.

2. §. Homer iſt alſo der Vater und der erſte Erfinder dieſes Gedichtes, und folglich ein recht großer Geiſt, ein Mann, von beſonderer Fähigkeit geweſen. Seine Ilias und Odyſſee haben ſich nicht nur den Beyfall von ganz Griechenland, ſondern auch die Hochachtung und Bewunderung des tiefſinnigſten unter allen Weltweiſen, Ariſtotels, unſtreitig erworben. Dieſes letztere iſt von weit größerm Gewichte, als das erſte: denn das ſcharfſichtige kritiſche Auge eines Kunſtverſtändigen ſieht auf das innerſte Weſen einer Sache; da hergegen der unverſtändige Pöbel, ja ſelbſt die Helden, Geſetzgeber und Prinzen, nebſt der Menge der

Halb-

Halbgelehrten, dergleichen Werk nur obenhin ansehen, und weder alle Schönheiten, noch alle Fehler desselben wahrzunehmen, im Stande sind. Man hat sich also nicht an das Lob, oder an den Tadel eines jeden halbigten Richters zu kehren, wenn von den Verdiensten Homers die Frage ist. Viele haben ihn ohne Einsicht gepriesen, damit sie nur dafür angesehen würden, als ob sie ihn verstanden hätten: viele haben ihn auch ohne Grund getadelt, damit sie nur das Ansehen hätten, als verstünden sie besser, was zur Poesie gehört, als andere, die den Homer vertheidigten und lobten. In Frankreich hat man im Anfange dieses Jahrhunderts einen großen Federkrieg darüber gehabt: wo sich Perrault, Fontenelle und de la Motte für die Neuern; Boileau aber, Des Callieres, Racine, Fenelon, Furetiere und die Frau Dacier, nebst ihrem Manne, für die Alten erkläret, und sie in vielen Stücken verfochten haben. Man kann von diesem ganzen Streite mit Vergnügen nachlesen, was Furetiere in seiner Nouvelle allegorique, ou Histoire des dernieres Troubles arrivez au Royaume d'Eloquence, und Des Callieres, in seiner Histoire Poetique de la Guerre nouvellement declarée entre les Anciens & les Modernes, imgleichen Perrault selbst in seiner Parallele des Anciens & des Modernes davon geschrieben haben. Man sehe auch des Herrn Fontenelle Gedanken von den Alten und Neuern, und meine Anmerkungen darüber, die bey seinen Gesprächen von mehr als einer Welt, befindlich sind, so, wie sie neulich 1751. in gr. 8. herausgekommen sind. Von Engländern aber sehe man Popens Abhandlung vom Homer, vor seiner übersetzten Ilias, die meine Freundinn in ihren auserlesenen Stücken 1749. verdeutschet herausgegeben hat.

3. §. Homers Ilias hat zu ihrer Hauptabsicht, den Zorn zu besingen, der zwischen dem Achilles, und dem Heerführer der ganzen griechischen Armee, Agamemnon, im Lager vor Troja vorgefallen; und so wohl für die Belagerer, als für die Belagerten sehr traurige Wirkungen nach sich gezogen. Der Poet sagt gleich im Anfange des Gedichtes, daß
dieses

dieses sein Vorhaben sey: und da die Ausführung mit seinem
Vortrage vollkommen übereinstimmet; so muß man sich wundern, daß die Kunstrichter noch lange an seiner Absicht haben
zweifeln können. Es enthält also diese Ilias in vier und
zwanzig Büchern eine Fabel, die etwa sieben und vierzig
Tage in ihrem Umfange begreift; und also nur ein sehr kleines Stück des zehnjährigen trojanischen Krieges ausmachet.
Der Poet erzählt uns darinn auf eine sehr edle Art, was zu
der Uneinigkeit des Achilles mit dem Agamemnon Gelegenheit gegeben; nämlich eine schöne Sclavinn, die Agamemnon
dem Achilles mit Gewalt hätte wegnehmen lassen. Ferner,
wie oft die Griechen zurück geschlagen worden, und wie viel
wackere Helden sie darüber eingebüßet; als sie sich unterstan-
den, auch ohne den Achilles die Stadt anzugreifen. Endlich,
wie Achilles selbst durch den Verlust seines liebsten Freundes
Patroklus, welchen Hektor erschlagen hatte, dergestalt ent-
rüstet worden, daß er, diesen Tod zu rächen, sich wieder
mit den Seinen versöhnet; den besten trojanischen Helden, den Hektor, in einem einzelnen Gefechte erlegt; seinem
todten Freunde aber ein prächtiges Leichenbegängniß angestellet habe.

4. §. Diese ganze Fabel nun begreift nicht mehr, als eine
Zeit von sieben und vierzig Tagen, oder anderthalb Monaten
in sich, in welchen alles das vorgegangen, was zum Zorne
des Helden, den der Poet besingen wollte, gehörete. Man
sieht aber wohl, mit was für einer Geschicklichkeit Homer
seine Fabel zum Lobe Achills eingerichtet hat. Seine Abwesenheit und Enthaltung aus dem Heere, macht das ganze
griechische Heer ohnmächtig: seine Wiederkunft aber bringt
auch den Sieg wieder. Wenn er also gleich die größte Zeit
müßig sitzt, und der Poet nichts von ihm erzählen kann:
so gereichet doch alles, was geschieht, zu seinem Lobe; weil
alles unglücklich geht, und die Ursache keine andere ist, als,
weil er nicht mit fechten will. Die Uneinigkeit der griechischen Helden zieht also in ihrem Lager lauter Unglück nach
sich; die Vereinigung aber, die zuletzt erfolget, bringt einen

erwünsch-

erwünschten Erfolg, nämlich den Sieg über die Trojaner
zuwege. Wer kann bey dem allen noch zweifeln, ob auch
Homer in seinem ganzen Gedichte diese moralische Wahrheit
habe zum Grunde legen wollen: die Mishälligkeit unter
den Großen eines Volkes, ist verderblich; die Ein-
tracht aber überaus zuträglich? Und dieses ist die Zer-
gliederung des ersten homerischen Heldengedichtes; so wie sie
von den scharfsinnigen Kunstrichtern, nämlich dem Aristoteles, le Bossu und Dacier vorlängst gemacht worden.
Und man muß sich wundern, wenn andere gelehrte Männer
neuerer Zeiten, auch wohl solche, denen Homer billig bekannter hätte seyn sollen, ihn bisweilen einen griechischen
Meistersänger, oder Fabelhans genennet; ja ihn wohl gar
mit unserm Hans Sachs verglichen haben: mit dem er
doch nicht die allergeringste Aehnlichkeit hat.

5. §. Aus der Odyssee hat uns Aristoteles selbst folgenden kurzen Auszug gemacht: Ulysses, der mit vor Troja
gewesen, wird auf seiner Rückreise vom Neptun verfolget,
welcher ihn durch Sturmwinde und Ungewitter aller seiner
Gefährten beraubet: so, daß er endlich ganz allein in mancherley Gefährlichkeiten herum schweifen, und eine lange
Zeit von Hause abwesend seyn muß. Indessen ist in seinem zerrütteten Ithaka alles in Unordnung. Die Liebhaber seiner Gemahlinn verprassen alle ihr Vermögen, und
stehen seinem Sohne Telemach selbst nach dem Leben:
bis er endlich in armseliger Gestalt nach Hause kömmt,
von etlichen erkannt wird, etliche betrügt, seine Feinde ermordet, und sein Reich wieder in Ordnung bringt. Diese
Fabel begreift also das Lob des klugen und standhaften Ulysses in sich; dessen Abwesenheit seinem Reiche so verderblich,
dessen Rückkunft aber demselben so vortheilhaft gewesen:
wie abermal der Poet im Anfange selbst angezeiget hat, wenn
er nach Horazens Uebersetzung, die Muse so anruft:

Dic mihi Musa virum, captæ post tempora Trojæ,
Qui mores hominum multorum vidit & urbes.

6. §.

6. §. Diese **Odyssee** begreift eine Zeit von neun und funfzig Tagen, oder beynahe zween Monathen in sich, und dauret also etwas länger, als jene; weil der Zorn **Achills**, als ein Affect, unmöglich so lange dauren konnte, als eine Reise, nebst der Wiederherstellung eines Reiches. Doch ist die Absicht des Poeten, nicht nur den Helden zu loben, sondern eben unter diesen Erzählungen seine moralischen Lehren zu verstecken. Er will den Griechen beybringen: daß die Abwesenheit eines Hausvaters oder Regenten üble Folgen nach sich ziehe; seine Gegenwart aber sehr ersprießlich sey. Damit nun diese Abwesenheit nicht dem Ulysses zum Vorwurfe gereichen könnte: so hat er ihn in solche Umstände gesetzt, daß er wider seinen Willen abwesend seyn muß. Er hatte, als das Haupt seiner Armee, vor Troja ziehen müssen: und als er nach geendigtem Kriege eben zurück wollte, so konnte er nicht; weil ihm **Neptun** zuwider war, und bald **Circe**, bald **Kalypso**, bald der König **Antinous** ihn aufhielten, daß er nicht nach Hause konnte, so sehr ihn auch darnach verlangte. **Le Clerc** tadelt also in seinen Gedanken über die Poesie, die ich in der krit. Beytr. VII. B. übersetzt geliefert, dasjenige am **Homer**, was ein besonderes Lob verdienet, daß nämlich **Ulyß** wider seinen Willen abwesend gewesen. Indem aber der Poet theils den Helden, durch die lange Erfahrung zu einer vollkommenen Klugheit gelangen; theils seine **Penelope** und den jungen **Telemach** so viele Proben ihrer Tugend ausstehen; theils sowohl **Ulyssens** Gefährten, als die Buhler der Königinn, durch ihre eigene Schuld umkommen läßt: so wird sein Gedicht für hohe und niedrige erbaulich; und man kann mit **Horazen** billig sagen: **Homer** sey ein Scribent,

Qui, quid sit pulcrum, quid turpe, quid utile, quid non?
Plenius & melius Chrysippo & Crantore dicit.

Lib. I. Ep. 2.

7. §. In **Homers** Fußtapfen haben zwar unter den **Griechen** verschiedene andere treten wollen: ihre Schriften

aber

aber sind, weil sie die Kunst nicht verstanden haben, alle verlohren gegangen. Aristoteles hat uns in seiner Dichtkunst das Andenken etlicher solcher Gedichte aufbehalten; indem er ihre Fehler angemerket: da wir sonst nichts von ihnen wissen würden. Unter andern gedenkt er einer kleinen Ilias, darinn Lesches, ein Lesbier, wie ihn Eusebius nennet, den ganzen trojanischen Krieg beschrieben; und die, ungeachtet dieses so weitläuftigen Vorhabens, doch gegen Homers Gedicht, nur eine kleine Ilias genennet worden. Ohne Zweifel hat es diesem Verfasser an dem rechten Begriffe, von einer guten epischen, das ist, moralisch allegorischen Fabel gefehlt: daher er sich denn gleich ein gar zu großes Werk unternommen, welches in einem einzigen Gedichte unmöglich nach Würden ausgeführt werden konnte. Er war also ein Scriptor Cyclicus geworden, wie Horaz Dichter dieser Art nennet. Die übrigen Fehler dieses, und anderer übel gerathenen griechischen Heldengedichte, muß man im Aristoteles selbst nachsuchen.

8. §. Unter den Römern hat Virgil das Herz gehabt, sich an die Epopee zu wagen; und die Geschicklichkeit besessen, dem Homer so vernünftig nachzuahmen, daß er ihn in vielen Stücken übertroffen hat. Und dieses war kein Wunder, da er bereits zu viel feinern und gesittetern Zeiten lebte, da man weit bessere Begriffe von Göttern, Tugenden und Lastern, und von allem, was groß, schön und schätzbar war, hatte. Seine Absicht mochte wohl gewesen seyn, dem Augustus, als dem Stifter eines neuen Reichs, die Eigenschaften eines großen Helden und Regenten vorzubilden; und dadurch die grausame Gemüthsart ein wenig zu dämpfen, die der Kaiser in seinen ersten Jahren spüren ließ. Er nimmt also die gemeine Sage der Römer für bekannt an, daß Aeneas nach Italien gekommen sey, und bauet seine ganze Fabel darauf. Diesen konnte er nunmehr als den Stifter der römischen Monarchie vorstellig machen, und ihn so abschildern, wie er selbst wollte, damit er nur seine moralische Wahrheit dadurch ausführen könnte: Ein Stifter

ter neuer Reiche müsse gottesfürchtig, tugendhaft,
sanftmüthig, standhaft und tapfer seyn. So hat er
uns nun seinen Aeneas auf der See, in Sicilien, Africa
und in Italien abgebildet. Er ist fast überall ein frommer
und gnädiger; aber dabey unerschrockner Held. Die wenigen Einwürfe, die le Clerc dagegen macht, können aus
den Opfergebräuchen der Alten beantwortet werden. Turnus ist gegen ihn ein trotziger Starrkopf; Mezenz aber ein
gottloser ehrvergessener Bösewicht zu nennen. Will man
also die Aeneis ein Lobgedicht des Aeneas nennen: so war
es doch nur ein erdichteter Aeneas, der mehr zeigte, wie ein
Regent seyn soll; als wie einer wirklich gewesen war. Und
dadurch wird eben seine Fabel moralisch und lehrreich: weil
Augustus und alle übrige Großen der Welt, ihre Pflichten
daraus abnehmen konnten.

9. §. Unter den Römern haben sich noch Lucanus, Statius und Silius in der epischen Poesie versuchen wollen;
aber mit sehr ungleichem Fortgange: und das zwar wiederum
aus Unwissenheit der Regeln, die sie doch in Aristotels
Poetik und im Homer und Virgil, als ihren Vorgängern,
leichtlich hätten finden können. Statius nimmt sich nicht
vor, eine moralische Fabel, sondern einen ganzen Lebenslauf
Achills zu besingen; ohne eine weitere Absicht, als diese:
daß er seinen Helden durch die Erzählung seiner Thaten loben
will. Er sammlet derowegen aus den alten Scribenten
alles zusammen, was vom Achill jemals gesaget worden,
und ordnet es nach der Zeitrechnung; beschreibt es auch in
einer so schwülstigen Schreibart, daß man erstaunet, wenn
man seinen rasselnden Dunst gegen Virgils gelindes Feuer hält:

Magnanimum Aeacidam, formidatamque tonanti
Progeniem, & vetitam patrio succedere cœlo,
Diva refer! Quamquam acta viri multum inclyta cantu
Mæonio, sed plura vacant. Nos ire per omnem,
Sic amor est, Heroa velis.

10. §.

10. §. Es ist also mit dem Inhalte dieses vermeynten Heldengedichtes eben so beschaffen; als wenn jemand einen Lebenslauf von der Maus schreiben wollte, der in den äsopischen Fabeln so oft gedacht wird. Dieser könnte auch die Muse anrufen, ihm alle die Thaten dieses berühmten Thieres kund zu thun. Aesopus hätte zwar hier und da etwas berühret; Homer und Rollenhagen hätten desgleichen gethan: aber er hätte Lust, alles aufs vollständigste zu beschreiben, und also etwas Vollkommeners zu Stande zu bringen. Le Bossu hat eine solche lange Kette von Fabeln zusammen gesetzt, und den Helden derselben, aus des Homers Batrachomyomachie, Meridarpax genennet: wie man auf der 80. und folg. S. nachlesen kann. So wenig aber ein solch zusammengestümpeltes Werk Homers Batrachomyomachie, oder unserm Froschmäuseler, oder nur der geringsten äsopischen Fabel vorzuziehen seyn würde: eben so wenig ist Statius mit seiner Achilleis, dem Virgil oder Homer an die Seite zu setzen.

11. §. Ein gleiches kann man vom Lucan sagen. Sein pharsalischer Krieg ist eine wahrhafte Historie, von einer unlängst vorgefallenen Schlacht, zwischen dem Cäsar und Pompejus. Er erzählt dieselbe in der gehörigen Zeitordnung, und vertritt also die Stelle eines Geschichtschreibers, nicht aber eines Poeten. Hier ist gar keine allgemeine moralische Fabel zum Grunde gelegt: folglich ist auch seine Pharsale kein Gedicht, sondern eine in hochtrabenden Versen beschriebene Historie; die zwar in der That viel schöne Gedanken in sich hält, auch zuweilen in einigen Stellen die Natur gut genug nachahmet, z. E. wenn er den Cato in den lybischen Wüsteneyen von Hammons Orakel reden läßt; allein überhaupt den Namen einer Epopee niemals wird behaupten können. Eben das könnte auch vom Claudian mit seinem Raube der Proserpina, imgleichen von dem Silius Italicus, der den punischen Krieg in Versen beschrieben hat, gewiesen werden; wenn es die Mühe verlohnte, daß man sich dabey aufhielte. Weit mehr Lob

verdient

verdient ein griechischer Dichter Koluth, der uns den Raub
der Helena in einer ganz kleinen Epopee beschrieben hat,
welche neulich in Holland neu ans Licht getreten. Da aber
diese That mehr verliebt, als ernsthaft ist, so könnte man
auch des Musäus Gedicht von Leander und Hero hieher
rechnen; welches ein neuerer Poet auf des Musäus Rechnung verfertiget hat.

12. §. Als die römische und griechische Gelehrsamkeit im
Occidente, durch die Ueberschwemmungen deutscher Völker
ganz ins Vergessen gerathen war, hatte sich zwar die Kenntniß der alten Meisterstücke und ihrer Regeln; aber nicht die
Begierde und Fähigkeit zum Dichten verlohren. Die alten
deutschen Barden hatten, schon um Cäsars und des Tacitus
Zeiten, die Thaten ihrer Helden in Liedern besungen. Als
nachmals die Sueven, die Burgunder, die Vandalier, die
Gothen, Heruler und Longobarden dem römischen Reiche
das Garaus machten, so werden die Dichter dieser Völker
nicht gesäumet haben, auch ihre Helden zu preisen. So
finden wir im Cassiodor und Jornandes, sonderlich von den
Gothen, daß sie dergleichen Sänger und Lieder gehabt:
und selbst vom Attila, der sowohl der Gothen als Hunnen
König war, und mehr gothisch als hunnisch bey seinem Hofe
redete, berichtet der alte Redner Priscus, der in einer Ge-
sandtschaft vom griechischen Kaiser an ihn geschicket gewesen:
daß er sich nach der Tafel, von seinen Dichtern, Loblieder auf
kriegerische Thaten vorsingen lassen; ja bey seiner Rückkunft,
von ganzen Chören singender Mägdchen empfangen worden.
Solche Heldenlieder sind es sonder Zweifel gewesen, die der
große Karl, nach Eginhards Berichte, gesammlet, und
aufbehalten wollen. Nun will ich zwar nicht behaupten,
daß diese Lieder, vollkommene Epopeen gewesen, und den
homerischen Gedichten an die Seite gesetzet zu werden verdienen: allein sie waren doch Proben von dem heroischen
Talente des deutschen Witzes, und Vorbereitungen zu bessern
Stücken, die sich in folgenden Zeiten gewiesen haben. Die
deutsche Poesie entstund dazumal, auf eben die Art, aus
eigener

beln am besten damit ausstaffiren konnte, der war der beste Dichter. Daher haben wir nun eine solche Menge von alten Heldengedichten, vom Herzog Reinfried von Brunswick, Herzog Ernsten von Bayern, Herzog Friedrichen von Schwaben, Herzog Wilhelmen von Oesterreich, Landgraf Ludewigen von Thüringen, Herzog Belianden, dem Grafen von Narbonne, u. a. m. die zwar den wenigsten bekannt sind, aber auf großen Büchersälen noch stecken; und die ich in meiner Geschichte der deutschen Sprache und Poesie ausführlich beschreiben werde.

15. §. Zu eben dieser Classe müssen wir ein neueres Gedicht rechnen, welches fast alle seine Vorgänger verdrungen und verdunkelt hat: ich meyne den Theuerdank, welchen Melchior Pfinzing, im Anfange des XVI. Jahrhunderts, dem Kaiser Maximilian zu Ehren gemachet hat. Die Ursache ist, weil auch hier ein andächtiger Feldzug wider die Türken vorkömmt, der den alten Rittergeschmack noch verräth. Das sonderbare an demselben ist, daß es allegorische Personen, als den Neidhard, Unfalo, Fürwittig, u. d. gl. in sich hält, welches die alten Heldengedichte niemals gethan hatten. Von den Ausgaben und dem Werthe dieses Werkes gebe ich künftig mehr Nachricht: so lange behelfe man sich mit Herrn Prof. Schwarzens Abhandlung davon de inclito Libro Theuerdanck. Nun folget in eben dem Jahrhunderte des Tasso befreyetes Jerusalem, welches uns zuerst der Oberste Dietrich von dem Werder 1626. und verbessert 1651. vor wenigen Jahren aber Herr Secretair Kopp viel angenehmer übersetzet hat.

16. §. Nichts ist dabey mehr zu bewundern, als daß Tasso den gothischen Geschmack der Ritterbücher, mit den griechischen Regeln eines Heldengedichtes zu verbinden gesuchet. Sein befreytes Jerusalem ist in der That eine Vermischung zweyer so widriger Dinge; und es ist leicht zu begreifen, wie er darauf gefallen ist. Er beschreibt den siegreichen und glücklichen Kreuzzug des christlichen Heeres im Oriente; das gleichsam ganz und gar aus lauter solchen irrenden Rittern

tern bestund. Da war es nun kein Wunder, daß auch alle die gewöhnlichen Zierrathe der Ritterbücher, kriegerische verkleidete Prinzeßinnen, Zauberschlösser, Hexenmeister, Liebesgeschichte und Ebentheuer die Menge darinnen vorkamen. Indessen hat er die Fabel selbst, so ziemlich nach Aristotels Regeln eingerichtet: weil er nichts als die Eroberung Jerusalems zur Haupthandlung hat, und alles, was dazu gehörte, ausführlich erzählet; den klugen und tapfern Gottfried aber zu gleicher Zeit sehr erhebt.

17. §. Nur mit der Morale sieht es ein wenig seltsam aus; und nichts ist wunderlicher, als wenn Tasso selbst in der Vorrede uns erklären will, was seine ganze Fabel für einen allegorischen Verstand habe. Sein ganzes Gedicht soll das menschliche Leben abbilden. Das ganze christliche Kriegsheer bedeutet den Menschen im männlichen Alter; und zwar die Heerführer die Seele, und die Soldaten den Leib. Die Stadt Jerusalem, die zwischen Bergen und Felsen liegt, und die so schwer zu erobern ist, soll die bürgerliche Glückseligkeit bedeuten, die auf dem hohen Gipfel der Tugend erstlich zu erlangen steht. Gottfried, der oberste Befehlshaber des Heeres, stellet den Verstand des Menschen vor. Rinaldo und Tancredo bedeuten die untern Seelenkräfte. Die Uneinigkeiten unter den andern Helden bedeuten den Streit zwischen den Begierden des Menschen: die Hexenmeister, Ismeno und Armida, die Versuchungen des Teufels, u. s. w. Solche Geheimnisse hätte nun wohl kein Mensch in dem befreyten Jerusalem gesuchet, wenn sie uns der Poet nicht selbst erkläret hätte. Das Wunderlichste dabey ist, daß der Poet sein Gedicht schon fertig gehabt, als er an diese künstliche Allegorie gedacht; und daß er sie also mehr hineingezwungen, als das Gedicht ihr zu gefallen gemacht hat. Allein, da dieses ein Ueberrest des übeln Geschmacks ist, der zu seiner Zeit unter vielen noch herrschete: so wollen wir diesen Fehler am Tasso übersehen; zumal da seine Vorrede gerade das allerschlechteste ist, was bey seinem ganzen Gedichte vorkömmt.

beln am besten damit ausstaffiren konnte, der war der beste
Dichter. Daher haben wir nun eine solche Menge von alten
Heldengedichten, vom Herzog Reinfried von Brunswick,
Herzog Ernsten von Bayern, Herzog Friedrichen von
Schwaben, Herzog Wilhelmen von Oesterreich, Landgraf
Luderwigen von Thüringen, Herzog Belianden, dem
Grafen von Narbonne, u. a. m. die zwar den wenigsten be-
kannt sind, aber auf großen Büchersälen noch stecken; und
die ich in meiner Geschichte der deutschen Sprache und Poesie
ausführlich beschreiben werde.

15. §. Zu eben dieser Classe müssen wir ein neueres Gedicht
rechnen, welches fast alle seine Vorgänger verdrungen und verdunkelt hat: ich meyne den Theuerdank, welchen Melchior
Pfinzing, im Anfange des XVI. Jahrhunderts, dem Kaiser
Maximilian zu Ehren gemachet hat. Die Ursache ist, weil
auch hier ein andächtiger Feldzug wider die Türken vorkömmt,
der den alten Rittergeschmack noch verräth. Das sonderbare an demselben ist, daß es allegorische Personen, als den
Neidhard, Unfalo, Fürwittig, u. d. gl. in sich hält, welches die alten Heldengedichte niemals gethan hatten. Von
den Ausgaben und dem Werthe dieses Werkes gebe ich
künftig mehr Nachricht: so lange behelfe man sich mit Herrn
Prof. Schwarzens Abhandlung davon de inclito Libro
Theuerdanck. Nun folget in eben dem Jahrhunderte des
Tasso befreyetes Jerusalem, welches uns zuerst der Oberste
Dietrich von dem Werder 1626. und verbessert 1651. vor
wenigen Jahren aber Herr Secretair Kopp viel angenehmer
übersetzet hat.

16. §. Nichts ist dabey mehr zu bewundern, als daß Tasso
den gothischen Geschmack der Ritterbücher, mit den griechischen Regeln eines Heldengedichtes zu verbinden gesuchet.
Sein befreytes Jerusalem ist in der That eine Vermischung
zweyer so widriger Dinge; und es ist leicht zu begreifen,
wie er darauf gefallen ist. Er beschreibt den siegreichen und
glücklichen Kreuzzug des christlichen Heeres im Oriente;
das gleichsam ganz und gar aus lauter solchen irrenden Rit-

tern

tern beſtund. Da war es nun kein Wunder, daß auch alle
die gewöhnlichen Zierrathe der Ritterbücher, kriegeriſche
verkleidete Prinzeßinnen, Zauberſchlöſſer, Heren̄meiſter,
Liebesgeſchichte und Ebentheuer die Menge darinnen vorkamen. Indeſſen hat er die Fabel ſelbſt, ſo ziemlich nach
Ariſtotels Regeln eingerichtet: weil er nichts als die Eroberung Jeruſalems zur Haupthandlung hat, und alles, was
dazu gehörte, ausführlich erzählet; den klugen und tapfern
Gottfried aber zu gleicher Zeit ſehr erhebt.

17. §. Nur mit der Morale ſieht es ein wenig ſeltſam aus;
und nichts iſt wunderlicher, als wenn Taſſo ſelbſt in der
Vorrede uns erklären will, was ſeine ganze Fabel für einen
allegoriſchen Verſtand habe. Sein ganzes Gedicht ſoll das
menſchliche Leben abbilden. Das ganze chriſtliche Kriegsheer bedeutet den Menſchen im männlichen Alter; und zwar
die Heerführer die Seele, und die Soldaten den Leib. Die
Stadt Jeruſalem, die zwiſchen Bergen und Felſen liegt, und
die ſo ſchwer zu erobern iſt, ſoll die bürgerliche Glückſeligkeit
bedeuten, die auf dem hohen Gipfel der Tugend erſtlich zu
erlangen ſteht. Gottfried, der oberſte Befehlshaber des
Heeres, ſtellet den Verſtand des Menſchen vor. Rinaldo
und Tancredo bedeuten die untern Seelenkräfte. Die
Uneinigkeiten unter den andern Helden bedeuten den Streit
zwiſchen den Begierden des Menſchen: die Hexenmeiſter,
Iſmeno und Armida, die Verſuchungen des Teufels, u. ſ. w.
Solche Geheimniſſe hätte nun wohl kein Menſch in dem befreyten Jeruſalem geſuchet, wenn ſie uns der Poet nicht
ſelbſt erkläret hätte. Das Wunderlichſte dabey iſt, daß
der Poet ſein Gedicht ſchon fertig gehabt, als er an dieſe
künſtliche Allegorie gedacht; und daß er ſie alſo mehr hineingezwungen, als das Gedicht ihr zu gefallen gemacht
hat. Allein, da dieſes ein Ueberreſt des übeln Geſchmacks
iſt, der zu ſeiner Zeit unter vielen noch herrſchete: ſo wollen wir dieſen Fehler am Taſſo überſehen; zumal da ſeine
Vorrede gerade das allerſchlechteſte iſt, was bey ſeinem ganzen Gedichte vorkömmt.

Crit. Dichtk. Hh 18.§.

18. §. Meine Absicht und der Raum leiden es nicht, von den portugiesischen und spanischen Heldengedichten zu handeln. Voltaire hat dem Camoens die Ehre gethan, seine Lusiade, und dem Alonzo, seine Araucana unter die Zahl der Heldengedichte zu zählen. Allein nach unserer Beschreibung und den Regeln der Kunstrichter schickt sich dieser Namen für ihre Werke nicht: denn sie sind nur poetisch abgefaßte Historien; aber keine epische Fabeln, die unter den Allegorien einer Handlung moralische Wahrheiten lehren. Voltaire hat es indessen für gut befunden, zum Heldengedichte weiter nichts, als die poetische Erzählung einer merkwürdigen That oder Handlung zu erfodern: das übrige möchte aussehen, wie es wollte. Vermuthlich hat ihn seine Henriade dazu verleitet, die er allem Ansehen nach eher geschrieben; als er die Regeln des Heldengedichtes recht inne gehabt. Denn sie ist auch nur die Erzählung einer wahren Historie, mit einigen darzu gedichteten und untermischten Fabeln. Wäre aber dieses zu einer Epopee genug, so sehe ich nicht, warum wir Deutschen nicht auch schon an Bergonens und Areteen Liebes- und Heldengeschichten, dergleichen aufzuweisen hätten; welche ein preußischer Edelmann, Otto Friedrich von der Gröben, im 1700. Jahre in einem starken Quartbande herausgegeben. Dieses lange Gedicht beschreibt des Verfassers eigene Reise ins gelobte Land: so wie Alonzo seinen eigenen Feldzug wider ein amerikanisches Volk besungen hat. Es sind Fabeln genug darzwischen gedichtet, indem seine Aretee und ihr Bruder Sfortunian, dadurch er allegorisch die Tugend und das Unglück anzeigen wollen, eine sehr artige Verwirrung in der Geschichte machen. Und ich könnte dergestalt meinem Vaterlande die Ehre beylegen, daß es den ersten epischen Dichter in Deutschland hervorgebracht hätte: wenn es nicht vernünftiger wäre, bey den Regeln und Mustern der Alten zu bleiben.

19. §. Ich muß noch von einigen andern epischen Gedichten Nachricht geben, die in einige Betrachtung gekommen sind. Trissino hat vorm Tasso noch, das von den Gothen

befrey-

befreyte Italien, in reimlofen Verfen befungen. Weil er
aber den damals herrfchenden Gefchmack der Ritterbücher
verlaffen, um dem Homer und Virgil zu folgen: fo hat
er nicht viel Beyfall gefunden. Ich befitze die Auflage
feiner Werke, die 1729. in Fol. zu Verona herausgekommen.
Arioft fchickte fich in feinem rafenden Roland beffer in
feine Landsleute; und machte ein wirkliches Ritterbuch,
voller Hexenmährchen in Verfen: daher fand er auch einen
erftaunenden Beyfall. Wir haben ihn faft vor hundert
Jahren auch im Deutfchen zu lefen bekommen. Marino
folgte ihm theils in feinem Adonis, theils in feinem Kin-
dermorde, den uns Brockes mit recht marinifchem Geifte
überfetzet hat. Allein zugefchweigen, daß dieß tyrannifche
Blutbad nicht verdienete, zum Stoffe einer Epopee erwählet
zu werden: fo hat er auch eine fehr fchwülftige und verderbte
Schreibart darinnen gebrauchet; die felbft unter den neuern
Wälfchen zum Spotte gediehen, wenn fie von dem Gufto
Marinefco reden. Durch diefe Mufter wurde der brittifche
Milton verführet, der zu Cromwels Zeiten das verlohrne
Paradies befang, als er fchon blind geworden war. Hierinnen
ift nun der Teufel fein Held, der den unfchuldig erfchaffenen
Menfchen, aller dagegen gemachten Anftalten ungeachtet,
verführet, und feinem Schöpfer entreißt. Die ganze Erfindung ift alfo höchft fehlerhaft, zugefchweigen, daß es
entfetzlich ift, den Sieg einer boshaften Creatur über ihren
Schöpfer zu befingen. Dabey machet er nun die abfcheu-
lichften Befchreibungen von Sünde, Teufel, Tod und Hölle;
darinn er gewiß den Marino wie an garftigen Bildern,
alfo auch in Widerfprüchen noch übertrifft; und brauchet
durchgehends eine Schreibart, die den wildeften Witz, und
die unordentlichfte Einbildungskraft verräth. Alles diefes
machte nun, daß England fein Werk nichts achtete: bis der
Lord Roscommon, und Addifon, aus bloßem Ehrgeize, in
ihrer Nation auch ein epifches Gedicht zu haben, ihn ihren
Landsleuten anzupreifen anfiengen; und es fo weit brachten,
daß man ihn zu lefen, und nach und nach gewohnt zu wer-

den anfieng; ja enblich so verblendet ward, daß man auch
Schönheiten darinn zu sehen glaubte.   Schon im vorigen
Jahrhunderte hat uns von Bergen eine Uebersetzung davon
in eben solchen fünffüßigen holprichten, und ungereimten
Jamben geliefert, als das Original hat; daraus man sich
die ganze Art und Unart der Urschrift vorstellen kann.   Vor
einiger Zeit haben wir eine zürcherische Dollmetschung in
ungebundner Rede davon bekommen, die sehr rauh und
wilde klingt, und doch das Original nicht überall ausdrücket.
Im Französischen hat man gleichfalls schon vor zwanzig
und mehr Jahren dergleichen gehabt; und vor weniger Zeit
hat die Frau du Bocage, einen kurzen weit erträglichern
Auszug in Versen davon ans Licht gestellet.   Siehe den I. B.
der kritischen Beyträge, und im I. B. der Belustigungen des
Verst. und W. das 1. St. des deutschen Dichterkrieges.
    20. §. In Deutschland hatte uns von Hohberg schon
im vorigen Jahrhunderte den habspurgischen Ottobert, und
die geraubte Proserpina geliefert, die aber schlecht gerathen
waren.   Postel unternahm hernach den sächsischen Wittekind in einer Epopee zu besingen, starb aber darüber: und
Herr Hofrath Weichmann gab uns die erste Hälfte davon,
in der besten Absicht von der Welt heraus.   Endlich ist mitten in diesem Jahrhunderte die Zeit erschienen, daß wir auch
auf einmal eine ganze Menge von Heldengedichten, wo man
sie anders also nennen darf, bekommen haben.   Denn nicht
zu gedenken, daß der sel. Prof. Schlegel zu Soroe in
Dännemark, auf Herzog Heinrich den Löwen eins angefangen
hatte, davon er mir schon vormals etliche Bücher zu lesen
gegeben; so haben wir von dem Freyherrn von Schönaich
nur itzo eine vollständige und überaus wohlgerathene Epopee
bekommen; womit er den großen deutschen Helden, Hermann, besungen hat.   Ich darf mich hier nicht weitläuftiger davon erklären, da ich es bereits in der Vorrede dazu
gethan habe.   Die andern, so wir bisher stückweise zu sehen
bekommen haben, sind theils mit Chapelains Pucelle, theils
mit dem Milton in eine Classe zu setzen.   Das erste versteht
                                                          sich

sich von Königs August im Lager, davon zu allem Glücke
nicht mehr als ein Gesang fertig geworden: weil die entsetzlichen Verse kein Mensch lesen mochte. Und doch hatte der
Dichter das Glück jenes Chörilus, daß er sehr königlich dafür belohnet wurde. Das zweyte ist der sogenannte Messias,
davon wir erst den vierten Theil haben; und von dem man
schmerlich das Ende erleben wird. Es hat viel Künste
gekostet, den ersten Büchern desselbigen einigen Abgang zu
verschaffen: aber es scheint, daß das alles nicht zureichend
seyn wird, ein Gedicht zu erhalten, das außer den heiligen
Wahrheiten, die es doch mit so vielen Fabeln verstellet,
wenig schätzbares hat, wodurch es sich den Beyfall der Kenner erwerben könnte. Von diesen nämlich hat es noch keinen gewonnen, und selbst des erkauften Lobredners Beyfall
noch nicht bekommen. Den Noah und Jakob mag ich
nicht einmal erwähnen, weil beyde schon in der Erfindung
selbst zu unrichtig sind, als daß sie Heldengedichte heißen
könnten.

21. §. Es ist Zeit, von dem historischkritischen Theile
dieses Hauptstückes auf den dogmatischen zu kommen, und
demjenigen, der die innere Einrichtung der alten Heldengedichte recht einsehen, oder gar selbst ein neues verfertigen will,
einige Anleitung dazu zu geben. Was Vollkommenes aber
läßt sich von einem so großen Werke in wenigen Blättern
nicht sagen. Man muß Aristotels Poetik mit Daciers
Noten, und den Pater le Bossu (du Poeme Epique) selbst
lesen, wenn man alles ausführlich wissen will. Ich werde
mich begnügen, nur einen kurzen Auszug aus ihren Büchern zu machen.

22. §. Was eine epische Fabel sey, das ist in dem vierten
Hauptstücke des ersten Theils dieser Dichtkunst allbereit gewiesen, und bisher unvermerkt wiederholet worden. Ein
Heldengedicht überhaupt ist die poetische Nachahmung einer
berühmten Handlung, die so wichtig ist, daß sie ein ganzes
Volk, ja wo möglich, mehr als eins angeht, in einer wohlklingenden poetischen Schreibart, darinn der Verfasser theils

Hh 3

selbst

selbst erzählet, was vorgegangen; theils aber seine Helden,
so oft es sich thun läßt, selbst redend einführet, in der Absicht, dem Leser eine wichtige moralische Wahrheit auf eine
angenehme und lehrreiche Art einzuprägen. Daß es nun
mit den drey obgedachten Heldengedichten der Alten diese Bewandniß habe, das ist aus dem obigen schon abzunehmen:
ich will also nur stückweise diejenigen Hauptpuncte durchgehen, die bey einem Heldengedichte zu beobachten sind. Es
sind deren sechse: I. die Fabel, II. die Handlung, III. die
Erzählung, IV. die Gemüthsbeschaffenheit der Personen,
V. die Maschinen, oder der Beystand der Gottheiten, VI. die
Gedanken, nebst der Schreibart.

23. §. Was die Fabel anlangt, so wissen wir bereits, daß
selbige anfangs ganz allein erdacht werden muß, um eine
moralische Wahrheit zu erläutern. Z. E. ich wollte lehren,
die Uneinigkeit sey sehr schädlich. Dieses auszuführen,
dichte ich, daß etliche Personen sich mit einander verbunden
gehabt, ein gemeinschaftliches Gut zu suchen; wegen einer
vorgefallenen Mishälligkeit aber hätten sie sich getrennet,
und sich also ihrem Feinde selbst in die Hände geliefert, der
sie einzeln gar leichtlich zu Grunde zu richten vermocht. Dieses ist die allgemeine Fabel, die der Natur nachahmet, allegorisch ist, und eine moralische Wahrheit in sich schließt.
Homer, der ein Heldengedicht daraus zu machen willens
war, that nichts mehr dabey, als daß er den Personen Namen gab, und zwar solche, die in Griechenland berühmt
waren, und das ganze Land aufmerksam machen konnten.
Denn er wollte nicht, wie ein Philosoph, in der Schule,
von Tugenden und Lastern predigen; sondern seinem ganzen
Vaterlande, allen seinen Mitbürgern, ein nützliches Buch in
die Hände geben, daraus sie spielend die Kunst lernen könnten,
ihre gemeinschaftliche Wohlfahrt zu befördern. Die kleinen
griechischen Staaten waren sehr uneins; und das rieb sie auf.
Die nackte Wahrheit dorfte er ihnen nicht sagen, oder es
würde nicht viel geholfen haben, weil es wenige würden gelesen haben: darum verkleidete er sie in eine Fabel, die allen
ange-

angenehm seyn konnte. Der trojanische Krieg war noch in
frischem Andenken, und hier fand er einen Agamemnon
und Achilles, die miteinander uneins geworden: es sey
nun, daß der Ruf solches bis auf seine Zeiten gebracht;
oder, daß er es nur wahrscheinlicher Weise erdichtet hat.
Er hebt an:

> Singe mir, Göttinn! ein Lied vom Zorne des Helden Achilles,
> Welcher der griechischen Macht, so verderblich und schädlich geworden,
> Und so viel Helden ins Reich des höllischen Pluto gestürzet.
> Aber sie selbst den Hunden und Vögeln zur Speise gegeben.
> So geschah Jupiters Rath, seit dem Agamemnon, der König,
> Sich mit Achillen entzweyt ꝛc.

24. §. Um nun diese Wahrheit, als seine Absicht, recht
begreiflich zu machen, mußte er zeigen, daß alles vorgefal-
lene Unglück aus der Zwietracht entstanden wäre. Dieses
gieng nicht besser an, als wenn er alle griechische Bundsge-
nossen anfänglich in der Zertrennung, als unglücklich; hernach
aber in der Vereinigung als glücklich, und sieghaft vorstellete.
Dieses thut er nun, indem er erzählet, daß die Griechen, in
Abwesenheit des erzürnten Achilles, allezeit mit Verluste von
den Trojanern zurück geschlagen worden; nach der Versöh-
nung dieses Helden aber, große Vortheile über ihre belagerte
Feinde befochten hätten. Aber auch das war noch nicht genug. Er mußte uns auch die Ursachen der Uneinigkeit, und
die Ursachen der erfolgten Aussöhnung, auf eine verständliche
und wahrscheinliche Art entdecken, und also seine Fabel ganz
und vollständig machen. Daher erzählet er, wie der Zorn
Achills über einer schönen Sklavinn entstanden sey, die
ihm Agamemnon mit Gewalt nehmen lassen: und wie endlich der Tod des Patroklus, den erzürnten Helden wieder
bewogen habe, sich mit den Seinigen zu vereinigen, und
dieses Blut seines Freundes an dem Hektor zu rächen.
Nunmehr fehlet im Anfange nur die Ursache, warum doch
Agamemnon den Achilles auf eine so empfindliche Art
beleidiget? Er hatte nämlich die schöne Tochter des Priesters
Apollons, die ihm zu Theile geworden war, zurück geben

müssen,

müssen, weil die Pest im Lager auf keine andere Art zu stillen war; und darauf er keine andere Beyschläferinn haben gewollt, als die dem Achilles zugehörete; weil dieser auf die Wiedergebung der Chryseis am heftigsten gedrungen hatte.

25. §. Das heißt nun eine vollständige oder ganze Fabel machen, die ihren Anfang, ihr Mittel und ihr Ende hat; so daß nichts daran fehlet. Es ist aber auch nichts Ueberflüßiges darinn. Homer hat nicht den Anfang des trojanischen Krieges, vielweniger die Entführung der Helena, und noch vielweniger die Geburt dieser Prinzeßinn aus den Enern der Leda erzählet: weswegen ihn Horaz mit Grunde gelobet hat. Dieses alles gehörte nicht zum Zorne Achills; ob es gleich auch vorhergegangen war, und zum voraus gesetzt werden mußte. Der Poet sieht diese Begebenheiten für was bekanntes an, wobey er sich nicht aufzuhalten Ursache hat, und geht auf seinen Zweck zu. Nichts destoweniger hat er nicht unterlassen, seine Hauptfabel mit verschiedenen kleinen Zwischenfabeln zu verlängern; die aber auch zum Verstande der hauptsächlichen nöthig waren. Alle diese haben wiederum ihre besondere Nutzbarkeit, weil sie neue moralische Wahrheiten in sich fassen; und dadurch den Leser unterrichten. Z. E. Wenn Patroklus die Rüstung des Achilles anzieht, und seine Waffen ergreift: so fliehen die Trojaner schon vor ihm; weil sie glauben, es sey der rechte Achilles. Patroklus sollte damit zufrieden gewesen seyn; allein, er dringet gar zu scharf auf den Hektor ein, und nöthiget also denselben, es gewahr zu werden, daß er nicht der wahrhafte Achilles sey: bis er endlich gar das Leben darüber verlieret, und also die Strafe seines Trotzes empfindet.

26. §. Die Fabeln der Heldengedichte werden in pathetische und moralische eingetheilet. In jenen herrschet ein Affect, wie in der Ilias, und also können sie nicht so lange dauren. In der andern geht alles ruhiger her, also mögen sie auch etwas länger währen, wie die Odyssee und Aeneis. Denn die Dauer einer epischen Fabel hat keine so genau abgemes-

gemeſſene Zeit, als das Trauerſpiel. Das macht, ſie iſt nur eine Erzählung, und wird nicht vorgeſtellet, ſondern geleſen; welches alles in Schauſpielen weit anders iſt. Sonſt werden ſie auch in gemeine und verworrene getheilet. Von jenen giebt wiederum die Ilias ein Exempel, wo alles ohne Verſtellung und Entdeckung der Perſonen vorgeht; die Zwiſchenfabel vom Patroklus ausgenommen. Aber von einer Verwirrung giebt wiederum die Odyſſee ein Exempel, wo nicht nur eine Verſtellung mit dem Ulyſſes geſchieht; ſondern auch ein Glückswechſel ſowohl mit dem Ulyſſes, als mit den Freyern ſeiner Gemahlinn vorgeht, indem ſeine Entdeckung zu gleicher Zeit geſchieht, als man ihm den Bogen zu ſpannen giebt, und ein gewiſſes Merkmaal an ihm findet, daß er Ulyſſes ſey. Doch hiervon muß in dem Hauptſtücke von der Tragödie weitläuftiger gehandelt werden. Nach dieſen Muſtern nun muß ein jeder Poet, der ein Heldengedicht machen will, ſeine Fabel auch einrichten: das iſt, er muß Wahrheit und Gedichte, Philoſophie und Poeſie, Nutzen und Luſt mit einander zu vermiſchen wiſſen.

27. §. Zweytens müſſen wir auch die Materie eines Heldengedichts, das iſt, die Handlung betrachten. Die Morale iſt nur die Abſicht des Poeten, die er ſeinen Leſer errathen läßt: das, was er deutlich heraus ſaget, iſt die Heldenthat, die er hat loben wollen: z. E. des Achilles Rache, des Ulyſſes Rückkunft, des Aeneas Ankunft in Italien. Ariſtoteles ſagt ausdrücklich, es ſey Μιμησις πραξεως, eine Nachahmung einer Handlung, und Horaz ſpricht:

Res geſtæ, Regumque Ducumque & triſtia bella,
Quo ſcribi poſſent numero, monſtravit Homerus.

Eine Handlung ſetzt allezeit jemanden voraus, der ſie verrichtet: und das ſind hier ausdrücklich die Großen der Welt, Könige und Fürſten, Helden und Kriegsoberſten; ein Achilles und Agamemnon, ein Ulyſſes und Aeneas. Nach der obigen Regel, muß der Poet ſeine Handlung eher wiſſen, als den, der ſie gethan: denn jene muß vorher ausgedacht,

Hh 5

und nur unter einem bekannten und berühmten Namen ver-
stecket werden.   Die Natur der Fabeln bringt solches mit sich,
wie im IV. Hauptstücke von den dreyen Arten der poetischen
Nachahmung gewiesen worden.   Aesopus sagt uns viel
vom Wolfe, vom Schafe, vom Hunde, u. s. w. nicht, als
wenn er uns die Historien dieser Thiere bekannt machen
wollte; sondern weil er uns unter ihren Bildern und Namen
gewisse allegorische Handlungen erzählen, und dadurch unterrichten will.   Also ist denn die Handlung in einer Fabel viel
wichtiger, als die Person, die sie unternimmt und ausführet.

28. §. Daher hat man denn allezeit diejenigen Dichter
mit Grunde verdammet, welche nicht eine Handlung, sondern eine Person zur Materie ihrer Gedichte genommen haben.
Aristoteles tadelt diejenigen, die eine Theseis, Heracleis,
und dergleichen gemacht, darinn sie den Theseus, Hercules, u. a. m. beschrieben hatten.   Des Statius Achilleis
gehört eben dahin, wie oben gedacht worden, weil er nicht
eine Handlung des Achilles, sondern den ganzen Achilles
darinn besungen hat.   Wenn nun gleich die Odyssee vom
Ulysses, und die Aeneis vom Aeneas den Namen hat: so
zeigt doch der Inhalt zur Gnüge; daß es nicht Lebensläufe
dieser Helden seyn sollen.   Giebt doch auch Aesopus z. E. seiner Fabel den Namen: der Löwe und die Maus; ob er
gleich nur eine einzige Handlung von diesen Thieren erzählt.
Diese Handlung aber muß in einem Heldengedichte von
großer Wichtigkeit seyn.   Z. E. Die Stiftung eines neuen
Reiches, die Befreyung eines Landes von seinen Feinden,
die Gewinnung einer Schlacht, die Stürzung eines Tyrannen, u. d. m.   Man sieht also unschwer, daß Kleinigkeiten
nur ins komische Heldengedicht gehören: und selbst ein solches Lustlager, als August der II. angestellet hatte, gab
keinen wichtigen Stoff zum Heldengedichte.   Denn was
gieng nun bey der ganzen Sache wichtiges vor? Nichts.
Selbst Frischlin, der die Würtembergische Hochzeit lateinisch
besungen hat, und die wir auch in deutschen Knittelversen
haben, hatte noch was wichtigers zum Gegenstande; indem
der

der Bräutigam in einem Lanzenbrechen den Geist aufgab. Allein das war gleichwohl keine epische Handlung, sondern ein bloßes Unglück zu nennen.

29. §. Es giebt aber diese Lehre von der Handlung auch diese Regel, was zu einem solchen Gedichte gehöret, und was nicht dazu gehöret. Alles, was nöthig ist, dieselbe recht zu begreifen, ihre Möglichkeit und ihre Wirkungen aus ihren Ursachen einzusehen, das muß mit in die Fabel kommen: alles übrige aber muß heraus bleiben. So bekömmt denn ein Gedicht seine gehörige Größe. Ein Stümper würde alles hineinflicken, was er im Vorrathe hätte, und demselben irgend eine gewisse Schönheit zu geben schiene, wie Horaz sagt:

Purpureus late qui splendeat unus & alter
Assuitur pannus.

Allein das thut kein Meister. Aesopus würde auslachenswürdig seyn, wenn er von dem Wolfe, der eine Heerde in währender Uneinigkeit ihrer Hirten zerstreute, erzählet hätte: daß er sich einmal einen Dorn in den Fuß getreten hätte, und nach vielen Schmerzen allererst geheilet worden wäre. Das gehörte ja gar nicht zu der Handlung des Wolfes. Solche Fehler begeht Rollenhagen im Froschmäuseler unzählige. Aber wenn etwa der Wolf in der Fabel von den Hunden ergriffen werden sollte; und wegen eines lahmen Fußes ihnen nicht hätte entgehen können: alsdann hätte Aesopus dergleichen Umstand gar wohl mit in die Fabel ziehen können. So hat es Homer mit dem Fusse des Ulysses gemacht, daran ihn seine Amme erkannte. Er erzählt, daß dieser Held einmal auf dem Berge Parnaß daran verletzet worden: aber warum? weil eben die Narbe dazu diente, daß man ihn daran erkannte, nachdem er so lange abwesend gewesen war. Eben so verhält sichs auch mit der verstellten Narrheit des Ulysses; wie Aristoteles solches selbst angemerket und gebilliget hat.

30. §.

30. §. Solche Kleinigkeiten nun, die von ohngefähr in einem Heldengedichte berühret werden, sind nicht die Materie eines Heldengedichtes selbst; sondern nur Nebendinge: die aber sehr genau mit etwas nothwendigem zusammen hängen, so, daß aus dem einen das andere nothwendig erfolgen muß. Ganz anders ist es mit den Zwischenfabeln beschaffen: diese müssen zwar mit der Hauptsache auch zusammen hängen, aber nicht so nothwendiger Weise. Der Poet hätte sie auch auslassen, und andere an die Stelle setzen können. Z. E. die Fabeln von der Circe und Kalypso in der Odyssee, hängen sehr wohl mit dem ganzen Gedichte zusammen; aber sie waren beyde nicht unentbehrlich. Ueberhaupt mußte zwar Ulysses, in seiner Abwesenheit von Hause irgendwo seyn: aber deswegen nicht eben bey der Circe. Voltaire hat in seiner Henriade ein solch Episodium gemacht, als er Heinrich den IV. nach England reisen läßt. Und im Virgil ist die ganze Geschichte von der Dido für nichts anders anzusehen. Aber wie schon sonst gedacht worden, so ist dieses eine fehlerhafte Zwischenfabel: weil es so unmöglich ist, daß diese beyde Personen einander hätten sprechen können; als wenn Voltaire Heinrich den IV. die Königinn Anna hätte besuchen lassen, die damals noch nicht gebohren war. Weit schöner ist im Hermann, der Besuch des Helden bey der Velleda, als einer Prophetinn. Denn ungeachtet dieselbe noch zu des Tacitus Zeiten vorhanden war: so hat sie doch auch in den letzten Jahren Kaisers Augusts schon im Ansehen seyn können, gesetzt, daß sie nur 70. oder 80. Jahre alt geworden. Was von dem Knoten einer Fabel, und zwar theils von der Verwickelung, theils von der Auflösung desselben zu sagen ist, das erspare ich ins-folgende Hauptstück von Tragödien: weil es sich daselbst bequemer wird abhandeln lassen; ungeachtet es auch in den Heldengedichten, eben so wohl als dort, statt findet.

31. §. Das dritte, was wir an einem Heldengedichte zu betrachten haben, ist die Erzählung, oder die Art, wie der Poet seine Fabel vorträgt. Eigentlich besteht das Wesen

eines

eines epischen Gedichtes hierinn; ja vom Erzählen hat es
den Namen episch bekommen.   Man kann aber vergangene
Sachen auf zweyerley Art zu verstehen geben.   Einmal erzählet man schlechterdings mit eigenen Worten, was dieser
und jener gethan oder gesaget; und begnüget sich, alles der
Wahrheit gemäß, ordentlich, deutlich und zierlich vorzutragen.   Und so machen es die Historienschreiber.   Die Poesie
aber ist mit dieser einfältigen Erzählung nicht zufrieden.
Man weis, daß eine gar zu einträchtige Rede endlich die
Leute einschläfert: daher suchet sie ihren Vortrag lebhafter zu
machen, und die Einbildung ihrer Leser zu erhitzen. - Sie
weckt derowegen die Verstorbenen gleichsam auf; sie malt sie
so deutlich ab, als wenn sie uns noch vor Augen stünden;
ja läßt sie reden und handeln, wie sie bey ihrem Leben würden gethan haben.   Dieses ist nun die dramatische Art zu
erzählen, die sonderlich in epischen Gedichten stat findet.
Man sehe, was Plato im dritten Buche von der Republik,
den Sokrates davon hat sagen lassen: denn dieser hat Homers Kunst in seinem Erzählen vollkommen eingesehen.
Sie heißen aber gleichwohl epische Gedichte, ob sie der Poet
gleich so dramatisch, das ist, so wirksam machet, als es ihm
möglich ist: weil doch allezeit der Poet darzwischen erzählet,
und nur zuweilen an die Stelle seiner Personen tritt, und
in ihrem Namen alles sagt.   Und dadurch wird eben das
epische Gedicht vom dramatischen unterschieden, als wo der
Poet in seinem eigenen Namen gar nichts sagt; sondern alles
von den aufgeführten Personen reden und handeln läßt.

32. §.   Ehe aber der Poet seine Erzählungen anfängt, gehen einige Stücke vorher, die man folglich auch muß kennen
lernen.   Das erste ist der Namen des Gedichtes; das andre der Vortrag seines Hauptsatzes, davon es handeln soll;
das dritte aber die Anruffung.   Einige möchten zwar noch
die Zueignung des Gedichtes an einen Mäcenaten zum vierten Stücke machen wollen: weil etwa Boileau in seinem
Pulte, Tasso in seinem Gottfried, und selbst Virgil in
seinen Büchern vom Feldbaue dergleichen gethan.   Allein

Homer

Homer hat dergleichen nicht gemacht, Virgil in seiner Aeneis auch nicht: und also ist dieses kein unentbehrliches Stück eines Heldengedichtes. Ein Dichter kann es damit halten, wie er will. Wir wollen jene drey nach der Ordnung betrachten.

33. §. Weil das Heldengedicht eine Fabel ist; so taufet es ein Poet nicht anders, als Aesopus die Seinigen getaufet hat. Er nennet sie aber allezeit nach dem Namen der Thiere, die darinn vorkommen: z. E. der Wolf und das Schaaf; die Stadtmaus und Feldmaus u. d. gl. Eben so machte es Homer mit seiner Odyssee, und Virgil mit seiner Aeneis. Jene hat vom Ulysses, und diese vom Aeneas ihren Namen: der Unterscheid besteht nur darinn, daß dort zwey, auch wohl gar drey Namen, das ist, alle darinn vorkommende Personen genennet werden; hier aber nur eine einzige, und zwar die hauptsächlichste genennet wird. Das geht aber nicht anders an, weil dort so wenige, hierinn aber so viele vorkommen: die man unmöglich alle nennen könnte. Hat aber Homer seine Ilias nicht eine Achilleis, von der Hauptperson, sondern eine Ilias von dem Orte genennt: so ist sonder Zweifel dieses die Ursache, weil Achilles fast in dem ganzen Gedichte müßig ist; und also von ihm sehr wenig zu erzählen vorfällt. Es sind aber neben ihm der Helden, die ihm an Würde noch überlegen sind, und denen er von rechtswegen gehorchen sollte, so viele, daß man ihn fast darunter verlieren könnte. Nach seiner Aussöhnung wird er allererst wirksam und thätig; da aber das Gedicht bald zum Ende ist. Homer hat also mit Recht ein Bedenken getragen, den Namen eines Helden über sein Gedicht zu setzen, von dem am wenigsten darinn vorkömmt, und von dem nicht viel erzählet werden konnte: weil er nur dessen Zorn und Enthaltung vom Streite, nicht aber seine Tapferkeit besingen wollte. Tasso ist dem erstern Exempel gefolget, weil er sein Gedicht nach dem Heerführer der Christen, Gottfried von Bouillon, Gottfried nennt. Voltaire hat es auch so gemacht: denn da die erste Auflage la Ligue hieß, so hat er die andere lieber Henriade nennen wollen. Der

Pucel-

Pucelle d'Orleans, und unsers Ottoberts, Wittekinds und Hermanns vorißo nicht zu gedenken.

34. §. Der Vortrag ist nichts anders, als eine kurzgefaßte Anzeigung von demjenigen, was der Poet zu erzählen willens ist. Da nun die Handlung der Fabel dasjenige ist, was die Materie oder den Inhalt des Gedichtes ausmacht; so muß er auch dieselbe namhaft machen. So machts Homer: er sagt: ich besinge den Zorn Achills, der so verderblich für die Griechen gewesen. Nun scheint zwar der Zorn keine Handlung, sondern eine Leidenschaft gewesen zu seyn: allein Achilles zürnte aus Rachgier; weil er wohl wußte, daß man ohne ihn nichts ausrichten würde. Und also war seine Leidenschaft so thätig und wirksam, als die eifrigste Handlung. In der Odyssee sagt der Poet zwar, er wolle von einem Manne singen: allein er sezt gleich hinzu, daß es ein solcher sey, der sehr viel erlitten habe, als er in sein Land zurücke kehren wollen. Virgil hat es nicht viel anders gemacht, und also darf man sich dabey nicht aufhalten. Man merke nur, daß dieser Vortrag auf keine pralerische und hochtrabende Art geschehen muß. Horaz verbiethet solches ausdrücklich, indem er des Mävius Beyspiel zum Abscheu vorstellet:

Nec sic incipies, ut scriptor cyclicus olim:
Fortunam Priami cantabo et nobile bellum!
Quid dignum tanto feret hic promissor hiatu?
Parturiunt montes, nascetur ridiculus mus.

Er lobt dagegen den Homer, daß er seinen Vortrag in der Odyssee so bescheiden gemacht, als es möglich gewesen. Lucan ist in diesem Stücke auch zu tabeln, weil er einen überaus schwülstigen Anfang zu seiner Pharsale gemacht hat. Und was würde Horaz gesagt haben, wenn er des Statius Achilleis hätte lesen sollen, deren Anfang schon im vorigen angeführet worden? Virgil hergegen ist in Homers Fußtapfen getreten, und hat kein so großes Geschrey gemacht. Unser Hermann hebt gleichfalls gut an.

35. §.

35. §. Nun folgt endlich die Anrufung der Musen, oder sonst einer Gottheit. Homer hat dieselbe gleich mit seinem Vortrage vermischet, Virgil aber besonders gemacht. Jener saget nicht, daß er die Thaten seiner Helden erzählen wolle; sondern er bittet die Muse, solches zu thun. Dieser verspricht es zwar für sich zu thun, bittet aber die Musen bald, ihn solches zu lehren. Dem sey nun, wie ihm wolle, die Anrufung muß nicht vergessen werden: weil in einem solchen Gedichte Dinge vorkommen, die der Dichter wahrscheinlicher Weise, ohne die Eingebung einer Gottheit, nicht wissen könnte. Er setzt sich auch dergestalt durch seine Gottesfurcht bey seinem Leser in ein gutes Ansehen; ja er bringt ihn in eine Verwunderung, und macht ihn begierig, dergleichen hohe Sachen zu vernehmen. Was für Fehler hiebey pflegen begangen zu werden, das ist im fünften Hauptstücke des ersten Theils schon ausführlich erinnert worden: daselbst kann man es nachschlagen. Am besten ist es, wenn christliche Dichter keine heidnische Götter anrufen, als die heute zu Tage niemand glaubet oder ehret. Ich eile zur Erzählung selbst.

36. §. Diese ist der eigentliche Körper des ganzen Gedichtes; und muß also ganz besondere Eigenschaften haben. Fürs erste muß die Erzählung einer epischen Fabel angenehm seyn: denn sie muß gleichsam den Zucker abgeben, der die vorkommenden Wahrheiten versüßet. Wir wissen, daß alles angenehm ist, was gewisse Schönheiten an sich hat: folglich muß die Erzählung eines Heldengedichtes alle Schönheiten der poetischen Schreibart in sich haben, davon im ersten Theile schon gehandelt worden. Es können aber auch die Personen und Sachen angenehm seyn, von welchen man etwas erzählet. Jene gefallen uns alsdann, wann sie gewisse wohlgetroffene Charactere haben, und so zu reden leben. Ja nicht nur die wirklichen Menschen und geistliche Wesen, alles muß in einem Heldengedichte Sitten haben, sagt Aristoteles; das ist, es muß eine gewisse Gemüthsart zeigen. Homer macht also die Winde rasend, die Pfeile blutdürstig,

und

und die See zornig. Der Poet macht es wie die Maler, die
ihren Figuren dadurch ein großes Leben zu ertheilen wissen.
Die Sachen endlich an sich müssen wunderbar und merkwürdig seyn; davon ebenfalls schon im fünften Hauptstücke
gehandelt worden. Eine Erzählung, der alle diese Stücke
fehlen, ist kalt und verdrüßlich. II. Muß die Erzählung
wahrscheinlich seyn. Oft ist die Wahrheit selbst unwahrscheinlich; und oft ist hergegen die Unwahrheit, ja selbst das
Unmögliche sehr wahrscheinlich. Der Poet aber will mit
seiner Fabel Glauben finden: also muß er lieber wahrscheinliche Dinge erzählen, gesetzt, daß sie nicht wahr wären;
als die Wahrheit sagen, wenn man sie nicht glauben würde.
Doch auch davon habe ich schon im sechsten Hauptstücke gehandelt. III. Muß die poetische Erzählung wunderbar seyn.
Die allergemeinsten Sachen sind insgemein die wahrschein-
lichsten: allein diese erwecken keine Bewunderung: das
Außerordentliche und Ungewöhnliche thut es weit besser.
Das Unmögliche hingegen, oder was wir zum wenigsten
allezeit dafür gehalten haben, kann solches gar nicht thun;
man mag es uns so schön erzählen, wie man will. Es ist
also eine große Kunst, das Wahrscheinliche mit dem Wunderbaren geschickt zu verbinden. IV. Muß die epische Erzählung auch beweglich seyn. Eine schläfrige Historie hat
keine Anmuth: die lebhafte Schreibart des Poeten, voller
Figuren und Affecten, bezaubert und entzücket den Leser
dergestalt; daß Horaz die Poeten, welche diese Kunst verstehen, mit den Hexenmeistern vergleicht, die ihn erschrecken,
besänftigen, und aufbringen können. Und in der That
wollen die menschlichen Affecten ohne Unterlaß gerühret seyn:
denn eine angenehme Unruhe ist besser, als eine gar zu einträchtige Stille, worinnen nichts veränderliches vorkömmt.
Ferner muß V. die Erzählung auch dramatisch oder wirksam
seyn; das ist, es müssen viel redende Personen eingeführt
werden. So oft es dem Poeten möglich ist, muß er einen
andern seine Rolle spielen lassen; und sich dadurch der Tragödie, so viel als ihm möglich ist, zu nähern suchen: wie

Crit. Dicht.　　　J i　　　dieses

dieses abermal Plato in der oben angezogenen Stelle sehr
schön angemerket hat. VI. Endlich muß die Erzählung des
Dichters, durch keine Vernunftschlüsse, und zufällige Betrachtungen unterbrochen werden. Es ist ein großer Fehler
im Lucan, Ariost und Milton, daß sie unaufhörlich
von sich selbst schwatzen, und ganze Seiten lange Gedanken
mit einschalten, die niemand von ihnen zu wissen verlanget.
Homer und Virgil thun dieses nicht. Sie erzählen in
einem fort, und wenn sie ja einmal eine Betrachtung
mit einschalten, so geschieht es gemeiniglich nur in einer
Zeile. Zum Exempel:

> Tantæne animis cæleſtibus iræ!

37. §. Es darf aber der Poet in seinen Erzählungen nicht
immer der Zeitordnung folgen; sondern auch zuweilen mitten in einer Begebenheit etwas nachholen, was lange zuvor
geschehen ist: wie es Homer sehr oft, und Virgil mit der
Eroberung der Stadt Troja gemacht hat. Auch in unserm
Hermann erzählt der Held beym Könige Marbod, was
er in Rom, und bey dem Heere des Drusus gemachet;
auch warum er vom Varus abgetreten. Die Länge der
Erzählung in einem Heldengedichte kann nicht größer seyn,
als ein halbes Jahr. Homers Ilias dauret nicht länger
als 47 Tage, wie Aristoteles selbst angemerket hat. Seine
Odyssee währet nur 58 Tage, wie der Pater le Bossu solches
nachgezählet hat: und also bedörfen beyde Gedichte noch
nicht einmal zween Monate zu ihrer Dauer. Vom Virgil
hat man sonst gemeiniglich dafür gehalten, sein Gedicht
dauerte ein Jahr und etliche Monate. Allein eben dieser
geschickte Kunstrichter hat es sehr wahrscheinlich erwiesen:
daß auch die Aeneis nur einen Sommer und einen Herbst
in sich begreift; in welcher Zeit Aeneas aus Sicilien nach
Africa, von da wieder zurück nach Sicilien, endlich aber
nach Italien geschiffet, und durch den Sieg über den Turnus zur Ruhe gekommen. Man muß ihn selbst deswegen
nachschlagen, um völlig davon überführet zu werden.

38. §.

38. §. Zum V. kommen wir auf die Charactere der Personen in einem Heldengedichte, die von den Alten die Sitten genennet werden. Man versteht aber nichts anders dadurch, als die ganze Gemüthsart eines Menschen, seine natürliche Neigungen, seine angenommene Gewohnheit, und alles, was daraus entsteht; das sind seine Art zu denken, seine Unternehmungen und Handlungen. Man theilt diese Charactere in gute und schlimme ein; weil sie theils tugendhaft, theils lasterhaft sind. Zuweilen scheint es auch, als ob es eine gleichgültige oder mittlere Art derselben gäbe, die weder gut noch böse sind. Hier muß nun ein Poet die Sittenlehre verstehen, daß er die Tugend vom Laster, und wiederum die Scheintugend von der wahren zu unterscheiden wisse. Man muß hier auch die bloßen Eigenschaften der Menschen, z. E. die Wissenschaft, Klugheit, Erfahrung, Beredsamkeit, Stärke, Unerschrockenheit u. s. w. mit wahren Tugenden nicht vermischen. Jene kann sowohl ein Lasterhafter als ein Tugendhafter besitzen; denn sie ändern eigentlich das Herz nicht. Indessen gehören sie doch mit zum Character. Gewisse Tugenden oder Laster zeigen sich nur in gewissen Gelegenheiten; als z. E. die Gnade, das Mitleiden, die Liebe, die Rachgier: andere aber leuchten überall hervor; wie des Achilles Gewaltthätigkeit, des Ulysses Verschlagenheit, des Aeneas Frömmigkeit. Und diese letztere Gemüthsarten sind eigentlich dasjenige, was man Charactere nennet..

39. §. Alles trägt zur Gemüthsart eines Menschen etwas bey; die Natur und ihr Urheber, das Land, da man gebohren ist, die Aeltern und Vorfahren, das Geschlecht und Alter, das Vermögen und der Stand, die Auferziehung, die Zeiten, darinn man lebt, die Glücks- und Unglücksfälle, die Personen, mit denen man umgeht, u. a. m. Dieses alles, sage ich, hilft die Neigungen und Sitten der Menschen bilden. Wenn also ein Poet die Gemüthsart seiner Helden wahrscheinlich machen will: so muß er aus dergleichen Ursachen dem Leser begreiflich machen, wie und warum dieser

oder

oder jener Held diesen und keinen andern Character gehabt?
So hat es Virgil mit dem Aeneas gemacht, wie Bossü
nach der Länge erweiset. Wie aber dieses bey den Hauptpersonen nöthig ist; also versteht sichs, daß es nicht bey allen
übrigen angeht, die gleichwohl auch ihre Charactere haben
müssen: wie die Exempel der Dido, des Turnus, des
Mezentius, u. d. gl. erweisen. Wenn aber eine Person
einmal diesen oder jenen Character bekommen hat, so muß
sie dabey bleiben, und niemals dawider handeln.

40. §. Dieses ist nun die große Kunst, die uns Horaz
so sorgfältig eingeschärfet hat:

> Intererit multum, Davusne loquatur an Heros,
> Maturusne senex, an adhuc florente juventa ,
> Fervidus; an matrona potens, an sedula nutrix;
> Mercatorne vagus, cultorne virentis agelli;
> Colchus an Assyrius; Thebis nutritus, an Argis.

Und hernach lehrt er ausdrücklich, wie man einen Achilles,
einen Irion, einen Orestes, eine Medea, eine Ino,
und eine Jo, characterisiren solle. Daher kann man denn,
aus dem einmal bekannten Charactere einer Person, sogleich
wissen, was sie in diesen oder jenen Umständen thun oder
lassen werde. Z. E. Aeneas wird uns in dem ersten Buche
als sehr gottesfürchtig vorgestellt: und hernach reizt ihn Dido,
wider den Befehl Jupiters, in Africa zu bleiben. Hier
denkt man nun gleich, daß der fromme Held solches nicht
thun werde: und siehe, er thut es auch wirklich nicht; welches eben die Schönheit wohlbeobachteter Charactere ist.
Ja dieser fromme Character herrschet im ganzen Gedichte,
in allen Umständen, die ihm begegnen. Er selbst bequemet
sich nie der Gemüthsart eines andern; sondern geht unverrückt seinen Weg fort: alle andere Personen hergegen müssen
sich oft nach ihm richten. Und dieses ist der Vorzug, den
die Hauptperson einer Fabel vor allen andern Nebenpersonen
haben muß; daß nämlich das ganze Gedicht sich nach seiner
Art

Art richten, nicht aber hin und her ausschweifen müsse. Claudian in seinem Raptu Proferpinæ, hat diese Regel ganz und gar nicht beobachtet: weil er bald die schrecklichsten, bald die angenehmsten Dinge von der Welt, durcheinander gemischet hat.

41. §. Zum VI. kommen wir auf die Erscheinungen und den Beystand der Götter, welche Dinge man auf der Schaubühne Maschinen zu nennen pflegt. Weil in dem Heldengedichte alles wunderbar klingen soll: so müssen nicht nur gewöhnliche Personen; sondern auch ungewöhnliche darinnen aufgeführt werden. Dieses sind nun die Gottheiten und Geister, die der Poet allegorischer Weise dichten, und ihnen eben so wohl, als den Menschen, gewisse Charactere geben muß. So muß bey den Alten Jupiter die Allmacht, Minerva die Weisheit, das Verhängniß aber den unveränderlichen Willen Gottes vorstellen, u. s. w. Im zehnten Buche der Aeneis stellt Virgil in einem Götterrathe auch die Juno, als die Gerechtigkeit, und die Venus, als die liebreiche Barmherzigkeit Gottes vor. Sind diese heidnische Gottheiten bisweilen einander zuwider: so bequemet sich hierinn der Poet unsern schwachen Begriffen, die sich auch die göttlichen Eigenschaften zuweilen als widerwärtig vorstellen. Wollen wir einen Beweis davon, so dörfen wir nur die Furien betrachten, die Jupiter dem Turnus zuschicket. Was glaubten nun die klugen Römer von den Furien? Cicero hat es in einer öffentlichen Rede wider den Piso gesagt: nämlich so viel als nichts. * Kann man nun Homers Götter nicht allezeit auf diese allegorische Art, wegen ihrer Charactere entschuldigen: so kann man doch die Fehler, die er begangen haben möchte, leicht auf die Grobheit seiner Zeiten schieben. Virgil hat schon gesundere Begriffe von der Gottheit haben können, und daher sind auch seine Charactere von den göttlichen Personen viel besser eingerichtet.

Ji 3   42. §.

* Nolite putare, ut in Scena videtis, homines sceleratos impulsu deorum terreri furiarum tædis ardentibus. Sua quemque fraus, suum scelus, suæ audacia de sanitate et mente deturbat. Hæ sunt impiorum furiæ, hæ flammæ, hæ faces.

42. §. Ein Poet muß aber die Götter nicht ohne Noth in seine Fabeln mischen, wie Horaz ausdrücklich erinnert hat:

Nec Deus intersit, nisi dignus vindice nodus
Inciderit.

Homer könnte hier leicht der Sache zu viel gethan haben, weil seine Götter überall mit dabey sind. Tasso, Marino, und Milton haben die Engel und Teufel in ihren Gedichten, anstatt der alten Götter eingeführt. Hat nun Boileau jenen in seiner Dichtkunst deswegen getadelt: so dörfen wir diesen auch nicht schonen, zumal da er es auf eine so unvernünftige Weise gethan hat. In der That ist es weit besser, allegorische Gottheiten zu dichten: als zum Exempel, die Zwietracht, die Politik, die Gottesfurcht und dergleichen, die Boileau in dem Lutrin eingeführet hat; derer zu geschweigen, die im Voltaire auf eben die Art vorkommen. Am besten aber ist es, solche Wesen zu brauchen, die in dem Volke, wo der Dichter lebet, wirklich geglaubet werden. So sind die Seelen der Verstorbenen, mit ihren Erscheinungen, sonderlich in Träumen eine Art der wahrscheinlichen Maschinen: weil fast alle Völker die Unsterblichkeit der Seelen geglaubet haben; ja auch dafür halten, daß sie nach dem Tode erscheinen können. Kobolde, Bergmännchen, Wassernixe, u. d. gl. gehören ins komische Fach. Im übrigen gilt hier eben das, was oben von den menschlichen Charactern gesagt worden.

43. Endlich und zum VII. kommen wir auf den poetischen Ausdruck, oder auf die Schreibart eines Heldengedichtes. Wir wissen, daß die Schreibart überhaupt nur ein Vortrag unserer Gedanken ist; und folglich gehen wir hier auch auf die Art zu denken, die in einem Heldengedichte statt findet. Viele bilden sich ein, die Schönheit der Epopee bestehe in schönen Worten und prächtigen Redensarten, in künstlichen Gedanken, in vielen Gegensätzen, in langen Beschreibungen, in vielen Gleichnissen und hohen Metaphoren, die nicht ein jeder verstehen kann. Ein Gedicht

dicht derowegen, das so aussieht, wie Lucan oder Claudian, das dünkt ihnen ein Meisterstück zu seyn: Virgil hergegen kömmt ihnen ganz wässerigt und frostig vor. Und wenn man sie fragt, warum sie jene Poeten so lieben? so verweisen sie uns auf etliche hochtrabende, aber nach ihrer Meynung, scharfsinnige Stellen, die sie bewundern. Schreiben sie nun selber etwas, so suchen sie, auch in einzelnen Zeilen, lauter solche gesammlete Blumen und Edelgesteine anzubringen. Ueberall ist was künstliches, was gleißendes, was blendendes: nur überhaupt taugt das ganze Gedicht nichts. Wir haben auch im Deutschen Dichter, die in diesem Vorurtheile stecken, und wohl gar durch ihre ansteckende Exempel junge Leute verführen.

44. §. Das ist nun die Schreibart, die sich für ein Heldengedicht schickt. Der Poet erzählt eine Fabel, seine Leser zu ergetzen, zu lehren und zu bessern: er muß sich also theils in ihren Verstand, theils in ihren Willen schicken. Jenen zu unterrichten, muß er sich einer ungezwungenen, aber doch reinen, deutlichen und zierlichen Art zu erzählen bedienen: wie wir in dem Hauptstücke von der Schreibart gewiesen haben. Den Willen aber zu gewinnen, und die Affecten zu rühren, muß er die pathetische Schreibart gebrauchen, wenn er nämlich Leute, die im Affecte sind, redend einführet. Der Poet muß sich selber vergessen, nicht mit seinem Witze stolziren; sondern nur auf seine Fabel, auf seine Personen und ihre Handlungen, auf ihre Wahrscheinlichkeit und anmuthige Nutzbarkeit sehen. Er muß es sich nicht anders merken lassen, daß er viel Witz und Scharfsinnigkeit besitzet; als dadurch, daß er seine Leser in der Aufmerksamkeit erhält, sie von einer Begebenheit auf die andere, von einem Wunder aufs andre, von einer Gemüthsbewegung auf die andre leitet; sie bald nach Troja, bald nach Africa, bald in den Himmel, bald in die Hölle führet. Wer das kann, der wird für das Lob der Scharfsinnigkeit nicht sorgen dürfen. Wer aber nur auf die Spitzfündigkeit in Worten und Redensarten, auf künstliche Einfälle

fälle und anderes Flittergold steht; der weichet von der
Einfalt der Natur ab, darinn ihm Homer und Virgil in
ihrer Schreibart vorgegangen sind. Vielweniger muß er
auf hochtrabende und übersteigende Ausdrückungen, ungeheure Vergrößerungen, und schwülstige Anspielungen sinnen. Hierinn sind sonderlich Marino, Milton, nebst
andern von dem Schlage zu tadeln. Tasso selbst, der doch
unter seinen Landesleuten noch am vernünftigsten schreibt,
ist von dem Voltaire, wegen seiner italienischen Künsteleyen in der Schreibart, mit Grunde getadelt worden.
Auch Kanitz hat in seiner Satire von der Poesie sein Misfallen über dergleichen poetischen Schwulst zu verstehen gegeben. Und mit ihm möchte man auch über einige heutige
Dichter spottend ausruffen:

Ein Deutscher ist gelehrt, wenn er sein Deutsch versteht,

(nämlich des schwülstigen Dichters seins.)

Kein Wort kömmt vor den Tag, das nicht auf Stelzen geht.

Und was wird man also von den übrigen sagen, die lauter
Ampullas und sesquipedalia Verba zusammen geraffet,
und ihre Gedichte damit ausstaffiret haben? Wer ausführlichere Regeln von dem allen verlanget, der muß
den oft angezogenen Tractat vom le Bossü
nachschlagen.

Des I. Abschnitts V. Hauptstück.

Von milesischen Fabeln, Ritterbüchern und Romanen.

1. §.

Homer und Hesiodus waren eine lange Zeit in Griechenland gelesen worden, als sich endlich ein Pherecydes und Herodot hervorthaten, die auch in ungebundener Rede zu schreiben anfiengen. Kaum wurden ihre Schriften recht bekannt, als sie mehrere Nachfolger fanden, die das, was vorhin nur in Versen geschehen war, auch in Prosa thaten; ich meyne, die auch Fabeln und Gedichte, in einer freyen Schreibart zu Papiere brachten. Es kann seyn, daß sie darinn die Hebräer zu Vorgängern gehabt, die das Buch Esther, das Buch Judith, und das Buch vom Tobias geschrieben haben: welches theils um die Zeiten des Cyrus, theils noch eher, theils etwas später geschehen seyn mag. Dieses sind solche Gedichte, die mit den milesischen Fabeln oder Romanen sehr genau übereinkommen. Denn es liegt überall eine verliebte Geschichte zum Grunde, die durch allerley geschickte Nebenfabeln wahrscheinlich gemacht, und erweitert wird. Allein da wir nicht versichern können, daß die ersten Erfinder milesischer Fabeln das Phönizische, oder Hebräische verstanden: so können wir auch nicht sagen, daß sie sich diese jüdische Bücher zu Mustern genommen: es müßten denn die beyden letztern seyn, die griechisch geschrieben sind. Doch was bedarf es fremder Muster? Homer selbst, giebt in seiner Odyssee, theils durch die Geschichte der Penelope und ihrer Freyer, theils in den Erzählungen von der Circe, Kalypso und Nausikaa, nur gar zu guten Anlaß, dergleichen Liebesfabeln zu schreiben. Es hat also in klein Asien, einem blühenden und reichen Lande, wo es seit den ältesten Zeiten an witzigen Köpfen nicht ge-

fehlet,

fehlet, gar leicht jemand darauf fallen können, solche ausführliche Liebesgeschichte zu schreiben; die entweder ganz,
oder doch größtentheils erdichtet waren, und also unstreitig
zur Dichtkunst gehören.

2. §. Die Jonier waren vor andern schon ein Volk, welches, weil es im Ueberflusse lebte, zu den Wollüsten geneigt
war; als Cyrus den Krösus schlug, und ganz klein Asien
eroberte. Die strengen Sieger sahen es gern, daß sie bey
dieser Lebensart blieben, damit sie keinen Aufstand von ihnen
zu besorgen hätten. Sie ergaben sich also nur immer mehr
dem Wohlleben und Schmausen: sie schmückten sich mit
Blumen und wohlriechenden Salben, sie bauten prächtig,
und erfanden neue Zeuge zu Kleidungen und Teppichen;
die von ihnen weit und breit verführet wurden. Sie erfanden auch üppige Tänze, wodurch die Jugend weichlich und
wollüstig gemachet ward. Daher befahl Cyrus auf des
Krösus Rath, daß die streitbaren Lydier, ihre Nachbarn,
ihre Kinder auf Jonisch sollten erziehen lassen; das ist, sie
zu Tänzern, Sängern und Spielleuten machen sollten, wodurch sie unfehlbar zur Wollust und Ueppigkeit gelangen
würden. Dieß geschah: und so wurden die Lydier weichlich
und weibisch. Man ließ sie als Gaukler und Tänzer nach
Griechenland, Hetrurien und Rom kommen, und auf
öffentlichen Schaubühnen sich zeigen: ja die Römer nannten
von ihnen die Spiele Ludos. Doch die Milesier übertrafen
in allen diesen Künsten ihre übrigen Landsleute noch: und
sie waren die ersten, die auch solche verliebte Fabeln zu schreiben begunnten. Daher bekamen sie denn von ihnen den
Namen der milesischen: obwohl auch die Cyprier und
Cilicier, ihre Nachbarn, gewissen Arten derselben ihren
Namen gegeben haben: als welche letztern wegen ihrer Gabe zum Lügen in Griechenland zum Sprüchworte wurden.
Diese milesischen Fabeln nun wurden allgemach sehr frech
und geil, ob sie gleich im Anfange ziemlich ehrbar und bescheiden gewesen seyn mochten.

3. §.

3. §. Indessen sind alle diejenigen, so zwischen dem **Cyrus** und **Alexandern** dem Großen geschrieben worden, gänzlich verlohren gegangen. Findet man gleich bey den Alten einen **Dionysius** von Milet, der unter dem ersten **Darius** gelebet, und fabelhafte Geschichte geschrieben haben soll: so ist es doch nicht gewiß, ob es milesische, das ist, verliebte Fabeln gewesen. Eben so wenig kann man den **Hegesipp** und andre hieher rechnen, deren milesische Geschichte **Parthenius** anführet; welcher um **Augusts** Zeiten eine Sammlung verliebter Geschichte geschrieben: da die daraus angeführten Stücke sattsam zeigen, daß sie bloß die Historie von **Miletus** enthalten. Zu **Alexanders** Zeiten lebte **Klearchus** von **Soli**, in Cilicien, ein Schüler **Aristotels**; und dieser hat verliebte Bücher geschrieben: aber auch diese könnten leicht Sammlungen wahrer Begebenheiten gewesen seyn. **Theophrast**, der gleichfalls **Aristotels** Lehrling gewesen, soll eben so wohl als sein Lehrer erotische Sachen geschrieben haben. Wer aber ihre Art zu denken kennet, wird viel eher glauben, daß sie, als Weltweise, von der Liebe gehandelt. **Diogenes Laertius** redet von einem **Ariston**, der auch erotische Abhandlungen verfertiget hat: und **Athenäus** nennet den Titel des Buches eines andern **Aristons** Liebesgleichnisse. **Philipp** von **Amphipolis**, **Herodian**, und **Amelius** der **Syrer**, haben nach dem Berichte eines alten Arzneylehrers, auch verliebte Fabeln gemachet. Aber wer kann uns von ihrem Inhalte versichern, ob sie philosophisch, mythologisch, historisch, oder romanhaft gewesen? So bleibt uns denn nur **Antonius Diogenes** übrig, der nach des **Photius** Muthmaßung, bald nach **Alexandern**, einen wahrhaften Roman von den Reisen und der Liebe des **Dinias** und der **Dercyllis** gemachet hat. Dieser hat augenscheinlich die Odyssee nachgeahmet; und ob er wohl auch viel abgeschmackte Mährchen und unwahrscheinliche Erzählungen eingemenget, so ist er dennoch ziemlich bey der Regel geblieben.

4. §. Diesen Schriftsteller haben sich nachmals **Lucius**, **Lucian**, **Achilles**, **Tatius**, **Jamblichus** und **Damascius**,

508 Des I. Abschnitts V. Hauptstück.

scius, zum Muster dienen laffen: wie Photius in feiner
Bibliothek berichtet. Er hat aber felbft einen Antiphanes
genennet, der fein Vorgänger in dergleichen Fabeln gewefen.
Diefer war ein komifcher Dichter gewefen, von welchem
Stephanus, der Erdbefchreiber meldet, daß er unglaubliche und poffirliche Erzählungen gefchrieben. Er war von
Berge in Thracien; daher die Griechen Gelegenheit nahmen, zu fagen, wenn jemand Lügen vorbrachte, daß er
bergenzete. Ariftides von Miletus, hat kurz vor dem
Triumvirate des Marius, Cinna und Sylla gelebet: denn
Sifenna, ein römifcher Gefchichtfchreiber, hatte feine mile-
fifche Fabeln ins Latein überfetzet. Daß felbige voller Un-
fläterenen gewefen, können wir daraus fchließen, weil Su-
renas, der parthifche Feldherr, der den Römer Craffus
fchlug, diefes Buch in dem Geräthe des Rofcius, als eine
Beute fand; und deswegen vor dem Rathe zu Seleucia über
die römifche Ueppigkeit fpottete, als die auch im Felde folche
wollüftige Bücher mit fich fchleppete. Nun folgeten Lucius
von Patras, und Lucian von Samofata, faft zu einer Zeit.
Jener machte eine Sammlung von magifchen Verwandlungen der Menfchen in Thiere, oder Herenmährchen; die er
aber ganz ernftlich glaubte. Lucian hingegen war gefchei-
der, und erzählte eben dergleichen in feinem Efel; den er
nach jenem Lucius nennet, um darüber fein Gefpött zu
haben. Es hat noch einen folchen fabelhaften Efel gegeben,
welchen Ammonius, ein Sprachlehrer gefchrieben: und diefer ift fo witzig gewefen, daß er das Freffen und Saufen ver-
geffen, wenn er einen fchönen Vers lefen gehöret. Lucian
hat überdem feine zwey Bücher wahrhaftiger Lügen gemachet,
die gleichfalls hieher gehören; und die fowohl Rollenhagen,
als eine neuere Feder verdeutfchet hat: wie man in der kleinen Sammlung der lucianifchen Schriften fehen kann, die
ich aus Licht geftellet habe.

5. §. Um eben die Zeit, nämlich unterm Kaifer Antonin,
hat Jamblichus feine babylonifchen Fabeln von der Liebe
des Rhodanes und der Sinonis gefchrieben, darinn er
alle

alle seine Vorgänger übertroffen hat. Photius giebt uns einen Auszug davon, und hieraus sieht man, daß er nur eine einzige Haupthandlung mit den gehörigen. Zierrathen und Episodien ausgeschmücket; und die Wahrscheinlichkeit genau beobachtet. Indessen ist er der Zeitordnung gar zu historisch gefolget, und hat den Leser nicht gleich in die Mitte seiner Begebenheiten geworfen; wie Homer in der Odyssee gethan. Es sollen noch Manuscripte davon vorhanden seyn. Man muß aber diesen Jamblichus nicht mit dem Schüler Porphyrs, einem platonischen Weltweisen vermengen, der erst um Julians Zeiten gelebet hat. Das vollkommenste Stück in dieser Art aber, hat uns Heliodor, in seiner äthiopischen Historie vom Theagenes und der Chariklea hinterlassen. Nichts ist züchtiger und tugendhafter, als die Liebe dieses Paares; und dieses sollte billig allen Roman- schreibern nach der Zeit zum Muster gedienet haben. Man könnte sagen, diese Ehrbarkeit hätte man der christlichen Religion zu danken, der Heliodor zugethan gewesen; und darinn er sich durch besondere Verdienste bis zur bischöflichen Würde geschwungen; wenn es nicht unzählige andere schmut- zige Nachfolger gegeben hätte, die sich nicht weniger, als er, Christen genennet. Sein eigenes tugendhaftes Herz muß ihm also einen Abscheu vor allen Unflätereyen gemachet haben. Er war Bischof zu Tricca in Thessalien, und führte daselbst, wie Sokrates berichtet, die Gewohnheit ein, die Geistlichen abzusetzen, die sich nicht derjenigen Weiber enthielten, die sie vor erlangtem Priesterorden geheirathet hatten. Daher wird denn des leichtgläubigen Nicephorus Erzählung verdächtig, als ob in einer provinzial Kirchenversammlung, dem Heliodor, die Wahl vorgeschlagen und auferleget worden: entweder sein Buch verbrennen, oder sein Bisthum fahren zu lassen; davon er aber das letzte erwählet hätte. Seine Fabel indessen zeiget eine reiche Erfindungskraft; alles ist darinn abwechselnd, neu, unvermuthet, wahrschein- lich, wohl eingefädelt, und glücklich aufgelöset. Die Aus- wickelung ist so schön, als natürlich, und beweglich; ja aus

der

der Sache selbst hergeflossen. Man kann die neue Uebersetzung davon lesen, die uns vor kurzem Herr M. Agricola
im Deutschen geliefert hat. Huetius tadelt seine gar zu
gekünstelte Schreibart, und seine gar zu vielen Beschreibungen. Allein wir glauben dem Photius lieber, der die
erste gelobet hat. Er hat zu des Kaisers Theodosius Zeiten gelebet.

6. §. Achilles Tatius, hat eine solche Erzählung von
der Liebe Klitophons und der Leucippe, geschrieben, und
dem Heliodor stark nachgeahmet; doch auch viel eigenes
hinzugesetzet. Gleichwohl ist er ihm weder in der Reinigkeit
der Sitten, noch in der Mannigfaltigkeit, noch in der Wahrscheinlichkeit der Begebenheiten zu vergleichen. Er hat auch
viel aus dem Lucian und Philostratus gestohlen, und es
nicht einmal zu verbergen gewußt. Huet zieht seine Schreibart Heliodors seiner vor: ob er gleich zuweilen nach der
Schule schmeckt, und gar zu sehr mit seiner Beredsamkeit
pralet; die doch damals sehr im Verfalle war. Er schweifet auch in Beschreibungen öfters aus, wie mäßige Köpfe
zu thun pflegen, ob sie gleich öfters abgeschmackt dadurch
werden. Gleichwohl haben Tasso und Herr von Urfe ihre
Pastorale mit seinen Erfindungen ausgeputzet. Tatius soll
auch ein Christ, und endlich Bischof geworden seyn: man
muß also sein üppiges Buch bald vergessen haben. Nichts
ist artiger zu lesen, als was Huetius von einem unterge-
schobenen Buche des Athenagoras, von der vollkommenen Liebe, schreibet; welches ein gewisser Franzos geschrieben, und für eine Uebersetzung aus dem Griechischen ausgegeben. Hier sieht man die feinsten Regeln der Kritik
angewandt, diesen Betrug ans Licht zu bringen. Ich übergehe
es aber, weil es in Deutschland nicht bekannt geworden.
Mit besserm Rechte setze ich des Longus seinen Schäferroman hieher, ob er wohl dem Heliodor gar nicht gleich
zu schätzen ist. Die Tugend ist bey weitem nicht so geschone-
net, obwohl die Wahrscheinlichkeit und Abwechselung ziemlich
darinn herrschet. Seine Schreibart schmecket ebenfalls nach
dem

dem Verfalle der schönen Wissenschaften zu seiner Zeit. Man kann in dem Biedermann einen Auszug daraus sehen, weil wir ihn im Deutschen ganz noch nicht haben. Des Damascius Werk von fabelhaften Geschichten verdient nicht hieher gerechnet zu werden. Ein anders ist es mit des Joh. Damascenus Geschichte von Barlaam und Josaphat; davon wir auch alte deutsche Uebersetzungen in gebundener und ungebundener Rede haben. S. der krit. Beytr. VII. B. 657 S. Dieß ist schon eine Legende zu nennen, weil es nur von der Liebe Gottes handelt, und endlich alles aufs Klosterleben hinausläuft. Es soll einer wahren Geschichte gleich sehen, ist aber gar zu fabelhaft gerathen.

7. §. Was *Xenophon*, der Ephesier, von seinem *Habrocomas*, und der *Anthia* für Liebesgeschichte geschrieben, das hat uns Herr *Cocchi* vor wenigen Jahren ans Licht gestellet; so wie unlängst Herr *Dorville Charitons*, des Aphrodisiers, verliebte Begebenheiten des *Chärea* und der *Kallirhoe*, mit unsers Herrn D. *Reiskens* Uebersetzung zu Amsterdam herausgegeben. S. des Bücherf. der schön. Wissenf. X. B. a. d. 84. S. Dieser soll in der Mitte des fünften Jahrhunderts gelebet haben; und hat auch seine Erzählungen mehr historisch, als poetisch, oder romanhaft eingerichtet. *Huet* hat nichts mehr von ihm gewußt, als was *Photius* saget, und von diesem, daß eine Handschrift davon auf der Vaticanischen Bibliothek wäre. *Theodorus Prodromus*, hat von der Liebe des *Dosikles*, und der *Rhodante*; *Eustathius*, Bischof von Thessalonich, aber soll vom *Hysminias* und der *Hysmine*, eben dergleichen geschrieben haben. Dieser lebte unter dem griechischen Kaiser *Emanuel Komnenus*, im 12ten Jahrhunderte. Allein dieses Werk ist viel zu schlecht, als daß man es dem gelehrten Ausleger *Homers* zueignen könnte. Daher mögen diejenigen Abschriften wohl recht haben, die den Namen *Eumathius* und nicht *Eustathius* nennen. Er führet seinen Helden redend ein, und läßt ihn seine Begebenheiten erzählen. Das Frauenzimmer verliebt sich zuerst, erkläret

sich

42. §. Ein Poet muß aber die Götter nicht ohne Noth in seine Fabeln mischen, wie Horaz ausdrücklich erinnert hat:

Nec Deus intersit, nisi dignus vindice nodus
Inciderit.

Homer könnte hier leicht der Sache zu viel gethan haben, weil seine Götter überall mit dabey sind. Tasso, Marino, und Milton haben die Engel und Teufel in ihren Gedich‐ ten, anstatt der alten Götter eingeführt. Hat nun Boi‐ leau jenen in seiner Dichtkunst deswegen getadelt: so dörfen wir diesen auch nicht schonen, zumal da er es auf eine so unvernünftige Weise gethan hat. In der That ist es weit besser, allegorische Gottheiten zu dichten: als zum Exempel, die Zwietracht, die Politik, die Gottesfurcht und dergleichen, die Boileau in dem Lutrin eingeführet hat; derer zu ge‐ schweigen, die im Voltaire auf eben die Art vorkommen. Am besten aber ist es, solche Wesen zu brauchen, die in dem Volke, wo der Dichter lebet, wirklich geglaubet wer‐ den. So sind die Seelen der Verstorbenen, mit ihren Erscheinungen, sonderlich in Träumen eine Art der wahr‐ scheinlichen Maschinen: weil fast alle Völker die Unsterb‐ lichkeit der Seelen geglaubet haben; ja auch dafür halten, daß sie nach dem Tode erscheinen können. Kobolde, Berg‐ männchen, Wassernixe, u. d. gl. gehören ins komische Fach. Im übrigen gilt hier eben das, was oben von den mensch‐ lichen Charactern gesagt worden.

43. Endlich und zum VII. kommen wir auf den poeti‐ schen Ausdruck, oder auf die Schreibart eines Heldengedich‐ tes. Wir wissen, daß die Schreibart überhaupt nur ein Vortrag unserer Gedanken ist; und folglich gehen wir hier auch auf die Art zu denken, die in einem Heldengedichte statt findet. Viele bilden sich ein, die Schönheit der Epopee bestehe in schönen Worten und prächtigen Redens‐ arten, in künstlichen Gedanken, in vielen Gegensätzen, in langen Beschreibungen, in vielen Gleichnissen und hohen Metaphoren, die nicht ein jeder verstehen kann. Ein Ge‐ dicht

dicht derowegen, das so aussieht, wie Lucan oder Claudian, das dünkt ihnen ein Meisterstück zu seyn: Virgil hergegen kömmt ihnen ganz wässerigt und frostig vor. Und wenn man sie fragt, warum sie jene Poeten so lieben? so verweisen sie uns auf etliche hochtrabende, aber nach ihrer Meynung, scharfsinnige Stellen, die sie bewundern. Schreiben sie nun selber etwas, so suchen sie, auch in einzelnen Zeilen, lauter solche gesammlete Blumen und Edelgesteine anzubringen. Ueberall ist was künstliches, was gleißendes, was blendendes: nur überhaupt taugt das ganze Gedicht nichts. Wir haben auch im Deutschen Dichter, die in diesem Vorurtheile stecken, und wohl gar durch ihre ansteckende Exempel junge Leute verführen.

44. §. Das ist nun die Schreibart, die sich für ein Heldengedicht schickt. Der Poet erzählt eine Fabel, seine Leser zu ergetzen, zu lehren und zu bessern: er muß sich also theils in ihren Verstand, theils in ihren Willen schicken. Jenen zu unterrichten, muß er sich einer ungezwungenen, aber doch reinen, deutlichen und zierlichen Art zu erzählen bedienen: wie wir in dem Hauptstücke von der Schreibart gewiesen haben. Den Willen aber zu gewinnen, und die Affecten zu rühren, muß er die pathetische Schreibart gebrauchen, wenn er nämlich Leute, die im Affecte sind, redend einführet. Der Poet muß sich selber vergessen, nicht mit seinem Witze stolziren; sondern nur auf seine Fabel, auf seine Personen und ihre Handlungen, auf ihre Wahrscheinlichkeit und anmuthige Nutzbarkeit sehen. Er muß es sich nicht anders merken lassen, daß er viel Witz und Scharfsinnigkeit besitzet; als dadurch, daß er seine Leser in der Aufmerksamkeit erhält, sie von einer Begebenheit auf die andere, von einem Wunder aufs andre, von einer Gemüthsbewegung auf die andre leitet; sie bald nach Troja, bald nach Africa, bald in den Himmel, bald in die Hölle führet. Wer das kann, der wird für das Lob der Scharfsinnigkeit nicht sorgen dürfen. Wer aber nur auf die Spitzfündigkeit in Worten und Redensarten, auf künstliche Einfälle

fälle

fälle und anderes Flittergold siehet; der weichet von der
Einfalt der Natur ab, darinn ihm Homer und Virgil in
ihrer Schreibart vorgegangen sind. Vielweniger muß er
auf hochtrabende und übersteigende Ausdrückungen, ungeheure Vergrößerungen, und schwülstige Anspielungen sinnen. Hierinn sind sonderlich Marino, Milton, nebst
andern von dem Schlage zu tadeln. Tasso selbst, der doch
unter seinen Landesleuten noch am vernünftigsten schreibt,
ist von dem Voltaire, wegen seiner italienischen Künsteleyen in der Schreibart, mit Grunde getadelt worden.
Auch Kanitz hat in seiner Satire von der Poesie sein Misfallen über dergleichen poetischen Schwulst zu verstehen gegeben. Und mit ihm möchte man auch über einige heutige
Dichter spottend ausruffen:

Ein Deutscher ist gelehrt, wenn er sein Deutsch versteht,

(nämlich des schwülstigen Dichters seins.)

Kein Wort kömmt vor den Tag, das nicht auf Stelzen geht.

Und was wird man also von den übrigen sagen, die lauter
Ampullas und sesquipedalia Verba zusammen geraffet,
und ihre Gedichte damit ausstaffiret haben? Wer ausführlichere Regeln von dem allen verlanget, der muß
den oft angezogenen Tractat vom le Bossü
nachschlagen.

Des

Des I. Abschnitts V. Hauptstück.

Von milesischen Fabeln, Ritterbüchern und Romanen.

1. §.

Homer und Hesiodus waren eine lange Zeit in Griechenland gelesen worden, als sich endlich ein Pherecydes und Herodot hervorthaten, die auch in ungebundener Rede zu schreiben anfiengen. Kaum wurden ihre Schriften recht bekannt, als sie mehrere Nachfolger fanden, die das, was vorhin nur in Versen geschehen war, auch in Prosa thaten; ich meyne, die auch Fabeln und Gedichte, in einer freyen Schreibart zu Papiere brachten. Es kann seyn, daß sie darinn die Hebräer zu Vorgängern gehabt, die das Buch Esther, das Buch Judith, und das Buch vom Tobias geschrieben haben: welches theils um die Zeiten des Cyrus, theils noch eher, theils etwas später geschehen seyn mag. Dieses sind solche Gedichte, die mit den milesischen Fabeln oder Romanen sehr genau übereinkommen. Denn es liegt überall eine verliebte Geschichte zum Grunde, die durch allerley geschickte Nebenfabeln wahrscheinlich gemacht, und erweitert wird. Allein da wir nicht versichern können, daß die ersten Erfinder milesischer Fabeln das Phönizische, oder Hebräische verstanden: so können wir auch nicht sagen, daß sie sich diese jüdische Bücher zu Mustern genommen: es müßten denn die beyden letztern seyn, die griechisch geschrieben sind. Doch was bedarf es fremder Muster? Homer selbst, giebt in seiner Odyssee, theils durch die Geschichte der Penelope und ihrer Freyer, theils in den Erzählungen von der Circe, Kalypso und Nausikaa, nur gar zu guten Anlaß, dergleichen Liebesfabeln zu schreiben. Es hat also in klein Asien, einem blühenden und reichen Lande, wo es seit den ältesten Zeiten an witzigen Köpfen nicht ge-

fehlet,

12. §. Ich muß dieses mit einer merkwürdigen Stelle des
Bischofs Huetius erläutern, dem wir einen gelehrten Tractat vom Ursprunge der Romane, zu danken haben; dessen
ich mich oben zum Theile bedienet habe.   Er streitet auf der
82. u. f. Seite der Ausgabe von 1693. wider den Giraldi;
der diesen Fehler der Romane, für eine Schönheit gehalten, und als eine besondere Erfindung der Wälschen gelobet
hatte.   „Wenn es wahr ist, heißt es, daß ein Roman
„einem vollkommenen Körper gleichen soll, wie er selbst er-
„kennet, und daß er aus verschiedenen wohlgebildeten Thei-
„len sich in einem Haupte vereinigen muß: so folget, daß
„die Haupthandlung, die gleichsam das Haupt des Werkes
„ist, nur einzeln seyn, und in Vergleichung der andern
„hervorleuchten müsse; daß hingegen die Nebenhandlungen,
„sich als Glieder zu diesem Haupte fügen, ihm an Schön-
„heit und Würde weit nachgehen, es zieren, unterstützen,
„und auf eine abhängliche Art begleiten sollen: weil es sonst
„ein ungestaltes zweyköpfigtes Ungeheuer seyn würde.
„Ovids Beyspiel, welches er zu seinem Behufe anführet,
„und der andern cyklischen Dichter ihres, die er auch an-
„führen könnte; rechtfertigen ihn nicht.   Denn da die
„Verwandlungen der alten Fabeln, die Ovid in ein Ge-
„dicht sammlen wollen, und die Fabeln der cyklischen Ge-
„dichte, ganz absonderliche und an Schönheit fast ähnliche
„Handlungen sind: so war es so unmöglich, einen schönen
„Körper daraus zu machen, als aus lauter Sande ein voll-
„kommenes Gebäude aufzuführen.   Der Beyfall, den diese
„fehlerhaften Romane seiner Nation gefunden, und worauf
„er so trotzet, schützet ihn noch weniger.   Von einem Buche
„muß man nicht aus der Zahl, sondern aus der Gültigkeit
„der Stimmen urtheilen, die es erhält.   Alle Welt glaubet
„das Recht zu haben, von Gedichten und Romanen zu
„urtheilen.   Alle Pfeiler * auf dem großen Saale des Pa-
„riser Rathhauses; und alle Schlafkammern des Frauenzimmers,

---

* Wo sehr viele Kram = und Buchläden anzutreffen sind, vor welchen
die Käufer von Büchern urtheilen.

„zimmers, werfen sich zu Tribunalien auf; wo man von
„dem Werthe großer Werke entscheidende Endurtheile spricht.
„Daselbst bestimmet man kühnlich den Werth eines ganzen
„Heldengedichtes, bloß nach Durchlesung eines Gleichnisses,
„oder einer Beschreibung: ja ein den Ohren etwas harter
„Vers, wie ihn vieleicht Ort und Materie erfodert haben,
„bringt es zuweilen um seinen guten Ruf. Eine einzige
„zärtliche Leidenschaft macht das Glück eines Romans; und
„ein etwas gezwungener, oder altväterischer Ausdruck stürzet
„ihn. Allein ihre Urheber unterwerfen sich solchen Aus-
„sprüchen nicht. Sie wissen, daß die Kenntniß und der
„Geschmack von solchen Werken, wie Longin von den
„Werken der Beredsamkeit saget, die letzte Frucht eines
„sehr langen Umganges mit denselben ist. Sie erinnern
„sich des ciceronischen Grundsatzes: daß der Werth
„eines Gedichtes, auf das Urtheil sehr weniger Per-
„sonen ankömmt; und des Hoeazianischen: daß es nicht
„jedermanns Ding sey, dessen Fehler wahrzunehmen. Und
„wie jene Komödiantinn, die der Pöbel von der Bühne
„stieß, sich auf des Adels-Beyfall berief, und damit zufrie-
„den war: so sind auch die Dichter vergnügt, wenn sie den
„feinsten Kennern, die nach ganz andern Regeln urtheilen,
„gefallen. Diese Regeln nun, sind so wenigen Leuten be-
„kannt; daß die guten Richter solcher Stücke so selten sind,
„als die guten Romanschreiber und Dichter: und unter der
„kleinen Zahl derer, die sich auf Verse verstehen, findet
„man kaum einen, der sich auf die Dichtkunst versteht;
„oder nur weis, daß Verse und Poesie zwey ganz verschie-
„dene Dinge sind.„

13. §. Als das römische Reich dem Verfalle des guten
Geschmackes und der Wissenschaften nachfolgete; und unsere
Vorfahren, die Gothen, Longobarden, Burgunder, Vanda-
ler, Sueven und Franken, die Länder desselben unter sich
theileten, und darinn allerley Reiche anrichteten: so fieng sich
auch, bey allmählich erfolgter Ruhe und guter politischer
Verfassung, eine Art von Witz an hervorzuthun, der sich in

Kk 3 Ver-

Versen, Fabeln und Gedichten an den Tag legte. Zwar
hatten auch schon die alten Barden der Deutschen, Gallier
und Britten, ja die Scaldrer der nordischen Völker sogar,
ihre Gesänge und Heldenlieder gehabt: doch, da sie nicht
sonderlich schreiben konnten, sondern sich mit dem Gedächtnisse behelfen mußten; so giengen sie allmählich verlohren.
Karl der Große suchte sie zwar durch eine Sammlung, die
er davon machte, vor dem Untergange zu bewahren: allein
umsonst. Auch diese hat uns die lateinische Mönchsbarbarey
der folgenden drey Jahrhunderte vernachläßiget; sonst würden wir vieleicht auch von den Liebesgeschichten der alten Deutschen einige Proben aufzuweisen haben. Indessen entstund,
auch mitten in der Unwissenheit und Einfalt dieser Zeiten, in
Brittannien ein Fürst, der den witzigen Köpfen Gelegenheit
und Stoff an die Hand gab, ihre Dichtungskraft zu üben.
Dieses war König Artus in Kornwallien, Königs Uter-
pendragons Sohn, welcher durch seine runde Tafel, daran
er alle tapfere Ritter zog, der Tapferkeit und der Liebe ein
großes Feld öffnete, sich um die Wette hervorzuthun. Ich
will hiermit nicht behaupten, daß alles wahr sey, was
Chelesin, der im VI. Jahrhunderte unter seiner Regierung
gelebet haben, und ein Bärde gewesen seyn soll; und Melkin, ein anderer Schriftsteller, davon geschrieben. Indessen
muß doch etwas davon wahr gewesen seyn: da Camden
berichtet, daß man den Grabstein des Königes Artus gefunden; den er auch mit seiner alten Aufschrift in Kupfer
gestochen, liefert. Von dieser runden Tafel, oder sogenannten Tafelrunde des Königes Artus, haben unzählige
Ritterbücher und Romane der Provenzalpoeten und deutschen
Dichter ihren Ursprung genommen, wie wir hernach hören
werden.

14. §. Fast um eben die Zeit, soll Hunibald, ein Frank,
gelebet haben, der gleichfalls ein Buch voller ungeschickter
Fabeln zusammengestoppelt hat, wie der Witz, oder vielmehr
die Unwissenheit seines Jahrhunderts es erlaubte. Daß auch
der Gothen König, Dieterich von Bern, oder Theodo-

ricus

ricus Veronensis, unsern deutschen Dichtern viel Gelegen=
heit zu Ritterbüchern und Liebesgeschichten gegeben, habe
ich im vorigen Hauptstücke schon erinnert; nur scheinen die
Verfasser derselben schon im XI. XII. und XIII. Jahrhunderte
gelebt zu haben. Karl der Große, war der dritte Held,
der den Dichtern Stoff zu Fabeln und Gedichten gab; und
zwar hauptsächlich, nachdem der falsche Turpin, (der ein paar
Jahrhunderte nach dem wahren gelebet, welcher um Karls
Zeiten, Erzbischof zu Rheims gewesen;) von den Thaten dieses
Kaisers eine sehr fabelhafte Geschichte geschrieben hatte.
Hier fanden nun unzählige Dichter in Frankreich und
Deutschland Stoff zu ihren Gedichten. In Frankreich hat
man noch alte Manuscripte von dergleichen Werken. (S. die
Historie der Paris. Akad. der schönen Wissensch. I. B. a. d.
364. u. f. S.) und bey uns hat ein ungenannter Dichter im X.
oder XI. Jahrhunderte auf ihn und den großen Roland,
ebenfalls ein solch Gedichte gemacht, welches Striker im
XII. Jahrhunderte erneuert; Schilter aber in seinem The=
sauro ans Licht gestellet. S. des Neuen Bücherf. der schö=
nen Wissensch. und fr. K. IV. B. a. d. 387. und folg. S.
Und wo bleibt die schöne Geschichte von den vier Haymons
Kindern, Adelhart, Ritsart, Writsart und Reynhold,
und ihrem starken Rosse, Bayard; darinn der große Karl
von Anfang bis zum Ende eine sehr lustige Rolle spielen muß.
Der Bischof Tulpin, der große Roland, Ogier, oder
Holger, der Däne, u. a. m. spielen ihre Personen auch
darinn, so gut es die Einfalt der Zeiten dem Verfasser er=
laubet hat, sie zu schildern. Und das Ende läuft darauf
hinaus, daß der unüberwindliche Reynold endlich ein Mönch
und ein Heiliger wird, der auch sogar Mirakel thun muß:
wie die Legenden der mittlern Zeiten es mit sich bringen.
Wir haben auch im Deutschen dieß schöne Werk unzählige=
mal aufgelegt; ja ich zweifle fast, ob es einen andern als
deutschen Ursprung habe. Davon überredet mich das Ende des
Buches hauptsächlich, wo Reinhold nicht nur in Cölln begra=
ben, sondern auch nach Dortmund, als Schußpatron, ge=

Kk 4

bracht

bracht worden; indem der Karren, ohne Pferde und menſchliche Hülfe, mit ſeinem Körper davon gelaufen ſeyn ſoll, ſo-
bald man ihn darauf geſetzet: anderer Gründe zu geſchweigen.
Indeſſen iſt dieſer Roman nicht regelmäßig, weil er den
ganzen Lebenslauf Reynolds in ſich hält, ja ihn von der
Wiege bis zur Heiligſprechung begleitet.

15. §. So haben auch ſchon zu Karls des Großen Zeiten,
Hanco, Solco, Sivard, der weiſe Johann, der Sohn
eines Königs der Frieſen, und Abel Adelung, gleichfalls
ein Prinz aus königl. Frieſiſchen Geblüte, alle fünf Frieſen,
dergleichen fabelhafte Bücher geſchrieben. So hat Gildas,
ein brittiſcher Mönch aus der Provinz Wallis, vom König
Artus, Parcifall und Lancelot, viel wunderbare Sachen
erzählet. So hat auch Octo, ein Urenkel des obigen Solko,
um Kaiſer Ottens des Großen Zeit, und Gaufried von
Monmouth, vom Artus und Merlin, viel alte Geſchichte
oder Fabeln getreulich für wahr ausgegeben. Dieſe Wunderdinge gefielen den Leſern; und ſo wurde die Geſchichte in
lauter Gedichte verſtellet. Die Poeten in der Provence,
die im XI. Jahrhunderte entſtunden, und entweder von den
Weſtgothen, die vorher daſelbſt und in Languedoc gewohnet;
oder vom Gottfried Rudel, dem älteſten ihrer Zunft,
als einem Deutſchen, wie ſein Namen zeiget, reimen gelernet,
wurden in Troubadours, Contadours, Jougleurs, Vio-
lars, Muſars, u. d. gl. Leute mehr eingetheilet; und ihre
Kunſt zu dichten nannte man le guay Saber, oder die
luſtige Wiſſenſchaft. Als nun der karolingiſche Stamm
vor dem Hugo Capet erloſch: ſo bekam dieſes poetiſirende
Volk in ganz Frankreich freyen Lauf, und breitete auch ſeine
Reimkunſt darinnen aus: darinnen ſie ihre Fabliaux, Paſto-
raux, Romants, Chantarels, Virelays, Motets, Moraux,
Tenſons, Aubades, Balades und Martegalles, alles in alter
romaniſcher, das iſt, verderbter lateiniſcher Bauerſprache
verfaſſeten. Am andern Ende von Frankreich hatten die
Normänner, von ihren Vorfahren, den Deutſchen, Dänen
und Norwegern auch reimen gelernet; und als Wilhelm der

Er-

Eroberer, sich Brittanniens bemächtigte, schrieben sie große
Gedichte vom Brutus, Alexander dem Großen, und
andern Helden mehr: die denn mit unzähligen Fabeln er-
füllet waren, daran Heldenthaten und Liebe keinen geringen
Antheil hatten. S. die Memoires de l'Acad. des bell. L.
T. III. p. 465. der holländ. Auflage.

16. §. Indessen ist des Meister Eustache sein Roman
von der Rose: beynahe der älteste, der diesen Namen
Roman führet: und es ist nöthig zu wissen, woher derselbe
seinen Ursprung hat. Einige haben ihn aus dem griechischen
Ρωμη, die Stärke, herleiten wollen: weil insgemein von
der Tapferkeit der Helden darinn gehandelt ward. Andere
wollten ihn von der Stadt Rheims herleiten, wo Turpin
Erzbischof gewesen war, und wo es die meisten Barden gegeben: weil die alten Belger, in deren Gebiethe sie lag,
die tapfersten unter den Celten gewesen; wie Pigna, ein
Italiener, dafür hält. Allein das sind bloße Anspielungen.
In Frankreich redeten die Könige von dem merovingischen
und karolingischen Stamme noch die deutsche oder fränkische
Sprache bey Hofe; und nur irgend in den Kanzeleyen und
in Befehlen, die ins Land ergiengen, das Latein, so gut man
es in den verfallenen Zeiten konnte: weil ganz Gallien unter
der römischen Herrschaft diese Sprache hatte annehmen müssen. Weil nun die fränkischen Sieger und Herren der Gallier
dieses, für die Sprache der Römer ansahen; so nannten sie
dieselbe romanisch: so wie hingegen Ottfried seine und König Ludewigs deutsche Sprache, frankisgo zungo, die
fränkische Sprache, nennte. Alles was also in dem täglich
mehr abfallenden Bauerlateine, oder der lingua romana
rustica, geredet und geschrieben ward, das hieß Romance.
So führt Menage eine alte Uebersetzung der Fabeln Aesopi
an, da die Verfasserinn sagt:

Au finement de cest Escrit,
Qu'en Romans ay tourné et dit.

Allein was schrieb man damals viel anders, als Ritterbücher
und Liebesgeschichte? Diese Schriften bekamen daher unver-

Kk 5

merkt

merkt diesen Namen; und daher wurden hernach alle fabelhafte Helden und Liebesbegebenheiten Romane genennet.
S. davon des Neuen Büchersaals der schönen Wissenf. und
fr. K. V. B. a. d. 112. 128. S. wo aus Massieus Histoire de
la Poesie françoise, und a. d. 317. u. folg. S. wo in der Einleitung zu Königs Thiebauls von Navarra Gedichten, der
Ursprung der französischen Poesie erzählet wird. Siehe auch
des Crescimbeni Historia della volgar Poesia T. I. lib. V.
cap. I. p. 325. Ed. Ven. 1731. in 4.

17. §. Ob wir also gleich den Franzosen den Ursprung des
Namens der Romanē, gern einräumen: so können wir
doch so freygebig nicht seyn, als Giraldi, der ihnen auch
die erste Erfindung der Sache selbst einräumet.* Denn zu
geschweigen, daß Griechen und Römer vor Alters unstreitig
ihre Vorgänger gewesen, wie wir oben gesehen: so sind
auch die brittischen und friesischen Verfasser der Fabeln vom
König Artus, Tristrant, u. d. gl. viel älter, als die Provenzalpoeten, und Meister Eustachius. Und wo bleiben
noch die alten deutschen und nordischen Fabeln, vom Dietrich
von Bern, Hildebrand, gehörnten Seyfried, starken
Rennewald, vom Holger dem Dänen, und andern mehr,
die man in isländischer Sprache hat? Salmasius hat
indessen die Araber in Spanien, zu den Lehrern aller Europäer,
in der Kunst Romane zu schreiben, machen wollen: weil diese
lange vorher den Fabeln und der Dichtkunst ergeben gewesen. Allein die Araber kamen nicht eher, als bey der Re-
bellion des Grafen Julians, im 91sten Jahre nach der
Flucht Mahomets, d. i. im 712ten Jahre Christi. nach
Spanien. Sollte nun von ihnen die Poesie auf die Franzosen und Wälschen kommen, so müßte man ihnen Zeit dazu
geben. Allein, Thelesin und Melkin, und Hunnibald
der Frank, hatten schon im 550sten Jahre vom Könige
Artus

* Er schreibt: Mi par, di poter
dire, che questa sorte di Poesia
habbia havuta la prima Origine
et il primo principio, da Fran-
çesi: da il quali ha forse anco ha-
vuto il nome. Da Francesi pai é
passata questa maniera di poetag-
giare a gli Spagnuoli, e ultima-
mente e stata accettata da gli Ita-
liani.

Artus geschrieben: und also kamen die Araber fast 200 Jahre zu spät, als daß diese ihre Schüler hätten seyn können; wie Huetius sehr gründlich angemerket hat. Mögen doch also die Mohren in Africa und Spanien, ja in Arabien selbst gedichtet haben; so viel sie wollen: die Britten, Franken, Friesen, Normannen und andere nordische Völker konnten diese Kunst von sich selbst: und Tacitus berichtet gar schon, daß die Deutschen Herkuls Thaten besungen, wenn sie in den Krieg gegangen; wie Huetius selbst auf der 153 S. seines Tractats gesteht. Alles, was also die Spanier vom Amadis, Don Belianis, Kyrie Eleison von Montauban, und allen den Helden haben, die der Barbier des Don Quischote, mit seiner Haushälterinn zum Feuer verdammet, sind viel neuer; als daß sie uns, oder den Franzosen zu Mustern gedienet haben könnten.

18. §. Wie indessen unsere Nation viel ernsthafter war, als die mittäglichen Völker, die sich mehr der Wollust ergaben: so findet man auch, daß unsere alten Fabeln mehr Ritterbücher, als Romane gewesen. Die Heldenthaten haben immer die Oberhand darinnen: dadurch verdienen die Ritter die Liebe der Schönen. Diese schätzen auch keinen Liebhaber hoch, als der viele andere aus dem Sattel gehoben, und wohl gar ein Dutzend oder mehr Feinde erschlagen, Drachen und schreckliche Lindwürmer aus dem Wege geräumet, Riesen erleget, und Zauberzwerge, die zwölf Mannsstärke hatten, im Kothe zertreten hatte. So bildet uns das alte Heldenbuch den Kaiser Ortnit, den Hug und Wolf Dietrich, und andere solche Helden ab. So lauten auch die meisten Romane, die im 16ten Jahrhunderte Feyerabend zu Frankfurt am Mayn, unter dem Namen des Buches der Liebe, zusammen drucken lassen. Die Ritterspiele, die Heinrich der Vogler eingeführet hatte, und die nachmaligen Kreuzzüge ins gelobte Land, wider die Saracenen, brachten diesen Geschmack auf den höchsten Gipfel der Vollkommenheit. Denn es ist fast kein Held in den alten Ritterbüchern, der nicht zum heiligen Grabe, oder gar nach

Babr

Babylon, Persien, Indien, und zu den Mohren, ja zu solchen wunderlichen Völkern kömmt, die wohl gar lange Schnäbel in den Gesichtern haben, wie Störche; oder lange Storchshälse und Vogelköpfe, u. d. g. m. Man wird die Beweise davon sehen, wenn ich die Auszüge aus dergleichen Gedichten, in meiner Geschichte der deutschen Sprache und Poesie ans Licht stellen werde. Dieser Geschmack hat nun bis auf Pfinzings Ritter Theuerdank gewähret, der gleichsam den Beschluß der Ritterbücher bey uns gemachet: da dieselben in Wälschland und Spanien erst durch des Cervantes unvergleichlichen Don Quixote gedämpfet und ausgerottet worden.

19. §. Ohne uns viel um die alten Romane der Wälschen und Franzosen zu bekümmern, wollen wir nur von den unsrigen noch etliche nennen, die seit der Erfindung der Buchdruckerkunst ans Licht getreten. Viele darunter sind Uebersetzungen, darunter ich Wolframs von Eschenbach, eines Dichters aus dem XII. und XIII. Jahrhunderte, Parcifall, den er aus Meister Christians von Troyes, eines Provenzaldichters Originale übersetzet hat, für den ältesten halte. Dieser ist 1477. in Fol. gedruckt, ohne Meldung des Ortes und Druckers. Der zweyte ist die Geschichte Tschyonatulanders, die gleichfalls von Meister Albrechten von Halberstadt, der am Hofe Landgraf Hermanns von Thüringen gelebet, aus dem Provenzalischen deutsch übersetzet worden. Beyde sind in Versen: und auf eben den Schlag haben wir auch das Heldenbuch, welches ich für eine Arbeit Heinrichs von Afferdingen halte, der um eben die Zeiten gelebet hat. Sein Namen steht auch am Ende des kleinen Rosengartens, als des letzten Stückes von diesem Heldenbuche. Den Ritter Seyfried, haben wir auch in Versen gedruckt, so wohl als den Ritter Torelle: davon ich jenen für ein deutsches Original halte. Die Geschichte vom Herzog Ernst von Bayern, die man noch unter dem Pöbel in Prosa liest, hat Heinrich von Veldecke, im XII. Jahrhunderte in Versen beschrieben: wie das Manuscript auf der gothaischen

Bibli-

Bibliothek zeiget; und eben dieser hat auch die Aeneis in einer Romansgestalt deutsch gereimet. Der Theuerdank ist bekannt, und verwandelt Kaiser Maximilians Geschichte in ein Ritterbuch. Mehr geschrieben vorhandene Ritter-bücher in Versen, habe ich im vorigen Hauptstücke gemeldet. Prosaische alte Sachen haben wir an dem Kaiser Octavian, 'und an den sieben weisen Meistern, denen Kaiser Pontian seinen Sohn befohlen. Die vier Haymons-Kinder habe ich oben genennet, und das Buch der Liebe gleichfalls, darinn Ritter Tristrant, und sehr viel andere solche Bücher stehen; daraus Hans Sachs und Ayrer eine Menge Tragödien und Komödien gemachet: des verdeutschten Amadis und unzähliger andern vorißo zu geschweigen.

20. §. Bey der opißischen Aufklärung der schönen Wissen-schaften, bekamen wir zum Theil von ihm, die Arkadia der Gräfinn von Pembrok, die Philipp von Sidney geschrieben, und Valentin Theokritus von Hirschberg übersetzet hatte. Des Herrn von Urfe Schäferroman von der schönen Diana, haben wir auch deutsch bekommen. Dieser Schäfergeschmack zog mehr Nachahmungen nach sich; z. E. der schönen Schäferinn Juliana, und die von Lysandern und Ka-listen, welches als ein deutsches Original 1650. zu Amsterdam, bey Elzevieren gedrucket worden. Neumark gab 1648. zu Königsberg den Hirten Filamon mit seiner edlen Schäfer-nymphen Bellifloren heraus. Philipp von Zesen schrieb nicht nur eine Assenath, sondern auch einen Simson und Holofernes, lauter Liebesgeschichte. Der abentheuerliche Simplicissimus, der Landstörzer Gußmann, die Dia-nea, die deutsche Argenis, und andere mehr, sind auch bekannt und beliebt gewesen. Von einer andern Art ist die Fabel vom Eselkönig, eine wunderseltsame Erzählung, wie nämlich die Monarchei und Gubernement über die vier-füßigen Thiere geändert, das Königreich umgefallen, und die Kron auf einen Esel gerathen; von Adolph Rosen von Kreuzheim. Diese Fabel ist nämlich satirisch und politisch. Schochs philyrenische Kriegs- und Friedensschäferey, ist.

die Historie des dreyßigjährigen Krieges in Meißen, nach
Schäferart eingekleidet. Was soll ich von der aus dem Französischen übersetzten Clelia, und Prinzeßinn von Cleve sagen? Den Don Quixote haben wir gleichfalls schon im
vorigen Jahrhunderte, und vor etwa 20 Jahren von neuem
übersetzet bekommen. Alle andere Romane aber übertreffen,
an der Größe und Würde ihres Urhebers, Herzog Anton
Ulrichs zu Braunschweig, Octavia und Aramena.
Nechst ihnen sind Buchholzens deutscher Herkules mit seiner Valiska, sein Herkuliskus und Herkuladisla, imgleichen
Lohensteins Arminius und Thusnelda, zu merken: denen ich
noch Zieglers asiatische Banise beyfügen muß. Von allen eine
Kritik zu machen, das würde mich hier zu weit führen; noch
weiter aber, wenn ich alle übrige deutsche Romane in ein
Verzeichniß bringen wollte, die der fruchtbare, obwohl nicht
allemal ordentliche Witz unserer Landsleute zum Vorscheine
gebracht. Es ist Schade, daß die meisten ohne Regeln und
Ordnung, auch mehrentheils in einer schwülstigen und unrichtigen Schreibart abgefasset worden. Doch wäre es eine
nicht ganz unnütze Arbeit, wenn irgend ein Liebhaber davon
ein vollständiges chronologisches Verzeichniß aller deutschen
Originale sammlen und bekannt machen wollte.

21. §. Um aber meine Leser in den Stand zu setzen, daß sie
selbst von den vorkommenden Romanen urtheilen können;
so will ich ihnen folgende Regeln an die Hand geben. Was
den Inhalt anbetrifft, so darf zum I. ein Roman eben nicht
nach Art der Heldengedichte, einen berühmten Namen aus
den Geschichten haben. Denn Liebesbegebenheiten können
auch Leuten aus dem Mittelstande begegnen, und auch diese
können durch falsche Namen noch versteckt werden. Indessen
schadet es nicht, daß man in der Geschichte einen berühmten
Held wählet, um seine Erzählungen desto wichtiger zu machen.
So haben es Lohenstein mit dem Arminius, Plüche mit
dem Sethos, Ramsay mit dem reisenden Cyrus, die Urheber der Ruhe des Cyrus und des Memnons, und Prevot
d' Exiles mit dem Cleveland, Cromwells Sohne, gemacht.

Diese

Diese leßtern Bücher sind die besten Romane, die in neuern
Zeiten geschrieben worden. · Die Ursachen sind leicht zu sehen;
denn wenn man dergestalt einen bekannten Helden hat, deßen
Begebenheiten mit andern Geschichten seiner Zeiten in eine
Verbindung kommen: so erlangt der Roman einen weit größern
Grad der Wahrscheinlichkeit, als wenn man lauter erdichtete
Namen nennet. Wie aber der Verfaßer dadurch viel Stoff
und Hülfe zu seinen Erdichtungen bekömmt: also muß er auch
in den Alterthümern, oder Geschichten damaliger Zeiten sehr
geschickt seyn, um nichts zu dichten, das bekannten Sachen widerspricht. Er muß aber auch die Charactere der Personen nicht
verändern. Denn in diesem Falle gilt Horazens Regel auch
von dem Romanschreiber, die wir oben a. d. 22 u. f. S. angeführet haben. Gesetzt aber, daß man auch lauter erdichtete Personen
aufzuführen hätte: so ist gleichwohl die Regel zu beobachten;
daß man sich genau nach den Sitten der Zeiten, der Oerter, des
Standes, Geschlechtes und Alters seiner Personen richten müsse. Diejenigen Romanschreiber sind also sehr verwerflich, die
allen Personen die Sitten ihrer eigenen Zeit, ihres Landes, und
ihres Standes geben. In der Banise sollten asiatische, in der
Octavia römische, im Arminius deutsche Sitten herrschen.
Allein wie oft ist dawider gefehlet worden? Wie oft läßt Lohenstein seine alten Helden, wie belesene Schulmeister reden?
Und ist nicht Zieglers Prinz Balacin ein so hochtrabender
Sophist, als ob er aus Christian Schröters Schule ent-
laufen wäre?

22. §. Was nun II. die Ordnung der romanhaften Erzählung
betrifft, so ist die einfältigste die historische, der Zeit nach: wie
Homer die Jlias, Ramsay den Cyrus, Eriles den Cleve-
land, u. s. w. beschrieben hat. Allein die poetische ist weit künstlicher, die ebenfalls Homer in der Odyssee, Virgil in der
Aeneis, Heliodor im Theagenes, Fenelon im Telemach,
und Ziegler in der Banise beobachtet haben. Hier führt der
Dichter seinen Leser gleich in die Mitte der Geschichte, und holet
im folgenden das vorhergegangene nach; indem er es von
jemanden erzählen läßt. Dadurch kann auch ein Poet den
Um-

Umfang seiner Geschichte verkürzen, die ihn sonst zu weit führen würde. Denn ungeachtet man einem Roman solche enge Gränzen nicht setzet, als einer Epopee; so soll er doch kein Lebenslauf werden. Und dieses giebt die III. Regel an die Hand: daß nämlich der Roman nicht von der Wiege bis ins Grab gehen; sondern nur eine Haupthandlung des Romanhelden, nebst allem, was dazu gehöret, erzählen solle. Auch darinn darf ein Roman dem Heldengedichte nicht gleich kommen, daß er den wunderbaren Einfluß der Götter, oder Geister, Hexen, u. d. m. nöthig hätte. Diese Stücke würden ihn mehr verunzieren, weil sie ihn unglaublich machen würden. Denn wer machet sich wohl viel aus den arabischen Geschichten, Tausend und eine Nacht; den französischen Contes de Fées, oder Hexenmährchen, Prinz Titi u. d. gl. m.? Endlich IV. was die Schreibart betrifft, so ist zwar lange in Deutschland die Mode gewesen, sie recht poetisch, wie man glaubte, d. i. schwülstig und hochtrabend zu machen; wie Arminius, die Banise, und unzählige andere die Proben geben. Allein eine natürliche Art zu erzählen, die der Vernunft und Wahrheit gemäßer ist, machet einen weit größern Eindruck in den Gemüthern, als ein so gefirnißter und gleißender Ausdruck; der insgemein die Schwäche seines Urhebers verräth. Je näher also die Schreibart in Romanen der historischen kömmt, desto schöner ist sie: und sie bleibt darum doch aller Schönheit fähig, die ein geläuterter Witz, und eine feine Sprache, wohlausgearbeiteten Schriften, z. E. dem Sethos, und der Ruhe des Cyrus geben. Schlüßlich muß ich noch V. erinnern, daß ein guter Roman auch den Sitten keinen Schaden thun muß. Die Liebe kann, nach Heliodors Exempel, auch eine unschuldige und tugendhafte Neigung seyn. Dieses zeiget auch das Exempel der Pamela in neuern Zeiten: ja selbst diese ist vielen Kunstrichtern noch nicht von allen Buhlerkünsten frey genug. Wie unzählig vielen Romanen wird durch dieß Urtheil nicht der Stab gebrochen!

Des

XX

Des I. Abschnitts VI. Hauptstück.
Von heroischen Lobgedichten.

1. §.

Wenn man vollständige Ausgaben vom Homer,
z. E. Schrevels seine, nachschlägt, so findet man
verschiedene Lobgedichte, unter dem Namen Ὑμνοι,
auf die heidnischen Götter, z. E. auf den Apollo und Merkur, auf die Venus, den Bacchus, und den Mars, imgleichen auf den Pan, die Diana, und Pallas, u. s. w.
Es kann seyn, daß einige von diesen Stücken nicht ganz
unstreitig vom Homer herrühren; wie denn die Kunstrichter
an vielen zweifeln. Alle miteinander aber, demselben abzusprechen, halte ich die Gründe nicht für zulänglich: weil
wirklich sowohl die Art zu denken, als der Ausdruck, den
übrigen homerischen Schriften so nahe kömmt; daß schwerlich
ein anderer ihn so genau hätte nachahmen können. Diese
Gedichte nun haben mit den obigen epischen viel ähnliches.
Denn ungeachtet sie bey weitem so lang nicht sind, als jene:
so sind sie doch auch nicht eben so gar kurz. Z. E. das Lobgedicht auf die Venus, ist so lang, als die Batrachomyomachie, das ist auf die 300 Verse: das auf den Apollo,
enthält nah an sechstehalb hundert, und das auf den Merkur,
575 Verse. Die Versart, die er darinn beobachtet, ist auch
die heroische; denn sie bestehen aus lauter Hexametern.
Der Inhalt ist auch größtentheils episch, das ist erzählend;
indem er die Geburt, die Erziehung, und die Thaten seiner
Götter, und was sonst vor Alters von ihnen geglaubet ward,
erzählet. Endlich kommen diese Lobgedichte auch darinn
mit den epischen überein, daß er in etlichen die Musen anruft, ihm beyzustehen. Z. E. in dem, auf den Merkur,
heißt es gleich anfangs:

Crit. Dichtk.   ℓ ℓ   Ἑρμην

Ἑρμῆν ὑμνεῖ Μῦσα Διος καὶ Μαιαδος υἱον etc.
Mercurium lauda Mufa, Jovis ac Majæ filium etc.

Und das auf die Venus, hebt so an:

Μουσα μοι ἐννεπε ἐργα πολυχρυσε Ἀφροδίτης etc.
Mufa mihi dic opera aureæ Veneris etc.

Diese Aehnlichkeit veranlasset mich, von dieser Art von Gedichten, gleich nach den obigen zu handeln.

2. §. Es erhellet auch, ohne mein Erinnern, von sich selbst,
daß diese Gedichte von den Oden gänzlich unterschieden sind.
Weder die kurze Versart, noch die Abtheilung in Strophen,
noch die Kürze der Oden, schicket sich zu diesen großen Lobgedichten: am allerwenigsten aber würde sich der erzählende
fast historische Inhalt, den diese erfodern, zu den Oden
schicken, die ihn, so viel als möglich ist, fliehen müssen.
Man darf also nicht denken, daß ich die Arten der Gedichte
ohne Noth vervielfältige: zumal da eine Menge neuerer
Dichter dem Homer hierinn gefolget sind, daß sie eine
Menge Lobgedichte auf Götter und Helden geschrieben haben,
die man unmöglich zu Oden machen kann. Von den Griechen zwar sind uns, außer dem Kallimachus, wenige
von dieser Art übrig geblieben. In der großen Sammlung
griechischer Dichter, die 1614. bey Petern de la Roviere, in
Fol. herausgekommen, trifft man kein einziges Stück an,
welches genau von derselben Art wäre. Lykophrons
Cassandra, scheint dem Inhalte und der Absicht nach, hieher zu gehören: allein es ist selbige nicht in heroischen,
sondern jambischen Versen geschrieben, auch in einer so ver-
strickten, dunkeln und schwülstigen Schreibart abgefasset,
daß man sie gar nicht loben kann. Die zehn Hymni des
Synesius, sind eben sowohl als des Gregorius von Na-
zianz Lieder, mit besserm Rechte Oden zu nennen: weil
sie in den kürzesten Versarten, nicht aber in heroischen Versen abgefasset sind. Johann von Damascus, hat die
Theogonie auch in Jamben besungen; Maximus Margu-
nius aber seine Hymnos gar in anakreontischen Versen
geschrie-

geschrieben. Endlich sind auch des sogenannten Johannis Geometrä Hymni, auf die Jungfrau Maria, nicht in heroischen Versen, sondern als Elegien abgefasset. Es bleibt mir also der einzige Kallimachus übrig, der auf eben den homerischen Schlag, Hymnen auf den Jupiter und Apollo, die Diana und Ceres, und auf die Insel Delos gemachet. Auf das Bad der Pallas aber hat er sein Loblied als eine Elegie eingerichtet. Indessen finden wir sonst Nachrichten genug, daß alte Dichter Götter und Helden auf diese Art besungen: wie z. E. dem großen Alexander, Chörilus, obwohl in sehr schlechten Versen, dergleichen Ehre erwiesen hat; nach Horazens Zeugnisse: Lib. II. Epist. 1.

Gratus Alexandro Regi magno fuit ille
Chœrilus, incultis qui versibus, et male natis,
Retulit acceptos regale numisma Philippi.

Selbst Aristoteles soll auf den Hermias ein solch Lobgedicht geschrieben haben, das sich angefangen:

Αγνε θεων, πρεσβευτ' εκατηβολε etc.
Sancte Deûm, longeque senex jaculans etc.

3. §. Wenn wir auf die Lateiner kommen: so hat schon in alten Zeiten ein Ennius dergleichen heroische Lobgedichte gemacht: davon wir aber nur unvollkommene Stücke übrig haben. Um Cicerons Zeiten schrieb Catull seine Argonautica, ein heroisches Gedicht, das gleichsam einem Virgil den Ton angab, wie die lateinische Epopee klingen müßte. Selbst der Culex dieses Dichters, gehört unter diese Zahl, weil er nicht scherzhaft genug war, unter die komischen Heldengedichte gezählet zu werden. Tibull besang den Messalla, in einem sogenannten Panegyricus. Darauf folgte Petronius, der uns in seinem Satiricon eine Probe gab, wie der Bürgerkrieg in Rom heroisch beschrieben werden müßte:

Orbem jam totum victor Romanus habebat etc.

Claudians Ruffinus, und Eutropius, imgleichen seine Bücher, de bello Gildonico und Getico, wider den Alarich;

Ll 2   seine

seine Consulate des Honorius, Mallius, Probinus, und Olybrius; seine Laudes Stiliconis, und seiner Gemahlinn Serena, u. s. w. gehören auch hieher. Ich übergehe, was in den Silvis des Statius für Stücke von dieser Art vorkommen: sie mögen nun zuweilen auf Todesfälle, oder auf andere Gelegenheiten gerichtet seyn, dabey man das Lob eines Großen, eines Freundes oder Blutsverwandten besingen kann. Im X. Jahrhunderte, und also mitten in der barbarischen Finsterniß des Occidentes, hat HROSWITHA, eine gelehrte Klosterjungfrau zu Gandersheim, eine Panegyrin Oddonum, das ist, ein heroisches Gedicht auf die sächsischen Kaiser, die Otten verfertiget: anderer geistlicher Stücke, die auf eben die Art geschrieben sind, zu geschweigen. Ich würde noch den Joseph Iscanius hieher rechnen, der im XIII. Jahrhunderte den trojanischen Krieg in VI. Büchern heroischer Verse beschrieben hat: wenn er nicht für diese Classe von Gedichten zu groß und episch wäre, und also vielmehr unter die Scriptores cyclicos, oder fehlerhaften epischen Dichter zu zählen wäre; die sich ganze lange Historien, nicht aber einzelne Thaten großer Helden, in Versen zu beschreiben vorgenommen haben. Dieser nämlich beschreibt erstlich der Argonauten Zug nach Kolchis, hernach den Raub der Hesione, durch den Herkules, dann das Urtheil des Paris, den Raub der Helena, der Griechen ihren Zug wider Troja, den Tod der Zwillinge, Castor und Pollux rc. rc. bis ans Ende des ganzen Krieges.

4. §. Wollten wir auf die neuern lateinischen Dichter kommen, und dieselben alle erzählen, so möchte mir ihr Verzeichniß zu groß werden. Doch will ich etliche nennen, die vor andern einen Vorzug verdienen. Ulrich von Hutten, ist einer von den ersten in Deutschland gewesen, die sich in dieser Art von Gedichten hervorgethan. In der straßburger Ausgabe seiner poetischen Werke von 1538. in 8. finde ich erst auf die Fischerey der Venediger, ein heroisches Gedicht; weit größer und schöner aber ist das, worinn er zeiget, daß Deutschland von seinem alten Ruhme nichts ver-

verlohren, Germania non degener. Sein Triumphus
Capnionis, und der Panegyricus auf den Erzbischof, Albrecht zu Maynz, sind noch weit wichtigere Stücke, die
allerdings viel Lob verdienen. In den Gedichten der beyden Italiener Strozza, die beym Aldus Manutius, ohne
Meldung der Jahrzahl in 8. gedruckt worden, stehen außer
der Venatione ad Divam Lucretiam Borgiam, Ferrariæ
Ducem, auch verschiedene Epicedia, auf fürstliche und
andere Personen in heroischer Schreibart, die vortrefflich
gerathen sind. Sogar Joh. Secundus hat seine sonst zärtliche Muse ein paarmal verlassen, um etwas heroisches zu
versuchen, als er theils den Tod eines französischen Delphins,
König Franz des I. Erbprinzen, theils die Reginam Pecu-
niam besungen. Des berühmten Dichters, Ge. Sabins,
Gedichte, die 1563. hier in Leipzig bey Vögelin in 8. gedruckt
worden, enthalten auch, auf die Vermählung des pohln.
Königs, Sigismund Augusts, mit einer kaiserlichen
Prinzeßinn, ein treffliches Stück von dieser Art. Was
soll ich von Frischlins heroischer Muse sagen, welche eine
wirtembergische Hochzeit, u. a. m. dergestalt besungen hat?
Was von des Elias Corvinus Gedichten, die gleichfalls
mit Vögelins Schriften 1568. gedruckt worden, und deren
erstes Buch lauter heroische Sachen enthält. Pantaleon
Candidus hat seine Bohemais, auf alle böhmische Herzoge und Könige; imgleichen seine Gothiberis, auf die
gothischen Könige in Spanien, 1587. zu Straßburg in 4.
ans Licht gestellet. Im folgenden Jahrhunderte würde
es noch schwerer fallen, alle lateinische Dichter dieser
Art zu nennen. Doch will ich ein paar nennen, die mir
aus Liebe zu meinem Vaterlande gefallen haben. Der erste
ist Christoph Kaldenbach, ein Schlesier, dessen Gedichte
1651. und also eben vor 100 Jahren zu Braunsberg in Preus-
sen in 12. herausgekommen; daraus seine Aquila, Cupressus,
und die Borussia Philænis hieher gehören. Der zweyte aber
Joh. Augustin Fasch, der im Anfange dieses Jahrhunderts, seine Prussiam triumphantem in 3 Büchern zu Helm-

Ll 3 städt

stäbt in 4. ans Licht gestellet. Alle diese haben sich als starke
heroische Lobdichter erwiesen; ohne jedoch andern ihr Verdienst hieburch im geringsten abzusprechen.

5. §. Da ich nun dergestalt auf die Deutschen komme,
die, wie in andern Stücken, also auch in diesem, in die Fußtapfen der Alten getreten, so muß ich zum voraus erinnern:
daß sie im Anfange unserer ältesten Poesie zwar solche große
Lobgedichte, aber nicht in langen Versen gemachet.
Das Epinicion, oder Siegeslied, auf die von König Ludewigen geschlagenen Normannen, welches uns Schilter
zuerst ans Licht gestellet, ist aus dem IX. Jahrhunderte, und
gehört unstreitig zu dieser Art. Allein man liebte damals
nur kurze Verse; die so heroisch freylich nicht klingen, als
die sechsfüßigen. Doch ist man lange bey dieser Art geblieben, und hat sonderlich nach dem XII. Jahrhunderte sehr
viel solche Lobgedichte auf Kaiser, Fürsten und Herren,
ja wohl gar auf göttliche und geistliche Dinge gemachet.
Eins davon hat uns Opitz, unter dem Titel, Rythmus
de Sancto Annone, Archiepiscopo Coloniensi, ans Licht gestellet, daraus ein guter poetischer Geist hervorleuchtet.
Was davon noch in Handschriften vorhanden ist, werde ich
in meiner Geschichte der deutschen Sprachkunst und Poesie
ausführlich erzählen. Wollte ich indessen alle Geschichte in
Reimen hier namhaft machen, so müßte ich sowohl Ottokars von Horneck österreichische Historie, die P. Petz im
III. Bande seiner Sammlung von Geschichtschreibern ans
Licht gestellet, als Hansen des Enenkels Fürstenbuch anführen; welches 1618. zu Linz, und abermal 1740. in 8.
gedruckt worden, also nun schon über 500 Jahre alt ist.
Ferner müßte ich eines Ungenannten Leben der heil. Elisa-
beth, Landgräfinn von Thüringen, das in Menkens Script.
Rer. Germ. T. II. steht, und endlich Marcschalci Thurii
Geschichte der meklenburgischen Herzoge anführen, das in
der westphälischen Sammlung enthalten ist. Allein magere
Geschichte sind keine Gedichte, und gehen uns also nicht sonderlich an. Mit weit besserm Rechte gehören Matthias
Holz-

Holzwarts von Harburg lustgart neuer Deutscher Poeterei, zu Ehren dem fürstlichen Hauß Würtemberg; und Frischlins von Beyern, verdeutschte würtembergische Hochzeit hieher: deren jene 1568. in Fol. diese aber 1578. in 4. ans Licht getreten. Wir wollen aber die Zeiten vor Opitzen, immer vorbey lassen, und uns nur um diejenigen Dichter bekümmern, die seit der durch ihn verbesserten deutschen Dichtkunst, sich durch deutsche heroische Gedichte gewiesen haben.

6. §. Unter diesen nun, steht sonder Zweifel Martin Opitz selbst oben an. Sein Lobgedicht auf König Vladisla in Pohlen, ist schon längst von allen unsern Kunstrichtern für ein Meisterstück gehalten worden. Er hebt so an:

Der Höchste lebet ja, es wallet sein Gemüthe,
Noch vor Barmherzigkeit und väterlicher Güte;
Er lenket deinen Sinn, dem seiner günstig ist,
Daß er, o Vladislav, für Krieg die Ruh erkiest,
Und Langmuth für Geduld. Die falschen Herzen klagen;
Die guten freuen sich, daß du nicht ausgeschlagen,
Der Waffen Stillestand; und daß dein Sinn, o Held!
Den Frieden höher schätzt, als etwas in der Welt,
Das mit der Welt vergeht. Die, so vorhin durch Kriegen
Nach Ewigkeit gestrebt, und längst begraben liegen,
Sind selbst vermuthlich froh, daß itzund durch Verstand
Und Glimpf erworben wird, was ihre strenge Hand
Zu schaffen, nie vermochte. Herr! dieses thun die Gaben,
Damit dich die Natur und Gott bereichert haben.
O du, des Himmels Wunsch, der Völker Trost und Zier!
Du scheuest keinen Streit; doch nimmst du itzt dafür,
Was auf den Streit erfolgt. Sonst bist du zwar gebohren
Zu aller Tapferkeit, zum Strengeseyn erkohren,
Zu kämpfen angewöhnt. Du kömmst von Leuten her,
Die häufig vor der Zeit durch ihr so kaltes Meer
Mit heißer Brunst gesetzt; und Rom, den Zaum der Erden,
Der Völker Königinn, gezwungen, zahm zu werden,
Zu tragen fremdes Joch; von Leuten, derer Macht
Noch bis auf diese Zeit in ihren Gliedern wacht;
Die nach der Ehre mehr, als nach dem Leben fragen rc.

Daß aber Opitz, ausdrücklich die Alten in ihren Hymnis nachzuahmen gesuchet, das hat er durch seinen Lobgesang des Kriegsgottes und des Bacchus erwiesen, den er aus des

Das

Daniel Heinsius holländischer. Urschrift verdeutschet hat.
Ja als ein Christ, hat er uns auch einen Lobgesang Jesu
Christi geliefert; aber allemal, anstatt der Hexameter, die
sechsfüßigen Jamben gebrauchet, worinn ihm fast alle unsere
Dichter gefolget sind. Sein nächster Nachfolger war Paul
Flemming, ein Meißner, der in der heroischen Schreibart
so stark war, daß ihn auch Morhof zu einer Epopee für
geschickt gehalten. Sein Gedicht auf das Leiden Christi,
giebt eine von den stärksten Proben davon ab: wiewohl er
deren noch mehrere, sonderlich im II. B. seiner poetischen Wälder, an Olearien und Grahmannen, und an die fürstlichen
holsteinischen Gesandten verfertiget hat. Nun folgte Simon
Dach, ein Preuße, der sowohl auf seine Landesherren,
Georg Wilhelmen und Friedrich Wilhelmen, als auf
andere fürstliche Personen, bey Einzügen und Beylagern;
imgleichen auf das hundertjährige Jubelfest der Stadt Tilsit,
und die Erbauung einer neuen Kirche in Königsberg, seine
Stärke in der heroischen Dichtart gewiesen. Martin Kempe, übte seine heroische Feder zwar mehrentheils in geistlichen
Materien; doch setzte er auch das Lob der Unsterblichkeit,
und wagte dabey eine Neuerung: indem er es in fünffüßigen
Jamben aufsetzte, da sich die erste und vierte Zeile reimet;
die fünfte und sechste aber wieder zusammen gehören. Da
er nun dieses durchgehends beobachtet, so wollte ichs lieber
für eine Ode halten; die aber dergestalt 100 sechszeilige
Strophen lang seyn würde. Auch Just Sieber, hat sowohl
in seiner Margenis, über den westphälischen Frieden, als
in seiner Adelinne über das Lob des Adelstandes, und auf
Herrn von Oppeln, der ihn zum Dichter gekrönet hatte, u. s. w.
seine Stärke in dieser Art gewiesen. Johann Frankens
Susanna gehört auch hieher. Und was soll ich von Neu-
marken sagen, der in seinem poetisch historischen Lustgarten,
den sieghaften David, in der langen trochäischen Versart,
die recht heroisch klinget; imgleichen die verständige Abigail,
die erhöhete Fryne Bozene, die Kleopatra und Sophonisbe, mit lauter heroischen Gedichten besungen hat.

7. §.

7. §. Dieß waren nun Dichter des vorigen Jahrhunderts, die das itzige nicht erlebet haben, und also zu den alten gehören: die noch nicht die völlige Reinigkeit und Lieblichkeit erreichet hatten, welche ein feinerer Geschmack dem itzigen Jahrhunderte verliehen. Hier habe ich nun vier große Dichter zu nennen, die alle ihre Vorgänger weit übertroffen haben. Der erste war Besser, die Ehre des königl. Preußischen Hofes, bis er in seinem Alter denselben verließ, und in Dresden seine Zuflucht fand. Wie er unter Friedrich Wilhelmen dem Großen, und Friedrichen dem I. ein Augenzeuge großer Thaten war: also konnte es ihm an Gelegenheiten nicht fehlen, seine Stärke in heroischen Gedichten zu zeigen. Aus seinem Lobgedichte auf den ersten, haben wir nur ein Stück, welches die Beschreibung der Warschauer Schlacht enthält, durch welche sich der große Churfürst den Weg zu der höchsten Oberherrschaft von Preußen, und seinem Nachfolger zur königlichen Krone gebahnet. Dieses Stück aber zeiget uns eine große Stärke des Dichters in dieser Schreibart. Es hebt so an:

Der flüchtge Casimir, der ersten Furcht entstrickt,
War wieder in sein Reich aus Schlesien gerückt:
Indeß daß groß und klein, bis auf die Tartarhorden,
Für ihn und seinen Thron, war aufgebothen worden.
Mit diesen lag er erst bey Warschau an der Stadt;
Doch weil zu große Macht auch große Kühnheit hat:
War er den Weichselstrom diesseits herüber gangen,
Uns desto schleuniger im Anmarsch zu empfangen.
Fast hundert tausend Mann bedeckten das Feld:
Sie hielten gegen uns als eine halbe Welt.
Wie man die Kranche hört bey ihren Zügen girren,
Und in der Sommerszeit die reifen Saaten schwirren:
So rasselte der Klang von Pferden, Schild und Spieß,
Den diese große Schaar von weitem hören ließ.
Wie alles stäubt und bebt bey Ankunft einer Heerde:
So schwärzte sich die Luft, und zitterte die Erde;
Als dieser Völker Trifft, und deren Hinterhalt,
Auf unsre Läger drang mit stürmischer Gewalt.
Sechs gegen einen Arm, so sollten unsre kämpfen;
Ja was man hört und sah, schien uns den Muth zu dämpfen.

Des

Des Feindes Grausamkeit; die ungeheure Tracht,
Von Häuten und von Filz in eine Form gebracht;
Die theils mit Gold und Stahl gepanzerten Husaren:
Das große Feldgeschrey und Lermen der Barbaren,
So sie aus aller Macht aus Erzt und Horn erweckt,
Hätt' auch die Tapfersten bey andern abgeschreckt rc.

Eben das bestärket die Beschreibung der Schlacht bey Fehr-
bellin, worinn die Schweden aufs Haupt geschlagen wurden,
imgleichen die Bombardirung von Stettin.   Allein nicht
weniger erweiset solches die Danksagung des befreyten Unter-
rheins, an Churfürst Friedrichen den III. und das Verhängniß getreuer Liebe, womit er seine Kalliste beehret hat;
wiewohl in dem letzten die Traurigkeit durchgehends herrschet.
    8. §.   In Neukirchs Gedichten, die ich selbst ans Licht
gestellet habe, ist das auf den Tod der Königinn Sophie
Charlotte, imgleichen sind etliche Lobgedichte auf den König
sehr hoch zu schätzen; darinnen er nämlich die ungetrennten
heroischen Verse gebrauchet hat.   Das erste hebt so an:

Ihr Musen! die ihr mich, der Preußen Held zu singen,
Oft glücklich angefeurt, helft meine Feder zwingen,
Und führt sie von der Höh', nach der ich lüstern bin,
Von Friedrichs Siegesbahn zu seinen Thränen hin!
Sein unerschöpfter Muth ist weit genug erklungen,
Seit dem ihm Noth und Recht die Waffen abgedrungen,
Dem Franzen schüttert noch die kaum erlaufne Haut,
Wenn er auf Schwabens Feld betrübt zurücke schaut,
Und an den Tag gedenkt, da Ludwigs große Thaten
Mit Schrecken in die Nacht der Finsterniß gerathen,
Und auf einmal verlöscht. Was Preußen da gethan,
Das zeigen, schweig ich gleich, viel andre besser an.
Dießmal betracht ich nicht, wie unser König blitzet,
Wann ihm der Feinde Trotz, der Freunde Schmach erhitzet;
Nein! sondern, wie er selbst halb todt darnieder liegt;
Und dennoch über Tod und auch sich selbsten siegt.
    Charlott', ach! kann ich auch dieß große Wort noch sprechen?
Charlotte liegt erblaßt: und unsre Augen brechen.
Zugleich vor kalter Angst. Wir sehen nichts, als Nacht:
Und gleichwohl sehen wir Europens Zierd' und Pracht,
Des größten Helden Lust, der Damen Preis und Krone,
Das mütterliche Haupt von einem Königssohne,

                                    Miner-

Minervens Ebenbild, der keuschen Liebe Sitz,
Und alles, was jemals, Natur, Verstand und Witz
Nur herrliches gezeugt, nur schönes kann erdenken,
Ins Haus, ins schwarze Haus der bleichen Schaar versenken.
Ach! leider! allzuviel! zuviel auf einen Schlag!
Wer ist, der unsern Schmerz nur halb ergründen mag?
Und wer, der recht beschreibt, was unser König fühlet?
Wie dort, Euridice! dein Orpheus gespielet,
Wenn er des Morgens schon mit seiner Zitter Klang;
Wenn er des Abends noch von deiner Liebe sang:
So sieht man Friedrichen sich um Charlotten quälen:
So hört man seinen Mund ihr reiches Lob erzählen ꝛc.

Sein übersetzter **Telemach**, gehört ins Fach der Epopeen,
und ist nur übersetzet.

9. §. Nächst ihm ist ferner auch **Amthor** ein trefflicher heroischer Dichter gewesen, der ihn an erhabenen Gedanken und Ausdrückungen fast noch übertroffen hat. Diejenigen Stücke, womit er 1713. den königl. Dänischen Sieg über das Steenbockische Heer, und den Geburthstag Königs Friedrichs des IV. gefertiget, zeigen seine ganze Stärke.

Großmächtigster, so ists! vor deiner Waffen Blitzen
Kann in die Länge doch allein der Oelzweig schützen!
Der ungezähmte Feind entsagt dem starren Sinn,
Und legt den Lorber gern vor deinen Palmen hin:
Vergnügt bey seinem Fall, daß er zu deinen Füssen
Nur so gelinde mag den stolzen Frevel büssen;
Und da sonst Noth und Tod ihm unvermeidlich sind,
Er seine Rettung noch in deiner Gnade findt.
Der Vortheil, den er kaum durch schnöde List errungen,
Wird mit gerechtem Lohn ihm dreyfach abgedrungen,
Und was durch seinen Schein der Schweden Muth erhub,
War eben, was die Gruft zu ihrem Fehltritt grub.
Die Trave mußte flugs den ungebahnten Rücken,
Durch Kunst und Fleiß beslegt, vor ihrem Anzug bücken:
Sie hielten Meklenburg für ihren Ruhm zu klein,
Und schlossen die Begier in keine Gränzen ein.
Umsonst trieb Boreas der Wolken starke Düfte,
Den kalten Flockengraus, durch die bezognen Lüfte:
Je tiefer sich der Frost in Tellus Schooß gelegt,
Je mehr ward jedes Wuth erbitzt und angeregt.
Ihr Eifer schlug so gar durch angehetzte Flammen,
Mit fremdem Scheelsuchtstrieb in eine Glut zusammen,

Zu

Die zwar den Stiftern hat Neronens Lust gebracht,
Doch sie mit ihrem Dampf auf ewig schwarz gemacht.
Ists möglich? hat der Neid zu diesem Brand gerathen?
Erhält man so das Lob der alten Heldenthaten?
Kann unbewehrtes Volk, nebst todtem Kalk und Stein,
Auch wohl der Gegenstand beherzter Leute seyn rc.

10. §. Endlich folgt Pietsch, der sowohl in seinem Siege
Karls des VI. über die Türken, in IV. Büchern, als in vielen
andern Lobgedichten auf seinen König, und andere Großen,
zur Gnüge bewiesen, daß er ein Meister in dieser heroischen
Art, ja fast allein dazu gebohren gewesen. Z. E. auf Karl
den VI. hebt er so an:

Wo kämpft, wo siegt mein Karl? Ihr Musen führt mich hin!
Ein kriegrisches Geschrey bewegt mir Geist und Sinn,
Rückt den verwöhnten Fuß von unsern sanften Höhen,
Ihr sollt auf Waffen, Blut und kalten Leichen gehen.
Was fesselt mich und euch durch heimliche Gewalt?
Wird mein erloschner Trieb auf blassen Körpern kalt?
Will der geweihte Brand nicht meine Brust durchdringen;
Und läßt mein Phöbus mir kein feurig Lied gelingen:
So ruf ich dich, o Mars! um deine Flammen an,
Wer weis, ob nicht ein Held mehr als die Musen kann.

O Karl! ich sehe dich. Nun bin ich schon erhitzet!
Wer glüht, wer brennet nicht, wo deine Rechte blitzet?
O Karl! ich sehe dich, und deinen Muth zugleich.
Wer nur an dich gedenkt, ist an Erfindung reich,
Wie du an Thaten bist. Man darf sie nicht erst suchen,
Und wenn man sie nicht findt, auf das Gestirne fluchen,
Wie sich ein armer Geist mit kleinen Werken quält;
Unsterblich großer Held! wer sich dein Lob erwählt,
Wird stark durch deine Macht. Ein jeder darf sich wagen,
Karl! Karl! man nennt dich nur, was kann man größers sagen?

Sind die Triumphe nicht ein Anfang deiner Kriege?
So fährest du auch fort, und endest mit dem Siege.
Der Sieg hat nur bey dir die Flügel abgelegt,
Und dein gegründtes Glück die Kugel nicht bewegt.
Weil dieses aber nicht von ungefehr geschehen:
So lässest du die Welt ein neues Schauspiel sehen,
Greifst deinen Donner an, und häufest Streich auf Streich,
Und häufest Sieg auf Sieg. Das ausgestreckte Reich,

Das

Das Admets Zepter drückt, zieht alle Kraft zusammen;
Doch du zertheilest sie mit schreckenvollen Flammen,
Und zehrest alles auf, was dir entgegen zieht,
Bis alles untergeht, bis alles vor dir flieht rc.

Ich schweige noch von Wenzeln, Philandern, und dem
Corvinus, als die jenen vieren nicht gleichzuschätzen sind.

11. §. Sollte ich nun ferner auch auf die itztlebenden
Dichter fortschreiten: so würde ich noch viel berühmte Namen
zu nennen haben, die sich in dieser Schreibart hervorgethan.
Herrn Hofr. Trillers Prinzenraub, des Herrn von Scheyb
Theresiade, Herrn D. Lindners tartarische Schlacht, des
Herrn Secret. Stöckels Gedichte, auf die neulichen preußischen Siege in Schlesien und Böhmen, Herrn M. Pant-
kens Lobgedichte auf Ludewigen den Weisen, von Anhalt-
Köthen, u. a. m. würden mir solche Stücke darbiethen, die
ich unmöglich übergehen könnte. Allein die Nachwelt wird
ihnen, und allen andern, die ich verschweige, auch ohne mich,
Gerechtigkeit wiederfahren lassen. Nur ein Paar von den
verstorbenen, muß ich noch nachholen, die ich bald vergessen
hätte, nämlich Günthern und Königen. Der erste hat
viel Feuer, und edle Gedanken besessen, ein heroisches Gedicht recht gut abzufassen: wie man aus dem Lobgedichte auf
den hochsel. König August sieht, welches er gleich darauf
machte, als König ihn durch allerley Hofstreiche, um die
Stelle eines Hofpoeten gebracht hatte. Dieß einzige Gedicht
ist mehr werth, als alles, was König jemals geschrieben:
allein es war zu spät; und wenn es gleich Kenner bey Hofe
gegeben hätte, Günthers Verdienste recht zu schätzen.
Indessen ist es nicht zu leugnen, daß die schmutzige Lebensart, darinn Günther sich, aus Armuth und böser Gewohnheit herumwälzete, auch in seine edelsten Gedichte
allemal was niederträchtiges mit eingemenget: welches er
vieleicht würde vermieden haben, wenn er bey Hofe hätte
leben, und bessere Sitten lernen können. Königs Feder
aber war viel zu steif und hölzern, und sein Geist viel zu
schwer und kalt, als daß er sich zu dem heroischen Schwunge

dieser

dieser Art von Gedichten hätte erheben können. Man darf
nur sein Heldenlob, und hernach den August im Lager lesen:
so wird man bald sehen, daß es unmöglich ist, ein Wohlgefallen an seinen Versen zu haben. Ihre Härte und Rauhigkeit benimmt allen seinen, zuweilen noch leidlichen Gedanken, den ganzen Werth: und eben daher ist es kein
Wunder, daß sein I. Gesang vom August im Lager, zu
Maclatur geworden; den Verfasser aber von der Fortsetzung
abgeschrecket hat.

12. §. Aus Homers Exempel sehen wir, daß es bey
Verfassung eines heroischen Lobgedichtes fürs erste rathsam
sey, sich der langen Versart zu bedienen, die in jeder Sprache
am prächtigsten klinget: ohne sie in gewisse Strophen ab-
zutheilen; als welches sie den Oden ähnlich, und zu Gesängen
machen würde. Die Epopee selbst hat in diesem Stücke
nichts vor den Lobgedichten der Götter und Helden voraus:
denn beyde sind an Wichtigkeit des Inhaltes einander gleich.
Daher sagt Horaz:

Res gestæ Regumque Ducumque et tristia bella,
Quo possent numero scribi, monstravit Homerus.

Könnten wir nun im Deutschen die Hexameter schon mit
derjenigen Anmuth setzen, die dem Leser gefiele: so wäre es
gar wohl erlaubt, auch Lobgedichte darinn abzufassen; wie
Heräus solches auf Kaiser Karl den VI. versuchet hat.
In Ermangelung dessen aber, haben unsere Vorgänger sich der
sechsfüßigen Jamben mit ungetrennten Reimen, oder theils
auch wohl der achtfüßigen Trochäen bedienet. Außer Neu-
marken, dessen ich oben erwähnet, hat auch Zesen, und
noch in diesem Jahrhunderte Wenzel und Herr D. Lindner,
solches mit gutem Erfolge gethan. Je prächtiger man
nun den Wohlklang, und je reiner man das Sylbenmaaß
in diesen Gedichten machen kann, desto besser wird es sie zieren:
da hingegen ein gezwungenes, hartes Wesen dieselben sehr
verstellet. Ferner lehrt Homers Beyspiel, daß man in
solchen wichtigen Gedichten auch den Beystand einer Gottheit

heit anrufen könne: zumal, wenn ſie lang und weitläuftig
gerathen. Dieſes haben auch die meiſten alten und neuern
Dichter nachgeahmet; ſonderlich, wenn ſie ihre Arbeiten
gar in etliche Bücher abgetheilet haben, ſo daß ſie einigermaßen den Epopeen ähnlich geſehen. Allein auch hier haben
die Anmerkungen ſtatt, die im erſten Theile bereits davon
gegeben worden. Ein chriſtlicher Dichter thut beſſer, wenn
er entweder den wahren Gott, oder den Geiſt Gottes, in
geiſtlichen und ſehr ernſthaften Materien; oder in weltlichen,
die Wahrheit, die Tugend, die Großmuth, die Dankbar-
keit, die Freundſchaft, die Liebe, oder die Ehre anrufet;
als wenn er immer bey der Muſe Klio, oder Kalliope
bleibt. Unſere Vorfahren haben dieſes zwar gethan; und
ich tadle ſie deswegen nicht gänzlich: ob ich gleich ſage, was
beſſer iſt.

10. §. Was nun den Inhalt ſolcher Gedichte betrifft; ſo
muß zuförderſt der, ſo jemanden loben will, wiſſen, was
für Eigenſchaften eigentlich ein wahres Lob verdienen: denn
ſonſt läuft er Gefahr, auch ſcheinbare Laſter als große Tugenden
heraus zu ſtreichen, und dadurch bey den Verſtändigen zum
Gelächter zu werden; bey Unverſtändigen aber viel Schaden
zu ſtiften. Zweytens muß man den Character derjenigen
Perſon wohl kennen, die man loben will; damit man ihr
nicht unrechte Eigenſchaften beylege. Denn aus den allgemeinen Quellen der Lobſprüche ſolche Schmäucheleyen zu
ſchöpfen, die ſich auf hundert andere eben ſo wohl ſchicken,
als auf den, welchen man nennet; das heißt kein rechtes Lob,
ſondern eine niederträchtige Lobeſucht,

Da keiner Weisheit Spur,
Kein Salz noch Eßig iſt, als bloß der Fuchsſchwanz nur.

wie Rachel ſie beſchreibt. Eine rechte Lobſchrift muß ſich
ganz ſonderbar auf denjenigen Helden ſchicken, den man lobt,
und auf keinen andern gebraucht werden können. Es iſt
gratulantenmäßig, wenn man auf alle ſeine Gönner gleichſam einerley Verſe macht; und ihre Gottesfurcht, Wohl-
thätig-

thätigkeit ꝛc. mit großem Geschreye erhebt. Eben so verächtlich ist der Kunstgriff, in dem Lobe eines neuern allemal
einen alten Helden herunter zu machen. Venus muß nicht
mehr schön, Alexander kein Held, Plato kein Philosoph,
und Cicero kein Redner mehr seyn, wenn der Poet es so
haben will. Oder man schmelzt gar alle große Leute des
Alterthums zusammen, um einen einzigen Neuern daraus
zu gießen: der doch gemeiniglich kaum werth ist, dem geringsten von jenen die Schuhe aufzulösen. Ein rechtschaffener
Poet schämet sich dieser verächtlichen Schmäucheleyen, und
lobet keinen; als von dem man was besonders zu sagen und
zu rühmen weis.

14. §. Doch da die Gewohnheit es eingeführet hat, auf
viele Leute Verse zu machen, wenn uns gleich keine solche
ruhmwürdige Eigenschaften von ihnen bekannt sind: so bediene man sich des Kunstgriffes, den Pindar ersonnen hat;
wenn er auf die Ueberwinder in den olympischen Spielen
nicht viel zu sagen wußte. Er lobte etwa einen andern griechischen Helden oder Gott, oder handelte eine ganz andere Materie ab, die nützlich und angenehm war: zuletzt aber dachte
er nur mit wenigen Worten an denjenigen, dem zu Ehren
es verfertiget wurde. Diese Erfindung hilft uns zuweilen
ganze Bogen füllen, ehe mans gewahr wird. Man erzählet bey Königen und Fürsten das Alterthum ihres Hauses,
die Thaten ihrer Vorfahren, in Kriegs- und Friedenszeiten;
oder man schildert überhaupt das Bild guter Regenten,
Feldherren, oder anderer großer Männer ab. Man beschreibt Tugenden und entgegengesetzte Laster, so viel sich ohne
Beleidigung dessen, den man ehren will, thun läßt. Die
Gedichte werden auch eben dadurch für andere Leser erbaulicher, und kommen also eher bis auf die Nachwelt, als
wenn sie lauter kalte Lobsprüche in sich halten. Zum wenigsten muß man hier und dar lehrreiche Ausschweifungen zu
machen bedacht seyn; um dem Ekel der Leser zuvor zu kommen. Man sehe nur zu, daß man nicht gar zu weit gesuchte Materien ausführe; die sich auf keine andere Weise

auf

auf unſern Helden deuten laſſen, als wenn man ſagt: Doch,
wo gerath ich hin?

15. §. Die Schreibart aller dieſer Gedichte muß, nach
Beſchaffenheit der Sachen und Perſonen, davon ſie handeln,
bald prächtig und erhaben, bald ſinnreich und nachdenklich,
bald pathetiſch, bald auch natürlich werden. Hofrath
Pietſch hat in ſeinen meiſten Gedichten eine ſo edle Art des
Ausdruckes, und ſo erhabene Gedanken gebrauchet, daß er
zu ſolchen Lobgedichten faſt allein gebohren zu ſeyn geſchienen:
wie man unter andern aus ſeinem Gedichte auf den Grafen
zu Waldburg, und dem langen Geſange auf den Prinzen
Eugen ſehen kann, der ſich anhebt: O feuriger Eugen!
der aber einer Ode ähnlicher ſieht, als einem heroiſchen Gedichte. Opitz giebt in ſeinem Lobgedichte auf den König Vla-
dislas, ein treffliches Muſter einer edlen Einfalt des Ausdruckes. Er geht nicht auf Stelzen, ſondern iſt von Natur
durch die Art ſeiner Gedanken erhaben. Er kennet die
Pflichten eines Königes, und alles deſſen, was ihn wirklich groß machet. Dieſes ſchildert er nun ſo natürlich, daß
er ſeinen Leſer dahin reißt, und ihn in Bewunderung ſeines
Helden ſetzet. Sein Herz, und nicht ſein Witz ſcheint die
Feder zu führen, wenn er lobet. Nächſt ihm hat Neukirch in ſeinen Lobgedichten auf den König in Preußen die
rechte Schreibart in ſeiner Gewalt gehabt. Auch er flößt
lauter edle Bilder von ſeinem Helden ein: da hergegen König, wenn er den Auguſtus loben will, nur auf ſeine Stärke,
große Naſe, und ſtarke Augenbraunen verfällt: gerade als
ob ſolche Kleinigkeiten zu der Würde eines Königes etwas
beytrügen. Auch das iſt tadelhaft, wenn Dichter in ihren
Lobgedichten auf Fürſten, nur ihre Kronen, Gold, Edelſteine,
Purpur, Sammt, Trabanten, Pracht und Gefolge loben.
Dieß ſind Dinge, die zwar des Pöbels Augen blenden, aber
keine wahre Größe zeigen. Ein Nero kann ſie eben ſowohl,
als ein Titus und Trajan haben: aber dieſe wiſſen andere
Mittel, ſich anſehnlich und beliebt zu machen. Ein Dichter muß die Gedanken ſeiner Leſer über die Vorurtheile des

gemeinen Wahnes zu erheben, nicht aber darinn zu bestärken suchen. Man hüte sich endlich auch vor allen schwülstigen Ausdrückungen, in welche die lohensteinische Schule eine
Zeitlang gerathen war; und wovon auch Neukirch in
seiner Jugend angestecket gewesen. Eben deswegen habe
ich aus der Sammlung seiner Gedichte, die ich ans Licht
gestellet, alle die Stücke ausgeschlossen, darinn dieser böse
Geschmack noch herrschete.

16. §. Doch ehe ich dieses Hauptstück schließe, muß ich
noch etwas erinnern, was zu diesem und allen vorhergehenden Hauptstücken dieses andern Theiles gehöret. Es betrifft
die Titel, die man zu seinen Gedichten machen soll. Hier
fragt sichs nun, wie man dieselben einzurichten habe?
Viele Leute lieben die gekünstelten oder hochtrabenden, das
ist, die metaphorischen oder allegorischen Titel: und diese
pflegen ihre vornehmste Erfindungskraft schon auf der Ueberschrift zu verschwenden. Neidhard hat eine Cantate gemacht, deren Titel dieser war: die mit blauen Adlers-
flügeln gen Himmel geflogenen güldenen Sonnen.
Die Erfindung war aus dem Wappen desjenigen Grafen
genommen, bey dessen Leiche dieses Stück zur Trauermusik
dienete. Wer sieht aber nicht, wie ungereimt die Phantasie
des Poeten gewesen, der das Herz gehabt, die blauen Flügel an die Sonnen zu setzen, um sie damit gen Himmel fliegen
zu lassen? In andern Gedichten findet man eben solche Ausschweifungen: ja in ganzen Büchern der Poeten ist es nichts
seltsames, daß man poetische Trichter, Helikone, Parnasse,
Tempel, Altäre, Rosenblätter, Rosengebüsche, Cedern-
lorbern- Myrten- und Cypressen-Hayne, Posaunen, Harfen, Glocken, Cymbeln, und warum nicht auch Schällen?
von ihnen zu sehen bekömmt.

17. §. Allein, wenn ich die Wahrheit davon gestehen soll;
so machen alle diese metaphorische Titel einem Buche kein
sonderliches Ansehen. Die Alten haben ihren größten und
besten Gedichten sehr einfache und schlechte Namen gegeben.

Die

Die Ilias und Aeneis, nebst allen Trauerspielen der Griechen, können genugsam davon zeugen. Andere kleine Werke, hießen auch schlechtweg, Ode, Jdylle, Satire, Elegie, Schreiben, Sinngedichte, u. s. w. ohne ein großes Gepräle von dem wunderwürdigen Inhalte solcher Stücke zu machen. Und in den neuern Zeiten, haben auch die besten Dichter sich solcher hochtrabenden Titel enthalten. Man sieht wohl, daß **Opitz, Flemming, Kanitz, Besser, Philander** und **Günther** sich aller dieser weitgesuchten Ueberschriften, sowohl in einzelnen Stücken, als in ganzen Sammlungen enthalten haben. Bey denen aber, die sich auf eine pralerische Art mit seltsamen Ueberschriften breit gemachet haben, hat es mehrentheils geheißen:

Quid tanto dignum feret hic promissor hiatu?
Parturiunt montes, nascetur ridiculus mus.

Man bleibe also bey einer ungezwungenen natürlichen Kürze in den Titeln seiner Gedichte; und halte fest dafür: daß es weit besser sey, wann hernach im Gedichte oder im Buche mehr enthalten ist, als man aus dem Titel vermuthet hätte; als wenn auf dem Titel mehr wäre versprochen worden, als der Poet im Werke selbst leisten gewollt oder gekonnt:

Non fumum ex fulgore, sed ex fumo dare lucem
Cogitat, ut speciosa dehinc miracula promat.

Der

※※※※※※※※※※※※※※※※※※※※※※※※※※※※※※※※※※※※

Des I. Abschnitts VII. Hauptstück.
Von Satiren oder Strafgedichten.

1. §.

Wie die Poesie überhaupt von der Musik und den ersten Liedern ihren Ursprung hat, so ist es auch mit der satirischen beschaffen. Man hat lange vor dem Homer spöttische und schimpfliche Gesänge gemacht, und abgesungen; folglich ist diese Art von Gedichten eben so neu nicht. Aristoteles, der uns dieses im vierten Kapitel seiner Dichtkunst erzählet, setzet hinzu: daß diese Lieder sehr unflätig und garstig gewesen, und daß Homerus sie zuerst von dieser Unart gesaubert, da er in heroischen Versen auf den Margites eine Satire gemacht. Dieser Margites, wie schon bey anderer Gelegenheit gedacht worden, mochte ein Müßiggänger gewesen seyn, der weder einen Schäfer, noch einen Ackermann, noch einen Winzer abgeben wollte; und also nach der damaligen Art ein unnützes Glied der menschlichen Gesellschaft war. Auf diesen machte nun Homer ein Strafgedicht, welches er von den oben erwähnten Fehlern der Grobheit und Schandbarkeit befreyete; und gab uns also, nach Aristotels Urtheile, den ersten Begriff von einer guten Satire, wie er uns vom Heldengedichte das erste gute Muster gemacht. Da aber dieses seinen Nachfolgern Gelegenheit gegeben, die Tragödie zu erfinden; so hat auch jene, nämlich die Satire, zur Erfindung der Komödie Anlaß gegeben.

2. §. Was nun Homer in heroischen Versen gethan hatte, das versuchte, um des Gyges, oder Romulus Zeiten, wie Herodotus und Cicero bezeugen, oder im 3250sten Jahre der Welt, Archilochus in Jamben; die er selbst zu dieser Absicht erfand. Horaz sagt deswegen von ihm:

Archilochum proprio rabies armavit Iambo.

Diesen Vers zu verstehen, muß man die Geschichte wissen, die er voraussetzet. Lykambus hatte dem Archilochus

die

diene Neobule, eine von feinen drey Töchtern versprochen.
Als dieser nun Ernst machen wollte, so schlug er sie ihm wieder
ab, und gab sie einem andern. Das verdroß nun den Archilochus dergestalt, daß er aus Rachgier, in jambischen
Versen, die allerbeißendste Satire auf ihn machte. Diese
brachte nun den Lykambus zu solcher Verzweifelung, daß
er sich selbst erhieng: ja seine drey Töchter, die er vieleicht
auch nicht geschonet hatte, sollen, nach andern, eben das gethan haben. Von dieses Archilochus Gedichten sind nur
wenige Verse übrig, die Heinr. Stephanus, mit den Frag-
mentis Lyricorum ans Licht gestellet hat. Archilochus
ward darauf ein Soldat, und blieb in einer Schlacht. Außer
dem aber, daß seine Gedichte so beißend gewesen, haben sie
auch viel unzüchtige und den guten Sitten zuwider laufende
Dinge in sich gehalten: weswegen die Lacedämonier sie in
ihrem Staate zu lesen verbothen. Sein Lobgesang auf den
Herkules aber, ward so beliebt, daß er bey den olympischen
Spielen auf die Sieger allezeit dreymal abgesungen ward.
Apollonius, der Rhodier, hat sein Leben beschrieben, und
Heraklides ein Gespräch von ihm gemacht. So berühmt
er aber dadurch geworden und geblieben, so wenig Nachfolger hat er in der jambischen Satire gefunden. Man weis
keinen einzigen, der ihm darinn nachgeahmet hätte: vieleicht
weil seine Schreibart zu viel Merkmaale der Rachgier gehabt,
und eher einer persönlichen Lästerschrift, als einer allgemeinen
Bestrafung der Laster ähnlich gesehen. Vieleicht hat aber
sonst die unflätige Art des Ausdruckes einen Abscheu vor
seinen Gedichten erwecket. Die jambischen Verse indessen,
die er erfunden, sind in vielen Arten der Gedichte gebrauchet,
und beybehalten worden.

3. §. In eben dem Hauptstücke erwähnt Aristoteles, daß
man noch bis auf seine Zeiten, in vielen Städten satirische
Lieder voller Zoten gesungen, ja daß sie sogar durch öffentliche Gesetze eingeführet gewesen. Indessen fielen doch die
besten Poeten, die zur Satire ein Naturell hatten, auf die
Komödien, die anfänglich durch den Pratinas, Eu-

polis,

polis, Kratinus und Aristophanes in den Schwang;
durch den Philemon und Menander aber zur Vollkommenheit gebracht wurde.   Denn so beschreibt sie Horaz in
seiner IV. Satire des I. Buchs:

Eupolis atque Cratinus, Aristophanesque Poetæ,
Atque alii, quorum Comœdia prisca virorum est,
Si quis erat dignus describi, quod malus, aut fur;
Quod moechus foret, aut sicarius, aut alioqui
Famosus; multa cum libertate notabant.

Dieses zeigt uns nun sattsam, was das innere Wesen ihrer
Satiren gewesen.   Sie waren Abschilderungen lasterhafter
oder thörichter Leute, die sich durch ihre Bosheit und närrische Lebensart schon selbst bekannt gemacht hatten.   In freyen
Republiken, dergleichen in Griechenland überall waren, stund
dieses einem Poeten frey.   Und da es zwischen den Vornehmen und Geringern allezeit Mishälligkeiten gab: so sah es
das Volk gern, wenn auch die obrigkeitlichen Personen, ja
die Fürsten ganzer Städte wacker herumgenommen wurden.
Als aber die Großen das Ruder des gemeinen Wesens in die
Hände bekamen: so wurde diese poetische Freyheit sehr eingeschränket; wie unten in dem Hauptstücke von der Komödie
mit mehrerm vorkommen soll.

4. §. Bey den Lateinern sind auch schon in alten Zeiten
die fescenninischen Lieder und Stachelgesänge Mode gewesen.   Das Landvolk belustigte sich an den Festtagen noch zu
Augusts Zeiten daran; und diese mögen wohl dem Lucilius
die erste Veranlassung zur Erfindung der lateinischen Satire
gegeben haben.   Diese ist nun von der griechischen des Archilochus, in der Art von Versen, ganz unterschieden.   Denn
da jene sich der jambischen bedienet hatten: so schrieb sie
Lucilius nach Homers Muster, wieder in alexandrinischen
Versen; und zwar mit solchem Erfolge, daß alle seine Nachfolger, Horaz, Juvenal und Persius, auch dabey geblieben.   Diese drey haben auch in satirischen Gedichten die
höchste Vollkommenheit erreichet: und wir müssen sie uns zu

Mustern

Mustern nehmen, wenn wir darinn was rechtes thun wollen. Denn ob sich wohl auch nach ihren Zeiten Lucianus auf die satirische Schreibart mit gutem Erfolge geleget: so hat er doch nur in ungebundener Rede geschrieben. Auch unter den Neuern haben Erasmus, Ulrich von Hutten, Agrippa, Henrich Morus, und viele andere, satirische Schriften genug verfertiget: allein mehrentheils nicht in Versen, so daß wir sie hieher nicht rechnen können. Und ungeachtet es auch an poetischen Satiren in lateinischer Sprache bey Wälschen, Deutschen und Franzosen nicht gefehlet, die man insgemein Menippeas zu nennen pfleget: so ist es doch allemal besser, bey den alten Mustern zu bleiben; dagegen die neuen Lateiner nur allemal Copisten und Stümper bleiben.

5. §. Unter den heutigen Völkern, hat sich fast jede Nation darinn hervorgethan. Regnier und Boileau sind unter den Franzosen die grössten Satirenschreiber gewesen, und Rousseau ist ihnen nicht unglücklich gefolget. Unter den Italienern hat sich Aretin, so wie in England der Graf Rochester, und in Rußland Prinz Cantemir, durch seine Satiren einen Namen gemacht; unzähliger andern, die nicht so berühmt sind, zu geschweigen. Bey uns Deutschen, hat zwar Opitz in seinen Gedichten hier und da viel satirische Stellen mit einfliessen lassen: aber ich finde kein einziges Stück von ihm, das er eine Satire geheißen hätte. Hans Wilmsen L. Rost, d. i. Laurenberg von Rostock, gab 1655. in 12. seine vier Scherzgedichte heraus, die in der That Satiren waren. Sie handeln, von der Menschen ißigen verborgenen Wandel und Manieren, von alamodischer Kleidertracht, von vermengter Sprache und Titeln, von der Poesie und Reimgedichten; aber alles in plattdeutscher meklenburgischer Sprache. Sie halten überaus viel Salz und Essig in sich, und wären schon werth, einmal hochdeutsch eingekleidet zu werden. Rachel war also der erste, der sich bald nach ihm, durch zehn hochdeutsche Satiren ans Licht wagte: und sich gleichsam dadurch, als unsern Lucilius erwies. Er verdient diesen Namen, nicht nur wegen seiner sehr heftigen

tigen

tigen und beißenden Schreibart, sondern auch wegen der
unreinen und harten Verse, die Horaz jenem römischen
vorgerücket. Er verdient indessen noch gelesen zu werden:
weil er überall eine gesunde Vernunft, eine gute Moral, und
einen ziemlichen Geschmack zeiget; wie aus so vielen Stellen,
die ich schon aus ihm angeführet, zur Gnüge erhellen kann.
Wie aber Boileau sich keine Schande daraus gemachet,
zu gestehen; daß er dem Horaz, Juvenal und Persius
fleißig nachgeahmet, ja bisweilen ganze Stücke daraus bloß
übersetzet: also können wir dieses auch vom Rachel gestehen.
In etlichen scheint er ein bloßer Uebersetzer dieser Lateiner,
sonderlich Juvenals zu seyn: und es wäre gut, wenn
man einmal in einer neuen Auflage, alle die Stellen anmerkte. Zum Exempel soll uns der Anfang der fünften
Satire vom Gebethe dienen, wo man Juvenals und
des Persius Geist leicht kennen wird.

Sey fröhlich, o Makrin! Halt diesen Tag in Ehren,
Der deiner Jahre Zahl von neuem wird vermehren.
Gib Dank und Opfer her, bring nur ein Loffel Wein:
Mit unserm Schaden will Gott nicht gedienet seyn.
Ein heiliges Gebeth, das nach dem Geiz nicht schmecket,
Sticht hundert Ochsen aus. Du trägest unverdecket
Den Wunsch des Herzens an, bringst alles deutlich vor,
Und raunest insgeheim den Göttern nicht ins Ohr,
Wie sonsten wohl geschieht. Ist jemand da zugegen,
So ruft man laut heraus: „Gib nur in allen Wegen,
„O Jupiter, ein Herz, daß dir zu Dienste sey,
„Mit Schanden unbefleckt, vergnüget, redlich, treu,
„Dem Geiz und Wucher feind!" Das geht aus vollem Rachen:
Inwendig aber spricht das Herz von andern Sachen,
Und murmelt bey sich selbst: „O! daß das gute Glück
„Mir an Ducaten geb' ein hundert tausend Stück!
„O daß mein alter Freund; daß meine reiche Baase,
„Gar sanft und selig wär bedeckt mit grünem Grase!
„O daß Nikanors Sohn, der näher erbt, als ich,
„Noch heute kriegen möcht den letzten Todesstich:
„Denn wozu dienets ihm, so großes Gut zu erben,
„Deß Leben nichtes ist, als nur ein täglich Sterben;
„Schwarz, mager, häßlich, bleich, vom Fieber ausgezehrt,
„Ein Schatten, sonder Leib, nicht eines Hällers werth.

Ach

„Ach möcht ich nur ein Weib mit großem Gut, erwerben,
„Die heute käm' ins Haus, und morgen möchte sterben!
„Sieh, wie es Nereus, dem reichen Filze glückt:
„Der schon die dritte Frau bereits zu Grabe schickt."
Dieß ist des Herzens Wunsch. Und daß nun solch Begehren,
..Als heilig und gerecht der Himmel mög' erhören:
So gehst du Morgens hin, thust dreymal einen Guß
Vom Tyber auf das Haupt, entsündigest den Fluß
Der hingelegten Nacht 2c.

6. §. Im 1676sten Jahre, gab Martin Kempe, seine
Siegspracht der Dichtkunst in 12. heraus, darinn drey
Strafgedichte, die meistentheils die Poesie betreffen, vorkommen. Es sind viel schöne Gedanken, und lebhafte
Stellen darinn: doch ist er bey weitem so scharf nicht, als
Rachel, und also in keinen Ruff eines Satirenschreibers
gekommen. Bald darauf erwachte der Freyherr von Ranitz, ein viel feinerer Geist, der sich durch Studien, Reisen, und Umgang mit den artigsten Hofleuten nicht nur eine
bessere Lebensart, sondern auch einen bessern Geschmack erworben hatte. Kurz, er ward unser deutscher Horaz.
Dieser brauchte seinen Trieb zur Poesie nur insgeheim, zu
seiner Belustigung, und gab sich bey seinem Leben gar nicht
bloß damit. Wir sehen dieses aus seiner Satire von der
Poesie, da er sich selbst die Gefahr vorrücket, wider seinen
Willen, als ein Poet bekannt zu werden:

Du meynst zwar, was du schreibst, soll nie das Licht erblicken:
Wie bald kann aber dieß auch dir eins misgelücken?
Von deinem schönen Zeug entdeck, ich wie mich deucht,
Schon manch geheimes Blatt, das durch die Zechen fleucht.
So wirst du ein Poet, wie sehr du es verneinest;
Wer weis, ob du nicht bald im offnen Druck erscheinest?
Vieleicht wird dein Gedicht, des Müßigganges Frucht,
Noch bey der späten Welt einmal hervor gesucht;
Und mit dem Juvenal in einem Pack gefunden,
Wenn man ihn ungefähr in Löschpapier gewunden.

Indessen ließ er doch zuweilen seine Gedanken über den Lauf
der Welt, und sonderlich das Hofleben, auf eine sehr geschickte und sinnreiche Art aus: die noch heute zu Tage den

Ein-

Eindruck macht, als ob sie itzo geschrieben wäre. Seine
Verse sind rein, und doch nachdrücklich, fließend und doch
nicht matt; voller Schärfe, und doch fein, aber allezeit schamhaft und der Tugend treu. Er übersetzte sowohl aus dem
Latein, als aus dem Französischen sehr glücklich; wie
ein paar Stücke aus dem Horaz und Juvenal, und die
Satire vom Adel aus dem Boileau zeigen. Von dieser
insonderheit hat mich ein gelehrter Franzos, der hier soviel
Deutsch gelernet hatte, daß er sie ganz verstund, versichert:
daß sie stärker sey, als das Original. Zum Exempel seiner
Kunst im Schildern, will ich aus der IV. Sat. vom Hofleben,
seine Abbildung eines obersten Staatsdieners hersetzen:

> Wo aber ist der Ort, der einen muntern Geist,
> Geschwinder, als der Hof, in seinem Vortheil weist;
> Und täglich Anlaß giebt, bey so verschiednen Fallen,
> Was man begriffen hat, ans volle Licht zu stellen?
> Was fehlet einem wohl, der es so weit gebracht,
> Daß er in seiner Höh der Misgunst Pfeil verlacht?
> Wenn keiner, neben ihm, dem Fürsten geht zur Seiten,
> Den er darf wie ein Freund, nicht wie ein Knecht, begleiten.
> Er heißt des Fürsten Arm, der unsre Wohlfahrt stützt:
> Sein Ohr, das uns erhört; sein Auge, das uns schützt;
> Die Seele, die ihn regt, auf unser Heil zu sinnen;
> Sein Werkzeug, das er braucht, was großes zu beginnen.
> Man schreibts dem Unglück zu, wenns etwan übel steht,
> Und ihm, daß noch der Staat nicht ganz zu Drümmern geht.
> Ihm dankt der Fürst allein, daß er so wohl gesorget,
> Wenn der Soldate ficht, und noch der Kauffmann borget,
> Ist das nicht folgens werth, wenns einem so gelingt,
> Daß aller Ueberfluß durch Thür und Fenster dringt;
> Und daß er, sein Geschlecht in hohen Flor zu setzen,
> Darf eines jeden Haupt, nach eignem Willen, schätzen?
> Er sieht sein prächtig Haus, wie es von Marmel prahlt,
> Sein Bild, wie es geprägt, aus hellem Golde stralt.
> Die Leichenrede selbst sieht er bey seinem Leben,
> Im Vorrath schon gedruckt, an allen Wänden kleben.
> Ein solcher, der sich schaut in so erwünschtem Stand,
> Hat nicht sein Vatergut vergeblich angewandt,
> Und darf der andern Lust in Wahrheit nicht beneiden,
> Die ihr Gesicht an Korn, an Schaaf und Kälbern weiden.

7. §.

7. §. Wenn wir also an diesem einen deutschen Horaz aufzuweisen haben, so ist Benjamin Neukirch unser Juvenal zu nennen. Seine männlichen und recht feurigen Satiren, erwerben ihm diesen Namen mit Rechts: zumal, da er nicht mit Scherzen und Lachen, sondern im Ernste und mit brennendem Eifer die bittersten Wahrheiten heraus saget. Zuerst stellte uns dieselben Secr. Hanke unter seinen Gedichten, noch bey des Verfassers Leben, ans Licht: hernach habe ich sie in der Sammlung seiner Gedichte wieder auflegen lassen. Er hat gleichfalls eine Weile in Berlin das Hofleben, und alle Lüste und Beschwerden desselben kennen gelernet. Sein Verdruß brach also zuweilen darüber aus; sonderlich, wenn er erwog, daß er mit seiner Muse, so lange Besser daselbst am Hofe war, nicht empor kommen konnte. Man lobte seine Gedichte, und ließ ihn darben, wie er selbst öfters klaget: da er doch ein Geist war, der wie ein Virgil in Rom, einem neuen Königreiche zu einer der vornehmsten Zierden gereichen konnte. Allein auch sonst hat er seine Gedanken über die Kinderzucht, über die drey Hauptlaster, u. a. m. sehr bitter, und nachdrücklich ausgelassen. Zur Probe will ich ein Stück aus der VII. Satire, auf unverständige Poeten hersetzen; darinnen zugleich ein Theil seines berlinischen Schicksals, unter Friedrichen dem Weisen, und seinem Nachfolger zu sehen ist.

So hab ich manchen Tag und manche Nacht verreimt,
Und oft ein großes Lied von Zwergen hergeträumt;
Verliebten ihre Lust in Zucker zugemessen;
Betrüger reich gemacht, mich aber gar vergessen.
Und ob mich endlich gleich mit der verjährten Zeit,
Ein kurzer Sonnenblick bey Hofe noch erfreut;
Und Preußens Salomo, den ich mit Recht gepriesen,
Mir zu der Ehrenburg den Vorhof angewiesen:
Ward doch durch seinen Tod, der alles umgekehrt,
Mein Glück und auch zugleich mein ganzer Ruhm verzehrt.
Nun lacht die Wucherschaar, bey ihren Judengriffen,
Daß ich der Tugend Lob auf Hoffnung hergepfiffen;

Die

Die Zungendrescherey den Musen nachgesetzt,
Und wahre Weisheit mehr, als Geld und Gut, geschätzt;
Und daß ich, da der Hof zum Laufen mich gezwungen,
Nicht noch zu rechter Zeit in Schulenstaub gesprungen;
Die matte Dürftigkeit im Mantel eingehüllt,
Mit leerer Wissenschaft die Jugend angefüllt;
Die Kinder gegen Lohn den Todten vorgetrieben,
Und wöchentlich ein Lied für Thaler hingeschrieben.
    Hiebey verbleibt es nicht. Die schwärmende Vernunft
Der von der Hungersucht bethörten Dichterzunft,
Die sich durch falsche Kunst auf den Parnaß geschlichen,
Von der gesetzten Bahn der Alten abgewichen,
Mit frecher Hurtigkeit gefüllte Bogen schmiert,
Und alle Messen fast ein todtes Werk gebiehrt;
Wird so verwegen schon, daß sie Gesetze stellet,
Der Griechen Zärtlichkeit das Todesurtheil fället,
Des Maro klugen Witz in Kinderclassen weist,
Horazens Dichterkunst verrauchte Grillen heißt,
Und alles, was sich nur nach alter Kraft beweget,
Auf lüsternem Papier mit Dinte niederschläget.
Da nun dieß Wespenheer von Tag zu Tage wächst,
Und jeder Knabe schon nach Narrenwasser lechzt:
Was Wunder ist es denn, wenn Ruhm und Ehre stirbet,
Die Kunst zu Grabe geht, und Tugend gar verdirbet?

8. §. Philander, Menantes und Corvinus, haben uns zwar satirische Gedichte geliefert, allein, sie sind mehrentheils zu matt, und zu wässerig gerathen: Günther aber ist zu jung in das Strafamt getreten, daher seine Satiren nur Rhapsodien heißen können, die ihm eine ausschweifende Jugendhitze eingegeben. Er denket zwar bisweilen sehr munter, feurig und glücklich; allein mehrentheils ohne Ordnung und Regel: denn er fällt von einem aufs andere, das sich zu keiner Hauptabsicht zusammen reimet. Ja oft scheinen gar die Reime seine Verse gemacht zu haben; weil die Sachen sich nicht besser zusammen schicken, als ob er sie zusammen gewürfelt hätte. Indessen verdient er so gut, als ein Rousseau gelesen zu werden, mit dem ihn der Herr von Bar verglichen hat. Wie sehr ist es zu bedauren, daß dieser starke Dichter seine Epitres diverses, nicht in deutscher Sprache geschrieben hat: so würden wir ihn mit Recht für unsern

unſern ſtärkſten Satirenſchreiber ausgeben können, der allen
Ausländern Trotz zu biethen im Stande wäre. Die geſunde Vernunft und die Wahrheit ſcheinen ihm ſelbſt die Feder
geführet zu haben: ſo richtig ſind alle ſeine Ausſprüche.
Die Materien, davon er ſchreibt, ſind viel wichtiger, als
des Boileau ſeine; der ſich mehrentheils nur mit den elenden Scribenten herumzanket. Itzo aber, da er franzöſiſch
geſchrieben, hat er das Schickſal, daß er den meiſten ſeiner
Landsleute unverſtändlich iſt; von den Franzoſen aber dennoch, aus bloßem Neide nicht gelobet, ja wohl gar noch
wegen einiger, obwohl ſehr geringen Sprachfehler getadelt
wird. Von unſerm dunkeln und gezwungenen Perſius
könnte ich auch wohl etwas ſagen, indem es uns an dieſem
auch nicht fehlt. Doch weil er noch lebt, ſo läuft es wider
die Regel, die ich mir gemacht habe. Ein jeder, der den
lateiniſchen Dichter kennt, wird ſchon wiſſen, wen ich im
Deutſchen meyne.

9. §. Nach dieſer kurzen Hiſtorie der Satire, wird es
leicht ſeyn, eine Beſchreibung derſelben zu geben. Sie iſt
nämlich ein moraliſches Strafgedicht über einreißende Laſter,
darinn entweder das Lächerliche derſelben entdecket; oder das
abſcheuliche Weſen der Bosheit, mit lebhaften Farben abgeſchildert wird. Man ſehe das obenangezogene vierte Hauptſtück der Poetik Ariſtotels nach, ſo wird man eben dergleichen Beſchreibungen davon antreffen. Man kann alſo ſagen,
die Satire ſey eine Abſchilderung laſterhafter Handlungen,
oder das Gegentheil von den Lobgedichten: welche nur die
guten und löblichen Thaten der Menſchen abſchildern und
erheben. Beyde ſind alſo zu Ausbreitung und Fortpflanzung
der Tugend erfunden, ob ſie wohl verſchiedene Mittel dazu
wählen. Lob und Tadel haben bey den Menſchen viel Kraft:
wenn ſie nur in den rechten Händen ſind, und zum Behuf des
Guten, und zu Unterdrückung des Böſen recht angewendet
werden. Dieſe Abſicht ſoll nun ein Satirenſchreiber haben.
Indeſſen könnte man die Satire auch den Schäfergedichten
entgegen ſetzen, welche den unſchuldigen Zuſtand des gülde-

nen

-nen Weltalters abschildern. Man kann sie aber auch in zwo Hauptgattungen eintheilen, nämlich in die lustige oder scherzhafte, und in die ernsthafte oder beißende Satire. In jener ist Horaz, und bey uns Kaniz; in dieser aber sind Juvenal, und bey uns Neukirch Meister gewesen.

10. §. Dacier in seinem Tractate von der Satire, hält dafür, man müsse den Grund der Satiren in der christlichen Lehre von der brüderlichen Bestrafung suchen. Allein vergebens. Diese wird gegen einzelne Personen ausgeübet, mit welchen man noch dazu in besonderer Freundschaft und Vertraulichkeit steht; und hat so vieler Behutsamkeit vonnöthen, daß man erst allerley Stuffen durchgehen müßte, ehe man bis zu einer so öffentlichen Beschreibung des Lasters fortschreiten könnte. Die satirische Poesie aber straft die herrschenden Laster überhaupt, und zwar öffentlich, ohne alle Umschweife, oder besondere Erlaubniß. Einen ordentlichen Beruf, die Sittenlehre zu predigen, und das Böse zu strafen, hat ein Poet auch nicht: und daher glauben viele, es stünde den geistlichen Lehrern allein zu, wider die öffentlichen Laster zu eifern. Allein, auch diese irren, wenn sie meynen, daß man zu Beförderung des Guten, und zu Ausrottung des Bösen im gemeinen Wesen einen besondern Beruf haben müsse. Ist nicht ein jeder rechtschaffener Bürger verbunden, für sich selbst, zur Aufnahme und Wohlfahrt der Republik so viel beyzutragen, als er kann? Und was bedarf er also einer neuen Bestallung, seine Einsicht in moralischen Dingen, zur gemeinen Besserung in Schriften zu zeigen? Hierzu kömmt noch die Liebe zur Tugend, und der heftige Abscheu vor den herrschenden Lastern, der einen ehrlichen Juvenal so lange innerlich quälet, bis er endlich losbricht:

Difficile est, Satyram non scribere. Nam quis iniquæ
Tam patiens urbis, tam ferreus, ut teneat se?

Und bald darauf, in eben der ersten Satire:

Quid referam, quanta siccum jecur ardeat ira,
Cum populum gregibus comitum premat, hic spoliator
Pupilli prostantis?

So

So lange es also recht seyn wird, das Böse zu hassen; so lange werden auch die Satirenschreiber keiner weitern Vertheidigung nöthig haben: wenn sie sich nur nicht an unschuldige Leute machen, und Dinge für Laster ausschreyen, die keine sind. Denn in solchem Falle werden sie Lästerer und Pasquillanten. Man sehe hiervon nach, was in der vernünftigen Tadl. II. Th. XXX. St. von dem Unterschiede der wahren Satire und ehrenrühriger Pasquille ausführlicher gesaget worden.

11. §. Und in der That muß man sich wundern, warum man denen, die in gebundener Schreibart wider die Laster eifern, das Handwerk, so zu reden, legen wollen: da mans doch den Philosophen niemals untersaget hat, solches in ungebundener Rede zu thun. Wer lobt nicht die Schriften eines **Theophrasts**, des **Seneca**, des **la Bruyere**, des **Zuschauers**, **Philanders von Sittewald**, und anderer Moralisten von dieser Art? Wer weis aber nicht, daß sie sich sehr oft einer weit schärfern satirischen Schreibart bedienet haben, als die heftigsten Poeten? Soll es nun prosaisch nicht schädlich seyn, die Auslachenswürdigkeit und Abscheulichkeit der Laster und ihrer Sklaven abzuschildern: warum soll dieses nur poetischen Geistern nicht frey stehen? Einmal sind beyde Moralisten; beyde Liebhaber der Tugend, und Feinde der Bosheit; beyde Vertheidiger der Gesetze, und redliche Bürger. Das Sylbenmaaß und die Reime können zum höchsten nichts mehr bey der Sache ändern, als daß die Strafpredigten der Poeten desto lieber gelesen und wohl gar auswendig gelernet werden: welches aber nur ihre Nutzbarkeit vergrößert, und ihnen einen desto größern Vorzug vor allen andern Sittenschriften einräumet.

12. §. Wie man leicht sieht, so setze ich hier zum voraus: daß ein Satirenschreiber ein Weltweiser sey, und die Lehren der Sitten gründlich eingesehen habe. Diese Eigenschaft desselben ist leicht zu erkennen, wenn man nur zehn oder zwanzig Zeilen einer solchen Satire liest. Es gehört aber auch sonst ein reifes Urtheil und eine gute Einsicht in alles, was wohl, oder übel steht, für einen satirischen Dichter.

Denn

Denn nicht nur das moralische Böse; sondern auch alle Ungereimtheiten in den Wissenschaften, freyen Künsten, Schriften, Gewohnheiten und Verrichtungen der Menschen, laufen
in die Satire. Horaz und Boileau haben viele Proben
davon gegeben, und Pope hat in seinem Essay on Criticism,
ob dieß gleich ein dogmatisches Gedicht seyn soll, viel satiri-
sches wider den verderbten Witz mit einfließen lassen. Ein
anderer Engländer hat einen Harlequin-Horace, in der Absicht geschrieben, und die horazische Dichtkunst, auf eine
ironische Art, ganz umgekehrt vorgetragen. Eine gesunde
Vernunft und ein guter Geschmack ist also demjenigen unentbehrlich, der andere strafen will; damit sich nicht ein Blinder
zum Führer des andern aufwerfe. Man sieht aber hieraus,
auch ohne mein Erinnern schon, daß unschuldige natürliche
Fehler nicht unter die Satire fallen. Z. E. ein Höckerichter,
Lahmer, Einäugigter, u. d. gl. müssen von keinem recht-
schaffenen Poeten, ihrer Gebrechen halber, verspottet werden: es wäre denn, daß sich ein solcher Mensch für einen
Adonis hielte, oder an seinem verstümmelten Leibe, durch
seine Laster selbst Schuld hätte, und dadurch bestrafenswür-
dig wäre. Noch thörichter wäre es, jemanden seine lange
oder kurze Person vorzurücken: gerade, als ob es in eines
Menschen Vermögen stünde, seiner Länge etwas zuzusetzen,
oder abzunehmen! Ja, wenn ein kleiner Kerl sich gar zu
hohe Absätze machte, oder desto höhere Perrucken trüge,
um größer zu scheinen, als er ist; oder wenn ein langer
Mensch krumm und gebückt einher gienge, um kleiner aus-
zusehen: so wäre beydes werth, ausgelacht zu werden.

13. §. Es erhellet auch aus dem obigen, daß derjenige
nicht den Namen eines satirischen Poeten verdienet; der
bloß aus Neid, Rachgier, oder andern Gemüthsbewegungen
angetrieben, jemanden in Schriften angreift. Solche Niederträchtigkeit widerspricht dem Begriffe, den wir von einem
Weltweisen haben: und wo dieser aufhöret, da höret auch
der Satiricus auf; oder da wird er vielmehr zum Lästerer.
Es ist also eine thörichte Sache, wenn man fraget: was
doch

doch dieser oder jener dem Poeten gethan haben müsse, dadurch er bewogen worden, ihn abzuschildern? Die Antwort ist leicht. Je weniger er dem Poeten zuwider gethan, desto mehr ist derselbe zu loben: weil er ihn ohne Rachgier, und ohne Parteylichkeit, bloß seiner Laster halber, zum Abscheu und Gelächter gemacht. Die Satire würde ihren ganzen Werth verlieren, wenn sie nur eine Vergeltung der ihrem Verfasser wiederfahrnen Beleidigungen wäre. Und ich würde den gewiß für einen Pasquillanten halten, der, wie Archilochus gethan, auf seinen Feind ein Spottgedicht schriebe; gesetzt, daß er das größte Recht dazu hätte. Indessen scheint Rachel auf die Art verstoßen zu haben. Seine achte Satire hebt so an:

So soll ich nicht einmal empfindlich mich erzeigen?
Und wie ein stummer Fisch dem Midas-Bruder schweigen?
Wer hat denn eben ihm zum Schmähen nur vergunnt,
Und mir zur Noth und Schutz verschlossen meinen Mund?

Auch Günther scheint mir in diesem Stücke tadelhaft zu seyn, weil er den Crispin so grausam gestriegelt, der ihm vorher so manches mochte in den Weg gelegt haben. Eben so dünkt mich Neukirchs Asinius nicht den Namen einer Satire zu verdienen. Auch Pietschens Abschilderung eines obwohl häßlichen Vorbildes, scheint eher ein Pasquill, als eine Satire zu seyn; da sie nicht herrschende Laster, sondern einen einzigen Menschen zum Gegenstande hat. Hingegen Claudians Ruffinus, den jener nachgeahmet hat, dünkt mir eine weit bessere Satire zu seyn: weil sie nach Ruffins Tode gemachet worden, und ich keine Spur darinn finde, daß der Verfasser sich an demselben habe rächen wollen.

12. §. Noch eins wird man fragen, ob es nämlich auch erlaubt sey, die bestraften Personen mit Namen zu nennen? Ich antworte: die Alten haben es ohne Scheu gethan, und Boileau ist ihnen darinn gefolget, hat sich auch in seiner Abhandlung über die Satiren deswegen verantwortet. In der That zieht solches zwar viel Gutes, aber auch viel Böses nach sich. 1) Hindert der Poet dadurch, daß man seine

Verse nicht auf die unrechten Personen deute; welches sonst gemeiniglich geschieht. Zum 2) fürchten sich die lasterhaften desto mehr: denn

Ense velut stricto, quoties Lucilius ardens
Infremuit, ᴪubet auditor, cui frigida mens est
Criminibus; tacita sudant præcordia culpa.
Inde iræ, et lacrimæ.

Zum 3) aber ist es für den Poeten mehrentheils gar zu gefährlich, sonderlich, wenn es vornehme Leute sind. Nun hat man zwar einen Kunstgriff erfunden, unter erdichteten Namen, die kein Mensch hat, das Laster zu beschreiben. Wiewohl, diesem gedachten Uebel vorzubeugen, ist auch dann kein Mittel, wenn man gleich erdichtete Namen braucht. Je größer nämlich die Personen sind, desto bekannter sind auch ihre Fehler, und man erkennet also die Abbildung derselben, auch ohne Namen schon. Die Engländer bedienen sich der Art, den ersten und letzten Buchstaben, ja wohl ganze Sylben davon auszudrucken, und den Zwischenraum mit ein paar Strichen auszufüllen. Denn nach ihren Gesetzen sind sie nicht eher straffällig, als bis sie den ganzen Namen dessen, den sie durchziehen, hingesetzet haben. Man mag es aber machen, wie man will; so ist der Unwillen der Getroffenen nicht zu vermeiden: und wer diesen nicht erdulden kann, der muß sich entweder mit keiner Satire ans Licht wagen; oder doch nur solche Laster beschreiben, die kein Mensch begeht, das heißt, eine vergebliche Arbeit thun.

13. §. Die Art von Versen, die man zu Satiren brauchet, ist bey uns die lange jambische, mit ungetrennten Reimen. Diese kömmt den griechischen Jamben näher, als die lateinischen alexandrinischen Verse der Lateiner. Wir haben auch nur den einzigen Harpax von Kanitzen, und irgend ein Paar von Günthers Satiren, die in verschränkten Reimen, nach Art der Elegien, gemacht sind. Die satirische Schreibart aber, welche die natürlichste und ungezwungenste von der

Welt

Welt seyn muß, wie Horaz vielmals erinnert hat, erfodert
eine gewisse Freyheit, die sich für jene Art am allerbesten,
für diese aber gar nicht schicket. Nun haben zwar einige auch
satirische Oden gemacht, deren verschiedene in den hofmannswaldauischen Gedichten, und in der Poesie der Niedersachsen
stehen. Horaz selbst hat die Muster dazu gegeben, und
darinnen der Gewohnheit der ältesten Griechen, sonderlich in
den Chören der alten Komödie; imgleichen der fescenninischen Lieder bey den Lateinern nachgeahmet. Auch vom
König Laber, berichtet Aventin, daß er gebothen, des
Abends, bey angezündeten Lichtern, satirische Lieder auf die
Lasterhaften zu singen. Warum sollte es denn einem heutigen Dichter verbothen seyn? Allein, ein Handwerk daraus
zu machen, will ich keinem rathen.

14. §. Ich kann nicht umhin, auch hier, wie schon etlichemal geschehen, des Boileau Gedanken von der Satire
anzuführen: dem so wohl der Herr von Valincourt, in
einer Rede, so er nach dessen Tode in der französischen Akademie gehalten; als der Herr Des Maizeaup in der Lebensbeschreibung desselben das Zeugniß gegeben, daß ihn sein
rechtschaffenes, tugendhaftes und ehrliebendes Gemüth zum
Satirenschreiber gemachet habe. Er beschreibt uns auch
die Satire nicht anders:

L'Ardeur de se montrer, et non pas de medire,
Arma la Verité du Vers de la Satire.
Lucile le premier osa la faire voir,
Aux Vices des Romains presenta le Miroir,
Vangea l'humble Vertu de la Richesse altiere,
Et l'honnête Homme à pied, du Faquin en Litiere.
Horace à cette Aigreur mêla son Enjoûment,
On ne fut plus ni Fat ni Sot impunement.
Et Malheur à tout Nom, qui propre à la Censure,
Put entrer dans un Vers, sans rompre la Mesure.

Perſe en ſes Vers obſcurs, mais ſerrés et preſſans,
Affecta d'enfermer moins de Mots, que de Sens.

De ces Maitres ſavans Diſciple ingenieux,
Regnier ſeul parmi nous formé ſur leurs Modelles,
Dans ſon vieux Stile encor a des graces nouvelles.
Heureux! ſi ſes Diſcours craints du chaſte Lecteur,
Ne ſe ſentoient des Lieux où frequentoit l'Auteur;
Et ſi du Son hardi de ſes Rimes cyniques
Il n'allarmoit ſouvent les Oreilles pudiques.

Le Latin dans les Mots brave l'Honnetteté,
Mais le Lecteur françois veut étre reſpecté.
Le moindre Sens impur la Liberté l'outrage,
Si la Pudeur des Mots n'en adoucit l'Image.
Je veux dans la Satire un Eſprit de Candeur,
Et fuis un Effronté qui préche la Pudeur.

D. i. Die Begierde, ſich ſehen zu laſſen, und nicht zu läſtern,
bewaffnete die Wahrheit mit den ſatiriſchen Verſen. Lucil war der
erſte, der ſich erkühnte, ſie zu zeigen. Er hielt den Laſtern der
Römer einen Spiegel vor, und rächete die demüthige Tugend an
dem ſtolzen Laſter; den ehrlichen Mann zu Fuße, an dem Gecken
in der Sänfte. Horaz miſchte in dieſe Bitterkeit ſein luſtiges Weſen. Keiner konnte mehr ungeſtraft ein Thor oder ein Narr ſeyn;
und wehe jedem Namen, welcher, da er eines Tadels fähig war,
ſich in den Vers ſchickte, ohne das Sylbenmaaß zu ſtören.

Und nachdem er dergeſtalt noch den Perſius, Juvenal
und Regnier beſchrieben, bezeigt er ſeinen Ekel und Abſcheu
vor den unzüchtigen Ausbrückungen und groben Unfläterepen
derſelben:

Wie gut wäre es für ihn (den Regnier) wenn ſeine Reden, die
ein keuſcher Leſer ſcheuet, nicht nach den Oertern röchen, die der
Urheber beſuchte; und wenn er durch ſeine cyniſchen Reime, ſchamhafte Ohren nicht ſo oft beunruhigen möchte.

Das

Das Latein trotzet, mit seinen Redensarten, aller Ehrbarkeit: allein heute zu Tage will ein Leser damit geschonet werden. Die allergeringste Unreinigkeit verletzet ihn mit ihrer Frechheit; wenn nicht die Schamhaftigkeit in Worten, die Vorstellungen mildert. Ich fodre in der Satire einen aufrichtigen Schriftsteller, und fliehe einen Unverschämten, der mir die Schamhaftigkeit prediget.

Diesen Text kann man bey uns auch Racheln, und sonderlich Günthern lesen, die sich ebenfalls bescheidener hätten verhalten sollen; und denen man also nicht darinn zu folgen, befugt ist. Wer andern ein Sittenlehrer seyn will, der muß selbst nicht durch seine Schreibart zu verstehen geben, daß er lasterhaft ist: sonst wird man von ihm urtheilen, wie Quintilian vom Afranius schreibt: Togatis excelluit Afranius; utinamque non inquinasset argumenta, puerorum fœdis amoribus, mores suos fassus!
Lib. X. c. 1.

Des

566 Des I. Abschnitts VIII. Hauptstück.

Des I. Abschnitts VIII. Hauptstück.

Von dogmatischen Gedichten.

1. §.

Wir haben in dem ersten Hauptstücke des ersten Theils gesehen, daß die Dichter die ältesten Lehrer des menschlichen Geschlechtes gewesen; und daß also die Dichtkunst die Weltweisheit der rohen Völker abgegeben. Diesen Begriff bestätiget nichts so sehr, als die Betrachtung einer großen Menge von eigentlichen Lehrgedichten, die uns aus dem Alterthume übrig geblieben; und die uns H. Stephanus, unter dem Titel, Poesis Philosophica, ans Licht gestellet. Nun leidet es zwar mein Raum hier nicht, von allen denselben zu reden: allein von den vornehmsten muß ich doch einige Nachricht geben, um die Regeln der dogmatischen Poesie daraus zu ziehen. Dieses wird zugleich deutlich zeigen, daß die Poeten nicht nur das Belustigen, sondern auch ganz eigentlich das Unterrichten ihrer Leser zum Zwecke gehabt:

Aut prodesse volunt, aut delectare Poetæ;
Aut simul & jucunda, & idonea dicere vitæ.

Aus den fabelhaften Gedichten allein wollen dieses einige Feinde der Dichtkunst, z. E. Le Clerc, noch nicht sattsam einsehen: wie denn dieser in seinen Parrhasianen die Poeten mit geschickten Kegelspielern vergleicht, und nicht begreifen kann, wozu sie einer Republik nütze wären. Siehe in der kritisch. Beytr. VI. B. a. d. 572. u. f. S. meine Uebersetzung, von dieser Abhandlung, nebst den Anmerkungen dazu. Allein aus den eigentlichen Lehrgedichten muß die Sache so deutlich ins Auge fallen, daß die Absicht der Dichter auch das eigentliche Lehren gewesen sey, und seyn könne: wie ich in der lateinischen Abhandlung, die ich vor der leipziger

Aus-

Ausgabe von des Card. Polignac, Antilucrez, deutlich
erwieſen habe. Man ſehe auch in der Geſchichte der pariſi-
ſchen Akademie der ſchönen Wiſſenſchaften VI. B. XII. Art.
a. d. 132. u. f. S. was Racine daſelbſt ſehr gelehrt von
dieſer Sache geſchrieben hat.

2. §. Die allerälteſten Gedichte dieſer Art würden unſtreitig die ſybilliniſchen Orakel ſeyn: wenn es nur ausgemacht
wäre, daß dieſelben nicht in neuern Zeiten untergeſchoben
worden. Allein ihr Inhalt zeiget zur Gnüge, daß die noch
vorhandenen Bücher derſelben von denen ganz unterſchieden
ſind, deren Livius und andere Alten gedenken. Dieſe zielten nämlich zu Beförderung der Abgötterey, und des Hey-
denthums ab: dahingegen jene allenthalben das klare Chriſtenthum im Munde führen; und auf den Götzendienſt los
ziehen. Zudem findet man, daß die wahren ſybilliniſchen
Bücher, die zu Rom bis auf des ältern Theodoſius Zeiten, von den Zehnmännern zu Rathe gezogen werden mußten, unter dem Honorius vom Stilicon verbrannt worden: worüber denn die Heyden ſehr bittere Klagen geführet.
Rutilius Numatianus ſchreibt davon im XI. Buche:

> Nec tantum Geticis graſſatus proditor armis,
> Ante Sybillinæ fata cremavit Opis.
> Odimus Althæam conſunti fœdere torris;
> Niſæum crimen flere putantur aves.
> At Stilicho æterni fatalia pignora libri,
> Et plenas voluit præcipitare colus.

Und wie ungereimt iſt es nicht, zu glauben, daß die blinden
Heyden, ein größeres Licht vom künftigen Meſſias gehabt
haben ſollten, als die Juden; denen die Propheten nur räthſelhaft davon geweiſſaget. Die Sybille nennet ausdrücklich
den Namen der Mutter Chriſti, Maria, und ihres Sohnes Jeſus; die ein Eſaias nicht wußte. Kein Prophet
hatte vorher geſaget, daß Jeſus im Jordan getaufet werden
würde: aber die Sybille weis es; ja ſie ſetzet auch hinzu, die
ganze Dreyeinigkeit werde ſich dabey offenbaren. Wo bleibt

nun

nun noch die so berufene Dunkelheit der sybillinischen Schreibart; die sich in den vorhandenen Gedichten gar nicht findet?
Ja dieser ihr Ausdruck ist nicht einmal recht griechisch, sondern wimmelt von Fehlern. Endlich zeiget der Inhalt,
daß die Verfasser derselben allererst um die Zeit der Antoninen
gelebet: ob gleich die vermeynte Sybille vorgiebt, sie sey
mit ihrem Manne beym Noah im Kasten gewesen. S. den
Vossius de Poetis græcis Cap. I. a. d. 3. u. f. S.

3. §. Die heilige Schrift liefert uns also an dem Buche
Hiobs, an den Sprüchen, und dem Prediger Salomons
unstreitig die allerältesten Lehrgedichte, die nur vorhanden
sind. Daß nämlich Hiobs Buch das älteste Stück der
Schrift sey, bekennen alle Ausleger; und daß es poetisch geschrieben sey, gestehen sie gleichfalls; wenn man den Eingang
davon ausnimmt. Doch so verschieden die Schreibart desselben klingt, so gewiß ist auch dieser poetisch; so gar, daß
Josephus deswegen dieß Buch für ein episches Gedicht
ausgegeben hat. Es würde sich auch so ziemlich zu dieser
Classe rechnen lassen: wenn nicht die Zahl der Gespräche
und moralischen Unterredungen, die Erzählungen bey weitem
übertrafe; als die nur im ersten und letzten Kapitel hauptsächlich vorkommen. Der Hauptinhalt ist also unstreitig
dogmatisch; indem Hiob mit seinen Freunden von den Wegen
der Vorsehung, von der Gerechtigkeit Gottes, von der Tugend und dem Laster, und von beyder Belohnungen und
Strafen handelt. Seine Lehrart aber wird dadurch desto
lebhafter, daß sie ganz dramatisch, oder gesprächsweise
abgefasset ist. Kurz, es ist ein Meisterstück in seiner Art.
Salomons Vortrag hingegen ist in seinen Schriften ganz
davon unterschieden. Er redet lauter Sprüche, und drücket
seine Sittenlehren sehr kurz aus: nicht anders, als ob er
die Regel Horazens vor Augen gehabt hätte:

Quidquid præcipies esto brevis! ut cito dicta,
Percipiant animi dociles, teneantque fideles.

Dieses

Dieſes iſt nun durchgehends im Oriente, bis nach China hin, die älteſte Lehrart geweſen. In ſeinem Prediger ſuchet Salomon zwar hauptſächlich die Wahrheit zu behaupten, daß alles eitel ſey: doch kommen noch viel andere vortreffliche Lehren vor, die er ſehr rührend einzuſchärfen weis. Wenn das Buch der Weisheit, und das Buch Sirachs poetiſch abgefaſſet wären: ſo würde man ſie ebenfalls in dieſe Claſſe rechnen können. Allein ſie würden auch in neuern Zeiten, lange nach dem Heſiodus gehören.

4. §. Der älteſte heydniſche Lehrdichter bleibt alſo wohl Heſiodus, aus Cuma gebürtig, der um Homers und des Eumelus, eines andern Dichters Zeiten gelebet, in Aſcra einem Flecken am Fuße des Berges Helikon erzogen, ja ſelbſt ein Prieſter Apollons geweſen ſeyn ſoll. Ein großer Beweis ſeines Alters iſt es, daß er ſelbſt anmerket, das Geſtirn Arkturus ſey zu ſeiner Zeit in Böotien, den 8 März, αρκουρος aufgegangen: woraus Joſ. Scaliger, in ſeinen Anmerkungen über den Euſebius beobachtet: man könne in Beſtimmung ſeiner Zeit über ſiebenzig Jahre nicht fehlen. Er muß nämlich um die Zeit der erſten Olympiaden, oder um des Romulus Zeiten gelebet haben. Sein vornehmſtes Werk, das hieher gehöret, ſind ſeine Εργα και Ημεραι. wiewohl auch ſeine Theogonie, und ſein Schild des Herkules zu dieſer Claſſe gerechnet werden können. In dem erſten muntert er zuförderſt den Perſes zum fleißigen Ackerbaue auf; nachdem er ihn aus der Fabel vom Prometheus, dem Epimetheus, und der Pandora belehret: woher es komme, daß es dem Menſchen itzo ſo ſauer werde, ſeine Lebensmittel aus der Erde zu ziehen? Ferner lehret er dieſen Freund, alle Tage im Jahre, daran gewiſſe Feldarbeiten, oder andere Beſchäfftigungen eines Landmannes vorgenommen werden müſſen: als welche Kenntniß in den alten Zeiten, ein großes Stück der allernützlichſten Weisheit der Menſchen ausmachete. In der Theogonie lehret er ſeine Leſer gleichſam den Urſprung aller Dinge, d. i. der Götter und der Welt nach ſeinem und anderer Weiſen damaligen Begriffe. Es iſt

wahr,

wahr, daß hier viel Fabeln mit vorkommen, die sich sehr
schwer erklären lassen. Allein wer will es von seinen Zeiten
fodern, daß sie eine bessere Einsicht gehabt haben sollen?
Die Welt riß sich damals erst aus ihrer Rauhigkeit und
Dummheit; darinn sie so viel Jahrhunderte begraben gelegen hatte. Es war also schon viel, daß es nur einige gab,
die an solche erhabene Dinge zu denken anfingen, und auch
andere auf solche Gedanken bringen konnten.

5. §. Ferner finden wir, daß Xenophanes, Parmeni-
des, und Empedokles, der Sicilianer, von der Naturlehre in Versen geschrieben. Theognis hat schöne Sittenlehren in kurze Sprüche poetisch eingekleidet; Timon, der
Phliasier, ein pyrrhonischer Weltweiser, und Kleanthes,
des zittischen Zenons Nachfolger in der Schule, haben
gleichfalls philosophische Gedichte geschrieben; und von diesem
letzten habe ich oben im XII. Hauptstücke des I. Th. a. d. 404.
und 405. S. eine Probe gegeben. Aratus, ein Sternkun-
diger, hat seine ganze Wissenschaft des Himmels in einem
poetischen Werke vorgetragen; welches den samischen Aristarch, zweene Aristyllen, zweene Krates, zweene Eue-
neten, den Numenius, den magnesischen Pyrrhus, einen
gewissen Thales, und den Zeno zu Auslegern, den Cicero
aber zum Uebersetzer bekommen; wie wir noch in seinen
Schriften finden. Unter dem Ptolomäus Auletes, oder
dem Flötenspieler, lebte ein Alexander, der eine Kosmo-
graphie in Versen hinterlassen: und um Cicerons Zeiten
lebte Philodemus, ein Epikurer und Dichter. Unter dem
Nerva und Trajan, schrieb der Epheser Rufus sechs
Bücher in heroischen Versen von Kräutern, wie Galenus
erwähnet; und unter dem Antoninus blühete Marcellus
Sidites, der die ganze Arzneykunst in 42. poetischen Büchern beschrieben. Amphilochius, Bischof in Jkonien,
schrieb ein jambisches Gedicht, darinn er einem Freunde
rieth, was für Bücher der heiligen Schrift er lesen sollte.
Und wird man endlich nicht auch den Tzetzes hieher rechnen
müssen, der uns in seinen Chiliaden eine Menge alter Be-

geben-

gebenheiten gelehret hat, die wir sonst nicht wissen würden?
wiewohl er auch viel abgeschmacktes Zeug mit eingestreuet hat.
6. §. Kommen wir auf die Lateiner, so steht hier Lucretius billig oben an, der in Hexametern die ganze epikurische
Naturlehre beschrieben, und sie so viel möglich, mit poetischen
Zierrathen ausgeputzet hat. Allein hin und wieder ist seine
Schreibart zu prosaisch und matt, auch mit vielen unnützen
Umschweifen erfüllet, die sich für Verse nicht schicken. Ungleich edler hat Virgil den Feldbau beschrieben, darinn er
gewiß auch den Hesiodus übertrifft, und alle Künste der
edelsten poetischen Schreibart bey einer Materie angebracht,
die derselben am wenigsten fähig zu seyn schien. S. die oben
angeführte Abhandlung des Racine, von den dogmatischen
Gedichten, in der Historie der paris. Akad. der schön. Wissens.
VI. B. Ovidius hat nicht nur von der Kunst zu lieben,
und den Gegenmitteln wider die Liebe, dogmatische Gedichte
geschrieben, sondern selbst seine Verwandlungen und Zeit-
bücher, oder Faftorum Libri, gehören hieher; darinn er
nämlich seine Leser von den ältesten Dingen, dem Ursprunge
der Welt, u. d. m. belehren will. Horaz schrieb seine
Dichtkunst, auch als eine dogmatischer Poet. Des Cato
moralische Disticha sind jedermann bekannt. Boethius
streuete in seine philosophischen Trostbücher sehr viel dogmatische Gedichte von den wichtigsten Lehren der Weltweisheit
in allerley Versarten ein: Prudentius aber brauchte gar
die Dichtkunst, die Lehren des Christenthums darinn vorzutragen. Seine Apotheosis, widerlegt die Secte derer,
die da lehrten, Gott der Vater hätte im Sohne gelitten.
Seine Hamartigenia ist wider die Marcioniten gerichtet,
und erkläret den Ursprung des Bösen. Seine Psychoma-
chie lehret den Streit wider die Sünde, in einer beständigen
allegorischen Fabel, die fast einer epischen Erzählung eines
Krieges ähnlich sieht. Endlich auch das Gedicht wider den
Symmachus, gehört hieher. Was würde ich nicht aus
den mittlern Zeiten für eine Menge dogmatischer Dichter
anführen müssen, wenn ich mir Leysers Historie derselben

zu Nuße machen wollte? Ich will aber nur aus dem XII.
Jahrhunderte den Marbodeum de Lapidibus pretiosis
anführen, den Herr Brückmann 1704. wieder in 4. drucken
lassen; davon wir auch alte deutsche Ueberseßungen haben.
Unter neuern Dichtern fallen mir ißo Daniel Hermanns,
eines Preußen, Werke in die Hände, den ich schon, wegen
seines epischen Gedichtes, auf die Stiftung der straßburgi-
schen Universität 1567. und vieler andern Lobgedichte wegen,
unter die heroischen Dichter hätte rechnen können. Aber er
hat auch auf den Fall Adams und die Erlösung des menschlichen Geschlechtes, imgleichen ein anders von dem Begräb-
nisse Christi, und noch ein anders de Vita Litterata, sive
Scholastica, ein langes Lehrgedicht zu Straßburg öffentlich
hergesaget. Die ganze Sammlung ist 1604. zu Riga in 4.
gedruckt. Des Palingenius Zodiacus Vitæ ist ebenfalls
ein philosophisch moralisches Gedicht, das sehr angenehm zu
lesen ist. Endlich hat Schotanus ein metaphysisches aus
des Cartesius Meditationen, unser Herr D. Hebenstreit
eine metrische Physiologie; Milcolumbus Flemyng zu Amst.
1741. in 8. die Nenropathiam, Poema medicum; und Bened.
Stay endlich zu Rom 1747. eine ganze Philosophie in Versen in
VI. B. ans Licht gestellet. Des Cardinals Polignac Anti-
lucreß, welchen ich selbst vor wenigen Jahren, hier neu
wieder herausgegeben habe, ist eins von den wichtigsten
Stücken in dieser Art.

7. §. Auf die Ausländer zu kommen: so sind unter den
Engländern folgende die berühmtesten. Denham hat den
Cato major unter dem Titel Old Age, in ein solch Gedicht
gebracht. Philipps hat vom Cyder ein ausführliches Lehrgedicht geschrieben, worinn er lehret, wie man ihn recht
machen soll. Cowley hat lat. vier Bücher von Pflanzen
geschrieben, die man in englischen Versen übersetzet hat.
Pope hat nicht nur sein Essay on Men, oder die Ethic
Epistles, sondern auch das Essay on Criticism, und den
Temple of Fame geschrieben; wo man nicht dieß letztere
unter die heroischen Gedichte rechnen will: alsdann aber werde
ich

ich ſeinen Windſorer-Wald dafür hieher ziehen, der voll
lehrreicher Gedanken iſt. Thomſons vier Jahreszeiten,
die Brockes ſehr ſchlecht überſetzet hat, gehören auch unter
dieſe Claſſe. Ein gewiſſer Ungenannter hat eine umgekehrte
Artem Poeticam, unter dem Titel, Harlequin Horace,
auf eine ironiſche Art geſchrieben: und Nong hat in ſeinen
Night-Thoughts, vom Leben, Tode, und der Unſterblichkeit, auf eine ſehr philoſophiſche Art gehandelt. Unter den
Franzoſen hat Bartas in ſeiner Woche, die Schöpfung der
Welt, nach der moſaiſchen Geſchichte derſelben, poetiſch abgehandelt. Pibrac hat in vierzeilichten Verſen allerley
Sittenlehren abgefaſſet. Boileau, hat die Dichtkunſt, in
ein ordentliches Lehrgedicht gebracht; an deſſen Ordnung
und Einrichtung gleichwohl ein holländiſches Frauenzimmer,
Jungf. Hoogbard in ihren Lettres Antipoetiques ſehr viel
auszuſetzen gefunden. Der Abt Geneſt hat in ſeinen Prin-
cipes de Philoſophie, den Beweis vom Daſeyn Gottes und
von der Seelen Unſterblichkeit ausführlich beſchrieben;
welches wir gleichfalls von Brockſens matter Feder deutſch
haben. Der jüngere Racine hat von der Religion ein ſchönes Lehrgedicht verfertiget, welches wir auch ſchon deutſch
haben. Der Abt Berni hat ſich in dieß Feld auch glücklich
gewaget, als er ein Stück eines Gedichtes wider die Freygeiſter ans Licht geſtellet. Von wälſchen Sachen dieſer Art
kommen mir des Dantes Hölle und des Petrarcha Triumphe, imgleichen des Taſſo Mont Oliveto in die Hände;
davon ich eine einzelne Ausgabe von 1605. in 4. beſitze: wiewohl man dieſes auch leicht zu der heroiſchen Art zählen könnte.
Nach dieſem hat vor etlichen 20. bis 30. Jahren ein Sicilianer
die ganze Naturlehre in einem poetiſch abgefaßten Folianten
ans Licht geſtellet. Und Riccoboni, der Vater, hat von der
guten Ausſprache eines Schauſpielers auf der Bühne, ein
ausführliches Gedicht im Wälſchen gemacht: welches bey ſeiner
Hiſtorie der wälſchen Schaubühne mit verkaufet wird.

8. §. Es iſt Zeit, auf die Deutſchen zu kommen: und was
könnte ich hier nicht für ein Verzeichniß machen, wenn ich aus

allen Zeiten die Lehrgedichte unserer Poeten erzählen wollte?
Ottfrieds Evangelien würden hier oben an stehen: ja ich
würde ganze übersetzte Bibeln in Menge aus den ältern Zeiten, u. a. s. Ding anführen müssen.   Doch weil diese noch
nicht gedruckt sind, so verschiebe ich sie in meine Histo:.e der
deutschen Sprache.   Der Freydank und Hugens von
Trymberg Renner hergegen, sind gedruckt, obwohl selten
zu haben, und gehören unstreitig zu den moralischen Lehrgedichten.   Das Memorial der Tugend des von Schwar-
zenberg, der getreue Eckard, Morsheims Hofleben, und
das Gedicht von Frau Untreu, das im Reinete Fuchs so
fleißig angeführet wird; Sebastian Brands Narrenschiff;
Burcards Waldis Pabstthum, Ringwalds lautere
Wahrheit, imgleichen sein Gedicht von Himmel und Hölle,
auch Râbmanns Gespräch von Bergen und Bergleuten;
und endlich Jamsthalers spagirisches Buch von der Kunst
Gold zu machen, gehören zu den alten Werken in dieser Art.
Von Uebersetzungen haben wir nicht nur Dedekinds Grobi-
anus, und Catons Disticha, nebst Pibracs vierzeilichten
Versen, und des Bartas Woche; sondern auch den ganzen
Palingenius von Sprengen verdeutschet.   Allein von neuern
ist Opitz an die Spitze aller guten Lehrdichter zu setzen.
Sein großes Trostgedicht in Widerwärtigkeit des Krieges
ist moralisch; sein Vesuv physikalisch; sein Vielgut, und von
Ruhe des Gemüthes, imgleichen sein Zlatna, oder Lob des
Feldlebens, gehören völlig hieher.   Ein Engländer, mit
Namen Teate, hat ein poetisches Werk unter dem Titel Ter
tria geschrieben, welches wir von Wagnern auch deutsch
haben. Philander hat aus Sam. Slaters Gedichten, ein
Gespräch des Glaubens und der Seele verdeutschet. Eckard,
Herr M. Lange, und ich selbst, haben Horazens Dichtkunst übersetzet; und von Brück hat in den Schriften der
deutschen Gesellschaft allhier eine eigene gemacht. Brockes
und Herr Hofr. Triller haben sehr viel physikalische Gedichte
geschrieben, und übersetzet; derer zu geschweigen, die ich
schon oben genennet habe.   Herr D. Lindner und Herr
D. Tral

D. **Tralles** endlich haben verſchiedene ſchleſiſche Merkwür-
digkeiten von Flüſſen und Bergen überaus glücklich in Verſen
beſchrieben, die allerdings zu den Lehrgedichten zu zählen ſind.

9. §. Daß es alſo angehe, dergleichen philoſophiſche, theils
natürliche, theils ſittliche Materien in Verſen abzuhandeln,
lehret der Augenſchein ſelbſt: und daß es nicht uneben ſey,
zeigen die angeführten Exempel der größeſten Männer. Das
fraget ſich nur, ob man dieſe und dergleichen Schriften Gedichte nennen könne? Nach der oben feſt geſtellten Beſchreibung der Poeſie überhaupt, kann man ihnen dieſen Namen
ſo eigentlich nicht einräumen. Alle dieſe großen und weitläuftigen Werke ſind zwar in Verſen geſchrieben; in der That
aber keine Gedichte: weil ſie nichts gedichtetes, das iſt, keine
Fabeln ſind. **Ariſtoteles** hat daher in dem erſten Capitel
ſeiner Poetik, dem **Empedokles**, den Titel eines Poeten
abgeſprochen, und ihm nur den Namen eines Naturkündigers
zugeſtanden: ob er wohl wußte, daß die Unverſtändigen ihn,
ſeiner alexandriniſchen Verſe halber, mit dem Homer in eine
Claſſe zu ſetzen pflegten. Was er von dem **Empedokles**
geurtheilet hat, das müſſen wir von allen übrigen oberwähnten Büchern und Schriften ſagen. Es ſind philoſophiſche
Abhandlungen gewiſſer Materien, Vernunftſchlüſſe, Unterſuchungen, Muthmaßungen der Weltweiſen, Ermahnungen
zur Tugend, Troſtreden im Unglücke; aber keine Gedichte,
keine Nachahmungen der Natur. Alſo würden denn wohl
alle dieſe Stücke gar nicht in die Poeſie laufen, wenn ſie in
ungebundener Schreibart abgefaſſet wären: da hingegen die
Heldengedichte, Romane, Trauerſpiele, Komödien, Schäferſpiele, und überhaupt alle Fabeln, dennoch Gedichte bleiben,
und in die Poeſie gehören; wenn ſie gleich nur in ungebundener Rede abgefaßt werden. Indeſſen, da wir gleichwohl
Oden, Elegien und Briefe, bloß wegen der poetiſchen Schreibart, darinn ſie abgefaßt werden, zur Poeterey rechnen;
obgleich ſelten eine Fabel darinn vorkömmt: ſo können wir
auch dieſen größern Arten poetiſch abgefaßter Schriften hier
die Stelle nicht verſagen. Die Einkleidung, der Auspuß,

die

die Zierrathe, der geistreiche und angenehme Vortrag der allerernsthaftesten Lehren, machet, daß sie Poesien werden: da sie sonst ihn ihrem gehörigen philosophischen Habite ein sehr mageres und oft verdrüßliches Ansehen haben würden.

10. §. Es fragt sich ferner hier, ob es rathsam sey, dergleichen dogmatische Sachen, insonderheit aber Künste und Wissenschaften, poetisch abzuhandeln? Vor einigen Jahren kamen in Holland die Lettres Antipoetiques von der Jungfer Hooghard heraus, darinn des Boileau Art Poetique mit großer Heftigkeit, und nicht geringer Gründlichkeit angegriffen wurde. Dieses gelehrte Frauenzimmer, welches noch wirklich in Amsterdam leben soll, will es durchaus nicht zugeben, daß man vollständige Künste, dergleichen die Dichtkunst ist, in einer poetischen Schreibart vortragen solle: weil sie der Meynung ist, die Regeln des Sylbenmaaßes und der Reime, insonderheit aber das Feuer der Poeten, wäre einer systematischen Ordnung und rechten Verbindung der Lehren schnurstracks zuwider. Sie untersucht auch in der That den guten Boileau nach den Regeln ihrer lieben Logik, wie sie selbst schreibt, mit so vieler Einsicht und Scharfsinnigkeit; daß man ihr größtentheils Recht geben muß. Und endlich vergleicht sie den ersten Gesang seiner Dichtkunst mit einem zerdrümmerten Tempel Apollons, wo hier ein schöner Pfeiler, da ein prächtiger Altar, dort ein treffliches Gemälde, hier wieder ein köstliches Marmorbild u. s. f. ohne Ordnung und Verbindung, über und durch einander geworfen, läge. Ja, sie macht selbst eine ganz neue Einrichtung dieses zerschlagenen Gebäudes. Sie ordnet seine Materien ganz anders; und zeiget, daß hier und da manche Lücke auszufüllen, anderwärts aber viel Ueberflüßiges wegzuwerfen wäre. Und was dieselbe, von diesem Meisterstücke des berühmten Despreaux mit so gutem Grunde behauptet, daß ließe sich freylich von allen übrigen dogmatischen Poesien ebenfalls darthun, wenn man sie so genau auf die Probe stellen wollte.

11. §. Ich gebe es also zu, daß man eine Wissenschaft mit völliger Gründlichkeit, weder synthetisch, noch analytisch in

Poesien

Poesien abhandeln könne. Wer ein Freund einer so strengen Lehrart ist, wo man nichts unerklärt und unerwiesen annimmt; der muß solche poetische Abhandlungen nicht lesen. Die Poeten bescheiden sich auch gar leicht, daß sie keine geometrische Methode in Ausführung ihrer Materien beobachten. Das würde sehr trockne Verse und einen schläfrigen Vortrag geben. Die tiefsinnigsten philosophischen Geister mögen sich also nur an ihre ordentliche prosaische Schreibart halten. Wenn sich die Poeten in ihre Wissenschaften mengen, so thun sie es bloß, den mittelmäßigen Köpfen zu gefallen, die nur einiger maßen etwas davon wissen wollen; und sich um den höchsten Grad der Gründlichkeit nicht bekümmern. Diese machen allezeit den größten Theil des menschlichen Geschlechts aus: und da ist es genug, wenn man ihnen nur nichts Falsches sagt; die Wahrheit in solcher Ordnung vorträgt, daß man sie ziemlich verstehen und ihren Zusammenhang wenigstens klar einsehen könne; dabey aber alles mit Zierrathen einer poetischen Schreibart so lebhaft und sinnreich ausbildet, daß man es mit Lust und Vergnügen lesen könne. Da nun auch die bittersten Wahrheiten, sonderlich in moralischen Sachen, auf solche Art gleichsam verzuckert und übergüldet werden: so sieht man wohl, daß es nicht undienlich sey, dergleichen Schriften zu verfertigen; und also Erkenntniß und Tugend der Welt gleichsam spielend beyzubringen.

12. §. Es versteht sich aber von sich selbst, daß ein solch dogmatisches Gedicht entweder den ganzen Inbegriff einer Kunst oder Wissenschaft, oder nur einzelne dahin gehörige Materien abhandeln könne. Jenes haben die meisten obberührten Alten; dieses aber hat unser Opitz gethan. Vida hat die ganze Poesie in III. Büchern; imgleichen den Seidenwurm und das Schachspiel; Ulrich von Hutten aber nur die lateinische Verskunst allein beschrieben. In beyden Fällen setzet man zum Grunde, daß der Poet die Sache wohl verstehe, und sich nicht unterfange, etwas auszuführen, dem er nicht gewachsen ist. Denn hier gilt auch insonderheit, was Horaz von allen Poeten fodert.

Crit. Dichtk.   O o

Sumite materiam, veſtris qui ſcribitis aequam.
Viribus, et verſate diu, quid ferre recuſent,
Quid valeant humeri.

Denn ſich in Dingen, die man nicht verſteht, zum Lehrer
aufzuwerfen, das würde in der Poeſie eben ſo ſchädlich ſeyn,
als anderwärts. Die Wahrheit und Tugend muß, wie allezeit, alſo auch hier, der einzige Augenmerk eines Poeten
ſeyn: und es wäre zu wünſchen, daß Ovidius philoſophiſch
genug geſinnet geweſen wäre, ſo würde er ſeine Kunſt zu
lieben nicht geſchrieben haben. Dieſe ſeine Schrift gehört
ſonſt auch hieher, und er hat ſich darinn bemüht, eine ohnedem gar zu liebliche Sache durch ſeine angenehme Schreibart noch beliebter zu machen; das iſt, ein ſchädliches Gift
zu überzuckern. Er ſcheint, ſolches nach der Zeit ſelbſt be-
reuet zu haben, da er auf eben die Art rémedia amoris geſchrieben, die gewiß mit ſo vielem Nußen, als Vergnügen
geleſen werden können.

13. §. Viel vernünftiger hat unſer Opitz in ſeinen dogmatiſchen Poeſien gehandelt. Er zeiget überall eine philoſophiſche Stärke der Vernunft, einen großen Eifer für alles
Gute, ein geſeßtes männliches Herz, das die Eitelkeit der
menſchlichen Dinge verachtet, und den hohen Adel der Weisheit und Tugend allein hochſchäßet. Sonderlich wären ſein
Vielgut, Zlatna und die vier Bücher der Troſtgedichte
werth, daß ſie der Jugend benzeiten in die Hände gegeben, erkläret, und von derſelben von Wort zu Wort auswendig gelernet würden. Dieſes würde derſelben mehr edle Grundſäße der
Tugend und Sittenlehre geben, als die lateiniſchen Sprüchel-
chen, die ſie mehrentheils ohne Verſtand herbethen lernt,

Und länger nicht bewahrt,
Als bis der kluge Sohn nach Papageyenart,
Sie zu der Aeltern Troſt, dem Lehrer nachgeſprochen.

Die alten Griechen hieltens mit ihrem Homer ſo; und ich
weis nicht, warum wir gegen den Vater unſter Poeten noch
ſo undankbar ſind: da doch ſeine oberwähnten Gedichte
mehr

mehr gülbene Lehren in sich fassen, als die ganze Ilias und Odyssee.

14. §. Ob man in dieser Gattung von Gedichten die Musen, oder sonst eine Gottheit, um ihren Beystand anrufen könne, das ist im V. Capitel des I. Theils bereits gewiesen worden. Vom Lucretius ist bekannt, daß er die Venus angerufen, weil sie der Erzeugung der Dinge vorsteht. Virgil, in seinen Büchern vom Feldbaue, ruft ein ganzes Dutzend Götter an, die beym Feldbaue was zu thun haben. Opitz ruft in seinem Vesuvius die Natur an, weil er von natürlichen Wundern schreiben will:

Natur, von deren Kraft Luft, Welt und Himmel sind,
Des höchsten Meisterrecht, und erstgebohrnes Kind,
Du Schwester aller Zeit; du Mutter aller Dinge,
O Göttinn! gönne mir, daß mein Gemüthe dringe
In deiner Werke Reich; und etwas sagen mag,
Davon kein deutscher Mund noch bis auf diesen Tag
Poetisch hat geredt.

Hätte er es nun dabey bewenden lassen, so wäre es gut gewesen: aber er fährt fort, und ruft auch den Apollo nebst allen Musen herbey, die doch bey dieser Materie vom Vesuvius nichts zu sagen haben.

Ich will mit Wahrheit schreiben,
Warum Vesuvius kann Steine von sich treiben,
Woher sein Brennen rühre, und was es etwa sey,
Davon die Glut sich nährt. Apollo, komm herbey!
Mit deiner Musenschaar; laß ihre Hand mich leiten
Auf dieser neuen Bahn; so will ich sicher schreiten,
Wohin mein Geist mich trägt.

Indessen wenn man ihn entschuldigen will, so darf man nur sagen: daß gleichwohl die Form des ganzen Werkes poetisch sey, und also des Beystandes der Musen nicht entbehren könne. In seinem Vielguo. macht er seine Anrufung gerade zu Gott selbst:

So komm, o höchstes Gut! du Ursprung guter Sachen,
Des Bösen ärgster Feind, erwecke mir Verstand;

⌐ Verleihe kecken Muth, und schärfe meine Hand,
  Zu bringen durch den Neid des Volkes auf der Erden,
  Das sonst mit seiner Schaar mein Meister möchte werden,
  Und Wahrheit kaum verträgt.

Eben das hat er in den Büchern der Trostgedichte gethan,
wo er sich den heiligen Geist, als den höchsten Trost der
Welt zum Helfer und Beystande erbittet. Wie nun hieran
nichts auszusetzen ist: also ist es auch nicht allzeit nöthig, dergleichen Anrufung zu machen. Horaz und Boileau haben
in ihrer Dichtkunst keine gemacht. Opitz in seinem Buche
von der Ruhe des Gemüths, thut es auch nicht; ob es
gleich eben so groß ist, als eins von den vorhergehenden.

15. §. Was für Verse man zu solchen dogmatischen Gedichten brauchen solle, das können die Exempel der Alten
und Neuern lehren. Jene haben die Herameter für geschickt dazu gehalten, und Opitz hat die langen jambischen dazu bequem gefunden. Und in der That schicken sich
zu einem langen Lehrbuche keine kurze Verse. Corneille hat
dieses wohl gewußt, daher hat er den Thomas von Kempis durchgehends in einerley zwölf - und dreyzehnsilbigte
Verse, nicht aber in andere Arten derselben gebracht. Auch
Philander von der Linde hat das lange geistliche Gedicht Sam. Slaters, welches ein Gespräch der Seele mit
dem Glauben vorstellt, in keine andere Art von Versen
übersetzt. Und es wäre zu wünschen, daß man solches in
der deutschen Uebersetzung des Thomas von Kempis
auch gethan hätte: da hingegen die eine, die wir davon haben, bald aus Elegien, bald aus heroischen, bald aus
trochäischen Versen besteht; die andere aber, die nicht längst
heraus gekommen, gar wie ein Gesangbuch aussieht. Wenn
jemand Zeit und Lust hätte, ein solches dogmatisches Werk
in unsre Sprache zu übersetzen, der dürfte nur den Palingenius dazu wählen, welcher in dieser Classe gewiß eins von
den schönsten und erbaulichsten Büchern ist, die ich je gelesen habe.

Des

Des I. Abschnitts IX. Hauptstück.

Von Idyllen oder Schäfer-
gedichten.

1. §.

Man kann gewissermaßen sagen, daß diese Gattung von Gedichten die allerälteste sey. Denn ob ich wohl in dem Capitel von Oden, im Absehen auf dieselben eben das behauptet habe: so widerspreche ich mir doch nicht, wenn ich sage, daß die allererſten Lieder, Schäferlieder oder Hirtengedichte gewesen. Die ersten Einwohner der Welt nährten sich bloß von der Viehzucht. Der Ackerbau, die Jagd, der Fischfang und das Weinpflanzen sind viel später erfunden und in Schwang gebracht worden. Die Kaufmannschaft und alle andere Künste sind noch viel jünger. Da nun die Erfindung der Poesie mit den ersten Menschen gleich alt ist, so sind die ersten Poeten, oder Liederdichter, Schäfer oder Hirten gewesen. Ohne Zweifel haben sie ihre Gesänge nach ihrem Character, und nach ihrer Lebensart eingerichtet: folglich sind ihre Gedichte Schäfergedichte gewesen.

2. §. Ich will damit nicht behaupten, daß die ältesten Gedichte, die wir noch übrig haben, Schäfergedichte wären. Nein, was wir vom Theokritus, Bion und Moschus in dieser Art haben, das ist sehr neu. Die allererſten Poesien sind nicht bis auf unsre Zeiten gekommen: ja sie haben nicht können so lange erhalten werden; weil sie niemals aufgeschrieben worden. Was nur im Gedächtnisse behalten und mündlich fortgepflanzet wird, das kann gar zu leicht verloren gehen. Daß aber vor Theokrits Zeiten wirklich Schäfergedichte müssen gemacht worden seyn, das kann aus seinen eigenen Idyllen er-

wiesen

wiesen werden. Er berufft sich immer auf die arkabi-
schen Hirten, als auf gute Poeten, die ihre Musik vom
Pan gefasset hätten. Es müssen doch also unter den damaligen Schäfern mancherley Lieder im Schwange gegangen
seyn, die zum Theile sehr alt gewesen seyn mögen. Haben
sie so schön und so zierlich nicht ausgesehen, als Theokrits
Gedichte, so ist es kein Wunder. Die Natur allein war
ihre Lehrmeisterinn gewesen, und die Kunst mochte noch keinen Theil daran gehabt haben. Theokritus hat beydes zu
vereinigen gesucht, und also seine Vorgänger weit übertroffen.

3. §. Will man nun wissen, worinn das rechte Wesen
eines guten Schäfergedichtes besteht; so kann ichs kürzlich
sagen: in der Nachahmung des unschuldigen, ruhigen und
ungekünstelten Schäferlebens, welches vorzeiten in der Welt
geführet worden. Poetisch würde ich sagen, es sey eine Abschilderung des güldenen Weltalters; auf christliche Art zu
reden aber: eine Vorstellung des Standes der Unschuld,
oder doch wenigstens der patriarchalischen Zeit, vor und nach
der Sündfluth. Aus dieser Beschreibung kann ein jeder
leicht wahrnehmen, was für ein herrliches Feld zu schönen
Beschreibungen eines tugendhaften und glücklichen Lebens
sich hier einem Poeten zeiget. Denn die Wahrheit zu sagen, der heutige Schäferstand, zumal in unserm Vaterlande, ist derjenige nicht, den man in Schäfergedichten abschildern muß. Er hat viel zu wenig Annehmlichkeiten, als
daß er uns recht gefallen könnte. Unsere Landleute sind
mehrentheils armselige, gedrückte und geplagte Leute. Sie
sind selten die Besitzer ihrer Heerden; und wenn sie es gleich
sind: so werden ihnen doch so viel Steuern nnd Abgaben
auferlegt, daß sie bey aller ihrer sauren Arbeit kaum ihr
Brod haben. Zudem herrschen unter ihnen schon so viel
Laster, daß man sie nicht mehr als Muster der Tugend aufführen kann. Es müssen ganz andere Schäfer seyn, die ein
Poet abschildern, und deren Lebensart er in seinen Gedichten nachahmen soll. Wir wollen dieselben etwas näher betrachten. 4. §.

4. §. Man stelle sich die Welt in ihrer ersten Unschuld vor. Ein freyes Volk, welches von keinen Königen und Fürsten weis, wohnet in einem warmen und fetten Lande, welches an allem einen Ueberfluß hat; und nicht nur Gras, Kräuter und Bäume, sondern auch die schönsten Früchte von sich selbst hervorbringet. Von schwerer Arbeit weis man daselbst eben so wenig, als von Drangsalen und Kriegen. Ein jeder Hausvater ist sein eigener König und Herr; seine Kinder und Knechte sind seine Unterthanen, seine Nachbaren sind seine Bundesgenossen und Freunde; seine Heerden sind sein Reichthum, und zu Feinden hat er sonst niemanden, als die wilden Thiere, die seinem Viehe zuweilen Schaden thun wollen. Eine hölzerne Hütte, oder wohl gar ein Strohdach, ist ihm ein Pallast, ein grüner Lustwald sein Garten, eine kühle Höhle sein Keller, eine Lauberhütte sein Sommerhaus: Pelz und Wolle und ein Strohhut sind seine Kleidung; Milch und Käse sind seine Nahrung; die Feld = und Gartenfrüchte seine Leckerbissen; ein hölzerner Bächer, ein Korb, eine Flasche, ein Schäferstab und seine Hirtentasche sein ganzer Hausrath. Sein Hund ist sein Wächter, eine Blume sein Schmuck und seine Erquickung, die Musik aber sein bester Zeitvertreib.

5. §. Im Absehen auf den Verstand, sind diese glückseligen Schäfer zwar einfältig, aber nicht dumm. Sie können nach ihrer Art mancherley Künste, sie flechten schöne Körbe und künstliche Hüte, sie schälen bunte Stäbe, sie schnitzen Figuren und Bilder auf ihre Flaschen und Bächer, sie winden Blumenkränze, und pflanzen Bäume. Gelehrt sind sie zwar nicht: doch wissen sie aus den Erzählungen ihrer Vorfahren, von einigen alten Geschichten; und aus dem Unterrichte der klügsten unter ihnen, von einigen Geheimnissen der Natur, von dem Laufe der Gestirne u. d. m. doch allezeit mit einer gewissen Einfalt, zu reden. Sie haben einen gewissen natürlichen Witz, aber keine gekünstelte Scharfsinnigkeit. Sie machen auch Vernunftschlüsse, aber von metaphysischen Absonderungen wissen sie nichts. Sie halten

sich allezeit an das, was sie empfinden, und ihre Unterredungen handeln von dem, was geschieht, was sie gesehen oder gehöret haben. Daher lieben sie die Erzählungen, und vertiefen sich, nach Art einfältiger Leute, zuweilen in besondern Umständen, und solchen Kleinigkeiten, die nicht eben so nöthig zu wissen wären.

6. §. Ihren Willen anlangend, haben sie zwar, als Menschen, Affecten; aber keine unordentliche und ausschweifende Begierden, dadurch sie einander beleidigen könnten. Der Geiz und Ehrgeiz verleitet sie zu keiner Ungerechtigkeit; und man weis bey ihnen weder von Schimpfworten noch von Schlägereyen zu sagen. Ihre Streitigkeiten bestehen darinn, daß sie im Singen oder Spielen, oder in andern Künsten, einander überlegen seyn wollen: und diese werden allezeit durch einen unparteyischen Schiedsmann, den beyde Parteyen zum Richter erwählen, entschieden. Sie scherzen mit einander, aber ohne Zoten zu reißen: denn die Ehrbarkeit ist bey ihnen zu Hause. Ihr Handel besteht im Tauschen; und ob sie wohl zuweilen durch eine kleine List einander hintergehen, so geschieht es doch nur zur Kurzweil: denn der Betrug ist ihnen so abscheulich, als das Stehlen und Rauben. Ihr Umgang ist von aller Grobheit so weit, als von allen Complimenten und von der Falschheit, entfernet. Sie sind offenherzig, aber bescheiden; freygebig, aber nicht verschwenderisch; sparsam, aber nicht karg; ehrliebend, aber nicht stolz. Endlich sind sie auch mäßig und nüchtern, und mit einem Worte, ganz tugendhaft und vergnügt.

7. §. Ich habe noch nichts von der Liebe gedacht, weil dieses eine besondere Beschreibung verdienet. Diese Leidenschaft herrschet am meisten unter ihnen, aber auf eine unschuldige Weise. Sie ist die einzige Quelle ihres größten Vergnügens, aber auch ihrer größten Unruhe. Ihre Muße auf den Fluren und bey ihren Heerden, läßt ihnen Zeit genug, zu verliebten Gedanken und Unterredungen: aber ihre Einfalt verbeut ihnen alle gar zu künstliche Mittel, zu ihrem Zwecke zu gelangen. Ihre guten Eigenschaften machen

chen sie liebenswürdig, und ihre Liebeserklärungen geschehen mehr durch schamhafte Blicke, als durch viel zärtliche Worte. Ihre Geschenke bestehen aus Blumen und Früchten, jungen Lämmern und schönen Hunden, künstlichen Hüten, Bächern und Stäben. Sie putzen sich, aber nach ihrer Einfalt, die von Seide, Gold und Silber nichts weis. Sie sind eifersüchtig und empfindlich; aber auch leicht zu besänftigen. Sie beklagen sich über die Unempfindlichkeit ihrer Schönen; henken sich aber deswegen nicht auf. Sie sind sehr treu in ihrer Liebe, und man weis bey ihnen von keinem größern Laster, als von der Unbeständigkeit. Ihre Nebenbuhler suchen sie durch neue Gefälligkeiten, nicht aber durch Rachgier und Gewalt zu überwinden. Kurz, die unschuldige Schäferliebe muß von allen Lastern frey seyn, die sich durch die Bosheit der Menschen allmählich eingeschlichen haben.

8. §. Ich zweifle nicht, daß ein jeder, der diesen Character der Schäfer recht erweget, gestehen wird: daß Schäfergedichte, die auf diesen Fuß verfertiget worden, eine besondere Anmuth haben müssen. Denn ich habe ihren Abriß mit Bedacht in der größten Vollkommenheit gemacht, ungeachtet noch kein Poet denselben völlig beobachtet hat. Theokritus hat seine Schäfer zuweilen sehr grob und plump abgeschildert; das ist, wie sie etwa zu seiner Zeit waren, nicht wie sie hätten seyn sollen: zuweilen aber machte er sie gar zu sinnreich. Sie zanken sich bisweilen auf eine recht bäurische Art, und kriegen einander fast darüber bey den Köpfen. Sie beschuldigen einander des Diebstahls und noch wohl ärgerer Laster, die unter den Griechen und Römern im Schwange waren; sich aber für unsere feinern poetischen Schäfer nicht schicken. Man sehe des Herrn von Fontenelle Discurs von Schäfergedichten, der bey meiner Uebersetzung seiner auserlesenen Schriften befindlich ist: wo man auch vom Bion und Moschus eine gründliche Beurtheilung antreffen wird.

9. §. Virgil, der sich den Theokritus in seinen Idyllen zum Muster genommen, hat zwar seine Hirten viel arti-

ger gemacht, als jener; doch aber nicht allezeit die rechte
Art der Schäfer erreichet. Sie ſind nicht alle ſo tugendhaft
und unſchuldig, als ſie ſeyn ſollten; wie davon der Vers

    Novimus et qui te, transverſa tuentibus hircis, etc.

zeugen kann. Zuweilen giebt ſein Haberrohr einen gar zu
hohen Ton, wenn er z. E. die ſicilianiſchen Muſen des Theokritus anrufft, dem Pollio zu Ehren etwas erhabeners an-
zuſtimmen. Er foderte, wie ſchon gedacht worden, etwas
Unmögliches von ihnen: denn ſie können auf ihrer Flöte keinen Trompetenklang erzwingen. Gleichwohl prophezeiet er
nicht anders, als die kumäiſche Sybille, von künftigen Zeiten. In der ſechſten Efloge läßt ers ſich vom Phöbus erſt
ſagen: Es ſchicke ſich für Hirten nicht, von Königen und
Helden zu ſingen:

    Cum canerem Reges et prœlia, Cynthius aurem
    Vellit et admonuit: Paſtorem, Tityre, pingues
    Paſcere oportet oves.

Gleichwohl läßt er ſeinen Silenus, da er ein paar Knaben,
nebſt der ſchönen Najade, Aegle, vom Schlafe aufgeweckt,
die ganze epikuriſche Lehre vom Urſprunge der Welt herſin-
gen: welches ihm ſo wenig anſtund, als von Kriegen und
Helden Lieder zu machen. Es herrſcht auch in der ganzen
Efloge eine ſolche Verwirrung der Sachen und Zeiten, daß
man nicht weis, wo man iſt. Nach den philoſophiſchen
Meynungen Epikurs, kömmt die Fabel von der Paſiphae
und den Schweſtern Phaetons, die gar nicht dahin gehörete. Mitten darunter ſteht Cornelius Gallus, der zu
Virgils Zeiten lebte; und darauf kömmt wiederum die Fabel von der Scylla und Charybdis, imgleichen von der Philomele. Alles das ſingt Silenus, von welchem der Poet
vorhin erzählte, daß er vorigen Tag einen Rauſch gehabt.
Es könnte, wie Fontenelle ſcherzet, nach dem itztbeſchriebe-
ben Inhalte ſeines Geſanges, leicht ſeyn, daß er etwas zu
frühe aufgeweckt worden. Wir haben eine feine Ueberſe-
                                               ßung

tzung der virgilischen Hirtengedichte von dem Herrn Overbeck
erhalten: wiewohl es auch an vielen ältern nicht fehlet, die
ich in der Vorrede dazu angemerket. Doch ist mir nachmals noch eine in die Hände gefallen, die folgenden Titel
hat: Zehn Hirtengespräche vom Vergilius, erstlich
lateinisch beschrieben, itzund in unsere teutsche Sprache übergesetzet. Gedruckt zu Glückstadt 1643,
in Quer 8.

10. §. Unter den neuen Poeten, die lateinische Schäfergedichte gemacht haben, sind Calpurnius, Nemesianus,
Vida und Baptista Mantuanus zu merken. Sie sind
eben nicht gänzlich zu verachten; und ungeachtet sie an Schönheit der Verse dem Virgil weichen müssen, so haben sie
doch zuweilen hübsche Erfindungen. Sie fehlen aber auch
zuweilen sehr grob, wie denn der letztere z. E. seine
Schäfer einmal, als ein Paar Carmeliter aufführ-
ret, deren einer der strengen, der andere der gelindern
Ordensregel zugethan ist. Er läßt sie so heftig mit einander streiten, daß der Richter, dazu er den Bembus macht,
ihnen die Stäbe wegnimmt. Ob es nun wahrscheinlich sey,
daß die Schäfer wie Mönche sprechen? das ist leicht zu sehen. Viel ärger aber macht ers in einer andern Stelle, wo
der Schäfer gar einen Epikurer vorstellt, der weder Himmel noch Hölle glaubet. Der Poet will dieses zwar entschuldigen, und sagt: Amyntas habe sich lange in der Stadt
aufgehalten. Herr von Fontenelle aber will diese Entschuldigung nicht gelten lassen: und in der That ist es anstößig,
seine Schäfer als gottlose Leute aufzuführen.

11. §. Sannazar hat es versuchen wollen, ob man
nicht Fischereklogen machen könne. Er hat den Theokritus zum Vorgänger, der auch einmal dergleichen gethan
hat. Zween Fischer schlafen in einer Strohhütte am Ufer
beysammen, und der eine wecket in der Nacht den andern
auf, und erzählt ihm seinen Traum; darinn es ihm vorgekommen war, als ob er einen goldenen Fisch gefangen hätte.
Allein die Fischerarbeit ist viel zu beschwerlich, gegen das ru-

hige und glückselige Leben, das wir uns im Schäferstande vorstellen. Die See ist bey weitem so angenehm nicht, als eine schöne Aue: und die Schnecken oder Austern geben solche beliebte Geschenke nicht ab, als Blumen und Früchte. Es würde nicht besser herauskommen, wenn man anstatt der Schäfer, Bergleute, in Gedichten nachahmen wollte, wie einige Poeten bey uns versuchet haben. Diese Lebensart ist gleichfalls viel zu rauh, und die Arbeit zu sauer, als daß man viel Vergnügen dabey haben könnte. Zu dem schicket sich das Gold und Silber zu dem güldenen Weltalter nicht. Noch besser würden sich die Winzer zu solchen Vorstellungen brauchen lassen; als deren Arbeit so beschwerlich nicht ist, und mehr angenehme Gegenstände hat, als die vorige. Es käme auf den Versuch eines guten Dichters an, der diese Lebensart kennete.

12. §. Unter den Italiänern haben Tasso, Guarini, Bonarelli und Marino, sich mit Schäfergedichten hervorgethan: aber alle mit einander haben ihre Hirten viel zu scharfsinnig gemacht. Tasso, der noch am leidlichsten ist, hat dennoch in seinem Amyntas, den wir auch deutsch haben, die Sylvia gar zu künstlich denken lassen. Sie hat sich mit Blumen geschmücket, und da sie sich in einem Brunnen spiegelt, sagt sie zu ihnen: sie trage dieselben, nicht sowohl sich selbst dadurch zu putzen, sondern vielmehr sie, durch ihre eigene Schönheit, zu beschämen. Bouhours hat diese Stelle mit gutem Rechte verworfen: aber gegen andere italienische Künsteleyen und Spitzfündigkeiten ihrer Schäfer, ist das noch nichts zu rechnen. Guarini läßt z. E. in seinem treuen Schäfer, eine Schäferinn, mitten in der Heftigkeit ihrer Liebe, auf eine sehr philosophische Art, die Götter zur Rede setzen: warum sie uns doch durch so scharfe Gesetze eingeschränket; zu gleicher Zeit aber dem Menschen solche unüberwindliche Begierden gegeben? Wer hätte dergleichen tiefes Nachsinnen bey einer Schäferinn gesuchet? Hofmannswaldau und Abschatz haben dieses Stück bey uns um die Wette verdeutschet.

13. §.

13. §. Unter den Franzosen haben Marot, Ronsard, Segrais und Fontenelle sich mit Schäfergedichten bekannt gemacht. Der erste hat außer einer Uebersetzung von Virgils I. Ekloge nur eine einzige Idylle auf die Geburt des Prinzen vom Dauphin gemacht, darinn er auch Virgils Ekloge an den Pollio nachahmet. Der andere hat sechs Eklogen gemacht, wo man den verliebten Cyklopen nicht auch dazu rechnet, und gemeiniglich hohe Materien in seine Eklogen gebracht, indem er fürstlichen Personen nur Schäfernamen giebt. Heinrich I. heißt Henriot, Carl IX. Carlin, und Catharine von Medicis Catin. Ja, er läßt einmal die Schäferinn Margot das Lob des Turnebus, Budeus und Vatablus anstimmen, der größten Griechen und Hebräer ihrer Zeiten; von welchen seine Schäferinn billig nichts hätte wissen sollen. Das beste ist, daß er selbst gesteht, er habe seine Eklogen nicht nach Regeln gemacht. Segrais hat eben das im Absehen auf seine Schreibart gestanden, welche er hier und da zu künstlich und gleißend für Schäfer gemacht; sonst aber doch gewiesen hat, daß er auch ihren wahren Character wohl treffen könne. Auch Desportes hat unter den alten französischen Dichtern sogenannte Bergeries gemacht, die nichts anders als Schäfergedichte heißen können. Doch sind sie bald als Lieder in kurze, bald als Ueberschriften in allerley Arten von Versen, bald als Nachahmungen, bald als Klagen abgefasset: weswegen man ihn eben so leicht übergehen kann.

14. §. Herr von Fontenelle, dem ich diese Anmerkungen mehrentheils abborge, gesteht auch von sich selbst, daß er seine Schäfergedichte eher gemacht, als er sich um die Regeln derselben bekümmert gehabt. Er bekennet aber bey der Unbeständigkeit des Geschmackes seiner Zeiten: es sey besser, sich an die Regeln zu halten, und den wahrhaften Begriffen von einer Sache zu folgen. In der That hat er seine Schäfer zu scharfsinnigen Parisern gemacht. Sie sind oft so sinnreich, als Fontenelle selbst, und einige neuere Kunstrichter haben nicht unrecht, wenn sie es ihm vorrücken,

cken, daß er seine Hirten eine Metaphysik über Liebessachen gelehret habe. Vieleicht hat er auch, bloß in der Absicht diesen Fehler zu entschuldigen, gesagt: Die Schäfer der Eklogen müßten gleichsam seidene Kleider haben, die nur schäfermäßig geschnitten wären. Sonst sehe ich aus seiner vernünftigen Kritik über andre, daß er in dieser Art von Gedichten unverbesserlich würde geworden seyn; wenn er sich nicht eher an diese Arbeit gemacht hätte, bis er sich die wahre Natur derselben besser bekannt gemacht gehabt. Mir gefällt es nicht, daß er sich darinn der sogenannten Poesie der Faulen, oder der vermischten kurzen und langen Verse bedienet hat. Wir haben einen ausführlichen Tractat davon im Französischen, den der Abt Genest geschrieben, und den man bey Fenelons Gedanken von der Redekunst und Poesie 1717. zu Amsterdam gedruckt hat; welchen ich hier nachzulesen anrathen will.

15. §. Unter den Engländern haben sich sonderlich Philips und Spenzer in dieser Art von Gedichten gewiesen. Graf Rochester hat ein paar Schäfergespräche in kurzen Versen gemacht. Pope aber hat sie ohne Zweifel alle übertroffen. Denn außer seiner Abhandlung von den Pastoralgedichten, hat er vier Eklogen auf die vier Jahreszeiten, und sodann noch eine geistliche Ekloge, die er Meßias nennet, gemacht, worinn er Virgils Pollio nachgeahmet. Selbst sein Windsor Forest kann gewissermaßen hieher gerechnet werden. Außer ihm, hat man im Englischen auch als eine neue Erfindung, Town-Eclogues, deren ein Frauenzimmer Maria Worthley Mountague, eine gewesene gute Freundinn des Pope VI. Stücke, 1747. in 4. herausgegeben. Richard Steele macht in seinem Guardian sehr viel von den ersten beyden, und hält sie unter allen Neuern allein für würdig, dem Theokritus und Virgil an die Seite gesetzt zu werden. Es ist nicht zu läugnen, daß nicht dieser gelehrte Scribent eine gute Einsicht in die Eigenschaften dieser Gedichte erwiesen habe. Sein 28stes, 30stes und 32stes Blatt des I. Theils, handeln ausführlich davon, und sonderlich

derlich ist das letzte merkwürdig, wo er alle seine Gedanken von Schäfergedichten, in einer Fabel von dem Schäfer Damon und seiner Tochter Amaryllis vorgetragen hat. Ich will am Ende dieses Hauptstücks einen Auszug davon hieher-setzen: weil diese allegorische Vorstellung die wahre Natur der Schäfergedichte, und alle Fehler, die man darinn begehen kann, sehr lebhaft vorstellet. Allein, wem die Eigenliebe der englischen Nation gegen sich selbst bekannt ist, der wird leicht schließen können, was davon zu halten sey, daß er nur seine Landsleute für würdige Nachfolger der Alten ausgiebt.

16. §. Unter uns Deutschen haben sich zuerst einige in lateinischen Eklogen gewiesen. Georg Sabinus hat unter andern ein Paar auf des Königs in Frankreich Franz des I. Gefangenschaft, und auf Herzog Albrechts in Preußen Vermählung gemachet, die recht artig sind. Opitz hat unter andern in dem IVten Buche seiner poetischen Wälder seinen Begriff von der Schäferpoesie sehr fein ausgedrücket, wo er beweisen will, daß die Poeterey unsterblich sey. Es heißt:

Cupido führet mich in eine grüne Wüsten,
Da der Poeten Volk, weit von Begier und Lüsten,
Vorzeiten hat gelebt, wie noch die erste Welt
Nichts von den Städten wußt, und wohnte um das Feld.
Die Nymphen werden mir den Lorberkranz aufsetzen,
Mit meinen Versen wird sich Erato ergetzen:
So weit die grüne Lust und hohen Wälder gehn,
So weit wird mein Gedicht an allen Bäumen stehn.
Ihr Oerter voller Freud! du Aufenthalt der Hirten!
Ihr Bäch, ihr Ahornbäum, ihr Quell, ihr zarten Myrten!
Ihr Thäler, ihr Gebirg, ihr Blumen und ihr Stein,
Ihr Wohnhaus voller Ruh, bey euch wünsch ich zu seyn. 2c.

Unter seinen Oden ist gleich die erste eine Schäferode auf seine Galathee. Die andre auf die Phyllis, und die dritte auf eben dieselbe sind eben so schön, und man kann sich selbige zu Mustern dienen lassen. Auch in seiner Schäferey von der Nymphe Hercinie, kommen einige seine Stücke von seiner Arbeit

Was sollte die Schäferinn mit einem solchen Puderputze
machen? würde sie denselben aufzusetzen wissen? oder würde
sie es für gut finden, sich auf dem ganzen Dorfe zum Gelächter zu machen? Ein hübsches Lamm, ein schönes Körb-
chen, ein bunter Stab, oder ein künstlicher Strohhut,
wären bessere Geschenke für diese Schäferinn gewesen. Endlich die dritte ist wider die Tugend selbst: denn Thyrsis will
sich selbst das Leben nehmen.

> Doch, wo du auch hiedurch nicht zu bewegen bist,
> So weis ich Aermster nicht, was weiter übrig ist;
> Als daß ich meinen Rumpf an einen Eichbaum henke:
> Vieleicht liebst du mich todt, weil ich dich lebend kränke.

Ein solch strafbares Verfahren steht keinem Schäfer an:
und Sylvia würde ihm aus gerechtem Eifer, über ein so
unvernünftiges Bedrohen, gewiß bloß deswegen, ihre Liebe
versagen müssen. Weit besser ist ihm das auf den vermeynten Tod dieser Sylvia gerathen.

19. §. Auf dem 75 Blatte des I. Th. der Hoffmannsw.
Gedichte, steht eines andern unbekannten Poeten Gespräch
zweyer Verliebten, welches auch, seiner Absicht nach, ein
Schäfergedicht bedeuten soll. Dieses ist aber so abgeschmackt
und garstig, daß es nichts weniger, als diesen Namen führen kann. Hergegen sind im VI Theile dieser Gedichte, auf
der 78 und 85 Seite von C. H. noch ein Paar, die mir sehr
gut gefallen, weil eine gewisse Einfalt und Unschuld darinn
herrschet, die mit keiner Grobheit vermenget ist. Z. E. auf
der 79 S. steht ein kleiner Umstand sehr natürlich beschrieben:

> Ich glaub, es hatte mirs der Pan so eingegeben;
> Der Pan, der Hirten Gott, der für der Schäfer Leben,
> Als wie für seines sorgt: damit ich, Saladin,
> Dir möchte diesen Dorn aus deinem Fuße ziehn.
> Da stund ein Eichenbaum mit sehr gekrümmten Zweigen,
> (Ich dächt, ich wollt ihn dir noch diese Stunde zeigen;
> Es war ein junger Baum, sonst gleich und ziemlich breit,
> Und auf der Rinde noch mit Moose nicht bestreut.)
> Da sah ich rc.

Im-

Imgleichen kömmt auf der 82 Seite eine sehr artige Stelle, die wohl werth ist, daß ich sie anmerke.

Zudem gefallen mir auch hier die Schäferhütten,
Der Hirten Lebensart, der Schäferinnen Sitten
Fast im geringsten nicht: und wärst du nicht bey mir,
Ich glaub, ich wäre schon vorlängsten nicht mehr hier;
Es giebt gar kahle Trift am Ufer dieser Elbe,
Die Schäferinnen sind auch mehrentheils sehr-gelbe,
Und etwas baurenstolz: sie bilden sich was ein,
Und meynen, Wunder! was sie für Gesichter seyn.
Zudem so giebt es hier auch nasenweise Hirten,
Die soll nun unser Eins bey Tag und Nacht bewirthen:
Die tadeln oftermals auch unsrer Flöte Klang,
Doch klinget ihr Geschrey, so wie ein Froschgesang.
Nächst ließ ein solcher Mann ein Lied bey mir bestellen,
Ich macht es; da wollt er ein kluges Urtheil fällen,
Und sprach: Das Lied gefällt mir im geringsten nicht;
Es ist nicht hoch genug, nicht prächtig eingericht.
Darüber mußt ich nun wohl recht von Herzen lachen,
Daß sich der Korydon so mausig wollte machen,
Der doch so viel davon, als jener Bock versteht,
Der forne vor der Heerd aus Stolz und Hoffart geht.
Es ist in dieser Flur nun leider dahin kommen,
Wenn man nicht ihren Sinn in Obacht hat genommen,
Und Marmor, Purpur, Gold und Sonn hinein gebracht,
So wirds aus Unverstand von ihnen ausgelacht.

20. §. Innerlich kann man die Eklogen in epische und dramatische eintheilen. In jenen redet der Poet selbst durchgehends, ob er gleich zuweilen auch andere redend einführen kann. In dramatischen redet der Poet gar nichts, sondern stellet nur das Gespräch und die Handlungen anderer Schäfer und Hirten vor. Beyde Arten können größer und kleiner gemacht werden. Ein großes episches Schäfergedicht ist z. E. des Longus Historie von Daphnis und Chloe, davon ich im ersten Theile des Biedermanns einen kurzen Auszug gegeben habe; imgleichen des Herrn von Urfe Asträa, die schöne Diana, Philipps Arkadia, die schöne Schäferinn Juliana ꝛc. wiewohl das letzte nichts taugt. Von großen dramatischen Schäfergedichten, die man auch Pastorale

nennt, sind des Tasso Amyntas, des Guarini treuer Schäfer, des Corneille schwärmender Schäfer, den A. Gryphius deutsch übersetzt hat, und des Herrn von Fontenelle
Endimion bekannt, welchen letztern ich bey den auserlesenen
Schriften desselben, übersetzt habe. Im Deutschen haben
wir Dünnehaupts gedrückten und erquickten Jacob, der
in den Beyträgen zur krit. Historie der deutschen Sprache
beurtheilet worden. Des A. Gryphius Zwischenspiel, welches er in das verliebte Gespenst eingerücket hat, ist mehr ein
Bauerstück, als ein Schäferspiel zu nennen; zumal, da es
in der heutigen Bauersprache geschrieben ist, und sehr plump
— klingt. Seit meiner Atalanta haben wir auch verschiedene
neue Schäferspiele in Versen zu lesen bekommen, die weit
besser, als jene alten gerathen sind. Die Regeln von beyden
Arten kommen in den Hauptstücken von milesischen Fabeln
und Schäferspielen vor. Hier aber handeln wir nur von
den kleinen Schäfergedichten, die wir Jdyllen und Eklogen
zu nennen pflegen; und da finden wir im Virgil und unserm
Neukirch sowohl epische als dramatische Muster, die wir
nachahmen können.

21. §. Wir habens oben gesagt, daß die Schäfer nichts von
Königen und Fürsten wissen sollen. Dieses ist aber nur von
ihnen selbst zu verstehen, nicht von benachbarten Ländern.
Denn man kann sich einbilden, daß noch ein Ueberrest der
alten Unschuld, in einer gewissen glückseligen Landschaft, geblieben; nachdem man sonst schon allenthalben Städte ge-
bauet, Obrigkeiten geordnet, Gesetze gegeben, und dadurch
der einreißenden Bosheit zu steuren gesucht. Da müssen
aber die Schäfer von einem solchen republikanischen, oder
monarchischen Zustande eines Landes, allezeit mit einiger
Verabscheuung reden, und ihre güldene Freyheit allem Prachte
der Städte weit vorziehen. So hat es Neukirch in dem
Schäfergedichte auf den Herzog zu Coburg gemacht. Da
es aber angeht, auch allegorische Eklogen zu machen: so kann
man freylich auch unsere Könige und Fürsten in Schäfergedichte bringen. Virgil hat solches in seiner ersten Ekloge
gethan,

gethan, wo er von Augusts Freygebigkeit gegen den Schäfer
Titprus handelt. Er redet daselbst durchgehends von dem
Kaiser, als von einem Gotte: weil er wohl sah, daß sich
der Namen eines Fürsten für Schäfer nicht schickte. Allein
ich wollte lieber, daß er diese so hochgetriebene Schmäucheley
vermieden, und den Kaiser, als den reichsten, klügsten und
ansehnlichsten Schäfer in der ganzen Gegend beschrieben hätte:
wie es gleichfalls Neukirch, in einem solchen Gedichte auf
den König in Preußen, gemacht, das man hieben nachlesen mag. Dieses würde eine weit angenehmere Abbildung
von demselben gemacht haben: und wir haben um desto mehr
Ursache, unsere Regenten unter solchen Bildern vorzustellen,
da sie selbst in der Schrift, und in Xenophons Cyropädie,
als Hirten ihres Volkes, beschrieben werden.

22. §. Wegen der Namen in Schäfergedichten fragt sichs,
ob man die alten griechischen brauchen; oder seinen Hirten
heutige Namen, die auf dem Lande gewöhnlich sind, geben
solle? Richard Steele ist der letzten Meynung zugethan,
und er glaubt gar, man müsse die Schäfergedichte in einer
bäurischen Mundart machen: so wie Theokritus sich im
Griechischen des dorischen Dialektes bedienet hat. Allein ich
halte es mit denen, die in den alten Schäfernamen was
edlers finden, als in den heutigen. Diese würden zu verstehen geben, daß man von itzigen Bauren, wie wir sie auf
unsern Dörfern haben, reden wolle; welche gewiß zu poetischen Eklogen zu grob sind. Jene hergegen zeigen sogleich
an, daß man von ganz andern Schäfern, als die heutigen
sind, reden wolle. Mit der dorischen Mundart war es auch
ein ganz anders, als mit unserer heutigen Bauersprache.
Jene hatte ihre gewisse Regeln, und herrschete in einem
großen Theile von Griechenland, sowohl in Städten als auf
dem Lande. Unsre Bauersprache aber ist auf allen Dörfern
anders. Selbst die Niedersächsische schicket sich nicht dazu,
da sie selbst in allen Städten sich alle zwey oder drey Meilen
ändert, und also zu keiner Gewißheit zu bringen ist. Man
lese nur in der Poesie der Niedersachsen, die plattdeutschen

Gedichte, die bald holsteinisch, bald braunschweigisch, bald hannöverisch reden; dagegen Laurenberg meklenburgisch schreibt, und Caspar Abel wieder anders dichtet. Wer indessen nur seines Ortes Beyfall erwerben wollte, der könnte es auch in seiner besondern Mundart versuchen. Wer ganz Deutschland gefallen will, der muß bey der hochdeutschen Sprache bleiben; doch so, daß allezeit etwas dorfähnliches und einfältiges mit unterlaufe.

23. §. Die Schreibart der Eklogen muß niedrig und zärtlich seyn. Ihre Zierrathe müssen nicht weit gesucht seyn, sondern sehr natürlich herauskommen. Die Gleichnisse müssen nicht gar zu oft vorkommen: obwohl Virgil sie sehr zu häufen pflegt. Sprüchwörter stehen den Schäfern viel besser an. Aber den schmutzigen, oder zotenhaften Ausdruck gewisser Erzählungen muß man fliehen, die dem unschuldigen Weltalter gar nicht ähnlich klingen; und also mit Unrecht den Namen von Schäfern führen. Und lacht gleich die Unvernunft,

> „Wenn er sich lustig macht mit solchen Bubenpossen,
> Die auch kein Hurenwirth möcht hören unverdrossen.“
>
> Rachel.

So haben doch wohlgesittete Gemüther einen Abscheu davor. Man bedienet sich darinn am liebsten der sechsfüßigen jambischen Verse mit ungetrennten Reimen, wie Neukirch gethan: wiewohl ich mich durch das Exempel einiger Neuern auch einmal verleiten lassen, ein Paar in der Poesie der Faulen zu verfertigen, ich meyne in madrigalischen oder recitativischen Versen. Das erste ist allezeit besser: doch wollte ich eben nicht wehren, daß nicht ein Schäfer zuweilen eine kleine Arie oder Ode von etlichen Strophen darzwischen singen: oder wohl gar eine Elegie anstimmen könnte, um sein Betrübniß worüber auszudrücken. Ein Exempel von einem schönen Schäferliede giebt Bessers, Eleonora die Betrübte rc. ab; ja ich habe auch dergleichen eins singen hören: Ob ich gleich ein Schäfer bin rc. welches mir
sehr

sehr wohl gefallen hat. Nun will ich die obige Fabel des Gardians hersetzen, zuvor aber des Boileau Regeln davon, wiewohl übersetzt mittheilen.

Wie eine Schäferinn am schönsten Festtage, ihr Haupt nicht mit stolzen Rubinen putzet, und ohne den Glanz der Diamanten mit dem Golde zu vermischen, ihre besten Zierrathe auf dem nächsten Felde pflücket: so muß auch eine schöne Idylle von lieblichem Ansehen, von niedriger Schreibart, und ohne alle Pracht glänzend seyn. Ihr natürlich einfältiger Ausdruck, hat nichts pralendes an sich, und liebet den Stolz kühner Verse nicht. Ihre Gelindigkeit muß nur schmäucheln, kützeln und erwecken; aber niemals mit neugemachten Wörtern das Ohr erschrecken.

Allein sehr oft pflegt ein Reimenschmidt, der in dieser Schreibart nicht fortkann, Flöte und Schalmey aus Verdruß wegzuwerfen, und in seiner unbesonnenen Hitze, auf eine thörichte Pracht zu gerathen. Mitten in der Ekloge stößt er in die Trompete: Pan erschrickt vor diesem Tone, und flieht in sein Schilf; und die scheu gewordenen Nymphen, verstecken sich unterm Wasser.

Jener andere hingegen, dessen Sprache niederträchtig ist, läßt seine Schäfer sprechen, wie man auf dem Dorfe spricht. Seine groben und pöbelhaften Verse, die nichts von Anmuth wissen, küssen immer die Erde, und kriechen jämmerlich einher. Man sollte denken, daß Ronsard selber noch auf seinen bäurischen Pfeifen, seine gothischen Lieder hertrillerte, und ohne Klang und Ohr zu fragen, den Lycidas in Petern, und die Phyllis in Greten verwandelte. Zwischen diesen beyden Abwegen, ist die Mittelstraße schwer. Folge, wenn du sie finden willst, dem Theokrit und Virgil!

R. Steels Schäfergedicht,
über die Natur der Schäfergedichte.

Vorzeiten lebte in einem angenehmen Thale Arkadiens, ein reicher Mann, mit Namen Menalkas, der vom Gotte Pan herstammen wollte, und daher sehr strenge auf die Regeln des Schäferlebens hielt, so, wie es im güldenen Weltalter gewesen war. Er hatte eine einzige Tochter, die Amaryllis hieß. Sie war ein Mägdchen von bezaubernder Schönheit, und ungezwungener Stellung; nur, da sie auf dem Lande erzogen war, so war sie überaus schamhaft. Ihre Stimme war überaus sanft, hatte aber auch etwas dorfmäßiges in ihrem Tone; welches gleichwohl allen, die sie hörten, eine neue Anmuth zu seyn schien. War sie gleich in ihrem Umgange

über

überhaupt sehr gesellig, so bezeigte sie sich doch gegen ihre häufigen
Liebhaber so schüchtern: daß viele, aus Verdruß über ihre vergebliche
Mühe, sie verließen, und ihre Liebe andern zuwandten, wo sie besser
aufgenommen wurden. Menalkas war indessen nicht nur ent=
schlossen, einen Eidam zu wählen, der die Gewohnheiten des Hau=
ses unverletzlich beybehalten sollte; sondern hatte auch einen Abend,
als er im Felde gewesen, eine Pfeife von alter Art, von einem
Waldgotte bekommen: mit dem ausdrücklichen Befehle, seine Toch=
ter niemanden zu geben, der nicht eben so drauf spielen könnte, als
er ihn darauf spielen gehöret.

Als die Zeit der Verheirathung herbeygekommen war, machte er
seinen Entschluß bekannt, dadurch er die benachbarte Jugend einlud,
einen Versuch auf diesem Instrumente zu thun; mit dem Verspre=
chen: daß der Ueberwinder seine Tochter bekommen sollte, und unter
der Bedingung; daß die Ueberwundenen sich einer willkührlichen
Strafe unterwerfen sollten. Wer sich nun dadurch nicht abschrecken
ließ, sondern eine hohe Meynung von seinen Vorzügen hatte, der
erschien an dem bestimmten Tage, in einem Aufzuge und Putze,
der seinem Sinne gemäß war.

Der Kampfplatz war eine beblümte Wiese, durch welche ein
heller Bach mit krummen Wendungen hin und her murmelte.
Die Schäfer machten einen großen Kreis, um die kämpfenden Lieb=
haber: und auf einer Stelle darinn, saß auf einer kleinen Rasenbank,
unter einem Schwibogen von blühendem Rosendorn, und Königs=
kerzen, der Vater des Mägdchens, und zu seiner Rechten die Schöne
selbst, mit Rosen und Liljen gekränzet. Sie hatte einen weiten
Rock von schlechtem grünem Zeuge an, und hielt den Schäferstab
in einer, die wunderliche Pfeife aber in der andern Hand.

Der erste, der sich ihr näherte, war ein angenehmer und artig
erzogener Jüngling, der sich aber reicher gekleidet hatte, als es in
Arkadien jemals erhöret worden. Er hatte einen cramosinfarbnen
Rock an, der zwar nach Schäferart gemacht, aber so sehr gestickt,
und mit Edelgesteinen besetzt war, daß die Zuschauer, von dem
Glanze geblendet, vor allen Zierrathen, den Schnitt des Kleides
nicht gewahr wurden. Sein Haupt war mit einem Federhute be=
deckt, und sein Schäferstab glänzte von Golde und Silber. Er
trat auf eine sehr höfliche Art zu der Schönen, und sprach: Madame,
sie brauchen keinen Spiegel, sich auf heute zu putzen: sie kön=
nen ihre Schönheit schon aus der Menge ihrer Eroberungen
selen. * Amaryllis hatte eine so artige Schmäucheley noch nie=
mals gehöret; daher wußte sie ihm nichts zu antworten; sondern
gab

* Fontenelle.

gab ihm die Pfeife hin. Er setzte dieselbe an den Mund, und hub
an, mit so vielen Bebungen, Läufern und Trillern zu spielen, daß
die Schäfer und Schäferinnen, die sich paarweise zum Tanze gestel=
let hatten, seinem Liede nicht folgen konnten; weil sie zu solchen
ordentlichen und abgemessenen Schritten, als er erforderte, niemals
angeführet waren. Menalkas befahl, ihm seine köstlichen Kleider
auszuziehen, ihn in ein dunkelbraun Gewand zu kleiden, und ihn
auf Jahr und Tag ins Thal zu den Schafen zu schicken.

Der andere, der da erschien, sah ganz anders aus. Er hatte
einen Rock von rauchen Ziegenfellen an. Sein Haar war verwirrt,
sein Bart ungeputzt; von Person war er grob, von Sitten tölpisch.
Er trat ganz frech zu der Nymphe, und sagte: Er hätte seine
Lämmer geherzet, und seine jungen Böckchen geküsset; er
hoffete aber eine zu küssen, die viel sanfter wäre. * Die
Schöne erröthete vor Schamhaftigkeit und Verdruß, und that einen
Seufzer wider ihn, als sie ihm die Pfeife hingab. Er riß sie ihr
aus der Hand, konnte aber schwerlich einen Ton zuwege bringen;
sein Klang war so rauh und kreischend, daß alle Schäfer riefen:
Er verstünde keine Musik. So fort ward ihm befohlen, in die
felsichten Theile Arkadiens zu gehen, und die Ziegen zu hüten, auch
Lebenslang keine Pfeife mehr anzurühren.

Der dritte, der sich näherte, kam in sehr engen und unbequemen
Kleidern, so, daß er nicht ohne Mühe einherzutreten schien. Er
trat zu der Schäferinn mit tiefsinnigen Blicken, und sprach nach
einem kurzen Stillschweigen: Göttliche Amaryllis! ihr tragt
eure Rosen, nicht eure Schönheit zu vermehren, sondern
dieselben zu beschämen. ** Da sie nun nicht verstund, was er
damit haben wollte, so überreichte sie ihm stillschweigend das In=
strument. Sein Spielen war so verworren, und so gekünstelt, daß
die Schäfer stockstill stunden, und ganz erstarret und erstaunet waren.
Er entschuldigte sich damit, daß dieß die vollkommenste Musik von
dem größten Tonkünstler aus Hesperien wäre. Menalkas trug
mit ihm, als einem Fremden, ein Mitleiden, und übergab ihn
einem alten Schäfer, dem er befahl, ihm bequemere Kleider zu
schaffen, und ihn deutlich reden zu lehren.

Der vierte, der hinzu trat, war der junge Amyntas, der schönste
von allen arkadischen Schäfern, den auch Amaryllis schon heimlich
liebte. Er trug diesen Tag dieselbe Farbe, als die Schäferinn, nach
der er seufzete. Er trat zwar mit ungezwungenen, doch blöden
Schritten zu ihr. Als er ihr näher kam, erröthete sie, und als sie
ihm die gefährliche Pfeife gab, so zitterten sie beyde: aber keiner
                        Pp 5   konnte

* Theokritus.   ** Tasso.

konnte ein Wort sprechen. Nachdem er endlich zu den Göttern ge=
seufzet, so blies er in solchen wohlklingenden Tönen; daß, ob sie
gleich etwas wild und unregelmäßig waren, sie dennoch alle Herzen
mit Vergnügen erfüllten. Die Schäfer fingen sogleich an zu tanzen,
und die Alten bezeugten, daß sie oftmals bey Nacht dergleichen
Musik gehöret hätten, die, wie sie glaubten, von irgend einem
Feldgotte gemacht worden. Der ehrliche alte Mann sprang von
seinem Sitze auf, und übergab ihm, nachdem er ihn umarmet, seine
Tochter, bey allgemeinem Freudengeschreye.

Mitten in dieser Freude, wurden sie durch eine wunderbare Er=
scheinung erschrecket. Ein Mann, in einem blauen Mantel, dessen
Haupt mit Binsen und Riedgras gekrönet war, sprang mitten in
den Kreis. Er hatte eine Angelruthe in der Hand, und einen
Korb auf dem Rücken. Ein magerer armseliger Kerl, in nassen
Kleidern, trug einige Austern vor ihm her. Auf die Frage, von
wannen er käme, und wer er wäre? sprach er: er käme, die Ama=
ryllis, von den Gefilden an das Seeufer einzuladen. Sein Ver=
mögen bestünde in Meerkälbern, und er wäre mit den Nereiden
und Najaden bekannt. Bist du mit den Najaden bekannt:
so gehe auch wieder hin zu ihnen! sprach Menalkas zu ihm.
Die Schäfer rafften ihn sogleich, als einen Feind Arkadiens auf,
und schmissen ihn in den Fluß, wo er untergieng, und niemals
wieder zum Vorscheine kam.

Amyntas und Amaryllis führten ein langes und glückseliges
Leben, und beherrschten die arkadischen Thäler. Ihre Nachkommen
sind sehr alt geworden; und haben in 2000 Jahren nur viere dersel=
ben gehabt. Ihr erster Erbe hieß Theokritus; der seine Herrschaft
dem Virgil überließ. Diesem folgte sein Sohn Spencer; und Spen=
cern folgte sein ältester Sohn Philipps.

Ich habe oben im 16 §. vergessen, unter den Verfassern
lateinischer Eklogen den Pet. Lotichius, und den Joh. Strige=
lius zu nennen: die doch gewiß gelesen zu werden verdienen;
ob sie gleich in Elegien noch stärker gewesen sind.

Des

Des I. Abschnitts X. Hauptstück.

Von Tragödien, oder Trauerspielen.

1. §.

Wie vorzeiten die ganze Poesie mit der Musik vereinbaret gewesen: also hat auch die Tragödie ihren Ursprung aus gewissen Liedern, die dem Bacchus zu Ehren gesungen worden. Es traten an Festtagen etliche Sänger zusammen, die ein ganzes Chor ausmachten, diese spielten, tanzten und sungen nach Art der heidnischen Religion, dem Weingotte dadurch seinen Gottesdienst zu leisten. Wie sie aber gemeiniglich, sowohl als die Zuhörer, ein Räuschchen hatten: also waren auch ihre Lieder so ernsthaft nicht; sondern es liefen allerley Possen mit unter. Jemehr man sich in solchen Gesängen übte, und je weiter mans darinn brachte: desto lieber hörte man auch solchen Sängern zu. Daher kam es nun, daß sich ihre Zahl vermehrte; und daß es eine Rotte der andern zuvor zu thun suchte. Sie giengen wohl gar einen Wettstreit darüber ein, und der Preis war nach der alten Art schon groß genug, wenn man dem besten Sänger einen Bock zum Gewinnste zuerkannte. Ein Bock heißt auf griechisch Τραγος, und ein Lied ωδη; daher kömmt das Wort Tragödie, ein Bocklied: wie solches theils Aristoteles in seiner Poetik, theils Horaz in seiner Dichtkunst bezeuget, wenn er den Thespis so beschreibt:

Carmine qui tragico vilem certavit ob Hircum.

2. §. Man ward aber des beständigen Singens mit der Zeit überdrüßig, und sehnte sich nach einer Veränderung. Thespis, der mit seinen Sängern in Griechenland von einem Orte zum andern herumzog, erdachte etwas neues; als er die Lieder in Theile absonderte, und zwischen zweyen und zweyen allemal eine Person auftreten ließ, die etwas ungesungen erzäh-

erzählen mußte. Mehrerer Bequemlichkeit halber machte er ſeinen Wagen zur Schaubühne; indem er Breter darüber legte, und ſeine Leute droben ſingen und ſpielen ließ: damit ſie deſto beſſer zu ſehen und zu hören ſeyn möchten. Damit man aber dieſelben nicht erkennen könnte: ſo ſalbte er ihnen die Geſichter mit Heſen, welche ihnen anſtatt der Larven dienen mußten. Um dieſer Veränderung halber wird Theſpis für den Erfinder der Tragödie gehalten.

Ignotum tragicæ genus inveniſſe Camœnæ
Dicitur, & plauſtris vexiſſe Poemata Theſpis:
Quæ canerent agerentque peruncti fæcibus ora.

Allein das war in der That noch ein ſchlechter Anfang dazu. Aeſchylus, ein neuerer Poet, ſah wohl, daß auch die Erzählungen einzelner Perſonen, die man zwiſchen die Lieder einſchaltete, noch nicht ſo angenehm wären; als wenn ein paar Perſonen mit einander ſprächen: darinn ſich mehr Mannigfaltigkeit und Veränderung würde anbringen laſſen. Und da ihm ſolches nach Wunſche ausſchlug; ſo dachte er auch auf mehrere Zierrathe ſeiner Tragödien. Er erfand die Larven, gab ſeinen Leuten ehrbare Kleidungen, und bauete ſich eine beſſere Schaubühne: ja, welches das merkwürdigſte war, ſo machte Aeſchylus, daß die Geſpräche ſeiner auftretenden Perſonen mit einander zuſammen hingen. Kurz, er erfand zuerſt die Idee der Hauptperſon in einem ſolchen Spiele: welches vorher nur ein verwirrtes Weſen, ohne Verknüpfung und Ordnung, geweſen war. Das bezeuget abermal Ariſtoteles im IV. Capitel ſeiner Poetik, und Horaz in folgenden Worten:

Poſt hunc perſonæ & pallæ repertor honeſtæ
Aeſchylus, & modicis inſtravit pulpita tignis,
Et docuit magnumque loqui, nitique cothurno.

3. §. Dieſer letzte Vers zeigt noch an, daß man auch um dieſe Zeit die erhabene Schreibart in die Tragödie eingeführet habe: denn vorher war ihr Vortrag voller Zoten und gemeinen Poſſen geweſen; ſo, wie auch ihr Inhalt ganz

ſatiriſch

satirisch war. Die Poeten hatten sich hierinn nach den Zuschauern gerichtet, die in ihrer ersten Grobheit an etwas
ernsthaftem noch keinen Geschmack finden konnten; sondern
nur allezeit lachen wollten. Allmählich aber fanden sich auch
verständigere Zuschauer, die an den gewöhnlichen Fratzen ein
Misfallen hatten, und lieber etwas kluges sehen wollten.
Sophokles brachte die Schaubühne noch zu größerer Vollkommenheit. Er stellte anstatt der vorigen zwo Personen;
nach Gelegenheit, auch wohl drey zugleich auf, die mit einander sprechen mußten, und erfand noch bessere Verzierungen für die Bühne; dadurch die Augen der Leute mehr gefüllet
wurden. Ja, er richtete auch die Lieder des Chores, die
allezeit zwischen jeder Handlung gesungen wurden, so ein,
daß sie sich mit zur Tragödie schicken mußten: da sie vorher
von ganz andern, mehrentheils lustigen Materien zu handeln
pflegten. Euripides erhielt dieses alles in seiner Vollkommenheit, und suchte nur den Inhalt seiner Stücke rührender
und philosophischer zu machen; weswegen auch Sokrates sie
gern sehen mochte. Vor Alters hatte man die vierfüßigen jambischen Verse, die sehr bequem zum Singen waren, und, so zu
reden, recht zum Sprunge giengen, gebraucht; nachmals
aber wurden die sechsfüßigen jambischen eingeführt: eben so,
wie es bey uns Deutschen gegangen, wo man vor Opitzen
lauter vierfüßige Verse zu Schauspielen gebraucht hat, wie
aus Hans Sachsen und andern zu ersehen ist.

4. §. Aus dem allen erhellet nun wohl zur Gnüge: daß
die Tragödie in ihrem Ursprunge ganz was anders gewesen ist,
als was sie hernach geworden. Aus den abgeschmacktesten
Liedern besoffener Bauern, ist das ernsthafteste und beweg-
lichste Stück entstanden, welches die ganze Poesie aufzuweisen hat. Was vorhin ein Nebenwerk war, und von den
Griechen Episodium genennet wurde, nämlich die eingeschal-
teten Erzählungen und Gespräche, zwischen den Liedern; das
ist hernach das Hauptwerk geworden. Kurz, das vorige
satirische Scherzen hat sich in ein recht prächtiges und lehrreiches Wesen verwandelt. Da sich nun die ansehnlichsten

Leute nicht mehr schämen dorften, Zuschauer solcher Schauspiele abzugeben: so wurden die Athenienser dergestalt darauf erpicht, daß sie sich fast eine Schuldigkeit daraus machten, die Tragödien zu besuchen. Ja, weil sich die Poeten in allen Stücken der Religion bequemeten, und die vortrefflichsten Sittenlehren und Tugendsprüche darinn häufig einstreueten: so ward diese Art von Schauspielen eine Art des Gottesdienstes; die auch in der That für das Volk viel erbaulicher war, als alle Opfer und übrigen Ceremonien des Heidenthumes. Dazu trug nun hauptsächlich der Chor viel bey, der allezeit in seinen Liedern solche moralische Betrachtungen, Gebethe und Lobgesänge anstimmete, die sich zu der unmittelbar vorhergehenden Handlung schickten. Diese lernte man damals gar auswendig, und pflegte sie im gemeinen Leben bey Gelegenheit, als Lehrsätze und Denksprüche anzubringen; so, wie wir itzo die Schrift, und unsere geistliche Lieder anzuziehen pflegen.

5. §. Bey den Griechen war also, selbst nach Aristotels Urtheile, die Tragödie zu ihrer Vollkommenheit gebracht. Sie konnte in diesem ihrem Zustande gar wohl ein Trauerspiel heißen: weil sie zu ihrer Absicht hatte, durch die Unglücksfälle der Großen, Traurigkeit, Schrecken, Mitleiden und Bewunderung bey den Zuschauern zu erwecken. Aristoteles beschreibt sie derowegen, als eine Nachahmung einer Handlung, dadurch sich eine vornehme Person harte und unvermuthete Unglücksfälle zuzieht. Der Poet will also durch die Fabeln Wahrheiten lehren, und die Zuschauer, durch den Anblick solcher schweren Fälle der Großen dieser Welt, zu ihren eigenen Trübsalen vorbereiten. Z. E. Oedipus, eins der berühmtesten Trauerspiele des Sophokles, stellt das klägliche Ende vor, welches dieser thebanische König um seiner abscheulichen Thaten halber, genommen; wiewohl er fast ohne seine Schuld darein gefallen war. Und das will eben Aristoteles haben, wenn er saget: die Helden einer Tragödie müßten weder recht schlimm, noch recht gut seyn: nicht recht schlimm, weil man sonst mit ihrem Unglücke kein Mitleiden haben, sondern

sich

sich darüber freuen würde; aber auch nicht recht gut, weil man sonst die Vorsehung leicht einer Ungerechtigkeit beschuldigen könnte, wenn sie unschuldige Leute so hart gestrafet hätte. So war nun Oedipus beschaffen. Als ihm das Orakel in seiner Jugend antwortete: Er würde seinen Vater erschlagen, und mit seiner Mutter Blutschande treiben: so hatte er einen solchen Abscheu vor diesen Lastern, daß er Korinth verließ, wo er als königlicher Prinz erzogen war, und sich also der Krone begab, die er zu hoffen hatte; bloß weil er den Mord an seinem Vater, und die Unzucht mit seiner Mutter zu begehen, fürchtete. Da er aber in Griechenland, als ein Flüchtiger, herum schweifete, und ihm in einem schmalen Wege sein rechter Vater, Lajus, begegnete, der ihn in seiner Kindheit zu tödten, befohlen hatte, und nicht wußte, daß es sein Sohn wäre; gleichwie dieser nicht wissen konnte, daß Lajus sein Vater wäre: so griff er allein, den König nebst seinen Leuten an, und ermordete dieselben, bis auf einen, der ihm entlief.

6. §. Hier ist nun Oedipus zwar strafbar, daß er so hitzig, gewaltsam und eigensinnig gewesen: gleichwohl ist es seine Meynung nicht, einen Vatermord zu begehen; als welchen zu vermeiden, er seine vermeynte Vaterstadt verlassen hatte. Als er nachmals die Jokasta heirathet, ja etliche Kinder mit ihr zeuget; ist er abermals mehr unglücklich als lasterhaft: weil er es nicht weis, daß es seine Mutter ist, auch nach seinen Umständen es nicht wissen kann; bis es nach etlichen Jahren, und zwar in eben dieser Tragödie, wunderlich ans Licht kömmt. Wer hier sagen wollte, daß Oedipus ganz unschuldig, oder ganz schuldig wäre, der würde in beyden irren. Er ist so, wie die Menschen insgemein zu seyn pflegen, das ist, von mittlerer Gattung; er hat gewisse Tugenden, aber auch gewisse Laster an sich: und doch stürzen ihn bloß die letzten ins Unglück. Denn hätte er nur niemanden erschlagen, so wäre alles übrige nicht erfolget. Er hätte sich aber billig vor allen Todtschlägen hüten sollen: nachdem ihm das Orakel eine so deutliche Weissagung gegeben hatte. Denn er sollte billig allezeit gedacht haben: Wie? wenn dieß etwa mein Vater wäre!

wäre! Da er nun also beschaffen ist; so wird dadurch die Tragödie den allermeisten Zuschauern erbaulich: weil nämlich die meisten Menschen von eben der Art sind, als er; das ist, weder recht gut, noch recht böse. Man hat einestheils Mitleiden mit ihm; anderntheils aber bewundert man die göttliche Rache, die gar kein Laster ungestraft läßt.

7. §. Nach diesem allgemeinen Vorschmacke von der Tragödie wollen wir sie noch etwas genauer betrachten. Aeußerlichem Ansehen nach, konnte sie bey den Alten in zweyerley Stücke eingetheilet werden: nämlich in das, was von dem Chore gesungen, und in das, was nur schlechtweg gesprochen wurde. Der musikalische Theil bestund aus Oden, und die Sänger derselben hießen alle zusammen der Chor. Dieser bestund, nach Beschaffenheit der Umstände, bald aus einer guten Anzahl von Weibern oder Männern, welche die Bürger einer Stadt vorstelleten; bald aus einer Schaar von Priestern und Aeltesten des Volkes; bald aus einer Menge von Jungfrauen; bald aus einem Schwarme höllischer Furien, u. s. w. Dieser Chor nun fand sich gleich in der ersten Handlung auf der Schaubühne ein, und behielt seinen Platz bis ans Ende des ganzen Spieles. Er vertrat daselbst die Stelle der Zuschauer, die bey der Handlung, welche man spielete, zugegen gewesen seyn konnte, als sie wirklich geschehen war. Denn das muß man wissen, daß die wichtigsten Handlungen der alten griechischen und morgenländischen Fürsten nicht zwischen vier Wänden, sondern öffentlich, vor ihren Pallästen, oder auf den Märkten ihrer Städte vorgiengen. Da war nun allezeit eine Menge von Zuschauern zugegen, die an dem Thun und Lassen ihrer Könige Theil nahmen; auch wohl nach Gelegenheit ihre Meynung davon sagten, gute Anschläge gaben, oder sonst ihre Betrachtungen darüber anstelleten. Da nun die Poeten die ganze Natur solcher öffentlichen Handlungen vorstellen wollten und sollten; so mußten sie auch Zuschauer derselben auf die Bühne bringen: und das war dann der Chor.

8. §.

8. §. Man muß aber wissen, daß dieser Chor nicht nur zum Singen, sondern auch sonst, als eine spielende Person, mit gebraucht worden. Denn der Koryphäus oder Führer desselben, redete im Namen aller übrigen, so gut als eine andere Person, darzwischen. Das heißt beym Horaz:

Actoris partes Chorus, officiumque virile
Defendat; neu quid medios intercinat actus,
Quod non proposito conducat, & hæreat apte &c.

Doch war freylich wohl das Singen die vornehmste Pflicht des Chores, welches zu vier verschiedenen malen, nämlich zwischen allen fünf Aufzügen geschah. Denn im Anfange und am Ende der Tragödie sang er nicht; sondern es traten sogleich die spielenden Personen hervor, machten auch mit ihrer Handlung den Beschluß: wo nicht irgend der Chor, doch ohne Gesang, das letzte Wort behielt; indem er eine erbauliche Betrachtung, oder Nutzanwendung über das ganze Schauspiel, in wenigen Worten beyfügte. Alles nun, was zwischen dem ersten und letzten Liede gespielt und gesungen wurde, das nennte man das Episodium; was vor dem Singen vorhergieng, den Eingang oder die Vorrede; und was darauf zuletzt folgte, den Ausgang oder Beschluß: so daß auf diese Art eine Tragödie in drey sehr ungleiche Theile unterschieden wurde. (Siehe Arist. Poet. im 12. Cap.)

9. §. Was den andern Theil der Tragödie, der nicht gesungen ward, anlanget: so bestund derselbe aus den Unterredungen der auftretenden Personen, die eine gewisse Fabel vorstelleten. Ungeachtet nun diese Fabel nur eine einzige Haupthandlung haben muß, wenn sie gut seyn soll: so theilte man doch der Abwechselung halber, dieselbe in fünf Theile ein, die man Actus, Thaten, oder noch besser, Aufzüge nennte:

Neve minor quinto, neu sit productior actu
Fabula, quæ vult spectari & spectata reponi;

saget Horatius. Die Ursache dieser fünffachen Eintheilung ist wohl freylich willführlich gewesen: indessen ist diese Zahl

Crit. Dichtk.   Qq   sehr

sehr bequem, damit dem Zuschauer nicht die Zeit gar zu lang
werde. Denn wenn jeder Aufzug ohngefähr eine Viertel-
stunde dauerte, so dann aber der Chor sein Lied darzwischen
sang: so konnte das Spiel nicht viel länger als zwo bis drittehalb Stunden dauren; welches eben die rechte Zeit ist, die sich
ohne Ueberdruß einem Schauspiele widmen läßt. Es waren aber diese fünf Aufzüge untereinander eben durch den Chor
der Sänger verbunden: und also wurde die Aufmerksamkeit
der Zuschauer auf die gespielte Fabel, nie ganz unterbrochen:
welches bey uns durch die Musikanten geschieht, die allerley lustige Stücke darzwischen spielen; oder auch wohl gar
durch Tänzer, die sich zwischen den Aufzügen sehen lassen.
Dieser Zusammenhang des ganzen Stückes that sehr viel dazu, daß die ganze Tragödie einen starken Eindruck in die Gemüther machte: und Racine hat auch in neuern Zeiten etliche Stücke von der Art, nämlich die Athalia und Esther,
auf die Bühne gebracht, die nicht wenig Beyfall deswegen
erhalten haben. Ich wundere mich nur, daß man dieses
nicht durchgehends wieder aufgebracht hat.

10. §. Von diesen äußerlichen Stücken einer Tragödie,
die auch einem Ungelehrten in die Augen fallen, komme ich
auf die innere Einrichtung derselben, die nur ein Kunstver-
ständiger wahrnimmt. Hier bemerket man nun, daß das
Trauerspiel einige Stücke mit dem Heldengedichte gemein
hat; in andern aber von ihm unterschieden ist. Es hat mit
ihm gemein die Fabel, die Handlung, die Charactere, die Gedanken und die Schreibart, oder den Ausdruck. Es ist
aber von demselben unterschieden in der Größe der Fabel,
oder in ihrer Dauer; in der Beschaffenheit des Ortes, wo sie
vorgehen muß; und in der Art des Vortrages, welche hier
ganz dramatisch ist, da dort die Erzählung herrschet. Hierzu kömmt noch, daß in der Tragödie, durch die lebendige
Vorstellung, die Gemüthsbewegungen weit lebhafter und stärker gerühret werden; daß man die Musik dabey brauchet, und
daß man einer Schaubühne nöthig hat, die auf verschiedene

Art

Art verzieret werden muß. Von allen diesen Stücken ins
besondere muß kürzlich gehandelt werden.

11. §. Wie eine gute tragische Fabel gemacht werden
müsse, das ist schon im vierten Hauptstücke des ersten Theils
einigermaßen gewiesen worden. Der Poet wählet sich einen
moralischen Lehrsatz, den er seinen Zuschauern auf eine
sinnliche Art einprägen will. Dazu ersinnt er sich eine allgemeine Fabel, daraus die Wahrheit eines Satzes erhellet.
Hiernächst suchet er in der Historie solche berühmte Leute, denen etwas ähnliches begegnet ist: und von diesen entlehnet
er die Namen, für die Personen seiner Fabel; um derselben
also ein Ansehen zu geben. Er erdenket sodann alle Umstände dazu, um die Hauptfabel recht wahrscheinlich zu machen:
und das werden die Zwischenfabeln, oder Episodia nach neuer
Art, genannt. Dieses theilt er dann in fünf Stücke ein,
die ohngefähr gleich groß sind, und ordnet sie so, daß natürlicher Weise das letztere aus dem vorhergehenden fließt;
bekümmert sich aber weiter nicht, ob alles in der Historie
wirklich so vorgegangen, oder ob alle Nebenpersonen wirklich so, und nicht anders geheißen haben. Zum Exempel
kann die oberwähnte Tragödie des Sophokles, oder auch
mein Cato dienen. Der Poet wollte dort zeigen, daß Gott
auch die Laster, die unwissend begangen werden, nicht ungestraft lasse. Hierzu ersinnt er nun eine allgemeine Fabel, die
etwa so lautet:

12. §. Es war einmal ein Prinz, wird es heißen, der
sehr viel gute Eigenschaften an sich hatte, aber dabey verwegen, argwöhnisch und neugierig war. Dieser hatte einmal,
vor dem Antritte seiner Regierung, auf freyem Felde einen
Mord begangen; ohne zu wissen, daß er seinen eigenen Vater erschlagen hätte. Durch seinen Verstand bringt er sich
in einem fremden Lande in solches Ansehen, daß er zum Könige gemacht wird, und die verwittibte Königinn heirathet;
ohne zu wissen, daß selbige seine eigene Mutter ist. Aber
dieses alles geht ihm nicht für genossen aus. Seine Laster
kommen ans Licht, und es treffen ihn alle die Flüche, die er

selbst

selbst auf den Mörder seines Vorfahren im Regimente, ausgestoßen hatte. Er beraubet sich selbst des Reiches, und geht
ins Elend; nachdem er sich selbst aus Verzweifelung der Augen beraubet hatte. Zu dieser allgemeinen Fabel nun findet
Sophokles in den alten thebanischen Geschichten, den Oedipus geschickt. Er ist ein solcher Prinz, als die Fabel erfodert: er hat unwissend einen Vatermord und eine Blutschande begangen; er ist dadurch auf eine Zeitlang glücklich
geworden: allein, die Strafe bleibt nicht aus; sondern er
muß endlich alle Wirkungen seiner unerhörten Laster empfinden.

13. §. Diese Fabel ist nun geschickt, Schrecken und Mitleiden zu erwecken, und also die Gemüthsbewegungen der
Zuschauer, auf eine der Tugend gemäße Weise, zu erregen.
Das erstere erregen seine Schandthaten, und die unverhoffte
Entdeckung derselben: dieses aber, die Betrachtung, daß er
sie unwissend begangen hat. Durch seine guten Eigenschaften erwirbt sich Oedipus die Liebe der Zuschauer; und da
er seine Laster wider Willen ausgeübet hat, so beklaget man
ihn deswegen. Da er aber gleichwohl sehr unglücklich wird,
so bedauret man ihn um destomehr; ja man erstaunet über
die strenge Gerechtigkeit der Götter, die nichts ungestraft
lassen. Man sieht auch, daß der Chor in dieser Tragödie
dadurch bewogen wird, recht erbauliche Betrachtungen,
über die Unbeständigkeit des Glückes der Großen dieser Welt,
und über die Schandbarkeit der Laster des Oedipus anzustellen, auch zuletzt in dem Beschlusse die Thebaner so anzureden: „Ihr Einwohner von Theben, seht hier den Oedi-
„pus, der durch seine Weisheit Räthsel erklären konnte,
„und an Tapferkeit alles übertraf; ja der seine Hoheit sonst
„keinem, als seinem Verstande und Heldenmuthe, zu dan-
„ken hatte: seht hier, in was für schreckliche Trübsalen er
„gerathen ist! und wenn ihr dieses unselige Ende desselben
„erweget: so lernt doch, niemanden für glücklich zu halten, bis
„ihr ihn seine letzte Stunde glücklich habt erreichen gesehen.
Wer auf gleiche Art die Trauerspiele aus unsrer deutschen
Schau-

Schaubühne mit Bedacht durchgehen will, der wird überall eine solche Hauptlehre antreffen, ob sie gleich nicht immer so deutlich im Schlusse steht.

14. §. Eine solche Fabel nun zu erdichten, sie recht wahrscheinlich einzurichten, und wohl auszuführen, das ist das allerschwerste in einer Tragödie. Es hat viele Poeten gegeben, die in allem andern Zubehöre des Trauerspiels, in den Characktern, in dem Ausdrucke, in den Affecten ꝛc. glücklich gewesen: aber in der Fabel ist es sehr wenigen gelungen. Wer Exempel davon sehen will, der sehe, was von Schakespears Cäsar im VII. B. und vom Telemach im VI. B. der kritischen Beyträge steht. Sonderlich ist das engländische Theater insgemein in der Einrichtung der Fabel fehlerhaft, als welche größtentheils nichts besser sind, als die altfränkischen Haupt-und Staatsactionen der gemeinen Komödianten unter uns. Das kömmt aber daher, daß ein Trauerspiel eine dreyfache Einheit haben muß, wenn ich so reden darf: Die Einheit der Handlung, der Zeit, und des Ortes. Von allen dreyen müssen wir insonderheit handeln.

15. §. Die ganze Fabel hat nur eine Hauptabsicht; nämlich einen moralischen Satz: also muß sie auch nur eine Haupthandlung haben, um derentwegen alles übrige vorgeht. Die Nebenhandlungen aber, die zur Ausführung der Haupthandlung gehören, können gar wohl andere moralische Wahrheiten in sich schließen: wie zum Exempel im Oedipus die Erfüllung der Orakel, darüber Jokasta vorher gespottet hatte, die Lehre giebt: Daß die göttliche Allwissenheit nicht fehlen könne. Alle Stücke sind also tadelhaft und verwerflich, die aus zwoen Handlungen bestehen, davon keine die vornehmste ist. Ich habe dergleichen im 1717. Jahre am Reformationsfeste in einer Schulkomödie vorstellen gesehen wo der ganze Inhalt der Aeneis Virgils, und Luthers Reformation zugleich vorgestellet wurde. In einem Auftritte war ein Trojaner; in der andern der Ablaßkrämer Tetzel zu sehen. Bald handelte Aeneas von der Stiftung des römischen Reichs: bald kam Lutherus und reinigte die

Kir-

Kirche. Bald war Dido, bald die babylonische Hure zu
sehen u. s. w. Und diese beyden so verschiedenen Handlungen
hiengen nicht anders zusammen, als durch eine lustige Person, Momus genannt, die zwischen solchen Vorstellungen
auftrat, und z. E. den auf der See bestürmten Aeneas,
mit dem in Gefahr schwebenden Kirchenschifflein verglich.
Das ist nun ein sehr handgreiflicher Fehler, wann zwey so
verschiedene Dinge zugleich gespielet werden. Allein die andern, die etwas unmerklicher sind, verdienen deswegen keine
Entschuldigung. Insgemein sündigen die englischen Stücke
wider diese Regel: wann sie zwey ganz verschiedene Fabeln
in einander wirren.

16. §. Die Einheit der Zeit ist das andere, das in der
Tragödie unentbehrlich ist. Die Fabel eines Heldengedichtes kann viele Monate dauren, wie oben gewiesen worden;
das macht, sie wird nur gelesen: aber die Fabel eines Schau-
spieles, das mit lebendigen Personen in etlichen Stunden
wirklich vorgestellet wird, kann nur einen Umlauf der Sonne, wie Aristoteles spricht; das ist einen Tag, dauren.
Denn was hätte es für eine Wahrscheinlichkeit, wenn man in
dem ersten Auftritte den Helden in der Wiege, etwas weiter
hin als einen Knaben, hernach als einen Jüngling, Mann,
Greis, und zuletzt gar im Sarge vorstellen wollte: wie Cervantes solche thörichte Schauspiele, an seinen spanischen
Poeten, im Don Quixote ausgelachet hat. Haben es die
Engländer nicht völlig so schlimm gemacht; so ist es doch
nicht viel besser. Schakespears Cäsar hebt vor der Er-
mordung Cäsars an, und dauret bis nach der phillippischen
Schlacht, wo Brutus und Cassius geblieben. Oder wie
ist es wahrscheinlich, daß man es auf der Schaubühne etlichemal Abend werden sieht; und doch selbst, ohne zu essen,
oder zu trinken, oder zu schlafen, immer auf einer Stelle
sitzen bleibt? Die besten Fabeln würden also eigentlich diejenigen seyn, die nicht mehr Zeit nöthig gehabt hätten, wirklich zu geschehen, als sie zur Vorstellung brauchen; das ist
etwa zwey oder drey Stunden: und so sind die Fabeln der
meisten

meisten griechischen Tragödien beschaffen. Kömmt es hoch,
so bedürfen sie sechs, acht, oder zum höchsten zwölf Stunden zu ihrem ganzen Verlaufe: und höher muß es ein Poet
nicht treiben; wenn er nicht wider die Wahrscheinlichkeit
handeln will.

17. §. Es müssen aber diese Stunden bey Tage, und
nicht bey Nachte seyn, weil diese zum Schlafen bestimmet ist:
es wäre denn, daß die Handlung entweder in der Nacht vorgegangen wäre; oder erst nach Mittage anfienge, und sich
bis in die späte Nacht verzöge; oder umgekehrt, frühemor-
gens angienge, und bis zu Mittage daurete. Der berühmte
Cid des Corneille läuft in diesem Stücke wider die Regeln:
denn er dauret eine ganze Nacht durch, nebst dem vorigen
und folgenden Tage, und braucht wenigstens volle vier und
zwanzig Stunden: welches schon viel zu viel ist, und unerträglich seyn würde, wenn das Stück nicht sonst viel andere
Schönheiten in sich hätte; die den Zuschauern fast nicht Zeit
lassen, daran zu gedenken. S. den ersten B. meiner Schaubühne. Das ist nun eben die Kunst, die Fabel so ins kurze
zu bringen, daß keine lange Zeit dazu gehöret; und eben deswegen sind auch bey uns Deutschen die Tragödien von Wal-
lenstein, imgleichen die alten Stücke von der Banise, von
der böhmischen Libussa ganz falsch und unrichtig: weil sie
zum Theil etliche Monate, zum Theil aber viele Jahre zu
ihrer Dauer erfordern. Meine obige Schultragödie hub sich
von dem Urtheile des Paris über die drey Göttinnen an, und
daurete bis auf die Glaubensverbesserung durch Luthern.
Das war nun eine Zeit, etwa von zwey bis drittehalb tausend Jahren: davon die zwey Heldengedichte, Ilias und
Aeneis, nicht den tausendsten Theil einnehmen: und ich
zweifle, ob man die Ungereimtheit höher hätte treiben können.

18. §. Zum dritten gehöret zur Tragödie die Einigkeit
des Orts. Die Zuschauer bleiben auf einer Stelle sitzen:
folglich müssen auch die spielenden Personen alle auf einem
Platze bleiben, den jene übersehen können, ohne ihren Ort
zu ändern. So ist z. E. im Oedipus der Schauplatz auf

Qq 4   dem

dem Vorhofe des königlichen thebaniſchen Schloſſes, darinn Oedipus wohnet. Alles, was in der ganzen Tragödie vorgeht, das geſchieht vor dieſem Pallaſte: nichts, was man wirklich ſieht, trägt ſich in den Zimmern zu; ſondern drauſſen auf dem Schloßplatze, vor den Augen alles Volks. Heute zu Tage, da unſre Fürſten alles in ihren Zimmern verrichten, fällt es alſo ſchwerer, ſolche Fabeln wahrſcheinlich zu machen. Daher nehmen denn die Poeten gemeiniglich alte Hiſtorien dazu; oder ſie ſtellen uns auch einen groſſen Audienzſaal vor, darinn vielerley Perſonen auftreten können. Ja ſie helfen ſich auch zuweilen mit dem Vorhange, den ſie fallen laſſen und aufziehen; wenn ſie zwey Zimmer zu der Fabel nöthig haben. Man kann alſo leicht denken, wie ungereimt es iſt, wenn, nach des Cervantes Berichte, die ſpaniſchen Trauerſpiele den Helden in dem erſten Aufzuge in Europa, in dem andern in Africa, in dem dritten in Aſien, und endlich gar in America vorſtellen: oder, wenn meine obgedachte Schulkomödie uns bald in Aſien die Stadt Troja, bald die ungeſtüme See, darauf Aeneas ſchiffet, bald Karthago, bald Italien vorſtellete, und uns alſo durch alle drey Theile der damals bekannten Welt, führte; ohne daß wir uns von der Stelle rühren dorften. Noch was lächerlichers fällt mir von einem italiäniſchen Dichter ein, der in einem Schauſpiele, den Himmel, die Erde, und die Hölle brauchte; und die Einheit des Ortes mit einer bleyrechten Linie behaupten wollte, die vom Himmel durch die Erde, bis in die Hölle gienge. Es iſt alſo in einer regelmäßigen Tragödie nicht erlaubt, den Schauplatz zu ändern. Wo man iſt, da muß man bleiben; und daher auch nicht in dem erſten Aufzuge im Walde, in dem andern in der Stadt, in dem dritten im Kriege, und in dem vierten in einem Garten, oder auf der See ſeyn. Das ſind lauter Fehler wider die Wahrſcheinlichkeit: eine Fabel aber, die nicht wahrſcheinlich iſt, taugt nichts, weil dieſes ihre vornehmſte Eigenſchaft iſt.

19. §. Es ſind aber die Fabeln der Trauerſpiele ebenfalls entweder einfache und ſchlechte; oder verworrene, die einen

einen Glückswechsel und eine Entdeckung unbekannter Personen haben. In beyden nun hat ein Knoten, oder die sogenannte Verwirrung statt, die sich im Anfange des Schau-
spieles in einander zu schlingen anfängt, und allmählich immer mehr und mehr verwickelt; bis der letzte Aufzug, oder
wo möglich, der letzte Auftritt, alles auf einmal auflöset.
Dieser Knoten ist in der Fabel nöthig, die Aufmerksamkeit
der Zuschauer zu erwecken, und sie auf den Ausgang solcher
verwirrten Händel begierig zu machen. Im Titus des
Racine ist ein Exempel von der ersten Classe zu sehen; wo
alles ohne eine andere Verwirrung der Umstände, bloß deswegen einen Knoten schürzet: weil die Königinn Berenice
nicht weis, was sie hoffen oder fürchten soll; der Kaiser selbst
aber bey sich ansteht, ob er seiner Liebe, oder dem Willen des
römischen Volkes gehorchen solle? Dieses ist also eine einfache oder schlechte Fabel, worinn kein Glückswechsel, keine
Entdeckung verborgener Personen vorgeht. Denn beyde
bleiben, was sie sind; jene Königinn von Palästina, dieser
römischer Kaiser. Eben so sind Cinna und Porus beschaffen. Ganz anders aber ist es in der Elektra des Sophokles. Hier kömmt der junge Prinz Orestes in verstellter
Kleidung nach Mycene; läßt sich für todt ausgeben, und
bringt selbst den Aschentopf getragen, in welchem, seinem
Vorgeben nach, sein eigener Ueberrest ist. Seine Mutter,
Klytemnestra, die sich darüber freuet; weil sie nur von ihrem Sohne die Rache, wegen seines, von ihr und ihrem
neuen Gemahle Aegisthus ermordeten Vaters, Agamemnons, zu befürchten hatte, wird dergestalt hintergangen;
und nachdem sich Orestes ihr entdecket hatte, ums Leben
gebracht. Ihrem Aegisthus gehts nicht besser: und da also
die glückseligen Personen des Trauerspiels unglücklich werden:
so wird der vorhin flüchtige Orestes, nebst seiner geplagten
Schwester Elektra, auf einmal glücklich. Eben so ist die
Tragödie Iphigenia beschaffen: Eriphile stirbt, so bald
es entdecket wird, daß sie der Helena Tochter ist; Achilles
aber mit seiner geliebten Prinzeßinn wird auf einmal glück-

Qq 5   lich.

lich. Im Cato ist es nichts anders: indem Arsene, da sie
erfährt, daß sie Catons Tochter ist, weder eine Königinn
seyn, noch Cäsarn heirathen kann. Die Schönheit in dergleichen Fabeln besteht darinn, daß dieser Glückswechsel ganz
zuletzt, und zwar unvermuthet geschieht: indem die Entdeckung der verkleibeten oder unbekannten Personen, wenn dergleichen vorhanden sind, unmittelbar vorhergeht.

20. §. Ich komme nunmehr auf die Charactere der
Tragödie, dadurch die ganze Fabel ihr rechtes Leben bekömmt. Man darf hier nur wiederholen, was im Hauptstücke vom Heldengedichte davon gesaget worden: denn alles
das muß hier auch gelten. Es muß also der Poet seinen
Hauptpersonen eine solche Gemüthsbeschaffenheit geben, daraus man ihre künftigen Handlungen wahrscheinlich vermuthen, und wenn sie geschehen, leicht begreifen kann. Sogleich in dem ersten Auftritte, den sie hat, muß sie ihr Naturell, ihre Neigungen, ihre Tugenden und Laster verrathen; dadurch sie sich von andern Menschen unterscheidet.
So zeiget, zum Exempel, Racine den Porus, gleich im
Anfange, als einen großmüthigen Helden, der allein das
Herz hat, dem Alexander die Spitze zu biethen: worüber
ihn zwar St. Evremont getadelt hat, aber ohne Grund;
weil selbst Curtius demselben diesen Character beygeleget
hat. So hat auch Cinna gleich im ersten Auftritte den
Character eines verwegenen Rebellen, und freyheitliebenden
Römers; sowohl als Aemilia die Gemüthsart eines rach-
gierigen und unversöhnlichen Frauenzimmers hat. Roderich stellet durchgehends einen ehrliebenden und unverzagten
Helden vor; und Chimene eine rechtschaffene Tochter ihres
Vaters, zugleich aber eine treue Liebhaberinn ihres Roderichs. Nicht minder zeigt Cato gleich bey seinem ersten
Auftritte, wie er gesonnen ist: nämlich Freyheit und Tugend auch mit seinem Blute zu versiegeln. Siehe der deutschen Schaubühne I. Theil. Und in der Iphigenia, im II.
Theile, ist Achilles so abgeschildert, wie Horaz es haben
will, wenn er schreibt:

Honora-

Honoratum ſi forte reponis Achillem,
Impiger, iracundus, inexorabilis, acer,
Jura neget ſibi nata: nihil non arroget armis.
Sit Medea ferox invictaque, flebilis Ino,
Perfidus Ixion, Io vaga, triſtis Oreſtes.

21. §. Dieſe letzten Zeilen wollen ſo viel ſagen, daß ein Poet die Perſonen, die aus der Hiſtorie ſchon bekannt ſind, genau bey dem Charactere laſſen müſſe, den man von ihnen längſt gewohnt iſt. Das hat Corneille in ſeiner Sopho-nisbe gethan. Er beobachtet genau, was Livius von ih-rer Gemüthsbeſchaffenheit erzählet; den Maſiniſſa und den Syphax läßt er auch ſo, wie er ſie fand. Unſer Lohen-ſtein aber hat alles verkehret. Ein anders iſt es, wenn man ganz neue Perſonen dichtet. Dieſe kann man zwar machen, wie man ſelber will, und wie die Fabel es erfodert. Nur folgende Regel des Horaz iſt zu beobachten:

Si quid inexpertum ſcenæ committis, et audes
Perſonam formare novam; ſervetur ad imum,
Qualis ab incepto proceſſerit, et ſibi conſtet.

Ein widerſprechender Character iſt ein Ungeheuer, das in der Natur nicht vorkömmt: daher muß ein Geiziger geizig, ein Stolzer ſtolz, ein Hitziger hitzig, ein Verzagter verzagt ſeyn und bleiben; es würde denn in der Fabel durch beſondere Um-ſtände wahrſcheinlich gemacht, daß er ſich ein wenig geändert hätte. Denn eine gänzliche Aenderung des Naturells oder Characters iſt ohnedieß in ſo kurzer Zeit unmöglich.

22. §. Nichts iſt von den Characteren mehr übrig zu ſagen, als daß nur die Hauptperſonen dergleichen haben müſſen. Dieſer giebt es in einem Stücke ſelten mehr, als drey, oder vier: alle andere ſind Nebenperſonen. Dieſe und die Be-dienten der erſtern, die faſt allezeit in fremdem Namen han-deln oder thun, dörfen keine beſondere Gemüthsart haben: zum wenigſten haben ſie ſelten Gelegenheit, dieſelbe blicken zu laſſen. Sie thun nur, was ihnen befohlen wird, oder rich-

ten

lich. Im Cato iſt es nichts anders: indem Arſene, da ſie
erfährt, daß ſie Catons Tochter iſt, weder eine Königinn
ſeyn, noch Cäſarn heirathen kann. Die Schönheit in dergleichen Fabeln beſteht darinn, daß dieſer Glückswechſel ganz
zuletzt, und zwar unvermuthet geſchieht: indem die Entdeckung der verkleibeten oder unbekannten Perſonen, wenn dergleichen vorhanden ſind, unmittelbar vorhergeht.

20. §. Ich komme nunmehr auf die Charactere der
Tragödie, dadurch die ganze Fabel ihr rechtes Leben bekömmt. Man darf hier nur wiederholen, was im Hauptſtücke vom Heldengedichte davon geſagt worden: denn alles
das muß hier auch gelten. Es muß alſo der Poet ſeinen
Hauptperſonen eine ſolche Gemüthsbeſchaffenheit geben, daraus man ihre künftigen Handlungen wahrſcheinlich vermuthen, und wenn ſie geſchehen, leicht begreifen kann. Sogleich in dem erſten Auftritte, den ſie hat, muß ſie ihr Naturell, ihre Neigungen, ihre Tugenden und Laſter verrathen; dadurch ſie ſich von andern Menſchen unterſcheidet.
So zeiget, zum Exempel, Racine den Porus, gleich im
Anfange, als einen großmüthigen Helden, der allein das
Herz hat, dem Alexander die Spitze zu biethen: worüber
ihn zwar St. Evremont getadelt hat, aber ohne Grund;
weil ſelbſt Curtius demſelben dieſen Character beygeleget
hat. So hat auch Cinna gleich im erſten Auftritte den
Character eines verwegenen Rebellen, und freyheitliebenden
Römers; ſowohl als Aemilia die Gemüthsart eines rach-
gierigen und unverſöhnlichen Frauenzimmers hat. Roderich ſtellet durchgehends einen ehrliebenden und unverzagten
Helden vor; und Chimene eine rechtſchaffene Tochter ihres
Vaters, zugleich aber eine treue Liebhaberinn ihres Roderichs. Nicht minder zeigt Cato gleich bey ſeinem erſten
Auftritte, wie er geſonnen iſt: nämlich Freyheit und Tugend auch mit ſeinem Blute zu verſiegeln. Siehe der deutſchen Schaubühne I. Theil. Und in der Iphigenia, im II.
Theile, iſt Achilles ſo abgeſchildert, wie Horaz es haben
will, wenn er ſchreibt:

Honora-

Honoratum ſi forte reponis Achillem,
Impiger, iracundus, inexorabilis, acer,
Jura neget ſibi nata: nihil non arroget armis.
Sit Medea ferox invictaque, flebilis Ino,
Perfidus Ixion, Io vaga, triſtis Oreſtes.

21. §. Dieſe letzten Zeilen wollen ſo viel ſagen, daß ein
Poet die Perſonen, die aus der Hiſtorie ſchon bekannt ſind,
genau bey dem Charactere laſſen müſſe, den man von ihnen
längſt gewohnt iſt. Das hat Corneille in ſeiner Sophonisbe gethan. Er beobachtet genau, was Livius von ihrer Gemüthsbeſchaffenheit erzählet; den Maſiniſſa und den
Syphax läßt er auch ſo, wie er ſie fand. Unſer Lohenſtein aber hat alles verkehret. Ein anders iſt es, wenn man
ganz neue Perſonen dichtet. Dieſe kann man zwar machen,
wie man ſelber will, und wie die Fabel es erfodert. Nur
folgende Regel des Horaz iſt zu beobachten:

Si quid inexpertum ſcenæ committis, et audes
Perſonam formare novam; ſervetur ad imum,
Qualis ab incepto proceſſerit, et ſibi conſtet.

Ein widerſprechender Character iſt ein Ungeheuer, das in der
Natur nicht vorkömmt: daher muß ein Geiziger geizig, ein
Stolzer ſtolz, ein Hitziger hitzig, ein Verzagter verzagt ſeyn
und bleiben; es würde denn in der Fabel durch beſondere Umſtände wahrſcheinlich gemacht, daß er ſich ein wenig geändert
hätte. Denn eine gänzliche Aenderung des Naturells oder
Characters iſt ohnedieß in ſo kurzer Zeit unmöglich.

22. §. Nichts iſt von den Characteren mehr übrig zu ſagen,
als daß nur die Hauptperſonen dergleichen haben müſſen.
Dieſer giebt es in einem Stücke ſelten mehr, als drey, oder
vier: alle andere ſind Nebenperſonen. Dieſe und die Be-
bienten der erſtern, die faſt allezeit in frembdem Namen handeln oder thun, dörfen keine beſondere Gemüthsart haben:
zum wenigſten haben ſie ſelten Gelegenheit, dieſelbe blicken
zu laſſen. Sie thun nur, was ihnen befohlen wird, oder rich-

ten

ten sich doch von sich selbst, nach den andern.   Doch ist es
in solchen Fällen, wo sie Gelegenheit dazu hätten, auch un-
verbothen.   Die Exempel zu dieser Regel wird man in allen
Trauerspielen antreffen, die in meiner Schaubühne stehen.
Z. E. Artaban und Phocas, Phönize und Domitius im sterbenden Cato sind in Ansehung des Cato, Cäsars, der Arsene, und des Pharnaz, nur Nebenpersonen.   Arkas und
Doris aber in der Iphigenia, sind es in Ansehung Agamemnons, und Achills, der Klytemnestra und Iphigenia, u. d. g.

23. §. Ich komme auf die Gedanken und den Ausdruck,
oder auf die Schreibart der Tragödien.   Diese muß eben so
beschaffen seyn, als die Gedanken und Schreibart in Heldengedichten, wenn der Poet daselbst andere redend einführet.
Die Alten nannten diese Art des Ausdruckes Kothurnus;
von den hohen Schuhen, die vormals von vornehmen Standespersonen getragen wurden.   Weil nun dergleichen vornehme Leute in der Tragödie vorgestellet wurden, und es
sich für sie nicht anders schickte, als daß sie sich auf eine edlere
Art, als der gemeine Pöbel ausdrücken mußten; zumal,
wenn die gewaltigsten Affecten sie bestürmeten: so bekam ihre Sprache eben diesen Namen.   Die guten Poeten nun,
die ihre Einbildungskraft durch die Vernunft in den Schranken zu halten, und die hohe Schreibart durch die Regeln
der Wahrscheinlichkeit zu mäßigen gewußt haben, sind auch
bey einer vernünftigen hohen Art des Ausdruckes geblieben.
Die schwachen Geister aber, die ihrer Phantasie folgen mußten, wohin sie wollte, verstiegen sich oftmals gar zu hoch:
so daß Horaz sie beschuldiget, sie hätten bisweilen solche
Räthsel, als die delphische Priesterinn, gemacht:

Et tulit eloquium insolitum facundia præceps,
-     -   -   et divina futuri
Sortilegis non discrepuit sententia Delphis.

Ja er verbeut gleich darauf ausdrücklich, daß man die tragischen Personen weder zu niedrig, noch zu hochtrabend solle
reden lassen:

Ne,

Ne, quicunque Deus, quicunque adhibebitur heros,
Migret in obscuras humili sermone tabernas:
Aut dum vitat humum, nubes et inania captet.

24. §. In dieser falschen Hoheit sind nun, bey den Lateinern, Seneca in seinen Tragödien; und bey uns, Lobenstein ganz unerträglich. Fast alle ihre Personen, die sie aufführen, reden lauter Phöbus: wie bereits in dem allgemeinen Theile im Capitel von der poetischen Schreibart angemerket worden. Unser Andreas Gryphius ist doch weit vernünftiger in diesem Stücke. Ich mag, die Weitläuftigkeit zu meiden, keine Exempel von beyden anführen: man darf aber nur gleich des ersten Agrippina, mit Carl Stuarten von diesem; oder auch Sophonisbe mit dem Leo Arminius zusammen halten, so wird man den Unterschied gleich merken. Man sehe auch, was bey Gelegenheit des aus dem Schakespear verdeutschten Cäsars, in dem VII. B. der kritischen Beyträge von ihm gesaget worden. Sonderlich drücken die lohensteinischen Personen niemals den Affect recht natürlich aus: sondern, da sie im Schmerze aufhören sollten, auf Stelzen zu gehen, so bleiben sie unverändert bey ihren scharfsinnigen Sprüchen und künstlichen Spitzfündigkeiten. Ja selbst Corneille und Racine, haben sich in diesem Stücke oft genug versehen: wie Fenelon in seinen Gedanken von der Tragödie beobachtet hat: welcher auch anmerket, daß Sophokles seinen Oedipus nichts schwülstiges sagen lassen. Siehe den I. Th. meiner Schaubühne, gleich nach der Vorrede. Dieses hat uns Horaz ausdrücklich gelehret:

Et tragicus plerumque dolet sermone pedestri
Telephus et Peleus: cum pauper et exful uterque
Projicit ampullas et sesquipedalia verba.
Si curat cor spectantis tetigisse querela.

Die beste allgemeine Regel, die man hier geben kann, ist: die Natur eines jeden Affects im gemeinen Leben zu beobachten, und dieselbe aufs genaueste nachzuahmen. Nun findet

man

selbst auf den Mörder seines Vorfahren im Regimente, ausgestoßen hatte. Er beraubet sich selbst des Reiches, und geht ins Elend; nachdem er sich selbst aus Verzweifelung der Augen beraubet hatte. Zu dieser allgemeinen Fabel nun findet **Sophokles** in den alten thebanischen Geschichten, den **Oedipus** geschickt. Er ist ein solcher Prinz, als die Fabel erfodert: er hat unwissend einen Vatermord und eine Blutschande begangen; er ist dadurch auf eine Zeitlang glücklich geworden: allein, die Strafe bleibt nicht aus; sondern er muß endlich alle Wirkungen seiner unerhörten Laster empfinden.

13. §. Diese Fabel ist nun geschickt, Schrecken und Mitleiden zu erwecken, und also die Gemüthsbewegungen der Zuschauer, auf eine der Tugend gemäße Weise, zu erregen. Das erstere erregen seine Schandthaten, und die unverhoffte Entdeckung derselben: dieses aber, die Betrachtung, daß er sie unwissend begangen hat. Durch seine guten Eigenschaften erwirbt sich **Oedipus** die Liebe der Zuschauer; und da er seine Laster wider Willen ausgeübet hat, so beklaget man ihn deswegen. Da er aber gleichwohl sehr unglücklich wird, so bedauret man ihn um destomehr; ja man erstaunet über die strenge Gerechtigkeit der Götter, die nichts ungestraft lassen. Man sieht auch, daß der Chor in dieser Tragödie dadurch bewogen wird, recht erbauliche Betrachtungen, über die Unbeständigkeit des Glückes der Großen dieser Welt, und über die Schandbarkeit der Laster des **Oedipus** anzustellen, auch zuletzt in dem Beschlusse die Thebaner so anzureden: „Ihr Einwohner von Theben, seht hier den **Oedi**„pus, der durch seine Weisheit Räthsel erklären konnte, „und an Tapferkeit alles übertraf; ja der seine Hoheit sonst „keinem, als seinem Verstande und Heldenmuthe, zu dan„ken hatte: seht hier, in was für schreckliche Trübsalen er „gerathen ist! und wenn ihr dieses unselige Ende desselben „erweget: so lernt doch, niemanden für glücklich zu halten, bis „ihr ihn seine letzte Stunde glücklich habt erreichen gesehen. Wer auf gleiche Art die Trauerspiele aus unsrer deutschen

Schaubühne mit Bedacht durchgehen will, der wird überall eine solche Hauptlehre antreffen, ob sie gleich nicht immer so deutlich im Schlusse steht.

14. §. Eine solche Fabel nun zu erdichten, sie recht wahrscheinlich einzurichten, und wohl auszuführen, das ist das allerschwerste in einer Tragödie. Es hat viele Poeten gegeben, die in allem andern Zubehöre des Trauerspiels, in den Charactern, in dem Ausdrucke, in den Affecten ꝛc. glücklich gewesen: aber in der Fabel ist es sehr wenigen gelungen. Wer Exempel davon sehen will, der sehe, was von Schakespears Cäsar im VII. B. und vom Telemach im VI. B. der kritischen Beyträge steht. Sonderlich ist das engländische Theater insgemein in der Einrichtung der Fabel fehlerhaft, als welche größtentheils nichts besser sind, als die altfränkischen Haupt- und Staatsactionen der gemeinen Komödianten unter uns. Das kömmt aber daher, daß ein Trauerspiel eine dreyfache Einheit haben muß, wenn ich so reden darf: Die Einheit der Handlung, der Zeit, und des Ortes. Von allen dreyen müssen wir insonderheit handeln.

15. §. Die ganze Fabel hat nur eine Hauptabsicht; nämlich einen moralischen Satz: also muß sie auch nur eine Haupthandlung haben, um derentwegen alles übrige vorgeht. Die Nebenhandlungen aber, die zur Ausführung der Haupthandlung gehören, können gar wohl andere moralische Wahrheiten in sich schließen: wie zum Exempel im Oedipus die Erfüllung der Orakel, darüber Jokasta vorher gespottet hatte, die Lehre giebt: Daß die göttliche Allwissenheit nicht fehlen könne. Alle Stücke sind also tadelhaft und verwerflich, die aus zwoen Handlungen bestehen, davon keine die vornehmste ist. Ich habe dergleichen im 1717. Jahre am Reformationsfeste in einer Schulkomödie vorstellen gesehen wo der ganze Inhalt der Aeneis Virgils, und Luthers Reformation zugleich vorgestellet wurde. In einem Auftritte war ein Trojaner; in der andern der Ablaßkrämer Tetzel zu sehen. Bald handelte Aeneas von der Stiftung des römischen Reichs: bald kam Lutherus und reinigte die

Qq 3

Kir

Kirche. Bald war Dido, bald die babyloniſche Hure zu
ſehen u. ſ. w. Und dieſe beyden ſo verſchiedenen Handlungen
hiengen nicht anders zuſammen, als durch eine luſtige Perſon, Momus genannt, die zwiſchen ſolchen Vorſtellungen
auftrat, und z. E. den auf der See beſtürmten Aeneas,
mit dem in Gefahr ſchwebenden Kirchenſchifflein verglich.
Das iſt nun ein ſehr handgreiflicher Fehler, wann zwey ſo
verſchiedene Dinge zugleich geſpielet werden. Allein die andern, die etwas unmerklicher ſind, verdienen deswegen keine
Entſchuldigung. Insgemein ſündigen die engliſchen Stücke
wider dieſe Regel: wann ſie zwey ganz verſchiedene Fabeln
in einander wirren.

16. §. Die Einheit der Zeit iſt das andere, das in der
Tragödie unentbehrlich iſt. Die Fabel eines Heldengedichtes kann viele Monate dauren, wie oben gewieſen worden;
das macht, ſie wird nur geleſen: aber die Fabel eines Schauſpieles, das mit lebendigen Perſonen in etlichen Stunden
wirklich vorgeſtellet wird, kann nur einen Umlauf der Sonne, wie Ariſtoteles ſpricht; das iſt einen Tag, dauren.
Denn was hätte es für eine Wahrſcheinlichkeit, wenn man in
dem erſten Auftritte den Helden in der Wiege, etwas weiter
hin als einen Knaben, hernach als einen Jüngling, Mann,
Greis, und zuletzt gar im Sarge vorſtellen wollte: wie Cervantes ſolche thörichte Schauſpiele, an ſeinen ſpaniſchen
Poeten, im Don Quirote ausgelachet hat. Haben es die
Engländer nicht völlig ſo ſchlimm gemacht; ſo iſt es doch
nicht viel beſſer. Schakeſpears Cäſar hebt vor der Er-
mordung Cäſars an, und dauret bis nach der phillippiſchen
Schlacht, wo Brutus und Caſſius geblieben. Oder wie
iſt es wahrſcheinlich, daß man es auf der Schaubühne etlichemal Abend werden ſieht; und doch ſelbſt, ohne zu eſſen,
oder zu trinken, oder zu ſchlafen, immer auf einer Stelle
ſitzen bleibt? Die beſten Fabeln würden alſo eigentlich diejenigen ſeyn, die nicht mehr Zeit nöthig gehabt hätten, wirklich zu geſchehen, als ſie zur Vorſtellung brauchen; das iſt
etwa zwey oder drey Stunden: und ſo ſind die Fabeln der
meiſten

meisten griechischen Tragödien beschaffen. Kömmt es hoch,
so bedörfen sie sechs, acht, oder zum höchsten zwölf Stunden zu ihrem ganzen Verlaufe: und höher muß es ein Poet
nicht treiben; wenn er nicht wider die Wahrscheinlichkeit
handeln will.

17. §. Es müssen aber diese Stunden bey Tage, und
nicht bey Nachte seyn, weil diese zum Schlafen bestimmet ist:
es wäre denn, daß die Handlung entweder in der Nacht vorgegangen wäre; oder erst nach Mittage anfienge, und sich
bis in die späte Nacht verzöge; oder umgekehrt, frühemor-
gens angienge, und bis zu Mittage daurete. Der berühmte
Cid des Corneille läuft in diesem Stücke wider die Regeln:
denn er dauret eine ganze Nacht durch, nebst dem vorigen
und folgenden Tage, und braucht wenigstens volle vier und
zwanzig Stunden: welches schon viel zu viel ist, und unerträglich seyn würde, wenn das Stück nicht sonst viel andere
Schönheiten in sich hätte; die den Zuschauern fast nicht Zeit
lassen, daran zu gedenken. S. den ersten B. meiner Schaubühne. Das ist nun eben die Kunst, die Fabel so ins kurze
zu bringen, daß keine lange Zeit dazu gehöret; und eben deswegen sind auch bey uns Deutschen die Tragödien von Wal-
lenstein, imgleichen die alten Stücke von der Banise, von
der böhmischen Libussa ganz falsch und unrichtig: weil sie
zum Theil etliche Monate, zum Theil aber viele Jahre zu
ihrer Dauer erfordern. Meine obige Schultragödie hub sich
von dem Urtheile des Paris über die drey Göttinnen an, und
daurete bis auf die Glaubensverbesserung durch Luthern.
Das war nun eine Zeit, etwa von zwey bis dritthalb tausend Jahren: davon die zwey Heldengedichte, Ilias und
Aeneis, nicht den tausendsten Theil einnehmen: und ich
zweifle, ob man die Ungereimtheit höher hätte treiben können.

18. §. Zum dritten gehöret zur Tragödie die Einigkeit
des Ortes. Die Zuschauer bleiben auf einer Stelle sitzen:
folglich müssen auch die spielenden Personen alle auf einem
Platze bleiben, den jene übersehen können, ohne ihren Ort
zu ändern. So ist z. E. im Oedipus der Schauplatz auf

Qq 4

plaß gieng, um ihnen im guten Vortrage was abzulernen: hingegen kamen diese wiederum in Cicerons öffentliche Reden, in gleicher Absicht. Weil auch in der That ein Redner und Komödiant in diesem Stücke einerley Pflicht haben: so können sich diese auch aus dem Tractate des le Faucher, de l'action de l'Orateur, der unter Conrarts Namen heraus gekommen ist, auch ins Deutsche übersetzt worden, manche gute Regel nehmen. Riccoboni hat in italienischer Sprache ein langes Lehrgedicht für Komödianten geschrieben, darinn er ihnen Regeln von der guten Aussprache giebt; welches bey seiner Historie des italienischen Theaters befindlich ist. Noch neulich hat er auch im Französischen eine neue Anleitung dazu gegeben, die als ein Anhang bey seinen Reflex. Hiftor. et Critiques fur tous les Theatres de · l'Europe befindlich ist: und sein Sohn hat nach der Zeit ein kleines Werck l'Art du Theatre, ans Licht gestellet, das wir in der Stutgardischen Monatschrift auch deutsch haben. Auch der Abt von Aubignac hat es in seiner Pratique du Theatre, wie in andern Stücken, also auch hierinnen nicht an einer guten Vorschrift fehlen lassen: und unsre Deutschen sind dem Herrn Hofrath von Steinwehr vielen Dank schuldig, daß er ihnen dieses höchstnützliche Buch in unsere Muttersprache übersetzet, und es also dadurch gemeiner und brauchbarer gemachet hat. Endlich hat Horaz dieses Stück für so wichtig gehalten, daß er in seiner Dichtkunst eine besondere Regel davon gemacht hat:

> Male ſi mandata loqueris,
> Aut dormitabo, aut ridebo.   Triſtia moeſtum
> Vultum verba decent; iratum plena minarum,
> Ludentem laſciva, ſeverum ſeria dictu.
> Format enim natura prius nos intus ad omnem
> Fortunarum habitum: juvat & impellit ad iram,
> Aut ad humum mœrore gravi deducit et angit.
> Poſt effert animi motus interprete lingua.

32. §.

32. §. Hierinn steckt nun hauptsächlich die Regel: ein guter Komödiant müsse dasjenige erst bey sich zu empfinden bemüht seyn, was er vorzutragen willens ist; welches in der That das beste Mittel ist, eine lebhafte Aussprache und Stellung zu erlangen. Schlüßlich muß ich erinnern, daß die Auftritte der Scenen in einer Handlung allezeit mit einander verbunden seyn müssen: damit die Bühne nicht eher ganz ledig werde, bis ein ganzer Aufzug aus ist. Es muß also aus der vorigen Scene immer eine Person da bleiben, wenn eine neue kömmt, oder eine abgeht: damit der ganze Aufzug einen Zusammenhang habe: Die Alten sowohl, als Corneille und Racine, haben dieses fleißig beobachtet: wenn man nur des erstern erste Stücke ausnimmt. Zum Exempel, sein Cid ist in diesem Stücke sehr fehlerhaft, weil fast immer Personen auftreten und abgehen, ohne zu wissen, warum? Daher kömmt es auch, daß die Einheit des Ortes nicht recht beobachtet wird; und darum hat schon Boileau gesagt:

Que l'action marchant où la Raison la guide,
Ne se perde jamais, dans une Scene vuide.

Der einzige Fall ist nur auszunehmen, wenn die Personen, die auf der Bühne stehen, denen, die sie ankommen sehen, ausweichen wollen. Hier hängen nämlich die Auftritte, auch durch eben diese Flucht der ersten, sattsam zusammen. Und so viel mag auch von der Tragödie genug seyn. Wer mehr wissen will, der muß die hin und her angeführten Scribenten, sonderlich den obgedachten Hedelin, von Ausübung der theatralischen Dichtkunst, und des P. Brumois Theatre des Grecs, nebst des Riccoboni sämtlichen Schriften von der Schaubühne, endlich auch die Vorreden lesen, die Corneille und Racine vor ihre Stücke gesetzt haben.

33. §. Die Geschichte der Trauerspiele, in benachbarten und unsern Landen, habe ich in diesem Hauptstücke mit Fleiß nicht mitnehmen wollen. Denn erstlich ist dieselbe

viel zu weitläuftig, als daß sie sich so ins Kurze bringen ließe. Wer den Vossius de Poetis græcis und latinis liest, wird finden, daß es vormals etliche hundert tragische Dichter gegeben. Eben das kann man von Engländern im Winstanley, von Wälschen im Riccoboni und von Franzosen in der Bibliotheque des Theatres ersehen. Von der Deutschen theatralischen Poesie, oder der tragischen insonderheit war ich willens, eine ausführliche Geschichte zu schreiben; zu welchem Ende ich denn eine Sammlung von mehr als 1600 gedruckten Schauspielen zusammen gebracht. Ich habe aber aus bewegenden Ursachen, dieses Vorhaben, einem gelehrten und überaus geschickten Manne in Wien, Hrn. Weißkern abgetreten, und ihm alles, was ich dahin gehöriges zusammen gebracht, überlassen. Dieser wird uns, als ein deutscher Riccoboni, in kurzem dieses Verlangen erfüllen. Indessen kann man theils die Verzeichnisse alter deutscher Schauspiele, die ich bey der ersten Ausgabe meiner deutschen Schaubühne vorgesetzet; theils von neuen Stücken, die seit zwanzig Jahren, seit dem mein Cato diese Art von Dichtkunst rege gemachet, das Register nachlesen, das ich davon in dem Maymonate des Neuesten aus der anmuthigen Gelehrsamkeit, dieses 1751. Jahres, bekannt gemachet habe.

Des I. Abschnitts XI. Hauptstück.

Von Komödien oder Lustspielen.

1. §.

Die Komödie ist, wenigstens dem Namen nach, jünger, als das Trauerspiel: denn in der That waren sie vor Alters einerley; da man noch, dem Bacchus zu Ehren, die schimpflichsten Lieder an Festtagen zu singen pflegte, und selbige Tragödien nannte. Als aber die gescheidesten Köpfe sich allmählich von dem niederträchtigen und unflätigen Zeuge entfernten, und ernsthaftere Sachen in ihren Schauspielen aufführeten: so wurden sie auch in Städten beliebt, ja die Obrigkeit selbst nahm die Komödianten in ihren Sold, und ließ auf öffentliche Kosten Schauplätze bauen, die nöthigen Sänger zum Chore unterhalten, und alles nöthige Zubehör der Schaubühne anschaffen. Wenn nun ein Poet ein neues Stück fertig hatte: so gab man ihm den Chor; wie sie redeten: das ist, man kaufte es ihm ab, und ließ es von den Komödianten aufführen. Indessen waren die Ueberbleibsel der alten unflätigen Tragödien noch auf den Dörfern und Flecken im Schwange geblieben. Das gemeine Volk findet allezeit mehr Geschmack an Narrenpossen und garstigen Schimpfreden; als an ernsthaften Dingen. Den witzigen Stadtleuten in Athen schien diese Art der Belustigungen zu abgeschmackt; weil sie schon etwas Edleres in der Tragödie gefunden hatten. Sie mögen also wohl diesen bäurischen Lustbarkeiten, zum Schimpfe, den Namen der Komödien gegeben haben, als welcher von κωμη und ωδη herkömmt, und also ein Dorflied bedeutet. Allmählich wurden doch auch die Verfertiger dieser Stücke gewahr, daß die Tragödienschreiber ihre Spiele besser einrichteten. Sie ahmeten denenselben also mehr und mehr nach, bis ihre

Rr 4 Schau-

Schaubühnen endlich ein besser Geschick bekamen. Doch weis man insbesondere denjenigen, oder diejenigen nicht zu nennen, die am ersten Hand ans Werk geleget haben.

2. §. Aristoteles berichtet bloß, daß **Epicharmus**, ein Sicilianer, der neuer als **Thespis**, aber älter als Aeschylus gewesen, zuerst angefangen, ordentlichere Stücke zu spielen, und eine gewisse Hauptabsicht in seine komische Vorstellungen zu bringen. Ihm folgte bald ein Athenienser, **Krates** nach. Dieser befreyete die angefangene Komödie von der alten Grobheit der Bauern, und säuberte sie von ihren vorigen Unflätereyen: und darauf fand sie denn auch in der Stadt Beyfall. Dahin gehören die Verse des **Horaz**, die von dem **Pratinas** handeln:

> Carmine qui tragico vilem certavit ob hircum,
> Mox etiam agrestes Satyros nudavit; et asper
> Incolumi gravitate jocum tentavit: eo quod
> Illecebris erat, et grata novitate morandus
> Spectator, functusque sacris, et potus, et exlex.

Hier finden wir alles beysammen, den Ursprung, den Inhalt, auch die Absicht der ältesten Komödien. Aus den tragischen Liedern sind sie entstanden, und zwar bey Gelegenheit der Festtage. Ihr Inhalt ist ein scharfer oder beißender Scherz gewesen, den sie von lauter bäurischen Satiren, das ist, halbnacketen Bauren, haben absingen oder spielen lassen. Und die Absicht war, dem Volke, nach vollbrachtem Gottesdienste und vollendetem Schmause, durch eine neue Lustbarkeit die Zeit zu vertreiben. Dieses war nun die alte Komödie. Man lese davon nach **Nicolai Calliachii** Tractat de ludis scenicis mimorum et pantomimorum, welchen **Marc. Anton. Madero** 1730. aus einer Handschrift zuerst zu Padua ans Licht gestellet; und wo im IV. und V. Cap. der Ursprung der ältesten Lustspiele überhaupt sehr gelehrt erkläret ist.

3. §. So bald sie nun von dem alten **Krates** etwas ins Geschick gebracht worden, fanden sich bald **Eupolis**,

Krati»

Kratinus und Aristophanes, die ihr ein ganz anderes Ansehen gaben. Die vorige Heftigkeit nackter Satiren, wurde in eine lächerliche Vorstellung gewisser Personen verwandelt, die man sich nicht scheuete, mit Namen
zu nennen. So finden wir, daß die vornehmsten Leute
in Athen vor den Poeten nicht sicher gewesen. Selbst
Sokrates ist von ihnen öffentlich verspottet worden;
da ihn Aristophanes in dem Stücke, das er die Wolken nennet, als einen wunderlichen Naturforscher und
gottlosen Atheisten vorstellet. Sonderlich sungen die Chöre dieser Komödien nichts als ehrenrührige Schmählieder,
dadurch die Unschuldigsten angegriffen wurden. Daher
kam es auch, daß die Obrigkeit dieser Frechheit Einhalt
that, und die Chöre abzuschaffen, auch keine Person mehr
mit Namen zu nennen geboth. Horaz schreibt:

Succeſſit vetus his comœdia, non ſine multa
Laude: ſed in vitium libertas excidit, et vim
Dignam lege regi. Lex eſt accepta, chorusque
Turpiter obticuit, ſublato jure nocendi.

4. §. Da nun dergestalt die mittlere Komödie der Griechen aufhörete: so gieng die neue an, darinn sich Philemon und Menander vor andern hervorgethan. Dieser
fing nunmehr an, rechte Fabeln zu erdenken, die sich auf
die komische Schaubühne schickten. Er gab denenselben weder von lebendigen Leuten, noch von den Helden in Geschichten, die Namen; sondern er nannte sie selbst, wie es ihm gut
dünkte. Seine Spiele aber blieben deswegen doch eben so
angenehm und erbaulich, als sie vorher gewesen waren.
Diese Veränderung oder Verbesserung der Komödie, hat
Aristoteles nicht erlebet; weil die mittlere bis nach Alexanders Zeiten gewähret. Daher hat auch dieser große
Kunstrichter wohl gesehen: daß zwar die Tragödie zu seiner Zeit, zur Vollkommenheit gebracht worden; aber nicht
die Komödie: deren Wachsthum er also vorher sagen konnte; wie es auch in der That erfolget ist. Man sehe hier

des

des Abts Brümois Abhandlungen, von der griechischen Schaubühne nach, die vor seinem Theatre des Grecs stehen; imgleichen die schönen Untersuchungen hieher gehöriger Dinge,, die in den Memoires de l' Academie des belles Lettres hin und wieder vorkommen. Indessen hat es eine ungeheure Menge komischer Dichter in Griechenland gegeben, von denen alles verlohren gegangen. Man kann ihre Namen theils beym Aristoteles, in der Dichtkunst; theils beym le Fevre, des Poetes grecs, theils im Vossius de Poetis Græcis nachsehen.

5. §. Die Römer müssen Leute von ganz anderm Naturelle gewesen seyn, als die Griechen: denn bey ihnen hat die Komödie ein ganz widerwärtiges Glück gehabt. Dort war sie zuletzt in Aufnehmen gekommen; hier aber, ward sie zuerst beliebt. Man kann sie hier ebenfalls in die alte, mittlere und neue eintheilen; und jene zu des Livius Andronicus, die andere zu des Plautus, die dritte zu des Terenz Zeiten antreffen. Die erste war noch ziemlich ungestalt und grob; wie aus des Horazens Zeugnisse von des Ennius Versen erhellet. Plautus trieb die Kunst in seinen Komödien etwas höher; aber er bequemte sich zu sehr nach dem Geschmacke des Pöbel, und mengte viel garstige Zoten und niederträchtige Fratzen hinein. Diese mochten auch noch zu Horazens Zeiten vielen gefallen: weil sie gemeiniglich die alten Poeten lobten, die neuen aber verachteten; wie er darüber in seinem langen Schreiben an den August klaget. Auch in der Arte poetica sagt er davon:

Non quivis videt immodulata poemata judex,
Et data Romanis venia est indigna Poetis.

- - - · - - ·

At nostri Proavi Plautinos et numeros et
Laudavere sales, nimium patienter utrumque,
Ne dicam, stulte mirati: si modo ego et vos
Scimus inurbano lepidum seponere dicto.

Plau-

Plautus muß also sehr viel Selbstliebe besessen haben, wann er sich selbst eine so pralerische Grabschrift gemacht hat: Daß die Musen über seinen Tod weinen und klagen sollten; weil alle Scherzreden und hübsche Einfälle mit ihm verlohren gegangen. In der That ist Terenz schon von den alten Kunstrichtern dem Plautus weit vorgezogen worden. Ob er gleich ein Afrikaner war: so besaß er doch die Zierlichkeit der lateinischen Sprache im höchsten Grade; welches er sonder Zweifel dem Umgange mit den vornehmsten Römern zu danken hatte. Scipio und Lälius haben ihn ihrer Freundschaft gewürdiget, ja wohl selbst bey seinen Komödien Hand angeleget. Dieses ward ihm schon damals von seinen Feinden vorgerückt, wie er den Vorredner zu der Komödie von den zweenen Brüdern, sagen läßt.

Nam quod isti dicunt malevoli, homines nobiles
Eum adjutare, assidueque una scribere;
Quod illi maledictum vehemens esse existumant,
Eam laudem hic ducit maximam: cum illis placet,
Qui vobis universis et populo placent,
Quorum opera in bello, in otio, in negotio
Suo quisque tempore usus est sine superbia.

6. §. Indessen ist es wahr, daß Terenz sowohl, als seine Vorgänger nicht viel neue Fabeln gemacht; sondern die meisten aus Menanders, des Diphilus u. a. griechischen Komödien entlehnet hat. Er gesteht solches selbst in den Vorreden, und also kann es ihm zu keinem Vorwurfe eines Diebstahls gereichen. Soviel ist gewiß, daß seine Sachen regelmäßig sind, und die artigsten Scherzreden voller Salz und Schärfe in sich fassen. Haben ihn gleich viele Kunstrichter wegen des Selbstpeinigers beschuldigen wollen, daß er mehr als 24. Stunden, ja zween Tage zu diesem Stücke genommen, und also wider Aristotels Vorschrift gehandelt habe: so hat ihn doch der Abt von Aubignac und selbst Menage sehr gelehrt vertheidiget, indem dieser gewiesen, daß nicht mehr als 15. volle Stunden, nämlich von einem

Vorau

Abende bis zum folgenden Morgen dazu gehören. Man sehe die gelehrten Streitschriften davon, und von andern Stücken der schönen Wissenschaften, die bey der Pratique du Theatre im Französischen den II. Theil ausmachen. Die Charactere sind darinn unvergleichlich beobachtet; und die Natur ist überall so vollkommen nachgeahmet, daß man kein Bild davon, sondern sie selbst zu sehen glaubet, wenn man seine Person reden höret. Es ist nichts unflätiges oder zweydeutiges darinnen; sondern ein ganz ehrbarer Ausdruck herrschet auch in dem Munde der Buhldirnen, ja der geringsten Knechte und Mägde.

7. §. In neuern Zeiten haben sich die Deutschen, Italiäner, Franzosen und Engländer, so zu reden, um die Wette in Komödien hervor gethan. Eine jede Nation ist ihrem Geschmacke gefolget, und also sind auch verschiedene Arten dadurch zum Vorscheine gekommen; die entweder besser oder schlechter gerathen, nachdem sie den alten Griechen oder Römern mehr oder weniger gefolget sind. Unsere Deutschen sind in ganz Europa die ersten gewesen, die auch mitten in dem Verfalle der schönen Wissenschaften die Schauspiele geliebet. Kaiser Karln den Großen ist schon in friesischer Sprache ein Schauspiel aufgeführet worden: welches eine plattdeutsche Mundart war, wie wir aus den Rechten dieses Volkes sehen, die uns Hr. Reichshofr. von Gärtner ans Licht gestellet hat. Im X. Jahrhunderte schrieb Rhoswita, eine adeliche Klösterjungfrau in Gandersheim, nach dem Muster des Terenz, wie sie ausdrücklich saget, sechs Komödien. Taubmann gedachte dieser Stücke in seiner Vorrede zum Culice Virgilii, daß er sie in seiner Bibliothek gehabt; vermuthlich wie Conrad Celtes sie zuerst aus der Bibliothek des Emeramerstifts zu Regensburg ans Licht gestellet. Henr. Leonh. Schurzfleisch aber hat sie 1707. zu Wittenberg wieder auflegen lassen. Im 1450sten Jahre lebte zu Nürnberg Hans Rosenblüt, der unter andern Gedichten auch sechs Fastnachtspiele, von 5. 6. 7. und mehr Personen in Versen hinterlassen, davon ich eine Abschrift besitze. Im 1486. Jahre gab Hans Nythard zu Ulm den

den **Eunuchus** allein) 1499. aber den ganzen **Terenz** verdeutscht ans Licht, den ich selbst besitze. So hatten nun die deutschen Dichter das beste Muster vor Augen, dem sie folgen konnten. Das that nun 1517. bis etliche 60. zuerst **Hans Sachs**, der gewiß etliche hundert Schauspiele von allerley Art, und also auch Komödien genug gemachet hat. Um gleiche Zeit haben mit ihm Sigism. **Grym** in Augspurg, Thom. **Murner**, **Rinckart**, Heinr. **Ham**, Joach. **Graff**, und Joh. **Rebhuhn** zu Zwickau, Val. **Bolz**, der abermal den **Terenz** übersetzte, Greg. **Wagner**, Matth. **Forchheim**, Laurent. **Rappolt**, Wolfg. **Künzel**, Georg **Böhmichen**, Franz **Omich**, Joh. **Episcopius**, der uns abermal den **Terenz** übersetzt, Thomas **Brunner**, Mich. **Druide**, Christian **Zug**, Georg **Roll**, Conrad **Porta**, Barth. **Leschke**, Christian **Berthold**, Henr. **Rätel**, Phil. **Agricola**, Nic. **Frischlin**, Mart. **Hoyneck**, der des **Plautus** Captivos verdeutschet, Joh. **Bitter**, Ambr. **Lobwasser**, Mich. **Pabst**, der die **Iphigenia** in Aulis, und den ganzen **Terenz** übersetzet, **Christoph Lasius Ayrer**, der allein über hundert Stücke gemacht, davon kaum die Hälfte gedruckt sind, Joh. **Strizer**, Joh. **Sanders**, Jac. **Frischlin**, Joh. Wilh. **Rosenbach**, Cnr. **Spangenberg**, Matth. **Scharschmidt**, Fridr. **Dedekind**, Joh. **Schreckenberger**, Thomas **Bircke**, Hans Rud. **Klauber**, Barth. **Ringwald**, u. a. m. und zwar alle diese vor 1590, sich durch deutsche Komödien gewiesen, die ich mehrentheils alle besitze. Es würde zuviel werden, wenn ich hier alle aus den folgenden Zeiten nennen wollte. Ich habe hier nur zeigen wollen, daß die Ausländer nicht eben Ursache haben, mit dem Alterthume ihrer Schaubühne gegen uns zu pralen; indem wir ihnen gewiß in diesem Stücke der schönen Wissenschaften nicht gefolget, sondern mit gutem Exempel vorgegangen sind. Aus der am Ende des vorigen Hauptstückes erwähnten Geschichte der deutschen Schaubühne, wird dieses mit mehrerm erhellen.

8. §. Die ersten Italiäner, die uns die freyen Künste im Occidente zuerst wieder hergestellet, haben sich freylich auch angelegen

Abende bis zum folgenden Morgen dazu gehören. Man sehe die gelehrten Streitschriften davon, und von andern Stücken der schönen Wissenschaften, die bey der Pratique du Theatre im Französischen den II. Theil ausmachen. Die Charactere sind darinn unvergleichlich beobachtet; und die Natur ist überall so vollkommen nachgeahmet, daß man kein Bild davon, sondern sie selbst zu sehen glaubet, wenn man seine Person reden höret. Es ist nichts unflätiges oder zweydeutiges darinnen; sondern ein ganz ehrbarer Ausdruck herrschet auch in dem Munde der Buhldirnen, ja der geringsten Knechte und Mägde.

7. §. In neuern Zeiten haben sich die Deutschen, Italiäner, Franzosen und Engländer, so zu reden, um die Wette in Komödien hervor gethan. Eine jede Nation ist ihrem Geschmacke gefolget, und also sind auch verschiedene Arten dadurch zum Vorscheine gekommen; die entweder besser oder schlechter gerathen, nachdem sie den alten Griechen oder Römern mehr oder weniger gefolget sind. Unsere Deutschen sind in ganz Europa die ersten gewesen, die auch mitten in dem Verfalle der schönen Wissenschaften die Schauspiele geliebet. Kaiser Karln den Großen ist schon in friesischer Sprache ein Schauspiel aufgeführet worden: welches eine plattdeutsche Mundart war, wie wir aus den Rechten dieses Volkes sehen, die uns Hr. Reichshofr. von Gärtner ans Licht gestellet hat. Im X. Jahrhunderte schrieb Rhoswita, eine adeliche Klösterjungfrau in Gandersheim, nach dem Muster des Terenz, wie sie ausdrücklich saget, sechs Komödien. Taubmann gedachte dieser Stücke in seiner Vorrede zum Culice Virgilii, daß er sie in seiner Bibliothek gehabt; vermuthlich wie Conrad Celtes sie zuerst aus der Bibliothek des Emeramerstifts zu Regensburg ans Licht gestellet. Henr. Leonh. Schurzfleisch aber hat sie 1707. zu Wittenberg wieder auflegen lassen. Im 1450sten Jahre lebte zu Nürnberg Hans Rosenblüt, der unter andern Gedichten auch sechs Fastnachtsspiele, von 5. 6. 7. und mehr Personen in Versen hinterlassen, davon ich eine Abschrift besitze. Im 1486. Jahre gab Hans Nythard zu Ulm den

ben **Eunuchus** allein; 1499. aber ben gan̄zen **Terenz** ver=
beutſcht ans Licht, ben ich ſelbſt beſiße. So hatten nun die
beutſchen Dichter das beſte Muſter vor Augen, dem ſie folgen
konnten. Das that nun 1517. bis etliche 60. zuerſt Hans
Sachs,ber gewiß etliche hundert Schauſpiele von allerley Art,
und alſo auch Komödien genug gemachet hat. Um gleiche Zeit
haben mit ihm Sigism. **Grym** in Augſpurg, Thom. **Murner, Rinckart**, Heinr. **Ham, Joach. Graff**, und Joh. **Rebhuhn** zu Zwickau, Val. **Bolz**, der abermal den **Terenz**
überſeßte, Greg. **Wagner**, Matth. **Forchheim**, Laurent.
Rappolt, Wolfg. **Künzel**, Georg **Böhmichen**, Franz
Omich, Joh. **Epiſcopius**,ber uns abermal den **Terenz** über=
ſeßt, Thomas **Brunner**, Mich. **Druide**, Chriſtian **Zugk**,
Georg **Roll**, Conrad **Porta**, Barth. **Leſchke**, Chriſtian
Berthold, Henr. **Rätel**, Phil. **Agricola**, Nic. **Friſchlin**
Mart. **Hoyneck**, der des **Plautus** Captivos verdeut=
ſchet, Joh. **Bitter**, Ambr. **Lobwaſſer**, Mich. **Pabſt**, der
die Iphigenia in Aulis, und den ganzen **Terenz** überſeßet,
Chriſtoph **Laſius Ayrer**, der allein über hundert Stücke
gemachet, davon kaum die Hälfte gedruckt ſind, Joh. **Strizer**,
Joh. **Sanders**, Jac. **Friſchlin**, Joh. Wilh. **Roſenbach**,
Chr. **Spangenberg**, Matth. **Scharſchmidt**, Fridr. **Dedekind**, Joh. **Schreckenberger**, Thomas **Bircke**, Hans
Rud. **Klauber**, Barth. **Ringwald**, u. a. m. und zwar alle
dieſe vor 1590, ſich durch deutſche Komödien gewieſen, die ich
mehrentheils alle beſiße. Es würde zuviel werden, wenn ich
hier alle aus den folgenden Zeiten nennen wollte. Ich habe
hier nur zeigen wollen, daß die Ausländer nicht eben Urſache
haben, mit dem Alterthume ihrer Schaubühne gegen uns zu
pralen; indem wir ihnen gewiß in dieſem Stücke der ſchönen
Wiſſenſchaften nicht gefolget, ſondern mit gutem Exempel
vorgegangen ſind. Aus der am Ende des vorigen Haupt=
ſtückes erwähnten Geſchichte der deutſchen Schaubühne,
wird dieſes mit mehrem erhellen.

8. §. Die erſten Italiäner, die uns die freyen Künſte im
Occidente zuerſt wieder hergeſtellet, haben ſich freylich auch angelegen

gelegen seyn lassen, der guten Spur der alten Griechen und Römer zu folgen. Riccoboni erzählt uns in seiner Historie der italienischen Schaubühne, eine große Menge guter Komödien, die von verschiedenen Poeten des 15ten Jahrhunderts gemacht worden. Er setzt hinzu, daß man sie dazumal alle in Versen gemacht, und daß die Komödianten also genöthiget gewesen, sie von Wort zu Wort auswendig zu lernen. So lange diese Gewohnheit gedauret, wäre auch der gute Geschmack noch erhalten worden. Allein, so bald die Komödianten aus Faulheit und Unwissenheit, das Auswendiglernen unterlassen hätten: so wären auch, anstatt der vorigen guten Stücke, die abgeschmacktesten Possen auf der Schaubühne eingerissen. Denn es hätten sich erstlich einige mit prosaischen Stücken versuchet; die aber von nachläßigen Komödianten sehr wären verstümmelt worden. Hernach aber hätte man gar nur den Inhalt aller Scenen mit wenigen Worten entworfen, und es den spielenden Personen und ihrer natürlichen Fähigkeit überlassen, was sie dabey für Einfälle haben würden. Daraus wären nun die allerabgeschmacktesten Dinge entstanden, die nur zur Belustigung des untersten Pöbels hätten dienen können: und dieses wäre der Ursprung von dem Verfalle der wälschen Schaubühne gewesen. Eben dieses bestätiget er noch ausführlicher in s. Remarques Histor. & Critiq. sur tous les Theatres de l'Europe. Siehe auch des Herrn Muratori Vorrede zu den zwölf italienischen Trauerspielen, die er unter dem Titel Theatro italiano, im Jahr 1728. zu Verona in drey Octavbänden herausgegeben hat. Man sehe auch des Crescimbeni Histor. della volgar Poesia Vol. I. L. IV. cap. 6. wo er doch kein älteres Stück, als die Calandra des Lud. Ariost von 1524. anführen kann.

9. §. Und in der That hat man aus der Erfahrung gesehen, daß das italienische Theater seit etlichen Jahrhunderten nicht viel kluges hervorgebracht hat. Ihre besten Komödien enthalten nichts, als Romanstreiche, Betrügereyen der Diener, und unendlich viel abgeschmackte Narrenpossen. Harlekin und Scaramutz sind die ewigen Hauptpersonen ihrer Schaubühne; und diese ahmen nicht die Handlungen des gemei-

meinen Lebens nach; sondern machen lauter ungereimte Streis
che, die einem nicht so arg träumen könnten. Ein Monden=
kaiser, ein Spirito Foletto, ein Lederhändler von Pergamo, und
unzählige andere, davon das Theatre Italien voll ist, können
uns diesen Geschmack sattsam bekannt machen. Sie binden
sich an keine Einheit der Zeit und des Orts, ja oft ist nicht ein=
mal eine rechte Haupthandlung in ihren Fabeln. Sie ma=
chen in Davis Parodien auf die ernsthaftesten Stücke, mitten
zwischen ihren andern Scenen: und erfüllen alles mit Gei=
stern, Zaubereyen und Gespenstern. Kurz, man kann von
den unsinnigen Phantasien und Schwärmereyen ihrer Komö=
dianten sagen:

> Velut ægri somnia, vanæ
> Finguntur species, vt nec pes, nec caput nni
> Reddatur formæ.,

Man ist auch dieser italienischen Art schon so gewohnt, daß
man von dergleichen Burlesken nichts kluges mehr vermu=
thet: und wenn man in dergleichen Komödien lachet; so ge=
schieht es nicht sowohl über die Thorheiten der darinn aufge=
führten Personen, als über die närrischen Einfälle des Ver=
fassers solcher Spiele. Man lese nur, was St. Evre=
mont von der Komödie der Wälschen, in einer besondern
Abhandlung für ein Urtheil gefället hat; welche in den eige=
nen Schriften der deutschen Gesellschaft zu finden ist. In=
dessen haben sich Herr Muratori in seiner Poesia perfetta
italiana, und der Marchese Maffei zu unsern Zeiten bemü=
het, auch die komische Bühne ihrer Nation wieder von dem
Unwesen zu säubern, darein sie gerathen war: wiewohl es
noch schlecht damit von statten gehen will.

10. §. Die Engländer haben zwar auch kein regelmäßi=
ges Theater, indessen sind sie doch den Italiänern weit über=
legen. Sie rühmen vor andern ihren Etherege, Wicherley
und Congreve, in diesem Stücke; und Dryden selbst hat
sich in Komödien versuchet. Sonderlich pralen sie mit ihrem
Humour, darinn sie alte und neue Nationen übertroffen zu
haben

Dans ce sac ridicule où Scapin s'enveloppe,
Je.ne reconnois plus l'Auteur du Misantrope.

Art. Poet. Chant. 3.

Von den neuern Franzosen ist sonder Zweifel **Destouches,**
der beste Komödienschreiber.

12.§. Bey uns Deutschen hat es vor und nach Opitzen
an Komödienschreibern zwar niemals gefehlt: aber nichts
destoweniger haben wir aus dem vorigen Jahrhunderte nichts
rechtes aufzuweisen, was unserer Nation Ehre machen könnte.
Andreas Gryphius hat es ohne Zweifel in Komödien
oder Lustspielen noch am weitesten gebracht. Seine
Säugamme, sein Horribilicribrifax und Peter Squenz sind
ziemlich wohl gerathen, und stellen solche lächerliche Thorheiten vor, die dem Zuschauer viel Vergnügen und Nutzen
schaffen können. Nur in dem Zusammenhange der Auftritte,
in der Menge der spielenden Personen, und in der Einheit
des Ortes, hat er es, nach Art aller unserer Alten, sehr versehen. **Christian Weise** hat ihm nachfolgen wollen; und
kein übles Talent dazu gehabt: allein, wie ihm überhaupt die
Regeln der alten Redekunst und Poesie unbekannt gewesen;
so ist er auch bey seinem selbstgewachsenen Witze geblieben,
und hat lauter unrichtige Stücke gemacht. Man will ihn
mehrentheils damit entschuldigen, daß er sich genöthiget gesehen, allen seinen Schülern etwas zu thun zu geben: allein,
wer nöthigte ihn dazu, sie alle in einer Komödie zu brauchen?
Er hätte sie wechselsweise in verschiedenen anbringen, und
etwas rechtes machen können. Das war aber wohl die wahre
Ursache nicht, warum er nichts regelmäßiges gemacht. Indessen ist es doch gut, wenn man ihn liest; um dadurch auf
manchen guten Einfall zu kommen, der sich nach unserer Art
in der Komödie anbringen läßt. Was sonst von den besten
deutschen Komödianten gespielet ward, das war gemeiniglich
aus dem Französischen übersetzt; welches auch so lange ganz
gut war, bis wir mit der Zeit eigene komische Poeten bekamen,
die was gescheidtes machen konnten. Denn was manche
Komödianten selbst zusammen stümpeln, das ist nichts besser,

als

als die Geburten der italieniſchen Schaubühne; und zeigt ſo
viele Proben von dem Mangel ihrer Einſicht, als Auftritte
ein Schmarutzer, Kuchenfreſſer oder altenburgiſcher Bauer,
nur aufzuweiſen hat. Seitdem ich aber die deutſche Schaubühne herausgegeben, und ſo viele andere gute Federn dieſem
Beyſpiele gefolget, haben wir nun ſchon eine kleine theatraliſche Bibliothek gedruckter Schauſpiele bekommen; darunter
auch verſchiedene hübſche Originale befindlich ſind, die ſchon
an vielen Orten fleißig aufgeführet werden.

13. §. Die Komödie iſt nichts anders, als eine Nachahmung einer laſterhaften Handlung, die durch ihr lächerliches
Weſen den Zuſchauer beluſtigen, aber auch zugleich erbauen
kann. So hat ſie Ariſtoteles beſchrieben, und zugleich erkläret, was er durch das Lächerliche verſtünde. Er ſagt aber
ſehr wohl, daß es was ungeſtaltes oder ungereimtes ſey, das
doch demjenigen, der es an ſich hat, keinen Schmerz verur-
ſachet: wobey er aus dem Homer das Geſicht des Therſites
zum Exempel anführet. Es iſt alſo wohl zu merken, daß
weder das laſterhafte, noch das lächerliche für ſich allein, in
die Komödie gehöret; ſondern beydes zuſammen, wenn es in
einer Handlung verbunden angetroffen wird. Vieles läuft
wider die Tugend; iſt aber mehr ſtrafbar und widerlich, oder
gar abſcheulich, als lächerlich. Vieles iſt auch lächerlich;
wie zum Exempel die Harlekinspoſſen der Italiener: aber
darum iſt es doch nicht laſterhaft. Beydes gehört alſo nicht
zum Weſen eines rechten Luſtſpiels: denn

Omne tulit punctum, qui miſcuit utile dulci,
Lectorem delectando, pariterque monendo.

Nun weis ich zwar, daß ein gelehrter Mann, in einer Ein-
ladungsſchrift neulich auch die Möglichkeit einer ganz tugendhaften Komödie hat behaupten wollen, die doch luſtig ſeyn
ſollte. Allein ſeine Einwürfe gegen dieſe meine Erklärung
der Luſtſpiele, laſſen ſich gar wohl beantworten: wie ich im
letzten Stücke des VII. Bandes, meiner kritiſchen Beyträge
gewieſen habe. Noch andere wollen aus der beweglichen

und traurigen Komödie, die von den Franzosen Comedie larmoyante genennet wird, eine eigene neue Art machen. Allein wenn es ja eine solche Art von Schauspielen geben kann und soll: so muß man sie nur nicht Komödien nennen. Sie könnten viel eher bürgerliche, oder abeliche Trauerspiele heißen; oder gar Tragikomödien, als ein Mittelding zwischen beyden, genennet werden. Destouches hat verschiedne von der Art gemacht, z. E. den Verschwender, den Ruhmrädigen, u. s. w. Ja auch die Cente der Frau von Graphigny, gehört hieher, die wir neulich deutsch haben vorstellen gesehen.

14. §. Nach dieser Regel ist es leicht, alle Komödien zu beurtheilen: wo man denn finden wird; daß eine große Menge nicht nach den Regeln der Vernunft gemacht ist. Z. E. Machiavell hat die Mandragola gemacht: die zwar sonst ziemlich regelmäßig ist; aber weiter nichts, als einen durch viele Spitzfindigkeiten betrogenen Ehmann vorstellet. Der gute Kerl wird im höchsten Grade lächerlich gemacht; indem er seinen Nebenbuhler selbst zu seiner Frauen ins Bette führet, ihn nackend auszieht, hineinlegt, und in der Kammer verschließt: alles in der Absicht, daß selbiger das Gift von seiner Ehegattinn an sich ziehen möge, welches eine Wirkung der Arzeney bey ihr seyn sollte, die man derselben, ihrer Unfruchtbarkeit halber, eingegeben hatte. Allein, was fließt denn aus dieser lächerlichen Handlung für eine Lehre? Keine andere, als daß man keinen Galan zu seiner Frauen führen solle. Ich untersuche hier nicht einmal die Wahrscheinlichkeit der Fabel, die zwar auf der Schaubühne gut genug ausgeführt ist; aber gewiß im gemeinen Leben nicht angehen würde. Will man etliche molierische Komödien, z. E. L'Amour peintre, L'Amour medecin, George Dandin, u. d. m. auf diese Art untersuchen: so wird man eben diesen Fehler auch bey denenselben, sehr häufig und handgreiflich antreffen. Alles läuft entweder auf eine freywillige, oder dumme Hahnreyschaft, oder auf die Entführung einer Tochter wider des Vaters Willen hinaus: welches die Sitten der Welt mehr zu verderben, als zu bessern, geschickt ist.

15. §.

15. §. Zu einer komischen Handlung nun kann man eben so wenig, als zu tragischen, einen ganzen Character eines Menschen nehmen, der sich in unzähligen Thaten äußert; als z. E. einen Cartousche mit allen seinen Spitzbübereyen. Es muß eine einzige, recht wichtige That genommen werden, dazu viele Anstalten gehören, ehe sie ausgeführet werden kann; die aber, vieler Schwierigkeiten ungeachtet, gelinget, und also eine Handlung ausmacht. Diesen Erfolg derselben lächerlich zu machen, dazu gehöret, daß entweder Cartousche, oder der, so von ihm betrogen wird, auslachenswürdig werde. Dieses letztere zu versuchen, müßte man etwa dichten, es hätte sich jemand in Paris so klug dünken lassen: daß ihn Cartousche mit aller seiner List nicht sollte betrügen können. Dieses hätte er sich in einer Gesellschaft gerühmet, wo dieser Räuber selbst, doch unerkannt, zugegen gewesen; und dadurch demselben Lust gemacht, seine Kunst an ihm zu erweisen. Man könnte nun einen von den listigen Streichen dieses Spitzbuben wählen; und den so überklugen Mann, zum Ueberflusse, erst durch gewisse Leute warnen lassen, wohl auf seiner Hut zu stehen; endlich aber doch betrogen werden lassen. Hier würde nun freylich wohl die Komödie ein lustiges Ende nehmen: aber nicht die Spitzbüberey; sondern die eingebildete Klugheit des Betrogenen, würde dadurch zum Gelächter werden; und die Morale würde heißen: Man sollte sich nicht zu weise dünken lassen, wenn man mit verschmitzten Leuten zu thun hat; vielweniger mit seiner vorsichtigen Behutsamkeit pralen, weil dieses uns die Leute nur desto auffätziger macht. Die Bestrafung der Spitzbuben nämlich, ist kein Werk der Poeten, sondern der Obrigkeit. Die Komödie will nicht grobe Laster, sondern lächerliche Fehler der Menschen verbessern.

16. §. Die Fabeln der Komödie werden also auf eben die Art gemacht, als die tragischen; und können eben sowohl in schlechte, einfache oder gemeine, dergleichen die obige ist; und in verworrene, die eine Entdeckung, oder doch einen Glückswechsel (Peripetie) haben, eingetheilet werden. Ein Exempel von dieser giebt des Terenz Andria ab, die für

eines

eines athenienſiſchen Bürgers Tochter erkannt, und alſo durch eine gute Heirath auf einmal glücklich wird. In meiner Schaubühne, halten der politiſche Kanngießer, der deutſche Franzos, das Geſpenſt mit der Trummel, der poetiſche Dorfjunker, die Hausfranzöſinn, die ungleiche Heirath, imgleichen das Teſtament, ſolche Entdeckungen unbekannter Perſonen in ſich. Der Menſchenfeind aber, die Spielerinn, der Bramarbas, der Verſchwender, der Müſſiggänger, der Hypochondriſt, u. a. m. ſind Fabeln von der erſten Art. Dem ungeachtet haben doch alle ihren gewiſſen Knoten, der ſich im Anfange der Komödie einwickelt, und hernach geſchickt und wahrſcheinlich auflöſet. Dieſes iſt nun die ganze Kunſt. Die Italiener machen gemeiniglich gar zu viel unnatürliche Künſteleyen. Sie verkleiden ſich unzähligemal. Bald iſt der Liebhaber eine Säule, bald eine Uhr, bald eine Trödelfrau, bald ein Geſpenſt, bald gar eine Baßgeige; um nur zu ſeinem Zwecke zu gelangen. Denn weiter iſt bey ihren Komödien ohnedieß, an nichts zu gedenken, als an Liebesſtreiche; da man entweder die Aeltern oder die Männer betrüget. Dieſe Materie aber iſt ſchon ſo abgedroſchen, daß ich nicht begreifen kann, wie man ſie nicht längſt überdrüßig geworden. Eben ſo kömmt es mir vor, wenn ſich alle Stücke mit dem Heirathen endigen. Iſt denn weiter nichts in der Welt, als das Hochzeitmachen, was einen fröhlichen Ausgang geben kann? Moliere ſelbſt hat ſich dieſes Kunſtgriffes zu oft bedienet: da er doch fähig geweſen wäre, hundert andere Verwickelungen und Auflöſungen ſeiner Fabeln zu erfinden. Wir haben ißo einen Tractat von dem Herrn Riccoboni, darinn er zu einer gänzlichen Verbeſſerung der Schaubühne, Vorſchläge thut, und Mittel an die Hand giebt, ſie mit der Vernunft, Politik und Religion in eine völlige Uebereinſtimmung zu bringen. In meiner Schaubühne haben wir ſchon ein Paar Stücke von meiner Freundinn, darinn theils eine Heirath zurück geht; theils gar an keine Liebe gedacht wird: wie die ungleiche Heirath, und die Hausfranzöſinn zeigen.

17. §.

17. §. Die Personen, die zur Komödie gehören, sind ordentliche Bürger, oder doch Leute von mäßigem Stande, dergleichen auch wohl zur Noth Baronen, Marquis und Grafen sind: nicht, als wenn die Großen dieser Welt keine Thorheiten zu begehen pflegten, die lächerlich wären; nein, sondern weil es wider die Ehrerbiethung läuft, die man ihnen schuldig ist, sie als auslachenswürdig vorzustellen. In Griechenland machte sich zwar Aristophanes nichts daraus, den Xerxes mit einer Armee von 40000 Mann auf einen ganz güldenen Berg marschieren, und ihn also in einer königlichen Pracht seine Nothdurft verrichten zu lassen. Allein, das war ein republikanischer Kopf, der wohl wußte, daß die Griechen am liebsten über die Könige lachten: zu geschweigen, daß er auch die Thorheit des Xerxes auf eine unnatürliche Weise vergrößert hat. Plautus hat seinen Amphitryon eine Tragikomödie genennt; weil er glaubte, daß königliche Personen allein für die Tragödie gehöreten. Allein eine Tragikomödie in diesem Verstande, giebt einen so ungereimten Begriff, als wenn ich sagte, ein lustiges Klagelied. Es ist ein Ungeheuer; und da der Ausgang seines Amphitryons lustig ist: so hätte ers nur immer schlechtweg eine Komödie nennen dörfen. Eben das ist von des Boursault Aesopus bey Hofe zu sagen, den derselbe aus gleicher Ursache Comedie Heroique betiteln wollen; aber auch eben darum, ohne alle Noth einen neuen Namen ersonnen hat.

18. §. Die ganze Fabel einer Komödie muß, ihrem Inhalte nach, die Einheit der Zeit und des Ortes, eben so wohl, als die Tragödie, beobachten. Ein Haus, oder ein Platz auf öffentlicher Straße muß die Schaubühne werden, wenn sie in der Stadt vorgeht: sonst könnte es auch wohl ein adelicher Pallast, oder ein Garten seyn. Aber wie sie einmal ist; so muß sie das ganze Stück durch bleiben, wie oben schon erwiesen worden. In diesem Stücke nun ist Herr Baron Hollberg in seinem Kannengießer, deutschen Franzosen, und Bramarbas nicht bey der Regel geblieben; indem einige Auftritte vor, andere aber in den Häusern vorgehen. Die Zeit darf

auch

auch nicht länger, als etliche Stunden, nicht aber ganze Tage und Nächte dauren. Die Eintheilung derselben muß eben sowohl, wie oben in Trauerspielen, in fünf Aufzüge geschehen; ungeachtet die Italiener nur dreye zu machen pflegen. Denn auf diese Art werden sie gemeiniglich gar zu lang, und bekommen so viel Auftritte hinter einander, daß man sich verwirret. Man zählt aber die Scenen nach dem Auf- und Abtritte einer Person. So bald eine kömmt, oder eine weggeht, so rechnet man einen neuen Auftritt: und nachdem sie kurz oder lang gerathen, nachdem müssen ihrer auch viele, oder wenige zu einem Aufzuge seyn. Das merke ich, hier abermal an, daß die Schaubühne niemals ganz leer werden muß, als bis der Aufzug aus ist. Es läßt häßlich, wenn hier ein Paar Personen davon laufen, und dort ein Paar frische hervor treten, die mit einander kein Wort zu wechseln haben: und da kann es leichtlich kommen, daß die Zwischenfabeln nicht recht mit der Hauptfabel zusammen hängen. Wenn also jemand auftritt, so muß er allezeit jemanden finden, mit dem er redet: und wenn jemand weggeht, so muß er einen da lassen, der die Bühne füllet, es wäre denn, daß er mit Fleiß dem Neuankommenden ausweichen wollte. Das heißt, beym Boileau:

> Et les Scenes toujours l'une à l'autre liées.

19. §. Da ich von Auftritten handele, so muß ich auch der einzelnen gedenken, wo nur eine Person auftritt. Bey den Alten zwar hatten diese mehr Wahrscheinlichkeit, als bey uns; weil nämlich damals der Chor allezeit auf der Bühne stund, und mit für eine Person anzusehen war: folglich redete da die einzelne Person nicht mit sich selbst. Bey uns aber ist die Bühne leer; und die Zuschauer gehören nicht mit in die Komödie: folglich hat die Person niemanden, den sie anreden könnte. Kluge Leute aber pflegen nicht laut zu reden, wenn sie allein sind; es wäre denn in besondern Affecten, und das zwar mit wenig Worten. Daher kommen mir die meisten einzelnen Scenen sehr unnatürlich vor; und außer

der

der erften im eingebildeten Kranken, wüßte ich faft keine zu
nennen, die mir gefallen hätte. Eben darum habe ich auch
aus des Herrn von Hollbergs Bramarbas den erften Auftritt, den Schlaukopf allein hatte, und der ziemlich lang
war, ganz weggelaffen; auch in dem Kannengießer an einigen
Stellen folche kleine Fehler zu vermeiden gefucht. Man
hüte fich alfo davor, fo viel man kann; welches auch mehrentheils angeht: wenn man dem Redenden nur fonft jemand
zugiebt, der als ein Vertrauter, oder Bedienter, das, was
er fagt, ohne Gefahr wiffen und hören darf. Eben fo übel
fteht es, wenn jemand für fich auf der Schaubühne redet,
doch fo, daß der andere, der dabeyfteht, es nicht hören foll;
gleichwohl aber fo laut fpricht, daß der ganze Schauplatz es
verftehen kann. Was hierinn für eine Wahrfcheinlichkeit ftecke;
das habe ich niemals ergründen können: es wäre denn, daß
die anwefenden Perfonen auf eine fo kurze Zeit ihr Gehör
verlohren hätten. Siehe von beyden Stücken des Abts
Hedelin von Aubignac Buch, von Ausübung der theatralifchen Dichtkunft, nach des Herrn von Steinwehr Ueber-
fetzung.

18. §. Von den Characteren in der Komödie ift weiter
nichts befonders zu erinnern; als was bey der Tragödie fchon
vorgekommen ift. Man muß nämlich die Natur und Art
der Menfchen zu beobachten wiffen, jedem Alter, jedem
Stande, jedem Gefchlechte, und jedem Volke folche Neigungen und Gemüthsarten geben, als wir von ihnen gewohnt
find. Kömmt ja einmal was außerordentliches vor; z. E. daß
etwa ein Alter nicht geizig, ein Junger nicht verfchwenderifch,
ein Weib nicht weichherzig, ein Mann nicht beherzt ift: fo
muß der Zufchauer vorbereitet werden, folche ungewöhnliche
Charactere für wahrfcheinlich zu halten; welches durch Erzählung der Umftände gefchieht, die dazu etwas beygetragen
haben. Man muß aber auch die lächerlichen Charactere nicht
zu hoch treiben. So bald der Zufchauer glauben kann, fo
gar thöricht würde wohl kein Menfch in der Welt feyn: fo
bald verliert der Character feinen Werth. Darinn verftoßen

es zuweilen auch die besten Poeten; wie oben von Molierens Geizhalse bemerket worden. Terenz ist hierinn überaus geschickt gewesen: denn alle seine Bilder leben. Boileau schreibt davon:

> Contemplez, de quel air un Pere dans Terence,
> Vient d'un Fils amoureux gourmander l'Imprudence.
> De quel air cet amant écoute ses Leçons,
> Et court chez sa Maitresse oublier ces Chanßns.
> Ce n'est pas un Portrait, une Image semblable,
> C'est un Amant, un Fils, un Pere veritable.

Eben das Zeugniß hat ihm Fenelon in seinen Gedanken
über die Komödie, vor dem I.B. meiner Schaubühne gegeben. Siehe auch in dem ersten Theile der eigenen Schriften der deutschen Gesellschaft, des Herrn von Brück Gedicht von der Dichtkunst, an verschiedenen Orten, sonderlich
auf der 20. und folgenden Seite, wo von der Komödie gehandelt wird.

21. §. Von den Affecten ist hier ebenfalls nichts neues zu
sagen; als daß man die tragischen, nämlich die Furcht, das
Schrecken und Mitleiden zu vermeiden habe. Daher hat
Destouches viel gewaget, da er in seinem Verschwender
diesen Affect zu erregen gesucht; doch so, daß er sich endlich
wieder in Freude verwandelt. Indessen haben Stücke dieser
Art in Paris ziemlichen Beyfall gefunden; und fast eine
neue Art von Komödien zu machen angefangen, die man die
heulende, (larmoyante) nennet. So hat man denn des
Boileau Regel ganz vergessen, wenn er in seiner Dichtkunst schreibt:

> Le Comique, ennemi des Soupirs & des Pleurs,
> N'admet point, dans ses Vers de tragiques Douleurs.

Allein, wenn man dergleichen Stücke, wie ich oben gedacht,
-bürgerliche Trauerspiele nennet; oder Tragikomödien taufet:
so könnten sie schon bisweilen statt finden. Siehe der deutschen Schaubühne III. Theil. Alle übrige Leidenschaften
finden

finden in der Komödie auch statt. Ein zorniger Chremes, ein verliebter Pamphilus, ein stolzer Thraso, ein lustiger Davus, u. d. m. das sind solche Gemüthsbewegungen, die eben kein Schrecken, auch keine Verwunderung erwecken. Menedemus im Terenz ist zwar so beschaffen, daß er gleich ein Mitleiden bey uns erwecket: doch da solcher Affect nur gelinde bleibt; so ist es eben kein Fehler. Von der Liebe und Lustigkeit darf man wohl keine Regeln geben: denn darauf verfallen die gemeinsten Komödienmacher von sich selbst. Sie mögen sich nur in acht nehmen, daß sie in der ersten, nicht die Gesetze der Schamhaftigkeit und Zucht; in der andern den Wohlstand nicht aus den Augen setzen. Das will Boileau:.

> Mais son emploi n'est pas d'aller dans une place,
> De mots sales & bas charmer la populace.
> Il faut que ses Acteurs badinent noblement.

Diese Regel ist um desto nöthiger zu wiederholen, und einzuschärfen; da auch Leute, die sich einer verbesserten Schaubühne rühmen, ja sich selbst für die Verbesserer derselben ausgeben, mit solchen Fratzen aufgezogen kommen; und durch das niedrigste Zeug ihre Zuhörer zu belustigen suchen. Ja sie mengen wohl in solche Stücke Zoten ein, die von ihren Verfassern aufs ehrbarste abgefasset worden: wie es in dem Gespenste mit der Trummel gegangen, welches im II. Theile der deutschen Schaubühne steht.

22. §. Und dieses führet mich endlich auf die Schreibart der Komödien. Sie besteht aus den Gedanken und Ausdrückungen derselben: und hierinn ist die Komödie von der Tragödie sehr unterschieden. Das macht, daß dort fast lauter vornehme Leute; hier aber Edelleute, Bürger und geringe Personen, Knechte und Mägde vorkommen: dort die heftigsten Gemüthsbewegungen herrschen, die sich durch einen pathetischen Ausdruck zu verstehen geben; hier aber nur lauter lächerliche und lustige Sachen vorkommen, wovon man in der gemeinen Sprache zu reden gewohnt ist.

Es

Es muß also eine Komödie eine ganz natürliche Schreibart haben, und wenn sie gleich in Versen gesetzt wird, doch die gemeinsten Redensarten beybehalten. Hierinn ist Terenz abermal unvergleichlich. Molieren hat Fenelon in seinen Reflex. sur la Rhetorique & la Poetique deswegen getadelt; wie ich oben aus ihm bereits angeführet habe. Siehe die deutsche Uebersetzung davon vor dem ersten Theile der deutschen Schaubühne. Diejenigen machen es also nicht gut, die sich in ihren Komödien, nach dem bösen Muster der heutigen Franzosen, einer gekünstelten, und durchgehends sinnreichen Schreibart bedienen. Ein so gebrechselter Ausdruck ist der täglichen Sprache des Umganges gar nicht ähnlich, und stellet also ein Stück aus einer andern Welt vor. Dabey entsteht nun die Frage: Ob man auch in Versen Komödien schreiben könne? Menander, Terenz und Moliere habens gethan; warum sollte es denn bey uns nicht angehen? Wir haben auch im Deutschen schon etliche Exempel davon erlebet, die nicht übel gerathen sind. Nur muß keine poetische Schreibart darinnen herrschen, und außer dem Sylbenmaaße sonst nichts gleißendes, oder gekünsteltes dabey vorkommen. Es schicken sich aber nach dem Muster der Alten, keine andere, als jambische Verse dazu, und zwar lange sechsfüßige, oder gar achtfüßige, mit ungetrennten Reimen; oder welches noch besser wäre, ohne alle Reime, wie auch die Italiener des XV. Jahrhunderts sie gemacht haben, und die Engländer sie noch diese Stunde machen. Man sehe, was davon im VI. und VII. Bande der kritischen Beyträge für Streitschriften gewechselt worden.

23. §. Von der Lustigkeit im Ausdrucke möchte mancher fragen, wie man dazu gelangen könne? Ich antworte, das Lächerliche in den Komödien muß mehr aus den Sachen, als Worten bestehen. Die seltsame Aufführung närrischer Leute, macht sie auslachenswürdig. Man sehe einen Bramarbas und Stiefelius, einen deutschen Franzosen und politischen Kannengießer in unserer Schaubühne an: so wird man sich des Lachens nicht enthalten können; obgleich kein

Wort

Wort an sich lächerlich. ist. So macht auch der Bock im
Processe und der Hypochondrist gewisse Fehler der Juristen
und Aerzte höchstlächerlich: der ungleichen Heirath zu geschweigen, die den Stolz auf die Wapen und den alten Adel,
imgleichen die ausschweifende Lust zum Jagen, auch ohne
possirliche Worte, durch sich selbst, zum Gelächter macht.
Dieses ist nun das wahre Belustigende in der Komödie.
Allein kleine Geister, die keine Einsicht in die Morale besitzen,
und das ungereimte Wesen in den menschlichen Handlungen
weder wahrnehmen, noch satirisch vorstellen können, haben
sich auf eine andere Art zu helfen gesucht. Sie haben das
lächerliche nicht in den Sachen, sondern in närrischen Kleidungen, Worten und Gebärden zu finden gemeynet. Daher haben Harlekin und Scaramuß die Hauptpersonen
ihrer Lustspiele werden müssen. Diese müssen durch bunte
Wämser, wunderliche Posituren und garstige Fraßen, den
Pöbel zum Gelächter reizen. Von diesen allen haben die
Alten nichts gewußt: und es gehört mit unter die phantasti-
schen Erfindungen der Italiener, die jemand in der Vorrede zu einer französischen Komödie, Harlequin aux Champs
Elilées, verspottet hat. Siehe des Pater Poree Rede:
ob die Schaubühne eine Schule guter Sitten seyn kann?
so, wie der Herr Professor May dieselbe übersetzet, und mit
einer feinen Abhandlung vermehret hat.

24. §. Terenz hat seine Komödie, ohne eine lustige Person, lächerlich genug zu machen gewußt: das neue französische Theater hat gleichfalls bisher keinen Harlekin nöthig gehabt, die Zuschauer zu belustigen; obgleich Moliere darinn
ein böses Exempel gegeben hatte. Destouches, und einige
andere nämlich, haben sich gar wohl ohne diese phantastische
Person behelfen können: und ein Poet setzet sich wirklich
in Verdacht, als verstünde er sein Handwerk, das ist, die
Satire nicht; wenn er ohne die Beyhülfe eines unflätigen
Poßenreißers, nichts lustiges auf die Schaubühne bringen
kann. Boileau hat diese schmutzigen Zoten seinen Schülern
ernstlich untersagt; und den Moliere selbst nicht geschont;

der

der sich auch oft dem Pöbel in diesem Stücke bequemet hatte. Er schreibt:

Etudiez la Cour, & connoiſſez la Ville:
L'une & l'autre eſt toujours en Modéles fertile.
Ceſt par là, que Moliere, illuſtrant ſes ecrits,
Peut-être de ſont Art eût remporté le prix;
Si moins Ami du Peuple, en ſes doctes Peintures,
Il n'eut point fait ſouvent grimacer les Figures;
Quitté pour le bouffon, l'agreable & le fin,
Et ſans Honte à Terence allié Tabarin.

Hieraus iſt nun leicht zu ſchließen, was von dem Theatre Italien und Theatre de la Foire, wo lauter abgeſchmacktes Zeug vorkömmt, für ein Werks zu machen ſey: darüber ein Kluger entweder gar nicht lacht, oder ſich doch ſchämt, gelachet zu haben; imgleichen was von allen deutſchen Narren zu halten ſey, ſie mögen nun von alter Erfindung ſeyn, wie Hans Wurſt oder Pickelhering, deſſen ſich Weiſe noch immer bedienet hat; oder auch von neuer Art, wie der ſogenannte Peter, oder Crispin, oder wie ſie ſonſt heißen mögen. Eben die Gründe, die wider jene ſtreiten, ſind auch allen dieſen Geſchöpfen einer unordentlichen Einbildungskraft zuwider, die kein Muſter in der Natur haben.

25. §. Maſchinen müſſen in Komödien nicht vorkommen: weil die Götter ſich in die thörichten Handlungen ſchlechter Leute nicht miſchen. Eben darum iſt Timon der Miſanthrop nicht zu billigen, der in dem dritten B. der eigen. Schr. der deutſchen Geſellſchaft überſetzt iſt; weil hier der Gott Merkur mit-auftritt. Die Zaubereyen oft anzubringen, das iſt auch nichts ſchönes; weil es nicht mehr wahrſcheinlich iſt: es wäre denn auf dieſe Art, wie es in dem Geſpenſte mit der Trummel geſchehen iſt. Gleichwohl haben die neuern Franzoſen auch die Hexenmährchen auf die Bühne zu bringen angefangen: und es wäre gut, wenn unſere Leute ſie

ſie

sie nur nicht gleich nachgeäffet hätten. Die Kleidungen der Personen müssen nach ihrem Character und Stande eingerichtet seyn: nur Harlekin hat hier, ich weis nicht warum, eine Ausnahme. Er soll zuweilen einen Herrendiener bedeuten: allein, welcher Herr würde sich nicht schämen, seinem Kerle eine so buntscheckigte Liberey zu geben? Scapin hat eine spanische Tracht; und das kann man in einem spanischen Stücke schon gelten lassen: allein bey uns schickt sich's nicht. Den Scaramutz, Pantalon, Anselmo, Doctor und Capitain, Pierrot und Mezetin, und wie die närrischen Personen der italienischen Komödien alle heißen, können wir auch entbehren. Denn warum soll man immer bey einerley Personen bleiben?

26. §. Die Namen dörfen auch in einer Komödie nicht aus der Historie genommen werden. So bald die Personen neue Charactere haben, müssen sie auch neue Namen bekommen: um die Verwirrung zu vermeiden, die sonst bey dem Zuschauer vieler Lustspiele entstehen könnte. Die Verzierungen der Schaubühne stellen den Ort vor, wo die ganze Fabel gespielet wird. Gemeiniglich ist es ein Bürgerhaus, oder eine Gasse der Stadt, da man an beyden Seiten verschiedene Häuser sieht. Nur muß man keine Besuche auf der Gasse abstatten lassen, wie Bramarbas thut: es wäre denn, daß er sich mit der Sänfte bis in das Zimmer hätte tragen lassen. Die Musik anlangend, so wissen wir, daß in der neuen Komödie, und bey den Römern keine Chöre gebraucht worden. Indessen steht auch auf den terenzischen Komödien: Modos fecit Flaccus Claudii F. Tibiis paribus dextris & sinistris. Was das zu bedeuten habe, das mögen die Liebhaber der Alterthümer untersuchen. Vermuthlich hat man zwischen den Handlungen, an statt der vormaligen Oden, eine kleine Musik damit gemacht: denn daß die ganze Komödie abgesungen, und mit einer Instrumentalmusik wäre begleitet worden; davon findet man nicht die geringsten Spuren.

27. §.

27. §. Wir, Deutschen haben uns so lange mit Uebersetzungen aus dem Französischen beholfen, bis wir allmählich
Poeten bekommen haben, die selbst was regelmäßiges
machen können. In meiner Schaubühne habe ich ihnen
nunmehr auf die zwanzig und mehr Muster von der guten
Art vorgeleget; wenn sie sich den Geschmack nach diesen
bilden, so werden sie auf keinen unrechten Weg gerathen.
Es sind auch bereits mancherley Proben von guten Köpfen
gemacht worden, die man an verschiedenen Orten mit Beyfall aufgeführet hat. Es kömmt nur darauf an, daß unsere
großen Herren sich endlich einen Begriff von deutschen
Schauspielen beybringen lassen: denn so lange sie nur in ausländische Sachen verliebt sind, so lange ist nicht viel zu hoffen. Etliche von unsern Komödianten haben ihre Schaubühne allbereit bey vielen Kennern, durch die ordentlichsten
und auserlesensten Stücke, beliebt gemacht. Selbst in Wien
hat man schon angefangen, einen Geschmack an regelmäßigen
Stücken zu bekommen: und unsers Durchl. Kön. Churprinzen, und der Kön. Churprinzeßinn Hoheiten, haben
sie verschiedene mal ihrer Gegenwart gewürdiget. Ich
schweige, was in andern großen Städten, auf verschiedenen
Gymnasien und Schulen in ganz Deutschland geschehen ist:
und wenn sie fortfahren, so wird mit der Zeit auch in diesem Stücke Deutschland den Ausländern nichts
nachgeben dörfen.

Des I. Abschnitts XII. Hauptstück.

Von Elegien, das ist, Klagliedern und verliebten Gedichten.

1. §.

Die Elegie ist eins von den vornehmsten Gedichten der alten Griechen und Römer gewesen, und verdient also wohl eine besondere Betrachtung. Sie kömmt dem Horaz so merkwürdig vor, daß er sich in seiner Dichtkunst gar sorgfältig um ihren Erfinder bemüht:

Quis tamen exiguos elegos emiserit auctor,
Grammatici certant, et adhuc sub judice lis est.

Er nennt sie in dieser Stelle exiguos, das ist so viel, als eine niedrige Art von Gedichten. Sonst wird sie auch humilis, tristis, querula u. s. w. genennet, welches alles uns den innern Character derselben, sattsam zu verstehen giebt. Sie soll nämlich in einer natürlichen und fließenden Schreibart abgefasset werden, einen traurigen Inhalt haben, und fast aus lauter Klagen bestehen. Die Exempel der Alten bekräftigen diesen Begriff: und wir mögen entweder den Kallimachus, den Ovid, Tibull und Propertz, oder sonst jemanden vornehmen; so werden ihre Elegien allezeit etwas Trauriges oder Verliebtes in sich fassen. Des andern Libri Tristium z. E. bestehen aus lauter Elegien, die er aus Scythien nach Rom, als Klageschreiben abgelassen: und der beyden letztern Gedichte, sind fast allezeit in einem traurigen oder verliebten Affecte abgefasset.

2. §. Doch hat Horaz angemerket, daß man allmählich von dieser alten Regel der Elegien in etwas abgewichen sey, und auch wohl vergnügende Sachen darinn abgefasset habe.

Versibus impariter junctis querimonia primum,
Post etiam inclusa est voti sententia compos.

Crit. Dichtk.   Tt   Wir

auch nicht länger, als etliche Stunden, nicht aber ganze Tage
und Nächte dauren.　Die Eintheilung derselben muß eben
sowohl, wie oben in Trauerspielen, in fünf Aufzüge geschehen; ungeachtet die Italiener nur dreye zu machen pflegen.
Denn auf diese Art werden sie gemeiniglich gar zu lang, und
bekommen so viel Auftritte hinter einander, daß man sich
verwirret.　Man zählt aber die Scenen nach dem Auf= und
Abtritte einer Person.　So bald eine kömmt, oder eine weggeht, so rechnet man einen neuen Auftritt: und nachdem sie
kurz oder lang gerathen, nachdem müssen ihrer auch viele,
oder wenige zu einem Aufzuge seyn.　Das merke ich hier
abermal an, daß die Schaubühne niemals ganz leer werden
muß, als bis der Aufzug aus ist.　Es läßt häßlich, wenn
hier ein Paar Personen davon laufen, und dort ein Paar
frische hervor treten, die mit einander kein Wort zu wechseln
haben: und da kann es leichtlich kommen, daß die Zwischen=
fabeln nicht recht mit der Hauptfabel zusammen hängen.
Wenn also jemand auftritt, so muß er allezeit jemanden finden, mit dem er redet: und wenn jemand weggeht, so muß
er einen da lassen, der die Bühne füllet, es wäre denn, daß
er mit Fleiß dem Neuankommenden ausweichen wollte.
Das heißt beym Boileau:

> Et les Scenes toujours l'une à l'autre liées.

19. §.　Da ich von Auftritten handele, so muß ich auch der
einzelnen gedenken, wo nur eine Person auftritt.　Bey den
Alten zwar hatten diese mehr Wahrscheinlichkeit, als bey
uns; weil nämlich damals der Chor allezeit auf der Bühne
stund, und mit für eine Person anzusehen war: folglich
redete da die einzelne Person nicht mit sich selbst.　Bey uns
aber ist die Bühne leer; und die Zuschauer gehören nicht mit
in die Komödie: folglich hat die Person niemanden, den sie
anreden könnte. Kluge Leute aber pflegen nicht laut zu reden,
wenn sie allein sind; es wäre denn in besondern Affecten,
und das zwar mit wenig Worten.　Daher kommen mir die
meisten einzelnen Scenen sehr unnatürlich vor; und außer
der

der erften im eingebildeten Kranken, wüßte ich faft keine zu
nennen, die mir gefallen hätte. Eben darum habe ich auch
aus des Herrn von Hollbergs Bramarbas den erften Auftritt, den Schlaukopf allein hatte, und der ziemlich lang
war, ganz weggelaffen; auch in dem Kannengießer an einigen
Stellen folche kleine Fehler zu vermeiden gesucht. Man
hüte fich alfo davor, fo viel man kann; welches auch mehrentheils angeht: wenn man dem Redenden nur fonft jemand
zugiebt, der als ein Vertrauter, oder Bedienter, das, was
er fagt, ohne Gefahr wiffen und hören darf. Eben fo übel
fteht es, wenn jemand für fich auf der Schaubühne redet,
doch fo, daß der andere, der dabey fteht, es nicht hören foll;
gleichwohl aber fo laut fpricht, daß der ganze Schauplatz es
verftehen kann. Was hierinn für eine Wahrfcheinlichkeit ftecke;
das habe ich niemals ergründen können: es wäre denn, daß
die anwefenden Perfonen auf eine fo kurze Zeit ihr Gehör
verlohren hätten. Siehe von beyden Stücken des Abts
Hedelin von Aubignac Buch, von Ausübung der theatralifchen Dichtkunft, nach des Herrn von Steinwehr Ueber-
fetzung.

18. §. Von den Characteren in der Komödie ift weiter
nichts befonders zu erinnern; als was bey der Tragödie fchon
vorgekommen ift. Man muß nämlich die Natur und Art
der Menfchen zu beobachten wiffen, jedem Alter, jedem
Stande, jedem Gefchlechte, und jedem Volke folche Neigungen und Gemüthsarten geben, als wir von ihnen gewohnt
find. Kömmt ja einmal was außerordentliches vor; z. E. daß
etwa ein Alter nicht geizig, ein Junger nicht verfchwenderifch,
ein Weib nicht weichherzig, ein Mann nicht beherzt ift: fo
muß der Zufchauer vorbereitet werden, folche ungewöhnliche
Charactere für wahrfcheinlich zu halten; welches durch Erzählung der Umftände gefchieht, die dazu etwas beygetragen
haben. Man muß aber auch die lächerlichen Charactere nicht
zu hoch treiben. So bald der Zufchauer glauben kann, fo
gar thöricht würde wohl kein Menfch in der Welt feyn: fo
bald verliert der Character feinen Werth. Darinn verftoßen

es

haftigkeit, so verliebt gegen ihren Buhler erkläret, als man nimmermehr gedacht haben sollte. Im Schlusse wünscht sie noch, der Himmel solle in ihre Flammen blasen, und dessen Gunst solle ihnen Zibeth und Bisam zuwehen. Zuletzt aber, will sie ihm gleichfalls zeigen, daß sie auch mit einer spitzfündigen Antithesis ihr Schreiben endigen könne, indem sie setzt:

Mein Brieflein schließ ich zu, und meine Kammer auf.

8. §. Ich überlasse es einem jeden, die übrigen Helden-briefe nach dieser Art auch durchzugehen; als die noch weit mehr solche verschwendete Scharffsinnigkeiten, an unrechten Stellen angebracht, zeigen werden. Sonderlich lese man die Schreiben Abälards und Heloisen, und erwäge, was selbige für unzüchtige Wortspiele und Zweydeutigkeiten in sich enthalten, die sich ein ehrbares Gemüth zu lesen schämet: so wird man gestehen: es schicke sich auf Hofmannswaldaus Elegien nichts besser, als was Kanitz von den verliebten Poeten überhaupt schreibt.

Ein andrer, von dem Pfeil des Liebens angeschossen,
Eröffnet seinen Schmerz mit hundert Gaukelpossen,
Daß man gesundern Witz bey jenem Tänzer spürt,
Den die Tarantula mit ihrem Stich berührt.
Was er von Jugend auf aus Büchern abgeschrieben,
Das wird mit Müh und Angst in einen Vers getrieben;
Die Seufzer, wie er meynt, erweichen Kieselstein,
Die voll Gelehrsamkeit und wohlbelesen seyn.
Des Aetna Feuerkluft muß seiner Liebe gleichen.
Und aller Alpen Eis der Liebsten Kälte weichen.
Indessen aber wird das arme Kind bethört,
Und weis nicht, was sie fühlt, wenn sie dergleichen hört.
Ja, wenn ihr Korydon gebückt zu ihren Füssen,
Der Klagen Bitterkeit ein wenig zu versüssen,
Nichts anders, als Zibeth und Ambra von sich haucht.
Und sie kein Bibergeil zum Gegenmittel braucht:
So mag des Morders Hand, was ihm von seinem Dichten
Noch etwan übrig bleibt, auf ihre Grabschrift richten.

Daß sich indessen durch Hofmannswaldaus Exempel viele andere Poeten haben verblenden lassen, das braucht
keines

keines Beweises. Man darf nur Zieglers und Lehms biblische Heldenliebe nachschlagen, so wird man sehen, daß sie
ihren Meister nicht nur erreichet, sondern oft übertroffen
haben. Z. E. Wenn Adam an die Eva schreibt, so redet
er von Mordtrompeten, von der Tugend Lorberreis; von der
Sichel scharfer Sorgen; ja von Gift, Gicht, Pest,
Fieber, Leichen, Tod und Hölle: die er gewiß im Stande der Unschuld nicht kannte. Und wie klingt folgendes?

Es darf kein harter Stahl viel tiefe Furchen ziehen,
  Das segenreiche Feld trägt ungedüngte Frucht.
Es darf sich keine Hand bis auf den Schweiß bemühen,
  So Feld als Baum und Thier steht in bestallter Zucht.
Das holde Paradies schafft tausend Lieblichkeiten,
  Der Blumen Ambra schenkt den lieblichsten Geruch.
Der Tuberrosen Kraft will Tulp und Klee bestreiten,
  Der Wiesen bunte Pracht, ist ein gesticktes Tuch.
Wo Ros und Lilien und Hiacynthen spielen,
  Wo Nelken und Jasmin, Narzissen, Majoran,
Durch das beperlte Gras nach Aug und Sinnen zielen,
  Da man den stolzen Fuß auf Rosen setzen kann.

Wo hat doch Adam alle solche neue Begriffe herbekommen?
Wenn ja Fräulein Eva den stolzen Fuß bis auf die Höhe eines Rosenstockes hätte heben wollen; so würde es sich doch mit
ihren zarten und bloßen Füßen, sehr unsanft auf die Dornen
desselben getreten haben. Noch viel ärger aber hat es
sein Fortsetzer Lehms gemacht, so daß ich nicht einmal etwas zur Probe anführen mag.

9. §. Amthor ist auch in dieser Art so glücklich nicht, als
in andern Gedichten. Die prächtige Schreibart klebte ihm
gar zu sehr an, so, daß er sich nicht herunter lassen, und einen zärtlichen Affect in einem niedrigen Ausdrucke vorstellen
konnte. Wir dörfen nur die Elegie ansehen, die er auf den
Tod seiner ersten Ehegattinn geschrieben, die gewiß das un-
natürlichste Klagegedicht ist, so ich gelesen habe:

Ich Spiel! ich Ball des Glücks! was muß ich nicht erfahren?
  Was giebt der Himmel nicht zu meinem Unglück an?
Ich lerne schon so viel bey vier und zwanzig Jahren,
  Als ein Unglücklicher bey funfzig wissen kann.

Die

Die Tugend heißt mich noch auf friſchen Roſen gehen,
   Da mir der Himmel ſchon Cypreſſenblätter ſtreut:
Und mein verſcheuchter Geiſt darf kaum gen Himmel ſehen;
   Weil jede Wolke mir mit neuem Wetter dreut.
Doch, tobt nur immerhin! Schlagt los, ihr Donnerkeile!
   Brecht! brechet! ſpritzet Glut und Schwefelflammen aus!
Verdoppelt Blitz mit Blitz, und ſchießet Pfeil auf Pfeile,
   Ja leget, ſoll es ſeyn, mich ſelbſt in Staub und Graus.
Mein Scheitel bebt nicht mehr bey Stürmen und Gewittern,
   Man kennet keine Noth, der ich nicht ſchon gewohnt;
Was den geſetzten Muth noch etwa kann erſchüttern,
   Iſt, daß der letzte Stoß noch meines Herzens ſchont.
Ach! war es nicht genug, erboßte Sternenblicke!
   Daß meiner Jugend Kraft ſchon an zu ſterben fieng?
Daß meine Lebensuhr, getrieben vom Geſchicke,
   Schon bey der Morgenzeit zum Abend abwärts gieng?
Reißt eure Tyranney mir auch den Baum von hinnen,
   Der meinem ſiechen Leib noch etwas Schatten gab?
Sag an, getheiltes Herz, was wirſt du nun beginnen?
   Befeucht dein halber Theil doch ſchon das finſtre Grab. ꝛc.

Sind das nicht ampullæ und ſesquipedalia verba, ſo weis
ich in der That keine zu finden. Der Poet hat ſein Gedicht
Liebesthränen genennet; aber mich dünkt, es ſind ſolche,
davon Kanitz geſchrieben:

Geußt ſolche Thränen aus, die lachenswürdig ſcheinen,
Und wenn er lachen will, ſo möchten andre weinen.

Und aus dieſen Exempeln der Schreibart, die ſich für die
Elegie nicht ſchicken, wird man leicht urtheilen, was man
für eine Behutſamkeit dabey zu gebrauchen habe.

10. §. Wegen des äußern habe ich nur noch zu erinnern,
daß man ſich bemühen müſſe, ſo viel möglich, einer jeden
Zeile einen vollkommenen Verſtand zu geben; oder doch wenigſtens in zwoen, denſelben völlig vorzutragen. Sollte
aber auch dieſes zuweilen nicht angehen: ſo muß doch an der
vierten Zeile ein Schlußpunct kommen, der dem ganzen
Satze ein Ende macht. Denn es klingt überaus widrig,
wenn ſich die Rede erſt in der fünften Zeile endiget: wie
                                                            man

man aus folgendem Exempel Johann Frankens, wird
abnehmen können. Es steht auf der 41. S. seiner Trauer-
gedichte.

> So hast du auch nunmehr, du Wonn und Zier der Deinen,
> Du edle Jahninn, du, du Rahel unsrer Zeit,
> Du, als um deren Tod viel fromme Herzen weihen,
>   So hast du auch nunmehr itzt dieser Eitelkeit
> Jüngst gute Nacht gesagt.

Wie leicht hätte der Poet diesen Uebelstand vermeiden können, wenn er anstatt der vierten Zeile, diese

> So eilst du auch nunmehr aus dieser Eitelkeit!

hätte setzen, und die fünfte Zeile mit einem neuen Satze anfangen wollen? Jedoch nein, auch damit wäre es noch nicht
ausgerichtet gewesen. Es hätte sich auch der Verstand in
der andern Zeile bereits einigermaßen schließen müssen. Die
langweiligen Sätze schicken sich hier gar nicht her; und wenn
es möglich wäre, jeder Zeile einen vollen Sinn zu geben,
so wäre es in Elegien am besten.

11. §. Zum Beschlusse merke ich noch an, daß man die
Elegien im Deutschen nicht nur mit weiblichen, sondern auch
mit männlichen Zeilen anfangen könne. Man kann sie bey
uns hauptsächlich zu Trauergedichten und zu verliebten Sachen; sodann aber bey Hochzeiten, wo gemeiniglich was
verliebtes und zärtliches mit unterläuft, brauchen. Lobgedichte aber und Satiren, oder andere ernsthafte Briefe
darinn zu schreiben, das ist ungereimt: obgleich zuweilen
große Leute solches gethan haben. Kanitzens Harpax zum
Exempel, würde noch einmal so schön klingen, wenn er in
ungetrennten Reimen beschrieben wäre. Hergegen hat er
ein Schreiben an einen guten Freund als eine Elegie gemacht,
welches zum Muster einer schönen Elegie dienen kann:

> Vergönne mir mein Freund, daß ich dir etwas stifte,
>   Das länger dauern soll, als Erzt und Marmelstein;
> Mich freut dein Wohlergehn, drum fahr ich durch die Klüfte,
>   Die zwischen mir und dir nunmehr befestigt seyn.

Du

Du wirst des Fürsten Rath im allerhöchsten Orden,
  Da dieser Namen sich bey mir im Schatten weist,
Und bist im rechten Ernst, zur Excellenz geworden,
  Da mich mein Bauer kaum; gestrenger Junker! heißt.
Getrost! ein gleicher Blick wird auch auf diese Zeilen,
  Und meine Niedrigkeit von deinem Gipfel gehn;
Als du dich nicht geschämt, den Briefen zu ertheilen,
  Die dir, von Wort zu Wort, noch im Gedächtniß stehn.
Du hast dich nimmer nicht, noch andre, so vergessen, ⸺
  Daß man Veränderung an dir befürchten kann;
Noch, nach der Aemter Maaß, die Freundschaft abgemessen
  Du sahst die Redlichkeit, und nicht den Purpur, an.
So ist ein jeder froh, daß Friedrich dich erhoben,
  Daß endlich dich das Glück erwischet bey der Hand,
Und, gleichsam mit Gewalt, auf einen Ort geschoben,
  Den dir Verdienst und Wunsch schon lange zuerkannt. ꝛc.

Ich setze wiederum zum Beschlusse des Boileau Regeln von
dieser Materie hieher:

    Mit einer etwas höhern Sprache, (schreibt er in seiner Dicht=
kunst,) die doch aber nicht verwegen ist, weis die klagende Elegie,
in langen Trauerkleidern, mit zerstreueten Haaren, unter einem
Sarge zu seufzen.   Sie malet die Freude und Betrübniß der Lie=
benden; sie schmäuchelt, drohet, reizet und besänftiget eine Geliebte.
Allein, um diesen glücklichen Eigensinn recht wohl auszudrücken, ist
es nicht genug, daß man ein Dichter sey, man muß auch verliebt seyn.

    Ich hasse die eiteln Dichter, deren gezwungene Muse mich mit
einem allezeit kalten und erstorbenen Feuer ergetzen will; die sich
aus Kunst betrüben, und sich mit gesättigten Sinnen, nur des Rei=
mens wegen, zu erhitzten Liebhabern aufwerfen.   Ihre schön=
sten Entzückungen sind nichts als leere Wortfügungen.   Sie können
gar nichts, als sich beständig mit Ketten schleppen, ihre Marter
verehren, ihre Gefangenschaft segnen, und die Leidenschaften wider
die Vernunft zu Felde liegen lassen.   Es war ja vorzeiten ein sol=
cher lächerlicher Ton nicht, in welchem die Liebe einem Tibullus die
Verse vorsagte; oder mit welchem Ovidius die süßen Töne stimmte,
und die reizenden Lehren seiner Kunst aufschrieb.   Das Herz allein
muß in der Elegie reden.

            ✻

Des I. Abſchnitts XIII. Hauptſtück.

Von poetiſchen Sendſchreiben
oder Briefen.

1. §.

So gut andere Leute in ungebundener Rede an einander
ſchreiben können; ſo leicht kann ein Poet ſolches in
gebundener Schreibart thun. Wie es aber dort eine
beſondere Kunſt iſt, ein ſchönes Schreiben abzufaſſen: ſo iſt
es auch nicht eines jeden Werk, einen guten poetiſchen Brief
zu machen. Ja in gewiſſer Abſicht iſt dieſes noch ſchwerer.
In proſaiſchen Briefen macht man zuweilen lauter Complimenten und unnütze Umſchweife in Worten, die durch die
Höflichkeit eingeführet worden. Man ſchreibt auch oft von
nöthigen Angelegenheiten und Hausgeſchäfften, die ſonſt niemand wiſſen mag oder ſoll, als den ſie angehen. In der
Poeſie aber würde es lächerlich ſeyn, ſolche Briefe zu ſchreiben. Sie müſſen allezeit gewiſſe Materien betreffen, die
allerley Leſern nützlich und angenehm ſeyn können. Sie complimentiren daher nicht viel; ſondern gehen gerade zu: daher es denn auch kömmt, daß man in Verſen alle Titel
und Ehrenworte der vornehmſten Perſonen zu vermeiden
pflegt. Die deutſchen Poeten haben auch überaus wohlgethan, daß ſie, in den Anreden an die vornehmſten Leute,
ſich, nach alter Art, das edle Du vorbehalten haben, welches die proſaiſchen Scribenten gar nicht mehr brauchen
dörfen.

2. §. Die alten Römer und Griechen haben uns ſehr
ſchöne Muſter ſolcher Briefe hinterlaſſen. Einen guten Theil
davon haben wir ſchon im vorigen Hauptſtücke, unter den
Elegien betrachtet: es iſt aber noch eine andere Art übrig,
die eine beſondere Abhandlung verdient. Dort herrſchte,
nach dem Character der Elegie, ein zärtliches und trauriges

Weſen:

Wesen: hier ist der Inhalt geruhig und ernsthaft, zuweilen scherzhaft, auch wohl moralisch und satirisch. Wie nun in jener Art Ovidius sonderlich ein Meister gewesen, so haben wir in dieser Gattung den Horaz zum Muster. Dieser schrieb nun nicht nur an den Kaiser August, sondern auch an den Mäcenas, Claudius Nero, und Julius Florus; ja an den Poeten Albius Tibullus, an seinen Pachter, und endlich an sein eigen Buch. Hätte Ovidius nicht alle seine Briefe als Elegien abgefasset: so würde man eine Menge davon anzuführen haben. Denn nicht nur seine Heroides Epistolæ, oder Briefe der Heldinnen, sondern auch seine eigenen Ex Ponto, und die in den Libris Tristium stehen, würden hieher gehören. Eben so haben Tibullus und Propertius alle ihre Briefe in Gestalt der Elegien abgefasset: weil sie mehrentheils verliebtes und zärtliches Inhalts waren. Juvenal und Persius, machten, nach ihrer Neigung zur Satire, alle ihre Schreiben so stachlicht, und gesalzen, daß man sie für nichts anders, als für Satiren, oder Strafgedichte ansieht. Statius hat in seinen Silvis doch einige von anderer Art mit unterlaufen lassen: z. E. das im II. Buche, worinn er den Melior über den Tod seiner Glaucia tröstet, ferner das, welches er im III. B. an seine Gattinn Claudia abläßt; das an den Marcellus, im IV. B. imgleichen an den Jul. Menekrates, bey der Geburt seines dritten Sohnes re. Von neuern hat Vida auch ein paar von der Art, an Giberten, und den Vegius abgelassen. Ulrich von Hutten hat nur eins von der Art an Pabst Leo X. geschrieben; seine übrigen sind als Elegien abgefasset. Auch Joh. Secundus ist hier nicht zu vergessen, indem er uns ein halb Dutzend sehr nette poetische Schreiben hinterlassen, da er sonst in Elegien am stärksten ist. Vieler andern neuern vor itzo zu geschweigen.

3. §. Unter den Franzosen hat uns Marot ein ganzes Schock poetische Episteln hinterlassen, wie aus der neuesten Ausgabe seiner Werke erhellet. Ronsard hat eben sowohl an König Karl den IX. und viele andere Große und geringere

gere seiner Zeit Sendschreiben abgelassen; ja gar von er-
wähntem Könige poetische Antworten bekommen. Selbst
unter seinen so genannten Elegien sind eine Menge, die besser
hieher gehören; weil die ungetrennten Reime derselben gar
nicht .legienmäßig klingen.   Eben das ist von des Desportes Elegien zu sagen: doch findet man auch einige
andere, die hieher zu ziehen wären, z. E. die er Complaintes
nennet, imgleichen die Discours, an seine Freunde. Unter
den neuern ist Boileau durch verschiedene Epitres bekannt
geworden, und so wohl Neukirch, als ich selbst, haben die
Epitre au Roy, ins Deutsche gebracht.   Rousseau hat
auch viele Stücke dieser Art geschrieben; ob er gleich die eilfsylbigten Verse dazu gebrauchet. Was Herr von Voltaire
u. a. m. in diesem Stücke geleistet, ist in aller Händen. Von
Engländern hat Ottway es unter andern auch daran nicht
fehlen lassen.   Dryden und Congreve haben auch dergleichen gemacht: vor allen aber hat sich Pope dadurch gewiesen.   Denn außer daß er den Abälard an die Heloise schreiben lassen, und Ovids Brief der Sapho an den Phaon
übersetzet, hat er uns drey Bücher sogenannte Ethic Epistles
hinterlassen, die voll der trefflichsten Gedanken sind; und
davon das erste Buch das so genannte Essay on Men, als
ein größeres Lehrgedicht, enthält.

4. §. Von unsern Deutschen hat gleich Opitz einen treuen
Nachfolger der Alten, sonderlich des Horaz, abgegeben.
Seine Schreiben an Nüßlern, Zinkgräfen, Seußiussen,
und viele andere mehr, sind in dem besten Geschmacke abgefasset. Viele führen zwar andere Ueberschriften z. E. als
Hochzeit oder Leichengedichte: sie sind aber doch im Grunde
nichts anders, als solche Schreiben, darinn man entweder
Glück wünschet, oder sein Beyleid bezeiget. Eben dergleichen findet man in Flemmingen, Tscherningen, Risten,
Siebern, Franken u. a. m. in großer Zahl. Doch Ranitz
ist vor andern in dergleichen Art nachzuahmen. Es herrscht
eine so edle Art der Gedanken, und eine ungekünstelte ver-
trauliche Art des Ausdruckes bey ihm, daß er fast unnach-

ahmlich

ahmlich ist. Sein Einladungsschreiben vom Landleben, ist ein Meisterstück, und es wäre zu wünschen, daß wir mehrere von dieser Art von ihm hätten. Es ist auch Schade, daß er das eine, in der ungleich langen Art von Versen geschrieben; wiewohl es sonst gleichfalls sehr artig ist. Neukirch ist ihm ziemlich nahe gekommen, seit dem er in Berlin den vorigen schwülstigen Geist hatte fahren lassen. Sein Schreiben nach Breslau von 1700. ist schon schön: aber noch weit schöner das, in der Aurora Namen, an den König in Preußen, und andere mehr; die man in meiner Ausgabe seiner Gedichte beysammen finden wird, da sie sonst in den Hofmannswaldauischen Gedichten zerstreuet stehen. Günther ist in diese Fußstapfen öfters nicht unglücklich getreten; wiewohl es ihm an den artigen Sitten, und ihrem edlen Ausdrucke hin und wieder fehlt. Der lüderliche Student guckt an vielen Orten aus seinen Briefen hervor, und schildert seine Lebensart, auch wenn er nicht daran denket. Pietsch hat auch einige Stücke von dieser Art geschrieben; doch seine erhabene Art zu denken, gab ihm insgemein die epische Trompete in die Hand, so daß er unversehens in die heroische Schreibart verfiel.

5. §. Horaz hat in seinen Briefen durchgehends, die hexameder oder heroischen Verse gebraucht; niemals aber fünffüßige darunter gemischet. Die Ursache mag wohl diese gewesen seyn, weil man sich in Elegien gar zu sehr binden muß. Der Verstand muß sich daselbst allezeit bey der andern Zeile schließen, damit der Wohlklang nicht gehindert werde: Horaz aber liebte die Freyheit in seinen Briefen, wie auch ihr Character solches erforderte. Er nahm daher lieber die heroischen Verse dazu, wo man die Erlaubniß hat, den Verstand zuweilen in die dritte, vierte, ja fünfte Zeile hinauszuziehen. Wäre in den heutigen Sprachen dieses Sylbenmaaß auch eingeführet; so dörften wir dem Römer nur hierin nachfolgen: nun aber müssen wir uns nach unserer Art eine Gattung von Versen nehmen, da uns eben der Vortheil zu statten kömmt. Das sind nun die sogenannten alexanbrinischen

brinischen Verse, nämlich die sechsfüßigen jambischen, mit
ungetrennten Reimen. Ronsard, Desportes und Boileau haben sich derselben auch bedient, und unsere Poeten haben sie einhällig dazu angewandt. Z. E. Opitz schreibt an
den Kaiser Ferdinand:

> Du Zier und Trost der Zeit, du edles Haupt der Erden,
> Dem Himmel, Luft und See und Land zu Dienste werden,
> O großer Ferdinand, nächst allem, was dich ehrt,
> Und deiner Macht Geboth mit treuem Herzen hört,
> Kömmt auch der Musen Schaar, die deutschen Pierinnen,
> Kniet fröhlich vor dir hin, und sagt mit freyen Sinnen:
> Daß sie, o Lust der Welt, hinfort bestehen kann,
> Der fremden Sprachen Trutz, das hast du auch gethan. ꝛc.

4. §. Nach ihrem Inhalte kann man diese Briefe in
ernsthafte, lustige und satirische abtheilen. Die erstern finden statt, wenn man an höhere, oder doch an solche Personen
schreibt, denen man einige Ehrerbiethung schuldig ist. Imgleichen lassen sie sich bey Trauerfällen, als Leichengedichte,
an die Leidtragenden richten; denen man gewiß in solchem
Falle nichts Scherzhaftes sagen würde, wenn sie gleich unsere vertrautesten Freunde wären. Sie sind also hauptsächlich entweder Lob- oder Trauerschreiben; es wäre denn, daß
sie ganz moralisch abgefaßt wären: da sie aber mehrentheils
auf die Satire zu verfallen pflegen. Ein solcher lobender
Brief ist der obige von Opitzen, nebst vielen andern von diesem Poeten. Einen traurigen will ich aus Flemmings
IIItem Buche der poetischen Wälder anführen, der an einen
Witwer, nach dem Ableben seiner Ehegattinn abgelassen ist,
und sich so anhebt:

> Wenn, Edler, unser Geist auch mit dem Leibe stürbe,
> Und wenn er sich verschleußt, die Seele mit verdürbe,
> So wär es zweymal recht, daß ihr, und wer euch ehrt,
> Als den es billig kränkt, was Leid euch widerführe,
> Bey dieser bösen Post euch zweymal mehr betrübet.
> Sie, ach! sie ist dahin, die ihr so innig liebtet,
> Das treue fromme Weib! Sie, ach! sie ist verkehrt,
> Was ist es, das man hat, das mehr zu klagen sey?

Crit. Dichtk.　　　U u　　　Eben

Eben dergleichen wird man in **Tschernings** Frühlings auf der 85. S. antreffen. Ich will aber aus diesem Poeten eins von der dritten, moralischen Gattung, zur Probe geben: wiewohl dasjenige, was Flemming an den Olearius geschrieben, und auf der 93. Seite seines II. B. steht, ganz vortrefflich ist. Es steht auf der 345. S. und ist an **Röteln**, ein Breßlauisches Rathsglied, abgelassen:

> Ich habe niemals recht des Phöbus Brunn gerühret,
> Noch einen Traum dabey, dem Wunsche nach, gespühret;
> Wie oft ich bis anher den Helikon bemuht,
> Der Musen Vaterland, aus Eifer auf ein Lied,
> Das lesenswürdig sey.   Mein Sinn war, nach der Reihen,
> Die Gaben, die ihr führt, Herr Rötel, auszuschreyen,
> Als Herold mit der Faust. 2c.

Wenn ich aber diese Exempel anführe: so thue ichs nicht deswegen, als ob sie so rar wären: sondern bloß zu zeigen, daß unsere ersten Poeten schon eben diese Begriffe davon gehabt haben.   In **Kanitzen** und **Günthern** stehen sehr viele von eben der Gattung, die, auch ohne dieß in jedermanns Händen sind.

5. §.   Die andere Art solcher Briefe, das waren die lustigen oder scherzhaften, und davon giebt es eben so viel Exempel in unsern Poeten, als von den obigen.   Sie werden sonderlich unter vertrauten Freunden, bey Hochzeiten, auch in andern Glückwünschen bey fröhlichen Zufällen, gar häufig gebraucht.   Exempel mag ich nicht anführen, theils, weil sie überall vorkommen, theils weil dem einen oft etwas scherzhaft oder lustig zu seyn bedünket, welches dem andern ganz gleichgültig vorkömmt.   Wie sich aber das Scherzen nur unter seines gleichen schicket; so sieht man wohl, daß diese Art von Briefen sich an Standespersonen und Leute, die uns an Jahren weit übertreffen, nicht wird brauchen lassen.   Ja, weil auch Scherz und Scherz sehr unterschieden ist: so muß man sich auf lauter ehrbare und erlaubte Scherzreden befleißen.   Alle Grobheit, alle Zoten, alles Niederträchtige muß hier verbannet werden.   Gute Einfälle dörfen deswegen

gen keine Unflätereyen seyn, die zwar dem Pöbel gemeiniglich ein Gelächter erwecken, bey Klugen aber Abscheu und Ekel
verursachen. Wie man nun dergleichen Einfälle bekomme,
das können, meines Erachtens, keine Regeln lehren. Das
Naturell, der eigene Witz und Geist des Poeten bringen sie
von sich selbst hervor, nachdem die Materien und Umstände
es veranlassen. Wer lustige Bücher liest, und aufgeweckter
Leute Gesellschaften besucht, der wird auch bey einer mäßigen
natürlichen Fähigkeit, bald geschickt werden, bey gegebener
Gelegenheit „einen lustigen Einfall nach dem andern anzubringen. Davon schreibt Rachel in seiner oft angezogenen
Satire, der Poet genannt:

Wahr ists, daß Phöbus Volk fast lustig ist von Herzen,
Und meistentheils gescheid, doch höflich auch im Scherzen:
Bevorab, wo sie nur in etwas sind getränkt,
Mit dem berühmten Saft, den uns Lyäus schenkt.
Da wissen sie bald eins und andres vorzubringen,
Zur angenehmen Lust, jedoch von solchen Dingen,
Die nicht verdrüßlich sind. Ist da der rechte Mann,
Sie hängen ihm wohl eins, jedoch nur hoflich an.
Ihr Stich, der blutet nicht. So hab ich wohl gelesen,
Soll aller Franken Ruhm, der Taubmann seyn gewesen:
So war auch Buchanan, Minervens liebstes Kind,
Dem weder Römer, Griech noch Deutscher abgewinnt;
So war der Venusin, den selbst Augustus ehrte,
Der nach des Pindars Kunst, die Römer spielen lehrte,
Zum Lachen, wie gebohrn, im Scherzen ausgeübt,
Wie sein berühmtes Buch noch heute Zeugniß giebt. ꝛc.

6. §. Die dritte Gattung der Briefe war endlich die
satirische. Diese recht abzuhandeln und zu erklären, das gehört in das eigentliche Hauptstück, das wir oben abgehandelt haben. In der That sind viele Satiren der
aken und neuern Poeten nichts, als Briefe; und viele
Briefe derselben nichts als Satiren. So sind einige Satiren im Juvenal und Persius, als Briefe an gute Freunde abgefasset: wir können hier zum voraus setzen, daß
man schon von der satirischen Schreibart einen guten Begriff
habe; wie sie denn leicht von den andern Gattungen zu un-

terhaftigkeit, so verliebt gegen ihren Buhler erkläret, als man nimmermehr gedacht haben sollte. Im Schlusse wünscht sie noch, der Himmel solle in ihre Flammen blasen, und dessen Gunst solle ihnen Zibeth und Bisam zuwehen. Zuletzt aber, will sie ihm gleichfalls zeigen, daß sie auch mit einer spitzfündigen Antithesis ihr Schreiben endigen könne, indem sie setzt:

> Mein Brieflein schließ ich zu, und meine Kammer auf.

8. §. Ich überlasse es einem jeden, die übrigen Helden= briefe nach dieser Art auch durchzugehen; als die noch weit mehr solche verschwendete Scharfsinnigkeiten, an unrechten Stellen angebracht, zeigen werden. Sonderlich lese man die Schreiben Abälards und Heloisen, und erwäge, was sel= bige für unzüchtige Wortspiele und Zweydeutigkeiten in sich enthalten, die sich ein ehrbares Gemüth zu lesen schämet: so wird man gestehen: es schicke sich auf Hofmannswaldaus Elegien nichts besser, als was Kanitz von den verliebten Poe= ten überhaupt schreibt.

> Ein andrer, von dem Pfeil des Liebens angeschossen,
> Eröffnet seinen Schmerz mit hundert Gaukelpossen,
> Daß man gesundern Witz bey jenem Tänzer spürt,
> Den die Tarantula mit ihrem Stich berührt.
> Was er von Jugend auf aus Büchern abgeschrieben,
> Das wird mit Müh und Angst in einen Vers getrieben;
> Die Seufzer, wie er meynt, erweichen Kieselstein,
> Die voll Gelehrsamkeit und wohlbelesen seyn.
> Des Aetna Feuerkluft muß seiner Liebe gleichen.
> Und aller Alpen Eis der Liebsten Kälte weichen.
> Indessen aber wird das arme Kind bethört,
> Und weis nicht, was sie fühlt, wenn sie dergleichen hört.
> Ja, wenn ihr Korydon gebückt zu ihren Füssen,
> Der Klagen Bitterkeit ein wenig zu versüssen,
> Nichts anders, als Zibeth und Ambra von sich haucht.
> Und sie kein Bibergeil zum Gegenmittel braucht:
> So mag des Mörders Hand, was ihm von seinem Dichten
> Noch etwan übrig bleibt, auf ihre Grabschrift richten.

Daß sich indessen durch Hofmannswaldaus Exempel viele andere Poeten haben verblenden lassen, das braucht

keines

keines Beweises. Man darf nur Zieglers und Lehms biblische Heldenliebe nachschlagen, so wird man sehen, daß sie
ihren Meister nicht nur erreichet, sondern oft übertroffen
haben. Z. E. Wenn Adam an die Eva schreibt, so redet
er von Mordtrompeten, von der Tugend Lorberreis; von der
Sichel scharfer Sorgen; ja von Gift, Gicht, Pest,
Fieber, Leichen, Tod und Hölle: die er gewiß im Stande der Unschuld nicht kannte. Und wie klingt folgendes?

　Es darf kein harter Stahl viel tiefe Furchen ziehen,
　　Das segenreiche Feld trägt ungedüngte Frucht.
　Es darf sich keine Hand bis auf den Schweiß bemühen,
　　So Feld als Baum und Thier steht in bestallter Zucht.
　Das holde Paradies schafft tausend Lieblickkeiten,
　　Der Blumen Ambra schenkt den lieblichsten Geruch.
　Der Tuberrosen Kraft will Tulp und Klee bestreiten,
　　Der Wiesen bunte Pracht, ist ein gesticktes Tuch.
　Wo Ros und Lilien und Hiacynthen spielen,
　　Wo Nelken und Jasmin, Narzissen, Majoran,
　Durch das beperlte Gras nach Aug und Sinnen zielen,
　　Da man den stolzen Fuß auf Rosen setzen kann.

Wo hat doch Adam alle solche neue Begriffe herbekommen?
Wenn ja Fräulein Eva den stolzen Fuß bis auf die Höhe eines Rosenstockes hätte heben wollen; so würde es sich doch mit
ihren zarten und bloßen Füßen, sehr unsanft auf die Dornen
desselben getreten haben. Noch viel ärger aber hat es
sein Fortsetzer Lehms gemacht, so daß ich nicht einmal etwas zur Probe anführen mag.

　9. §. Amthor ist auch in dieser Art so glücklich nicht, als
in andern Gedichten. Die prächtige Schreibart klebte ihm
gar zu sehr an, so, daß er sich nicht herunter lassen, und einen zärtlichen Affect in einem niedrigen Ausdrucke vorstellen
konnte. Wir dörfen nur die Elegie ansehen, die er auf den
Tod seiner ersten Ehegattinn geschrieben, die gewiß das un-
natürlichste Klagegedicht ist, so ich gelesen habe:

　Ich Spiel! ich Ball des Glücks! was muß ich nicht erfahren?
　　Was giebt der Himmel nicht zu meinem Unglück an?
　Ich lerne schon so viel bey vier und zwanzig Jahren,
　　Als ein Unglücklicher bey funfzig wissen kann.

　　　　　　Die

mehr, als König: und durchlauchter Fürſt und Herr, bedeutet nur eben ſo viel, als: mein Prinz, mein Herzog, oder ſchlecht weg. Herr. Doch wollte ich bey dieſem letztern Worte wohl rathen, es nicht auf einen jeden Dorfedelmann zu verſchwenden; geſchweige denn, bey bürgerlichen Perſonen zu gebrauchen. Es ſteckt ſo was großes darinn, daß es billig nur regierenden Häuptern zukommen kann, die viel zu befehlen haben. Dieſe Anmerkung iſt nöthig, da es allmählig einreißen will, einem jeden halbigten Patron, der oft keinen Diener zu beherrſchen hat, ein ſo prächtiges Herr zuzuruffen. Am Schluſſe der Briefe muß man gleichfalls nicht viel complimentiren, ſondern nach Art der Alten lieber kurz abbrechen. Aber das Jahr und den Tag mit in die Verſe hineinzukünſteln, das iſt was kindiſches, ohngeachtet es einige neuere haben aufbringen wollen. Seinen Namen in den Reim zu zwingen, iſt noch abgeſchmackter; es wäre denn, daß man ſcherzen wollte: denn das Muſter dazu hat Hans Sachs gegeben, der kein Gedicht anders, als damit zu beſchließen pflegt.

9. §. An eine beſondere künſtliche Diſpoſition bindet ſich ein Poet in ſeinen Briefen nicht; vielweniger wird er die weiſiſchen Handgriffe per Antecedens und Conſequens nöthig haben. Die Vernunft weis ihm ſchon, ohne ſolche Gängelwägen, eine natürliche Ordnung der Gedanken an die Hand zu geben. Es muß ohnedem in Briefen was freyes und ungezwungenes ſeyn: und die Einfälle hängen gemeiniglich ſo am beſten zuſammen, wie ſie hinter einander entſtanden ſind. Meynt man aber Schülern, durch Regeln, die Verfertigung ſolcher Briefe zu erleichtern, ſo kann man es zwar geſchehen laſſen: nur glaube man nicht, daß ſolche ſchwache Geiſter, die noch gezängelt werden müſſen, etwas beſonders hervorbringen werden. Wer noch nicht einen Vorrath von Gedanken und Einfällen hat, der muß ſich lieber mit proſaiſchen Briefen behelfen. Verſe, die nach einer künſtlichen und gezwungenen Ordnung gemachet

chet werden, haben insgemein weder Art noch Geſchick.
Die altväteriſchen Regeln davon haben uns wohl magere
Reimſchmiede, aber keinen einzigen muntern Dichter gezo-
gen; es wäre denn, daß dieſer ſolches Joch bald wie-
der abgeſchüttelt hätte. Was haben aber alsdann die
Regeln dabey gethan?

10. §. *Die Schreibart der Briefe iſt nicht allemal
gleich. In lobenden kann ſie prächtig, ſcharffinnig und
pathetiſch, aber doch nicht ſchwülſtig ſeyn. Hierinn pflegt
es Amthor leicht zu verſehen; wie dieſes ſein Gedicht an
Friedrich den III, König in Dänemark zeigen kann. Aber
ein Muſter von einer vernünftigen Hoheit der Schreibart
giebt hier Neukirch in ſeinem Schreiben an den König,
Friedrich den I. Hier herrſchen lauter geſunde Gedanken,
die durch keine Schminke des Ausdrucks überfirnißt worden.
Auch Heräus hat dieſe Schreibart wohl erreicht: ob er ſie
gleich mehrentheils in andern Arten der Gedichte angebracht
hat. Doch kann ich nicht umhin, bey dieſer Gelegenheit
dieſes großen Mannes eigene Worte, von der erhabenen
Schreibart hier anzupreiſen, die ich lieber ſchon im I. Theile,
wo ausdrücklich davon die Rede war, angebracht hätte.
Sie ſtehen in der Vorrede zu ſeinen Werken, auf der
27. Seite, und können dienen, die neuen Kunſtrichter, die
uns die Hoheit in Worten lehren wollen, vollends zu be-
ſchämen. Auch Pietſch iſt in dieſer Schreibart vortrefflich geweſen. In luſtigen Briefen iſt ſie natürlich und gemein, doch nicht niederträchtig. Hierinn habens viel
neuere Poeten verſehen, die aus Begierde, natürlich zu
ſchreiben, gar die Sprache des Pöbels in ihren Briefen gebraucht haben: und ſelbſt Günther iſt hier oftmals zu tadeln, daß er ſich bis in die tiefſte Niedrigkeit herab gelaſſen hat. In ſatiriſchen Briefen muß ſie
feurig und ſcharffinnig, größtentheils aber natürlich ſeyn.
Denn das iſt zu merken, daß ſelten nur einerley Schreibart
in einem Gedichte allein herrſchet. Die Veränderung der

Uu 4   So-

Sachen und Gedanken fodert allezeit einen andern Ausdruck, wie man in den Exempeln der besten Poeten überall finden wird.

11. §. Schlüßlich erinnere ich noch, daß man nicht nur in eigenem, oder anderer lebendiger Leute Namen; sondern auch im Namen gewisser eingebildeter oder fabelhafter Personen, Briefe an jemanden schreiben könne. Dieses giebt nun einem Poeten viel schöne Erfindungen an die Hand, und ist eine Quelle vortrefflicher Gedanken. So hat z. E. Ulrich von Hutten im Namen Italiens an den Kaiser Maximilian, Eobanus Hessus aber im Namen des Kaisers die Antwort an Italien; imgleichen hat Flemming im Namen Deutschlandes an die Churfürsten und Stände geschrieben. Man lasse z. E. die Wahrheit an jemanden ein Schreiben abfassen, dergleichen im I. Stücke der Belustigungen des Verstandes und Witzes eins vorkömmt; oder man schreibe im Namen der Vernunft, der Weltweisheit, der Tugend, der Freyheit, oder anderer solcher allegorischen Personen: so wird man sehen, zu was für schönen Einfällen dieses Anleitung geben wird. Nur muß man freylich allemal die Wahrscheinlichkeit beobachten, und seine Personen nichts sagen lassen, als was sich für ihren Character schicket. So hat Neukirch die Aurora an den König in Preußen schreiben lassen, und ein rechtes Meisterstück daran gemacht, und Herr M. Schwabe einmal im Namen der Trägheit, an des Churprinzen Friedrichs Königl. Hoheit eins drucken lassen. Ja, man kann durch die Prosopopöie auch leblosen Dingen Briefe andichten, wenn es zu gewissen Absichten dienlich seyn könnte.

Des

****

Des I. Abschnitts XIV. Hauptstück.

Von Sinngedichten, Grab = und Ueberschriften.

1. §.

Ich bin mit allen größern Arten der alten Gedichte fertig, insoweit dieselben durch ihren innern Inhalt unterschieden sind. Nur fehlen mir noch die kleinern Arten, die unter verschiedenen Namen vorkommen, doch unter die allgemeine Benennung der Sinngedichte gezogen werden können. Wir geben ihnen im Deutschen diesen Namen, weil sie gemeiniglich etwas scharfsinniges, oder besser, etwas Sinnreiches in sich haben, das dem Leser ein angenehmes Nachsinnen erwecket. Im Griechischen, ja auch im Latein nennet man sie schlechtweg Epigrammata, d. i. Ueberschriften; darunter man denn auch Unterschriften, unter Bilder, Bildsäulen, und andere Gemälde, oder Sinnbilder zu rechnen pflegt. Imgleichen gehören Epitaphia, oder Grabschriften, und allerley kurze zufällige Gedanken der Dichter, über vorkommende merkwürdige Gegenstände hieher, die eben nirgends drüber oder drunter geschrieben werden sollen. Da nun so leicht kein großer oder kleiner Dichter in der Welt gewesen seyn wird, der nicht dergleichen Einfälle bisweilen gehabt, und in etliche Verse gekleidet haben sollte: so ist auch die Anzahl der epigrammatischen Dichter und Poesien ungleich größer, als aller obigen Arten geworden.

2. §. Was die griechischen Dichter anbetrifft: so haben wir theils vom Homer etliche, theils vom Kallimachus über ein Schock. Außer denen aber findet man in der großen Sammlung derselben eine unglaubliche Menge solcher Sinngedichte gesammlet, und in VII. Bücher abgetheilet. Nur die Namen der Verfasser herauszuziehen,

würde

würde beynahe einen Bogen füllen; und wie groß ist nicht die Menge derer Stücke, deren Verfasser man nicht-weis? Dabey ist es aber nicht geblieben. Es giebt noch neuere Sammlungen griechischer Ueberschriften, oder sogenannte Anthologien, d. i. Blumenlesen, die den Liebhabern des Alterthums bekannt sind, andern aber nichts nützen. Es ist wahr, daß verschiedene Stücke darunter sind, die uns auch itzo noch vergnügen können; weil sie wirklich sinnreich sind. Allein es giebt auch eine Menge, die man verachten würde, wenn sie deutsch wären; und die weiter nicht schätzbar sind, als weil sie alt, und zwar griechisch sind: welches bey gewissen Gelehrten schon genug ist, um sie zu bewundern: vieleicht, weil sie nicht ein jeder versteht, und man sich also sehr breit damit machen kann, daß man sie versteht; oder doch errathen kann, was sie sagen wollen, ungeachtet man unzählige male fehlschießt. Manches darunter ist auch wohl schmutzig, und manches giebt den Auslegern nur schöne Gelegenheit, ihre antiquarische Gelehrsamkeit auszukramen. Doch es ist noch eine Classe, die ich nicht vergessen muß. Die Griechen haben auch die Kunst erfunden, malerische Sinngedichte zu machen; ich meyne aus Versen Bilder zusammen zu setzen, Theokritus hat uns einen Altar, und ein paar Flügel; wie Simmias eine Art, ein Ey, eine Hirtenpfeife mit sechs ungleichlangen Röhren, Syrinx genannt, hinterlassen: vermuthlich weil es Ueberschriften auf dergleichen Dinge haben seyn sollen. Allein das ist nun eben nicht das schätzbarste daran; und es hat Deutsche genug gegeben, die sie in solchen Tändeleyen nachgeahmet, ja übertroffen haben. S. Schottels deutsche Prosodie a. d. 215. u. f. S.

3. §. Was die lateinischen Dichter betrifft, so haben wir von denenselben lange nicht so viel poetische Aufschriften oder Sinngedichte zu lesen bekommen. Catullus scheint der erste zu seyn, der sich damit hervorgethan, obwohl sich schon Plautus eine poetische Grabschrift gemachet hatte, u. d. m. Virgil machte sich durch eins zuerst bekannt, welches er an

den

den kaiserlichen Pallaſt anſchlug, als auf eine ſtürmiſche Nacht
ein ſehr ſchöner Tag folgte, welchen Auguſtus gewiſſen
öffentlichen Schauſpielen gewidmet hatte. Es hieß:

> Nocte pluit tota, redeunt Spectacula mane,
> Diviſum imperium cum Jove Cæſar habet.

Ovid und Horaz haben nichts von dieſer Art hinterlaſſen.
Der jüngere Plinius iſt ein Liebhaber davon geweſen; aber
es ſind uns kaum ein Paar davon in ſeinen Briefen übrig
geblieben. Martial hergegen hat es ſo weit gebracht, daß
er faſt allein in dieſer Art für einen Meiſter bekannt geworden: und man kann ihm in der That einen feinen Witz nicht
abſprechen. Wir haben XIV. Bücher Sinngedichte von ihm,
deren Mannigfaltigkeit wundernswürdig iſt. Sie ſind nicht
alle gleich kurz, und einige füllen ganze Seiten. Ein artiges
zur Probe zu geben, mag das 69ſte aus dem VIII. Buche
dienen; das er an den Vacerra, einen großen Bewunderer
der Alten, gerichtet:

> Miraris Veteres, Vacerra, ſolos,
> Nec laudas, niſi mortuos Poetas:
> Ignoſcas petimus, Vacerra; tanti
> Non eſt, ut placeam Tibi, perire.

> Du lobſt, Vacerra, nur die Alten;
> Die todten Dichter bloß ſind würdig zu behalten.
> Wohlan! verwirf nur mein Gedicht;
> Dir zu gefallen, ſterb ich nicht!

Imgleichen das 9te aus dem III. B.

> Verſiculos in me narratur ſcribere Cinna:
> Non ſcribit, cujus carmina nemo legit.

> Man ſpricht, daß wider mich Miſander Verſe ſchreibt:
> Doch ſagt mir: ſchreibt wohl der, der ungeleſen bleibt?

Auch Auſonius und Prudentius haben ſich endlich in dieſer Art gewieſen: wiewohl des letztern ſeine mehrentheils
von geiſtlichem Inhalte ſind.

4. §.

4. §. Unter den neuern Dichtern haben Ulrich von Hutten, Strozza, Johannes Secundus, Sabinus, Taubmann, Elias Corvinus, ja auch Stigelius, sich mit allerley Sinngedichten, oder doch kurzen Grabschriften hervorgethan. Selbst in August Buchnern wird man kurze Gedichte genug finden, die hieher gehören. Doch niemand hat sich mehr mit dergleichen hervor gethan, als Owenus, der so zu reden für den neuern Martial gehalten wird. Er kann diesen Namen, theils im Guten, theils im Bösen führen: denn er ist bisweilen eben so witzig und scharf, aber auch vielmals eben so schmutzig als jener. Ein Paar Exempel von der guten Art können nicht schaden. Im 1 B. beschreibt er Saturns drey Söhne:

> Theologi ambigui; Juristæ lenti & iniqui,
> Immundi Medici: Mundus ab his regitur.

Doch ist er auch zuweilen ein Liebhaber von Wortspielen. Z. E.

> Cuncta trahunt ad se magnates aurea: sicut
> Ad se magnetes ferrea cuncta trahunt.

Und folgendes:

> Dicta fuit mulier, quasi mollior: est tamen Eva,
> Non de carne sui, sumta sed osse viri.

Imgleichen hat Andrenus sein Landsmann, eben dergleichen gemachet; aber auch eben so theils gespielet, theils Zoten gerissen. Unter den Franzosen hat Ronsard schon unter seinen sogenannten Mascaraden, Desportes aber theils unter den verliebten Gedichten, theils unter den Epitaphes, oder Grabschriften, viele gemachet. Theophile hat an Schmutzigkeit, Benserade an Artigkeit, und Boileau an Scharfsinnigkeit den Alten auch nichts nachgegeben. Rousseau endlich ist in allen dreyen ein ziemlicher Martial zu nennen. Unter den Holländern, sind Heinsius und Cats in diesem Stücke reich gewesen. In des ersten Gedichten, die 1618. zu Amst. in 4. ans Licht getreten, findet man nicht nur viel verliebte, sondern auch

auch viel moralische Sinnbilder mit poetischen Ueberschriften;
und in des leßtern Spiegel der alten und neuern Zeit, imgleichen in seinen Sinnsprüchen und Beysprüchen kommen gleichfalls unzählige vor; der Todtenkiste für die Lebendigen
vorißo zu geschweigen.

5. §. Was die Deutschen anlanget: so könnte ich erstlich aus
alten Handschriften eine Menge solcher Sinngedichte bekannt
machen, wenn dieses hier der Zweck wäre. Allein von gedruckten haben wir von Opißen eine Menge, die er nicht allein
aus dem Cato und Pibrac, und noch einem Franzosen von
der Welt Eitelkeit übersezet; sondern auch noch ein Florile-
gium verschiedener Sinngedichte. Tscherning hat eines
persischen Weisen Sittensprüche in kurze Verse gesezt: Sieber
und Rist habens daran auch nicht fehlen lassen. Hoffmanns-
waldau aber, so wohl als Lohenstein, sehr viel eigene gemachet. In den sogenannten hofmannswaldauischen Gedichten, die Neukirch theils gesammlet, theils selbst gemachet,
steht auch eine Menge solcher Stücke. Wir haben auch den
ganzen Owenus 1661. von Val. Löbern zu Jena in 12.
deutsch bekommen: und Sal. von Golau, oder vielmehr von
Logau, hat uns eine starke Sammlung von solchen kleinen
Dichterblumen ans Licht gestellet. Und wer kann sie alle
namhaft machen, zumal, wenn man auch Bessers und Ka-
nißens Gedichte bey Wirthschaften und Verkleidungen; oder
des leßten Gedanken auf die Kaiser hieher rechnen will?
Noch in diesem Jahre ist ein Schubsack voll bäyerischer Sinngedichte in 4. ans Licht getreten, die gewiß für einen bäyeri-
schen Dichter nicht zu verachten sind.

6. §. Soll ich nun kürzlich auch die Natur und das Wesen
dieser Sinngedichte erklären, so sieht man wohl, daß sie mit
Lobgedichten und Satiren ganz nahe verwandt sind. Kurz
zu sagen, eine Ueberschrift, ist der poetische kurzgefaßte Ausdruck eines guten scharfsinnigen Einfalles, der entweder
jemanden zum Lobe, oder zum Tadel gereichet. So beschreibt sie Boileau im II. Gesange seiner Art. Poet.

L'Epi-

L'Epigramme plus libre, en son tour plus borné,
N'est souvent qu'un bon mot de deux rimes orné.

Ich nehme das Wort scharfsinnig im ordentlichen Verstande, für die Wahrnehmung eines Umstandes an einer Sache, den nicht ein jeder würde gesehen haben. Zu dieser Scharfsinnigkeit kömmt vielmals auch der Witz, der zwischen einem solchen Umstande und etwas anderm, eine Aehnlichkeit findet, selbiges entweder zu erheben, oder zu verkleinern. Dieser Gedanken aber muß kurz gefasset werden, damit er in dem Verstande des Lesers eine plötzliche und unvermuthete Wirkung thue. Die Weitläuftigkeit des Ausdruckes würde nur machen, daß man durch die Umschweife schon von weitem zu rathen anfinge, was nachkommen würde: wodurch aber das Vergnügen über denselben um ein vieles gemindert werden, ja gar verschwinden würde. Indessen ist es gewiß, daß nicht alle Ueberschriften, oder Sinngedichte der Alten sogar kurz und scharfsinnig sind. Manche bestehen wohl aus zehn, zwölf, funfzehn, ja zwanzig Zeilen. Man nennt sie aber Epigrammata, weil man ihnen keinen andern Namen geben kann.

7. §. Die besten Exempel scharfsinniger Sinngedichte, werden bestätigen, was ich davon gesagt habe. Virgil hat an den Pallast des Kaisers Augusts, obige Zeilen angeschrieben, wodurch er zuerst bekannt geworden; die man deutsch so geben kann:

Es stürmt die ganze Nacht; der Morgen bringt uns Lust:
So herrscht zwar Jupiter, doch neben ihm August.

Woher entsteht hier das Sinnreiche? Erstlich daher, daß Virgil an einem Tage etwas wahrgenommen, darauf andere nicht Acht gegeben: daß nämlich auf eine regnichte Nacht, mancherley Lustbarkeiten in Rom angestellet worden. Zweytens darinn, daß er den August mit dem Jupiter vergleicht, und das Regiment der Welt unter sie eintheilet. Dieses war nun für den Kaiser sehr schmäuchelhaft, und

folglich

folglich angenehm. Die berühmte Grabschrift des Ausonius,
auf die Dido, wird eben das zeigen:

Infelix Dido nulli bene nupta marito:
Hoc pereunte fugis, hoc fugiente peris.

Die Männer wirken dir, o Dido, lauter Noth;
Des einen Tod die Flucht; des andern Flucht den Tod.

Hier bemerkt der Poet abermal, daß Dido ohne ihre Ehe-
männer würde glücklich gewesen seyn, woran nicht gleich ein
jeder denkt. Hernach vergleicht er die beyden Trübsalen
mit einander, und findet selbst in dem Gegensatze der Flucht
und des Todes, eine gewisse Aehnlichkeit, die noch keinem
eingekommen war.

8. §. Außer diesen wahren Scharffsinnigkeiten, da der
Witz mit den Sachen beschäfftiget ist, giebt es noch viel
andere, die in bloßen Wortspielen bestehen. Z. E. Ein
Schüler der Jesuiten in Frankreich, hat seinen Lehrern zu
Ehren folgendes gemacht. Man muß aber wissen, daß
ihre beyde berühmteste Schulen zu Dole und la Fleche sind,
davon jene einen Bogen, und diese einen Pfeil im Wapen führt.

Arcum Dola dedit Patribus: dedit alma sagittam
Flexia. Quis funem, quem meruere, dabit?

Hier will man, dem Scheine nach, sagen: Bogen und Pfeile
hätten die Jesuiten schon, an ihren zwo berühmten Schulen;
nun fehle ihnen nichts mehr, als die Sehne zum Bogen,
das ist die dritte Schule. Weil aber das Wort Funis
zweydeutig ist: so kann es auch heißen, wer wird ihnen zu
dem längstverdienten Stricke, das ist, an den Galgen ver-
helfen? Hier ist die Absicht boshaft genug, aber der ganze
Witz kömmt nur auf die Worte, und nicht auf die Sache
an. Dergleichen Wortspiele nun, wird man im Martial
und Owenus unzählige antreffen, ja auch die Wälschen

und

und Franzosen haben sich mehr darauf zu gute gethan, als die Vernunft, und ein feiner Geschmack von rechtswegen erlauben sollten.

9. §. Ob nun wohl der gute Geschmack den Spitzfindig-keiten überhaupt zuwider ist: so hat mans doch in solchen Sinngedichten nicht eben so genau nehmen wollen. Sogar Boileau hat dieses verstattet, wenn er schreibt:

La Raison outragée enfin ouvrit les yeux,
La (*Pointe*) chassa pour jamais des discours serieux,
Et dans tous les ecrits la declarant infame,
Par grace lui laissa l' entrée en l' Epigramme:
Pourvû que sa finésse eclatant à propos,
Roula sur la pensée, & non pas sur les mots.

Man sieht aber wohl, daß er auch die Spitzfindigkeiten in den Gedanken, nicht aber in den Worten allein gesucht haben will. Denn gleich darauf schimpft er auf die Pritschmeister, die noch bey Hofe geblieben, und nennt sie abgeschmackte lustigmacher, unglückliche Stocknarren, verjährte Versech-ter grober Wortspiele.

Insipides Plaisans, Bouffons infortunez,
D'un jeu de mot grossier partisans surannez.

Will man Exempel von solchem elenden Zeuge haben, so lese man das XL. Stück im II. Theile der vern. Tadlerin-nen, wo etliche von dieser Gattung beurtheilet worden, die gewiß recht kindisch und lächerlich sind. Von solchen aber, die erträglich sind, fallen mir ein Paar ein, davon eins auf den Nostradamus, das andere auf den Erasmus gemacht war. Jenes hub an: Nostra damus, dum falsa damus &c. Das andre sagte: den Erasmus hätte der Tod uns zwar rauben können, und schloß: Sed Desiderium tollere non potuit. Doch wenn die ganze Welt nach meinem Sinne urtheilete, so würde man auch diese Art für thöricht erklären.

10. §.

10. §. Man braucht diese Sinngedichte zu Unter = oder
Ueberschriften bey Gemählden und Sinnbildern, zu Grab=
schriften, zu Erleuchtungen, Ehrenpforten, oder wo man
sonst will.   Gemeiniglich loben oder tadeln sie etwas, wie
schon oben erinnert worden: zuweilen aber ist der Gedanken
auch nur wegen seines Nachdruckes, oder der Neuigkeit hal=
ber angenehm.   Ein lobendes, war jenes auf des Königs
in Frankreich Residenzschloß:

Par urbi domus est, urbs orbi, neutra triumphis,
    Et belli & pacis, par, Ludovice, tuis.

Dein Haus kann man der Stadt, die Stadt der Welt vergleichen,
Doch beydes, Ludewig, muß deinen Siegen weichen.

Ein anderes auf Ludewigs Bildsäule in dem botanischen
Garten, zu Paris, lautete so:

Vitales inter succos plantasque salubres,
    Quam bene stat populi vita salusque sui!

Bey Säften voller Kraft, bey den gesunden Pflanzen,
Wie schön steht da das Heil und Leben seiner Franzen!

Besiehe davon der Belust. des V. und W. 1742. im Herb=
monate a. d. 245. S. woselbst eine gelehrte Streitigkeit darü=
ber vorkömmt.

Ein tadelndes mag folgendes abgeben:

In mare cornutos jaciendos, Pontius inquit.
    Pontia respondet: disce natare prius.

Ersäuft, was Hörner trägt! schreyt Mops mit lauter Stimmen:
Ach Schatz! versetzt sein Weib; so lern bey Zeiten schwimmen.

Von der dritten Art darf man die Exempel nur in Catons
moralischen Lehrversen suchen; davon Opitz viele sehr rein
und glücklich ins Deutsche übersetzt hat.   Ueberhaupt kann
man auch Tschernings Frühling, Flemmings und Mor=
hofs Gedichte, und insonderheit des von Golau gesamm=
lete Sinngedichte nachsehen; wo viel artiges, theils neues,
theils übersetztes vorkömmt.

Crit. Dichtk.   .   Xr   7.§.

11. §. Aus diesen wenigen angeführten Exempeln, da ich von lateinischen Sinngedichten lauter zweyzeilige Uebersetzungen gegeben habe, wird man leicht sehen, daß unsere Sprache nicht eben so ungeschickt zu einem kurzgefaßten und scharfsinnigen Ausdrucke sey, als wohl einige denken. Ja man könnte vielmehr einem Lateiner zu thun machen, eine jede ursprünglich deutsch abgefaßte Ueberschrift, in eben so vielen und gleichlangen Zeilen zu geben. Man hat aber in dieser Art hauptsächlich auf die Kürze zu sehen, in soweit dieselbe mit der Verständlichkeit und Richtigkeit des Ausdruckes bestehen kann. Denn die Weitläuftigkeit verderbet alles: es wäre denn, daß die letzte Zeile einen ganz unvermutheten Gedanken in sich hielte, den man gar nicht vorher sehen, oder nur errathen können. Ich schließe indessen diese Abhandlung der Sinngedichte durch ein Exempel, welches die Natur derselben kurz in sich schließt; wie ich dieselbe schon von andern, wiewohl nur prosaisch beschrieben gefunden:

> Machst du ein Sinngedicht; so laß es neu und klein,
> Fein stachlicht, honigsüß; kurz, Bienen ähnlich seyn.

Ende des ersten Abschnitts.

Des II Theiles
II. Abschnitt.
Von Gedichten, die in neuern
Zeiten erfunden worden.

Das I. Hauptstück.
Von allerley kleinen Liedern,
als Madrigalen, Sonnetten und Rondeaux, oder
Kling - und Ringelgedichten

1. §.

Wenn ich hier von den neuerfundenen Liedern und Gesängen der europäischen Völker handeln will: so ist
es meine Meynung nicht, von allen Arten derselben
zu reden, die entweder von den Provenzaldichtern, oder
wälschen Poeten, in unsäglicher Menge ausgehecket worden, und die man im Crescimbeni und dem Muratori
della perfetta Poesia, imgleichen in des Anton Minturni
Arte Poetica, die 1725. zu Neapel in 4. herausgekommen
ist, beschrieben lesen kann. Meine Absicht ist nur von denen
wenigen Arten zu handeln, die auch bis nach Deutschland
gekommen sind, und einigen Beyfall gefunden haben. Auch
ist es meine Meynung nicht, alle Erfindungen unserer Meistersänger in ihren verschiedenen ja unzähligen Weisen, oder
Tonen zu erzählen; wovon Wagenseil einen ziemlichen
Theil, in seinem Buche von ihrer Kunst, namhaft gemachet
und beschrieben hat. Ich könnte diese seine Nachrichten
freylich um ein großes vermehren, wenn ich aus den 25. bis
30. Bänden alter geschriebener Meistersänger Lieder, die ich

Xr 2   aus

daß die kleinen Chanſons der Franzoſen, die nur Lieder von
einer Strophe ſind, und aus ungleich langen Zeilen beſtehen, nichts anders als Madrigale ſind, und billig ſo heißen
ſollten.   Caſpar Ziegler hat bey uns ein ganzes Büchlein
von Madrigalen 1653 herausgegeben, welches auch 1685
wieder gedrucket worden.   Martin Kempe und Ernſt
Stockmann haben auch gute Madrigale geſchrieben: und
auch bey andern unſerer Dichter kommen derer eine
Menge vor. -

4. §. Will man die Natur und Regeln der Madrigale
wiſſen: ſo merke man kürzlich folgendes.   1) Soll ein
Madrigal, nach der erſten Erfindung, mehrentheils von
ſchäfermäßigem, oder doch verliebtem Inhalte ſeyn.   Käme
es hoch, ſo könnte ſonſt ein galanter, oder doch luſtiger und
ſcharfſinniger Einfall darinn ausgedrücket werden.   Denn
mir kömmt es vor, ein Madrigal ſey bey den Neuern das,
was die anakreontiſchen Oden bey den Alten geweſen.
2) Mache man das Madrigal mehrentheils in jambiſchen
Verſen; wie alle unſere deutſche Vorgänger gethan haben.
3) Laſſe man es nicht unter ſechs, und nicht leicht, auch
nicht viel über eilf Zeilen lang ſeyn; höchſtens zu 13 bis 15 Zeilen hinauf ſteigen.   Denn da es nur eine Singſtrophe vorſtellen ſoll: ſo möchte ſonſt die Weiſe zu lang und beſchwer-
lich fürs Gedächtniß werden.   4) Mache man die Zeilen
in der Länge nicht gar zu ungleich; das iſt, keine unter ſechs,
und keine über eilf Sylben.   Einige unſerer Poeten haben
dawider verſtoßen, und bald vierſylbige, bald wieder zwölf
und dreyzehnſylbige Verſe unter einander laufen laſſen.   Allein welch ein Uebelſtand iſt das nicht?   5) Laſſe man die
Reime zwar mit einander wechſeln, aber auch nicht zu weit
von einander ausſchweifen: denn wenn drey, vier, oder mehr
andere Zeilen darzwiſchen kommen, ſo hat man ſie vergeſſen;
und merket es nicht mehr, ob ſie ſich reimen, oder nicht.
6) Iſt es erlaubt, zuweilen, eine, oder zwo Zeilen ungereimt mit unterlaufen zu laſſen; als ob es aus Verſehen
geſchehen wäre.   Und 7) muß man den zehn und eilfſylbigten

Versen nach der vierten Sylbe einen Abschnitt machen.
ı Exempel aus Zieglern mag die Sache klar machen:

Ich frage nichts, nach allen Lästerkatzen,
Sie speyen auf mich los,
Und dichten was sie wollen:
Ich werde dennoch groß.
Ihr Geifer kann nicht haften,
Die Unschuld bleibt in ihren Eigenschaften,
Sie sollen mich in solcher Blüthe sehn,
Daß ihnen noch die Augen wässern sollen:
Und das soll bald geschehn!
Denn wenn mich erst die Lästerzungen stechen,
Fang ich erst an, mich recht hervorzubrechen.

ı. §. Man wird wohl ohne mein Erinnern wahrnehmen,
dergestalt in dieser Art von Liedern eine große Freyheit
schet: und eben diese Freyheit ist einigen Dichtern so
ınd vorgekommen, daß sie sich der madrigalischen Verse
) in viel längern Gedichten, und die gar nicht zum Sin-
bestimmet waren, bedienet haben. So hat im Französi-
en Herr von Fontenelle seine Schäfergedichte, und der
Genest seine Philosophie in dieser ungebundenen Art
)rieben. Die Engländer haben sich darein gleichfalls
iebet, und theils große Oden oder Singgedichte in un-
hen madrigalischen Strophen, theils andere kleinere
cke, in dieser wilden Versart abgefasset. Bey uns hat
schon im vorigen Jahrhunderte Wagner die Freyheit
ımmen, sein Ter Tria, aus dem Englischen des Teate
gellos zu verdeutschen; und endlich hat sich auch der sel.
ıckes in dieselbe so sehr verliebet, daß er ganze Bände
solcher Gedichte drucken lassen; ja wohl gar Werke der
länder, die in richtigen gleichlangen Versen waren, als
ımsons vier Jahreszeiten. und Popens Versuch vom
ıschen, in diese Poesie der Faulen, die lang und kurz
) einander laufen läßt, übersetzet hat. Wie indessen
leicht eine Neuerung ohne Nachfolger bleibt, sie sey
jleck, als sie wolle: so hat es auch Brockes nicht
ı gefehlet. Ich kann es aber nicht leugnen, daß

Xx 4 mir

mir eine so libertinische Dichtungsart im geringsten nicht gefällt; weil sie weder dem Ohre noch dem Gemüthe dasjenige
Vergnügen bringt, das ein wohlabgemessener ordentlicher
Vers ihm bringt. Und was ist es wohl für eine Kunst,
dergleichen Gemenge ungleicher Zeilen durch einander laufen
zu lassen, wie ein Hirt großes und kleines Vieh zum Thore
hinaus treibt?

6. §. Ich schreite zu den Sonnetten. Auch diese sind
eine Erfindung der Provinzialdichter, und von diesen nach
Wälschland, von da aber zu uns, und nach Frankreich gekommen. Auch dieses zähle ich zu den Singgedichten, wozu es eigentlich erfunden worden, ungeachtet unsere poetischen Anweisungen bisher kein Wort davon gewußt. Ich
habe aber die Italiener auf meiner Seite; die es einhällig
gestehen: und selbst der deutsche Namen eines Klingge-
dichtes, wie es die Unsrigen zu geben pflegen, hätte sie
darauf bringen können; daß es zum Klingen und Singen
gemachet worden. Aus diesem Begriffe folgen nun auch die
Regeln, des Sonnets, welche sonst so willkührlich aussehen, und so schwer zu beobachten sind, daß Boileau, nicht
ohne Wahrscheinlichkeit dichtet: Apollo habe dasselbe bloß
den Poeten zur Plage ausgedacht:

On dit à ce propos, qu'un Jour ce Dieu bizarre,
Voulant pousser à bout tous les Rimeurs françois,
Inventa du Sonnet les rigoureuses Loix:
Voulut, qu'en deux Quatrains, de Mesure pareille,
La Rime avec deux sons frappat huitfois l'oreille;
Et qu'ensuite six vers artistement rangez,
Fussent en deux Tercets par le Sens partagez.
Sur tout de ce Poeme il bannit la Licence,
Lui même en mesura le Nombre & la Cadence;
Defendit, qu'un Vers foible y put jamais entrer,
Ni qu'un Mot deja mis, osoit s'y remontrer.
Du reste il l'enrichit d'une beauté supreme.

S.

So wenig Licht nun diese Beschreibung einem, der es noch nicht kennet, vom Sonnette geben wird: so wenig ist es auch gegründet, wenn er hinzusetzet:

Un Sonnet sans defaut, vaut seul un long Poeme.

7. §. Crescimbeni hat in seiner Istoria, in ganzen sechs Capiteln bloß vom Sonnette gehandelt, und alle Kleinigkeiten und Veränderungen, die dasselbe betroffen haben, mit Sorgfalt angeführet. Es erhellet aber kürzlich so viel daraus, daß weder die Erfinder desselben in der Provence, noch die ältesten Italiener, als Dantes, anfänglich diese Art Lieder so gar genau in gewisse Regeln eingeschränket. Weder die Zahl noch Länge der Zeilen, noch die Abwechselung der Reime war dazumal recht bestimmet, bis Petrarch durch seine verliebten Lieder auf die Laura, die fast lauter Sonnette waren, dem Dinge seine rechte Ordnung gab. Vermuthlich hat er ein paar beliebte Melodien auf die ersten seiner Sonnette gehabt; denen zu Gefallen er hernach alle übrige gemachet. Ihm aber sind hernach alle übrige Dichter mehrentheils gefolget. Es ist also schon der Mühe werth, ein Muster von seiner Arbeit anzuführen; wozu ich gleich das erste nehmen will, das gleichsam eine Vorrede zu allen übrigen ist:

Voi, ch'ascoltate in Rime sparsa il Suono,
　　Di quei Sospiri, onde io nudriva il Cuore,
　　In ful mio primo giovenil Errore,
　　Quando era in parte altre'huom, da qual ch'io sono.
Del vario Stile in ch'io plango, & ragiono,
　　Fra le vane speranze, e'l van dolore,
　　Ove sia, chi per prova intenda Amore,
　　Spero trovar Pietà, non che Perdono.
Ma ben veggi'hor, si come al popol tutto,
　　Favola fui gran tempo; onde sovente,
　　Di me medesino meco mi vergogno:

Et del mio vaneggiar vergogna e'l frutto,
　E'l pentirsi, e'l conoscer chiaramente,
　Che quanto piace al Mondo è breve sogno.

8. §. Aus diesem Exempel nun können wir die Regeln eines rechten Sonnettes abnehmen. Es besteht 1) aus vierzehn Zeilen, und darf weder mehr, noch weniger haben. 2) Diese Zeilen müssen alle gleich lang seyn; zumal im Wälschen, wo man lauter weibliche Reime machet. Im Deutschen hergegen, kann es seyn, daß die, mit männlichen Reimen, eine Sylbe weniger bekommen. 3) Müssen sonderlich die langen Verse dazu genommen werden: welches bey den Wälschen die eilfsylbigten, bey uns und den Franzosen aber die alexandrinischen sind. 4) Müssen dieselben vierzehn Zeilen, richtig in vier Abschnitte eingetheilet werden; davon die ersten beyden, jeder vier, die beyden letzten aber, jeder drey Zeilen bekommen. 5) Müssen die zwo ersten Abschnitte einander in den Reimen vollkommen ähnlich seyn, ja in acht Zeilen nicht mehr als zwey Reime haben: so daß sich einmal der erste, vierte, fünfte und achte, sodann aber der zweyte, dritte, sechste und siebente mit einander reimen. Endlich 6) müssen die drey und drey im Schlusse sich wieder zusammen reimen; doch so, daß man einige mehrere Freyheit dabey hat. Indessen lehret mich auch hier das Beyspiel des Petrarcha, daß auch diese beyden Dreylinge auf einerley Art ausfallen müssen, damit man sie auf einerley Melodie singen könne. Denn kurz und gut: die zwey ersten Vierlinge müssen nach der ersten Hälfte der Singweise, die, wie gewöhnlich, wiederholet wird; die zwey letzten Dreylinge aber nach der andern Hälfte der Melodie, die gleichfalls wiederholt wird, gesungen werden können. Dieß ist der Schlüssel, zu allen obigen Regeln.

9. §. Nach diesen Regeln nun haben sich unsere deutschen Dichter auch gerichtet; sonderlich die Alten, die eine große Menge von Sonnetten gemachet haben, ohne daß vielleicht ein einziges jemals gesungen worden. Opitz,

- Flem=

Flemming, Mühlpfort, Sieber, Gryph, Kiene,
u. a. m. haben ganze Bücher voll geschrieben; davon ich ein
paar zu Mustern hersetzen muß. Denn da wir im Deutschen männliche und weibliche Reime zu vermischen pflegen;
so entstehen auch zweyerley Arten bey uns, die sich bald mit
einem weiblichen, bald mit einem männlichen Reime anfangen. Sie brauchen auch alle die sechsfüßigen Jamben, anstatt der eilsylbigten der Italiener. Ich bleibe bey Flemmingen, und dieß erste ist dem petrarchischen vollkommen
ähnlich:

Sonnet, an sich selbst:

Sey dennoch unverzagt! gib dennoch nicht verlohren!
  Weich keinem Glücke nicht! steh höher als der Neid!
  Vergnüge dich an dir, und acht es für kein Leid,
Hat sich gleich wider dich, Glück, Zeit und Ort verschworen.

Was dich betrübt und labt, halt alles für erkohren;
  Nimm dein Verhängniß an, laß alles unbereut,
  Thu, was gethan muß seyn, und eh mans dir gebeut,
Was du noch bessern kannst, das wird noch stets gebohren.

Was klagt, was lobt man dich? Sein Unglück und sein Glück,
  Ist ihm ein jeder selbst. Schau alle Sachen an,
  Dieß alles ist in dir: laß deinen eiteln Wahn,
Und eh du förder gehst, so geh in dich zurücke.
  Wer sein selbst Meister ist, und sich beherrschen kann,
  Dem ist die weite Welt, und alles unterthan.

Dieses Sonnet hat nur einen Fehler: daß nämlich, bey
der dritten Zeile der zweyten Hälfte, der völlige Sinn nicht
aus ist, sondern sich erst mit der folgenden endet. Dieses
würde im Singen einen großen Uebelstand machen; weil
beym Schlusse der Melodie, der Verstand noch nicht befrie-
diget wäre; welches doch von rechtswegen seyn soll, wie Petrarcha es auch sehr wohl beobachtet hat.

10. §. So gern ich noch eins, das ohne Fehler ist, finden will, so schwer ist mirs. Denn bald schließt der Verstand nicht mit der vierten, bald nicht mit der achten, bald
nicht mit der eilsten Zeile. Bald sind die letzten zwey

Drey-

Dreylinge, an Ordnung der Reime einander nicht gleich,
u. ſ. w. Ich will alſo noch eins von eilſylbigten Verſen aus
Flemmingen nehmen, ob es gleich auch von einer weibli=
chen Zeile anfängt. Es iſt das XX. des andern Buches.

Auf eine Hochzeit.

Was thun wir denn, daß wir die ſüßen Jahre,
  Der Jugend Lenz, ſo laſſen Fuß für Fuß
  Vorüber gehn? Soll uns denn der Verdruß
Der Einſamkeit noch bringen auf die Baare?

Sie kehrt nicht um, die Zeit, die theure Waare!
  Bewegt uns nicht, das was man lieben muß,
  Die Höflichkeit, der Muth, die Gunſt, der Kuß?
Die Bruſt, der Hals, die goldgeſchmiedten Haare?

  Nein, wir ſind Fels, und ſtählern noch als Stahl,
  Beſtürzt, verwirrt; wir lieben unſre Quaal,
Sind lebend todt, und wiſſen nicht was frommet.

  Dieß einige ſteht uns noch gänzlich frey,
  Daß wir verſtehn, was für ein gut Ding ſey,
Das uns ſtets fleucht, und das ihr ſtets bekommet.

Dieſes wäre nun wohl ſo ziemlich zur Muſik bequem: außer,
daß der Sinn aus der zweyten Zeile, bis in die dritte ge=
ſchleppet wird; welches im Singen übel klappen würde.
Ueberhaupt kömmt es bloß daher, daß unter vielen hundert
Sonnetten, kaum ein vollkommenes anzutreffen iſt, daß die
Poeten es nicht gewußt, daß ein Sonnett zum Singen ge=
machet werden müſſe. Da wir ſie aber bey uns niemals
ſingen: ſo ſehe ich gar nicht ab, warum ein Poet ſich quä=
len ſoll, einem ſolchen Zwange ein Gnügen zu thun, da
man viel leichtere Versarten hat, die eben ſo angenehm ſind.

11. §. Ehe ich aufs Rondeau, oder das Ringelgedicht
komme, muß ich noch anmerken, daß Mühlpfort auch
in vierfüßigen Verſen ein Sonnet gemachet. Es iſt gleich
das zweyte unter ſeinen Sonnetten; und würde ſelbſt durch
die Beyſpiele der Wälſchen, zu rechtfertigen ſeyn: wenn es
nur turchgehends ſich ähnlich, und in den letzten ſechs Zei=
len nicht fehlerhaft wäre. Die erſten acht Zeilen ſind näm=
lich al en Regeln gemäß und lauten alſo:

Abend=

Abendgebeth.

Das Licht vergeht, die Nacht bricht an,
Verzeihe Gott! die schweren Sünden;
Die mich, als wie mit Stricken binden,
Daß ich nicht vor dich treten kann.

Ich habe leider deine Bahn
Der Heiligkeit nicht können finden:
Weil ich stets auf den Wollustsgründen,
Aun hangen blieben mit dem Kahn.

Allein nun kömmt das falsche:

Ein Irrlicht hat mich so verführt,
Das mir die Welt hat aufgestecket,
Ich habe nie die Lust gespürt,
Bis daß ich mich mit Koth beflecket.
Gedenke nicht, o Herr! der Sünden meiner Jugend,
Ich wende mich hinfort zur Frömmigkeit und Tugend.

Hier sieht ein jeder, daß sich drey und drey Zeilen unmöglich nach derselben zweyten Hälfte einer Melodie würden singen lassen. Noch viel fehlerhafter sind die sogenannten Sonnette, die König bey seiner Ausgabe von Kanitzens Gedichten hin und wieder eingeflicket: denn er hat weder alle diese Regeln, noch die allergemeinste und leichteste, daß ein Sonnet 14 Zeilen haben muß, beobachtet. Andere wunderliche Veränderungen der Sonnette, entweder durchgehends mit einerley, oder ohne alle Reime, deren Omeis in seiner Dichtkunst gedenket, übergehe ich mit Fleiß; weil sie billig in keine Betrachtung kommen.

12. §. Das Rondeau selbst anlangend, so ist dasselbe nicht von wälscher oder alter provenzalischer, sondern von französischer neuerer Erfindung. Außer dem, daß Voiture dergleichen eine gute Anzahl gemachet hat, wie man bey seinen Briefen angehenket finden wird: so hat man auch die Verwandlungen Ovids, in französischen und deutschen Rondeaux, oder Ringelgedichten erkläret, die zu Nürnberg 1698. in 8. mit Figuren herausgekommen sind. Auch diese sind eigentlich im Anfange zum Singen bestimmt gewe-

gewesen. Wir wollen zum Muster eins aus der alten Welt
vom Marot nehmen, und zwar dasjenige, so er an Kaiser
Karl den V, auf seinen Abschied aus Paris gemachet, wo er
König Franz den I, nach seiner Erledigung aus der Gefangenschaft besuchet.

L' *Adieu de France* à l'*Empereur.*

Adieu Cefar! Prince bien fortuné,
De vrai honneur par Vertu couronné.
Adieu le Chef de la noble Toifon,
Au departir de la propre Maifon,
Dont le bon Duc, ton grand Ayeul, fut né.
Quand je t'aurai cent fois à Dieu donné,
Et à grand Dueil des Yeux abandonné,
Le Coeur fera, pour Toi fon oraifon.
Adieu Cefar!
Le fuppliant, qu'un jour ja ordonné,
Te voye ici des Tiens environné:
J'entend des Tiens, qui font Miens par Raifon,
Or j'attendrai cette heureufe faifon,
En grand defir, que Tu fois retourné.
Adieu Cefar!

13. §. Aus diesem Exempel wollen wir nun die Regel
des rechten Ringelgedichtes herleiten. Man sieht zuförderst,
daß selbiges nicht mehr, als dreyzehn einsylbigte Zeilen hat,
deren fünf im Anfange, und fünf am Ende, einen besondern Verstand ausmachen; drey aber in der Mitte abgesetzet
werden, und wieder ihren eigenen Sinn haben. 2) bemerket man, daß in dem ganzen Gedichte nicht mehr, als zweyerley Reime sind; die aber in dem ersten und letzten fünfzeilig-
ten Stücke auf einerley Art abwechseln; so daß dieselben
nach einer Melodie gesungen werden können: das Mittel-
stück aber für sich den ersten Reim zweymal, und den andern, einmal haben muß. 3) Endlich sieht man, daß der
Anfang, von vier Sylben, oder zwey Jamben, nach deutscher

scher Art zu reden; für sich einen Verstand haben, und so
wohl nach dem dreyzeiligten Mittelstücke, als ganz am Ende wiederholet werden muß. Wer sieht nun nicht, daß
auch dieses Gedicht der Musik zu gut erfunden worden?
Die erste Hälfte der Melodie muß auf fünf Zeilen zulangen; und dabey muß sich der Verstand schließen. Die andere Hälfte langet auf drey Zeilen; und um anzuzeigen, daß
man nun die erste Hälfte noch einmal wird singen müssen:
so werden auch die Anfangsworte wiederholet. Sobann
folget der Beschluß nach der Melodie der ersten Hälfte; und
sobann wiederholet man die Anfangsworte noch einmal, dadurch es denn zu einem völligen Ringelgedichte wird. Nichts
ist nunmehr begreiflicher, als alle diese Regeln, die bisher
noch von keinem unserer Dichter gehörig eingesehen worden;
und also ganz willführlich und abgeschmackt ausgesehen haben. Rotthe, Omeis, und Menantes, wissen nichts davon zu sagen, als daß ein Rondeau aus dreyzehn Zeilen bestehen, und sowohl nach der achten, als letzten Zeile den
Anfang wiederholen müsse: dadurch man auf den Wahn verfällt, daß es nur aus zwey Theilen, einem achtzeiligen
Rumpfe und fünfzeiligen Schwanze bestehe; davon man
aber wieder keinen Grund einsieht. Vielweniger kann man
daraus die Ordnung der Reime begreifen, die sie einem vor-
schreiben, wenn es heißt, daß sich die 1. 2. 5. 6. 7. 9. 10 und
13 Zeile; und hernach wieder die 3. 4. 8. 11. und 12 Zeile reimen müsse.

14. §. Da ich nun den Grund der Erfindung, aus der
Beobachtung der ältesten Muster, glücklich entdecket: so wird
man daraus leicht sehen, daß viele Rondeaux, die man in
unsern Dichtern antrifft, eben so fehlerhaft sind, als die
Sonnette oben befunden wurden. Doch ist dasjenige, was
Omeis anführet, wenn ich es nach der rechten Art schreibe,
ganz richtig gerathen.

Es ist vollbracht! der Schatten ist vergangen,
Es liegt zerknirsche, das Haupt der alten Schlangen,
　　Der Höllen Thor hat Simson umgekehrt,
　　Und Michael das feste Schloß zerstört,
Darinn der Mensch lag auf den Tod gefangen.

Es schäumt der Drach in Ketten und in Zangen,
O Siegeswort! davon wir Trost erlangen,
　　Das man am Kreuz von Christo hat gehört:
　　　　　Es ist vollbracht!

Herr! steh mir bey, wenn endlich meine Wangen,
Vom Todtenhauch erblasset sollen hangen:
　　Wann meine Seel nun aus dem Kerker fährt;
　　So laß auch mich, im Glauben unversehrt,
Und freudenvoll, mit deinem Letzwort prangen:
　　　　　Es ist vollbracht!

Eins ist hier nur zu bemerken, darinn dieß Ringelgedicht
von dem französischen abgeht: nämlich daß dieses lauter
männliche Reime hatte, das deutsche aber dieselben mit weiblichen abwechselt. 　Allein daß jenes im Französischen keine
Regel sey, zeigen viele andere in eben dem Marot, und in
andern Dichtern, die gleichfalls gewechselt haben. 　Und
eben daraus erhellet auch, daß man eben sowohl mit einem
männlichen Reime anfangen könne, wann nur das übrige
hernach in eben der Ordnung beybehalten wird.

Des

+-+

Des II. Abschnitts II. Hauptstück.

Von allerley neuen Arten größerer
Lieder, als Ringeloden, Sechstinnen
und Gesängen.

1. §.

Nach dieser letzten Art hat man auch andere Ringeloden im Deutschen zu machen versuchet, und verschiedene Arten derselben auf die Bahn gebracht. Denn theils hat man am Ende jeder Strophe die erste Zeile derselben wiederholet. Ein Exempel mag mir Philander von der Linde geben. Es steht in seiner Unterredung von der Poesie a. d. 227. S.

1.
Lieben hab ich zwar verrede,
  Aber nicht verschworen.
Weil die Liebe Schmerzen bringet
Und nach Wunsche nicht gelinget,
Mag ich nicht: jedoch ich muß
  Wenn zuletzt des Himels Schluß
  Mir was auserkohren.
Lieben hab ich zwar verrede,
  Aber nicht verschworen.

2.
Meine Freyheit stehe mir an,
  Doch nur eine Weile:
Denn es kommen doch die Stunden,
Da die Seele wird gebunden.
Und voll süßer Fessel ist.
  Daß mit diesem was mich küße,
  Ich mein Herze theile.
Meine Freyheit stehe mir an,
  Doch nur eine Weile.

3.
Lieben hab ich zwar verrede,
  Aber nicht verschworen.
Soll mich endlich was vergnügen,
Mags der Himmel glücklich fügen.
Spielt die Hoffnung wunderlich
  Ey! so ist sie doch für mich
  Auch nicht ganz verlohren.
Lieben hab ich zwar verrede,
  Aber nicht verschworen.

Die andere Art, wiederholt im Anfange jeder Strophe den Schluß der vorhergehenden; und dergestalt hängen die Stro-

Crit. Dichtk.   Yy   phen

phen gleichsam wie die Glieder einer Kette an einander; der Schluß der letzten Strophe aber schließt auf den Anfangsworten des ganzen Liedes. Ein Exempel giebt Menantes in seiner gal. Poesie a. d. 119. S.

> Erbarme dich, du Schönheit dieser Welt,
> Und nimm von mir die Fessel meiner Seelen!
> Wenn Stahl und Eis dein Herz umschlossen hält,
> Durch Sclaverey mich auf den Tod zu quälen,
> So denke nur, die Größe meiner Noth
> Ist schon der Tod!
> Ist schon der Tod ein Opfer deiner Lust, ꝛc.

Und die letzte Strophe schließt so:

> Mein Herz giebt nur den Seufzer noch von sich,
> Erbarme dich!

Eben dergleichen kömmt auch auf der 175. u. f. S. vor, und hebt an:

> Ergötze dich, befriedigtes Gemüthe,
> An allem was der Himmel fügt. ꝛc.

2. §. Fast zu eben dieser musikalischen Art gehören die Wiederhallslieder. Man versteht durch dieselben solche Lieder, die an Oertern gesungen werden können, wo das Echo die letzten Sylben jeder Strophe wiederholet; dieses aber dem Dichter Gelegenheit zu einem neuen Gedanken giebt, dem er in der folgenden Strophe weiter nachdenket. Denn ob wohl einige auch andere Arten von wiederhallenden Versen zu machen gelehret, die nicht gesungen werden können, und wo das Echo an keinen gewissen Stellen etwas wiederholet: so kommen mir doch dieselben viel unnatürlicher und abgeschmackter vor. Denn wer wird in einen Wald hintreten, um einen fertigen Vers so laut abzulesen, daß ihm das Echo antworten könne. Hergegen ein Lied, kann man schon so laut singen, daß der Wiederhall ertönen kann: und da Verliebte die Einsamkeit in Wäldern suchen; so ist es so ungereimt nicht, daß man ihnen auch solche Lieder mache, die zu guten Gedanken Anlaß geben. Das Muster will ich wieder

aus

aus dem Menantes, oder vielmehr Hrn. Neumeiſter nehmen. Es ſteht a. d. 253. S.

Wozu entſchließt ſich mein Gemüthe?
Wo findt mein Herz die beſte Ruh?
Welch Glücke zeigt mir ſeine Güte?,
Und welch Vergnügen deckt mich zu?
Doch was mir längſt iſt vorgeſchrieben,
Das iſt der freye Weg im Lieben.
            Echo. Im Lieben!
Wie? artge Nymphe, willſt du ſcherzen?
Und ſtimmeſt dem Enſchluſſe bey:
Daß Lieben für galante Herzen
    Das allerbeſte Labſal ſey?
So laß ſich alles glücklich fügen,
Mich durch die Liebe zu vergnügen.
            Echo. Vergnügen.
Vergnügen! doch nicht bloß durch Worte,
    Die That muß ſelber Zeuge ſeyn ꝛc.

Obwohl ich nun dieſe Erfindung an ſich nicht verwerfe: ſo kömmt mir doch dieſes etwas zu gezwungen vor, wenn der Verfaſſer, alle dieſe Schlußwörter ſeiner Strophen, zuſammen genommen, einen beſondern Sinn ausmachen läßt; als ob ihm nämlich die Waldnymphe die Sittenlehre, hätte zuruffen wollen: Im Lieben Vergnügen ſuchen, betrüget Thoren; ich (ſcil. hab es) erfahren: als nämlich Echo in den Wiederhall verwandlet worden. Denn dieſes erhellet, aus der gewaltſamen und unerlaubten Auslaſſung, in dem letzten Nachklange: zugeſchweigen, daß ein Echo, das zwo Sylben nachruffet, allemal dabey bleibet, und ſchwerlich drey, aber gewiß nicht vier nachruffen kann.

3. §. Noch eine weit gezwungenere Art von Liedern, haben die Provenzalpoeten, und Wälſchen an ihren Sechſtinnen eingeführet: wobey es aber auf nichts anders, als aufs Reimen, und die Wiederholung und Verwechſelung der Reime ankömmt. Das Muſter, das uns Creſcimbeni davon giebt (L. I. p. 25.) iſt vom 1560ſten Jahre, von dem friauliſchen Dichter Amalteo, und die erſte Strophe lautet ſo:

auf der 900sten u. f. S. eins, darinn er das Haar, die Augen, die Wangen, die Lippen, den Hals und die Brust des Frauenzimmers, um die Ehre des Vorzuges streiten läßt. Jedes von diesen Mitwerbern redet in sechs Zeilen, die sich alle reimen: und das folgende behält eben dieselben Reimwörter, so daß es von dem letzten der vorigen Strophe den Anfang machet; die übrigen aber in derselben Ordnung von oben herunter wiederholet. Ein paar Strophen machen die Sache klar: denn ganz mag ich das Papier damit nicht verderben:

Das Haar.

Wir fangen Geist und Seel und Leben, doch verschränket
Zu steter Dienstbarkeit; der Schmuck, so an uns henket,
Ist vieler Buhler Netz, wenn itzt die Locke tränket
Ein süßer Himmelsthau, und uns die Freyheit schenket,
Daß man sich Kerkerlos um beyde Brüste schwenket,
Und das erstarrend' Aug als wie ins Grab versenket.

Die Augen.

Hat jemals unsre Glut ein schwarzes Haar versenket,
Hat unsre Sonnen je der Locken Nacht verschränket,
Nein, wo der helle Stral von Diamanten henket,
Da quillt der Liebe Brunn, der tausend Herzen tränket,
Wir haben Sterbenden das Leben oft geschenket,
Wenn unser reizend Blitz die Siegesfahn geschwenket.

Die Wangen.

Hier ist der Rosen-Feld, wo sich Cupido schwenket. 2c.

Doch ein jeder kann sichs nun schon selbst vorstellen, was das für eine ekelhafte Monotonie, und für ein kindisches Geklapper, einerley, zumal lauter weiblicher Reime giebt; die der majestätischen Art unsrer Sprache nicht im geringsten gemäß sind. Gleichwohl sind alle die Exempel und Regeln, in unsern vollständigsten Anweisungen der Dichtkunst, auf eben den Schlag eingerichtet. Man sehe des Menantes gal. Poes. a. d. 262. u. f. S.

6. §. Anstatt der großen Lobgesänge auf die Götter und Helden bey den Alten, die in heroischen Versen gemachet waren, und in einem fortgiengen; haben die neuern die

langen

langen Gesänge in eilffsylbigten, oder alexandrinischen Versen, von acht bis zehnzeiligten Strophen eingeführet. Die
eilffsylbigten und achtzeiligten, mit wechselnden Reimen sind
wohl zuerst von den Wälschen eingeführet, und werden Ottava Rima genennet. Sowohl Ariost hat seinen rasenden
Roland, als Tasso seinen Gottfried, in solchen Strophen
besungen; und beyde nannten daher, eine grössere Abtheilung
des ganzen Gedichtes, die bey den Alten ein Buch geheißen
haben würde, nur einen Gesang: weil in der That, ein
Gedicht von lauter gleichen Strophen, nach einer und derselben Melodie gesungen werden könnte. Aus dem Tasso
habe ich schon im ersten Theile einige Strophen angeführet:
itzo will ich aus dem Ariost eine Probe geben. In der ve-
netianischen Ausgabe von 1577. in 4. der ich mich bediene,
lautet die erste Strophe so :

Le donne, i Cavalier, l'arme gli amori,
Le Cortesie, l'audaci imprese io canto ;
Che furo al tempo, che passaro i Mori
D'Africa il mare e in Francia nocquer tanto,
Sequendo l'ire, e i giovenil furori
D'Agramanto lor Re; che si die vante,
Di vendicar la morte di Trojano,
Sopra Re Carlo Imperator Romano.

Hier sieht man nun, daß diese Ottava rima, im Anfange
der Strophe jeden Reim dreymal wiederholet, und also mit
zween abwechselnden Tönen sechs Zeilen schließt; hernach aber
mit einem Dritten, die beyden letzten paaret. Und eben so
ist auch der ganze Tasso, nicht nur in gewöhnlichen Ausgaben, sondern auch in der neapolitanischen Mundart, in welche man ihn 1689. übersetzet, nebst dem Grundtexte in fol.
zu Napoli herausgegeben. Weil dieß Stück seltsam ist, will
ich auch die erste Strophe mittheilen:

Canto la Santa Mpresa e la piatate
C'happe chillo gran Hommo de valore
Che tanto fece ne la libbertate

Yy 4　　　　　De

De lo Sebburco de noſtro Segnore.
Nò nce potte lo Nſierno, e tant armate
Canaglie nò le dettero terrore
Ca l'ajotaie lo Cielo, e de carrera
L'Amınice (e) ſpierte accouze a la bannera.

7. §. Wie nun unſere Deutſchen zur Nachahmung gemacht und gebohren ſind: alſo haben auch die Ueberſetzer dieſer zwey Heldengedichte es für ihre Pflicht gehalten, dieſelbe
Versart der Wälſchen von achtzeiligten Strophen, benzu-
behalten: nur ſo, daß ſie die eilfſylbigten Verſe der Wälſchen
in ſechsfüßige Jamben verwandelten. Von dieſem letzten
will ich hier aus der 1651. herausgekommenen verbeſſerten
Auflage Diederichs von dem Werder, die Ueberſetzung
beyfügen; da ich aus der erſten Ausgabe ſchon bey anderer
Gelegenheit ein Muſter gegeben.

Von Waffen ſing ich hier, ich ſinge von dem Held,
Dem Held, der Chriſti Grab das werthe Grab erſtritten,
Der mit Verſtand und Hand, viel Sachen fortgeſtellt,
Der in dem großen Sieg auch trefflich viel erlitten;
Dem ſich die Höll umſonſt zuwider aufgeſchwellt,
Auf den viel Heiden auch umſonſt zuſammen ritten;
Als er die Fürſten hat, aus GOttes Huld und Macht,
Bey ihr groß Kreuzpanier vereinigt erſt gebracht.

Da nun dieſer Zwang durch das ganze Gedicht hinaus, ohne
Zweifel dem Ueberſetzer viel Mühe gemacht; ſo ließ ſich durch
ſein Exempel, das 1626. zuerſt im Druck erſchien, der Doll-
metſcher des raſenden Rolandes nicht verführen. Er behielt
zwar die achtzeiligten Strophen bey, wie er ſie im Arioſt
fand; allein die dreyfachen Reime und die Abwechſelung derſelben ſtund ihm nicht an: vielmehr wählte er die heroiſchen
mit abgewechſelten männlichen und weiblichen, aber ungetrennten Reimen. Eine Strophe wird zeigen wie ſie geklungen,
als ſie 1632. allhier in Leipzig zuerſt ans Licht traten:

Von Frauen, Rittern, Lieb und Waffen will ich ſingen,
Wie auch von Höflichkeit und vielen tapfern Dingen,
Geſchehen zu der Zeit, als mit gar großem Heer,
Die Moren ſchifften ran, durch Africaner Meer;

Und

Und thaten überall in Frankreich ſolchen Schaden.
Sie folgten Agramant dem König, der beladen
Von Zorn, noch rächen wollt, aus jungem ſtolzen Muth.
An Kaiſer Karlen jetzt Trojani Tod und Blut.

8. §. Doch ſo geſchickt und bequem dieſe Art von heroiſchen Geſängen war, ſo finde ich doch nicht, daß ihm ein einziger von unſern Dichtern des vorigen Jahrhunderts darinn
gefolget wäre. Zwar Geſänge von ſechszeiligten Strophen
findet man hin und wieder: ſonderlich in Beſſern. Sein
brandenburgiſcher Glückslöwe, den er 1684. auf Friedrich
Wilhelms des Großen Geburtsfeſt gemachet, war von
der Art: ich will aber lieber aus dem Gedichte auf die Krö-
nung Friedrichs des Weiſen, und erſten Königes, die Probe
nehmen, wiewohl ihre Reime nicht in eben der Ordnung,
als in der itztgedachten, folgen:

Nun, großes Königsberg! nun wird an dir erfüllt,
   Was du vor langer Zeit im Namen haſt geführet,
Nun, Preußen! wird dir kund, was dieſe Krone gilt,
   Mit welcher um den Hals dein Adler iſt gezieret,
Da Friederich, dein Fürſt, den Königsthron beſteiget,
Und ſein geſalbtes Haupt ſich in der Krone zeiget.

Ein jeder ſieht wohl, daß man auf eben den Schlag auch
mit weiblichem Reime hätte anfangen, und mit männlichen
ſchließen können, wie ſelbſt Beſſer bey andern Gelegenheiten gethan. Allein dieſer hatte es auch vorher ſchon mit
achtzeiligten Strophen verſuchet; als er am Tage der bran-
denburgiſchen Erbhuldigung dieſes III. Friedrichs 1688. ſeinen Geſang ſo anſtimmete:

Will denn nun Brandenburg ſich gar zu tode grämen?
   Iſt mit dem großen Pan, denn alle Hoffnung todt?
Nein!-ſelbſt der Himmel zeige den Hafen unſrer Noth:
Der uns die Zuflucht heißt in Friedrichs Arme nehmen.
   Iſt Friedrich Wilhelm todt; lebt Friederich ſein Sohn!
Das Bild von ſeinem Geiſt und ſeinem großen Herzen?
   Und da er heut beſteigt den väterlichen Thron;
Wie tröſten wir uns nicht bey unſern langen Schmerzen!

verreime bey den Alten; und was für schlechtes Zeug ist nicht bey den Wälschen zu finden, wie man selbst im Muratori und Crescimbeni finden kann. Wer also Gesänge machen will, der muß die Strophen so gleich machen, daß sie nach einer Singweise gesungen werden können. Nicht aber wie das Stück auf der 284sten S. des III. Th. der Hof. W. Ged. Und gesetzt, daß manche gar nicht gesungen werden sollen: so ist doch ein harmonisches Lesen eines guten Gedichtes auch schon eine Art von Musik, und Gesange: und auch da ergötzet es das Ohr eines Zuhörers, wenn allemal dieselbe Zahl, und einerley Abwechselung der Reime, in allen Strophen beobachtet wird. Von jenen wunderlichen Misgeburten aber heißt es, aus dem Horaz:

Ut gratas inter menſas ſymphonia diſcors,
Et craſſum unguentum, ,et ſardo cum Melle papaver
Offendunt; poterat duci quia cœna ſine iſtis :
Sic animis natum inventumque poema juvandis
Si paullum a ſummo diſceſſit, vergit ad imum.

11. §. Wenn ich hier von allen denen Gesängen hätte handeln wollen, welche die Italiener Canzoni nennen, deren Strophen bald aus langen, bald aus kurzen Zeilen bestehen: so hätte ich auch von den mannigfaltigen Liedern unserer alten Meistersänger handeln müssen, die sie Bar nennen, und deren jede Art der Strophe ihren besondern Ton hat. Allein diese beyden Arten gehören nicht in diese Classe: und theils hat Wagenseil schon von ihnen gehandelt, theils werde ich selbst an seinem Orte noch weit ausführlichere Nachricht davon geben. Von der obigen Art wird man ganze Abtheilungen solcher Gesänge in meinen Gedichten antreffen.

Des II. Abschnitts III. Hauptstück.
Von Cantaten, Serenaten, und
Kirchenstücken, oder Oratorien.

1. §.

Die Cantaten sind eine neue Erfindung der Italiener, davon die Alten nichts gewußt haben: es hat aber allem Ansehen nach die Musik Gelegenheit dazu gegeben, und sie sind an statt der Oden eingeführet worden. Crescimbeni sagt, sie wären erst im XVII. Jahrhunderte erfunden: er weis aber den ersten Erfinder nicht zu nennen. Doch meynt er Chiabrera, und Tronsarella wären mit unter den ersten gewesen, die sie gemachet; und er rühmet den Stradella, für einen der besten Tonkünstler im Setzen derselben. Ich stelle mir die Sache folgendergestalt vor. Weil in Liedern von einerley Strophen auch dieselbe Melodie beybehalten werden mußte: so ward man gewahr, daß sich dieselbe nicht zu allen Versen gleich gut schickte. Der erste Vers einer Ode war z. E. traurig, und gegen das Ende legte sich dieser Affect, ja veränderte sich wohl gar in eine Freude. Hatte sich nun die Gesangweise zum Anfange gut geschickt: so schickte sie sich zum Ausgange desto schlechter. Denn wie klingt es, wenn ein lustiger Text nach einer traurigen Melodie gesungen wird? War aber die Musik weder traurig noch lustig; so schickte sie sich weder zum Anfange noch zum Ende recht: weil sie keins von beyden in der gehörigen Schönheit vorstellete, und keine Gemüthsbewegung recht lebhaft ausdrückete. Nun hätten die Poeten diesem Fehler zwar abhelfen können, wenn sie in einem Liede nur einen Affect vom Anfange bis zum Ende hätten herrschen lassen, wie es auch billig seyn sollte. Allein, da sie es nicht thaten; so gerieth man auf die Gedanken, die Lieder nicht mehr so gar

ein-

die dazu gehörigen Noten durchgesehen haben; so wird man schon bemerken, was gut oder übel klingt: wiewohl man oftmals auch den schönen Affect der Texte bedauren muß, der unter den Händen schlechter Componisten, alle seine Kraft verliert; indessen, daß sie sich bey schlechtern Stellen, wer weis wie lange, aufhalten.

6. §. Allein, man wird es auch von seinem Componisten mit Grunde fodern, daß er nicht, durch eine verschwendete musikalische Kunst, das Werk der Poesie unsichtbar mache; oder so verstecke, daß man nichts davon vernehmen kann. Dieses geschieht hauptsächlich, wenn sie durch unzählige Wiederholungen einer Zeile, halbe Stunden lang zubringen; einzelne Wörter so zerren und ausdehnen, daß der Sänger zehnmal darüber Athem holen muß, und endlich von den Zuhörern, seiner unendlichen Triller wegen, gar nicht verstanden werden kann. Ich sage nicht zu viel: denn wirklich heißt heute zu Tage, eine Arie componiren, oder in die Musik bringen, nichts anders, als dieselbe unverständlich machen: d. i. dem Dichter seine Kunst und Arbeit verderben. Ferner kann ein Poet fodern, daß er eine gewisse Gleichheit in der Melodie einer Arie beybehalte, und nicht die erste Hälfte gar zu künstlich, die andere aber gar zu schlecht wegsetze; daß er endlich die Recitative nicht so gar schläfrig herbethen lasse, als ob sie gleichsam keines musikalischen Zierrathes, keiner Begleitung von Instrumenten werth wären: wie die meisten thun. Alle diese Regeln sind in der Natur so wohl gegründet; daß ich nicht wüßte, wie man ihrer hätte verfehlen können: wenn es den Italienern voriger Zeiten nicht mehrentheils schwer gefallen wäre, das natürlich Schöne vor dem gekünstelten zu empfinden, und in ihren Sachen nachzuahmen. Allein, es giebt unter unsern deutschen Componisten schon Leute, die durch ihren eigenen vernünftigen Geschmack wieder auf das wahre und natürlich Schöne in der Musik gerathen sind, welches man eine geraume Zeit her mehrentheils verlohren hatte.

7. §.

7. §. Ich kann hier den berühmten Herrn Capellmeister Hurlebusch nennen, der unserm Vaterlande gewiß Ehre machet. Dieser hat in sehr vielen Proben gewiesen, daß meine Foderungen in der Musik keine Chimären eines Menschen sind, der was unmögliches, oder ungereimtes begehret. Unter andern schönen Sachen, die mir von ihm vorgekommen, kann ich die Cantate, Tu parti, Idolo mio! da me tu parti &c. anführen, darinn selbiger in allen Stücken meinem Verlangen ein Gnügen gethan hat. Er hat sich darinn aller der Fehler enthalten, die bey andern Componisten so gemein sind. Die Wiederholungen sind sparsam, nämlich nicht über dreymal; die Recitative sind voller Melodie, und es ist kein einziges Wort darinn gezerret; sondern alles wird hintereinander verständlich weggesungen. Eben dahin rechne ich seine Cantate, Tu parti, amato Tirsi, o Dio! imgleichen eine andere: Mira quel augellin, come vezzoso, &c. ferner die: Con dolce aurate strale &c. Endlich die Deh! sen dolce tormento &c. Alle diese, und viele andere mehr, sind von eben der Art, und so beschaffen, wie ich sie oft gewünschet, aber nirgend gefunden hatte, ehe mir seine Sachen bekannt geworden. Doch muß ich noch zu desto mehrerer Gewißheit seines guten Geschmacks auch die Cantate rühmen, die er mit Instrumenten gesetzt, und eben auf die Art, als die obigen, eingerichtet hat. Sie hebt an: Filli, pieta tu nieghi &c.

8. §. Eben dergleichen kann ich auch von dem berühmten Händel rühmen. Seine Cantate, Sarei troppo felice, s'io potessi dar legge &c. ist eben sowohl nach den obigen Regeln gesetzet, als die vorigen: und in seiner Lucretia ist er gewiß in wenigen Stücken davon abgewichen. Auch Herr Graun, der itzo in der berlinischen Capelle die Ehre der deutschen Musik auf einen so hohen Gipfel bringt, daß wir allen Ausländern damit trotzen können; so, wie wir sie bisher mit unserm sächsischen Capellmeister Hasse, neidisch gemacht haben, hat an der Cantate, Bella, ti lascio, o Dio! &c. ein solches Meisterstück gemacht: wenn ich nur das einzige

Wort ritornera in der andern Arie ausnehme, als welches gar zu lang ausgedehnet worden. Von Liebhabern, die von der Musik nur ein Nebenwerk machen, muß ich hier nothwendig den Herrn Secret. Gräfen, dessen schon im Hauptstücke von Oden gedacht worden, seiner überaus angenehmen und natürlichen Composition halber, loben, die er in verschiedenen Cantaten, und auch an meinem Orpheus erwiesen hat. Bey dem allen bedaure ich nur, daß unsere deutschen Componisten, sich so gern an italienische Texte halten. Wie? Ist es denn ihre eigene Muttersprache nicht werth, daß sie in eine schöne Musik gesetzt wird? Und soll denn das Vorurtheil ewig dauren, daß man lieber unverständliche Sylben von Sängern, die insgemein kein italienisch können, verstümmeln; als durch Worte, die Sänger und Zuhörer verstehen, die völlige Stärke des Componisten, im Ausdrucke der Gedanken, kenntlich machen will? Denn in der That ist es gewiß, daß eine schöne Melodie doppelt schöner wird, wenn der Zuhörer auch den Text versteht, und seine Uebereinstimmung mit der Melodie wahrnimmt.

9. §. Nachdem ich nun das Gute gelobet habe: so wird mir auch frey stehen, das Schlechte zu tadeln und zu verwerfen. Nichts ist mir lächerlicher, als wenn ich gewisse italienische Cantaten unter die Noten gesetzet sehe, oder singen höre. Sind sie etwa verliebt, so wird der Sänger gewiß vor Liebe sterben wollen: und der Componist wird das liebe morir dreyßig, vierzig Tacte durch, so zermartern und zerstümmeln, daß einem übel davon werden möchte. Ja, saget man, das ist eben schön. Der Tonkünstler drückt dadurch aus: wie sehr sich das arme verliebte Herz quälen muß, ehe es stirbt. Gut! es zeiget aber auch an, daß es demselben noch kein Ernst mit dem Sterben sey; wenn es sich mit so viel künstlichen musikalischen Schnörkeln bemüht, seine Worte auf die Folterbank zu spannen. Wie es in diesem Affecte geht, so geht es mit allen andern. Ja, bey so vielen andern Wörtern macht man eben solche unendliche Coloraturen und Laufwerke, daran sich oft die beste Castratenkehle müde singt.

Z. E.

3. E. in einer gewissen Cantate, die Heinichen gesetzt hat, und so anfängt: La, dove in grembo al Colle &c. wo von dem Fliegen der Vögel durch die Luft, eine Arie vorkömmt, da sind die Wörter Augelletti, volate, volo, und aria, so künstlich mit steigenden und fallenden Tönen gesetzt, und so vielfältig verändert; daß der Sänger zum wenigsten sechsmal Athem holen muß, ehe er ein einziges Wort absingen kann. Das soll aber den Flug der Vögel in der Luft vorstellen, der nämlich auch bald steiget, bald fällt. Wie natürlich es aber herauskömmt, das lasse ich einen jeden selbst urtheilen, der es singen höret, und den Text versteht. Mir kömmt es immer vor, daß man vor aller Kunst in den meisten italienischen Musiken den Text gar verliert; weil das Ohr zwar ein ewiges ha, ha, ha, ho, ho, ho, hertrillern höret; der Verstand aber gar nichts zu denken bekömmt.

10. §. Ich will mit dem allen eine vernünftige Wiederholung gewisser nachdrücklicher Wörter, so wenig, als die Nachahmung ihrer Natur, durch die Töne verwerfen, dafern solches nur angeht. Beydes ist nicht nur erlaubt, sondern auch schön; wenn es nur so mäßig geschieht, daß auch ein lebhafter Redner dergleichen Zeilen, oder kurze Sätze wiederholen könnte, um sie dem Zuhörer desto besser einzuprägen. Wie aber dieser auch die nachdrücklichsten Worte über zwey, höchstens dreymal nicht wiederholen würde: also sollten auch die Sänger einen nicht mit öftern Wiederholungen plagen. Man wiederhole also nur im Singen kein Wort, welches nicht der Poet auch im Texte ohne Uebelstand hätte wiederholen können. Das Singen ist doch weiter nichts, als ein angenehmes und nachdrückliches Lesen eines Verses, welches also der Natur und dem Inhalte desselben gemäß seyn muß. Nun aber würde wohl kein Mensch, der mir einen Vers vorläse, gesetzt, daß der größte Affect darinn steckte, denselben mehr als zwey-, höchstens dreymal wiederholen. Mehrmals muß er also auch nicht hinter einander gesungen werden, wenn er mich rühren, und also natürlich herauskommen soll. Ein guter Leser eines Gedichtes wird

Zz 3 freylich

freylich das Weinen kläglich, das Lachen lustig, u. s. f. ein
jedes Wort nach seiner Bedeutung, mit einer guten Stimme
auszusprechen wissen; sich aber auch dabey vor allem lächerlichen Zwange in acht nehmen. So muß es ein Musikus
auch machen, und sich vor allen Ausschweifungen hüten, die
seinen Gesang dem natürlichen Ausdrucke der Gedanken,
der unter vernünftigen Leuten gewöhnlich ist, unähnlich machen
könnten. Wir leben aber itzo gewiß zu einer Zeit, da die
Musikmeister außer ihren Noten und Künsteleyen wenig oder
nichts verstehen, und also nach der Poesie nichts fragen; ob
sie durch ihre Noten erhoben, oder verhunzet wird. Daher
kömmt es, daß das Natürliche im Singen, gegen das vorige
Jahrhundert zu rechnen, so sehr verlohren geht; da bloß das
Ohr, durch unendlich viel gebrochene Töne gekützelt, das
Herz aber gar nicht mehr gerühret wird. Daher sagt der
berühmte Herr Prof. Richey von der gar zu künstlichen
Dichtkunst einiger neuern Poetaster, mit Recht:

> Sie machts, wie ihre liebe Schwester,
> Die auf Natur fast wenig hält:
> Das schickt sich für kein wälsch Orchester,
> Was nicht ins Wunderbare fällt.
> Gesang und Rührung gehn verlohren,
> Vor Zauberey, mit Mund und Hand.
> Man denkt nicht mehr an Herz und Ohren:
> Denn was man körnet, ist Verstand.

Man lese hier nach, was der kritische Musikus, in der
neuen Ausgabe, für vernünftige Regeln davon vorgeschrieben hat.

.. 11. §. Eine Cantate muß sich ordentlicher Weise mit einer
Arie anheben und schließen; damit sie theils im Anfange mit
einer guten Art ins Gehör falle, theils auch zuletzt noch einen
guten Eindruck mache: doch findet man im Italienischen viele, die gleich von Anfange ein Recitativ haben. Die kürzesten darunter, haben nur ein einzig Recitativ in der Mitte;
und bestehen also nur aus dreyen Theilen. Gemeiniglich aber
hat eine Cantate drey Arien, und zwey Recitative, und die
läng-

långsten sollen nicht mehr, als vier oder fünf Arien haben. Diese können nun jambisch, trochäisch, oder daktylisch seyn; nachdem es der Poet für gut befindet: das Recitativ aber anders als jambisch zu machen, das ist nicht gewöhnlich. Nur merke sich der Poet, daß er bey der Versart, womit er eine Arie anfängt, bis ans Ende bleibe; auch nicht kurze und lange Zeilen durch einander menge, wenn er dem Componisten gefallen will. Selbst die Zeilen im Recitative an Länge sehr ungleich, d. i. etliche von zwey, etliche von zwölf Sylben zu machen, das ist so wenig angenehm, als im Madrigale. Die Reime gar zu weit von einander zu werfen, das heißt eben so viel, als gar keine zu machen: und man thäte, nach dem Muster der Wälschen, besser, sie gar nicht zu reimen; aber desto besser zu scandiren, welches die Italiener fast gar nicht thun. Weibliche mit weiblichen, und männliche mit männlichen Reimen zu vermischen, das klingt auch nicht gut; ob es gleich viele nach dem Muster der Wälschen thun; es wäre denn, daß man was Deutsches auf die Composition wälscher Arien machen müßte. Die Länge eines Recitativs kann man zwar nicht bestimmen: aber je kürzer es fällt, und je kürzer die Perioden darinnen sind, desto besser ist es; weil es insgemein so schlecht gesetzt wird, daß man es bald überdrüßig werden muß.

12. §. Wenn eine Cantate des Abends, öffentlich oder in freyer Luft aufgeführet wird: so nennet man sie eine Serenata, von dem wälschen Worte Serena, welches einen schönen Abend bedeutet. Insgemein aber fällt sie dann etwas länger, und hat verschiedene Stimmen, die sie absingen. Redet ein Paar mit einander, so nennen es die Musici ein Duetto; kommen drey Personen in der Poesie, und folglich im Gesange drey Stimmen vor, so nennet man es ein Trio. Reden aber noch mehrere mit einander, so, daß es auch desto länger würde, so müßte es ein Drama heißen, und könnte zu fürstlichen Tafel- und Abendmusiken, imgleichen bey großen musikalischen Concerten gebraucht werden. Denn auch hier muß man merken, daß es epische

Bb 4

und dramatische Cantaten, Serenaten, oder wie mans nennen will, geben könne. Wenn der Poet selbst darinn redet: so ist es episch verfasset, obgleich hier und da auch andere Personen redend eingeführet werden. Mein Orpheus kann hier zum Exempel dienen. Läßt aber der Poet durchgehends andere Personen reden und handeln, so, daß er selbst nichts darzwischen sagt, sondern so zu reden, unsichtbar ist: so entsteht ein kleines theatralisches Stück daraus, welches von dem griechischen δραν, handeln, thun, ein Drama genennt wird, dergleichen man in meinen Gedichten verschiedene finden wird.

13. §. Die Kirchenstücke, welche man insgemein Oratorien, das ist Bethstücke nennet, pflegen auch den Cantaten darinn ähnlich zu seyn, daß sie Arien und Recitative enthalten. Sie führen auch insgemein verschiedene Personen redend ein, damit die Abwechselung verschiedener Singstimmen statt haben möge. Hier muß nun der Dichter, entweder biblische Personen, aus den Evangelien, oder andern Texten, ja Jesum, und Gott selbst; oder doch allegorische Personen, die sich auf die Religion gründen; als Glaube, Liebe, Hoffnung, die christliche Kirche, geistliche Braut, Sulamith, die Tochter Zion, oder die gläubige Seele, u. d. m. redend einführen: damit alles der Absicht und dem Orte gemäß herauskomme. Doch ist noch einerley dabey zu beobachten. Die Poeten haben sich dabey auch der biblischen Sprüche zuweilen, anstatt der Recitative, bedienet: und die Componisten pflegen sie auch wohl zuweilen Arioso zu setzen; wenn sie etwas rührendes in sich halten. Endlich ist es bey uns Evangelischen sehr erbaulich und beweglich, zuweilen einen oder etliche Verse aus unsern geistlichen Liedern, einzuschalten, die von der ganzen Gemeine mitgesungen, oder doch von allerley Instrumenten choralisch begleitet werden. Dadurch nun werden solche Oratorien viel erbaulicher, als bey den katholischen: wo ohnedieß alles entweder lateinisch, oder wälsch abgefasset ist, das der gemeine Mann nicht versteht. Wir haben viele gedruckte

Samm-

Sammlungen geistlicher Kirchenstücke, von Neumeistern, u. a. m. Auch an Passionsstücken, die hieher gehören, fehlet es nicht: worunter aber Brockens und Pietschens Ausarbeitungen viel zu schwülstig in der Schreibart sind, als daß sie sich recht zum Singen schicken sollten.

14. §. Als Exempel von Cantaten, hätte ich gern aus unsern alten Dichtern, welche hergesetzet. Allein, in dem vorigen Jahrhunderte, hat man von dieser Art beynahe nichts gewußt; weil Dichter und Sänger sich an Oden begnüget haben. In dem itzigen Jahrhunderte, hat man zwar Cantaten genug gemacht, und gedrucket; aber fast immer auf besondere Personen und Gelegenheiten, die unsern Componisten zu nichts gedienet haben. Wie es nun bey diesem Mangel an deutschen, moralischen und verliebten Cantaten zu wünschen ist: daß Dichter, die eine natürliche, fließende und bewegliche Schreibart in ihrer Gewalt haben, sich der Musik zu gut, auf diese Art der Gedichte mehr als bisher legen mögen: also sehe ich mich genöthiget, meine Leser zu der menantischen galanten Poesie zu verweisen, darinn verschiedene gute Stücke von dieser Art vorkommen; die es auch wohl werth wären, daß sie von guten Componisten gesetzt, und von guten Stimmen, in Concerten und andern Gesellschaften abgesungen würden. Dieses würde uns wenigstens von dem unverständigen Geheule, italienischer Texte befreyen: die von den meisten deutschen Sängern, eben weil sie kein Wälsch können, so zermartert werden, daß auch diejenigen Zuhörer, die Italienisch können, keine Sylbe davon verstehen. Es würde auch bey deutschen Texten eine affectuösere Art zu singen bey uns aufkommen, wenn der Sänger selbst wüßte, was er singet. Denn wie will er den Worten mit der gehörigen Art ihr Recht thun, wenn er wie ein Papagey, oder wie eine Schwalbe, lauter unverstandene Sylben hergurgelt, oder abzwitschert?

15. §. Von französischen Cantaten findet man nicht nur in Fontenellens Schriften, und im Rousseau verschiedene; sondern es hat auch Clerambault, ein großer Ton-

Zz 5

tünstler

künstler dieses Jahrhunderts, dergleichen in Noten gesetzt
herausgegeben; die sehr gut gerathen sind.   Dieses versteht
sich aber nach französischer Art, deren Geschmack in der
Musik von dem Wälschen ganz unterschieden ist; und insgemein von den Liebhabern der italienischen Künste sehr verachtet wird.   Von Wälschen ist mir Metastasio bekannt,
der in seinen Werken viel geistliche und weltliche Cantaten
gemachet hat.   Die Engländer machen nicht eigentliche Cantaten in ihrer Sprache, sondern behelfen sich mit sogenannten Oden, die aber ganz dithyrambisch, in allerley kurzen und
langen Versen, und in ungleichen Strophen, durch einander
laufen: dergleichen ich von dem königl. Hofpoeten Cibber
auf des Königes Geburthstag verschiedene gesehen habe.
Wie sich nun ihre Tonkünstler bey der Composition verhalten mögen, weis ich nicht: vermuthlich aber, werden sie
einige Stellen davon wie Arien, andere schlechtweg, wie
Recitative setzen, und absingen lassen: wie es unsere Musikmeister machen, wenn sie bey akademischen Gelegenheiten
lateinische Oden in Noten setzen.   Wenn nun gleich Horaz
sehr darüber lachen würde, wenn er dergleichen Gesinge,
ohne Beobachtung der lateinischen Quantitäten, hören sollte:
so denken wir doch Wunder, wie schön solches klingt.   Doch
habe ich auch einmal ein englisches Singstück in Arien und
Recitativen von Händels Composition gesehen: welches aber
für die Schaubühne, als ein possirliches Intermezzo gemacht war; und also zum folgenden Hauptstücke
gehörte.

Des II. Abschnitts IV. Hauptstück.

Von Opern oder Singspielen,
Operetten und Zwischenspielen.

1. §.

Ich hätte mit dem vorigen Hauptstücke die singende Dicht-kunst beschließen können; wenn nicht die neuern Zeiten eine besondere Art der Schauspiele erdacht hätten, die man eine Opera nennet. Ihr erster Erfinder, soll, nach einiger Meynung, ein italiänischer Musikus, Cesti, am savoyschen Hofe gewesen seyn; der des Guarini treuen Schä-fer in die Musik gesetzt, und wo nicht ganz, doch zum we-nigsten größtentheils singend aufgeführet. Allein ich habe bey weiterer Untersuchung dieser Sache befunden, daß diese Erfindung noch etwas älter seyn muß. Dryden, ein engli-scher Poet, der selbst etliche Opern gemacht hat, hält dafür, die Italiener müßten den ersten Anlaß zur Erfindung der Opern, in den barbarischen Zeiten, als die Mauren noch in Spanien waren, bekommen haben. Denn diese pflegten solche Feste mit Singen und Tanzen und andern Lustbarkei-ten zu feyren. So verkleinerlich diese Meynung den Opern ist, so übel gefällt sie dem Verfasser eines englischen Buches, The Taste of the Town, or a Guide to all publick Di-versions, der uns in der ersten Abtheilung seines Werkes auch von der Oper in London einen Begriff beybringen will. Er will uns nämlich bereden, die Oper habe aus dem Cho-re der alten griechischen und römischen Trauerspiele ihren Ur-sprung genommen. Denn so wie man darinn eine große An-zahl Sänger auf die Schaubühne stellte, die zwischen den Aufzügen der Tragödien gewisse Oden singen mußten, die sich zu dem Vorhergehenden schickten: also wäre dieses die Veranlassung gewesen, ganze Stücke absingen zu lassen.

Ja, dieser Scribent geht gar so weit, daß er uns bereden will, die Odea der Athenienser und Römer, darinn sich die Musikanten zu üben pflegten, wenn ein neues Schauspiel aufgeführt werden sollte, wären nicht viel was anders, als Opernbühnen gewesen: und also hätten schon Griechen und Lateiner Opern gehabt.

.2. §. Allein diese Gedanken gehen wohl etwas zu weit, und der Verfolg wird lehren, daß diese Erfindung allerdings weit neuer sey. Niemand hat diese Untersuchung mit größerm Fleiße angestellet, als der berühmte Muratori, in der gelehrten Einleitung, zu dem von ihm zu Verona ans Licht gestellten Theatro Italiano, welches ohne Zweifel einem jeden ein Gnüge thun wird. Man kann auch den Verf. des kleinen Tractats dagegen halten, der ohne Benennung des Jahres, unter dem Titul, Le Glorie della Poesia et della Musica, nell esatta Notitia de Theatri della Citta di Venetia &c. ein Verzeichniß aller venet. Bühnen, Singspiele und ihrer Verfasser herausgegeben; oder auch den Auszug davon im VIII. B. des neuen Bücherf. der schön. Wiss. auf der 236. u. f. S. nachsehen. Mussato berichtet in der Vorrede des IX. Buchs de gestis Italorum, daß man auf den Schaubühnen die Thaten der Könige und Fürsten (cantilenarum modulatione) mit Liedern vorgetragen habe. So viel ich daraus sehen kann, wird man den Königen und Fürsten zu Ehren Lieder gesungen haben, wie schon die ältesten Völker gethan: aber daß man ganze dramatische Vorstellungen singend aufgeführet hätte, erhellet daraus noch im geringsten nicht. Sulpizio, der den Vitruv mit Noten herausgegeben, rühmet sich zwar, daß er in Rom 1480. zuerst gewiesen habe, wie man eine Tragödie singen solle. Ob dieses aber von einem eigentlichen Gesange, oder nur von einer natürlichen guten Aussprache zu verstehen sey? das ist abermal schwer auszumachen, wie Crescimbeni sehr wohl angemerket hat. Tristano Calchi erzählet in seiner Historie, daß man dem Herzoge zu Mayland Galeazzo, zu Tortona eine theatralische Vorstellung in Musik aufgeführet habe.

habe. Allein so viel ist gewiß, daß man im sechzehnten Jahrhunderte bloß Chöre der Tragödien musikalisch abgesungen habe; doch so, daß die rechten Unterredungen der spielenden Personen nur gesprochen worden. Endlich ist allererst im 1597. Jahre von einem Modeneser, Oratio Vecchi, auf eine bis dahin unerhörte Art alles, was die Komödianten zu reden haben, musikalich aufgeführet worden: so daß weder Pantalon, noch der Doctor, noch der spanische Capitain, noch die lustige Person davon ausgenommen worden.

5. §. Dieses Stück nun ist eigentlich für die erste wälsche Oper zu halten, und ist noch iso, unter die Noten gesetzt, in dem Vorrathe der Academia Filarmonica zu finden. In der Vorrede desselben bedienet sich der Verfasser der folgenden Worte: Non essendo questo accopiamento di Comedie & di Musica più stato fatto, ch'io mi sappia da altri, e forse non imaginato, farà facile aggiungere molte cose per dargli perfezzione; ed io devrò essere, se non lodato, almeno non biasimato dell' invenzione. Darauf sind nun viele andere diesem Exempel haufenweise gefolget, darunter aber Ottavio Rinuccini, ein Florentiner, mit seiner Euridice der erste gewesen; worauf noch die Daphne und Ariane von demselben Poeten gefolget. Im Anfange ist das Singen dieser Opern noch nicht sehr von der ordentlichen Aussprache abgegangen. Es hat weder die Handlungen noch die Worte unterbrochen, so daß man noch die ganze Schönheit der Ausdrückungen und Gedanken einsehen können, und die Poesie dabey nichts verlohren. Allein wie alle Dinge durch das Künsteln verschlimmert werden, so ist es auch mit diesen Singspielen gegangen. Allmählich hat sich die Oper mehr und mehr verwandelt, und dadurch, nach und nach beyde Künste; Musik und Poesie, aufs seltsamste verderbet. So weit geht nun die Erzählung, aus der Abhandlung des Herrn Muratori; und wie dieselbe mit aller möglichen Wahrscheinlichkeit versehen ist: also sehe ich nicht, was man weiter dabey verlangen kann, als wie diese Kunst, Opern zu machen, aus Wälschland in die übrigen europäi-

schen

schen Länder ausgebreitet worden. Wer dieses von den Franzosen wissen will, der darf nur St. Evremonds Komödie, Les Opera genannt, nachschlagen, die auch in meiner deutschen Schaubühne wiewohl auf das Hamburgische Theater gedeutet, anzutreffen ist.

4. §. Nach vielem Forschen in unsern alten deutschen Dichtern habe ich gefunden, daß unsere Landsleute, auch in diesem Stücke die Ehre der ersten Erfindung behaupten können. Ich sage dieses nicht; als ob es etwas großes und vortreffliches wäre, die Singspiele erfunden zu haben. Nein, wer meine geringe Neigung gegen diese Art theatralischer Vorstellungen kennet, wird mirs nicht zutrauen, daß ich eine so gar große Ehre darinn suchete, daß eben unsere Nation sie erfunden hätte. Ich will dieses nur anführen, um den Stolz der Ausländer zu demüthigen, die sich mit ihrem Witze soviel wissen, daß sie auch in schlechten Erfindungen mit seiner Fruchtbarkeit pralen, und ihre Nachbarn als dumme Klötzer und Erdschwämme verachten. Es sey also einmal, daß es eine Ehre sey, zuerst Singspiele gemachet und aufgeführet zu haben: so will ich zeigen, daß diese Ehre unsern deutschen Dichtern gebühre. Schon um Hans Sachsens Zeiten sind zu Nürnberg singende Fastnachtspiele aufgeführet worden. Ich sehe dieses aus Jacob Ayrern, der ihn in seinen letzten Jahren noch gekannt, und schon 1585. Frischlins Julius Cäsar und Cicero redivivus, deutsch übersetzt herausgegeben. Dieser hat unter andern sehr vielen Schauspielen, auch beynahe ein Dutzend singende Spiele, wie er sie nennet, abgefasset und hinterlassen. Sie stehen am Ende seines so betitelten Operis Theatrici, welches nach seinem Tode 1610 (wie die Jahrzahl am Ende ausweist) in fol. herausgekommen. Da dieß Werk nicht in jedermanns Händen ist, so will ich die Ueberschriften davon aufs genaueste hersetzen, um mir Glauben zu erwerben.

5. §. Das erste steht a. d. 137. S. und heißt: Ein schön singets Spiel, der verlarft Franciscus, mit der vene-

dischen

bischen jungen Wittfrauen, mit vier Personen, in des Rolands Thon. Ehrenfried geht ein und singt :

> Heut früh da thät ich schauen
> Ein weil zum Fenster nauß,
> Da sah ich ein Wittfrauen
> Tretten auß ihrem Hauß,
> Die hat viel junger Knaben,
> Die all warten um sie,
> Und sie wil keinen haben,
> Stelt sich, ich weiß nicht wie. rc.

Und auf eben die Art sind alle andere Strophen eingerichtet:
ob gleich nicht jede Person sie ganz, sondern bisweilen nur
eine, zwo oder drey Zeilen singet. Das folgende heißt
gleichfalls 2) ein schönes neues singets Spil, von einem un-
gerechten Juristen, der ein Münch worden, mit sechs Perf.
Im Thon: Lieb haben steht einem jeden frey. Anthoni der
Metzler geht ein, und singt rc. 3) Ein singets Spiel, von dreyen
bösen Weibern, denen weder Gott noch jre Männer recht
können thun, mit sechs Perf. im Thon, wie man den englischen Roland singt. 4) Ein schön singets Spiel, der For-
ster im Schmalzkübel, mit vier Perf. im Thon: Auß frischem
freyem Muth, Tantz du mein edles Blut. 5) Ein schönes
singets Spiel, von dem Knörren Cüntzlin, im Thon: Venus, du vnd dein Kind, seynd alle beyde blind. 6) Der
Münch im Keßkorb, im Thon, wie man den engl. Roland
singt. 7) Ein singets Spiel, der Wittenbergisch Magister
in der Narrenkappen, mit siben Personen. Im Thon, wie
man den Dillathey, oder Narr dummel dich, singt. 8) Von
etlichen närrischen Reden des Claus Narrn, im Thon, laß
vns ein Weil beyeinander bleiben. 9) Von dem Eulenspi-
gel, mit dem Kaufmann vnd Pfeifenmacher rc. in des engl.
Rolands Thon.

6. §. Nun schließe ich so: Hat Ayrer dergleichen singende Spiele gemachet, so hat er sonder Zweifel dergleichen
schon gesehen; die von Hans Sachsen, oder andern Meister Sängern in Nürnberg vor ihm gemachet, und gespielet

worden

736 Des II. Abschnitts IV. Hauptstück.

worden. Denn er meldet mit keinem Worte, daß er zuerst
auf diese Erfindung gekommen sey; welches er wohl gethan haben würde, wenn er der erste Erfinder gewesen
wäre. Allein gesetzt, er wäre es gewesen; so kann er wenigstens die Kunst von den Wälschen nicht gelernet haben: da das obige erste wälsche Singspiel erst 1597. gemachet worden. Deutschland hat also die Ehre, daß in
Nürnberg zuerst die Kunst erfunden und ausgeübet worden, ganze musikalische Vorstellungen auf der Bühne zu
sehen. Und ob sie gleich durchgehends nach einer Melodie
gesungen worden, wie andere Lieder: so thut dieß nichts
zur Sache. Denn wer weis, wie die erste wälsche Oper
ausgesehen hat? Alle Dinge sind im Anfange schlecht,
und einfach: allmählich geht man weiter. So ist z. E. des
Harlekins singender Hochzeitschmaus, den wir einzeln vielmal gedrucket haben, und den ich noch selbst habe singend
aufführen gesehen, schon etwas künstlicher, weil er aus
zweyerley Strophen besteht, und nach zweyerley Melodien
gesungen wird. Endlich hat man nach dem Muster der
Wälschen, auch durchgehends neue Noten zu den Versen gesetzet: und das ist, soviel mir bekannt, um Opizens Zeit,
bey seiner Daphne zuerst geschehen, welche Heinr. Schütze
bey einem fürstlichen Beylager 1627. musikalisch auf den
Schauplatz gebracht. Er gesteht es in der Vorrede selbst, daß
er dieses Drama mehrentheils aus dem Italienischen genommen. Nächst diesem weis ich keine ältere gedruckte Oper, als
David Schirmers triumphirenden Amor, in einem Singespiel zu Dresden vorgestellet 1652; den ich im II. Buche seiner
Rautengepüsche finde. Nächst diesem habe ich Amelinde oder
dy triumphirende Seele, wy sy nach vielerley Anfech-
tungen überwindet zc. dem Herz. August zu Braunschweig an seinem 79sten Geburtstage 1657. zu Wulfen-
Büttel vorgestellet.

7. §. Ich würde ein großes Register machen müssen,
wenn ich alle nachfolgende Operndichter in Deutschland erzählen wollte. In der oftermähnten Geschichte der theatralischen

lischen Dichtkunst, wird dieses ausführlich vorkommen.
Hier will ich nur anmerken, daß Dedekind um die Jahre
60 und 70 des vorigen Jahrhunderts, viel geistliche, Postel,
aber Feind, Hunold, (sonst Menantes) und König viel
weltliche Singspiele gemachet: unzähliger andern unbekannten Opernmacher zu geschweigen, die sich entweder gar nicht
genennet, oder doch nicht so berühmt geworden. In Lübeck sind, seit dem Anfange dieses Jahrhunderts, jährlich
geistliche Singspiele in der Hauptkirche abgesungen, aber
nicht dramatisch vorgestellet worden, die ich fast alle besitze;
und darunter verschiedene von den neuern, von sehr guten
Federn sind: z. E. von Herrn M. Langen, dem gelehrten
Conrector des dasizen Gymnasii. Sonderlich sind an dem
Hofe des Magdeb. Postul. Administratoris Herz. Augusts
zu Halle, imgleichen dem braunschweigischen, dresdnischen,
weißenfelsischen, barcuthischen und andern kleinen Höfen im
Reiche eine Menge solcher Opern, mit entsetzlichen Kosten
aufgeführet worden. In Wien hat man unter Leopolden,
Josephen, und Karl dem VI. jährlich eine sogenannte kai-
serliche Oper mit erstaunlichem Aufwande gespielet: zu geschweigen, was in Leipzig auf den drey Messen, und in
Hamburg für eine unglaubliche Menge derselben vorgestellet
worden: so lange die Bezauberung gewähret, in welche diese
Neuigkeit die Gemüther gesetzet hatte. Ich besitze von allen
diesen gedruckten Stücken fast vollkommene Sammlungen,
und könnte viel ungereimte Dinge daraus anführen, wenn
es Zeit und Raum erlaubete. In Frankreich hat man im
vorigen Jahrhunderte aus des Quinauts Opern sehr viel
gemachet, doch haben auch la Motte und Fontenelle
viel solche Stücke geliefert. Die Wälschen haben unter den
Neuern niemanden zu nennen, der es dem Abte Metallasio,
kaiserl. Hofpoeten zuvorthäte: zumal derselbe die alten Unordnungen seiner Vorgänger, so viel möglich, abzustellen
suchet.

8. §. Die Verse der Opern werden nach Art der Cantaten gemacht, und bestehen also aus Recitativen und Arien.

Crit. Dichtk.   Aaa   Der

Der Tonkünstler setzet dieselben nach seiner Phántasie; die Sänger lernen Text und Musik auswendig; die Schaubühne wird prächtig ausgezieret; und die ganze Vorstellung mit vielen Veränderungen und Maschinen abgewechselt. Der Vorhang öffnet sich mit einem Concerte der allerschönsten Instrumenten, die von den größten Meistern gespielet werden; und das ganze Singspiel wird mit einer beständigen Begleitung einiger schwächern Instrumenten erfüllet. Diese Kunst ist indessen in Frankreich noch unvollkommen gewesen, bis der berühmte Lulli die Musik auf einen ganz andern Fuß gesetzet hat. Dieser bemächtigte sich ihrer Opernbühne ganz und gar, und richtete alles nach seinem Kopfe ein. Die Poeten mußten nach seiner Pfeife tanzen, und solche Stücke ersinnen, darinnen sein viel buntes und seltsames ausgeführet werden konnte. Die Schaubühne mußte sich zum wenigsten in jeder Handlung ändern, bald einen güldenen Pallast, bald eine wilde See, bald Felsen und wüste Klippen, bald einen Garten, bald sonst eine bezauberte Gegend vorstellen. Es mußten viel Götter in allerhand Maschinen erscheinen: und sonderlich mußten die Arien dem Musikmeister viel Gelegenheit geben, seine Künste anzubringen. Dabey hub man fast alle Regeln der guten Trauer- und Lustspiele gänzlich auf. Es wurde nicht mehr auf die Erregung des Schreckens und Mitleidens, auch nicht auf die Verlachung menschlicher Thorheiten gesehen: sondern die phantastische Romanliebe behielt fast allein Platz. Die Einigkeit der Zeit und des Ortes wurde aus den Augen gesetzet; die Schreibart wurde hochtrabend und ausschweifend; die Charactere waren theils übel formiret, theils immer einerley, nämlich lauter untreue Seelen, seufzende Buhler, unerbittliche Schönen, verzweifelnde Liebhaber u. d. gl. Mit einem Worte, die Opera wurde ein ganz nagelneues Stück in der Poesie, davon sich bey den Alten wohl niemand hätte träumen lassen.

9. §. Ich habe bisher nur eine kurze Erzählung von der Oper gemachet; und meine Gedanken davon noch nicht gesagt.

ſaget. Allein aus dem obigen wird man leicht ſchließen können, was ich davon halte. Wenn nicht die Regeln der
ganzen Poeſie übern Haufen fallen ſollen, ſo muß ich mit
dem St. Evremond ſagen: Die Oper ſey das unge-
reimteſte Werk, das der menſchliche Verſtand jemals
erfunden hat. Ein jeder kann aus der Beſchreibung eines Gedichtes überhaupt den Beweis machen. Ein Ge-
dich', oder eine Fabel muß eine Nachahmung einer menſchlichen Handlung ſeyn, dadurch eine gewiſſe moraliſche Lehre
beſtätiget wird. Eine Nachahmung aber, die der Natur
nicht ähnlich iſt, tauget nichts: denn ihr ganzer Werth ent-
ſtehet von der Aehnlichkeit. Aus dieſer aber ſind alle die Regeln gefloſſen, die wir oben von der Schaubühne, ſowohl
für die Tragödie, als Komödie, gegeben haben. Dieſe
Regeln ſind aus der Natur ſelbſt genommen, durch den
Beyfall der größten Meiſter und Kenner von Schauſpielen
beſtärket, und bey den geſcheideſten Völkern gut geheißen
worden. Was alſo davon abweicht, das iſt unmöglich recht,
und wohl nachgeahmet. Wer ſieht aber nicht, daß die Oper
alle Fehler der oben beſchriebenen Schauſpiele zu ihren größten Schönheiten angenommen hat; und daß ſie ganz und gar
wegfallen, oder doch ihre vornehmſte Anmuth verlieren
würde, wenn man ſie davon befreyen wollte?

10. §. Einmal iſt es gewiß, daß die Handlungen und
dazu gehörigen Fabeln, mit den alten Ritterbüchern und
ſchlechten Romanen mehr Aehnlichkeit haben; als mit der
Natur, ſo, wie wir ſie vor Augen haben. Wenn wir eine
Oper in ihrem Zuſammenhange anſehen, ſo müſſen wir uns
einbilden, wir wären in einer andern Welt: ſo gar unnatürlich iſt alles. Die Leute denken, reden und handeln ganz
anders, als man im gemeinen Leben thut: und man würde
für närriſch angeſehen werden, wenn man im geringſten
Stücke ſo lebete, als es uns die Opern vorſtellen. Sie ſehen daher einer Zauberey viel ähnlicher, als der Wahrheit;
welche Ordnung und einen zulänglichen Grund in allen Stücken erfodert. Wo ſieht man im gemeinen Leben Leute, die

Aaa 2   einan-

einander als Götter anbethen; Liebhaber, die auf den
Knieen vor ihren Gebietherinnen liegen, und sich das Leben
nehmen wollen; Prinzen, die in Gestalt der Sklaven
in weitentlegene Länder ziehen, weil sie sich in den bloßen
Ruf von einer Schönheit verliebet haben; Könige, die ihre
Kronen, um eines schönen Weibes halber, verlassen, und
was dergleichen Phantasien mehr sind? Wo höret man die
gewöhnliche Opersprache, von Sternen und Sonnen, von
Felsenbrüsten und ätnagleichen Herzen, von verfluchten Ge-
burtsstunden, um eines scheelen Blickes wegen, und von
grausamen Donnerkeilen des unerbittlichen Verhängnisses,
welches eine verliebte Seele nur zu lauter Marter erkohren
hat? Alle diese Dinge sind uns so fremde, daß wir sie in
keiner Reisebeschreibung von Liliput für erträglich halten würden: und gleichwohl sollen sie in der Oper schön seyn. Ich
schweige noch der seltsamen Vereinbarung der Musik, mit
allen Worten der Redenden. Sie sprechen nicht mehr, wie
es die Natur ihrer Kehle, die Gewohnheit des Landes, die
Art der Gemüthsbewegungen und der Sachen, davon gehandelt wird, erfordert: sondern sie dehnen, erheben, und
vertiefen ihre Töne nach den Phantasien eines andern. Sie
lachen und weinen, husten und schnupfen nach Noten. Sie
schelten und klagen nach dem Tacte; und wenn sie sich aus
Verzweifelung das Leben nehmen, so verschieben sie ihre hel-
denmäßige That so lange, bis sie ihre Triller ausgeschlagen
haben. Wo ist doch das Vorbild dieser Nachahmungen?
Wo ist doch die Natur, mit der diese Fabeln eine Aehnlichkeit haben?

11. §. Ich weis es wohl, daß es hier und da große Liebhaber und Bewunderer der Opern giebt, die sie für das
Meisterstück der menschlichen Erfindungskraft; für einen
Zusammenfluß aller poetischen und musikalischen Schönheiten; für einen Sammelplatz aller ersinnlichen Ergetzlichkeiten
ansehen. Allein ich weis auch, daß alle diese Leute, die im
übrigen gar vernünftige und rechtschaffene Männer seyn kön-

nen, die wahren theatralifchen Regeln fich niemals bekannt
gemachet; oder diefelben doch nicht aus ihren Gründen hergeleitet gefehen. Sie halten derowegen in Sachen, die auf
die Luft ankommen, alles für willkührlich, und meynen, man
müffe es damit nicht fo genau nehmen. Was nur den Augen und Ohren gefiele, das wäre fchon gut: und man müßte
die Vernunft hier fchweigen heißen, wenn fie uns diefes
Vergnügens durch ihre kritifche Anmerkungen berauben
wollte. Alle diefe Vorftellungen aber heben meine obige
Gründe nicht auf: und ich kann mich nicht entfchließen, die
Oper für was natürliches, für eine gefchickte Nachahmung
menfchlicher Handlungen, oder überhaupt für was fchönes
zu erklären. Die Mufik an fich felbft ift zwar eine edle Gabe des Himmels: ich gebe es auch zu, daß die Componiften
viel Kunft in ihren Opern anzubringen pflegen; wiewohl fie
auch oft übel angebracht wird. Aber was die Poeten daran thun,
und überhaupt, die ganze Verbindung fo verfchiedener Sachen
taugt gar nichts. Ich fehe überdas die Opera fo an, wie fie
ift; nämlich als eine Beförderung der Wolluft, und Verder-
berinn guter Sitten. Die zärtlichften Töne, die geileften
Poefien, und die unzüchtigften Bewegungen der Opernhelden und ihrer verliebten Göttinnen bezaubern die unvorfichti-
gen Gemüther, und flößen ihnen ein Gift ein, welches ohnedem von fich felbft fchon Reizungen genug hat. Denn wie
wenige giebt es doch, die allen folchen Verfuchungen, die fie
auf einmal beftürmen, zugleich widerftehen können? So
wird die Weichlichkeit von Jugend auf in die Gemüther der
Leute gepflanzet, und wir werden den weibifchen Italienern
ähnlich, ehe wir es inne geworden, daß wir männliche Deut-
fche feyn follten. Eben diefer Meynung ift von Neuern der
Abt Gedoyn, der im VI. B. der Gefch. der parif. Akad.
der fchön. Wiff. nach der deutfch. Ausg. im XV. Art. a. d.
188. u. f. S. alfo davon fchreibt: Andern Theils, muß man
geftehen, daß unfere Oper, fie fey fo bezaubernd als fie wolle,
ein Schaufpiel ift, welches offenbar wider die Wahrfcheinlichkeit verftößt, die doch unter allen Regeln gerade diejenige

ift.

ist, so am meisten in Ehren gehalten werden soll. Man läßt darinnen Sachen singen, die gerade am mindesten zum Singen gemacht sind; alles, was den Verdruß, den Zorn, die Wuth, die Verzweifelung einflößt, ja sogar die Empfindung eines nahen Todes: und dieß ist ein so plumper Misbrauch, daß nichts, als eine lange Gewohnheit uns denselben erträglich machen kann. Die Liebe, diese gefährliche und tyrannische Leidenschaft, die einzige Liebe ist die Seele der Oper, und ihr ewiger Gegenstand. Man trägt darinnen die verderbtesten Regeln ungestraft vor, die nicht nur der Religion, sondern auch der gesunden Staatskunst schnurstracks zuwider laufen. Nach der Absicht eines wahren Dichters, muß eine jede dramatische Poesie sich vorsetzen, die Menschen in irgend einem Stücke zu bessern, und den Unterricht mit allen Annehmlichkeiten des Vergnügens vorzutragen. In der Oper aber ist das Vergnügen der einzige Zweck, den man sich vorsetzet; sie bringt auch keine andere Wirkung zuwege, als daß sie die Sinne bezaubert, die Seele weichlich macht, die Sitten verderbt, und ein ganzes Volk auf nichtige Dinge lenket. Man könnte noch hinzusetzen, daß die lange Weile, bey diesem ewigen Singen und bey den beständigen Symphonien, unvermeidlich ist, die das Wesen unserer Opern ausmachen. Denn das Auge wird zwar nicht des Sehens überdrüßig: aber das Ohr wird wohl des Hörens satt, insonderheit wenn dieselben Töne oft wiederkommen.,,

12. §. Es ist ohnedieß das Vorurtheil bey uns eingerissen, daß so gar die italienische Sprache in dem Halse eines Castraten viel besser klingt, als die deutsche. Daher machen die meisten Opern auch einen Mischmasch in der Mundart. Die Arien sind oft wälsch, und die Recitative bleiben deutsch. Eine und dieselbe Person singet zuweilen bald deutsch, bald italienisch; und ihre Zuschauer lassen sich weis machen, das klinge überaus schön, was sie doch nicht verstehen. Das ist aber nichts neues. Auch den deutschen Text versteht man, vor so vielen Trillern und künstlichen Veränderungen der Töne, in einer mäßigen Entfernung von der Schaubühne, schon nicht mehr; wo man nicht ein Buch hat, und sich durch das Lesen einhilft.

einhilft. Wenn man aber ins Buch sehen muß, so verliert man
ja das Vergnügen der Augen an der guten Vorstellung. So
ist denn die Oper ein bloßes Sinnenwerk: der Verstand und
das Herz bekommen nichts davon. Nur die Augen werden
geblendet; nur das Gehör wird gekützelt und betäubet: die
Vernunft aber muß man zu Hause lassen, wenn man in die
Oper geht, damit sie nicht etwa durch ein gar zu kützliches Urtheil, die ganze Lust unterbreche. Man will gemeiniglich eine
Oper eine musikalische Tragödie oder Komödie nennen. Allein
umsonst. Sie könnte vielleicht so heißen; wenn sie nach den
obigen Regeln der Alten eingerichtet wäre: aber man zeige mir
doch solche Opern! Wollte aber ja jemand eine von der Art
verfertigen: so würden auch die rechten Kenner derselben sie gewiß für ein schlechtes Stück in der Art erklären, und gegen alle
andere verachten. Man sehe hier was der kritische Musikus
hin und wieder, auf eine sehr gründliche Art von dieser Sache
geschrieben hat.

13. §. Bisher habe ich meine Gedanken von Opern mit
Gründen bestärket: nunmehr will ich mich wider diejenigen
auch mit Zeugnissen verwahren, die sich dadurch mehr, als
durch gute Beweisthümer einnehmen lassen. Denn ich bin zu
allem Glücke weder der erste, noch der einzige, der dieser Meynung von Opern beypflichtet. Mein erster Wehrmann sey also
St. Evremond, der einen eigenen Discurs über die Opern gemacht, und darinn seine Gedanken davon ausführlich entdeckt
hat. Er setzt gleich anfangs diese Beschreibung der Oper zum
Grunde: Sie sey ein ungereimter Mischmach von Poesie und
Musik, wo der Dichter und Componist sich sehr viel Mühe
machen, und einander die größte Gewalt anthun, ein sehr
elendes Werk zu Stande zu bringen. Nun kann man sich
leicht einbilden, was auf diesen Eingang für eine Abhandlung folgen werde. Es ist werth, daß ein jeder den ganzen
Discurs lese, weil er das stärkste ist, was ich wider die
Opern gefunden habe. Man kann ihn in den Schriften der
deutschen Gesellschaft auch übersetzt antreffen. Er ist aber
damit nicht zufrieden, daß er eine Kritik darüber geschrieben;

ſondern hat ſich gar die Mühe genommen, eine ganze Komödie zu machen, der er den Titel, les Opera, gegeben.
Seine Abſicht darinn iſt, nach dem Muſter des Cervantes
im Don Quixote, das Lächerliche der Opern empfindlich zu
machen: darum dichtet er, daß ein junges Frauenzimmer
in einer gewiſſen Stadt, aus dem beſtändigen Leſen der
Recueils des Opera, verrückt im Kopfe geworden, und,
anſtatt der gewöhnlichen Sprache, den Leuten lauter Opera-
rien vorgeſungen.   Der Knoten in der Fabel iſt dieſer, daß
ſie einen alten Officier zum Freyer bekömmt; dem ſie aber
in lauter galanten Liederchen den Korb giebt,   und ihren
Aeltern ſelbſt den Kopf mit ihrem Singen wüſte macht: indeſſen aber mit einem andern jungen Stutzer,   der ſich ihrer
Thorheit bequemete, und ihr auch lauter muſikaliſche Liebeserklärungen that, ganze Operſcenen von Kadmus und Hermio-
nen ſpielete. Wer dieſes alles deutſch leſen will, der ſchlage
den II Band meiner Schaubühne nach.   Ich bin verſichert,
daß der größte Opernfreund ſich, bey der Vorſtellung einer
ſolchen Komödie,   des Lachens nicht ſollte enthalten können.

14. §. Mein andrer Zeuge ſoll Racine ſeyn,   deſſen
Trauerſpiele uns gewiß einen hohen Begriff von ſeiner
Stärke in der Poeſie beybringen müſſen.   Die Gräfin von
Montespan und ihre Schweſter waren der Opern des Quinaut überdrüßig geworden, und bathen den König, doch
einmal durch den Racine dergleichen verfertigen zu laſſen.
Aus Uebereilung, oder vieleicht aus Ehrerbiethung, über-
nahm dieſer die Arbeit; und dachte nicht daran,   was er oft
gegen den Boileau geſagt hatte: Es ſey nicht möglich,
eine gute Oper zu machen; weil die Muſik zum Erzählen
ſich nicht ſchicket,   und die Gemüthsbewegungen nicht in
ihrer gehörigen Stärke abgeſchildert werden können; ja weil
endlich die wahrhaftig hohen und herzhafteſten Ausdruckun-
gen, nicht in die Muſik geſetzet werden können.   Dieſes
ſtellte ihm Boileau vor, als er ihm ſein Verſprechen eröffnete; und ungeachtet er demſelben Recht gab, ſo war es
doch nicht mehr Zeit umzukehren. Er fieng alſo an, von
dem

dem Falle **Phaetons** eine Oper zu schmieden, und las dem
Könige etliche Verse davon vor. Doch **Racine** arbeitete
mit Verdruß daran, und verlangte, **Boileau** sollte ihm
helfen, oder zum wenigsten den Vorredner machen. Dieser
wehrte sich, so viel ihm möglich war; that aber doch insgeheim einen Versuch, davon wir hernach hören werden. Indessen fuhr jener fort an seinem Werke zu arbeiten, und
Boileau stund ihm mit gutem Rathe bey; als zu allem
Glücke etwas darzwischen kam, und sie von dieser Quaal
befreyete. **Quinaut,** der vieleicht fürchtete, von diesen
grossen Meistern übertroffen zu werden, that dem Könige
mit Thränen einen Fußfall, und stellete ihm aufs beweg-
lichste vor; was ihm das für ein Schimpf seyn würde,
wenn er nicht mehr die Ehre hätte, für Seine Majestät zu
arbeiten: worauf der König aus Mitleiden, obgedachten
Damen zu verstehen gab; er könne dem armen Manne unmöglich den Verdruß wiederfahren lassen. Sic nos servavit
Apollo! ruft Boileau aus, da er diese kleine Geschichte erzählet und der gute Racine legte seine Oper mit Freuden an
die Seite: ja da man selbige auch nach seinem Tode nicht
einmal gefunden hat; so ist zu vermuthen, es habe derselbe,
aus Zärtlichkeit seines Gewissens, dieselbe gar unterdrücket.

15. §. Das dritte Zeugniß giebt **Boileau** selbst, der
nicht nur in dieser Erzählung, die ich von ihm habe, seinen
Abscheu vor den Opern genugsam entdecket; sondern auch in
eben dem Vorredner, den er aufzusetzen angefangen, seine
Meynung deutlich an den Tag gelegt hat. Er führt darinn
die Poesie und Musik redend ein, davon ich einen kleinen
Theil übersetzen will: **Die Poesie.** Was? glaubst du
durch eitle Accorden und ohnmächtige Töne alles das auszudrücken, was ich sage? **Die Musik.** Ja, ich glaube,
daß ich in die süßen Entzückungen, womit dich Apollo be-
geistert, die Süßigkeiten meiner Melodien einmischen könne.
Die Poesie. Ja, ja, bey dem Rande eines Brunnens
kannst du zwar, nebst mir, eine verliebte Marter beseufzen,
den Thirsis klagen, und Climenen ächzen lassen. Allein

wenn ich Helden und Götter reden lasse; so kann dein verwegnes Singen mir nichts, als einen eitlen Tact geben: darum schlage dir diese stolze Bemühung nur aus dem Sinne!
Die Musik. Ich verstehe aber die Kunst, deine seltsamsten Wunder noch schöner zu machen. Die Poesie. Man
mag alsdann deine Stimme nicht hören! Die Musik.
Vorzeiten haben ja Felsen und Wälder Ohren bekommen,
meine Töne zu hören. Die Poesie. Ach Schwester! genug;
wir müssen uns trennen. Ich will mich entfernen: und
dann laß einmal sehen, was du ohne mich ausrichten wirst. rc.
Hieraus ist nun leicht die Ursache zu errathen, warum dieser
grosse Kriticus in seiner Art Poetique, wo er aller übrigen
Gedichte gedenkt, an die Oper mit keiner Sylbe gedacht;
wohl aber in seinen Satiren den damaligen größten Opern-
schreiber Quinault ausgelacht hat:

La raison dit, Virgile, et la rime, Quinault.

16. §. Mein viertes Zeugniß giebt mir la Bruyere, in seinen Charactern Tom. I. p. 90. „Ich weis nicht, sagt er,
„wie es kömmt, daß die Opern, bey einer so vollkommenen Mu-
„sik und recht königlichen Unkosten, nichts anders, als Ekel
„und Verdruß bey mir gewirket haben. Es giebt Stellen in
„Opern, die mir ein Verlangen nach andern dergleichen er-
„wecken: oft aber entfährt mir der Wunsch; daß sie doch nur
„bald zum Ende wäre! Bloß aus Schuld der Schaubühne,
„der Vorstellung, und aus Mangel anziehender Sachen.
„Bis auf diesen Tag ist die Oper kein Gedicht, sondern ein
„Vers; ja nicht einmal ein Schauspiel, seitdem durch die
„Sparsamkeit Amphions (Lulli) und seiner Nachkommen,
„die Maschinen verschwunden sind: es ist ein Concert der
„Sängerstimmen, die durch Instrumente unterhalten werden.
Und auf der 93. Seite stellt er die Tragödie mit der Oper in
eine Vergleichung: um zu zeigen, daß diese letzte keine musikalische Tragödie heißen könne. „Ein tragisches Gedicht
„beklemmt einem gleich im Anfange das Herz, und läßt uns
„im Fortgange kaum die Zeit, Athem zu holen und wieder

mein Siameser, ihr scherzt; Wir wollen ja nur zusehen;
wir wollen nicht selber spielen. Das thut nichts, sprach
ich, kommt nur mit. Man hört daselbst übel, man sieht
nichts; aber es ist der theureste, und folglich der vornehmste
Platz. Indessen, weil ihr der Opern noch nicht gewohnt
seyd; so würdet ihr auf der Schaubühne auch das Vergnügen nicht haben, welches den Verlust des Schauspiels ersetzet.
Kommt also mit mir in eine Loge. Indessen, daß man jene
Leinwand aufziehet, will ich euch von den Ländern, die da-
hinter liegen, etwas erzählen. Die Oper ist, wie gesagt,
eine bezauberte Gegend. Es ist das Land der Verwandlungen. Man sieht da die allerschleunigsten. In einem
Augenblicke werden die Menschen zu Halbgöttern, und die
Göttinnen zu Menschen. Der Reisende ist daselbst der
Mühe überhoben, das Land durchzuziehen; denn die Länder
selbst reisen da vor seinen Augen. Hier kann man, ohne
von der Stelle zu weichen, von einem Ende der Erden bis
zum andern; von der Hölle zu den elysischen Feldern kommen.
Wird euch in einer abscheulichen Einöde die Zeit lang? Ihr
dörft nur pfeifen, so befindet ihr euch im Göttersaale. Pfeift
noch einmal, so seyd ihr in dem Lande der Hexen. Die
Hexen in der Oper bezaubern so gut, wie die andern. Allein
ihre Bezauberungen sind, bis auf die Schminke, ganz natürlich. Ungeachtet man seit vielen Jahren allerley Erzählungen von den Hexen der vergangenen Zeit gemacht hat;
so macht man doch noch viel mehrere von den Hexen der Oper.
Sie sind vielleicht nichts gewisser; aber sie sind viel wahrscheinlicher. Diese sind von Natur gutthätig: nur den
Reichthum theilen sie unter ihre Freunde nicht aus; sie behalten ihn für sich selbst. Wir wollen noch ein Wort von
den natürlichen Einwohnern der Opern sagen. Sie reden
nicht anders, als singend; sie gehen tanzend, und thun oft
beydes, wenn sie die wenigste Lust dazu haben. Sie gehorchen alle dem Meister des musikalischen Chors, einem
sehr unumschränkten Prinzen: der, wenn er seinen Zepter,
der aus einer Rolle Papier besteht, erhebt, oder sinken
läßt,

läßt, alle Bewegugen dieses wunderlichen Volkes regieret. Die Vernunft ist unter diesen Leuten sehr rar. Weil sie den Kopf ganz voller Musik haben; so denken sie lauter Lieder, und sprechen lauter Töne. Dem ohngeachtet haben sie die Tonkunst so hoch getrieben, daß sie aus Operbüchern vernünftig würden reden können, wenn nur die Vernunft in Noten könnte gebracht werden.,,

18. §. Endlich und zum sechsten will ich mich auf den sinnreichen Des Callieres beruffen; der, wie bekannt ist, Verfasser der Hilloire poetique de la Guerre entre les Anciens & les Modernes ist. Im eilften Buche beschreibt er das Entsetzen, welches Orpheus, Amphion und Arion über den fürchterlichen Namen des Lulli, in der prächtigen Beschreibung der Opern empfunden, die Perrault in seinem Gedichte, Le Siecle de Louis le grand, eingerücket hat. Orpheus will fast an seiner Kunst verzagen: aber ein italienischer Musikus, der kürzlich aus der Oberwelt gekommen, tröstet ihn wieder. Meynest du, sagt er, daß die meisten Menschen, die dem Lulli so begierig nachlaufen, sich besser auf die Musik verstehen, als die Bestien, die dich vormals begleiteten? Und müssen sie nicht recht dumm seyn, da sie unaufhörlich ihr Geld in die Oper tragen, um funfzigmal eben dasselbe zu hören? Ich verstehe das Handwerk, göttlicher Orpheus; drum sey getrost, ich werde dir zeigen: daß diese so berüchtigte Oper dasjenige gar nicht ist, wofür man sie ausgiebt. Hierauf fährt er fort, und gesteht zwar den französischen Symphonien eine große Schönheit zu: allein die poetischen Stücke, die man absinget, macht er desto ärger herunter. Er sagt, sie wären sehr übel ausgedacht, und schlecht eingerichtet, und würden von lauter schwachen Stimmen abgesungen; davon man aus zwanzigen nicht eine verstehen könnte, weil sie durch die Instrumente ganz erstickt würden. Das Geräusche davon wäre für den kleinen Ort, wo man sie spielete, so groß, daß man kaum ohne Kopfschmerzen und vielmaliges Gähnen, nach Hause käme, wenn man es drey Stunden lang gehöret hätte.

Indessen

Indessen liefe alle Welt hinein, um der Mode gemäß, etliche Stunden übel zuzubringen. Es wäre nichts eckelhaf-
ters, als die kläglichen Recitative anzuhören, die den größten Theil dieser Singspiele einnähmen: und der Musikus
sollte von rechtswegen die Zuschauer bezahlen, daß sie sich die
Geduld nehmen wollten, sich so lange plagen zu lassen. Die
Sänger und Sängerinnen erzählten auf eine ganz unnatürliche Art, nämlich singend, solche Abentheuer, die aller
Vernunft und Wahrscheinlichkeit zuwider liefen, keine Leidenschaften erregen könnten, und so schlecht gesetzt wären;
daß der elendeste Stümper aus dem Stegreife eben solche
Melodien erdenken könnte, als Lulli selbst in Noten gesetzt
hätte. Endlich merket er an, daß sich Lulli zum Meister
der ganzen Schaubühne aufgeworfen, und sich so gar den
Poeten unterwürfig gemacht hätte: anstatt daß sich die Musik billig nach den Gedanken des Dichters richten sollte.

19. §. Darauf erscheint Lulli selbst im Reiche der Todten, und redet den **Orpheus** dergestalt an: Ich habe längst
von dir reden hören, als von einem Meister in unserer Kunst.
Du sollst eine hübsche Leyer gespielet, und gar die Hölle damit bezaubert haben: allein nach reifer Ueberlegung dünkt
es mich, du habest deinen Ruhm nur durch gewisse Künste
erlanget. Was mich anlanget, so spiele ich eine Violine,
und componire so ziemlich. Wir wollen mit einander zur
Probe eine Oper spielen, die soll uns schon was einbringen.
Die Griechen werden ja so neugierig seyn, als die Franzosen.
An Poeten wird es uns nicht fehlen, die Verse zu machen.
Apollo soll seinen Parnaß zum Theater hergeben; der Pegasus muß zur Maschine dienen, etwas durch die Luft fliegen
zu lassen; die neun Musen sollen Sängerinnen abgeben!
Apollo mag auf der Leyer spielend, mit seinem glänzenden
Wagen vom Himmel herunter kommen, wie ich ihn sonst
schon bey Hofe vorgestellet habe. Man hat mir von einem
gewissen Pfeifer, der Königinn Klytemnestra etwas erzählt,
der auch dabey seyn muß. Ich möchte wissen, ob er so gut
spielt, als Des Coteaux. Er soll ja mit seiner Musik die

Keusch-

Keuſchheit des Frauenzimmers beförbert haben? Was mich
anlangt, ſo geſtehe ich es frey heraus, daß meine Sachen
gerade das Gegentheil gewirket; und daß ich, als ein nüß-
liches Werkzeug, an der Verderbung der Sitten meiner
Zeiten gearbeitet habe. Nichts deſto weniger verdienen ſie
eben den Ruhm, weil ſie ſich nach der Abſicht ihres Urhebers gerichtet haben. Ueber eine ſo ſeltſame Rede erſchrack
Orpheus; ſonderlich, daß er ſo verwegen von dem Apollo
und den Muſen geſprochen, und ſo gewinnſüchtig geweſen;
da er ſelbſt doch der bloßen Ehre halber gearbeitet hätte:
worauf Lulli ſie für Narren ſchimpft, und mit allerley närriſchen Poſituren davon läuft.

20. §. Ich habe nur einen gelinden Auszug von dem
weit ſcharfern Urtheile dieſes Kunſtrichters gemacht; wie ein
jeder, der es ſelbſt nachleſen· will, leicht ſehen wird. Zu
dieſen Zeugniſſen nun könnte ich noch ein ſiebentes hinzufügen,
welches alle vorige an Wichtigkeit übertrifft. Es iſt dieſes
des Muratori ſeines, der als ein Italiener, bey der Quelle
aller ſchönen Opern, in Wälſchland, zu Hauſe iſt, und ſie
als ein Poet und Kunſtrichter am beſten kennen muß. In
ſeiner Poeſia perfetta italiana, hat er ein paar lange Capitel
wider dieſelben eingeſchaltet: weil ich aber das eine davon
bereits in den VI B. der Kritiſchen Beyträge eingerücket
habe, ſo will ich mich bloß darauf beziehen, und meine Leſer
dahin verweiſen. Ich enthalte mich nunmehr noch, die
Zeugniſſe unſerer Landesleute, und darunter des berühmten
Neukirchs anzuführen, der in ſeinen Satiren, die in den
hankiſchen Gedichten ſtehen, oft auf eben den Schlag davon
geurtheilet hat. Ich gedenke auch des engliſchen Zuſchauers
nicht, der ſein Misfallen darüber in den erſten Theilen oft
zu verſtehen gegeben. S. d. 27. 65. 68. 87. und 135. S. der
Deutſch. Ueberſ. des I Bandes. Ich erwähne auch des ungenannten Verfaſſers von dem engliſchen Buche The Gent-
lemens Recreation nicht, der iü ſeinem poetiſchen Tractate
a. b. 23. S. das lächerliche Weſen der Oper gleichfalls abge-
malet: ſondern ich überlaſſe nunmehr einem jeden die freye

Wahl,

Wahl, ob er sich für, oder wider die Opern erklären wolle. Ich meines Theils habe für alle die geschickten und gelehrten Männer, die sich in diesem Stücke bey uns geübt haben, eine gebührende Hochachtung: ich erfreue mich aber mit dem großen Fenelon, dessen Gedanken von der Tragödie vorm I Bande meiner Schaubühne stehen, wenn das Operwesen theils so unvollkommen bleibt, theils in Deutschland mehr und mehr in Abnahme geräth. Das leipziger Operntheater ist seit vielen Jahren eingegangen, und das hamburgische hat gleichfalls nur neulich aufgehöret. Das braunschweigische liegt in den letzten Zügen, und es steht dahin, ob es jemals recht wieder in Flor kömmt. Auch in Halle und Weißenfels hat es vormals Operbühnen gegeben, andrer kleinen fürstlichen Höfe zu geschweigen; die aber alle allmählich ein Ende genommen haben. Dieses zeiget mir den zunehmenden guten Geschmack unsrer Landesleute, wozu ich ihnen Glück wünsche. Denn wären Liebhaber genug vorhanden gewesen, die einer solchen Lustbarkeit hätten beywohnen wollen: so würde man das Ende dieser Schaubühnen noch nicht gesehen haben. Dagegen sieht man, daß die guten Komödien und Tragödien täglich mehr und mehr Beyfall finden, und mit der Zeit allenthalben die Oberhand bekommen werden: wenn man nur erst großen Herren die gar zu große Liebe ausländischer Sprachen aus dem Sinne bringen wird. Das wird aber bloß auf unsre Poeten und Komödianten ankommen: deren jene, schöne, regelmäßige Stücke zu verfertigen; diese aber dieselben gehörig aufzuführen beflissen seyn müssen.

21. §. Nun habe ich es zwar, seitdem die erste Auflage dieses Buches heraus ist, gesehen, daß zweene gelehrte und geschickte Männer, und sehr gute Poeten unsers Vaterlandes, wider die bisher von mir behauptete Meynung von Opern geschrieben, und dieses Hauptstück von Opern zu widerlegen gesuchet haben. Der erste war Herr D. Hudemann, der damals noch in Hamburg lebete. Dieser wackere Mann gab bey seinen Gedichten auch eine Oper, und vor derselben

noch

noch' eine Vertheidigung der Singespiele, gegen meine Dichtkunst heraus. Ich hielt es für nöthig, einem so geschickten
und bescheidenen Gegner zu antworten; und that es wirklich
in den Beyträgen zur kritischen Hist. der D. Spr. P.
und Beredf. Was hätte mir aber angenehmers begegnen können, als daß diese meine Antwort so glücklich war, die Einwürfe meines gelehrten Widersachers gänzlich zu heben! Er
that mir solches in einem höflichen Schreiben selbst zu wissen,
und versicherte mich, daß er nunmehr völlig meiner Meynung wäre; ja, zum Zeichen seiner völligen Bekehrung von
der Oper zum Trauerspiele, selbst, seine Poesie der tragischen
Bühne zu gut brauchen wolle. Es hat auch derselbe wirklich Wort gehalten, und aus dem Racine die Phädra in
deutsche Verse übersetzet, auch nunmehr nebst einem eigenen
Stücke Diocletian ans Licht gestellet. Der freundschaft-
liche Briefwechsel, der seit der Zeit, zwischen diesem sinnreichen Dichter und mir, fortgedauret, ist mir desto angenehmer geworden, weil er aus einer Uneinigkeit in Meynungen
seinen Ursprung gehabt.

19. §. Mein anderer Gegner ist der Herr von Uffenbach,
gewesen, ein nicht minder scharfsinniger und lehrreicher Poet
in Frankfurt am Mayn, woselbst er auch wichtige Aemter
bekleidet. Auch dieser gelehrte Mann hatte seine Wider-
legung meines Hauptstückes von Opern der Sammlung seiner
Gedichte einverleibet; aber gleichfalls mit so vieler Höflichkeit
und Bescheidenheit die Feder geführet, daß ich demselben
die Antwort unmöglich schuldig bleiben konnte. Ich habe
sie gleichfalls in den kritischen Beyträgen der Welt bekannt
gemacht: und was wollte ich mehr wünschen, als daß ich
auch mit dieser Vertheidigung meiner Meynung von Singe-
spielen, eben so glücklich gewesen wäre, als mit der ersten.
Nun habe ich zwar noch keine Nachricht davon: doch weil
dieser gelehrte Mann weiter die Feder nicht angesetzet, und
mir gleichwohl durch einen dritten Mann die Ehre gethan,
mich begrüßen zu lassen: so glaube ich, daß der Unterscheid

xxxxxxxxxxxxxxxxxxxxxxxxxxxxxxxxxxx

Des II. Abschnitts V. Hauptstück.

Von Wirthschaften, Mummereyen, und Balletten.

1. §.

Eine große Verwandschaft mit den Opern haben die itzt benannten poetischen Erfindungen: nur mit dem Unterschiede, daß hier bey weitem nicht alles gesungen, sondern vieles nur geredet, vieles nur stumm vorgestellet, und vieles getanzet wird. Ich will von allem eine zulängliche Nachricht geben, und dadurch zeigen, daß große Herren auch in Ermangelung der Opern, bey ihren Höfen allerley Vergnügungen und poetische Lustbarkeiten anstellen können. Ich werde ihnen die Beyspiele ausländischer und einheimischer Fürsten vorhalten, die darinn ihre Vorgänger gewesen; ehe die Oper diese weit edlern Ergetzungen, daran die vornehmsten Leute selbst Theil nahmen, verdrungen. Denn sonder Zweifel vergnüget es fürstliche, gräfliche und adeliche Personen weit mehr, wenn sie Gelegenheit haben, selbst ihre Rollen, auf eine anständige Weise, mitzuspielen, und sich ihrem Character gemäß, mit ihrer Geschicklichkeit, vor einem ganzen Hofe zu zeigen; als wenn sie bloß müßige Zuschauer

einer

---

* Ueber die Gelehrsamkeit versteht der Kaiser auch die Musik, und läßt oft in seiner Hofcapelle Stücke von seiner eigenen Composition aufführen. Das ist auch die Ursache, warum er verschiedene Musicos, sonderlich Italiener unterhält, die sich dann wegen dieser Zuneigung bey verschiedenen Gelegenheiten sehr ungebührlich aufführen. Es ist mehr als einmal geschehen, daß, wenn sie sind beysammen gewesen, ein Concert zu halten, sie sich im Angesichte des Kaisers und ganzen Hofes geweigert, indem sie vorgegeben, sie würden nicht richtig bezahlet. ♦♦♦ Ich kann sagen, daß ich diese Fasten selbst ein Zeuge ihrer Ungezogenheit gewesen. Denn als ein solcher Halbmensch sich durch das Volk die Stiege hinauf dringen wollte, als eben ein musikalisches Oratorium gesungen ward, ungeachtet er keine Partie dabey zu singen hatte, wollte er einen fremden Cavalier, so ihm im Wege stund, fortstoßen, und wie ihm dieser nicht sogleich den verlangten Respect bezeigete, sagte er gleichsam dräuungsweise: Ego sum Antonius Manna, musicus Sacræ Cæsareæ Majestatis; gleich als wenn ihn diese

einer wälschen Castratenbande abgeben sollen; die durch den
erhaltenen Beyfall, und die großen Kosten, so man auf sie
wendet, so stolz wird, daß sie alle Hofleute hernach kaum
über die Achsel ansieht. Ich kann mich hier zwar auf die
tägliche Erfahrung beruffen; will aber doch aus vorigen
Zeiten einen Beweis anführen. Im 1705ten Jahre gab ein
Reisender von Adel, eine Relation vom Kaiserl. Hofe heraus,
die sehr wohl geschrieben ist, und unter andern auch der damaligen Opernhelden in Wien, ihre Sitten und Lebensart
abschildert. Weil das Buch nicht überall zu haben ist,
will ich ein Stück daraus meinen Lesern mittheilen. "

2. §. Was also die Wirthschaften betrifft, so hat es diese
Bewandniß damit. Große Herren wollen bisweilen zur
Lust, auch die Süßigkeit des Privatstandes schmecken; und
gleichsam, nach Art der Alten, Saturnalien feyren. Daher
verkleidet sich insgemein der regierende Herr und seine Gemahlinn, in einen gemeinen bürgerlichen Wirth, und in
eine Wirthinn, und die andern fürstlichen Personen, die man
etwa beehren und bewirthen will, in Gäste; ihre Hofbedienten aber in Hausknechte, Köche, Kellner, Diener, Küchen-
mägde, Hausmägde, Gärtnerinnen, auch wohl Bauermädchen.
Unter diesen angenommenen Gestalten, wird nun irgend entweder eine Hochzeit, oder nur sonst ein Gastmahl, welches
die Alten eine Wirthschaft nenneten, vorgestellt: jede Person

Bbb 3   aber

Meine Qualität gegen die ganze Welt
hätte schrecklich machen sollen. : : :
Wenn man aufrichtig sagen soll, was
man dabey gedenket, so ist man wahrhaftig nicht wenig gegen die Musikanten erbittert, und hat man zu Venedig und durch ganz Italien solche
empfindliche Gedanken über ihre Un-
bescheidenheit geführet: denn da sie
von dem gemeinsten Pöbel herstammen, von welchem man sie nimmt,
und sie hernach von großen Herren,
in Ansehung ihrer Stimme, gesuchet
und geliebkoset werden: so entreißt
sich ihr kleiner Verstand bey diesen

Gnadenbezeugungen, seiner Gränzen ꝛc.
Weil sie sich Geld verdienen, daß sie
als Leute von Stande leben können,
und einige Protection bey großen
Herren genießen, so unterstehen sie
sich, alle Leute ungestrafet zu beleidigen; ob sie gleich sonst mit allen Lastern
angefüllet sind, daraus sie sich noch
eine Ehre machen, um für Leute, die
etwas zu sagen haben, angesehen zu
werden. So redet man von den Mu-
sicis vom ersten Orden, und von den
Helden der Singe-Can - - die die
Gnade der großen Herren mißbrau-
chet.

xxx

Des II. Abschnitts V. Hauptstück.

Von Wirthschaften, Mummerey-
en, und Balletten.

1. §.

Eine große Verwandschaft mit den Opern haben die itzt benannten poetischen Erfindungen: nur mit dem Unterschiede, daß hier bey weitem nicht alles gesungen, sondern vieles nur geredet, vieles nur stumm vorgestellet, und vieles getanzet wird. Ich will von allem eine zulängliche Nachricht geben, und dadurch zeigen, daß große Herren auch in Ermangelung der Opern, bey ihren Höfen allerley Vergnügungen und poetische Lustbarkeiten anstellen können. Ich werde ihnen die Beyspiele ausländischer und einheimischer Fürsten vorhalten, die darinn ihre Vorgänger gewesen; ehe die Oper diese weit eblern Ergetzungen, daran die vornehmsten Leute selbst Theil nahmen, verdrungen. Denn sonder Zweifel vergnüget es fürstliche, gräfliche und adeliche Personen weit mehr, wenn sie Gelegenheit haben, selbst ihre Rollen, auf eine anständige Weise, mitzuspielen, und sich ihrem Character gemäß, mit ihrer Geschicklichkeit, vor einem ganzen Hofe zu zeigen; als wenn sie bloß müßige Zuschauer

einer

* Ueber die Gelehrsamkeit versteht der Kaiser auch die Musik, und läßt oft in seiner Hofcapelle Stücke von seiner eigenen Composition aufführen. Das ist auch die Ursache, warum er verschiedene Musicos, sonderlich Italiener unterhält, die sich dann wegen dieser Zuneigung bey verschiedenen Gelegenheiten sehr ungebührlich aufführen. Es ist mehr als einmal geschehen, daß, wenn sie sind beysammen gewesen, ein Concert zu halten, sie sich im Angesichte des Kaisers und ganzen Hofes geweigert, indem sie vorgegeben, sie würden nicht richtig bezahlet. ::: Ich kann sagen, daß ich diese Fasten selbst ein Zeuge ihrer Ungezogenheit gewesen. Denn als ein solcher Halbmensch sich durch das Volk die Stiege hinauf dringen wollte, als eben ein musikalisches Oratorium gesungen ward, ungeachtet er keine Partie dabey zu singen hatte, wollte er einen fremden Cavalier, so ihm im Wege stund, fortstoßen, und wie ihm dieser nicht sogleich den verlangten Respect bezeigte, sagte er gleichsam dräuungsweise: Ego sum Antonius Manna, musicus Sacræ Cæsareæ Majestatis; gleich als wenn ihn diese

einer wälschen Castratenbande abgeben sollen; die durch den
erhaltenen Beyfall, und die großen Kosten, so man auf sie
wendet, so stolz wird, daß sie alle Hofleute hernach kaum
über die Achsel ansieht. Ich kann mich hier zwar auf die
tägliche Erfahrung beruffen; will aber doch aus vorigen
Zeiten einen Beweis anführen. Im 1705ten Jahre gab ein
Reisender von Adel, eine Relation vom Kaiserl. Hofe heraus,
die sehr wohl geschrieben ist, und unter andern auch der damaligen Opernhelden in Wien, ihre Sitten und Lebensart
abschildert. Weil das Buch nicht überall zu haben ist,
will ich ein Stück daraus meinen Lesern mittheilen. "

2. §. Was also die Wirthschaften betrifft, so hat es diese
Bewandniß damit. Große Herren wollen bisweilen zur
Luft, auch die Süßigkeit des Privatstandes schmecken; und
gleichsam, nach Art der Alten, Saturnalien feyren. Daher
verkleidet sich insgemein der regierende Herr und seine Gemahlinn, in einen gemeinen bürgerlichen Wirth, und in
eine Wirthinn, und die andern fürstlichen Personen, die man
etwa beehren und bewirthen will, in Gäste; ihre Hofbedienten aber in Hausknechte, Köche, Kellner, Diener, Küchen-
mägde, Hausmägde, Gärtnerinnen, auch wohl Bauermädchen.
Unter diesen angenommenen Gestalten, wird nun irgend entweder eine Hochzeit, oder nur sonst ein Gastmahl, welches
die Alten eine Wirthschaft nenneten, vorgestellt: jede Person

Bbb 3   aber

kleine Qualität gegen die ganze Welt
hätte schrecklich machen sollen. : : :
Wenn man aufrichtig sagen soll, was
man dabey gedenket, so ist man wahrhaftig nicht wenig gegen die Musikanten erbittert, und hat man zu Venedig und durch ganz Italien solche
empfindliche Gedanken über ihre Un-
bescheidenheit geführet: denn da sie
von dem gemeinsten Pöbel herstammen, von welchem man sie nimmt,
und sie hernach von großen Herren,
in Ansehung ihrer Stimme, gesuchet
und geliebkoset werden: so entreißt
sich ihr kleiner Verstand bey diesen

Gnadenbezeugungen, seiner Gränzen re.
Weil sie sich Geld verdienen, daß sie
als Leute von Stande leben können,
und einige Protection bey großen
Herren genießen, so unterstehen sie
sich, alle Leute ungestrafet zu beleidigen; ob sie gleich sonst mit allen Lastern
angefüllet sind, daraus sie sich noch
eine Ehre machen, um für Leute, die
etwas zu sagen haben, angesehen zu
werden. So redet man von den Mu-
sicis vom ersten Orden, und von den
Helden der Singe-Can - - die die
Gnade der großen Herren mitbeca-
det.

aber pflegt irgend, auf des Poeten Angeben, gewisse Verse
bey Gelegenheit herzusagen. So finden wir z. E. in Ra=
nitzen dergleichen poetische Gedanken auf eine Wirthschaft,
die 1682, bey einer Wirthschaft in Berlin, eine Diane,
eine Sultaninn, der Sultan, der Schäfer, die Zigeunerinn,
die Mohren, der Hausknecht, der Charlatan, ein Jude
und zwo Jüdinnen, ein Pickelhering, eine Moscowiterinn,
eine Gärtnerinn, hersagen sollen. Eben dergleichen findet
man in Bessers Gedichten; wo bey dem Jahrmarkte und
der Masquerade, die der Churfürst Friedrich 1700. auf den
Geburthstag der Gemahlinn gefeyert, verschiedene vermummte
Damen als Quacksalber, Zigeunerinnen und Taschenspieler
vorgestellet, und redend eingeführet werden. Wollte man
nun gleich sagen, der Dichter habe nur diese zufälligen Ge=
danken über die also verkleideten Personen ausgelassen: so
sehe ich doch, daß sie alle ausdrücklich so aufgesetzt sind, daß
jede Person sie nach ihrem Character hat reden können, um
die Gesellschaft zu vergnügen. Z. E. Diana, die Zweifels=
fren von einer großen Prinzessinn, vieleicht der Churfürstinn
selbst vorgestellet worden, spricht:

> Wo hab ich mich verirrt? wo bin ich eingekehret?
> Warum ist dieser Ort so herrlich ausgerüst?
> Es scheinet, wo ich bin, daß auch mein Tempel ist,
> Weil hier so manches Volk, als Göttinn, mich verehret.

3. §. Sollte es jemanden bedünken, daß dieses schon eini=
germaßen zu den Mummereyen, oder Maskeraden gehöre;
so will ich nicht sehr zuwider seyn, und aus dem P. Me=
nestrier, ein altes Muster einer schönen Verkleidung an=
führen, welches in Wälschland, gegen das Ende des XV.
Jahrhunderts von dem Bergonzo Botta, einem Lombardi=
schen von Adel zu Tortona, dem Herzoge von Meyland,
Joh. Galeazzo, zu Ehren, bey dessen Beylager mit der Prin=
zessinn Isabella von Arragonien, vorgestellet worden. Als
alles bey der Tafel saß: so ward keine Schüssel aufgetragen,
dabey nicht eine vermummte Person, mit einem Gedich=
te, Liede, oder einer Fabel aus dem Alterthume erschien.
Z. E.

3. §. Jason brachte das goldne Vließ aus Kolchis. Mercur erzählte, mit was für List er dem Apollo, der des Admetus Vieh weidete, ein Kalb gestohlen, um dieser Mahlzeit das Gebratene zu liefern. Diana brachte den in einen Hirsch verwandelten Actäon geführet, und nachdem sie die Ursache ihres Zornes erkläret, schloß sie für ein Wild, das aus einem Menschen entstanden wäre, sey kein würdiger Grab, als der Durchl. Braut Magen, zu ersinnen. Orpheus kam, und sagte, als er auf dem apenninischen Gebirge den Verlust seiner Euridice beweinet, und von diesem prächtigen Beylager gehöret, wären zu dem Klange seiner Leyer die leckersten Vögel herzu geflogen, die er hiermit zur Tafel liefern wollte. Atalanta brachte des kalydonischen Ebers Kopf, den sie so viel Jahrhunderte aufbewahret hätte, zu diesem Feste; und gestund, daß sie der Durchl. Braut an Schönheit gern weichen wollte. Als ein gekochter Pfau aufgetragen ward, kam Iris, der Juno Vorläuferinn, die einen Wagen führte, der von Pfauen gezogen ward; und Argus trug die Schüssel. Theseus brachte das übrige von dem Eber; Hebe, Jupiters Mundschenkinn, trug das Confect auf, und sagte, daß es Ambrosia von der Göttertafel wäre. Arkadische Schäfer brachten Käse und Milchspeisen, die Pan selbst zubereitet hätte. Vertumnus und Pomona brachten Früchte, und sagten, sie hätten mit Fleiß ihre Zeitigung beschleuniget. Die Najaden und Flußgötter, brachten Fische, Austern und Muscheln. Ulysses endlich brachte eine Sirene geführet, die er gefangen hätte, um sie der fürstlichen Braut zu schenken.

4. §. Als die Tafel aufgehoben war, kam Orpheus in griechischer Tracht, und foderte den Hymen singend auf. Dieser erschien, von einem Schwarme kleiner Liebesgötter begleitet, die wechselsweise ein Brautlied sungen! Die drey Gratien mit einem Gürtel umgeben, erschienen im Dreyecke, und dreheten sich geschicklich in die Runde, wobey die letzte artige Verse gegen die Braut hersagte. Die eheliche Treue folgte in einem schneeweißen Kleide, und trug ein weißes Häschen in der Rechten, und ein Halsband von

Jason

Jaspis in der Linken: womit sie sich der Braut zu eigen wid-
mete. Hierauf kam Merkur vom Himmel geflogen, und
brachte die Fama geführet. Diese ward vom Virgil an
einer, und dem Livius an der andern Seite begleitet, und
erklärte ihr Amt, in ewiger Ausbreitung alles Guten und
Bösen. Virgil sagte darauf ein lateinisches Gedicht her.
Nun erschien Semiramis, von einem Schwarme unzüch-
tiger Weiber, Helena, Medea, Kleopatra, begleitet; die,
aber, als sie ihre Schandthaten erzählen wollten, von der
ehelichen Treue bestrafet, und auf ihren Befehl von den Lie-
besgöttern mit ihren brennenden Fackeln, womit sie ihre
Kleider ansteckten, hinausgetrieben wurden. Nun erschien
ein Chor ehrbarer Frauen; Penelope, Lucretia, Tomyris,
Judith, Portia, Sulpitia, die alle mit Versen die Tugend
priesen, und die Prinzeßinn Isabella lobten. Zum Beschlusse kam noch ein betrunkener Silen auf seinem Esel ins
Zimmer geritten, der so lange herumtaumelte, bis er vom
Esel fiel, und der ganzen Vorstellung ein lustiges Ende
machete. Nun urtheile man, ob wohl was sinnreichers und
artigers ausgedacht werden kann, als dergleichen maskirte
Vorstellung, darinn sich Erfindung, Witz und Pracht zugleich gezeiget, und so zu reden, die ganze Dichtkunst ihre
Reichthümer erschöpfet hat, ein Beylager zu verehren.

5. §. Doch ich muß noch eins anführen, welches der
engl. Aufseher im II. Bande, im 115. St. aus dem Strada
genommen, und beschrieben hat. Dieses ist Pabst Leo dem X.
zu Ehren aufgeführet worden: ich will es aber mit den
eigenen Worten der Uebersetzerinn hier einrücken:

Man weis überall, daß Pabst Leo der Zehnte ein großer Gönner der Gelehrsamkeit gewesen, und bey den Ausführungen, Gesprächen und Disputationen der besten Schriftsteller seiner Zeit zugegen zu seyn pflegte. Auf diesen Grund erzählet Strada folgendes:
Als dieser Pabst auf seinem Lusthause gewesen, welches auf einer
Höhe an dem Ufer der Tiber gelegen, so hätten die Dichter folgendes
Schauspiel zu seiner Ergetzung ausgesonnen. Sie haben einen hohen
schwimmenden Berg gemacht, der gleich dem Parnaß, auf der Spitze
gespalten gewesen. An diesem waren verschiedene Merkmaale, daß er

zur

zur Wohnung der epischen Poeten bestimmt wäre. Von allen Musen
erschien die einzige Calliope. Der Berg war von oben bis unten mit
Lorberwäldern bedeckt. Pegasus erschien an der Seite des Berges,
nebst einem Flusse, der aus seinem Hufe entsprang. Dieser schwim=
mende Parnaß floß unter dem Klange der Trompeten den Fluß hin=
unter, und zwar in einer Art von epischem Maaße; denn er ward
mit sechs Schrauben, drey an jeder Seite, fortgezogen, die durch
ihre beständige Bewegung diese Maschine bis vor den Pabst führeten.

Die Ebenbilder der alten Poeten waren auf solche Plätze gestellet,
die eines jeglichen Charactere gemäß waren. Statius stund auf der
höchsten von den zwo Spitzen, die als ein Abgrund gebildet war, und
über den übrigen Theil des Berges auf eine schreckliche Art hing, so daß
die Leute ihn mit eben dem Entsetzen, und mit derselben Begierde ansa=
hen, als sie einem kühnen Seiltänzer zusehen, von dem sie alle Au=
genblicke fürchten, er werde fallen.

Claudian saß auf dem andern Hügel, der etwas niedriger, und
zugleich etwas ebener und gleicher war, als der vorige. Man sah auch
daß er fruchtbarer war, und an einigen Orten Gewächse hatte, die in
Italien unbekannt und von der Art sind, die die Gärtner ausländisch
nennen.

Lucretius war mit dem Fusse des Berges sehr beschäfftiget, indem
er lediglich auf die Bewegung und Einrichtung dieser Maschine acht gab,
welche unter seiner Aufsicht stund, und auch wirklich von ihm erfunden
war. Er war zuweilen in das Schraubwerk so sehr vertieft, und mit
Maschinen bedeckt, daß nicht viel über die Hälfte des Dichters den Zu=
schauern sichtbar blieb, ungeachtet zu anderer Zeit, wenn das Uhrwerk
gieng, er mit erhoben und so sichtbar ward, als seine Mitbrüder.

Ovidius hielt sich an keinen festen Ort, sondern flatterte über den
ganzen Parnaß mit großer Behendigkeit und Flüchtigkeit. Da er nun
nicht viel nach der Arbeit und Mühe fragte, welche erfodert ward, um
auf den obern Theil des Gipfels zu kommen, so schwärmte er beständig
an dessen Boden herum.

Keiner aber stund auf einem höhern Orte, und hatte eine größere
Aussicht vor sich, als Lucan. Er sprang auf den Pegasus gleich dem
hitzigen und unerschrockensten Jünglinge, und schien begierig zu seyn,
auf dessen Rücken bis in die Wolken zu dringen. Da aber die Hinter=
beine des Thieres im Berge steckten, indem der übrige Leib sich in freyer
Luft aufbäumte, so erhielt sich der Dichter mit genauer Noth, daß er
nicht hinunter glitte: so daß das Volk ihn auch schon oftmals aufgab,
und alle Augenblicke aufschrie, er fiele bereits.

Virgil, dessen Blicke sehr bescheiden waren, saß neben der Kallio=
pe, mitten in dem Lorberwäldchen, welches dick um ihn herum wuchs,
und ihn fast mit seinem Schatten verdeckte. Er wollte in dieser Einge=

zogen=

zogenheit fast nicht einmal gesehen seyn: allein es war unmöglich, die Kalliope zu sehen, ohne zugleich auch den Virgil zu erblicken.

Kaum war diese poetische Mummerey vor des Pabstes Lusthause angekommen, als sie auf das Land gebethen ward, welches sie auch that. Der Saal, so zu ihrer Aufnahme zubereitet war, erfüllte eine Versammlung von den vornehmsten Personen an Stande und Artigkeit. Die Dichter satzten sich, und lasen jeglicher ein Gedicht in der Schreibart, und mit demselben Schwunge vor, als die unsterblichen Dichter würden gethan haben, deren Stelle sie vertraten.

6. §. Noch ein ausländisches muß ich aus dem Crescimbeni anführen. Als im vorigen Jahrhunderte der Herzog von Braunschweig, zu Venedig war, ward ihm zu Ehren folgendes vorgestellet. Auf dem großen Canale kam ein ungeheurer Wallfisch geschwommen, auf welchem Morpheus der Gott des Schlafes saß, und ein Lied absang. Hierauf eröffnete sich das Ungeheuer, und verwandelte sich in einen Hügel, der eine Art der elysischen Felder, oder die Gärten der Hesperiden vorstellete, darinn alle Bäume voller Lampen waren, dazwischen man die schönsten Früchte sah. Darunter sah man auf dem Hügel in theatralischen Kleidungen ein kleines Drama aufführen, und mit einer schönen Musik beschließen. Ich schweige vieler andern, die zu Parma, Rom und Florenz vorgestellet worden. Ja man hat von solchen Mummereyen ein ganzes Buch, unter dem Titel Canti Cornascialesci, welches Grazini 1559. herausgegeben. Allein auch unsre Deutschen haben es an dergleichen Erfindungen nicht fehlen lassen. In David Schirmers Rautengepüsche von 1657. finde ich ein Drama, oder Liebesspiel der Nymphen und Satyren, darinn Nymphen, Satyren, Amuretten, Diana, und Jäger vorkommen, und in etlichen Auftritten ihre Personen spielen. Eben dahin rechne ich Georg Neumarks Gesprächspiel vom Lobe und den Gemüthsgaben Herzog Wilhelms des IV. zu Sachsen Weimar, welches an dessen 61sten Geb. Tage 1659. in einem theatralischen Aufzuge vorgestellet worden. Imgleichen den lobwürdigen Kadmus der 1663. in Kopenhagen, dem König von Dännemark Friedrich dem III. und der Königinn zu Ehren, von Adam Fr. Wernern, im Deutschen aufgeführ-

geführet worden; und noch ein anders, das eben daselbst und
in eben dem Jahre, dem Churfürsten zu Sachsen, seiner Gemahlinn und seinem Churprinzen zu Ehren, unter dem Titel
Masquerada, die Waldlust, vorgestellet, und zu Kopenhagen gedruckt worden. In Morhofs Gedichten findet sich
endlich auch eine Masquerade auf des Herzogs von Holstein
Geburtstag 1669, den 3. Febr. die man a. d. 157. S. bey ihm
nachlesen kann.

7. §. In etwas neuerer Zeit hat Besser zu Berlin bey
großen Feuerlichkeiten, eben dergleichen versuchet. Er nennt
das eine, das 1696. der verw. Churfürstinn zu Sachsen, Eleo-
noren, zu Ehren angestellet worden, Florens Frühlings-
fest. Darinn hat die Churfürstinn selbst die Flora vorgestellet; Marggraf Albrecht hat selbst einen Schäfer, der Chur-
prinz, Fr. Wilhelm, den Cupido; andere Vornehme haben
den Vertumnus, die Diana, den Silvan, die Pales, die
Gratien, den Merkur, die Venus, den Mars, Schäfer und
Schäferinnen vorgestellet; und viele Tänze haben das Spiel
abgewechselt. Eben dergleichen scheint mir der Triumph der
Liebe zu seyn; der 1700. an dem Beylagersfeste des damaligen Hessencasselischen Erbprinzen, und nachmaligen Königes
von Schweden, Friedrichs, mit einer brandenb. Prinzeßinn,
zwar als eine Tafelmusik aufgeführet worden, aber sich weit
besser zu einer Verkleidung fürstlicher Personen geschicket
hätte. Denn es ist ein Gespräch zwischen Peleus und Thetis,
und ein Chor von Flußgöttern und Najaden stimmen mit
ein; und alle thun Wünsche an das neue Paar. Endlich
finde ich auch im Heräus dergleichen Erfindung, da er 1702.
auf den Geb. Tag der Fürstinn von Sondershausen eine solche Masquerade, durch etliche kleine Prinzen aufführen lassen, deren einer den Cupido, der andere den Apollo vorgestellet. Dieses sind die Muster, die ich vor Augen gehabt,
als ich vor einem Jahre für die durchl. Kaiserl. junge Herrschaft in Wien, ein kurzes Götterdrama aufsetzete, um selbiges an Ihrer Kaiserl. Königl. Maj. Hohem Namenstage
vorstellen zu lassen: wie man im II. B. meiner Gedichte finden
wird. 8. §.

8. §. Es ist Zeit, auf die Ballete zu kommen, welches künstliche, aus vielen Personen bestehende, und mehrentheils dramatische, d. i. etwas vorstellende und bedeutende Tänze sind. Denn gesetzt nun, daß die obigen Wirthschaften und Verkleidungen, an manchen Höfen nicht Beyfall fänden; oder wegen der Mühe im Auswendiglernen und Vorstellen, die dabey auch vornehme Personen trifft, sich nicht gar zu oft brauchen ließen: so darf man deswegen doch noch nicht zu den Opern seine Zuflucht nehmen. Denn fraget man mich: Was sollen aber große Herren zu ihrer Ergetzung, bey großen Solennitäten, für Lustbarkeiten anstellen? Oder sollen sie denn an Pracht und Kostbarkeit vor gemeinen Bürgern nichts voraus haben? so antworte ich erstlich: ein gutes Trauerspiel kann mit eben solcher Pracht aufgeführet werden, als ein Singespiel, wenn man nur an Verzierung und Erleuchtung der Schaubühne, an den Kleidungen der Komödianten, an der Musik, und an Tänzen, die zwischen den Aufzügen eingeschaltet werden, nichts sparen will. So habe ich zu unsers hochseligen Königs Augusts Zeiten, die französischen Trauerspiele, auf dem dreßdenischen Opertheater im Zwinger, vielmals aufführen sehen: und so ist auch mein sterbender Cato, auf der braunschweigischen großen Schaubühne, vor des hochseligen Herzogs Ludwigs Rudolphs Durchl. mehrmals von der neuberischen Gesellschaft aufgeführt worden. Doch gesetzt, man wollte noch etwas anders auf der Schaubühne haben, dabey mehr Musik, und mehr Vorstellungen vorkämen: so kann schon Rath dazu werden, ohne zu den Opern seine Zuflucht zu nehmen. Man erfinde doch nur künstliche Ballete, nach der Art der alten Griechen, und neuern Franzosen. Diese werden zu der größten Pracht in Verkleidungen, zu neuen und seltenen Verzierungen der Schaubühne, zu vielen musikalischen Compositionen, und recht sinnreichen allegorischen Tänzen Gelegenheit an die Hand geben.

9. §. Der gelehrte Menestrier hat im Französischen einen sehr schönen Tractat, des Ballets Anciens et modernes,

nes, selon les Regles du Theatre, geschrieben. Diesen
preise ich allen denen an, die etwas zur Vergnügung großer
Herren erfinden wollen, das neu ist, und in die Augen fällt.
Wir haben auch in Deutschland schon Proben davon gese=
hen. Vom 1661. Jahre habe ich ein gedrucktes Ballet von
des Orpheus und der Euridice Trauergeschichte, ohne
Ort und Verfasser. Am Bayreuthischen Hofe ist 1662. ein
Ballet der Natur mit ihren vier Elementen, der Markgräfinn
zu Ehren vorgestellet; und 1665. zu Dresden von Chyträus,
auf eben diese Markgräfinn, ein Ballet der Elbe aufgeführet
worden. Eben daselbst ist 1667. das Ballet der Glückseelig=
keit von Schirmern entworfen, und theils einzeln, theils
in seinem Rautenzepüsche gedrucket worden: und das Jahr
darauf hat Morhof vor den Herzog von Holstein eins an=
gegeben, wie in seinen Gedichten a. d. 135. u. f. S. zu lesen
ist. Wer kann alle übrige erzählen, die ich auch selbst ge=
druckt besitze? Nur Bessern und den Heräus kann ich nicht
vergessen, deren jener am Berlinischen, dieser am Sonders=
häusischen Hofe dergleichen angegeben. S. die 208. S. sei=
ner Gedichte. Was Moliere hierinn für Erfindungen ge=
habt, wird einem jeden aus seinen Schriften bekannt seyn:
wiewohl ich zweifle, ob alle die angeführten Stücke, nach
Menestriers Regeln die Probe halten dörften.

10. §. Und von diesem schönen Werke einen kleinen
Vorschmack, und denen, die zur Erfindung solcher Tanze Ge=
legenheit haben sollten, eine kleine Anleitung dazu zu geben;
will ich einen kurzen Auszug aus demselben geben. Ich
halte mich aber bey der Historie des Tanzens nicht auf. Ein
jeder weis, daß es sehr alt ist. Die Schwester des Moses
tanzte mit allen israelitischen Weibern nach dem Durchgange
durchs rothe Meer, und sang dazu. Die Töchter von Siloh
hatten ein jährliches Fest, da sie tanzten. David tanzte vor
der Bundeslade, und vorhin hatten alle jüdische Weiber ge=
tanzet, als derselbe den Philister Goliath geschlagen hatte.
Dieses waren nun fast lauter andächtige und religiöse Tänze.

Eben

Eben so haben die heidnischen Völker bey ihrem Gottesdienste allerley Tänze eingeführt gehabt; ja sie sind auch in der ersten Kirche an vielen Orten gewöhnlich gewesen, wo man sie in dem Chore der Kirchen, der, wie man noch itzo in Deutschland sieht, als eine Schaubühne erhaben war, gehalten; bis sie vieler Misbräuche halber abgeschaffet worden. Die alten Kirchenväter haben wider die theatralischen Tänze der Heiden geeifert; nicht weil sie Tänze waren; sondern weil sie sehr freche und üppige Tänze waren, die ein großes Aergerniß gaben. Von solchen ungeistlichen Tänzen aber ist hier gar nicht die Rede, wenn wir von den Balleten handeln: und also darf man gar nicht besorgen, daß dadurch das Heidenthum mit seinen Schandbarkeiten wieder eingeführet werden würde.

11. §. Wir wollen uns auch bey denen Tänzen nicht aufhalten, die nach den besten alten Dichtern, den heidnischen Gottheiten beygelegt worden. Beym Athenäus tanzet einmal Jupiter selbst. Pindarus nennt den Apollo einen Tänzer: Virgil läßt Dianen mit ihren Nymphen an dem Flusse Eurotas tanzen. Apulejus sagt, Venus habe auf der Psyche Hochzeit getanzet; und Horaz meldet, sie habe es bey Mondenscheine, in Gesellschaft der Grazien, auch einander mal gethan. Bacchus soll in Indien getanzt haben. Hesiodus läßt die Musen um den Altar Apollons vor Sonnenaufgange tanzen. In einer Idylle des Theokritus tanzen die Nymphen der Brunnen; und im Virgil tanzen auch die aus den Schiffen verwandelten Seenymphen um den Aeneas her. Alles dieses führe ich an, um zu zeigen, daß man nach der Wahrscheinlichkeit der alten Fabeln, auch die Götter könne tanzen lassen: denn diese mythologischen Personen haben an unsern Ballets einen großen Antheil: und so sparsam sie in den Trauerspielen statt haben, so häufig können sie in diesen Tanzspielen vorkommen. Ja in Ermangelung bequemer Gottheiten, kann man sich allegorische Personen dichten, und sie tanzend aufführen. Z. E. Die Jahreszeiten, die Welttheile, die Schutzgeister der Länder und Völker,

die

die Monate, die vier Winde, die sieben Planeten, die Stunden des Tages und der Nacht, die himmlischen Zeichen, die Tugenden und Laster, die Wissenschaften und Künste; kurz, alles was ein Poet, durch eine Personendichtung redend einführen kann, das kann auch in einem solchen Tanzspiele, tanzend vorgestellet werden.

12. §. Wie nun ein jeder hieraus sieht, daß es bey diesen unsern Tänzen nicht nur auf die Figuren der Tänze allein, sondern auch auf die tanzenden Personen ankömmt: also muß ich auch gleich anfänglich erinnern, daß alle die Tanzspiele allegorische und bedeutende, d. i. wie man itzo spricht, pantomimische Tänze in sich halten müssen. Fragt man nun, was denn diese Tänze bedeuten können und sollen? So antworte ich; erstlich eine Verehrung vornehmer Personen, an deren Festtagen sie aufgeführet werden: denn die Alten glaubten, daß das Tanzen eine Art des Gottesdienstes wäre, welche den Göttern sehr gefällig seyn müßte. Man meynt, dieses habe seinen Ursprung, aus der Meynung des Pythagoras, der dafür gehalten, daß Gott eine Harmonie, (Numerus) oder ein Tact, das ist ein abgemessenes, sehr wohl übereinstimmendes Wesen sey. Dem sey nun wie ihm wolle: so haben doch fast alle Völker bey ihrem Gottesdienste Musiken und Tänze gehabt; diejenigen Gottheiten zu verehren, denen die Feste geweihet waren. Daher ward auch in allen wohlbestellten Republiken die Jugend zum Tanzen angeführet, theils daß sie geschickt, theils daß sie stark von Leibe werden möchte: denn es gab auch martialische Tänze, die mit voller Rüstung, oder doch mit einigen Waffen geschahen. Selbst die lacedämonische Jugend war davon nicht ausgenommen: und die größten Helden haben solche Tänze theils geliebet, theils mitgemachet; wie die Exempel Merions aus Creta, des Ulysses, des Antiochus, des Polysperchon, des Philippus, Alexanders Vater, des Epaminondas, des Scipio, u. a. m. zeigen.

13. §. Doch unsre Tanzspiele sollen nicht nur bloße Tänze, sondern Allegorien, und redende Bilder gewisser Dinge

seyn.

seyn. Lucianus will das erste Muster solcher Ballete in
der Bewegung der Sterne und Planeten finden, die mit
der schönsten Harmonie geschieht: und es wäre nicht unmöglich, solche planetische Tänze, welche die berühmten
Weltordnungen vorstelleten, aufzuführen; wie Postel in
seinem Wittekind schon gedichtet hat. Die Aegyptier sind
die ersten Erfinder hieroglyphischer Tänze gewesen. Plato
ist ihr Bewunderer und Schüler gewesen, und kann denjenigen nicht genug loben, der zuerst die Harmonie des ganzen
Weltgebäudes in einem Tanze vorgestellet hat. Die Ausleger des Sophokles, des Euripides und Aristophanes
haben uns die Geheimnisse, die Plato unerklärt gelassen,
entdecket. Sie sagen, alle Tänze der Aegyptier hätten die
Bewegungen der Gestirne nachgeahmet: weil sie allemal
rings um ihre Altäre getanzet hätten, die gleichsam, wie die
Sonne, in dem Mittelpuncte des Himmels, gestanden hätten.
Daher wären nun in den Chören der Tragödien die Strophen, und Antistrophen entstanden. Denn erstlich hätten
sie im Kreise von Morgen gegen Abend in die Runde getanzet, um dadurch die gemeine Bewegung des Himmels
abzubilden: hernach aber hätten sie den Kreis von Abend gegen
Morgen herum gedrehet, um dadurch die eigene Bewegung
der Planeten, wider die Ordnung der himmlischen Zeichen im
Thierkreise vorzustellen. Zuletzt aber hätten sie noch die
Epode, oder den Beschluß, stillstehend abgesungen; um
dadurch die Unbeweglichkeit der Erdkugel abzubilden. Die
Griechen haben diese ägyptische Erklärung verworfen, und
die Tänze von dem Ein- und Ausgange des Theseus in den
Labyrinth erkläret; als welcher Held die griechische Jugend
zu Delos zuerst darinnen unterrichtet hatte.

14. §. Dieses ist nun die erste Art solcher bedeutenden
Tänze gewesen, die mit zu den Schauspielen gezogen worden;
und die Athenäus philosophische Tänze nennet, weil alles
darinn ordentlich und bedeutend war. Agamemnon hat seiner
Gemahlinn Clytemnestra, als er nach Troja zog, einen so
philosophischen Tanzmeister hinterlassen, der ihr durch allegorische

rische Tänze die Zeit verkürzen, und zugleich die Liebe zur Tugend beybringen sollte: und dieses ist mit so gutem Erfolge geschehen, daß sie nicht eher verführet werden können, als bis Aegysthus diesen Meister ermordet hatte. Die Alten spielten auch im Tanzen den Ball: und daher kömmt das heutige Wort Ball, Ballet, womit man die Tänze benennet, von Βαλλειν werfen: σφαιρα βαλλομενη, eine Kugel zum werfen, wie Suidas den Ball erklärt. Darauf haben sich allerley Meister der Ballete gefunden: Bathyllus von Alexandrien hat lustige, Pylades aber ernsthafte und pathetische Tänze zu den Schauspielen erfunden. Solche Tänze nun waren geschickt, die Bewegungen des Leibes zu bessern, so wie die Tragödie die Regungen des Gemüths in Ordnung zu bringen dienen sollte. Aber überhaupt geben die Alten, die davon geschrieben haben, diese Erklärung eines solchen Tanzspiels: Es sey eine Nachahmung derjenigen Sachen, die man saget und singt, durch abgemessene Gebärden und Bewegungen des Leibes. Und Aristoteles sagt gar, daß man die Sitten und Gemüthsbewegungen, durch die harmonischen tactmäßigen Stellungen und Tritte ausdrücken müsse.

§. 26. Es ist also mit den Balletten oder Tanzspielen nicht anders bewandt, als mit den übrigen Künsten: sie sind alle Nachahmungen, nur mit dem Unterschiede, daß, da die Malerey z. E. nur die Figur, die Farben und die Ordnung der Dinge vorstellen kann; diese Tanzkunst auch die Bewegungen ausdrücket, und sogar die Natur vieler Dinge und die verborgene Beschaffenheit des Gemüthes abschildern kann. Diese Nachahmung nun geschieht durch die Bewegungen des Leibes, und zwar nach der Harmonie der Musik, welche gleichfalls die Gemüthsbewegungen ausdrücket. Es ist bekannt, wie vieles man mit Geberden und Bewegungen der Gliedmaßen des Leibes zu verstehen geben kann; und die Alten haben ihre Pantomimen gehabt, die sich alles, ohne ein Wort zu sprechen, auszudrücken getrauet. Man weis auch, daß jede Gemüthsbewegung ihre eigene Stellungen und Bewegungen hat, dadurch sie sich an den Tag legt. Solche Dinge nun müssen

Crit. Dichtk.　　　Ccc　　　　ih

in den Tanzſpielen vorgeſtellet werden. Wir haben an der
Folie d'Eſpagne, und vieleicht auch an dem ſo genannten
Aimable Vainqueur, wenn dieſer von zweyen getanzt wird;
ein Paar Tänze, die ſolche Gemüthsbewegungen ausdrücken.
Denn jener ſoll den ſpaniſchen Eigenſinn, dieſer aber die Gemüthsart zweyer Verliebten vorſtellen; die bald ſehr freund-
lich mit einander thun, bald kaltſinnig werden, bald ſich erzürnen, ſich aber dennoch wieder vertragen: und es fehlt nur ein
Text dazu, der ſich zu allen dieſen Gebärden ſchicket, und ſie
zu erklären geſchickt iſt; ſo wird es ein jeder bemerken. Auch
die engliſchen Tänze ſind insgemein ſo allegoriſch, wie z. E. der
Jalouſie-Tanz genugſam zeigen kann; der alten deutſchen
Schäfertänze zu geſchweigen.

27. §. Doch ich vertiefe mich zu weit. Nun ſollte ich
weitläuftig lehren, wie ein Erfinder ſolcher Tanzſpiele ſich
eine alte Geſchicht, oder Fabel erwählen; oder auch eine neue
erſinnen könne, die er in einem theatraliſchen Tanze vorſtellen will. Ich ſollte zeigen, wie dieſe Erfindung im Tanzen,
gleichfalls eine Einheit in der Handlung, oder Abſicht haben
muß, darauf alle ihre Theile abzielen. Ich ſollte auch an die
Hand geben, was für Mittel man habe, die Perſonen, die
man tanzend aufführt, zu characteriſiren. Ich ſollte endlich
zeigen, was man bey dem allen für Fehler begehen könne, und
dieſes mit Exempeln alter und neuer, guter und ſchlechter Ballete erläutern. Allein theils iſt dieſes ſchon in den vorigen
Hauptſtücken von Schauſpielen geſchehen; theils muß es ein
Erfinder dieſer Spiele aus dem Alterthume und der Mythologie wiſſen; theils iſt es mir hier zu weitläuftig ins Werk zu
richten. Uebrigens gehören aber auch geſchickte Muſikmei-
ſter und Tanzmeiſter dazu, die das, was der Poet erfunden,
geſchicklich auszuführen wiſſen. Daß ein vermögender großer
Herr dazu gehöre, der zu dergleichen Spielen die Koſten hergeben kann, das verſteht ſich von ſich ſelbſt. Es wäre denn,
daß in einer großen Reſidenz, z. E. wie Wien iſt, die Menge
der Zuſchauer ſo viel eintrüge: Denn hier habe ich 1749. auf
der deutſchen Schaubühne am Kärnther-Thore die artigſten

pantomimischen Ballette vorstellen gesehen, die alle sehr redend waren, ungeachtet kein Wort dabey gesprochen wurde. Aber hier sah man auch eine prächtige Schaubühne, mit vielen Verzierungen, ja auch fast bey jedem neuen Ballette, neue Maschinen, Kleidungen und Zierrathe in großer Menge. Was kostet nicht die große Anzahl Tänzer zu unterhalten, die sich oft bis auf 30 und mehr Personen und drüber erstrecken können?

28. §. Ich habe es noch vergessen zu erwähnen, daß aller Schönheit der Vorstellungen ungeachtet, dennoch oftmals diese allegorischen Tänze dem meisten Theile der Zuschauer wahrhafte hieroglyphische Figuren seyn würden, davon sie nichts verstünden; wenn nicht der Poet zuweilen den vornehmsten Personen solcher Tanzspiele auch gewisse Worte zu reden und zu singen in den Mund legte. Diese werden nun in lauter Versen, doch kurz und gut gemacht: weil die Absicht nicht ist, durch Worte, sondern durch Bewegungen des Leibes etwas anzuzeigen. Doch wer davon mehrere Anleitung verlanget, der muß den oben gerühmten Menestrier nachlesen, wo er zugleich einen großen Vorrath von Erfindungen zu Balletten antreffen wird. Man kann auch die gelehrten Abhandlungen nachlesen, die in den Memoires de l'Academie des belles Lettres & des Inscriptions, in verschiedenen Bänden dieses Buches vorkommen. Endlich lese man auch das oberwähnte Buch The Taste of the Town, wo gleichfalls in der III. Abtheilung von den Tänzern, und in der IV. von Chören gehandelt wird, die beyde zu dieser Absicht gehören. Vielleicht kommen einmal in Deutschland die Zeiten, da man durch dergleichen sinnreiche Erfindungen, die das vorige Jahrhundert schon gekannt, und geliebet, die Schaubühne wieder emporheben, und den bisherigen Wust der unnatürlichen Opern, in solche allegorische Tanzspiele; die abgeschmackten Haupt- und Staatsactionen, in herzrührende Trauerspiele; und die närrischen Burlesken der italienischen und anderer gemeinen Komödianten, in lehrreiche und scherzhafte Lustspiele verwandelt sehen wird.

Das

❦❧❦❧❦❧❦❧❦❧❦❧❦❧❦❧❦❧❦❧❦❧❦❧❦❧❦❧❦❧❦❧❦❧❦❧

Des II. Abschnitts VI. Hauptstück.

Von Schäferspielen, Vorspielen
und Nachspielen.

1. §.

Ich habe zwar oben im ersten Abschnitte von Idyllen, oder Schäfergedichten gehandelt; auch beyläufig erinnert, daß dieselben zum Theil auch dramatisch, das ist gesprächsweise, eingerichtet würden. Und so viel lehrten mich die Exempel und Meisterstücke der Alten. Allein von ganzen theatralischen Schäferstücken weis das ganze Alterthum nichts: ungeachtet nichts natürlicher gewesen wäre, als darauf zu gerathen. Denn ahmet das Trauerspiel die vornehmste Classe der Menschen, ich meyne das Leben der Könige und Fürsten nach; so schildert das Lustspiel den Mittelstand der Welt, an Adel und Bürgern ab. Nun ist noch die dritte Lebensart, nämlich der Landleute übrig: davon wir bey den alten dramatischen Dichtern keine Nachahmungen finden. Dieses ist nun destomehr zu bewundern, da die ganze theatralische Dichtkunst auf den Dörfern und Flecken zuerst entstanden. Soll ich meine Gedanken von der Ursache entdecken, so werden es diese seyn: Landleute, welche die Beschwerlichkeiten ihrer Lebensart zur Gnüge kannten, konnten unmöglich begierig seyn, den Abriß derselben auf der Bühne zu sehen. Hergegen konnten sie, nach der natürlichen Neubegierde der Einfältigen, gar wohl begierig seyn, das Leben der Könige und Fürsten, kennen zu lernen; oder auch das Stadtleben des Bürgerstandes vorgestellet zu sehen. Nach beydem konnte das unwissende Landvolk lüstern seyn: so wie wir im Gegentheile finden, daß die Großen dieser Welt sich gern an den Thorheiten des Mittelstandes, und wohl gar an den Bauerpossen eines Hanswursts, oder andern groben Lümmels, er sey nun wälsch oder deutsch,

be-

beluſtigen; ernſthafte Trauerſpiele aber, von Königen und
Fürſten gar nicht ſehen mögen; es wäre denn, daß ſie nach
Art der Opern ganz ins verliebte Fach gehöreten, und durch
Muſik und Tänze in Stücke aus Schlaraffenland verwan-
delt worden.

2. §. Ich weis wohl, was die Bewunderer des Alterthums hier ſagen werden. Um zu behaupten, daß es ihm
auch an Schäferſtücken nicht gefehlet habe, werden ſie ſich
auf die ſatiriſchen Schauſpiele der Griechen berufen; davon
Caſaubonus ein ganzes Buch geſchrieben. Ich kenne es,
und habe es mit Bedacht geleſen, wie es 1605. unter dem
Titel Iſaaci Caſauboni de Satirica Græcorum Poeſi, & Ro-
manorum Satira, zu Paris in 8. herausgekommen. Hier
darf zuförderſt niemand denken, daß die griechiſche Satire
von eben der Art geweſen, wie die lateiniſche, eines Lucils,
Horaz, oder Juvenals, nachmals geweſen. Nein, ſie
war kein Gedicht zum leſen, wie etwa Homers Margites;
ſondern ein dramatiſches Stück, welches man auf einer
Bühne mit lebendigen Perſonen vorſtellete. Sie hatte den
Namen von des Bacchus Gefährten, den Silenen und Satiren; weil nämlich dieſe dem Bacchus zu Ehren, an ſeinen
Feſttagen, von dem betrunkenen Landvolke vorgeſtellet wurden. Horaz beſchreibt uns dieſen Zuſtand, in dem Schreiben an den Kaiſer Auguſt:

Agricolæ prisci, fortes, parvoque beati,
Condita poſt frumenta, levantes tempore feſto
Corpus, & ipſum animum, ſpe finis, dura ferentem,
Cum ſociis operum & pueris & conjuge fida,
Tellurem porco, Silvanum lacte piabant;
Floribus & vino, Genium, memorem brevis ævi.
Feſcennina per hunc inventa licentia morem,
Verſibus alternis opprobria ruſtica fudit.

Von dieſem Urſprunge nun, will Caſaubonus die ſatiriſche
Poeſie der Griechen herleiten: und ich bin ihm in ſoweit
nicht zuwider, als die ganze theatraliſche Dichtkunſt ihren

Urſprung

Ursprung daher genommen. Diese theilte sich nun bald nach
dem Thespis und Pratinas in tragische und komische
Stücke ab: davon jene ernsthaft und traurig, diese aber
beißend und lustig waren; weil sie dem Bacchus zu Ehren
gespielet wurden. Allein dabey sehe ich nicht die geringste
Spur unserer Schäferspiele.

3. §. Soviel gelehrte Sachen vom Ursprunge der Schauspiele Casaubonus auch anführet, und so richtig dieselben
auch sind, so beweist er doch nichts mehr, als daß es alte
Dorfstücke, die sehr beißend und spöttisch gewesen, gegeben;
und darinn man Faunen und Satyren aufgeführet, ja sie
von diesen mit leichtfertigem Hüpfen und Springen, und
liederlichen Worten, spielen lassen. Dieß ist also der Ursprung der Komödie, wie er selbst gesteht; daß σατυρικα
δραματα, oder schlechtweg Σατυροι, nur den Tragödien ent-
gegengesetzet worden; weil ihre Chöre aus Silenen und Satyren bestanden. Eben das bezeigt Horaz, wenn er schreibt:

Mox etiam agrestes Satyros nudavit, & asper
Incolumi gravitate (scil. tragœdiarum) jocum tentavit.

Er nennt auch einen komischen Dichter Satyrorum Scriptorem; und die Natur dieser Spiele drückt er durch risores
& dicaces Satyros aus:

Verum ita risores, ita commendare dicaces
Conveniet Satyros..

Was zeigt das anders, als daß eine griechische Satyre kein
unschuldvolles, ruhiges und verliebtes Schäferspiel; sondern
höchstens eine etwas gröbere und unflätigere Bauerkomödie
gewesen sey. Eben dieses beweiset das einzig übriggeblie-
bene Stück von dieser Art, des Euripides Cyklops, auf
den er sich beruft. Denn man lese denselben durch, so oft
man will, so wird man nichts ähnliches mit einem neuern
Schäfergedichte darinn finden. Der Riese Polyphem, Ulysses, seine Gefährten, und alle übrige Personen desselben,
sind diejenigen Schäfer nicht, die wir auf unsere Pastoral-
bühne

bühne stellen könnten; um das unschuldige Weltalter unter
Saturns Regierung, die tugendhaften Zeiten der Patriarchen, oder die Sitten des glückseligen alten Arkadiens vorzustellen: wie ich dieses im I. Abschnitte und V. Hauptstücke
abgeschildert habe.

4. §. Bleibt also die Pastoralpoesie eine neuere Erfindung:
so fragt sichs, wem wir dieselbe eigentlich zu danken haben?
Schlage ich den Minturno, als einen Lehrer der wälschen
Dichtkunst nach, der sein Buch, als Bischof zu Uguento
1563. geschrieben hat: so finde ich noch gar keine Spur von
den Pastoralstücken darinnen; als die zu seiner Zeit noch nicht
erfunden, oder doch nicht bekannt gewesen. Crescimbeni
hergegen bemerket im IX. Cap. des IV. B. vom I. Bande seiner Istoria della volg. Poes. daß dieselbe in der Hälfte
des XV. Jahrhunderts allererst ins Geschick gekommen.
Denn nach einigen unförmlichen Versuchen älterer Dichter, die etwas schäfer- oder bauermäßiges in Verse gebracht, die sie bald Favola, bald Rapresentatione della
Favola, bald Ecloga, bald Comedia rusticale genannt; habe Angelus Politianus das Stück Orpheus
gemacht; welches 1518. zu Venedig gedrucket worden. Nach
diesem habe ein Ferrareser, Cinthio genannt, nach dem
Muster der Alten 1545. eine sogenannte Satire, mit allerhand Faunen und Satiren vermischet, aufführen lassen, die
den Namen Aegle geführet. Zehn Jahre hernach sey denn
endlich das erste eigentliche Schäferstück, von einem andern
Ferrareser, Beccari, unter dem Namen Il Sagrifizio, Favola Pastorale, erschienen, und das Jahr vorher gespielet
worden. Im 1561 Jahre hat Cieco seine Calisto, vorstellen lassen, ob sie wohl erst 1582. gedrucket worden. Darauf
hat 1563. Albert Lollio, dem Herzoge Alfonsus von Ferrara
zu liebe, nach jenem Muster, die Aretusa gemacht, die er Comedia Pastorale genannt. Bis endlich im 1573. Jahre der
Aminras des Torquato Tasso, als eine Favola Boscarec-
cia, zu Venedig ans Licht getreten; worauf denn endlich des
Guarino sein Pastor Fido, und des Buonarelli Filli de

Sciro

Sciro gefolget sind, die diese Art von dramatischen Vorstellungen völlig berühmt gemachet haben.

5. §. Es ist nicht zu leugnen, daß nicht der große Beyfall, den diese Stücke gefunden, und wodurch sie auch bis über die Alpen gedrungen, auch bey uns zuerst die Schäferstücke bekannt und beliebt gemacht. Zwar wenn wir bloße Bauerstücke machen wollten: so würden wir in Hans Sachsen und Ayrern eine gute Anzahl derselben antreffen. Z. E. Des erstern schwangerer Bauer, von 1544. und der Bauer mit dem Kuhdiebe, von 1550. der Baurenknecht will zwo Frauen haben, von 1551. u. s. w. Ja schon vor beyden würde Martin Rinckard uns in seinem münzerischen Baurenkriege 1520. eine Probe davon gegeben haben. Allein dieses ist unserer obigen Erklärung zuwider. Der erste aber, der, meines Wissens, des Guarini Pastor Fido ins Deutsche gebracht, ist Pilger Manlich gewesen, der ihn in Reime gebracht, und 1619. in 12. zu Mühlhausen drucken lassen. Diese Verdeutschung führte den Titel: Pastor Fido, ein sehr schön, lustige und nützliche Tragico Comœdia &c. Das war nicht genug. Denn 1636. kam zu Schleusingen, unter eben dem Titel, einer Tragico Comœdia eine andere Dolmetschung zum Vorscheine. Indem aber diese Uebersetzungen im Schwange giengen, fand sich auch 1638. Herrn Heinr. Scheren von Jever, der uns eine neuerbaute Schäferey von der Liebe Daphnis und Chrysilla, nebst einem anmuthigen Aufzuge vom Schafdiebe, lieferte, und zu Hamb. in 8. drucken ließ: welches Stück ich auch besitze. Ja 1642. folgte auch des Torquati Tassi, Amyntas, von M. Mich. Schneidern, Prof. zu Wittenberg verd. und zu Hamb. gedr. Und zwey Jahre darauf gab Augspurger zu Dresden 1644. einen ganzen Band Schäfereyen ans Licht, darinn vier Schäferspiele in ungebundener Rede, nach den vier Jahrszeiten eingerichtet sind.

6. §. Ich würde noch ein großes Verzeichniß hersetzen müssen, wenn ich nun alle Nachfolger dieser Versuche nennen wollte. Ich will nur melden, daß sowohl der Pastor

Fido,

Fido, als der Amyntas noch mehr als einmal übersetzet
erschienen. Der erste nämlich kam 1663. zu Weimar oder Er-
furth in ungebundener Rede heraus, wiewohl hin und wieder
einige Verse mit unterlaufen. Er hat die Ueberschrift auch
Pastor Fido, oder die allerschönste Tragi-Comœdia, der getreue Hirte genannt, so jemals auf dem großen Theatro der
Welt gesehen worden rc. Es scheint, daß der Uebersetzer
Statius Ackermann geheißen; denn dieser eignet dieselbe
einem sächsischen Herzoge, Joh. George, zu, und wünschet,
daß sie auf einer rechten pastoralischen Scena agiret werden
möchte. Hierauf folgten Hofmannswaldau, und Abschatz, die ihn in Versen, aber in ungleich langen madrigalischen Zeilen verdeutschten, und sehr viel Beyfall damit erhielten. Der zweyte aber ist, der ältern Uebersetzungen
nicht zu gedenken, noch vor wenig Jahren, von neuem poë-
tisch ins Deutsche gebracht worden. Andreas Gryphius
aber, der uns des Corneille schwärmenden Schäfer, als
ein satyrisches Lustspiel betitelt, 1663. verdeutschet, um
die überhandnehmende Schäfersucht lächerlich zu machen;
hat uns auch die verliebte Dornrose, als ein kleines Bauer-
spiel selbst verfertiget. Unter den Originalen des vorigen
Jahrhunderts aber, ist Hallmanns Urania, ein Schäferspiel,
zu merken; und noch vor derselben hat er die sinnreiche Liebe,
oder den glückseligen Adonis, und die vergnügte Rosibella,
als ein Pastorell, auf die Vermählung Kaiser Leopolds
1673. verfertiget. Vor etwa zwanzig Jahren habe ich
meine Atalanta, als ein Schäferspiel, verfertiget; und nachdem sie vielmal gespielet und in meiner Schaubühne bekannt
worden, hat man sie an verschiedenen Orten nachgedrucket;
ja es sind dadurch die Schäferspiele von neuem beliebt, und
von vielen nachgeahmet worden. Ich könnte ein ganzes
Verzeichniß neuerer Schäferstücke, die theils länger, theils
kürzer ausgefallen, hersetzen, die seit zehn Jahren ans Licht
getreten; wenn dieses die Absicht wäre. In der Historie
der deutschen Schaubühne wird dieses ausführlicher geschehen.

7. H.

7. §. Was nun die Einrichtung solcher Schäferspiele betrifft, so kann sie dem nicht schwer fallen, der die.obigen Hauptstücke von Idyllen, von Trauer = und Lustspielen wohl verstanden hat. In dem ersten sieht er die ganze.Art des Schäferlebens, welches in einer gewissen Einfalt und Unschuld vorgestellet werden muß, wie man sichs in dem güldenen Weltalter einbildet. Man muß nämlich dadurch den Zuschauern eine Abschilderung der alten Tugend geben; um ihnen dieselbe als liebenswürdig zu entwerfen. Die Liebe kann darinn zwar herrschen, aber ohne Laster, und Unart: und wenn gleich zuweilen auch Personen von höherm Stande, oder aus Städten mit unterlaufen; so müssen dieselben doch dieser herrschenden Tugend des Landlebens keinen Eintrag thun: wie man an der Elisse in meiner Schaubühne sehen kann. Eine solche Liebesfabel nun muß ebenfalls ihre Verwickelung, ihren Knoten, und ihre Auflösung haben, wie ein Lust = und Trauerspiel. Es können unerkannte Personen darinn vorkommen, die allmählich entdeckt werden, und dadurch eine Peripetie, oder einen Glückswechsel verursachen; der aber insgemein ein vergnügtes Ende nehmen muß. Denn weil im Stande einer solchen Unschuld, keine Laster herrschen, so muß auch Schmerz und Unglück weit davon verbannet seyn; außer was die kleinen Bekümmernisse unglücklicher Liebenden etwa nach sich ziehen. Ein vernünftiger Poet schildert auch die Liebe der Schäfer zwar zärtlich, aber allemal keusch,. und ehrbar, treu und beständig: damit niemanden ein böses Exempel, zum Schaden der Tugend, gegeben werde.

8. §. Ein Schäferspiel soll auch eigentlich fünf Aufzüge haben: doch haben einige auch wohl nur drey gemachet; wenn es ihnen an Materie gefehlet, fünfe damit anzufüllen. Diejenigen ganz kurzen Stücke, die gleichsam nur aus einem Aufzuge, von sechs, acht oder zehn Auftritten bestehen, werden als Nachspiele bey größern Trauer = und Lustspielen gebrauchet. In allen aber muß die Fabel ganz, in ihrem völligen Zusammenhange vorgestellet werden, so daß sie An-

fang,

fang, Mittel und Ende habe, ohne die Dauer eines halben
oder ganzen Tages zu überschreiten. Der Ort der Scene
muß auch im ganzen Stücke derselbe, etwa ein Platz vor
einer Schäferhütte, oder an einem Gehölze, oder in einer
Wiese zwischen etlichen Gebüschen seyn, und durch das ganze
Stück bleiben. Die Schreibart muß niedrig, aber nicht
pöbelhaft, vielweniger schmutzig und unflätig seyn. Wenn
gleich die Lustspiele die ungebundene Rede sehr wohl vertragen können: so sind doch in Schäferspielen die Verse sehr
angenehm: wenn sie nur natürlich und leicht fließen. Denn
gezwungene und hochtrabende Ausdrücke schicken sich für diesen Stand nicht. Spitzfindige Einfälle gehören hieher auch
nicht: wie denn Schäfer von allen Erfindungen und Künsten der Städte nichts wissen sollen. Wenn man glaubet,
daß solche Schreibart leicht ist, so betrügt man sich sehr: so
spielend sie auch aussieht, wenn man sie gut beobachtet findet. Viele fallen ins pöbelhafte oder in die Zoten, ehe sie
es meynen: wie Dünnehaupt in seinem gedrückten und erquickten Jacob, davon man den Auszug in den krit. Beyträgen sehen kann; oder ein neuerer Dichter, in seiner Liebe in
Schäferhütten, welches mehr ein Bauerstück als Schäferspiel heißen kann. Andere neuere Dichter aber haben ihre
Stücke bisweilen zu künstlich im Ausdrucke gemacht: und
ihre Schäfer mit fontenellischer Spitzfindigkeit reden lassen.
Die Mittelstraße ist nirgends nöthiger, als hier; von welcher
aber auch Tasso und Guarini bisweilen abgewichen sind,
wie oben im Hauptst. von Jdyllen bemercket worden.

9. §. Es haben viele auch musikalische Schäferspiele,
als Opern gemachet, und aufgeführet. Von diesen ist der
innern Einrichtung nach, nichts anders zu sagen, als von
den andern. Eins von dieser Art ist der fontenellische En-
dymion, den ich deutsch übersetzet habe, ohne ihm die Gestalt einer Oper zu geben. Doch habe ich den ersten Aufzug in den Schriften der deutschen Gesellschaft auch auf diese
Art eingekleidet, als ich einmal für den Hochsel. Herzog von
Weißenfels eine Oper machen sollte: die aber durch eine

Landes-

Landestrauer unterbrochen ward. Man hat zwar viel solche einzelne Stücke gedruckt; daran doch manches auszusetzen wäre, wenn man sie prüfen wollte. Die Kleidungen der Schäfer müssen sehr einfältig und nicht kostbar, aber doch reinlich seyn. Weißes Leinen, und grüne wöllene Kleider zieren sie am besten. Seide, Gold und Silber kennen sie nicht. Ihre Strohhüte und Stäbe zieren sie mit etlichen bunten Bändern. Nichts ist angenehmer, als wenn man Kinder in dergleichen kleinen Schäferspielen übet, und sie mit den gehörigen Kleidungen vor Gästen, die man vergnügen will, etwas vorstellen läßt. Denn dadurch werden sie herzhaft, üben ihr Gedächtniß, lernen ihre Person wohl spielen, deutlich reden, auf alle ihre Gebärden und Stellungen wohl acht geben, u. s. w. Ich kenne hier eine Familie, da die Kinder zwischen sechs und zwölf Jahren sehr geschickt in diesem Stücke sind. Und geschickte Schulmänner haben bisweilen mit größern Schulknaben auch meine Atalanta u. d. m. zu vielem Vergnügen ihrer Zuschauer, sehr wohl aufgeführet.

10. §. Nun muß ich noch etwas weniges von Vorspielen und Nachspielen gedenken. Diese beyden Arten theatralischer Vorstellungen sind auch einestheils ganz neu: theils haben wir doch aus dem Alterthume kein Muster übrig behalten, darnach sich unsere Dichter hätten richten können. Das erste gilt von den Vorspielen. Denn diese pflegt man bey gewissen feyerlichen Tagen, an großer Herren Geburts- und Namenstagen, bey Beylagern, oder bey der Geburt hoher Prinzen, bey Jubelfesten von Akademien und Schulen, u. d. m. aufzuführen. Sie sollen also, dieser Absicht nach, die allgemeine Freude des Landes, der Städte, gewisser Gesellschaften und Stände, an den Tag legen, auch wohl gute Wünsche mit anbringen. Man muß also zu allegorischen oder mythologischen Personen seine Zuflucht nehmen, die sonst in andern Schauspielen billig keine statt finden. Man läßt das ganze Land z. E. Germania, Saxonia, Lu-

satia

saria u. d. gl. als ein Frauenzimmer mit einer Städtekrone;
man läßt Städte, die Religion, die Wissenschaften, die
freyen Künste, den Handel, u. d. m. auftreten. Zu diesen letzten brauchet man insgemein den Apollo, die Minerva,
die Musen, den Merkur u. s. w. Bisweilen kann man
auch wohl die Venus, den Cupido, die Gratien, die Diana, den Vertumnus, die Flora, die Pomona u. a. m. brauchen, um die Schönheit, Liebe, Anmuth, Jagd, den
Frühling, Herbst, u. s. w. vorzustellen. Alle solche Personen müssen nach der Mythologie mit den gehörigen Kleidungen und Kennzeichen versehen und unterschieden werden:
und man muß sich wohl vorsehen, daß unter solche allegorische oder mythologische Personen, keine wirkliche oder historische gemenget werden. In diesem Stücke ist Simon
Dachs Schauspiel von der Sorbuise, auf das erste Jubelfest der Königsb. Universität, fehlerhaft: weil er beyderley
untereinander menget. Auf das zweyte Jubelfest dieser hohen Schule steht ein Prologus oder Vorspiel in meiner
Schaubühne VI. Bande.

11. §. Die Nachspiele betreffend, so sind dieselben freylich bey den Griechen unter dem Namen der Satiren, und
bey den Lateinern unter dem Namen der atellanischen Fabeln gewöhnlich gewesen. Allein jene bestehen, wie ordentliche Stücke, aus fünf Aufzügen; da unsere Nachspiele viel
kürzer sind, und nur aus einem Aufzuge bestehen: von diesen aber weis man nichts rechtes, als daß sie kleine bürgerliche Fabeln des Stadtvolkes in Rom, vorgestellet. Man
hat auch Fabulas tabernarias gehabt, die noch gemeinere
Leute aufgeführet: und allem Ansehen nach alle lustig und
possenhaft gewesen. Vermuthlich haben auch die Schauspieler solche Stücke nach einem bloßen Entwurfe, und aus
dem Kopfe vorgestellet: daher es denn kömmt, daß wir
nichts davon übrig behalten haben. Unsere Komödiansten
haben es auch eine lange Zeit her so gemachet, und nach
dem Exempel der wälschen Bühne aus dem Stegreife ihre

Fratzen

Fratzen hergespielet. Allein da sich viel schlechtes Zeug darunter gemenget, welches artigen Stadt- und Hofleuten einen Abscheu gemachet: so hat man endlich, nach dem Exempel der Franzosen, kleine Stücke von der Art mit Fleiß ausgearbeitet, und sie wohl gar in Versen gemacht, damit die Komödianten sie auch auswendig lernen müßten. Doch hat man sie auch bisweilen in ungebundener Rede verfertiget; von welcher Art in meiner Schaubühne auch ein paar Stücke vorkommen. Der Inhalt solcher Stücke kann aus dem gemeinen bürgerlichen Leben hergenommen seyn; doch so, daß der kleine Adel auch nicht ganz ausgeschlossen wird. Man hat aber auch kleine Schäferspiele schon in guter Anzahl, und diese thun eine gute Wirkung, zumal in Versen. Endlich haben die Franzosen auch schon Herenmährchen auf die Bühne gebracht: die als was neues, welches den Parisern immer gefällt, großen Beyfall gefunden haben. Auch bey uns ist das Orakel, und ein paar andere von der Art, schon im Deutschen aufgeführet worden.

12. §. Soll ich meine Gedancken davon sagen, so sind die beyden ersten Arten, als Nachahmungen der Natur, theils wie sie gut und unschuldig, theils verderbt und lasterhaft ist, sehr gut: wenn sie sonst den Regeln der Wahrscheinlichkeit folgen, und die Einigkeit der Zeit und des Ortes beobachten. Allein, was die letztern betrifft, so sind dieselben aus dem Lande der Hirngespinste, der arabischen Mährlein, oder aus dem Reiche der Hexen genommen: und haben folglich kein Vorbild in der Natur. Die Sittenlehren die darinn herrschen, sind auch gemeiniglich sehr unsichtbar, oder gehen bloß auf die schlüpfrige Liebe; ein glattes Eis, darauf, auch ohne solche Anreizungen, schon Zuschauer genug zu straucheln pflegen. Ist dieser Zweck aber der Mühe werth, durch solche gezwungene Mittel befördert zu werden? Es haben sich ohne dieß schon komische Dichter genug gefunden, die auf den ordentlichen Wegen, dieser Leidenschaft mehr Vorschub gethan haben, als zu

wünschen

wünschen wäre. Und was werden wir für eine Nach-
kommenschaft bekommen, wenn wir so eifrig an Verber-
bung der Sitten der Jugend arbeiten wollen? In diesem einen Stücke scheint mir der Verfasser der Abhandlung
recht zu haben, der im vorigen Jahre den Preis der Akad.
zu Dijon erhalten hat. Nur die üppigen Poeten, und
andere ihnen gleichgesinnte Schriftsteller, befördern die
Verderbniß der Zeiten, und thun der Welt dadurch einen
schlechten Dienst: da sie dieselben eben so leicht bessern könnten; wenn sie einhällig ihre Federn dem Dienste der Tugend widmen wollten. Man lese hierbey des Riccoboni
Tractat von der Verbesserung der Schaubühne, de la
Reformation du Theatre.

❦❧❦❧❦❧❦❧❦❧❦❧❦❧❦❧❦❧❦❧❦❧❦❧❦❧❦❧

1. §.

Dd

Des II. Abschnitts VII. Hauptstück.

Von politischen Fabeln, und andern dergleichen Erdichtungen.

1. §.

Der Schluß des vorigen Hauptstückes giebt mir den Anlaß, auch von dieser weit nützlichern Art von dichtenden Schriftstellern zu handeln. Es ist wahr, daß mancher sie kaum ,unter die Poeten wird rechnen wollen. Allein, nach der aristotelischen Erklärung der Dichtkunst, kann und muß ich sie mit eben dem Rechte hieher rechnen, womit Huetius die Romane zur Dichtkunst gezogen. Das Alterthum hat uns nur ein einziges Muster von dieser Art hinterlassen, und dieß ist Xenophons Cyropädie. Dieser große Weltweise und Geschichtschreiber wollte der Welt einen guten Begriff, von der Auferziehung eines königlichen Prinzen geben; der zu einem großen Monarchen vorbereitet werden sollte. Um seine Zeit hatte man keinen größern Helden in den Geschichten, als den Stifter der persischen Monarchie Cyrus. Von dessen ersten Jugendjahren hatte man in Griechenland, wenig oder keine Nachrichten. Xenophon bemächtigt sich also dieses Helden, und macht eine Erdichtung, von seiner vermuthlichen Auferziehung; die er aber der Wahrscheinlichkeit nach, so umständlich erzählet, als ob sie wirklich geschehen wäre. Dieß ist nun ein politisches Gedicht, weil es in die Staatskunst einschlägt, und jungen Prinzen die vortrefflichsten Regeln geben kann. Es läßt sich aber, wie ein jeder sieht, in die engen Regeln eines Heldengedichts nicht einschränken: sondern erstrecket sich auf viele Jahre. Kein anderer von den Alten hat diesen Weg, so viel mir wissend ist, betreten.

2. §.

2. §. Von den Neuern hingegen haben wir fast unzählige solche Werke. Der erste, der in politischen Absichten dergleichen unternommen hat, ist Thomas Morus gewesen. Sein Gedicht heißt Utopia; und enthält eine Beschreibung eines unbekannten Landes, darinn die bürgerlichen Verfassungen der Städte und des Landvolkes, mit besonderer Geschicklichkeit beschrieben werden. Nächst ihm kann Thomas Campanella, der unter dem Titel Civitas Solis poetica, einen Begriff von einer philosophischen Republik gab. Es ist sehr sinnreich geschrieben, und verdient allerdings gelesen zu werden. Ihm folgte Franz Baco, Baron von Verulam, mit seiner neuen Atlantis. Auch diese zeiget die Gedanken eines großen Mannes, der überall viele Einsicht in Staatssachen verräth, und allerdings viel Aufmerksamkeit verdienet. Auf eben dieser Spur folgte ein Deutscher, der sich aber unter dem Namen Mercurii Britannici versteckete; und sein Buch Mundus alter & idem nennete, darinn ein unbekanntes Südland beschrieben wird, unter dessen Bilde er bloß unsere Welt satirisch abschildert. Ich habe in dem Biedermann vor mehr als zwanzig Jahren einen Auszug daraus gegeben. Ich weis nicht, ob ich noch Melchior Inchofers, eines gewesenen Jesuiten Monarchiam Solipsorum hieher rechnen soll; die gleichfalls das Regiment des Jesuiterordens auf eine satirische Art beschreibt. Man hat dieß Werk auch französisch unter dem Titel La Monarchie des Solipses, in groß 12. gedruckt; und es ist allerdings werth, daß man es liest. Den Barclajus muß ich endlich nicht vergessen, der uns in seiner Argenis einen wirklich politischen Roman beschrieben hat, dazu bey einigen Ausgaben auch der Schlüssel zu finden ist.

3. §. Ehe ich auf die deutschen Werke dieser Art komme, muß ich einiger französischen erwähnen. Das erste, so mir bekannt ist, heißt Serhos, und enthält eine ägyptische Geschichte eines alten Königes, oder Prinzen, der von seiner Stiefmutter verfolget, und in einer Schlacht gefangen und weggeführet wird; hernach einen Zug zur See um ganz

Crit. Dichtk.   Ddd   Africa

Africa thut, verschiedener wilden Völker Gesetzgeber, ein
Erretter der karthaginensischen Fürsten wird; endlich nach
Aegypten kömmt, seinen Vater gegen den Aufstand gewisser
Rebellen schützet, endlich erkannt wird, seinen Brüdern
aber Braut und Reich abtritt, und sich, als ein Eingeweiheter,
zu den Priestern begiebt. Dieß ist eine treffliche Fabel, voll
edler Bilder der Tugend, und Großmuth; die ungemein
viel politische Wahrheiten enthält. Der Abt Plüche, soll
der Verfasser davon seyn. Die zweyte ist Ramseys Reise
des Cyrus. Ist gleich derselbe ein Engländer, so hat er
doch französisch geschrieben, ob er sie gleich hernach auch
englisch herausgegeben. Er dichtet auf eine andere Art, wie
Cyrus seine Jugend angewandt, daß er ein so großer Held
geworden; und läßt ihn alle berühmte Männer seiner Zeiten,
in Asien, Aegypten und Griechenland sprechen. Auch dieses
ist ein treffliches Buch, das wir auch im Deutschen lesen
können. Das dritte ist die Ruhe des Cyrus, eines Ungenannten: der noch eine dritte Art ersonnen hat, wie Cyrus
hätte erzogen werden können, um ein großer Mann zu werden. Und ob es gleich sehr wohl geschrieben ist: so ist es
doch den obigen beyden nicht gleich zu schätzen. Herr Prof.
Bärmann in Wittenberg hat es sehr schön ins Deutsche
übersetzet. Ich würde noch den Neoptolemus und Mem-
non hieher zählen, wenn sie nicht Heldengedichten weit ähnlicher wären, und also besser zum Telemach gehöreten: der
aber auch reich an politischen Materien und Lehren ist. Den
ersten hat Herr M. Pantke sehr schön in deutsche Verse gekleidet. Die Geschichte der Severamben aber, die Reisen
des Masse, und den englischen Philosoph, Cleveland kann
man mit besserm Rechte hieher rechnen.

4. §. Hätte ich nicht oben schon Reineken den Fuchs
billig unter die scherzhaften Heldengedichte zählen müssen:
so würde er diesen Namen einer politischen Fabel vollkommen
verdienen. Eben das könnte gewisser maßen vom Froschmäuseler gelten. Allein es fehlt uns an andern solchen
Büchern nicht. Im 1585sten Jahre kam zu Dresden ein

solches

solches Stück heraus, von den losen Füchsen dieser Welt in 4.
Bald darauf, nämlich 1592. kam heraus Reichstag, oder
Versammlung der Bauren, gehalten zu Friedberg im Rych-
thal, darinnen die gemeine Klage itziger Welt gehöret
wird rc. in 8. der Verfasser davon wird Vtz Eckstein genannt, und hatte 65 Jahre früher gelebet. In ungebundener
Rede haben wir vom 1625sten Jahre den Eselkönig, eine
wunderseltzame Erzehlung, wie nemlich die Monarchei vnnd
Gubernement ober die vierfüßige Thier, geändert, das
Königreich vmbgefallen, vnd die Krone auff einen Esel gerathen; welchergestalt derselbe regieret, vnd wunderbarer
weyse, mit gefahr leibs vnd lebens bald wider vmb das Königreich kommen rc. durch Adolph Rosen von Creußheim,
in 4. Auf eben die Art kam 1638. heraus Legation, oder
Abschickung der Esel in Parnaſſum, durch Randolphum von
Dießburg. Unter den Eseln werden hier die Unterthanen,
sonderlich die Landleute verstanden, die sich über die Härtig-
keit der Fürsten beklagen. Dahin gehöret auch Relation
von den Liebesneigungen der allerschönsten Princeſſin Europa; sodann von den wunderbaren Begegniſſen Ihrer mit
weyland Keyser Carl dem Großen erzeugten fürstl. jungen
Herrn rc. abgelegt in dem Parnaſſo von Mercurio Platoniſ-
lante, in 12. Endlich würde auch der politische Lauf der
Welt und Spiel des Glücks, zum Spiegel menschliches
Lebens, in der wunderwürdigen Lebensbeschreibung Tychan-
ders hieher gehören, der von Hieron. Dürern 1685. ans
Licht gestellet worden.

5. §. Von neuern noch eins und das andere zu erwähnen:
so muß ich zuförderst Swifts Reise nach Caklogallinien,
sowohl als Gullivers Reisen, nach Liliput und Brobdingnac,
hieher rechnen: Erdichtungen, die gewiß voll politischer Gedanken und Anmerkungen sind. Hernach hat bey uns Ama-
däus von Creußberg das Land der Zufriedenheit, oder die
Insel der Glückseligkeit beschrieben; und darinn seinen Begriff von einer platonischen Republik gegeben. In Däune-
mark hat Herr von Holberg seines Klimms unterirdische

Reisen

Reisen auf diese Art beschrieben, daß er viel politische Betrachtungen über die Fehler der Staaten, unter verdeckten Bildern zu verstehen gegeben. Und wo bleibt Menoza, der asiatische Prinz, der auf seinen Reisen durch ganz Europa gute Christen suchet; aber überall die Gebrechen und guten Eigenschaften der Regierungen anmerket. Der Verfasser dieses überaus nützlichen Buches soll der sel. Rath Gramm, gewesen seyn: welches auch seinem vernünftigen Inhalte nach, gar wohl möglich ist. Noch ein französisches Gedicht von dieser Art fällt mir ein, welches der große Leibnitz gemacht hat. Es steht in Herrn Kortholts kleiner Sammlung französischer Briefe dieses Sterns erster Größe: und handelt von einer politischen Wahrheit, die man vor dem Successionskriege, im Anfange dieses Jahrhunderts den Holländern begreiflich machen wollen: indem man ihnen die vormalige schädliche Sicherheit, der in dem Harlemersee überschwemmten Städte und Dörfer poetisch abgeschildert.

6. §. Wer auch nur etliche von allen diesen Fabeln gelesen hat, der wird wohl sehen, daß sie gar nicht nach einerley Regeln gemachet worden. Die Dichtungskraft ihrer Urheber hat sich alle mögliche Freyheiten genommen, bald so, bald anders zu wirken. Bald hat sie sich an die glaublichen Fabeln gehalten, und lauter menschliche Personen gebraucht: bald hat sie sich in das äsopische Feld gewaget, und allerley Thiere aufgeführet; bald gar neue Geschöpfe hervorgebracht, wie Klimm und Gulliver. Die Wichtigkeit der Absichten ist auch nicht allemal gleich; weil sie bisweilen auf ganze Reiche und Länder, bisweilen auf kleinere Provinzen und Städte, bisweilen auch nur auf besondere Gesellschaften der Menschen abzielen. Von diesen letzten fallen mir noch ein Paar ein, die beyde von spanischem Ursprunge sind. Jenes ist des Gracians Criticon; dieses aber des Saavedra Republik der Gelehrten, die uns neulich ein hiesiger berühmter Gelehrter deutsch ans Licht gestellet. Wie das erste etwas allgemeiner ist, und sehr viele Stände des Lebens betrifft: also geht dieses letztere nur die einzigen Gelehrten an;

an; indem es uns die Fehler der gelehrten Welt in einer artigen
Erdichtung vor Augen malet. Man beobachtet endlich
auch weder in Anſehung der Zeit, noch der Handlung
eine Einheit: ſo daß dieſe Art von Fabeln, billig die aller-
ungebundenſte heißen kann.

7. §. So wenig alſo dieſe Erdichtungen den Regeln unterworfen zu ſeyn ſcheinen: ſo gewiß iſt es doch, daß eine
darunter ſchöner iſt, als die andere. Ohne Zweifel aber
kömmt die vorzügliche Schönheit der einen, von der Beobachtung gewiſſer Regeln her, die in der andern übertreten
worden. Die I.) davon iſt überhaupt, die Wahrſcheinlichkeit in der Erdichtung. Bey derſelben nun kömmt alles auf
die Beobachtung der Charactere der Perſonen, der Zeiten,
und der Oerter an. Das will Horaz, wenn er ſchreibt:

Ficta voluptatis cauſſa, ſint proxima veris, ·
Nec quodcunque volet poſcat ſibi fabula credi.

In dieſem Stücke ziehe ich die Reiſen des Cyrus, der
Ruhe des Cyrus ungemein vor. Denn jene beobachten
die Sitten und andere Umſtände der Zeiten dieſes Helden
viel genauer, als dieſe: wenn ſie z. E. den Cyrus eine
Maler- und Bildhauerakademie, eine Societät der Wiſſenſchaften und freyen Künſte, ſtiften, ja Schauſpiele von tra-
giſcher und komiſcher Art emporbringen läßt. Wie ſchicket
ſich das auf jene alte Zeiten? da alle ſolche Dinge noch nicht
gebohren, oder doch in der Wiege waren. Eben das table
ich an Gullivers Pferdelande, die er Houyhms nennet.
Denn er legt dieſen Thieren ſolche Dinge bey, die ſie mit
ihren Hufen unmöglich bewerkſtelligen können. Klimms
Baummenſchen ſind hierinn ungleich wahrſcheinlicher.
Man glaubt aber nicht, wie ſchwer es hier ſey, die Regel
des Horaz

- - Servetur ad imum
Qualis ab incepto proceſſerit, & ſibi conſtet
Fabula.

zu beobachten.

8. §.

8. §. Die II. Hauptregel, die man noch geben kann, ist diese, daß man durch alle seine Fabeln Wahrheit und Tugend zu befördern suchen, Lastern und Thorheiten aber zu steuern bemühet seyn muß. Ein Dichter muß ein Weltweiser seyn, der die Glückseligkeit der Menschen zu bauen trachtet, soviel er kann. Alle seine Erdichtungen muß er also zu Mitteln zu dieser edlen Absicht brauchen; nicht aber aus Leichtsinnigkeit oder Unverstand das Gegentheil bemerken. Der berufene Mandeville hätte also mit seiner Fabel von den Bienen, die doch auch politisch ist, wohl zu Hause bleiben können: weil sie bloß die Verderbniß der Sitten zu befördern suchet. Und wieviel böse Brüder hat er nicht hierinn gehabt? Die Partey einer erleuchteten Religion nehmen, der Unschuld und Tugend das Wort reden, die Erkenntniß, sonderlich der sittlichen Wahrheiten befördern; und die Ruhe des gemeinen Wesens zu erhalten suchen; das sind Merkmaale, welche schätzbare Fabeln von thörichten unterscheiden. Man prüfe hiernach die obigen: so wird man selbst sehen, was verwerflich und löblich ist. Es ist erstaunlich, daß ein heidnischer Xenophon, es hierinn vielen heutigen Scribenten zuvorgethan; die sich doch für viel erleuchteter halten, und es nach dem größern Lichte, das itzo herrschet, auch leicht hätten seyn können. Daß endlich III. auch die Schreibart dieser Fabeln gut seyn müsse, brauche ich wohl nicht zu erinnern; weil es sich von sich selbst versteht. Doch darf sie deswegen so gefirnißt nicht seyn, als des Barclajus seine in der Argenis: die, wenn sie natürlicher wäre, weit mehr Leser finden würde.

Des II. Abschnitts VIII. Hauptstück.
Von allerhand Arten von Scherz-
gedichten.

1. §.

Damit es meiner Dichtkunst, soviel möglich ist, an nichts fehle, was zur Poesie gerechnet zu werden pflegt: so muß ich hier noch allerhand Stücke nachholen, die zwar mehrentheils läppisch sind; doch eine Zeitlang ihre Liebhaber gefunden haben. Ich werde sie aber großentheils nur nennen, und nothdürftig beschreiben: weil sich die Mühe nicht verlohnet, sie durch Regeln zu lehren. Ich hebe also von den kürzesten an, und das sind I. die Leberreime. Ich begreife es nicht, wie die Lebern der Hechte zu der Ehre gekommen sind, daß sie bereimet werden müssen, ehe man sie verzehret. Indessen ist es eine alte Sitte, auf diese Art einen Spaß über der Tafel zu machen: und da heißt es zum Exempel: Die Leber ist vom Hecht, und nicht von einem andern Thiere, welches man will; darauf sich aber in der andern Zeile ein gewisser Gedanken reimen muß, der sich zu den gegenwärtigen Umständen schicket. Mehr brauche ich nicht zu sagen: denn es giebt ganze gedruckte Sammlungen davon. II. Kommen die Gesundheiten in Reimen. Auch diese sind in Deutschland, zumal in Sachsen, sehr gewöhnlich, und in großer Menge im Schwange. Sie bestimmen insgemein in zwey, drey, vier oder sechs Zeilen, wem man Gutes wünschet, oder wer da leben soll. Es wäre nur zu wünschen, daß nicht viel Unflätereyen mit unterliefen, die nur entweder von verderbten Sitten zeugeten, oder dieselben noch zu verderben geschickt wären. Auch davon haben wir gedruckte Sammlungen.

2. §. Die folgenden beyden Arten sind etwas künstlicher, Man nennet sie Eteosticha, oder Chronosticha und

Ddd 4   Akro-

Akrosticha. Die ersten halten Jahrzahlen in sich, wenn man alle die römischen Zahlbuchstaben, die darinn vorkommen, zusammen rechnet. Jochim Döbler hat 1685. eine ganze Chronologie der Weltgeschichte in solchen Versen, sowohl lateinisch als deutsch drucken lassen, darinn alle Begebenheiten ihre Zahlen bey sich führen. Z. E. in das Jahr der Geburt Christi bringt er lauter Wörter, die weder ein M. noch D. noch L. noch X. noch V. noch I. haben, und also o bedeuten.

Ohn Zepter Gottes Heer hat Gottes Erstgebohrnen.

Und so fährt er fort, ein I. zwey II. drey III. und so weiter in die folgenden Zeilen zu bringen. Z. E. auf König Ottokars völlige Besiegung der heydnischen Preußen, die 1255. geschehen, heißt die Zeile so:

GesChlagen PreVßen steht ganz, hat es BöhMer StärCt.

Ein jeder sieht, was das für ein Zwang ist. Nicht besser ist die andre Art, da man Namen vor cie Zeilen eines Gedichtes brämet; so, daß vor jedem Verse ein Buchstab zu stehen kömmt. Günther spottet mit Recht darüber, wenn er schreibt:

Ich flocht auch, wie noch viel, die Namen vor die Lieder,
Und gieng oft um ein A, drey Stunden auf und nieder.

Man sehe auch, wie in den vernünftigen Tadlerinnen diese Kinderey verlachet worden: indem ein poetischer Buhler seine Cynthia durch ein Stoßgebethlein verehret, darinn vorn herab, und ins Kreuz überall CYNTHIA mit lateinischen Buchstaben zu lesen ist. Man hat aber auch andere Erfindungen, davon jede Strophe mit einem besondern Worte anfängt, das zu einem ganzen Spruche gehöret. So ist z. E. das Lied, Befiehl du deine Wege, gemachet; denn die Anfangsworte aller Strophen heißen: Befiehl dem Herrn deine Wege, und hoffe auf ihn; er wirds wohl machen. Man wird aber auch in der letzten Strophe, an dem Mach End, o Herr rc. wohl gewahr werden, wie groß der Zwang dabey zu seyn pflegt.

3. §.

3. §. Ein neues Paar solcher Künste sollen die End-
reime, und Irreime, abgeben. Die erste Art scheint eine
Erfindung der Franzosen zu seyn; indem man in ihren besten Dichtern dergleichen Stücke, sonderlich Sonnette findet, die auf vorgeschriebene Reime gemachet werden. Und
je seltsamer diese Wörter zusammen gesuchet worden, desto
künstlicher ist es, wenn der Dichter ihnen hernach durch seine
Einfälle einen ungezwungenen Zusammenhang geben kann.
Auch unsere deutschen Dichter haben dergleichen zuweilen,
aber weit seltener gemacht; und noch seltener drucken lassen:
so daß ich itzo, da ich eins brauche, nicht einmal im Stande
bin, eins zu finden. Es ist aber auch nichts daran gelegen:
denn es ist eine elende Beschäfftigung, wenn man seine Gedanken auf die Folter spannen muß, um die eigensinnigen
Schlußtöne mit anzubringen. Die andere Art ist nicht viel
besser. Denn da soll man Verse machen, welche zweyerley
Verstand haben können, nachdem man sie liest. Menantes giebt folgendes Exempel:

1. Treu und Liebe soll mich krönen,
   3. Doris lebenslang bey dir.
2. Aber nur bey Listmenen,
   4. Geb ich falsches Schmäucheln für.

1. Meine Seele wird entzücket,
   3. Wenn ich täglich bey dir bin:
2. So sie jenes Bild erblicket,
   4. Sterb ich bald vor Grauen bin.

Hier geben die Strophen einen ganz andern Sinn, wenn
man sie nach der Ordnung der Zahlen liest, als wie sie gedruckt stehen. Aber auch ohne mein Erinnern sieht man,
was dergleichen Labyrinthe werth sind.

4. §. Es giebt aber auch Wiedertritte, wie ich beym
Morhof und Omeis finde. Man möchte sie besser Krebs-
reime nennen: weil sie erst vor, dann hinter sich gehen;
wie folgendes zeigen wird. Morhof im Unterr. von der
deutsch. Spr. a. d. 801. S. setzt:

Der Wassergott sah einst den Paris eilen,
Durch seine Fluth, sich mit der Beut zu heilen:
Sprach bey sich selbst: Der meynet sich zu heilen,
Und schlägt sich wund mit seinem Raub und Eilen.

Omeis aber in s. Reim= und Dichtk. a. d. 122. S. schreibt so:

Ich lob ein Buch, und einen Kiel,
Die sind mein Wünschen und mein Ziel.
Ich achte kein Karthaunen Spiel.
Was suchet das Karthaunen=Spiel?
Des Menschen Blut ist nur sein Ziel.
Es tilgt was bauet Buch und Kiel.

Mich dünkt, nach diesen Beyspielen wird sich niemand dar=
ein verlieben: und es ist ein Wunder, daß gelehrte Männer
sich zu solchen Kinderspielen haben herunter lassen wollen.
Zum Gefährten will ich diesen **Wiedertritten,** den **Wie=**
derhall geben; ungeachtet ich schon bey den Liedern davon
geredet.   Denn man ist damit nicht zufrieden gewesen, daß
das Echo am Ende der Strophen antwortete; sondern hat
es fast bey allen Reimen haben wollen.   Z. E. **Omeis**
spielet so:

Nennest du mich noch den Deinen?
Und begehrest sonsten keinen?
          Echo: keinen.
Nun so komm und laß uns scherzen!
Was beliebet deinem Herzen?
          Echo: Herzen.
Schau, hier hast du zehen Küsse.
Sind sie sauer oder süße?
          Echo: Süße.

herrlich! Aber es kömmt zuweilen noch schöner; z. E. aus dem
Zesen:

Wirst du mich trösten, und sonst keine?
          Echo: Eine.
Läßt mich in Angst und Ablaß gehn.
          Echo: laß gehn.
Wem soll ichs danken mit der Zeit?
          Echo: der Zeit.

5. §.

5. §. Nun kommen die **Räthsel** und **Logogryphen**: ein sehr ähnliches Schwesternpaar: womit sich gleichfalls die Franzosen mehr, als die Deutschen die Köpfe zerbrochen haben: welches uns zu keiner Schande gereichet. Zwar Räthsel findet man noch zuweilen: ja es giebt ganze Sammlungen solcher Tändeleyen; darunter zuweilen eins und das andre noch sinnreich genug ist. Z. E. **Menantes** macht eins, davon die vier ersten und letzten Zeilen diese sind:

Es lebet Mann und Weib, die unzertrennlich sind,
Doch gleichwohl so, daß man, keins bey dem andern findt.
Sie sind einander feind, und können einig leben,
Wenn einem etwas feh.. ..s will das andre geben. ꝛc.
So bald der Mann e.. ..., muß jene schlafen gehn,
Und gehet er zur Ruh, so pflegt sie aufzustehn.
Man siehet sie sich nie vermischen oder kussen,
Und gleichwohl kann die Welt manch Kind von ihnen wissen.

Dieses bedeutet **Tag und Nacht.** Man macht auch auf die Buchstaben dergleichen: wie Menantes eins vom R giebt:

Es ist ein Wunderding, das auch GOtt selbst nicht hat ꝛc.

Noch seltsamer ist der **Logogryph.** Man würde in Deutschland fast kein Exempel davon finden, wenn nicht im 8ten Bande der kritisch. Beyträge auf der 97. S. eine solche Seltenheit zur Beurtheilung wäre eingeschicket worden. Der Herr Verf. hat es ein **Worträthsel** genennet, und es hebt so an:

Eilf Littern machen mich geehrter Leser aus.
Du könntest ohne mich hier keine Sylbe lesen,
Wo ich dir nicht vorhin in meinem eignen Haus
Was du itzt deutlich siehst mit Fleiß so auserlesen.
Ich bin in dieser Welt noch nicht gar lang bekannt,
Mein Stammherr wird mit Recht von deutschem Blut genannt ꝛc.

Doch es ist mir zu lang. Man mag es am angef. Orte nachsehen. Der Schlüssel dazu ist, **Buchdrucker.**

6. §. **Kettenreime** von allerley Art kann man beym **Menantes** nachsehen; der sie selber nach seiner Art zu spagen,

ßen, werth hält, vom Prevost des Parnasses in Ketten und
Banden geschlossen, und in ein Loch geworfen zu werden,
daraus sie nunmer wieder ans Tagelicht kämen. Ich will
sie also auch darinnen stecken lassen: weil sich noch kein gescheider Dichter damit was zu schaffen gemacht hat. Ich
schreite also vielmehr zu dem Quodlibet, als einer größern
Art. Und deren giebt es zweyerley; davon eine Art ganz
verwerflich; die andere aber noch wohl zu dulden ist, wenn
sie recht gemachet wird. In der ersten heißt die Regel: je
toller und unsinniger, je besser. Man kann leicht den-
cken, was das für ein Empfehlungsschreiben abgiebt. Gleichwohl hat es Leute gegeben, d.... Vergnügen gefunden haben, ihre Vernunft so zu ver....en; daß sie dergleichen
Zeug gemacht; und andere, die nicht viel klüger gewesen,
um sie mit Vergnügen zu lesen. Z. E. ein solch Blümchen
ist dieß:

> Der Esel hat Pantoffel an,
> Kömmt übers Meer geflogen.

Das soll nun spashaft seyn! Risum teneatis amici! Die
andere Art der Quodlibete ist eine vermischt Satire in Dithyrambischen, d. i. ungebundenen, ungleich langen, bald
jambischen, bald trochäischen, bald daktylischen Versen; ohne Ordnung und Verbindung. Menantes giebt ein Paar
Exempel von der Art, die nicht schlimm sind, und allerley
gute Gedanken in sich halten. Hierinn können zuweilen mit
Lachen allerley gute Wahrheiten gesaget werden: wenn der
Dichter das Utile dulci recht zu vermischen weis. Bey
Hochzeiten lassen sich dergleichen Scherzgedichte schon anbringen; wenn sie nur nicht unflätig werden. Denn Zweydeutigkeiten, zumal von schlüpfrigen Dingen, sind eine verächt-
liche Art des Scherzes, die sich nur für Pritschmeister schicket, die bey Schnepperschießen ihre Zoten auskramen: wie
König vormals zu thun pflegte.

7. §. Die Knittelverse sind noch eine andere Gattung
der Scherzgedichte: darinn man die einfältige Versart der

Alten

Alten vor Opitzens Zeiten; z. E. des Hans Sachs, des
Burkards Waldis, Ringwalts, in der deutschen Wahrheit, des Froschmäuselers, u. d. m. nachahmet. Dieses nun
nach der rechten Art zu thun, ist gewiß eine Kunst: so wie
es in Frankreich eine Kunst ist, den Marot, und in England den Hudibras nachzuahmen. Wer diese alten Dichter nicht fleißig gelesen hat, und eine natürliche Geschicklichkeit dazu mitbringet, der wird schwerlich damit zurecht kommen. Geander von der Oberelbe; oder Herr Hofr. Müldener ist ein besonderer Meister in dieser spaßhaften Art, wie
man in seinen poetischen Kleinigkeiten sehen kann. Es hat
auch vor kurzem ein Ungenannter, eine Handvoll Knittel-
gedichte herausgegeben, darinn manches ganz hübsch gerathen ist; aber an den ersten Meister langet es nicht. Eine
andere, fast ähnliche Art ist, wenn man im Plattdeutschen
den Reinecke Fuchs, oder Laurenbergen nachzuahmen
sucht: wie in der Poesie der Niedersachsen dergleichen Stücke vorkommen. Nur hat es damit seine Schwierigkeit, wegen der verschiedenen Mundarten des Plattdeutschen; das
sich fast alle zehn Meilen merklich ändert; wenigstens in allen großen Städten anders gesprochen wird. Der Pom-
mer spricht anders, als der Mecklenburger, dieser ist vom
Hollsteiner, und der vom Bremer und Oldenburger, so wie
diese vom Braunschweiger und Westphalen ganz unterschieden. Indessen kann ein jeder an seinem Orte in seiner Mundart spaßen, und bey seinen Landesleuten Beyfall finden.

8. §. Die Wälschen haben eine Art von Versen erfunden, die sie die Macaronische nennen; welche Crescimbeni weitläuftig beschreibet, und in ihre Classen theilet.
Einmal vermischet man das Latein mit dem Wälschen, und
zweytens die alte Provinzialsprache, mit demselben: entweder so, daß Zeile und Zeile aus einer ändern Sprache ist:
oder daß wälsche Wörter ins Latein, oder lateinische Wörter
ins Wälsche gemenget werden. Weil dieser berühmte und
gelehrte Mann sich nicht geschämet, von dergleichen und al-

len

len obigen Arten des poetischen Kehrichts zu handeln: so will
ich doch zeigen, daß die Deutschen auch in·Thorheiten fast
eben so groß und sinnreich gewesen, als die Italiäner. Was
nun erst die lateinischen Mixturen anlanget; so hat schon vor
viertehalb hundert Jahren Petrus Dresdensis dergleichen versuchet, als er das Lied: In dulci Jubilo, nun singet und
seyd froh rc. gemachet. S. Thomasens Dissert. von demselben. Er hatte aber schon Vorgänger in Grabschriften
gehabt. Z. E. diese ist von 1380:

> Hye lyt ein Fürste löbelich,
> Quem vulgus flebile plangit.
> Von Misne Marcgraf Friderich
> Cujus insignia pangit.
> Clerus, Claustralis, laicus,
> Den Fürsten leidlich klagen,
> Dives inops, altus, infimus
> Fürstlich Werk von ihm sagen rc.

Noch eine andere Art machte man mit halben Zeilen:

> Heer Peter Wiese tumba requiescit in ista,
> God geev em Spise, cœlestem, quique legis sta.

Und jener machte eine Beschreibung von Westphalen, in folgenden Zeilen:

> Hospicium vile, grof Brod, dün Beer, lange Myle,
> Sunt in Westphalia, si non vis credere, loop da.

9. §. Unter Neuern hat dergleichen Verse Jakob Balde, der bayerische Jesuit gemacht. Sein Agathyrsus zum
Lobe der Magerkeit, hebt so an:

Wolan, so will ich dann,	Wans Menschen Leib nit wär
Links, rechts, Latein u Teutsch zugleich	Imago fœdi carceris:
Eins singen wie ich kann.	So wär feist seyn ein Ehr.
Exsulta felix macies,	Sed vere capti vivimus,
Lætare torva facies,	Omnes enim peccavimus,
Du stehst wohl an eim Mann	Von Adams Zeiten her. u. s. w.

Andere haben nur ins Lateinische deutsche Brocken gemenget,
und sie nach römischer Art eingerichtet. z. E.

Hem

Hem vos *Studentes*, omnes nunc *rufite*.: *Juchhey!*
*Luftigeos*que fimul multos *anftimmite Liedros*,
Schmaufite et in *tiefam* fub *Schmaufis faufite Nachtam*:
Non etenim vobis unquam bona *Bieria fehlunt.*

Ein anderer verfuchte die daktylifchen Verfe, in einer mehr
deutfchen Mifchung:

Quicunque kein jocum noch Luftigkeit übet,
Is ipfe mag femper feyn heftig betrübet:
Vos frattes fa! laffet Cornelium fahren,
Nam hicce kömmt tamen bey künftigen Jahren ꝛc.

Und noch ein anderer fang fo auf eine Hochzeit:

Herr Baltzer Koch ift guter Art, Patricius, Senator,
Humanus ehrbar wohlgelahrt, virtutis et amator.
Er hält gar nichts von bibere, das man itzt treibet fehre,
Sed non vult verfus fcribere, das bringt ihm größte Ehre.

Doch, wie gedacht, das find Lapperenen, die keinen Platz
hier verdienen würden: wenn ich nicht gefehen hätte, daß
Crefcimbeni dergleichen, in feine große Gefchichte der Wälfchen Dichtkunft Vol. I. L. VI. c. 5. 6. u. 7. eingerücket hätte.
Z. E.

‒Sufpiria in hac noĉte recefferunt.
E andaro a ritrovar la mia Reina.
In gremium fuum falutaverunt,
Dio vi mantenga donna pellegrina &c.

imgleichen von diefer Art :

Surgite Socii, che del Sonno forgere,
Iam venit hora, ch'el terren rinverde,
Hirundo canit, et per qui fi perde,
Optata dies fenza piu vi accorgere.

Endlich auch folche:

Squaffabat quondam pelagi fortuna Maranum,
Qui de *falata* carne *pienus* erat &c.

10. §. Zum Befchluffe kann man hier auch noch die in
lateinifcher Sprache gereimten Gedichte herrechnen, deren es
in den mittlern Zeiten eine unglaubliche Menge gegeben hat.
Leyfer in der Hiftoria Poetarum medii ævi hat fehr viele
davon aufbehalten, und man findet fie auch in andern alten
Bü-

Büchern häufig. Ulrich von Hutten hat sie in den Epi-
stolis obscurorum virorum, nebst andern solchen Leckerbissen
unwissender Mönche ausgelachet: z. E.

> Amice bone, qui non es Nebulone,
> Facis pergratum, quod puerorum natum,
> Jam habes curam, et ad horum usuram,
> Nunc obscurorum in lucem das virorum,
> Venusta scripta, quæ docent ex Baralipta,
> Ut est scribendum jam ad laudem merendum.

Es ist nur zu verwundern, daß auch ernsthafte Leute in
neuern Zeiten sich mit dieser wunderlichen Versart, ohne Beobachtung lateinischer Quantitäten haben vermengen wollen;
die uns wohl geistliche Gesangbücher in dieselbe übersetzet;
oder gar wie Hübner neue Lieder darinn gemachet haben.
Was man an den alten Mönchen mit Lachen laufen läßt,
die vieleicht nichts bessers machen konnten: das schickt sich für.
unsere Zeiten nicht: es wäre dann, daß man es auch bloß
zum Scherze brauchen wollte: wie Balde gethan. Doch
nein, er hat sie auch im Ernste gebraucht; als er ein Trau-
erlied, tragödienweiß bey nächtlichen Windlichtern
zu singen, aufsetzte:

> Eheu quid homines sumus
> Vanescimus sicuti fumus,
>   Vana, vana, terrigenum sors
>   Cuncta dissipat improba mors.
> Exstincta est Leopoldina
> Frustra clamat: o Lucina!
>   Lacrymosa Puerperæ mors,
>   Miseranda mulierum sors! &c.

Des

Des II. Abschnitts IX. Hauptstück.
Von Wahlsprüchen, Sinnbildern
und ihren Ueberschriften.

1. §.

Anstatt der bloßen Sinngedichte der Alten, haben die Neuern die Malerkunst zu Hülfe genommen, und vermittelst derselben in gewissen Figuren, mit etlichen darüber gesetzten Worten, oft die artigsten und nützlichsten Gedanken ausgedrücket. Man theilet sie in zwo Classen, nämlich Wahlsprüche oder Devisen; und in Sinnbilder oder Emblemata. Was die bloßen Bilder anlanget, darinn man auf eine räthselhafte Art etwas zu verstehen geben wollen: so sind dieselben schon sehr alt. Es ist bekannt, daß die Aegyptier viel auf ihre hieroglyphischen Figuren gehalten haben. Auch die Jüden hatten in ihrem Gottesdienste viel solche symbolische Vorstellungen, die viel bedeuteten. Selbst die Griechen hatten in den ältesten Zeiten solche redende Gemälde gehabt. Joseph, der jüdische Geschichtschreiber erzählet, daß Arrhius, König in Sparta, ein Petschaft geführet, darinn ein Adler, der eine Schlange in der Klaue hielt, gestanden. Und Plutarch meldet, daß in Athen Alcibiades einen Liebesgott, der Donnerkeile in der Hand trug, in seinem Schilde geführet; wodurch er seine eigene Gemüthsart abzuschildern gesucht. Endlich haben unter den Römern, Pompejus einen Löwen, der ein bloßes Schwert in der Tatze hatte; Augustus aber einen Sphinx, in ihren Siegeln geführet.

2. §. Allein von solchen Bildern der Alten, ohne alle Ueberschrift, reden wir hier nicht. Diese sind gar zu räthselhaft, und so zu reden, nur für todte Körper, ohne Seelen anzusehen: dahingegen ein bloßes Sinngedicht, davon wir oben

Crit. Dichtk. Eee gehan-

gehandelt haben, oder ein Wahlspruch, gleichsam ein Geist ohne
Leib zu nennen ist. Ein Sinnbild aber muß nicht nur eins,
sondern beydes haben. Wir verstehen nämlich dadurch ein
ansehnliches Gemäld, dessen Bedeutung mit einer sehr kurzgefaßten Ueberschrift zu verstehen gegeben wird. Es sind
aber dieselben zweyerley, theils sogenannte **Devisen**, theils
die bekannten **Emblemata**. Wann die Kunst erfunden
worden, solche **Devisen** und **Emblemata** zu machen, das
ist eben so ungewiß, als wer ihr erster Urheber gewesen.
Die Italiäner streiten mit den Franzosen um die Ehre der
Erfindung: ja einige wollen gar die Ritter von der runden
Tafel in England für die Erfinder ausgeben. Doch so viel
ist gewiß, daß die barbarischen Zeiten der Unwissenheit, zu
dieser an sich schönen Sache, Gelegenheit gegeben haben.
Die Turniere sind ohne Zweifel zu Kais. **Heinrichs** des I.
Zeiten in Deutschland aufgekommen, und diejenigen sind also
unrecht berichtet, die solche Ehre den Franzosen einräumen
wollen. Selbst **Crescimbeni** in seiner Historia della volgar Poesia Vol. I. L. V. p. 319. tritt hier auf die gute Seite
der Wahrheit, wenn er zeiget: daß das erste Turnier 934,
das zweyte unter Otten dem Großen 938 zu Magdeburg u.
s. w. gehalten worden; von welcher Zeit an bis 1487. sechs
und dreyßig solche Ritterspiele von den Kaisern angestellet
worden. Hergegen berichtet du **Cange** im Gloss. aus einer
alten Chronik, daß in Frankreich **Gottfried** II. von **Pre-
villy**, welcher 1066 gestorben: das erste Turnier gehalten
habe, (Gaufridus de Pruliaco) in Wälschland aber gestehet
Crescimbeni, habe man erst 1147 zu Bologna das erste
gehalten, und selbige Art der Ritterübungen aus Deutschland bekommen. Die Ritter nun, so darinnen ihre Tapferkeit zeigen wollten, suchten ihre Unternehmungen und edle
Gemüthsneigungen, auf ihren Schildern, durch solche Bilder mit Ueberschriften, an den Tag zu legen. Dieses zeiget
auch der italienische Namen der Devisen, imprese; der aus
dem alten französischen emprise oder entreprise, seinen Ursprung genommen hat: wie der berühmte Pater le Moine

in seinem ausführlichen Werke, von der Kunst, Devisen zu
machen, darthut. Folglich wird man wohl Deutschland
für das Vaterland der Sinnbilder halten müssen, und aus
dieser ersten Erfindung, wird man leicht die wahre Natur
derselben abnehmen können.

3. §. Es ist also ein Sinnbild eine metaphorische Vorstellung dessen, was jemand für eine Neigung, Absicht oder
Meynung bey seinem Vornehmen·hat; die theils durch ein
Bild, theils durch eine kurze Ueberschrift geschieht. Daß
dieses so sey, lehret uns die alte Redensart, da man spricht,
etwas im Schilde führen: denn das heißt so viel, als
eine gewisse Absicht, ein Vorhaben oder eine Neigung haben.
Man hat nämlich so wohl in Deutschland, als auch in Frankreich
die Sinnbilder in die Schilde der Helden oder Ritter gemalt.
So findet man im alten Heldenbuche, daß der eine Held eine
Geige, der andere einen Löwen u. s. w. im Schilde geführet.
Hieraus entstehen folgende Regeln der Sinnbilder: 1) Muß
das Bild eine Sache vorstellen, die sich leicht malen, und auch
von weitem gut erkennen läßt. 2) Muß ein solches Bild mit
derjenigen Absicht, die es vorstellen soll, eine gewisse Aehnlichkeit
haben; so, daß man sagen kann: Gleichwie dieses sich so und so
verhält; also ist es auch mit der Absicht, Neigung oder Unter-
nehmung dessen, der das Sinnbild hat, beschaffen. Z. E.
Ein Liebhaber erwählet sich den Vogel Phönix, der sich verbrennet, mit der Ueberschrift: Sine pari. Da heißt die Erklärung: Gleichwie der Phönix seines gleichen nicht hat: so
hat auch die Person, die ich liebe, ihres gleichen nicht.
3) Muß die Ueberschrift das so genannte Tertium compa-
rationis in sich halten, oder die Aehnlichkeit des Bildes mit
der Absicht dessen, der es führet, anzeigen. Und daher
kömmt es, daß ein und dasselbe Bild zu verschiedenen Absichten gebraucht werden kann: wie dieses unter vielen andern
der gelehrte Herr Wachter in seinen Sinnbildern über die
berlinische Aloe erwiesen hat.

4. §. Aus diesen Hauptregeln kann man nun leicht schließen, daß es noch besondere Nebenregeln giebt, die zur Schönheit eines guten Sinnbildes etwas beytragen. Denn 1) muß

das

nützliche Wahrheiten vorstellen, und auf eine sinnreiche Art
abbilden sollten. Dieses ist nämlich die Beschreibung dieser
zweyten Gattung, davon ich noch mit kurzem handeln muß.
Dieß Emblema nun ist freylich so kützlich nicht. Es kann
sich aller Arten der Bilder bedienen, und so wohl die Gestalt
eingebildeter, als natürlicher Dinge, so wohl die ungereimten, als die ordentlichen leiden. Es kann auch viele auf einmal, oder gar nur halbe und verstümmelte brauchen, ja selbige gar auf unerhörte Art zusammen setzen. Es darf auch
nicht eben gewissen Personen eigen seyn, sondern stellt allgemeine Lehrsätze vor: nur soll es allezeit eine gute Lebensregel
in sich halten; die, wenn sie in einem Bilde vorgestellet wird,
eine bessere Wirkung thut, als wenn man sie mit Beweisen
und Vernunftschlüssen begleitet hätte. Hiermit hat nun die
Devise nichts zu thun: als welche nur Ausdrückungen der
Tapferkeit, der Rache, der Hochachtung und Liebe, kurze
Lobsprüche und kurze Klagen in sich fasset. Hernach braucht
auch ein Emblema eben kein Gleichniß in sich zu halten: und
wenn es ja geschieht, so ist es nur ein Ueberfluß.

7. §. Doch wird auch ein jeder sehen, daß selbst unter diesem Titel die wenigsten Bilder mit Ueberschriften stehen können: zumal diejenigen nicht, wo man allemal ganze weitläuftige Erklärungen hinzusetzen muß, ehe man sichs getraut, daß
der Leser das Bild und die Ueberschrift recht verstehen werde.
Wenn ein solch Bild nicht selbst redet, und wenigstens von
einem etwas witzigen Kopfe, der es betrachtet, verstanden
werden kann: so taugt es nicht. Denn für die Einfältigen
muß es ein Räthsel seyn und bleiben, bis es ihnen von einem Klügern erkläret wird. So ein Gemälde ist die Tafel
des Cebes bey den Alten gewesen: solche Bilder sind auch
bey des berühmten Grafen Shaftsbury gesammleten Werken
in Menge zu finden. Ja überhaupt sollen alle Titelkupfer
bey unsern Büchern, die keine Bilder ihrer Urheber sind,
solche emblematische Gemälde vorstellen. Dergleichen ist
das Kupfer vor dieser Dichtkunst und das vor dem Heldengedichte Hermann, welche sich ohne eine weitläuftige Erklärung

rung verstehen lassen. Doch will ich damit nicht behaupten, als ob man nicht auch Devisen vor Bücher setzen könnte. Nein, viele haben dieses mit gutem Bedachte gethan, unter andern Herr Bar. Wolf, vor seinen philosophischen Schriften; die auch mehrentheils sehr wohl gerathen sind. Wer ausführlichere Nachricht von allem haben will, der muß das vollständige Werk des Pater le Moine, de l'Art des Devises, davon nachlesen, der alles, was Paul Jovius, l'Arezzi, Cortile und le Ferro, imgleichen Hercules Tasso davon geschrieben, in einen Zusammenhang und ins Reine gebracht hat.

8. §. Den Franzosen zu Ehren muß ich noch eine seltsame Art von redenden Bildern erwähnen, die sie erfunden haben, und darinn sie keine geringe Art der Scharfsinnigkeit zu zeigen meynen. Sie malen Bilder, die theils ohne alle Wörter, theils mit einer Sylbe, oder einem Worte zusammen genommen, etwas bedeuten. Z. E. Ein altes Weib hat ein Buch auf dem Schooße liegen, als ob sie darinn läse; darauf steht aber Tul, Tul, Tul. Was heißt nun das? Es heißt Tertullianus. Denn Ter heißt (dreymal) Tul, (welches auf dem Buche steht.) lit (liest) anus, (das alte Weib). Diese vortreffliche Erfindung nun, heißt ein Rebus. Noch ein schöneres Beyspiel giebt mir der in solchen Einfällen berühmte Des Accords, dessen auch Bayle in seinem Wörterbuche gedenkt. Er malet einen todten Abt auf einer Wiese liegend, und stecket ihm, auf eine, ich weis nicht welcher Höflichkeit der Sitten gemäße Art, eine Lilge in den entblößten Hintern. Was soll nun dieses sinnreiche Gemälde sagen? Es bedeutet die vortreffliche Sittenlehre! Habe den Tod allezeit vor Augen. Will man begreifen, wie das heraus kömmt: so muß man fürs erste die Regel lateinisch machen: Habe mortem prae oculis; und hernach dieses Latein auf gut Französisch aussprechen, so wird heraus kommen: Abbé mort en pré, au cul lis! Ist das nicht ein vortrefflicher, wunderwürdiger Witz, womit sich der französische Esprit createur, allen heutigen und vormaligen Völkern so überlegen erweist? Risum teneatis amici! Solche ungereimte Dinge hat doch noch kein deutscher Kopf ausgehecket!   Eee 4   9. §.

9. §. Weil wir einmal beym Malen sind, so muß ich doch eine andere vermeynte sinnreiche Art halb hieroglyphisch und ägyptisch zu schreiben, nicht vergessen, die von den Wälschen erfunden, und auch bis zu uns ausgebreitet worden. Man ersinnt sich Zeilen von Versen, darinn viele Wörter, oder auch nur Sylben vorkommen, die sich malen lassen; es sey nun eigentlich, oder nur Anspielungsweise. Da schreibt man nun die übrigen Worte, die nicht gemalet werden können, nur mit Buchstaben, die Bilder aber schaltet man an gehörigen Orten ein; so daß ein witziger Leser nach vielem Kopfbrechen endlich den Sinn zusammen buchstabiren kann. 3. E. Crescimbeni giebt folgende Erfindung zur Probe.

Wer das nicht lesen kann, der muß sich nicht für scharfsinnig halten; es wäre denn, daß er kein Italienisch verstünde. Es heißt aber diese Zeile soviel:

Dove son gl'occhi e la serena forma?

Heißt das nicht getändelt, so weis ich nicht was gespielet, ja ich möchte sagen, gekindert heißen soll! Indessen hat man bey uns solche Spruchbücher, unter dem Namen der Bilderbibeln gemacht; ja wohl gar Hochzeitverse, und andere dergleichen Sachen dergestalt ausgekünstelt. Schade um den Witz, den man bey solchen Possen verschwendet, der gewiß viel gescheider könnte angewandt worden seyn. Doch, worauf verfallen müssige Köpfe nicht, wenn sie einmal keine richtige Art zu denken besitzen, und keine Kräfte haben, sich auf eine wirklich sinnreiche Art hervor zu thun? Verständige Leute denken dabey:

Turpe est difficiles habere nugas,
Et stultus labor est ineptiarum.

Ende des neunten Abschnitts, und zweyten Theils.

Erstes

Erstes Register derer angef. Bücher

und vornehmſten Schriftſteller.

Erstes Register der angef. Bücher

und vornehmſten Schriftſteller.

Crit. Dichtk.   Fff   Zwey-

❀❁ ❀❁ ❀❁ ❀❁ ❀❁ ❀❁❁ ❀❁ ❀❁ ❀❁ ❀❁❁ ❀❁ ❀❁❁❁ ❀❁ ❀❁ ❀❁

Zweytes Register
über die vornehmsten Sachen.

Comö-

Zweytes Register

Zwentes Register

Mal-

über die vornehmsten Sachen.

Zweytes Register

Ver=

Lightning Source UK Ltd.
Milton Keynes UK
UKHW011845140219
337178UK00015B/574/P

9 780656 575404